NomosPraxis

Dr. habil. Silke Jandt,
Referatsteilleiterin LfD Niedersachsen, Hannover
Dr. Roland Steidle, Rechtsanwalt, Frankfurt a.M. [Hrsg.]

Datenschutz im Internet

Rechtshandbuch zu DSGVO und BDSG

Dr. Jens Ambrock, Referent beim Hamburgischen Beauftragten für Datenschutz und Informationsfreiheit | **Dr. Ubbo Aßmus,** Rechtsanwalt, Frankfurt a.M., Lehrbeauftragter an der Hochschule RheinMain | **Dr. Christian L. Geminn,** Geschäftsführer der Projektgruppe verfassungsverträgliche Technikgestaltung (provet) im Wissenschaftlichen Zentrum für Informationstechnik-Gestaltung (ITeG), Universität Kassel | **Dr. Volker Hammer,** Consultant bei Secorvo, Karlsruhe | **Prof. Dr. Felix Hermonies, LL.M.,** Hochschule Darmstadt | **Dr. habil. Silke Jandt,** Referatsteilleiterin bei der Landesbeauftragten für den Datenschutz Niedersachsen, Privatdozentin Universität Kassel | **Dr. Moritz Karg,** Referent und Projektleiter, Digitale Agenda und zentrales IT Management, Ministerium für Energiewende, Landwirtschaft, Umwelt, Natur und Digitalisierung des Landes Schleswig-Holstein | **Till Karsten, LL.M.,** Syndikus-Rechtsanwalt, Baden-Baden | **Henry Krasemann,** Referatsleiter beim Unabhängigen Landeszentrum für Datenschutz Schleswig-Holstein, Jurafunk, Dozent an FH, WAK, Universität Kiel | **Dr. Philipp Richter,** Referent beim Landesbeauftragten für den Datenschutz und die Informationsfreiheit Rheinland-Pfalz | **Annika Selzer,** Senior Researcher und Datenschutzrechtlerin am Fraunhofer-Institut für Sichere Informationstechnologie (SIT), Darmstadt | **Dr. Roland Steidle,** Fachanwalt für Informationstechnologierecht, Frankfurt a.M. | **Prof. Dr. Thomas Wilmer,** Hochschule Darmstadt

Die Deutsche Nationalbibliothek verzeichnet diese Publikation in
der Deutschen Nationalbibliografie; detaillierte bibliografische
Daten sind im Internet über http://dnb.d-nb.de abrufbar.

ISBN 978-3-8487-4856-3

1. Auflage 2018

Zum Geleit

Obwohl das Internet aus dem Alltag jedes Unternehmens, jeder Behörde, jeder sonstigen Organisation oder sogar aus dem Leben jedes Bürgers und jeder Bürgerin in der Europäischen Union nicht mehr hinweg zu denken ist, hat die Datenschutz-Grundverordnung kein einziges der spezifischen Probleme des Datenschutzes im Internet angesprochen. Diese missverstandene Technikneutralität führt dazu, dass im Verordnungstext die Zulässigkeit der Verarbeitung personenbezogener Daten, die Grundsätze der Datenverarbeitung und die Rechte der betroffenen Personen ohne Unterschied danach geregelt werden, ob es sich etwa um eine harmlose Kundenliste einer Änderungsschneiderei oder um eine Vollerfassung aller Kontakte, Beziehungen, Präferenzen, Einstellungen und Kommunikationsakte im Rahmen eines Social Networks handelt.

Zwar erwähnt die Datenschutz-Grundverordnung auch Risiken für die Grundrechte und Freiheiten der betroffenen Person. Diese Bezugnahme auf Risiken beschränkt sich jedoch darauf, bestimmte Pflichten des Verantwortlichen „entsprechend der Risiken von Datenverarbeitungsprozessen" zu reduzieren. Diese Einschränkung dürfte bewirken, dass nur ein Bruchteil der Verantwortlichen und Auftragsverarbeiter diese Pflichten erfüllen muss. Die Verordnung bestimmt jedoch nicht, was sie unter Risiko versteht und wie dieses festgestellt wird.

Da das Datenschutzrecht aber dazu dient, die Grundrechte und Freiheiten der jeweils betroffenen Personen zu schützen, muss im konkreten Fall immer festgestellt werden, welches Risiko von welchem Verantwortlichen beschränkt, reduziert oder vermieden werden muss und welche Rechte die betroffene Person hat, um ihre Risiken zu verringern. Für diese entscheidende Frage bietet die Datenschutz-Grundverordnung jedoch wenig Hilfestellung. Sie verursacht vielmehr für das Angebot und die Nutzung alltäglicher Internetdienste eine große Rechtsunsicherheit.

Diese Situation könnte durch die E-Privacy-Verordnung verbessert werden. Sie greift – zumindest nach den Entwürfen der Kommission und des Parlaments – spezifische Risiken der Datenverarbeitung in der elektronischen Kommunikation, des Trackings von betroffenen Personen und der Werbung im Internet auf. Diese risikoorientierten Regelungen betreffen aber nur Einzelfragen und können die weitgehende Rechtsunsicherheit des Datenschutzes im Internet nur bedingt beseitigen.

In dieser Situation ist es sehr verdienstvoll, dass das vorliegende Handbuch von den unterschiedlichen Diensteangeboten im Internet ausgehend die Rechtsfragen klärt, die die Datenschutz-Grundverordnung und die E-Privacy-Verordnung offenlassen. Sachkundig und risikoorientiert werden die abstrakten und unspezifischen Vorgaben untersucht, um Fragen zu Cloud Computing, zu Big Data, Web-Diensten, Suchalgorithmen, Social Networks sowie zu Datenschutz durch Systemgestaltung, technische Sicherheit sowie zu spezifischen Rechten der betroffenen Person zu beantworten. Damit bietet das Handbuch ein sicheres Fundament für diejenigen, die im Internet ihre Dienste anbieten, und für diejenigen, die sie nutzen und deren Daten im Internet verarbeitet und verwertet werden. Das Handbuch bietet somit eine wertvolle Unterstützung für die Beantwortung praktischer Fragen und für die dogmatische Durchdringung und Systematisierung des Internetdatenschutzrecht.

Kassel, Mai 2018

Alexander Roßnagel

Vorwort der Herausgeber

Am 25. Mai 2016 ist die europäische Datenschutz-Grundverordnung in Kraft getreten. Nach einer zweijährigen Übergangszeit ist sie seit dem 25. Mai 2018 europaweit vorrangig vor dem Datenschutzrecht der Mitgliedstaaten anzuwenden. Die Verordnung ist ein Meilenstein in der Entwicklung des europäischen Datenschutzrechts, das bislang auf der europäischen Datenschutz-Richtlinie aus dem Jahr 1995 basierte. Dem Erlass der Grundverordnung ging eine weit über ein Jahrzehnt dauernde politische und rechtliche Diskussion voraus. Dies verdeutlicht, wie verschieden die Interessen der Mitgliedstaaten aber auch der unterschiedlichen Interessenvertreter bezogen auf eine Datenschutzregulierung waren und sind. Nunmehr gilt jedenfalls ein weitgehend einheitliches europäisches Recht zum Schutz des Grundrechts auf Datenschutz, das die Charta der Grundrechte der Europäischen Union in Art. 8 schützt. Angesichts der bislang mit erheblichen Unterschieden in den Mitgliedstaaten umgesetzten Datenschutz-Richtlinie war dies ein längst überfälliger Schritt. Dies gilt insbesondere mit Blick auf das Internet und grenzüberschreitende Datenverarbeitungen, die wie kaum eine andere Materie im Datenschutzrecht harmonisierte und internationale Regelungen erfordern.

Eine Neuregelung war außerdem überfällig, um Antworten auf die neuen datenschutzrechtlichen Herausforderungen im Internet zu finden. Tatsächlich hat die heutige Realität der Informationstechnologie und der Datenverarbeitung im Internet nur noch wenig mit derjenigen aus dem Jahr 1995 gemein. Erheblich größere Bandbreiten ermöglichen eine performante und zugleich kostengünstige Übermittlung großer Datenvolumen. Dies hat zu zahlreichen neuen Diensten geführt, unter anderem zur Entwicklung von Streaming- und Mediendiensten, die früher so nicht denkbar waren. Die Standardisierung und Flexibilisierung von Speicher- und Infrastrukturleistungen hat eine „Vercloudung" aller gängigen IT-Services, Internet- und Webangebote gefördert. Kaum mehr eine Anwendung ermöglicht es nicht, Inhalte über Cloud-Dienste und mobile Endgeräte zu verteilen und zu synchronisieren. Dies hat zu weltweit grenzüberschreitenden Verarbeitungen aller möglichen Daten geführt, die nur noch schwer nachvollziehbar, geschweige denn effektiv kontrollierbar sind. Die erheblich gestiegenen Datenmengen haben neue Branchen und Anbieter entstehen lassen, unter anderem im Bereich von Big Data und den damit einhergehenden Datenanalysen. Die daraus folgenden Risiken einer Diskriminierung einzelner Personen über Algorithmen, automatisierte Entscheidungen und statistische Ergebnisse, die – zumindest teilweise – ohne eine Verarbeitung personenbezogener Daten herbeigeführt werden, zwingen dazu, das Konzept des Personenbezugs zu hinterfragen, das bisher alleiniger Anknüpfungspunkt für die Geltung datenschutzrechtlicher Bestimmungen ist. Die Miniaturisierung von Prozessoren und Netzwerkkomponenten wird dazu führen, dass auch kleinste Alltagsgegenstände in absehbarer Zeit netzwerkfähig werden und mehr oder weniger über das Internet miteinander kommunizieren. Das Internet der Dinge wird einen weiteren Entwicklungssprung auf dem Weg zur Digitalisierung des Alltags darstellen. Es stellt sich die Frage, ob ein modernes Datenschutzrecht auch all diese nur flüchtigen und meist nicht längerfristig gespeicherten Daten erfassen soll.

Der Alltag würde dann nicht nur durch Datenverarbeitungen, sondern auch durch Datenschutzregelungen durchdrungen, deren Ursprung aus der Zeit der Großrechner und zentralen Datenverarbeitungen mit klar identifizierbaren Verantwortlichen stammt. Ob diese Datenschutzregelungen in einem künftigen Umfeld praktisch überhaupt noch anwendbar oder gar kontraproduktiv sind, ist diskussionswürdig. Dies betrifft etwa Fragen der Verortung datenschutzrechtlicher Verantwortung in komplexen Geschäftsmodellen mit mehreren Beteiligten oder die Forderung nach umfangreichen Informationspflichten und Dokumentationen mit den damit einhergehenden zusätzlichen Datenspeicherungen. Fragen der Verwendung sensitiver Daten, wie der von Biometriedaten zur Authentifizierung an Endgeräten oder bei Webdiensten, fordern ebenfalls Antworten. Ebenso wird das Verhältnis des Datenschutzrechts zur Meinungsfreiheit eine der großen Rechtsfragen der kommenden Jahre sein – nicht zuletzt wegen des Einflusses von Meinungen, Fakten oder „Fake News" auf gesellschaftliche Entwicklungen und Wahlen. Letztlich zeigen sich die massiven Herausforderungen des Datenschutzrechts in einer digitalen Gesellschaft anhand vergangener und aktueller Datenschutzskandale, wie insbesondere den durch die Snowden Veröffentlichungen bekanntgewordenen Maßnahmen amerikanischer Geheimdienste, der Einflussnahme auf Wahlen über Social Networks und anhand intransparenter Datenverwertungen wie im Falle von Facebook und Cambridge Analytica.

Betrachtet man die europäische Datenschutz-Grundverordnung vor dem Hintergrund dieser Entwicklungen ist das Ergebnis freilich äußerst ernüchternd. Fast alle aktuellen und drängenden Fragen des Datenschutzrechts bleiben unbeantwortet. Meist werden sie nicht einmal in den Erwägungsgründen angesprochen. Die Verordnung übernimmt überwiegend das Bewährte und enthält nur wenige Neuerungen. Viele materiellrechtliche Regelungen der europäischen Datenschutz-Richtlinie aus 1995 wurden fast eins zu eins in die Verordnung geschrieben. Darüber hinaus enthält sie einige halbherzige Anpassungen, beispielsweise zur Auftragsverarbeitung und den Formerfordernissen, um klarzustellen, dass ein solcher Vertrag auch ohne die Verwendung von Papier abgeschlossen werden kann. Der große Innovationssprung ist ersichtlich nicht gelungen. Ergänzt wurde die Verordnung durch einen stark bürokratischen Ansatz mit insbesondere erheblichen Dokumentationspflichten, die viele kleine und mittlere Unternehmen überfordern und zudem in erster Linie Papier produzieren werden, aber keine aktuellen Datenschutzfragen lösen. Dazu treten zweifelhafte Haftungsregelungen und die Anforderung an Datenverarbeiter, sich zu rechtfertigen, wenn sie ihren – ebenfalls grundrechtlich geschützten – Gewerbebetrieb ausüben. Letztlich wird das Konzept einer selbstbestimmten Einwilligung durch ein strenges Kopplungsverbot begrenzt. Eine moderne, die Nutzer schützende und zugleich innovationsfreundliche Regulierung, die die Interessen von Nutzern und Anbietern berücksichtigt und in Einklang bringt, enthält die Verordnung bedauerlicherweise nicht.

Positiv hervorzuheben ist jedoch, dass es überhaupt gelungen ist, eine europaweite Regelung in Form einer Verordnung zu finden. Darauf muss in Zukunft aufgebaut werden, wenngleich die Innovationszyklen des europäischen Gesetzgebers nachdenklich stimmen. Schließlich wurde die europäische Datenschutz-Grundverordnung erst über zwanzig Jahre nach der europäischen Datenschutz-Richtlinie realisiert. Positiv ist weiterhin, dass durch eine Verordnung zumindest versucht wurde, die schon in einzelnen Mitgliedstaaten nicht mehr überschaubare Zersplitterung des Datenschutzrechts zu beenden. Allerdings führen die zahlreichen Öffnungsklauseln, die dem europaweiten Harmonisierungsprozess geschuldet sind, nach wie vor dazu, dass es in allen Mitgliedstaaten eine Fülle spezifischer nationaler Datenschutzvorschriften geben kann. Voraussichtlich für einen längeren Zeitraum besteht zudem erst einmal eine unübersichtliche, vom europäischen Verordnungsgeber allein freilich nicht lösbare Parallelgeltung zwischen den Bestimmungen der Verordnung und dem nicht an diese angepassten Datenschutzrecht der Mitgliedstaaten. Dies führt zu neuen Abgrenzungsfragen und zu einer erheblichen Unsicherheit bei der Rechtsanwendung. Dazu treten in Deutschland gesetzgeberische Aktivitäten mit dem Ziel, das alte Datenschutzrecht in die Gegenwart hinüberzuretten. Dafür werden die Öffnungsklauseln der Verordnung denkbar weit ausgelegt, wenn nicht sogar europarechtswidrig überdehnt. Die ersten Versionen des neuen Bundesdatenschutzgesetzes lasen sich in Teilen wie eine Kopie seines Vorgängers. Dieses Ansinnen ist vor dem Hintergrund verständlich, dass dieselben Personen und Organisationen in Politik, Behörden und Unternehmen mit der Anwendung des neuen Datenschutzrechts betraut sind. Es verwundert daher nicht, dass einerseits politisch versucht wird, das hohe Datenschutzniveau in Deutschland zu erhalten, und dass andererseits selbst Unternehmen, die in der Vergangenheit einige Datenschutzregelungen kritisiert haben, angesichts der aktuellen Rechtsunsicherheit lieber auf festem Grund und nach bewährtem Konzept fortfahren möchten. Es steht allerdings zu erwarten, dass der Europäische Gerichtshof und der Europäische Datenschutzausschuss dem einen Riegel vorschieben werden. Der Preis der europaweiten Harmonisierung und notwendigen Internationalisierung ist auch im Datenschutzrecht, dass die Rechtsauslegung künftig nach europäischen Maßstäben zu beurteilen ist und nicht nach den Vorstellungen eines einzelnen Mitgliedstaats oder dessen Ländern.

Noch ungelöst, aber dem Prinzip einer Verordnung immanent, ist der Verlust an konkreten, vorhersehbaren Detailregelungen. Die damit erzeugte Rechtsunsicherheit dürfte noch auf Jahre bestehen bleiben. Kurzfristig ist weder mit Urteilen des Europäischen Gerichtshofs zu rechnen, noch mit konkretisierenden Empfehlungen und Leitlinien des Europäischen Datenschutzausschusses in größerem Umfang. Selbst die sehr zu begrüßenden Auslegungshilfen der Datenschutzkonferenz und einzelner deutscher Landesaufsichtsbehörden stehen unter dem Vorbehalt einer später abweichenden europäischen Rechtsauslegung. Aus Sicht der datenverarbeitenden Unternehmen ist es damit in vielen Bereichen der Informationstechnologie und der Internetnutzung praktisch unmöglich, sich gerichtsfest rechtskonform zu verhalten, insbesondere in innovativen Projekten. Angesichts des erheblich erweiterten Bußgeldrahmens zur Sanktionierung von – gegebenenfalls nicht eindeutig erkennbaren – Verstößen ist dies wirtschaftlich riskant. Für die Forschung und Entwicklung bleibt zu hoffen, dass Innovationen vor diesem Hintergrund nicht vermehrt in Drittländer und damit ohne direkte Einflussnahmemöglichkeit der europäischen Institutionen ausgelagert werden. Denn alle erfolgreichen Entwicklungen und Webangebote aus Drittländern, insbesondere den USA, haben bislang zu tatsächlichen Auswirkungen auch in der Europäischen Union geführt, allein aufgrund der großen Anzahl betroffener Nutzer.

Die nun anstehenden ersten Jahre mit der neuen Datenschutz-Grundverordnung werden daher äußerst spannend. Aus Sicht der datenverarbeitenden Anbieter von Internet- und Webdiensten ist es angesagt, „auf Sicht zu fahren". Viele Bereiche sind „rechtliches Neuland" und entweder in der Rechtspraxis unklar oder von der Verordnung gleich gar nicht erfasst. Dies betrifft auch die Auswirkungen der noch anstehenden E-Privacy-Verordnung sowie nationale Ergänzungen oder Konkretisierungen der europäischen Datenschutz-Grundverordnung. Insofern haben einzelne Auslegungsfragen auch dieses Handbuchs noch einen gewissen Prognosecharakter. Aus Sicht der Herausgeber und der Autoren bedeutet dies, dass sie die Rechtspraxis mit Blick auf Neuerungen und weitere Auflagen des Handbuchs laufend beobachten und dies in künftigen Auflagen berücksichtigen werden.

Gerade wegen der beschriebenen Herausforderungen sind allerdings Auslegungs- und Argumentationshilfen wichtig für die künftige Rechtsanwendung. Das Handbuch soll dieses Bedürfnis befriedigen und Rechtsanwendern aus Wissenschaft, Behörden, Unternehmen sowie Nutzern von Internet- und Webangeboten eine praktische Hilfestellung im Alltag geben. Dazu enthält es fundierte und wissenschaftlich untermauerte Beiträge zu fast allen relevanten Bereichen des Datenschutzrechts im Internet. Die Autoren haben verschiedene berufliche Hintergründe, alle lange Jahre Erfahrung im Datenschutzrecht und prägen die Materie in ihren Bereichen mit. Es sind Erfahrungen aus Wissenschaft, Aufsichtswesen und Unternehmen in das Handbuch eingeflossen. Der daraus folgende Mehrwert prägt dieses Handbuch und macht seinen Reiz aus.

Die Herausgeber und Autoren bedanken sich bei den Lesern für kritische Anmerkungen und wünschen Ihnen viel Freude beim Lesen.

Göttingen, Frankfurt, Mai 2018   *Silke Jandt und Roland Steidle*

Inhaltsübersicht

Inhaltsverzeichnis

Verzeichnis der Autoren

Dr. Jens Ambrock	Referent beim Hamburgischen Beauftragten für Datenschutz und Informationsfreiheit
Dr. Ubbo Aßmus	Rechtsanwalt für Datenschutz- und IT-Recht bei Heuking Kühn Lüer Wojtek, Frankfurt aM, Lehrbeauftragter an der Hochschule RheinMain
Dr. Christian L. Geminn	Geschäftsführer der Projektgruppe verfassungsverträgliche Technikgestaltung (provet) im Wissenschaftlichen Zentrum für Informationstechnik-Gestaltung (ITeG) an der Universität Kassel
Dr. Volker Hammer	Consultant bei der Secorvo Security GmbH, Karlsruhe
Prof. Dr. Felix Hermonies	Mag. rer. publ. LL.M. (R.L.), Professor für Datenschutz- und Medienrecht an der Hochschule Darmstadt
Dr. habil. Silke Jandt	Referatsteilleiterin bei der Landesbeauftragten für den Datenschutz Niedersachsen, Privatdozentin an der Universität Kassel
Dr. Moritz Karg	Referent und Projektleiter, Digitale Agenda und zentrales IT Management, Ministerium für Energiewende, Landwirtschaft, Umwelt, Natur und Digitalisierung des Landes Schleswig-Holstein
Till Karsten, LL.M.	Syndikus-Rechtsanwalt bei der infoscore Consumer Data GmbH, part of Arvato Financial Solutions
Henry Krasemann	Referatsleiter beim Unabhängigen Landeszentrum für Datenschutz Schleswig-Holstein, Jurafunk, Dozent an FH, WAK, Universität Kiel
Dr. Philipp Richter	Referent beim Landesbeauftragten für den Datenschutz und die Informationsfreiheit Rheinland-Pfalz
Annika Selzer	Senior Researcher und Datenschutzrechtlerin am Fraunhofer-Institut für Sichere Informationstechnologie (SIT)
Dr. Roland Steidle	Fachanwalt für Informationstechnologierecht und Partner bei SWM Rechtsanwälte in Frankfurt am Main
Prof. Dr. Thomas Wilmer	Professor für Informationsrecht an der Hochschule Darmstadt

Abkürzungsverzeichnis

aA	andere Ansicht
Abs.	Absatz
ABl.	Amtsblatt
AEUV	Vertrag über die Arbeitsweise der Europäischen Union
aF	alte Fassung
AfP	Zeitschrift für Medien- und Kommunikationsrecht (Zeitschrift hervorgegangen aus dem Archiv für Presserecht)
App	Applikation
Art.	Artikel
Aufl.	Auflage
Az.	Aktenzeichen
BB	Betriebsberater (Zeitschrift)
BDSG	Bundesdatenschutzgesetz
BGB	Bürgerliches Gesetzbuch
BGBl.	Bundesgesetzblatt
BGH	Bundesgerichtshof
BGHZ	Entscheidungen des Bundesgerichtshof in Zivilsachen
BMI	Bundesministerium des Innern
BMJ	Bundesministerium der Justiz
BMWI	Bundesministerium für Wirtschaft und Energie
BNetzA	Bundesnetzagentur
BR-Drs.	Bundesrats-Drucksache
BSGE	Bundessozialgericht Entscheidungssammlung
BSI	Bundesamt für Sicherheit in der Informationstechnik
Bspw.	beispielsweise
BT-Drs.	Bundestags-Drucksache
BvD	Berufsverband der Datenschutzbeauftragten eV
BVerfGE	Bundesverfassungsgerichtsentscheidung
BVerwGE	Bundesverwaltungsgerichtsentscheidung
bzw.	beziehungsweise
B2B	Business-to-Business
B2C	Business-to-Consumer
ca.	circa
CIDR	Classless Inter-Domain Routing
CR	Computer und Recht (Zeitschrift)
CRM	Customer Relationship Management System
CuA	Computer und Arbeit (Zeitschrift)
DENIC	Deutsches Network Information Center eG
ders.	derselbe
dh	das heißt

DIN	Deutsches Institut für Normung
DNS	Domain Name System
DoD-(Schichtenmodell)	Department-of-Defense-Schichtenmodell
DÖV	Die Öffentliche Verwaltung (Zeitschrift)
DSB	Datenschutzberater (Zeitschrift)
DSGVO	Datenschutz-Grundverordnung
DSL	Digital Subscriber Line
DSK	Datenschutzkonferenz – Konferenz der unabhängigen Datenschutzbehörden des Bundes und der Länder
DSRI	Deutsche Stiftung für Recht und Informatik
DuD	Datenschutz und Datensicherheit (Zeitschrift)
DVBl	Deutsches Verwaltungsblatt (Zeitschrift)
DVD	Digital Versatile Disc
-E	Entwurf
ECRL	Electronic Commerce Richtlinie – Richtlinie des Europäischen Parlaments und des Rates vom 8.6.2002 über bestimmte rechtliche Aspekte der Dienste der Informationsgesellschaft, insbesondere des elektronischen Geschäftsverkehrs, im Binnenmarkt („Richtlinie über den elektronischen Geschäftsverkehr", 2000/31/EG), ABl. EG 2000, L178, 2 vom 17.1.2000.
EDV	Elektronische Datenverarbeitung
eG	eingetragene Genossenschaft
EG	Europäische Gemeinschaft
EGV	Vertrag zur Gründung der Europäischen Gemeinschaft
Einl.	Einleitung
EMRK	Europäische Menschenrechtskonvention
E-Privacy-RL	Richtlinie 2002/58/EG des Europäischen Parlaments und des Rates vom 12. Juli 2002 über die Verarbeitung personenbezogener Daten und den Schutz der Privatsphäre in der elektronischen Kommunikation (Datenschutzrichtlinie für elektronische Kommunikation)
E-Privacy-VO	Vorschlag der Europäischen Kommission für eine Verordnung des Europäischen Parlaments und des Rates über die Achtung des Privatlebens und den Schutz personenbezogener Daten in der elektronischen Kommunikation und zur Aufhebung der Richtlinie 2002/58/EG (Verordnung über Privatsphäre und elektronische Kommunikation), vom 10.1.2017, COM(2017) 10 final, 2017/0003 (COD)
Erwgr.	Erwägungsgrund
EU	Europäische Union
EuCML	Journal of European Consumer and Market Law (Zeitschrift)
EuGH	Europäischer Gerichtshof

EuR	Zeitschrift Europarecht (Zeitschrift)
EUV	Vertrag über die Europäische Union
EuZW	Europäische Zeitschrift für Wirtschaftsrecht (Zeitschrift)
eV	eingetragener Verein
f./ff.	folgende
FISA	Foreign Intelligence Surveillance Act
Fn.	Fußnote
GesR	Gesundheitsrecht (Zeitschrift)
GG	Grundgesetz
gem.	gemäß
GPRS	General Packet Radio Service
GRCh	Grundrechte Charta
GRUR	Gewerblicher Rechtschutz und Urheberrecht (Zeitschrift)
GSM	Global System for Mobile Communications
HFR	Humboldt Forum Recht (Internet-Zeitschrift)
h.M.	herrschende Meinung
HRRS	Zeitschrift für Höchstrichterliche Rechtsprechung im Strafrecht (Zeitschrift)
Hrsg.	Herausgeber
Html	Hypertext Markup Language
HTTP	Hypertext Transfer Protocol (Hypertext-Übertragungsprotokoll)
HVBG	Hauptverband der Gewerblichen Berufsgenossenschaften
IANA	Internet Assigned Numbers Authority
ICANN	Internet Corporation for Assigned Names and Numbers
idR	in der Regel
Inc.	Incorporated
Info-RL	Richtlinie (EU) 2015/1535 des Europäischen Parlaments und des Rates vom 9. September 2015 über ein Informationsverfahren auf dem Gebiet der technischen Vorschriften und der Vorschriften für die Dienste der Informationsgesellschaft
IP	Internet Protocol oder Internetprotokoll
iR	im Rahmen
iSd	im Sinne der
ISO	Internationale Organisation für Normung
IT	Informationssysteme
iVm	in Verbindung mit
JA	Juristische Ausbildung (Zeitschrift)
JBl	Juristische Blätter (Zeitschrift)
JCSW	Journal of Comparative Social Work

JEH	The Journal of Economic History
JR	Juristische Rundschau (Zeitschrift)
JURA	Juristische Ausbildung (Zeitschrift)
JurPC	Internet-Zeitschrift für Rechtsinformatik und Informationsrecht (Internet-Zeitschrift)
JuS	Juristische Schulung (Zeitschrift)
JZ	Juristische Zeitung (Zeitschrift)
Kap.	Kapitel
kes	Die Zeitschrift für Informationssicherheit (Zeitschrift)
KJ	Kritische Justiz (Zeitschrift)
kjm	Kommission für Jugendmedienschutz der Landesmedienanstalten
K&R	Kommunikation und Recht (Zeitschrift)
KritV	Kritische Vierteljahresschrift für Gesetzgebung und Rechtswissenschaft (Zeitschrift)
KUG	Kunsturhebergesetz
LAN	Location Area Networks
LG	Landgericht
lit.	Litera
LMuR	Lebensmittel & Recht (Zeitschrift)
LTE	Long Term Evolution
MAN	Metropolitan Area Network
MBit/s.	Mega Bit/s.
MMR	MultiMedia und Recht (Zeitschrift)
MMS	Multimedia Messaging Service
Mrd.	Milliarde
mwN	mit weiterem Nachweis
NIC	Network Information Center
NIST	National Institute of Standards and Technology
NJW	Neue Juristische Wochenschrift (Zeitschrift)
NJW-RR	Neue Juristische Wochenschrift-Rechtsprechungs-Report (Zeitschrift)
N&R	Netzwirtschaften & Recht (Zeitschrift)
Nr.	Nummer
NStZ	Neue Zeitschrift für Strafrecht (Zeitschrift)
NTZ	Nachrichtentechnische Zeitschrift (Zeitschrift)
NVwZ	Neue Zeitschrift für Verwaltungsrecht (Zeitschrift)
NZS	Neue Zeitschrift für Sozialrecht (Zeitschrift)
NZWiSt	Neue Zeitschrift für Wirtschafts-, Steuer- und Unternehmensstrafrecht (Zeitschrift)

OLG	Oberlandesgericht
OSI-(Schichtenmodell)	Open Systems Interconnection-Schichtenmodel
OTT-	Over-the-Top
OVG	Oberverwaltungsgericht
Parl.	Parlamentarisch
PC	Personal Computer
PinG	Privacy in Germany (Zeitschrift)
RDV	Recht der Datenverarbeitung (Zeitschrift)
RIPE	Réseaux IP Européens
RIR	Regular Internet Registry
Rn.	Randnummer
ROB	Research in Organizational Behavior (Zeitschrift)
RSA	Rivest, Shamir und Adleman(-Verfahren) (Asymmetrisches kryptografisches Verschlüsselungsverfahren)
Rspr.	Rechtsprechung
S.	Satz
s.	siehe
SGB X	Sozialgesetzbuch X
SLD	Second Level Domain
SMS	Short Massage Service
SMTP	Simple Mail Transfer Protocol
sog.	sogenannte
SSL	Secure Sockets Layer
StGB	Strafgesetzbuch
StPO	Strafprozessordnung
TCP-(Referenzmodell)	Transmission Control Protocol / Internet Protocol-(Referenzmodell)
TDG	Teledienstegesetz
TKG	Telekommunikationsgesetz
TLD	Top Level Domain
TLS	Transport Layer Security
TMG	Telemediengesetz
ua	unter anderem
UMTS	Universal Mobile Telecommunications System
URL	Uniform Resource Locator
USA	United Staats of America
USB	Universal Serial Bus
VDI	Verein Deutscher Ingenieure
VDSL	Very High Speed Digital Subscriber Line
VerwArch	Verwaltungsarchiv (Zeitschrift)
VG	Verwaltungsgericht

VGH	Verwaltungsgerichtshof
vgl.	vergleiche
VK-S	Verhaltenskodexes für Suchmaschinenanbieter der Freiwillige Selbstkontrolle Multimedia-Diensteanbieter eV.
VM	Verwaltung und Management (Zeitschrift)
VoIP	Voice over Internet-Protokoll
Vorb.	Vorbemerkung
WAN	Wide Area Network
WD	Wissenschaftlicher Dienst des Bundestages
WGIG	Working Group on Internet Governance
WLAN	Wireless Local Area Network
WP	Working Paper
WWW	World Wide Web
zB	zum Beispiel
ZD	Zeitschrift für Datenschutz (Zeitschrift)
Ziff.	Ziffer
ZPO	Zivilprozessordnung
ZRP	Zeitschrift für Rechtspolitik (Zeitschrift)
ZUM	Zeitschrift für Urheber- und Medienrecht (Zeitschrift)
ZUM-RD	Zeitschrift für Urheber- und Medienrecht – Rechtsprechungsdienst (Zeitschrift)

Literaturverzeichnis

Abel, R., Einmeldung und Auskunfteitätigkeit nach DS-GVO und § 31 BDSG, ZD 2018, 103.

Adam, J./Schmidt, K./Schumacher, J., Nulla poena sine culpa – Was besagt das verfassungsrechtliche Schuldprinzip?, NStZ 2017, 7.

Albrecht, J. P., Das neue EU-Datenschutzrecht – von der Richtlinie zur Verordnung, CR 2016, 88.

Albrecht, J. P./Jotzo, F., Das neue Datenschutzrecht der EU, Baden-Baden 2017.

Alby, T./Karazaunikat, S., Suchmaschinenoptimierung – Professionelles Website-Marketing für besseres Ranking, 2. Aufl., München 2007.

Ambrock, J., Die Übermittlung von S.W.I.F.T. – Daten an die Terrorismusaufklärung der USA, Berlin 2013.

Ambrock, J./Karcher, V., Verwaltung durch Information?, NVwZ 2011, 1371.

Arbeitskreise Technik und Medien der Konferenz der Datenschutzbeauftragten des Bundes und der Länder sowie der Arbeitsgruppe Internationaler Datenverkehr des Düsseldorfer Kreises, Orientierungshilfe – Cloud Computing, Version 2.0, 9.10.2014, abrufbar unter: www.bfdi.bund.de/DE/Infothek/Orientierungshilfen/orientierungshilfen-node.html.

Arning, M./Forgó, N./Krügel, T., Datenschutzrechtliche Aspekte der Forschung mit genetischen Daten, DuD 2006, 700.

Art. 29-Datenschutzgruppe, Guidelines on Data Protection Impact Assessment (DPIA) and determining whether processing is "likely to result in a high risk" for the purposes of Regulation 2016/679, WP 248, 2017, abrufbar unter: http://ec.europa.eu/newsroom/document.cfm?doc_id=44137.

Art. 29-Datenschutzgruppe, Stellungnahme 01/2017 zum Vorschlag für eine Verordnung über die Privatsphäre, WP 247, 2017, abrufbar unter: http://ec.europa.eu/newsroom/article29/item-detail.cfm?item_id=610140.

Art. 29-Datenschutzgruppe, Opinion 03/2016 on the evaluation and review of the ePrivacy Directive (2002/58/EC), WP 240, 2016, abrufbar unter: http://ec.europa.eu/justice/article-29/documentation/opinion-recommendation/files/2016/wp240_en.pdf.

Art. 29-Datenschutzgruppe, Opinion 9/2014 on the application of Directive 2002/58/EC to device fingerprinting, WP 224, 2014, abrufbar unter: http://ec.europa.eu/justice/article-29/documentation/opinion-recommendation/files/2014/wp224_en.pdf.

Art. 29-Datenschutzgruppe, Stellungnahme 8/2014 zu den jüngsten Entwicklungen im Internet der Dinge, WP 223, 2014, abrufbar unter: http://ec.europa.eu/justice/data-protection/article-29/documentation/opinion-recommendation/files/2014/wp223_de.pdf.

Art. 29-Datenschutzgruppe, Stellungnahme 06/2014 zum Begriff des berechtigten Interesses des für die Verarbeitung Verantwortlichen gemäß Artikel 7 der Richtlinie 95/46/EG, WP 217, 2014, abrufbar unter: http://ec.europa.eu/justice/article-29/d ocumentation/opinion-recommendation/files/2014/wp217_en.pdf.

Art. 29-Datenschutzgruppe, Opinion 05/2014 on Anonymisation Techniques, WP 216, 2014, abrufbar unter: ec.europa.eu/justice/data-protection/article-29/docu-mentation/opinion-recommendation/files/2014/wp216_en.pdf.

Art. 29-Datenschutzgruppe, Brief an Microsoft vom 2. April 2014, abrufbar unter: http://ec.europa.eu/justice/data-protection/article-29/documentation/other-docum ent/files/2014/20140402_microsoft.pdf.

Art. 29-Datenschutzgruppe, Arbeitsunterlage 02/2013 mit Leitlinien für die Einholung der Einwilligung zur Verwendung von Cookies, WP 208, 2013, abrufbar unter: http://ec.europa.eu/justice/article-29/documentation/opinion-recommendation /files/2013/wp208_en.pdf.

Art. 29-Datenschutzgruppe, Stellungnahme 04/2012 zur Ausnahme von Cookies von der Einwilligungspflicht, WP 194, 2012, abrufbar unter: http://ec.europa.eu/justic e/article-29/documentation/opinion-recommendation/files/2012/wp194_en.pdf.

Art. 29-Datenschutzgruppe, Stellungnahme 1/2010 zu den Begriffen „für die Verarbeitung Verantwortlicher" und „Auftragsverarbeiter", WP 169, 2010, abrufbar unter: http://ec.europa.eu/justice/policies/privacy/docs/wpdocs/2010/wp169_de.p df.

Art. 29-Datenschutzgruppe, Stellungnahme 1/2008 zu Datenschutzfragen im Zusammenhang mit Suchmaschinen, WP 148, 00737/DE, angenommen am 4. April 2008, abrufbar unter: http://ec.europa.eu/justice/policies/privacy/docs/wpdocs/20 08/wp148_de.pdf.

Art. 29-Datenschutzgruppe, Stellungnahme 4/2007 zum Begriff „personenbezogene Daten", WP 136, 2007, abrufbar unter: http://ec.europa.eu/justice/article-29/doc umentation/opinion-recommendation/files/2007/wp136_en.pdf.

Bäcker, M., Das Grundgesetz als Implementationsgarant der Unionsgrundrechte, EuR 2015, 389.

Bär, W., Die Überwachung des Fernmeldeverkehrs, Strafprozessuale Eingriffsmöglichkeiten in den Datenverkehr, CR 1993, 578.

Bartels, K./Schramm, M., Outsourcing nach neuem Datenschutzrecht – Auftragsdatenverarbeitung jetzt nach künftiger EU-Datenschutz-Grundverordnung vereinbaren, kes 2016, 25.

Bechtolf, H./Vogt, N., Datenschutz in der Blockchain – Eine Frage der Technik Technologische Hürden und konzeptionelle Chancen, ZD 2018, 66.

Becker, F./Ambrock, J., Datenschutz in den Polizeigesetzen, JA 2011, 561.

Becker, F./Ambrock, J., Zur Zulässigkeit einer Verbraucherwarnung, LMuR 2012, 36.

Bieker, F./Hansen, M., Normen des technischen Datenschutzes nach der europäischen Datenschutzreform, DuD 2017, 258.

Bieresborn, D., Sozialdatenschutz nach Inkrafttreten der EU-Datenschutzgrundverordnung, NZS 2017, 887.

Bieresborn, D., Unzulässige Drittstaatenübermittlung durch „Googeln"?, ZD 2016, 319.

Bitkom Research, Spionage, Sabotage, Datendiebstahl: Deutscher Wirtschaft entsteht jährlich ein Schaden von 55 Milliarden Euro, 2017, abrufbar unter: www.bitkom .org/Presse/Presseinformation/Spionage-Sabotage-Datendiebstahl-Deutscher-Wirt schaft-entsteht-jaehrlich-ein-Schaden-von-55-Milliarden-Euro.html.

Bitkom, Begleitende Hinweise zu der Anlage Auftragsverarbeitung, Berlin 2017.

Bitkom, Risk Assessment & Datenschutz-Folgenabschätzung, 2017, abrufbar unter: https://www.bitkom.org/Bitkom/Publikationen/Risk-Assessment-Datenschutz-Fol genabschaetzung.html.

Bitkom, Cloud Computing – Evolution in der Technik, Revolution im Business, Berlin 2009.

Blazy, S./Gonscherowski, S./Selzer, A., Anforderungen des künftigen europäischen Datenschutzrechts an die vertrauenswürdige Verteilung von Verschlüsselungsschlüsseln, in: Eibl, M./Gaedke, M. (Hrsg.), INFORMATIK 2017, GI-Edition – Lecture Notes in Informatics (LNI), Bonn 2017, 751.

Böckenförde, T., Die Ermittlung im Netz, Möglichkeiten und Grenzen neuer Erscheinungsformen strafprozessualer Ermittlungstätigkeit, Tübingen 2003.

Böckenförde, T., Auf dem Weg zur elektronischen Privatsphäre, JZ 2008, 925.

Böhme, R./Pesch, P., Technische Grundlagen und datenschutzrechtliche Fragen der Blockchain-Technologie, DuD 2017, 473.

Boehme-Neßler, V., Das Recht auf Vergessenwerden – Ein neues Internet-Grundrecht im Europäischen Recht, NVwZ 2014, 825.

Bräutigam, P./Leupold, A. (Hrsg.), Online-Handel, München 2003.

Brink, S./Eckhardt, J., Wann ist ein Datum ein personenbezogenes Datum? – Anwendungsbereich des Datenschutzrechts, ZD 2015, 205.

Britz, G., Vertraulichkeit und Integrität informationstechnischer Systeme, Einige Fragen zu einem neuen Grundrecht, DÖV 2008, 411.

Britz, G., Das Grundrecht auf Datenschutz in Art. 8 der Grundrechtecharta, Gießen 2009.

Brüggemann, S., Das Recht auf Datenportabilität, K&R 2018, 1.

Bruhns, I., Die Welt der digitalen Bedrohungen: Ein lexikalischer Scan, DSB 2017, 212.

Buchmann, E., Wie kann man Privatheit messen? DuD 2015, 510.

Bullinger, G. M., Netzneutralität – Pro und Contra der gesetzlichen Festschreibung, Wissenschaftliche Dienste des Deutschen Bundestages, WD 10 – 3000/065/10, 2010.

BSI, BSI-Veröffentlichungen zur Cyber-Sicherheit, Absicherung von Telemediendiensten nach Stand der Technik, abrufbar unter: https://www.allianzfuer-cybersicherh eit.de/ACS/DE/_/downloads/BSI-CS_125.pdf?__blob=publicationFile&v.=6.

BSI, IT-Grundschutz-Kataloge, 2016, abrufbar unter: www.bsi.bund.de/DE/Themen/ ITGrundschutz/ITGrundschutzKataloge/itgrundschutzkataloge_node.html.

Bundesbeauftragte für den Datenschutz und die Informationsfreiheit, E-Privacy: Daten-schutz darf nicht von kommerziellen Erwägungen gesteuert sein!, Bonn/ Berlin, 1. Dezember 2017, abrufbar unter: https://www.bfdi.bund.de/DE/Infothek/Pr essemitteilungen/2017/22_ePrivacy%20WIK-Studie.html.

Bundesbeauftragte für den Datenschutz und Informationsfreiheit, 26. Tätigkeitsbericht zum Datenschutz 2015 – 2016, 30.5.2017, abrufbar unter: https://www.bfd i.bund.de/SharedDocs/Publikationen/Taetigkeitsberichte/TB_BfDI/26TB_15_16.h tml.

Bundesverband Digitale Wirtschaft eV, Whitepaper Status quo: Mobile Programmatic Advertising in Deutschland, Düsseldorf 2016.

Calliess, C./Ruffert, M. (Hrsg.), EUV/AEUV, Das Verfassungsrecht der Europäischen Union mit Europäischer Grundrechtecharta, 5. Aufl., München 2016.

Caspar, J., Klarnamenpflicht versus Recht auf pseudonyme Nutzung, ZRP 2015, 233.

Ceulic, D., Netzneutralität und Freiheit im Internet, in: Kloepfer, M. (Hrsg.), Netzneutralität in der Informationsgesellschaft, Berlin 2011, 19.

Christl, W., Kommerzielle Digitale Überwachung im Alltag, Studie im Auftrag der österreichischen Bundesarbeitskammer, Wien 2014.

CSEC – Communications Security Establishment Canada, ITSP.40.006 V2 IT Media Sanitization, 2017, abrufbar unter: www.cse-cst.gc.ca/en/system/files/pdf_docume nts/itsp-40-006 v 2-eng_1.pdf.

CSEC – Communications Security Establishment Canada, Clearing and Declassifying Electronic Data Storage Devices (ITSG-06), 2006.

Connelly, C., The US Safe Harbor – Fact or Fiction?, Studie Galexia Pty Ltd., 2008, abrufbar unter: http://www.galexia.com/public/research/assets/safe_harbor_fact_ or_fiction_2008/safe_harbor_fact_or_fiction.pdf.

Cornelius, K., Die „datenschutzrechtliche Einheit" als Grundlage des bußgeldrechtlichen Unternehmensbegriff nach der EU-DSGVO, NZWiSt 2016, 421.

Dams, J./Ettel, A./Grieve, M./Zschäpitz, H., Merkel will die Deutschen durch Nudging erziehen, Die Welt, 12.3.2015, abrufbar unter: http://www.welt.de/wirtschaf t/article138326984/Merkel-will-die-Deutschen-durch-Nudging-erziehen.html.

Datenschutzkonferenz, Einmeldung offener und unbestrittener Forderungen in eine Wirtschaftsauskunftei unter Geltung der DS-GVO, Beschluss vom 23. März 2018, abrufbar unter: https://www.baden-wuerttemberg.datenschutz.de/wp-conte nt/uploads/2018/03/TOP-12-Beschluss-DSK_Einmeldungen.pdf.

Datenschutzkonferenz, Zur Anwendbarkeit des TMG für nicht-öffentliche Stellen ab dem 25. Mai 2018, Positionsbestimmung, 2018, abrufbar unter: https://www.dat enschutz-berlin.de/pdf/publikationen/DSK/2018/2018-DSK-Positionsbestimmung _TMG.pdf.

Datenschutzkonferenz, Verarbeitung personenbezogener Daten für Werbung, Kurz-papier Nr. 3, 2018, abrufbar unter: https://www.bfdi.bund.de/DE/Home/Kurzmel dungen/DSGVO_Kurzpapiere1-3.html.

Datenschutzkonferenz, Datenschutz-Folgenabschätzung nach Art. 35 DS-GVO, Kurzpapier Nr. 5, 2017, abrufbar unter: https://www.lda.bayern.de/media/dsk_kp nr_5_dsfa.pdf.

Datenschutzkonferenz, Informationspflichten bei Dritt- und Direkterhebung, Kurz-papier Nr. 10, 2017, abrufbar unter: https://www.lda.bayern.de/media/dsk_kpnr_ 10_informationspflichten.pdf.

Datenschutzkonferenz, Auftragsverarbeitung, Kurzpapier Nr. 13, 2018, abrufbar un-ter: https://www.lfd.niedersachsen.de/download/126580.

Däubler, W./Klebe, T./Wedde, P./Weichert, T. (Hrsg.), Bundesdatenschutzgesetz, 5. Aufl., Frankfurt am Main 2016.

Degenhart, C., Funktionsauftrag und dritte Programmsäule des öffentlich-rechtlichen Rundfunks, K&R 2001, 329.

Der Hamburgische Beauftragte für Datenschutz und Informationsfreiheit, 25. Tätig-keitsbericht Datenschutz, 1.2.2016, abrufbar unter: https://www.datenschutz-ha mburg.de/uploads/media/25._Taetigkeitsbericht_Datenschutz_2014-2015_HmbB fDI_01.pdf.

Deusch, F./Eggendorfer, T., Fernmeldegeheimnis im Spannungsfeld aktueller Kommu-nikationstechnologien, in: Taeger, J. (Hrsg.), Recht 4.0 – Innovationen aus den rechtswissenschaftlichen Laboren DSRI-Tagungsband 2016, 725.

Deutsche Vereinigung für Datenschutz eV, Stellungnahme zum Entwurf der E-Priva-cy-VO, 2017, abrufbar unter: https://www.datenschutzverein.de/wp-content/uplo ads/2017/05/2017-05-31-DVD-Stellungnahme-ePrivacy-VO.pdf.

Deutsches Institut für Normung eV, DIN 66398: Leitlinie zur Entwicklung eines Löschkonzepts mit Ableitung von Löschfristen für personenbezogene Daten, Ber-lin, 2016.

Deutsches Institut für Normung eV, DIN 66399-3 – Büro- und Datentechnik – Ver-nichten von Datenträgern – Teil 3: Prozess der Datenträgervernichtung, Berlin, 2013.

Deutsches Institut für Normung e V, DIN 66399-2 – Büro- und Datentechnik – Vernichten von Datenträgern – Teil 2: Anforderungen an Maschinen zur Vernichtung von Datenträgern, Berlin, 2013.

Deutsches Institut für Normung e V, DIN 66399-1 – Büro- und Datentechnik – Vernichten von Datenträgern – Teil 1: Grundlagen und Begriffe, Berlin, 2012.

DIN ISO/IEC 27018, Informationstechnik – Sicherheitsverfahren – Leitfaden zum Schutz personenbezogener Daten (PII) in öffentlichen Cloud-Diensten als Auftragsdatenverarbeitung (ISO/IEC 27018:2014), Beuth-Verlag, Berlin, 2017.

Dieterich, T., Rechtsdurchsetzungsmöglichkeiten der DS-GVO – Einheitlicher Rechtsrahmen führt nicht zwangsläufig zu einheitlicher Rechtsanwendung, ZD 2016, 260.

Dieterich, T., Canvas Fingerprinting – Rechtliche Anforderungen an neue Methoden der Nutzerprofilerstellung, ZD 2015, 199.

different Strategieagentur, The Programmatic Giant, Berlin 2015.

Dochow, C., Gesundheitsdatenschutz gemäß der EU-Datenschutzgrundverordnung, GesR 2016, 401.

Düsseldorfer Kreis, Beschluss der Aufsichtsbehörden für den Datenschutz im nicht-öffentlichen Bereich vom 13./14. September 2016, Fortgeltung bisher erteilter Einwilligungen unter der Datenschutz-Grundverordnung, abrufbar unter: https://www.lda.bayern.de/media/dk_einwilligung.pdf.

Düsseldorfer Kreis, Fallgruppen zur internationalen Auftragsdatenverarbeitung, Handreichung des Düsseldorfer Kreises zur rechtlichen Bewertung, 19.4.2007.

Dörr, D./Natt, A., Suchmaschinen und Meinungsvielfalt, ZUM 2014, 829.

Duschanek, A./Griller, S. (Hrsg.), Grundrechte für Europa – Die Europäische Union nach Nizza, Wien 2002.

Dustmann, A., Die privilegierten Provider – Haftungsbeschränkungen im Internet aus urheberrechtlicher Sicht, Baden-Baden 2001.

Eckhardt, J., Wie weit reicht der Schutz des Fernmeldegeheimnisses (Art. 10 GG), DuD 2006, 365.

Ehlers, D. (Hrsg.), Europäische Grundrechte und Grundfreiheiten, 3. Aufl., Berlin 2009.

Ehmann, E./Selmayr, M. (Hrsg.), Datenschutz-Grundverordnung, München 2017.

Elixmann, R., Datenschutz und Suchmaschinen – Neue Impulse für einen Datenschutz im Internet, Berlin 2012.

Engel, A., Reichweite und Umsetzung des Datenschutzes gemäß der Richtlinie 95/46/EG, Berlin 2005.

Engeler, M./Felber, W., Entwurf der ePrivacy-VO aus Perspektive der aufsichtsbehördlichen Praxis, ZD 2017, 251.

Epping, V./Hillgruber, C. (Hrsg.), Beck'scher Online-Kommentar Grundgesetz, 34. Edition 2017.

Erlhofer, S., Suchmaschinen-Optimierung: das umfassende Handbuch, 7. Aufl., Bonn 2014.

Ernst, S., Die Einwilligung nach der Datenschutzgrundverordnung, ZD 2017, 110.

Ettig, D./Rauer, N., Besprechung BGH Beschluss v. 5.10.2017 – I ZR 7/16 – Vorlage an EuGH zur Verwendung personenbezogener Daten – Cookie-Einwilligung, ZD 2018, 79.

Ettig, D./Rauer, N., Nutzung von Cookies – Rechtliche Anforderungen in Europa und deren Umsetzungsmöglichkeiten, ZD 2014, 27.

Faust, S./Spittka, J./Wybitul, T., Milliardenbußgelder nach der DS-GVO? Ein Überblick über die neuen Sanktionen bei Verstößen gegen den Datenschutz, ZD 2016, 120.

Fischer, T./Petri, J./Steidle, R., Outsourcing im Bankbereich – neue aufsichtsrechtliche Anforderungen nach § 25 a KWG und MaRisk, WM 2007, 2313.

Fischer, T./Steidle, R., Brauchen wir neue EG-Standardvertragsklauseln für das „Global Outsourcing"?, CR 2009, 632.

Fleischer, M., Werbefreiheit und rechtliche Zulässigkeit von Werbemaßnahmen, NJW 2014, 2150.

Forgó, N./Helfrich, M./Schneider, J. (Hrsg.), Betrieblicher Datenschutz – Rechtshandbuch, 2. Aufl., München 2017.

Frenett, R./Dow, M., One to One Online Interventions – A pilot CVE methodology, London 2015, abrufbar unter: http://www.strategicdialogue.org/publications/.

Fraunhofer Institut FOKUS, ÖFIT-Trendschau, Trendthema 27: Stupsen, Berlin 2015.

Friedewald, M./Martin, N., Vorgehen bei Datenschutz-Folgenabschätzungen, BvD News 3/2017, 41.

Funke, A., Der Anwendungsvorrang des Gemeinschaftsrechts, DÖV 2007, 733.

Frenz, W., Europäischer Datenschutz und Terrorabwehr, EuZW 2009, 6.

Gallwas, H.-U., Der allgemeine Konflikt zwischen dem Recht auf informationelle Selbstbestimmung und der Informationsfreiheit, NJW 1992, 2785.

Gehrmann, M./Klett, D., IT-Sicherheit in Unternehmen – Weiterhin viel Unsicherheit bei der Umsetzung des IT-Sicherheitsgesetzes, K&R 2017, 372.

Geis, I., Individualrechte in der sich verändernden europäischen Datenschutzlandschaft, CR 1995, 174.

Geppert, M./Schütz, R. (Hrsg.), Beck'scher TKG-Kommentar, 4. Aufl., München 2013.

Gersdorf, H., Telekommunikationsrechtliche Einordnung von OTT-Diensten am Beispiel von Gmail, K&R 2016, 91.

Gersdorf, H./Paal, B. (Hrsg.), Beck'scher Online Kommentar Informations- und Medienrecht, 18. Edition 1.5.2017.

Gesellschaft für Datenschutz und Datensicherheit eV (GDD), Werbung und Kundendatenschutz nach der Datenschutz-Grundverordnung (DS-GVO), GDD-Ratgeber, Bonn 2016.

Gierschmann, S., Gestaltungsmöglichkeiten bei Verwendung von personenbezogenen Daten in der Werbung, MMR 2018, 7.

Gierschmann, S., Was „bringt" deutschen Unternehmen die DSGVO? ZD 2016, 51.

Gierschmann, S./Schlender, K./Stentzel, R./Veil, W. (Hrsg.), Datenschutz-Grundverordnung, Köln 2017.

Gola, P., Aus den aktuellen Berichten der Aufsichtsbehörden (33): Datenschutzverstöße bei Werbung, Kurzbeiträge, RDV 2017, 287.

Gola, P. (Hrsg.), Datenschutz-Grundverordnung (Kommentar), München 2017.

Gola, P., Neues Recht – neue Fragen: Einige aktuelle Interpretationsfragen zur DSGVO, K&R 2017, 145.

Golla, S. J., Die Straf- und Bußgeldtatbestände der Datenschutzgesetze, Berlin 2015.

Golla S. J., Säbelrasseln in der DSGVO: Drohende Sanktionen bei Verstößen gegen die Vorgaben zum Werbedatenschutz, RDV 2017, 123.

Gonscherowski, S./Herber, T./ Robrahn, R./Rost, M./Weichelt, R., Durchführung einer Datenschutz-Folgenabschätzung gem. Art. 35 DSGVO auf der methodischen Grundlage eines standardisierten Prozessablaufes mit Rückgriff auf das SDM am Beispiel eines „Pay as you drive"-Verfahrens (V 0.10) 2017, abrufbar unter: https://datenschutzzentrum.de/uploads/datenschutzfolgenabschaetzung/201 71106-Planspiel-Datenschutz-Folgenabschaetzung.pdf.

Gounalakis, G./Klein, C., Zulässigkeit von personenbezogenen Bewertungsplattformen, NJW 2010, 566.

Grabitz, E., Gemeinschaftsrecht bricht nationales Recht, Hamburg 1966.

Graf von Westphalen, F./Wendehorst, C., Hergabe personenbezogener Daten für digitale Inhalte – Gegenleistung, bereitzustellendes Material oder Zwangsbeitrag zum Datenbinnenmarkt?, BB 2016, 2179.

Grasegger, H./Krogerus, M., Ich habe nur gezeigt, dass es die Bombe gibt, Das Magazin, 3.12.2016, abrufbar unter: https://www.dasmagazin.ch/2016/12/03/ich-habe-nur-gezeigt-dass-es-die-bombe-gibt/.

Greve, H., Das neue Bundesdatenschutzgesetz, NVwZ 2017, 737.

Greve H./Schärdel, F., Der digitale Pranger – Bewertungsportale im Internet, MMR 2008, 644.

Grimm, R., Spuren im Netz, DuD 2012, 88.

Grothe, R./Marauhn, T. (Hrsg.), EMRK/GG, Konkordanzkommentar zum europäischen und deutschen Grundrechtsschutz, Tübingen 2006.

Grünwald, A./Nüßing, C., Kommunikation over the Top – Regulierung für Skype, WhatsApp oder Gmail?, MMR 2016, 91.

Gstrein, O. J., Die umfassende Verfügungsbefugnis über die eigenen Daten, ZD 2012, 424.

Guggenberger, N., Datenschutz durch Blockchain – eine große Chance, ZD 2017, 49.

Gurlit, E., Verfassungsrechtliche Rahmenbedingungen des Datenschutzes, NJW 2010, 1035.

Härtel, I., Handbuch Europäische Rechtssetzung, Berlin 2006.

Härting, N., Datenschutz- Grundverordnung – Das neue Datenschutzrecht in der betrieblichen Praxis, Köln 2017.

Härting, N., Auftragsverarbeitung nach der DSGVO, ITRB 2016, 137.

Härting, N., Anonymität und Pseudonymität im Datenschutzrecht, NJW 2013, 2065.

Halfmeier, A., Die neue Datenschutzverbandsklage, NJW 2016, 1126.

Hamburgischen Beauftragten für Datenschutz und Informationsfreiheit (HmbBfDI), 26. Tätigkeitsbericht Datenschutz 2016/2017, abrufbar unter: https://www.daten schutz-hamburg.de/news/detail/article/26-taetigkeitsbericht-datenschutz-2016201 7.html?tx_ttnews%5BbackPid%5D=175&cHash=10042b75ea847a553fd258bd 486585c1.

Hammer, V., DIN 66398 – Die Leitlinie Löschkonzept als Norm, DuD 2016, 528.

Hammer, V./Fraenkel, R., Löschklassen, DuD 2011, 890.

Hammer, V./Fraenkel, R., Löschkonzept, DuD 2007, 905.

Hammer, V./Knopp, M., Datenschutzinstrumente Anonymisierung, Pseudonyme und Verschlüsselung, DuD 2015, 503.

Hammer, V./Schuler, K., Löschen nach Regeln – die neue Norm hilft, CuA 1/2016, 30.

Hammer, V./Schuler, K., Leitlinie zur Entwicklung eines Löschkonzepts, 2012, abrufbar unter: www.secorvo.de/publikationen/fachartikel.html.

Hansen, M., Vertraulichkeit und Integrität von Daten und IT-Systemen im Cloud-Zeitalter, DuD 2012, 407.

Hansen, M./Meissner, S. (Hrsg.), Verkettung digitaler Identitäten, Kiel 2007.

Hansen-Oest, S., Vertrag zur Durchführung von Webanalysen („Webtracking") In: Moos, F. (Hrsg.), Datennutzungs- und Datenschutzverträge, Köln 2014, Teil 3 IV.

Hauf, D., Allgemeine Konzepte K-Anonymity, l-Diversity and T-Closeness, IPD Uni-Karlsruhe, 2007, abrufbar unter: https://dbis.ipd.kit.edu/img/content/SS07Hauf_k Anonym.pdf.

Helbing, T., Big Data und der datenschutzrechtliche Grundsatz der Zweckbindung, K&R 2015, 145.

Helfrich, M., DsAnpUG-EU: Ist der sperrige Name hier schon Programm?, ZD 2017, 97.

Henkel, A./Hirsch, S., Whitepaper Programmatic Advertising, Herne 2015.

Hennemann, M., Personalisierte Medienangebote im Datenschutz- und Vertragsrecht, ZUM 2017, 544.

Herbrich, T., Vorschlag für eine ePrivacy-Verordnung-EU (Teil 3): Kontrolle über elektronische Kommunikation, insbesondere Direktwerbung, unabhängige Aufsichtsbehörden, Rechtsbehelfe, Haftung und Sanktionen, jurisPR-ITR 23/2017, Anm. 2.

Herfert, M./Selzer, A./Waldmann, U., Wie geht es nach dem Safe-Harbor-Urteil des EuGH weiter?, BvD-News 2016, 29.

Hering, E./Gutekunst, J./Dyllong, U., Handbuch der praktischen und technischen Information, Berlin 2000.

Heselhaus, S./Nowak, C. (Hrsg.), Handbuch der Europäischen Grundrechte, München 2007.

Hessischer Datenschutzbeauftragter, Stellungnahme zum Einsatz von Microsoft Office 365 in Hessischen Schulen vom 22.8.2017, abrufbar unter: https://www.date nschutz.hessen.de/ds12.htm.

Hill, H./Schliesky, U. (Hrsg.), Innovationen im und durch Recht – E-Volution des Rechts- und Verwaltungssystems II, Kiel 2010.

Hill, H./Schliesky, U. (Hrsg.), Die Vermessung des virtuellen Raums, Kiel 2012.

Hoeren, T., Das Telemediengesetz, NJW 2007, 801.

Hoeren, T./Sieber, U./Holznagel, B. (Hrsg.), Handbuch Multimedia-Recht – Rechtsfragen des elektronischen Rechtsverkehrs, 39. Aufl., München 2014.

Hoffmann, C./Luch, A./Schulz, S./Borchers, K., Die digitale Dimension der Grundrechte, Baden-Baden 2015.

Hoffmann, H., Zivilrechtliche Haftung im Internet, MMR 2002, 284.

Hoffmann-Riem, W., Der grundrechtliche Schutz der Vertraulichkeit und Integrität eigengenutzter informationstechnischer Systeme, JZ 2008, 1009.

Hofmann, J., Anforderungen aus der DS-GVO und NIS-RL an das Cloud Computing, ZD-Aktuell 2017, 05488.

Hofmann, J./Johannes, P., DS-GVO: Anleitung zur autonomen Auslegung des Personenbezugs, in: Zeitschrift für Datenschutz, ZD 2017, 221.

Holznagel, B./Hartmann, S., Das „Recht auf Vergessenwerden" als Reaktion auf ein grenzenloses Internet, Entgrenzung der Kommunikation und Gegenbewegung, MMR 2016, 228.

Hornung, G., Das neue Grundrecht – Der verfassungsrechtliche Schutz der „Vertraulichkeit und Integrität informationstechnischer Systeme", CR 2008, 299.

Hornung, G., Eine Datenschutz-Grundverordnung für Europa? Licht und Schatten im Kommissionsentwurf vom 25.1.2012, ZD 2012, 99.

Hornung, G./Schindler, S., Das biometrische Auge der Polizei, ZD 2017, 203.

Hornung, G./Steidle, R., Biometrie am Arbeitsplatz – sichere Kontrollverfahren versus ausuferndes Kontrollpotential, AuR 2005, 201.

Huber, B., Trojaner mit Schlapphut – Heimliche „Online-Durchsuchung" nach dem Nordrhein-Westfälischen Verfassungsschutzgesetz, NVwZ 2007, 880.

Huber, B., Auslegung und Anwendung der Charta der Grundrechte, NJW 2011, 2385.

Hummel, D., Die Missachtung des parlamentarischen Gesetzgebers durch die Fachgerichte unter dem Deckmantel des Anwendungsvorrangs europäischen Rechts, NVwZ 2008, 36.

Institut der Deutschen Wirtschaft (IW), Datenschutzpräferenzen von Jugendlichen in Deutschland, Köln 2018, abrufbar unter: https://www.iwkoeln.de/studien/iw-tren ds/beitrag/barbara-engels-datenschutzpraeferenzen-von-jugendlichen-in-deutschla nd.html.

Isensee, J./Kirchhof, P. (Hrsg.), Handbuch des Staatsrechts der Bundesrepublik Deutschland, Band VII: Freiheitsrechte, 3. Aufl., Heidelberg 2009. *Jacquemain, T.*, Haftung privater Stellen bei Datenschutzverstößen, RDV 2017, 227.

Jäkel, F., Netzneutralität im Internet – Verfassungsrechtliche Aspekte und Sicherungsmechanismen, Frankfurt am Main 2013.

Jäger, M., Das neue Telemediengesetz (Teil 1) – Grundlagen, jurisPR-ITR 4/2007 Anm. 4.

Jandt, S., Biometrische Videoüberwachung – was wäre wenn..., ZRP 2018, 17.

Jandt, S., Datenschutz durch Technik in der DS-GVO – Präventive und repressive Vorgaben zur Gewährleistung der Sicherheit der Verarbeitung, DuD 2017, 1.

Jandt, S., Big Data und die Zukunft des Scoring, K&R 2015, Begleitheft zu Heft 5, 6.

Jandt, S., EuGH stärkt den Schutz der Persönlichkeitsrechte gegenüber Suchmaschinen, MMR-Aktuell 2014, 358242.

Jandt, S./Hohmann, C., Fitness- und Gesundheits-Apps – Neues Schutzkonzept für Gesundheitsdaten?, K&R 2015, 694.

Jandt, S./Kieselmann, O/ Wacker, A., Recht auf Vergessen im Internet, DuD 2012, 1.

Jandt, S./Roßnagel, A., Datenschutz in Social Networks – Kollektive Verantwortlichkeit für die Datenverarbeitung, ZD 2011, 160.

Jandt, S./Steidle, R., One Device Fits All? – Ein Endgerät für mehrere Arbeitgeber. Rechtliche Bewertung und Handlungsempfehlungen bei BY1D, CR 2013, 338.

Jarass, H., EU-Grundrechte, München 2005.

Jarass, H., Charta der Grundrechte der Europäischen Union, 2. Auflage München 2013.

Jendrian, K./Schäfer, C., Verschlüsseln in der Cloud – Visualisiert am Beispiel von Microsoft Azure RMS, DuD 2015, 548.

Jensen, S., Kritik von Sachverständigen zum derzeitigen Entwurf des DSAnpUG-EU, ZD Aktuell 2017, 05596.

Joachim, K., Besonders schutzbedürftige Personengruppen, ZD 2017, 414.

Johannes, P. C./Richter, P., Privilegierte Verarbeitung im BDSG-E, DuD 2016, 300.

Jülicher, T./Röttgen, C./v. Schönfeld, M., Das Recht auf Datenübertragbarkeit – Ein datenschutzrechtliches Novum, ZD 2016, 358.

Kaiser, M., The enforcement-structure of the new GDPR, PinG 2017, 192.

Karg, M., Anonymität, Pseudonyme und Personenbezug revisited?, DuD 2015, 520.

Karg, M./Kühn, U., Datenschutzrechtlicher Rahmen für „Device Fingerprinting" – Das klammheimliche Ende der Anonymität im Internet ZD 2014, 285.

Keppeler, L. M./Berning, W., Technische und rechtliche Probleme bei der Umsetzung von Löschpflichten, ZD 2017, 314.

Keppler, M., Was bleibt vom TMG-Datenschutz nach der DS-GVO?, MMR 2015, 779.

Kilian, W./Heussen, B. (Hrsg.), Computerrechts-Handbuch – Informationstechnologie in der Rechts- und Wirtschaftspraxis, Loseblatt, 32. Aufl., München 2013 (seit der 32. Ergänzungslieferung hrsg. von *Taeger, J./Pohle, J.*).

Kingreen, T./Kühling, J., Weniger Schutz durch mehr Recht: Der überspannte Parlamentsvorbehalt im Datenschutzrecht, JZ 2015, 213.

Kipker, D.-K., Massiver Ausbau der EU-Cyber-Sicherheitskapazitäten – Jahresansprache 2017 des EU-Kommissionspräsidenten Juncker und Veröffentlichung der neuen europäischen Cyber-Sicherheitsstrategie, MMR-Aktuell 2017, 394677.

Kipker, D.-K., Weitgehende Befugnisse für die ENISA und ein europaweiter Rahmen für die Zertifizierung von Cybersicherheit – Neuer Verordnungsentwurf für ein einheitliches europäisches IT-Sicherheitsnetzwerk, MMR-Aktuell 2017, 395945.

Klein-Henning, M./Schmidt, F., Zurück auf Los – Die IT-Sicherheit zurück in der Steinzeit Haftung und Lösungen für IT-Sicherheitsmängel im Internet of Things DuD 2017, 605.

Klement, J., Öffentliches Interesse an Privatheit – Das europäische Datenschutzrecht zwischen Binnenmarkt, Freiheit und Gemeinwohl, JZ 2017, 161.

Knopp, M., Muss die Wirkung von Verschlüsselung neu gedacht werden?, DuD 2015, 542.

Knopp, M., Pseudonym – Grauzone zwischen Anonymisierung und Personenbezug, DuD 2015, 527.

Koch, A., Zur Einordnung von Internet-Suchmaschinen nach dem EGG, K&R 2002, 120.

Kochheim, D., Cybercrime und Strafrecht in der Informations- und Kommunikationstechnik, München 2015.

Kodde, C., Die „Pflicht zu Vergessen" – „Recht auf Vergessenwerden" und Löschung in BDSG und DS-GVO, ZD 2013, 115.

Köhler, H./Bornkamm, J./Feddersen, J. (Hrsg.), Gesetz gegen den unlauteren Wettbewerb, München 2018.

Kohn, W., Statistik – Datenanalyse und Wahrscheinlichkeitsrechnung, Berlin/Heidelberg 2005.

Knopp, M., Datenschutzherausforderung Webtracking, DuD 2010, 783.

Kramer, P., E-Privacy-Verordnung: Tracking ja oder nein, bürokratische Verbote oder Verbraucherschutz?, DSB 2018, 6.

Kranig, T., Abstimmungserfordernisse nach der DS-GVO, BvD-News 2/2017, 5.

Krcmar, H., Leimeister, J.M., Roßnagel, A., Sunyaev, A. (Hrsg.), Cloud-Services aus der Geschäftsperspektive, Heidelberg 2016.

Kreile, J./Thalhofer, T., Suchmaschinen und Pluralitätsanforderungen, ZUM 2014, 629.

Kremer, S./Völkel, C., Cloud Storage und Cloud Collaboration als Telekommunikationsdienste, CR 2015, 501.

Kreutz, O., Online-Angebote und Werbeblockersoftware - Eine lauterkeits- und zivilrechtliche Untersuchung unter besonderer Berücksichtigung der rechtlich zulässigen und technisch möglichen Handlungsalternativen der Webseitenbetreiber, Baden-Baden 2017.

Kröger, D./Kuner C., Internet für Juristen: Zugang, Recherche, Informationsquellen, München 2001.

Krohm, N., Die wirtschaftliche Einheit als Bußgeldadressat unter der Datenschutz-Grundverordnung?, RDV 2017, 221.

Kroschwald, S., Informationelle Selbstbestimmung in der Cloud. Datenschutzrechtliche Bewertung und Gestaltung des Cloud Computing aus dem Blickwinkel des Mittelstands, Wiesbaden 2016.

Kroschwald, S., Verschlüsseltes Cloud Computing. Auswirkungen der Kryptografie auf den Personenbezug in der Cloud, ZD 2014, 75.

Krügel, T., Der Einsatz von Angriffserkennungssystemen im Unternehmen, MMR 2017, 795.

Krupna, K., Zur Bestimmung des Bußgeldrahmens nach der DS-GVO, ZD-Aktuell 2016, 05272.

Kuckartz, U./Rädicker, S./Ebert, T./Schehl, J., Statistik – Eine verständliche Einführung, Wiesbaden 2010.

Kühling, J., Im Dauerlicht der Öffentlichkeit – Freifahrt für personenbezogene Bewertungsportale?, NJW 2015, 447.

Kühling, J./Buchner, B. (Hrsg.), Datenschutz-Grundverordnung/BDSG (Kommentar), 2. Aufl., München 2018.

Kühling, J./Martini, M./Heberlein, J./Kühl, B./Nink, D./Weinzierl, Q./Wenzel, M., Die Datenschutz-Grundverordnung und das nationale Recht: Erste Überlegungen zum innerstaatlichen Regelungsbedarf, Münster 2016.

Kühling, J./Schall, T., E-Mail-Dienste sind Telekommunikationsdienste iSd § 3 Nr. 24 TKG, CR 2016, 185.

Kühling; J./Schall, T., WhatsApp, Skype & Co. – OTT-Kommunikationsdienste im Spiegel des geltenden Telekommunikationsrechts, CR 2015, 641.

Kugelmann, D., Datenfinanzierte Internetangebote, DuD 2016, 566.

Kunz, T./Selzer, A./Steiner, S., Konsequenzen festgestellter Verstöße bei der Auftragsdatenverarbeitungskontrolle, DuD 2015, 21.

Kutscha, M./Thomé, S., Grundrechtsschutz im Internet, Baden-Baden 2013.

Ladeur, K.-H./Gostomzyk, T., Der Schutz von Persönlichkeitsrechten gegen Meinungsäußerungen in Blogs, NJW 2012, 710.

Laue, P./Nink, J./Kremer, S., Das neue Datenschutzrecht in der betrieblichen Praxis, Baden-Baden 2016.

Lensdorf, L., Aufsichtsrechtliche Anforderungen an die IT von Kredit- und Finanzdienstleistungsinstituten – eine Tour d'horizont von der Einführung des § 25a KWG zur MaRisk 2017 und den BAIT 2017, CR 2017, 753.

Lepperhoff, N., Dokumentationspflichten in der DS-GVO, RDV 2017, 197.

Lepperhoff, N., Neue gesetzliche Pflichten für IT-Verantwortliche, IT-Sicherheit 2016, 64.

Lewandowski, K., Suchmaschinen verstehen, Berlin, Heidelberg 2015.

Lewandowski, K. (Hrsg.), Handbuch Internet-Suchmaschinen, Teil 1: Nutzerorientierung in Wissenschaft und Praxis, Heidelberg 2009.

von Lewinski, K./Pohl, D., Auskunfteien nach der europäischen Datenschutzreform Brüche und Kontinuitäten der Rechtslage, ZD 2018, 17.

Lindner, J., Grundrechtsschutz in Europa – System einer Kollisionsdogmatik, EuR 2007, 160.

Loof, A./ Schefold, C., Kooperation bei Ermittlungsverfahren gegen Unternehmen in den USA – Datentransfer zwischen Skylla und Charybdis, ZD 2016, 107.

Lorenz, B., Der Versand von E-Mails an falsche Empfänger, K&R 2018, 160.

Luch, A., Das neue „IT-Grundrecht" – Grundbedingung einer „Online-Handlungsfreiheit", MMR 2011, 75.

Luch, A./Schulz, S., Die digitale Dimension der Grundrechte, MMR 2013, 88-93.

Luch, A./Schulz, S., Das Recht auf Internet als Grundlage der Online-Grundrechte, Kiel 2013.

Ludwig-Mayerhofer, W./Liebeskind, U./Geißler, F., Statistik – Eine Einführung für Sozialwissenschaftler, Weinheim und Basel 2014.

Maier, N./Schaller, F., ePrivacy-VO – alle Risiken der elektronischen Kommunikation gebannt? Entwurf ohne datenschutzrechtliche Regelungen für P2P-Kommunikationsdienste, ZD 2017, 373.

Martini, M., Do it yourself im Datenschutzrecht, NVwZ 2016, 353.

Martini, M./Nink, D., Wenn Maschinen entscheiden … – vollautomatisierte Verwaltungsverfahren und der Persönlichkeitsschutz, NVwZ-Extra 2017, 1.

Martini, M./Weinzierl, Q., Die Blockchain-Technologie und das Recht auf Vergessenwerden, NVwZ 2017, 1251.

Martini, M./Wenzel, Q., „Gelbe Karte" von der Aufsichtsbehörde: die Verwarnung als datenschutzrechtliches Sanktionshybrid, PinG 2017, 92.

Martino, A. D., Datenschutz im europäischen Recht, Baden-Baden 2005.

Maunz, T./Dürig, G. (Hrsg.), Grundgesetz, 81. Aufl., München 2017.

Mecklenburg, W., Internetfreiheit, ZUM 1997, 525.

Meyer, J., Charta der Grundrechte der Europäischen Union, 4. Aufl., Baden-Baden 2014.

Meyerdierks, P., Sind IP-Adressen personenbezogene Daten?, MMR 2009, 8.

Monreal, M., Weiterverarbeitung nach einer Zweckänderung in der DS-GVO – Chancen nicht nur für das europäische Verständnis des Zweckbindungsgrundsatzes, ZD 2016, 507.

Moritz, H.-W./Dreier, T. (Hrsg.), Rechts-Handbuch zum E-Commerce, 2. Aufl., Köln 2005.

Müthlein, T., ADV 5.0 – Neugestaltung der Auftragsdatenverarbeitung in Deutschland, RDV 2016, 74.

Neufeld, T./Schemmel, F., Notfallmanagement bei Cyberangriffen durch Cyber Incident Response Plan, DSB 2017, 209.

NIST, Special Publication 800-88, Guidelines for Media Sanitization, 2006.

NIST, Special Publication 800-88 Revision 1, Guidelines for Media Sanitization, abrufbar unter: www.nist.gov.

Nolde, M., Sanktionen nach DSGVO und BDSG-neu: Wem droht was warum?, PinG 2017, 114.

Nolte, N., Das Recht auf Vergessenwerden – mehr als nur ein Hype?, NJW 2014, 2238.

Nolte, G., Paperboy oder die Kunst den Informationsfluss zu regulieren – von Datenbanken, Links und Suchmaschinen, ZUM 2003, 540.

Ohler, C., Grundrechtliche Bindungen der Mitgliedstaaten nach Art. 51 GRCh, NVwZ 2013, 1433.

Oppermann, T./Classen, C. D./Nettesheim, M., Europarecht, 7. Aufl., München 2016.

Paal, B., Online-Suchmaschinen – Persönlichkeitsrechts- und Datenschutz, ZEuP 2016, 591.

Paal, B., Vielfaltsicherung im Suchmaschinensektor, ZRP 2015, 34.

Paal, B. P./Hennemann, M., Online-Archive im Lichtes der Datenschutz-Grundverordnung, KuR 2017, 18.

Paal, B. P. /Pauly, D. A. (Hrsg.), Beck´scher Kompakt-Kommentar Datenschutz-Grundverordnung, München 2017.

Pankoke, S., Von der Presse- zur Providerhaftung, München 2000.

Pentland, A., Social Physics, New York 2014.

Peschel, C./Rockstroh, S., Big Data in der Industrie – Chancen und Risiken neuer datenbasierter Dienste, MMR 2014, 571.

Petri, T., Auftragsdatenverarbeitung – heute und morgen – Reformüberlegungen zur Neuordnung des Europäischen Datenschutzrechts, ZD 2015, 305.

Pichler, R., Haftung des Host-Providers für Persönlichkeitsrechtsverletzungen vor und nach dem TDG, MMR 1998, 79.

Piltz, C., Die Datenschutz-Grundverordnung, K&R 2016, 557.

Plath, K.-U. (Hrsg.), BDSG/DSGVO, Kommentar zum BDSG und zur DSGVO sowie den Datenschutzbestimmungen des TMG und TKG, 2. Aufl., Köln 2016.

Podszun, R./de Toma, M., Die Durchsetzung des Datenschutzes durch Verbraucherrecht, Lauterkeitsrecht und Kartellrecht, NJW 2016, 2987.

Pohl, D., Durchsetzungsdefizite der DSGVO?, PinG 2017, 85.

Pohle, J., EU-Datenschutz: Entwurf einer ePrivacy-VO, ZD-Aktuell 2017, 05452.

Puschke, J./Singelnstein, T., Telekommunikationsüberwachung, Vorratsdatenspeicherung und (sonstige) heimliche Ermittlungsmaßnahmen der StPO nach der Neuregelung zum 1. 1. 2008, NJW 2008, 113.

Quad, Y., Besprechung BGH Beschluss v. 5.10.2017 – I ZR 7/16 – Cookie Einwilligung GRUR-Prax 2017, 554.

Rath, M., Zur Haftung von Internet-Suchmaschinen, AfP 2005, 324.

Rengeling, H.-W./Middeke, A./Gellermann, M., Handbuch des Rechtsschutzes in der Europäischen Union, 3. Aufl., München 2014.

Rengeling, H.-W./Szczekalla, P., Grundrechte in der Europäischen Union, Charta der Grundrechte und Allgemeine Rechtsgrundsätze, Köln ua 2004.

Ronellenfitsch, M., Fortentwicklung des Datenschutzes – Die Pläne der Europäischen Kommission, DuD 2012, 561.

Rosenthal, S., Informationssicherheit in der DSGVO: Checkliste für Unternehmen, DSB 2017, 206.

Roßnagel, A. (Hrsg.), Das neue Datenschutzrecht, Baden-Baden 2018.

Roßnagel, A., Gesetzgebung im Rahmen der Datenschutz-Grundverordnung, DuD 2017, 277.

Roßnagel A., Datenschutzgesetzgebung für öffentliche Interessen und den Beschäftigungskontext, DuD 2017, 290.

Roßnagel A., Vorratsdatenspeicherung vor dem Aus?, NJW 2017, 696.

Roßnagel, A. (Hrsg.), Europäische Datenschutz-Grundverordnung : Vorrang des Unionsrechts – Anwendbarkeit des nationalen Rechts, Baden-Baden 2017.

Roßnagel, A., Zusätzlicher Arbeitsaufwand für die Aufsichtsbehörden der Länder durch die Datenschutz-Grundverordnung -Gutachten im Auftrag der Aufsichtsbehörden der Länder, 2017, abrufbar unter: https://www.datenschutzzentrum.de/up loads/dsgvo/2017-Rossnagel-Gutachten-Aufwand-Datenschutzbehoerden.pdf.

Roßnagel, A., Entwurf einer E-Privacy-Verordnung – Licht und Schatten, ZRP 2017, 33.

Roßnagel, A., Wie zukunftsfähig ist die Datenschutz-Grundverordnung? Welche Antworten bietet sie für die neuen Herausforderungen des Datenschutzrechts?, DuD 2016, 561.

Roßnagel, A., Die neue Vorratsdatenspeicherung, NJW 2016, 533.

Roßnagel, A., Big Data – Small Privacy?, ZD 2013, 562.

Roßnagel, A. (Hrsg.), Beck'scher Kommentar zum Recht der Telemediendienste, München 2013.

Roßnagel, A., Das Gebot der Datenvermeidung und -sparsamkeit als Ansatz wirksamen technikbasierten Persönlichkeitsschutzes?, in; Eifert, M./Hoffmann-Riem, W. (Hrsg.), Innovation, Recht und öffentliche Kommunikation, Innovation und Recht IV, Berlin 2011, 43.

Roßnagel, A., Das Recht auf (tele-)kommunikative Selbstbestimmung, KJ 1990, 267.

Roßnagel, A./Geminn, C./Jandt, S./Richter, P., Datenschutzrecht 2016 – „Smart" genug für die Zukunft?, Kassel 2016.

Roßnagel, A./Hornung, G./Jandt, S., Rechtsgutachten zum Datenschutz in der medizinischen Forschung im Auftrag der TMF – Technologie- und Methodenplattform für die vernetzte medizinische Forschung eV, 2009, abrufbar unter: http://www.t mf-ev.de/DesktopModules/Bring2mind/DMX/Download.aspx?Method=attachme nt&Command=Core_Download&EntryId=1424&PortalId=0.

Roßnagel, A./Richter, P./Nebel, M., Besserer Internetdatenschutz für Europa, ZD 2013, 103.

Roßnagel, A./Schnabel, C., Das Grundrecht auf Vertraulichkeit und Integrität informationstechnischer Systeme und sein Einfluss auf das Privatrecht, NJW 2008, 3534.

Richter, P., Die Wahl ist geheim... so what? Big Data Mining im US-Wahlkampf. Und hier?, DÖV 2013, 961.

Richter, P. (Hrsg.), Privatheit, Öffentlichkeit und demokratische Willensbildung in Zeiten von Big Data, Baden-Baden 2015.

Richter, P., Big Data, in: Heesen, J. (Hrsg.), Handbuch Medien- und Informationsethik, Stuttgart 2016, 210.

Richter, P., Instrumente zwischen rechtlicher Steuerung und technischer Entwicklung, DuD 2016, 89.

Rinne, H., Taschenbuch der Statistik, Frankfurt am Main, 2008.

Rost, M., Bußgeld im digitalen Zeitalter – was bringt die DS-GVO?, RDV 2017, 13.

Rott, P., Data protection law as consumer law – How consumer organisations can contribute to the enforcement of data protection law, EuCML 2017, 113.

Sachs, M., Grundgesetz, 7. Auf., München 2014.

Schaffland, H.-J./Wiltfang, N. (Hrsg.), Datenschutz-Grundverordnung (DS-GVO)/ Bundesdatenschutzgesetz (BDSG), Berlin 2017.

Schallböck, J., Datenkonzentration bei Suchmaschinen – die Macht von Google & Co., 2007, abrufbar unter: www.datenschutzzentrum.de/uploads/sommerakadem ie/2007/sak2007-schallaboeck-datenkonzentration-bei-suchmaschinen.pdf.

Schallbruch, M., IT-Sicherheitsrecht – Schutz kritischer Infrastrukturen und staatlicher IT-Systeme, CR 2017, 648.

Schantz, P., Die Datenschutz-Grundverordnung – Beginn einer neuen Zeitrechnung im Datenschutzrecht, NJW 2016, 1841.

Schantz, P. /Wolff, H. A., Das neue Datenschutzrecht, München 2017.

Schäfer, T., Statistik I – Deskriptive und Explorative Datenanalyse, Wiesbaden 2010.

Scherer, J./Heinickel, C., Ein Kodex für den digitalen Binnenmarkt, MMR 2017, 71.

Schleipfer, S., Datenschutzkonformes Webtracking nach Wegfall des TMG – Was bringen die DS-GVO und die ePrivacy-Verordnung?, ZD 2017, 460.

Schliesky, U./Hoffmann, C./Luch, A./Schulz, S./Borchers, K., Schutzpflichten und Drittwirkung im Internet, Baden-Baden 2014.

Schmidt, B./Babilon, T., Einwilligungsvorbehalte für Tracking-Technologien im deutschen Recht, DSRITB 2015, 473.

Schmidt, B./Freund, B., Perspektiven der Auftragsverarbeitung, ZD 2017, 14.

Schmidt, G./Kahl, T., Verarbeitung „sensibler" Daten durch Cloud-Anbieter in Drittstaaten. Auftragsverarbeitung nach geltendem Recht und DS-GVO, ZD 2017, 54.

Schmitz, P., E-Privacy-VO – unzureichende Regeln für klassische Dienste, ZRP 2017, 172.

Schneider, J., Schließt Art. 9 DS-GVO die Zulässigkeit der Verarbeitung bei Big Data aus? – Überlegungen, wie weit die Untersagung bei besonderen Datenkategorien reicht ZD 2017, 303.

Schneider, J., Datenschutz nach der EU-Datenschutz-Grundverordnung, München 2017.

Schneider, M., WhatsApp & Co. – Dilemma um anwendbare Datenschutzregeln, ZD 2014, 231.

Schneider, M./Enzmann, M./Stopczynski, M., Web Web-Tracking-Report 2014, SIT Technical Reports SIT-TR-2014-01, 2014, abrufbar unter: https://www.sit.fraunh ofer.de/fileadmin/dokumente/studien_und_technical_reports/Web_Tracking_Rep ort_2014.pdf?_=1422365497.

Schoch, F., Das Recht auf informationelle Selbstbestimmung, in: Sachs, M./Siekmann, H. (Hrsg.): Der grundrechtsgeprägte Verfassungsstaat, Festschrift für Klaus Stern zum 80. Geburtstag, Berlin 2012, 1491.

Schönefeld, J./Thomé, S., Auswirkungen der Datenschutz-Grundverordnung auf die Sanktionspraxis der Aufsichtsbehörden, PinG 2017, 126.

Schrey, J./Kielkowski, J./Gola, P., Betriebliche Nutzung von Messenger-Diensten aus datenschutz- und arbeitsrechtlicher Sicht – Unternehmerische Pflichten und Herausforderungen beim Einsatz für den Arbeitgeber, MMR 2017, 736.

Schröder, G. (Hrsg.), Datenschutzrecht für die Praxis, 2. Aufl., München 2016.

Schürmann, K., Scoring nach der EU-Datenschutz-Grundverordnung: Was ist noch zulässig?, DSB 2017, 185.

Schultze-Melling, J., Internationale Player und europäischer Datenschutz, Sonderveröffentlichung in RDV 06/2017.

Schuster, F., E-Mail-Dienste als Telekommunikationsdienste?, CR 2016, 173.

Schweitzer, M./Dederer, H.-G., Staatsrecht III: Staatsrecht, Völkerrecht, Europarecht, 11. Aufl., Heidelberg 2016.

Schwiderski-Grosche, S., Proxy-Cache-Server, DuD 1999, 586.

Secorvo (Hrsg.), Zentrale Bausteine der Informationssicherheit, 2. Aufl., Karlsruhe, 2014.

Selzer, A., Datenschutz in Europa und den USA – Grenzüberschreitender Datenverkehr nach dem Safe Harbor Aus, Impulsvortrag Schader-Stiftung, 2015, abrufbar unter: https://www.schader-stiftung.de/themen/demokratie-und-engagement/foku s/menschenrechte/artikel/datenschutz-in-europa-und-den-usa-grenzueberschreiten der-datenverkehr-nach-dem-safe-harbor-a/.

Selzer, A., Datenschutz bei internationalen Cloud Computing Services, DuD 2014, 470.

Sieber, U., Strafrechtliche Verantwortlichkeit für den Datenverkehr in internationalen Computernetzen, JZ 1996, 430.

Siemen, B., Datenschutz als europäisches Grundrecht, Berlin 2006.

Simitis, S. (Hrsg.), Nomos-Kommentar zum Bundesdatenschutzgesetz, 8. Edition, Baden-Baden 2014.

Simitis, S./Fuckner, G., Informationelle Selbstbestimmung und „staatliches Geheimhaltungsinteresse", NJW 1990, 2713.

Sörup, T., Anmerkung zu EuGH: Löschungsanspruch gegen Google – „Recht auf Vergessen", MMR 2014, 455.

Sörup, T./Marquardt, S., Auswirkungen der EU-Datenschutzgrundverordnung auf die Datenverarbeitung im Beschäftigungskontext, Arbeitsrecht Aktuell 2016, 103.

Sosnitza, O., Das Internet im Gravitationsfeld des Rechts – Zur rechtlichen Beurteilung sogenannter Deep Links, CR 2001, 693.

Spindler, G./Schuster, F. (Hrsg.), Recht der elektronischen Medien, Kommentar, 5. Aufl., München 2015.

Sprenger, F./Engemann, C. (Hrsg.), Internet der Dinge – Über smarte Objekte, intelligente Umgebungen und die technische Durchdringung der Welt, Transcript Verlag 2015.

Steffan, J./Seitz, K./Pordesch, U./Steidle, R., Chrome mit Kratzern. Google's. Webbrowser und der Datenschutz, DuD 2009, 47.

Steidle, R., Datenschutz bei Nutzung von Location Based Services im Unternehmen, MMR 2009, 167.

Steidle, R., Multimedia-Assistenten im Betrieb. Datenschutzrechtliche Anforderungen, rechtliche Regelungs- und technische Gestaltungsvorschläge für mobile Agentensysteme, Wiesbaden 2005.

Steidle, R./Pordesch, U., Entfernen des Personenbezugs mittels Verschlüsselung durch Cloudnutzer, DuD 2015, 536.

Steidle, R./Pordesch, U., Wider das anarchistische IT-Outsourcing! Webdienste und Informationssicherheit: Ein Beitrag zu Dropbox & Co. im Unternehmen, Fraunhofer Publica 2012, abrufbar unter: http://publica.fraunhofer.de/documents/N-20 8414.html.

Steidle, R./Pordesch, U., Im Netz von Google – Web-Tracking und Datenschutz, DuD 2008, 324.

Steidle, R./Waldeck, M., Die Pflicht zur Führung von Insiderverzeichnissen unter dem Blickwinkel der informationellen Selbstbestimmung, WM 2005, 868.

Steinbach, A., Social Bots im Wahlkampf, ZRP 2017, 101.

Steinebach,M./Winter, C./Halvani, O./Schäfer, M./Yannikos, Y., Fraunhofer SIT Begleitpapier Bürgerdialog, Chancen durch Big Data und die Frage des Privatsphärenschutzes, 2015.

Streinz, R., Die Rechtsprechung des EuGH zum Datenschutz, DuD 2011, 602.

Streinz, R. (Hrsg.), EUV/AEUV, 2. Aufl., München 2012.

Streinz, R./Michl, W., Die Drittwirkung des europäischen Datenschutzgrundrechts (Art. 8 GRCh) im deutschen Privatrecht, EuZW 2011, 384.

Strömer, T. H., Online-Recht – Juristische Probleme der Internet-Praxis erkennen und vermeiden, 4. Aufl., Heidelberg 2006.

Strubel, M., Anwendungsbereich des Rechts auf Datenübertragbarkeit, ZD 2017, 355.

Sunstein, R. H./Thaler, C. R., Nudge: Improving Decisions About Health, Wealth and Happiness, New York ua 2009.

Sydow, G. (Hrsg.), Europäische Datenschutz-Grundverordnung, Baden-Baden 2017.

Tanenbaum, A. S./Wetherall, D.J., Computernetzwerke, 5. Aufl., München 2012.

Techconsult, Security Bilanz Deutschland, 2017, abrufbar unter: www.security-bilanz.de.

Tettinger, P./Stern, K. (Hrsg.), Kölner Gemeinschaftskommentar zur Europäischen Grundrechte-Charta, München 2006.

TeleTrust, Bundesverband IT-Sicherheit eV, Handreichung zum Stand der Technik im Sinne des ITSiG, Berlin, 2016, abrufbar unter: https://www.teletrust.de/fileadmin/docs/fachgruppen/ag-stand-der-technik/TeleTrusT-Handreichung_Stand_der_Technik.pdf.

Tezel, T., Cloud Computing, SaaS, PaaS & IaaS einfach erklärt, ZD-Aktuell 2016, 05026.

Thiel, B., Die DSGVO (auch) als Herausforderung für die Aufsichtsbehörden, RDV 2017, 191.

Turgeman, A./Zelazny, F., Invisible challenges: the next step in behavioural biometrics?, Biometric Technology Today 06/2017, 5.

Uerpmann-Wittzack, R. (Hrsg.), Das neue Computergrundrecht, Münster 2009.

Unabhängiges Landeszentrum für Datenschutz Schleswig-Holstein (ULD), Positionspapier des ULD zum Urteil des Gerichtshofs der Europäischen Union vom 6. Oktober 2015, C-362/14, 14.10.2015, abrufbar unter: https://www.datenschutzzentrum.de/uploads/internationales/20151014_ULD-Positionspapier-zum-EuGH-Urteil.pdf.

Unabhängiges Landeszentrum für Datenschutz Schleswig-Holstein (ULD), Tätigkeitsbericht Nr. 35, abrufbar unter: https://datenschutzzentrum.de/tb/tb35/kap07.htm.

Venzke-Caprarese, S., Retargeting in der Onlinewerbung, DuD 2017, 577.

Vogelgesang, S./Möllers, F./Potel, K./Hessel, S., Auf der Jagd nach Schwachstellen – Eine strafrechtliche Bewertung von Portscans, DuD 2017, 501.

Weichert, T., Regulierte Selbstregulierung – Plädoyer für eine etwas andere Datenschutzaufsicht, RDV 2005, 1.

Weichert, T., Datenschutz bei Internetveröffentlichungen, VuR 2009, 323;

Weichert, T., Big Data, Gesundheit und der Datenschutz, ZD 2014, 831.

Weidenhammer, D./Gundlach, R., Wer kennt den „Stand der Technik"? Umsetzungsempfehlungen für Energienetzbetreiber, DuD 2018, 106.

Weiß, S., Die Bußgeldpraxis der Aufsichtsbehörden in ausgewählten EU-Staaten – ein aktueller Überblick, PinG 2017, 97.

Wendehorst, C./Graf v. Westphalen, F., Das Verhältnis zwischen Datenschutz-Grundverordnung und AGB-Recht, NJW 2016, 3745.

Wiese, G., Bewertungsportale und allgemeines Persönlichkeitsrecht, JZ 2011, 608.

Winkler, H., Suchmaschinen: Metamedien im Internet?, in: Becker, B./Paetau, M. (Hrsg.), Virtualisierung des Sozialen – Die Informationsgesellschaft zwischen Fragmentierung und Globalisierung, Frankfurt am Main, New York 1997, 185.

Wischmann, T.; Rechtsnatur des Access-Providing, MMR 2000, 461.

Wissenschaftliches Institut für Infrastruktur und Kommunikationsdienste GmbH (WIK), Wirtschaftliche Auswirkungen der Regelungen der ePrivacy-Verordnung auf die Online-Werbung und werbefinanzierte digitale Geschäftsmodelle, Bad Honnef 2017, abrufbar unter: http://www.wik.org/fileadmin/Studien/2017/2017_ePrivacy-BMW.pdf.

Wolfangel, E., „Löschen trifft die Falschen", Technology Review (dtsch.) 2/2016, 46.

Wolff, H./Brink, S., Datenschutzrecht in Bund und Ländern, München 2013.

Wolff, H. A./Brink, S. (Hrsg.), Beck'scher Online-Kommentar Datenschutzrecht, 21. Edition, München 2017.

Wright, C./Kleiman, C./ Sundhar, S., Overwriting Hard Drive Data: The Great Wiping Controversy, in: Sekar, R., Pujari, A.K. (Eds.) Lecture Notes in Computer Science, 2008, 243 abrufbar unter: www.vidarholen.net/~vidar/overwriting_hard_drive_data.pdfive-data/.

Wybitul, T., Welche Folgen hat die Datenschutz-Grundverordnung für die Compliance?, CCZ 2016, 194.

Wybitul, T., EU-Datenschutz-Grundverordnung im Unternehmen, Frankfurt am Main 2017.

Wybitul, T./Ströbel, L./Ruess, M., Übermittlung personenbezogener Daten in Drittländer – Überblick und Checkliste für die Prüfung nach der DS-GVO, ZD 2017, 503.

Wybitul, T./Dr. Ströbel, L., Neue E-Privacy-Verordnung: Ein Plätzchen für Cookies, Legal Tribune Online, 2017, abrufbar unter: https://www.lto.de/persistent/a_id/21807/.

Zander-Hayat, H./Reisch, L./Steffen, C., Personalisierte Preise – Eine verbraucherpolitische Einordnung, VuR 2016, 403.

Zimmer-Helfrich, A., BDSG-neu: BMI-Entwurf für ein Datenschutz-Anpassungs- und -Umsetzungsgesetz EU (Interview), ZD 2017, 51.

Einleitung

Das Handbuch „Datenschutz im Internet" erläutert die aktuellen, für die Verarbei- 1
tung personenbezogener Daten im Internet geltenden Bestimmungen des Datenschutzrechts. Es ist kein weiteres allgemeines Werk zur europäischen Datenschutz-
Grundverordnung, sondern stellt die Veränderungen und die Auswirkungen der Da-
tenschutznovellierung für und auf den Anwendungsbereich des **Internet in den Mittelpunkt**. Denn Datenschutz in einer digitalen Gesellschaft betrifft alle – Staat, Verwaltung, Unternehmen, Selbständige, Privatpersonen. Der private wie auch berufliche Alltag wird immer mehr durch Informations- und Kommunikationstechnologie
durchdrungen, indem Daten über das Internet ausgetauscht werden. Es ist heute üblich, dass in unterschiedlichen Kontexten zahlreiche Webdienste, Cloud-Dienste und
Kommunikationsdienste über das Internet genutzt werden, oft mit verschiedenen
Endgeräten. Die daraus folgenden Anforderungen des Datenschutzrechts werden
nachstehend **praxisnah, aber auch fundiert und wissenschaftlich begründet** dargestellt.

Das Handbuch berücksichtigt dabei insbesondere die rechtlichen Grundlagen der 2
europäischen **Datenschutz-Grundverordnung**, aber auch diejenigen des neuen **Bundesdatenschutzgesetzes** und des Kommissionsentwurfs der **E-Privacy-Verordnung**,[1]
soweit diese für internetspezifische Datenverarbeitungen relevant sind.

Ausgangspunkt der Darstellung sind die **technischen und strukturellen Grundlagen** 3
der Datenverarbeitung im Internet, die eingangs vorgestellt werden (→ A. I.). Anschließend werden die **rechtlichen Grundlagen** des aktuellen Datenschutzrechts erläutert (→ A. II.). Beschrieben werden grundrechtliche Anforderungen der Charta der
Grundrechte der Europäischen Union sowie des deutschen Grundgesetzes, der Vorrang der europäischen Datenschutz-Grundverordnung vor dem Recht der Mitgliedstaaten und auch das Verhältnis der europäischen Datenschutz-Grundverordnung
zum Entwurf der E-Privacy-Verordnung.

Es folgt die Darstellung der **Begriffsdefinitionen** einschließlich wichtiger Auslegungen 4
zu zentralen Themen wie dem Personenbezug, der Pseudonymisierung, dem Verantwortlichen und der Auftragsverarbeitung (→ B. I.). Internetspezifische Datenschutzregelungen bilden den nächsten Schwerpunkt. Es werden die europäischen **Verarbei-
tungsprinzipien** und **Zulässigkeitsnormen** inklusive der Auftragsverarbeitung und der
Verarbeitung besonderer Kategorien personenbezogener Daten erörtert. Einen
Schwerpunkt bilden zudem die Zulässigkeitsnormen der Einwilligung inklusive des
Kopplungsverbots sowie die Verarbeitung aufgrund berechtigter Interessen (→ B. II.
1. und 2.). Speziell die Anforderungen an grenzüberschreitende Datenverarbeitungen

---

1 Vorschlag der Europäischen Kommission für eine Verordnung des Europäischen Parlaments und des Rates
über die Achtung des Privatlebens und den Schutz personenbezogener Daten in der elektronischen Kommunikation und zur Aufhebung der Richtlinie 2002/58/EG (Verordnung über Privatsphäre und elektronische
Kommunikation), vom 10.1.2017, COM(2017) 10 final, 2017/0003 (COD). Im Folgenden ist mit dem Entwurf der E-Privacy-VO dieser Kommissionsentwurf gemeint. Sofern die Entwürfe des Parlaments, Entwurf
einer legislativen Entschließung des Europäischen Parlaments vom 23.10.2017, A8-0324/2017, oder die Stellungnahmen des EU-Ministerrats vom 4.5.2018, abrufbar unter: http://data.consilium.europa.eu/doc/docume
nt/ST-8537-2018-INIT/en/pdf, gemeint sind, wird ausdrücklich darauf hingewiesen.

im Internet werden in einem gesonderten Kapitel zur **internationalen Datenverarbeitung** beschrieben (→ B. II. 3.). Die Regelungen des Kommissionsentwurfs zur E-Privacy-Verordnung und der Schutz von Endeinrichtungen schließen das Kapitel ab (→ B. II. 4. und 5.). Einen praxisorientierten Hauptteil des Handbuchs bilden Ausführungen zu **internetspezifische Datenverarbeitungen** (→ B. III.). Dabei bestehen eigene Kapitel zu Webdiensten, Cloud-Diensten, Office-Tools, Suchmaschinen, Webanalyse, Werbung, Social Networks, Big Data, Kommunikations- und Over-the-Top Diensten, Netz- und Informationssicherheit sowie Betrugsverhinderung und der Tätigkeit von Auskunfteien.

5 Im Anschluss an die Zulässigkeitsthematik befasst sich das folgende Kapitel mit dem neu **geregelten technischen und organisatorischen Datenschutz** (→ B. IV.). Dabei werden die Anforderungen nach Privacy by Design and Default, die Datenschutz-Folgenabschätzung, neue Informationspflichten sowie die technischen Vorgaben an das Löschen vorgestellt. Es folgen eine Darstellung der **Rechte der betroffenen Personen** bei Datenverarbeitungen im Internet (→ B. V.) sowie detaillierte Ausführungen zu den **Rechtsschutzmöglichkeiten** für betroffene Personen, insbesondere das Recht, sich bei der Aufsichtsbehörde zu beschweren, Ansprüche auf Schadensersatz im Rahmen der Haftungsregelungen und die Möglichkeiten zur gerichtlichen Durchsetzbarkeit (→ B. VI.). Letztlich werden die neuen **Sanktionsmöglichkeiten** bei Verstößen gegen die europäische Datenschutz-Grundverordnung aufgeführt (→ B. VII.).

Silke Jandt/Roland Steidle

A. Technische und rechtliche Grundlagen

Eine bereichsspezifische Betrachtung des Datenschutzrechts erfordert einen konkreten Untersuchungsgegenstand. Daher ist es erforderlich, zunächst eine Beschreibung „des Internet" zu versuchen, um als Basis der datenschutzrechtlichen Ausführungen ein einheitliches Verständnis zu erzielen. Ergänzend werden als rechtliche Grundlagen die europäischen und nationalen Grundrechte, die die Datenschutzvorschriften bedingen, sowie die Geltungshierarchie zwischen der Datenschutz-Grundverordnung und dem nationalen Datenschutzrecht einerseits sowie anderseits der zukünftigen E-Privacy-Verordnung dargestellt.

I. Technische und strukturelle Grundlagen des Internet

Abstrakt beschrieben ist das „Internet" die technische Innovation, durch die Datenverarbeitung allgegenwärtig geworden und in jeden Lebensbereich eingedrungen ist. Hinter der **Bezeichnung „Internet"** verbergen sich jedoch unterschiedliche Begriffe und ein unterschiedliches Verständnis. Auf die Frage, wie das „Internet" definiert oder was darunter zu verstehen ist, wird es viele unterschiedliche Antworten geben, je nachdem ob sie von einem Laien, versierten Internetnutzer oder einem Informatiker stammen und auch davon abhängig, in welchem Kontext die Bezeichnung verwendet wird. Formulierungen wie „ins Internet gehen", „im Internet surfen", „per Internet" oder auch schlicht „das Internet" weisen deutlich auf die Mehrdeutigkeit des Begriffes hin. Im allgemeinen Sprachgebrauch ist keine Formulierung falsch oder missverständlich. Sie ergänzen sich und beschreiben zusammengenommen eben nicht eine konkrete Technik oder einen technischen Gegenstand, sondern ein soziotechnisches System, welches als übergeordnete Bezeichnung die gesamte Innovation des „Internet" umfasst. 1

Für die datenschutzrechtliche Betrachtung bietet es sich an, das „Internet" durch eine **Dreiteilung** differenziert zu beschreiben, die in Anlehnung an die technische Perspektive erfolgt.[1] Die erste Ebene ist das **physikalische Netz** insbesondere bestehend aus Festnetz, Funk, Satellit, General Packet Radio Service (GPRS) und Universal Mobile Telecommunications System (UMTS). Durch dieses und auf Basis eines einheitlichen Netzwerkprotokolls sind zahlreiche Rechner miteinander verbunden. Die technische Netzinfrastruktur auf erster Ebene wird nachfolgend als Internet bezeichnet.[2] Hierauf baut die digitale, transportierende IP-Schicht auf, durch die unterschiedliche **Internetdienste**, wie das World Wide Web (im Folgenden Web)[3] und E-Mail-Dienste, ermöglicht werden. Die Internetdienste bilden im folgenden Kontext zusammengenommen 2

---

1 S. *Ceulic*/Kloepfer 2011, 20.
2 Eine begriffliche Ungenauigkeit wird im Folgenden teilweise bei der Verwendung umgangssprachlich üblicher Wortverknüpfungen mit Internet, wie zB Internetadressen oder Internetnutzer nicht zu vermeiden sein.
3 Die korrekte Abkürzung für das World Wide Web ist WWW. Für eine bessere Lesbarkeit wird dennoch die Kurzform Web verwendet.

die zweite Ebene.[4] Schließlich soll als dritte Ebene das Web als Ausschnitt des „Internet" – oder genauer gesagt dieser spezifische Internetdienst – aufgrund seiner gesellschaftlichen Bedeutung vertiefend hinsichtlich seiner konkreter **Webdienste** betrachtet werden, wie Suchmaschinen, Social Networks, Onlineshops, Wikis, Videoplattformen und vieles mehr. Im Folgenden wird diesbezüglich die Bezeichnung Webdienst, Web-Service oder Webanwendung verwendet. Das Tracking der Nutzer im Web hat mittlerweile eine solche Bedeutung erlangt, dass sowohl die unterschiedlichen technischen Umsetzungsmöglichkeiten als auch die verschiedenen Auswertungszwecke aufgezeigt werden. Entsprechend der unterschiedlichen Ebenen des „Internet" sind zu dessen Realisierung zahlreiche Akteure, neben den Internetkonsumenten Internetdienstleister und sogenannte Internet-Mediäre erforderlich, die funktionsbezogen differenziert werden. Es werden ökonomische Besonderheiten aufgeführt, da diese häufig für normative Entscheidungen insbesondere über die Auflösung von Interessenkollisionen relevant sein können.

1. Internet als technische Netzinfrastruktur

3   Technisch beschrieben ist das Internet ein **dezentral organisiertes, globales Rechnernetzwerk,** das aus beliebig vielen miteinander verbundenen und eindeutig adressierten lokalen und nationalen Netzen besteht und auf einem **einheitlichen und offenen Netzwerkprotokoll** basiert.[5] Das Internet kann als das Straßennetz der Informationsgesellschaft bezeichnet werden.[6] Genau genommen, handelt es sich beim Internet nicht um ein physikalisches Netz, sondern eine Ansammlung verschiedener Netze, die bestimmte gängige Protokolle nutzen und bestimmte allgemeine Dienste zur Verfügung stellen.

4   Die technische Netzinfrastruktur besteht aus **kabelbasierten und kabellosen Techniken,** die grundsätzlich unterschieden werden können. Zu der ersten Gruppe gehören ein für das Internet ausgebautes Glasfaserkabelnetz, das herkömmliche Telefonnetz mit Kupferkabeln und das Kabelfernsehnetz aus Glasfaser- und Koaxialkabeln. Zu den nicht kabelbasierten Internet-Techniken für das sogenannte „mobile Internet" gehören Mobilfunk- und Satellitennetze sowie Wireless Area Network (WLAN). Im Anschluss an die analogen Mobilfunknetze der ersten Generation, die keine praktische Relevanz mehr aufweisen, folgte Global System for Mobile Communications (GSM) als zweite, UMTS als dritte und schließlich Long Term Evolution (LTE) als vierte Generation der Mobilfunkstandards. Die Entwicklung des nächsten Mobilfunkstandards 5G ist bereits so weit fortgeschrittenen, dass die kommerzielle Einführung circa für das Jahr 2020 prognostiziert wird.

---

4   *Ceulic*/Kloepfer 2011, 20 unterscheidet die drei Ebenen physikalisches Netz, IP-Schicht sowie Dienste und Applikation.

5   S. BVerfGE 120, 274 (276); *Federrath*/*Pfitzmann*/Moritz/Dreier 2005, Teil A Rn. 1; *Polenz*/Kilian/Heussen 2013, Teil 13, Rn. 29 sowie zur Geschichte des Internet *Strömer* 2006, 3 ff. Der Gesetzgeber beschreibt das Internet sehr abstrakt und funktionsbezogen als „elektronisches Informations- und Kommunikationssystem", BT-Drs. 14/6468, 5.

6   *Roßnagel* KJ 1990, 267 (268) hat diese Bezeichnung zuvor für die Telekommunikationstechnik gewählt.

In Bezug auf den Vorgang der Datenübertragung zwischen zwei Rechnern wird die 5 Internet-architektur als **Client-Server-Infrastruktur** beschrieben.[7] Diese Beschreibung differenziert funktionsbezogen zwischen dem Server als Dienst oder Daten zur Verfügung stellendes System und dem Client als das den Dienst oder Daten anfordernde System.[8] Die Besonderheit im Internet ist, dass jedes Computersystem sowohl als Server als auch als Client fungieren kann.

Jeder an das Internet angeschlossene Rechner muss zu einem Zeitpunkt eine individu- 6 elle Kennung aufweisen, um für den Prozess der Datenübertragung zwischen zwei Rechnern über die technische Infrastruktur eindeutig angesprochen werden zu können. Diese eindeutige Kennung ist im Internet-Netzwerk die **Internet Protocol (IP-)Adresse**.[9] IP-Adressen sind nummerisch und bestehen nach der noch hauptsächlich verwendeten IPv 4-Spezifikation aus 32 Bits – vier jeweils durch einen Punkt voneinander abgetrennten Zahlenblöcken – mit jeweils einer maximal dreistelligen Zahl (8 Bit) im Wert zwischen null und 255 (Bytes). Derzeit wird die IPv 4-Spezifikation durch die seit 1998 existierende IPv 6-Spezifikation abgelöst, die insgesamt 128 Bits umfasst und in acht Zahlenblöcken von je vier Ziffern (16 Bit) dargestellt wird. Die IPv 6-Spezifikation bietet damit eine deutlich größere Anzahl möglicher Adressen bietet, die bei IPv 4 zu erschöpfen drohen.[10]

Um zu gewährleisten, dass jede IP-Adresse tatsächlich eindeutig einem Rechner zuge- 7 wiesen ist, muss es Regeln und Verantwortliche für die Zuweisung der IP-Adressen geben. Die Koordination der **Vergabe von IP-Adressen** übernimmt die amerikanische Internet Corporation for Assigned Names and Numbers (ICANN). Eine geregelte Vergabe selbst erfolgt durch eine der ältesten Institutionen des Internet, die Internet Assigned Numbers Authority (IANA), eine Abteilung der ICANN. Die IANA verteilte in den Anfangsjahren des Internet IPv 4-Adressen in großen Adressblöcken direkt an Organisationen, Firmen oder Universitäten, die dann die weitere Verteilung selbstständig übernahmen. Seit Februar 2005 sind fünf regionale Vergabestellen, die Regional Internet Registries (RIR), eingerichtet, denen nunmehr Adressblöcke – typischerweise /8 in CIDR-Notation – zugewiesen werden. Die Vergabe an die Endnutzer erfolgt nach deren eigenen Regelungen für die Zuweisung von Adressen an Provider oder Organisationen, die wiederum ihre IP-Adressen selbst verwalten. Für Europa ist die Réseaux IP Européens (RIPE) zuständig. Die Vergabe der IP-Adresse ist damit über eine hierarchische Baumstruktur organisiert und stellt eine Ausnahme der Dezentralität des Internet da.

Einen engen Zusammenhang zur IP-Adresse weist das **Domain Name System (DNS)** 8 auf. Jedem Domain-Namen ist eine numerische IP-Adresse eindeutig zugeordnet. Während für den technischen Zugriff auf einen Server ausschließlich die IP-Adresse

---

7 Moritz/Dreier/*Federrath/Pfitzmann* 2005, Teil A Rn. 8.
8 Hoeren/Sieber/Holznagel/*Sieber* 2014, Teil 1, Rn. 20; Kilian/Heussen/*Wißner/Jäger* 2013, Teil 300: Technisches Lexikon zu den Begriffen „client" und „server"; *Erlhofer* 2014, 183 f.
9 S. Moritz/Dreier/*Federrath/Pfitzmann* 2005, Teil A Rn. 7; *Erlhofer* 2014, 186. Die IP-Adresse kann mit einer Anschrift oder einer Telefonnummer verglichen werden, die ebenfalls mittelbar einer oder mehreren Personen zugeordnet werden können. ZB lautet die IP-Adresse der Domain des Bundesverfassungsgerichts 77.87.229.25.
10 S. zur IPv 6-Spezifikation Moritz/Dreier/*Federrath/Pfitzmann* 2005, Teil A Rn. 34 ff.

erforderlich ist, ist der zusätzliche Domain-Name ein Zugeständnis an die Merkfähigkeit der Menschen, die sich eher einen begrifflichen Domain-Namen als nummerische Adressen merken können, und damit an die Nutzerfreundlichkeit. Domains sind Teilbereiche des hierarchischen DNS. Vergleichbar der Situation der IP-Adressen erfolgt die Zuteilung von Domains über ein Vergabeverfahren, da diese ebenfalls im Internet weltweit einmalig und eindeutig sein müssen. Im Unterschied zum Vergabeverfahren für IP-Adressen werden Domains jedoch nicht zugewiesen, sondern sie sind unter Berücksichtigung vorgegebener Regeln frei wählbar. Die Vorgaben erfassen zunächst den Aufbau von Domains, der hierarchisch[11] ist und sich in festgelegter Reihenfolge aus Top-Level-Domain (TLD),[12] Second-Level-Domain (SLD)[13] zusammensetzt, und können durch Verzeichnis- und Dateinamen ergänzt werden.[14] Die weiteren Regeln für die Domain-Gestaltung sind von der konkreten TLD abhängig, da sie jeweils von der Vergabestelle der TLD – dem Network Information Center (NIC)[15] – festgelegt werden. Die Verwaltung der Länderkennung für Deutschland –.de – obliegt dem Deutschen Network Information Center eG – oder kurz DENIC.[16] Diese hat insbesondere Regelungen für die Verwendung von Buchstaben, Umlauten und Zeichen im Domain-Namen festgelegt.[17] Des Weiteren erfolgt die Vergabe der Domain nach dem Grundsatz „first come, first served", so dass unter Voraussetzung der Einhaltung der weiteren Domainrichtlinien für den Antragsteller die gewünschte Domain registriert wird, sofern sie noch verfügbar ist.[18]

9   In seinem bisherigen Erscheinungsbild weist das „Internet" **vier prägende Charakteristika** auf, die allerdings nicht alle technisch zwingend sind. Dies sind im Einzelnen die Dezentralität, Globalität, Zugangsoffenheit und Neutralität.[19]

10 Die beiden Charakteristika der Dezentralität und der Globalität finden sich bereits in der technischen Definition des Internet wieder. **Dezentralität** bedeutet in diesem Zusammenhang, dass die technische Infrastruktur nicht über eine oder mehrere zentrale Einheiten verfügt, über die letztlich alle Rechner miteinander verbunden wären. Es existieren somit keine zentralen technischen Knotenpunkte, die als „Zugangstore" für den Anschluss an das Rechnernetzwerk fungieren, und der Bestand des Internet hängt nicht von einer einzigen funktionierenden Zentrale ab.[20] Entsprechend kann das Netzwerk auch nicht durch einen zentralen Angriff in seiner grundsätzlichen

---

11   Moritz/Dreier/*Federrath/Pfitzmann* 2005, Teil A Rn. 27.
12   TLD sind entweder geografisch und verweisen auf die Zuordnung der Webseite zu einem bestimmten Land, zB de, fr, uk, oder generisch und sind einer bestimmten Gruppe zugeordnet, zB com, org, net, gov.
13   Bei der Domain http://www.bundesverfassungsgericht.de ist der zweite Teil – Bundesverfassungsgericht – die SLD.
14   Wie zB /index.html.
15   Diese wird auch Domain Name Registry genannt. Sie verwaltet eine oder mehrere Top-Level-Domains im DNS, betreibt hierfür den Nameserver und den Whois-Service mit Kontaktdaten der Domaininhaber.
16   Zu weiteren Informationen s. https://www.denic.de/ueber-denic/.
17   S. die von DENIC veröffentlichte IDN-Zeichenliste, http://www.denic.de/domains/internationalized-domain-names/idn-liste.html.
18   S. die Domainrichtlinien der DENIC unter http://www.denic.de/domains/allgemeine-informationen/domainrichtlinien.html###c5529.
19   Ursprünglich entwickelt wurde das Internet mit dem Ziel der Hochverfügbarkeit eines Kommunikationsweges, Moritz/Dreier/*Federrath/Pfitzmann* 2005, Teil A Rn. 10.
20   Nach *Mecklenburg* ZUM 1997, 525 (528) ist das Gegenstück zur Netz- oder Sterntypologie die Baumtypologie der klassischen Medien.

Funktionsfähigkeit beeinträchtigt werden, so dass es eine geringe Verletzbarkeit und damit hohe Zuverlässigkeit aufweist.[21]

Globalität bedeutet, dass die technische Infrastruktur weltumspannend ist. Geografi- 11 sche oder natürliche Grenzen können die Ausbreitung der Netzwerkarchitektur nicht beeinträchtigten.

Das Charakteristikum der **Zugangsoffenheit** meint, dass grundsätzlich jede Person 12 die Möglichkeit hat, den eigenen Rechner an das Internet anzuschließen und so zum Bestandteil des Rechnernetzwerks zu werden. Die Notwendigkeit, die Dienste eines Zugangsanbieters – oder auf Englisch Access-Provider – in Anspruch nehmen zu müssen, steht der Zugangsoffenheit nicht entgegen. Es bestehen technisch grundsätzlich keine begrenzten Anschlusskapazitäten, die eine Regulierung des Zugangs zum Internet erfordern würden, und der Anschluss ist unabhängig von den verwendeten Betriebssystemen und Netzwerktechniken möglich. Das Rechnernetzwerk kann beliebig ausgeweitet werden und die Anzahl der angeschlossenen Einzelrechner ist faktisch unendlich. Der Zugang zum Internet ist daher insbesondere weder staatlichen Einrichtungen, Unternehmen oder bestimmten Organisationen vorbehalten, noch existieren weitere Zugangsbeschränkungen, wie zum Beispiel Nationalität oder eine allgemeingültige Altersgrenze der Anschlussinhaber.

Während Dezentralität, Globalität und Zugangsoffenheit Eigenschaften des Netz- 13 werks sind, bezieht sich die **Neutralität** auf die Datenübertragung durch dieses Kommunikationsnetz. Im Kern wird die wertneutrale, technische Funktionsweise der Datenübertragung im Internet durch den Begriff der Netzneutralität zusammengefasst.[22] Der zu übermittelnde Datensatz wird in einzelne Datenpakete zerlegt, die nach dem Store-and-Forward-Prinzip transportiert werden. Dies bedeutet, dass die Datenpakete nicht unmittelbar an den Zielrechner geschickt, sondern über verschiedene Zwischenrechner, auf dem sie jeweils bis zur nächsten Weiterleitung zwischengespeichert wird.[23] Dieses Prinzip hat den Vorteil, dass Blockierungen auf Teilstrecken umgegangen werden können und eine Optimierung der Netzwerkauslastung erreicht wird. Es entscheidet über den Weg, den die einzelnen Datenpakete durch das Internet zum Empfängerserver nehmen. Ergänzt wird das Store-and-Forward-Prinzip durch das Best-Effort-Prinzip. Danach werden alle Datenpakete gleichberechtigt übertragen, so wie es aufgrund der technischen Bedingungen am schnellsten möglich ist. Die Übermittlung der Datenpakete erfolgt immer über den schnellsten Weg, der nicht gleichzeitig der Kürzeste sein muss. Kommt es an einer Stelle im Netzwerk aus welchen Gründen auch immer zu einer Übermittlungsstörung, werden die Datenpakete automatisch über andere Knotenpunkte weitergeleitet.[24]

Technisch wird die **Netzneutralität** durch den Aufbau des Datenpakets und die Re- 14 geln für deren Übertragung gewährleistet. Ein Datenpaket setzt sich aus mehreren Be-

---

21 S. hierzu ausführlich die Geschichte zur Entwicklung des Internet *Tanenbaum/Wetherall* 2012, 80 ff.
22 S. zB *Bullinger*, Wissenschaftliche Dienste des Bundestages 2010, 4. An dieser Stelle ist die rein technische Netzneutralität gemeint, so dass hier auf Ausführungen zur politischen und rechtlichen Diskussion der Netzneutralität verzichtet wird. S. zum technisch-traditionellen Begriff sowie zu weiteren Begriffsverständnissen *Jäkel* 2013, 5 ff. mwN.
23 *Moritz/Dreier/Federrath/Pfitzmann* 2005, Teil A Rn. 39.
24 *Kröger/Kuner* 2001, 2 f.; *Sieber* JZ 1996, 430.

standteilen zusammen, die verschiedenen Schichten (sogenannte Layer) zugeordnet sind. Das sogenannte DoD-Schichtenmodell definiert vier Schichten und wird auch als TCP/IP-Referenzmodell bezeichnet.[25] Es ist ein theoretisches Denkmodel, das die systematische Darstellung des komplizierten Prozesses der Datenübertragung ermöglicht, indem auf den einzelnen Schichten die verschiedenen definierten Aufgaben dargestellt werden. Eine Konkretisierung dieser Aufgaben in Bezug auf ihre Realisierung erfordert darüber hinaus die Definition von Regeln und Konventionen, wie diese Aufgaben auf der jeweiligen Schicht zu erfüllen sind und die Kommunikation zwischen den Schichten zu erfolgen hat. Diese Regeln sind in den sogenannten Protokollen festgelegt.[26]

15 Die Charakteristika der Dezentralität, Globalität und Zugangsoffenheit führen dazu, dass das Internet insgesamt technisch heterarchisch aufgebaut ist. Die technische Infrastruktur bedarf weder zentraler Einheiten oder zentraler Zugangsschnittstellen noch folgt – bisher – die Datenübermittlung hierarchischen Regeln. Lediglich die Vergabe von IP-Adressen und Domain-Namen erfolgt nach festgelegten Regeln und das DNS ist hierarchisch aufgebaut, um die eindeutige Zuordenbarkeit von einmaliger IP-Adresse und Domain-Namen zu gewährleisten.[27]

2. Internetdienste

16 Die technische Infrastruktur des Internet wird erst durch die zahlreichen Internetdienste zum Leben erweckt. Sie stellen das Internet in einen – wenn auch noch sehr abstrakten – Anwendungskontext und ermöglichen dem Menschen die Nutznießung der reinen Internettechnik. Auf dieser hohen Abstraktionsebene kann das „Internet" als Medium zur Kommunikation zwischen Menschen beschrieben werden. Es handelt sich wie bei den Ursprüngen der Telekommunikation über Festnetztelefonie um eine Form technisch vermittelter Kommunikation. Dies allerdings mit dem wesentlichen Unterschied, dass jegliche Inhalte multimedial vermittelt werden können.

17 Einer der bekanntesten und wohl auch bedeutendsten Internetdienste ist das **World Wide Web**,[28] das eine Übertragung von multimedialen Webseiten auf der Grundlage

25 RFC 760 – DoD standard Internet Protocol, http://www.faqs.org/rfcs/rfc760.html. Zum Transmission Control Procotol (TCP) s. Moritz/Dreier/*Federrath/Pfitzmann* 2005, Teil A Rn. 19 f. Die Abkürzung DoD als Bezeichnung des Schichtenmodells bedeutet Department-of-Defence und beruht darauf, dass das Internet vom amerikanischen Verteidigungsministerium entwickelt worden ist. Neben diesem vierschichtigen Modell wird häufig auf das OSI-Schichtenmodell verwiesen, dass später von der International Organization for Standardization (ISO) entwickelt wurde. Insgesamt sind vier Schichten im DoD-Schichtenmodell definiert, die sich mit dem siebenschichten OSI-Schichtenmodell (Open Systems Interconnection Reference Model) vergleichen lassen. Das DoD-Schichtenmodell stellt eine vereinfachte Variante des OSI-Schichtenmodells dar, die in diesem Kontext als ausreichend erachtet wird.
26 Hoeren/Sieber/Holznagel/*Sieber* 2014, Teil 1, Rn. 40.
27 Hiervon unterscheidet sich das sog Darknet, das – vereinfacht dargestellt – einen Zusammenschluss von verschiedenen anonymen Netzwerken darstellt, die ohne zentrale Verwaltungsinstanzen wie das Domain Name System (DNS) auskommen. Für den Zugang zum Darknet wird ein spezifischer Browser – TOR-Browser – benötigt. Für die Anonymisierung des kompletten Datenverkehrs leitet der Dienst „The Onion Routing" jedes ein- und ausgehende Datenpaket mit einer zufällig ausgewählten Route für-Torserver-Netzwerk um. Entsprechend tragen im Darknet gelistete Webseiten die Endung .onion. S. *Hoffmann*, Darknet: So funktioniert es, PC-Magazin vom 13.9.2016, abrufbar unter: http://www.pc-magazin.de/ratgeber/darknet-fu nktionsweise-nutzen-3196735-15344.html.
28 Die Bezeichnung Internet wird häufig nicht in Bezug auf die technische Infrastruktur, sondern als Synonym für das Web verwendet, wie zB bei der umgangssprachlichen Formulierung, „im Internet suchen". In der Entscheidung des LG Mannheim CR 1996, 353 (354) wird das Web korrekt als Teilbereich des Internet

Silke Jandt

des Hypertext Transfer Protocol (HTTP) ermöglicht.[29] Diese Webseiten können theoretisch von jeder Person, die technischen Zugang zum Internet hat, zur Verfügung gestellt[30] und grundsätzlich von jedem Nutzer des Internet – sei es über einen eigenen oder fremden Internetzugang – abgerufen werden.

Eine Schlüsselfunktion für die Nutzung des Webdienstes nehmen **Webbrowser**[31] ein. 18 Der Webbrowser ist eine Software für den Aufruf und die Darstellung von Webseiten und stellt die Benutzeroberfläche für Webanwendungen dar. Im Web stehen verschiedene Webbrowser zum kostenlosen Download zur Verfügung. Sie besitzen regelmäßig eine definierte Startseite, die beim Programmstart angezeigt wird. Wesentliche Bestandteile sind neben einer großen Ansichtsfläche für die Darstellung der Webseiten eine Adressleiste, in die der Domain-Name oder die URL der aufzurufenden Webseite eingegeben wird, und ein Eingabefenster für Suchbegriffe, die direkt eine Suchmaschine ansprechen.[32] Daneben verfügen Webbrowser über zahlreiche weitere Schaltflächen und Funktionen, die das Navigieren im Web erleichtern sollen, wie zum Beispiel die Darstellung eines Verlaufsprotokolls (Chronik), ein Verzeichnis mit Lesezeichen, die Verwendung von Cookies und Proxy-Servern, Sicherheitskontrollen mit Warnhinweisen auf Malware- und Phishing-Angriffe sowie Anti-Tracking-Funktionen.

Ein weiterer sehr wichtiger Internetdienst ist die **E-Mail** als elektronisches Gegen- 19 stück zum Brief.[33] Der Transport von E-Mails basiert im Internet auf dem Simple Mail Transfer Protocol (SMTP).[34] Mittels einer E-Mail kann über das Internet eine Nachricht von einem Absender an einen oder mehrere Empfänger übermittelt werden. E-Mail-Dienste werden von E-Mail-Providern (oder auch E-Mail-Services-Providern) angeboten. Diese verfügen über einen Mailserver, auf dem die E-Mail-Konten (oder auch E-Mail-Postfächer) der Nutzer gespeichert werden.[35] Jedes E-Mail-Konto wird durch eine E-Mail-Adresse, die dem Nutzer eindeutig zugewiesen wird, repräsentiert. Die E-Mail-Adresse, die für den Informationsaustausch benötigt wird, ist weder an eine bestimmte Örtlichkeit noch an einen bestimmten Rechner gebunden. Über die von den E-Mail-Providern angebotenen Webseiten können die einer E-Mail-Adresse zugeordneten Nachrichten von überall und mit beliebigen Endgeräten, insbesondere Desktops, Notebooks und Smartphones, die an das Internet angeschlossen

---

beschrieben. Webseiten im Darknet werden nicht über den DNS-Server aufgerufen und sind nur durch spezifische Suchmaschinen für das Darknet auffindbar.

29 S. Moritz/Dreier/*Federrath/Pfitzmann* 2005, Teil A Rn. 42 ff.

30 Mittlerweile ist das Erstellen – zumindest einer professionellen – Webseite allerdings sehr komplex geworden. Eine Domain kann noch relativ einfach erworben werden, sofern die Wunschdomain noch nicht belegt ist. Im Web stehen zahlreiche, auch kostenlose Programme für das Webdesign zur Verfügung, um ua das Layoutvorlagen, Kontaktformulare und Suchfunktionen sowie Tools um Fotos, Videos, Hyperlinks usw einzubinden. Um die Auffindbarkeit der Webseite zu gewährleisten, empfiehlt sich die Suchmaschinenoptimierung und die Webseite muss rechtliche Anforderungen, wie zB die Impressumspflicht, erfüllen.

31 Vereinzelt wird im Folgenden auch die Kurzbezeichnung Browser verwendet.

32 Regelmäßig ist bei jedem Browser eine Suchmaschine vorausgewählt. Diese kann aber vom Nutzer konfiguriert werden.

33 S. Moritz/Dreier/*Federrath/Pfitzmann* 2005, Teil A Rn. 38 ff.

34 Die Übertragung im Internet erfolgt ebenfalls nach dem Store-and-Forward-Prinzip.

35 IdR bieten E-Mail-Provider weitere Zusatzdienste wie insbesondere den Schutz vor Spam-E-Mails und Computerviren an.

sind, gelesen werden. Weitere Beispiele für Internetdienste sind Chat, Dateiübertragung, Internettelefonie und Internetrundfunk.

20   Durch die E-Privacy-Verordnung soll eine neue Unterkategorie der Internetdienste definiert werden, um mit der technischen Entwicklung mitzuhalten und diese Dienstekategorie dem Rechtsrahmen für die elektronische Kommunikation zuzuordnen.[36] Dabei handelt es sich um die sogenannten **Over-the-Top-Kommunikationsdienste (OTT-Kommunikationsdienste)**. Dies sind zu herkömmlichen Übermittlungsdiensten funktional gleichwertige Online-Dienste, die eine interpersonelle (Individual-)Kommunikation ermöglichen.[37] Beispielhaft genannt werden regelmäßig VoIP-Telefonie, Nachrichtenübermittlung (Messaging) und webgestützte E-Mail-Dienste.

21   Charakteristisch für das Internet sind noch weitere, ergänzende Dienstleistungen, die für die Realisierung der Internetnutzung erforderlich und in diese eingebunden sind. Der **DNS-Service** wandelt den als Internetadresse bezeichneten Domain-Namen in die generische IP-Adresse um, die für den technischen Zugriff auf einen Server notwendig sind.[38] Im Web besteht die Internetadresse oder genauer gesagt der Uniform Resource Locator (URL) aus der Domain gegebenenfalls ergänzt um weitere Verzeichnisse und Dateibezeichnungen.[39] Die URL dient der Vereinheitlichung der Bezeichnung der Dokumente im Internet. Bei der E-Mail-Kommunikation ist jede individuelle E-Mail-Adresse einer Domain zugeordnet. Auf einer dem Aufruf der Internetseite über die URL oder der Übermittlung der E-Mail an den Empfänger vorgelagerten abstrakten Ebene „entscheidet" der DNS-Service, ob der durch den Domain-Namen bezeichnete Server der Internetseite oder des E-Mail-Providers tatsächlich dem Nutzer angezeigt oder Daten an ihn übermittelt werden. Fehler oder gezielte Veränderungen bei der Zuordnung einer Domain zu der korrekten IP-Adresse hätten zur Folge, dass der Zugriff auf bestimmte Server über den Domain-Namen nicht realisiert wird. Alternativ können Internetnutzer eine Internetseite im Web aufrufen, indem sie direkt die IP-Adresse in die Adresszeile des Webbrowsers eingeben. Dann erfolgt der Aufruf der Internetseite unmittelbar und ohne den technischen Zwischenschritt über den DNS-Server.

22   Während der Begriff Internet das technische System beschreibt, sind die Kategorien der **Internetdienste** die Grundlagen der Nutzung durch den Menschen. Sie decken im Wesentlichen jeweils eine oder mehrere von vier Funktionen ab, die einen gemeinsamen Nenner bilden. Dies sind im Einzelnen der Austausch von Informationen, die Kommunikation, die Interaktion sowie der Aufbau und die Pflege sozialer Beziehungen.

---

36   S. Entwurf der Verordnung über Privatsphäre und elektronische Kommunikation vom 10.1.2017, 2.
37   S. *Engeler/Felber* ZD 2017, 251 (254).
38   Moritz/Dreier/*Federrath/Pfitzmann* 2005, Teil A Rn. 25 ff.
39   Moritz/Dreier/*Federrath/Pfitzmann* 2005, Teil A Rn. 43. Auf der Domain der Universität Kassel (uni-kassel.de) findet sich zB die Unterseite des Wissenschaftlichen Zentrums für Informationstechnikgestaltung durch die Ergänzung um die Verzeichnisse eecs, iteg und startseite, s. http://www.uni-kassel.de/eecs/iteg/start seite.html.

Silke Jandt

3. Webdienste

Eine weitere Konkretisierung der Beschreibung des „Internet" kann durch eine nähe- 23
re Betrachtung der Inhaltsebene, insbesondere der **Webdienste** erreicht werden, indem erstens eine generelle Beschreibung eines Webdienstes vorgenommen wird und
zweitens beispielhaft Kategorien von Webdiensten funktional und entsprechend ihrer
Zweckbestimmung qualifiziert werden.

Das Web ist in seiner Gesamtheit eine Sammlung unzähliger Dokumente, die als 24
Webseiten auf Webservern abgelegt sind und auf die über das Internet und den Webbrowser zugegriffen werden kann.[40] Das Aufrufen von Webseiten erfolgt als Datenübertragung auf Basis des **Hypertext Transfer Protocols**.[41] Dieses Anwendungspro-
koll ermöglicht eine unidirektionale Verlinkung von Webseiten. Jede Webseite kann
mit einem Hyperlink mit einer anderen Webseite verbunden werden, ohne dass der
Inhaber der anderen Seite mitwirken muss.[42] Durch die Verlinkung entsteht eine inhaltliche Vernetzung der Einzeldokumente, die sie zu einer Hypertext organisierten
Sammlung werden lässt. Mithilfe von Hyperlinks, die auf Webseiten als grafisch hervorgehobene Felder oder Wörter erscheinen und vom Cursor angezeigt werden, ist
die Navigation durch das Web möglich.

Beispiele für Kategorien von Webdiensten sind Onlinebanking, Social Networks, On- 25
line-Gaming, Online-Verkaufsdienste, Online-Tauschbörsen und Online-Dating-Por-
tale. Diese Auflistung ließe sich beliebig fortsetzen und wäre dennoch unvollständig,
da die immer neuen Webanwendungen gerade eine Besonderheit des Web ausma-
chen.

Eine Sonderstellung nehmen bei den Webdiensten die Suchdienste (oder umgangs- 26
sprachlich Suchmaschinen) ein, da sie eine Grundvoraussetzung für die Webnutzung
sind. Sie können auch als **Universaldienst des Web** bezeichnet werden. Ohne die
Dienstleistungen von **Suchmaschinen** wäre eine effektive Nutzung des aus circa 4,46
Milliarden indexierten Homepages[43] bestehenden Web kaum möglich oder doch zumindest sehr viel aufwändiger.[44] Das Internet im Sinne der technischen Vernetzung
von Servern bietet zwar die infrastrukturelle Voraussetzung für die Bereitstellung,
den Zugriff und den Austausch von Daten weltweit. Allerdings kann die Fülle der im
Web verfügbaren Informationen inhaltlich nur durch den Einsatz von Suchmaschinen
erschlossen werden. Ihre Funktion ist es basierend auf der Stichwortsuche der Internetnutzer, Inhalte im Internet aufzufinden, nachzuweisen und in einer strukturierten

---

40 Hoeren/Sieber/Holznagel/Sieber 2014, Teil 1, Rn. 80.
41 Das Protokoll „Hypertext Transfer Protocol Secure" (HTTPS) ist eine Erweiterung von HTTP, die einen verschlüsselten Datenverkehr zwischen einem Nutzer und einem Webserver ermöglicht.
42 Hyperlinks sind programmtechnische Verbindungen einer Webseite mit weiteren Webseiten, Dokumenten
   oder sonstigen Dateien im Internet, die auf einer Webseite als grafisch hervorgehobene Felder oder Wörter
   erscheinen, Hoeren/Sieber/Holznagel/*Boemke* 2014, Teil 11, Rn. 67.
43 Diese Zahl bezieht sich auf Januar 2018, s. http://www.worldwidewebsize.com/.
44 S. zB BGHZ 185, 291 (309); BGH NJW 2003, 3410; LG Frankfurt aM NJW-RR 2002, 545; *Degenhart*
   K&R 2001, 329 (332); *Sosnitz* CR 2001, 693 (703); *Nolte* ZUM 2003, 540 (544); *Rath* AfP 2005, 324;
   Art. 29-Datenschutzgruppe WP 148, 4 f. Es sind hier ausschließlich die Websuchmaschinen gemeint, die automatisch, Algorithmus basiert um Crawler basiert arbeiten. Zur Abgrenzung der Suchmaschine vom
   Oberbegriff der Suchdienste s. Hoeren/Sieber/Holznagel/*Sieber* 2014, Teil 11, Rn. 98 f. sowie zur Abgrenzung
   von Webkatalogen und Social Bookmarking-Diensten, deren Dokumentenverzeichnis manuell erstellt und
   gepflegt wird, *Elixmann* 2012, 40 f.

Reihenfolge anzuzeigen. Diese Dienstleistung versetzt die Internetnutzer erst in die Lage, sich im Web zu orientieren und die für sie interessanten Informationen, Meinungen und Äußerungen zu finden.[45] Rechtlich werden Suchmaschinen in der europäischen Richtlinie über den elektronischen Geschäftsverkehr[46] als Instrumente zur Lokalisierung von Informationen bezeichnet.[47] Technisch werden Suchmaschinen definiert als Computersystem, das verteilte Inhalte aus dem Web mittels Crawling erfasst und über eine Benutzerschnittstelle durchsuchbar macht, wobei die Ergebnisse in einer nach systemseitig angenommener Relevanz geordneten Darstellung aufgeführt werden.[48]

27   Bei der Suchmaschine erfolgen alle Arbeitsschritte algorithmenbasiert und automatisiert, so dass es sich um ein technisches Verfahren handelt, dass nach vorab definierten Prozessen abläuft. Allerdings werden die Regeln der Software von den Betreibern der Suchmaschinen vorgegeben. Die bei Suchmaschinen eingesetzten Algorithmen entscheiden demnach darüber, welche Inhalte des Web durch den Nutzer wahrgenommen werden und somit erreichbar sind und welche nicht. Dieser Bewertungsprozess wird von dem sogenannten Abfragemodul der Suchmaschine vorgenommen. Es ergeben sich im Wesentlichen drei erforderliche Komponenten, um die Suchanfragen von Nutzern beantworten zu können: Web-Crawler, Suchindex und Abfragemodul.[49]

28   Ein **Web-Crawler** ist ein Computerprogramm, das das Web analysiert, indem es anhand der Verfolgung von Verlinkungen nach Inhalten sucht und die textuellen Bestandteile von Webseiten anschließend herunterlädt. Der Web-Crawler besucht alle Webseiten periodisch erneut – „recrawled" – und stellt durch einen Abgleich der aktuellen mit den heruntergeladenen Daten Aktualisierungen fest.[50] Auf diesem Weg werden große Teile im Web verfügbarer Internetseiten erschlossen. Nicht erfasst werden allerdings Webseiten, die durch ein Anmeldeverfahren, ein Login oder das Ausfüllen von Webformularen, einem geschlossenen Benutzerkreis vorbehalten sind und Webseiten auf die nicht von anderen Homepages verlinkt wird.[51]

---

45   OLG Hamburg MMR 2011, 687.
46   Richtlinie des Europäischen Parlaments und des Rates vom 8.6.2002 über bestimmte rechtliche Aspekte der Dienste der Informationsgesellschaft, insbesondere des elektronischen Geschäftsverkehrs, im Binnenmarkt („Richtlinie über den elektronischen Geschäftsverkehr", 2000/31/EG), ABl. EG 2000, L178, 2 vom 17.1.2000.
47   Art. 21 Abs. 2 iVm Erwgr. 18 ECRL.
48   *Lewandowski* 2015, 29.
49   Zur Komponenteneinteilung und insgesamt zur Funktionsweise von Suchmaschinen s. *Alby/Karzauninkat* 2007, 21; *Erlhofer* 2014, 31 ff.; 205 ff.; Hoeren/Sieber/Holznagel/*Sieber* 2014, Teil 1, Rn. 99 ff.; *Lewandowski* 2015, 31 ff., wobei letzterer von den vier Komponenten Crawler, Local Store, Indexer und Searcher ausgeht.
50   *Alby/Karzauninkat* 2007, 25 f., die darauf hinweisen, dass die Crawl-Häufigkeit dynamisch anpasst und vom Crawler entschieden wird.
51   *Lewandowiski* 2015, 33. Nicht verlinkte Webseiten können bei einigen Anbietern direkt bei den Betreibern von Suchmaschinen gemeldet werden, um in den Suchindex aufgenommen zu werden, zB bei Google: http://www.google.de/addurl; Bing: http://www.bing.com/toolbox/submit-site-url oder Yahoo: http://de.search.yahoo.com/info/submit. Umgekehrt kann der Webseitenbetreiber die Indexierung der Webseite durch Suchmaschinen ausschließen, indem er einen entsprechenden Meta-Tag im HTML-Header oder eine „robts.txt-Datei" im Stammverzeichnis der Domain einträgt.

Silke Jandt

Die vom Web-Crawler heruntergeladenen Webseiten werden nach einer Bearbeitung 29
durch den **Indexer**[52] in einem internen Speicher, dem URL-Repository, als Suchindex
mit Metadaten abgelegt, wie zum Beispiel einer Identifikationsnummer, Länge des
Dokuments, Erstellungsdatum der Webseite, Dokumententyp sowie Host-Name und
URL.[53] Diese Prozesse sind Voraussetzung der dritten Komponente, des Abfragemo-
duls, und diesem zeitlich vorgelagert.

Das **Abfragemodul** bearbeitet die konkreten Suchanfragen der Nutzer, indem es einen 30
Abgleich des Suchbegriffes mit dem zuvor erstellten Suchindex vornimmt und aus
diesem zunächst alle Treffer ermittelt. Anschließend erfolgt eine Relevanzberechnung,
das sogenannte **Ranking**, um zu ermitteln, welche Treffer in welcher Reihenfolge in
der Suchergebnisliste angezeigt werden. Weder die konkreten Relevanzkriterien noch
die konkreten Algorithmen, die eine Gewichtung der Kriterien vornehmen, sind für
die im Internet verfügbaren Suchmaschinen vollständig bekannt.[54] Mittlerweile haben sich aber einige Gruppen von Rankingfaktoren herausgebildet, die in der Regel
unterschieden und verwendet werden. Es findet sich zum Beispiel die Differenzierung
in die Gruppen Textstatistik,[55] Popularität, Aktualität, Lokalität und Personalisierung.[56]

Darüber hinaus ist wenig darüber bekannt, welche konkreten Rankingfaktoren in 31
den einzelnen Gruppen berücksichtigt und wie sie jeweils gewichtet werden. Eine
Ausnahme bildet hier der von Google Inc. entwickelte **PageRank-Algorithmus**, der
für den Erfolg dieser Suchmaschine verantwortlich sein soll. Der PageRank stellt
einen Wert einer Webseite dar, der aufgrund seiner Verlinkungsstruktur bemessen
wird. Die Grundthese lautet, je mehr Hyperlinks auf eine Internetseite mit dem Suchwort verweisen, umso höher ist die Bedeutung dieser Seite und die Wahrscheinlichkeit, dass sie die Informationen beinhaltet, die der Nutzer sucht. Suchergebnislisten,
die primär auf dem PageRank basierten, sollten somit aus der Perspektive der Internetnutzer oder genauer der Ersteller von Homepages die Bedeutung einer Internetseite widerspiegeln. Ergänzend zu dieser Grundannahme können und werden auch beliebig viele weitere Annahmen zur Bestimmung der Bedeutung einer Internetseite für
die Suchanfrage einbezogen, um die Effizienz der Suchergebnisliste für den Nutzer
weiter zu erhöhen. Je mehr Informationen über die Nutzung des Web durch alle Nutzer und über den die Suchanfrage stellenden Nutzer in die Berechnung der Suchergebnisliste einbezogen werden können, desto größer ist die Wahrscheinlichkeit einer

---

52 Durch die Bearbeitung des Indexer und Parser werden strukturierte Datensätze erstellt, indem zB die Dokumente in ein einheitliches Dateiformat konvertiert und die Struktur des Dokuments aufgeschlüsselt und auf
Sprache, Worthäufigkeit, Wortstellung und Schlüsselwörter analysiert wird, s. ausführlich *Erlhofer* 2014,
224 ff.
53 *Erlhofer* 2014, 247 l.
54 Google gibt an, dass mehr als 200 Faktoren für das Ranking verwendet werden, „Google – Alles über die
Suche", s. http://www.google.com/insidesearch/howsearchworks/algorithms.html?hl=de; Microsoft nennt
sogar 1.000 Faktoren, die in das Ranking der Suchmaschine Bing eingehen, „New Signals in Search: The
Bing Social Layer", http://blogs.bing.com/search/2010/10/13/new-signals-in-search-the-bing-social-layer/.
55 Den Kriterien der Textstatistik ist die Semantik zuzuordnen, der eine wesentliche Bedeutung bei den Suchmaschinen zukommt, *Winkler/Becker/Paetau* 1997, 194 f.; *Dopichaj*/Lewandowski 2009, 113.
56 *Lewandowski* 2015, 91 ff.; Lewandowski/*Griesbaum/Bekavac/Rittberger* 2009, 33 ff. unterscheiden die vier
Gruppen On-Page-Faktoren, On-Site-Faktoren, Link-Faktoren und nutzerabhängige Faktoren. S. zu dieser
Einteilung auch *Elixmann* 2015 43 ff.

für den Nutzer hohen Qualität der Suchergebnisliste. Entsprechend komplex sind die Suchalgorithmen mittlerweile. Zur Optimierung der Suchergebnisliste wird der Suchalgorithmus stetig weiterentwickelt und optimiert.

32 Das Ranking kann grundsätzlich als Versuch angesehen werden, bezogen auf das vom Nutzer eingegebene Suchwort, eine Annahme über die für diese relevanten Webseiten zu treffen und maschinell berechenbar abzubilden. Die genannten Gruppen von **Rankingfaktoren** weisen dabei eine Auswahl von anfrageabhängigen und anfrageunabhängigen sowie nutzerabhängigen und nutzerunabhängigen Faktoren auf. Insofern kann es kein „richtiges" Ranking oder eine „richtige" Suchergebnisliste geben.[57] Über die reine Funktionsbeschreibung hinaus, besteht Unsicherheit über die konkreten Details der Dienstleistungen der Suchmaschinen, die als Geheimnis gehütet werden. Suchmaschinen stellen daher trotz ihrer vermeintlich einfachen Dienstleistung eine Art Black Box dar.[58]

33 Selbst wenn die Detailbetrachtung der Webanwendungen nicht umfassend vorgenommen werden kann, lässt sich aus ihr aber dennoch die Erkenntnis belegen, dass das Internet und seine Anwendungsbereiche grundsätzlich **alle gesellschaftlichen Bereiche erfasst**: Das Berufs- und das Privatleben, junge und alte Menschen,[59] Arme und Reiche, Bewohner ländlicher Gebiete und von Städten. Die Nutzung der Webdienste[60] ist zudem so ausgestaltet, dass sie grundsätzlich jedem ohne spezifische Technik- oder Computerkenntnisse möglich ist, so dass auch der Bildungsstand überwiegend keine Hürde für die Nutznießung des Web darstellt. Insofern ist auch potenziell jeder Betroffener der Datenverarbeitungen, die bei der Nutzung des Internet sowie der Internet- und Webdienste zwangsläufig erfolgen.

4. Webtracking

34 Bereits seit den Anfängen des Web gibt es das sogenannte **Webtracking**[61] oder die Webanalyse Ganz allgemein zielt dies insbesondere darauf ab, nachzuverfolgen, wer welche Webseite aufruft, in welcher Reihenfolge und über welche Wege – insbesondere über Suchmaschinen oder Hyperlinks – der Nutzer auf eine Webseite gelangt und wie der Nutzer sich auf einer Webseite über die jeweiligen Unterseiten der Domain bewegt. Das Tracking eines Internetnutzers – also das Erfassen des Nutzungsverhaltens – ist sowohl bezogen auf eine Webseite, also innerhalb einer Domain, als auch über mehrere Webseiten hinweg als sogenanntes **Cross-Domain-Tracking** technisch möglich.[62] Außerdem erfolgt in beiden Fällen das Tracking nicht nur während eines Nutzungsvorgangs, sondern es ist häufig gerade das Ziel, dass ein Nutzer, der zum

---

57 Dies betont auch *Lewandowski* 2015, 89.
58 Becker/Paetau/*Winkler* 1997, 185.
59 Allerdings werden die Auswirkungen des Internet für Digital Natives sehr viel weitreichender sein als für Digital Immigrants.
60 Die Einrichtung des Nutzungszugangs zum Internet erfordert dagegen schon ein gewisses Grundverständnis der Technik. Für die Nutzung des Internet ist aber zum einen kein eigener Internetzugang erforderlich, sondern sie kann auch zB am Arbeitsplatz, in Internet-Cafés oder über Internet-Terminals erfolgen. Zum anderen wird die Einrichtung des privaten Internetzugangs auch als Dienstleistung angeboten.
61 Zur datenschutzrechtlichen Bewertung s. (→ B. III. Rn. 134 ff.).
62 S. ausführlich *Schneider/Enzmann/Stopczynski* 2014, 7 sowie zum Cross-Domain-Tracking 23 ff. Auch außerhalb des Web erfolgt ein Tracking der Nutzer, insbesondere App-Tracking, Smart-TV-Tracking und Offline-Tracking. Die folgenden Ausführungen beziehen sich ausschließlich auf das Webtracking.

wiederholten Mal eine Webseite aufruft, wiedererkannt wird. Dadurch kann das Nutzungsverhalten langfristig analysiert werden, so dass zum Beispiel auch Aussagen darüber möglich sind, wie häufig, mit welchen Zeitabständen, zu welchen Uhrzeiten und für welche Dauer ein Nutzer eine Webseite aufruft oder sich insgesamt im Web bewegt. Die nächste Stufe des Webtracking ist das sogenannte **Cross-Device-Tracking**. Das Web wird von den meisten Nutzern mittlerweile über verschiedene stationäre und mobile Endgeräte genutzt, insbesondere dem Desktop-Rechner, Notebook, Tablet sowie dem Smartphone, die teilweise auch unterwegs zum Einsatz kommen. Dem Cross-Device-Tracking werden alle Methoden zugeordnet, die eine geräteübergreifende Erfassung und Analyse des Verhaltens eines Nutzers im Web ermöglichen.[63]

Entsprechend der vielfältigen Erkenntnismöglichkeiten des Webtracking variieren auch die Zwecke, zu denen das Tracking eingesetzt wird. Es sind zahlreiche kostenlose und kostenpflichtige Software-Programme, sogenannte **Tracking-Tools**, verfügbar, die bei der Einrichtung einer Webseite mit relativ geringem Aufwand in den Quellcode implementiert werden können. Grundsätzlich ist es damit jedem Webseiten-Betreiber möglich, ein Nutzertracking durchzuführen oder Nutzeranalysen von dem Tracking-Dienstleister zu erhalten. Tracking-Dienstleister verfolgen nicht (primär) als eigene Webseitenbetreiber, sondern als Dritte die Bewegungen von Nutzern im Internet – insbesondere auf den Webseiten, auf denen das von ihnen angebotene Tracking-Tool eingesetzt wird. Diese Ergebnisse der Webseiten-Analysen werden vor allem zur **Reichweitenanalyse**, zur **Webseitenoptimierung** und für **individualisierte Werbung** genutzt. Das Cross-Domain-Tracking dient zusätzlich zu diesen Zwecken der Domain übergreifenden Webanalyse. Das heißt es wird nicht nur das Nutzungsverhalten einer Person auf einer Webseite, sondern insgesamt bei der Nutzung des Web auch über längere Zeiträume hinweg erfasst und ausgewertet. Die Tracking-Dienstleister erhalten zwar keine Informationen über den Aufruf einer jeden Webseite durch einen Nutzer, aber sie können die Nutzungsinformationen über alle die Webseiten zusammenführen, die das von ihnen angebotene Tracking-Tool implementiert haben. Beim Cross-Device-Tracking besteht die besondere Herausforderung darin, einen Nutzer unabhängig von den Endgeräten, mit denen er ins Internet geht, wiederzuerkennen. Das Cross-Device-Tracking ermöglicht die umfassendste und lückenloseste Analyse der Webnutzung durch einen Nutzer. Allen Tracking-Tools ist unabhängig von der jeweiligen Zwecksetzung des Tracking gemeinsam, dass sie über den Nutzer des Web umfangreiche Datensammlungen generieren, die anschließend ausgewertet werden.

Mittlerweile existieren verschiedene technische Verfahren, mit denen die für das Tracking erforderlichen Datensammlungen generiert werden. Eine grundsätzliche Anforderung an die Trackingdaten ist, dass Nutzer wiedererkannt werden, wenn sie eine Webseite zum wiederholten Mal aufrufen. Aufgrund der mittlerweile weit verbreiteten Verwendung von dynamischen IP-Adressen kann das Wiedererkennen eines Nutzers nicht mehr ausschließlich auf Basis der bei jeder Webnutzung erfolgenden Über-

35

36

---

63 S. *Zander-Hayat/Reisch/Steffen* VuR 2016, 403 (404 Fn. 15) mit Verweis auf den Workshop der Federal Trade Commission (FTC) inkl. Dokumentation vom 16.11.2015 unter: https://www.ftc.gov/news-events/events-calendar/2015/11/cross-device-tracking.

mittlung der IP-Adresse erfolgen. Ursprünglich wurden vor allem **Cookies** zum Tracking eingesetzt. Cookies sind Daten, die ein Webserver während des Besuchs einer Website durch einen Nutzer auf dessen IT-System ablegt oder genauer gesagt im Browser des Nutzers speichert. Der Webserver liest diese Daten bei einem erneuten Besuch des Nutzers aus und erkennt ihn dadurch wieder. Je nachdem welcher Webserver den Cookie setzt, wird zwischen sogenannten First-Party- und Third-Party-Cookies unterschieden. **First-Party-Cookies** stammen von dem Web-Server, über den die vom Nutzer aktuell besuchte Webseite abgerufen wird. Im Normalfall ist dies der in der Adresszeile des Browsers genannte Web-Server. Die Zielsetzung, die mit First-Party-Cookies verfolgt wird, kann zwar variieren. In der Regel werden sie aber dazu benutzt, um dem Nutzer eine eindeutige Kennung zuzuordnen, mit der dann auf dem Webserver weitere Informationen verknüpft werden können, wie beispielsweise in einem Online-Shop der Inhalt eines Warenkorbs. Ein **Third-Party-Cookie** wird hingegen nicht von dem Web-Server gesetzt, dessen Webseite der Nutzer gerade besucht, sondern vom Web-Server eines Dritten, der für die aktuell besuchte Webseite weitere Inhalte wie Bilder oder Programmcode bereitstellt. Third-Party-Cookies werden oft im Zusammenhang mit Online-Werbung, wie zum Beispiel Werbe-Banner, oder eben zur Verfolgung des Nutzerverhaltens eingesetzt. Mittels Third-Party-Cookies wird in der Regel das Cross-Domain-Tracking realisiert.

37 Eine andere Methode ist es, die Internetnutzer anhand von geeigneten Konfigurationsparametern, die von den Browsern automatisch beim Aufruf einer Webseite übermittelt werden, wiederzuerkennen. Diese Tracking-Methode wird als **Device-Fingerprinting** bezeichnet.[64] Hierfür werden vor allem IP-Adresse, Betriebssystem, Browsertyp und Browserversion sowie deren jeweilige Konfigurationen verwendet.[65] Aus den bei der Webnutzung übermittelten Systeminformationen kann sozusagen ein relativ eindeutig zuordenbarer „Fingerabdruck" des Gerätes ermittelt werden, der ebenfalls ein Wiedererkennen ermöglicht. Im Unterschied zum Tracking mittels Cookies ist es somit nicht erforderlich, Daten auf dem IT-System des Nutzers abzulegen.

38 Eine weitere – recht einfache – Tracking-Methode ist das **History- oder Browser-Sniffing**. Die gängigen Browser speichern den Verlauf der besuchten Webseiten in einer Chronik oder Historie, in die grundsätzlich nur der Nutzer Einsicht haben sollte. Webseiten, die das History-Sniffing einsetzen, versuchen bei ihrem Aufruf über ein spezifisches Skript die Historie oder Chronik des Browsers des Webseitenbesuchers auszulesen. Dieses Verfahren kann allerdings mittlerweile relativ einfach vom Internetnutzer unterbunden werden, da die Browser ebenfalls die Funktionalität aufweisen, dass der Browserverlauf regelmäßig und automatisch gelöscht wird. Für das Cross-Device-Tracking reicht es allerdings nicht aus, einen Nutzer über das von ihm genutzte Endgerät zu identifizieren, wie es sowohl bei der Verwendung von Cookies als auch des Device-Fingerprints erfolgt.

---

64 S. hierzu ausführlich *Karg/Kühn* ZD 2014, 285 (286).
65 S. *Schneider/Enzmann/Stopczynski* 2014, 18.

Silke Jandt

Das geräteübergreifende Tracking wird zum Beispiel durch den Einsatz sogenannter 39
Sound-Beacons realisiert.[66] Dabei werden vor allem Werbespots im Fernsehen oder
im Internet mit hochfrequenten und daher für den Menschen nicht wahrnehmbaren
Tönen unterlegt. Diese Sound-Beacons können aber von anderen mobilen Endgeräten
wie Tablets und Smartphones in der Umgebung registriert werden, sofern Apps mit
dieser entsprechenden Funktionalität auf dem Endgeräte installiert sind. Auf dieser
Basis werden die verschiedenen Geräte einem Nutzer zugeordnet. Ursprünglich wurde diese Methode vor allem bei Smart-TVs genutzt.

5. Akteure des Internet

Das „Internet" ist ein System, das sich nicht nur aus technischen Komponenten und 40
Diensten zusammensetzt, sondern auch eine **Vielzahl von Beteiligten** unabhängig vom
eigentlichen Endnutzer aufweist. Diese werden funktionsbezogen im Wesentlichen als
Network-, Access-, Host-, Cache- und Content-Provider unterschieden. Übergeord-
net wird die Bezeichnung Internet Service Provider oder auf Deutsch verkürzt Internetprovider verwendet, der alle Anbieter von technischen Leistungen, Diensten und
Inhalten im Internet beziehungsweise Web umfasst. Je nach konkreter Umsetzung der
jeweiligen Dienstleistung können sich allerdings Einordnungsprobleme und letztlich
auch Verschiebungen ergeben.[67] Network- und Access-Provider sind der technischen
Netzwerkebene zuzuordnen. Host- und Cache-Provider bieten Internetdienste an und
Content-Provider betreiben Webdienste. Eine Zwischenfunktion nehmen insbesondere E-Mail-Provider sowie die Betreiber der DNS-Server, Anbieter von Tracking-Tools,
von Webbrowsern und von Suchmaschinen ein.

Network-Provider betreiben die Telekommunikationsinfrastruktur und übernehmen 41
die Übermittlung fremder Informationen in diesem Kommunikationsnetz.[68] Sie bieten
die rein technische Übermittlungsdienstleistung zur Übertragung der Daten im Internet an. Network-Provider sind regelmäßig die Eigentümer des durch die Übertra-
gungsinfrastruktur zusammengefügten Telekommunikationsnetzes. Davon werden
die **Access-Provider** unterschieden,[69] die nicht selbst Inhaber der technischen Infrastruktur sind, aber den Zugang zur Nutzung vermitteln.[70] Sie betreiben Vermittlungs-
knoten, den Point of Presence, und stellen über ihn Zugangsknoten für das Internet
zur Verfügung. Über diese kann der Endnutzer mittels eines Routers seine Endgeräte
an das Internet anbinden kann. Der **Access-Provider** weist dem Endnutzer der Zu-
gangsdienstleistung eine IP-Adresse zu. Des Weiteren werden zum Beispiel der Betrieb

---

66 S. zB *Kossel*, Datenschutz: Werbe-Tracker überwinden Gerätegrenzen, heise online vom 15.11.2015,
www.heise.de/newsticker/meldung/Datenschutz-Werbe-Tracker-ueberwinden-Geraetegrenzen-2921817.htm
l?view=print.
67 Die Einordnung und Bezeichnung der Providerarten ist nicht einheitlich. Rechtlich wird insbesondere unter
Berücksichtigung der §§ 7 ff. TMG zwischen Network-, Access-, Cache-, Host-Provider und Content-Provider unterschieden.
68 Hoeren/Sieber/Holznagel/*Sieber/Höfinger* 2014, Teil 18.1, Rn. 33; Roßnagel/*Jandt* 2013, § 7 TMG, Rn. 27,
Fn. 70.
69 Teilweise werden Network-Provider und Access-Provider gleichgesetzt, mit der Begründung, dass eine rechtliche Gleichstellung erfolge und Network-Provider ebenfalls dem Zugang zum Internet vermitteln würden,
nur nicht gegenüber Endkunden, s. *Elixmann* 2012, 33.
70 *Jäger* jurisPR-ITR 2007, Anm. 4 Kap. 3; *Hoeren* NJW 2007, 801 (802); Hoeren/Sieber/Holznagel/*Sieber/
Höfinger* 2014, Teil 18.1, Rn. 33. Bekannte Access-Provider in Deutschland sind zB Deutsche Telekom,
1&1, Alice, Freenet oder Vodafone.

eines DNS-Servers,[71] das Zurverfügungstellen eines Dial-In-Servers oder eines Internet Connection Service-Gateways mittels eines Wählmodemzugangs,[72] das Bereithalten von Standleitungen über DSL- oder Kabelmodemzugänge oder Funknetzwerkzugänge über WLAN[73] den Aufgaben des Access-Providers zugerechnet.

42 Die im Web für die Internetnutzer verfügbaren Inhalte, in Form von über die Webseiten aufrufbare Dienstleistungen und Informationen, werden von **Content-Providern** zur Verfügung gestellt.[74] Sie sind als deren Urheber anzusehen, die auch die Veröffentlichung im Web übernehmen.[75] Bei dem Content kann es sich um jegliches gewerbliche, öffentliche oder private Angebot im Internet handeln, sei es ein Webshop, Social Network, Wiki, Wetterdienste oder „Bürgerbüro". Funktional davon unterschieden wird die Frage, von wem der Server, auf dem diese Internetinhalte gespeichert sind, betrieben wird. Insbesondere kleine und teilweise auch mittelständische Unternehmen sowie Privatpersonen verfügen nicht über einen eigenen Server, sondern sie nehmen die Dienstleistung von **Host-Providern** in Anspruch. Diese vermieten Speicherplatz auf Servern an Dritte, damit diese dort Informationen ablegen können und diese zum Abruf durch Dritte bereitgehalten werden.[76] Für die funktionale Eigenschaft des Host-Providers ist es weder erforderlich, dass dieser Eigentümer oder Besitzer des Servers ist,[77] noch muss er ihn selbst administrativ betreiben. Es kommt allein auf die Verfügungsmöglichkeit über den Speicherplatz und die Kontrollmöglichkeit über die gespeicherten Informationen an,[78] so dass der Standort des Speichermediums im In- oder im Ausland liegen kann.[79] Unerheblich ist weiterhin, ob der Dienst gewerblich oder ohne Gewinnerzielungsabsicht, entgeltlich oder unentgeltlich erbracht wird.[80]

43 Wird von einem Internetnutzer eine Webseite über den Browser aufgerufen, erfolgt nicht unbedingt eine Übermittlung der Daten unmittelbar vom Ursprungsserver, auf dem die Webseite gehostet wird. Häufig wird von einem sogenannten **Proxy-Cache-Server** die Webseite abgerufen, ohne dass der Internetnutzer dies bemerkt.[81] Ein Cache ist ein Hintergrundspeicher, in dem aus technischen Gründen eine Kopie der Ursprungsinformationen vorgehalten wird, um diese nicht immer auf dem langsameren Weg aus dem Arbeitsspeicher aufrufen zu müssen.[82] Internetnutzer können die Informationen in dem Proxy-Cache aber nicht direkt aufrufen, sondern nur über den Spei-

---

71 Hoeren/Sieber/Holznagel/*Sieber/Höfinger* 2014, Teil 18.1, Rn. 65.
72 *Wischmann* MMR 2000, 461.
73 Hoeren/Sieber/Holznagel/*Sieber/Höfinger* 2014, Teil 18.1, Rn. 64.
74 Roßnagel/*Jandt* 2013, § 8 TMG, Rn. 12 f.; *Elixmann* 2012, 33.
75 Im Kontext der in den §§ 7 ff. TMG geregelten Provider-Haftung sind Content-Provider die Anbieter eigener Informationen.
76 Roßnagel/*Jandt* 2013, § 10 TMG, Rn. 7
77 *Pankoke* 2000, 51 f.; *Dustmann* 2001, 159; *Pelz*/Bräutigam/Leupold 2003, B I. Rn. 100; Spindler/Schuster/*Hoffmann* 2015, § 10 TMG, Rn. 14; aA *Pichler* MMR 1998, 79 (80).
78 S. auch Hoeren/Sieber/Holznagel/*Sieber/Höfinger* 2014, Teil 18.1, Rn. 80.
79 S. BT-Drs. 13/7385, 51.
80 Roßnagel/*Jandt* 2013, § 10 TMG, Rn. 7.
81 Ausführlich zu der technischen Funktionsweise sowie den Vor- und Nachteilen des Proxy-Cache-Servers *Schwiderski-Grosche* DuD 1999, 586 ff.
82 Spindler/Schuster/*Hoffmann* 2015, § 9 TMG, Rn. 8. Einen Cache oder auch Zwischenspeicher hat jeder internetfähige Rechner. Bei dem Aufruf einer Internet-Adresse überprüft der Browser des Benutzers zunächst in seinem Cache des Benutzers, ob die angeforderte Seite dort vorhanden ist. Die folgenden Ausführungen beziehen sich ausschließlich auf den Proxy-Cache.

Silke Jandt

cherort der Originaldatei.[83] Die Betreiber von Proxy-Cache-Servern, sogenannte **Cache-Provider**, speichern insbesondere bereits aufgerufene Internetseiten für ihre Nutzer zwischen, damit diese bei einer wiederholten Eingabe der URL schneller auf die Internetseite Zugriff nehmen können.[84] Die Speicherung der Kopie auf dem Proxy-Cache-Server erfolgt aufgrund der Programmierung des Cache-Systems automatisiert immer dann, wenn von einem Nutzer des Diensteanbieters erstmalig Informationen abgerufen werden, unabhängig von ihrem Inhalt.[85]

Mit der funktionalen Differenzierung in die unterschiedlichen Provider-Arten geht **keine institutionelle Einordnung** einher. Ein Internetprovider kann eine oder mehrere der genannten Funktionen mit seinem Dienstleistungsangebot abdecken. In Deutschland sind die Network-Provider häufig auch Access-Provider und diese betreiben wiederum oft einen Proxy-Cache-Server.   44

Die größte Gruppe der Akteure im Internet bilden die **Internetnutzer**. Dies ist jede Person, jedes Unternehmen, jede Behörde oder sonstigen Institution, die das Internet nutzt, um zum Beispiel E-Mails auszutauschen, Informationen im Web bereitzustellen oder abzurufen. Viele Internetnutzer fungieren gleichzeitig als Content-Provider. Eine Fülle von Internetseiten wird von den Content-Providern mit der Intention angeboten, dass sie lediglich einen Rahmen bieten, der durch die Internetnutzer mit Inhalten gefüllt wird. Zu diesen Webseiten sind beispielsweise die sozialen Netzwerke, wie Facebook, Instagram und Twitter, aber auch Videoplattformen, wie YouTube, Wikis, insbesondere Wikipedia, und Foren zu rechnen. Diese auf interaktive und kollaborative Aktivitäten der Internetnutzer ausgerichteten Webseiten wurden in den Anfangszeiten als neue Entwicklungsstufe des Web mit dem Begriff Web 2.0 bezeichnet. Internetnutzer können vornehmlich nach den bereits genannten Kriterien der Rechtsperson oder der Funktion differenziert werden. Über das funktionale Kriterium hinaus ist keine internetspezifische Kategorisierung möglich.   45

6. Geschäftsmodelle im Web

Es wurde viele Jahre nicht in Zweifel gezogen, dass der **Zugang zum Internet**, also die Dienstleistung der Network- und Accessprovider **kostenpflichtig** ist. Allerdings gab es auch in diesem Bereich in der Vergangenheit schon mehrere grundlegende Entwicklungen bei den Tarifmodellen und vor allem gibt es nach wie vor Unterschiede zwischen dem stationären und dem mobilen Internet. Beim stationären Internet werden nahezu ausschließlich sogenannte Flatrate-Tarife angeboten. Die verschiedenen Tarifstufen beruhen dabei auf der unterschiedlichen Geschwindigkeit der Datenübertragung und sind grundsätzlich unabhängig vom übertragenen Datenvolumen pro Zeiteinheit. Bei den Tarifen für die mobile Internetnutzung werden dagegen sogar – vermeintliche – Flatrate-Tarife, die ebenfalls zu unterschiedlichen Preisen für unterschiedliche Geschwindigkeiten angeboten werden, häufig durch ein maximales Datenvolumen gedeckt. Überschreitet der Internetnutzer zum Beispiel das pro Monat   46

---

83 Roßnagel/*Jandt* 2013, § 9 TMG, Rn. 7.
84 S. LG München I MMR 2007, 454; *Koch* K&R 2002, 120 (122); *Hoffmann* MMR 2002, 284 (287); Hoeren/Sieber/Holznagel/*Sieber* 2014, Teil 1, Rn. 27.
85 Spindler/Schuster/*Hoffmann* 2015, § 9 TMG, Rn. 13.

festgelegte Datenvolumen, erfolgt häufig nur noch eine Datenübermittlung mit einer deutlich langsameren Datenübertragungsrate, als derjenigen, die eigentlich Tarifbestandteil ist. Diese als Drosselung bezeichnete Vorgehensweise wird in der Regel mit Kapazitätsengpässen begründet.

47 Die im Web selbst präsentierten Inhalte wurden vor allem im **Business-to-Consumer-Bereich** (B2C) ursprünglich für die Webnutzer nahezu ausschließlich umsonst angeboten und sie haben aus dieser Gewohnheit über die Jahre hinweg eine entsprechende Erwartungshaltung entwickelt. Erst relativ spät und in den verschiedenen Branchen zunächst mit sehr unterschiedlichem Erfolg, wurden kostenpflichtige Geschäftsmodelle für das Web entwickelt. Viele Webdienste werden nach wie vor als kostenlose Basisdienste und ergänzend als kostenpflichtige „Premiumdienste" angeboten. Gleichzeitig ist aber das „Internet" ursächlich für das Entstehen zahlreicher neuer IT- und Hightech-Unternehmen, die teilweise als kleine Start-Ups mit einem kostenlosen Webdienst begonnen und mittlerweile zu börsennotierten Unternehmen geworden sind. Die Geschäftsmodelle im Web basieren häufig darauf, dass nicht für die Dienstleistung selbst eine Bezahlung durch den Nutzer gefordert wird, sondern der Nutzer – wissentlich und unwissentlich – Daten preisgibt. Mit diesen Daten werden dann Nutzerprofile erstellt, um gezielt Werbung im Internet platzieren zu können. Die gegenüber dem Nutzer kostenlosen Webdienste verdienen ihr Geld somit von den werbenden Unternehmen. Die Werbefinanzierung ist damit im B2C-Bereich das primäre Geschäftsmodell vor allem für Innovationen im Internet. Entsprechend weisen die vom Nutzer zu bezahlenden Premiumdienste regelmäßig keine Werbung auf. In diesem Fall zahlt der Nutzer dafür, dass er den Internet-Dienst werbefrei nutzen kann. Daneben bestehen natürlich mittlerweile auch zahlreiche kostenpflichtige Webdienste, bei denen der Konsument für Informationen, zum Beispiel Zeitschriftenartikel, Zugang zu Datenbanken, digitale Güter, wie Musik, Filme, E-Books oder Bilder, sowie Software und sonstige Dienstleistungen, insbesondere Cloud-Dienste, mit Geld bezahlt.

48 Webangebote für den **Business-to-Business**-(B2B)-Bereich haben sich erst im Anschluss an den Erfolg des Web für den B2C-Bereich entwickelt und stehen diesem aber in ihrer Bedeutung längst nicht mehr nach. Es existieren einerseits viele Anwendungen, die funktional für beide Bereiche geeignet sind und daher auch entsprechend in beiden Bereichen genutzt werden, wie zum Beispiel Webanwendungen zur Terminvereinbarung, zur Navigation, zur Internettelefonie. Von diesen häufig auch kostenlosen Angeboten werden, sofern sie sich im B2B-Bereich etabliert haben, teilweise Abwandlungen mit spezifischen Funktionen für den Business-Bereich entwickelt und gegebenenfalls in dieser Version kostenpflichtig auf den Markt gebracht.[86] Zudem werden mittlerweile ganze Geschäftsprozesse über Cloud Computing-Dienste ins Internet verlagert, indem als Dienstleistungen im Internet angebotener Speicherplatz, Rechenleistung oder Anwendungssoftware genutzt wird. Diese Dienstleistungen werden in der Regel entsprechend bisherigen Dienstleistungen im B2B-Bereich vergütet.[87]

---

86 S. zB *Dpa*, „WhatsApp Business: Messenger für Kundenkontakt von Firmen", heise online vom 18.1.2018, https://www.heise.de/newsticker/meldung/WhatsApp-Business-Messenger-fuer-Kundenkontakt-von-Firmen-3946178.html.
87 S. bspw. die Dienstleistungen Microsoft Office 365 oder Amazon Cloud.

Silke Jandt

Auf die werbefinanzierten Geschäftsmodelle ist die bereits lange bestehende Erkennt- 49
nis zurückzuführen, dass **persönliche Daten die Währung im Web**[88] sind. Umso mehr
diese Tatsache in das Bewusstsein gedrungen ist, umso stärker werden die Bestrebungen, dem entgegenzuwirken. Insofern stellen allerdings die Internetnutzer keinesfalls
eine homogene Gruppe dar. Es ist davon auszugehen, dass einer großen Anzahl der
Webnutzer entweder nicht bewusst ist, dass sie die Dienste mit ihren personenbezogenen Daten bezahlen, oder sie dagegen keine Bedenken haben. Diejenigen, die sich dagegen aussprechen, Internetdienste mit der Preisgabe personenbezogener Daten zu
„bezahlen", handeln mit unterschiedlicher Motivation. Lediglich ein Teil verfolgt das
Ziel, die informationelle Selbstbestimmung der Internetnutzer durch einen umfassenden Datenschutz zu bewahren. Solange die Webnutzer nur die Wahl haben, entweder
umfassend personenbezogene Daten mitzuteilen und sich mit deren Verwendung zu
anderen Zwecken abzufinden oder auf die Nutzung der Webdienste vollständig zu
verzichten, handeln sie nur sehr bedingt selbstbestimmt. Der andere Teil verfolgt
einen ökonomischen Ansatz. Nicht die Anbieter von Webdiensten sollen den Wert
der personenbezogenen Daten bestimmen und die Wertschöpfung vereinnahmen, die
aus den personenbezogenen Nutzerdaten gezogen wird, sondern die Nutzer selbst.
Die Selbstbestimmung der Nutzer soll bei diesem Ansatz weniger bezüglich der Entscheidung, ob personenbezogene Daten als Gegenleistung preisgegeben werden, sondern vielmehr zu welchen konkreten Bedingungen.

Unabhängig von der Motivation führte die Nachfrage zum Angebot der sogenannten 50
Werbeblocker oder auch Werbefilter.[89] Hierbei handelt es sich um im Hintergrund
der Webnutzer und mittlerweile standardmäßig in Browser integrierte Programme,
die dafür sorgen, dass dem Nutzer einer Webseite auf dieser eingebundene Werbung
nicht dargestellt wird. Die Gegenmaßnahme der Webseiten-Betreiber und insbesondere der Werbewirtschaft sind wiederum technische Maßnahmen, durch die die Werbeblocker umgangen werden. Alternativ werden die Inhalte auf einigen Webseiten bei
aktivem Webblocker nicht angezeigt, sondern es erscheint über ein Pop-Up-Fenster
die Aufforderung, den Webblocker zu deaktivieren, um die Inhalte zur Kenntnis nehmen zu können. Teilweise wird wiederum die Alternative angeboten, die Inhalte der
Webseite werbefrei und dafür kostenpflichtig zu beziehen.

7. Zukunftsperspektiven

Über die zukünftigen Entwicklungsperspektiven des Internet sind schon zahlreiche 51
Mutmaßungen erfolgt und Schlagworte wie insbesondere **Ubiquitous Computing** und
Internet der Dinge oder auf Englisch „**Internet of Things**" geprägt worden. Beide
Vorstellungen gehen davon aus, dass das Internet nicht mehr vornehmlich Personen
für die Zwecke der Kommunikation und des Informationsaustausches miteinander
vernetzt, sondern Dinge und Umgebungen. Diese sollen zukünftig insbesondere mit-

---

88 S. nur *Boie*, „Persönliche Daten im Internet: Daten sind heute eine Währung", Süddeutsche Zeitung vom
   12.3.2013, http://www.sueddeutsche.de/digital/persoenliche-daten-im-internet-ein-knopf-zur-selbstauskunft-
   bei-facebook-twitter-und-co-1.1622692-2.
89 S. aktuell *Berger*, „DuckDuckGo: Neue Apps und Browser-Tools blockieren Tracker", heise online vom
   24.1.2018, https://www.heise.de/newsticker/meldung/DuckDuckGo-Neue-Apps-und-Browser-Tools-blockie
   ren-Tracker-3949853.html.

tels Chips, Tags und Sensoren miteinander verbunden sein, um Informationen über den eigenen Status miteinander auszutauschen sowie diese aufgrund ihrer Internetfähigkeit um Informationen aus dem Web anzureichern und entsprechend der Bedürfnisse ihrer Nutzer aufeinander abstimmen zu können. Die Informationstechnik entfernt sich von spezifischen Endgeräten, um unsichtbar, smart, miniaturisiert, räumlich vernetzt und allgegenwärtig zu werden.[90] Smarte Objekte und Umgebungen sollen ein virtuelles Abbild der realen Welt bilden. Diese dienen keinem Selbstzweck, sondern sie sollen dem Nutzer dienlich sein, um ihm den Alltag zu erleichtern, indem er möglichst immer über die Informationen verfügt, die er in seinem konkreten Kontext benötigt. Dies soll dem Einzelnen Unterstützung im Alltag bieten und Entscheidungsprozesse vereinfachen.

52 Wie auch immer die Zukunft des „Internet" genau aussieht und welche konkreten Ausprägungen es annehmen wird, wird es im nach wie vor wachsenden Ausmaß dazu führen, dass personenbezogene Daten der Nutznießer der Technik verarbeitet werden. Diese sind schon jetzt geeignet, **umfassende und detaillierte Profile** über das Kommunikationsverhalten, die soziale Vernetzung, reale Bewegungen mit und ohne Verkehrsmittel, individuelle Eigenschaften und Vorlieben, die Gesundheit und vieles mehr zu erstellen. Umso detaillierter und feingranularer diese Profile werden, umso unwahrscheinlicher ist es, Datenschutz durch Anonymisierung oder Pseudonymisierung zu gewährleisten. Bereits gegenwärtig wird mit den Auswertungsmöglichkeiten von Big Data davon ausgegangen, dass eine sichere und zuverlässige Anonymisierung Utopie ist. Die Vernetzung von Endgeräten und diversen Alltagsgegenständen – und damit das „Internet" – werden auf jeden Fall mitursächlich für die noch weiter zunehmenden Datenschutzrisiken sein.

53 Die Vergangenheit lehrt auch, dass Techniken und personenbezogene Daten nicht nur für die ursprünglichen Zwecke verwendet werden, sondern sich immer wieder neue – nicht beabsichtigte – Anwendungsszenarien und Verwendungsmöglichen ergeben werden. Das „Internet" ist schon jetzt und wird durch seine im Einzelnen noch nicht absehbaren Weiterentwicklungen immer auch eine technische Infrastruktur sein, die eine **massive Kontrolle und Überwachung des Einzelnen** ermöglicht. Dies gilt ganz unabhängig davon, ob dies durch öffentliche Stellen, wie insbesondere die Sicherheitsbehörden, oder private Stellen, allen voran die großen Internetfirmen, sowie öffentlichen oder wirtschaftlichen Interessen dient. Letztlich werden der Datenschutz und die Datensicherheit im „Internet" die Funktion eines Basisschutzes übernehmen, der maßgeblich dafür ist, welche faktischen Auswertungs- und Nutzungsmöglichkeiten der hierüber generierte Datenschatz bietet.

II. Rechtliche Grundlagen

1 Mit der Einführung der Datenschutz-Grundverordnung hat sich im Datenschutzrecht das „Kräfteverhältnis" zwischen Europarecht und nationalem Recht verschoben.

---

90 S. Sprenger/Engemann/*Sprenger/Engemann* 2015, 7.

Silke Jandt

Dies ergibt sich nicht nur daraus, dass nunmehr die europäische Verordnung unmittelbar in Deutschland anwendbares Datenschutzrecht ist, wohingegen zuvor die nationalen Datenschutzvorschriften, die der Umsetzung der europäischen Richtlinie dienten, primär anzuwenden waren. Auch eine gegebenenfalls erforderliche Überprüfung der Datenschutzvorschriften auf ihre Vereinbarkeit mit den Grundrechten wird im Unterschied zur Rechtslage vor dem 25.5.2018 anhand der Europäischen Charta der Grundrechte und nicht am Grundgesetz erfolgen. Für den Anwendungsbereich des Internet wird dieser Effekt durch die E-Privacy-Verordnung noch verstärkt.

1. Grundrechte der Europäischen Charta der Grundrechte und des Grundgesetzes

Die seit 1949 im Text kaum veränderten Grundrechte des Grundgesetzes sind als 2 Antwort auf die Gefährdungen in einem analogen Zeitalter formuliert worden. Ähnliches gilt für die später entstandene Charta der Grundrechte der Europäischen Union. Obwohl zum Zeitpunkt ihrer Proklamation im Jahr 2000 das Internet bereits etabliert war, hat es erst in den Folgejahren seine jetzige Bedeutung erlangt. Das Internet ist eine systemübergreifende Errungenschaft, die nahezu das gesamte gesellschaftliche Leben abbildet.[1] Die Verbreitung „smarter" Mobiltelefone, Fitnesstracker, Arbeitsgeräte und sonstiger Gegenstände sorgt zudem dafür, dass nahezu alle privaten und beruflichen Tätigkeiten eines Individuums ihre Spuren im Internet hinterlassen. Trotz der Bedeutung und der Gefahren für die Freiheit des Einzelnen sehen sowohl die nationale als auch die europäische Rechtsordnung keine „Internet-Grundrechte" vor. Politische Bestrebungen für eine europäische „Charta der Digitalen Grundrechte"[2] befinden sich noch im Stadium erster Überlegungen.

Die bewusst technikneutrale Gestaltung der Grundrechte[3] führt dazu, dass keine einzelnen internetbezogenen Gewährleistungen existieren, sondern allen Grundrechten auch eine **digitale Dimension** immanent ist.[4] Darunter wird verstanden, dass neuartige Herausforderungen der vernetzten Welt unter die bestehenden Grundrechte subsumiert werden und zur Etablierung neuer Fallgruppen mit Digitalkontext beitragen. So haben sich beispielsweise ein Recht auf Zugang zum Internet als Teilbereich der allgemeinen Handlungsfreiheit[5] und ein Recht auf Nutzung von Online-Bewertungsportalen als Unterfall der Meinungsfreiheit herausgebildet,[6] ohne dass diesen Fallgruppen eine eigenständige Grundrechtsqualität zugestanden wird. Erst dann, wenn einer Gefahr für die Freiheit des Einzelnen mit dem vorhandenen Grundrechtekatalog nicht mehr adäquat begegnet werden kann, kommen neuartiger Grundrecht durch **Verfassungswandel** in Betracht.[7] So hat das Bundesverfassungsgericht beispielsweise mithilfe der Kombination aus allgemeiner Handlungsfreiheit und Menschenwürde das allgemeine Persönlichkeitsrecht abgeleitet, aus dem zunächst das Recht

---

1 Hill/Schliesky/*Schulz* 2012, 265 (274 ff.).
2 Digitale Grundrechte-Charta für die EU?, Meldung vom 7.12.2016, MMR-Aktuell 2016, 384365.
3 *Steinbach* ZRP 2017, 101 (102).
4 *Hoffmann/Luch/Schulz/Borchers* 2015, 19 ff.; *Luch/Schulz* MMR 2013, 88.
5 *Luch/Schulz* 2013, 55 ff.
6 BGHZ 181, 328; *Gounalakis/Klein* NJW 2010, 566.
7 Hill/Schliesky/*Becker* 2010, 57.

auf informationelle Selbstbestimmung[8] und später das Recht auf Vertraulichkeit und Integrität informationstechnischer Systeme[9] abgeleitet wurde.

a) Datenschutz

4 Personenbezogene Daten unterliegen dem Schutz zweier Grundrechte auf unterschiedlichen Rechtsebenen: Das Bundesrecht gewährleistet das Recht des **Grundgesetzes** auf informationelle Selbstbestimmung, während das Unionsrecht das Datenschutzgrundrecht aus der **Charta der Grundrechte** der Europäischen Union vorhält. Aufsichtsbehörden sowie Gerichte des Bundes und der Länder sind zunächst an die Grundrechte des Grundgesetzes gebunden.[10] Die Grundrechtecharta haben gemäß Art. 51 Abs. 1 alle Unionsorgane wie etwa der Europäische Datenschutzausschuss zu achten sowie mitgliedstaatliche Stellen bei der Durchführung des Unionsrechts. Letzteres ist bei der behördlichen Datenschutzaufsicht der Fall, da dabei Vorschriften der Datenschutz-Grundverordnung und E-Privacy-Verordnung angewendet werden. Die Auslegung und Umsetzung dieser Unionsrechtsakte hat dabei nach der Rechtsprechung des Bundesverfassungsgerichts alleine anhand der Unionsgrundrechte zu erfolgen.[11] Im Anwendungsbereich der Unionsgrundrechte tritt der nationale Grundrechtsschutz zurück, solange auf europäischer Ebene ein angemessener Schutz gewährleistet wird.[12] Deutsche Aufsichtsbehörden und Gerichte werden ihre Entscheidungen daher an dem europarechtlichen Art. 8 GRCh ausrichten. Raum für eine Heranziehung des deutschen Rechts auf informationelle Selbstbestimmung bleibt hingegen dort, wo Datenschutz-Grundverordnung und E-Privacy-Verordnung Öffnungsklauseln vorsehen, die die Mitgliedstaaten mit nationalem Recht konkretisieren.[13] In solchen Konstellationen, in denen ein Ermessensspielraum der nationalen Umsetzung genutzt wurde, greift nach der Rechtsprechung des Europäischen Gerichtshofs allerdings zusätzlich der unionsrechtliche Grundrechtsschutz,[14] so dass dann beide Rechtsebenen gleichzeitig zu beachten sind.[15]

5 Aus diesem Grund sollten zur Auslegung datenschutzrechtlicher Vorschriften zuerst die Unionsgrundrechte betrachtet werden, während das deutsche Recht auf informationelle Selbstbestimmung nur noch in einzelnen Fällen ergänzend heranzuziehen ist. Diese auch national zu beurteilenden Fälle betreffen vor allem Maßnahmen staatlicher Akteure, die auf mitgliedstaatlichen Rechtsgrundlagen beruhen. Es ist damit zu rechnen, dass das Bundesverfassungsgericht in diesem Bereich weiterhin regelmäßig strikte Grenzen aufzeigen wird, während es sich bereits unter der Geltung der bisherigen europäischen Datenschutzrichtlinie weitestgehend aus dem Datenschutz zwischen Privaten herausgehalten hat.[16]

---

8 BVerfGE 65, 1.
9 BVerfGE 120, 274.
10 Dies folgt aus Art. 1 Abs. 3 GG.
11 BVerfGE 129, 78 (90); *Bäcker* EuR 2015, 389 (395).
12 BVerfG 22.10.1986 – 2 BvR 197/83 = NJW 1987, 577.
13 *Bieresborn* NZS 2017, 887; *Greve* NVwZ 2017, 737 (744); *Dochow* GesR 2016, 401 (402); aA *Klement* JZ 2017, 161 (168).
14 EuGH 26.2.2013 – C-617/10, Rn. 29; 8.5.2014 – C-329/13, Rn. 34 f.
15 *Greve* NVwZ 2017, 737 (744).
16 *Bäcker* EuR 2015, 389 (397).

Jens Ambrock

aa) Schutz personenbezogener Daten gemäß Art. 8 Abs. 1 GRCh

Das **europäische Datenschutzgrundrecht** wurde vom Europäischen Gerichtshof zunächst auf die zuvor schon anerkannten Rechte auf Achtung der Privatsphäre und Unverletzlichkeit der Wohnung gestützt.[17] Spätestens seit der Fixierung des „Schutz personenbezogener Daten" in Art. 8 GRCh hat es sich als ein eigenständiges Grundrecht etabliert.[18] 6

(1) Konkretisierung durch das Sekundärrecht

Bei der Ausarbeitung der Grundrechtecharta wurde dessen Art. 8 der bereits zuvor gültigen **Datenschutzrichtlinie nachgebildet.**[19] Der Europäische Konvent, der die Charta ausgearbeitet hat, hat sich auf das zur Ausgestaltung des Datenschutzgrundrechts bereits bestehende komplexe Regelwerk umfassend bezogen, indem er die wesentlichen Regelungsgehalte und Schlagworte der Richtlinie in Art. 8 GRCh zusammengefasst hat. In seinen offiziellen Erläuterungen zu den einzelnen Grundrechten hat das Präsidium des Konvents festgestellt, dass sich Art. 8 GRCh inhaltlich auf Art. 286 EGV – nun Art. 16 AEUV – sowie die Vorschriften der Datenschutzrichtlinie stützt.[20] Der Verweis in den offiziellen Materialien hat in Anbetracht der Gesetzeshierarchie bemerkenswerte Folge, dass die **Datenschutzrichtlinie als wesentliche Erkenntnisquelle** zur Auslegung von Art. 8 GRCh heranzuziehen war.[21] Um Begriffsbestimmung und Schrankensystematik des knapp gehaltenen Grundrechtsartikels mit Leben zu füllen, waren deshalb die Regelungen der Richtlinie in das Grundrecht hineinzulesen.[22] Nach Ablösung der Datenschutzrichtlinie durch die Datenschutz-Grundverordnung übernimmt das neuere Gesetzeswerk diese Konkretisierungsfunktion, soweit die Grundsätze der Richtlinie und des Art. 8 Abs. 2 und 3 GRCh darin fortentwickelt werden. 7

(2) Schutzbereich

Das Datenschutzgrundrecht schützt gemäß Art. 8 Abs. 1 GRCh **personenbezogene Daten.** Dabei handelt es sich nach der zur Auslegung heranzuziehenden sekundärrechtlichen Definition aus Art. 4 Nr. 1 DSGVO um alle Informationen, die sich auf eine identifizierte oder identifizierbare natürliche Person beziehen, also alle Daten, die mit einer natürlichen Person in Verbindung gebracht werden können.[23] Die Beschreibung von Daten als Informationen zeigt, dass der Begriff sehr weit gefasst ist. Zum einen besteht keine Einschränkung hinsichtlich des Dateiformates, so dass etwa Texte, Videos und Audioinformationen dazu zählen.[24] Zum anderen sind damit alle nur denkbaren Informationen grundsätzlich Daten im Sinne des Grundrechts und nicht nur sensible Daten.[25] Die Schutzbedürftigkeit zunächst belanglos erscheinender 8

---

17 *Di Martino* 2005, 28.
18 Duschanek/Griler/*Holoubek* 2002, 30.
19 Tettinger/Stern/*Johlen* GRC Art. 8 Rn. 16.
20 Erläuterungen des Präsidiums des europäischen Konvents vom 11.10.2000, CHARTE 4473/00, 11 CONVENT 49.
21 *Jarass* GRC Art. 6 Rn. 2; *Siemen* 2006, 272 f./281; *Streinz* DuD 2011, 602 (604).
22 Vgl. *Jarass* GRC Art. 8 Rn. 5.
23 EuGH EuZW 2010, 939 Rn. 52.
24 *Jarass* GRC Art. 8 Rn. 5 f.
25 Meyer/*Bernsdorff* GRC Art. 8 Rn. 5.

Daten folgt aus deren **Verkettbarkeit** mittels elektronischer Datenverarbeitung. Gerade im Internetzeitalter können große Mengen verschiedenster persönlicher Daten in Sekundenschnelle weltweit abgerufen, kombiniert und in Profilen ausgewertet werden.[26]

9 Personenbezug ist gegeben, wenn das Individuum anhand der Daten **wiedererkannt** werden kann. Im realen Leben genügt dafür das Gesicht einer Person, auch wenn der Name nicht bekannt ist. Entsprechend sind Bilddateien einer Person in der Regel personenbezogene Daten. Gleiches gilt für Datensätze, die den Namen der Person oder eine eindeutige Kennung enthalten. Eine solche Kennung kann etwa ein auf dem Computer der Person gespeicherter Cookie oder dessen statische IP-Adresse sein. Zweck dieser Daten ist gerade die Zuordnung des Datensatzes zu einer Person. Neben der direkten Identifizierung sind Daten aber auch grundrechtlich geschützt, die auf eine indirekt **bestimmbare** Person bezogen sind.[27] Dies ist der Fall, wenn ein Personenbezug mithilfe weiterer Angaben hergestellt werden kann, die sich auch in den Händen Dritter befinden können.[28] Erhebt der Betreiber einer Internetseite beispielsweise die dynamischen IP-Adressen der Seitenbesucher, so kann er aus diesen Ziffernfolgen zunächst keinerlei Rückschluss auf deren Identität ziehen. Der aus der IP-Adresse ersichtliche Internetzugangsanbieter des Besuchers wäre jedoch in der Lage mitzuteilen, welchem Kunden zu welchem Zeitpunkt welche IP-Adresse zugeordnet war. Für den Zugangsanbieter ist die Kombination aus IP-Adresse und Zeitpunkt damit zweifelsohne ein personenbezogenes Datum.[29] Für den Betreiber der Internetseite ist dies nur der Fall, wenn er über **tatsächliche und rechtliche Mittel** verfügt, auf die Zusatzinformationen des Internetanbieters zuzugreifen.[30] Dies ist über den Umweg über staatliche Ermittlungsbehörden im Fall von Cyberattacken oder sonstigen Straftaten möglich.[31]

10 Ein **Eingriff** in das Recht auf Schutz personenbezogener Daten besteht immer dann, wenn Dritte die personenbezogenen Daten **verarbeiten**. Der Begriff ist entsprechend der weiten Definition aus Art. 4 Nr. 2 DSGVO jede erdenkliche Verwendung der Daten, wie etwa die Erhebung, Speicherung, Auswertung und Löschung. Nicht notwendig ist eine tatsächliche aktive Kenntnisnahme des Inhalts. So ist auch die automatisierte Verarbeitung, wie beispielsweise die Filterfunktion einer Suchmaschine, eine Datenverarbeitung.[32]

11 Vom Grundrechtsschutz umfasst sind schließlich gemäß Art. 8 Abs. 2 GRCh auch die **Betroffenenrechte** auf Auskunft und Berichtigung in ihrer Ausgestaltung durch die DSGVO. Herr seiner Daten kann schließlich nur sein, wer weiß, was wo über ihn gespeichert ist[33] und Unwahrheiten korrigieren kann. Die übrigen Betroffenenrechte ge-

---

26 Schaffland/Wiltfang/*Schaffland/Holthaus* DSGVO/BDSG Art. 1 DSGVO Rn. 9.
27 *Boehme-Neßler* NVwZ 2014, 825 (827).
28 EuGH 19.10.2016 – C-582/14, Rn. 43 = EuZW 2016, 909.
29 *Richter* EuZW 2016, 912.
30 EuGH 19.10.2016 – C-582/14, Rn. 49 = EuZW 2016, 909.
31 *Richter* EuZW 2016, 912 (913).
32 EuGH EuZW 2014, 541, Rn. 22.
33 *Gallwas* NJW 1992, 2785 (2789); *Simitis/Fuckner* NJW 1990, 2713.

Jens Ambrock

mäß Art. 17, 18, 20 bis 22 DSGVO finden keine Erwähnung in Art. 8 GRCh und sind daher nur sekundärrechtlicher Natur.

(3) Schranken

Die Unionsgrundrechte dürfen gemäß Art. 52 Abs. 1 GRCh nur eingeschränkt wer- 12
den, wenn dies **gesetzlich vorgesehen** ist. Den Rahmen zur Einschränkung des Datenschutzgrundrechts bildet Art. 8 Abs. 2 GRCh, während dessen konkrete Ausformungen durch die Datenschutz-Grundverordnung vorgenommen werden. Gemäß der Intention des Grundrechtekonvents sollte nicht nur der Schutzbereich (→ A. Rn. 8), sondern auch die Schrankensystematik der Datenschutzrichtlinie zur Konkretisierung des Grundrechts herangezogen werden.[34] Die Eingriffstatbestände der Datenschutzrichtlinie und deren Neufassung durch die Datenschutz-Grundverordnung bilden damit spezielle Ausformungen des Art. 52 Abs. 1 GRCh. Über die in der Datenschutz-Grundverordnung selbst verankerten Rechtsgrundlagen zur Datenverarbeitung ermöglicht diese den Erlass weiterer bereichsspezifischer **Eingriffstatbestände durch die Mitgliedstaaten** sowie durch das Unionsrecht, zum Beispiel durch die E-Privacy-Verordnung.[35]

Eingriffe müssen, auch wenn sie auf gesetzlicher Grundlage beruhen, **verhältnismäßig** 13
sein. Das Datenschutzgrundrecht enthält in Art. 8 Abs. 2 GRCh die **Zweckbindung** als konkretisierte Form der Verhältnismäßigkeit.[36] Das Gebot der Zweckbindung ist essentiell, da ansonsten völlige Verwendungsfreiheit für einmal rechtmäßig erhobene Daten bestehen würde.[37] Die erhebende Stelle hat, bevor sie Daten erfasst, den Zweck der weiteren Verwendung zu definieren.[38] Sie darf dann nur diejenigen Daten erheben, die für diesen Zweck erforderlich sind, die Daten nur zu diesem Zweck verwenden und sie hat sie zu löschen, wenn sie für den Zweck nicht mehr gebraucht werden.[39] Dazu sind Datenverarbeitungen auf das **absolut Notwendige** zu beschränken.[40] So dürfen beispielsweise Betreiber von Internetseiten nur diejenigen personenbezogenen Daten ihrer Besucher erheben, die für die Durchführung oder Abrechnung ihres Services notwendig sind.[41] Das Zweckbindungsprinzip steht zudem zahlreichen Big Data-Anwendungen entgegen, bei denen es gerade darum geht, einen massiven Datenbestand auf Muster hin zu analysieren, ohne dass vorher bekannt ist, welche Ergebnisse dabei erzielt werden könnten.

Ebenfalls problematisch ist vor diesem Hintergrund die **Vorratsdatenspeicherung**. Bei 14
dieser haben Zugangsanbieter zu Internet- und Kommunikationsdienstleistungen Verbindungsdaten zu speichern und vorzuhalten für den Fall, dass Strafverfolgungs- oder Gefahrenabwehrbehörden diese später benötigen könnten. Eine entsprechende gesetzliche Verpflichtung zu einer allgemeinen und unterschiedslosen Datensammlung

---

34 Meyer/*Bernsdorff* GRC Art. 8 Rn. 17.
35 Vgl. noch zur Datenschutzrichtlinie Meyer/*Bernsdorff* GRC Art. 8 Rn. 21.
36 *Siemen* 2006, 49.
37 *Engel* 2005, 97.
38 *Rengeling/Szczekalla* 2004, Rn. 681.
39 Meyer/*Bernsdorff* GRC Art. 8 Rn. 21; *Frenz* EuZW 2009, 6 (8).
40 EuGH 16.12.2008 – C-73/07, EU:C:2008:727 Rn. 56; 9.11.2010 – C-92/09 u. C-93/09, EU:C:2010:662, Rn. 77; 6.10.2015 – C-362/14, EU:C:2015:650 Rn. 92.
41 EuGH 19.10.2016 – C-582/14, Rn. 64 = EuZW 2016, 909.

sah der Europäische Gerichtshof als ungerechtfertigte Überschreitung des absolut Notwendigen an.[42] Dabei ließ er jedoch die Möglichkeit der Vorratsdatenspeicherung durch ein künftiges Gesetz offen, das erfasste Kommunikationsmittel, Datenkategorien sowie die Dauer der Maßnahme hinreichend beschränkt.[43]

15   Als spezielle Ausprägung der Grundsätze der Zweckbindung und der Erforderlichkeit hat der Europäische Gerichtshof das **Recht auf Vergessenwerden** (→ B. V. Rn. 14 ff.) entwickelt.[44] Teilweise fälschlich als Grundrecht betitelt,[45] handelt es sich somit um eine begriffliche Ausformung der Schranken des Datenschutzgrundrechts bezogen auf eine spezielle internetbezogene Konstellation. Das Vergessenwerden ist eine Antwort auf die vielbeschworene Formel „das Internet vergisst nicht."[46] Auch wenn der Satz nur bedingt stimmt, lässt sich festhalten, dass im Internet vieles inzwischen Belangloses nicht nur langfristig dokumentiert ist, sondern durch die Verbreitung der Suchmaschinen auch leicht auffindbar. Sofern eine Löschung veralteter Daten direkt an der Quelle nicht praktikabel ist, bietet sich die Möglichkeit, an die **Suchmaschinenbetreiber** heranzutreten.[47] Der Europäische Gerichtshof hat dabei keine grundsätzliche Zensur im Internet angeordnet, sondern Löschansprüche bei Zufallsfunden durch Namenssuchen.[48] Dasselbe gilt für Pseudonyme, Nicknames und andere Identifizierungsmerkmale, die im täglichen Leben zur Identifizierung herangezogen werden.[49] Es verpflichtet alle Suchmaschinenbetreiber wie Google, Yahoo und Bing, auf Antrag ihre Ergebnislisten zu beschränken, soweit die Presse- und Informationsfreiheit nicht überwiegt.[50] Die Wertung des Europäischen Gerichtshofs lässt sich auch auf Nachrichtenportale übertragen, die dann nach einiger Zeit personenbezogene Meldungen löschen müssen.[51]

bb) Recht auf informationelle Selbstbestimmung

16   Das **Datenschutzgrundrecht des Grundgesetzes** hat das Bundesverfassungsgericht in seinem Volkszählungsurteil von 1983 entwickelt.[52] Obwohl es aus der Prä-Internetzeit stammt, war es schon damals als Antwort auf die – damals noch nicht vernetzte – automatische Datenverarbeitung konzipiert.[53] Das Gericht nimmt darin Bezug auf die Möglichkeiten der modernen Datenverarbeitung und den damit verbundenen Gefahren für die Persönlichkeit. Es ist aber – anders als Datenschutz-Grundverordnung und E-Privacy-Verordnung – nicht auf automatisierte Verfahren beschränkt, sondern umfasst jede Form der Verarbeitung personenbezogener Daten.[54] Die modernen Ver-

---

42   EuGH 21.12.2016 – C-203/15, Rn. 170 – Tele 2 Sverige.
43   EuGH 21.12.2016 – C-203/15, Rn. 108-111.
44   EuGH 13.5.2014 – C-131/12 = EuZW 2014, 541 = NVwZ 2014, 857.
45   *Boehme-Neßler* NVwZ 2014, 825 (827); *Casermeiro/Hoeren* GRUR-Prax 2014, 537.
46   *Boehme-Neßler* NVwZ 2014, 825.
47   Vgl. *Holznagel/Hartmann* MMR 2016, 228 (229).
48   *Holznagel/Hartmann* MMR 2016, 228.
49   *Kühn/Karg* ZD 2015, 61 (64).
50   *Kühn/Karg* ZD 2015, 61 (62).
51   Vgl. *Boehme-Neßler* NVwZ 2014, 825 (829).
52   BVerfGE 65, 1.
53   Sachs/*Murswiek* GG Art. 2 Rn. 72.
54   BVerfGE 78, 77 (84).

arbeitungsmöglichkeiten waren nur der Anlass der Rechtsfortbildung, nicht aber dessen Voraussetzung.[55]

Das Recht auf informationelle Selbstbestimmung ist eine Fortentwicklung des **allgemeinen Persönlichkeitsrechts** aus Art. 2 Abs. 1 iVm Art. 1 Abs. 1 GG mit lückenschließender Gewährleistung für neuartige Gefahren durch neue Technologien.[56] Während das allgemeine Persönlichkeitsrecht die Freiheit gewährleistet, seine Persönlichkeit zu entwickeln und zu leben, zielt das Recht auf informationelle Selbstbestimmung darauf ab, Einfluss auf das **Persönlichkeitsbild** zu nehmen, das Dritte sich über das Individuum bilden.[57]   17

(1) Schutzbereich

Das Grundrecht schützt den Einzelnen gegen die unbegrenzte Erhebung, Speicherung, Verwendung und Weitergabe seiner Daten,[58] indem es ihn ermächtigt, selbst über die Verwendung seiner Daten zu entscheiden.[59] Es zielt dabei vor allem auf den Schutz vor Persönlichkeitsverletzungen durch Katalogisierung und Kalkulierbarkeit des Individuums.[60] Gleichwohl ist der Schutzbereich bereits mit jeglicher Erhebung einzelner personenbezogener Daten eröffnet, unabhängig von Menge, Aussagekraft und Wertigkeit.[61] Schließlich sind Einzeldaten die notwendigen Bausteine für die Bildung von **Persönlichkeitsprofilen**.[62] Lange vor der Diskussion um Big Data-Anwendungen hat das Bundesverfassungsgericht daher erkannt, dass es unter den Bedingungen der automatisierten Datenverarbeitung „**kein belangloses Datum**" mehr gibt.[63]   18

Obwohl alle Daten in ihrer Kombination Relevanz haben können, sind **nur personenbezogene Daten** grundrechtlich geschützt. Bei deren **Begriffsbestimmung** greift das Bundesverfassungsgericht explizit auf § 2 Abs. 1 BDSG aF zurück, wo „Einzelangaben über persönliche oder sachliche Verhältnisse einer bestimmten oder bestimmbaren Person" genannt sind.[64] Dieser Wortlaut wurde später in ähnlicher Form in die Datenschutzrichtlinie und im Anschluss in die Datenschutz-Grundverordnung übernommen. Da das Unionsgrundrecht aus Art. 8 Abs. 1 GRCh auf diesen europäischen Rechtsakten fußt, ist der Begriff der personenbezogenen Daten dort identisch mit dem des deutschen Grundrechts.   19

Das informationelle Selbstbestimmungsrecht besitze eine **Abwehr- und Unterlassungsfunktion** für den Einzelnen.[65] Sie besteht auch ohne eine Verletzung in dem Sinne, dass das Persönlichkeitsbild tatsächlich beeinträchtigt ist. Es handelt sich um einen reinen **Gefährdungstatbestand**.[66] Diese formalistische Gewährleistung ist notwendig, weil der Einzelne in Anbetracht der unüberschaubaren Komplexität der tech-   20

---

55 Maunz/Dürig/*Di Fabio* GG Art. 2 Abs. 1 Rn. 176.
56 *Roßnagel/Schnabel* NJW 2008, 3534.
57 *Wolff/Brink* 2013, Syst. C Rn. 60.
58 BVerfGE 65, 1 (43); 67, 100 (142).
59 BVerfGE 65, 1 (43); 78, 77 (84); BVerwG DVBl 1990, 707 (708); *Wolff/Brink* 2013, Syst. C Rn. 65.
60 BVerfGE 27, 1 (6).
61 *Wolff/Brink* 2013, Syst. C Rn. 68.
62 BVerfGE 27, 1 (6).
63 BVerfGE 65, 1 (45); 118, 168 (185); 120, 378 (399).
64 BVerfG 65, 1 (42).
65 OVG Lüneburg NJW 1992, 192; OVG Koblenz NVwZ 1986, 575.
66 BVerfGE 118, 168 (184).

nischen Möglichkeiten oftmals nicht absehen kann, ob eine Verletzung eingetreten ist oder eintreten kann.[67] Dies wird besonders deutlich vor dem Hintergrund vernetzter Geräte, die Daten mit Sensoren erfassen und in Cloud-Speicher laden, ohne dass der Verantwortliche dem Betroffenen Einblick in die erfassten Daten und die weiteren Verarbeitungen gewährt. Um auch in derartigen Konstellationen die Selbstbestimmung des Betroffenen gewährleisten zu können, müssen von Verfassungs wegen effektive Betroffenenrechte bestehen, die der Gesetzgeber mit den Rechten auf **Auskunft, Löschung** und **Berichtigung** konkretisiert hat.[68] Auch die generelle Transparenz der Datenverarbeitung, die etwa in Datenschutzerklärungen auf Internetseiten Niederschlag findet, ist grundrechtlich abgesichert.[69]

21 Ein **Eingriff** in den Schutzbereich entsteht bei jeder **Datenverwendung** durch Dritte.[70] Dies gilt auch für Datenerhebungen aus öffentlich zugänglichen Quellen. Dabei hat das Bundesverfassungsgericht allerdings das bloße Beobachten des Internet durch Polizeikräfte nicht als Datenerhebung eingestuft.[71] Spezifische **Internetrecherchen**, bei denen Informationen zu einer Person gesammelt, archiviert und gegebenenfalls mit weiteren Daten verknüpft werden, haben hingegen Eingriffsqualität.[72] Die Abgrenzung ist vergleichbar mit der Rechtsprechung zur automatischen Kennzeichenerfassung, bei der Kfz-Kennungen erfasst und mit Fahndungsregistern abgeglichen werden. Nur im Trefferfall wird ein Grundrechtseingriff angenommen, weil ansonsten die erfassten Daten sofort unwiederbringlich gelöscht werden.[73] Wenn also Daten nur gesichtet und auf Relevanz hin überprüft werden, nicht aber aufbewahrt oder anderweitig verwendet werden, liegt kein Eingriff in das Recht auf informationelle Selbstbestimmung vor.[74]

(2) Schranken

22 Da der Mensch ein gemeinschaftsbezogenes, soziales Wesen ist, muss auch ihn betreffenden Informationsaustausch grundsätzlich möglich sein.[75] Einschränkungen des Rechts auf informationelle Selbstbestimmung sind daher im **überwiegenden Allgemeininteresse**, auf **gesetzlicher Grundlage** und unter Beachtung des **Verhältnismäßigkeitsprinzips** möglich.[76] Jedes Eingriffsgesetz muss bestimmt sein, also Zwecke und Umfang der dadurch legalisierten Datenverarbeitung klar fixieren.[77] Damit haben die im Bundesdatenschutzgesetz und Datenschutz-Grundverordnung einfachgesetzlich konkretisierten Prinzipien der **Zweckbindung** und **Datensparsamkeit** Verfassungsrang. So ist beispielsweise eine sechsmonatige, vorsorgliche, anlasslose Speicherung von Telekommunikationsverbindungsdaten nicht verfassungskonform.[78] Zudem sind

---

67 *Wolff/Brink* 2013, Syst. C Rn. 71.
68 Vgl. BVerfGE 65, 1 (46); BVerfG NVwZ 2001, 185.
69 Vgl. *Wolff/Brink* 2013, Syst. C Rn. 125.
70 *Wolff/Brink* 2013, Syst. C Rn. 82.
71 BVerfGE 120, 274 (341).
72 BVerfG NJW 2008, 822.
73 BVerfGE 120, 387.
74 Sachs/*Murswiek* GG Art. 2 Rn. 88.
75 BVerfGE 65, 1 (43 f.); 78, 77 (85).
76 BVerfGE 65, 1, Ls. Nr. 2.
77 *Wolff/Brink* 2013, Syst. C Rn. 96; sa BVerfG 92, 191 (198).
78 BVerfG MMR 2010, 356, Ls. 1, zu Art. 10 GG, die Aussage ist jedoch auf das Recht auf informationelle Selbstbestimmung übertragbar.

Jens Ambrock

bei jedem Eingriff organisatorische und verfahrensrechtliche Maßnahmen zur Gewährleistung der informationellen Selbstbestimmung zu treffen.[79] Dazu zählen beispielsweise der Einsatz betrieblicher Datenschutzbeauftragter[80] oder die Nutzung **technischer Schutzmaßnahmen** wie Verschlüsselung und Firewalls.

Die öffentliche Verbreitung wahrer Tatsachen über das Internet, die Vorgänge aus der Sozialsphäre betreffen, muss nach Ansicht des Bundesverfassungsgerichts in der Regel hingenommen werden.[81] Die Schwelle zur Persönlichkeitsverletzung wird demnach regelmäßig erst dann überschritten, wenn die Mitteilung einen Persönlichkeitsschaden befürchten lässt, der außer Verhältnis zu dem Interesse an der Verbreitung der Wahrheit steht. Beispielsweise ist bei einem **Lehrerbewertungsportal** dem Recht der Meinungsfreiheit der Internetnutzer ein höherer Stellenwert als der informationellen Selbstbestimmung der Lehrer einzuräumen, solange die Bewertungen nur die berufliche Tätigkeit betreffen.[82] Bei dieser Aussage hat der Bundesgerichtshof den Meinungsaustausch auf der Internetplattform mit dem auf Elternsprechtagen und in Pausenhofgesprächen verglichen. Der Vergleich geht insofern fehl, als dass eine anonyme Bewertung mehr Pranger als Diskussion ist[83] und die Folgen der weltweiten, suchmaschinenfähigen Veröffentlichung deutlich intensiver sind. Folgerichtig wurde ein vergleichbares Portal in Frankreich dazu verurteilt, die Namen der Lehrer aus den Berichten zu entfernen.[84] Bei Portalen zur Bewertung von Ärzten[85] und Handwerkerleistungen ist dem Informationsinteresse der Internetnutzer ein noch höherer Stellenwert zuzumessen als bei Lehrern, weil dort Wahlfreiheit des Dienstleisters besteht.[86]

23

b) Vertraulichkeit der Kommunikation

Das Fernmeldegeheimnis gemäß Art. 10 GG und das Recht auf Vertraulichkeit der Kommunikation gemäß Art. 7 GRCh widmen sich dem Spannungsverhältnis, dass Nutzer moderner Kommunikationsmedien auf die Leitungsnetze und sonstigen **Vermittlungsleistungen einflussreicher Unternehmen** angewiesen sind,[87] die Inhalte ihrer Nachrichten aber dennoch vertraulich sein sollen.

24

aa) Recht auf Achtung der Kommunikation gemäß Art. 7 Var. 4 GRCh

Das Kommunikationsgrundrecht der Union ist in Art. 7 GRCh zusammen mit dem des Privat- und Familienlebens sowie der Wohnung geregelt. Es handelt sich also in dem Artikel der Charta um ein „Right to be left alone" in besonders schützenswerten Sphären oder Räumen. Das Datenschutzgrundrecht des Art. 8 GRCh ist **lex specialis** zu Art. 7 GRCh, so dass das Kommunikationsgrundrecht zurücktritt, wenn es um die Erhebung und Verarbeitung personenbezogener Daten geht.[88] Da Kommunikation

25

---

79 BVerfGE 65, 1 (44).
80 Busch, DVBl 1984, 385 (388).
81 BVerfG 29.6.2016 – 1 BvR 3487/14 = NJW 2016, 3362.
82 BGH 23.6.2009 – VI ZR 196/08 = MMR 2009, 608.
83 *Kutscha/Thomé* 2013, 90.
84 TGI de Paris (Landgericht) 3.3.2008, wiedergegeben bei *Greve/Schärdel* MMR 2008, 644 (645).
85 BGH 23.9.2014 – VI ZR 358/13 = NJW 2015, 489.
86 *Kühling* NJW 2015, 447 (448).
87 *Roßnagel* KJ 1990, 267 (272).
88 *Jarass* 2005, § 13 Rn. 4; Heselhaus/Nowak/*Mehde* 2007, § 21 Rn. 13; *Schneider* Die Verwaltung 44 (2011), 449 (501 f.).

zwischen Individuen stets personenbezogen ist, ist der Anwendungsbereich des Grundrechts damit deutlich reduziert. Übrig bleibt jedoch zum einen das bloße **Eindringen** Dritter in ein Kommunikationssystem,[89] zum anderen sind auch Nachrichten juristischer Personen wie etwa **Machine-to-Machine**-Kommunikation vom Gewährleistungsbereich umfasst.[90]

(1) Schutzbereich

26   Die in Art. 7 GRCh blumig postulierte „Achtung" der Kommunikation bezeichnet die Verpflichtung, in die Kommunikationsvorgänge Dritter **nicht einzugreifen**.[91] Kommunikation bezeichnet den privaten Nachrichtenaustausch unter Abwesenden.[92] Das Kriterium der Privatheit stellt dabei nicht auf die Rechtsform von Sender und Empfänger ab, sondern darauf, dass es sich um **Individualkommunikation** handelt, die nicht für Dritte bestimmt ist.[93] Kommunikation ist analog zur Korrespondenzfreiheit des Art. 8 EMRK zu verstehen.[94] Der Grundrechtekonvent hat sich bei der Erarbeitung der Charta lediglich für einen technikneutraleren Begriff entschieden,[95] um zu verdeutlichen, dass neben Briefwechseln auch modernere Formen des Gedankenaustauschs mit umfasst sind. Eine inhaltliche Abweichung folgt aus dieser sprachlichen Fortentwicklung nicht, weil auch der Begriff der Korrespondenz nach Lesart des Europäischen Gerichtshofs für Menschenrechte nichtschriftliche Nachrichten beinhaltet.[96] Kommunikation kann daher auf allen Medien erfolgen, also zum Beispiel mündlich, per Telefon, Sprachnachricht, Brief, E-Mail, Messenger-App. Es kommt auch nicht auf den Inhalt an, so dass sowohl das gesprochene Wort als auch Texte, Fotografien oder Piktogramme, wie insbesondere sog Smileys, Kommunikation darstellen.

27   Ein **Eingriff** in die Kommunikationsfreiheit liegt vor, wenn ein Dritter auf den Kommunikationsvorgang auf eine Weise zugreift, dass er Kenntnis von dem Inhalt oder den Metadaten erhält.[97] Zugleich greift auch die Verhinderung oder Verzögerung der Kommunikation in das Grundrecht ein.[98]

(2) Schranken

28   Art. 7 GRCh enthält keine Hinweise darauf, unter welchen Bedingungen das Kommunikationsgrundrecht eingeschränkt werden darf. Der Grundrechtekonvent hat in seinen amtlichen Erläuterungen jedoch zum Ausdruck gebracht, dass das Schrankensystem des **Art. 8 Abs. 2 EMRK** auch auf Grundrechte der Charta **zu übertragen** ist.[99] Danach dürfen Eingriffe vorgenommen werden, wenn dies gesetzlich vorgesehen und in einer demokratischen Gesellschaft notwendig ist für die nationale oder öffentliche Sicherheit, das wirtschaftliche Wohl des Landes, zur Aufrechterhaltung der Ordnung,

---

89   *Ambrock* 2013, S. 90.
90   Gersdorf/Paal/*Gersdorf* GRC Art. 7 Rn. 13 f.
91   Meyer/*Bernsdorff* GRC Art. 7 Rn. 16.
92   Meyer/*Bernsdorff* GRC Art. 7 Rn. 24.
93   Gersdorf/Paal/*Gersdorf* GRC Art. 7 Rn. 35.
94   *Kugelmann* EuGRZ 2003, 16 (22).
95   Erläuterungen des Grundrechtekonvents zu Art. 7.
96   EGMR EuGRZ 1979, 278.
97   Gersdorf/Paal/*Gersdorf* GRC Art. 7 Rn. 35.
98   *Jarass* GRC Art. 7 Rn. 39.
99   Meyer/*Bernsdorf* GRC Art. 7 Rn. 18.

Jens Ambrock

zur Verhütung von Straftaten, zum Schutz der Gesundheit oder der Moral oder zum Schutz der Rechte und Freiheiten anderer. Der Europäische Gerichtshof hatte noch keine Gelegenheit, diese Kriterien mit Leben zu füllen. So hat er alle bisherigen Entscheidungen zur Korrespondenz vor Inkrafttreten der Charta der Grundrechte und nur bezüglich der Briefkorrespondenz gefällt.[100]

bb) Fernmeldegeheimnis gemäß Art. 10 Abs. 1 Var. 3 GG

Das Verhältnis zwischen dem Datenschutz- und dem Kommunikationsgrundrecht ist auf Bundesebene andersherum als bei den europäischen Pendants dieser Grundrechte. So **verdrängt** das Fernmeldegeheimnis das Recht auf informationelle Selbstbestimmung, soweit durch den Eingriff in den Kommunikationsvorgang personenbezogene Daten erlangt wurden.[101] Bei der Prüfung sind aber die Maßgaben des **informationellen Selbstbestimmungsrechts** auf das Fernmeldegeheimnis **zu übertragen.**[102] In der Folge sind beide Grundrechte inhaltlich weitgehend aneinander angeglichen.[103]   29

(1) Schutzbereich

Das Fernmeldegeheimnis schützt die **unkörperliche Übermittlung** von Informationen an individuelle Empfänger mithilfe der Telekommunikationstechnik vor einer **Kenntnisnahme** durch die öffentliche Gewalt.[104] Es ist entwicklungsoffen, umfasst also nicht nur die bei Entstehung des Grundgesetz bekannten Technologien[105] und somit ein Auffanggrundrecht für jede Art von Kommunikationstechnik.[106] Auf die konkrete Übermittlungsart, zum Beispiel per Kabel, Funk, analog oder digital, kommt es dabei ebenso wenig an wie auf die Ausdrucksform etwa per Sprache, Graphik usw.[107] Geschützt sind sowohl der **Inhalt**[108] als auch die näheren Umstände der Kommunikation, also die **Metadaten** darüber, wer sich mit wem, wann, wie oft, wie lange und über welches Medium ausgetauscht hat.[109] Dies betrifft auch jegliche Spuren der Internetnutzung, wie etwa Cookies und geloggte IP-Adressen, solange sie sich auf Individualkommunikation beziehen.[110]   30

Individualkommunikation ist die Nachrichtenübermittlung an einen oder mehrere Empfänger.[111] Auch Verbindungsversuche zählen dazu.[112] Das Bundesverfassungsgericht sieht unter anderem **E-Mails, Chatnachrichten** und Mitteilungen in nichtöffentlichen Diskussionsforen in der Regel als Individualkommunikation an.[113] Dies muss dann konsequenterweise auch bei Messenger-Apps sowohl für Nachrichten an einen Empfänger als auch für die Kommunikation in Gruppen gelten. Im Gegenzug   31

---

100 Gersdorf/Paal/*Gersdorf* GRC Art. 7 Rn. 36.
101 BVerfGE 125, 260 (310) – Vorratsdatenspeicherung.
102 BVerfG NJW 2007, 351 (354 f.) – IMSI-Catcher.
103 Maunz/Dürig/*Durner* GG Art. 10 Rn. 57.
104 BVerfG 130, 151 (179) – Zuordnung dynamischer IP-Adressen; BVerfGE 125, 260 (309) – Vorratsdatenspeicherung.
105 Epping/Hillgruber/*Baldus* GG Art. 10 Rn. 7; *Böckenförde* 2003, 420, 428.
106 Maunz/Dürig/*Durner* GG Art. 10 Rn. 47.
107 BVerfG NJW 2006, 976; Epping/Hillgruber/*Baldus* GG Art. 10 Rn. 7.
108 BVerfGE 115, 166 (183).
109 BVerfG NJW 2006, 976.
110 Vgl. BVerfGE 67, 157 (172); 85, 386 (396); 110, 33 (53); 113, 348 (365); 115, 166 (183).
111 BVerfGE 115, 166 (182).
112 BVerfGE 10, 313 (358); 67, 157 (172); 85, 386 (396); 107, 299 (313).
113 BVerfGE 120, 274 (340 ff.); sa *Britz* DÖV 2008, 411 (414).

fallen an einen unbestimmten Personenkreis gerichtete Informationen auf **Internetseiten**, Popup-Einblendungen usw nicht unter das Fernmeldegeheimnis.[114] Dabei sollte aber bedacht werden, dass Popups und Werbebanner immer stärker auf den individuellen Leser abgestimmt sind und im Einzelfall auch als direkte Nachricht angesehen werden können. Bei **sozialen Netzwerken** wird man zwischen Direktnachrichten an einzelne Empfänger und Statusmeldungen unterscheiden müssen. Wesentliches Kriterium bei der Internetnutzung ist, ob der Leser sich mit einer persönlichen Kennung einloggen muss, um die Nachricht zu sehen, oder ob potenziell jeder Internetnutzer Zugriff nehmen kann.[115]

32 Der Schutz durch das Fernmeldegeheimnis endet mit dem Abschluss des Übertragungsvorgangs,[116] an dem die Nachricht im Herrschaftsbereich des Empfängers angekommen ist.[117] Nach dem Empfang der Nachricht ist der Nutzer nicht mehr von der Kommunikationsinfrastruktur abhängig, sondern kann sich durch Verschlüsselung und ähnliches selbst um die Vertraulichkeit seiner Kommunikation kümmern.[118] Das Herunterladen der Nachricht auf die Festplatte des Empfängers führt zum **Ende des Grundrechtsschutzes** aus Art. 10 GG.[119] Verbleibt die Nachricht allerdings im Posteingang des Messenger oder dem Eingangsserver des E-Mail-Providers, bleibt der Schutz für diese Kopie der Nachricht bestehen, weil diese Komponenten vom Kommunikationsdienstleister gestellt sind und der Nutzer dort nicht auf die Sicherheit einwirken kann.[120]

33 **Eingriffe** in das Grundrecht entstehen durch **Kenntnis eines Dritten** von Inhalt und äußeren Umständen der Kommunikation[121] Diese können durch Überwachung des Übertragungsweges oder durch Infiltration des Endgerätes[122] etwa mittels einer Wanze im Telefongerät[123] oder Schadsoftware auf dem Rechner erfolgen. Erforderlich ist dabei nicht, dass tatsächlich personenbezogene Daten erhoben werden, das Ziel des Eindringens also erreicht wurde. Es genügt auch, dass **Schutzvorkehrungen,** wie zum Beispiel eine Firewall, **überwunden** werden.[124] Kein Eingriff ist hingegen darin zu sehen, dass vertrauliche Kommunikation behindert wird, weil etwa Verschlüsselung nicht erlaubt wird.[125]

(2) Schranken

34 Die Schranken des Fernmeldegeheimnisses sind ebenso technisch entwicklungsoffen wie sein Schutzbereich. So sollen Ermittlungsbehörden auch unter den Gegebenheiten neuer Kommunikationstechnologien befugt sein, prinzipiell in diese eindringen zu können.[126] Beschränkungen sind aufgrund eines Gesetzes möglich, das jedoch den für

---

114 Maunz/Dürig/*Durner* GG Art. 10 Rn. 51.
115 *Böckenförde* JZ 2008, 925 (936 f.)
116 BVerfGE 115, 166 (184).
117 *Eckhardt* DuD 2006, 365 (366).
118 BVerfG NJW 2006, 976.
119 VGH Kassel NJW 2009, 2470.
120 BVerfGE 124, 43 (56) – Beschlagnahme von E-Mails.
121 Maunz/Dürig/*Durner* GG Art. 10 Rn. 60.
122 BVerfGE 106, 28 (37); 120, 274 (307 f.).
123 Maunz/Dürig/*Durner* GG Art. 10 Rn. 96.
124 Allg. BVerfGE 100, 313 (366); *Puschke/Singelnstein* NJW 2008, 113 (118).
125 Maunz/Dürig/*Durner*, GG, Art. 10 Rn. 52.
126 Vgl. BGH NJW 1997, 1934 (1935) – Mailbox; *Bär* CR 1993, 578 (580 ff.).

Jens Ambrock

Eingriffe in das Recht auf **informationelle Selbstbestimmung aufgestellten Kriterien** (→ Rn. 22) gerecht werden muss.[127] So sieht das Bundesverfassungsgericht in der anlasslosen sechsmonatigen Speicherung von Verbindungsdaten einen ungerechtfertigten Eingriff in Art. 10 Abs. 1 GG.[128] Eine solche **Vorratsdatenspeicherung** ist demnach nur verfassungskonform, wenn ihre gesetzliche Ermächtigung hinreichend anspruchsvolle und normenklare Regelungen hinsichtlich der Datensicherheit, der Datenverwendung, der Transparenz und des Rechtsschutzes vorhält.[129] Zudem ist sie nur verhältnismäßig, wenn sie überragend wichtigen Aufgaben des Rechtsgüterschutzes dienen. Im Bereich der Strafverfolgung setzt dies einen durch bestimmte Tatsachen begründeten Verdacht einer schweren Straftat voraus.[130] Seit 2015 ist daraufhin die Vorratsdatenspeicherung in den §§ 113a bis 113g Telekommunikationsgesetz (TKG) neu geregelt worden. Die Vorschrift ermächtigt zur anlasslosen Speicherung aller Verkehrsdaten von Internetzugangsdiensten sowie Individualkommunikation, wie Telefon, SMS und auch Messenger-Apps. Die Höchstspeicherfrist bei den Erbringern öffentlich zugänglicher Telekommunikationsdienste für Endnutzer beträgt nun zwei Wochen. Diese Daten können die zuständigen Behörden bei konkreten Tatsachen für den Verdacht schwerer Straftaten oder konkreter Gefahren für ein erhebliches Rechtsgut abrufen. Die Neuregelung wurde noch nicht höchstrichterlich geprüft.[131] Es ist jedoch abzusehen, dass sie vor dem Bundesverfassungsgericht keinen Bestand haben würde, weil sie gerade nicht auf das Nötigste beschränkt ist. Das wäre nur den Fall, wenn die Maßnahme anlassbezogen passiert, um ausschließlich Daten über die Nutzung bestimmter Medien durch einen eingegrenzten Personenkreis zu erfassen.[132]

c) Recht am eigenen Bild und gesprochenen Wort

Das **Recht am eigenen Bild** ist neben der informationellen Selbstbestimmung eine weitere Ausprägung des allgemeinen Persönlichkeitsrechts des Grundgesetzes. Es umfasst die Befugnis fotografierter Personen selbst darüber zu bestimmen, ob und wie ihr Bildnis in der Öffentlichkeit gezeigt wird.[133] Bereits die Aufnahme stellt einen Grundrechtseingriff dar, nicht erst die Veröffentlichung selbst.[134] Jede Person hat damit ein Recht, nicht durch andere abgelichtet zu werden, unabhängig davon, ob die Aufnahme im öffentlichen Raum geschah und ob der Betroffene darauf vorteilhaft erscheint.[135] Das Medium des Bildträgers ist nicht maßgeblich, so dass auch virtuelle Bilder im Internet darunter fallen.[136] Entscheidend ist, dass eine Ablichtung vorliegt, die das bildlich wiedergibt, was ein Beobachter gesehen hätte.[137] So sind Eingriffe beispielsweise durch Webcams, Smartphones, Datenbrillen mit Kamera oder das

35

---

127 Vgl. BVerfG NJW 2007, 351 (354 f.).
128 BVerfG, 1 BvR 256/08, 1 BvR 263/08, 1 BvR 586/08 = MMR 2010, 356, Ls. Nr. 1.
129 BVerfG, 1 BvR 256/08, 1 BvR 263/08, 1 BvR 586/08 = MMR 2010, 356, Ls. Nr. 2.
130 BVerfG, 1 BvR 256/08, 1 BvR 263/08, 1 BvR 586/08 = MMR 2010, 356, Ls. Nr. 5.
131 Eilanträge wurden ohne Sachprüfung abgelehnt, zB BVerfG 26.3.2017 – 1 BvR 141/16 = ZD 2017, 300.
132 *Roßnagel* NJW 2016, 533 (538); *ders.* NJW 2017, 696 (968).
133 BVerfGE 131, 332 (336); BGHZ 20, 345 (347 f.).
134 BGHZ 13, 334 (338); 31, 200 (208).
135 BVerfGE 101, 361 (380 f.).
136 BGHZ 145, 214 (214 f.); *Hoffmann/Luch/Schulz/Borchers* 2015, 79.
137 Maunz/Dürig/*Di Fabio* GG Art. 2 Rn. 159.

Streaming von Veranstaltungen denkbar.[138] Kein Eingriff in das Recht am eigenen Bild ist hingegen die Verarbeitung von bereits im Internet veröffentlichten Portraitbildern durch Gesichtserkennungsprogramme der Gefahrenabwehrbehörden oder der sozialen Netzwerke, weil es sich dabei nur um die Verwendung eines Bildes handelt.[139] Diese Maßnahme ist anhand des allgemeinen Rechts auf informationelle Selbstbestimmung zu messen.

36 Vergleichbar ist das Recht am **gesprochenen Wort**, das vor Aufzeichnungen des Gesagten mittels Tonband, Audiodatei oder schriftlichem Protokoll schützt. Während derartige Eingriffe bisweilen eher die Seltenheit waren, erfolgen Audio-Erfassungen inzwischen immer häufiger – sei es durch **Sprachassistenten,** wie Amazon Alexa,[140] Connected Cars oder etwa Smartphone-Apps, die für ihre eigentliche Aufgabe nicht erforderlichen Zugriff auf das Mikrofon nehmen und so heimlich werberelevante Aussagen sammeln.[141] Das Recht am gesprochenen Wort ist insbesondere auch verletzt durch die unzutreffende Wiedergabe des gesprochenen Wortes und erfundene Zitate, die einer realen Person zugeordnet werden.[142] Letzteres ist eine unter dem Stichwort „Fake News" bekannte Problematik in sozialen Netzwerken.

d) Vertraulichkeit und Integrität informationstechnischer Systeme

37 Das **deutsche Grundrecht** auf Vertraulichkeit und Integrität informationstechnischer Systeme schützt vor dem bloßen **Eindringen in Infrastrukturen,** ohne dass dabei personenbezogene Daten erhoben werden müssen. Eine unionsrechtliche Entsprechung existiert nicht, allerdings lassen sich die Grundsätze je nach Fallgestaltung auf das Datenschutzrecht des Art. 8 GRCh oder das Kommunikationsgrundrecht aus Art. 7 GRCh übertragen.

aa) Herleitung

38 Mit seinem Urteil zur **Onlinedurchsuchung** hat das Bundesverfassungsgericht das Grundrecht auf Gewährleistung der Vertraulichkeit und Integrität informationstechnischer Systeme aus der Taufe gehoben.[143] Es wurde im Jahr 2008 unter dem Eindruck der Möglichkeiten und Gefahren des Internet als weitere Ausprägung des allgemeinen Persönlichkeitsrechts gemäß Art. 2 Abs. 1 iVm Art. 1 Abs. 1 GG in den Kreis der Grundrechte aufgenommen.[144] Zum Teil wird es auch irreführend als „Computergrundrecht" bezeichnet.[145]

39 Das Gericht erklärte in seiner Entscheidung eine Regelung für ungültig, nach der der nordrhein-westfälische Verfassungsschutz Trojaner-Software heimlich auf Zielrech-

---

138 *Hoffmann/Luch/Schulz/Borchers* 2015, 80 f.
139 AA *Hoffmann/Luch/Schulz/Borchers* 2015, 81 ff.
140 *Maßburger,* Amazon Echo – Verbraucherschützer waren vor Lauschangriff, Focus vom 14.2.2017, www.focus.de/digital/multimedia/amazon-echo-verbraucherschuetzer-warnen-vor-lauschangriff_id_66450 94.html.
141 *Maheswari,* That Game on Your Phone May Be Tracking What You're Watching on TV, New York Times vom 28.12.2017, www.nytimes.com/2017/12/28/business/media/alphonso-app-tracking.html.
142 BVerfGE 54, 148 (155); 82, 236 (269); *Heinrich/Brink* 2013, Syst. C Rn. 55.
143 BVerfGE 120, 274.
144 BVerfGE 120, 274 (312 f.).
145 ZB bei *Uerpmann-Wittzack* 2009; Sachs/*Pagenkopf* GG Art. 2 Rn. 73 b; *Kutscha/Thomé* 2013, 53.

nern installieren durfte.[146] Dies versetzte die Behörde in die Lage, über das Internet in Echtzeit auf Inhalte der Festplatte und des Arbeitsspeichers zuzugreifen. Das Gericht erkannte darin eine Persönlichkeitsverletzung, der weder mit dem Recht auf informationelle Selbstbestimmung noch mit dem Fernmeldegeheimnis adäquat begegnet werden könne. Schließlich biete das Recht auf informationelle Selbstbestimmung nur Schutz gegen einzelne Datenerhebungen und -verarbeitungen, nicht aber gegen das bloße Eindringen in ein IT-System.[147] Auch das Fernmeldegeheimnis greift nur, wenn Kommunikationsinhalte abgefangen werden.[148] Aufgrund der besonderen Bedeutung für die Persönlichkeitsentfaltung und der für den Laien geringen Abwehrmöglichkeit stellt aber bereits dieses Eindringen der Hoheitsgewalt mittels der Installation der Software und der damit verbundenen potenziellen Überwachungsmöglichkeit eine Gefährdung der Privatsphäre dar.[149] Erschwerend kommt hinzu, dass bei einer Onlinedurchsuchung der einmalige Zugriff auf den Zielrechner genügt, um ein Persönlichkeitsprofil seines Nutzers zu erstellen.[150] Das Recht auf informationelle Selbstbestimmung schützt hingegen vor der anders gelagerten Gefahr, dass zunächst einzelne Datenerhebungen erfolgen, die erst in der Summe eine Profilbildung ermöglichen. Die Onlinedurchsuchung stellt damit eine besonders **intensive Form der Datenerhebung** dar. Sie hätte also im Zuge eines Erst-recht-Schlusses vom Bundesverfassungsgericht auch als Eingriff in das Recht auf informationelle Selbstbestimmung eingestuft werden können.[151] Die für diesen intensiveren Eingriff erforderlichen Anforderungen hätten dann im Wege der Verhältnismäßigkeit aufgestellt werden können.[152] Das Bundesverfassungsgericht hat sich jedoch dafür entschieden,[153] den Sachverhalt aufgrund der andersartigen Schutzrichtung nicht anhand des Rechts auf informationelle Selbstbestimmung zu beurteilen und ein neues, **eigenständiges Grundrecht** benannt.

bb) Schutzbereich

Vertraulichkeit bezieht sich auf die von einem informationstechnischen System verarbeiteten Daten.[154] Es ist zu gewährleisten, dass kein unbefugter Dritter von diesen Kenntnis erlangen kann. Insofern ist noch kein Mehrwert zur informationellen Selbstbestimmung erkennbar. Neu ist jedoch das weitere Element der Integrität, die sich auf das IT-System selbst bezieht. Sobald Dritte in dieses eingedrungen sind „ist die entscheidende Hürde für eine Ausspähung, Überwachung oder Manipulation des Systems genommen".[155]   40

Geschützt sind nicht nur Computer im engeren Sinne, sondern **alle Systeme**, die alleine oder in ihrer Vernetzung mit anderen Systemen personenbezogene Daten in einem Umfang oder einer Vielfalt enthalten können, dass ein Eingriff in das System wesent-

---

146   Zu den technischen Möglichkeiten Uerpmann-Wittzack/*Ferderrath* 2009, 53 ff.
147   Hill/Schliesky/*Becker* 2010, 57 (64); *Becker/Ambrock* JA 2011, 561 (566).
148   Epping/Hillgruber/*Baldus* GG Art. 10 Rn. 13.3; *Huber* NVwZ 2007, 880 (882 f.).
149   BVerfGE 120, 247 (306 ff.).
150   *Becker/Ambrock* JA 2011, 561 (566); sa Sachs/*Murswiek* GG Art. 2 Rn. 73 b.
151   *Gurlit* NJW 2010, 1035 (1037); *Hoffmann-Riem* JZ 2008, 1009 (1016); *Hornung* CR 2008, 299 (301); *Kutscha/Thomé* 2013, 56.
152   *Britz* DÖV 2008, 411 (413).
153   *Drallée* 2010, 42 f.
154   BVerfGE 120, 274 (314).
155   BVerfGE 120, 274 (314).

lichen **Einblick in die Lebensgestaltung** seines Nutzers bieten würde.[156] Notwendig ist also eine hinreichende Komplexität der Datenmenge, -vielfalt und -qualität.[157] Gerade bei mit dem Internet verbundenen Endgeräten ist dies oft der Fall, weil die Menschen vernetzte Geräte verstärkt zur Persönlichkeitsentfaltung nutzen.[158] Es muss eine berechtigte **Vertraulichkeitserwartung** geben, dass die darauf gespeicherten Daten der Datenhoheit des Nutzers unterliegen und damit vertraulich bleiben.[159]

41 Diese Datenhoheit kann in dem Eigentum über das Gerät oder in dem alleinige Zugriffsrecht auf eine fremde Infrastruktureinheit bestehen.[160] Entscheidend ist nur, dass der Nutzer das Gerät „als eigenes" nutzt,[161] was in Einzelfällen des Cloud Computing kaum abgrenzbar ist.[162] Als Beispiele nennt das Bundesverfassungsgericht zunächst tragbare und stationäre **Personal Computer, Mobiltelefone** und elektronische Terminkalender, soweit diese Geräte über entsprechende Speicherfunktionen verfügen.[163] Darüber hinaus fallen in der Regel auch ausgelagerte **Cloud**-Speicher in den Gewährleistungsbereich des Grundrechts.[164] Dass der Nutzer den Server des Cloud-Providers mit anderen teilt, steht dem Grundrechtsschutz nicht entgegen, weil er einen eigenen, durch Mandantentrennung abgegrenzten Bereich hat und im Übrigen das Bundesverfassungsgericht die Nutzung „zusammen mit anderen"[165] genügen lässt. Dasselbe gilt nach teilweiser Auffassung für persönliche Daten, die in nicht allgemein zugänglichen Bereichen von sozialen Netzwerken und Onlinehändlern anfallen.[166] Weitere relevante Daten, die auf **Servern von Internetdienstleistern** anfallen, sind beispielsweise die persönliche Playlist des Streaming-Dienstes, der Kontobewegungen beim Onlinebanking oder der in der Cloud gespeicherte Standortverlauf einer Fitness- oder Wetter-App, soweit sich daraus ein komplexes Persönlichkeitsprofil ableiten lässt. Allerdings ist bei diesen Diensten je nach Ausgestaltung fraglich, ob der Nutzer tatsächlich die hinreichende Verfügungsgewalt darüber besitzt, was in der Infrastruktur gespeichert wird. Analoge Apparate kommen ebenso wenig in Frage[167] wie Taschenrechner oder ähnliche digitale Geräte, die aufgrund ihrer technischen Begrenztheit lediglich punktuelle Daten über den Betroffenen speichern.[168]

42 In das Grundrecht wird **eingegriffen**, wenn das System so **infiltriert** wird, dass Leistungen, Funktionen oder Speicherinhalte vom Eindringenden genutzt werden können.[169] Nicht erforderlich ist für den Eingriff, dass Daten tatsächlich ausgelesen werden, sondern die Infiltration, die die Daten gefährdet, genügt.[170] Dabei ist nicht nur an die behördliche Onlinedurchsuchung zu denken, sondern beispielsweise auch an

---

156 BVerfGE 120, 247 (314).
157 *Luch* MMR 2011, 75 (76).
158 Sachs/*Murswiek* GG Art. 2 Rn. 73 b.
159 *Hoffmann/Luch/Schulz/Borchers* 2015, 70.
160 BVerfGE 120, 247 (315).
161 BVerfGE 120, 274 (315).
162 Vgl. *Hornung* CR 2008, 299 (302).
163 BVerfGE 120, 247 (314).
164 *Hoffmann/Luch/Schulz/Borchers* 2015, 73; aA *Brodowski/Eisenmenger* ZD 2014, 119 (121).
165 BVerfGE 120, 274 (315).
166 *Kutscha/Thomé* 2013, 56.
167 *Hoffmann/Luch/Schulz/Borchers* 2015, 69.
168 *Roßnagel/Schnabel* NJW 2008, 3534 (3535).
169 *Hoffmann/Luch/Schulz/Borchers* 2015, 71.
170 *Luch* MMR 2011, 75 (75 ff.).

Jens Ambrock

den nichtautorisierten **Zugriff einer App** auf Systemkomponenten des Smartphones. Dasselbe gilt für Anbieter von Internetdiensten, die Daten in gegen Zugriff von außen geschützten Onlineprofilen zu Werbezwecken auswerten.[171]

cc) Schranken

Das Bundesverfassungsgericht hat nicht die Idee der Onlinedurchsuchung an sich für verfassungswidrig erklärt, sondern nur die konkrete Ausgestaltung, über die es zu entscheiden hatte. Dabei hat es festgestellt, dass die heimliche Infiltration nur zulässig ist, wenn tatsächliche Anhaltspunkte einer **konkreten Gefahr** für ein **überragend wichtiges Rechtsgut** bestehen.[172] Dabei handelt es sich um Leib, Leben oder Freiheit der Person, Allgemeingüter, deren Bedrohung zugleich die Grundlagen oder den Bestand des Staates oder die Grundlagen der Existenz der Menschheit gefährdet.[173] Die erforderliche gesetzliche Grundlage muss einen Richtervorbehalt sowie Vorkehrungen zum Schutz des Kernbereichs privater Lebensführung beinhalten.[174] Private Stellen wie Internetdienste werden diese Kriterien nicht einhalten können. Aber gerade dieses Grundrecht muss über die **mittelbare Drittwirkung** auch im Raum zwischen Privaten gelten, weil die Informationstechnik Leben und Wirtschaft inzwischen in einem so starken Maß bestimmt, dass IT-Systeme zur persönlichen und wirtschaftlichen Entfaltung notwendig sind und deren Vertraulichkeit daher sicherzustellen ist.[175] Daraus folgt, dass es mangels gesetzlicher Grundlage Privaten untersagt ist, heimlich auf IT-Systeme zuzugreifen. Erforderlich wird eine Einwilligung des Betroffenen oder zumindest **transparentes Handeln** sein.

e) Abwägung mit widerstreitenden Grundrechtspositionen

Häufig wird übersehen, dass der Zweck der Datenschutz-Grundverordnung nicht nur der namensgebende Datenschutz ist. Gemäß Art. 1 Abs. 1 DSGVO dient sie dem „Schutz natürlicher Personen bei der Verarbeitung personenbezogener Daten und zum **freien Verkehr** solcher Daten." Bereits in diesem ersten Satz wird klargestellt, dass Datenschutz nicht über allen anderen Interessen steht, sondern bei der Anwendung jeder einzelnen Bestimmung der Datenschutz-Grundverordnung ein Ausgleich zwischen den widerstreitenden Interessen auf Datenschutz und freien Datenverkehr zu suchen ist.[176]

Auch die oben beschriebenen Datenschutzgrundrechte gelten nicht uneingeschränkt. Sie sind stets im Einzelfall gegen die widerstreitenden Interessen anderer **abzuwägen** und in schonenden Ausgleich zu bringen.[177] Dieses Gebot der **praktischen Konkordanz** ist sowohl den deutschen[178] als auch den europäischen Grundrechten immanent.[179] Zunächst ist dabei an die Grundrechte derer zu denken, die persönliche Daten Dritter ins Internet einstellen oder in sonstiger Art und Weise verarbeiten. Dazu

43

44

45

---

171   Vgl. *Kutscha/Thomé* 2013, 58.
172   BVerfGE 120, 274 (Ls. 2).
173   BVerfGE 120, 274 (Ls. 2).
174   BVerfGE 120, 274 (Ls. 3).
175   *Roßnagel/Schnabel* NJW 2008, 3534 (3538).
176   Dieselbe Botschaft lässt sich den Erwgr. 2, 4 ff., 13 entnehmen.
177   *Schaffland/Wiltfang/Schaddland/Holthaus* DSGVO Art. 1 Rn. 11.
178   BVerfGE 93, 1 (23).
179   Vgl. *Lindner* EuR 2007, 160 (163).

zählen insbesondere Meinungsfreiheit, Unternehmerfreiheit – oder im nationalen Recht die Berufsfreiheit und das Recht am eingerichteten und ausgeübten Gewerbebetrieb –, Pressefreiheit, Rundfunkfreiheit, Kunstfreiheit und Wissenschaftsfreiheit. Über das Verhältnis zwischen Datenverarbeitern und Betroffenen hinaus sind jedoch noch weitere Interessen Dritter einzubeziehen. So verlangt der Europäische Gerichtshof in seiner Entscheidung zum Recht auf Vergessenwerden nicht nur, dass die Rechte des Suchmaschinenbetreibers gegen die des Betroffenen abzuwägen sind. Auch das Informationsinteresse aller potenziell interessierten Internetnutzer fällt mit in die Waagschale.[180] Damit erkennt der Europäische Gerichtshof die Bedeutung der Suchmaschinen für die effektive Nutzung des Internet an und billigt **allen Internetnutzern** das legitime Interesse an der Gebrauchsfähigkeit des Internet.

2. Anwendungsvorrang der europäischen Verordnungen

46 Datenschutz-Grundverordnung und E-Privacy-Verordnung sind beziehungsweise werden europäische Regelwerke sein, die direkt in den Mitgliedstaaten Wirksamkeit entfalten. Dennoch lassen sie Spielraum für ergänzende **nationale Vorschriften**. So wird die Datenschutz-Grundverordnung flankiert durch das zum Mai 2018 komplett novellierte Bundesdatenschutzgesetz. Damit das deutsche Bundesdatenschutzgesetz zusammen mit der europäischen Datenschutzreform in Kraft treten konnte, hat sich der Bundesgesetzgeber unter dem Zeitdruck der Bundestagswahl 2017 zunächst auf die wichtigsten Anpassungen beschränkt, während weitergehende Gestaltungen auf die nachfolgende Legislaturperiode verschoben wurden.[181] Auch zur Ergänzung der E-Privacy-Verordnung ist ein deutsches Umsetzungsgesetz zu erwarten.[182]

a) Harmonisierung des europäischen Datenschutzrechts

47 Bereits die europäische Datenschutzrichtlinie enthielt so dezidierte Regelungen, dass sie einer vollständigen Harmonisierung des Datenschutzrechts in Europa schon relativ nahe kam.[183] Mit dem Erlass zweier Verordnungen zum Datenschutz schreitet die grenzüberschreitende **Vereinheitlichung des Datenschutzes** weiter voran.[184] Das mit der Datenschutz-Grundverordnung ursprünglich avisierte Ziel der Vollharmonisierung wurde letztlich aber nur eingeschränkt umgesetzt.[185] Quasi auf der Zielgeraden des Rechtssetzungsprozesses wurde der ursprüngliche Ansatz durch eine Vielzahl von Öffnungsklauseln relativiert.[186]

48 Die Rechtsform der Verordnung führt zu einer allgemeinen Geltung der Datenschutz-Grundverordnung und E-Privacy-Verordnung, so dass beide Regelwerke gemäß Art. 288 Abs. 2 AEUV ohne nationalen Umsetzungsakt im gesamten Europäischen Wirtschaftsraum **allgemein verbindlich** sind beziehungsweise sein werden. Mit ihrem Inkrafttreten werden die Verordnungen automatisch Teil der Rechtsordnung jedes

---

180 EuGH 13.5.2014 – C-131/12, Rn. 81/97.
181 Paal/Pauly/*Paal/Pauly* DSGVO Einl. Rn. 3.
182 Dies folgt aus den zwingenden Regelungsaufträge an die Mitgliedstaaten aus Art. 13 Abs. 2 und Art. 16 Abs. 5 E-Privacy-VO-E.
183 EuGH 6.11.2003 – C-101/01, Rn. 96.
184 Kühling/Buchner/*Kühling/Raab* DSGVO Einf. Rn. 2.
185 Paal/Pauly/*Paal/Pauly* DSGVO Einl. Rn. 1.
186 Kühling/Buchner/*Kühling/Raab* DSGVO Einf. Rn. 2.

Jens Ambrock

Mitgliedstaats.[187] Diese direkte, einstufige Geltung unterscheidet die Verordnungen von der zuvor im Datenschutz geläufigen Richtlinie ebenso wie der weiter gefasste Adressatenkreis.[188] So wirken sie nicht nur als an die Gesetzgeber der Mitgliedstaaten gerichteter Regelungsauftrag, sondern entfalten Rechte und Pflichten für Behörden und Privatrechtssubjekte, also gleichermaßen auch natürliche und juristische Personen in den Staaten.

Vom Grundsatz her sind europäische Verordnung abschließende Rechtsakte.[189] Die   49
Form der Verordnung wurde ausweislich des Erwgr. 10 gewählt, um ein gleichmäßiges und hohes Datenschutzniveau zu schaffen. Gleichzeitig hat der Unionsgesetzgeber den Mitgliedstaaten einen erheblichen Gestaltungsspielraum eingeräumt, indem er der Datenschutz-Grundverordnung circa **70 Öffnungsklauseln** hinzufügte.[190] Gleiches gilt für den Entwurf der E-Privacy-Verordnung. Dort ist die Zahl der Öffnungsklauseln zwar geringer, jedoch enthält Art. 11 E-Privacy-VO-E sehr weitreichende Befugnisse zur nationalen Abweichung von wesentlichen Kernaussagen der Verordnung.

Die umfangreichen nationalen Gestaltungsmöglichkeiten lassen den Eindruck von   50
Richtlinien im Verordnungsgewand aufkommen.[191] Diese Bezeichnung ist nicht zu verwechseln mit „richtliniennahen" Verordnungen, die sich dadurch auszeichnen, dass sie sich primär an die Regierungen und Gesetzgeber der Mitgliedstaaten richten.[192] Die beiden Richtlinien im Verordnungsgewand sind vielmehr solche Verordnungen, die keine Vollharmonisierung bewirken, sondern eine **Ko-Regulierung** des Datenschutzes durch eine Arbeitsteilung der supranationalen und der mitgliedstaatlichen Rechtssetzungsebene.[193] So können die unter der europäischen Datenschutzrichtlinie entstandenen bereichsspezifischen nationalen Regelungen weitestgehend bestehen bleiben, werden angepasst oder können weiterhin erlassen werden.[194]

Die kooperative Rechtssetzung durch die Europäische Union und die Mitgliedstaaten   51
ist das Resultat aus dem missglückten Versuch des Unionsgesetzgebers, die Fülle der vielen spezifischen Einzelregelungen in allen Mitgliedstaaten durch wenige, sehr abstrakte und unbestimmte Normen zu ersetzen.[195] Auf diese Weise hätte kein einheitliches europäisches Datenschutzrecht entstehen können,[196] weil die unbestimmten Rechtsbegriffe wiederum zahlreiche regional divergierende Auslegungen zur Folge gehabt hätten. Das Problem der **Unterkomplexität** allgemeiner Regelungen erkannte schließlich auch die Kommission, weshalb zunächst eine sehr umfassende Konkretisierung der Datenschutz-Grundverordnung durch delegierte Rechtsakte erfolgen sollte.[197] So entstand auch die Bezeichnung als **„Grundverordnung"**, die als allgemeine

---

187 EuGH 15.7.1964 – C-6/64, Slg 1964, 1251 Rn. 3.
188 Allg. *Härtel* 2006, § 9 Rn. 15.
189 *Kühling/Martini/Heberlein/Kühl/Nink/Weinzierl/Wenzel* 2016, 4.
190 *Greve* NVwZ 2017, 717 (743).
191 Zur DSGVO s. BR-Drs. 110/17, 68; *Kühling/Martini* EuZW 2016, 448.
192 *Härtel* 2006, § 9 Rn. 17 f.
193 *Roßnagel* DuD 2017, 277 (278).
194 S. BR-Drs. 110/17, 68.
195 *Roßnagel* DuD 2017, 277.
196 Krit. auch *Hornung* ZD 2012, 99 (105); *Ronellenfitsch* DuD 2012, 561 (562 f.).
197 *Roßnagel* DuD 2017, 277 (278).

Rumpf-Regelung neben speziellen Rechtsakten der Kommission die grobe Richtung vorgeben sollte.[198] Solche delegierten Rechtsakte sollten zunächst zu nahezu jeder Einzelnorm entstehen.[199] Schlussendlich blieben die Ermächtigungen zu Rechtsakten der Kommission gemäß Art. 93 DSGVO überschaubar, während die Aufgabe der Konkretisierung des abstrakten Unionsrechts eher den mitgliedstaatlichen Gesetzgebern und Aufsichtsbehörden überlassen wurde.

b) Anwendungsvorrang des Unionsrechts

52 Wann immer Vorschriften aus unterschiedlichen Rechtsebenen dieselbe Regelungsmaterie betreffen, kommt es zu Konflikten. Deren Lösung liegt zunächst auf der Hand: Das Recht der Europäischen Union hat **supranationale Wirkung**, also Vorrang vor dem mitgliedstaatlichen Recht sowie unmittelbare nationale Anwendbarkeit.[200] Soweit eine Regelung – wie die Datenschutz-Grundverordnung und die E-Privacy-Verordnung – inhaltlich und strukturell dazu in der Lage ist, entfaltet sie unmittelbare Wirksamkeit in Form einklagbarer subjektiver Rechte und Pflichten. Im Konfliktfall dürfen nationale Stellen, wie etwa Datenschutz-Aufsichtsbehörden oder Gerichte, nationale Regelungen nicht anwenden, wenn sie dem Unionsrecht entgegenstehen.[201] Dieser Vorrang des Europarechts, der keine explizite Erwähnung im Primärrecht findet, wurde vom Europäischen Gerichtshof in der Entscheidung „Costa/ENEL" entwickelt[202] und auf nationaler Ebene durch das Bundesverwaltungsgericht bestätigt.[203]

53 Mitgliedstaatliche Vorschriften, die gegen das Unionsrecht verstoßen, sind allerdings nicht nichtig. Dies ist schon deshalb der Fall, weil die Entscheidung über die Gültigkeit des nationalen Rechts nicht in den Kompetenzbereich der Europäischen Union fällt.[204] Vielmehr bleiben unionsrechtswidrige deutsche Vorschriften Teil der hiesigen Rechtsordnung. Sie werden aber im Kollisionsfall **nicht angewandt**, sondern der Sachverhalt wird dann ausschließlich anhand des Vorrang genießenden Unionsrechts beurteilt. Dies wurde beispielsweise deutlich, als der Europäische Gerichtshof § 15 TMG für teilweise unvereinbar mit der Datenschutzrichtlinie erklärt hat.[205] Die deutsche Vorschrift wurde in der Folge nicht aus dem Telemediengesetz gestrichen. Sie existiert im deutschen Recht fort, wird jedoch nur noch eingeschränkt angewandt. Ähnliche Folgen hätte das Inkrafttreten der Datenschutz-Grundverordnung für das alte Bundesdatenschutzgesetz gehabt, hätte man es nicht zum Mai 2018 außer Kraft gesetzt. Es wäre nicht nichtig geworden, sondern alle Einzelregelungen, die der Datenschutz-Grundverordnung widersprechen oder ihre Aussagen unzulässig erweitern, wären zu ignorieren gewesen.[206]

---

198 Gierschmann/Schlender/Stentzel/Veil/*Buchholtz/Stentzel* DSGVO Art. 1 Rn. 115; *Kühling/Martini* EuZW 2016, 448 (449).
199 *Gola* RDV 2013, 1 (2).
200 *Oppermann/Classen/Nettesheim* 2016, § 10 Rn. 3.
201 Allg. EuGH 9.3.1978 – 106/77, Slg 1978, 629 Rn. 17 f., 21, 23; 22.10.1998 – C-10/97 u. C-22/97, Slg 1998, I-6307 Rn. 20 f.
202 EuGH 15.7.1964 – 6/64, Slg 1964, 1251 – Costa/ENEL.
203 BVerwGE 123, 267 (398 f.).
204 *Funke* DÖV 2007, 733 (736).
205 EuGH 19.10.2016 – C-582/14.
206 *Roßnagel* DuD 2017, 277.

Jens Ambrock

Der Anwendungsvorrang betrifft keine kompletten Gesetzeswerke. Es ist für jede einzelne Regelung separat zu prüfen, ob ihre Anwendung durch divergierendes Unionsrecht verdrängt wird.[207] Nachdem eine solche Kollision festgestellt ist, ist der betreffende Mitgliedstaat angehalten, sein widersprechendes Recht anzupassen, auch wenn es ohnehin nicht mehr anwendbar ist. Die Beibehaltung unanwendbaren Rechts führt zu Rechtsunsicherheit und ist deshalb ein Verstoß gegen die Pflicht der Mitgliedstaaten zur **loyalen Zusammenarbeit** gemäß Art. 4 Abs. 3 EUV.[208]

c) Normwiederholungsverbot

Aus dem Vorrang des Unionsrechts folgt nicht nur die Pflicht der Mitgliedstaaten, keine widersprechenden Regeln zu erlassen. Es ist ihnen auch untersagt, mit der Verordnung übereinstimmende Vorschriften im nationalen Recht zu erlassen.[209] Das europarechtliche **Wiederholungsverbot** wird aus der direkten Anwendung von Verordnungen ohne Umsetzungsakt gemäß Art. 288 Abs. 3 AEUV abgeleitet. Das Verbot dient der Gewährleistung der einheitlichen Anwendung von Verordnungen in der gesamten Europäischen Union. Die ausschließliche Zuständigkeit des Unionsgesetzgebers sowie die des Europäischen Gerichtshofs für die Auslegung des Rechtsakts würde verschleiert, wenn nationale Gesetzgeber dieselbe Vorschrift als eigene Äußerung ausgeben würden.[210] So wurde die Rechtsform der Verordnung bei der Datenschutz-Grundverordnung gewählt, um „Rechtssicherheit und Transparenz" zu schaffen.[211] Dieser Rechtssicherheit stünde es entgegen, wenn dem Normanwender nicht klar ist, dass er europarechtlichen Verpflichtungen unterliegt.[212]

Vom Grundsatz des Wiederholungsverbots gibt es jedoch eine gewichtige Ausnahme: Wenn der nationale Gesetzgeber **Öffnungsklauseln** mit Leben füllt, darf er dabei Teile des Verordnungstextes übernehmen, soweit diese Maßnahme das Verständnis der Regelung fördert.[213] Wichtig ist dabei, dass das Rangverhältnis des Unionsrechts dabei deutlich wird, indem etwa das Umsetzungsgesetz auf die Verordnung klar Bezug nimmt.[214] So verweist etwa das Bundesdatenschutzgesetz an zahlreichen Stellen auf die Datenschutz-Grundverordnung. In solchen Fällen kann es zulässig sein, Textpassagen des Unionsrechts zu übernehmen, um ein homogenes und **verständliches Regelwerk** zu schaffen.[215] Voraussetzung ist, dass die Wiederholung im Interesse des inneren Zusammenhangs und der Verständlichkeit liegt.[216] Die so in das nationale Recht inkorporierten Zitate sind als rein deklaratorische Wiedergabe des Unionsrechts ohne eigenen Regelungsgehalt zu verstehen.[217]

54

55

56

---

207 *Roßnagel* DuD 2017, 277.
208 EuGH 26.4.1988 – C-74/86, Slg 1988, 2139 Rn. 11.
209 *Becker/Ambrock* LMuR 2012, 32 (36 f.); *Kühling/Martini/Heberlein/Kühl/Nink/Weinzierl/Wenzel* 2016, 6 f.
210 Vgl. *Helfrich* ZD 2017, 97 (98).
211 S. Erwgr. 13,
212 Ehmann/Selmar/*Selmayr/Ehmann* DSGVO Einf. Rn. 80.
213 Vgl. *Schweitzer/Dederer* 2016, Rn. 343 b.
214 Ehmann/Selmar/*Selmayr/Ehmann* DSGVO Einf. Rn. 90.
215 *Greve* NVwZ 2017, 717 (743); krit. BR-Drs. 110/1/17, 5.
216 EuGH 28.3.1985 – 272/83, Slg 1985, 1057 Rn. 26 f.
217 *Becker/Ambrock* LMuR 2012, 32 (36 f.).

57 Die Wiederholungsmöglichkeit gilt insbesondere auch im Datenschutzrecht. **Erwgr.** 8 der DSGVO erlaubt den Mitgliedstaaten, Teile der Verordnung ihn ihr nationales Recht aufzunehmen, wenn dies im Zusammenhang zu einer Öffnungsklausel steht und es erforderlich für das Normverständnis ist. Der Gesetzgeber hat diese Vorgaben bei der Neufassung des Bundesdatenschutzgesetzes in weiten Teilen ernst genommen, indem sie zahlreiche Vorschriften mit Worten wie „Abweichend von Art. 9 der Verordnung (...)" einleiten. Wirkliche Wiederholungen von Normen der Datenschutz-Grundverordnung sind selten. Vielmehr werden Schlüsselbegriffe der Verordnung zitiert, um zu verdeutlichen, auf welche Vorschrift der Verordnung Bezug genommen wird. Die Kritik am ursprünglichen Referentenentwurf des Bundesdatenschutzgesetzes wurde damit weitgehend aufgegriffen. Die Entwurfsfassung aus August 2016 hatte in sehr großem Umfang Begriffsdefinitionen und ganze Vorschriften aus der Datenschutz-Grundverordnung übernommen.[218] Zweifellos wären derart breite Zitate für die Verständlichkeit des Bundesdatenschutzgesetzes hilfreich gewesen, sie hätten aber ohne jeden Bezug zu einzelnen Öffnungsklauseln gestanden.

58 Noch immer sind in der Neufassung des Bundesdatenschutzgesetzes problematische Wiederholungen des Unionsrechts zu finden. Dies betrifft etwa die **Vorschriften zum Datenschutzbeauftragten.** Die §§ 5 bis 7 BDSG übernehmen nahezu wortgleich die Auflistungen der Aufgaben und der Stellung des Beauftragten, wie sie in Art. 37 bis 39 DSGVO formuliert sind. Dies fördert insbesondere dort die Rechtsunsicherheit, wo die Wiedergabe Abweichungen enthält. So bestimmt beispielsweise Art. 37 Abs. 1 lit. a DSGVO, dass ein Datenschutzbeauftragter für Datenverarbeitungen von öffentlichen Stellen mit Ausnahme richterlicher Tätigkeiten zu bestellen ist. § 5 Abs. 1 S. 1 BDSG erwähnt richterliche Tätigkeiten nicht. In so einem Fall trägt die Wiederholung des Unionsrechts nicht zur Normenklarheit bei. Dasselbe gilt für § 22 BDSG. Die Vorschrift übernimmt zahlreiche Erlaubnistatbestände des Art. 9 DSGVO zur Verarbeitung von Daten besonderer Kategorien ohne erkennbaren Mehrwert.[219] Dies ist mit europarechtlichen Vorgaben nicht vereinbar.

d) Öffnungsklauseln und deren Umsetzung

59 Der Anwendungsvorrang des Unionsrechts greift nicht mehr, soweit mitgliedstaatliche Vorschriften durch **Öffnungsklauseln** zugelassen sind.[220] Datenschutz-Grundverordnung und der Entwurf der E-Privacy-Verordnung enthalten zahlreiche mitgliedstaatliche Regelungsoptionen und eröffnen so erhebliche nationale Handlungsspielräume. Sie sind zumeist daran zu erkennen, dass der Gesetzestext Abweichungen „durch Rechtsvorschrift"[221] oder in Form einer ähnlichen Formulierung zulässt. Aus Sicht des Unionsgesetzgebers kann eine Rechtsvorschrift zwar auch ein Gesetz im materiellen Sinne sein, die verfassungsrechtliche Wesensgehaltslehre[222] erfordert in Deutschland jedoch für die meisten Ergänzungen des Datenschutzrechts ein **Parla-**

---

218 DSAnpUG-EU, Referentenentwurf vom 5.8.2016 zur 1. Ressortabstimmung, abrufbar unter https://netzpo litik.org//wp-upload/2016/09/Referentenentwurf_DSAnpUG_EU.pdf.
219 *Helfrich* ZD 2017, 97 (98).
220 *Kühling/Martini/Heberlein/Kühl/Nink/Weinzierl/Wenzel* 2016, 3.
221 ZB Art. 23 Abs. 1, 54 Abs. 1, 58 Abs. 5, 88 Abs. 1 DSGVO.
222 BVerfGE 98, 218 (251).

Jens Ambrock

mentsgesetz.[223] Öffnungsklauseln werden auch mit Wortfolgen wie „die Mitgliedstaaten können vorsehen/näher bestimmen"[224] eingeleitet. Welche Stelle damit genau gemeint ist, wird den Mitgliedstaaten überlassen, so dass im Föderalstaat auch die Länder im Geltungsbereich ihrer Landesdatenschutzgesetze Öffnungsklauseln ausfüllen.

Bei allem Bestreben nach Einheitlichkeit des Datenschutzes in Europa dienen die Öffnungsklauseln dazu, bei der Harmonisierung alle Mitgliedstaaten mitzunehmen. So erfordern **nationale Besonderheiten** und unterschiedliche Ausgangslagen teilweise abweichende Schutzstandards.[225] Beispielsweise sind die Staaten unterschiedlich weit vorangeschritten beim Ausbau des E-Government. Zudem ist auf regionale Eigenarten einzugehen, wie etwa das speziell in Deutschland verbreitete Auskunfteienwesen oder der besondere skandinavische Umgang mit der Offenlegung von Einkommenssteuerbescheiden. 60

aa) Zwingende Regelungsaufträge

Zunächst enthalten Datenschutz-Grundverordnung und der Entwurf der E-Privacy-Verordnung **zwingende Öffnungsklauseln**, auf die jeder Mitgliedstaat eine legislative Antwort zu finden hat. Wenn seine bisherige Rechtsordnung zu dieser Frage schweigt, ist er verpflichtet, ein Umsetzungsgesetz oder eine neue Vorschrift in einem bestehenden Gesetz zu erlassen. Solche verbindlichen Regelungsaufträge sind an ihren unmissverständlichen Formulierungen wie „die Mitgliedstaaten legen (…) fest" oder „bringen durch Rechtsvorschriften (…) in Einklang"[226] zu erkennen. 61

Ohne die nationale Umsetzung der zwingenden Öffnungsklauseln werden die Datenschutz-Grundverordnung beziehungsweise die E-Privacy-Verordnung nicht vollzugsfähig sein.[227] Es handelt sich um Vorschriften mit engem Zusammenhang zu **nationalen Organisationshoheit** oder zum jeweiligen Rechtssystem.[228] Darunter fallen etwa Aufgabenzuweisungen, welche Stelle innerstaatlich für die Umsetzung welcher unionsrechtlichen Pflicht zuständig ist. So finden sich zwingende Regelungsaufträge vor allem im institutionellen Bereich.[229] Dass beispielsweise die Landesdatenschutzbehörden für die Aufsicht über öffentliche und nichtöffentliche Stellen in den Bundesländern **zuständig** sind, konnte der europäische Gesetzgeber mangels eigener Kompetenz in dem Bereich nicht festlegen. So hat der deutsche Gesetzgeber diese Zuweisung in § 40 BDSG vorgenommen. Die zwingend zu implementierenden Vorgaben hinsichtlich der **Vertretung** Deutschlands **im Datenschutzausschuss** und hinsichtlich der innerstaatlichen Willensbildung zwischen den Aufsichtsbehörden aus Art. 51 Abs. 3, 68 Abs. 4 DSGVO wurden in den §§ 17 bis 19 BDSG umgesetzt. Mit dem deutschen Justizsystem zusammenhängende Fragestellungen der **Gerichtsverfahren** gegen Aufsichtsbehörden, Verantwortliche oder die Kommission wurden in den §§ 20, 21 und 44 BDSG geregelt. 62

---

223 *Kühling/Martini/Heberlein/Kühl/Nink/Weinzierl/Wenzel* 2016, 8 f.
224 Art. 80 Abs. 2, 87 DSGVO, Art. 11 E-Privacy-VO-E.
225 *Kühling/Martini/Heberlein/Kühl/Nink/Weinzierl/Wenzel* 2016, 1.
226 Art. 84 Abs. 1, 85 Abs. 1 DSGVO, Art. 13 Abs. 2 E-Privacy-VO-E.
227 *Roßnagel* DuD 2017, 277 (278).
228 Ehmann/Selmayr/*Selmayr/Ehmann* DSGVO Einf. Rn. 85.
229 *Kühling/Martini/Heberlein/Kühl/Nink/Weinzierl/Wenzel* 2016, 10.

Jens Ambrock 107

63 Zwingend ist auch der Auftrag in Art. 85 DSGVO, Regelungen zum Ausgleich zwischen Datenschutz und **Meinungsfreiheit** zu erlassen.[230] Die Union bestimmt darin verbindlich, dass mitgliedstaatliches Recht zu dieser Fragestellung zu existieren hat.[231] Die Bundesrepublik hat in derzeit unionsrechtswidriger Weise keinen Gebrauch von der Öffnungsklausel in Art. 85 DSGVO gemacht. Die im alten Bundesdatenschutzgesetz enthaltene Vorschrift des § 41 zum Medienprivileg wäre gegebenenfalls eine taugliche Umsetzung gewesen,[232] ist aber im Mai 2018 außer Kraft getreten. Umsetzungen des unionsrechtlichen Regelungsauftrags finden sich im aktuellen Entwurf des Rundfunkstaatsvertrags.[233] Die vorgeschlagenen Neuregelungen des Staatsvertrags erfüllen nach Auffassung der Konferenz der Datenschutzbeauftragten des Bundes und der Länder (Datenschutzkonferenz – DSK) jedoch nicht die Anforderungen des Art. 85 DSGVO.[234] Demnach fehlte es vor allem an der konkreten und spezifischen Schaffung begründeter Ausnahmen und Abweichungen. Zudem würden die essentiellen Datenschutzgrundsätze aus Art. 5 DSGVO im journalistischen Bereich zu pauschal ausgeschlossen. Abhilfe können jedoch die derzeit ebenfalls in Reform befindlichen Landesmedien- und Pressegesetze schaffen. Die Folgen betreffen unter anderem **Internet-Blogs** und **Bewertungsportale**. Während eine klare gesetzliche Grundlage Rechtssicherheit für die Veröffentlichung personenbezogener Daten auf diesen Plattformen hätte herstellen können, muss – sofern keine zulässige konkrete Regelung geschaffen wird – jedes Mal eine schwierig vorhersehbare Grundrechteabwägung im Zuge der Auslegung von Art. 6 Abs. 1 S. 1 lit. f. DSGVO oder anderer Normen erfolgen.

64 Die **E-Privacy-Verordnung** wird ohne Öffnungsklauseln zur Regelung institutioneller Fragen sowie der Sanktionsverfahren auskommen, weil sie zu diesen Themen in Art. 18, 19 und 23 auf die Datenschutz-Grundverordnung verweist. Da die Datenschutz-Grundverordnung entsprechende Öffnungsklauseln bereithält, handelt es sich bei den Verweisnormen des Entwurfs der E-Privacy-Verordnung um mittelbare Öffnungsklauseln. Direkte zwingende Öffnungsklauseln sind in Art. 13 Abs. 2 E-Privacy-VO-E bezüglich der Rufnummernunterdrückung und Fangschaltung und Art. 16 Abs. 5 E-Privacy-VO-E zum Schutz juristischer Personen vor ungebetener Kommunikation vorgesehen. Eine weitere, etwas versteckte zwingende Öffnungsklausel ist in Art. 21 Abs. 2 E-Privacy-VO-E zu sehen: Jede Person „hat das Recht" gegen Verstöße gegen die Verordnung vorzugehen. Die Existenz wirksamer gerichtlicher Rechtsbehelfe im nationalen Zivil- und Verwaltungsrecht wird damit vorausgesetzt.

bb) Regelungsoptionen zur Beschränkung oder Abweichung

65 Die weit überwiegende Zahl der Öffnungsklauseln in Datenschutz-Grundverordnung und im Entwurf der E-Privacy-Verordnung ist **fakultativ**. Das heißt, die nationalen Gesetzgeber können sich frei entscheiden, ob und wie sie von den ihnen eröffneten

---

230 *Roßnagel* DuD 2017, 277 (278).
231 Ehmann/Selmayr/*Selmayr/Ehmann* DSGVO Einf. Rn. 85.
232 *Roßnagel* DuD 2017, 277 (281).
233 Entwurf eines Einundzwanzigsten Staatsvertrages zur Änderung rundfunkrechtlicher Staatsverträge, s. Bremische Bürgerschaft, Drucksache 19/1282.
234 DSK, Entschließung vom 9.11.2017 – Umsetzung der DSGVO im Medienrecht.

Jens Ambrock

Freiheiten Gebrauch machen. Den größten Spielraum haben sie dabei bei den Regelungsoptionen, mit denen Bestimmungen der Verordnung beschränkt oder von ihnen abgewichen werden kann. Diese weisen die beiden europäischen Verordnungen immer dann auf, wenn der Bedarf besteht, auf besondere Umstände innerhalb der Mitgliedstaaten Rücksicht zu nehmen.[235] Dies besteht beispielsweise für den Datenschutz bei **Kirchen** und religiösen Vereinigungen. Art. 91 DSGVO weist den Mitgliedstaaten hier eine weite Regelungskompetenz zu. Die Rolle der Kirchen sowie deren rechtliche Autonomie sind in den Mitgliedstaaten sehr unterschiedlich ausgeprägt, so dass differenzierte nationale Regelungen sinnvoll sind, die diesen Besonderheiten gerecht werden.

Ähnlich ist es mit dem **Beschäftigtendatenschutz**, dessen Öffnungsklausel in Art. 88   66
DSGVO den Mitgliedstaaten umfassende Gestaltungsmöglichkeiten zuweist. Diese hat die Bundesrepublik genutzt, indem sie die entsprechende Regelung des alten Bundesdatenschutzgesetzes im Wesentlichen inhaltsgleich in § 26 BDSG inkorporiert hat. Hier besteht schlichtweg vergleichsweise geringer Bedarf nach einer europaweiten Vereinheitlichung, auch wenn sie für transnationale Konzerne sinnvoll gewesen wäre. Beschäftigungsverhältnisse sind jedoch nicht vergleichbar zum Beispiel mit dem Bereich des Onlinehandels, bei dem ein Käufer in verschiedenen Staaten einkauft und darauf vertrauen können soll, dass die unterschiedlichen ausländischen Onlineshops einen einheitlich hohen Schutzstandard aufweisen. Arbeitnehmer haben für gewöhnlich über längere Zeit nur einen einzelnen Arbeitgeber und können sich auf das für diesen geltende nationale Datenschutzrecht einstellen. Grenzüberschreitende Anstellungen sind dabei vergleichsweise selten. Das Niveau des Beschäftigtendatenschutzes ist zugleich in den verschiedenen Mitgliedstaaten sehr unterschiedlich, weil es stark durch Tarifverträge und arbeitsgerichtliche Entscheidungen geprägt ist. Es war daher richtig, die stark ausdifferenzierten nationalen Ausprägungen in diesem Bereich nicht zu vereinheitlichen, ohne dass ein ernsthafter Bedarf dazu besteht.

Die Freiheit der Mitgliedstaaten, das erforderliche **Kindesalter** im Kontext der Ein-   67
willigung zu Diensten der Informationsgesellschaft – also insbesondere den Webdiensten – festzulegen, ist eine sogenannte „spezifische Öffnungsklausel".[236] Die in Art. 8 Abs. 1 DSGVO zur nationalen Entscheidung überlassene Fragestellung ist nämlich vom Unionsgesetzgeber stark beschränkt auf die Festlegung einer Altersangabe, die nur vom dreizehnten bis zum sechzehnten Lebensjahr variieren kann. Deutschland hat keinen Gebrauch von der Öffnungsklausel gemacht, so dass hierzulande entsprechend europäischer Vorgabe die Einwilligungsfähigkeit zur Datenverarbeitung insbesondere durch **Smartphone-Apps** und andere Webdienste mit Erlangung des sechzehnten Lebensjahres beginnt.

Sehr umfassende Freiheiten hat der Unionsgesetzgeber den Mitgliedstaaten bei der Da-   68
tenverarbeitung durch **öffentliche Stellen** gewährt. Art. 6 Abs. 2 DSGVO erlaubt relativ pauschal die nationale Einführung von Ermächtigungsnormen hinsichtlich der Wahrnehmung öffentlicher Gewalt und von Aufgaben im öffentlichen Interesse. Es

---

235 *Roßnagel* DuD 2017, 277 (279).
236 *Kühling/Martini/Heberlein/Kühl/Nink/Weinzierl/Wenzel* 2016, 10.

geht dabei vor allem darum, die bisher geltenden Spezialgesetze ins Zeitalter der Datenschutz-Grundverordnung zu retten. So bestimmt auch Erwgr. 10, dass die Mitgliedstaaten derartige Regelungen beibehalten können. Der in Deutschland sehr streng verstandene Gesetzesvorbehalt hat eine Vielzahl fein ausdifferenzierter bereichsspezifischer Datenschutzvorschriften hervorgebracht.[237] Diese verfassungsrechtliche Anforderung führt dazu, dass staatliche Eingriffe nicht einfach auf der Grundlage einer abstrakten Generalklausel erfolgen können. Daher konnte der Unionsgesetzgeber im öffentlichen Bereich lediglich den **mitgliedstaatlichen Gesetzesvorbehalt** anerkennen und in Art. 6 Abs. 2 DSGVO auf ihn verweisen.[238] Der Ansatz im öffentlichen Bereich unterscheidet sich stark von den Anforderungen der Datenschutz-Grundverordnung im nichtöffentlichen Bereich, in dem deutlich stärker die Vollharmonisierung angestrebt wird.[239] Erwgr. 9 sieht vor, dass der grenzüberschreitende Datenverkehr nicht durch unterschiedliche Datenschutzniveaus behindert werden soll. Freier Datenverkehr wird jedoch im öffentlichen Bereich kaum benötigt, so dass die Datenschutz-Grundverordnung hier den Mitgliedstaaten weitergehende Freiräume zugestehen kann. Dies ist auch erforderlich, weil staatliche Stellen weitere öffentliche Interessen mit dem Datenschutzinteresse abzuwägen haben, etwa im Melderecht.[240]

69 Zur Gewährleistung des verfassungsrechtlichen Gleichheitsgebots gemäß Art. 3 Abs. 1 GG ist es sinnvoll, die Ergebnisse dieser Abwägungen landesweit durch Gesetz vorwegzunehmen. Die Folgen sind weitreichend. Im öffentlichen Bereich können die Mitgliedstaaten somit umfangreiche bereichsspezifische Regeln erlassen, entweder indem sie kohärente Gesamtregelungen für konkrete Datenverarbeitungssituationen durch ein eigenständiges Gesetz erlassen[241] oder auch einzelne Datenschutzregeln in die Fachgesetze wie die Abgabenordnung, das Sozialgesetzbuch oder das Abfallrecht aufnehmen. Ein Bedarf nach einer europaweiten Vollharmonisierung der lokalen staatlichen Daseinsvorsorge etwa durch Datenverarbeitungen der Müllabfuhr oder der kommunalen Online-Bürgerportale besteht nicht,[242] so dass ein Nebeneinander räumlich abgegrenzter Datenschutzregeln unproblematisch ist. Die Grenze der nationalen Gestaltungsmacht ist gemäß Art. 6 Abs. 2 DSGVO lediglich der Grundsatz von Treu und Glauben.[243] Diese käme beispielsweise dann zum Tragen, wenn nationale Gesetzgeber eine unverhältnismäßige Totalüberwachung von Internetaktivitäten per Gesetz einführen würde. Auf weitere Einschränkungen verzichtet die DSGVO.[244]

70 Art. 6 Abs. 2 DSGVO eröffnet auch Gestaltungsspielraum hinsichtlich der Erforderlichkeit zur **Erfüllung rechtlicher Pflichten** im Sinne des Art. 6 Abs. 1 S. 1 lit. c DSGVO. Derartige rechtliche Pflichten können auch aus dem Recht der Europäischen Union stammen. Sie sind jedoch in der Regel nationale Bestimmungen, die zu-

---

237 *Becker/Ambrock* JA 2011, 561 (562); *Kingreen/Kühling* JZ 2015, 213.
238 Gierschmann/Schlender/Stentzel/Veil/*Buchholtz/Stentzel* DSGVO Art. 1 Rn. 12.
239 *Kühling/Martini/Heberlein/Kühl/Nink/Weinzierl/Wenzel* 2016, 13.
240 Ehmann/Selmayr/*Selmayr/Ehmann* DSGVO Einf. Rn. 84.
241 *Kühling/Martini/Heberlein/Kühl/Nink/Weinzierl/Wenzel* 2016, 29 f.; *Roßnagel* DuD 2017, 290 (292).
242 Roßnagel/*Roßnagel* 2017, 61 (76); Roßnagel/*Schaller* 2017, § 4 Rn. 13.
243 In der englischen Originalfassung schlicht: „fair".
244 Vgl. Gierschmann/Schlender/Stentzel/Veil/*Buchholtz/Stentzel* DSGVO Art. 1 Rn. 13.

Jens Ambrock

meist Verpflichtungen gegenüber dem Staat beinhalten. Darunter fallen beispielsweise Dokumentations- und Aufbewahrungspflichten gemäß § 147 AO oder § 257 HGB. Solche Vorschriften können aus der Gesamtheit der nationalen Gesetze, also nicht nur der datenschutzrechtlichen Vorschriften resultieren, so dass die Mitgliedstaaten ohnehin nur selbst für diese Bereiche regelungsbefugt sind.[245]

Über die Berücksichtigung nationaler Besonderheiten hinaus hat der Bundesgesetzge- 71 ber schließlich Öffnungsklauseln genutzt, um Wertungen der Datenschutz-Grundverordnung zu verschieben und insbesondere strenge **Datenschutzregeln abzuschwächen**. Dies betrifft beispielsweise die Beschränkung der Betroffenenrechte in den §§ 32 bis 37 BDSG und die Rechtsgrundlagen für Datenverarbeitungen in den §§ 22 bis 24 BDSG. Auch im Ordnungswidrigkeitenverfahren hat der Bundesgesetzgeber beispielsweise über die zwingend zu regelnden Fragen hinaus von der Möglichkeit des § 43 Abs. 3 BDSG Gebrauch gemacht, öffentliche Stellen als Adressaten von Bußgeldern auszuschließen.

Der Entwurf der E-**Privacy-Verordnung** enthält in Art. 11 eine an Bedeutung nicht zu 72 unterschätzende Öffnungsklausel, die geeignet ist, die wesentlichen Kernaussagen des Verordnungstextes zu negieren. Danach „können" die Mitgliedstaaten die Rechte und Pflichten aus den Art. 5 bis 8 E-Privacy-VO-E beschränken. Es handelt sich dabei um die Vertraulichkeit der elektronischen Kommunikation, die Anforderungen an erlaubte Datenverarbeitung, die Speicherung und Löschung von Kommunikationsdaten sowie den Schutz der gespeicherten Informationen. In datenschutzrechtlicher Hinsicht enthalten diese modifizierbaren Artikel des Entwurfs E-Privacy-Verordnung die entscheidenden datenschutzrechtlichen Aussagen des Regelwerks.

cc) Regelungsoption zur Verstärkung des Datenschutzes

In einigen wenigen Vorschriften macht die Datenschutz-Grundverordnung zwingende 73 Festlegungen, von denen nicht abgewichen werden kann, die aber optional verschärft werden können. Es handelt sich um Öffnungsklauseln zur **Verstärkung** der eigentlichen Regelungen. Der nationale Gesetzgeber kann dort nur in eine Richtung, nämlich zugunsten des Datenschutzes, über die europäische Vorschrift hinausgehen.[246] Dies betrifft zunächst die Möglichkeit, eine nationale Pflicht zur Bestellung eines betrieblichen **Datenschutzbeauftragten** auch in Fällen, die Art. 37 Abs. 4 DSGVO nicht vorsieht. Davon hat Deutschland Gebrauch gemacht, so dass die „Zehn-Personen-Regel" des § 38 BDSG zu den Anforderungen für die Pflicht zur Benennung eines Datenschutzbeauftragten der Datenschutz-Grundverordnung hinzutritt. Ein anderes Beispiel findet sich in Art. 54 Abs. 1 lit. d DSGVO. Die Wahlperiode des Leiters der Aufsichtsbehörde ist dort auf mindestens vier Jahre festgelegt. Sie kann mitgliedstaatlich verlängert werden, um eine stärkere Unabhängigkeit des Amtsträgers zu erzielen, darf aber nicht auf einen Zeitraum unter vier Jahre verkürzt werden. In Deutschland bemisst sich die **Amtsdauer der Behördenleiter** nach den jeweiligen Landesdatenschutzgesetzen oder Landesverfassungen. Beispielsweise beträgt die Amtszeit des

---

245 Roßnagel/*Schaller* 2017, § 4 Rn. 15; *Kühling/Martini/Heberlein/Kühl/Nink/Weinzierl/Wenzel* 2016, 31 ff.
246 Ehmann/Selmayr/*Selmayr/Ehmann* DSGVO Einf. Rn. 86.

Hamburgischen Beauftragten für Datenschutz und Informationsfreiheit sechs Jahre.[247]

dd) Regelungsoptionen zur Konkretisierung und Präzisierung

74 Weitere Regelungsoptionen betreffen die **Ausfüllung offener Rechtsbegriffe**. Zu diesem Zweck gibt es keine Öffnungsklauseln im Verordnungstext. Eine solche Konkretisierung oder Präzisierung ist möglich, wenn sie nicht im Widerspruch zu Entscheidungen und Wertungen der Verordnung steht.[248] Wenn also beispielsweise in Art. 4 Nr. 1 DSGVO eine „Online-Kennung" Erwähnung findet, dann ist der nationale Gesetzgeber dazu befugt, diesen Begriff mittels Regelbeispielen zu konkretisieren. Dabei ist darauf zu achten, dass er ihn nicht unzulässig einschränkt, indem er beispielsweise einen abschließenden Katalog in ein Gesetz aufnimmt, der nicht offen für weitere Auslegungsformen ist. Ein anderes Beispiel ist die gesetzliche Verpflichtung zu **Privacy by Design** und **Privacy by Default** gemäß Art. 25 DSGVO. Diese sehr abstrakt gehaltenen Rechtspflichten sind ohne nähere Konkretisierung kaum anwendbar und vor allem nicht sanktionierbar.[249] Eine Konkretisierung könnte unter anderem durch die Mitgliedstaaten geleistet werden. Auf derartige Art und Weise könnte die relativ technikneutrale Datenschutz-Grundverordnung, die kaum geeignet ist, um Cloud Computing, Big Data und andere datengetriebene Geschäftsmodelle angemessen zu regulieren, den Anforderungen des Internetzeitalters besser gerecht zu werden.[250] Bei Erlass des Bundesdatenschutzgesetzes hat der Bundesgesetzgeber derartige Gestaltungsoptionen durch Konkretisierung kaum genutzt.[251] Da die ungenutzten Möglichkeiten auf den Zeitdruck zurückzuführen sind, besteht Hoffnung auf die Ergänzung konkretisierender Vorschriften für die demnächst geplanten Anpassungen des Bundesdatenschutzgesetzes.[252]

e) Unionsrechtswidrige nationale Abweichungen

75 Das Bundesdatenschutzgesetz ist getragen von dem Bestreben, möglichst viele Errungenschaften der **alten Rechtslage** vor Inkrafttreten der Datenschutz-Grundverordnung beizubehalten.[253] Teilweise ist dies mit den Innovationen des neuen Datenschutzrechts nicht vereinbar.

aa) Beispiele abweichender nationaler Gesetzgebung

76 Kollisionen mit dem europäischen Recht ziehen die meisten Normen des Bundesdatenschutzgesetzes nach sich, die Verarbeitungsgrundlagen für den **nichtöffentlichen Bereich** darstellen.[254] Das System des Art. 6 DSGVO ist für diesen abschließend, so dass es keiner näheren Ausgestaltung durch den nationalen Gesetzgeber bedarf. Da für nichtöffentliche Stellen keine mit Art. 6 Abs. 2 DSGVO vergleichbare allgemeine Öffnungsklausel existiert, darf der Bundesgesetzgeber nur dort Rechtsgrundlagen für

---

247 Art. 60 a Abs. 3 S. 2 HmbVerf.
248 *Roßnagel* DuD 2017, 277 (278 f.).
249 Vgl. *Bieker/Hansen* DuD 2017, 258.
250 *Keppeler* MMR 2015, 779; *Roßnagel* DuD 2017, 290.
251 *Roßnagel* DuD 2017, 277 (279).
252 Zu Reformplänen Paal/Pauly/*Paal/Pauly* DSGVO Einl. Rn. 3.
253 *Roßnagel* DuD 2017, 277 (279).
254 Vgl. *Greve* NVwZ 2017, 717 (743).

Jens Ambrock

die Datenverarbeitungen von Unternehmen erlassen, wo dies im Einzelfall zulässig ist. Ist keine solche bereichsspezifische Öffnungsklausel ersichtlich, sind die entsprechenden nationalen Regelungen wieder außer Kraft zu setzen, um den freien Informationsfluss gemäß Art. 1 Abs. 3 DSGVO nicht zu beeinträchtigen.[255]

Diese Problematik betrifft beispielsweise die Regelung der **Videoüberwachung** in § 4 BDSG, soweit sie nichtöffentliche Stellen betrifft. Die Datenschutzkonferenz geht einstimmig von der Unionsrechtswidrigkeit der Norm aus,[256] da die Generalklausel des Art. 6 Abs. 1 S. 1 lit. f. DSGVO die Videoüberwachung durch Private abschließend regelt. Auch hinsichtlich der Videoüberwachung durch öffentliche Stellen ist § 4 BDSG eine unzulässige Ergänzung der Verordnung, weil sich dessen Tatbestände nicht von denen aus Art. 6 Abs. 1 S. 1 lit. d bis f. DSGVO unterscheiden. Es ist damit nicht erkennbar ist, worin eine mögliche „spezifischere Bestimmung" im Sinne des Art. 6 Abs. 2 DSGVO zu sehen wäre.[257]   77

Ebenfalls nicht mit dem Unionsrecht vereinbar ist – auch nach Ansicht der Datenschutzkonferenz –[258] die **Zweckänderungsvorschrift** des § 24 BDSG. Eine Ergänzung des Art. 6 Abs. 4 DSGVO wäre allenfalls möglich im Rahmen der Zwecke des Art. 23 Abs. 1 DSGVO, nicht aber zu rein wirtschaftlichen Zwecken des Verantwortlichen.[259]   78

Schließlich hält die Datenschutzkonferenz auch die Beschränkung der **Betroffenenrechte** durch § 29 BDSG zur unzulässig.[260] In der Tat schränkt der Bundesgesetzgeber die Betroffenenrechte über das nach Art. 23 Abs. 1 DSGVO erlaubte Maß hinaus ein.[261] Die Befugnis zur Rechtewahrnehmung wird im Bundesdatenschutzgesetz von Aufwand, technischen Möglichkeiten und Geschäftszwecken des Verantwortlichen abhängig gemacht, auf die der Betroffene keinen Einfluss hat. Das wirtschaftliche Interesse Dritter kann jedoch für eine Beschneidung der in den Art. 12 ff. DSGVO verbrieften Rechte nicht ausreichen.[262] Eine so deutliche und einseitige Beschränkung lässt sich nicht mit der Öffnungsklausel des Art. 23 DSGVO rechtfertigen, die nur verhältnismäßige Beschränkungen zu einzeln benannten überragenden Zwecken zulässt. Seitens der Kommission wurde in diesem Zusammenhang die Einleitung eines **Vertragsverletzungsverfahrens** gegen die Bundesrepublik in Aussicht gestellt.[263]   79

---

255 Gierschmann/Schlender/Stentzel/Veil/*Buchholtz/Stentzel* DSGVO Art. 1 Rn. 14.
256 *DSK*, Entschließung vom 18.10.2017, 3, abrufbar unter https://www.lfd.niedersachsen.de/startseite/allgem ein/dsbkonferenzen/entschliessungen/entschlieungen-der-dsb-konferenz-56240.html. S. auch Roßnagel/ *Nebel* 2018, § 3 Rn. 120.
257 *Helfrich* ZD 2017, 97 (98).
258 *DSK*, Entschließung vom 18.10.2017, 3.
259 *Albrecht*, wiedergegeben bei *Zimmer-Helfrich* ZD 2017, 51.
260 *DSK*, Entschließung vom 18.10.2017, 3.
261 *Weichert/Spaeing/Hülsmann*, Stellungnahme zum Entwurf eines Datenschutz-Anpassungs- und -umsetzungsgesetzes der Deutschen Vereinigung für Datenschutz v. 1.2.2017, 9-12; krit. auch *Greve* NVwZ 2017, 717 (743).
262 *Albrecht*, wiedergegeben bei *Zimmer-Helfrich*, ZD 2017, 51.
263 *Jourová*, wiedergegeben bei *Krempl*, Heise Online vom 20.4.2017, abrufbar unter https://www.heise.de/ne wsticker/meldung/Datenschutzreform-EU-Kommission-droht-Deutschland-mit-Vertragsverletzungsverfahr en-3689759.html.

bb) Folgen abweichender nationaler Gesetzgebung

80 Der Anwendungsvorrang des Unionsrechts in Form der Unanwendbarkeit des nationalen Rechts greift nur bei einer direkten Kollision beider Rechtsebenen. Sofern es möglich ist, das nationale Recht durch **europarechtskonforme Auslegung** von Generalklauseln und offenen Rechtsbegriffen in Einklang mit der Verordnung zu bringen, gebietet der effet utile, dies auch so zu handhaben.[264] Eine solche indirekte Kollision erhält die Anwendbarkeit des mitgliedstaatlichen Rechts. Bei der Videoüberwachungsvorschrift des § 4 BDSG sowie der Zweckänderungsvorschrift des § 24 BDSG ist eine derartige europarechtskonforme Auslegung im Rahmen der dort geforderten Güterabwägung denkbar. Bei der Beschränkung der Betroffenenrechte durch § 29 BDSG ist kein hinreichender Auslegungsspielraum erkennbar.

81 Kann die Kollision nicht durch europarechtskonforme Auslegung beseitigt werden, folgt daraus nach der Rechtsprechung des Europäischen Gerichtshofs, dass die mitgliedstaatliche Vorschrift „ohne weiteres unanwendbar" ist.[265] Wenn Anwendungsbereich des Unionsrechts betroffen ist, dann tritt das nationale Recht zurück. Es kann also – in höchst seltenen Fällen – auch wieder einzelfallbezogen aufleben.[266] Der Anwendungsvorrang bindet alle mitgliedstaatlichen Stellen.[267] Für die Datenschutzbehörden des Bundes und der Länder sowie für die Gerichte folgt daraus eine **Nichtanwendungskompetenz**, wenn Verstoß gegen das Unionsrecht offensichtlich ist.[268] In diesen eindeutigen Fällen ist keine Vorlage an den Europäischen Gerichtshof nötig. Die Datenschutzbehörden, die nach eingehender Prüfung eine direkte Kollision feststellen, sind also befugt, das verdrängte Bundes- oder Landesrecht im Einzelfall nicht anzuwenden und direkt die Datenschutz-Grundverordnung anzuwenden.[269] Dieses Vorgehen steht im Einklang mit der europäischen[270] und nationalen[271] Rechtsprechung. Freilich besteht die Gefahr des Wildwuchses, wenn Gerichte die Voraussetzung der Offensichtlichkeit recht eigenmächtig annehmen.[272] Deshalb ist die Nichtanwendung nur in **evidenten Fällen** vorzunehmen.[273] Keinesfalls reicht eine reine Vermutung aus.[274] Jedoch ist es auch die Aufgabe der Aufsichtsbehörden, Rechtssicherheit über die Auslegung des Datenschutzrechts herzustellen. Dies wird nur gelingen, wenn mutige Verwaltungsakte der gerichtlichen Klärung dann gegebenenfalls der Vorlage zum Europäischen Gerichtshof zugeführt werden.

3. Datenschutz-Grundverordnung und E-Privacy-Regulierung

82 Die europäische Datenschutz-Grundverordnung und die geplante E-Privacy-Verordnung werden in der **europäischen Normenhierarchie** auf derselben Ebene stehen. Bei-

---

264 *Oppermann/Classen/Nettesheim* 2016, Teil 3 Rn. 36.
265 EuGHE 1968, 373 – 34/67.
266 *Oppermann/Classen/Nettesheim* 2016, Teil 3 Rn. 32.
267 *Oppermann/Classen/Nettesheim* 2016, Teil 3 Rn. 35.
268 *Streinz/Herrmann* BayVBl. 2008, 1.
269 *Roßnagel/Roßnagel* 2017, § 2 Rn. 5; aA offenbar *Wybitul*, wiedergegeben bei *Zimmer-Helfrich* ZD 2017, 51, der keine Bußgelder bei Befolgung des (ggf. unionsrechtswidrigen) nationalen Rechts befürchtet.
270 EuGH 13.1.2004 – C-453/00; 9.9.2003, C-198/01.
271 BVerwGE 123, 267 (398 f.).
272 *Hummel* NVwZ 2008, 36 (37).
273 *Calliess/Ruffert/Ruffert* EUV/AEUV Art. 288 AEUV Rn. 73; Rengeling/Middeke/Gellermann/*Gärditz* 2014, § 35 Rn. 13.
274 *Greve* NVwZ 2017, 717 (743).

den Verordnungen ist nach dem Entwurf der Europäischen Kommission gemeinsam, dass sie Datenschutzvorschriften für die Verarbeitung personenbezogener Daten vorsehen. Eine Abgrenzung kann daher ausschließlich über den jeweiligen **materiellen Anwendungsbereich** erfolgen. Der Datenschutz-Grundverordnung kommt die Rolle zu, die **Grundprinzipien und -bedingungen** für die Verarbeitung personenbezogener Daten festzulegen. Bereits aus den vorliegenden Entwürfen der E-Privacy-Verordnung wird deutlich, dass durch diese keine **Vollregelung** des Schutzes personenbezogener Daten in der elektronischen Kommunikation vorgesehen ist.[275] Denn wesentliche Teile des datenschutzrechtlichen Rechtsregimes werden durch den Entwurf der E-Privacy-Verordnung nicht geregelt, wie zum Beispiel die Betroffenenrechte und die Vorgaben zur Sicherheit der Datenverarbeitung. Insofern ist die E-Privacy-Verordnung grundsätzlich als Ergänzung zur Datenschutz-Grundverordnung vorgesehen.

Art. 2 Abs. 1 DSGVO beschränkt den **sachlichen Anwendungsbereich** zugunsten der E-Privacy-Verordnung oder der (noch) geltenden E-Privacy-Richtlinie nicht.[276] Denn die Verordnung gilt unterschiedslos für jegliche ganz oder teilweise automatisierte Verarbeitung personenbezogener Daten sowie für die nichtautomatisierte Verarbeitung personenbezogener Daten, die in einem Dateisystem gespeichert sind oder gespeichert werden sollen. Jedoch enthält die Datenschutz-Grundverordnung in den Schlussbestimmungen mit Art. 95 DSGVO eine Kollisionsregel, die das Verhältnis zur E-Privacy-Richtlinie normiert. Danach soll die Datenschutz-Grundverordnung Anbietern **öffentlich zugänglicher Kommunikationsdienste**, die über **öffentliche Kommunikationsnetze** bereitgestellt werden, keine zusätzlichen Pflichten auferlegen. Dies gilt nur, wenn der Anbieter gleichzeitig dem Anwendungsbereich der E-Privacy-Richtlinie unterliegt.[277] Allerdings soll die E-Privacy-Richtlinie durch die E-Privacy-Verordnung abgelöst werden. Der Gesetzgeber hat sich selbst einen Überprüfungsauftrag bezüglich der derzeit geltenden Regeln im Bereich elektronischer Kommunikationsdienste aufgegeben und sich für den Wechsel des Regelungsinstruments von einer europäischen Richtlinie zu einer europäischen Verordnung entschieden.[278] Obwohl bei Erlass der Datenschutz-Grundverordnung die Abgrenzungsproblematik grundsätzlich gesehen und durch Art. 95 DSGVO geregelt worden ist, ist zurzeit nicht zweifelsfrei geklärt, in welchem Verhältnis die kommende E-Privacy-Verordnung zur Datenschutz-Grundverordnung stehen wird.

83

Die Europäische Kommission weist in ihrem Entwurf der E-Privacy-Verordnung bezüglich ihres zukünftigen Verhältnisses zur Datenschutz-Grundverordnung einerseits auf den **lex speciales Grundsatz**[279] hin. Andererseits scheint sie jedoch auch von einer **lückenfüllenden und konkretisierenden Funktion** der E-Privacy-Verordnung auszugehen.[280] Im ersten Fall käme die E-Privacy-Verordnung im Kollisionsfall vorrangig zur Anwendung. Im zweiten Fall träfe diese Annahme allerdings nicht zu. Eine Anwendung der E-Privacy-Verordnung wäre immer nur dann gegeben, wenn die Daten-

84

---

275 S. die Begründung des Entwurfs der Kommission zur E-Privacy-VO, COM (2017) 10 final, 3.
276 Gierschmann/Schlender/Stentzel/Veil/*Grafenstein* DSGVO Art. 2 Rn. 62.
277 Erwgr. 173; Ehmann/*Selmayr/Klabunde* DSGVO Art. 95 Rn. 2.
278 S. Erwgr. 6.
279 COM(2017) 10 final, 2.
280 Erwgr. 5 E-Privacy-VO-E.

schutz-Grundverordnung keine Regelung im Hinblick auf den spezifischen Anwendungsbereich der E-Privacy-Verordnung trifft.

85   Letztlich erlaubt die Formulierung des Art. 95 DSGVO keine zweifelsfreie Abgrenzung zwischen dem Anwendungsbereich der Datenschutz-Grundverordnung und demjenigen der E-Privacy-Richtlinie[281] und der kommenden E-Privacy-Verordnung. Die damit im jeweiligen Einzelfall entstehende **rechtliche Unsicherheit** über das konkrete Verhältnis zwischen den beiden Verordnungen kritisiert auch die Art. 29-Datenschutzgruppe in ihrer Stellungnahme zum Entwurf der Kommission und fordert die Normierung eines eindeutigen Vorrangs der E-Privacy-Verordnung vor den Vorgaben der Datenschutz-Grundverordnung.[282]

86   Der Entwurf der E-Privacy-Verordnung normiert gemäß Art. 2 Abs. 1 den spezifischen Bereich der Verarbeitung elektronischer Kommunikationsdaten, die in Verbindung mit der Bereitstellung und Nutzung elektronischer Kommunikationsdienste erfolgt, und für Informationen in Bezug auf die **Endeinrichtungen** der Nutzer. Es sind zahlreiche Lebenssachverhalte denkbar, in denen Daten verarbeitet werden, die sowohl in den sachlichen Anwendungsbereich der Datenschutz-Grundverordnung als auch in denjenigen der E-Privacy-Verordnung fallen. Die Datenschutzvorschriften der beiden Verordnungen unterscheiden sich auf Tatbestandsebene und es ist nicht auszuschließen, dass sie auf der Rechtsfolgenseite bei ihrer jeweiligen Anwendung zu unterschiedlichen Ergebnissen führen. Daher ist zu überprüfen, in welchem Anwendungsverhältnis die Verordnungen zueinanderstehen.

a) Abgrenzung über den sachlichen Anwendungsbereich

87   Eine Abgrenzung zwischen der Datenschutz-Grundverordnung und der zukünftigen E-Privacy-Verordnung lässt sich über die Reichweite des jeweiligen Anwendungsbereiches herbeiführen. Hierbei kommt das **lex specialis** Prinzip zum Tragen. Art. 3 E-Privacy-RL[283] beschränkt den Anwendungsbereich auf die Verarbeitung personenbezogener Daten in Verbindung mit der Bereitstellung **öffentlich zugänglicher elektronischer Kommunikationsdienste in öffentlichen Kommunikationsnetzen** in der Gemeinschaft, einschließlich öffentlicher Kommunikationsnetze, die Datenerfassungs- und Identifizierungsgeräte unterstützen. Art. 2 Abs. 1 E-Privacy-VO-E begrenzt den sachlichen Anwendungsbereich auf die **Verarbeitung elektronischer Kommunikationsdaten**, die in Verbindung mit der Bereitstellung und Nutzung elektronischer Kommunikationsdienste erfolgt, und für **Informationen in Bezug auf die Endeinrichtungen der Endnutzer.**

88   Die Kollisionsregel des Art. 95 DSGVO nimmt die Formulierung von Art. 3 E-Privacy-RL auf. Danach legt die Datenschutz-Grundverordnung Verantwortlichen in Bezug auf die Verarbeitung in Verbindung mit der Bereitstellung öffentlich zugänglicher elektronischer Kommunikationsdienste in öffentlichen Kommunikationsnetzen in der

---

281   Gierschmann/Schlender/Stentzel/Veil/*Böhm* Art. 95 Rn. 19; *Engeler/Felber* ZD 2017, 251 (253).
282   *Art. 29-Datenschutzgruppe* WP 247, Ziff. 21.
283   Richtlinie 2002/58/EG des Europäischen Parlaments und des Rates vom 12. Juli 2002 über die Verarbeitung personenbezogener Daten und den Schutz der Privatsphäre in der elektronischen Kommunikation (Datenschutzrichtlinie für elektronische Kommunikation – E-Privacy-RL).

Silke Jandt/Moritz Karg

Union keine **zusätzlichen Pflichten** auf. Sofern die in der E-Privacy-Richtlinie normierten Pflichten dasselbe Ziel verfolgen, ist diese vorrangig anzuwenden. Die Datenschutz-Grundverordnung tritt dann entsprechend zurück. Eine Beschränkung der Anwendung des Art. 95 DSGVO auf einen bestimmten **Wirtschaftssektor** ist damit nicht verbunden. Entscheidungserheblich ist lediglich, welchen Anwendungsbereich die E-Privacy-Richtlinie hat und die zukünftige E-Privacy-Verordnung haben wird.[284]

aa) Kommunikationsnetze

Maßgeblich für die Abgrenzung der jeweiligen sachlichen Anwendungsbereiche ist   89
daher die Definition des Begriffs der **Kommunikationsdienste in öffentlichen Kommunikationsnetzen.** Weder in der E-Privacy-Richtlinie, dem Entwurf der E-Privacy-Verordnung noch dem einschlägigen europäischen Sekundärrecht existiert eine Definition des „öffentlichen Kommunikationsnetzes". Art. 2 lit. b Universaldiensterichtlinie[285] beinhaltet lediglich eine Definition des „**öffentlichen Telefonnetzes**". Dabei handelt es sich um „ein elektronisches Kommunikationsnetz, das zur Bereitstellung öffentlich zugänglicher Telefondienste genutzt wird; es ermöglicht die Übertragung gesprochener Sprache zwischen Netzabschlusspunkten sowie andere Arten der Kommunikation wie Telefax- und Datenübertragung".

Allerdings enthält der Art. 1 des Entwurfs der Kommission für eine Richtlinie über   90
den europäischen Kodex für die elektronische Kommunikation[286] eine Definition des Begriffs der **elektronischen** Kommunikationsnetze. Auf diese Begriffsbestimmung verweist Art. 4 Abs. 1 lit. b E-Privacy-VO-E. Danach sind elektronische Kommunikationsnetze „**Übertragungssysteme**, [...] die die Übertragung von Signalen über Kabel, Funk, optische oder andere elektromagnetische Einrichtungen ermöglichen". Maßgeblich ist, dass das System zur **Signalübertragung** genutzt wird, wobei es unerheblich ist, welche Art von Information dabei übertragen wird. Der Entwurf des Europäischen Parlaments[287] zur E-Privacy-Verordnung folgt dieser Definition. Nicht in den Anwendungsbereich der Datenschutz-Grundverordnung und damit in das Regelungsregime der zukünftigen E-Privacy-Verordnung fallen daher Übertragungssysteme, über welche Signale, unabhängig von ihrer Art, übertragen werden.[288] Die technologieneutrale und entwicklungsoffene Definition erlaubt zudem eine Ausdehnung des Anwendungsbereiches auch auf bisher nicht existierende Formen der Signalübertragung.

bb) Kommunikationsdienste

Ebenso wenig findet sich eine Definition des **Kommunikationsdienstes** in der Daten-   91
schutz-Grundverordnung, der E-Privacy-Richtlinie oder dem Entwurf der E-Privacy-

---

284 Gierschmann/Schlender/Stentzel/*Veil/Böhm* DSGVO Art. 95 Rn. 6.
285 Richtlinie 2002/22/ERWG des Europäischen Parlaments und des Rates vom 7. März 2002 über den Universaldienst und Nutzerrechte bei elektronischen Kommunikationsnetzen und -diensten.
286 2016/0288 (COD).
287 Entwurf des EU-Parlaments zur E-Privacy-Verordnung über den Vorschlag für eine Verordnung des Europäischen Parlaments und des Rates über die Achtung des Privatlebens und den Schutz personenbezogener Daten in der elektronischen Kommunikation und zur Aufhebung der Richtlinie 2002/58/ERWG (ePrivacyVO-E), COM (2017)0010 – C8-0009/2017 – 2017/0003(COD) vom 9.6.2017.
288 Vgl. für das deutsche Verständnis des Telekommunikationsnetzes Spindler/Schuster/*Ricke* 2015 § 3 TKG Rn. 46.

Verordnung zur Abgrenzung der Anwendungsbereiche. So verweist die Datenschutz-Grundverordnung neben Art. 95 DSGVO noch in Art. 70 Abs. 1 lit. d DSGVO auf öffentliche Kommunikationsdienste, ohne allerdings diesen Begriff näher zu bestimmen. Gleichwohl wird in Art. 8 Abs. 1, Art. 17 Abs. 1 lit. f. und Art. 21 Abs. 5 DSGVO im Zusammenhang mit der Durchsetzung der Rechte Betroffener im Internet die Formulierung der **Dienste der Informationsgesellschaft** verwendet. In Art. 4 Nr. 25 DSGVO wird die Begriffsbestimmung im Einklang mit der Definition des Art. 1 Nr. 1 lit. b Info-RL[289] festgelegt, als eine in der Regel gegen Entgelt, elektronisch im Fernabsatz und auf **individuellen Abruf** eines Empfängers erbrachte Dienstleistung, die mittels Geräten für die elektronische Verarbeitung (einschließlich digitaler Kompression) und Speicherung von Daten am Ausgangspunkt gesendet und am Endpunkt empfangen wird.[290] Dieses Verständnis entspricht demjenigen der Telemediendienste im nationalen Recht.

92 Dienste der Informationsgesellschaft werden grundsätzlich nicht von der **Kollisionsvorschrift** des Art. 95 DSGVO erfasst, womit die Anwendung der Datenschutz-Grundverordnung über die Verarbeitung personenbezogener Daten durch Anbieter dieser Dienste eröffnet ist. Dazu korrespondiert, dass der Anwendungsbereich der E-Privacy-Richtlinie sich nicht auf diese Dienste erstreckt. Art. 2 S. 1 E-Privacy-RL verweist zur Definition des Begriffs des Kommunikationsdienstes auf Art. 2 lit. c der **Rahmenrichtlinie,**[291] wonach elektronische Kommunikationsdienste gewöhnlich gegen Entgelt erbrachte Dienste sind, die ganz oder überwiegend in der Übertragung von Signalen über elektronische Kommunikationsnetze bestehen. Davon eingeschlossen sind Telekommunikations- und Übertragungsdienste in Rundfunknetzen. Vom Anwendungsbereich ausgenommen werden Dienste, die Inhalte über elektronische Kommunikationsnetze und -dienste anbieten oder über die eine redaktionelle Kontrolle ausgeübt wird und Dienste der Informationsgesellschaft.

93 Eine sachliche Abgrenzung zwischen diesen Diensten kann über den inhaltlichen Schwerpunkt des jeweils angebotenen Dienstes erreicht werden. Bei den **Diensten der Informationsgesellschaft** liegt der Fokus auf **kommerziellen Angeboten** von Dienstleistungen, die auf elektronischem Weg erbracht werden.[292] Art der Übertragung und der Umstand der Übertragung sind dabei sekundär. Zu diesen Diensten zählen zum Beispiel das **Online-Banking**, der Verkauf **digitaler Fahrkarten, On-Demand Streaming-Angebote** und viele mehr. Die datenschutzrechtliche Bewertung der Datenverarbeitung personenbezogener Daten bei der Erbringung dieser Dienste richtet sich nach den Vorgaben der Datenschutz-Grundverordnung.[293]

---

289 Richtlinie (EU) 2015/1535 des Europäischen Parlaments und des Rates vom 9.9.2015 über ein Informationsverfahren auf dem Gebiet der technischen Vorschriften und der Vorschriften für die Dienste der Informationsgesellschaft.
290 Wolff/Brink/*Schild* DSGVO Art. 4 Rn. 172.
291 Richtlinie 2002/21/ERWG des Europäischen Parlaments und des Rates vom 7. März 2002 über einen gemeinsamen Rechtsrahmen für elektronische Kommunikationsnetze und -dienste.
292 Roßnagel/*Gitter* 2013 § 1 TMG Rn. 16.
293 In Deutschland sind diese Dienste als Telemedien zu qualifizieren, für die die spezifischen Datenschutzvorschriften der §§ 11 ff. TMG bis zum 25.5.2018 galten. Mit der Anwendung der Datenschutz-Grundverordnung können diese Regelungen jedoch nicht mehr als lex specialis auf der Grundlage von Art. 95 DSGVO angewendet werden. Denn die Vorschriften des TMG dienen nicht der nationalen Umsetzung der E-Privacy-RL, sondern diese wird in Deutschland durch die entsprechenden Regelungen im TKG umgesetzt.

Silke Jandt/Moritz Karg

Demgegenüber liegt der Schwerpunkt von Kommunikationsdiensten im **Transport** 94
oder in der Vermittlung von Signalen.[294] Die eigentliche Leistung des Dienstanbieters
für die Nutzer liegt in der Übermittlung der Signale. Art und Inhalt sowie Bedeutung
der Signale sind dabei unerheblich. Bei der Verarbeitung der Daten der Nutzer der
Telekommunikationsdienste, wie Telefon und Telefax, finden daher gemäß Art. 95
DSGVO die Vorgaben der E-Privacy-Richtlinie Anwendung. Zukünftig wird die E-
Privacy-Verordnung anzuwenden sein.

Umstritten ist bisher die Anwendung der E-Privacy-Richtlinie auf sogenannte **OTT-** 95
Kommunikationsdienste.[295] Es handelt sich hierbei um Dienste, die auf der Anwen-
dungsschicht über Netzinfrastrukturen den Signaltransport[296] anbieten. Es wird davon ausgegangen, dass solche Dienste bisher im Allgemeinen nicht unter die E-Privacy-Richtlinie fallen.[297] Bei einer **funktionalen Betrachtungsweise** sind diese Dienste
allerdings mit den herkömmlichen Telekommunikationsdiensten zumindest teilweise
identisch, da zum Beispiel sowohl Instant-Messenger-Dienste als auch die SMS und
MMS der Individualkommunikation dienen.[298] Unter den Begriff der OTT-Kommunikationsdienste fallen neben **Webmail-Angeboten,** wie Gmail, Outlook, Yahoo Mail,
Posteo, **Instant-Messenger-Dienste** für den individuellen Nachrichtenaustausch, wie
WhatsApp, Threema, Signal, ICQ, Wire, und (Bild-)Telefoniedienste, wie Hangout,
Skype, Facetime. Gemeinsames Merkmal dieser Angebote ist, dass die Anbieter ohne
eigene technische Transport-Infrastruktur das „offene" Internet für die Übermittlung
der Nachrichten ihrer Nutzer verwenden. Sie üben dabei keine Kontrolle über die
zum Transport der Signale verwendete technische Kommunikationsinfrastruktur aus.
Dennoch stellen sich wie bei den herkömmlichen Telekommunikationsanbietern aus
telekommunikations- und datenschutzrechtlicher Sicht identische[299] Fragestellungen.[300]

Deutlich zeigen sich bei den OTT-Kommunikationsdiensten im Verhältnis zu den 96
klassischen Telekommunikationsdiensten die Parallelen zu den daten- und verbrau-
cherschutzrechtlichen Themen.[301] Denn sie sind funktional identisch.[302] Es finden
sich deutliche Stimmen, die daher eine **rechtliche Gleichbehandlung** dahingehend fordern, dass auch die OTT-Kommunikationsdienste die Vertraulichkeitsvorgaben zu
beachten haben.[303]

In der nationalen **Praxis der Datenschutzaufsichtsbehörden** und von der Bundesnetz- 97
agentur wurde diese rechtliche Einordnung bereits vor dem Geltungsbeginn der Da-

---

294 Geppert/*Schütz* TKG § 3 Rn. 7, 8 f.; *Schuster* CR 2016, 173 (178); *Gersdorf* K&R 2016, 91 (93); *Kremer/
Völkel* CR 2015, 501 (503); *Kühling/Schall* CR 2015, 641 (645); Roßnagel/*Gitter* 2013 § 1 TMG Rn. 24.
295 Erläuterung bei *BfDI* 26. Tatigkeitsbericht Ziff. 17.2.4.1.
296 *Kühling/Schall* CR 2016, 641 (643).
297 *EU Kommission,* Vorschlag für eine Verordnung über Privatsphäre und elektronische Kommunikation,
COM(2017) 10 final, Ziff. 1.1; *Engeler/Felber* ZD 2017, 251 (252); *Schuster* CR 2016, 173 (181); *Gersdorf* K&R 2016, 91 (99); Roßnagel/*Gitter* 2013 § 1 TMG Rn. 23.
298 *Scherer/Heinickel* MMR 2017, 71 so auch *BfDI* 26. Tätigkeitsbericht Ziff. 17.2.4.1.
299 Zustimmend VG Köln MMR 2016, 141 wohl ablehnend *Grünwald/Nüßing* MMR 2016, 91 (93).
300 LG Berlin ZD 2016, 182 (185); *Deusch/Eggendorfer/Taeger* 2016, 725 (732 f.).
301 *Kühling/Schall* CR 2015, 641 (648, 652 f.); *Schneider* ZD 2014, 231 (237); aA *Schuster* CR 2016, 173
(175 f.); *Gersdorf* K&R 2016, 91 (98); s. für einen Überblick über den Streitstand *Kühling/Schall* CR
2016, 185 (187) mwN.
302 *Art. 29-Datenschutzgruppe* WP 240 Ziff. 8; *Engeler/Felber* ZD 2017, 251 (254).
303 *Art. 29-Datenschutzgruppe* WP 240 Ziff. 2.

tenschutz-Grundverordnung umgesetzt.[304] Je nachdem wie OTT-Kommunikationsdienste rechtlich qualifiziert werden, unterfielen sie in Deutschland bis zum 25.5.2018 unterschiedlichen datenschutzrechtlichen Regimen[305] – entweder den Datenschutzvorschriften des Telekommunikations- oder denjenigen des Telemediengesetzes.

98   Aus **rechtspolitischer Sicht** ist es wünschenswert, auf OTT-Kommunikationsdienste zur effektiven Durch- und Umsetzung der Vertraulichkeitsanforderungen des Art. 7 GRCh auch die Regelungen der E-Privacy-Richtlinie und zukünftig der E-Privacy-Verordnung anzuwenden. Denn ihr erklärtes Ziel ist die Achtung der Grundrechte und insbesondere die uneingeschränkte Gewährleistung der in den Art. 7 und 8 GRCh niedergelegten Rechte.[306] Der **Schutz der Vertraulichkeit der Kommunikation** des Art. 7 GRCh bezieht sich vor allem auf die Individualkommunikation und ist entwicklungsoffen gestaltet.[307] Er schützt das Vertrauen der Nutzer in die Wahrung der Vertraulichkeit ihrer (Fern-)Kommunikation.[308] Sekundärrechtlich setzt bisher insbesondere Art. 5 Abs. 1 E-Privacy-RL diesen Schutz um.[309] Die Norm gewährleistet die Vertraulichkeit der übertragenen Nachrichten **und** Verkehrsdaten (Metadaten).

99   OTT-Kommunikationsdienste beinhalten **neuartige Risiken** für den Schutz der personenbezogenen Daten, die Privatsphäre und die Vertraulichkeit der Kommunikation.[310] Insoweit ist in grundrechtskonformer Auslegung der Begriff des Kommunikationsdienstes im Sinne des Art. 95 DSGVO auch auf OTT-Kommunikationsdienste auszudehnen und muss bei der Entscheidung über den Anwendungsbereich berücksichtigt werden. Die Europäische Kommission hat diese Problematik zugunsten der **Ausdehnung des materiellen Anwendungsbereichs der E-Privacy-Verordnung auf OTT-Dienste** entschieden.[311]

cc) Merkmal der Zugänglichkeit des Dienstes

100   Weiteres Abgrenzungskriterium des spezifischen Anwendungsbereichs der E-Privacy-Verordnung gegenüber demjenigen der Datenschutz-Grundverordnung ist das Merkmal der **Zugänglichkeit zum Übertragungssystem und zum genutzten Kommunikationsdienst.** Sowohl Art. 95 DSGVO als auch Art. 3 E-Privacy-RL sehen die Voraussetzung der Öffentlichkeit bezogen auf das Übertragungssystems und auf den darüber genutzten Dienst vor. Dagegen beinhaltet der Art. 4 Abs. 2 lit. c E-Privacy-VO-E eine Einschränkung des Anwendungsbereiches nur insoweit, als dass durch den Endnutzer in Anspruch genommene nicht öffentlich zugängliche Dienste von der kommenden E-Privacy-Verordnung nicht erfasst werden. Dies ist allerdings einer anderen Regelungssystematik der E-Privacy-Verordnung im Vergleich zur E-Privacy-Richtlinie geschuldet. In der E-Privacy-Richtlinie wird grundsätzlich zwischen öffentlichen Kom-

---

304 *HmbBfDI* 25. Tätigkeitsbericht Ziff. 2.3; zweifelnd *BfDI* 26. Tätigkeitsbericht Ziff. 2.3.; 17.3.1, 178.
305 *Schneider* ZD 2014, 231 (233).
306 Erwgr. 2 E-Privacy-RL.
307 Calliess/Ruffert/ *Kingreen* 2016 Art. 7 GRCh Rn. 10.
308 Gersdorf/Paal/*Gersdorf* 18. Ed. Art. 7 GRCh Rn. 35.
309 EuGH 21.12.2016 – C-203/15 und C-698/15 ECLI:EU:C:2016:970 Rn. 84.
310 EuGH 21.12.2016 – C-203/15 und C-698/15 ECLI:EU:C:2016:970 Rn. 83; Erwgr. 6 E-Privacy-RL; Gola/ *Piltz* DSGVO Art. 95 Rn. 10.
311 *EU Kommission*, Vorschlag für eine Verordnung über Privatsphäre und elektronische Kommunikation, COM(2017) 10 final, Ziff. 2.3.

munikationsnetzen und öffentlich zugänglichen Kommunikationsdiensten differenziert. Beide werden aber gleichgeordnet und weitgehend parallel behandelt.[312] In der E-Privacy-Verordnung werden elektronische Kommunikationsdienste als übergeordneter Begriff verwendet. Die Erbringung dieser Dienste über elektronische Kommunikationsnetze ist ein Definitionsmerkmal. Damit bleibt zwar die Frage offen, ob ein öffentlich zugänglicher Kommunikationsdienst, der über nicht öffentlich zugängliche Kommunikationsnetze erbracht wird, in den Anwendungsbereich der Verordnung fällt. Allerdings hat sich zumindest die Kommission in Erwgr. 13 deutlich zu dieser Frage positioniert. Danach soll die Verordnung für elektronische Kommunikationsdaten gelten, die mithilfe elektronischer Kommunikationsdienste und öffentlicher Kommunikationsnetze übertragen werden. Auf geschlossene Gruppen von Endnutzern, bei denen der Zugang auf die Angehörigen der Gruppe beschränkt ist, wie zum Beispiel Unternehmensnetze, die nur von Unternehmensangehörigen genutzt werden, soll sie dagegen keine Anwendung finden.

Unter welchen Bedingungen ein Dienst oder ein Übertragungssystem als **öffentlich** angesehen wird, lässt der europäische Gesetzgeber bisher offen. Eine an dem Zweck der E-Privacy-Richtlinie und zukünftigen E-Privacy-Verordnung orientierte Auslegung rückt insbesondere den Schutz der in Art. 7 GRCh gewährleisteten Vertraulichkeit der Kommunikation in den Fokus. Bezogen auf natürliche Personen wird zudem der Schutz des **Privat- und Familienlebens** der Nutzer der Kommunikationsnetze und -dienste erfasst.[313] Insoweit adressiert die sekundärrechtliche E-Privacy-Rechtsetzung der Europäischen Union den spezifischen Schutz der Vertraulichkeit der Kommunikation gegenüber den Betreibern der Kommunikationsnetze und -dienste. Denn bei der Kommunikation verlieren die Nutzer die Kontrolle über die kommunizierten Informationen und müssen dem Netz- und Dienstbetreiber das Vertrauen entgegenbringen, dass dieser die Informationen nur zum Zweck der Übermittlung verwendet, vor Zugriffen Dritter, zum Beispiel staatlichen Stellen, schützt und diesen die Kommunikationsinhalte nicht offenbart.[314] E-Privacy-Richtlinie und zukünftig E-Privacy-Verordnung bilden insoweit die sekundärrechtliche Grundlage, welche die grundrechtlich garantierte Schutzerwartung der Nutzer auf **Vertraulichkeit dienstgestützter Kommunikation** absichert.

Einer solchen sekundärrechtlichen Absicherung der Vertraulichkeit der Kommunikation bedarf es nicht, wenn die Kommunikationspartner sich einer von ihnen kontrollierten Stelle bedienen. Dazu zählen Betreiber unternehmens- oder dienststelleneigener Kommunikationsnetzwerke, welche nur den jeweiligen Beschäftigten des Unternehmens oder der Behörde zur rein geschäftlich oder dienstlich veranlassten Kommunikation offenstehen, die Verwendung von Kommunikationsdiensten die *on-premises* oder die Kommunikation in sogenannten geschlossenen Benutzergruppen, wie rein innerbehördlichen und innerbetrieblichen Kommunikationsnetzen und Diensten.[315] Zu letzteren zählen unter anderem die **Landesnetze** der einzelnen Bundesländer und

101

102

---

312 S. zB Art. 5 E-Privacy-RL.
313 Erwgr. 1 E-Privacy-VO-E.
314 Vgl. zu Art. 10 GG BVerfG MMR 2012, 410 (411) Rn. 111.
315 Wolff/Brink/*Holländer* DSGVO Art. 95 Rn. 4.

des Bundes. Diese nicht-öffentlichen Dienste und Kommunikationsnetze unterfallen nicht dem Anwendungsbereich der E-Privacy-Regulierung. Denn die Kommunikation erfolgt entweder im eigenen Interesse des Betreibers des Dienstes oder Netzes oder die Nutzer kontrollieren selbst die Verarbeitung der Daten und können die Gewährleistung der Vertraulichkeit der Kommunikation eigenständig sicherstellen.

103   Dies bedeutet allerdings nicht, einen vollkommenen Ausschluss der Anwendung datenschutzrechtlicher Vorgaben auf die Verarbeitung personenbezogener Daten bei der Bereitstellung der **nicht öffentlich zugänglichen Kommunikationsnetze und Dienste**. Die datenschutzrechtlichen Vorgaben der Datenschutz-Grundverordnung und bereichsspezifische Regelungen, zum Beispiel des **Beschäftigtendatenschutzes**, finden auf diese Sachverhalte Anwendung.

104   „Öffentlich" im Sinne der E-Privacy-Richtlinie und der zukünftigen E-Privacy-Verordnung sind demnach Kommunikationsnetze und -dienste, wenn sie einer vorher nicht definierbaren Anzahl Dritter zur Nutzung angeboten werden. Zudem darf die Kommunikation zwischen den Nutzern nicht oder nicht ausschließlich im Interesse des Betreibers des Netzes erfolgen.

b) Inhaltsdaten versus Nutzungs- und Verkehrsdaten

105   Mit dem Erlass der E-Privacy-Verordnung wäre die vor allem in Deutschland geführte Diskussion um die Anwendbarkeit des Telemediengesetzes oder des Bundesdatenschutzgesetzes auf sogenannte Inhaltsdaten obsolet.[316] Denn insbesondere Art. 6 Abs. 1 und 3 E-Privacy-VO-E normiert die rechtlichen Grundlagen für die Zulässigkeit der Verarbeitung der Kommunikationsinhalte. Eine Abgrenzung des Anwendungsbereiches der Datenschutz-Grundverordnung und der zukünftigen E-Privacy-Verordnung lässt sich daher nicht auf die **Art der verarbeiteten Daten** stützen. Maßgeblich bleibt somit der Zweck der Verarbeitung der Daten in Form der durch die Betroffenen genutzten Dienste.

c) Rechtslage ab dem 25.5.2018 bis zum Erlass der E-Privacy-Verordnung

106   Entgegen dem ursprünglichen Bestreben des europäischen Gesetzgebers ist die E-Privacy-Verordnung nicht zeitgleich mit der Anwendbarkeit der Datenschutz-Grundverordnung in Kraft getreten. Dies führt in Deutschland zumindest für eine **Übergangszeit** zu erheblicher Rechtsunsicherheit in Bezug auf die Frage, nach welchen datenschutzrechtlichen Vorschriften **Telemediendienste** zu bewerten sind. Zwar regelt Art. 95 DSGVO, wie dargelegt, dass die E-Privacy-Richtlinie unter den genannten Voraussetzungen gegenüber der Datenschutz-Grundverordnung als lex specialis anzusehen ist. Allerdings wurde diese Richtlinie in Deutschland durch entsprechende Vorschriften im Telekommunikationsgesetz in nationales Recht umgesetzt. Die bereichsspezifischen datenschutzrechtlichen Vorschriften in den §§ 11 ff. TMG können nicht grundsätzlich auf die E-Privacy-Richtlinie zurückgeführt werden.[317] Es wird al-

---

316 Zum Meinungsstreit Hoeren/Sieber/Holznagel/*Schmitz* 2014, Teil 16.2 Rn. 258 f.
317 BT-Drs. 17/718, 7 weist darauf hin, dass das TMG überwiegend die Vorgaben der europäischen E-Commerce-RL umsetzt.

lerdings teilweise vertreten, dass zumindest **einzelne Vorschriften der nationalen Umsetzung** von Vorgaben der E-Privacy-Richtlinie dienen würden.

Die Bundesregierung argumentiert, dass **Art. 5 Abs. 3 E-Privacy-RL,** der durch die sogenannte Cookie-Richtlinie im Jahr 2009 eingeführt wurde, durch § 12 und § 15 TMG umgesetzt sei.[318] Art. 5 Abs. 3 E-Privacy-RL regelt, dass die Speicherung von Informationen oder der Zugriff auf im Endgerät gespeicherten Informationen nur gestattet ist, wenn der Betroffene seine Einwilligung gegeben hat. Einer Einwilligung bedarf es nur dann nicht, wenn der Zugriff allein der Durchführung der Übertragung einer Nachricht dient oder zur Diensterbringung unbedingt erforderlich ist. Zur Begründung führt die Bundesregierung aus, dass § 12 Abs. 1 TMG grundsätzlich die Einwilligung des Nutzers zur Verarbeitung personenbezogener Daten vorschreibe, sofern kein gesetzlicher Erlaubnistatbestand vorliegt. Unter Verweis auf § 15 TMG wird weiter argumentiert, die Speicherung oder der Abruf von Informationen vom Endgerät des Nutzers sei nur ausnahmsweise ohne Einwilligung zulässig, wenn dies aus technischen Gründen für die Inanspruchnahme erforderlich sei.[319] Die Europäische Kommission folgte anscheinend dieser Begründung und geht von einer Umsetzung in Deutschland aus.[320]

Die Argumentation der Bundesregierung scheint allerdings einzig aus dem Bestreben zu stammen, nicht eingestehen zu müssen, dass Art. 5 Abs. 3 E-Privacy-RL nicht in das nationale Recht transformiert wurde. Ein formeller Umsetzungsakt in das deutsche Recht erfolgte nicht. Die §§ 12 und 15 TMG existierten bei Inkrafttreten der Cookie-Richtlinie bereits. Die Begründung der Bundesregierung trägt nur bei einer isolierten Betrachtung von § 15 Abs. 1 TMG, nicht aber bei Berücksichtigung von § 15 Abs. 3 TMG. Diese Vorschrift ist eine Rechtsgrundlage für die Erstellung von Nutzungsprofilen unter Pseudonym zu den abschließend genannten Zwecken der Werbung, Marktforschung oder zur bedarfsgerechten Gestaltung der Telemedien. Sie stellt gerade nicht ausschließlich auf technische Erfordernisse ab und ermöglicht dennoch eine Verarbeitung ohne eine Einwilligung der Nutzer.[321] Vor diesem Hintergrund folgten der Düsseldorfer Kreis, der bzw. die Bundesbeauftragte für den Datenschutz (BfDI) und die Datenschutzkonferenz nicht der Argumentation der Bundesregierung und forderten in der Reihenfolge 2010, 2011 und 2015 eine **gesetzliche Anpassung des Telemediengesetzes an die E-Privacy-Richtlinie.**[322]

Lediglich **§ 15 a TMG** könnte als Umsetzung der E-Privacy-Richtlinie gelten. Die dort geregelten Melde- und Benachrichtigungspflichten gegenüber der zuständigen Aufsichtsbehörde und den Betroffenen bei der Verletzung des Schutzes personenbezo-

107

108

109

---

318 Fragebogen der EU-Kommission COCOM11-20 vom 4.10.2011, abrufbar unter: www.telemedicus.info/uploads/Dokumente/COCOM11-20QuestionnaireonArt.53e-PrivacyDir.pdf.
319 Fragebogen der EU-Kommission.
320 *Schneider* EU-Kommission: Cookie-Richtlinie ist in Deutschland umgesetzt, abrufbar unter: http://www.telemedicus.info/article/2716-EU-Kommission-Cookie-Richtlinie-ist-in-Deutschland-umgesetzt.html.
321 S. auch *Dieterich* ZD 2015, 199 (202).
322 *Düsseldorfer Kreis*, Beschluss zur Umsetzung der Datenschutzrichtlinie für elektronische Kommunikationsdienste, abrufbar unter: www.bfdi.bund.de/SharedDocs/Publikationen/Entschliessungssammlung/DuesseldorferKreis/24112010-UmsetzungDatenschutzrichtlinie.pdf, BfDI, TB für den Datenschutz für die Jahre 2009 und 2010, 23. TB, 49 f.; DSK, Entschließung der DSK vom 5.2.2015 zur Verfolgung des Nutzerverhaltens im Internet, abrufbar unter: www.lfd.niedersachsen.de/startseite/allgemein/dsbkonferenzen/entschliessungen/entschliesungen-der-dsb-konferenz-56240.html; *Engeler/Felber* ZD 2017, 251 (252).

gener Daten kann als Umsetzung von Art. 4 Abs. 3 E-Privacy-RL aufgefasst werden. Dieser wurde durch die Cookie-Richtlinie in die E-Privacy-Richtlinie aufgenommen, die am 19.12.2009 in Kraft getreten ist. Art. 4 Abs. 3 E-Privacy-RL verpflichtet die Betreiber öffentlich zugänglicher elektronischer Kommunikationsdienste im Fall einer Verletzung des Schutzes personenbezogener Daten die zuständige nationale Behörde von der Verletzung unverzüglich zu benachrichtigen und gegebenenfalls ergänzend die Teilnehmer oder Personen, die in ihrer Privatsphäre beeinträchtigt werden, unverzüglich zu informieren.

110   § 15 a TMG wurde durch das Gesetz zur Änderung datenschutzrechtlicher Vorschriften vom 14.8.2009 eingefügt und ist bereits am 1.9.2009 in Kraft getreten, also vor dem Erlass der Cookie-Richtlinie. In der **Gesetzesbegründung** für § 15 a TMG wird lediglich ausgeführt, dass § 42 a BDSG bereichsspezifisch auch für Bestands- und Nutzungsdaten nach den §§ 14 und 15 TMG Anwendung finden soll.[323] Zu § 42 a BDSG, der zeitgleich erlassen worden ist, wird ausgeführt, dass die Vorschrift an einen Vorschlag der Kommission der Europäischen Gemeinschaften zur Änderung der E-Privacy- Richtlinie[324] und Regelungen im Recht der Vereinigten Staaten von Amerika anknüpfe. Insofern sieht der Gesetzgeber **§ 15 a TMG als bereichsspezifische Umsetzung von Art. 4 Abs. 3 E-Privacy-RL** an. Der zeitliche Ablauf des Erlasses der nationalen vor der europäischen Norm steht dem nicht entgegen. In der Kommentarliteratur wird daher von einer Verabschiedung von § 15 a TMG „im Vorgriff" auf die Regelung in der Cookie-Richtlinie gesprochen.[325]

111   Hinzuweisen ist allerdings auf die unterschiedlichen Geltungsbereiche von § 15 a TMG und Art. 4 Abs. 3 E-Privacy-RL. Die europäische Norm gilt gemäß Art. 3 E-Privacy-RL für elektronische Kommunikationsdienste im Sinne von Art. 2 c) Rahmen-RL; entgegen der Forderungen des Europäischen Datenschutzbeauftragten[326] und der Art. 29-Datenschutzgruppe[327] jedoch nicht für Dienste der Informationsgesellschaft.

112   Eine Überschneidung des Anwendungsbereiches zwischen elektronischen Kommunikationsdiensten und Telemediendiensten existiert lediglich für einen kleinen Sektor. Ausschließlich die Dienste, die „überwiegend in der Übertragung von Signalen über elektronische Kommunikationsnetze bestehen", werden sowohl durch die E-Privacy-RL als auch gemäß § 1 Abs. 1 TMG durch das Telemediengesetz erfasst. Hierzu zählen **Internetzugangs-Dienste (Access-Providing) und E-Mail-Übertragungsdienste**.[328] Nur für diesen Überschneidungsbereich zwischen E-Privacy-Richtlinie und Telemediengesetz kann § 15 a TMG daher eine Umsetzung der europäischen Vorschrift dar-

323   BT-Drs. 16/12011, 36.
324   Richtlinie 2002/58/EG des Europäischen Parlaments und des Rates vom 12. Juli 2002 über die Verarbeitung personenbezogener Daten und den Schutz der Privatsphäre in der elektronischen Kommunikation (Datenschutzrichtlinie für elektronische Kommunikation – E-Privacy-RL).
325   Roßnagel/*Hornung* 2013, § 15 a TMG, Rn. 13.
326   Stellungnahme zum Vorschlag für eine Richtlinie des Europäischen Parlaments und des Rates zur Änderung unter anderem der Richtlinie 2002/58/ERWG über die Verarbeitung personenbezogener Daten und den Schutz der Privatsphäre in der elektronischen Kommunikation (Richtlinie über den Schutz der Privatsphäre und elektronische Kommunikation), ABl. EU 2008 Nr. C 181, 1, 6 f.
327   Stellungnahme 2/2008 zur Überprüfung der Richtlinie 2002/58/ERWG über die Verarbeitung personenbezogener Daten und den Schutz der Privatsphäre in der elektronischen Kommunikation (Datenschutzrichtlinie für elektronische Kommunikation) vom 15.5.2008, 3.
328   BT-Drs. 16/3078, 13.

stellen. Gleichzeitig ist aber für diese Dienste § 15 a TMG gemäß § 11 Abs. 3 TMG nicht anwendbar.

Ergänzend ist darauf hinzuweisen, dass eine Anwendung von § 15 a TMG nach dem 113 25.5.2018 rechtssystematisch nicht möglich ist. § 15 a TMG verweist hinsichtlich seiner Rechtsfolge auf § 42 a BDSG aF. Dieser Rechtsfolgenverweis führt aber ins Leere. Denn § 42 a BDSG gilt seit dem 25.5.2018 nicht mehr. Das neue Bundesdatenschutzgesetz beinhaltet keine ergänzenden Vorschriften zu den Benachrichtigungs- und Informationspflichten der Art. 33 und 34 DSGVO. Ohnehin wäre fraglich, ob überhaupt eine diesbezügliche Regelungsbefugnis des nationalen Gesetzgebers anzunehmen wäre. Die Annahme, dass § 15 a TMG stattdessen auf § 93 Abs. 3 iVm § 109 a Abs. 1 S. 1 TKG verweisen könnte, die wiederum der Umsetzung von Art. 4 Abs. 3 E-Privacy-RL dienen und somit auch nach dem 25.5.2018 anwendbar bleiben, ist ebenfalls abzulehnen. Gemäß § 109 a Abs. 1 S. 1 TKG sind die **Bundesnetzagentur** und die **Bundesbeauftragte für den Datenschutz und die Informationsfreiheit** von der Verletzung zu benachrichtigen. Diese Stellen sind nicht für die datenschutzrechtliche Kontrolle der Telemedien zuständig. Diese Kompetenz obliegt den jeweiligen Landesbehörden.[329] Auch ein Rechtsfolgenverweis auf die Art. 33 und 34 DSGVO ist abzulehnen.

Ab dem 25.5.2018 sind die bereichsspezifischen Datenschutzvorschriften des Teleme- 114 diengesetzes nicht mehr anwendbar. Eine unmittelbare Anwendung der Vorgaben der E-Privacy-Richtlinie ist nach der Rechtsprechung des Europäischen Gerichtshofs allenfalls in Ausnahmefällen möglich,[330] die allerdings kaum zum Tragen kommen werden. Die datenschutzrechtliche Bewertung von Telemediendiensten, die in der Vergangenheit auf der Grundlage der §§ 11 ff, TMG erfolgte, muss bis zum Erlass der E-Privacy-Verordnung ausschließlich anhand der Datenschutz-Grundverordnung vorgenommen werden.[331]

---

329 *Engeler/Felber* ZD 2017, 251 (257).
330 EuGH EuZW 2012, 37 (40) Rn. 51 mwN.
331 Zumindest sofern nicht-öffentliche Stellen Telemediendienste anbieten, sind in der DSGVO keine Öffnungsklausel ersichtlich, auf die zumindest einzelne Vorschriften der §§ 11 ff. TMG gestützt werden könnten.

B. Internetspezifisches Datenschutzrecht

In diesem Hauptteil werden die internetspezifischen Datenschutzvorschriften umfassend und abstrakt dargestellt. Gleichzeitig werden internetspezifische Datenverarbeitungsvorgänge in Form von Anwendungsbeispielen konkret und ausführlich bewertet.

I. Begriffsbestimmungen

1 Die Datenschutz-Grundverordnung enthält in Art. 4 Begriffsbestimmungen zu den wichtigsten Begriffen der Verordnung. Diese werden bereichsspezifisch unter anderem um Definitionen in Art. 4 E-Privacy-VO-E ergänzt, welcher zum Teil auf die Begriffsbestimmungen der Richtlinie über den europäischen Kodex für die elektronische Kommunikation und die Richtlinie über den Wettbewerb auf dem Markt für Telekommunikationsendeinrichtungen verweist. Im nationalen Recht finden sich weitere Definitionen in § 2 BDSG.

1. Begriffsbestimmungen der Datenschutz-Grundverordnung

2 Im Folgenden werden zunächst die Definitionen der Datenschutz-Grundverordnung dargestellt, da diese grundsätzlich für alle Datenschutzvorschriften maßgeblich sind.

a) Personenbezogene Daten

3 Das **personenbezogene Datum** stellt den zentralen Begriff des Datenschutzrechts dar. Laut Legaldefinition des Art. 4 Nr. 1 DSGVO sind personenbezogene Daten alle Informationen, die sich auf eine identifizierte oder identifizierbare **natürliche** Person („betroffene Person") beziehen. Personenbezogene Daten **juristischer Personen** fallen regelmäßig nicht unter den Schutzumfang der Datenschutz-Grundverordnung, was auch aus Erwgr. 14 hervorgeht. Dieser besagt, dass die Verordnung nicht für die Verarbeitung personenbezogener Daten juristischer Personen und insbesondere als juristische Person gegründeter Unternehmen, einschließlich Name, Rechtsform oder Kontaktdaten der juristischen Person gilt. Dieser Hinweis führt dazu, dass die Datenschutz-Grundverordnung auch dann nicht ihren Schutz entfaltet, wenn zum Beispiel die Kontaktdaten eines Unternehmens natürliche Personen benennen.[1]

4 Nur eine natürliche Person kann **betroffene Person** im Sinne der Datenschutz-Grundverordnung sein. Dabei ist nach Erwgr. 14 ihre Staatsangehörigkeit oder ihr Aufenthaltsort unerheblich. Der Schutz natürlicher Personen umfasst nur den Schutz lebender Personen und laut Erwgr. 27 ausdrücklich nicht den Schutz Verstorbener,[2] wobei

---

[1] S. kritisch dazu, dass Adressdaten juristische. Personen mit personellen Komponenten nicht von der DSGVO erfasst werden Gola/*Gola* DSGVO Art. 4 Rn. 22.

[2] Immer wieder kommt es vor, dass Hinterbliebene Einträge der Verstorbenen, zB in Blogs und auf Social Media Plattformen, löschen lassen möchten oder Zugriff auf diese und auf E-Mails erhalten möchten, weil sie sich von dem Zugriff zB Informationen über die Umstände des Todes versprechen. Dies ist jedoch in der Praxis mit erheblichen Schwierigkeiten verbunden, da hierzu bisher klare Regelungen fehlen. So entschied das Kammergericht Anfang 2017, dass § 88 Abs. 3 TKG dem Zugriff der Eltern auf E-Mails in dem Facebook-Account ihres verstorbenen Kindes entgegenstehe, KG, Urteil vom 31.5.2017 – Az. 21 U 9/16.

Annika Selzer

die Mitgliedstaaten Vorschriften für die Verarbeitung der personenbezogenen Daten Verstorbener vorsehen können, so zum Beispiel in Deutschland § 203 Abs. 5 StGB. Bei der Frage, ob es sich bei einem Datum um ein personenbezogenes Datum handelt, ist das Merkmal der **Identifizierbarkeit** besonders relevant. Eine Person ist laut der Legaldefinition aus Art. 4 Nr. 1 DSGVO dann als identifizierbar anzusehen, wenn sie **mittels Zuordnung** zu einer Kennung oder zu einem oder mehreren besonderen Merkmalen **direkt oder indirekt identifiziert** werden kann.

Eine **Kennung** kann laut Legaldefinition unter anderem ein Name, eine Kennnummer, 5 Standortdaten und eine Online-Kennung sein. Ein Beispiel für eine **Online-Kennung** ist eine **IP-Adresse** (→ Rn. 8). Nach Erwgr. 30 werden natürlichen Personen unter Umständen Online- und Cookie-Kennungen sowie Funkfrequenzkennzeichnungen zugeordnet. Dies kann Spuren hinterlassen, die insbesondere in Kombination mit anderen beim Server eingehenden Informationen dazu benutzt werden können, um Profile der natürlichen Personen zu erstellen und sie zu identifizieren. Besondere Merkmale sind laut Legaldefinition Merkmale, die Ausdruck der physischen, physiologischen, genetischen, psychischen, wirtschaftlichen, kulturellen oder sozialen Identität einer natürlichen Person sind.

Für die Auslegung des Begriffs der **Identifizierbarkeit** gibt es nach dem bislang geltenden Recht zwei Theorien: Die **relative Theorie** besagt, dass es für die Identifizierbarkeit einer Person ausschließlich auf die Kenntnisse der datenverarbeitenden Stelle ankommt. Die **absolute Theorie** besagt hingegen, dass es für die Identifizierbarkeit einer Person nicht nur auf die Kenntnisse der datenverarbeitenden Stelle ankommt, sondern darauf, dass irgendein Dritter das Zusatzwissen zur Identifizierbarkeit der Person besitzt.[3] Laut Erwgr. 26 sollten um festzustellen, ob eine natürliche Person identifizierbar ist, alle Mittel berücksichtigt werden, die von dem Verantwortlichen **oder einer anderen Person** nach allgemeinem Ermessen wahrscheinlich genutzt werden, um die natürliche Person direkt oder indirekt zu identifizieren.

Bei der Feststellung, ob Mittel **nach allgemeinem Ermessen wahrscheinlich** zur Identi- 7 fizierung der natürlichen Person genutzt werden, sollten alle **objektiven Faktoren**, wie die Kosten der Identifizierung und der dafür erforderliche Zeitaufwand, herangezogen werden, wobei die zum Zeitpunkt der Verarbeitung verfügbare Technologie und technologische Entwicklungen zu berücksichtigen sind. Eine besondere Betonung sollte hierbei auf die Formulierung „nach allgemeinem Ermessen wahrscheinlich" gelegt werden, wodurch der ggf. bestehende erste Eindruck, die Datenschutz-Grundverordnung folge der absoluten Theorie der Identifizierbarkeit, in dem Sinne relativiert wird, dass nur diejenigen Mittel bei der Frage der Identifizierbarkeit zu berücksichtigen sind, die von dem Verantwortlichen, aber auch einer anderen Person, im konkreten Fall **wahrscheinlich** genutzt werden.[4] Geht man davon aus, dass bei strenger Auslegung der absoluten Theorie und Heranziehung allen verfügbaren Wissens bei allen

---

3 Roßnagel/*Husemann* 2018, 84 f.; Kühling/Buchner/*Klar/Kühling* DSGVO Art. 4 Nr. 1 Rn. 25 ff.
4 S. auch *Hofmann/Johannes* ZD 2017, 221 (224), die zur Frage der relativen Theorie ausführen: „[....] Der Verantwortliche oder die andere Person dürften einen übermäßigen Aufwand in einem für sie unbedeutenden Fall vernünftigerweise nicht auf sich nehmen. [....] Die Wahrscheinlichkeit variiert folglich je nach Bezugsperson und spricht für ein relatives Verständnis des Personenbezugs."

möglichen Dritten praktisch jedes Datum einer Person zugeordnet werden kann, würde das Kriterium der Personenbeziehbarkeit seine Eignung zur Differenzierung gegenüber nicht personenbeziehbaren Daten verlieren, für die die datenschutzrechtlichen Zuordnungsnormen nicht gelten. Eine solche Konturlosigkeit des zentralen Begriffs der Personenbeziehbarkeit wäre der Systematik des Datenschutzrechts fremd. Im Ergebnis ist daher der relativen Theorie der Identifizierung zu folgen.

8 Häufig diskutiert wurde im Zusammenhang mit der **Identifizierbarkeit** auch die Frage, ob **IP-Adressen** personenbezogene Daten im Sinne der Legaldefinition darstellen. Vor allem bei dynamischen IP-Adressen wurde lange Zeit diskutiert, ob diese nur für den Access-Provider oder auch für Webseiten-Betreiber ein personenbezogenes Datum darstellen.[5] Der Webseiten-Betreiber weiß in der Regel nicht, welche natürliche Person sich hinter einer IP-Adresse verbirgt, während der Access-Provider die Information, welcher natürlichen Person er welche IP-Adresse zugeordnet hat, kennt, sie jedoch nur in Ausnahmefällen herausgeben darf.[6] Der Europäische Gerichtshof vertrat jüngst die Auffassung, dass eine dynamische IP-Adresse für den Betreiber einer Webseite zumindest dann ein personenbezogenes Datum darstellt, wenn der Betreiber über rechtliche Mittel verfügt, mit deren Hilfe er die betroffene Person identifizieren lassen kann.[7] Das ist in der Regel der Fall, beispielsweise im Falle einer Auflösung mittels gerichtlicher Hilfe bei Urheberrechtsverletzungen. Dieses weite Verständnis der Identifizierbarkeit legt auch **Erwgr. 30** nahe, in dem IP-Adressen ohne Unterscheidung nach dynamischen oder statischen IP-Adressen als Beispiele für Online-Kennungen im Sinne der der Legaldefinition aus Art. 4 Nr. 1 DSGVO genannt werden.

b) Besondere Kategorien personenbezogener Daten

9 Art. 4 Nr. 1 DSGVO benennt Merkmale, die Ausdruck der **physischen, physiologischen, genetischen, psychischen, wirtschaftlichen, kulturellen oder sozialen Identität** einer natürlichen Person sind, als „besondere Merkmale". Eine weitergehende Legaldefinition der **besonderen Kategorien** personenbezogener Daten unterbleibt jedoch in Art. 4 DSGVO. Nach Art. 9 Abs. 1 DSGVO zählen zu diesen Kategorien Daten, aus denen die rassische und ethnische Herkunft, politische Meinungen, religiöse oder weltanschauliche Überzeugungen oder die Gewerkschaftszugehörigkeit hervorgehen, sowie die Verarbeitung von genetischen Daten, biometrischen Daten zur eindeutigen Identifizierung einer natürlichen Person, Gesundheitsdaten oder Daten zum Sexualleben oder der sexuellen Orientierung einer natürlichen Person. Das grundsätzliche Verarbeitungsverbot besonderer Kategorien personenbezogener Daten wird nach Erwgr. 51 damit begründet, dass personenbezogene Daten, die ihrem Wesen nach hinsichtlich der Grundrechte und Grundfreiheiten besonders sensibel sind, einen besonderen Schutz verdienen, da im Zusammenhang mit ihrer Verarbeitung erhebliche Risiken für die Grundrechte und Grundfreiheiten auftreten können. Jedoch sind Ausnahmen in Art. 9 Abs. 2 DSGVO von dem allgemeinen Verbot der Verarbeitung be-

---

5   S. hierzu ua Simitis/*Dammann* BDSG § 3 Rn. 63; *Steidle/Pordesch* DuD 2008, 324 (327).
6   Diese Situation ist nicht grds. anders, als bspw. bei Bankverbindungen oder Kfz-Kennzeichen, bei denen zur Identifizierung idR auch das Wissen Dritter herangezogen werden muss.
7   EuGH 19.10.2016 – C-582/14.

Annika Selzer

sonderen Kategorien personenbezogener Daten ausdrücklich vorgesehen, unter anderem bei ausdrücklicher **Einwilligung** der betroffenen Person oder bei bestimmten Notwendigkeiten, insbesondere wenn die Verarbeitung im Rahmen rechtmäßiger Tätigkeiten bestimmter Vereinigungen oder Stiftungen vorgenommen wird, die sich für die Ausübung von Grundfreiheiten einsetzen.

Rein formal handelt es sich bei **personenbezogenen Daten von Kindern nicht** um besondere Kategorien personenbezogener Daten. Gleichwohl gilt es zu beachten, dass der Europäische Gesetzgeber an deren Verarbeitung besondere Bedingungen nach Art. 8 DSGVO (→ B. II. Rn. 76) knüpft und dies in Erwgr. 38 – ähnlich wie es in Erwgr. 51 für die besonderen Kategorien personenbezogener Daten begründet wird – damit begründet, dass Kinder im Zusammenhang mit der Verarbeitung ihrer personenbezogenen Daten einen besonderen Schutz verdienen. Dies ergibt sich insbesondere daraus, dass Kinder sich der betreffenden Risiken, Folgen und Garantien und ihrer Rechte bei der Verarbeitung personenbezogener Daten möglicherweise weniger bewusst sind.   10

c) Verarbeitung und Einschränkung der Verarbeitung

Unter Verarbeitung ist nach Art. 4 Nr. 2 DSGVO jeder mit oder ohne Hilfe automatisierter Verfahren ausgeführte Vorgang oder jede solche Vorgangsreihe im Zusammenhang mit personenbezogenen Daten zu verstehen. Grundvoraussetzung für eine Verarbeitung ist zunächst, dass personenbezogene Daten von dem Verarbeitungsvorgang betroffen sind. Ein Verarbeitungsvorgang kann sowohl **technisch-automatisiert** als auch **manuell** erfolgen. Dabei ist der sachliche Anwendungsbereich der Datenschutz-Grundverordnung auf die ganz oder teilweise automatisierte Verarbeitung personenbezogener Daten sowie die nichtautomatisierte Verarbeitung personenbezogener Daten, die in einem Dateisystem gespeichert sind oder gespeichert werden sollen, beschränkt. Zudem müssen ein Vorgang oder eine Vorgangsreihe ausgeführt werden. Das Wort „Ausführen" macht deutlich, dass der Vorgang eines menschlichen Handelns bedarf. Auch das Initiieren einer automatisieren Verarbeitung durch ein menschliches Handeln fällt hierunter.[8]   11

Definierte das Bundesdatenschutzgesetz aF – im Unterschied zur europäischen Datenschutzrichtlinie – neben der Verarbeitung noch die Phasen des Erhebens und des Nutzens, so soll von der Verarbeitungsdefinition der Datenschutz-Grundverordnung **jeder Vorgang** umfasst sein.[9] Unter den Begriff der Verarbeitung fallen nach Art. 4 Nr. 2 DSGVO insbesondere das Erheben, das Erfassen, die Organisation, das Ordnen, die Speicherung, die Anpassung oder Veränderung, das Auslesen, das Abfragen, die Verwendung, die Offenlegung durch Übermittlung, Verbreitung oder eine andere Form der Bereitstellung, den Abgleich oder die Verknüpfung, die Einschränkung, das Löschen oder die Vernichtung.   12

Da auch eine ganze **Vorgangsreihe** als Verarbeitung gilt, ist weiterhin von einem weiten Verarbeitungsbegriff auszugehen. Es wird nicht mehr auf einzelne Phasen eines   13

---

8 Kühling/Buchner/*Herbst* DSGVO Art. 4 Nr. 2 Rn. 14.
9 S. auch Schantz/Wolff/*Schantz* 2017, 102.

einheitlichen Vorgangs abgestellt, beispielsweise zur Beantwortung der Frage der datenschutzrechtlichen Zulässigkeit.

14 Art. 4 Nr. 2 DSGVO konkretisiert die Verarbeitung durch die beispielhafte Aufzählung unterschiedlicher Umgangsweise mit personenbezogenen Daten. Im Einzelnen werden das Erheben, das Erfassen, die Organisation, das Ordnen, die Speicherung, die Anpassung oder Veränderung, das Auslesen, das Abfragen, die Verwendung, die Offenlegung durch Übermittlung, Verbreitung oder eine andere Form der Bereitstellung, den Abgleich oder die Verknüpfung, die Einschränkung, das Löschen oder die Vernichtung.

15 Unter dem **Erheben** ist gemäß § 3 Abs. 3 BDSG aF das Beschaffen von Daten über den Betroffenen zu verstehen. Durch das Erheben gelangen personenbezogene Daten erstmalig in den Verfügungsbereich des Verantwortlichen.[10] Eine Beschaffung personenbezogener Daten hat gezielt, zum Beispiel durch das Anfordern von Unterlagen, zu erfolgen. Die Art und Weise der Erhebung ist insofern nicht ausschlaggebend. Werden dem Verantwortlichen personenbezogene Daten allerdings ohne dessen gezieltes Zutun, zum Beispiel zufällig oder ohne vorherige Anforderung, verfügbar, so fällt dieser Vorgang regelmäßig nicht unter den Begriff der Erhebung. Gleichwohl ist davon auszugehen, dass die Daten in der Folge einer ohne gezieltes Zutun erfolgten Kenntnisnahme durch den Verantwortlichen erfasst oder gespeichert werden.[11]

16 Durch das **Organisieren und Ordnen** soll personenbezogenen Daten eine Struktur verliehen werden. in der Regel werden die Organisation und das Ordnen vor dem Hintergrund eingesetzt werden, personenbezogene Daten besser auffinden und/oder auswerten zu können.

17 Das **Erfassen** ist als ein Unterbegriff des Speicherns zu verstehen. Dies war deutlich nach § 3 Abs. 4 Nr. 1 BDSG aF, wonach **Speichern** das Erfassen, Aufnehmen oder Aufbewahren personenbezogener Daten auf einem Datenträger zum Zweck ihrer weiteren Verarbeitung oder Nutzung ist. An diesem Verständnis hat sich nichts geändert. Für das Speichern ist es nicht erforderlich, dass der Verantwortliche Besitzer des Datenträgers ist, so dass ein Speichervorgang auch dann vorliegt, wenn dieser zum Beispiel in dem Rechenzentrum eines Auftragsverarbeiters im Rahmen der Bereitstellung eines Cloud Computing Services vorgenommen wird.[12] Werden Informationen auswendig gelernt und sind somit ausschließlich im menschlichen Gedächtnis vorhanden, ist kein Speichervorgang im datenschutzrechtlichen Sinne erfüllt.[13]

18 **Anpassung und Veränderung** bedeuten gemäß § 3 Abs. 4 Nr. 2 BDSG aF das inhaltliche Umgestalten gespeicherter personenbezogener Daten. Bei einer Anpassung werden Daten zum Beispiel an aktuelle Gegebenheiten angepasst und somit aktualisiert, so zum Beispiel bei der jährlichen Fortschreibung des Alters in einem Datenbestand. Eine Veränderung erfolgt hingegen zum Beispiel dann, wenn eine unrichtige Altersangabe in einem Datenbestand korrigiert wird.[14]

---

10 Kühling/Buchner/*Herbst* DSGVO Art. 4 Nr. 2 Rn. 21.
11 Paal/Pauly/*Ernst* DSGVO Art. 4 Rn. 23.
12 Kühling/Buchner/*Herbst* DSGVO Art. 4 Nr. 2 Rn. 24.
13 Paal/Pauly/*Ernst* DSGVO Art. 4 Rn. 24.
14 Paal/Pauly/*Ernst* DSGVO Art. 4 Rn. 27.

Als **Auslesen** wird das Zurückgewinnen von Informationen aus einem vorhandenen   19
Datensatz, also bereits gespeicherten Daten, verstanden. Das **Abfragen** ist als Unterbegriff des Auslesens zu verstehen, bei dem die Informationen aus einem vorhandenen Datensatz, zum Beispiel durch die Eingabe von Suchbegriffen, zurückgewonnen
werden.[15]

Eine **Verwendung**[16] personenbezogener Daten liegt gemäß § 3 Abs. 5 BDSG aF vor,   20
soweit es sich nicht um Verarbeitung handelt. Wie bereits im Bundesdatenschutzgesetz aF handelt es sich um einen Auffangtatbestand mit dem Ziel zu definieren, dass
jeder Umgang mit personenbezogenen Daten in den Anwendungsbereich der Datenschutz-Grundverordnung fallen soll, auch wenn dieser nicht in den übrigen Verarbei-
tungsarten des Art. 4 Nr. 2 DSGVO erfasst ist. Diese Auffassung legt auch die englische Fassung der Datenschutz-Grundverordnung nahe, in der die Verwendung als
„use" bezeichnet wird.

Unter dem Begriff der **Offenlegung** im Sinne der Datenschutz-Grundverordnung sind   21
alle Vorgänge gebündelt, durch die ein Verantwortlicher personenbezogene Daten anderen Stellen zugänglich macht. Hierbei ist es unerheblich, ob die datenempfangende
Stelle ein Dritter im Sinne des Art. 4 Nr. 10 DSGVO ist.[17] Als Unterbegriff der Offenlegung folgt daraus, dass eine **Übermittlung** – entgegen der bisher aus § 3 Abs. 4
Nr. 3 BDSG aF bekannten Legaldefinition – nicht darauf beschränkt ist, dass diese an
Dritte erfolgt. Unter **Verbreitung** wird regelmäßig die weitläufig erreichbare Veröf-
fentlichung personenbezogener Daten, etwa in einem Internet-Forum oder einem
Weblog, zu verstehen sein.[18]

Ein **Abgleich** von Daten erfolgt entweder durch die reine Überprüfung, ob ein perso-   22
nenbezogenes Datum in zwei oder mehreren Dateisystemen gleichzeitig gespeichert
ist oder durch die Kontrolle der Konsistenz der relevanten Daten, die in zwei oder
mehreren Dateisystemen gespeichert ist. Demgegenüber bedeutet die **Verknüpfung**
eine Zusammenführung personenbezogener Daten aus mehreren Dateisystemen.
Hierbei kann es sich sowohl um die Verknüpfung personenbezogener Daten zu einer
betroffenen Person, als auch um die Verknüpfung mehrerer betroffener Personen
handeln, wenn diese zum Beispiel ein verbindendes Merkmal innehalten und dies
durch die Verknüpfung zum Ausdruck gebracht werden soll.[19]

Das **Löschen** ist gemäß § 3 Abs. 4 Nr. 5 BDSG aF das Unkenntlichmachen gespeicher-   23
ter personenbezogener Daten. Dies kann unter anderem durch das Überschreiben von
Daten auf einem Datenträger erreicht werden, durch welche sicherzustellen ist, dass
die ursprünglich auf dem Datenträger enthaltenen Informationen nicht mehr wieder-
hergestellt und somit wahrgenommen werden können. Im Internet kann das Löschen
von Daten mit besonderen Schwierigkeiten verbunden sein (→ B. IV. Rn. 173 ff.).

---

15 Kühling/Buchner/*Herbst* DSGVO Art. 4 Nr. 2 Rn. 27.
16 Im BDSG aF wurde die Verwendung iSd DSGVO als Nutzen bezeichnet.
17 Kühling/Buchner/*Herbst* DSGVO Art. 4 Nr. 2 Rn. 29. Dies ergibt sich indirekt auch aus der Begriffsdefiniti-
    on des Empfängers gem. Art. 4 Nr. 9 DSGVO.
18 Kühling/Buchner/*Herbst* DSGVO Art. 4 Nr. 2 Rn. 32.
19 Paal/Pauly/*Ernst* DSGVO Art. 4 Rn. 32.

24 Das **Vernichten** ist eine Form des Löschens, wobei sich das Vernichten auf das **physische Zerstören** eines Datenträgers bezieht. Auch bei der Vernichtung sollen Informationen nach dem Vorgang der Vernichtung nicht mehr wiederherstellbar und wahrnehmbar sein. Vernichtet werden können zum Beispiel Papierakten und Festplatten.[20]

25 Unter Einschränkung der Verarbeitung, die auch Bestandteil der Begriffsdefinition der Verarbeitung in Art. 4 Nr. 2 DSGVO ist, versteht man gemäß Art. 4 Nr. 3 DSGVO die **Markierung** gespeicherter personenbezogener Daten mit dem Ziel, ihre künftige Verarbeitung einzuschränken, was der bisherigen Bezeichnung der Datensperrung gleichkommt. Laut Erwgr. 67 können Methoden zur Beschränkung der Verarbeitung personenbezogener Daten unter anderem darin bestehen, dass ausgewählte personenbezogenen Daten vorübergehend auf ein **anderes Verarbeitungssystem** übertragen werden, dass sie für Nutzer **gesperrt** werden oder dass veröffentliche Daten vorübergehend **von einer Website entfernt** werden. In automatisierten Dateisystemen sollte die Einschränkung der Verarbeitung grundsätzlich durch technische Mittel so erfolgen, dass die personenbezogenen Daten in keiner Weise weiterverarbeitet werden und nicht verändert werden können. Auf die Tatsache, dass die Verarbeitung der personenbezogenen Daten beschränkt wurde, sollte in dem System unmissverständlich hingewiesen werden. Gemäß Art. 18 Abs. 2 DSGVO dürfen personenbezogenen Daten, deren Verarbeitung eingeschränkt wurde, von ihrer Speicherung abgesehen nur noch in **bestimmten Fällen**, zum Beispiel mit Einwilligung der betroffenen Person oder zur Geltendmachung von Rechtsansprüchen, **verarbeitet** werden.

d) Profiling

26 Unter Profiling ist gemäß Art. 4 Nr. 4 DSGVO jede Art der **automatisierten Verarbeitung** personenbezogener Daten zu verstehen, die darin besteht, dass diese personenbezogenen Daten verwendet werden, um bestimmte **persönliche Aspekte**, die sich auf eine natürliche Person beziehen, zu **bewerten**. Dies entspricht weitgehend § 6 a BDSG aF Die Bewertung erfolgt hierbei insbesondere um Aspekte bezüglich Arbeitsleistung, wirtschaftliche Lage, Gesundheit, persönliche Vorlieben, Interessen, Zuverlässigkeit, Verhalten, Aufenthaltsort oder Ortswechsel dieser natürlichen Person zu analysieren oder vorherzusagen.

27 Die Begriffsdefinition des **Profiling** ist insbesondere im Rahmen des Art. 22 DSGVO relevant, in dem **automatisierte Entscheidungen** im Einzelfall einschließlich Profiling geregelt werden (→ B. V. Rn. 51 ff.). Die betroffene Person hat gemäß Art. 22 Abs. 1 DSGVO das Recht, nicht einer ausschließlich auf einer automatisierten Verarbeitung – einschließlich Profiling – beruhenden Entscheidung unterworfen zu werden, die ihr gegenüber rechtliche Wirkung entfaltet oder sie in ähnlicher Weise erheblich beeinträchtigt.

e) Pseudonymisierung

28 Gemäß Art. 4 Nr. 5 DSGVO ist unter dem Begriff **Pseudonymisierung** die Verarbeitung personenbezogener Daten in einer Weise zu verstehen, dass die personenbezoge-

---

20 Kühling/Buchner/*Herbst* DSGVO Art. 4 Nr. 2 Rn. 36 f.; Paal/Pauly/*Ernst* DSGVO Art. 4 Rn. 34. S. auch DIN 66399.

nen Daten ohne Hinziehung zusätzlicher Informationen nicht mehr einer spezifischen betroffenen Person zugeordnet werden können, sofern diese zusätzlichen Informationen gesondert aufbewahrt werden und technischen und organisatorischen Maßnahmen unterliegen, die gewährleisten, dass die personenbezogenen Daten nicht einer identifizierten oder identifizierbaren natürlichen Person zugewiesen werden. Laut Erwgr. 26 sollen einer Pseudonymisierung unterzogene personenbezogene Daten, die durch Heranziehung zusätzlicher Informationen, zum Beispiel eines Schlüssels bei Verschlüsselung personenbezogener Daten,[21] einer natürlichen Person zugeordnet werden könnten, als Informationen über eine identifizierbare natürliche Person betrachtet werden. Daher handelt es sich bei pseudonymisierten Daten um personenbezogene Daten für denjenigen, der die Pseudonymisierung durchgeführt hat und nach der Theorie des relativen Personenbezugs (→ Rn. 6) ebenso für Dritte, wenn eine Zuordnung durch diese nach allgemeinem Ermessen wahrscheinlich ist.

Im Gegensatz dazu handelt es sich bei anonymisierten Daten nicht um personenbezogene Daten. Erwgr. 26 führt hierzu aus, dass die Grundsätze des Datenschutzes nicht für anonyme Informationen gelten. Das heißt die Datenschutz-Grundverordnung gilt nicht für Informationen, die in einer Weise anonymisiert worden sind, dass die betroffene Person nicht oder nicht mehr identifiziert werden kann. Aus Erwgr. 26 wird deutlich, dass die Datenschutz-Grundverordnung – auch wenn sie keine Legaldefinition des Begriffs Anonymität enthält – davon ausgeht, dass Anonymität unwiderruflich ist („nicht oder nicht mehr identifiziert werden kann").[22]

f) Dateisystem

Unter einem Dateisystem ist gemäß Art. 4 Nr. 6 DSGVO jede **strukturierte Sammlung personenbezogener Daten** zu verstehen, die nach **bestimmten Kriterien** zugänglich sind. Für die Begriffsbestimmung des Dateisystems ist es unabhängig, ob diese Sammlung zentral, dezentral oder nach funktionalen oder geografischen Gesichtspunkten geordnet geführt wird. Wenn die personenbezogenen Daten in einem Dateisystem gespeichert sind, soll der Schutz natürlicher Personen sowohl bei automatisierter als auch bei manueller Verarbeitung ihrer personenbezogenen Daten bestehen. Akten oder Aktensammlungen sowie ihre Deckblätter sollen in den Anwendungsbereich der Datenschutz-Grundverordnung fallen, soweit diese nach bestimmten Kriterien geordnet sind, vergleiche hierzu Erwgr. 15. Auch Video- oder Tonaufnahmen fallen unter den Begriff des Dateisystems, wenn zum Beispiel eine Identifizierung durch Stimmabgleich möglich ist.[23]

g) Verantwortlicher und Auftragsverarbeiter

Ein für die Verarbeitung personenbezogener Daten Verantwortlicher ist gemäß Art. 4 Nr. 7 DSGVO eine **natürliche oder juristische Person, Behörde, Einrichtung oder andere Stelle,** die allein oder gemeinsam mit anderen über die Zwecke und Mittel der Verarbeitung von personenbezogenen Daten entscheidet. Eine gemeinsame Verant-

29

30

31

---

21 Zur (Un)-Möglichkeit des Entfernens des Personenbezugs mittels Verschlüsselung durch Cloud-Nutzer sowie den diesbzgl. gesetzlichen Regelungsbedarf s. *Steidle/Pordesch* DuD 2015, 536 (5).
22 So auch zum bisherigen Recht die *Art. 29-Datenschutzgruppe*, WP 216, 5 f.
23 Paal/Pauly/*Ernst* DSGVO Art. 4 Rn. 53.

wortung ist beispielsweise zwischen den Betreibern einer **Facebook-Fanpage** und Facebook selbst möglich.[24] Sind die Zwecke und Mittel der Verarbeitung durch das Unionsrecht oder das Recht der Mitgliedstaaten vorgegeben, so kann der Verantwortliche beziehungsweise können die bestimmten Kriterien seiner Benennung gemäß Art. 4 Nr. 7 DSGVO nach dem Unionsrecht oder dem Recht der Mitgliedstaaten vorgesehen werden.

32   Die Art. 29-Datenschutzgruppe stellt klar, dass der Begriff des Verantwortlichen primär dazu dienen soll zu bestimmen, wer die Einhaltung der Datenschutz-Grundverordnung und anderer Datenschutzvorschriften zu verantworten hat und durch wen die Rechte der betroffenen Personen sicherzustellen sind. Kurz gesagt dient der Begriff des Verantwortlichen also dazu, die **Verantwortung für die Verarbeitung** personenbezogener Daten zuzuweisen.[25]

33   Auftragsverarbeiter ist gemäß Art. 4 Nr. 8 DSGVO eine **natürliche oder juristische Person, Behörde, Einrichtung oder andere Stelle**, die personenbezogene Daten **im Auftrag des Verantwortlichen** verarbeitet. Das Einschalten eines Auftragsverarbeiters hängt von der Entscheidung des Verantwortlichen ab, personenbezogene Daten nicht innerhalb der eigenen Organisation zu verarbeiten, sondern diese von einem Auftragsverarbeiter im Auftrag des Verantwortlichen verarbeiten zu lassen. Art. 4 Nr. 8 DSGVO sieht Weisungs- und Kontrollrechte des Auftraggebers nicht mehr als Voraussetzung für die Definition des Auftragsverarbeiters vor. Die bisher relevante Abgrenzung zum Begriff der Funktionsübertragung entfällt damit.[26] Allerdings bleiben Weisungs- und Kontrollrechte im Rahmen der Datenschutz-Grundverordnung für den Fall einer Auftragsverarbeitung bestehen. So regelt Art. 29 DSGVO, dass der Auftragsverarbeiter und jede dem Verantwortlichen oder dem Auftragsverarbeiter unterstellte Person, die Zugang zu personenbezogenen Daten hat, diese Daten ausschließlich auf Weisung des Verantwortlichen verarbeiten dürfen.

34   Um als Auftragsverarbeiter eingestuft werden zu können, muss eine Organisation in Bezug auf den Verantwortlichen **rechtlich eigenständig** sein und die personenbezogenen Daten im Auftrag des Verantwortlichen verarbeiten.[27]

35   Die Rolle als Auftragsverarbeiter limitiert diesen regelmäßig nicht auf die Rolle als Auftragsverarbeiter. So kann er im Auftrag eines Verantwortlichen personenbezogene Daten von dessen Mitarbeitern und Kunden als Auftragsverarbeiter verarbeiten, ist im Hinblick auf die Verarbeitung der personenbezogenen Daten seiner eigenen Mitarbeiter jedoch Verantwortlicher im Sinne des Art. 4 Nr. 7 DSGVO. Die Zuordnung der Rolle eines Verantwortlichen und Auftragsverarbeiters hat somit **für einen konkreten Verarbeitungsvorgang** zu erfolgen.

---

24   So der Generalanwalt des EuGH im Verfahren des ULD gegen die Wirtschaftsakademie Schleswig-Holstein (Facebook Ireland Ltd. ist in diesem Verf. Beteiligte), s. unter den Schlussantrag des Generalanwalts in diesem Verfahren: https://www.datenschutz-hamburg.de/news/detail/article/eugh-generalanwalt-bestaetigt-recht sauffassung-der-aufsichtsbehoerden-gegenueber-facebook-und-fanpag.html?tx_ttnews%5BbackPid%5D=1 &cHash=77ea42ef9872ca8b2adfc90e60c2b540.
25   *Art. 29-Datenschutzgruppe*, WP 169, 6.
26   *Härting* 2017, Rn. 579; *DSK*, Kurzpapier Nr. 13 Auftragsverarbeitung, 1.
27   *Art. 29-Datenschutzgruppe*, WP 169, 30.

Annika Selzer

h) Empfänger und Dritter

Ein Empfänger ist gemäß Art. 4 Nr. 9 DSGVO eine natürliche oder juristische Person, 36
Behörde, Einrichtung oder andere Stelle, denen personenbezogene Daten **offengelegt**
werden, unabhängig davon, ob es sich bei ihr um einen Dritten handelt oder nicht.
Offengelegt werden personenbezogene Daten, wenn diese anderen Stellen in einer
Weise zugänglich werden, dass diese Stellen Kenntnis über den Informationsgehalt
der Daten erlangen können.[28]

Nicht als Empfänger gelten gemäß Art. 4 Nr. 9 DSGVO Behörden, die im Rahmen ei- 37
nes bestimmten Untersuchungsauftrags nach dem Unionsrecht oder dem Recht der
Mitgliedstaaten möglicherweise personenbezogene Daten erhalten. Die Verarbeitung
dieser Daten durch die genannten Behörden erfolgt im Einklang mit den geltenden
Datenschutzvorschriften gemäß den Zwecken der Verarbeitung.

Ein Dritter ist gemäß Art. 4 Nr. 10 DSGVO eine natürliche oder juristische Person, 38
Behörde, Einrichtung oder andere Stelle, **außer der betroffenen Person, dem Verantwortlichen, dem Auftragsverarbeiter** und den Personen, die unter der unmittelbaren
Verantwortung des Verantwortlichen oder des Auftragsverarbeiters befugt sind, die
personenbezogenen Daten zu verarbeiten. Bei der Begriffsdefinition des „Dritten"
handelt es sich im Wesentlichen um eine Negativabgrenzung zum Begriff der betroffenen Person, dem Verantwortlichen und dem Auftragsverarbeiter.

Der Umstand, dass – anders als im Bundesdatenschutzgesetz aF – die Begriffsdefiniti- 39
on des Dritten nach der DGSVO nicht nur **Auftragsverarbeiter** innerhalb des Europäischen Wirtschaftsraumes ausnimmt, sondern alle Auftragsverarbeiter, führt in der
Literatur zu einer Diskussion zwischen der Theorie der Rechtfertigungsbedürftigkeit
und der Privilegierungstheorie. Hintergrund dieser Diskussion ist der Umstand, dass
danach auch Auftragsverarbeiter in Drittstaaten derart privilegiert wären, dass die
Auftragsverarbeitung mit diesen ohne weitere Rechtsgrundlage oder die Einwilligung
der betroffenen Personen allein auf Grundlage des Auftragsverarbeitungsvertrages erfolgen könnte.[29] Vertreter der **Theorie der Rechtfertigungsbedürftigkeit**[30] legen die
Datenschutz-Grundverordnung dahin gehend aus, dass das Privileg der Auftragsverarbeitung entfällt und die Auftragsverarbeitung zukünftig nach Art. 6 Abs. 1 DSGVO
gerechtfertigt werden muss. Dem gegenüber legen Vertreter der **Privilegierungstheorie**[31] die Datenschutz-Grundverordnung dahin gehend aus, dass die Auftragsverarbeitung weiterhin privilegiert erfolgen darf und diese Privilegierung sogar auf die Nicht-
EWR-Staaten ausgeweitet wird (→ B. II. Rn. 147). Dass Datenverarbeitungen durch
Auftragsverarbeiter im Drittstaat nur unter den Voraussetzungen der Art. 44 ff.
DSGVO erfolgen dürfen, ist zwischen den beiden Theorien unstrittig.

---

28 Kühling/Buchner/*Herbst* DSGVO Art. 4 Nr. 2 Rn. 32.
29 *Selzer* DuD 2014, 470 (470 f.).
30 ZB *Härting* 2017, 583; Roßnagel/*Hofmann* 2018, 173.
31 ZB *Schmidt/Freund* ZD 2017, 14 (16); Paal/Pauly/*Ernst* DSGVO Art. 4 Rn. 8. Auch die Datenschutzkonferenz schließt sich der Privilegierungstheorie an und führt hierzu aus: „Für die Weitergabe von personenbezogenen Daten an den Auftragsverarbeiter und die Verarbeitung durch den Auftragsverarbeiter bedarf es regelmäßig keiner weiteren Rechtsgrundlage iSv Art. 6 bis 10 DSGVO als derjenigen, auf die der Verantwortliche
selbst die Verarbeitung stützt." *DSK*, Kurzpapier Nr. 13 Auftragsverarbeitung, 2.

i) Einwilligung

40   Eine Einwilligung ist gemäß Art. 4 Nr. 11 DSGVO jede von der betroffenen Person freiwillig für den bestimmten Fall, in informierter Weise und unmissverständlich abgegebene Willensbekundung in Form einer Erklärung oder einer sonstigen eindeutigen bestätigenden Handlung, mit der die betroffene Person zu verstehen gibt, dass sie mit der Verarbeitung der sie betreffenden personenbezogenen Daten einverstanden ist. Eine Einwilligung hat regelmäßig vor Beginn der Datenverarbeitung zu erfolgen.

41   Eine Einwilligung hat grundsätzlich durch die betroffene Person, einen durch die betroffene Person beauftragten Stellvertreter oder – zum Beispiel im Falle von **Minderjährigen** und **betreuten Personen** – durch den gesetzlichen Vertreter der betroffenen Person zu erfolgen.[32] Eine Entscheidung durch den gesetzlichen Vertreter der betroffenen Person ist jedoch nur dann zulässig, wenn die betroffene Person nicht in der Lage ist, die Einwilligung zu erteilen. Dies wäre zum Beispiel dann der Fall, wenn es der betroffenen Person an der Einsichtsfähigkeit mangelt. Bei der Einwilligung durch einen durch die betroffene Person beauftragten Stellvertreter ist darauf zu achten, dass sich die Vollmacht auf einen konkreten Inhalt bezieht, für den eine Einwilligung erteilt werden soll.[33]

42   An die Einwilligung eines **Kindes** in Bezug auf Dienste der Informationsgesellschaft stellt Art. 8 DSGVO die besondere Bedingung, dass die Verarbeitung personenbezogener Daten von Kindern, die noch nicht das sechzehnte Lebensjahr vollbracht haben, nur rechtmäßig ist, sofern und soweit die Einwilligung durch den Träger der elterlichen Verantwortung für das Kind oder mit dessen Zustimmung erteilt wird.[34] Im Zusammenhang mit der Altersverifikation im Internet könnte in Zukunft zum Beispiel der Onlineausweisfunktion des Personalausweises eine wichtige Rolle zukommen.[35]

43   Eine Einwilligung muss auf Basis der **freiwilligen Entscheidung** einer betroffenen Person erfolgen. Gemeint ist eine echte Wahlmöglichkeit der betroffenen Person hinsichtlich des Ob, Wie, Wieviel und Wem sie die Verarbeitung ihrer personenbezogenen Daten gestattet.[36] Freiwilligkeit liegt spätestens dann nicht mehr vor, wenn die betroffene Person unter Druck gesetzt wird oder (unangemessene) Nachteile zu befürchten hätte, wenn sie die Einwilligung nicht erteilen würde.

---

32 S. hierzu auch Paal/Pauly/*Ernst* DSGVO Art. 4 Rn. 63 ff., der diese Ansicht für Minderjährige vertritt und für betreute Personen nahelegt.

33 Gola/*Gola* DSGVO Art. 4 Rn. 69 f.

34 Die Mitgliedstaaten können durch Rechtsvorschriften zu diesen Zwecken eine niedrigere Altersgrenze vorsehen, die jedoch nicht unter dem vollendeten dreizehnten Lebensjahr liegen darf, s. Art. 8 Abs. 1 S. 3 DSGVO.

35 Die Altersverifikation kann hierbei über die Onlineausweisfunktion des Personalausweises so datensparsam gestaltet werden, dass der Verantwortliche lediglich die Information „über 16 Jahre alt", ohne Angabe des Geburtsdatums, erhält. *BSI* Technische Richtlinie TR-03127, 23 f. Gleichwohl wird international agierenden Unternehmen eine rein deutsche Lösung zur Altersverifikation nicht ausreichen, jedoch gibt es auch in anderen EU-Mitgliedstaaten entsprechende nationale eID-Lösungen, die die Altersverifikation ermöglichen. Durch die VO über elektronische Identifizierung und Vertrauensdienste für elektronische Transaktionen im Binnenmarkt (eIDAS-VO, 910/2014) wird es in Zukunft möglich sein, die nationalen Lösungen innerhalb der EU-Länderübergreifend einzusetzen.

36 Paal/Pauly/*Ernst* DSGVO Art. 4 Rn. 69.

                                            Annika Selzer

Eine Einwilligung muss für einen **bestimmten Fall** erfolgen. Ausgeschlossen sind so-   44
mit Einwilligungserklärungen, die einem oder mehreren Verantwortlichen die Verarbeitung personenbezogener Daten auf pauschale Weise erlauben sollen. Vielmehr hat
die Einwilligung den Zweck, Umfang und Verantwortlichen konkret zu bestimmen.

Die Abgabe einer Einwilligung in informierter Weise setzt voraus, dass die betroffene   45
Person die Möglichkeit hatte, von dem **Inhalt der Einwilligungserklärung in zumutbarer Weise Kenntnis zu erlangen.** Dies ist zum Beispiel bei vorformulierten Einwilligungserklärungen und Datenschutzhinweisen der Fall. Dagegen kann unter anderem
bei versteckten Hinweisen, überlangen Texte und Sprachbarrieren nicht von einer in
informierter Weise abgegebenen Einwilligung ausgegangen werden.[37] Wird die betroffene Person auf elektronischem Weg zur Einwilligung aufgefordert, so muss die
Aufforderung laut Erwgr. 32 in **klarer und knapper Form** und ohne unnötige Unterbrechung des Dienstes, für den die Einwilligung gegeben wird, erfolgen. Zu berücksichtigen gilt es hierbei jedoch, dass dies so ausgestaltet werden muss, dass kein Widerspruch zu den Informationspflichten (→ B. IV. Rn. 121) nach Art. 13, 14 DSGVO
entsteht. Gegebenenfalls könnte die **One-Pager-Lösung,**[38] die vom Bundesministerium der Justiz und für Verbraucherschutz und IBM auf dem Nationalen IT-Gipfel
2015 vorgestellt wurde, zumindest analog Anhaltspunkte zur Umsetzung geben. Ziel
des entwickelten One-Pagers ist – zusätzlich zur langen, förmlichen Datenschutzerklärung – der betroffenen Person auf einer Seite alle wichtigen Informationen zur Datenverarbeitung bei digitalen Angeboten anzuzeigen. Betroffene Personen sollen dadurch in die Lage versetzt werden, schnell, einfach und umfassend all diejenigen Informationen zu erhalten, die für die jeweilige Datenverarbeitung wesentlich sind. Reichen der betroffenen Person die Informationen des One-Pagers nicht aus, so kann er
durch ein „Mouseover" oder durch Klicken eines Links weitere Informationen erhalten.[39] Sollen **besondere Kategorien** personenbezogener Daten verarbeitet werden, so
ist die betroffene Person gemäß Art. 9 Abs. 2 lit. a DSGVO regelmäßig ausdrücklich
auf die Verarbeitung dieser Daten **hinzuweisen.**

Die Einwilligung soll durch eine **eindeutige bestätigende Handlung** erfolgen. Dagegen   46
wurde die zwischenzeitliche Entwurfsfassung, wonach eine Einwilligung nicht nur bei
besonderen Kategorien personenbezogener Daten nach Art. 9 Abs. 2 lit. a DGSVO
sondern stets explizit abgegeben werden muss, nicht übernommen.[40] Dies kann etwa
in Form einer schriftlichen Erklärung, die auch elektronisch erfolgen kann, oder einer
mündlichen Erklärung erfolgen. Das **Anklicken eines Kästchens beim Besuch einer
Internetseite,** mit der die betroffene Person in dem jeweiligen Kontext eindeutig ihr
Einverständnis mit der beabsichtigten Verarbeitung ihrer personenbezogenen Daten
signalisiert, ist ausdrücklich möglich. Dagegen erfüllen Stillschweigen, bereits angekreuzten Kästchen – auch im Zusammenhang mit dem Besuch einer Internetseite –
oder Untätigkeit der betroffenen Person laut Erwgr. 32 nicht die Anforderung an eine

---

37 Paal/Pauly/*Ernst* DSGVO Art. 4 Rn. 79 bis 84.
38 Muster abrufbar unter: https://www.bmjv.de/SharedDocs/Downloads/DE/PDF/Verbraucherportal/OnePager
    /11192915_OnePager-Datenschutzhinweise.pdf?__blob=publicationFile&v.=3.
39 S. http://www.bmjv.de/DE/Themen/FokusThemen/OnePager/OnePager_node.html.
40 Plath/*Schreiber* BDSG/DSGVO Art. 4 Rn. 37; *Albrecht* CR 2016, 88.

eindeutige bestätigende Handlung. Für weitere Ausführungen zur Einwilligung (s. auch → B. IV. Rn. 76 ff.).

j) Verletzung des Schutzes personenbezogener Daten

47 Eine Verletzung der Sicherheit, die zur Vernichtung, zum Verlust oder zur Veränderung, oder zur unbefugten Offenlegung von beziehungsweise zum unbefugten Zugang zu personenbezogenen Daten führt, die übermittelt, gespeichert oder auf sonstige Weise verarbeitet wurden, wird gemäß Art. 4 Nr. 12 DSGVO als Verletzung des Schutzes personenbezogener Daten bezeichnet. Laut der Legaldefinition ist es unerheblich, ob die Verletzung unbeabsichtigt oder unrechtmäßig erfolgte. Die Bezeichnung als „Verletzung des Schutzes personenbezogener Daten" scheint etwas unglücklich gewählt, stellt die Definition doch sogleich klar, dass es sich um eine „Verletzung der Sicherheit" handelt. Eindeutiger ist in diesem Sinne die englische Begriffsbestimmung „personal data breach", die den Sicherheitsaspekt bereits im Namen stärker fokussiert.

48 Die Definition hat insbesondere in Bezug auf Art. 33 und 34 DSGVO Relevanz. Art. 33 DSGVO regelt die **Meldung** von Verletzungen des Schutzes personenbezogener Daten an die Aufsichtsbehörde, die unverzüglich zu erfolgen hat, wobei Absatz 1 konkretisiert, dass die Meldung möglichst binnen 72 Stunden, nachdem die Verletzung bekannt wurde, erfolgen soll und der Meldung eine Begründung für die Verzögerung beizufügen ist, wenn diese nicht binnen 72 Stunden erfolgt. Art. 34 regelt die Benachrichtigung der von einer Verletzung des Schutzes personenbezogener Daten betroffenen Person, wenn die Verletzung des Schutzes personenbezogener Daten voraussichtlich ein hohes Risiko für die persönlichen Rechte und Freiheiten natürlicher Personen zur Folge hat. Auch diese Meldung hat unverzüglich zu erfolgen.[41]

k) Genetische, biometrische Daten und Gesundheitsdaten

49 Art. 9 Abs. 1 DSGVO untersagt die Verarbeitung **besonderer Kategorien personenbezogener Daten**, zu denen diejenigen Daten, aus denen zum Beispiel die rassische und ethnische Herkunft, politische Meinungen, religiöse, weltanschauliche Überzeugungen hervorgehen, sowie Daten zum Sexualleben und der sexuellen Orientierung einer natürlichen Person zählen. Zu den besonderen Kategorien personenbezogener Daten, deren Verarbeitung durch Art. 9 DSGVO beschränkt wird, zählen auch genetische Daten. Nach Art. 4 Nr. 13 DSGVO sind genetische Daten personenbezogene Daten zu den **ererbten oder erworbenen genetischen Eigenschaften** einer natürlichen Person, die eindeutige Informationen über die Physiologie oder die Gesundheit dieser natürlichen Person liefern und insbesondere aus der Analyse einer biologischen Probe der betreffenden natürlichen Person gewonnen wurden. Erwgr. 34 konkretisiert diese Definition im Hinblick darauf, dass die ererbten oder erworbenen genetischen Eigenschaften aus der Analyse einer biologischen Probe der betreffenden natürlichen Person, insbesondere durch eine Chromosomen, Desoxyribonukleinsäure (DNS)- oder Ribonukleinsäure (RNS)-Analyse oder der Analyse eines anderen Elements, durch die gleichwertige Informationen erlangt werden können, gewonnen werden.

---

41 Für Ausnahmen von der Benachrichtigungspflicht s. Art. 43 Abs. 3 DSGVO.

Annika Selzer

Besonders zu berücksichtigen ist im Hinblick auf genetische Daten zum einen der 50
Umstand, dass die Interessen der betroffenen Person mit den Interessen seiner **Verwandten** (oder noch ungeborenen Kinder) kollidieren können, zu denen aus den genetischen Daten der betroffenen Person Rückschlüsse gezogen werden können. So können aus genetischen Daten wesentliche Vorhersagen zum Gesundheitszustand einer betroffenen Person gemacht werden was zum Beispiel Versicherungen bei der Tarifierung berücksichtigen können.[42]

Biometrische Daten gehören zu den besonderen Kategorien personenbezogener Daten[43] und sind gemäß Art. 4 Nr. 14 DSGVO mit speziellen technischen Verfahren gewonnene personenbezogene Daten zu den **physischen, physiologischen oder verhaltenstypischen Merkmalen** einer natürlichen Person, die die **eindeutige Identifizierung** dieser natürlichen Person ermöglichen oder bestätigen. Beispiele für biometrische Daten sind Fingerabdrücke und Gesichtsbilder in Form eines biometrischen Lichtbildes. Die Verarbeitung von Lichtbildern sollte jedoch laut Erwgr. 51 nicht grundsätzlich als Verarbeitung besonderer Kategorien von personenbezogenen Daten angesehen werden, da Lichtbilder nur dann von der Definition des Begriffs biometrische Daten erfasst werden, wenn sie mit speziellen technischen Mitteln verarbeitet werden, die die eindeutige Identifizierung oder Authentifizierung einer natürlichen Person ermöglichen. Eine eindeutige Identifizierbarkeit dürfte mit modernen Digitalkameras zunehmend der Regelfall werden. 51

Es ist davon auszugehen, dass die Bedeutung biometrischer Daten in Zukunft immer 52
weiter zunehmen wird. So können zum Beispiel bei der Nutzung von Webseiten über den Computer und/oder das Smartphone mithilfe technologischer Entwicklungen sogenannte „**behavioural biometrics**" erhoben werden, die unter anderem das Eingabeverhalten, typische Handbewegungen, Tipprhythmus und die Reaktionszeit von Webseitennutzern analysieren und zu einem Profil kombinieren können. Die Profile, die durch die Analyse dieser Daten entstehen, sind mit sehr hoher Wahrscheinlichkeit einzigartig.[44] Es ist somit analog Erwgr. 51 davon auszugehen, dass diese Daten dann als biometrische Daten anzusehen sind, wenn diese mit speziellen technischen Mitteln verarbeitet werden, die die eindeutige Identifizierung oder Authentifizierung einer natürlichen Person ermöglichen.

Auch **Gesundheitsdaten** stellen eine besondere Kategorie personenbezogener Daten 53
dar[45] und sind gemäß Art. 4 Nr. 15 DSGVO personenbezogene Daten, die sich auf die **körperliche oder geistige Gesundheit** einer natürlichen Person, einschließlich der Erbringung von Gesundheitsdienstleistungen, beziehen und aus denen Informationen über deren Gesundheitszustand hervorgehen. Die Informationen können sich sowohl auf den früheren und gegenwärtigen als auch auf den künftigen Gesundheitszustand

---

42 Paal/Pauly/*Ernst* DSGVO Art. 4 Rn. 96.
43 Für das Verarbeitungsverbot und seine Ausnahmen vgl. Art. 9 DSGVO.
44 *Turgeman/Zelazny* 2017, 5 (5 bis 7). Ein weiteres Beispiel für die zunehmende Bedeutung biometrischer Daten ist der Test eines Pharmakonzern in zwei österreichischen Apotheken: Hier soll die Gesichtserkennung als Marketing für Medikamente eingesetzt werden, bei der Kunden zunächst gefilmt werden, um daraufhin passend zu ihrem Geschlecht und ungefähren Alter Arzneimittelempfehlungen zu erhalten. S. *Nonhoff*, „Medikamenten-Empfehlung per Gesichtserkennung" heise online vom 25.11.2017, https://www.heise.de/n ewsticker/meldung/Medikamenten-Empfehlung-per-Gesichtserkennung-3901525.html.
45 Für das Verarbeitungsverbot und seine Ausnahmen vgl. Art. 9 DSGVO.

beziehen. Der Begriff der Gesundheitsdaten ist weit auszulegen, so dass laut Erwgr. 35 nicht nur Informationen, die sich aus biologischen Proben ableiten lassen, sowie Informationen über Krankheiten, klinische Behandlungen und Krankheitsrisiken, sondern unter anderem auch Nummern, Symbole oder Kennzeichen, die einer natürlichen Person zugeteilt wurden, um diese natürliche Person für gesundheitliche Zwecke eindeutig zu identifizieren unter den Begriff fallen sollen. Dies ist unabhängig von der Herkunft der Daten, ob sie nun von einem Arzt oder sonstigem Angehörigen eines Gesundheitsberufes, einem Krankenhaus, einem Medizinprodukt oder einem In-Vitro-Diagnostikum stammen.

54 Aufgrund der bewusst weit gewählten Auslegung des Begriffs der Gesundheitsdaten in Erwgr. 35 ist davon auszugehen, dass auch die im Abschnitt zu „biometrischen Daten" diskutierten **behavioural biometrics"** im Rahmen der Begriffsdefinition der Gesundheitsdaten Relevanz entfalten können. Dies insbesondere dann, wenn sie einer Person mit sehr hoher Wahrscheinlichkeit eindeutig zugeordnet werden können und durch deren Analyse unter Umständen Rückschlüsse zum Gesundheitszustand der betroffenen Person möglich werden. Auch im Zusammenhang mit **Gesundheits- oder Fitness-Apps** kann dies Relevanz entfalten, da bei Gesundheits-Apps Analysen erfolgen können, die Rückschlüsse auf sensible Eigenschaften zum Gesundheitszustand einer betroffenen Person ermöglichen.

l) Hauptniederlassung, Vertreter, Unternehmen und Unternehmensgruppe

55 Eine **Niederlassung** setzt die effektive und tatsächliche Ausübung einer Tätigkeit durch eine feste Einrichtung voraus. Die Rechtsform einer solchen Einrichtung ist dabei laut Erwgr. 22 nicht ausschlaggebend.

56 Im Falle eines Verantwortlichen mit **Niederlassungen in mehr als einem Mitgliedstaat** ist die **Hauptniederlassung** gemäß Art. 4 Nr. 16 lit. a DSGVO der Ort seiner Hauptverwaltung in der Union. Dies gilt nicht, wenn die Entscheidungen hinsichtlich der Zwecke und Mittel der Verarbeitung personenbezogener Daten in einer anderen Niederlassung des Verantwortlichen in der Union getroffen werden und diese Niederlassung befugt ist, diese Entscheidungen umsetzen zu lassen. In diesem Fall gilt die Niederlassung, die derartige Entscheidungen trifft, als Hauptniederlassung. Zur Bestimmung der Hauptniederlassung eines Verantwortlichen in der Union sollten **objektive Kriterien** herangezogen werden, wie zum Beispiel die effektive und tatsächliche Ausübung von Managementtätigkeiten durch eine feste Einrichtung, in deren Rahmen die Grundsatzentscheidungen zur Festlegung der Zwecke und Mittel der Verarbeitung getroffen werde. Dabei sollte nicht ausschlaggebend sein, ob die Verarbeitung der personenbezogenen Daten tatsächlich an diesem Ort ausgeführt wird.[46]

57 Im Falle eines **Auftragsverarbeiters** mit Niederlassungen in mehr als einem Mitgliedstaat ist die Hauptniederlassung gemäß Art. 4 Nr. 16 lit. b DSGVO ebenfalls der Ort seiner Hauptverwaltung in der Union oder, sofern der Auftragsverarbeiter keine Hauptverwaltung in der Union hat, die Niederlassung des Auftragsverarbeiters in der

---

46 Erwgr. 36. Das Vorhandensein und die Verwendung technischer Mittel und Verfahren zur Verarbeitung personenbezogener Daten oder Verarbeitungstätigkeiten begründen an sich noch keine Hauptniederlassung und sind daher laut Erwgr. 36 kein ausschlaggebender Faktor für das Bestehen einer Hauptniederlassung.

Annika Selzer

Union, in der die Verarbeitungstätigkeiten im Rahmen der Tätigkeiten einer Niederlassung eines Auftragsverarbeiters hauptsächlich stattfinden, soweit der Auftragsverarbeiter spezifischen Pflichten aus dieser Verordnung unterliegt.

Im Falle einer **Unternehmensgruppe** sollte laut Erwgr. 36 die Hauptniederlassung des herrschenden Unternehmens als Hauptniederlassung der Unternehmensgruppe gelten, es sei denn, die Zwecke und Mittel der Verarbeitung werden von einem anderen Unternehmen festgelegt.   58

Gemäß Art. 3 Abs. 2 DSGVO erstreckt sich der territoriale Anwendungsbereich der Datenschutz-Grundverordnung nach dem sogenannten **Marktortprinzip** auch auf Verantwortliche und Auftragsverarbeiter, die **keine Niederlassung** in der Union haben, wenn die Datenverarbeitung im Zusammenhang damit steht, betroffenen Personen in der Union Waren oder Dienstleistungen anzubieten oder das Verhalten betroffener Personen zu beobachten. Teilweise leugneten Globalplayer im Internet, dass sie europäisches Datenschutzrecht beachten müssen und der Kontrolle der europäischen Aufsichtsbehörden unterliegen. Die Datenschutz-Grundverordnung stellt nun klar, dass ein Verantwortlicher oder Auftragsverarbeiter im Drittstaat unter den genannten Voraussetzungen dem europäischen Datenschutzrecht und der Kontrolle der europäischen Aufsichtsbehörden unterliegt. Ohne einen Vertreter in der Union wäre der Verantwortliche oder der Auftragsverarbeiter jedoch nicht unmittelbar für die Aufsichtsbehörden greifbar und auch die betroffenen Personen müssten zur Ausübung der Betroffenenrechte eine Stelle in einem Drittstaat kontaktieren. Dementsprechend hat der Verantwortliche oder der Auftragsverarbeiter im Drittstaat einen Vertreter zu benennen.[47]   59

Bei einem Vertreter handelt es sich gemäß Art. 4 Nr. 17 DSGVO um eine **in der Union niedergelassene** natürliche oder juristische Person, die von dem Verantwortlichen oder Auftragsverarbeiter schriftlich gemäß Art. 27 DSGVO[48] bestellt wurde und den Verantwortlichen oder Auftragsverarbeiter in Bezug auf die ihnen jeweils nach dieser Verordnung obliegenden Pflichten vertritt. Zu beachten gilt, dass es nicht irrelevant ist, wo in der Union der Vertreter niedergelassen ist. Art. 27 Abs. 3 DSGVO konkretisiert diesbezüglich, dass der Vertreter in einem der Mitgliedstaaten niedergelassen sein muss, in denen die betroffenen Personen, deren personenbezogene Daten im Zusammenhang mit den ihnen angebotenen Waren oder Dienstleistungen verarbeitet werden oder deren Verhalten beobachtet wird, sich befinden. Die Funktion des Vertreters kann zum Beispiel einem freien Mitarbeiter, einem Rechtsanwalt oder einer juristischen Person übertragen werden.[49]   60

Bei einem Unternehmen handelt es sich gemäß Art. 4 Nr. 18 DSGVO um eine **natürliche und juristische Person, die eine wirtschaftliche Tätigkeit ausübt**. Dies ist unabhängig von ihrer Rechtsform, einschließlich Personengesellschaften oder Vereinigungen, die regelmäßig einer wirtschaftlichen Tätigkeit nachgehen.   61

---

47 Gola/*Gola* DSGVO Art. 4 Rn. 84.
48 Art. 27 DSGVO regelt die Vertretung von nicht in der Union niedergelassenen Verantwortlichen oder Auftragsverarbeitern.
49 Gola/*Gola* DSGVO Art. 4 Rn. 85.

62 Der Unternehmensbegriff der Datenschutz-Grundverordnung ist sehr weit gefasst – unerheblich sind unter anderem die Branche und Größe eines Unternehmens, so dass auch **Freiberufler und Kleinstunternehmen** unter den Begriff fallen. Zieht eine Person aus einer Tätigkeit sowohl privaten als auch beruflichen Nutzen (**Dual Use**), ist der Unternehmensbegriff erfüllt.[50]

63 Bei einer Unternehmensgruppe handelt es sich gemäß Art. 4 Nr. 19 DSGVO um eine Gruppe, die aus einem herrschenden Unternehmen und den von diesem abhängigen Unternehmen besteht. Hintergrund dieser Definition ist das Verständnis, dass ein Unternehmen, das die Verarbeitung personenbezogener Daten in ihm angeschlossenen Unternehmen kontrolliert, mit diesen zusammen als eine Unternehmensgruppe betrachtet werden sollte. Das herrschende Unternehmen sollte laut Erwgr. 37 dasjenige Unternehmen sein, das zum Beispiel aufgrund der Eigentumsverhältnisse, der finanziellen Beteiligung oder der für das Unternehmen geltenden Vorschriften oder der Befugnis, Datenschutzvorschriften umsetzen zu lassen, einen **beherrschenden Einfluss** auf die übrigen Unternehmen ausüben kann.

64 Der Begriff hat unter anderem Bedeutung für die Benennung eines **gemeinsamen Datenschutzbeauftragten** gemäß Art. 37 DSGVO und für die Aufstellung **verbindlicher interner Datenschutzvorschriften** gemäß Art. 47 DSGVO.

m) Verbindliche interne Datenschutzvorschriften

65 Verbindliche interne Datenschutzvorschriften sind gemäß Art. 4 Nr. 20 DSGVO Maßnahmen zum Schutz personenbezogener Daten, zu deren Einhaltung sich ein im Hoheitsgebiet eines Mitgliedstaats niedergelassener Verantwortlicher oder Auftragsverarbeiter – im Hinblick auf Datenübermittlungen personenbezogener Daten an einen Verantwortlichen oder Auftragsverarbeiter derselben Unternehmensgruppe oder derselben Gruppe von Unternehmen, die eine gemeinsame Wirtschaftstätigkeit ausüben, in einem oder mehreren Drittländern – **selbst verpflichtet**. Verbindliche interne Datenschutzvorschriften treten die Nachfolge für die verbindlichen Unternehmensregelungen im Sinne des § 4 c Abs. 2 BDSG aF an, die auch als sogenannte **Binding Corporate Rules** bezeichnet wurden.[51]

n) Aufsichtsbehörde und betroffene Aufsichtsbehörde

66 Laut der Legaldefinition des Art. 4 Nr. 21 DSGVO ist eine **Aufsichtsbehörde** eine von einem Mitgliedstaat gemäß Art. 51 eingerichtete **unabhängige staatliche Stelle**, welche für die **Überwachung** der Anwendung der Datenschutz-Grundverordnung zuständig ist, damit die Grundrechte und Grundfreiheiten natürlicher Personen bei der Verarbeitung geschützt werden und der freie Verkehr personenbezogener Daten in der Union erleichtert wird.[52] Den Mitgliedsstaaten steht es frei, eine oder – wie in Deutschland durch den Bundes- und die Landesbeauftragten für Datenschutz und Informationsfreiheit – mehrere unabhängige Behörden mit dieser Aufgabe zu betrauen.

---

50   Paal/Pauly/*Ernst* DSGVO Art. 4 Rn. 124 f.; Plath/*Schreiber* BDSG/DSGVO Art. 4 Rn. 68 bis 70.
51   Plath/*Schreiber* BDSG/DSGVO Art. 4 Rn. 79. Im Vergleich zwischen der engl. Fassung der Datenschutz-Richtlinie und der DSGVO ist anzumerken, dass der Begriff der Binding Corporate Rules unverändert bleibt.
52   S. hierzu auch Art. 51 Abs. 1 DSGVO.

Eine betroffene Aufsichtsbehörde ist gemäß Art. 4 Nr. 22 DSGVO eine Aufsichtsbe-   67
hörde, die **von der Verarbeitung** personenbezogener Daten **betroffen** ist, weil der Verantwortliche oder der Auftragsverarbeiter im Hoheitsgebiet des Mitgliedstaats dieser
Aufsichtsbehörde niedergelassen ist oder diese Verarbeitung erhebliche Auswirkungen auf betroffene Personen mit Wohnsitz im Mitgliedstaat dieser Aufsichtsbehörde
hat oder eine Beschwerde bei dieser Aufsichtsbehörde eingereicht wurde, wobei in
den ersten beiden Fällen davon auszugehen ist, dass bei mehreren unabhängigen nationalen Behörden nur die jeweils zuständige (Landesdatenschutz-)Behörde betroffen
im Sinne des Art. 4 Nr. 22 DSGVO ist.

o) Grenzüberschreitende Verarbeitung

Bei der grenzüberschreitenden Verarbeitung unterscheidet die Legaldefinition nach   68
Art. 4 Nr. 23 lit. a und lit. b DSGVO zwei Fälle: Eine grenzüberschreitende Verarbeitung liegt einerseits vor, wenn eine Verarbeitung personenbezogener Daten **im Rahmen der Tätigkeiten von mehreren Niederlassungen** eines Verantwortlichen beziehungsweise Auftragsverarbeiters in der Union **in mehr als einem Mitgliedstaat** erfolgt
und der Verantwortliche beziehungsweise Auftragsverarbeiter in mehr als einem Mitgliedstaat niedergelassen ist (litera a). Andererseits liegt eine grenzüberschreitende
Verarbeitung vor, wenn eine Verarbeitung personenbezogener Daten im Rahmen der
Tätigkeiten **einer einzelnen Niederlassung** eines Verantwortlichen oder Auftragsver-
beiters in der Union erfolgt, die **erhebliche Auswirkungen** auf betroffene Personen in
mehr als einem Mitgliedstaat haben kann (litera b). Die Legaldefinition entfaltet seine Relevanz bei der Bestimmung der federführenden Aufsichtsbehörde im Sinne des
Art. 56 DSGVO. Im Falle der grenzüberschreitenden Verarbeitung soll die Aufsichtsbehörde für die Hauptniederlassung des Verantwortlichen oder Auftragsverarbeiters
oder für die einzige Niederlassung des Verantwortlichen oder Auftragsverarbeiters als
federführende Behörde fungieren und mit anderen Behörden zusammenarbeiten,
wenn zum Beispiel die Verarbeitung erhebliche Auswirkungen auf betroffene Personen mit Wohnsitz in deren Hoheitsgebiet hat oder weil bei diesen eine Beschwerde
eingelegt wurde.[53]

p) Maßgeblicher und begründeter Einspruch

Die Definition des maßgeblichen und begründeten Einspruchs entfaltet ihre Relevanz   69
im Hinblick auf die **Zusammenarbeit mehrerer betroffener Aufsichtsbehörden**. Die
federführende Aufsichtsbehörde hat den anderen betroffenen Aufsichtsbehörden im
Rahmen dieser Zusammenarbeit – zum Beispiel bezüglich einer Maßnahme in Folge
eines Datenschutzverstoßes – einen Beschlussentwurf zur Stellungnahme vorzulegen
und trägt deren Standpunkten gebührend Rechnung. Legt eine der anderen betroffenen Aufsichtsbehörden gegen diesen Beschlussentwurf einen maßgeblichen und begründeten Einspruch ein und schließt sich die federführende Aufsichtsbehörde dem
maßgeblichen und begründeten Einspruch nicht an oder ist der Ansicht, dass der Einspruch nicht maßgeblich oder nicht begründet ist, so leitet die federführende Aufsichtsbehörde das Kohärenzverfahren gemäß Art. 63 DSGVO ein.

---

53 S. hierzu auch Erwgr. 124.

70 Gemäß Art. 4 Nr. 24 DSGVO ist ein **maßgeblicher und begründeter Einspruch** ein Einspruch im Hinblick darauf, ob ein Verstoß gegen diese Verordnung vorliegt oder nicht oder ob die beabsichtigte Maßnahme gegen den Verantwortlichen oder den Auftragsverarbeiter im Einklang mit dieser Verordnung steht, wobei aus diesem Einspruch die Tragweite der Risiken klar hervorgeht, die von dem Beschlussentwurf in Bezug auf die Grundrechte und Grundfreiheiten der betroffenen Personen und gegebenenfalls den freien Verkehr personenbezogener Daten in der Union ausgehen. Insofern gibt die Definition des maßgeblichen und begründeten Einspruchs die formalen Voraussetzungen an einen Einspruch gegen einen Beschlussentwurf wieder.[54]

q) Dienst der Informationsgesellschaft

71 Für die Definition des **Dienstes der Informationsgesellschaft** verweist die Datenschutz-Grundverordnung auf die Richtlinie (EU) 2015/1535 des Europäischen Parlaments und des Rates. Laut Art. 1 Abs. 1 lit. b der Richtlinie ist unter einer Dienstleistung der Informationsgesellschaft jede in der Regel gegen Entgelt elektronisch im Fernabsatz und auf individuellen Abruf eines Empfängers erbrachte Dienstleistung zu verstehen. Die Definition unterscheidet im Fernabsatz, elektronisch und auf individuellen Abruf eines Empfängers erbrachte Dienstleistungen.

72 Unter den Begriff des Dienstes der Informationsgesellschaft fallen gemäß Art. 1 Abs. 1 lit. b i) sowie Anhang 1 Nr. 1 der Info-Richtlinie[55] zunächst **im Fernabsatz erbrachte Dienstleistungen**. Hierbei handelt es sich um Dienstleistungen, die ohne gleichzeitige physische Anwesenheit der Vertragsparteien erbracht wird. Bei Diensten, bei deren Erbringung der Erbringer und der Empfänger **gleichzeitig physisch** anwesend sind, handelt es sich hingegen **nicht um Dienste der Informationsgesellschaft**, selbst wenn dabei elektronische Geräte benutzt werden. Somit sind unter anderem die Konsultation eines elektronischen Katalogs in einem Geschäft in Anwesenheit des Kunden und die Buchung eines Flugtickets über ein Computernetz, wenn sie in einem Reisebüro in Anwesenheit des Kunden vorgenommen wird nicht von der Begriffsdefinition des Dienstes der Informationsgesellschaft umfasst.

73 Unter den Begriff des Dienstes der Informationsgesellschaft fallen auch elektronisch erbrachte Dienstleistung, so zum Beispiel Dienstleistungen, die mittels Geräten für die elektronische Verarbeitung (einschließlich digitaler Kompression) und Speicherung von Daten am Ausgangspunkt gesendet und am Endpunkt empfangen werden und die **vollständig** über Draht, über Funk, auf optischem oder anderem elektromagnetischem Wege gesendet, weitergeleitet und empfangen werden. Nicht elektronisch erbrachte Dienste, wie zum Beispiel die Geldausgabe über Geldautomaten sowie der Offline-Vertrieb von Software fallen gemäß Art. 1 Abs. 1 lit. b ii) sowie Anhang 1 Nr. 2 Info-RL nicht unter die Begriffsdefinition.

74 Darüber hinaus fallen unter den Begriff des Dienstes der Informationsgesellschaft gemäß Art. 1 Abs. 1 lit. b iii) sowie Anhang 1 Nr. 3 Info-RL auf individuellen Abruf ei-

---

54 Paal/Pauly/*Ernst* DSGVO Art. 4 Rn. 23.
55 Richtlinie (EU) 2015/1535 des Europäischen Parlaments und des Rates vom 9. September 2015 über ein Informationsverfahren auf dem Gebiet der technischen Vorschriften und der Vorschriften für die Dienste der Informationsgesellschaft.

nes Empfängers erbrachte Dienstleistungen, also Dienstleistungen, die durch die Übertragung von Daten auf **individuelle Anforderung** erbracht werden. Demgegenüber sind diejenigen Dienste nicht von der Definition des Dienstes der Informationsgesellschaft umfasst, die im Wege einer Übertragung von Daten ohne individuellen Abruf gleichzeitig für eine unbegrenzte Zahl von einzelnen Empfängern erbracht werden, wie zum Beispiel Fernseh- und Hörfunkdienste.

r) Internationale Organisation

Unter einer **internationalen Organisation** sind gemäß Art. 4 Nr. 26 DSGVO **völkerrechtliche Organisationen und ihre nachgeordneten Stellen** oder jede sonstige Einrichtung zu verstehen, die durch eine zwischen zwei oder mehr Ländern geschlossene Übereinkunft oder auf der Grundlage einer solchen Übereinkunft geschaffen wurde. Unter den Begriff fallen unter anderem die Vereinten Nationen, die Welthandelsorganisation und die Europäische Union. Nicht-staatliche internationale Organisationen, wie zum Beispiel Greenpeace, fallen hingegen nicht unter den Begriff.[56]   75

2. Begriffsbestimmungen des Entwurfs einer E-Privacy-Verordnung

Der Entwurf der E-Privacy-Verordnung bestimmt spezifische Begriffe für deren Anwendungsbereich. Diese verfolgt entsprechend ihres Titels die Regelungsziele der Achtung des Privatlebens und des Schutzes personenbezogener Daten in der elektronischen Kommunikation, um „das Vertrauen in digitale Dienste und deren Sicherheit zu erhöhen." Gemäß Art. 1 Abs. 1 E-Privacy-VO-E gilt diese Verordnung – und damit die nachfolgenden Definitionen -für die Verarbeitung elektronischer Kommunikationsdaten, die in Verbindung mit der Bereitstellung und Nutzung elektronischer Kommunikationsdienste erfolgt, und für Informationen in Bezug auf die Endeinrichtungen der Endnutzer.   76

a) Elektronisches Kommunikationsnetz

Für die Definition des **elektronischen Kommunikationsnetzes** verweist der Entwurf der E-Privacy-Verordnung auf den Vorschlag der Richtlinie über den europäischen Kodex für die elektronische Kommunikation.[57] Bei elektronischen Kommunikationsnetzen handelt es sich gemäß Art. 2 Nr. 1 des Vorschlags der Richtlinie über den europäischen Kodex für die elektronische Kommunikation um **Übertragungssysteme** und gegebenenfalls Vermittlungs- und Leitwegeinrichtungen sowie anderweitige Ressourcen, die die Übertragung von Signalen über Kabel, Funk, optische oder andere elektromagnetische Einrichtungen ermöglichen. Die Definition ist somit sehr weit zu verstehen. So fallen unter anderem auch Satellitennetze, das Internet, mobile terrestrische Netze, sowie Netze für Hör- und Fernsehfunk sowie Kabelfernsehnetze unter die Definition.   77

b) Elektronischer Kommunikationsdienst

Für die Definition des **elektronischen Kommunikationsdienstes** verweist der Entwurf der E-Privacy-Verordnung auf den Vorschlag der Richtlinie über den europäischen   78

---

56 Plath/*Schreiber* BDSG/DSGVO Art. 4 Rn. 100 f.
57 Abrufbar unter https://ec.europa.eu/transparency/regdoc/rep/1/2016/DE/1-2016-590-DE-F1-1.PDF.

Kodex für die elektronische Kommunikation. Gemäß Art. 2 Nr. 4 des Vorschlags der Richtlinie über den europäischen Kodex für die elektronische Kommunikation handelt es sich bei diesem um gewöhnlich gegen Entgelt über elektronische Kommunikationsnetze erbrachte Dienste, die **ganz oder überwiegend in der Übertragung von Signalen** wie Übertragungsdienste, die für die Maschine-Maschine-Kommunikation und für den Rundfunk genutzt werden. Auch **Internetzugangsdienste**[58] und **interpersonelle Kommunikationsdienste** fallen unter die Definition. Dienste, die Inhalte über elektronische Kommunikationsnetze und -dienste anbieten oder eine redaktionelle Kontrolle über sie ausüben, fallen nicht unter die Definition.

79 Der **Betreiber eines elektronischen Kommunikationsdienstes** ist ein Unternehmen, das einen elektronischen Kommunikationsdienst bereitstellt. Somit sind **Access-Provider, OTT-Kommunikationsdienstanbieter,** zum Beispiel Instant-Messenger-Dienste, und **Internetdienstanbieter,** zum Beispiel zu den Diensten WWW, E-Mail, VoIP, Betreiber elektronischer Kommunikationsdienste. **Webdienstanbieter,** die Inhalte bereitstellen, wie zum Beispiel Webshops, Social Media Plattformen, Nachrichtenseiten oder Ähnliches, sind hingegen keine Betreiber elektronischer Kommunikationsdienste.

c) Interpersoneller Kommunikationsdienst

80 Für die Definition des **interpersonellen Kommunikationsdienstes** verweist der Entwurf der E-Privacy-Verordnung auf den Vorschlag der Richtlinie über den europäischen Kodex für die elektronische Kommunikation. Gemäß Art. 2 Nr. 5 des Richtlinienvorschlags ist ein interpersoneller Kommunikationsdienst ein gewöhnlich gegen Entgelt erbrachter Dienst, der einen **direkten interpersonellen und interaktiven Informationsaustausch** über elektronische Kommunikationsnetze zwischen einer endlichen Zahl von Personen ermöglicht. Die Empfänger werden hierbei von den Personen bestimmt, die die Kommunikation veranlassen oder daran beteiligt sind. Dienste, die eine interpersonelle und interaktive Kommunikation lediglich als untrennbar mit einem anderen Dienst verbundene untergeordnete Nebenfunktion ermöglichen, fallen nicht unter die Definition. Es werden nummerngebundene und nummernunabhängige interpersonelle Kommunikationsdienste unterschieden.

81 Ein **nummerngebundener** interpersoneller Kommunikationsdienst ist an das öffentliche Fernsprechnetz angebunden. Die Anbindung besteht hierbei entweder mittels zugeteilter Nummerierungsressourcen, das heißt Nummern nationaler oder internationaler Telefonnummernpläne, oder durch Ermöglichung der Kommunikation über Nummern nationaler oder internationaler Telefonnummernpläne, s. Art. 2 Nr. 6 des Richtlinienvorschlags. Ein **nummernunabhängiger** interpersoneller Kommunikationsdienst ist nicht an das öffentliche Fernsprechnetz angebunden, s. Art. 2 Nr. 7 des Richtlinienvorschlags.

---

58 Ein Internetzugangsdienst ist ein öffentl. zugänglicher elektronischer Kommunikationsdienst, der unabhängig von der verwendeten Netztechnologie und den verwendeten Endgeräten Zugang zum Internet und somit Verbindungen zu praktisch allen Abschlusspunkten des Internet bietet, Art. 2 Abs. 2 der Netzneutralitätsverordnung (VO (EU) 2015/2120).

Annika Selzer

d) Endnutzer, Anruf und Endeinrichtung

Für die Definition des **Endnutzers** verweist der Entwurf der E-Privacy-Verordnung   82
auf den Vorschlag der Richtlinie über den europäischen Kodex für die elektronische
Kommunikation. Gemäß Art. 2 Nr. 13, 14 des Richtlinienvorschlags handelt es sich
bei einem Endnutzer um eine **natürliche oder juristische Person**, die einen öffentlich
zugänglichen elektronischen Kommunikationsdienst in Anspruch nimmt oder beantragt, jedoch keine öffentlichen Kommunikationsnetze oder öffentlich zugänglichen
elektronischen Kommunikationsdienste bereitstellt.

Für die Definition des **Anrufs** verweist der Entwurf der E-Privacy-Verordnung auf   83
den Vorschlag der Richtlinie über den europäischen Kodex für die elektronische
Kommunikation. Gemäß Art. 2 Nr. 21 des Richtlinienvorschlags handelt es sich bei
einem Anruf um eine über einen öffentlich zugänglichen elektronischen interpersonellen Kommunikationsdienst aufgebaute Verbindung, die eine **zweiseitige Sprachkom-
munikation** ermöglicht. Auch Anrufe über mobile Instant-Messenger-Dienste, wie
WhatsApp, Treema oder Telegram, sowie Voice-over-IP-Telefonie über einen Webdienst, wie Skype, fallen unter diese Definition.

Für die Definition der **Endeinrichtung** verweist der Entwurf der E-Privacy-Verord-   84
nung auf die Richtlinie 2008/63/EG über den Wettbewerb auf dem Markt für Telekommunikationsendeinrichtungen.[59] Gemäß Art. 1 Nr. 1, 2 Richtlinie 2008/63/EG
fallen folgende zwei Einrichtungen unter die Definition. Zum einen fallen direkt oder
indirekt an die Schnittstelle eines **öffentlichen Telekommunikationsnetzes angeschlossene** Einrichtungen zum Aussenden, Verarbeiten oder Empfangen von Nachrichten
unter die Definition. Die Verbindung kann hierbei sowohl über Draht als auch über
optische Faser oder elektromagnetisch hergestellt werden. Bei einem indirekten Anschluss ist zwischen der Endeinrichtung und der Schnittstelle des öffentlichen Netzes
ein Gerät geschaltet. Zum anderen fallen **Satellitenfunkanlagen** mit ihren Einrichtungen unter die Definition. Unter Satellitenfunkanalagen sind Sendeanlagen, Sende- und
Empfangsanlagen oder reine Empfangsanlagen für Funksignale, die über Satelliten
oder andere Raumsysteme laufen, zu verstehen.

e) Elektronische Kommunikationsdaten

Unter elektronischen Kommunikationsdaten sind sowohl elektronische Kommunika-   85
tionsinhalte (→ Rn. 86) als auch elektronische Kommunikationsmetadaten (→
Rn. 87) zu verstehen. Elektronische Kommunikationsdaten sind regelmäßig als **personenbezogene Daten** einzustufen.[60] So stellt Erwgr. 2 klar, dass Inhalte der elektronischen Kommunikation **hochsensible** Informationen über die daran beteiligten natürlichen Personen offenlegen können, von persönlichen Erlebnissen und Gefühlen oder
Erkrankungen bis hin zu sexuellen Vorlieben und politischen Überzeugungen, was zu
schweren Folgen im persönlichen und gesellschaftlichen Leben, zu wirtschaftlichen
Einbußen oder Schamgefühl führen kann. Auch durch Metadaten elektronischer

---

59 Richtlinie 2008/63/EG der Kommission vom 20. Juni 2008 über den Wettbewerb auf dem Markt für Tele-
    kommunikationsendeinrichtungen (kodifizierte Fassung).
60 S. Art. 4 Abs. 3 lit. a E-Privacy-VO-E sowie die Begründung des Vorschlags zum E-Privacy-VO-E vom
    10.1.2017 (Gliederungspunkt 1.2).

Kommunikation, zu denen unter anderem besuchte Websites und angerufene Nummern gehören, können sehr sensible und persönliche Informationen offengelegt werden. Hierzu können unter anderem Informationen über soziale Beziehungen und den Lebensalltag einer Person gehören.[61]

86   **Elektronische Kommunikationsinhalte** sind gemäß Art. 4 Abs. 3 lit. b E-Privacy-VO-E diejenigen Inhalte, die mittels elektronischer Kommunikationsdienste übermittelt werden. Sie weisen regelmäßig einen **Personenbezug** auf. Beispiel für elektronische Kommunikationsinhalte sind Textnachrichten, Sprache, Videos, Bilder und Ton.[62]

87   **Elektronische Kommunikationsmetadaten** sind gemäß Art. 4 Abs. 3 lit. c E-Privacy-VO-E diejenigen Daten, die in einem elektronischen Kommunikationsnetz zu Zwecken der Übermittlung, der Verbreitung oder des Austauschs elektronischer Kommunikationsinhalte verarbeitet werden. Sie weisen regelmäßig einen **Personenbezug** auf. Beispiele für elektronische Kommunikationsmetadaten sind die zur Verfolgung und Identifizierung des Ausgangs- und Zielpunkts einer Kommunikation verwendeten Daten, die im Zusammenhang mit der Bereitstellung elektronischer Kommunikationsdienste erzeugten Daten über den Standort des Geräts sowie Datum, Uhrzeit, Dauer und Art der Kommunikation.[63]

f) Öffentlich zugängliches Verzeichnis

88   Unter einem öffentlich zugänglichen Verzeichnis ist gemäß Art. 4 Abs. 3 lit. d E-Privacy-VO-E ein Verzeichnis der Endnutzer elektronischer Kommunikationsdienste in gedruckter oder elektronischer Form zu verstehen, das veröffentlicht oder der Öffentlichkeit beziehungsweise einem Teil der Öffentlichkeit zugänglich gemacht wird, auch mithilfe eines Verzeichnisauskunftsdienstes. Beispiele für öffentlich zugängliche Verzeichnisse sind **Adress- und Telefonverzeichnisse** sowie **Handelsregister**.

89   Die Betreiber öffentlich zugänglicher Verzeichnisse haben gemäß Art. 15 E-Privacy-VO-E die **Einwilligung** der Endnutzer, die natürliche Personen sind, einzuholen, bevor deren personenbezogene Daten **in das Verzeichnis** aufgenommen werden. Auch die Möglichkeit der Überprüfung, Berichtigung und Löschung der Daten muss gegeben sein. Die Endnutzer sind darüber hinaus über die verfügbaren Suchfunktionen des Verzeichnisses zu informieren. Die Suchfunktion darf in Bezug auf die personenbezogenen Daten eines Endnutzers erst nach dem Einholen der entsprechenden Einwilligung aktiviert werden. Endnutzern, die juristische Personen sind, muss die Möglichkeit des Widerspruchs in die Aufnahme von auf sie bezogene Daten in das Verzeichnis gegeben werden. Auch sie erhalten die Möglichkeit, die Daten zu überprüfen, zu berichtigen und zu löschen.

g) E-Mail

90   Eine **E-Mail**, die auch als **elektronische Post** bezeichnet wird, ist nach Art. 4 Abs. 3 lit. e E-Privacy-VO-E jede über ein elektronisches Kommunikationsnetz verschickte

---

61   Elektronische Kommunikationsdaten können zudem Informationen über juristische Personen wie Geschäftsgeheimnisse oder andere sensible Informationen offenlegen, die einen wirtschaftlichen Wert haben, s. hierzu Erwgr. 3.
62   Zum Personenbezug der Daten s. auch → Rn. 3 ff.
63   Zum Personenbezug der Daten s. auch → Rn. 3 ff.

elektronische Nachricht, die Informationen in Text-, Sprach-, Video-, Ton- oder Bildform enthält und die im Netz oder in zugehörigen Rechneranlagen oder in Endeinrichtungen ihres Empfängers gespeichert werden kann.

h) Direktwerbung und persönliche Direktwerbeanrufe

Unter Direktwerbung ist gemäß Art. 4 Abs. 3 lit. f. E-Privacy-VO-E **jede Art der Werbung** in schriftlicher oder mündlicher Form zu verstehen, die an **einen oder mehrere** bestimmte oder bestimmbare Endnutzer elektronischer Kommunikationsdienste gerichtet wird, auch mittels automatischer Anruf- und Kommunikationssysteme mit oder ohne menschlicher Beteiligung, mittels E-Mail, SMS-Nachrichten und so weiter. Der Begriff der Direktwerbung ist somit **sehr weit** zu verstehen. Dies hat den Hintergrund, dass der Gesetzgeber **Endnutzer möglichst umfangreich vor unerbetener Direktwerbung schützen** möchte, die in das Privatleben der Endnutzer eingreift. Der Gesetzgeber sieht hierbei den Grad des Eingriffs in die Privatsphäre weitestgehend unabhängig von der großen Vielfalt der zur Durchführung dieser elektronischen Kommunikation genutzten Techniken und Kanäle. Der Grad des Eingriffs in die Privatsphäre von zum Beispiel automatischen Anruf- und Kommunikationssystemen, Sofortnachrichtenanwendungen, E-Mail, SMS, MMS, Bluetooth ist laut Erwgr. 33 demnach als relativ ähnlich zu betrachten. **91**

Persönliche Direktwerbeanrufe sind gemäß Art. 4 Abs. 3 lit. g E-Privacy-VO-E Anrufe, die direkt persönlich und ohne Verwendung automatischer Anruf- und Kommunikationssysteme ausgeführt werden. Persönliche Direktwerbeanrufe sind für den Absender kostspieliger und bringen für Endnutzer keine finanziellen Kosten mit sich. Die Mitgliedstaaten sind nach Erwgr. 36 dazu angehalten, nationale Systeme einzurichten beziehungsweise beizubehalten, die solche Anrufe nur an Endnutzer erlauben, die dem **nicht widersprochen** haben. **92**

i) Automatische Anruf- und Kommunikationssysteme

Unter **automatischen Anruf- und Kommunikationssystemen** sind nach Art. 4 Abs. 3 lit. h E-Privacy-VO-E all diejenigen Systeme zu verstehen, die automatisch Anrufe zu einem oder mehreren Empfängern entsprechend den für das System gemachten Einstellungen aufbauen und Ton übertragen können. Der Ton stellt hierbei **keine live gesprochene Rede** dar. Auch Anrufe unter Verwendung automatischer Anruf- und Kommunikationssysteme, die die angerufene Person mit einer einzelnen Person verbinden, fallen unter die Definition. **93**

II. Zulässigkeit der Verarbeitung personenbezogener Daten

Eine Verarbeitung personenbezogener Daten ist rechtmäßig, wenn kumulativ zwei Bedingungen erfüllt sind. Sie muss zulässig sein und es muss die Sicherheit der Verarbeitung gewährleistet sein. Ist keine Rechtsgrundlage gegeben, darf faktisch schon keine Datenverarbeitung stattfinden, so dass es auf die Sicherheit der Datenverarbeitung nicht mehr ankommt. Auf Internet- und Webdiensten können grundsätzlichen sowohl die allgemeinen Datenschutzvorschriften der Datenschutz-Grundverordnung **1** angewendet werden. Allerdings sind bereichsspezifische Vorgaben, wie sie die zukünftige E-Privacy-Verordnung mit sich bringen wird, vorrangig zu beachten.

1. Grundsätze für die Verarbeitung personenbezogener Daten nach Art. 5 DSGVO

2   Die Regelung des Art. 5 DSGVO enthält eigenständige **Maßstäbe**, die Bedeutung für das gesamte Datenschutzmanagement und etwa auch den Entwurf und Betrieb von Internetportalen haben, von der Datenerhebung bis zur Datenhaltung und Datenweitergabe. Gegenüber den bisherigen Regelungen sind Integrität und Vertraulichkeit in Art. 5 Abs. 1 lit. f. DSGVO neu gefasst. Von besonderer Bedeutung ist weiterhin die neue **Rechenschaftspflicht** gemäß Abs. 2, in welchem sich die Grundsätze der Datenschutzgrundverordnung zur Dokumentations- und Nachweispflicht wiederfinden, die gerade im Bereich der elektronischen Kommunikation besondere Herausforderungen darstellen. Natürliche Personen sollten demnach über die Risiken, Vorschriften, Garantien und Rechte im Zusammenhang mit der Verarbeitung personenbezogener Daten informiert und darüber aufgeklärt werden, wie sie ihre diesbezüglichen Rechte geltend machen können. Insbesondere sollten nach S. 4 die bestimmten Zwecke, zu denen die personenbezogenen Daten verarbeitet werden, eindeutig und rechtmäßig sein und zum Zeitpunkt der Erhebung der personenbezogenen Daten feststehen. In seiner Ausdrücklichkeit neu ist das Transparenzgebot, welches sich bisher implizit unter anderem aus der Zweckbindung und den Vorgaben zur Informiertheit von Einwilligungen ergab.[1]

a) Verhältnis zu anderen Normen

3   Mit Art. 5 DSGVO wird die Art und Weise der Datenverarbeitung geregelt, während sich der folgende Art. 6 DSGVO auf die grundsätzlichen Ermächtigungen bezieht.[2] Art. 5 DSGVO normiert die wesentlichen Verpflichtungen, welche sich durch die Datenschutzgrundverordnung ziehen und den Maßstab auch für Anwendungen im Internet festlegen.[3]

b) Geltungsbereich

4   Umsetzungspflichtige des Art. 5 DSGVO sind sowohl **Verantwortliche** als auch **Auftragsverarbeiter** nach Art. 28 DSGVO im Geltungsbereich nach Art. 2 und 3 DSGVO. Adressaten sind somit beispielsweise der Webseitenbetreiber als Verantwortlicher und der Hosting-Anbieter als Auftragsverarbeiter. Schwierigkeiten kann die Bestimmung des nach Art. 5 DSGVO Verantwortlichen bei neuartigen Verarbeitungstechniken wie der **Blockchain** bereiten, da aufgrund ihrer **dezentralen Struktur** gerade nicht auf eine konkrete Person oder Einrichtung abgestellt werden kann, welche die alleinige Entscheidungsmacht über die Verarbeitung der Daten innehat.[4]

---

1   Gierschmann/Schlender/Stentzel/Veil/*Buchholtz/Stentzel* DSGVO Art. 5 Rn. 1.
2   Sydow/*Reimer* DSGVO Art. 5 Rn. 1.
3   Gierschmann/Schlender/Stentzel/Veil/*Buchholtz/Stentzel* DSGVO Art. 5 Rn. 1.
4   *Bechtolf/Vogt* ZD 2018, 66 (69).

Thomas Wilmer

c) Einzelne Vorgaben

Die einzelnen Vorgaben stellen keine absoluten Maßstäbe, sondern **Optimierungsvor-** 5
gaben dar, die – im Einzelfall wie bei der Zweckbindung und Zweckänderung nach
Art. 6 Abs. 4 DSGVO – auch Durchbrechungen erfahren können.[5]

aa) Rechtmäßigkeit, Verarbeitung nach Treu und Glauben, Transparenz

Der Begriff der **Rechtmäßigkeit** erscheint weitgehend redundant, da er keine zusätzli- 6
che Bedeutung für das „Wie" der Datenverarbeitung aufweist, sondern inhaltlich auf
die Rechtsgrundlagen des Art. 6 DSGVO Bezug nimmt.[6]

Eine Verarbeitung nach **Treu und Glauben** soll nicht auf Maßstäbe des § 242 BGB, 7
sondern auf die allgemeinen Grundsätze der „fairen Verarbeitung" verweisen[7] und
eher eine Auffangbestimmung darstellen.[8]

Von besonderer Bedeutung ist die **Transparenz** der Verarbeitung, die sich auf die ge- 8
samte Verarbeitungskette bezieht und damit die Umsetzung des Grundsatzes der
Zweckbindung gemäß Art. 5 Abs. 1 lit. b DSGVO erst ermöglicht. Die Transparenzanforderungen gelten sowohl für den Inhalt als auch für die Art und Weise der Informationserteilung[9]. Die Transparenz muss sich nach Erwgr. 39 S. 2 darauf beziehen,
wie betreffende personenbezogene Daten erhoben, verwendet, eingesehen oder anderweitig verarbeitet werden sowie in welchem Umfang die personenbezogenen Daten
verarbeitet werden und künftig noch verarbeitet werden sollen. Für ein Internetportal
bedeutet dies, dass der Kunde sämtliche Verarbeitungen seiner Daten nachvollziehen
können und nach Art. 13 und 14 DSGVO darüber informiert werden muss.

bb) Zweckbindungsgrundsatz

Der Begriff der **Zweckbindung** war bisher bekannt aus nationalen und europäischen 9
Vorgaben. Er stand sowohl für eine Umsetzung der nationalen verfassungsrechtlichen
Vorgaben nach der Rechtsprechung des Bundesverfassungsgerichts[10] als auch für eine
Umsetzung der Vorgaben der Datenschutzrichtlinie. Auch nach der Datenschutz-
grundverordnung ist der Zweckbindungsgrundsatz zu beachten.[11]

Die Zwecke müssen bereits vor der Erhebung festgelegt sein, um eine Prüfung der 10
Zulässigkeit nach Art. 6 DSGVO zu ermöglichen. Möchte ein Onlineshop also beispielsweise Kundendaten sowohl für Marketingzwecke als auch für Vertragserfül-
lungszwecke verwenden, sind beide Zwecke bei der Planung der Datenverarbeitung
zu prüfen. Dies gilt sowohl für die Voraussetzungen der Erhebung als auch etwa für
spätere unterschiedliche Löschungsfristen. Eine Datenerhebung auf Vorrat, welche
keinen konkret festgelegten und gerechtfertigten Zweck verfolgt, verstößt demnach
gegen das Zweckbindungsgebot.[12] Nimmt man diesen Zweckbindungsgrundsatz

---

5 Paal/Pauly/*Frenzel* DSGVO Art. 5 Rn. 9.
6 Ehmann/Selmayr/*Heberlein* DSGVO Art. 5 Rn. 8.
7 Ehmann/Selmayr/*Heberlein* DSGVO Art. 5 Rn. 8; aA unter Rückgriff auf §§ 134, 138 BGB Sydow/*Reimer*
   DSGVO Art. 5 Rn. 14.
8 Dammann/*Simitis* DSRL Art. 6 Erl. 3 zum alten Recht.
9 Ehmann/Selmayr/*Heberlein* DSGVO Art. 5 Rn. 11.
10 BVerfGE 65, 1.
11 Gierschmann/Schlender/Stentzel/Veil/*Buchholtz/Stentzel* DSGVO Art. 5 Rn. 16.
12 Ehmann/Selmayr/*Heberlein* DSGVO Art. 5 Rn. 8.

ernst und versucht einen „unbekannten Zweck", etwa „künftige, jetzt noch nicht bekannte Auswertungsmöglichkeiten" in einer Einwilligung festzulegen und diese einzuholen, wird dies zum Scheitern verurteilt sein, da Einwilligungen in noch unbekannte Zwecke gegen das Transparenzgebot verstoßen und daher unwirksam sind.

11 Die Verarbeitungszwecke müssen daher konkret und eindeutig festgelegt werden. Allgemeine Angaben wie „Marketingzwecke" genügen nicht, es muss vielmehr die jeweilige einzelne Maßnahme bestimmt werden, zum Beispiel „Zusendung unseres Newsletters", „Ansprache für Veranstaltungen".[13] Auch den Informationspflichten des Art. 13 und 14 DSGVO wird nur durch eine hinreichend konkrete Benennung des Verarbeitungszwecks entsprochen.

12 Die Datenschutzgrundverordnung ermöglicht allerdings **Durchbrechungen** des Zweckbindungsgrundsatzes, da nach Art. 6. Abs. 4 DSGVO ($\rightarrow$ Rn. 39 ff.) eine Zweckänderung möglich ist, wenn bestimmte Vorgaben eingehalten werden. Dies wird bereits durch das Wertungselement der „nicht in einer mit diesen Zwecken nicht zu vereinbarenden Weise stattfindenden Weiterverarbeitung" angedeutet, die eine Wertung bei der Verwendung der Daten für Sekundärzwecke erlaubt.[14]

cc) Datenminimierung

13 Nach diesem Grundsatz ist eine Datenverarbeitung nur zulässig, wenn keine weniger extensiven Möglichkeiten gegeben sind. Er folgt damit auf den bisherigen Grundsatz der Datenvermeidung und Datensparsamkeit.[15] Die Daten sind **qualitativ und quantitativ zu begrenzen**.[16] Ebenso wie nach dem rahmengebenden Zweckbindungsgrundsatz verbieten sich demnach Datensammlungen auf Vorrat. In der Umsetzung ist auf die Prinzipien Datenschutz durch Technikgestaltung und durch datenschutzfreundliche Voreinstellungen (privacy by design und by default) zu achten, welche sowohl bei der Entwicklung eines Systems generell als auch bei der Planung von Voreinstellungen für Eingabemasken zu berücksichtigen sind.

dd) Richtigkeit

14 Weiterhin sind Daten **korrekt und aktuell** zu halten. Dies entspricht dem Grundsatz der Integrität und Verfügbarkeit nach Art. 32 Abs. 1 lit. b DSGVO. Die Richtigkeit muss zu jedem Zeitpunkt bestehen, so dass eine Aktualisierung geboten sein kann.[17] Die Aktualisierung hat jedoch nur im jeweiligen Verarbeitungsschritt zu erfolgen, soweit es erforderlich ist, wie sich aus dem Merkmal „erforderlichenfalls" ergibt. Unrichtige Daten sind unverzüglich, also ohne schuldhaftes Zögern, zu löschen. Überprüft werden kann die Einhaltung der Richtigkeit durch den Berichtigungsanspruch der Betroffenen nach Art. 16 DSGVO einschließlich des Anspruchs auf Vervollständigung unvollständiger personenbezogener Daten.

---

13 Ehmann/Selmayr/*Heberlein* DSGVO Art. 5 Rn. 14.
14 Paal/Pauly/*Frenzel* DSGVO Art. 5 Rn. 30.
15 Ehmann/Selmayr/*Heberlein* DSGVO Art. 5 Rn. 22.
16 Paal/Pauly/*Frenzel* DSGVO Art. 5 Rn. 34.
17 Paal/Pauly/*Frenzel* DSGVO Art. 5 Rn. 41.

Thomas Wilmer

ee) Speicherbegrenzung

Durch das Prinzip der **Speicherbegrenzung** soll der Anspruch auf Löschung unterstützt werden. Nach Erwgr. 39 erfordert dies, dass die Speicherfrist für personenbezogene Daten auf das unbedingt erforderliche Mindestmaß beschränkt bleibt sowie dass der Verantwortliche Fristen für ihre **Löschung** und **regelmäßige** Überprüfung vorsieht. Die Löschung muss zu einer nicht wieder rückgängig machbaren Trennung von Daten und Personenbezug führen,[18] so dass eine pseudonyme Speicherung der Speicherbegrenzung nicht genügt. Denkbar ist jedoch, dass personenbezogene Daten durch Auftrennung auf verschiedene Stellen, zum Beispiel Webseitenbetreiber und Tool-Anbieter, pseudonymisiert werden, wenn nur die Kombination beider Datensätze die Pseudonymisierung wieder aufheben würde und beiden Stellen alleine keine solche Möglichkeit zur Verfügung steht. 15

Weiterhin sind dem Betroffenen nach Art. 13 Abs. 2 lit. a DSGVO und Art. 14 Abs. 2 lit. a DSGVO die Fristen oder die Kriterien für ihre Festlegung mitzuteilen. Er kann seinen Löschungsanspruch nach Art. 17 DSGVO durchsetzen, wenn die zulässige Speicherfrist überschritten wird. 16

ff) Integrität und Vertraulichkeit

Ebenso wie im diese Prinzipien umsetzenden Art. 32 DSGVO werden hier die **technisch-organisatorischen Maßnahmen** zur Datensicherheit angesprochen. Geschützt wird vor absichtlichen, aber auch versehentlichen Verletzungen der Datensicherheit und Datenintegrität,[19] so dass sowohl Angriffe von Dritten abzuwehren als auch unternehmensinterne Fehler bei der Datenaufbewahrung zu unterbinden sind. 17

gg) Rechenschaftspflicht

Zu den zentralen Neuerungen der Datenschutzgrundverordnung gehört die Festlegung von **Nachweis- und Dokumentationspflichten,** welche die „Gesamtverantwortung des Verantwortlichen" regulieren.[20] Dies ist eine Vorschrift, welche als sprachlich misslungen gilt,[21] weil sie die Verantwortung redundant definiert. 18

Konkretisiert werden diese Pflichten unter anderem durch die Erstellung und Pflege des Verarbeitungsverzeichnisse, nach Art. 30 DSGVO, dem Nachweis von Einwilligungen nach Art. 7 DSGVO, die Datenschutzfolgeabschätzung nach Art. 35 DSGVO, die Verpflichtung zur Meldung von Datenschutzverletzungen nach Art. 33 DSGVO sowie die zentrale Vorschrift des Art. 24 DSGVO, nach dessen Abs. 1 der Verantwortliche unter Berücksichtigung der Art, des Umfangs, der Umstände und der Zwecke der Verarbeitung sowie der unterschiedlichen Eintrittswahrscheinlichkeit und Schwere der Risiken für die Rechte und Freiheiten natürlicher Personen geeignete technische und organisatorische Maßnahmen umsetzt, um sicherzustellen und den Nachweis dafür erbringen zu können, dass die Verarbeitung gemäß der Datenschutzgrundverordnung erfolgt. 19

---

18 Vgl. Paal/Pauly/*Frenzel* DSGVO Art. 5 Rn. 44.
19 Paal/Pauly/*Frenzel* DSGVO Art. 5 Rn. 48.
20 Ehmann/Selmayr/*Heberlein* DSGVO Art. 5 Rn. 22.
21 Paal/Pauly/*Frenzel* DSGVO Art. 5 Rn. 51.

20 Allerdings beinhaltet Art. 5 Abs. 2 DSGVO nicht nur eine deklaratorische Bestimmung, sondern eine Regulierung von eigenständiger Bedeutung.[22] Die Regelung erfordert ein Gesamtkonzept zur Planung, Umsetzung und Kontrolle der Prinzipien,[23] mithin ein vollständiges Datenschutzkonzept.[24]

2. Rechtsgrundlagen der Verarbeitung in der Datenschutz-Grundverordnung

21 Die Datenschutz-Grundverordnung kommt mit sehr wenigen Rechtsgrundlagen aus, auf die eine Verarbeitung personenbezogener Daten gestützt werden kann. Als Grundsatznorm ist dabei zunächst der Art. 5 DSGVO anzusehen, der im Unterschied zum bisherigen Datenschutzrecht Grundsätze für die Verarbeitung festlegt. Relevant für die Fragen der Zulässigkeit der Datenverarbeitung sind dann die nachfolgenden Art. 6 bis 10 DSGVO sowie Art. 28 DSGVO für die besondere Konstellation einer Auftragsverarbeitung.

a) Rechtmäßige Verarbeitung gemäß Art. 6 DSGVO

22 Bei Art. 6 DSGVO handelt es sich um die **zentrale Erlaubnisnorm** der Datenschutz-Grundverordnung. Diese löst in Verbindung mit Art. 88 DSGVO und § 26 BDSG insbesondere die bisherigen §§ 4, 28 und 32 BDSG a.F. hinsichtlich der Rechtsgrundlagen ab. Ergänzt wird Art. 6 DSGVO unter anderem durch die Vorgaben für die Einwilligung in Art. 7 DSGVO und die Vorgaben für die Einwilligung Minderjähriger für Dienste der Informationsgesellschaft in Art. 8 DSGVO sowie die Sonderregelungen für sensible Daten in Art. 9 DSGVO.

aa) Geltungsbereich und Zweck

23 Der Grundsatz des Verbots von Datenverarbeitungen mit Erlaubnisvorbehalt, das sogenannte Verbotsprinzip, wird durch Art. 6 DSGVO umgesetzt. Datenverarbeitungen, welche nicht durch Art. 6 DSGVO oder einzelne Sondererlaubnistatbestände der Datenschutz-Grundverordnung wie Art. 9 Abs. 2 DSGVO gestattet sind, sind grundsätzlich rechtswidrig. Ergänzend kann auf nationale Rechtsgrundlagen aufgrund einer Öffnungsklausel wie Art. 88 DSGVO und § 26 BDSG beispielsweise für die Datenverarbeitung bei der Internetnutzung durch Beschäftigte zurückgegriffen werden. Art. 6 DSGVO versucht damit eine europaweit harmonisierte Grundlage für die Verarbeitung personenbezogener Daten zu schaffen. Verantwortliche Stellen sind aufgrund des **risikobasierten Datenschutzmanagementansatzes und der Rechenschaftspflicht** nach Art. 5 Abs. 2 DSGVO gezwungen, sich vor der Datenverarbeitung von der Rechtsgrundlage zu überzeugen und diese gegebenenfalls auch nach Art. 13 oder 14 DSGVO gegenüber dem Betroffenen zu kommunizieren.

bb) Ausnahmen

24 Keine echte Ausnahme, aber eine **Durchbrechung** der abschließenden Regelung stellen die Verweisungen auf anderweitige Rechtsgrundlagen im Unionsrecht oder dem Recht der Mitgliedstaaten nach Art. 6 Abs. 2 und Abs. 3 DSGVO dar, welche den

---

22 Paal/Pauly/*Frenzel* DSGVO Art. 5 Rn. 51.
23 S. auch *Lepperhoff* RDV 2017, 197.
24 *Faust/Spittka/Wybitul* ZD 2016, 120.

materiellen Ansprüchen der Datenschutz-Grundverordnung entsprechen müssen.[25] Insbesondere im Bereich spezialgesetzlicher Regelungen der Mitgliedsstaaten – wie etwa im Bereich des Smart Metering über das Internet nach dem deutschen Messstellenbetriebsgesetz – kann sich die Herausforderung stellen, die entsprechenden Geltungsreihenfolgen klar herauszuarbeiten. Es ist daher zu entscheiden, ob es sich um ein vorrangiges Spezialgesetz aufgrund einer Öffnungsklausel handelt oder um eine nach der Datenschutz-Grundverordnung auszulegende Norm eines Mitgliedsstaates. Daneben lässt sich Art. 6 Abs. 4 DSGVO in einem gewissen Umfang als Ausnahme von der Systematik der im vorneherein klar festgelegten Zweckbindung der Datenverarbeitung aufgrund einer eindeutigen Rechtsgrundlage definieren.

cc) Einzelne Rechtsgrundlagen

Die in Art. 6 DSGVO aufgeführten Rechtsgrundlagen haben unterschiedliche Normadressaten und Regelungsebenen, welche miteinander kombiniert werden müssen. So richtet sich Art. 6 DSGVO sowohl an **öffentliche als auch an nichtöffentliche Stellen**, so dass beispielsweise nicht nur E-Commerce-Anbieter, sondern auch öffentliche Webseiten von beispielsweise virtuellen Rathäusern betroffen sind. Art. 6 Abs. 1 S. 1 DSGVO enthält die wesentlichen Rechtsgrundlagen, Art. 6 Abs. 4 DSGVO einen Erlaubnistatbestand für Zweckänderungen, die Absätze 2 und 3 Öffnungsklauseln, welche sich auf die Regelungen in Abs. 1 lit. c und lit. e beziehen. Für verantwortliche Stellen in Deutschland werden in aller Regel die Art. 6 Abs. 1 S. 1 lit. a bis f DSGVO sowie Art. 9 Abs. 2 DSGVO sowie Art. 88 DSGVO und § 26 BDSG als wesentliche Rechtsgrundlagen für die meisten Datenverarbeitungen im Internet zu prüfen sein. 25

(1) Einwilligung nach Art. 6 Abs. 1 S. 1 lit. a DSGVO

An erster Stelle der Erlaubnistatbestand wird die Einwilligung aufgeführt, welche unter anderem in **Art. 7 und 8 DSGVO** im Einzelnen **weiteren Voraussetzungen** zu ihrer Wirksamkeit beziehungsweise zu **Minderjährigen** als Betroffenen sowie in **Art. 9 Abs. 2 DSGVO zu sensiblen Daten** regelt. Mit dem Einwilligungsvorbehalt wird das zentrale Betroffenenrecht des allgemeinen Datenschutzgrundrechts nach Art. 1 und 8 Abs. 2 GRC umgesetzt.[26] 26

In der Praxis wird sich zeigen müssen, inwiefern sich das Kopplungsverbot der Datenschutzgrundverordnung und die Neuerungen der zukünftigen E-Privacy-Verordnung als zentrale Einschränkung der Einwilligungsmöglichkeiten im Netz herausstellen werden (Kopplungsverbot → B. II. Rn. 93 ff.). Die Einwilligung gilt als Ausdruck der **Privatautonomie** der Betroffenen.[27] Zugleich bleibt es den Betroffenen aufgrund des Transparenz- und Zweckbindungsgebots des Art. 5 DSGVO verwehrt, Einwilligungen abzugeben, welche sich aufgrund einer fehlenden Konkretheit in ihrer Tragweite und in ihrer konkreten Beschränkung des Verarbeitungszwecks als nicht fassbar herausstellen (→ B. II. Rn. 80 ff.). Dies schränkt zum Beispiel die Möglichkeit ein, bewusste und transparente Einwilligungen in die Erstellung bestimmter Big Data-Datenbanken einzuholen, sofern bei diesen die endgültige Datennutzung – soweit kei- 27

---

25 Gierschmann/Schlender/Stentzel/Veil/*Assion/Nolte/Veil* DSGVO Art. 6 Rn. 6.
26 Gierschmann/Schlender/Stentzel/Veil/*Assion/Nolte/Veil* DSGVO Art. 6 Rn. 47.
27 Gierschmann/Schlender/Stentzel/Veil/*Assion/Nolte/Veil* DSGVO Art. 6 Rn. 50.

ne Anonymisierung durchgeführt wird – noch nicht bekannt und die entsprechenden Algorithmen noch nicht entwickelt worden sind und damit letztlich irgendein noch nicht bekannter Zweck verfolgt wird. Zugleich steht diese mittelbare **Beschränkung der Privatautonomie** über die Anforderungen der Zweckbindung und Transparenz bei regelkonformen Einwilligungserklärungen in starkem Kontrast zur Praxis bei bestimmten Datenverarbeitungen der sozialen Netzwerke. Bei diesen verbreiten Betroffene ihre Daten häufig so über das Internet, dass sie die Folgen der Verbreitung – auch über das Recht auf Vergessen werden – faktisch nicht mehr rückgängig machen oder überhaupt nachvollziehen können. Es erscheint teilweise so, als ob sie eine konkludente Einwilligung an jedermann zur Datennutzung erteilt hätten.

Weiterhin muss die Einwilligung nach Art. 7 Abs. 4 DSGVO **freiwillig** sowie nach Art. 4 Nr. 11 DSGVO in **informierter Weise und unmissverständlich** erteilt worden sein. Auf die **Widerrufsmöglichkeit** muss gemäß Art. 7 Abs. 3 DSGVO hingewiesen worden sein. Daneben ist die **Nachweisbarkeit** der Erteilung erforderlich gemäß Art. 7 Abs. 1 DGSVO erforderlich (s. Näheres zu den einzelnen Voraussetzungen → B. II. Rn. 80 ff.). Bei **sensiblen** Daten ist zusätzlich Art. 9 Abs. 2 DSGVO zu beachten, welcher eine **ausdrückliche** Einwilligung erfordert.

28 Aus den Erwgr. 32 S. 1 und 2 ergibt sich, dass keine Formbedürftigkeit besteht. Die Einwilligung kann **elektronisch, mündlich oder schriftlich und auch durch eine aktive Handlung**[28] erteilt werden. Neben den Anforderungen der Datenschutzgrundverordnung sind **zusätzlich Regelungen des Privatrechts**, etwa zum AGB-Recht zu beachten.[29]

(2) Vertragserfüllung nach Art. 6 Abs. 1 S. 1 lit. b DSGVO

29 Neben der Vertragserfüllung deckt Art. 6 Abs. 1 S. 1 lit. b DSGVO auch die Durchführung **vorvertraglicher** Maßnahmen ab, so etwa die Erstellung von individualisierten Angeboten oder Kostenvoranschlägen[30] auf Anfrage des Betroffenen. Umfasst sind auch vertragliche **Neben- und Rücksichtnahmepflichten**.[31] Soweit diese auf einer autonomen Entscheidung des Betroffenen beruhen, können auch **Gefälligkeitsverhältnisse** betroffen sein.[32] Dass die Vertragserfüllung die entsprechende Datenverarbeitung rechtfertigt, ergibt sich auch aus dem Grundsatz der Privatautonomie.[33] In beiden Fällen muss die Datenverarbeitung durch ein **Verhältnis zum Betroffenen** – nicht zu Dritten – begründet werden und für den jeweiligen Zweck erforderlich sein, so dass auch hier der Zweckbindungsgrundsatz zentraler Maßstab des Erlaubnistatbestands ist. Allerdings sind die Anforderungen an den Vertragsschluss und seine Anbahnung nicht so streng wie bei der Einwilligung, zum Beispiel bei der Frage der Freiwilligkeit des Abschlusses,[34] obwohl letztlich beim Vertragsschluss auch eine Art der

---

28 *Art. 29-Datenschutzgruppe*, WP 259, 15.
29 *Wendehorst/Graf v. Westphalen* NJW 2016, 3745.
30 Gola/Schulz/*Gola* DSGVO Art. 6 Rn. 28.
31 Wolff/Brink/*Albers* DSGVO Art. 6 Rn. 31.
32 Kühling/Buchner/*Petri* DSGVO Art. 6 Rn. 30.
33 Wolff/Brink/*Albers* DSGVO Art. 6 Rn. 29.
34 Gierschmann/Schlender/Stentzel/Veil/*Assion/Nolte/Veil* DSGVO Art. 6 Rn. 87.

Thomas Wilmer

Einwilligung – nämlich in die Verwendung der Daten zur Vertragsausführung – vorliegt.[35]

Die Vertragserfüllung könnte sich in Zukunft – neben überwiegenden Interessen nach Art. 6 Abs. 1 S. 1 lit. f DSGVO – aufgrund der durch das strengere Kopplungsverbot gestiegenen Anforderungen an die Einwilligung besonderer Beliebtheit bei verantwortlichen Stellen erfreuen, welche die schwer zu erhaltende Einwilligung durch eine Vertragserfüllung nach Art. 6 Abs. 1 S. 1 lit. b DSGVO als Rechtfertigungsgrund für eine Verarbeitung ersetzen. Die Einwilligung könnte zum Beispiel ersetzt werden, indem die gewünschte Datenverarbeitung zum Bestandteil des Vertrags – möglicherweise im Rahmen von **Bonusprogrammen, „VIP-Angeboten** – gemacht wird, soweit es gelingt, die Betroffenen von Angeboten zu überzeugen, deren Erfüllung zwingend die Verarbeitung der Daten beinhaltet. 30

In den Bereich der **vorvertraglichen** Anbahnung nach Art. 6 Abs. 1 S. 1 lit. b 2. Var. DSGVO können neben dem Austausch von Informationen über Interessen und Vertragsbestandteile sowie die Angebotsabfassung auch notwendige **Überprüfungen etwa der Bonität oder Seriosität** des Vertragspartners gehören.[36] 31

Der zugrundeliegende oder angestrebte Vertrag muss materiellrechtlich wirksam sein.[37] Zu den Daten nach lit. b 1. Var. können auch Informationen gehören, welche der Erfüllung vertraglicher **Nebenpflichten** nach § 241 Abs. 2 BGB dienen. 32

(3) Rechtliche Verpflichtung nach Art. 6 Abs. 1 S 1 lit. c DSGVO

Art. 6 Abs. 1 S. 1 lit. c DSGVO betrifft die Datenverarbeitung durch **Private und Behörden im öffentlichen Interesse.** Denkbar sind alle Arten von gesetzlichen Verpflichtungen zur Datenverarbeitung, in Deutschland etwa nach der Sozialgesetzgebung, dem Telekommunikationsrecht, den Polizeigesetzen, der Abgabenordnung oder anderen Spezialgesetzen. Der Erlaubnistatbestand greift allerdings nur, wenn die Vorgaben des Abs. 2 und Abs. 3 erfüllt sind. Anders als bei Art. 6 Abs. 1 S. 1 lit. e DSGVO besteht kein Widerspruchsrecht nach Art. 21 DSGVO.[38] 33

(4) Lebenswichtige Interessen nach Art. 6 Abs. 1 S. 1 lit. d DSGVO

Nach Erwgr. 46 S. 1, 2 muss die Verarbeitung nach lit. d erforderlich sein, um ein lebenswichtiges Interesse der **betroffenen Person oder einer anderen** natürlichen Person zu schützen, jedoch nur, wenn die Verarbeitung offensichtlich nicht auf eine andere Rechtsgrundlage gestützt werden kann. Denkbar sind etwa vorrangige Anwendungsmöglichkeiten des Abs. 1 lit. c. Erwgr. 46 S. 3 nennt als Beispiele hierfür humanitäre Zwecke einschließlich der Überwachung von Epidemien und deren Ausbreitung oder in humanitären Notfällen insbesondere bei Naturkatastrophen oder vom Menschen verursachten Katastrophen. Nach **deutschem Recht** kommen als Anwendungsfälle et- 34

---

35 Sydow/*Reimer* DSGVO Art. 6 Rn. 18.
36 Gierschmann/Schlender/Stentzel/Veil/*Assion/Nolte/Veil* DSGVO Art. 6 Rn. 90.
37 Sydow/*Reimer* DSGVO Art. 6 Rn. 19.
38 Gierschmann/Schlender/Stentzel/Veil/*Assion/Nolte/Veil* DSGVO Art. 6 Rn. 91.

wa Situationen nach § 34 StGB oder die zivilrechtlichen Notstandsregelungen in Betracht.[39]

35 Eine Abwägung mit den Interessen des Verantwortlichen ist nach lit. d nicht vorgesehen. Der Begriff „lebenswichtig" wird nicht näher definiert. In Betracht kommen jedenfalls lebensbedrohliche Gesundheits- oder Verletzungszustände, die drohen oder eingetreten sind.

(5) Öffentliche Interessen nach Art. 6 Abs. 1 S. 1 lit. e DSGVO

36 Art. 6 Abs. 1 S. 1 lit. e DSGVO betrifft die Datenverarbeitung im öffentlichen Interesse. Adressat sind nur Stellen, die öffentliche Aufgaben oder im öffentlichen Interesse liegende Aufgaben -auch als Private – wahrnehmen. Eine Rechtfertigung nach lit. e erfordert zusätzlich das Vorliegen einer entsprechenden **nationalen gesetzlichen Grundlage** für die jeweilige Aufgabenwahrnehmung. Nach Erwgr. 45 S. 4 f. sollte im Unionsrecht oder im Recht der Mitgliedstaaten in einer solchen Grundlage geregelt werden, für welche Zwecke die Daten verarbeitet werden dürfen. Ferner könnten in diesem Recht die präzisen Bedingungen der Datenverarbeitung genannt werden, einschließlich der Maßnahmen zum Datenschutz,

Nicht erforderlich ist, dass die Rechtsgrundlage sich explizit auf die Datenverarbeitung bezieht. Auch wird nach Erwgr. 45 S. 2 nicht für jede einzelne Verarbeitung ein spezifisches Gesetz verlangt. Dementsprechend verbirgt sich in Art. 6 Abs. 1 S. 1 lit. e i.V.m. Art. 6 Abs. 2 DSGVO eine weitreichende Öffnungsklausel für Datenverarbeitungen hoheitlicher Stellen.[40]

dd) Öffnungsklausel nach Art. 6 Abs. 2 DSGVO

37 Nach dem Wortlaut des Art. 6 Abs. 2 DSGVO können die Mitgliedstaaten **spezifischere Bestimmungen** zur Anpassung der Anwendung der Vorschriften der Datenschutzgrundverordnung in Bezug auf die Verarbeitung zur Erfüllung von Abs. 1 S. 1 lit. c und lit. e beibehalten oder einführen, indem sie spezifische Anforderungen für die Verarbeitung sowie sonstige Maßnahmen präziser bestimmen, um eine rechtmäßig und nach Treu und Glauben erfolgende Verarbeitung zu gewährleisten. Die Regelung steht im Spannungsverhältnis zwischen den Regelungsbefugnissen der Mitgliedsstaaten im öffentlich-rechtlichen Bereich und dem Geltungsanspruch der Datenschutzgrundverordnung als Verordnung der Union. Dementsprechend sind alle Rechtsakte auf nationaler Ebene unzulässig, welche der direkten Anwendbarkeit der Datenschutzgrundverordnung entgegenstehen.[41] Zulässig ist nur die in Abs. 2 geregelte Präzisierung. Der Verweis auf die besonderen **Verarbeitungssituationen nach Kapitel IX** umfasst unter anderem die Verarbeitungsbereiche **Meinungsäußerung** und **Informationsfreiheit**, Zugang der Öffentlichkeit zu amtlichen Dokumenten, die Datenverarbeitung im Beschäftigungskontext, Garantien und Ausnahmen in Bezug auf die Verarbeitung zu im öffentlichen Interesse liegenden Archivzwecken, zu wissenschaftlichen oder historischen Forschungszwecken und zu statistischen Zwecken, Ge-

---

39 Gierschmann/Schlender/Stentzel/Veil/*Assion/Nolte/Veil* DSGVO Art. 6 Rn. 99.
40 Gierschmann/Schlender/Stentzel/Veil/*Assion/Nolte/Veil* DSGVO Art. 6 Rn. 108.
41 Ehmann-Selmayr/*Heberlein* DSGVO Art. 6 Rn. 31.

Thomas Wilmer

heimhaltungspflichten sowie bestehende Datenschutzvorschriften von Kirchen und religiösen Vereinigungen oder Gemeinschaften sind weitere Verarbeitungsbereiche, die dem zuzuordnen sind.

ee) Rechtsgrundlagen für den öffentlichen Bereich gemäß Art. 6 Abs. 3 DSGVO

In Art. 6 Abs. 3 DSGVO und Erwgr. 41 wird festgelegt, dass nationale, dem Sitz des   38
Verantwortlichen entsprechende, und Unionsrechtsgrundlagen **kein Parlamentsgesetz erfordern.** Die Grundlagen müssen den Vorgaben des Europäischen Gerichtshofes und des Europäischen Gerichtshofs für Menschenrecht entsprechen.[42] Neben den zwingenden Anforderungen der Zweckfestlegung gemäß S. 2 sind in S. 3 optionale Elemente enthalten. Diese sind Bestimmungen darüber, welche allgemeinen Bedingungen für die Regelung der Rechtmäßigkeit der Verarbeitung durch den Verantwortlichen gelten, welche Arten von Daten verarbeitet werden, welche Personen betroffen sind, an welche Einrichtungen und für welche Zwecke die personenbezogenen Daten offengelegt werden dürfen, welcher Zweckbindung sie unterliegen, wie lange sie gespeichert werden dürfen und welche Verarbeitungsvorgänge und -verfahren angewandt werden dürfen, einschließlich Maßnahmen zur Gewährleistung einer rechtmäßig und nach Treu und Glauben erfolgenden Verarbeitung.

ff) Verarbeitung zu anderen Zwecken nach Art. 6 Abs. 4 DSGVO

Eine gewisse **Durchbrechung** der in Art. 5 DSGVO festgelegten Prinzipien, insbeson-   39
dere der **Transparenz und Zweckbindung,**[43] stellt die Regelung des Abs. 4 dar. Danach ist eine Zweckänderung auch dann möglich, wenn sie nicht auf der Einwilligung der betroffenen Person oder auf einer notwendigen und verhältnismäßigen Rechtsvorschrift der Union oder der Mitgliedstaaten beruht.[44]

Eine Zweckänderung ist gegeben, wenn die Verarbeitung von dem Zweck abweicht,   40
der bei der Erhebung nach einem der Erlaubnistatbestände des Art. 6 Abs. 1 DSGVO gegeben war. Die Zweckänderung erfordert eine Abwägung durch den Verantwortlichen um festzustellen, ob die Verarbeitung zu einem anderen Zweck mit demjenigen, zu dem die personenbezogenen Daten ursprünglich erhoben wurden, vereinbar ist.

Ob die Zweckänderung nach Abs. 4 voraussetzt, dass für den neuen Zweck **zusätz-**   41
lich eine Rechtsgrundlage nach Abs. 1 vorhanden sein muss,[45] geht aus der Vorschrift **nicht eindeutig** hervor. Dafür spricht, dass sich der Verantwortliche ansonsten einen neuen Zweck überlegen kann, der lediglich die Kriterien des Abs. 4 erfüllen müsste, und damit der Zweckbindungsgrundsatz ausgehebelt würde. Letztlich handelt es sich um eine Neuerhebung der Daten aus vorhandenen internen Quellen.[46] Ob damit Abs. 4 eigentlich entbehrlich ist, weil eine Neuerhebung aus vorhandenen Quellen sich nur an Abs. 1 orientieren muss, oder ob zusätzlich die Vorgaben aus Abs. 4 beachtet werden müssen – und damit eine Neuerhebung aus vorhandenen Quellen für

---

42 Ehmann-Selmayr/*Heberlein* DSGVO Art. 6 Rn. 34.
43 Gierschmann/Schlender/Stentzel/Veil/*Assion/Nolte/Veil* DSGVO Art. 6 Rn. 199.
44 *Schantz* NJW 2016, 1841 (1844).
45 Ehmann/Selmayr/*Heberlein* DSGVO Art. 6 Rn. 42.
46 Gierschmann/Schlender/Stentzel/Veil/*Assion/Nolte/Veil* DSGVO Art. 6 Rn. 201.

einen neuen Zweck strengeren Vorschriften unterliegt, als die Neuerhebung nach Abs. 1 – ist umstritten;[47] und bedarf einer entsprechenden Klärung. Richtigerweise **genügt** für die Verwendung vorliegender Daten für einen neuen Zweck **lediglich die Beachtung der Maßgaben des Abs. 4,** da dieser ansonsten entbehrlich wäre und die Gesetzeshistorie dafür spricht, dass Abs. 4 bewusst als ausreichende Grundlage für Zweckänderungen angesehen wurde.[48]

42 Ergänzt wird Abs. 4 durch die nationale Regelung in **§ 24 Abs. 1 BDSG,** wonach die Verarbeitung personenbezogener Daten zu einem anderen Zweck als zu demjenigen, zu dem die Daten erhoben wurden, durch **nicht-öffentliche Stellen** zulässig ist, wenn sie erstens zur Abwehr von Gefahren für die **staatliche oder öffentliche Sicherheit** oder zur Verfolgung von **Straftaten** erforderlich ist oder sie zweitens zur Geltendmachung, Ausübung oder Verteidigung **zivilrechtlicher Ansprüche** erforderlich ist, sofern nicht die Interessen der betroffenen Person an dem Ausschluss der Verarbeitung überwiegen. Nach dem mit Unionsrecht wohl nicht zu vereinbarenden § 24 Abs. 1 BDSG ist die Verarbeitung **besonderer Kategorien personenbezogener Daten** im Sinne von Art. 9 Abs. 1 DSGVO zu einem anderen Zweck als zu demjenigen, zu dem die Daten erhoben wurden, zulässig, wenn die Voraussetzungen des § 24 Abs. 1 BDSG und ein Ausnahmetatbestand nach Art. 9 Abs. 2 der DSGVO oder nach § 22 BDSG vorliegen.

43 Es bleibt – insbesondere hinsichtlich der Vorgaben der E-Privacy-Verordnung – abzuwarten, inwiefern sich Art. 6 Abs. 4 DSGVO zu einer Öffnungsklausel für „verwandte" Zwecke der Weiterverarbeitung von im Internet erhobenen Daten entwickelt, so etwa bei Big Data-Anwendungen, Retargeting- und Performance Marketing sowie weiteren Anwendungen der Künstlichen Intelligenz, welche noch unbekannte Anwendungen für bereits vorhandene Datensätze vorsehen.[49]

(1) Zweckverbindung und Weiterverarbeitungszwecke

44 Liegt kein gesonderter Erlaubnistatbestand vor, wie etwa eine Einwilligung, eine sonstige Rechtsvorschrift oder eine Privilegierung nach Art. 5 Abs. 1 lit. b Hs. 2 DSGVO,[50] sind die folgenden Vorgaben des Art. 6 Abs. 4 lit. a bis d DSGVO zu prüfen. Es handelt sich hierbei nicht um eine Interessenabwägung, sondern um eine Gewichtung der benannten Kriterien.

45 Erstes Kriterium ist jede **Verbindung zwischen den Zwecken,** für die die personenbezogenen Daten erhoben wurden, und den Zwecken der beabsichtigten Weiterverarbeitung. **Je weiter** der neue Zweck der Verarbeitung vom ursprünglichen entfernt ist, **umso eher** ist eine Zweckänderung abzulehnen. Keine durch Art. 6 Abs. 4 DSGVO gedeckte Zweckänderung ist beispielsweise anzunehmen, wenn Daten für eine Umfrage erhoben wurden und dann für Werbeansprachen verwendet werden sollen oder bei denen Videodaten zu Sicherheitszwecken erhoben wurden und dann für die Be-

---

47 Gierschmann/Schlender/Stentzel/Veil/*Assion*/*Nolte*/*Veil* DSGVO Art. 6 Rn. 208 f.; Sydow/*Reimer* DSGVO Art. 6 Rn. 70.
48 S. im Einzelnen Gierschmann/Schlender/Stentzel/Veil/*Assion*/*Nolte*/*Veil* DSGVO Art. 6 Rn. 215 f.
49 S. zur Problematik sensibler Daten in Big Data und Zweckänderungen *Schneider* ZD 2017, 303.
50 Gierschmann/Schlender/Stentzel/Veil/*Assion*/*Nolte*/*Veil* DSGVO Art. 6 Rn. 223 f.

Thomas Wilmer

schäftigtenkontrolle verwendet werden.[51] Ein näher liegender Zweck wäre die Verwendung von Newsletter-Daten für eine Veranstaltungseinladung.[52]

(2) Erhebungszusammenhang

Weiterhin hat der Verantwortliche den Zusammenhang zu berücksichtigen, in dem die personenbezogenen Daten erhoben wurden, insbesondere hinsichtlich des Verhältnisses zwischen den betroffenen Personen und dem Verantwortlichen und die **vernünftigen Erwartungen** des Betroffenen.[53] Hier kann die Art des ursprünglichen Vertrags zwischen den Parteien, aber auch der **sonstige Kontext** eine Rolle spielen. So muss der Nutzer eines sozialen Netzwerks zwar damit rechnen, dass seine Daten auch vom Netzwerk ausgewertet werden, er muss aber nicht jeder noch so weitgehenden Werbenutzung seiner Inhalte rechnen, die über die Anzeige von Werbung im Netzwerk selbst hinausgeht.[54]

46

Handelte es bei der **Erstverarbeitung** um eine vertragliche Rechtsgrundlage nach Art. 6 Abs. 1 S. 1 lit. b DSGVO werden Weiterverarbeitungszwecke, welche sich mit der Qualitätssicherung der Leistungen befassen, näher liegen als etwa Nutzungen für Veranstaltungseinladungen. Gleiches gilt für Daten aus einem angebahnten oder bestehenden Beschäftigungsverhältnis.[55]

47

(3) Art der personenbezogenen Daten

Daneben sind die **Art der personenbezogenen Daten** zu berücksichtigen, insbesondere ob besondere Kategorien personenbezogener Daten gemäß Art. 9 Abs. 1 DSGVO oder ob personenbezogene Daten über strafrechtliche Verurteilungen und Straftaten gemäß Art. 10 DSGVO verarbeitet werden.

48

Für **sensible Daten** nach Art. 9 Abs. 1 DSGVO sind Zweckänderungen dementsprechend nur in **Ausnahmefällen** denkbar. Daneben sind die Vorgaben des Art. 9 und 10 DSGVO zusätzlich zu beachten. So werden etwa bei gesundheitsbezogenen Daten, die auch außerhalb des medizinischen Behandlerkreises vorliegen können, etwa aus Nutzungsdaten bei sozialen Netzwerken oder aus Rückschlüssen von Internetnutzungen, Weitergaben zu Werbezwecken an Dritte oder an Arbeitgeber in der Regel ausgeschlossen sein.

49

(4) Folgen der beabsichtigten Weiterverarbeitung

Darüber hinaus sind die möglichen **Folgen der beabsichtigten Weiterverarbeitung** für die betroffenen Personen in Betracht zu ziehen. Diese Vorgabe entspricht den Anforderungen des Art. 24 DSGVO an ein risikobasiertes Datenschutzmanagement, wonach besondere Risiken nach Eintrittswahrscheinlichkeit und Schwere der Folgen abzuwägen sind, so etwa bei besonderen Folgen für das Image des Betroffenen, seiner Kreditwürdigkeit oder sonstiger wirtschaftlicher Folgen.

50

---

51 Ehmann/Selmayr/*Heberlein* DSGVO Art. 6 Rn. 47.
52 Gierschmann/Schlender/Stentzel/Veil/*Assion*/Nolte/*Veil* DSGVO Art. 6 Rn. 234.
53 Gierschmann/Schlender/Stentzel/Veil/*Assion*/Nolte/*Veil* Art. 6 Rn. 237.
54 Ehmann/Selmayr/*Heberlein* DSGVO Art. 6 Rn. 48.
55 *Monreal* ZD 2016, 507 (510).

(5) Vorhandensein geeigneter Garantien

51 Abschließend ist das Vorhandensein **geeigneter Garantien** zu prüfen, wozu Verschlüsselung oder Pseudonymisierung gehören können. Zu diesen Garantien können risikobasierte Schutzmaßnahmen der Art. 24 und 32 DSGVO gehören, so dass in jedem Fall Angemessenheitsprüfungen durchzuführen sind. Für Garantien und Ausnahmen in Bezug auf die Verarbeitung zu im öffentlichen Interesse liegenden Archivzwecken, zu wissenschaftlichen oder historischen Forschungszwecken und zu statistischen Zwecken werden in Art. 89 DSGVO Sonderregelungen für die Weiterverarbeitung getroffen, die zusätzlich zu beachten sind.

b) Datenverarbeitung aufgrund berechtigter Interessen gemäß Art. 6 Abs. 1 S. 1 lit. f DSGVO

52 Neben der Einwilligung als Rechtsgrundlage für die Verarbeitung personenbezogener Daten wird voraussichtlich der sogenannten Interessenabwägungsklausel des Art. 6 Abs. 1 S. 1 lit. f DSGVO eine große praktische Relevanz zukommen. Für die Datenverarbeitung durch nichtöffentliche Stellen wird die Vorschrift als „zentrale Stellschraube"[56] oder auch als Ausnahmetatbestand, nicht aber als Auffangtatbestand,[57] bezeichnet. Indem eine Interessenabwägung als Voraussetzung für die Zulässigkeit der Datenverarbeitung normiert wird, weist die Vorschrift einerseits eine hohe Flexibilität auf, andererseits bereitet sie aufgrund der Weite und Unbestimmtheit Probleme in der Rechtsanwendung.

aa) Normgenese, Systematik und Funktion von Art. 6 Abs. 1 S. 1 lit. f DSGVO

53 Art. 6 Abs. 1 S. 1 lit. f DSGVO erlaubt die Verarbeitung personenbezogener Daten zur Wahrung berechtigter Interessen unter Abwägung mit den Interessen der betroffenen Personen. Die Norm beruht auf dem weitgehend inhaltsgleichen **Art. 7 lit. f DS-RL**. Allerdings kommt der Norm im Rahmen der Verordnung eine völlig andere Funktion zu als in der Richtlinie. Als Richtliniennorm – und ausdrücklich gemäß Art. 5 DSRL – wandte sich Art. 7 lit. f DSRL an die Gesetzgeber der Mitgliedstaaten, die daraufhin Erlaubnistatbestände für bestimmte berechtigte Interessen der verantwortlichen Stellen und Dritter erlassen konnten. In diesen Erlaubnistatbeständen konnten sie dann auch konkretisieren, unter welchen Voraussetzungen und in welchem Umfang die Verarbeitung personenbezogener Daten zu dem jeweiligen Zweck zulässig sein sollte.[58] Als Erlaubnistatbestand der DSGVO richtet sich die Norm aber nicht an den Gesetzgeber, sondern direkt an die Verantwortlichen. Eine der Anwendung durch die Verantwortlichen vorgeschaltete Konkretisierung berechtigter Interessen durch den Gesetzgeber findet damit nicht statt.

54 Während Art. 7 lit. f DSRL damit als Auftrag an den Gesetzgeber verstanden werden konnte, für bestimmte Interessen unter bestimmten Umständen einfachgesetzliche Erlaubnistatbestände zu konkretisieren, richtet sich Art. Art. 6 Abs. 1 S. 1 lit. f DSGVO direkt an die Verantwortlichen und könnte in der Praxis als Auffangtatbestand ge-

---

56 So Kühling/Buchner/*Buchner/Petri* DSGVO Art. 6 Rn. 141.
57 S. Paal/Pauly/*Ernst* DSGVO Art. 6 Rn. 26; *Gola/Schulz* DSGVO Art. 6 Rn. 13.
58 Roßnagel/*Nebel* 2018 § 3 Rn. 87.

nutzt werden.[59] Auf ihn könnten viele Verantwortliche immer dann zurückgreifen, wenn ein anderer gesetzlicher Erlaubnistatbestand ihnen nicht die Datenverarbeitung erlaubt, die sie wünschen, denn Art. 6 Abs. 1 S. 1 lit. f DSGVO kann vom Wortlaut her auch den Anwendungsbereich anderer Rechtsgrundlagen aus Art. 6 Abs. 1 DSGVO abdecken, zum Beispiel lit. b. Dieser Rückgriff wäre aber unzulässig. Ist eine der übrigen spezielleren Rechtsgrundlagen anwendbar, **darf nicht auf lit. f zurückgegriffen werden,**[60] da dieser ansonsten die (etwas) konkreteren Zweckbestimmungen der anderen Rechtsgrundlagen unterlaufen würde. Art. 6 Abs. 1 S. 1 lit. f DSGVO kann auch nicht angewendet werden, soweit besondere Kategorien personenbezogener Daten verarbeitet werden sollen. Insofern ist Art. 9 Abs. 2 DSGVO spezieller.[61]

Lit. f anzuwenden, bedeutet bei Internetdiensten wegen der Abwägung mehr Aufwand als eine elektronische Einwilligung einzuholen und bringt für die Verantwortlichen wegen der fehlenden Konkretisierung, auch weniger Rechtssicherheit mit sich als diese. Welche von beiden Rechtsgrundlagen in der Praxis die größere Rolle spielen wird, ist daher noch nicht absehbar. Für manche Webdienste, wie zum Beispiel Suchmaschinen, bei denen das Einholen einer expliziten Einwilligung nicht üblich ist, könnte lit. f eine zentrale Rolle spielen. Wie weitgehend **lit. f für Webdienste** allerdings anwendbar sein wird, hängt auch davon ab, inwiefern die voraussichtlich bevorstehende E-Privacy-VO diesen Bereich betreffen wird. 55

Die Verarbeitung personenbezogener Daten zur Erbringung von Webdiensten war bisher in den **§§ 11 ff. TMG** konkret geregelt. In den §§ 13, 14 und 15 TMG sind spezifische Regelungen über die Erhebung und Verwendung von Bestandsdaten und Nutzungsdaten durch die Diensteanbieter niedergelegt, die zumindest für private Anbieter von Art. 6 DSGVO verdrängt werden, je nach Einzelfall insbesondere nach lit. a, b oder f. Der Europäische Gerichtshof hatte zuletzt noch unter der Datenschutzrichtlinie in § 15 TMG einen Verstoß gegen Art. 7 lit. f DSRL gesehen. Da § 15 TMG selbst keine Interessenabwägungsklausel enthält, sondern eine zwingende Rechtsfolge für den Fall, dass die Daten für die Erbringung des Dienste nicht (mehr) erforderlich sind, sei die Norm keine reine Konkretisierung der berechtigten Interessen, sondern schließe die Verarbeitung zu allen anderen Interessen aus und schränke daher Art. 7 lit. f DSRL zu stark ein.[62] Noch ist unklar, was dieses Urteil für die zukünftige Auslegung von Art. 6 Abs. 1 S. 1 lit. f DSGVO im Hinblick auf die Nutzungsdaten bei Webdiensten bedeuten könnte. Allerdings lässt es erahnen, dass ähnlich klare und eindeutige Regeln wie die §§ 11 ff. TMG eher nicht zu erwarten sind. 56

Möglicherweise wird aber ein Ausschnitt der spezifischen Datenschutzregeln für Nutzungsdaten durch die **E-Privacy-Verordnung** bewahrt, die in ihrem Anwendungsbereich wiederum die Datenschutz-Grundverordnung verdrängen wird. Der Kommissionsentwurf[63] beschränkt zwar einerseits die Anwendbarkeit der Verordnung in Art. 2 57

---

59 Vgl. *Laue/Nink/Kremer* 2016 § 2 Rn. 33.
60 AA offenbar *Schaffland/Wiltfang/Schaffland/Holthaus* BDSG/DSGVO Art. 6 Rn. 117.
61 So auch in Kühling/Buchner/*Hartung* DSGVO Art. 28 Rn. 21.
62 EuGH 19.10.2016, C-582/14, ECLI:EU:C:2016:779 Rn. 50 ff.
63 *EU Kommission*, Vorschlag für eine Verordnung des Europäischen Parlaments und des Rates, über die Achtung des Privatlebens und den Schutz personenbezogener Daten in der elektronischen Kommunikation und

Abs. 1 E-Privacy-VO-E[64] auf elektronische Kommunikationsdienste (→ B. II. Rn. 224 ff.) die ganz oder überwiegend in der Signalübertragung bestehen, also nach deutschem Verständnis Telekommunikationsdienste. Allerdings enthält er gleichzeitig in Art. 8 Abs. 1 lit. c E-Privacy-VO-E eine Regelung, die sich ausdrücklich auf die Datenverarbeitung zum Zweck der Bereitstellung eines Dienstes der Informationsgesellschaft bezieht und damit den Bereich der Nutzungsdaten nach § 15 TMG betrifft. Hier wird zu beobachten sein, wie sich die Verordnung im weiteren Gesetzgebungsverfahren entwickelt. Der Parlamentsentwurf[65] belässt es gemäß Art. 4 Abs. 3 lit. (aa) und Art. 8 Abs. 1 lit. c E-Privacy-VO-PARL zunächst bei dieser nicht eindeutigen Konstruktion.

bb) Berechtigte Interessen

58　Erwgr. 47 nennt als **Beispiele für berechtigte Interessen** die Betrugserkennung (→ B. III. Rn. 349) und die Direktwerbung (→ B. III. Rn. 192). Erwgr. 48 erwähnt die Übermittlung von personenbezogenen Daten inklusive solcher von Kunden und Beschäftigten zu internen Verwaltungszwecken innerhalb einer Unternehmensgruppe. Da der deutsche Gesetzgeber aber die Öffnungsklausel in Art. 88 Abs. 1 DSGVO genutzt hat, um § 26 BDSG zu schaffen, ist dieser für Beschäftigtendaten spezieller, so dass ihre Übermittlung innerhalb einer Unternehmensgruppe nicht auf Art. 6 Abs. 1 S. 1 lit. f DSGVO gestützt werden kann. In Erwgr. 49 wird außerdem ausdrücklich die Netz- und Informationssicherheit als berechtigtes Interesse genannt, offensichtlich die bereits genannte Entscheidung des Europäischen Gerichtshofs aufgreifend.[66] In Erwgr. 49 wird zwar auch die Verarbeitung durch Behörden zu diesem Zweck genannt. Gemäß S. 2, ist lit. f allerdings auf Behörden in Erfüllung ihrer Aufgaben ausdrücklich nicht anzuwenden. Erwgr. 50 S. 9 nennt außerdem noch Hinweise des Verantwortlichen auf mögliche Straftaten oder Bedrohungen der öffentlichen Sicherheit und damit einhergehende Übermittlungen personenbezogener Daten als berechtigtes Interesse des Verantwortlichen.

59　Als berechtigte Interessen eines Verantwortlichen oder eines Dritten kommen aber über diese Beispiele hinaus grundsätzlich **alle Arten von Interessen** in Betracht, etwa der Schutz eigener Rechtsgüter, wissenschaftliche oder künstlerische Interessen, die Rechtsverfolgung, finanzielle und rein ideelle Interessen.[67] All diese können auf Grundrechte und Grundfreiheiten aus der Grundrechte-Charta, insbesondere die Meinungsfreiheit aus Art. 11 GRCh, die Berufsfreiheit aus Art. 15 GRCh und die unternehmerische Freiheit aus Art. 16 GRCh sowie die Kunst- und Wissenschaftsfreiheit aus Art. 13 GRCh, gestützt werden. Im Hinblick auf lebenswichtige Interessen ist allerdings lit. d spezieller.

---

zur Aufhebung der Richtlinie 2002/58/EG (Verordnung über Privatsphäre und elektronische Kommunikation)", Brüssel 10.1.2017 COM(2017) 10 final.

64　IVm Art. 2 Abs. 4 des „Vorschlag(s.) für eine Richtlinie des Europäischen Parlaments und des Rates über den europäischen Kodex für die elektronische Kommunikation (Neufassung)", Brüssel, den 12.10.2016, COM(2016) 590 final.

65　Entwurf einer legislativen Entschließung des Europäischen Parlaments vom 23.10.2017, A8 – 0324/2017.

66　S. Kühling/Buchner/*Hartung* DSGVO Art. 28 Rn. 21..

67　Kühling/Buchner/*Buchner*/*Petri* DSGVO Art. 6 Rn. 146 f.

Als **berechtigte Interessen im Internet** kommen zum Beispiel in Frage: die Verarbei- 60
tung für das Angebot von Cloud-Diensten (→ B. III. Rn. 36), Social Networks (→ B.
III. Rn. 204), Suchmaschinen (→ B. III. Rn. 97), Web-Analysen, die der Direktwerbung oder der strategischen Ausrichtung des eigenen Angebots dienen (→ B. III.
Rn. 134), die Nutzung kollaborativer Office-Anwendungen (→ B. III. Rn. 77) oder
der Betrieb von IT-Sicherheitswerkzeugen (→ B. III. Rn. 301). Allerdings kommt bei
vielen dieser Beispiele je nach Fallgestaltung auch eine Berechtigung zur Verarbeitung
auf Basis einer Einwilligung oder auf vertraglicher Grundlage in Betracht.

Berechtigt sind Interessen, soweit sie von der Rechtsordnung der Union und des je- 61
weiligen Mitgliedstaats gebilligt werden.[68] Nicht berechtigt sind also etwa Interessen,
die sich aus unzulässigen Geschäftsmodellen ergeben oder deren Erfüllung strafrechtlich oder ordnungsrechtlich sanktioniert ist. Eine weitere inhaltliche Einschränkung
der berechtigten Interessen ist nicht vorgesehen. Ob die jeweiligen Interessen aber zu
einer zulässigen Verarbeitung führen, entscheidet sich erst in Abwägung mit den Interessen der betroffenen Personen.

Berechtigte Interessen im Sinne des Art. 6 Abs. 1 S. 1 lit. f DSGVO sind nur solche des 62
Verantwortlichen oder eines Dritten. Da gemäß Art. 4 Nr. 10 DSGVO der Auftragsverarbeiter nicht Dritter ist (→ B. I. Rn. 31 ff.), können seine berechtigten Interessen
nicht zu einer Rechtfertigung der Verarbeitung durch den Auftraggeber führen.

cc) Datenminimierung

Zusätzlich zur Interessenabwägung nach Art. 6 Abs. 1 S. 1 lit. f DSGVO ist für jede 63
Verarbeitung personenbezogener Daten der Grundsatz der Datenminimierung aus
Art. 5 Abs. 1 lit. c DSGVO zu beachten, der verlangt, dass die Verarbeitung dem
Zweck angemessen, erheblich und auf das notwendige Maß beschränkt sein muss.
Auch wenn lit. f selbst sie nicht nennt, ist damit insbesondere eine Prüfung der **Erfor-
derlichkeit** der Verarbeitung für die Wahrung der berechtigten Interessen durchzufüh-
ren.

dd) Interessen der betroffenen Personen

Art. 6 Abs. 1 S. 1 lit. f DSGVO kann nur insofern Rechtsgrundlage für die Verarbei- 64
tung personenbezogener Daten sein, als nicht die Interessen oder **Grundrechte und
Grundfreiheiten** der betroffenen Person, die den Schutz personenbezogener Daten erfordern, die berechtigten Interessen des Verantwortlichen an der Verarbeitung **überwiegen.**

Interessen oder Grundrechte und Grundfreiheiten der betroffenen Person können 65
ebenfalls **alle grundrechtlich geschützten** und von der Rechtsordnung gebilligten **Interessen** sein. Das Grundrecht auf Datenschutz aus Art. 8 GRCh ist im Hinblick auf
die Verarbeitung personenbezogener Daten das am nächsten liegende Grundrecht,

---

68 So auch Gola/*Schulz* DSGVO Art. 6 Rn. 51; Plath/*Plath* BDSG/DSGVO Art. 6 Rn. 21; Sydow/*Reimer*
DSGVO Art. 6 Rn. 54, meint hingegen, hierbei könne es aus Harmonisierungsgründen nur auf Konformität
mit dem Unionsrecht ankommen, nicht mit dem nationalen Recht, da ansonsten die Möglichkeit für die
Mitgliedstaaten bestünde, den Erlaubnistatbestand zu beschneiden. Allerdings sind ohnehin weite Teile der
Rechtsordnungen der Mitgliedstaaten inzwischen unionsrechtlich geprägt und werden an den Grundrechten
aus der GrCh gemessen, so dass unionsrechtswidrige Einschränkungen von lit. f eher nicht zu befürchten
sein dürften.

keineswegs aber das einzige, das in die Abwägung einzubeziehen ist. Datenschutz ist kein Selbstzweck, sondern dient gerade dem Schutz der Verwirklichungsbedingungen der übrigen Grundrechte.[69] Die Datenschutz-Grundverordnung nennt daher auch nie allein das Grundrecht auf Schutz personenbezogener Daten, sondern formuliert schon in Art. 1 Abs. 2 DSGVO offen und verlangt an vielen Stellen,[70] die Folgen von Datenschutzverstößen für andere Rechtsgüter in die Betrachtung einzubeziehen. So formuliert der Verordnungsgeber auch in Art. 6 Abs. 1 S. 1 lit. f DSGVO „die Interessen oder Grundrechte und Grundfreiheiten der betroffenen Person, die den Schutz personenbezogener Daten erfordern". Die Schutzfunktion des Datenschutzes für die anderen Grundrechte wird hier ausdrücklich herausgestellt.

66   Betroffene Interessen, Grundrechte und Grundfreiheiten der betroffenen Person, die den Schutz personenbezogener Daten erfordern, können zum Beispiel sein: die **unternehmerische Freiheit** in Art. 16 GRCh im Hinblick auf Kreditscoring; die **persönliche Würde** in Art. 1 GRCh im Hinblick auf Veröffentlichungen von Bildern auf Webseiten; das Recht auf **Nichtdiskriminierung** in Art. 21 GRCh im Hinblick auf Preisdiskriminierungen oder Zugang zu bestimmten Angeboten und Gruppen oder die **Willensfreiheit** aus Art. 1 GRCh im Hinblick auf datenbasierte Werbemethoden und Nudging.

ee) Interessenabwägung

67   Letztendlich stehen sich in der Interessenabwägung die Interessen des Verantwortlichen oder Dritten und die Interessen der betroffenen Person wie im Rahmen **praktischer Konkordanz** gegenüber. Die Frage, ob hierbei eine Vermutung für das Überwiegen der einen oder anderen Seite besteht,[71] kann nicht pauschal beantwortet werden. Gegen eine fallübergreifende Antwort spricht zunächst, dass gemäß Art. 1 Abs. 1 DSGVO der Schutz personenbezogener Daten und der freie Verkehr personenbezogener Daten gleichwertige Zwecke der Verordnung sind. Lit. f formuliert zwar „sofern nicht die Interessen oder Grundrechte und Grundfreiheiten der betroffenen Person [...] überwiegen". Dies könnte (unter Zugrundelegung deutschen Normverständnisses) vom Wortlaut her als Vermutung für die Zulässigkeit gedeutet werden.[72] Andererseits könnte der Grundrechtsschutz der betroffenen Personen auch für eine Vermutung des Überwiegens der Betroffeneninteressen sprechen. Allerdings können letztlich die Interessenlagen im konkreten Fall so unterschiedlich gestaltet sein, dass sich eine solche Vermutung in keine der beiden Richtungen typisieren ließe. Sie entspräche auch nicht der Systematik sich gleichberechtigt gegenüber stehender Grundrechtssphären.

68   In die Abwägung kann je nach Fall eine ganze Reihe von Kriterien einfließen. Da der Verordnungsgeber keine konkreteren Vorgaben getroffen und den Mitgliedstaaten hierzu auch keinen Spielraum gelassen hat, bedeutet die Interessenabwägung sowohl für die Verantwortlichen als auch für die betroffenen Personen eine immense **Rechts-**

---

69   BVerfGE 65, 1 (42 f.).
70   ZB Art. 25 Abs. 1, Art. 32 Abs. 1, Art. 35 Abs. 1 DSGVO.
71   S. hierzu auch mwN Sydow/*Reimer* DSGVO Art. 6 Rn. 63.
72   So offenbar Paal/Pauly/*Frenzel* DSGVO Art. 6 Rn. 31.

Philipp Richter

unsicherheit.[73] Aus Sicht des Verarbeiters wird es im Hinblick auf seine Rechenschaftspflicht nach Art. 5 Abs. 2 DSGVO darauf ankommen, im Fall einer Überprüfung zeigen zu können, dass er die Interessen der betroffenen Person ausreichend gewürdigt und die Entscheidung über die Verarbeitung wirklich anhand dieser Würdigung getroffen hat. Zu hoffen ist, dass möglichst bald Leitlinien des Europäischen Datenschutzausschusses zur Interessenabwägung gemäß Art. 70 Abs. 1 lit. e DSGVO vorliegen.[74]

Erwgr. 47 nennt als Abwägungskriterium die **vernünftigen Erwartungen der betroffenen Person.** Zugunsten der Verarbeitung soll etwa sprechen, wenn eine maßgebliche und angemessene Beziehung zwischen dem Verantwortlichen und der betroffenen Person besteht -zum Beispiel kann diese Kunde oder Angestellter des Verantwortlichen sein - und die betroffene Person mit einer Verarbeitung der Daten zu den beabsichtigten Zwecken rechnen kann. Kann eine betroffene Person nicht mit der Verarbeitung rechnen, zum Beispiel weil sie in keinerlei Beziehung zum Verantwortlichen steht, wird dies gegen die Verarbeitungsbefugnis sprechen.   69

Art. 6 Abs. 1 S. 1 lit. f DSGVO hebt die **Schutzwürdigkeit von Kindern** besonders hervor. Dies bedeutet nicht, dass die Verarbeitung personenbezogener Daten von Kindern im Regelfall nicht stattfinden darf. Es bedeutet aber, dass den Interessen von Kindern in der Abwägung mit den Verarbeitungsinteressen besonderes Gewicht zukommt.   70

Weitere Kriterien, die in die Abwägung einbezogen werden sollten, können die Bedeutung der Verarbeitung für den Verantwortlichen sein, ob auch ein öffentliches Interesse an der Verarbeitung besteht, etwa bei Publikationen,[75] die Intensität der Verarbeitung und ihre Folgen – negative und positive – für Grundrechte der betroffenen Person, wie viele Grundrechte betroffen sind, wie alt ein Kind ist, dessen Daten verarbeitet werden sollen.[76]   71

Informationen an die betroffene Person über das berechtigte Interesse des Verantwortlichen oder Dritten können **nicht begünstigend in die Abwägung einfließen,** da der Verantwortliche zu diesen Informationen ohnehin verpflichtet ist (→ B. IV. Rn. 121). Gleiches gilt für alle anderen Pflichten aus der Verordnung die der Verantwortliche ohnehin zu erfüllen hat, zum Beispiel Privacy by Design, Sicherheit der Verarbeitung und Datenschutz-Folgenabschätzung. Würde ihre Erfüllung die Interessensabwägung grundsätzlich zugunsten der Zulässigkeit der Verarbeitung ausschlagen lassen, käme lit. f keine eigene Regelungskraft zu. Durchaus positiv einfließen kann es aber, wenn der Verantwortliche nicht nur die Mindestpflichten erfüllt, sondern besonders vorbildlichen Datenschutz in seinen Verarbeitungsverfahren bietet, zum Beispiel wenn er über eine Zertifizierung verfügt oder sich geeigneten Verhaltensregeln unterwirft.   72

---

73 So bereits zum Kommissionsentwurf *Roßnagel/Richter/Nebel* ZD 2013, 103 (104).
74 Diese Leitlinien können auf der Stellungnahme der Art. 29-Datenschutzgruppe 6/2015 (WP217) zum berechtigten Interesse in Art. 7 lit. f DSRL aufbauen.
75 Stellungnahme der Art. 29-Datenschutzgruppe 6/2015 (WP217).
76 Ehmann/Selmayr/*Heberlein* DSGVO Art. 6, Rn. 26 weist zutreffend darauf hin, dass es hier nicht darauf ankommt, dass ein Kind unter 16 Jahren alt ist, wie in Art. 8 Abs. 1 DSGVO.

73 Die Interessenabwägung muss nicht zwingend ein binäres Ergebnis im Sinn von „zulässig" oder „unzulässig" hervorbringen. Vielmehr kann die Abwägung auch, wie bei einer praktischen Konkordanz, zu dem Ergebnis führen, dass eine **Verarbeitung unter bestimmten Umständen** in Frage kommt, die den Interessen der betroffenen Person stärker Rechnung tragen, als der Verantwortliche bisher beabsichtigt hat, wie zum Beispiel eine Pseudonymisierung, eine kurze Löschfrist oder im Hinblick auf Art. 6 Abs. 4 DSGVO, zum Beispiel eine Verpflichtung, die Daten nicht für andere Zwecke zu verarbeiten, auch wenn diese als vereinbar einzustufen wären.

ff) Betroffenenrechte bei einer Verarbeitung nach Art. 6 Abs. 1 S. 1 lit. f DSGVO

74 Wird die Verarbeitung personenbezogener Daten auf Art. 6 Abs. 1 S. 1 lit. f DSGVO gestützt, löst dies **spezielle Betroffenenrechte** aus. Gemäß Art. 13 Abs. 1 lit. d und Art. 14 Abs. 2 lit. b DSGVO beinhaltet die Informationspflicht in diesem Fall die Information über die verfolgten berechtigten Interessen. Dies ermöglicht den betroffenen Personen, grundsätzlich einzuschätzen, ob die eigenen Interessen diejenigen des Verantwortlichen überwiegen oder nicht. Regelmäßig werden sie dies aber aufgrund der abstrakten Vorgabe nur klären können, indem sie die Aufsichtsbehörde einschalten oder den Klageweg beschreiten. Werden personenbezogene Daten gemäß Art. 6 Abs. 1 S. 1 lit. e oder f DSGVO verarbeitet, hat die betroffene Person außerdem gemäß Art. 21 Abs. 1 DSGVO das Recht, der Verarbeitung zu widersprechen. In diesem Fall ist eine weitere Verarbeitung zu unterlassen, es sei denn es liegen zwingende Gründe für eine Verarbeitung vor, die die Interessen, Rechte und Freiheiten der betroffenen Person überwiegen oder die Verarbeitung dient der Rechtsverfolgung. Im Fall der Verarbeitung zu Zwecken der Direktwerbung ist die weitere Verarbeitung gemäß Art. 21 Abs. 2 und 3 DSGVO in jedem Fall zu unterlassen. Gesondert ist in Art. 21 Abs. 6 DSGVO auch das Widerspruchsrecht bei der Verarbeitung zu Forschungszwecken geregelt. Auf das Widerspruchsrecht ist die betroffene Person gemäß Art. 21 Abs. 4 DSGVO gesondert hinzuweisen. Die Information über das Widerspruchsrecht ist spätestens zum Zeitpunkt der ersten Kommunikation mit der betroffenen Person zu erteilen, also im Fall von Art. 13 DSGVO bei Erhebung und im Fall von Art. 14 DSGVO zum Zeitpunkt gemäß dessen Abs. 3.

gg) Verhältnis von Art. 6 Abs. 1 S. 1 lit. f DSGVO zu anderen Normen

75 Während die Entwürfe von Kommission und Parlament noch in lit. f eine Einschränkung vorsahen, die die Anwendung des Erlaubnistatbestandes für **Behörden** ausschließt, findet diese sich nun in Art. 6 Abs. 1 S. 2 DSGVO. Insofern sind § 6 BDSG und entsprechende Normen in den Landesdatenschutzgesetzen und in spezielleren Verwaltungsgesetzen, zum Beispiel der Ordnungsverwaltung, anwendbar. Im Hinblick auf Behörden ist nicht der Begriff der berechtigten Interessen, sondern der der Aufgabenerfüllung entscheidend. Behörden können sich gerade nicht auf die Verfolgung aller möglichen grundrechtlich verbürgten Interessen berufen, sondern nur auf die Erfüllung der ihnen übertragenen staatlichen Aufgaben. Behörden können sich nicht auf lit. f berufen.

Philipp Richter

c) Anforderungen an die datenschutzrechtliche Einwilligung

Die Einwilligung in der Datenschutz-Grundverordnung wird in Art. 7 DSGVO und   76
für Minderjährige – in Bezug auf Dienste der Informationsgesellschaft – in Art. 8
DSGVO geregelt. Nach Art. 7 Abs. 1 DSGVO muss der Verantwortliche **nachweisen**
können, dass die betroffene Person in die Verarbeitung ihrer personenbezogenen Daten eingewilligt hat.

Soweit die Einwilligung der betroffenen Person durch eine schriftliche Erklärung er-   77
folgt, die noch andere Sachverhalte betrifft, muss nach Art. 7 Abs. 2 DSGVO das Er-
suchen um Einwilligung in verständlicher und leicht zugänglicher Form in einer klaren und einfachen Sprache so erfolgen, dass es von den anderen Sachverhalten klar
zu unterscheiden ist. Teile der Erklärung sind dann nicht verbindlich, wenn sie einen
Verstoß gegen diese Verordnung darstellen.

Weiterhin muss dem Betroffenen nach Art. 7 Abs. 3 DSGVO Gelegenheit zur Aus-   78
übung seines Rechts auf Widerruf gegeben werden. Nicht zuletzt ist nach Art. 7
Abs. 4 DSGVO eine Einwilligung nur wirksam, wenn sie freiwillig abgegeben wurde.
Zu beachten ist hierbei das verschärfte Kopplungsverbot, nach welchem die Erfüllung eines Vertrags, einschließlich der Erbringung einer Dienstleistung, nicht von der
Einwilligung zu einer Verarbeitung von personenbezogenen Daten abhängig sein
darf, die für die Erfüllung des Vertrags nicht erforderlich ist.

Neben den Vorgaben des Art. 7 DSGVO sind auch die Vorgaben des § 26 Abs. 2   79
BDSG und der zukünftigen E-Privacy-VO zur Einwilligung zu beachten.

aa) Allgemeine Voraussetzungen der Einwilligung

Nach Erwgr. 32 S. 1 sollte die Einwilligung durch eine **eindeutige bestätigende** Hand-   80
lung erfolgen. Mit dieser muss **freiwillig**, für den **konkreten Fall**, in **informierter** Weise und **unmissverständlich** bekundet werden, dass die betroffene Person mit der Verarbeitung der sie betreffenden personenbezogenen Daten einverstanden ist. Dies kann
etwa in Form einer schriftlichen Erklärung erfolgen, die **auch elektronisch** erfolgen
kann, oder einer mündlichen Erklärung.

(1) Zweckbezug

Die Einwilligung sollte sich auf **alle zu demselben Zweck** oder denselben Zwecken   81
vorgenommenen Verarbeitungsvorgänge beziehen, wenn die Verarbeitung mehreren
Zwecken dient, sollte nach Erwgr. 32 S. 4, 5 für alle diese Verarbeitungszwecke eine
Einwilligung gegeben werden. Die Einwilligung gilt gemäß Erwgr. 43 S. 2 nicht als
freiwillig erteilt, wenn zu verschiedenen Verarbeitungsvorgängen von personenbezogenen Daten nicht gesondert eine Einwilligung erteilt werden kann, obwohl dies im
Einzelfall angebracht ist.

Hat der für die Verarbeitung Verantwortliche mehrere Zwecke zusammengefasst und   82
nicht versucht, für jeden Zweck eine gesonderte Einwilligung einzuholen, ist dies unzulässig. Wenn die Datenverarbeitung zu mehreren Zwecken erfolgt, liegt die Lösung
zur Erfüllung der Bedingungen für eine gültige Einwilligung in der Trennung dieser
Zwecke und der Einholung der **Einwilligung für jeden Zweck**. Für Webdienste bedeutet das, dass gegebenenfalls mehrere Checkboxen vorzuhalten sind.

83   Bittet etwa ein Händler im Rahmen der gleichen Einwilligungsanfrage seine Kunden um die Einwilligung, ihre Daten zu verwenden, um ihnen Marketinginformationen per E-Mail zu senden und ihre Daten auch an andere Unternehmen innerhalb ihrer Gruppe weiterzugeben, ist diese Einwilligung nicht wirksam, da für diese beiden Zwecke gesonderten Einwilligungen erforderlich sind. Es sollte eine besondere Einwilligung eingeholt werden, um die Kontaktdaten an Handelspartner zu senden.[77]

84   Auch eine **Änderung oder Erweiterung des Zwecks** setzt, soweit nicht Art. 6 Abs. 4 DSGVO (→ B II. Rn. 39) greift, eine neue Einwilligung voraus. Sammelt etwa der Betreiber eines Kabelfernsehnetzes die persönlichen Daten der Abonnenten auf der Grundlage ihrer Einwilligung, um ihnen persönliche Vorschläge für neue Filme zu unterbreiten, die sie aufgrund ihrer Sehgewohnheiten interessieren könnten und entscheidet er später, dass er Dritten ermöglichen möchte, auf der Grundlage der Sehgewohnheiten des Abonnenten gezielte Werbung zu versenden (oder anzuzeigen), ist angesichts dieses neuen Zwecks eine neue Einwilligung erforderlich.[78]

(2) Informiertheit und Verständlichkeit

85   Es muss nach Erwgr. 42 S. 2 Var. 1 sichergestellt werden, dass die betroffene Person weiß, dass und in welchem Umfang sie ihre Einwilligung erteilt. Eine vom Verantwortlichen vorformulierte Einwilligungserklärung ist gemäß Erwgr. 42 S. 3, 4 in **verständlicher und leicht zugänglicher Form in einer klaren und einfachen Sprache** zur Verfügung zu stellen, sie sollte keine missbräuchlichen Klauseln beinhalten und es muss über den Verantwortlichen und die Verarbeitungszwecke aufgeklärt werden.[79]

86   Es sind mindestens die folgenden Informationen erforderlich, um eine wirksame Einwilligung zu erhalten:[80]

- die Identität des für die Verarbeitung Verantwortlichen,
- den Zweck jeder der Verarbeitungen, für die die Einwilligung angefragt wird,
- welche (Art von) Daten erhoben und verwendet werden,
- das Bestehen des Rechts auf Widerruf der Einwilligung,
- gegebenenfalls Informationen über die Verwendung der Daten für die automatisierte Entscheidungsfindung gemäß Art. 22 Abs. 2 lit. c DSGVO und
- über die möglichen Risiken der Datenübermittlung aufgrund des Fehlens einer Angemessenheitsentscheidung und geeigneter Garantien gemäß Art. 46 DSGVO.

87   In Bezug auf die Identität des Verantwortlichen und die Art der Daten stellt die Art. 29-Datenschutzgruppe fest,[81] dass in einem Fall, in dem sich mehrere (gemeinsam) für die Verarbeitung Verantwortliche auf die Einwilligung berufen oder die Daten an andere für die Verarbeitung Verantwortliche, die sich auf die ursprüngliche Einwilligung verlassen wollen, übertragen werden sollen, alle diese Organisationen genannt werden sollten. Die konkreten **Auftragsverarbeiter** müssen nicht als Teil der Einwilligungserfordernisse genannt werden, obwohl für die Einhaltung der Art. 13

---

77   *Art. 29-Datenschutzgruppe*, WP 259, 10.
78   *Art. 29-Datenschutzgruppe*, WP 259, 12.
79   Erwgr. 42 S. 3, 4.
80   *Art. 29-Datenschutzgruppe*, WP 259, 13, die übrigen Informationen der Art. 13, 14 DSGVO können etwa auf der Webseite des Verantwortlichen dargestellt werden.
81   *Art. 29-Datenschutzgruppe*, WP 259, 13

und 14 DSGVO eine vollständige Liste der Empfänger oder Kategorien von Empfängern einschließlich der Verarbeiter erforderlich ist, es genügt die abstrakte Kategorie von Empfängern. Je nach den Umständen und dem Kontext eines Falles können mehr Informationen erforderlich sein, damit die betroffene Person die vorliegenden Verarbeitungsvorgänge wirklich verstehen kann.

Die Einwilligung muss klar und deutlich von anderen Erklärungen oder Informationen unterscheidbar sein und in einer verständlichen und leicht zugänglichen Form erteilt werden. Diese Anforderung bedeutet im Wesentlichen, dass Informationen, die für fundierte Entscheidungen darüber, ob eine Einwilligung erteilt werden soll oder nicht, nicht in den allgemeinen Geschäftsbedingungen versteckt werden dürfen.[82]   88

(3) Freiwilligkeit

Nach Erwgr. 42 S. 6 sollte nur dann davon ausgegangen werden, dass die Betroffenen   89
ihre Einwilligung freiwillig gegeben haben, wenn sie eine **echte oder freie Wahl** haben und somit in der Lage sind, die Einwilligung zu verweigern oder zu widerrufen, ohne Nachteile zu erleiden.

Ist ein klares **Ungleichgewicht** der Machtverhältnisse zwischen Betroffenem und ver-   90
antwortlicher Stelle abzusehen, weshalb es in Anbetracht aller Umstände in dem speziellen Fall unwahrscheinlich ist, dass die Einwilligung freiwillig gegeben wird, sollte eine Datenverarbeitung nicht auf eine Einwilligung gestützt werden.[83] Dies kann etwa im Beschäftigungsverhältnis besonders zu berücksichtigen sein, aber auch bei Monopolplattformen im Internet.

Gemäß Art. 7 Abs. 4 DSGVO muss bei der Beurteilung, ob die Einwilligung freiwillig   91
erteilt wurde, dem Umstand in größtmöglichem Umfang Rechnung getragen werden, ob unter anderem die Erfüllung eines Vertrags, einschließlich der Erbringung einer Dienstleistung, von der Einwilligung zu einer Verarbeitung von personenbezogenen Daten **abhängig** ist, die für die Erfüllung des Vertrags nicht erforderlich sind. Neben diesem **Kopplungsverbot** (→ Rn. 93 ff.) sind noch andere Umstände zu berücksichtigen, wie sich aus dem Hinweis „unter anderem" ergibt, zum Beispiel wenn die betroffene Person aus anderen Gründen keine wirkliche Wahl hat, sich gezwungen fühlt, zuzustimmen, oder negative Folgen befürchten muss, wenn sie nicht zustimmt, die Einwilligung nicht gültig ist.[84]

(4) Nachweisbarkeit

Die DSGVO stellt neue Anforderungen an die Nachweisbarkeit der Einwilligung.   92
Nach Art. 7 Abs. 1 DSGVO muss der Verantwortliche **nachweisen** können, dass die betroffene Person ihre Einwilligung zu dem Verarbeitungsvorgang gegeben hat.

(5) Kopplungsverbot

Die Einwilligung gilt nicht als freiwillig erteilt, wenn die Erfüllung eines Vertrags,   93
einschließlich der Erbringung einer Dienstleistung, von der Einwilligung **abhängig** ist,

---

82 *Art. 29-Datenschutzgruppe*, WP 259, 14.
83 *Erwgr.* 43 S. 1.
84 *Art. 29-Datenschutzgruppe*, WP 259, 2.

obwohl diese Einwilligung für die Erfüllung nicht erforderlich ist.[85] Es besteht die starke **Vermutung**, dass eine Einwilligung zur Verarbeitung personenbezogener Daten, die unnötig ist, nicht als zwingende Gegenleistung für die Erfüllung eines Vertrages oder die Erbringung einer Dienstleistung angesehen werden kann.[86] Wenn etwa eine App zur Bildbearbeitung eine Einwilligung in die GPS-Lokalisation zwingend erfordert, und ihren Nutzern mitteilt, dass sie die gesammelten Daten für verhaltensorientierte Werbezwecke verwenden wird, handelt es sich um eine unzulässige Kopplung, soweit nicht ausdrücklich das Bezahlen mit diesen Daten die Gegenleistung einer im Übrigen unentgeltlichen App sein soll.[87]

94 Wenn eine direkte und objektive Verbindung zwischen der Verarbeitung der Daten und dem Zweck der **Vertragsdurchführung** besteht, ist keine Einwilligung notwendig, da die Rechtfertigung sich aus Art. 6 Abs. 1 S. 1 lit. b DSGVO ergibt. Wenn aber etwa eine Bank eine Einwilligung in Direktmarketingmaßnahmen durch Dritte zur Voraussetzung des Kreditvertrags macht, liegt keine Freiwilligkeit mehr vor.[88]

95 Bietet dagegen der Verantwortliche den Betroffenen **eine echte Wahlmöglichkeit** zwischen einem Dienst, der einerseits die Einwilligung zur Verwendung personenbezogener Daten für zusätzliche Zwecke umfasst, und andererseits einen gleichwertigen Dienst, der von demselben für die Verarbeitung Verantwortlichen angeboten wird und keine Einwilligung zur Verwendung der Daten für zusätzliche Zwecke beinhaltet, besteht keine unzulässige Kopplung mehr, solange somit die Möglichkeit besteht, den Vertrag oder die vertraglich vereinbarte Leistung ohne Einwilligung in die andere oder zusätzliche Datennutzung zu erhalten. Beide Dienste müssen jedoch wirklich gleichwertig sein.[89] Unzulässig ist dagegen ein Verweis, dass ein gleichwertiger Dienst von Drittanbietern erhältlich sei, da ansonsten die Freiwilligkeit von sich verändernden Markbedingungen abhängig wäre.[90]

(6) Besonderheiten im Beschäftigungsverhältnis

96 Nach Art. 88 Abs. 2 DSGVO in Verbindung mit § 26 BDSG gelten Sonderregelungen im Beschäftigungsverhältnis. Für die Beurteilung der Freiwilligkeit der Einwilligung sind nach § 26 Abs. 1 BDSG insbesondere die im Beschäftigungsverhältnis bestehende Abhängigkeit der beschäftigten Person sowie die Umstände, unter denen die Einwilligung erteilt worden ist, zu berücksichtigen. Die Freiwilligkeit kann nach § 26 Abs. 2 BDSG insbesondere vorliegen, wenn für die beschäftigte Person ein rechtlicher oder wirtschaftlicher **Vorteil** erreicht wird oder Arbeitgeber und beschäftigte Person **gleichgelagerte Interessen** verfolgen.

97 Weiterhin bedarf die Einwilligung der **Schriftform**, soweit nicht wegen **besonderer Umstände** eine andere Form angemessen ist. Auch im Beschäftigungsverhältnis gilt Art. 9 Abs. 2 DSGVO für die Einwilligung in die Verarbeitung besonderer Kategorien

---

85 Erwgr. 42 S. 2 Var. 2.
86 *Art. 29-Datenschutzgruppe*, WP 259, 7.
87 *Art. 29-Datenschutzgruppe*, WP 259, 3.
88 *Art. 29-Datenschutzgruppe*, WP 259, 9.
89 *Art. 29-Datenschutzgruppe*, WP 259, 9.
90 *Art. 29-Datenschutzgruppe*, WP 259, 10.

Thomas Wilmer

personenbezogener Daten. Die Einwilligung muss sich dabei ausdrücklich auf diese Daten beziehen.[91]

(7) Besonderheiten gemäß Art. 8 DSGVO

Daneben bestehen besondere Anforderungen an die Einwilligung durch Kinder in Bezug auf Dienste der Informationsgesellschaft nach Art. 8 DSGVO. Insbesondere ist eine Verarbeitung bei **Kindern**,[92] wenn diese das **sechzehnte Lebensjahr** noch nicht vollendet haben, nur rechtmäßig, sofern und soweit diese Einwilligung durch den Träger der elterlichen Verantwortung für das Kind oder mit dessen Zustimmung erteilt wird. Diese zusätzliche Anforderung gilt jedoch nicht in Bezug auf jegliche einwilligungsbedürftige Verarbeitung personenbezogener Daten von Kindern, sondern nur im Zusammenhang mit einem Angebot von Diensten der Informationsgesellschaft, „die einem Kind direkt gemacht wird". Dienste der Informationsgesellschaft werden in Art. 4 Nr. 25 DSGVO legaldefiniert. Diese Definition entspricht grundsätzlich dem nationalen Verständnis der Telemediendienste, so dass Webdienste und Apps dazuzurechnen sind. Die konkrete Bedeutung der Voraussetzung des direkten Angebots an ein Kind ergibt sich zumindest nicht aus den Erwägungsgründen und weist eine große Unschärfe auf. Von einem direkten Angebot an Minderjährige ist auszugehen, wenn schon durch die Aufmachung des Dienstes, deutlich wird, dass sich dieser unmittelbar an die Kinder selbst als Betroffene der Datenverarbeitung wendet.[93] Als Kriterium für diese Bewertung können das Produkt oder die Dienstleistung selbst, Gestaltung, Sprache Jedenfalls ist dann ein direktes Angebot an Minderjährige anzunehmen, wenn schon durch die Aufmachung des Dienstes klar ist, dass sich dieser unmittelbar an die Kinder selbst als Betroffene der Datenverarbeitung wendet und auch Kosten herangezogen werden.

Ebenfalls unklar ist in diesem Zusammenhang, warum diese besondere Schutzvorschrift für Minderjährige auf den Anwendungsbereich der Dienst der Informationsgesellschaft begrenzt ist. Erwgr. 38 S. 1 hebt grundsätzlich hervor, dass Kindern einen besonderen Schutz ihrer personenbezogenen Daten verdienen, da sie sich der betreffenden Risiken, Folgen sowie ihrer Garantien und Recht weniger bewusst sind. Dem ist uneingeschränkt zuzustimmen. Weiterhin wird in Erwgr. 38 S. 2 ausgeführt, dass ein besonderer Schutz insbesondere bei einer Verarbeitung ihrer Daten zu **Werbezwecken**, für die **Erstellung von Persönlichkeits- oder Nutzerprofilen** und – eben – bei der Nutzung von **Diensten, die den Kindern direkt angeboten** werden, bestünde. In dem Erwägungsgrund wird demnach ein weiteres Schutzbedürfnis gesehen, als er durch die Regelung des Art. 8 Abs. 1 DSGVO tatsächlich vorgesehen ist.

Wie dies in der Praxis bei der Nutzung von Webdiensten und Apps für Smartphones und Tablets umgesetzt werden wird, ist derzeit unklar. Es gibt, jedenfalls außerhalb des Bankbereichs mit beispielsweise Video-Identifizierungsverfahren, **keinen verbreiteten Standard** zur Altersverifizierung außer der Abfrage von Kreditkartendaten. Diese werden jedoch wegen der Sensibilität der Kreditkartendaten und den damit einher-

98

99

100

---

91 § 26 Abs. 3 BDSG.
92 Die DSGVO scheint davon auszugehen, dass Personen bis zum achtzehnten Lebensjahr Kindern sind, s. *Ernst* ZD 2017, 110 (111).
93 S. ausführlich Kühling/Buchner/*Buchner/Kühling* DSGVO, Art. 8 Rn. 16.

gehenden Sicherungsanforderungen von Anbietern entgeltfreier Dienste vermieden. Nicht nachvollziehbar ist zudem, weswegen die Anforderungen zum Jugendschutz sich nach der Überschrift zu Art. 8 DSGVO **nur auf Dienste der Informationsgesellschaft** beziehen sollen und nicht auch auf andere Dienste. Insofern bleibt abzuwarten, wie sich die Rechtspraxis entwickelt.

(8) Widerruflichkeit ohne Nachteile

101 Der für die Verarbeitung Verantwortliche muss **nachweisen**, dass der Widerruf der Einwilligung keine Kosten für die betroffene Person und damit keinen eindeutigen Nachteil für die Widerrufenden mit sich bringt. Beispiele für Nachteile sind Täuschung, Einschüchterung, Nötigung oder erhebliche negative Folgen, wenn eine betroffene Person nicht zustimmt. Der für die Verarbeitung Verantwortliche muss nachweisen können, dass die betroffene Person eine freie oder echte Wahl hatte, ob sie ihre Einwilligung erteilen wollte, und dass es möglich war, die Einwilligung ohne Nachteile zu widerrufen.[94] Im Internet könnte eine Benachteiligung darin liegen, dass ohne Erteilung einer Einwilligung durch den Kunden eine Einschränkung der Nutzbarkeit eines Angebots vorgenommen wird. Dies ist allenfalls auszuschließen, sofern es sich um ein Geschäftsmodell handelt, bei welchem ausdrücklich das Bezahlen mit Daten eine Gegenleistung für bestimmte Services darstellt.

102 Die Art. 29-Datenschutzgruppe nennt folgende Beispiele für (Un-)zulässigkeit möglicher Folgen des Widerrufs von Einwilligungen.[95]

103 Beispiel 1: Beim Herunterladen einer mobilen Lifestyle-App fragt die App nach der Einwilligung zum Zugriff auf den **Beschleunigungssensor** des Telefons. Diese ist beispielsweise nicht notwendig, damit die Funktionen der App funktionieren, jedoch nützlich für den Anbieter, der lediglich mehr über die Bewegungen und Aktivitäten seiner Benutzer erfahren möchte. Wenn der Nutzer diese Einwilligung später widerruft, und dann feststellen muss, dass der Anbieter die Funktionalität der App eingeschränkt hat, um den Nutzer zur Einwilligung zu drängen, ist dies ein Beispiel für eine Beeinträchtigung im Sinne von Erwgr. 42 der DSGVO. Das bedeutet, dass die Einwilligung niemals wirksam eingeholt wurde (und der für die Verarbeitung Verantwortliche daher alle auf diese Weise erfassten personenbezogenen Daten über die Bewegungen der Nutzer löschen muss).

104 Beispiel 2: Eine betroffene Person abonniert den Newsletter eines Modehändlers mit allgemeinen **Rabatten**. Der Einzelhändler bittet die betroffene Person um Einwilligung, weitere Daten zu den Einkaufspräferenzen zu erheben, um die Angebote auf der Grundlage der Einkaufshistorie oder eines freiwillig auszufüllenden Fragebogens an seine Präferenzen anzupassen. Wenn die betroffene Person ihre Einwilligung später widerruft, erhält sie wieder unpersönliche Moderabatte. Dies stellt keinen Nachteil dar, da nur der zulässige Anreiz verloren ging.

105 Beispiel 3: Ein Modemagazin bietet den Lesern die Möglichkeit, vor dem offiziellen Start neue Make-up-Produkte zu kaufen. Die Produkte werden in Kürze zum Verkauf

---

94 *Art. 29-Datenschutzgruppe*, WP 259, 11.
95 *Art. 29-Datenschutzgruppe*, WP 259, 11.

angeboten, aber den Lesern dieses Magazins wird eine **exklusive Vorschau** auf diese Produkte angeboten. Um in den Genuss dieses Vorteils zu kommen, muss man seine Postanschrift angeben und sich in die Mailingliste des Magazins eintragen. Die Postanschrift ist für den Versand notwendig und die Mailingliste wird für den Versand von kommerziellen Angeboten für Produkte wie Kosmetika oder T-Shirts das ganze Jahr über verwendet. Das Unternehmen erklärt, dass die Daten auf der Mailingliste nur für den Versand von Waren und Papierwerbung durch das Magazin selbst verwendet werden und nicht an andere Organisationen weitergegeben werden. Falls der Leser aus diesem Grund seine Adresse nicht preisgeben möchte, gibt es keinen unzulässigen Nachteil, da die Produkte ohnehin zur Verfügung stehen.

bb) Fortgeltung früherer Einwilligungen

Beruhen nach Erwgr. 171 die Verarbeitungen auf einer Einwilligung gemäß der Datenschutzrichtlinie, so ist es nicht erforderlich, dass die betroffene Person erneut ihre Einwilligung dazu erteilt, wenn die **Art der bereits erteilten Einwilligung** den Bedingungen dieser Verordnung entspricht. Das heißt der Verantwortliche kann die Verarbeitung nach dem Zeitpunkt der Anwendung der vorliegenden Verordnung fortsetzen.[96] Die DSK stellt fest, dass bisher erteilte Einwilligungen entsprechend auf ihre Wirksamkeit hin zu überprüfen sind.[97] Regelmäßig würden die bisherigen Einwilligungen auf der Grundlage des Bundesdatenschutzgesetzes a.F. nicht alle Informationen enthalten, die nun nach Art. 13 DSGVO vorgesehen sind.[98] Demnach müssen die Informationen des Art. 13 DSGVO beim früheren Einholen noch nicht erfüllt gewesen sein, sollen aber nachgeholt werden.

106

cc) Technischer Einwilligungsprozess

Regelfall der Einholung der eindeutigen Einwilligung ist das Opt-In-Verfahren. Die Verwendung von **vorab angekreuzten** Opt-In-Boxen ist daher nach der Datenschutzgrundverordnung unwirksam. **Stillschweigen oder Untätigkeit** des Betroffenen sowie die bloße Inanspruchnahme eines Dienstes können ebenfalls nicht als aktiver Hinweis auf seine Wahl angesehen werden.[99] Bittet beispielsweise bei der Installation von Software eine Anwendung den Betroffenen um Einwilligung, nicht anonymisierte Absturzberichte zur Verbesserung der Software zu verwenden, sollte ein – gegebenenfalls mehrstufiger – Datenschutzhinweis mit den notwendigen Informationen die Anfrage zur Einwilligung begleiten. Durch aktives Ankreuzen des optionalen Kästchens „Ich stimme zu" kann der Nutzer eine eindeutige Einwilligung in die Verarbeitung durchführen. Die Annahme von Allgemeinen Geschäftsbedingungen mit einer darin enthaltenen Einwilligungsklausel kann nicht als eindeutige Zustimmung zur Verwendung personenbezogener Daten angesehen werden.[100]

107

---

96 S. auch LDA Bayern unter https://www.lda.bayern.de/media/baylda_ds-gvo_9_consent.pdf.
97 S. https://www.lda.bayern.de/media/dsk_kpnr_3_werbung.pdf.
98 Nach Prognose des Bayerischen Landesamts für Datenschutzaufsicht wird Erwgr.171 nur dann die offensichtlich vom Verordnungsgeber vorgesehene Auswirkung weitgehender Fortgeltung von Alt-Einwilligungen – haben, wenn für Alt-Einwilligungen nur der in Erwgr. 42 genannte Mindestgehalt an Information gefordert wird und die vielfach eher formalen neuen Informationspflichten nach Art. 13 DSGVO nicht erfüllt sein müssen, siehe https://www.lda.bayern.de/media/baylda_ds-gvo_9_consent.pdf.
99 *Art. 29-Datenschutzgruppe*, WP 259, 16.
100 *Art. 29-Datenschutzgruppe*, WP 259, 16.

(1) Mögliche technische Formen des Opt-In im elektronischen Verkehr

108 Wenn die Einwilligung auf elektronischem Wege erteilt werden soll, darf die Einwilligung die Nutzung des Dienstes, für den die Einwilligung erteilt wird, **nicht unnötig behindern.** Daher kann es notwendig sein, dass eine Einwilligungsanfrage die Nutzung eines Dienstes bis zu einem gewissen Grad unterbricht, um diese Anfrage wirksam zu machen.[101]

109 Nach Erwgr. 32 S. 2 kann die Einwilligung etwa durch **Anklicken** eines Kästchens beim Besuch einer Internetseite, durch die **Auswahl technischer Einstellungen** für Dienste der Informationsgesellschaft oder durch eine **andere Erklärung oder konkludente Verhaltensweise** geschehen, mit der die betroffene Person in dem jeweiligen Kontext **eindeutig** ihr Einverständnis mit der beabsichtigten Verarbeitung ihrer personenbezogenen Daten signalisiert[102]. Es ist ein aktives Anklicken erforderlich, ein Stillschweigen genügt nicht. Wird die betroffene Person auf elektronischem Weg zur Einwilligung aufgefordert, so muss die Aufforderung in klarer und knapper Form und **ohne unnötige Unterbrechung** des Dienstes, für den die Einwilligung gegeben wird, erfolgen.[103]

110 Soweit Geschäfte über das Internet abgewickelt werden, soll nach Auffassung der Bayerischen Landesamts für Datenschutzaufsicht als Nachweis eine entsprechende **Dokumentation** des „Einwilligungs-Klickverhaltens" der betroffenen Person ausreichen. Hierbei ist dem Kriterium der Informiertheit wieder eine größere Bedeutung beizumessen ist. Das heißt, dass der Verantwortliche auf seinen Webseiten sehr deutlich und transparent darstellen muss, zu welchem von ihm geplanten Datenumgang die betroffene Person um ihre Einwilligung gebeten wird.[104] Grundsätzlich ist eine Protokollierung erforderlich, ob ein Beleg durch den Nachweis möglich ist, dass ein Prozess technisch zwingend nur mit Einwilligung gestartet werden kann, bleibt abzuwarten.

111 Im Rahmen der Anforderungen der Datenschutz-Grundverordnung können alle **physischen Bewegungen auf Touchscreens** eine wirksame Einwilligung herbeiführen, wobei **Zweideutigkeiten vermieden** und sichergestellt werden muss, dass die Aktion, mit der die Zustimmung erteilt wird, von anderen Aktionen unterschieden werden kann. Die bloße Fortführung der gewöhnlichen Nutzung einer Webseite ist daher kein Verhalten, aus dem man auf Wünsche des Betroffenen schließen kann, um seine Einwilligung zu einer vorgeschlagenen Verarbeitung zu signalisieren.[105]

(2) Anforderungen an die Darstellung

112 Auch wenn die Einwilligung auf elektronischem Wege eingeholt wird, muss der Einwilligungsantrag gesondert und eindeutig sein, es kann sich nicht einfach um einen Absatz innerhalb der verlinkten AGB handeln. Um **kleinen Bildschirmen** oder Situationen mit begrenztem Informationsraum Rechnung zu tragen, kann gegebenenfalls

---

101 *Art. 29-Datenschutzgruppe*, WP 259, 16.
102 Bei der Einwilligung in die Zusendung von E-Mails ist das sog Double-Opt-In Verfahren nach wettbewerbsrechtlichen Vorgaben zu beachten.
103 Erwgr. 32 S. 6.
104 S. https://www.lda.bayern.de/media/baylda_ds-gvo_9_consent.pdf.
105 *Art. 29-Datenschutzgruppe*, WP 259, 16.

Thomas Wilmer

eine **mehrstufige Darstellung** von Informationen in Betracht gezogen werden, um eine übermäßige Störung der Benutzererfahrung oder des Produktdesigns zu vermeiden.[106] Verwendet ein Unternehmen eine mehrstufige Datenschutzerklärung, die eine Einverständniserklärung enthält und gibt es alle grundsätzlichen Angaben über den Inhaber und die vorgesehenen Datenverarbeitungsaktivitäten bekannt,[107] kann dennoch eine wirksame „informierte" Einwilligung eingeholt worden sein, auch wenn die Kontaktdaten des Datenschutzbeauftragten der betroffenen Person (in der ersten Informationsebene) gemäß Art. 13 Abs. 1 lit. b oder Art. 14 Abs. 1 lit. b DSGVO nicht mitgeteilt wurden.[108]

Das nationale Recht sieht bisher im Bundesdatenschutzgesetz, in den Datenschutzge-   113
setzen der Länder sowie im Bundesbeamtengesetz und den Beamtengesetzen der Bundesländer eigenständige Vorschriften zur Verarbeitung von Beschäftigtendaten vor, die sich im Grad ihrer Detailierung zum Teil deutlich unterscheiden.

d) Datenverarbeitung besonderer Kategorien personenbezogener Daten

Bei der Nutzung der Internet- und Webdienste werden nicht nur zahlreiche personen-   114
bezogene Daten – insbesondere elektronische Kommunikationsdaten (→ B. I. Rn. 85) –, sondern auch **besondere Kategorien personenbezogener Daten** verarbeitet. Das Bundesverfassungsgericht hat im Volkszählungsurteil betont, dass es kein „belangloses Datum" gibt.[109] Die sich aus der Datenverarbeitung resultierenden Risiken für die informationelle Selbstbestimmung seien jeweils nur bezogen auf den spezifischen Verwendungskontext zu bestimmen. Aus dieser Feststellung folgte die Schlussfolgerung, dass das Datenschutzrecht für jegliche personenbezogenen Daten gleichermaßen greifen müsse. Dies war im Grundsatz auch im europäischen Recht immer anerkannt. Ergänzend differenziert die Datenschutz-Grundverordnung – wie schon zuvor die Datenschutzrichtlinie[110] – zwischen personenbezogenen Daten und besonderen Kategorien personenbezogener Daten und ordnet für die zweite Kategorien ein höheres Schutzniveau an. Die Verordnung verfolgt darüber hinaus das Ziel, die Bedingungen für den Umgang mit besonderen Kategorien von Daten zu harmonisieren.[111] Der Umgang mit diesen Datenkategorien soll **grundsätzlich verboten** sein und nur in Ausnahmefällen erlaubt werden.[112] Neben den in Art. 9 Abs. 2 DSGVO normierten Erlaubnistatbeständen, sollen Ausnahmen auch durch weitere gesetzliche Vorschriften des Unionsrechts oder im nationalen Recht der Mitgliedstaaten geregelt werden können. Diese nicht in der Datenschutz-Grundverordnung angesiedelten Erlaubnisvorschriften stehen erstens unter dem Vorbehalt angemessener Garantien zum Schutz der besonderen Kategorien personenbezogener Daten und anderer Grundrechte sowie

---

106 *Art. 29-Datenschutzgruppe*, WP 259, 15.
107 Wobei erst in einer späteren Informationsebene angegeben werden kann, wie sein Datenschutzbeauftragter kontaktiert werden kann.
108 *Art. 29-Datenschutzgruppe*, WP 259, 15.
109 BVerfGE 65, 1 (45).
110 Im Europäischen Recht wurden die besonderen Kategorien personenbezogener Daten in Art. 8 DSRL normiert, s. auch Wolff/Brink/*Albers* DSGVO Art. 9 Rn. 5. In Deutschland wurde die Vorschrift durch § 3 Abs. 9 BDSG mit der Besonderheit umgesetzt, dass die Daten als besondere Arten personenbezogener Daten bezeichnet worden sind.
111 Erwgr. 51 DSGVO.
112 Erwgr. 52 DSGVO.

zweitens unter der Bedingung, dass sie durch ein öffentliches Interesse gerechtfertigt sind. In den Erwägungsgründen der Verordnung werden Regelfälle – „insbesondere" – aufgeführt, bei denen ein öffentliches Interesse am Umgang mit besonderen Kategorien von Daten zur Rechtfertigung des Datenumgangs angenommen wird.

aa) Besondere Kategorien personenbezogener Daten im „Internet"

115 In Art. 4 DSGVO, der die wesentlichen Begriffsbestimmungen für die Datenschutz-Grundverordnung definiert, findet sich keine abstrakte Definition der besonderen Kategorien personenbezogener Daten (→ B. I. Rn. 9). Welche personenbezogenen Daten diesen Kategorien zuzuordnen sind, ergibt sich aus Art. 9 Abs. 1 DSGVO. Der dort genannte **Katalog der besonderen Kategorien personenbezogener Daten** ist abschließend.[113] Im Einzelnen gehören dazu personenbezogene Daten, aus denen die rassische und ethische Herkunft, politische Meinungen, religiöse oder weltanschauliche Überzeugungen oder die Gewerkschaftszugehörigkeit hervorgehen. Des Weiteren werden genetische Daten, biometrische Daten zur eindeutigen Identifizierung einer natürlichen Person, Gesundheitsdaten sowie Daten zum Sexualleben oder zur sexuellen Orientierung natürlicher Personen in dieser Norm explizit genannt. Zu beachten ist die vermutlich bewusst gewählte unterschiedliche Formulierung der Datenkategorien innerhalb der Aufzählung.[114] Es werden personenbezogene Daten geschützt, aus denen bestimmte Merkmale einer Person hervorgehen. Dies bedeutet, dass sich die besondere Kategorie nicht zwangsläufig unmittelbar aus dem Datum selbst ergeben muss, sondern – in der Regel – aus ihr abgeleitet wird. Hintergrund dieser eher offenen Formulierung für die Kategorien Rasse, ethische Herkunft, politische Meinungen, religiöse oder weltanschauliche Überzeugungen oder die Gewerkschaftszugehörigkeit ist, dass sich diese Merkmale häufig nicht aus einer einzelnen Information ergeben, sondern aus der Bewertung mehrerer Einzelinformationen geschlussfolgert werden.[115] Hingegen soll bei den übrigen in der Vorschrift genannten Daten – genetische Daten, biometrische Daten zur eindeutigen Identifizierung einer natürlichen Person, Gesundheitsdaten sowie Daten zum Sexualleben oder zur sexuellen Orientierung natürlicher Personen – grundsätzlich von einem engeren Verständnis ausgegangen werden. Dies kann insbesondere den Definitionen der genetischen und biometrischen Daten gemäß Art. 4 Nr. 13 und 14 DSGVO entnommen werden, die eine gewisse Eindeutigkeit der Information im Hinblick auf die Kategorie fordern.[116] Beispielsweise sind der menschliche Fingerabdruck oder die Haar- und Augenfarbe, die durch die Gene der Person festgelegt werden, kein genetisches Datum.

116 Während die genannten Einzelinformationen bereits in der Vergangenheit zu den besonders schutzbedürftigen Datenkategorien zählten, wird in der Verordnung mit den biometrischen und den genetischen[117] Daten sowie Daten zur sexuellen Orientierung drei neuen Datenkategorien ein **besonders hoher Schutzbedarf** zugesprochen. Den biometrischen und genetischen Daten kommt zusammen mit den Gesundheitsdaten

---

113   So auch Kühling/Buchner/*Weichert* DSGVO Art. 9 Rn. 19.
114   Zu diesem Unterschied s. auch Paal/Pauly/*Frenzel* DSGVO Art. 9 Rn. 8 f.
115   Zu entsprechenden Beispielen s. Paal/Pauly/*Frenzel* DSGVO Art. 9 Rn. 10 ff.
116   S. Paal/Pauly/*Frenzel* DSGVO Art. 9 Rn. 14.
117   Allgemein zu genetischen Daten und ihrer bisherigen Einordnung s. Simitis/*Simitis* BDSG § 3 Rn. 259.

eine Sonderrolle zu, da nur diese drei besonderen Datenkategorien in Art. 4 Nr. 13, 14 und 15 DSGVO legaldefiniert werden. Mit den Gesundheitsdaten stehen die biometrischen und genetischen Daten in einem sehr engen Zusammenhang. Biometrische Daten geben insbesondere Auskunft über biologische Eigenschaften und physiologische Merkmale der Person.[118] Aus dem menschlichen Genom lassen sich neben der Abstammung vor allem mit einer gewissen Wahrscheinlichkeit Aussagen über zukünftige Erkrankungen und gegebenenfalls sogar Heilungschancen ableiten.[119] Es ist auch davon auszugehen, dass zunehmend aus den Genen Charaktereigenschaften und Verhaltensmuster einer Person abgeleitet werden, die wiederum zahlreiche Rückschlüsse beispielsweise auf Suchtanfälligkeit, Kriminalität oder Teamfähigkeit zulassen. Beiden Datenkategorien ist gemeinsam, dass sie für jede Person einzigartig sind und diese eindeutig individualisiert werden kann. Bezogen auf genetische Daten wurde in der Vergangenheit die diese nicht umfassende Aufzählung der besonderen Kategorien von personenbezogenen Daten im europäischen und nationalen Recht als „willkürlich, antiquiert und unvollständig" bezeichnet.[120] Die Erweiterung der Aufzählung besonderer Kategorien personenbezogener Daten kann als Versuch der Verordnung gewertet werden, dieser Kritik entgegenzutreten.

Die Verarbeitung besonderer Kategorien personenbezogener Daten wird im Kontext des **Internet** vornehmlich bei den Webdiensten relevant.[121] Es ist möglich, einige Kategorien von Webdiensten zu benennen, bei denen aufgrund ihrer **thematischen Ausrichtung** höchstwahrscheinlich besondere Kategorien personenbezogener Daten verarbeitet werden. Davon ausgehend, dass bereits die IP-Adresse in der Regel ein personenbezogenes Datum ist (→ B. I. Rn. 8), kann gegebenenfalls allein aufgrund der Tatsache, dass eine bestimmte thematisch ausgerichtete Internetseite regelmäßig besucht wird, ein Rückschluss auf besondere Kategorien personenbezogener Daten vorgenommen werden.[122] Angaben zur **rassischen und ethischen Herkunft** werden vermutlich auf Webseiten verarbeitet werden, die an bestimmte Bevölkerungsgruppen gerichtet sind, um spezifische Informationen zu verbreiten, Kontaktaufnahmen und Meinungsaustausch zu ermöglichen oder von einer Interessenvertretung angeboten werden. Hinweise auf **politische Meinungen** eines Nutzers können eine Vielzahl unterschiedlicher Webseiten liefern – angefangen bei den Webdiensten der politischen Parteien selbst, über Online-Petitionen und Webseiten von Bürgerbewegungen, Nachrichtenseiten, die einer politischen Ausrichtung zugeordnet werden, bis hin zu Foren und Blogs zu politischen Themen. Gleiches ist für die Daten über **religiöse oder weltanschauliche Überzeugungen** anzunehmen. Webseiten werden mittlerweile von Kir-

117

---

118 S. die Definition biometrischer Daten der *Art. 29-Datenschutzgruppe*, WP 193, 2012, 4 sowie bereits zuvor WP 136, 2007, 9.

119 *Arning/Forgó/Krügel* DuD 2006, 700.

120 *Dammann/Simitis* 1997 Art. 8 Rn. 3; Geis CR 1995, 174 ff.; Simitis/*Simitis* BDSG § 3 Rn. 259.

121 Für die aufgrund der Betroffenheit des Fernmeldegeheimnisses einen besonderen Vertraulichkeitsschutz genießenden Kommunikationsdaten enthält der Entwurf zur E-Privacy-VO Sonderregelungen, nicht aber für besondere Kategorien personenbezogener Daten.

122 Unerheblich für die datenschutzrechtlichen Risiken ist, ob diese Rückschlüsse tatsächlich der Wahrheit entsprechen oder die Motivation zum Besuch dieser Webseiten durch einen konkreten Nutzer vielleicht gar nicht auf die eigene Gesinnung zurückzuführen ist. So werden zB Webseiten mit rechtsextremen Inhalten auch zu Ermittlungszwecken regelmäßig von Mitarbeitern des Verfassungsschutzes oder auch von potenziellen Gegnern der rechten Szene, wie zB antifaschistischen Aktivisten, besucht.

Silke Jandt　　　　179

chen, Religionsgemeinschaften und für nahezu jegliche Glaubensrichtung sowie für Anhänger bestimmter weltlicher Wertvorstellungen angeboten, sei es beispielsweise Webseiten mit kommunistischen, pazifistischen oder faschistischen Inhalten und Wertvorstellungen[123] sowie von Atheisten und Anthroposophen.[124] Auf die **Gewerkschaftszugehörigkeit** kann vor allem geschlossen werden, wenn die Webseiten der Gewerkschaften selbst regelmäßig besucht werden. **Genetische** Daten werden aktuell vermutlich vornehmlich in anmeldepflichtigen Webdiensten für den Forschungsbereich verarbeitet werden.[125] Es ist allerdings nicht viel Phantasie erforderlich, um sich vorzustellen, dass zukünftig zum Beispiel bei Online-Partnerbörsen genetische Angaben die Personenbeschreibungen von Nutzern dieser Portale ergänzen werden. Es existieren Webseiten von Krankenhäusern, Ärzten, Apotheken, zahlreichen Gesundheitsportale, die sehr wahrscheinlich zur Verarbeitung von **Gesundheitsdaten** führen. Auch sogenannte Gesundheits- und Fitness-Apps werden immer häufiger genutzt und verarbeiten Gesundheitsdaten.[126] Auf Webseiten von sexuellen Gruppierungen, mit pornografischen Inhalten[127] und auf Dating-Portalen werden ebenfalls **Daten zum Sexualleben oder der sexuellen Orientierung** der Nutzer verarbeitet werden.

118   Ob und in welchem Umfang auf Webseiten **biometrische Daten** verarbeitet werden, hängt im Wesentlichen von der konkreten Definition der biometrischen Daten ab. Aufgrund der Multimedialität der Webdienste werden im „Internet" auf zahlreichen Seiten Videos und Fotografien von Personen verarbeitet. Viele Webdienste dienen ausschließlich dem Zweck, persönliche Videos und Fotografien der Allgemeinheit oder einem ausgewählten Personenkreis zu präsentieren, wie zum Beispiel YouTube, Snapshat, Instagram und Dropbox. Auch bei den Webdiensten zur Videotelefonie, wie sie von Skype und WhatsApp angeboten werden, und zur Bild- und Videobearbeitung werden Fotografien beziehungsweise Videos natürlicher Personen verarbeitet. Zudem werden immer mehr Endgeräte und zukünftig vermutlich auch Webdienste biometrische Passbilder oder andere biometrische Informationen zur Identifizierung und Authentifizierung der Nutzer einsetzen.

119   Fraglich ist daher, ob jegliche **Fotografie** und jegliche **Videosequenz**, auf der natürliche Personen abgebildet sind, als biometrische Daten zu qualifizieren sind.[128] Biometrische Daten sind mit speziellen technischen Verfahren gewonnene personenbezogene Daten zu den physischen, physiologischen oder verhaltenstypischen Merkmalen einer natürlichen Person, die die eindeutige Identifizierung dieser natürlichen Person ermöglichen oder bestätigen. Gesichtsbilder werden in der Definition ausdrücklich als Beispiel genannt. Daraus könnte zu schließen sein, dass jegliche Bild- und Videoaufnahmen, auf denen Personen abgebildet und die Gesichter erkennbar sind, als biometrische Daten einzustufen sind – unabhängig davon, ob sie für eine biometrische

---

123 S. Sydow/*Kampert* DSGVO Art. 9 Rn. 9.
124 S. Kühling/Buchner/*Weichert* DSGVO Art. 9 Rn. 28.
125 Dies ist primär dem Umstand geschuldet, dass der Einzelne vermutlich gar keine Kenntnis über seine eigenen genetischen Daten hat, sondern diese erst durch aufwändige und von Fachleuten durchzuführende Analyse gewonnen werden.
126 S. *Jandt*/Hohmann K&R 2015, 694.
127 Ehmann/Selmayr/*Schiff* DSGVO Art. 9 Rn. 26.
128 S. auch *Jandt* ZRP 2018, 17.

Silke Jandt

Analyse verwendet werden oder auch nur die Absicht dazu besteht. Dies hätte zur Konsequenz, dass zukünftig nahezu jegliches Abbild einer Person nur unter den besonderen Voraussetzungen von Art. 9 DSGVO zulässig wäre. Dagegen spricht, dass der Gesetzgeber selbst darauf hinweist, dass die Verarbeitung von Lichtbildern – Gleiches muss dann für Videoaufnahmen gelten – nicht grundsätzlich als Verarbeitung besonderer Kategorien von Daten angesehen werden sollte.[129]

Die Definition der biometrischen Daten stützt diese zweite Bewertung. Erstens wird der Einsatz spezieller technischer Verfahren hervorgehoben, mittels derer die biometrischen Daten gewonnen werden.[130] Es mag zwar technisch zutreffend sein, dass jegliche mit handelsüblichen Videokameras angefertigten Videoaufnahmen grundsätzlich für biometrische Analysen verwendet werden können. Für die **Biometrietauglichkeit** sind allerdings weitere Umstände wie Format, Hintergrund und Gesichtsausdruck maßgeblich.[131] Gewonnen werden die biometrischen Daten erst, indem auf den Fotografien und in den Videoaufnahmen Gesichter gefunden und **softwarebasiert** spezifische Gesichtsmerkmale, zum Beispiel durch die Vermessung gesichtsprägender Abstände, herausgefiltert werden.[132] Im Unterschied zum Menschen kann die Technik nicht aus dem Gesichtsabbild als solches identifizierende Schlussfolgerungen zu der Person ziehen, sondern benötigt die extrahierten Templates, um diese Algorithmen basiert weiterzuverarbeiten. Nicht Fotografien und Videomaterial selbst, sondern die aus diesen in Bezug auf die Gesichter extrahierten Merkmale stellen biometrische Daten dar. Es kommt darüber hinaus aber nicht darauf an, ob diese Datensätze für eine eindeutige Identifizierung, zum Beispiel durch einen entsprechenden Datenabgleich, verwendet werden. Maßgeblich ist, ob die Qualität der Bildaufnahmen ausreichend ist, um Templates zu extrahieren, die grundsätzlich eine Gesichtserkennung ermöglichen. Es ist nur erforderlich, dass überhaupt Personen und Gesichter aus dem Bildmaterial herausgefiltert werden können, nicht aber, dass alle abgebildeten Personen gefunden werden.

Darüber hinaus ist allerdings jegliche pauschale Aussage, bei welchen **Internet- und Webdiensten** besondere Kategorien von Daten verarbeitet werden, unmöglich. Der Verantwortliche muss dies grundsätzlich im Einzelfall bezogen auf sein konkretes Dienstleistungsangebot überprüfen. Dabei steht er allerdings vor der Schwierigkeit, dass generell davon auszugehen ist, dass für die Schutzbedürftigkeit und damit die Zuordnung von personenbezogenen Daten zu einer besonderen Kategorie nicht nur der Inhalt, sondern auch der **Verarbeitungskontext** maßgeblich sind[133] oder zumindest sein sollte.[134] Relativ einfach wird diese Einschätzung ausfallen, wenn über ein

120

121

---

129 S. Erwgr. 51 DSGVO.
130 Sydow/*Kampert* DSGVO Art. 4 Rn. 184, weist darauf hin, dass keine Begrenzung auf bestimmte technische Verfahren zur Datengewinnung erfolge.
131 S. die Informationen zur Erstellung biometrischer Passbilder, https://www.biometrisches-passbild.net. Die Anforderungen an die Biometrietauglichkeit biometrischer Passbilder sind allerdings besonders hoch, da der Personalausweis eine eindeutige und fehlerfreie Identifizierung des Passinhabers ermöglichen muss. Auf die Biometrietauglichkeit des Gesichtsbildes weist auch Paal/Pauly/*Ernst* DSGVO Art. 4 Rn. 103, hin.
132 *Hornung/Schindler* ZD 2017, 203 (204); Kühling/Buchner/*Weichert* DSGVO Art. 4 Nr. 14 Rn. 3.
133 Wolff/Brink/*Albers* DSGVO Art. 9 Rn. 7, der allerdings auch darauf hinweist, dass sich die Kontextabhängigkeit nicht eindeutig aus der Vorschrift ergebe.
134 S. zB Ehmann/Selymar/*Schiff* DSGVO Art. 9 Rn. 3, der allerdings darauf hinweist, dass „eine normative Abstrahierung zahlenmäßig nicht zu überblickender Datenverarbeitungskontexte kaum möglich sei".

Silke Jandt

Eingabeformular besondere Kategorien personenbezogener Daten abgefragt werden, wie dies zum Beispiel bei einem Online-Dienst für einen Krankenversicherungsvergleich der Fall sein könnte. Problematischer ist die Bewertung allerdings bei jeglichem Webdienst, bei dem die Nutzer ohne konkrete Vorgaben Eingaben tätigen und dadurch personenbezogene Daten preisgeben können. Hier kann von dem Webdienstleister als Verantwortlichen proaktiv allenfalls eine anwendungsbezogene Bewertung anhand der bereits dargelegten Kategorien von Webdiensten vorgenommen werden. Wenn allerdings ein Nutzer zum Beispiel in dem Diskussionsforum eines Webdienstes mit Koch-und Backrezepten in einem Eintrag seine Krankengeschichte schreibt, die vielleicht durch den Genuss eines bestimmten Lebensmittels ausgelöst worden ist, so wird dies für den Webdienstleister kaum vorhersehbar sein. Welchen Sorgfaltsmaßstab dem Verantwortlichen bei der Voreinschätzung auferlegt wird und gegebenenfalls welche repressiven Prüfpflichten ihm obliegen, werden vermutlich letztlich die Gerichte entscheiden.

bb) Zulässigkeit der Verarbeitung besonderer Kategorien personenbezogener Daten

122 Art. 9 Abs. 1 DSGVO sieht ein **generelles Verbot der Verarbeitung** der dargestellten besonderen Kategorien personenbezogener Daten vor.[135] Vor dem Hintergrund, dass Art. 6 Abs. 1 DSGVO bereits ein allgemeines Verbot der Verarbeitung personenbezogener Daten statuiert, ist es fraglich, welche Regelungsfunktion Art. 9 Abs. 1 DSGVO zukommt.[136] Zum einen könnte sich sein Regelungsinhalt darauf beschränken, dass er eine lediglich klarstellende Wiederholung des allgemeinen Rechtmäßigkeitsgrundsatzes gemäß Art. 6 Abs. 1 DSGVO darstellt. Zum anderen könnte das in ihm normierte Verbot der Verarbeitung besonderer Kategorien personenbezogener Daten über die Regelungsintention des Art. 6 Abs. 1 DSGVO hinausgehen und die Anwendbarkeit anderer Rechtgrundlagen zur Datenverarbeitung ausschließen. Letztlich hängt die Bewertung davon ab, wie das grundsätzliche Verhältnis zwischen Art. 6 und Art. 9 DSGVO einzuschätzen ist.

123 Zu dieser Fragestellung bestehen **unterschiedliche Auffassungen**. Es wird vertreten, dass Art. 6 Abs. 1 DSGVO die einzige Vorschrift der Datenschutz-Grundverordnung ist, über die die Zulässigkeit einer Verarbeitung personenbezogener Daten erreicht werden kann. Art. 9 DSGVO diene lediglich der Ergänzung von Art. 6 Abs. 1 DSGVO. Für die praktische Anwendung bedeute dies, dass bei der Verarbeitung besonderer Kategorien personenbezogener Daten, wie beispielsweise von Gesundheitsdaten in einer Fitness-App, die Voraussetzungen von Art. 6 Abs. 1 und Art. 9 Abs. 2 DSGVO zu prüfen sind. Die Verarbeitung wäre nur zulässig, wenn jeweils ein Erlaubnistatbestand bejaht werden kann. Nach der anderen Ansicht ist **Art. 9 DSGVO als spezifische Zulässigkeitsvorschrift** für die besonderen Kategorien personenbezogener Daten anzusehen. Die Vertreter dieser Auffassung spalten sich allerdings noch einmal in zwei Gruppen auf. Die erste Gruppe sieht die Funktion von Art. 9 Abs. 1 DSGVO in einer unvollständigen Verdrängung, so dass durch die Norm nur die Anwendbarkeit von Art. 6 Abs. 1 DSGVO bei der Verarbeitung besonderer Kategorien personen-

---

135 Kühling/Buchner/*Weichert* DSGVO Art. 9 Rn. 7. S. auch → B. I. Rn. 9.
136 Ehmann/Selmayr/*Schiff* DSGVO Art. 9 Rn. 26.

Silke Jandt

bezogener Daten explizit ausgeschlossen ist.[137] Die zweite Gruppe ist restriktiver und geht von einer vollständigen Verdrängung der Anwendbarkeit von Art. 6 DSGVO – insbesondere auch von Abs. 4 – aus.[138] Gegen diese Auffassung spricht bereits, dass Art. 6 Abs. 4 lit. c DSGVO ausdrücklich auf Art. 9 DSGVO Bezug nimmt und dessen Anwendungsbereich voraussetzt.

Es sprechen einige Argumente für die Auffassung, dass Art. 9 Abs. 1 DSGVO auf eine **unvollständige Verdrängung** von Art. 6 DSGVO abzielt. Der Vorschrift käme damit eine eigeständige Regelungsfunktion in dem Sinne zu, dass sie das Verbotsprinzip gegenüber Art. 6 Abs. 1 DSGVO zur Geltung bringt. Gleichzeitig führt sie dazu, dass die Verarbeitung der besonderen Kategorien personenbezogener Daten nur in den abschließend in Abs. 2 genannten Ausnahmetatbeständen zulässig ist.[139]. Im Unterschied zur kumulativen Anwendung von Art. 6 Abs. 1 und Art. 9 Abs. 2 DSGVO ist es dadurch ausgeschlossen, dass es zu Wertungswidersprüchen der teils recht unterschiedlichen Erlaubnistatbestände kommen kann. Dieser Regelungszusammenhang zwischen allgemeinen und spezifischen Erlaubnistatbeständen entspricht auch der bisherigen Systematik der Erlaubnistatbestände gemäß Art. 8 DSRL sowie § 13 BDSG und § 28 BDSG.[140]   124

Für die Auffassung Art. 6 Abs. 1 und Art. 9 Abs. 2 DSGVO bei besonderen Kategorien von Daten kumulativ anzuwenden, werden im Wesentlichen **drei Argumente** angeführt. Erstens wird Erwgr. 51 angeführt. Dieser besagt, dass zusätzlich zu den speziellen Anforderungen an eine derartige Verarbeitung die allgemeinen Grundsätze und andere Bestimmungen dieser Verordnung, insbesondere hinsichtlich der Bedingungen für eine rechtmäßige Verarbeitung, gelten sollten. Der Verweis auf die „Bedingungen" wird als Verweis auf Art. 6 Abs. 1 DSGVO gedeutet, in dem dieselbe Bezeichnung verwendet wird. Aus dem Wort „zusätzlich" wird die parallele Anwendung von Art. 6 Abs. 1 DSGVO und Art. 9 Abs. 2 DSGVO abgeleitet. Gegen diese strenge Wortlautauslegung spricht bereits die englische Originalfassung der Datenschutz-Grundverordnung. In dieser wird in Art. 6 Abs. 1 DSGVO die Formulierung verwendet „at least one of the following applies", während in Erwgr. 51 von „the conditions for lawful processing" die Rede ist. Es ist also nicht zwingend, dass sich die im Erwägungsgrund genannten Bedingungen für die Rechtmäßigkeit der Verarbeitung auf Art. 6 Abs. 1 DSGVO beziehen müssen. Auch Art. 7 DSGVO normiert zum Beispiel Bedingungen für die Wirksamkeit der Einwilligung. Nur wenn diese erfüllt sind, ist auch die Verarbeitung auf der Grundlage von Art. 6 Abs. 1 S. 1 lit. a DSGVO gegeben.   125

Zweitens sehe Art. 6 Abs. 1 DSGVO Erlaubnistatbestände vor, wie insbesondere lit. b die Erfüllung des Vertrages, die von Art. 9 Abs. 2 DSGVO nicht vorgesehen seien, aber auch für besondere Kategorien personenbezogener Daten greifen müssten. Dem   126

137 So wohl Sydow/*Kampert* DSGVO Art. 9 Rn. 5; Gola/*Schulz* DSGVO Art. 9 Rn. 1 sowie explizit zum Verhältnis zwischen Art. 9 Abs. 1 und Art. 6 Abs. 4 in Rn. 4; Schantz/Wolff/*Schantz* 2017, Rn. 705. Kühling/Buchner/*Weichert* DSGVO Art. 9 Rn. 4 hebt ergänzend hervor, dass die Anforderungen von Art. 6 Abs. 4 DSGVO im Kontext von Art. 9 DSGVO nicht unterschritten werden dürften.
138 Ehmann/Selmayr/*Schiff* DSGVO Art. 9 Rn. 9.
139 Die Zulässigkeitstatbestände gem. Art. 6 Abs. 2 DSGVO sind dann nicht zusätzlich zu prüfen.
140 S. Simitis/*Sokol*/*Scholz* BDSG § 13 Rn. 34; Simitis/*Simitis* BDSG § 28 Rn. 293 ff. insbes. Rn. 298.

ist entgegen zu halten, dass Art. 9 Abs. 2 lit. h DSGVO sehr wohl eine Erlaubnis mit dem Zweck der Erfüllung einiger Vertragsarten vorsieht. Dies allerdings mit dem einschränkenden Zusatz, dass der Vertrag mit einem Angehörigen des Gesundheitsberufs geschlossen sein muss – so dass der Erlaubnistatbestand vermutlich vorrangig für Gesundheitsdaten sowie eventuell noch biometrische und genetische Daten Anwendung finden wird – und vorbehaltlich der in Abs. 3 genannten Bedingungen und Garantien. Durch diese gegenüber Art. 6 Abs. 1 lit. b DSGVO höheren Anforderungen wird gerade das höhere Schutzniveau für die besonderen Kategorien personenbezogener Daten erreicht. Des Weiteren würde gerade ein Vertrag nicht ausreichen, da nach der genannten Auffassung ohnehin immer ein weiterer Erlaubnistatbestand gemäß Art. 9 Abs. 2 DSGVO gegeben sein müsste.

127 Drittens wird argumentiert, dass bei einzelnen Erlaubnistatbeständen, wie insbesondere Art. 9 Abs. 2 lit. e DSGVO eine Absenkung des Schutzniveaus drohen würde, wenn nicht kumulativ Art. 6 Abs. 1 anzuwenden sei. Wäre in diesem Fall Art. 6 Abs. 1 lit. f DSGVO ergänzend heranzuziehen, so könne die erforderliche Interessenabwägung als Korrektiv wirken. Dem ist allerdings entgegenzuhalten, dass alle Zulässigkeitstatbestände gemäß Art. 9 Abs. 2 DSGVO aufgrund des Ausnahmecharakters und der Zielsetzung, dass gegenüber Art. 6 Abs. 1 DSGVO ein erhöhtes Schutzniveau zu erreichen ist, immer restriktiv auszulegen sind.[141] Daher ist die Ausgangsthese, dass dieser Erlaubnistatbestand ein gegenüber Art. 6 Abs. 1 DSGVO geringeres Schutzniveau böte, bei einer engen Auslegung der Zulässigkeitstatbestände gemäß Art. 9 Abs. 2 DSGVO als unzutreffend zu bewerten.

128 Dieser **dogmatische Streit** wirkt sich zunächst primär auf den Umfang der Prüfung der Zulässigkeit der Datenverarbeitung aus. Ob die unterschiedlichen Rechtsauffassungen letztlich zu differierenden Ergebnissen kommen, lässt sich abstrakt nur schwer konstatieren, sondern dies wäre umfassend an konkreten Beispielsfällen zu überprüfen. Dabei wäre nach zwei Kategorien von Fallbeispielen zu fahnden. Erstens wären Fälle zu suchen, in denen die kumulative Anwendung von Art. 6 Abs. 1 und Art. 9 Abs. 2 DSGVO dazu führt, dass eine nach dem Rechtsempfinden und dem Gedanken der Rechtseinheitlichkeit eigentlich zulässige Verarbeitung besonderer Kategorien personenbezogener Daten unzulässig wird, weil keine Erlaubnis gemäß Art. 6 Abs. 1 DSGVO vorliegt. Umgekehrt wären auch Fallbeispiele zu suchen, in denen allein die Erlaubnis gemäß Art. 9 Abs. 2 DSGVO zu einem geringeren Schutzniveau gegenüber der Anwendung von Art. 6 Abs. 1 DSGVO führt. Nur in diesen Fällen würden die verschiedenen Auffassungen zu **unterschiedlichen Rechtsfolgen** führen.

129 Für die Praxis besonders relevant ist in diesem Zusammenhang die **Positionierung der Aufsichtsbehörden**, die als erste Kontrollinstanz die Zulässigkeit der Verarbeitung besonderer Kategorien personenbezogener Daten bewerten werden. Diese gehen – bisher ohne nähere Begründung – davon aus, dass die Verarbeitung von besonderen Kategorien personenbezogener Daten nur zulässig ist, wenn sowohl ein Zulässigkeitstatbestand gemäß Art. 6 Abs. 1 als auch von Art. 9 Abs. 2 DSGVO erfüllt ist.[142]

---

141 Kühling/Buchner/*Weichert* DSGVO Art. 9 Rn. 91 sowie die weiteren Ausführungen zu Art. 9 Abs. 2 lit. e DSGVO → Rn. 32.
142 *DSK*, Kurzpapier Nr. 17, Besondere Kategorien personenbezogener Daten, 2.

Der Abs. 2 stellt eine – zunächst – abschließende Aufzählung von insgesamt **zehn An-** **130** **wendungsfällen** dar, in denen Abs. 1 nicht anwendbar ist. Diese können in zwei Gruppen eingeteilt werde.[143] Während die Anwendungsfälle der ersten Gruppe jeweils die Zulässigkeitsvoraussetzungen abschließend normieren,[144] werden die Anwendungsfälle der zweiten Gruppe jeweils durch den Vorbehalt ergänzt „soweit dies nach dem Unionsrecht oder dem Recht der Mitgliedstaaten" zulässig ist.[145] Ohne Berücksichtigung weiterer Voraussetzungen ist die Verarbeitung besonderer Datenkategorien grundsätzlich zulässig, wenn sie zum Schutz lebenswichtiger Interessen gemäß lit. c, durch eine politisch, weltanschaulich, religiös oder gewerkschaftlich ausgerichtete Stiftung, Vereinigung oder sonstige Organisation ohne Erwerbszweck – sogenannte Tendenzbetriebe – im Rahmen ihrer rechtmäßigen Tätigkeiten gemäß lit. d erfolgt, der Betroffene die Daten offensichtlich öffentlich gemacht hat gemäß lit. e oder die Verarbeitung zur Geltendmachung, Ausübung oder Verteidigung von Rechtsansprüchen oder bei Handlungen der Gerichte in ihrer gerichtlichen Eigenschaft erforderlich ist gemäß lit. f Unter dem zusätzlichen unions- und mitgliedstaatlichen Regelungsvorbehalt ist die Verarbeitung besonderer Datenkategorien grundsätzlich zulässig bei einer ausdrücklichen Einwilligung des Betroffenen gemäß lit. a, zur Ausübung der aus dem Arbeitsrecht, dem Recht der sozialen Sicherheit und des Sozialschutzes erwachsenden Rechte gemäß lit. b, aus Gründen eines erheblichen öffentlichen Interesses gemäß lit. g insbesondere im Bereich der öffentlichen Gesundheit gemäß lit. i, für Zwecke der Gesundheitsvorsorge oder der Arbeitsmedizin, für die Beurteilung der Arbeitsfähigkeit des Beschäftigten, für die medizinische Diagnostik, die Versorgung oder Behandlung im Gesundheits- oder Sozialbereich oder für die Verwaltung von Systemen und Diensten im Gesundheits- oder Sozialbereich gemäß lit. h sowie im öffentlichen Interesse liegende Archivzwecke, für wissenschaftliche oder historische Forschungszwecke oder für statistische Zwecke gemäß lit. j.

Die Zulässigkeitstatbestände gemäß Art. 9 lit. d und lit. e DSGVO knüpfen an eine **131** **besondere Eigenschaft des Verantwortlichen**, der eine spezifische Stiftung, Vereinigung oder Organisation ohne Gewinnerzielungsabsicht sein muss, bzw. an ein **zusätzliches Merkmal der personenbezogenen Daten**, die zuvor vom Betroffenen offensichtlich öffentlich gemacht worden sind, an. Alle weiteren Zulässigkeitstatbestände gemäß Art. 9 Abs. 2 DSGVO beziehen sich auf konkrete zulässige Zwecke für die Verarbeitung mit den besonderen Kategorien personenbezogener Daten. Spätestens bei der Bewertung der Zulässigkeit ist daher der Verarbeitungskontext maßgeblich.

Welcher konkrete Erlaubnistatbestand bei der Verarbeitung besonderer Kategorien **132** personenbezogener Daten bei Webanwendungen in Betracht kommt, ist grundsätzlich im **Einzelfall** zu überprüfen. Allerdings bietet das Web selbst für öffentliche Stel-

---

143 Zu einer ähnlichen Gruppeneinteilung s. Paal/Pauly/*Frenzel* DSGVO Art. 9 Rn. 19; Sydow/*Kampert* DSGVO Art. 9 Rn. 12.
144 Zu dieser Gruppe von Anwendungsfällen gehören Abs. 2 lit. a, c, d, e und f.
145 Zu dieser Gruppe von Anwendungsfällen gehören mit etwas unterschiedlichen Formulierungen Abs. 2 lit. b, g, h, i und j. Art. 9 Abs. 2 lit. b und h DSGVO enthalten jeweils weitere Zusätze: „oder einem Kollektivvertrag nach dem Recht eines Mitgliedstaats, das geeignete Garantien für die Grundrechte und die Interessen der betroffenen Person vorsieht" bzw. „oder aufgrund eines Vertrags mit einem Angehörigen eines Gesundheitsberufs und vorbehaltlich der in Absatz 3 genannten Bedingungen und Garantien".

Silke Jandt   185

len, Firmen und Privatpersonen gleichermaßen einen reichen Fundus, um – auch – besondere Kategorien personenbezogener Daten zu erheben und weiterzuverarbeiten. Insofern weist Art. 9 Abs. 2 lit. e DSGVO als mögliche Rechtsgrundlage für die Verarbeitung besonderer Kategorien personenbezogener Daten eine besondere Bedeutung auf. Diese Vorschrift erlaubt den Umgang mit besonderen Kategorien personenbezogener Daten, sofern der Betroffene sie **offensichtlich öffentlich gemacht** hat. Er betrifft somit regelmäßig ein „Zweitverwertung" der Daten.

133 Bezogen auf alle **Webdienste**, die es den Nutzern ermöglichen, Daten in Form von Text, Bild und Videos einzugeben und auf Server des Webdienstes hochzuladen, könnte die These vertreten werden, dass diese Nutzerdaten, sofern sie besondere Kategorien von personenbezogenen Daten beinhalten, die Voraussetzungen von **Art. 9 Abs. 2 lit. e DSGVO** erfüllen. Von einer Veröffentlichung ist unzweifelhaft immer dann auszugehen, wenn es sich um an die Allgemeinheit gerichtete Webseiten handelt, die keine Authentifizierung der Nutzer erfordert, damit die Inhalte zur Kenntnis genommen werden können. Eine Veröffentlichung ist dagegen abzulehnen, sofern die Webseiten aufgrund einer grundsätzlich nur einem beschränkten Nutzerkreis bekannten Webadresse, die zudem nicht über Suchmaschinen auffindbar ist, zugänglich ist, wie zum Beispiel rein privaten Webseiten. Bei sozialen Netzwerken ist aufgrund des Anmeldeerfordernisses und des damit einhergehenden grundsätzlich begrenzten Nutzerkreises bereits fraglich, ob dort eingestellte besondere Kategorien personenbezogener Daten vom Betroffenen „öffentlich gemacht" worden sind. Selbst wenn dies bejaht würde, scheitert es bei vielen sozialen Netzwerken an der „Offensichtlichkeit". Zwar bieten die meisten sozialen Netzwerke Einstellungsmöglichkeiten, um die Kenntnisnahme der Daten durch Nicht-Mitglieder des Netzwerkes und das Auffinden über Suchmaschinen auszuschließen. Diese waren allerdings nicht immer voreingestellt[146] und mussten vom Nutzer aktiviert werden, so dass häufig kein bewusster Willensakt der Veröffentlichung anzunehmen ist. Nicht erfüllt sind die Voraussetzungen von Art. 9 Abs. 2 lit. e DSGVO zudem, wenn besondere Kategorien personenbezogener Betroffenendaten, die im Web auf einer zugangsbeschränkten Webseite eingestellt sind, in den einen Hyperlink ergänzenden Text- und Bildausschnitten der Suchergebnisliste, sogenannte Snippets, einer Suchmaschine angezeigt werden.[147] Auf Firmenhomepages werden die Mitarbeiterdaten nicht von den Betroffenen selbst, sondern von dem Arbeitgeber öffentlich gemacht.[148] Auch auf Presse- und Vereinsseiten sind es in der Regel nicht die Betroffenen selbst, die ihre Daten veröffentlichen.

134 Gemäß **Art. 9 Abs. 4 DSGVO** können die Mitgliedstaaten zusätzliche Bedingungen, einschließlich Beschränkungen, in Bezug auf genetische, biometrische Daten oder Gesundheitsdaten einführen oder aufrechterhalten. Im Umkehrschluss besteht bezüglich der weiteren besonderen Kategorien personenbezogener Daten kein Öffnungs- oder

---

146 Seit dem 25.5.2018 sind Verantwortliche gem. Art. 25 Abs. 2 DSGVO dazu verpflichtet, datenschutzförderliche Einstellungen vorzusehen und die Voreinstellungen auf das höchste Schutzniveau zu setzen.

147 Kühling/Buchner/*Weichert* DSGVO Art. 9 Rn. 82 mit Verweis auf EuGH NJW 2014, 2257 (2258, Rn. 30), (Urt. v. 13.5.2014, C-131/12).

148 Selbst wenn eine Einwilligung der Beschäftigten vorliegt, ist dies in Bezug auf Art. 9 Abs. 2 lit. e DSGVO irrelevant.

Silke Jandt

Ausgestaltungsspielraum der Mitgliedstaaten, der über diejenigen Regelungsbefugnisse im Abs. 2 hinausgeht.

cc) Weitere datenschutzrechtliche Anforderungen

Neben der spezifischen Zulässigkeitsregelung für besondere Kategorien personenbezogener Daten und ihrer Berücksichtigung in Art. 6 Abs. 4 lit. c DSGVO findet sich mit Art. 22 DSGVO nur noch eine weitere Sonderregelung. Art. 22 DSGVO stellt eine risikobezogene Vorschrift für **automatisierte Einzelentscheidungen** und das **Profiling** dar (→ B. III. Rn. 271). Diese sind gemäß Abs. 1 grundsätzlich verboten und nur in den in Abs. 2 geregelten Ausnahmefällen zulässig, vor allem bei Vorliegen einer Einwilligung.[149] Zudem untersagt Art. 22 Abs. 4 DSGVO, dass Entscheidungen gemäß Abs. 2 der Norm auf besonderen Kategorien personenbezogener Daten beruhen dürfen. 135

dd) Regelungen im Bundesdatenschutzgesetz

Im neuen **Bundesdatenschutzgesetz** gibt es ebenfalls spezifische Vorschriften für die besonderen Kategorien personenbezogener Daten.[150] Das nationale Recht verabschiedet sich zunächst von der abweichenden Bezeichnung der „besonderen Arten personenbezogener Daten" und übernimmt den europäischen Fachbegriff „der besonderen Kategorien personenbezogener Daten". Im ersten Teil des Bundesdatenschutzgesetzes[151] finden sich keine Vorschriften, die auf die besonderen Kategorien personenbezogener Daten Bezug nehmen. Erst im zweiten Teil, der sich ausschließlich auf den Anwendungsbereich der Datenschutz-Grundverordnung bezieht,[152] ist unter anderem mit § 22 BDSG eine Vorschrift für die besonderen Kategorien personenbezogener normiert. Dieser legt fest, unter welchen Voraussetzungen eine Verarbeitung besonderer Kategorien personenbezogener Daten, die gemäß Art. 9 Abs. 1 DSGVO untersagt ist, ausnahmsweise rechtmäßig erfolgen kann. Dabei enthält Abs. 1 insgesamt sieben verschiedene **Erlaubnistatbestände**,[153] über die die Zulässigkeit der Verarbeitung begründet werden kann. Abs. 2 sieht spezifische technische und organisatorische Maßnahmen zur Gewährleistung der Datensicherheit vor, die ergänzend zur Zulässigkeit für eine rechtmäßige Datenverarbeitung erfüllt werden müssen. Die Rechtsgrundlagen des Abs. 1 greifen die Differenzierung zwischen den öffentlichen und nicht-öffentlichen Stellen auf, die die Vorschriften des Bundesdatenschutzgesetzes aF geprägt haben. Gemäß § 22 Abs. 1 Nr. 1 BDSG dürfen öffentliche und nicht-öffentliche Stellen besondere Kategorien personenbezogener Daten verarbeiten, wenn 136

a) es erforderlich ist, um die aus dem Recht der sozialen Sicherheit und des Sozialschutzes erwachsenden Rechte auszuüben und den diesbezüglichen Pflichten nachzukommen,

---

149 S. auch Ehmann/Selmayr/*Schiff* DSGVO Art. 9 Rn. 7; Gola/*Schulz* DSGVO Art. 9 Rn. 7.
150 Die Vorschriften zu den besonderen Kategorien personenbezogener Daten in Teil 3 des neuen Bundesdatenschutzgesetzes gelten nur für den Anwendungsbereich der JI-Richtlinie und werden hier nicht berücksichtigt.
151 Zur Systematik des Gesetzesentwurfs und die Differenzierung in vier Teile s. *Jensen* ZD Aktuell 2017, 05596.
152 S. die Gesetzesbegründung, BT-Drs. 18/11325, 94.
153 Die Gesetzesbegründung spricht von „Rechtsgrundlagen der Verarbeitung".

b) sie zum Zweck der Gesundheitsvorsorge, für die Beurteilung der Arbeitsfähigkeit des Beschäftigten, für die medizinische Diagnostik, die Versorgung oder Behandlung im Gesundheits- oder Sozialbereich oder für die Verwaltung von Systemen und Diensten im Gesundheits- und Sozialbereich oder aufgrund eines Vertrags der betroffenen Person mit einem Angehörigen eines Gesundheitsberufs erforderlich ist und diese Daten von ärztlichem Personal oder durch sonstige Personen, die einer entsprechenden Geheimhaltungspflicht unterliegen, oder unter deren Verantwortung verarbeitet werden, oder

c) es aus Gründen des öffentlichen Interesses im Bereich der öffentlichen Gesundheit, wie des Schutzes vor schwerwiegenden grenzüberschreitenden Gesundheitsgefahren oder zur Gewährleistung hoher Qualitäts- und Sicherheitsstandards bei der Gesundheitsversorgung und bei Arzneimitteln und Medizinprodukten erforderlich ist.

137   § 22 Abs. 1 Nr. 1 b) BDSG entspricht weitestgehend den **nationalen Vorgängerregelungen** zur zulässigen Verarbeitung besonderer Arten personenbezogener Daten gemäß § 13 Abs. 2 Nr. 7 BDSG aF für öffentliche Stellen und § 28 Abs. 7 BDSG aF für nicht-öffentliche Stellen. Die Interpretation der Vorschrift kann daher zukünftig grundsätzlich auf die vorhandenen Erkenntnisse in der nationalen Literatur und der Rechtsprechung zurückgreifen.[154] Mit der neu aufgenommenen Formulierung „oder aufgrund eines Vertrags der betroffenen Person mit einem Angehörigen eines Gesundheitsberufs" soll klargestellt werden, dass zwischen dem Verantwortlichen und dem Betroffenen ein Behandlungsvertrag gemäß § 630 a BGB besteht.[155] Die Gesundheitsberufe umfassen neben den Humanmedizinern,[156] die Heilberufe, die gemäß Art. 74 Nr. 19 GG einer gesetzlichen Zulassung bedürfen,[157] und Heilpraktiker. Diese müssen allerdings die Datenverarbeitung nicht persönlich vornehmen, sondern es reicht ausdrücklich aus, wenn dies unter ihrer Verantwortung geschieht. Der Formulierung nach scheint es nicht erforderlich zu sein, dass die Person, die faktisch unter der Verantwortung eines Geheimhaltungspflichtigen die Daten verarbeitet, selbst einer Geheimhaltungspflicht unterliegt.[158]

138   **Öffentliche Stellen** können die Zulässigkeit der Verarbeitung besonderer Kategorien personenbezogener Daten darüber hinaus auf vier weitere Rechtsgrundlagen gemäß § 22 Abs. 1 Nr. 2 DSGVO stützen. Die Verarbeitung ist grundsätzlich zulässig, wenn sie

a) aus Gründen eines erheblichen öffentlichen Interesses zwingend,

b) zur Abwehr einer erheblichen Gefahr für die öffentliche Sicherheit,

c) zur Abwehr erheblicher Nachteile für das Gemeinwohl oder zur Wahrung erheblicher Belange des Gemeinwohls zwingend oder

d) aus zwingenden Gründen der Verteidigung oder der Erfüllung über- oder zwischenstaatlicher Verpflichtungen einer öffentlichen Stelle des Bundes auf dem Ge-

---

154   ZB Simitis/*Sokol/Scholz* BDSG § 13 Rn. 41 sowie Simitis/*Simitis* BDSG § 28 Rn. 313 ff.
155   S. die Gesetzesbegründung, BT-Drs. 18/11325, 94.
156   Hierzu zählen Ärzte, Zahnärzte, Psychologische Psychotherapeuten und Kinder- und Jugendlichenpsychotherapeuten.
157   Dies sind ua Hebammen, Masseure, medizinische Bademeister, Ergotherapeuten, Logopäden.
158   S. Roßnagel/*Jandt* 2018 § 8 Rn. 289.

Silke Jandt

biet der Krisenbewältigung oder Konfliktverhinderung oder für humanitäre Maßnahmen erforderlich ist.

Bei allen vier Varianten muss zudem die weitere Voraussetzung erfüllt sein, dass die   139
Interessen des Verantwortlichen an der Datenverarbeitung die Interessen der betroffenen Person überwiegen. Diese Erlaubnistatbestände für öffentliche Stellen entsprechen im Wesentlichen § 13 Abs. 1 Nrn. 1, 5, 6 und 9 BDSG aF[159] Für die Regelung in § 22 Abs. 1 Nr. 2 BDSG ist ebenfalls zu erwarten, dass sich die Rechtsanwender am bisherigen Meinungs- und Rechtssprechungsstand orientieren, sofern es in der Praxis zu Anwendungs- oder Auslegungsproblemen kommen sollte. Die Formulierung des **erheblichen öffentlichen Interesses** wurde auch in § 4c Abs. 1 Nr. 4 BDSG verwendet, so dass auf dessen Verständnis zurückgegriffen werden kann.[160] Demnach wurden zum Beispiel die Überwachung von Finanzinstituten, die Steuer- und Zollverwaltung, die Verhinderung der Geldwäsche, die nationale Sicherheit und die öffentliche Gesundheit als wichtige öffentliche Interessen deklariert.[161] Die nationale – öffentliche – Sicherheit wird allerdings in § 22 Abs. 2 Nr. 1 b BDSG und die öffentliche Gesundheit in § 22 Abs. 1 Nr. 1 c) BDSG explizit genannt, so dass diese Zwecke nicht zusätzlich von § 22 Abs. 1 Nr. 2 BDSG umfasst werden.

Weitere Sonderregelungen für die besonderen Kategorien personenbezogener Daten   140
finden sich in dem Abschnitt zu den „besonderen Verarbeitungssituationen".[162] § 26 **BDSG** betrifft die Datenverarbeitung für Zwecke des Beschäftigungsverhältnisses. Gemäß dessen Abs. 3 ist der Umgang mit besonderen Kategorien personenbezogener Daten abweichend von Art. 9 Abs. 1 DSGVO im **Beschäftigungsverhältnis** zulässig, wenn sie zur Ausübung von Rechten oder zur Erfüllung rechtlicher Pflichten aus dem Arbeitsrecht, dem Recht der sozialen Sicherheit und des Sozialschutzes erforderlich ist und kein Grund zu der Annahme besteht, dass das schutzwürdige Interesse der betroffenen Person an dem Ausschluss der Verarbeitung überwiegt. Diese Regelung soll der Umsetzung von Art. 9 Abs. 2 lit. b DSGVO dienen.[163] Sie wiederholt im Wesentlichen dessen Wortlaut und normiert die Anwendbarkeit für den Umgang mit Beschäftigtendaten. Zu den internetspezifischen Fallgestaltungen der Datenverarbeitung im Beschäftigtenkontext gehören zum Beispiel die Internetrecherche nach Bewerbern, die Veröffentlichung von Beschäftigtendaten auf der Unternehmens- oder Behördenhomepage sowie die Auswertung von Logdateien der Internetnutzung am Arbeitsplatz zu unterschiedlichen Zwecken. Keinem dieser Fallbeispiele ist es allerdings immanent, dass dabei besondere Kategorien personenbezogener Daten verarbeitet werden. Die Vorschrift zielt primär auf die Verarbeitung von Sozial- und Gesundheitsdaten der Beschäftigten ab, die vor allem im Rahmen der Personalakten anfallen wer-

---

159 S. die Gesetzesbegründung BT-Drs. 18/11325, 95.
160 Es besteht allerdings der Unterschied, dass § 4c BDSG ausschließlich den Anwendungsbereich der Europäischen Union und die Datenübermittlung ins Ausland betrifft.
161 Simitis/*Simitis* BDSG § 4c Rn. 18 ff.
162 Hierzu ist auch § 28 BDSG zu zählen. Es bestehen allerdings zurzeit keine Anhaltspunkte dafür, dass diese Vorschrift im Kontext des Internet relevant sein könnte. Im öffentliche Interesse liegende Archive iSd Art. 89 DSGVO sind ausschließlich Behörden oder öffentliche oder private Stellen, die Aufzeichnungen von öffentlichem Interesse führen, s. Kühling/Buchner/*Buchner/Tinnefeld* DSGVO, Art. 9 Rn. 10.
163 S. BT-Drs. 18/11325, 98. Die weiteren Regelungen von § 26 BDSG werden auf die Öffnungsklausel in Art. 88 DSGVO gestützt, BT-Drs. 18/11325, 98.

den. Ein Internetbezug ist zum Beispiel dann gegeben, wenn ein Unternehmen oder eine Behörde die Führung der Personalakten in eine Cloud ausgelagert oder die Gehaltsabrechnungen cloudbasiert über einen externen Dienstleister vornehmen lässt.

141 § 27 BDSG betrifft die Datenverarbeitung zu **wissenschaftlichen oder historischen Forschungszwecken** und zu **statistischen Zwecken**. Die Regelung dient der Umsetzung des Regelungsauftrages in Art. 9 Abs. 2 lit. j DSGVO. Die Verarbeitung von besonderen Kategorien personenbezogener Daten ist auch ohne Einwilligung für die genannten Zwecke zulässig, wenn die Verarbeitung zu diesen Zwecken erforderlich ist und die Interessen des Verantwortlichen an der Verarbeitung die Interessen der betroffenen Person an einem Ausschluss der Verarbeitung erheblich überwiegen. Zudem hat der Verantwortliche gemäß § 27 Abs. 1 S. 2 BDSG angemessene und spezifische Maßnahmen zur Wahrung der Interessen der betroffenen Person gemäß § 22 Abs. 2 S. 2 BDSG vorzusehen. § 27 Abs. 3 BDSG ist zudem dahin gehend zu verstehen, dass ein Vorrang der Verwendung anonymisierter und pseudonymisierter Daten oder der Einholung normiert wird. Nur wenn der Forschungszweck mit anonymen oder pseudonymen besonderen Kategorien von Daten nicht erreicht werden kann, ist ein Rückgriff auf die Forschungsklausel als Erlaubnisvorschrift oder die Einwilligung zulässig.[164]

142 Auch wenn diese Vorschrift insbesondere mit der Forschung einen sehr speziellen Anwendungsbereich betrifft, sollte ihre praktische Relevanz vor allem auch für den Datenschutz im Internet nicht unterschätzt werden. Die **Forschungsklausel** gilt zunächst für öffentliche und private Forschung durch öffentliche und nichtöffentliche Stellen. In zahlreichen Forschungsdisziplinen werden Forschungsergebnisse durch die Auswertung von Datenbeständen gewonnen und diese sind zumindest bei der Humanforschung im weiten Sinne in der Regel auch personenbezogene Daten. Insbesondere in der medizinischen Forschung einschließlich der Genforschung werden besondere Kategorien personenbezogener Daten Grundlage zahlreicher Forschungsaktivitäten sein. Aber auch in zahlreichen Ausprägungen der Gewinnung von neuen sozialen, gesellschaftlichen, politischen und religiösen Erkenntnissen werden besondere Kategorien personenbezogener Daten verwertet werden. **Internetbezüge** ergeben sich aus der Internationalität der Forschung und dem Austausch von Forschungsdaten über internet- oder cloudbasierte Datenbanken sowie Forschungsportale im Web. Zudem werden immer häufiger auch in der Forschung Webumfragen zur Datengewinnung eingesetzt, zum Beispiel um gesundheitliche Auswirkungen auf Personen zu erforschen, die von spezifischen Umgebungsbedingungen, wie Flugverkehr, Windräder oder auch nicht rauchfreie Arbeitsplätze, betroffen sind. Des Weiteren werden auch andere Webdienste, wie zum Beispiel Gesundheitsportale, immer häufiger zu Forschungszwecken ausgewertet. In Bezug auf die **statistischen Zwecke** könnte § 27 BDSG im Internetkontext eine große Relevanz für das **Nutzertracking** sein, dass in einigen Fällen zumindest auch statistischen Zwecken dient. Allerdings werden hierbei in der Regel keine besonderen Kategorien personenbezogener Daten verarbeitet.

---

164 Dies entspricht im Wesentlichen der bisherigen Rechtslage gem. §§ 13 Abs. 2 Nr. 6, 28 Abs. 6 Nr. 4 BDSG aF, s. *Roßnagel/Hornung/Jandt* 2009, 9 f.

Silke Jandt

Teil 3 enthält noch drei weitere Regelungen zu den besonderen Kategorien personen-   143
bezogener Daten. § 51 Abs. 5 BDSG fordert, dass sich die **Einwilligung** ausdrücklich
auf besondere Kategorien personenbezogener Daten beziehen muss, wenn deren Verarbeitung legitimiert werden soll. Diese Voraussetzung für die Wirksamkeit der Einwilligung geht über diejenigen in Art. 7 DSGVO hinaus und übernimmt § 4 a Abs. 3
BDSG a.F.[165] § 54 Abs. 2 BDSG untersagt entsprechend Art. 9 Abs. 4 DSGVO grundsätzlich, dass zulässige **automatisierte Einzelentscheidungen** auf besonderen Kategori-
en personenbezogener Daten beruhen dürfen. Sie sind ausnahmsweise erlaubt, wenn
geeignete Maßnahmen zum Schutz der Rechtsgüter sowie der berechtigten Interessen
der betroffenen Personen getroffen wurden. § 64 Abs. 1 S. 1 BDSG enthält die Klarstellung, dass insbesondere bei der Verarbeitung besonderer Kategorien personenbezogener Daten ein angemessenes Schutzniveau der **Datensicherheit** durch technische
und organisatorische Maßnahmen zu gewährleisten ist.

e) Datenverarbeitung im Auftrag

Einzelkämpfer gibt es so gut wie keine mehr im IT-Bereich. Wer heutzutage Daten   144
verarbeitet, macht dieses selten alleine. Dienstleister unterstützen ihn mannigfaltig,
sei es durch Fernwartung, Aktenshreddern, Serverdienstleistungen, Software as a Service, Platform as a Service oder sonstige Webdienste. Kommen diese Dienstleister mit
personenbezogenen Daten in Berührung, so muss gehandelt werden, um dieses datenschutzkonform umzusetzen. In der Regel besteht nur ein direktes Vertragsverhältnis
zwischen der verantwortlichen Stelle und dem Kunden oder den Mitarbeitern – nicht
aber zwischen diesen und dem Auftragsverarbeiter. Die klassische Idee wäre daher,
sich von diesen Betroffenen eine Einwilligung einzuholen, um die Daten bei einem
Dienstleister verarbeiten zu lassen. Früh hat man erkannt, dass diese Vorgehensweise
im täglichen Massengeschäft wenig praktikabel ist und führte das **Konstrukt „Auftragsdatenverarbeitung"** ein. Ursprünglich in § 11 BDSG aF geregelt, führt diese Lösung vieler Auslagerungsprobleme mit Art. 28 und 29 DSGVO auch das neue europäische Datenschutzrecht weiter. Es orientiert sich dabei stark am deutschen Recht,
auch in Bezug auf die ergänzende Ausgestaltung des § 11 BDSG aF durch die Gerichte. Das bedeutet jedoch nicht, dass alte Gerichtsentscheidungen direkt auf das neue
Recht übertragen werden können (zu den Unterschieden → Rn. 188).

Die Idee der Auftragsverarbeitung ist es, den Auftragnehmer der eigenen Organisati-   145
on in einer Art „**Innenverhältnis**" zuzurechnen, fast als wäre er dessen eigener Angestellter. So ist es im eigenen Unternehmen in der Regel vereinfacht möglich, die Auf-
teilung der Datenverarbeitungsvorgänge unter den Beschäftigten organisatorisch festzulegen. Verantwortlich bleibt das Unternehmen. Dies will die Auftragsverarbeitung
insbesondere durch eine besonders enge Bindung des Auftragnehmers und Auftragsverarbeiters an den Auftraggeber und Verantwortlichen abbilden. Zentrale Elemente
der Auftragsverarbeitung sind daher die Bindung des Auftragsverarbeiters an Weisungen des Auftraggebers, das mangelnde Eigeninteresse des Auftragsverarbeiters an
den Daten und die Kontrollpflichten des Auftraggebers bis hin zur regelmäßigen Prü-

---

165 S. die Gesetzesbegründung BT-Drs. 18/11325, 112.

Henry Krasemann

fung der technischen und organisatorischen Maßnahmen im Betrieb des Auftragsverarbeiters durch den Verantwortlichen oder einen externen Auditor.

146 Die **Privilegierung der Auftragsverarbeitung** spiegelte sich bisher in § 3 Abs. 8 S. 3 iVm Abs. 3 BDSG aF wider. Auftragsverarbeiter waren danach keine Dritten, so dass auch keine Übermittlung von Daten vorlag. Art. 4 Nr. 10 DSGVO übernimmt diesen Gedanken, so dass auch nach der DSGVO der Auftragsverarbeiter aus der Definition des „Dritten" herausgenommen wird und damit keine Übermittlung gemäß Art. 4 Nr. 2 DSGVO vorliegt.

147 Umstritten ist, ob damit die Datenweitergabe durch den verantwortlichen Auftraggeber an den Auftragsverarbeiter schon gerechtfertigt ist. Die Aufsichtsbehörden gehen davon aus, dass es für die Weitergabe von personenbezogenen Daten durch den Auftraggeber und die anschließende Verarbeitung durch den Auftragsverarbeiter regelmäßig keiner weiteren Rechtsgrundlage im Sinne von Art. 6 bis 10 DSGVO bedarf als derjenigen, auf die der Verantwortliche selbst die Verarbeitung stützt.[166] Dieser **Privilegierungstheorie** folgt auch ein Teil der Literatur.[167] Die Gegenmeinung verweist im Rahmen der **Theorie der Rechtfertigungsbedürftigkeit** auf die Systematik der Datenschutz-Grundverordnung.[168] So geht Art. 6 DSGVO vom Wortlaut her davon aus, dass eine Verarbeitung nur rechtmäßig sei, wenn eine der dort aufgeführten Bedingungen erfüllt ist.[169] Auch wenn bei der Auftragsverarbeitung keine Übermittlung vorläge, so handele es sich doch um eine Verarbeitung gemäß Art. 4 Nr. 2 DSGVO. Für die Meinung der Aufsichtsbehörden spricht hingegen, dass sehr wohl eine Rechtsgrundlage für die Verarbeitung durch den Verantwortlichen vorliegen muss, die dann auf den Auftragsverarbeiter übergeleitet wird. In der Praxis wird selbst bei Annahme der Notwendigkeit einer eigenen Rechtsgrundlage für die Übermittlung der Daten an den Auftragsverarbeiter oftmals Art. 6 Abs. 1 lit. f DSGVO als Rechtmäßigkeitsvoraussetzung erfüllt sein, da die Verarbeitung zur Wahrung der berechtigten Interessen des Verantwortlichen erforderlich ist. Potenziell entgegenstehende Interessen oder Grundrechte und Grundfreiheiten der betroffenen Person, die den Schutz personenbezogener Daten erfordern, werden in der Regel durch Erfüllung der Voraussetzungen der Art. 28 und 29 DSGVO genüge getan.

148 Abzugrenzen war bisher die Auftragsdatenverarbeitung von der **Funktionsübertragung**. Bei dieser verfügt der Auftragnehmer in einem solchen Maß über eigene Entscheidungsfreiheit, dass er letztlich als eigenständig Verantwortlicher zu bewerten ist. Das kann bis zur vollständigen Ausgliederung einer Aufgabe an einen Dienstleister gehen, der frei darin ist, wie er die ihm zukommende Aufgabe erfüllt. Der Auftragsverarbeiter hat somit Freiheiten hinsichtlich der Wahl der Mittel, aber auch gegebenenfalls die Entscheidungsgewalt darüber, wie das Ergebnis seiner Arbeit zu interpretieren ist. Die herrschende Meinung war bisher nach dem alten Bundesdatenschutzgesetz davon ausgegangen, dass die Funktionsübertragung kein Unterfall der Auftrags-

---

166 *DSK*, Kurzpapier Nr. 13: „Auftragsverarbeitung", abrufbar unter www.lfd.niedersachsen.de/startseite/dsgv o/anwendung_dsgvo_kurzpapiere-155196.html.

167 *Schmidt/Freund* ZD 2017, 14 (16); vgl. auch *Härting* ITRB 2016, 137 (139).

168 Wolff/Brink/*Spoerr* DSGVO Art. 28 Rn. 31.

169 Ehrmann/Selmayr/*Bertermann* DSGVO Art. 28 Rn. 4.

Henry Krasemann

datenverarbeitung und völlig unabhängig davon zu bewerten ist. In der Datenschutz-Grundverordnung ist die Figur der Funktionsübertragung nicht vorgesehen, sondern es besteht neben der Auftragsverarbeitung die Figur der gemeinsam Verantwortlichen in Art. 26 DSGVO.[170] Für die Abgrenzung ist dann relevant, ob der Auftraggeber alleine über die Datenverarbeitung entscheidet, oder bei der gemeinsamen Verantwortlichkeit zusammen mit dem Vertragspartner.[171] Ungeachtet der Frage, ob sprachlich weiterhin von einer Auftragsverarbeitung geredet werden kann, selbst wenn die Voraussetzungen nicht gegeben sind, muss insbesondere beim Fehlen des korrekten Vertrages über die Auftragsverarbeitung eine eigene Rechtsgrundlage für die Übermittlung der Daten an den (vermeintlichen) Auftragnehmer gegeben sein (→ B. II. Rn. 21).

aa) Voraussetzungen

Definiert wird der Auftragsverarbeiter in Art. 4 Nr. 8 DSGVO. Er ist danach „eine natürliche oder juristische Person, Behörde, Einrichtung oder andere Stelle, die personenbezogene Daten im Auftrag des Verantwortlichen verarbeitet" (→ B. I. Rn. 31). Es fällt auf, dass diese Definition sehr weitgehend ist und keine der weiteren Anforderungen wie die Weisungsgebundenheit aufgreift, die erst in Art. 28 und 29 DSGVO geregelt werden. Auch erfolgt keine Einschränkung durch die Definition daraufhin, dass der Auftragsverarbeiter kein Eigeninteresse an den Daten haben und keine oder geringe eigene Entscheidungsfreiheit besitzen darf. Einzig müssen Daten „im Auftrag des Verantwortlichen" verarbeitet werden. Somit kann hiernach von einem Auftragsverarbeiter die Rede sein, selbst wenn er die Voraussetzungen der Art. 28 und 29 DSGVO nicht erfüllt. Dies ist unabhängig von der Rechtsgrundlage für die Verarbeitung, so dass zum Beispiel bei fehlerhafter Vertragsgestaltung für die Übermittlung eine Rechtsgrundlage bestehen muss. Allerdings könnte man auch der Ansicht sein, dass mit „Auftrag" ein Auftragsvertrag gemäß Art. 28 Abs. 3 DSGVO gemeint ist und insbesondere die Überschrift von Art. 28 DSGVO „Auftragsverarbeiter" darauf hindeutet, dass hier eine weitergehende Definition erfolgt. Überzeugender ist die erste Ansicht, da hierbei die Verwendung des Begriffs „Auftragsverarbeitung" zunächst unabhängig von der materiellen Prüfung und damit der allgemeinen sprachlichen Gestaltung erfolgt. Aus Sicht der Praxis dürfte es zunächst nur um eine Frage der Bezeichnung, nicht aber der Rechtmäßigkeit der Auftragsverarbeitung handeln. Interessant wird es jedoch hinsichtlich der Frage, ob die Auftragsverarbeitung in der Datenschutz-Grundverordnung dem Auftragsverarbeiter überhaupt einen Entscheidungsspielraum einräumt (→ Rn. 154). 149

Der deutsche Gesetzgeber hat einige Anforderungen der Datenschutz-Grundverordnung für öffentliche Stellen in den §§ 62 ff. BDSG konkretisiert oder teilweise auch nur wiederholt und fordert darin unter anderem, dass der Auftraggeber auch für die Einhaltung des Bundesdatenschutzgesetzes verantwortlich ist.[172] 150

---

170 Gola/*Klug* DSGVO Art. 28 Rn. 5; *Müthlein* RDV 216, 74 (84).
171 Kühling/Buchner/*Hartung* DSGVO Art. 28 Rn. 44.
172 Roßnagel/*Hofmann* 2018, § 5 Rn. 110 ff.

151 Grundsätzlich gilt nach Art. 28 Abs. 1 DSGVO, dass der Auftragsverarbeiter **hinreichende Garantien** dafür bieten muss, dass geeignete technische und organisatorische Maßnahmen so durchgeführt werden, dass die Verarbeitung im Einklang mit den Anforderungen der Datenschutz-Grundverordnung erfolgt und den Schutz der Rechte der betroffenen Person gewährleistet. Wie dieses konkret auszusehen hat, wird insbesondere in Art. 28 Abs. 3 DSGVO näher ausgeführt.

(1) Vertrag oder anderes Rechtsinstrument

152 Nach Art. 28 Abs. 3 DSGVO muss ein Vertrag oder ein anderes Rechtsinstrument – auch eine einseitige Verpflichtung ist denkbar – nach dem Unionsrecht oder dem Recht der Mitgliedsstaaten vorliegen. Der Vertrag muss nach Art. 28 Abs. 9 DSGVO schriftlich abgefasst sein oder in einem elektronischen Format vorliegen. Nicht verwechselt werden darf das elektronische Format mit der im deutschen Recht in § 126 a BGB geregelten „elektronischen Form". Dafür muss der Aussteller der Erklärung seinen Namen hinzufügen und das elektronische Dokument mit einer qualifizierten elektronischen Signatur versehen. Teilweise wird in der Literatur für das „elektronische Format" eine elektronische Signatur verlangt, um eine mit der Schriftform vergleichbare Beweissicherung und Authentizität des Dokuments zu erreichen.[173] Nach anderer Ansicht kann schon die in § 126 b BGB geregelte Textform ausreichen, die nur eine dauerhafte Widergabe oder Wiederaufrufbarkeit voraussetzt.[174]

153 Welches „andere Rechtsinstrument" gemeint ist, bleibt unklar. Zumindest sind auch Standardvertragsklauseln nach Art. 28 Abs. 6 DSGVO möglich, wobei bei deren Nutzung in der Regel auch ein Vertrag vorliegen dürfte. Vielmehr handelt es sich hierbei insbesondere um Vertragsvorlagen. Denkbar wären einseitige Verpflichtungen durch den Staat, wobei Art. 28 Abs. 3 DSGVO keine eigene Öffnungsklausel darstellt und nicht eine eigene Rechtsmöglichkeit eröffnet, ein solches anderes Rechtsinstrument extra hierfür zu erschaffen. Im Ergebnis wird es gerade im normalen Internetgeschäft auf spezifische Verträge über die Auftragsverarbeitung oder eventuell sogar einseitige Verpflichtungserklärungen hinauslaufen.

(2) Konkrete Beschreibung der Verarbeitung

154 In dem Vertrag muss der **Gegenstand der Verarbeitung** klar beschrieben werden. Der Auftragsverarbeiter muss wissen, was er tun soll und wo ihm Entscheidungsfreiheiten eingeräumt werden. Die herrschende Meinung scheint davon auszugehen, dass nach der Datenschutz-Grundverordnung der Auftragnehmer zumindest bezüglich der Auswahl und des Einsatzes geeigneter technischer und organisatorischer Maßnahmen eigene Entscheidungsmöglichkeiten hat.[175] Dies muss jedoch im Vertrag entsprechend dargestellt werden. Jede seiner Handlungen muss einem Auftrag zugeordnet werden können.

155 Es muss die **Dauer der Verarbeitung** festgelegt werden. Dies können eine feste Laufzeit, beispielsweise drei Jahre, oder auch ein definierter Endzeitpunkt, zum Beispiel

---

173 Wolff/Brink/*Spoerr* DSGVO Art. 28 Rn. 100 ff.; *Müthlein* RDV 2016, 74 (76).
174 Roßnagel/*Hofmann* 2018, § 5 Rn. 89; Plath/*Plath* BDSG/DSGVO Art. 28 Rn. 17.
175 Kühling/Buchner/*Hartung* DSGVO Art. 28 Rn. 86; Sydow/*Ingold* DSGVO Art. 28 Rn. 17 ff.

Henry Krasemann

bis zum 31.12.2020, sein. Auch eine unbefristete Laufzeit ist zulässig. Allerdings ist dann eine deutliche Regelung der Beendigungsmöglichkeiten in dem Vertrag erforderlich. Dies wird in der Regel eine ordentliche oder, etwa bei schweren Datenpannen oder anderen Verfehlungen, außerordentliche Kündigung sein.

Die möglichen **Arten der Verarbeitung**, die einem Auftragsnehmer übertragen werden können, werden in Art. 4 Abs. 2 DSGVO beschrieben. Dies können insbesondere das Erheben, Erfassen, die Organisation, das Ordnen, die Speicherung, die Anpassung oder Veränderung, das Auslesen, das Abfragen, die Verwendung, die Offenlegung durch Übermittlung, Verbreitung oder eine andere Form der Bereitstellung, den Abgleich oder die Verknüpfung, die Einschränkung, das Löschen oder die Vernichtung sein. Typische Beispiele im Internetbereich sind Speicherdienste á la Dropbox oder Hosting-Angebote, Übersetzungsdienstleistungen, Werbeausspielung, Targeting und Analyse-Tools. 156

Der **Zweck der Verarbeitung** muss laut Art. 28 Abs. 3 S. 1 DSGVO festgelegt werden. Die Zweckbindung von Datenverarbeitung ist einer der zentralen Grundsätze der Datenschutz-Grundverordnung. Nach Art. 5 Abs. 1 lit. b DSGVO müssen es festgelegte, eindeutige und legitime Zwecke sein, für die eine Verarbeitung erfolgt. Erforderlich ist somit die Festlegung mindestens eines konkreten Zwecks. Allgemeine Umschreibungen, wie zum Beispiel „Erbringung des Dienstes", reichen nicht aus. 157

Angegeben werden muss auch die **Art der personenbezogenen Daten**, die vom Auftragnehmer verarbeitet werden sollen. Art. 6 Abs. 4 lit. c DSGVO kann entnommen werden, dass hierunter zumindest besondere Kategorien von Daten im Sinne von Art. 9 DSGVO (→ B. II. Rn. 122) oder auch personenbezogene Daten über strafrechtliche Verurteilungen und Straftaten im Sinne des Art. 10 DSGVO verstanden werden. Daneben ist es empfehlenswert, auch andere bereichsspezifisch relevante Kategorien, wie Beschäftigtendaten oder im Internetbereich insbesondere Standortdaten, Nutzungsdaten, Inhaltsdaten oder auch Bestandsdaten als Arten anzugeben, um so den Verarbeitungsgegenstand besser zu beschreiben. 158

Die **Kategorien der betroffenen Personen** werden sich zumindest teilweise aus den Arten der Daten ergeben. Typische Angaben können Beschäftigte, Webseitenbesucher, Administratoren oder auch Kunden sein. 159

Die **Rechte und Pflichten des Verantwortlichen** – also des Auftraggebers – ergeben sich zum großen Teil aus den sonstigen nach Art. 28 Abs. 3 DSGVO notwendigen Inhalten des Vertrags. Dem Verantwortlichen soll klar vor Augen geführt werden, dass er zum Beispiel Weisungsrechte hat, aber auch Überwachungspflichten, die gegebenenfalls durch Auditierungen oder Zertifizierungen unterstützt werden können. 160

Das **Weisungsrecht** des Auftraggebers ist in Art. 29 DSGVO geregelt. Danach darf der Auftragsverarbeiter und jede dem Verantwortlichen oder dem Auftragsverarbeiter unterstellte Person, die Zugang zu personenbezogenen Daten hat, diese Daten ausschließlich auf Weisung des Verantwortlichen verarbeiten, es sei denn, dass sie nach dem Unionsrecht oder dem Recht der Mitgliedstaaten zur Verarbeitung verpflichtet sind. Hieraus ergibt sich, dass schon der faktische Zugang zu den Daten reicht und es nicht erforderlich ist, dass die Mitarbeiter des Auftragsverarbeiters ori- 161 ginär mit der Verarbeitung der Daten betraut sind. Der Auftragsverarbeiter ist also nicht nur verpflichtet, sich an die Weisungen seines Auftraggebers zu halten, sondern muss auch dafür Sorge tragen, dass seine Mitarbeiter und alle Personen mit Zugang zu den Daten weisungsgerecht handeln.[176] Typisch ist dieses für Reinigungspersonal oder reine IT-Wartungsfirmen, die sich nur mit krimineller Energie Zugang verschaffen könnten. Allerdings ist der Auftragsverarbeiter in der Pflicht, die erforderlichen Absicherungen in Form von technischen und organisatorischen Maßnahmen vorzunehmen (→ Rn. 171).

162 Die Weisung muss nach Art. 28 Abs. 3 S. 2 lit. a DSGVO durch den Auftragsverarbeiter **dokumentiert** werden. Eine Form für die Dokumentation ist nicht vorgegeben. Der Sinn der Vorschrift ist vor allem die Beweissicherung und die Rechenschaftspflicht nach Art. 5 Abs. 2 DSGVO. Daraus ergibt sich, dass diese Dokumentation zumindest elektronisch in Textform erfasst werden sollte.[177] Idealerweise erfolgt die Dokumentation so beweissicher, dass der Auftragsverarbeiter in Streitfällen die Weisung des Auftraggebers zur Überzeugung des Gerichts belegen kann, wie es teilweise schon nach BDSG aF gefordert wurde.[178]

163 Auch die Übermittlung der Daten in ein Drittland oder an eine internationale Organisation muss dokumentiert werden.

164 Des Weiteren muss nach Art. 28 Abs. 1 S. 2 lit. b DSGVO in dem Vertrag geregelt werden, dass vom Auftragsverarbeiter gewährleistet ist, dass sich die zur Verarbeitung der personenbezogenen Daten befugten Personen zur Vertraulichkeit verpflichtet haben oder einer angemessenen gesetzlichen Verschwiegenheitspflicht unterliegen. In der Regel muss somit der Auftragsverarbeiter **Vertraulichkeitsverpflichtungen** von seinen Mitarbeitern unterschreiben lassen. Alternativ kann dieses auch schon durch den Arbeitsvertrag geschehen sein.

165 Der Aufragnehmer muss nach Art. 28 Abs. 1 S. 2 lit. c DSGVO verpflichtet werden, die gemäß Art. 32 DSGVO (→ B. IV. Rn. 36 ff.) erforderlichen Maßnahmen zu ergreifen. Er muss somit die Sicherheit der Verarbeitung durch geeignete **technisch-organisatorische Maßnahmen** gewährleisten und dabei unter anderem den Stand der Technik, aber auch die Implementierungskosten, Risiken und anderes beachten.[179] Wird der Stand der Technik ausnahmsweise nicht eingehalten, so der Abwägungsprozess zu dokumentieren.[180] Besonders hervorgehobene Maßnahmen sind die Pseudonymisierung und Verschlüsselung. Abstrakt werden die Vertraulichkeit, Integrität, Belastbarkeit der Systeme, Verfügbarkeit und regelmäßige Überprüfung als Zielvorgaben normiert. Hinzu kommt für öffentliche Stellen § 64 BDSG, der ähnlich der Anlage zu § 9 BDSG aF bestimmte Zwecke der Maßnahmen wie etwa Zugangskontrolle, Datenträgerkontrolle oder auch Zugriffskontrolle bestimmt.

166 Auch schon nach § 11 BDSG aF wurde verlangt, dass der Auftragnehmer konkrete technisch-organisatorische Maßnahmen benennt und nicht nur den Gesetzestext wie-

---

176 Vgl. Wolff/Brink/*Spoerr* DSGVO Art. 29 Rn. 11.
177 Ehmann/Selmayr/*Bertermann* DSGVO Art. 28 Rn. 19; *Hofmann* ZD-Aktuell 2017, 05488.
178 Däubler/Klebbe/Wedde/Weichert/*Wedde* BDSG § 11 Rn. 64.
179 Vgl. Ehmann/Selmayr/*Bertermann* DSGVO Art. 28 Rn. 21.
180 *Bartels/Schramm* kes 2016, 25 (26).

Henry Krasemann

dergibt. Dies gilt nunmehr erst recht für die konkreten Vorgaben nach Art. 32 DSGVO und § 64 BDSG. Wer Internetdienste anbietet, muss konkret beschreiben, welche Sicherheitsvorkehrungen etwa zum Datentransfer, zum Beispiel Verschlüsselung, oder für das Rechenzentrum, zum Beispiel Protokollierungen, Zutritt nur mit Berechtigungskarte, getroffen werden. Nur Gesetzeszitate reichen da bei weitem nicht aus.

Sollen **Subunternehmer** für den Auftragnehmer tätig werden, so muss sich der Auftragsverarbeiter nach Art. 28 Abs. 1 S. 2 lit. d DSGVO zur Einhaltung der Regeln in Art. 28 Abs. 2 und Abs. 4 DSGVO verpflichten.[181] Das bedeutet, dass er Unterauftragnehmer nur nach schriftlicher Genehmigung durch den Verantwortlichen mit der Verarbeitung der personenbezogenen Daten beauftragen kann. Die Unterauftragnehmer müssen dabei benannt werden und Änderungen müssen dem Auftraggeber mitgeteilt werden, damit dieser gegebenenfalls Einspruch dagegen erheben kann. Für Internetdienste bedeutet dies, dass zum Beispiel Betreiber von Rechenzentren beim Hosting benannt und Providerwechsel entsprechend mitgeteilt werden müssen. 167

Die Unterauftragnehmer müssen dabei die gleichen Voraussetzungen erfüllen, wie sie auch für das Verhältnis zwischen Verantwortlichem und Auftragsverarbeiter gelten. Es muss insbesondere ein entsprechender Vertrag über die Auftragsverarbeitung geschlossen werden, in dem auch zum Beispiel die Gewährleistung der entsprechenden technischen und organisatorischen Maßnahmen geregelt sein muss. Gegenüber der alten Rechtslage gelten somit diesbezüglich erhöhte Dokumentationspflichten. 168

Der Auftragnehmer muss nach Art. 28 Abs. 1 S. 2 lit. e DSGVO in dem Vertrag verpflichtet werden, mit geeigneten technischen und organisatorischen Maßnahmen den Verantwortlichen dabei zu **unterstützen**, seiner Pflicht zur Beantwortung von Anträgen auf Wahrnehmung der in Kapitel III der Datenschutz-Grundverordnung genannten Rechte der betroffenen Person nachzukommen. Gemeint sind Rechte der Betroffenen nach Art. 12 ff. DSGVO, wie etwa Informationspflichten, Auskunftsrechte, Berichtigung, Löschung, Einschränkung der Verarbeitung,[182] und Datenübertragbarkeit. Dies ist auch sinnvoll, da oftmals nur der Auftragsverarbeiter die entsprechenden Informationen hat und direkte Löschungen vornehmen kann. Für Internetdienste müssen zum Beispiel Informationen für die Datenschutzerklärung mitgeteilt werden, können Auskunftsrechte durch besondere Abruffunktionen umgesetzt oder auch Löschungen in Datenbanken vorgenommen werden. 169

Es kann ignoriert werden, dass dieses nach dem Wortlaut „nach Möglichkeit" geschehen soll. Wenn geeignete technische und organisatorische Maßnahmen bestehen, dürfte diese Unterstützung immer möglich und damit stets verpflichtend sein. 170

Es muss nach Art. 28 Abs. 1 S. 2 lit. f DSGVO im Vertrag geregelt werden, dass der Auftragsverarbeiter den Verantwortlichen bei der Einhaltung der in den **Art. 32 bis 36 DSGVO genannten Pflichten** unterstützt. Dies sind insbesondere Dokumentationspflichten, die Datenschutz-Folgenabschätzung, aber auch Meldungen von Daten- 171

---

181 Vgl. Sydow/*Ingold* DSGVO Art. 28 Rn. 35 ff.
182 Inhaltlich entspricht die Einschränkung der Verarbeitung der Sperrung gem. § 3 Abs. 4 Nr. 4 BDSG aF.

Henry Krasemann

schutzvorfällen an Aufsichtsbehörden und Betroffene.[183] Dabei bestehen die Pflichten aus Art. 32 ff. DSGVO trotz der Auftragsverarbeitung weiterhin für den Verantwortlichen. Der Auftragsverarbeiter jedoch liefert insbesondere Informationen aus seinem Bereich an, damit der Verantwortliche überhaupt in der Lage ist zum Beispiel eine Datenschutz-Folgenabschätzung durchzuführen oder eine umfängliche Meldung an die Aufsichtsbehörde oder den Betroffenen vorzunehmen.

172   Der Auftragsverarbeiter ist nach Art. 28 Abs. 3 S. 2 lit. g DSGVO zu verpflichten, nach Abschluss der Erbringung seiner Leistungen alle personenbezogenen Daten nach Wahl des Verantwortlichen entweder zu **löschen** (→ B. IV. Rn. 173 ff.) oder zurückzugeben, sofern nicht rechtliche Verpflichtungen bestehen, die Daten weiterhin zu speichern. Da es hierbei vor allem um den Schutz der personenbezogenen Daten des Betroffenen geht, muss in der Regel das Ergebnis sein, dass nach Wegfall des Auftragsverhältnisses keine weiteren Daten bei dem Auftragsverarbeiter verbleiben. Eine Rechtsgrundlage würde hierfür dann in den meisten Fällen nicht mehr bestehen. Kündigt etwa ein Verantwortlicher seinen Hosting-Vertrag bei seinem Provider, so dürfen dort keine personenbezogenen Daten mehr zurückbleiben, auch nicht auf Backup-Speichern.

173   Das in der deutschen Version zunächst verzeichnete vermeintliche Recht zwischen **Rückgabe oder Löschung** zu wählen ist trügerisch. So stellt etwa die englische Version in einem Zusatz fest, dass gegebenenfalls vorhandene Kopien zu löschen sind. Mit der Berichtigung der Übersetzung am 19. April 2018 wurde dieser Fehler in der deutschen Version behoben. Als Grundsatz bleibt es somit dabei, dass nach Abschluss der Auftragsverarbeitung keine personenbezogenen Daten beim Auftragsverarbeiter verbleiben dürfen, sofern keine ausdrückliche Rechtsgrundlage hierfür besteht.

174   Der Auftragnehmer ist nach Art. 28 Abs. 1 S. 2 lit. h DSGVO zu verpflichten, dem Verantwortlichen alle erforderlichen **Informationen zum Nachweis der Einhaltung der Pflichten gemäß Art. 28 DSGVO** zur Verfügung zu stellen und Überprüfungen oder Inspektionen zu ermöglichen.

175   Schließlich muss der Auftragsverarbeiter nach Art. 28 Abs. 1 S. 2 lit. h DSGVO im Vertrag verpflichtet werden, dass er den Verantwortlichen unverzüglich informiert, falls er der Auffassung ist, dass eine Weisung gegen die Datenschutz-Grundverordnung oder gegen andere Datenschutzbestimmungen verstößt. Unklar ist dabei, wann genau diese **Warnpflicht** besteht.[184] Reicht hierfür schon ein leichter Zweifel aus oder muss es sich um eindeutige bzw. offenkundige Verstöße handeln? Da es sich jedoch nur um eine Informationspflicht handelt und hieran keine weiteren Handlungen oder Meldepflichten des Auftraggebers geknüpft sind, dürfte die Informationspflicht weit ausgelegt werden und schon berechtigte Zweifel an der Rechtmäßigkeit für die Meldung ausreichen.[185] Zur eigenen Absicherung sollte der Auftragsverarbeiter diese Meldung auch dokumentieren. Eine Verweigerung der Umsetzung der Weisung dürf-

---

183   Vgl. Gola/*Klug* DSGVO Art. 28 Rn. 10.
184   Ehmann/Selmayr/*Bertermann* DSGVO Art. 29 Rn. 26.
185   AA Sydow/*Ingold* DGSVO Art. 28 Rn. 69: nur für evidente Rechtswidrigkeitskonstellationen.

Henry Krasemann

te erst bei klaren oder groben Verstößen möglich sein, da dann eine eigene Haftungspflicht des Auftragsverarbeiters nach Art. 82 Abs. 1 DSGVO entstehen kann.

In der Datenschutz-Grundverordnung finden sich noch ein paar weitere Pflichten, die der Auftragsverarbeiter erfüllen muss. So schreibt Art. 30 Abs. 2 DSGVO vor, dass er ein Verzeichnis zu allen Kategorien von im Auftrag eines Verantwortlichen durchgeführten Tätigkeiten der Verarbeitung führen muss. Dieses **Verzeichnis von Verarbeitungstätigkeiten** beinhaltet weniger Informationen, als das nach altem Recht geregelte „Verfahrensverzeichnis".

176

bb) Typische Fälle von Auftragsverarbeitung

Im Folgenden werden ein paar typische Fälle und Grenzfälle aus dem Bereich der Internetdienste aufgeführt, bei denen eine Auftragsverarbeitung vorliegt und unter anderem der Auftragsverarbeitungsvertrag geschlossen werden muss – oder gerade nicht.

177

(1) Hosting

Bei **Hosting-Dienstleistungen** wird der Host-Provider in der Regel verschiedene Dienste anbieten, bei denen er Zugriff auf personenbezogene Daten seiner Kunden erhalten kann. Neben dem direkten Zugriff auf die Daten, etwa in Wartungsfällen, gehören hierzu auch der Betrieb einer Firewall mit dem entsprechenden Logging oder auch Backup-Dienstleistungen. Schon IP-Adressen fallen nach herrschender Meinung in den Bereich der personenbeziehbaren Daten.[186] Fallen keine personenbezogenen Daten an, etwa bei reinen Rechen-Dienstleistungen, bei denen auch nur allgemeine Unternehmens-IP-Adressen ohne Mitarbeiterbezug verarbeitet werden, so ist bereits der Anwendungsbereich der Datenschutz-Grundverordnung nicht eröffnet. Auch beim reinen Housing, wenn der Provider keinen Zugriff auf den Server der Kunden hat und auch sonst keine Zusatzdienstleistungen, wie etwa den Betrieb einer Firewall erbringt, liegt in der Regel kein Auftragsverarbeitungsverhältnis vor. Bei rein verschlüsselter Kommunikation kann ebenfalls regelmäßig auf einen Auftragsverarbeitungsvertrag verzichtet werden.[187]

178

(2) Cloud Computing

Cloud Computing ist in der Regel sehr ähnlich zum Hosting (→ Rn. 178). Auch hier hat der Auftragsverarbeiter meist Zugriff auf die gespeicherten oder zu verarbeitenden Daten. Selbst wenn der Anbieter die Verschlüsselung der Daten anbietet, so erfolgt das bei den meisten Anbietern unter der Kontrolle des Anbieters, so dass dieses an der Annahme eines Auftragsverhältnisses nichts ändert. Anders kann die Situation bei einer sicheren Ende-zu-Ende-Verschlüsselung bewertet werden, wenn die Daten nicht dauerhaft beim Anbieter liegen oder die Verschlüsselung dort nicht mit der Zeit als ungenügend angesehen werden muss.

179

---

186 So auch Erwgr. 30.
187 Dazu kritisch *Steidle/Pordesch* DuD 2015, 536.

Henry Krasemann   199

(3) Tracking- und Analyse-Dienste

180 Losgelöst von der generellen Zulässigkeit des Einsatzes von **Tracking-Diensten und Analysetools** gilt (→ A. I. Rn. 34), dass wenn externe Anbieter eingesetzt werden, diese in der Regel zumindest kurzfristig Zugriff auf die IP-Adresse des Besuchers der Webseite des Verantwortlichen erhalten. Hierfür bedarf es einer Rechtsgrundlage und die kann sich gegebenenfalls aus Art. 8 E-Privacy-VO-E in Verbindung mit einem Auftragsverarbeitungsverhältnis ergeben. Zumeist ist dabei eine Aufgabe des Auftragsverarbeiters die Erhebung von Daten, etwa durch Auswertung von Cookies oder anderen Trackingtechniken (→ A. I. Rn. 36).

(4) Firewall

181 Eine **Firewall** wird in der Regel ebenfalls IP-Adressen von externen Personen auswerten, so dass auch eine Auftragsverarbeitung vorliegen dürfte. Insbesondere wird es zum Logging der IP-Adressen kommen, um Angriffe zu erkennen und verfolgen zu können.

(5) Datenträgervernichtung

182 Erfolgt bei dem verantwortlichen Internetdienstleister durch externe Dienstleister eine **Datenträgervernichtung**, sogenannte Shredder-Dienstleistungen, etwa bezüglich ausgetauschter Festplatten oder Ausdrucken, nach DIN 66399, so hängt die Notwendigkeit eines Auftragsverarbeitungsverhältnisses – oder einer anderen besonderen Rechtfertigung – davon ab, ob der Auftragsverarbeiter Einsicht in das Shreddergut bekommen kann, obwohl ihm dies nach DIN 66399 schon untersagt ist. Bei den typischen Anwendungsfällen, bei denen in einem Container das Shreddergut gesammelt, dieser dann vom Auftragsverarbeiter abgeholt und schließlich bei diesem geshreddert wird, gibt es insbesondere im Rahmen des Umladens und Einschüttens in den Shredder manchmal Zugriffsmöglichkeiten für den Auftragsverarbeiter, so dass eine Auftragsverarbeitung in diesen Fällen das Mittel der Wahl ist. Wirft der Verantwortliche selber das Shreddergut in den Shredder, so kann dieses anders bewertet werden.

cc) Streitfälle

183 Im Gegensatz zu § 11 Abs. 5 BDSG aF wird die **Wartungsdienstleistung**, etwa eine Fernwartung von Datenbanken oder anderen Softwarekomponenten, nicht mehr als mit einem Auftragsverhältnis vergleichbaren Dienstleistung in der Datenschutz-Grundverordnung erwähnt. Die reine Wartungsdienstleistung ist somit nach den allgemeinen Voraussetzungen zu betrachten. Beschränkt sich die Wartung auf technische Dienstleistungen, etwa an der Hardware, und wäre ein Kontakt zu personenbezogenen Daten nur mit besonderer krimineller Energie möglich, so dürfte tatsächlich keine Auftragsverarbeitung mehr vorliegen oder erforderlich sein. Erfolgt die Dienstleistung jedoch direkt mit Zugriff auf personenbezogene Daten, wie etwa der Support mittels Fernzugriff auf eine aktive Datenbank, so ist sehr wohl nach den allgemeinen Regeln ein Auftragsverarbeitungsverhältnis erforderlich.

184 Umstritten ist schon seit einiger Zeit, ob für den Auftragnehmer ein Personenbezug der Daten ausgeschlossen werden kann, indem diese vom Verantwortlichen so ver-

schlüsselt werden, dass der Auftragnehmer keine Klardaten erkennen kann.[188] Würde man annehmen, dass sie hierdurch dem Empfänger gegenüber unerkannt oder pseudonym[189] wären, so könnte gegebenenfalls eine weitere rechtliche Grundlage entbehrlich sein. Dieser relative Ansatz ist kritisch zu sehen.[190] Begründet wird es damit, dass eine **Verschlüsselung** immer nur einen temporären Schutz bietet. Die Erfahrung zeigt, dass jede Verschlüsselung irgendwann einmal mit genügend Rechenleistung gebrochen werden kann, sieht man vom One-Time-Pad-Verfahren ab.[191] Die an den Dienstleister übermittelten Daten würden bei Fehlen eines Auftragsverarbeitungsverhältnisses frei für dessen Verwendung zur Verfügung stehen. Er wäre nicht verpflichtet, die Daten nach Beendigung der Dienstleistung zu löschen und könnte eigene Interessen hieran verfolgen. Geschützt werden muss der Betroffene durch den Verantwortlichen. Daher ist ihm zuzumuten, dass er zum Schutz der Daten auch in der Zukunft den Auftragsverarbeiter entsprechend den Vorgaben des Art. 28 und 29 DSGVO verpflichtet.

Die **Funktionsübertragung** wurde vor allem in der Begründung zum Bundesdatenschutzgesetz 1989 erwähnt[192] und unterscheidet sich darin von der Auftragsverarbeitung, dass der Dienstleister weniger bis gar nicht weisungsabhängig ist und gegebenenfalls auch eigene Zwecke verfolgt. Typische Fälle der Funktionsübertragung waren Inkassobüros, Rechtsanwälte, Wirtschaftsprüfer oder auch Detekteien gegenüber ihren Mandaten oder Auftraggebern. Es gibt zwar Stimmen, die für die Auftragsverarbeitung im Sinne der Datenschutz-Grundverordnung eine Lockerung bezüglich der Entscheidungsfreiheiten des Auftragsverarbeiters insbesondere hinsichtlich der eigenen Entscheidungsgewalt über technische und organisatorische Maßnahmen sehen.[193] Einigkeit besteht jedoch, dass bei weitgehender Ausgliederung einer ganzen Aufgabe die Voraussetzungen einer Auftragsverarbeitung in der Regel nicht mehr gegeben sind.[194] Die Übermittlung und Verarbeitung der personenbezogenen Daten muss dann anderweitig gerechtfertigt werden. infrage kommen hier Einwilligungen der Betroffenen oder eigene berechtigte Interessen des vermeintlichen Auftragnehmers nach Art. 6 Abs. 1 lit. f DSGVO.

Verarbeitet der Auftragnehmer **entgegen den Weisungen** des Verantwortlichen von diesem übermittelte personenbezogene Daten für eigene oder fremde Zwecke, wird er nach Art. 28 Abs. 10 DGSVO selbst zum Verantwortlichen und zum Beispiel für die Erfüllung der Betroffenenrechte verantwortlich.

Bisher war es für **Berufsgeheimnisträger**, wie Ärzte, Anwälte, Steuerberater, rechtlich kaum zulässig, Auftragsverarbeiter einzubinden. § 203 StGB verbot diesen Personengruppen die Offenbarung der ihnen schon von Berufs wegen geheim zuhaltenden Da-

185

186

187

---

188 Vgl. *Steidle/Pordesch* DuD 2015, 536.
189 Vgl. *Art. 29 Datenschutzgruppe*, Stellungnahme 4/2007, 21.
190 *Brink/Eckhardt* ZD 2015, 205 (206); *Arbeitskreise Technik und Medien der Konferenz der Datenschutzbeauftragten des Bundes und der Länder sowie der Arbeitsgruppe Internationaler Datenverkehr des Düsseldorfer Kreises*, Orientierungshilfe Cloud Computing, Version 2.0, 12.
191 S. zum One-Time-Pad-Verfahren zB Wikipedia https://de.wikipedia.org/wiki/One-Time-Pad.
192 BT-Drs. 1/4306, 43.
193 Vgl. *DSK*, Kurzpapier Nr. 13 „Auftragsverarbeitung" mit Verweis auf WP 169 der Art. 29-Datenschutzgruppe, S. 17 f. und der Annahme, dass dieses für die Auslegung der DSGVO herangezogen werden kann.
194 Möglich wäre nunmehr jedoch die gemeinsame Verantwortlichkeit nach Art. 26 DSGVO.

ten. Ein Auftragsverarbeitungsverhältnis war keine Rechtfertigung für die Offenbarung dieser Daten. Inzwischen wurde der § 203 StGB durch Abs. 3 erweitert, wonach kein Offenbaren vor liegt, wenn die in den Absätzen 1 und 2 genannten Personen Geheimnisse den bei ihnen berufsmäßig tätigen Gehilfen oder den bei ihnen zur Vorbereitung auf den Beruf tätigen Personen zugänglich machen.[195] Diese machen sich jedoch selber strafbar, wenn sie wiederum Daten widerrechtlich offenbaren. Der Auftragsverarbeiter unterliegt nach § 203 Abs. 4 StGB ebenfalls einer strafrechtlich sanktionierten Verschwiegenheitspflicht. Die in den Absätzen 1 und 2 Genannten dürfen fremde Geheimnisse gegenüber sonstigen Personen offenbaren, die an ihrer beruflichen oder dienstlichen Tätigkeit mitwirken, soweit dies für die Inanspruchnahme der Tätigkeit der sonstigen mitwirkenden Personen erforderlich ist. Das Gleiche gilt für sonstige mitwirkende Personen, wenn diese sich weiterer Personen bedienen, die an der beruflichen oder dienstlichen Tätigkeit der in den Absätzen 1 und 2 Genannten mitwirken. Für die Auftragsverarbeitung bedeutet das, dass nunmehr auch Auftragsverarbeiter unter die in den Absätzen 1 und 2 Genannten fallen können und damit keine rechtswidrige Offenbarung mehr vorliegt.

dd) Änderungsbedarf für Alt-Verträge nach der Datenschutz-Grundverordnung

188 Die Vorgaben der Datenschutz-Grundverordnung insbesondere zur Gestaltung des Auftragsverarbeitungsvertrags ähneln stark denen des § 11 BDSG aF.[196] Somit sind in vielen Fällen in der Praxis nur geringe Änderungen der **bestehenden Altverträge** erforderlich. Zu ergänzen sind die inhaltlichen Anforderungen von Art. 28 Abs. 3 S. 2 DSGVO, die sich auf die Unterstützung des Verantwortlichen bei Anträgen nach lit. e und lit. f beziehen, Dokumentationspflichten enthalten, technisch-organisatorische Maßnahmen konkretisieren und die neuen Haftungsrisiken regeln. Diese Änderungen mussten bis zum 25.5.2018 erfolgt sein, damit das Auftragsverarbeitungsverhältnis weiterhin gültig bleibt. Eine Übergangsfrist gibt es nicht.

189 So müssen zwar weiterhin die technischen und organisatorischen Maßnahmen konkretisiert werden. Allerdings unterscheiden sich die vom Gesetz etwa für öffentliche Stellen vorgegebenen Zwecke der Maßnahmen in § 64 Abs. 3 BDSG von dem Anhang zu § 9 BDSG aF etwa durch die neuen oder geänderten Maßnahmen der Datenträgerkontrolle, Speicherkontrolle, Benutzerkontrolle, Wiederherstellbarkeit, Zuverlässigkeit und Datenintegrität. Auch müssen die besonderen Vorgaben des Art. 32 DSGVO eingehalten werden, der auch das neue Schutzziel „Belastbarkeit"[197] beinhaltet.

190 Hinzu kommen einige **formale Aspekte**, die bisher nach § 11 BDSG aF nicht erforderlich waren. Hierzu gehört zum Beispiel die Pflicht zur Unterstützung bei einer gegebenenfalls erforderlichen Datenschutz-Folgenabschätzung gemäß Art. 28 Abs. 3 S. 2 lit. f DSGVO. Auch der Unterauftragnehmer muss gemäß Art. 28 Abs. 2 und 4 iVm Art. 28 Abs. 3 S. 2 lit. d DSGVO nun wie ein weiterer Auftragsverarbeiter rechtlich eingebunden werden. Es besteht nunmehr eine ausdrückliche Dokumentationspflicht

---

195 BGBl. 2017 Teil I Nr. 71, 3618.
196 Vgl. Ehrmann/Selmayr/*Bertermann* DSGVO Art. 28 Rn. 28; *Müthlein* RDV 2016, 74 (76).
197 In der englischen Fassung wird der Begriff „resilience" verwendet, der eher auf „Widerstandsfähigkeit" hinweist.

für Weisungen und die Hinweispflicht bei rechtswidrigen Weisungen wurde konkretisiert.

Die **Kontrollpflichten** des Verantwortlichen bei dem Auftragsverarbeiter, die gegebenenfalls sogar vor Ort zu erfüllen sind, wurden zwar auch schon von § 11 BDSG aF gefordert. Dies muss jetzt nach Art. 28 Abs. 3 S. 2 lit. h DSGVO weiter konkretisiert werden. 191

ee) Garantie durch genehmigte Verhaltensregeln oder Zertifizierung

In der Praxis besteht für den Auftragsverarbeiter oft das Problem, insbesondere den Einsatz geeigneter technischer und organisatorischer Maßnahmen dem Verantwortlichen gegenüber nachzuweisen. Nimmt der Verantwortliche seine Pflichten zur regelmäßigen Prüfung seines Auftragsverarbeiters ernst, so kann das bedeuten, dass er Vor-Ort-Prüfungen durchführen muss. Gerade in den Bereichen Hosting und Cloud Computing könnte dieses bei großen Anbietern entweder zu einer starken Belastung führen oder es besteht die Gefahr, dass **Kontrollpflichten** nicht erfüllt werden. Dies ist aus Datensicherheitssicht auch für Datenschützer nicht erstrebenswert. Art. 28 Abs. 5 DSGVO bietet nun die Möglichkeit, dass genehmigte Verhaltensregeln gemäß Art. 40 DSGVO oder genehmigte Zertifizierungsverfahren gemäß Art. 42 DSGVO als Faktor hinzugezogen werden können, um hinreichende Garantien insbesondere für die gemäß Art. 28 Abs. 1 und Abs. 4 DSGVO geforderten geeigneten technischen und organisatorischen Maßnahmen nachzuweisen. Allerdings ist zu beachten, dass es nur ein „Faktor" für den Nachweis ist. Ein Automatismus ergibt sich aus einer Zertifizierung nicht. Dies ist auch sinnvoll, da gerade Zertifizierungen nur einen Zustand zu einem bestimmten Zeitpunkt betreffen und nicht gewährleistet ist, dass sich seitdem nichts geändert hat.[198] Allerdings dürfte dieses zumindest einige, wenn nicht gar die meisten, Vor-Ort-Prüfungen obsolet machen, wenn neben überwachten Verhaltensregeln oder einem Zertifikat auch weitere Dokumentenprüfungen an der Geeignetheit der Maßnahmen keine berechtigten Zweifel lassen. 192

ff) Auftragnehmer im Ausland

Für die Anwendbarkeit der Regel des Art. 28 DSGVO ist es unerheblich, wenn die Datenverarbeitung im Ausland erfolgt, solange der Verantwortliche oder der Auftragsverarbeiter gemäß Art. 3 Abs. 1 DSGVO eine Niederlassung in der EU haben. In der Datenschutz-Grundverordnung finden sich verschiedene Reglungen, die davon ausgehen, dass sich **Auftragsverarbeiter auch in Drittländern** befinden können, wie zum Beispiel Art. 46 Abs. 2 lit. e und lit. f DSGVO und Art. 46 Abs. 3 lit. a DSGVO. In der Datenschutzgrund-Verordnung findet sich keine dem § 3 Abs. 8 Satz 3 BDSG aF entsprechende Regelung. Die rechtlichen Erlaubnistatbestände des Art. 6 DSGVO sind also unabhängig davon anwendbar, wo der Auftragsverarbeiter seine Tätigkeit ausübt. 193

Allerdings sind bei einer Übermittlung der personenbezogenen Daten in ein Drittland zusätzlich die **Vorgaben der Art. 44 ff. DSGVO** einzuhalten. Die oben genannte Privi- 194

---

198 Aktuelle Projekte wie NGCert (www.ngcert.de) oder auch AUDITOR (www.auditor-cert.de) untersuchen Möglichkeiten, dynamisch und automatisiert Änderungen an Zertifizierungsgegenständen im Bereich Cloud-Computing festzustellen und zu bewerten.

Henry Krasemann

legierung der Auftragsverarbeitung nach Art. 4 Nr. 10 iVm Nr. 2 DSGVO kommt hier nicht zum Tragen, da der Auftragsverarbeiter ausdrücklich in Art. 44 S. 1 DSGVO erwähnt wird. Zentrale Fragen für die Beurteilung der Zulässigkeit der Einbindung des Auftragsverarbeiters sind weiterhin die nach dem angemessenen Schutzniveau in dem Drittland gemäß Art. 45 Abs. 1 DSGVO oder ob Auftragsverarbeiter in dem Drittland geeignete Garantien im Sinne des Art. 46 DSGVO bieten. Beim Auftragsverarbeiter in den USA, wie etwa beim Nutzen der Amazon-Cloud, Google-Diensten oder auch Software as a Service von Microsoft (→ B. III. Rn. 77). ist ein besonderes Augenmerk auf das Privacy-Shield-Abkommen zu werfen und ob es den anstehenden Überprüfungen standhält (→ B. II. Rn. 209).

gg) Folgen bei Verstößen

195 Sowohl dem Verantwortlichen als auch dem Auftragnehmer drohen Geldbußen, wenn sie gegen ihre oben aufgeführten Pflichten verstoßen. Nach Art. 83 Abs. 4, 5 und 6 DSGVO können diese bis zu 10 Millionen Euro oder bis zu 2 % des weltweiten Jahresumsatzes betragen.

3. Internationale Datenverarbeitung

196 Die Verarbeitung personenbezogener Daten im Internet endet bekanntlich nicht an den Grenzen der Nationalstaaten. Selbst wenn man die Datenspeicherung lokal auf bestimmte Länder oder Regionen begrenzen kann, so finden bei der Nutzung moderner Internet-, Web- und insbesondere Cloud-Dienste dennoch in aller Regel grenzüberschreitende Datenübermittlungen und -verarbeitungen statt. Insofern ist die Berücksichtigung der Regelungen der Datenschutz-Grundverordnung zur internationalen Datenverarbeitung im Internet essentiell.

a) Datenverarbeitung in der Europäischen Union

197 Sofern eine Verarbeitung personenbezogener Daten nur im Bereich der Europäischen Union stattfindet, gelten die Regelungen der Datenschutz-Grundverordnung unmittelbar. Trotz zahlreicher Öffnungsklauseln zugunsten der Mitgliedstaaten hat die Datenschutz-Grundverordnung zu einer weiteren Vereinheitlichung des Datenschutzrechts im Vergleich zur früheren Datenschutzrichtlinie geführt. Insofern kann für den Bereich der Datenverarbeitung in der Europäischen Union auf die vorstehenden Kapitel verwiesen werden (→ B. II. Rn. 1 ff.). Diese beziehen sich primär auf den nichtöffentlichen Bereich, das heißt nicht auf die Datenverarbeitung im Bereich der Landesdatenschutzgesetze, auf die Datenschutzregelungen für Bundesbehörden oder sonstige bereichsspezifische Datenschutzvorschriften für öffentliche Stellen, wie zum Beispiel die Vorschriften zum Sozialdatenschutz in den §§ 67 ff. SGB X.

b) Übermittlung personenbezogener Daten in Drittländer

198 Besonders relevant ist die Verarbeitung personenbezogener Daten in Drittländern, da alle größeren Social Networks und viele Webdienste von Anbietern mit Sitz in den **USA** oder in **Asien** betrieben werden. Daneben erfolgen die Datenspeicherung wie auch Support-Leistungen größerer Anbieter von Standorten aus, die über die ganze Welt verteilt sind, um einen durchgehenden Support rund um die Uhr, sogenannter

„24/7 Support", anbieten zu können. Zu den Drittländern gehören auch die Länder des Europäischen Wirtschaftsraums (EWR), nämlich **Island, Liechtenstein sowie Norwegen**.[199] Etwas anderes wird gelten, wenn diese Länder die Datenschutz-Grundverordnung übernehmen.[200] Die Kommission hat am 9.1.2018 mitgeteilt, dass das **Vereinigte Königreich** – wenn kein anderes Datum vereinbart wird – ab dem 30.3.2019, 00:00 Uhr (CET) als Drittland zu qualifizieren ist.[201]

c) Anwendungsbereich

Der **sachliche Anwendungsbereich** der Datenschutz-Grundverordnung ist bei der Datenverarbeitung im Internet praktisch immer geben, weswegen an dieser Stelle nicht weiter darauf einzugehen ist (→ B. I. Rn. 1 ff.).

Der **räumliche Anwendungsbereich** ist eröffnet, sofern die Datenverarbeitung durch einen Verantwortlichen oder einen Auftragsverarbeiter in der Europäischen Union erfolgt. Dies ergibt sich aus dem **Niederlassungsprinzip** gemäß Art. 3 Abs. 1 DSGVO (→ B. I. Rn. 55 ff.).[202] Darüber hinaus findet die Datenschutz-Grundverordnung nach dem **Marktortprinzip** gemäß Art. 3 Abs. 2 DSGVO Anwendung, wenn ein Unternehmen betroffenen Personen in der Europäischen Union Waren oder Dienstleistungen anbietet oder deren Verhalten in der Europäischen Union beobachtet. Dies gilt auch für Unternehmen ohne eine eigene Niederlassung in der Europäischen Union (→ B. I. Rn. 59).

d) Zweistufige Zulässigkeitsprüfung

Wie im Rahmen der Datenschutz-Richtlinie auch, ist im Falle einer Drittlandübermittlung und -verarbeitung zweistufig zu prüfen: Auf einer **ersten Ebene** ist zu prüfen, ob eine **materielle Erlaubnisnorm** insbesondere gemäß Art. 5, 6 DSGVO für die Datenverarbeitung vorliegt[203] (→ B. II. Rn. 1 ff.). Möglich ist auch eine **Auftragsverarbeitung** mit einem Auftragnehmer in einem Drittland, da die Datenschutz-Grundverordnung keine dem § 3 Abs. 8 S. 3 BDSG aF entsprechende Vorschrift enthält (→ B. II. Rn. 146). Neben der Berücksichtigung von Zulässigkeitsnormen der **Datenschutz-Grundverordnung** können freilich auch nationale Erlaubnisnormen eine Rechtsgrundlage zur Datenübermittlung in ein Drittland bereithalten, beispielsweise solche des **Bundesdatenschutzgesetzes**, die aufgrund einer Öffnungsklausel der Verordnung geschaffen wurden, wie unter anderem § 26 BDSG für eine Datenverarbeitung für Zwecke des Beschäftigungsverhältnisses.[204] Des Weiteren kann auch eine **Betriebsvereinbarung** eine Datenverarbeitung rechtfertigen.[205]

Auf der **zweiten Ebene** ist zu prüfen, ob eine **Datenübermittlung in ein Drittland** zulässig ist.[206] Die Datenschutz-Grundverordnung enthält in den Art. 44 ff. DSGVO umfangreiche und komplexe Bestimmungen für eine Übermittlung personenbezoge-

---

199 Paal/Pauly/*Pauly* DSGVO Art. 44 Rn. 6.
200 Paal/Pauly/*Pauly* DSGVO Art. 44 Rn. 6; zum aktuellen Stand s. www.efta.int/eea-lex/32016R0679.
201 Abrufbar unter http://ec.europa.eu/newsroom/just/document.cfm?action=display&doc_id=49245.
202 S. zum One-Stop-Shop *Schultze-Melling* Sonderveröffentlichung zu RDV 06/2017, 14 ff.
203 Gola/*Klug* DSGVO Art. 44 Rn. 2.
204 *Wybitul/Ströbel/Ruess* ZD 2017, 503 (504).
205 Loof/Schefold ZD 2016, 107 (109); *Sörup/Marquardt* ArbRAktuell 2016, 103 (105).
206 Gola/*Klug* DSGVO Art. 44 Rn. 2.

ner Daten an Stellen, die sich in Drittländern befinden. Dabei muss die übermittelnde Stelle nach Art. 44 S. 1 Hs. 1 DSGVO **alle Voraussetzungen des 5.** Kapitels der Datenschutz-Grundverordnung wie auch der sonstigen Bestimmungen der Verordnung einhalten, um sicherzustellen, dass das von der Verordnung gewährleistete **Schutzniveau** nicht untergraben wird.

203   Für Anbieter von Webdiensten ist zu beachten, dass die Datenschutz-Grundverordnung gemäß Art. 44 S. 1 Hs. 2 DSGVO auch für etwaige Weiterübermittlungen personenbezogener Daten aus dem betreffenden Drittland oder von der betreffenden internationalen Organisation in ein anderes Drittland oder eine andere internationale Organisation gilt. Damit ist klargestellt, dass auch bei sogenannten „**Onward Transfers**" alle Bestimmungen der Datenschutz-Grundverordnung Anwendung finden.[207]

e) Besondere Anforderungen des 5. Kapitels der Datenschutz-Grundverordnung

204   Das 5. Kapitel der Datenschutz-Grundverordnung enthält besondere Anforderungen an Drittlandübermittlungen oder Übermittlungen an internationale Organisationen, welche insbesondere die betroffenen Personen schützen und ein **angemessenes Datenschutzniveau** gewährleisten sollen. Dabei entspricht die Systematik weitgehend den bekannten Regelungen des ehemaligen Bundesdatenschutzgesetzes.

aa) Angemessenheitsbeschlüsse der Kommission

205   Die Kommission kann gemäß Art. 45 Abs. 1 DSGVO **beschließen**, dass für einige Drittländer eine Übermittlung von Daten dahin vorgenommen werden darf, weil dort ein angemessenes Schutzniveau vorhanden ist. Solche Datenübermittlungen bedürfen nach Art. 45 Abs. 1 S. 2 DSGVO keiner besonderen Anzeige oder Genehmigung, sondern sind allein bei Vorliegen einer Erlaubnisnorm nach der ersten Prüfungsstufe zulässig.

206   Die Kommission hat auf Grundlage des Art. 45 DSGVO bisher noch keine Beschlüsse erlassen.[208] Jedoch sieht Art. 45 Abs. 9 DSGVO vor, dass die von der Kommission auf der Grundlage von **Art. 25 Abs. 6 DSRL** erlassenen Feststellungen so lange **in Kraft bleiben**, bis sie durch einen nach dem Prüfverfahren gemäß den Absätzen 3 oder 5 des vorliegenden Artikels erlassenen Beschluss der Kommission geändert, ersetzt oder aufgehoben werden. Solche **Beschlüsse** ergingen unter anderem für **Andorra, Argentinien, Färöer-Inseln, Israel (eingeschränkt), die Isle of Man, Kanada (eingeschränkt), Guernsey, Jersey, die Schweiz, Uruguay** und **Neuseeland**.[209]

207   Die Kommission kann ferner im Wege eines Durchführungsrechtsaktes beschließen, dass ein **Drittland**, ein **Gebiet** oder ein oder mehrere **spezifische Sektoren** in einem Drittland oder eine **internationale Organisation** ein angemessenes Schutzniveau aufweisen. So bezieht sich beispielsweise der Angemessenheitsbeschluss für **Kanada** nur auf Datenverarbeitungen unter dem dortigen datenschutzrechtlichen Bundesrecht.[210]

---

207   Sydow/v. Towfigh/Ulrich DSGVO Art. 44 Rn. 6.
208   Ehmann/Selmayr/Zerdick DSGVO Art. 45 Rn. 25.
209   Eine Übersichtsliste ist abrufbar unter https://ec.europa.eu/info/law/law-topic/data-protection/data-transfer s-outside-eu/adequacy-protection-personal-data-non-eu-countries_en.
210   Vgl. 2002/2/EG: Entscheidung der Kommission vom 20.12.2001 zum kanadische Personal Information Protection and Electronic Documents Act, ABl. L 002 vom 4.1.2002, S. 0013 – 0016.

Ubbo Aßmus/Roland Steidle

Die Kommission hat am 16.12.2016 einen Durchführungsbeschluss[211] zur Änderung   208
der Angemessenheitsbeschlüsse gefasst, der die Vorgaben des Europäischen Gerichts-
hofs aus dem **Safe-Harbor Urteil**[212] (Schremps-Urteil) umsetzt. Dies betrifft jedoch
nicht die Wirksamkeit der Angemessenheitsbeschlüsse für die vorstehend genannten
Länder, sondern vor allem die laufende Überwachung der Entwicklung der jeweiligen
Rechtsordnungen mit Blick auf das dortige Datenschutzniveau sowie wechselseitige
Benachrichtigungspflichten zwischen der Kommission und den Mitgliedstaaten für
Fälle, in denen das nicht gewährleistet ist.

bb) EU-US Privacy Shield

Die Kommission hat für die **USA** ebenso einen Angemessenheitsbeschluss im Rahmen   209
eines sog „**EU-US Privacy Shield**" erlassen.[213] Danach ist eine Übermittlung an **Stellen** in den **USA** zulässig, wenn sich diese Stellen in den USA im Rahmen einer Selbst-
zertifizierung beim Handelsministerium der USA zur Einhaltung von verschiedenen
datenschutzrechtlichen Grundsätzen verpflichtet haben.[214] Die Stellen, die sich einer
solchen **Selbstzertifizierung** beim US-Handelsministerium unterworfen haben, werden
dort gelistet und veröffentlicht.[215] Des Weiteren gilt das EU-US Privacy Shield sowohl
für den Datenverarbeiter als auch für Auftragsverarbeiter.[216] Die US-Stellen müssen
sich zur Einhaltung eines **Katalogs von Datenschutzgrundsätzen** verpflichten, die im
Wesentlichen vom Handelsministerium der USA herausgegeben wurden und in Anhang II des Beschlusses zum EU-US-Datenschutzschild enthalten sind.[217] Entscheidend ist dabei, dass nicht nur eine formelle Verpflichtung vorgenommen wird, sondern dass die Anforderungen des Privacy Shields in **tatsächlicher Hinsicht** eingehalten
werden, um die Drittlandübermittlung zulässig zu gestalten.[218] Dies kann durch eine
Selbstkontrolle, die das interne Verfahren einschließen muss, oder durch externe Audits sichergestellt werden.[219] Ein besonderer Kritikpunkt gegen das ehemalige Safe-
Harbor Abkommen war, dass sich herausgestellt hat, dass viele US-Unternehmen
dem Abkommen lediglich formell beigetreten sind oder einen solchen Beitritt gar nur
behauptet haben.[220] Zu beachten ist allerdings, dass gegen den Angemessenheitsbeschluss zum EU-US Privacy Shield eine **Klage vor dem Europäischen Gerichtshof** anhängig ist.[221]

Im Anhang II des Beschlusses zum EU-US Privacy Shield sind verschiedene Grundsät-   210
ze genannt, die die Stellen in den USA einhalten müssen. Diese betreffen beispielswei-

---

211 S. unter http://eur-lex.europa.eu/legal-content/DE/TXT/HTML/?uri=CELEX:32016D2295&from=DE.
212 Urteil vom 6.10.2015 in der Rechtssache C-362/14, Maximilian Schrems/Data Protection Commissioner
     ZD 2015, 549.
213 Vgl. Durchführungsbeschluss der Kommission (EU) 2016/1250, ABl. 2016 L 207/1.
214 Durchführungsbeschluss der Kommission (EU) 2016/1250, ABl. 2016 L 207/1, Rn. 15.
215 S. zur Liste www.privacyshield.gov/list.
216 Durchführungsbeschluss der Kommission (EU) 2016/1250, ABl. 2016 L 207/1, Rn. 14.
217 Durchführungsbeschluss der Kommission (EU) 2016/1250, ABl. 2016 L 207/1, Rn. 14.
218 Durchführungsbeschluss der Kommission (EU) 2016/1250, ABl. 2016 L 207/1, Rn. 26.
219 Durchführungsbeschluss der Kommission (EU) 2016/1250, ABl. 2016 L 207/1, Rn. 26.
220 *Düsseldorfer Kreis*, Prüfung der Selbst-Zertifizierung des Datenimporteurs nach dem Safe Harbor-Abkom-
     men durch das Daten exportierende Unternehmen, Beschluss vom 28./29.4.2010; dem voraus gingen ua
     verschiedene kritische Hinweise darauf, dass das Abkommen vielfach nicht tatsächlich gelebt wurde, bspw.
     laut der Studie von *Conolly*, „The US Safe Harbor – Fact or Fiction?", abrufbar unter www.galexia.com/p
     ublic/research/assets/safe_harbor_fact_or_fiction_2008/safe_harbor_fact_or_fiction.pdf.
221 EuGH, T-670/16, BeckEuRS 2016, 492320.

se Informationspflichten gegenüber Privatpersonen, Möglichkeiten des Betroffenen zur Bestimmung über eine weitere Datenübermittlung, die Verantwortlichkeit für die Datenübermittlung, die Verpflichtung zur Durchführung von angemessenen und geeigneten Maßnahmen zur Sicherheit, Datenintegrität und Zweckbindung, verschiedene Auskunftsrechte sowie Maßnahmen zum Rechtsschutz, der Rechtsdurchsetzung und der Haftung.[222]

cc) Geeignete Garantien und wirksamer Rechtsschutz

211 Für viele Drittländer, wie beispielsweise Indien, China oder Südafrika, die aus Sicht der IT lukrative Serverstandorte bieten, bestehen keine solchen Angemessenheitsentscheidungen. Eine Datenübermittlung kann dennoch gerechtfertigt sein, sofern der Verantwortliche oder der Auftragsverarbeiter gemäß **Art. 46 Abs. 1 DSGVO geeignete Garantien** vorgesehen hat und sofern den betroffenen Personen **durchsetzbare Rechte und wirksame Rechtsbehelfe** zur Verfügung stehen.

212 Für Anbieter von Internet- und Webdiensten kommen die in **Art. 46 Abs. 2 DSGVO** enumerativ genannten Garantien insbesondere deshalb in Betracht, weil alleine deren Umsetzung grundsätzlich zu einem angemessen Datenschutzniveau führt. Dabei nennt Art. 46 Abs. 2 DSGVO die aus dem ehemaligen Bundesdatenschutzgesetz bekannten Garantien der rechtsverbindlichen **Vereinbarung zwischen Behörden oder öffentlichen Stellen** nach lit. a, verbindliche interne Datenschutzvorschriften gemäß Art. 47 DSGVO (**Binding Corporate Rules**) nach lit. b, **Standarddatenschutzklauseln** (**Model Clauses**), die von der Kommission nach einem Prüfverfahren in Verbindung mit Art. 93 Abs. 2 DSGVO erlassen oder nach Annahme durch eine Aufsichtsbehörde genehmigt wurden gemäß lit. c und d. Neu in die Datenschutz-Grundverordnung eingefügt wurden **genehmigte Verhaltensregeln** von Verbänden oder Vereinigungen in Verbindung mit Art. 40 DSGVO (Codes of Conduct)[223] nach lit. e und ein genehmigter **Zertifizierungsmechanismus** in Verbindung mit Art. 42 DSGVO nach lit. f. Letzteres bedarf einer rechtsverbindlichen und durchsetzbaren Verpflichtung des Datenimporteurs im Drittland zur Anwendung der Garantie einschließlich der Durchsetzung der Rechte der betroffenen Personen. Im Übrigen bleibt auch unter der Datenschutz-Grundverordnung die Möglichkeit erhalten, gemäß Art. 46 Abs. 3 lit. a DSGVO **individuelle Datenschutzvereinbarungen** zwischen der übermittelnden Stelle und dem Datenimporteur im Drittland zu erstellen und diese einer Aufsichtsbehörde zur Genehmigung vorzulegen.

213 Besonders relevant sind vor allem **Standarddatenschutzklauseln** nach Art. 46 Abs. 2 lit. c und d DSGVO, da diese eine in der Praxis relativ einfache und aufgrund der Standardisierung von allen Beteiligten akzeptable Lösung ohne großen Verhandlungsaufwand ermöglichen. Dies folgt bereits daraus, dass die Standarddatenschutzklauseln grundsätzlich nicht geändert werden dürfen, wenn sie nicht von einer Aufsichtsbehörde genehmigt werden sollen. Zudem spricht für diese Lösung die Rechtssicherheit, die beispielsweise bei der Umsetzung genehmigter Verhaltensregelungen mit ihrer bloßen Indizwirkung in der Form nicht gegeben ist. Entscheidend ist jedoch

---

222 Vgl. Durchführungsbeschluss der Kommission (EU) 2016/1250, ABl. 2016 L 207/1.
223 Kritisch zum praktischen Wert *Wybitul/Ströbel/Ruess* ZD 2017, 503 (506).

Ubbo Aßmus/Roland Steidle

nicht alleine der vertragliche Abschluss solcher Standarddatenschutzklauseln zwischen den Unternehmen, sondern wiederum die tatsächliche Umsetzung der darin enthaltenen Verpflichtungen und datenschutzrechtlichen Vorgaben.[224] Gemäß Art. 46 Abs. 5 S. 2 DSGVO bleiben die von der Kommission auf der Grundlage von **Art. 26 Abs. 4 DSRL** erlassenen Feststellungen, dass bestimmte Standardvertragsklauseln ausreichende Garantien bieten, so lange **in Kraft**, bis sie erforderlichenfalls mit einem erlassenen Beschluss der Kommission geändert, ersetzt oder aufgehoben werden.[225]

Mangels einer Rechtspraxis zur Datenschutz-Grundverordnung ist im Übrigen weiter davon auszugehen, dass die Standarddatenschutzklauseln wie bisher **direkt zwischen dem Verantwortlichen in der Europäischen Union und dem Datenimporteur im Drittland** abzuschließen sind. Dies bedeutet, dass ein Auftragsverarbeiter in der Europäischen Union, der einen Unterauftragnehmer in einem Drittland einschalten möchte, die Standarddatenschutzklauseln immer auch mit Wirkung für den Verantwortlichen in der Europäischen Union mit dem Unterauftragnehmer abschließen muss, so dass ein direktes Vertragsverhältnis entsteht. Insofern dürfte praktisch bis auf weiteres auch auf die bekannten **Fallgruppen** der **Handreichung des Düsseldorfer Kreises**[226] aus 2007 auf Basis der Arbeiten des Regierungspräsidiums Darmstadt zurückgegriffen werden können. 214

Unklar ist aufgrund der fehlenden Rechtspraxis und fehlender neuer Standarddatenschutzklauseln auf Basis der Datenschutz-Grundverordnung auch, ob – wie es die **Orientierungshilfe Cloud Computing** aus 2014 fordert[227] – zusätzlich zu den Standarddatenschutzklauseln eine **Vereinbarung zur Auftragsverarbeitung** abzuschließen ist. Um größtmögliche Rechtssicherheit zu erzielen, ist den Anwendern zu raten, diese Praxis jedenfalls vorerst weiter fortzuführen. 215

dd) Nach Unionsrecht nicht zulässige Übermittlung oder Offenlegung

Nach Art. 48 DSGVO dürfen **Urteile eines Gerichts** eines Drittlands und **Entscheidungen einer Verwaltungsbehörde** eines Drittlands, mit denen von einem Verantwortlichen oder einem Auftragsverarbeiter die Übermittlung oder Offenlegung personenbezogener Daten verlangt wird, unbeschadet anderer Gründe für die Übermittlung gemäß Kapitel 5 nur dann anerkannt oder vollstreckbar werden, wenn sie auf eine in Kraft befindliche **internationale Übereinkunft** wie etwa ein **Rechtshilfeabkommen** zwischen dem ersuchenden Drittland und der Union oder einem Mitgliedstaat gestützt sind. 216

Zwar regelt der nachfolgend erläuterte Art. 49 DSGVO bestimmte Ausnahmen zur Drittlandübermittlung für Fälle eines fehlenden Angemessenheitsbeschlusses oder 217

---

224 *Wybitul/Ströbel/Rue* ZD 2017, 503 (505).
225 S. die Entscheidungen der Kommission vom 15.6.2001 (2001/497/EG) und vom 27.12.2004 (2004/915/EG) sowie den Beschluss der Kommission vom 5.2.2010 (2010/87/EU) abrufbar unter https://ec .europa.eu/info/law/law-topic/data-protection/data-transfers-outside-eu/model-contracts-transfer-personal-data-third-countries_en.
226 *Düsseldorfer Kreis*, Fallgruppen zur internationalen Auftragsdatenverarbeitung, Handreichung des Düsseldorfer Kreises zur rechtlichen Bewertung, 19.4.2007. S. ausführlich zur Handhabung der Standardvertragsklauseln bereits *Fischer/Steidle* CR 2009, 632 ff.
227 *Arbeitskreise Technik und Medien der Konferenz der Datenschutzbeauftragten des Bundes und der Länder sowie der Arbeitsgruppe Internationaler Datenverkehr des Düsseldorfer Kreises*, Orientierungshilfe – Cloud Computing, Version 2.0, 9.10.2014, 16.

fehlende sonstige Garantien, beispielsweise wenn eine Übermittlung nach Art. 49 Abs. 1 lit. d DSGVO aus wichtigen Gründen des öffentlichen Interesses notwendig ist. Die von einigen Drittländern vorgebrachten Gründe der Terrorismusbekämpfung und Strafverfolgung gehören jedoch gerade nicht dazu, da diese Bereiche nach Art. 2 Abs. 2 lit. d DSGVO schon nicht in den sachlichen Anwendungsbereich des Unionsrechts fallen. Sofern keine internationalen Übereinkommen für die Übermittlung personenbezogener Daten zu diesen Zwecken vorliegen, ist eine Datenübermittlung insoweit unzulässig.

218   Unabhängig davon können Gerichte in einem Drittstaat freilich Bürger und Unternehmen auf Basis des dort geltenden Rechts verpflichten, personenbezogene Daten von EU-Bürgern und in der Europäischen Union gespeicherte Daten herauszugeben, wenn dazu eine technische Möglichkeit besteht. Dies betrifft beispielsweise **US-Gerichte**[228] auf Basis des **US Patriot Act** und des **Foreign Intelligence Surveillance Act** (FISA). Die gesetzlichen Bestimmungen im Drittland treten insofern in einen Konflikt zu den Europäischen Datenschutzregelungen, dem Art. 48 DSGVO entgegenwirken will. In der Praxis ist freilich offen, welchem Recht der Adressat eines Urteils oder einer behördlichen Entscheidung eines Drittlands folgt. Er befindet sich in der Zwickmühle und sieht sich damit konfrontiert, gegen das Recht jedenfalls eines Staates zu verstoßen. Sofern personenbezogene Daten von EU-Bürgern gegen Herausgabeforderungen auf Basis des Rechts eines Drittlands effektiv geschützt werden sollen, ist daher bereits die **technische Zugriffsmöglichkeit** auszuschließen. Einen dahin gehenden Ansatz verfolgt Microsoft mit dem Treuhändermodell seiner „**Microsoft Cloud Deutschland**", bei der allein T-Systems die administrativen Zugriffsrechte auf Inhaltsdaten hat, womit sich Microsoft quasi selbst aus seiner Cloud ausgeschlossen hat (→ B. III. Rn. 36 ff.).

ee) Ausnahmen für bestimmte Fälle inklusive Einwilligung der betroffenen Person

219   Für bestimmte Fälle sieht **Art. 49 DSGVO** subsidiäre **Ausnahmen** für die Datenübermittlung in ein Drittland vor. Insbesondere kann für Internet- und Webdienste Art. 49 Abs. 1 S. 1lit. a DSGVO relevant sein, wonach eine ausdrückliche **Einwilligung** der betroffenen Person die Datenübermittlung rechtfertigen kann, nachdem sie über die für sie bestehenden speziellen **Risiken derartiger Datenübermittlungen** in ein Drittland ohne Vorliegen eines Angemessenheitsbeschlusses und ohne geeignete Garantien **unterrichtet** wurde. Zu beachten ist, dass ein Opt-Out diese Anforderungen – auch bei Internet- und Webdiensten – nicht erfüllt.[229] (→ B. I. Rn. 40 ff.).

220   Weiterhin kann eine Datenübermittlung nach Art. 49 Abs. 1 S. 1 lit. b DSGVO zulässig sein, wenn die Übermittlung für die **Erfüllung eines Vertrags** zwischen der betroffenen Person und dem Verantwortlichen oder zur Durchführung von vorvertraglichen Maßnahmen auf Antrag der betroffenen Person erforderlich ist.

221   Ferner ist die die Übermittlung nach Art. 49 Abs. 1 S. 1 lit. c DSGVO rechtmäßig, wenn sie zum **Abschluss oder zur Erfüllung** eines im Interesse der betroffenen Person

---

228   S. dazu das laufende Verfahren vor dem Supreme Court of the United States, United States v. Microsoft, Az. 17-2.
229   *Wybitul/Ströbel/Rue* ZD 2017, 503 (507).

Ubbo Aßmus/Roland Steidle

von dem Verantwortlichen **mit einer anderen** natürlichen oder juristischen Person geschlossenen **Vertrags** erforderlich ist.

Weitere Ausnahmen sind nach Art. 49 Abs. 1 S. 1 lit. d DSGVO wichtige Gründe des   222
öffentlichen Interesses beispielsweise im Bereich des Kartell-, Zoll- oder Steuerrechts, die **Geltendmachung von Rechtsansprüchen** nach lit. e, welche nunmehr auch außergerichtliche und verwaltungsgerichtliche Verfahren umfasst, der **Schutz lebenswichtiger Interessen** nach lit. f, beispielsweise im Bereich der Übermittlung medizinischer Daten, die Übermittlung aus einem **öffentlichen Register** oder einem solchen, das Personen mit einem berechtigten Interesse einsehen können nach lit. g sowie nach S. 2 die Wahrung **zwingender berechtigter Interessen des Verantwortlichen**. Letzteres ist ein Ausnahmetatbestand, an den hohe Anforderungen zu stellen sind, der weitere Maßnahmen nach S. 2 erfordert und der zudem eine Anzeige bei der Aufsichtsbehörde vorsieht. Bezüglich der in diesem Handbuch erläuterten Datenübermittlungen kommt diesen Ausnahmetatbeständen eine nur untergeordnete Rolle zu.

ff) Anforderungen nach der E-Privacy-Verordnung

Darüber hinaus hat die Kommission einen Entwurf der **E-Privacy-Verordnung** veröf-   223
fentlicht (→ A. II. Rn. 82 ff.; → B. I. Rn. 76 ff.). Sofern Kommunikationsdaten, also Kommunikationsinhalts- und -metadaten, durch die Nutzung eines Kommunikationsdienstes, wie etwa eines OTT-Dienstes (→ B. III. Rn. 278 ff.), in ein Drittland übermittelt werden sollen, sind die **allgemeinen Anforderungen nach den Art. 44 ff. DSGVO** für die Frage der Zulässigkeit maßgebend (→ A. II. Rn. 82 ff.)

4. Zulässigkeitsvorschriften oder Beschränkungen der E-Privacy-Regulierung

Der Entwurf der E-Privacy-Verordnung der Europäischen Kommission vom Januar   224
2017 führt die Strategie der Europäischen Union fort, verstärkt auf das Regelungsinstrument der Verordnung zu setzen. Die E-Privacy-Verordnung soll die Verarbeitung elektronischer Kommunikationsdaten europaweit regeln und damit die bis dato bestehenden Richtlinien und nationalen Gesetze ersetzen.

a) Entstehungsgeschichte der E-Privacy-Verordnung

Ergänzend zur Datenschutz-Grundverordnung[230] soll nach **Erwgr. 5** zukünftig die E-   225
Privacy-Verordnung[231] die allgemeinen Vorgaben der Datenschutz-Grundverordnung hinsichtlich der elektronischen Kommunikationsdienste und -Netze „präzisieren und ergänzen".[232] Gleichzeitig werden die E-Privacy-Richtlinie[233] und die sie ergänzende

---

230 VO (EU) 2016/679 des Europäischen Parlaments und des Rates zum Schutz natürlicher Personen bei der Verarbeitung personenbezogener Daten, zum freien Datenverkehr und zur Aufhebung der RL 95/46/EG, ABl. L 119 v. 27.4.2016, 1.
231 Vorschlag der Europäischen Kommission für eine Verordnung des Europäischen Parlaments und des Rates über die Achtung des Privatlebens und den Schutz personenbezogener Daten in der elektronischen Kommunikation und zur Aufhebung der RL 2002/58/EG, COM (2017) 10 final, 2017/0003 (COD) vom 10.1.2017 (E-Privacy-VO-E).
232 Erwgr. 5, 1 E-Privacy-VO-E.
233 Richtlinie 2002/58/EG des Europäischen Parlaments und des Rates vom 12. Juli 2002 über die Verarbeitung personenbezogener Daten und den Schutz der Privatsphäre in der elektronischen Kommunikation (Datenschutzrichtlinie für elektronische Kommunikation – E-Privacy-RL).

sogenannte Cookie-Richtlinie[234] abgelöst. Im Entwurf der E-Privacy-Verordnung stellt die Europäische Kommission in **Erwgr. 6** fest,[235] dass sich die „Grundsätze und wichtigsten Bestimmungen" der E-Privacy-Richtlinie „zwar bewährt" haben, indes die Richtlinie nicht vollständig mit der Entwicklung der Wirklichkeit der Technik und der Märkte Schritt gehalten hat. Hierzu zählt beispielsweise der Markteintritt von neuen, elektronischen Kommunikationsdiensten. Diese basieren auf Internetzugangsdiensten und treten in Konkurrenz zu klassischen Telekommunikationsdiensten wie Telefonie und SMS („**OTT-Kommunikationsdienst**", → A. Rn. 95).[236] Der Anwendungsbereich des Entwurfs der E-Privacy-Verordnung ist damit zu den bisherigen Vorgaben deutlich erweitert.

226 Die Verordnung gilt nach Art. 2 Abs. 1 E-Privacy-VO-E für die **Verarbeitung elektronischer Kommunikationsdaten**, die in Verbindung mit der Bereitstellung und Nutzung elektronischer Kommunikationsdienste erfolgen. Elektronische Kommunikationsdaten sind gemäß Art. 4 Abs. 3 lit. a E-Privacy-VO-E elektronische Kommunikationsmetadaten und Kommunikationsinhalte (→ A. Rn. 105). Außerdem gilt der Entwurf der E-Privacy-Verordnung für Informationen in Bezug auf die **Endeinrichtungen** der Endnutzer.

227 Mit dem Entwurf der E-Privacy-Verordnung sollen spezifische Regelungen im Bereich der elektronischen Kommunikation umgesetzt werden, welche die Datenschutz-Grundverordnung mit ihrem technologieneutralen Ansatz nicht erfüllen kann.[237] Gleichzeitig werden neue Möglichkeiten bei der Verarbeitung von Kommunikationsdaten geschaffen und die Sicherheit entsprechender Datenverarbeitungen erhöht. Eine Regelung dieser Art dürfte notwendig sein: Die IT-gestützte Kommunikation zwischen Bürgern, Unternehmen und staatlichen Institutionen nimmt rasant zu;[238] trotzdem bestehen in den einzelnen Mitgliedsstaaten hierzu unterschiedliche Regelungen.[239] In den Niederlanden ist die Einwilligung des zuvor hinreichend informierten Nutzers im Rahmen eines Opt-In notwendig. Die Einwilligungserklärung kann dabei durch die Nutzung von Bannern oder Pop-up-Menüs eingeholt werden.[240] Der luxemburgische Gesetzgeber führte das Opt-Out-Prinzip ein. Die Betreiber von solchen

---

234 Richtlinie 2009/136/EG des Europäischen Parlaments und des Rates vom 25. November 2009 zur Änderung der Richtlinie 2002/22/EG über den Universaldienst und Nutzerrechte bei elektronischen Kommunikationsnetzen und -diensten, der Richtlinie 2002/58/EG über die Verarbeitung personenbezogener Daten und den Schutz der Privatsphäre in der elektronischen Kommunikation und der Verordnung (EG) Nr. 2006/2004 über die Zusammenarbeit im Verbraucherschutz.

235 Erwgr. 6, 1 E-Privacy-VO-E.

236 Sog „Over-the-top"-Dienste. Dabei wird zwischen den sog „OTT-Kommunikationsdiensten", wie bspw. Maildienste, ua Gmail, Instant-Messaging-Dienste, wie ua WhatsApp, oder IP-Telefoniedienste, ua Skype und „OTT-Inhaltsdiensten", wie bspw. Suchmaschinendiensten, zB Google, Bing, DuckDuckGo, Video-on-Demand-Dienste oder -Plattformen, zB YouTube, oder Informationsportalen, wie ua Wikipedia, unterschieden; s. „Fragen der Regulierung von OTT-Kommunikationsdiensten" des Wissenschaftlichen Arbeitskreises für Regulierungsfragen (WAR) bei der BNetzA vom 15.7.2016, 3.

237 *Maier/Schaller* ZD 2017, 373.

238 So steigerte sich das Breitbanddatenvolumen in Deutschland von 2010 mit 4.600 Mio. GB auf 22.500 GB in 2016, siehe „Höhe des Breitbanddatenvolumens in Festnetzen in Deutschland von 2001 bis 2016 (in Millionen Gigabyte)", Statista.

239 *Wybitul/Ströbel*, Legal Tribune Online vom 18.1.2017, Neue E-Privacy-Verordnung, abrufbar unter: https://www.lto.de/persistent/a_id/21807/.

240 S. das niederländische Telekommunikationsgesetz „Telecommunicatiewet" vom 19.10.1998, geändert durch Umsetzung der Richtlinie am 5.6.2012, Staatblad 1998, 318.

Angeboten müssen den Nutzer vor Beginn der Datenerhebung nachweisbar über Umfang und Zweck der Speicherung und Nutzung unterrichten.[241]

Zudem werden abweichende datenschutzrechtliche Regelungen des **Telemediengesetzes** europarechtlich ab dem 25.5.2018 **verdrängt** (→ A. Rn. 112).[242] Hinsichtlich des **Telekommunikationsgesetzes** ist Art. 95 DSGVO zu beachten, wonach die Datenschutzbestimmungen des Telekommunikationsgesetzes weiter gelten, soweit sie auf der E-Privacy-Richtlinie[243] beruhen. Welche nationale Norm im Einzelnen angewendet werden kann oder verdrängt wird, ist jedoch für die Übergangszeit zwischen dem Wirksamwerden der Datenschutz-Grundverordnung und der E-Privacy-Verordnung mit einer Rechtsunsicherheit behaftet (→ A Rn. 106).

228

Auf Basis des Vorschlags der Europäischen Kommission, des Europäischen Parlaments[244] und des zukünftigen Vorschlags des Rats der Europäischen Union wird der **Trilog** stattfinden, wodurch unter Moderation der Europäischen Kommission eine finale Fassung entstehen soll.[245] Dabei wird von einer mehrmonatigen Verhandlungsphase ausgegangen, weswegen die E-Privacy-Verordnung erst weit nach dem 25.5.2018 in Kraft treten wird. Diese Zeit sollten sich die europäischen Institutionen auch geben, damit eine angemessene Lösung zur Berücksichtigung der verschiedenen Interessen geschaffen werden kann. Die Große Koalition will sich dabei „auf EU-Ebene für eine E-Privacy-Verordnung einsetzen, die im Einklang mit der Datenschutz-Grundverordnung die berechtigten Interessen von Verbraucherinnen und Verbrauchern und Wirtschaft angemessen und ausgewogen berücksichtigt".[246] Dabei wird anerkannt, dass „Daten (...) der Treibstoff für Innovation und neue Dienste" sind.[247]

229

Weiterhin schlägt das Europäische Parlament vor, dass die Regelungen erst **ein Jahr nach Inkrafttreten** der Verordnung verbindlich werden sollen.[248] Diese Frist ist mindestens anzusetzen, um sowohl Unternehmen ausreichend Zeit für die Umsetzung der neuen Vorgaben zu geben als auch den Bürgerinnen und Bürgern Gelegenheit zu geben, sich mit den Rahmenbedingungen vertraut zu machen. Bis dahin sind vorrangig die nationalen Rechtsvorschriften zur Umsetzung der E-Privacy-Richtlinie und ergänzend die Regelungen der Datenschutz-Grundverordnung anzuwenden.

230

---

241 Abgeändertes Gesetz vom 30. Mai 2005 betreffend die spezifischen Bestimmungen bezüglich des Schutzes der Person bei der Datenverarbeitung auf dem Gebiet der elektronischen Kommunikation und betreffend die Abänderung der Artikel 88-2 und 88-4 der Strafprozessordnung (Code d'instruction criminelle) vom 30.5.2005, geändert durch die Umsetzung der Richtlinie am 28.7.2011, Recueil de legislation, A-N° 172, 2938.

242 Siehe auch die Positionsbestimmung der DSK zur Anwendbarkeit des TMG für nicht-öffentliche Stellen vom 26. April 2018.

243 Umgesetzt im Telekommunikationsgesetz vom 25.6.2004, BGBl. I 2004, S. 1190.

244 Das Europäische Parlament hat am 26.10.2017 im federführenden Innenausschuss (LIBE-Ausschuss) vorgelegten Berichtsentwurf in der überarbeiteten Fassung vom 20.10.2017 verabschiedet.

245 Dieser Beitrag bespricht den Stand der E-Privacy-VO-E der Europäischen Kommission.

246 Koalitionsvertrag der Großen Koalition vom 7.2.2018 zwischen CDU, CSU und SPD, Gliederungspunkt VI.1 – Digitalisierung – Zeilen 2758-2761.

247 Koalitionsvertrag der Großen Koalition vom 7.2.2018 zwischen CDU, CSU und SPD, Gliederungspunkt VI.1 – Digitalisierung – Zeilen 2070.

248 *Herbrich*, jurisPR-ITR 23/2017, Anm. 2.

b) Begriffsbestimmungen des Entwurfs der E-Privacy-Verordnung

231 Neben den Begriffsbestimmungen in Art. 4 E-Privacy-VO-E[249] sind noch weitere Rechtsbegriffe in den Art. 5 ff. E-Privacy-VO-E aufgeführt. Dazu zählen aus dem BDSG aF bekannte Definitionen wie die „Übermittlung" in Art. 6 Abs. 1 lit. a E-Privacy-VO-E oder die „Anonymisierung" und „Löschung" in Art. 7 Abs. 1 S. 1 E-Privacy-VO-E sowie technische Begriffe wie „technische Defekte und Fehler" in Art. 6 Abs. 1 lit. b E-Privacy-VO-E und „Hard- und Software" in Art. 8 Abs. 1 E-Privacy-VO-E. Die Definitionen der Datenschutz-Grundverordnung sind für die Fragestellungen der E-Privacy-Verordnung als lex generalis heranzuziehen. Auf diese Bestimmungen wird bei Erörterung der jeweiligen Artikel eingegangen.

c) Zulässigkeitsvorschriften und Verarbeitungsbeschränkungen

232 Die Zulässigkeitsvorschriften oder Verarbeitungsbeschränkungen bilden den regelungstechnischen Schwerpunkt des Entwurfs der E-Privacy-Verordnung. Hier werden die Möglichkeiten der datenschutzrechtlich zulässigen Verarbeitungsmöglichkeiten oder entsprechende Verarbeitungsbeschränkungen aufgeführt.

aa) Vertraulichkeit elektronischer Kommunikation gemäß Art. 5 E-Privacy-VO-E

233 Art. 5 S. 1 E-Privacy-VO-E enthält die zentrale Regelung für den Rechtsanwender, dass elektronische Kommunikationsdaten „**vertraulich**" sind. Dazu zählen nach **Erwgr.** 20 nicht nur sogenannte Metadaten, womit die Daten gemeint sind, die zu Zwecken der Übermittlung verarbeitet werden wie beispielsweise besuchte Websites, der geografische Standort, Uhrzeit, Datum und Dauer der Verbindung, sondern auch Inhaltsdaten. Die Nutzung dieser verschiedenen Datenarten berührt das Grundrecht auf Achtung des Privat- und Familienlebens, der Wohnung und der Kommunikation nach 7 GRCh.[250] **Erwgr.** 1 führt eine Detaillierung durch, dass alle Daten, die zwischen den Beteiligten ausgetauscht werden, wie auch die externen Elemente dieser Kommunikation (unter anderem, wann kommuniziert wird, woher und an wen) niemandem außer den an der Kommunikation Beteiligten offengelegt werden dürfen. Dies umfasst Anrufe, Internetzugang, Sofortnachrichtenanwendungen, E-Mail, Internettelefonie und Übermittlung persönlicher Nachrichten über soziale Medien. In praktischer Konsequenz bedeutet es den Schutz des gesamten Kommunikationsvorgangs, beispielsweise über die letzte Party, eine sportliche Betätigung oder die Umsatzziele von Unternehmen. Im letzteren Anwendungsfall sieht die Europäische Kommission vor, dass nicht nur personenbezogene Daten einer natürlichen Person eine grundrechtliche Relevanz haben können, sondern dass auch Informationen über juristische Personen wie Geschäftsgeheimnisse zu schützen sind. Denn der Ausdruck „elektronische Kommunikationsdaten" sollte nach **Erwgr.** 14 hinreichend breit und technologieneutral definiert werden, damit er alle Informationen bezüglich der über-

---

249 Hinsichtlich der für dieses Kapital relevanten Begriffsbestimmungen, wie bspw. „Betreiber von elektronischen Kommunikationsnetzen und -diensten", „elektronische Kommunikationsdaten", „Betreiber elektronischer Kommunikationsdienste", „Kommunikationsmetadaten", „elektronische Kommunikationsinhalte", „Einwilligung", „elektronischer Kommunikationsvorgang" oder „Dienst der Informationsgesellschaft" wird verwiesen auf → B. Rn. 1 ff.

250 Charta der Grundrechte der Europäischen Union, ABl. C 326 vom 26.10.2012, 391.

Till Karsten

mittelten oder ausgetauschten Inhalte (elektronische Kommunikationsinhalte) und die Informationen bezüglich der Endnutzer von elektronischen Kommunikationsdiensten erfasst, die zum Zwecke der Übermittlung, Verbreitung oder Ermöglichung des Austauschs elektronischer Kommunikationsinhalte verarbeitet werden. Doch vor allem die Datenarten von natürlichen Personen können hochsensible Informationen[251] wie sexuelle Vorlieben, Gefühle oder Erkrankungen enthalten, was laut **Erwgr. 2** bei Offenlegung zu schweren Beeinträchtigungen für die betroffenen Personen führen kann.

Das Verbot des „Eingriffs" in elektronische Kommunikationsdaten in Art. 5 S. 2 E-Privacy-VO-E entspricht dem Grundkonzept für den Umgang mit Daten nach Art. 6 Abs. 1 S. 1 DSGVO und (noch klarer) § 4 Abs. 1 BDSG aF Unter den Begriff des „Eingriffs" im Entwurf der E-Privacy-Verordnung fallen auch die Verarbeitungsvarianten „Abfangen", „Überwachen" oder „Verarbeiten".[252] Auch Art. 5 E-Privacy-VO-E ist als **Verbot mit Erlaubnisvorbehalt**[253] ausgestaltet und stellt deshalb die zentrale Ausgangsnorm für die Prüfung der Zulässigkeit einer Datenverarbeitung nach dem Entwurf der E-Privacy-Verordnung dar.

bb) Verarbeitung elektronischer Kommunikationsdaten nach Artikel 6 E-Privacy-VO-E

Art. 6 E-Privacy-VO-E ist die zentrale Zulässigkeitsnorm zur datenschutzkonformen Verarbeitung elektronischer Kommunikationsdaten und gibt gleichzeitig die Beschränkungen hinsichtlich der verschiedenen Datenarten durch die verschiedenen Kommunikationsnetze und -dienste vor. Die Norm ist wie folgt aufgebaut: **Art. 6 Abs. 1** E-Privacy-VO-E normiert die Rechtmäßigkeitsvoraussetzungen für die Betreiber elektronischer Kommunikationsnetze und -dienste, und zwar, unter welchen Voraussetzungen elektronische **Kommunikationsdaten** im Rahmen der Erforderlichkeit verarbeitet werden dürfen. **Art. 6 Abs. 2** E-Privacy-VO-E regelt die Ermächtigung der Betreiber elektronischer Kommunikationsdienste, elektronische **Kommunikationsmetadaten** zu verarbeiten, sofern besondere Voraussetzungen im Rahmen der Erforderlichkeit vorliegen (lit. a und b) oder der Endnutzer seine Einwilligung gegeben hat (lit. c.). In **Abs. 3** von Art. 6 E-Privacy-VO-E ist die Verarbeitung elektronischer **Kommunikationsinhalte** durch die Betreiber elektronischer Kommunikationsdienste geregelt, die nur möglich ist, wenn hierfür eine bestimmte Dienstleistung durch den Endnutzer abgefragt wird (lit. a) oder alle Endnutzer ihre Einwilligung gegeben haben (lit. b).

(1) Elektronische Kommunikationsdaten nach Art. 6 Abs. 1 E-Privacy-VO-E

Nach Art. 6 Abs. 1 E-Privacy-VO-E dürfen die Betreiber elektronischer Kommunikationsnetze und -dienste **elektronische Kommunikationsdaten** verarbeiten, wenn (lit. a) dies zur Durchführung der **Übermittlung** der Kommunikation für die dazu erforderliche Dauer **nötig** ist, oder (lit. b) dies zur Aufrechterhaltung oder Wiederherstellung der **Sicherheit** elektronischer Kommunikationsnetze und -dienste (→B.

234

235

236

---

251 S. EU-Kommission, 2017/0003 (COD), 5.
252 Zukünftig zusammenfassend als „Verarbeiten" bezeichnet.
253 Auch als „Verbotsprinzip mit Erlaubnisvorbehalt" bezeichnet.

Rn. 346) oder zur Erkennung von **technischen Defekten und Fehlern** bei der Übermittlung der elektronischen Kommunikation für die dazu erforderliche Dauer **nötig** ist.

237 Unter die **Übermittlung** fällt gemäß Art. 6 Abs. 1 lit. a E-Privacy-VO-E die Bekanntgabe gespeicherter oder durch Datenverarbeitung gewonnener personenbezogener Daten an einen Dritten in der Weise, dass die Daten an den Dritten weitergegeben werden oder der Dritte zur Einsicht oder zum Abruf gehaltene Daten einsieht oder abruft.[254] Hier ist zu berücksichtigen, dass eine Auftragsdatenverarbeitung nach § 11 BDSG aF nicht darunter fällt.[255] Bei der Auftragsverarbeitung nach Art. 28 DSGVO ist die Privilegierung noch strittig (→ B. Rn. 144). wobei nach dem Wortlaut von Art. 4 Nr. 10 DSGVO deutlich wird, das der Auftragsverarbeiter nicht „Dritter" ist. Damit soll der Datenaustausch zwischen dem Verantwortlichen und dem Auftragsverarbeiter auch keine Übermittlung sein, die einer zusätzlichen Einwilligung oder eines anderen Erlaubnistatbestands bedürfe. Mithin bedarf es dafür regelmäßig keiner weiteren Rechtsgrundlage im Sinne von Art. 6 bis 10 DSGVO als derjenigen, auf die der Verantwortliche selbst die Verarbeitung stützt.[256]

238 Die **technischen Defekte und Fehler** sind Begriffe der **Datensicherheit**. Zu den technischen Defekten gehören insbesondere Mängel in der Hard- und Software, wodurch Daten zerstört oder verändert werden können. Fehler entstehen durch menschliches Handeln, beispielsweise durch falsche Eingabe von Daten oder beim Bedienen des Rechners.[257]

239 Mit der Frage der „**Dauer**", welche in beiden Varianten von Art. 6 Abs. 1 E-Privacy-VO-E erwähnt wird, hängt der Vorgang der Speicherung zusammen: Es darf gespeichert werden, so lange dies „nötig" oder „erforderlich" ist. Ähnlich wie § 100 Abs. 1 S. 4 TKG gibt es jedoch keine konkrete Vorgabe für einen Zeitraum in Tagen oder Wochen.[258] Auch wenn deutsche Gerichte die Speicherdauer schon beurteilt haben,[259] ist davon auszugehen, dass diese Urteile nicht ohne Weiteres auf die europäische Ebene übertragen werden können. Dabei ist der in Art. 5 Abs. 1 lit. c DSGVO verankerte Grundsatz der Datenminimierung zu berücksichtigen, dass personenbezogene Daten dann zu löschen sind, wenn sie für die Zwecke, für die sie verarbeitet wurden, nicht mehr notwendig sind. Unerheblich von Art. 17 DSGVO gilt als dann das Gebot der unverzüglichen Löschung.

240 Erlaubt ist nach **Erwgr. 16** die Speicherung für die **Prüfung von Sicherheitsbedrohungen**, wie etwa dem Vorhandensein von Schadsoftware oder zur Verarbeitung oder die Verarbeitung von Metadaten zur Sicherung der Einhaltung der erforderlichen Dienstqualitätsanforderungen wie Latenz oder Verzögerungsschwankung.

241 Eine Verarbeitung der Kommunikationsdaten ist damit nach Art. 6 Abs. 1 E-Privacy-VO-E nur in einem eingeschränkten Maße möglich: Nach dem Entwurf ist die Verar-

---

254 Plath/*Plath*/*Schreiber* DSGVO Art. 4 Rn. 12.
255 Plath/*Schreiber*/*Plath* BDSG aF § 3 Rn. 41.
256 *DSK*, Kurzpapier Nr. 13 Auftragsverarbeitung, 2.
257 *Hering*/*Gutekunst*/*Dyllong* 2000, 181.
258 *Engeler*/*Felber* ZD 2017, 251.
259 Zur zulässigen siebentägigen Speicherung dynamischer IP-Adressen, s. BGH ZD 2013, 614.

Till Karsten

beitung für die dort definierten Zwecke möglich. Dies gilt für die Durchführung der Übermittlung der Kommunikation, der Aufrechterhaltung oder Wiederherstellung der Sicherheit der Netze oder die Erkennung von technischen Defekten oder Fehlern, jeweils für die erforderliche Dauer.

Die Prüfung der Erforderlichkeit gibt den beteiligten Akteuren die Möglichkeit, die Zulässigkeitstatbestände auszulegen und auf den konkreten Einzelfall anzuwenden. Im Rahmen der Rechenschaftspflicht nach Art. 5 Abs. 2 DSGVO ist dies zu dokumentieren. **242**

(2) Elektronischer Kommunikationsmetadaten nach Art. 6 Abs. 2 E-Privacy-VO-E

In Art. 6 Abs. 2 E-Privacy-VO-E wird für die Betreiber elektronischer Kommunikationsdienste die Möglichkeit geschaffen, elektronische **Kommunikationsmetadaten** verarbeiten zu dürfen, wenn nach lit. a dies für die dazu erforderliche Dauer zur Einhaltung verbindlicher **Dienstqualitätsanforderungen** nach der Richtlinie über den europäischen Kodex für die elektronische Kommunikation oder der Verordnung (EU) 2015/2120[260] nötig ist. Gemäß lit. b ist die Verarbeitung möglich, wenn dies zur **Rechnungstellung**, zur Berechnung von **Zusammenschaltungszahlungen**, zur Erkennung oder Beendigung **betrügerischer oder missbräuchlicher Nutzungen** elektronischer Kommunikationsdienste oder der diesbezüglichen **Verträge** nötig ist. Als dritte Option kann der betreffende Endnutzer unter lit. c seine **Einwilligung** zur Verarbeitung seiner Kommunikationsmetadaten für einen oder mehrere bestimmte Zwecke geben, so auch für die Bereitstellung bestimmter Dienste für diese Endnutzer, sofern die betreffenden Zwecke durch eine Verarbeitung anonymisierter Informationen nicht erreicht werden können. **243**

Mit Datum vom 12.10.2016 hat die Europäische Kommission den Vorschlag für eine **Richtlinie über den europäischen Kodex für die elektronische Kommunikation** veröffentlicht.[261] Dieser Entwurf ist noch nicht abschließend und wird derzeitig in den europäischen Gremien diskutiert. In diesem Entwurf ist angedacht, dass die Europäische Union sich für Netzanbindungen mit **breiter Verfügbarkeit** und **sehr hohen Übertragungsgeschwindigkeiten** rüstet. Die Europäische Union möchte daher die Vorschriften zur Regelung der Telekommunikationsbranche ändern und vollzieht dies mit dem Kodex für die elektronische Kommunikation. Damit soll der aktuell geltende Regelungsrahmen der Europäischen Union für die Telekommunikation bis Juni 2018 ersetzt werden. **244**

Der Kodex zielt weiterhin darauf ab, gemeinsame Regeln zur Wahrung der **gleichberechtigten und nichtdiskriminierenden Behandlung des Datenverkehrs** bei der Bereitstellung von Internetzugangsdiensten und damit verbundener Rechte der Endnutzer zu schaffen. Damit soll der Endnutzer einerseits geschützt und andererseits gewähr- **245**

---

260 Verordnung (EU) 2015/2120 des Europäischen Parlaments und des Rates vom 25.11.2015 über Maßnahmen zum Zugang zum offenen Internet und zur Änderung der Richtlinie 2002/22/EG über den Universaldienst und Nutzerrechte bei elektronischen Kommunikationsnetzen und -diensten sowie der Verordnung (EU) Nr. 531/2012 über das Roaming in öffentlichen Mobilfunknetzen in der Union (ABl. L 310 vom 26.11.2015, 1).
261 Entwurf der Europäischen Kommission vom 12.10.2016, 2016/0288 (COD).

leistet werden, dass das „Ökosystem" des Internet weiterhin funktionieren kann. Relevant sind dazu Artikel 3 „Gewährleistung des Zugangs zum offenen Internet" sowie Artikel 4 „Transparenzmaßnahmen zur Sicherstellung des Zugangs zu einem offenen Internet", wonach der Zugang zum Internet unter anderem diskriminierungsfrei und ohne Störungen zu behandeln ist sowie der Nutzer transparent zu informieren ist. Hierzu kann im Einzelfall eine Erhebung von Kommunikationsmetadaten notwendig sein, wozu die Anspruchsgrundlage dient.

246 Nach **Art. 6 Abs. 2 lit. b** E-Privacy-VO-E ist die Verarbeitung von Kommunikationsmetadaten datenschutzrechtlich zulässig, sofern dies unter anderem zur **Rechnungsstellung** oder zur Berechnung von Zusammenschaltungszahlungen erfolgt. Da Kommunikationsvorgänge beispielsweise auch im außereuropäischen Ausland stattfinden und damit nicht von den mittlerweile üblichen Flatrate-Tarifen abgedeckt sind, können und müssen diese auf Basis von vertraglichen Regelungen im Mobilfunkvertrag abgerechnet werden. Bei einem Aufenthalt in einem europäischen Mitgliedsstaat fallen aufgrund europarechtlicher Vorgaben grundsätzlich keine Roaming-Gebühren mehr an. Dies gilt jedoch unter anderem nicht, wenn die Nutzung von Roaming-Diensten durch einen Kunden nicht einer angemessenen Nutzung entspricht.[262] Die **Dauer der Speicherung** der Daten entspricht der Frist zur Verjährung. Spätestens wenn die jeweilige Rechnung nach Ablauf der Verjährung nicht mehr angreifbar ist, ist die weitere Datenspeicherung nicht mehr erforderlich, und die Kommunikationsmetadaten sind zu löschen.

247 Auch die Verarbeitung von Kommunikationsmetadaten durch die Betreiber von elektronischen Kommunikationsdiensten zur Erkennung oder Beendigung **betrügerischer oder missbräuchlicher Nutzungen** elektronischer Kommunikationsdienste oder der diesbezüglichen Verträge ist nach dieser Ermächtigungsgrundlage datenschutzrechtlich zulässig. Die Prüfung kann gemäß **Erwgr. 18** beispielsweise so durchgeführt werden, dass Kundenkonto, Nutzungsdaten und Standort in Echtzeit geprüft werden. Insbesondere Mobilfunkbetreiber sind auch Opfer von betrügerischen oder missbräuchlichen Nutzungen. Ein Betrugsszenario ist beispielsweise eine gewerbliche Nutzung des Vertrages bei einer vertraglichen Vereinbarung eines reinen (und günstigeren) Privat-Tarifes für einen Internet-Zugang. In Kombination mit anderen Faktoren kann dies als Hinweis gesehen werden, dass ein missbräuchliches Verhalten vorliegt. Dies ist jedoch von den Fällen vertragstreuen Verhaltens mit maximaler Nutzung der vertraglich zugesicherten Bandbreite an Telefonie und Internet abzugrenzen.[263] Wie diese Fälle behandelt werden, ist derzeitig noch unklar und wird in dem weiteren Trilog voraussichtlich aufgelöst werden. Auch ist anzufügen, dass nicht nur Betreiber elektronischer Kommunikationsdienste Opfer von betrügerischen oder missbräuchlichen Nutzungen oder Vertragsverletzungen werden, sondern auch beispielsweise Betreiber von Internet-Shops, die zur Verhinderung von Betrug auf die

---

262 Art. 6 b der Verordnung (EU) 2015/2120 des Europäischen Parlaments und des Rates vom 25. November 2015 über Maßnahmen zum Zugang zum offenen Internet und zur Änderung der Richtlinie 2002/22/EG über den Universaldienst und Nutzerrechte bei elektronischen Kommunikationsnetzen und -diensten sowie der Verordnung (EU) Nr. 531/2012 über das Roaming in öffentlichen Mobilfunknetzen in der Union.
263 *Engeler/Felber* ZD 2017, 251 (254).

Till Karsten

Verarbeitung von Kommunikationsmetadaten angewiesen sind. Zwar besteht die Möglichkeit, dass verantwortliche Stellen, die nicht unter den Adressatenkreis nach Art. 6 fallen, hinsichtlich der Kommunikationsdaten entsprechende Datenverarbeitungen zur Betrugsverhinderung nach Art. 6 Abs. 1 S. 1 lit. f DSGVO und Erwgr. 47 S. 6 DSGVO vornehmen dürfen (→ B. Rn. 349) Klarer wäre eine entsprechende Erlaubnisnorm in der E-Privacy-Verordnung. Dies würde Rechtssicherheit für die Unternehmen und den Betroffenen schaffen, da damit das weite Feld des „berechtigten Interesses" verlassen werden würde.

Gemäß **Art. 6 Abs. 2 lit. c** E-Privacy-VO-E ist die **Einwilligung** durch den betreffenden Endnutzer in die Verarbeitung der Kommunikationsdaten eine weitere datenschutzrechtlich konforme Möglichkeit für die Betreiber der Kommunikationsdienste, um Kommunikationsmetadaten für einen oder bestimmte Zwecke verarbeiten zu können. Hierzu hat der Endnutzer nach **Art. 7** E-Privacy-VO-E iVm **Art. 7 DSGVO** eine freiwillige, unmissverständliche Erklärung in Kenntnis der Sachlage für den bestimmten Fall abzugeben.[264]   248

Für den Betreiber besteht dabei das Risiko des möglichen **Widerrufs**, wozu der Endnutzer nach Art. 7 Abs. 3 DSGVO „jederzeit" die Möglichkeit hat. Hierüber ist er nach Art. 13 Abs. 2 lit. b DSGVO aufzuklären. Nach Art. 7 Abs. 3 S. 2 DSGVO wird durch den Widerruf der Einwilligung die Rechtmäßigkeit der aufgrund der Einwilligung bis zum Widerruf erfolgten Verarbeitung nicht berührt. Gleichzeitig ist die Verarbeitung der Daten mit Zugang des Widerrufs unverzüglich zu beenden.   249

Im Rahmen der Einholung der Einwilligung ist der zweite Halbsatz von Art. 6 Abs. 2 lit. c E-Privacy-VO-E zu berücksichtigen. Diese gilt „auch für die Bereitstellung bestimmter Dienste für diese Endnutzer, sofern die betreffenden Zwecke durch eine Verarbeitung anonymisierter Informationen nicht erreicht werden können." Die Einwilligung hat sich mithin bei der Verarbeitung der Kommunikationsmetadaten schon auf die Bereitstellung der Dienste zu beziehen. Voraussetzung ist, dass die Erreichung des angedachten Zwecks durch anonyme Informationen nicht erreicht werden kann.   250

Die **Anonymisierung** ist in der Datenschutz-Grundverordnung nicht legaldefiniert. Erwgr. 26 führt auf, das anonymisierte Daten solche sind, die sich nicht auf eine identifizierte oder identifizierbare natürliche Person beziehen, oder personenbezogene Daten, die in einer Weise anonymisiert worden sind, dass die betroffene Person nicht oder nicht mehr identifiziert werden kann. Als anonyme Daten gelten mithin „nichtpersonenbezogene Daten", welche nicht den Grundsätzen des Datenschutzes der Datenschutz-Grundverordnung unterfallen[265] (→ B. Rn. 29). Der Anwendungsbereich der E-Privacy-Verordnung ist im Gegensatz zur Datenschutz-Grundverordnung spezieller und umfasst neben der Verarbeitung personenbezogener Daten auch ausdrücklich den Umgang mit Geschäftsgeheimnissen (→ A. Rn. 82).   251

Erwgr. 17 führt als Beispiel die Erstellung von „**Heatmaps**" auf, womit die grafische Darstellung von Daten über die Anwesenheit von Personen anhand von Farben gemeint ist. Zur Anzeige von Verkehrsbewegungen in bestimmte Richtungen über einen   252

---

264 Plath/*Plath* DSGVO Art. 7 Rn. 2.
265 Plath/*Schreiber* DSGVO Art. 4 Rn. 22.

bestimmten Zeitraum wird eine Kennung benötigt, damit die Daten von Einzelpersonen in bestimmten Zeitabständen verknüpft werden können. Bei anonymen Daten würde diese Kennung fehlen. Mithin könnten in dem Beispiel nur noch Heatmaps mit statistischen Daten verwendet werden. Dies wäre beispielsweise für die Evaluierung der Benutzung und Belastung von Anlagen ausreichend. Ein Bedarf an neuer Infrastruktur kann auch mit der Berechnung anonymer Daten erreicht werden.

(3) Elektronische Kommunikationsinhalte nach Art. 6 Abs. 3 E-Privacy-VO-E

253 Art. 6 Abs. 3 E-Privacy-VO-E ist **einwilligungsbasiert**: Sowohl die Bereitstellung eines bestimmten Dienstes für den Endnutzer unter lit. a als auch die Verarbeitung der Kommunikationsinhalte für einen oder mehrere bestimmte Zwecke von „allen betreffenden" Endnutzern nach lit. b) ist datenschutzrechtlich stark eingeschränkt und „nur" über eine freiwillige, unmissverständliche Erklärung in Kenntnis der Sachlage für den bestimmten Fall möglich (→ B. Rn. 40).

254 Dabei ist die Prüfung in beiden Anwendungsfällen zweistufig aufgebaut: Erstens muss der Endnutzer seine Einwilligung für einen oder mehrere bestimmte Zwecke abgegeben haben. Sodann ist kumulativ zu prüfen, ob bei lit. a die Dienstleistung ohne Verarbeitung der Inhalte, auf welche die Einwilligung abgegeben wurde, anders nicht möglich ist oder bei lit. b bei einer Verarbeitung von anonymen (zur Anonymität → B. Rn. 29). Informationen der Zweck nicht hätte erreicht werden können.

255 Der Vorschlag des Europäischen Parlaments zu einem neuen Abs. 3 a geht noch weiter und verschärft die Idee der Einwilligung. Danach dürfen elektronische Kommunikationsdaten nur für die Bereitstellung eines ausdrücklich angeforderten Dienstes nach Einwilligung des Anfordernden, zum alleinigen Zweck der persönlichen Nutzung, ausschließlich für den hierfür erforderlichen Zeitraum und ohne die Einwilligung aller Nutzer nur dann verarbeiten werden, wenn durch die angeforderte Verarbeitung die Grundrechte und Interessen eines anderen Nutzers oder mehrerer anderer Nutzer nicht beeinträchtigt werden.

cc) Speicherung und Löschung elektronischer Kommunikationsdaten nach Art. 7 E-Privacy-VO-E

256 Durch Art. 7 E-Privacy-VO-E erhalten einige Vorgaben des Art. 6 E-Privacy-VO-E eine höhere Präzisierung hinsichtlich der Löschung oder Anonymisierung von Daten.

257 Nach Art. 7 Abs. 1 S. 1 E-Privacy-VO-E hat der Betreiber „unbeschadet von Art. 6 Abs. 1 S. 1 lit. b und Art. 6 Abs. 3 lit. a und b" die Daten zu **löschen** (→ B. Rn. 23) oder zu **anonymisieren**, sobald der Empfänger diese gewünschten Daten erhalten hat. Der Betreiber hat dabei zu prüfen, ob die Sicherheit nach Art. 6 Abs. 1 lit. b E-Privacy-VO-E gewährleistet ist oder ob eine Einwilligung nach Art. 6 Abs. 3 lit. a oder b E-Privacy-VO-E vorliegt. Sofern eine der Voraussetzungen gegeben ist, ist für die Dauer von Art. 6 Abs. 1 S. 1 lit. b E-Privacy-VO-E (→ B. Rn. 40) oder der Wirksamkeit der Einwilligung nach Art. 6 Abs. 3 lit. a oder lit. b E-Privacy-VO-E keine Löschung oder Anonymisierung durchzuführen. Es würde dem Wunsch des Nutzers widersprechen, wenn der Endnutzer die Kommunikationsinhalte noch für den von ihm gewünschten Dienst nutzen möchte und der Betreiber gezwungen wäre, diese zu löschen. Sofern

nicht eine der Voraussetzungen vorliegt, hat er die Pflicht, den Empfang der gewünschten Inhalte beim Empfänger festzustellen und sodann den Lösch- oder Anonymisierungsvorgang einzuleiten. Auf Seiten der Betreiber der elektronischen Kommunikationsdienste besteht insoweit ein **Auswahlrecht**. Um die mögliche Prüfung auf **Optimierungsmöglichkeiten** im Bereich der **Netzstabilität** durchführen zu können, dürfte auf Seiten der Betreiber größtenteils eine Anonymisierung mit der darauf folgenden Speicherung der anonymen Metadaten und/oder Inhalte stattfinden.

Nach S. 2 ist der Endnutzer als Inhaber seiner eigenen Inhalte berechtigt, sie im Einklang mit der Datenschutz-Grundverordnung aufzuzeichnen und zu speichern. Gleiches gilt für Dritte, die vom Endnutzer beauftragt wurden. Gegebenenfalls kann seitens des Endnutzers ein Interesse daran bestehen, seine Kommunikationsinhalte nach der Übertragung dauerhaft zu speichern. 258

Gemäß Art. 7 Abs. 2 E-Privacy-VO-E ist es die Pflicht des Betreibers, „unbeschadet des Art. 6 Abs. 1 S. 1 lit. b und Art. 6 Abs. 2 lit. a und c" die Kommunikationsmetadaten zu **löschen oder zu anonymisieren**, sobald diese für die Übermittlung der Kommunikation nicht mehr benötigt werden. 259

Art. 7 Abs. 3 E-Privacy-VO-E enthält eine indirekte **Löschvorgabe**: Der Betreiber hat das Recht, die Kommunikationsmetadaten zu **Abrechnungszwecken** in Einklang mit Art. 6 Abs. 2 lit. b E-Privacy-VO-E bis zum Ablauf der Frist zu speichern, innerhalb derer nach dem jeweiligen nationalen Recht[266] die Rechnung angefochten werden oder der Anspruch auf Zahlung geltend gemacht werden kann. Im Umkehrschluss besteht damit für den Betreiber die Pflicht, nach Ablauf dieser Frist die Daten zu löschen. Dies gilt nicht, sofern ein gerichtliches Mahn- oder Klageverfahren anhängig ist. In diesem Fall kann es sein, dass die Kommunikationsmetadaten zu Beweiszwecken vor Gericht vorgelegt werden müssen. 260

dd) Schutz von Endeinrichtungen nach Art. 8 E-Privacy-VO-E

Während ein Großteil der Vorschriften in Kapitel II der E-Privacy-VO-E einer klaren Zielgruppe neue Vorgaben aufgibt, nämlich den Betreibern elektronischer Kommunikationsdienste, fasst Art. 8 E-Privacy-VO-E den Kreis der Normadressaten weiter. Dieser gilt nicht nur für die Betreiber von elektronischen Kommunikationsdiensten, sondern aufgrund der allgemeinen Formulierung ohne Einschränkung des Normadressatenkreises auch für Anbieter von Webdiensten wie beispielsweise E-Commerce-Shops und Tracking-Gesellschaften. 261

Dabei ist es für ein Kommunikationsdaten verarbeitendes Unternehmen nicht relevant, ob es seinen Sitz in einem Mitgliedsstaat der Europäischen Union hat oder nicht. Sofern es nicht seinen Sitz in der Europäischen Union hat und Waren oder Dienstleistungen anbietet, ist das Unternehmen verpflichtet, nach Art. 3 Abs. 2 DSGVO einen **Vertreter** zu benennen. Damit gilt diese Verordnung wie die Datenschutz-Grundverordnung für alle Unternehmen, die Daten aus Endeinrichtungen erheben oder speichern. Dies dürfte beispielsweise Start-Ups und kleine und mittelstän- 262

---

266 Diese können stark vom deutschen Recht abweichen. In Spanien beträgt die Verjährungsfrist bspw. nach Art. 1964 Código Civil 5 Jahre. Es ist damit stets die jeweilige nationale Rechtslage zu prüfen.

dische Unternehmen aus Drittstaaten betreffen, da diese naturgemäß in einem frühen Stadium der Unternehmensentwicklung nur über wenige Niederlassungen verfügen.

(1) Erhebung von Informationen aus Endeinrichtungen nach Art. 8 Abs. 1 E-Privacy-VO-E

263 **Art. 8 Abs.** 1 E-Privacy-VO-E regelt ein **Verbot mit Erlaubnisvorbehalt**, indem es grundsätzlich jede vom Endnutzer nicht selbst vorgenommene Nutzung der Verarbeitungs- und Speicherfunktionen von Endeinrichtungen und jede Erhebung von Informationen aus **Endeinrichtungen** der Endnutzer, auch über deren **Soft- und Hardware**, untersagt.[267] Danach folgen als abschließende Aufzählung der zulässigen Datenverarbeitung vier verschiedene Rechtsgrundlagen:

- Die Datenverarbeitung ist für den alleinigen Zweck der Durchführung eines elektronischen Kommunikationsvorgangs über ein elektronisches Kommunikationsnetz nötig oder
- der Endnutzer hat seine Einwilligung gegeben oder
- sie ist für die Bereitstellung eines vom Endnutzer gewünschten Dienstes der Informationsgesellschaft nötig oder
- sie ist für die Messung des Webpublikums nötig, sofern der Betreiber des vom Endnutzer gewünschten Dienstes der Informationsgesellschaft diese Messung durchführt.

264 Zu den **Informationen über Soft- und Hardware** gehören beispielsweise die Daten über die Bildschirmauflösung, die eingestellte Sprache, die Farbtiefe des Bildschirms, des Betriebssystems, wie zum Beispiel Windows 10, MacOS X, den Gerätetyp, zum Beispiel Desktop, Smartphone, Tablet, des verwendeten Browsers mit der jeweiligen Version, zum Beispiel Mozilla Firefox, Internet Explorer, Google Chrome, und ob bestimmte Software, wie ein Flash-Player oder Ähnliches, installiert ist. Diese beispielhafte Auflistung ist aufgrund des Wortlauts „auch über deren Software und Hardware" als nicht abschließend zu betrachten. Ebenso spielt es keine Rolle, ob die Informationen einzeln oder gebündelt erhoben werden oder zu einem neuen Datum zusammengefasst werden, beispielsweise einer Geräte-ID.

265 Dabei ist es nach **Erwgr. 20** unerheblich, ob diese Informationen gespeichert, ausgesendet, angefordert oder verarbeitet werden. Das **Webtracking** wird von Seiten der Europäischen Kommission kritisiert, da die Informationen über das Endgerät zu Identifizierungs- und Verfolgungszwecken auch ohne Wissen des Endnutzers erhoben werden können. Dies stellt eine ernsthafte Verletzung der Privatsphäre dar. Aus diesem Grund sollten diese Art von Datenverarbeitungen nur mit Einwilligung des Endnutzers oder für bestimmte transparente Zwecke erhoben werden. Hier ist zu berücksichtigen, dass der Webseitenbetreiber ein Tracking zur Besuchermessung ausnahmsweise nach Art. 8 Abs. 1 lit. d E-Privacy-VO-E durchführen darf und es folglich nicht in allen Situationen unzulässig ist.

---

267 Das Europäische Parlament hat in seinem Vorschlag einen abgewandelten Entwurf mit folgendem Inhalt: „Schutz von Informationen, die an die Endgeräte der Benutzer übermittelt, gespeichert und in Bezug auf die von ihnen verarbeiteten und von ihnen gesammelten Daten gespeichert werden". Dieser Vorschlag konkretisiert die Lücke hinsichtlich der Informationen, die nicht vom Endnutzer stammen.

Till Karsten

Aufgrund des weit gefassten Wortlauts und des Schutzzwecks der Norm ist jede Art 266
von Webtracking, unabhängig, ob es sich um Verarbeitung mit **Geräte-IDs, Cookies
oder anderen Technologien** basiert, vom Anwendungsbereich umfasst. Nach Auffassung der Europäischen Kommission ermöglicht diese Art von Daten einen „tiefen
Einblick in komplexe, nationale, politische und soziale Aspekte der Persönlichkeit
einer Person". Hierzu zählen nach **Erwgr. 20** unter anderem Nachrichten, Bilder,
GPS-Daten oder „Verfolgungs"-Cookies.

Neben der Abgabe der **Einwilligung** des Endnutzers nach Art. 8 Abs. 1 lit. b E-Priva- 267
cy-VO-E können die Daten auf Basis der gesetzlichen Ermächtigungsgrundlage gemäß Art. 8 Abs. 1 lit. a E-Privacy-VO-E im Rahmen eines elektronischen Kommunikationsvorgangs verarbeitet werden. Dabei ist die Übertragung der „alleinige"
Zweck, für den die Datenverarbeitung gesetzlich zulässig ist. Entsprechendes gilt für
die Bereitstellung eines vom Endnutzer gewünschten Dienstes der Informationsgesellschaft nach Art. 8 Abs. 1 lit. c E-Privacy-VO-E. Mit Dienst der Informationsgesellschaft ist „jede in der Regel gegen Entgelt elektronisch im Fernabsatz und auf individuellen Abruf eines Empfängers erbrachte Dienstleistung" gemeint.[268] Dabei können
Leistungen wirtschaftlicher Art, die unentgeltlich erbracht werden, ein „Dienst der
Informationsgesellschaft" sein.[269] Ein solcher Fall ist beispielsweise eine Eingabe des
Endnutzers, bei der dieser ein Video betrachten möchte, welches an die Auflösung
seines Bildschirms angepasst wird.

Wie bereits angesprochen, ist die **Messung des Webpublikums** nach Art. 8 Abs. 1 268
lit. d E-Privacy-VO-E (→ B. Rn. 149) möglich, sofern sie „nötig" ist und vom Betreiber des vom Endnutzer gewünschten Dienstes durchgeführt wird (→ B. Rn. 145). Unter den Begriff der „Messung des Webpublikums" gehören Dienste, bei denen der Betreiber der Webseite Informationen sammelt, mit beispielsweise welchem Browser die
Besucher seine Webseite besuchen und welche Webseiten wie genutzt werden. Klassi-
scherweise wird diese Messung nicht vom Betreiber mit eigenen Mitteln durchgeführt, sondern durch einen Auftragsverarbeiter. Dies wird weiterhin möglich sein, sofern der Betreiber mit dem Unternehmen einen Vertrag zur Auftragsverarbeitung
nach Art. 28 DSGVO abgeschlossen hat. Da der Abschluss eines solchen Vertrags
schon heute in Deutschland eine Grundvoraussetzung für den zulässigen Einsatz von
solchen Diensten ist, dürfte sich in der Praxis – vorbehaltlich einer möglichen Entscheidung zur Auftragsverarbeitung (→ B. Rn. 144) – nichts ändern.

In **Erwgr. 21** wird zudem erläutert, dass der Einsatz von **Cookies** für die Dauer des 269
Besuchs einer Webseite zulässig ist. Dies gilt für Konfigurationszwecke, um zum Beispiel die Eingaben des Endnutzers beim Ausfüllen von **Online-Formularen** bei mehreren Seiten übertragen zu können. Dabei ist relevant, dass eine bloße Konfigurations-
überprüfung, um den Dienst entsprechend der Einstellungen des Endnutzers bereitstellen zu können oder die Feststellung, dass das Gerät nicht die gewünschten Inhalte

---

268 Art. 2 lit. a der Richtlinie 2000/31/EG des Europäischen Parlaments und des Rates vom 8.6.2000 über bestimmte rechtliche Aspekte der Dienste der Informationsgesellschaft, insbesondere des elektronischen Geschäftsverkehrs, im Binnenmarkt iVm Art. 1 S. 1 Nr. 2 der Richtlinie 98/34/EG des Europäischen Parlaments und des Rates vom 22.6.1998 über ein Informationsverfahren auf dem Gebiet der Normen und
technischen Vorschriften und der Vorschriften für die Dienste der Informationsgesellschaft.
269 BGH MDR 2018, 45.

Till Karsten 223

empfangen kann, nicht als Zugriff auf das Gerät oder als Nutzung der Verarbeitungs-funktion zu werten ist.

270 Bei der „Durchführung eines elektronischen Kommunikationsvorgangs über ein elek-tronisches Kommunikationsnetz" nach Art. 8 Abs. 1 lit. a E-Privacy-VO-E, der „Be-reitstellung eines vom Endnutzer gewünschten Dienstes der Informationsgesellschaft" nach Art. 8 Abs. 1 lit. c E-Privacy-VO-E oder für die „Messung des Webpublikums" nach Art. 8 Abs. 1 lit. d E-Privacy-VO-E, ist eine Prüfung der Erforderlichkeit vorzu-nehmen. Der Betreiber hat deshalb die Daten zu beschreiben, die er erheben will.

271 Das Europäische Parlament hat in seinem Entwurf weitere Vorschläge unterbreitet, die teilweise den Regelungszweck schärfen, aber auch über diesen hinausgehen. Der neue Art. 8 Abs. 1 E-Privacy-VO-E soll die Sicherheit der Endgeräte erhöhen und hierfür die Frage des Umgangs mit Updates normieren. Nach dem Europäischen Par-lament ist es erforderlich, die Sicherheit, Vertraulichkeit, Integrität, Verfügbarkeit und Authentizität der Endgeräte des Endnutzers durch Aktualisierungen für die hier-für erforderliche Dauer zu gewährleisten. Dies ist dann der Fall, wenn dies erstens in keiner Weise die Funktionalität der Hard- oder Software oder die vom Benutzer ge-wählten Datenschutzeinstellungen ändert; zweitens der Nutzer vorab über jede In-stallation informiert wird und drittens der Nutzer die Möglichkeit hat, die automati-sche Installation dieser Updates zu verschieben oder abzuschalten.

272 Dabei besteht eine jahrelange Praxis, Software-Updates, die größtenteils Sicherheits-lücken schließen oder kleinere Verbesserungen enthalten, auf Endeinrichtung aufzu-spielen. Bis dato kam diese Praxis auch ohne rechtliche Regelungen aus. Aufgrund der Zunahme von Betrugsversuchen bei Updates ist sicherzustellen, dass diese tat-sächlich vom Hersteller stammen und unverändert empfangen wurden. Im Rahmen von Updates bei Endeinrichtungen von Privatpersonen für beispielsweise selbstfah-rende Autos, bei denen eine fehlende Aktualisierung auch Dritte erheblich beein-trächtigen könnte, sollte keine Möglichkeit vorhanden sein, ein solches Update zu verschieben oder die Updatefunktion abzuschalten.

273 Das Europäische Parlament schlägt für Art. 8 Abs. 1 lit. b E-Privacy-VO-E hinsicht-lich der datenschutzkonformen Messung des Webpublikums bei Arbeitsverhältnissen vor, dass der Arbeitgeber das Endgerät zur Verfügung stellt, der Arbeitnehmer der Benutzer des Endgeräts ist und es zudem nicht weiter für die Überwachung des Ar-beitnehmers verwendet wird. Zudem soll es für die Ausführung der Aufgabe des Ar-beitnehmers technisch zwingend nötig sein.

274 Der Entwurf verlangt in Art. 8 Abs. 1 E-Privacy-VO-E, dass Informationen aus End-einrichtungen abseits der Einwilligung nur unter den in lit. a, lit. c und lit. d genann-ten Voraussetzungen erhoben und verarbeitet werden. Zur Bildung von **Device-IDs** zur Betrugsvorsorge und der Verhinderung von ID-Diebstahl ist zukünftig wohl eine Einwilligung des Endnutzers nach Art. 8 Abs. 1 lit. b E-Privacy-VO-E notwendig. Selbstverständlich dürften Betrüger nicht in die Verarbeitung der Daten einwilligen, die zu ihrer Aufdeckung oder zur Verhinderung ihrer betrügerischen Aktivitäten füh-ren. Dabei stellen Betrüger schon heute für E-Commerce-Händler eine nicht zu unter-

schätzende Verlustquelle dar. Daher wäre eine Rechtsgrundlage zu Tracking zwecks Betrugs und Missbrauchsvorsorge wünschenswert.

Zudem werden hinsichtlich der Frage der „Notwendigkeit" bei den Tatbestands- 275 merkmalen Art. 8 Abs. 1 lit. a, lit. c und lit. d unterschiedliche Ansichten herrschen. Was objektiv gesehen als „notwendig" erachtet wird, ist derzeitig noch unklar.[270] Verbunden mit der Unsicherheit für den Betreiber, ob seine Prüfung und Begründung der Erforderlichkeit aufsichtsrechtlicher und gerichtlicher Kontrolle standhält, und eingedenk des erhöhten Bußgeldrahmens könnte der Betreiber vorsorglich eine Einwilligung einholen. Die Folge könnte sein, dass Endnutzer ständig mit Einwilligungsfenstern konfrontiert werden und, womöglich ohne diese zu lesen, diese einfach abgeben. Insofern könnte auch gleich eine auf die Zwecke des Betrugs und der Missbrauchsvorsorge beschränkte **weitere gesetzliche Zulässigkeitsnorm** ergänzt werden.

Bei den gesetzlichen zulässigen Tatbeständen sollte der Ansatz einer klaren Auflistung 276 von Erlaubnistatbeständen verfolgt werden. Die berechtigten Interessen von Verbrauchern und Wirtschaft sind dabei angemessen und ausgewogen zu berücksichtigen. Laut der polizeilichen Kriminalstatistik waren 2016 rund 72 Prozent aller Straftaten, die mit dem Tatmittel Internet begangen wurden, Fälle von **Betrug**, zum Beispiel Warenbetrug, Warenkreditbetrug oder Leistungskreditbetrug. Die Dunkelziffer dürfte dabei um einiges höher liegen. Denn oft wird Betrug erst erkannt, wenn sich im Rahmen eines Inkassoprozesses herausstellt, dass der vermeintlich säumige Kunde gar nicht oder zumindest nicht unter der angegebenen Anschrift existiert.[271] Damit könnten mit der E-Privacy-Verordnung einerseits Schutzlücken in der Privatsphäre und bei der Vertraulichkeit der Kommunikation geschlossen sowie andererseits der Betroffene auch vor dem **Identitätsdiebstahl** sowie die Unternehmen vor Betrug geschützt werden.

(2) Erhebung von Informationen von Endeinrichtungen nach Art. 8 Abs. 2 E-Privacy-VO-E
Nach Art. 8 Abs. 2 E-Privacy-VO-E ist die Erhebung von Informationen, die von 277 Endeinrichtungen ausgesendet werden, um sich mit anderen Geräten oder mit Netzanlagen **verbinden** zu können, grundsätzlich untersagt. Zwei Ausnahmen davon sind, dass Verbindungsdaten nach lit. a ausschließlich zum Zwecke der **Herstellung einer Verbindung** und für die dazu erforderliche Dauer verwendet werden, oder dass nach lit. b zu **sonstigen Verarbeitungszwecken** in hervorgehobener Weise ein deutlicher **Hinweis** angezeigt wird, der zumindest Auskunft über die Modalitäten der Erhebung, ihren Zweck, die dafür verantwortliche Person und die anderen nach Art. 13 DSGVO verlangten Informationen gibt. Voraussetzung für die datenschutzkonforme Umsetzung von lit. b ist die Anwendung geeigneter technischer und organisatorischer Maßnahmen bei der Erhebung solcher Informationen, die ein dem Risiko angemessenes Schutzniveau nach Art. 32 DSGVO gewährleisten.

Das **Europäische Parlament** hat in seinem Entwurf zur E-Privacy-Verordnung von 278 Art. 8 auch für Abs. 2 Vorschläge unterbreitet, die den Vorschlag der Europäischen Kommission ergänzen. Unter Abs. 2 a wird der Vorschlag unterbreitet, dass keinem

---

270 *Engeler/Felber* ZD 2017, 251 (255).
271 *Peters* Zeitschrift für das Forderungsmanagement (zfm) 2017, 227.

Nutzer der Zugang zu einem Dienst oder eine Funktionalität verweigert werden darf, wenn er seine Einwilligung nicht abgibt und diese für die Erbringung des Dienstes nicht erforderlich ist. Diese grundsätzliche begrüßenswerte Auffassung stößt sich an der Realität, dass ein Betrüger seine Einwilligung nicht abgeben wird. Der Betreiber einer Webseite kann damit der Person, die einen Betrug an dem System durch beispielsweise Account-Take-Over durchführen will, keinen Einhalt bieten. Dieser Vorschlag steht folglich nicht nur den Interessen der Betreiber entgegen, die ihre jeweiligen Plattformen und Shops schützen möchten und müssen, sondern geht auch zulasten der redlichen Endnutzer, die eventuell Opfer von Identitätsdiebstahl werden oder erhöhte Preise zahlen müssen, um Verluste auszugleichen.

279   Nach dem Entwurf der Europäischen Kommission betrifft Art. 8 Abs. 2 E-Privacy-VO-E nur **Verbindungsdaten**, was mit Kommunikationsmetadaten gleichzusetzen ist, da auch diese für die Verbindung benötigt werden. Diese Vorschrift richtet sich nicht nur an die Betreiber von Kommunikationsdiensten, sondern an alle Betreiber von Internetdiensten. Da diese vermehrt mit Betrug und missbräuchlicher Nutzung umgehen müssen, ist die **abschließende Aufzählung** der Ermächtigungsgrundlagen in Art. 8 Abs. 2 **nicht sinnvoll**. Mindestens sollte sich daher der Vorschlag des Europäischen Parlaments durchsetzen, der die Möglichkeit der Einholung einer Einwilligung für die Bildung einer Device-ID zwecks Schutzes vor ID-Diebstahl aufführt. Passender und mangels Einwilligungsbereitschaft von Betrügern wäre, wie erläutert, eine Aufnahme des Schutzes vor Betrug und missbräuchlicher Nutzung als direkte Erlaubnisvorschrift.

(3) Standardisierte Bildsymbole nach Art. 8 Abs. 3 E-Privacy-VO-E

280   Art. 8 Abs. 3 und Abs. 4 E-Privacy-VO-E stellen keine eigenständige Zulässigkeitsvorschrift oder Beschränkung dar, sondern konkretisieren, dass der Hinweis gemäß Art. 8 Abs. 2 lit. b E-Privacy-VO-E auch mit standardisierten Bildsymbolen bereitgestellt werden kann, um in leicht wahrnehmbarer, verständlicher und klar nachvollziehbarer Form dem Endnutzer einen aussagekräftigen Überblick über die Erhebung zu vermitteln. Abs. 4 gibt der Europäischen Kommission die Erlaubnis, hierzu delegierte Rechtsakte zu erlassen. Diese Normvorschrift ist nicht neu. Schon in Art. 12 Abs. 7 und Abs. 8 DSGVO besteht die Möglichkeit, solche **Icons** bereitzustellen und damit eine Bildsprache zu wählen. Da eine Nachweispflicht von Betreibern gemäß Art. 85 Abs. 5 lit. b DSGVO besteht, dass die Darstellung den gesetzlichen Vorgaben genügt, empfehlen sich keine Experimente mit eigens erstellten Symbolen.

d) Einwilligung gemäß Art. 9 E-Privacy-VO-E

281   Hinsichtlich der Vorgaben zur rechtskonformen Einwilligung nach Art. 9 E-Privacy-VO-E gelten die Begriffsbestimmungen und Voraussetzungen nach Art. 4 Nr. 11 und Art. 7 der DSGVO (→ B. Rn. 40). Der Verweis auf Art. 7 DSGVO schließt auch das Kopplungsverbot nach Art. 7 Abs. 4 DSGVO ein, wonach die Einwilligung nur freiwillig erteilt wurde, sofern die Erfüllung des Vertrags von der Verarbeitung von personenbezogenen Daten nicht abhängig gemacht wurde, die für die Erfüllung des Vertrags nicht erforderlich sind (→ B. Rn. 45).

Nach Art. 9 Abs. 2 E-Privacy-VO-E kann die Einwilligung in den technischen **Einstel-** 282 **lungen des Browsers** dauerhaft hinterlegt werden, so dass sie damit nicht mehr bei jedem einzelnen Erhebungsvorgang neu abgefragt werden muss. Die Abgabe einer Einwilligung in den technischen Einstellungen muss dem Endnutzer die Möglichkeit bieten, die Einwilligung dauerhaft und ohne erneute Abfrage zu verweigern. Zudem ist der Endnutzer in verständlichen Worten über diese Möglichkeiten **aufzuklären.** Nach Art. 21 Abs. 4 DSGVO ist der Endnutzer auf die **Folgen des Widerrufs hinzu-weisen.**

Dies basiert laut **Erwgr. 22** auf der Erwägung, dass die Endnutzer immer häufiger 283 aufgefordert werden, ihre Einwilligung in die Speicherung solcher Verfolgungs-Cookies zu geben. Dabei sollen Endnutzer festlegen, ob das Setzen von allen Cookies oder nur von Cookies des Erstanbieters (Webseitenbetreibers) erlaubt ist und ob gar keine Cookies gesetzt werden dürfen. Ein **Do-Not-Track-Mechanismus** des Webbrowsers darf dabei keinesfalls ignoriert werden und soll Webseiten weiterhin signalisieren, dass keine Nutzungsprofile erstellt und keine Cookies gesetzt werden dürfen.

Art. 9 Abs. 3 E-Privacy-VO-E gibt den Betreibern elektronischer Kommunikations- 284 dienste die Pflicht auf, den Bestand der von Endnutzern abgegebenen Einwilligungen nach Art. 6 Abs. 2 lit. c E-Privacy-VO und Art. 6 Abs. 3 lit. a und lit. b E-Privacy-VO-E regelmäßig zu prüfen und – sofern die Frist von **sechs Monaten** abgelaufen ist – diese an die abgegebene Einwilligung zu **erinnern** und an die Möglichkeit, diese zu widerrufen. Die Frist von sechs Monaten beginnt mit der ersten Erhebung der Daten. Das Datum der Einwilligung ist mithin zu speichern und mit den Kontaktmöglichkeiten des Endnutzers zu nutzen. Sofern der Endnutzer innerhalb der Frist seine angegebenen Kontaktmöglichkeiten nicht mehr nutzt, hat der Betreiber keine Pflicht, eine Recherche durchzuführen und neue Kontaktdaten herauszufinden.

Die einzelnen Schritte zur Prüfung der Erinnerung nach Art. 9 Abs. 3 E-Privacy-VO-E 285 sind für den Betreiber wie folgt:

- Hat der Endnutzer seine Einwilligung in die Verarbeitung Kommunikationsmetadaten und/oder Kommunikationsinhalten bei dem jeweiligen Betreiber der Kommunikationsdienste abgegeben?
- Dauert die Verarbeitung dieser Daten durch den Betreiber der Kommunikationsdienste noch an?
- Wurde der Endnutzer auf die abgegebene Einwilligung und die Möglichkeit des Widerrufs mit den Folgen hingewiesen, und ist dies ausreichend dokumentiert?

In Art. 23 E-Privacy-VO E ist ein Verstoß gegen diese Pflicht nicht aufgeführt. Nach Art. 24 E-Privacy-VO-E können die Mitgliedstaaten die Sanktionen für Verstöße gegen die E-Privacy-Verordnung festlegen, dies gilt insbesondere für Verstöße, die nicht von Art. 23 abgedeckt sind. Hierzu bedarf es noch eines Abstimmungsprozesses zwischen den Mitgliedstaaten. Die genauen Folgen eines Verstoßes gegen diese Pflicht sind mithin noch unklar. Der Verstoß gegen die E-Privacy-Verordnung ist von Art. 83

DSGVO nicht umfasst, da diese nur Verstöße gegen die Datenschutz-Grundverordnung sanktioniert.[272]

e) Beschränkungen nach Art. 11 E-Privacy-VO-E

286 Art. 11 E-Privacy-VO-E gibt der Europäischen Union oder den **Mitgliedstaaten** die Option, den Umfang der in den Art. 5 bis 8 E-Privacy-VO-E festgelegten **Pflichten und Rechte zu beschränken**, sofern eine solche Beschränkung den Wesensgehalt der Grundrechte und Grundfreiheiten achtet und eine notwendige, geeignete und verhältnismäßige Maßnahme darstellt, um ein oder mehrere der in Art. 23 Abs. 1 lit. a bis e DSGVO genannten allgemeinen öffentlichen Interessen zu wahren oder Überwachungs-, Kontroll- oder Regulierungsaufgaben wahrzunehmen, die mit der Ausübung öffentlicher Gewalt verbunden sind. Derzeit sind noch keine dahin gehenden mitgliedstaatlichen Vorschriften ersichtlich.

5. Besondere Bedeutung des Schutzes der Informationen in Endeinrichtungen

287 Mit dem Entwurf des Art. 8 E-Privacy-VO bezweckt die Europäische Kommission den Schutz der Privatsphäre der Nutzer, indem sie den Zugriff auf die durch die Nutzer verwendeten Endgeräte und auf die darauf gespeicherten Informationen reguliert. Die Besonderheit des Art. 8 E-Privacy-VO-E liegt vor allem darin, dass es sich bei dem Zugriff auf die Endgeräte und den jeweiligen Informationen **nicht** um eine Verarbeitung personenbezogene Daten handeln muss. Der Schutz richtet sich ganz allgemein auf die Privatsphäre der Nutzer im Sinne der **Art. 7 und 8 GrCh**, deren Schutzbereich durch die Nutzung der Verarbeitungs- und Speicherfunktionen von Endeinrichtungen oder den Zugriff auf in Endeinrichtungen gespeicherte Informationen beeinträchtigt werden kann.[273]

a) Vorläuferregelung des Art. 5 Abs. 3 E-Privacy-RL

288 Der spezifische Schutz von Daten auf den **Endgeräten** von Nutzern in dem durch die Kommission vorgeschlagenen Art. 8 E-Privacy-VO hat in Art. 5 Abs. 3 E-Privacy-RL eine Vorläuferregelung. Nach Letzterer ist die Speicherung von oder der Zugriff auf Informationen auf dem Endgerät eines Nutzers durch Dienstanbieter nur zulässig, soweit dieser eine Einwilligung nach einer vorherigen Information erteilt hat. Die Umsetzung der als **Cookie-Richtlinie**[274] bezeichneten Richtlinie 2009/136/EG[275] sollte dem Schutz der Nutzer von Telekommunikations- und Telemediendiensten dienen.

289 Der europäische Gesetzgeber hatte darauf reagiert, dass Dienstanbieter und Dritte zu verschiedenen Zwecken Informationen auf den Endgeräten von Nutzern nicht nur speichern, sondern auf die dort bereits gespeicherten Informationen zugreifen. Die mit dem Speichern und Auslesen der Informationen verfolgten Zwecke sind zwar teil-

---

272 Bspw. Art. 83 Abs. 1 DSGVO: [...] Verhängung von Geldbußen gemäß diesem Artikel für Verstöße gegen **diese** Verordnung [...].

273 Ziff. 1.1 der Begründung und Erwgr. 21 E-Privacy-VO-E.

274 ZB *Dieterich* ZD 2015, 199; *Rauer/Ettig* ZD 2014, 27.

275 Art. 2 Nr. 5 Richtlinie 2009/136/EG des Europäischen Parlaments und des Rates vom 25. November 2009 zur Änderung der Richtlinie 2002/22/EG über den Universaldienst und Nutzerrechte bei elektronischen Kommunikationsnetzen und -diensten, der Richtlinie 2002/58/EG über die Verarbeitung personenbezogener Daten und den Schutz der Privatsphäre in der elektronischen Kommunikation und der Verordnung (EG) Nr. 2006/2004 über die Zusammenarbeit im Verbraucherschutz.

weise legitim, können allerdings dennoch in einer unberechtigten Verletzung der Privatsphäre der Nutzer münden.[276] Besonders problematisch ist, dass viele der Betroffenen sich der Tatsache des Zugriffs auf ihre Endgeräte bei der Nutzung bestimmter Dienste überhaupt nicht bewusst sind. Sie können damit auf den Umfang der Einwirkung auf die jeweiligen Endgeräte keinen Einfluss nehmen – unabhängig davon, ob sie dazu technisch überhaupt in der Lage sind.[277]

Daher wurden Anbieter einerseits dazu verpflichtet, Nutzer über diese Form der Datenverarbeitung vorab zu informieren. Zum anderen wurde Art. 5 Abs. 3 E-Privacy-RL dahin gehend geändert, dass für die Speicherung von und den Zugriff auf Informationen auf dem Endgerät des Nutzers dessen **Einwilligung** im Sinne der Datenschutzrichtlinie erforderlich ist, soweit nicht „der alleinige Zweck die Durchführung der Übertragung einer Nachricht über ein elektronisches Kommunikationsnetz ist oder wenn dies unbedingt erforderlich ist, damit der Anbieter eines Dienstes der Informationsgesellschaft, der vom Teilnehmer oder Nutzer ausdrücklich gewünscht wurde, diesen Dienst zur Verfügung stellen kann." Die bis zu diesem Zeitpunkt geltende **Widerspruchslösung** wurde abgeschafft.[278] Damit sollte den Betroffenen ein Teil der Kontrolle über den Umgang mit den Informationen auf ihren Endgeräten zurückgegeben werden.

aa) Technologische Implikation des Art. 5 Abs. 3 E-Privacy-RL

Die Änderung des Art. 5 Abs. 3 E-Privacy-RL fokussiert sich in der Praxis[279] und Literatur[280] stark auf das Setzen von Cookies und die auf dieser Technologie basierende **Auswertung des Nutzungsverhaltens** vor allem zu **Marketing- und Werbezwecke**. Der Grund für diese etwas verengte Sicht auf die Thematik mag an den sich zur Umsetzung dieser Vorgaben etablierten **Cookie-Bannern** liegen. Mittels dieser wird versucht, das Einwilligungserfordernis des Art. 5 Abs. 3 E-Privacy-RL bei dem Einsatz von Cookies, die weder technisch für die **Erbringung des Dienstes** noch zur Gewährleistung von Funktionen und Diensten, die explizit durch den Nutzer angefordert wurden, erforderlich sind,[281] umzusetzen.[282] Nach der einheitlichen Auffassung der **europäischen Aufsichtsbehörden** ist dementsprechend eine Einwilligung für das Setzen von **Tracking Cookies bei Social-Plugins, Third-Party Cookies** zum Zweck der Werbung und unter bestimmten Umständen auch **First-Party Cookies** des Dienstanbieters erforderlich.[283]

Tatsächlich erstreckt sich die Anwendung des Art. 5 Abs. 3 E-Privacy-RL allerdings auf **sämtliche Technologien**, bei denen auf die **Speicherfunktionalitäten** der genutzten

290

291

292

---

276 Erwgr. 66 RL 2009/136/EG, *Karg/Kühn* ZD 2014, 285 (287).
277 Vgl. zB beim Fingerprinting *Karg/Kühn* ZD 2014, 285 (290).
278 Auer-Reinsdorff/*Conrad/Hausen* 2016, § 36 Rn. 9.
279 *DSK*, Entschließung vom 19.2.2015 https://www.bfdi.bund.de/SharedDocs/Publikationen/Entschliessungss ammlung/DSBundLaender/Entschliessung_Cookies.html.
280 *Rauer/Ettig* ZD 2014, 27 f.
281 *Schmidt/Babilon* DSRITB 2015, 473 (476).
282 *Venzke-Caprarese* DuD 2017, 577 (580).
283 *Art. 29-Datenschutzgruppe* WP 194, 10 f., so auch die Literatur *Schmidt/Babilon* DSRITB 2015, 473 (476) zudem → B. III..

Endgeräte durch Dienstanbieter oder Dritte eingewirkt wird.[284] Denn der europäische Gesetzgeber wählte eine **technologieneutrale Formulierung** und bezog die Regelung letztlich auf das technische Ergebnis der Einwirkung. Somit erfasst Art. 5 Abs. 3 E-Privacy-RL sämtliche Technologien, mittels derer auf die Endgeräte der Nutzer eingewirkt wird. Zu diesen zählt neben dem Einsatz verschiedener Formen von **Identifikatoren** zur Individualisierung der Endgeräte[285] vor allem das sogenannte **Fingerprinting** oder **Canvas-Fingerprinting**. Bei diesem werden bereits vorhandene Informationen auf dem Endgerät eines Nutzers, zum Beispiel über Betriebssystem, Browser, Grafikkarte und Grafiktreiber, erhoben und so miteinander kombiniert, dass ohne Einsatz weiterer Identifikatoren das Gerät gegenüber sämtlichen anderen genutzten Geräten mit einer sehr hohen Wahrscheinlichkeit individualisiert werden kann.[286]

293 Der Ansatz der **technologieneutralen und entwicklungsoffenen Regelung** in Art. 5 Abs. 3 E-Privacy-RL ist aus rechtspolitischer Sicht konsequent. Ziel der Modifikation von einer Widerspruchs- hin zu einer Einwilligungslösung war, einen besseren Schutz der durch den Zugriff auf die Endgeräte gefährdeten **Privatsphäre** der Nutzer zu gewährleisten. Nur durch die offene und letztlich auf den Zweck der Einwirkung abstellende Regelung des Einwilligungserfordernisses kann dieses Ziel erreicht werden.

bb) Rechtliche Implikation des Art. 5 Abs. 3 E-Privacy-RL

294 Die mit dieser Modifikation **intendierte Schutzwirkung** zeigte sich allerdings weder in Deutschland noch in den anderen Mitgliedstaaten. Dies liegt einerseits daran, dass Art. 5 Abs. 3 E-Privacy-RL nicht hinreichend genau definiert, welche Zwecke als *„unbedingt erforderlich"* im Sinne der Erbringung des Dienstes zu verstehen sind und damit von dem Einwilligungserfordernis ausgenommen werden.[287] Zum anderen werden die Voraussetzungen für die Erfüllung der Einwilligung sehr **weit** ausgelegt. So wird bereits das **Weiternutzen einer Internetseite**, nachdem dem Nutzer auf dieser ein Cookie-Banner eingespielt wurde, als **konkludente Zustimmung** des Betroffenen in die Speicherung von und den Zugriff auf die Informationen auf den Endgeräten interpretiert.[288]

295 Wenig Verbesserung brachte der Versuch der Art. 29-Datenschutzgruppe, die Bedingungen, welche für eine wirksame Einwilligung in diesem Kontext erforderlich sind, zu konkretisieren. Denn nach deren Auffassung konnten Nutzer ihre Einwilligung in die Speicherung von Cookies durch letztlich jede aktive Verhaltensweise erteilen, vorausgesetzt, der Nutzer wurde vorab über die Konsequenzen der jeweiligen Handlung umfassend informiert. Dem Anklicken einer Schaltfläche oder eines Links oder die Markierung eines Feldes kommt, soweit es in engem räumlichen Zusammenhang mit der jeweiligen Erklärung steht, ein Erklärungswert im Sinn einer Einwilligung zu. Das gilt allerdings auch für „anderes aktives Verhalten, aus welchem der Website-Betrei-

---

284 *Art. 29-Datenschutzgruppe* WP 224, 3.
285 Vgl. Wolff/Brink/*Forgó* 2013, Systematische Grundlagen: Werbung Rn. 22.
286 *Schmidt/Babilon* DSRITB 2015, 473 (474); *Dieterich* ZD 2015, 199 (200); ausführlich *Karg/Kühn* ZD 2014, 285 (286).
287 Konkretisierend *Art. 29-Datenschutzgruppe* WP 194.
288 *Art. 29-Datenschutzgruppe* WP 208, 2.

ber eindeutig auf die Erteilung der Einwilligung für den konkreten Fall und in Kenntnis der Sachlage schließen kann".[289]

Die Praxis, bei der die Nutzung eines Dienstes nach dem Zeigen eines **Cookie-Banners** als Einwilligung im Sinne der Datenschutz-Richtlinie interpretiert und damit das Setzen des Cookies bereits durch die schlichte **Nutzung** des Dienstes legitimiert wird, wurde damit allerdings nicht verhindert. Denn die Art. 29-Datenschutzgruppe konnte sich selbst nicht darauf verständigen, die **reine Nutzung** eines Angebots als unzureichend im Sinne einer **aktiven** Zustimmungshandlung anzusehen. Nach Auffassung der Aufsichtsbehörden ist es ausreichend, wenn der betreffende Nutzer vorab eindringlich genug darauf hingewiesen wurde, dass die Nutzung eines Angebotes die Einwilligung in das Setzen des Cookies beinhalte und danach das Angebot durch die betroffene Person weiter genutzt wird.[290]   296

Aus europäischer und insbesondere aus deutscher Sicht wurde zudem diskutiert, ob die von Art. 5 Abs. 3 E-Privacy-RL geforderte Einwilligung in das Setzen eines Cookies auch die **nachfolgende Erhebung, Verarbeitung und Nutzung** personenbezogener Daten erfasst. In Deutschland wurde diese Diskussion anhand des § 15 Abs. 3 TMG geführt. Denn dieser legitimierte bis zum 25.5.2018 die Verarbeitung von Nutzungsdaten unter **Pseudonym** für Zwecke der Werbung, der Marktforschung oder für die **bedarfsgerechte Gestaltung** der angebotenen Dienste. Unklar war das Verhältnis zwischen dem Einwilligungserfordernis des Art. 5 Abs. 3 E-Privacy-RL und der in § 15 Abs. 3 TMG normierten Widerspruchslösung. Denn das Erstellen **pseudonymer Profile** zu den genannten Zwecken war nach entsprechender Vorabinformation der Betroffenen ohne deren vorherige, aktive Zustimmung zulässig. Die Betroffenen konnten die Erfassung und Auswertung ihres **Nutzungsverhaltens** lediglich unterbinden, wenn Sie einen Widerspruch einlegten.[291] Die Rechtsunsicherheit für Betroffene und Anbieter wurde zudem durch die Auffassung des deutschen Gesetzgebers, Art. 5 Abs. 3 E-Privacy-RL sei vollumfänglich ins nationale Recht umgesetzt,[292] vertieft.   297

Zwar hat sich die Frage bezüglich der richtlinienkonforme Auslegung des § 15 Abs. 3 TMG im Lichte der E-Privacy-Richtlinie[293] mit dem Geltungsbeginn der Datenschutz-Grundverordnung und damit der **Nichtanwendbarkeit** der **datenschutzrechtlichen Vorgaben** des **Telemediengesetzes** (→ B. II. Rn. 107 ff., 114) erledigt. Unklar ist allerdings weiterhin, welche Reichweite die im Rahmen des Art. 5 Abs. 3 E-Privacy-RL erteilte Einwilligung im Hinblick auf die der Einwirkung auf das Endgerät nachfolgende Verarbeitung personenbezogener Daten hat. Denn dem Wortlaut nach erfasst Art. 5 Abs. 3 E-Privacy-RL gerade nicht die **weitergehende Verarbeitung**, sondern regelt explizit nur die „Speicherung von Informationen" oder den „Zugriff auf Informationen".[294]   298

---

289 *Art. 29-Datenschutzgruppe* WP 208, 5.
290 *Art. 29-Datenschutzgruppe* WP 208, 5.
291 Spindler/Schuster/*Nink* 2015 § 15 TMG Rn. 12.
292 Vgl. → A. II. Rn. 107; *Ettig/Rauer* ZD 2018, 79 (82).
293 Zum Streitstand *Schmidt/Babilon* DSRITB 2015, 473 (482).
294 So auch *Ettig/Rauer* ZD 2018, 79 (82).

299 Konsequenter Weise können sich Dienstanbieter nicht auf die Einwilligung nach Art. 5 Abs. 3 E-Privacy-RL stützen, um die Verarbeitung personenbezogener Daten die technisch **nach** dem Abspeichern von oder dem Zugriff auf Informationen auf dem Endgerät des Nutzers erfolgt, zu legitimieren. Dies gilt insbesondere, wenn die personenbezogenen Daten zu Zwecken verwendet werden, die – wie zum Beispiel bei der Verarbeitung zu **Werbezwecken** – einem prinzipiellen **Einwilligungserfordernis** unterliegen.[295] Hierfür benötigen Anbieter eine eigene, spezifisch auf die damit verfolgten Zwecke ausgerichtete datenschutzrechtliche Rechtsgrundlage (→ B. III. 4).

300 Diese Auffassung ist allerdings nicht vollkommen unbestritten und Gegenstand eines **Vorabentscheidungsverfahrens** des Europäischen Gerichtshofes,[296] das durch den Bundesgerichtshof angestrengt wurde. Wobei in der Literatur die Position des Bundesgerichtshofs dahin gehend interpretiert wird, dass für die Verwendung der personenbezogenen Daten zum Zweck der Werbung, eine eigene Rechtsgrundlage, mithin eine Einwilligung erforderlich sei.[297]

b) Folgeregelung des Art. 8 E-Privacy-VO-E

301 Im Licht dieser Ausgangslage muss der Entwurf der Europäischen Kommission des Art. 8 E-Privacy-VO gelesen werden. Er anerkennt die besondere Bedeutung der Endgeräte der Nutzer für deren **Privatleben** und die damit einhergehende **Verletzlichkeit der Privatsphäre** bei dem Zugriff auf Informationen, die auf diesen Geräten gespeichert werden. Sowohl die **Charta der Grundrechte** als auch die **Europäische Konvention zum Schutz der Menschenrechte und Grundfreiheiten** gewähren einen entsprechenden Grundrechtsschutz.[298] Die Kommission unterstreicht zudem die **rechtlichen und technischen Aspekte** des Schutzes der Endgeräte der Nutzer. Sie stellt explizit fest, dass Informationen auf den Endeinrichtungen einen erhöhten Schutz erfordern, um die Privatsphäre der Nutzer zu schützen. Denn die Auswertung der auf den Endeinrichtungen gespeicherten Informationen können tiefe Einblicke „in komplexe emotionale, politische und soziale Aspekte der Persönlichkeit einer Person" gewähren. Zudem können „unerwünschte Verfolgungswerkzeuge," zu denen Spyware, Webbugs, versteckte Kennungen und Verfolgungs-Cookies zählen, ohne Kenntnis der Endnutzer den Zugang zu Informationen auf dem Endgerät eröffnen, um dort versteckte Informationen zu speichern oder die Aktivität des Nutzer zu erfassen.[299]

aa) Technologische Implikationen des Art. 8 E-Privacy-VO-Entwurf

302 Ebenso wie die Vorgängerreglung in der E-Privacy-Richtlinie ist der Entwurf des Art. 8 E-Privacy-VO **technologieneutral** formuliert und zielt auf das (technische) Ergebnis des von dem Dienstanbieter ausgelösten **Verarbeitungsprozesses** ab. Art. 8 Abs. 1 und Abs. 2 E-Privacy-VO-E untersagen in einem **umfassenden** und **technisch unbegrenzt**[300] formulierten **Verarbeitungsverbot** jede nicht vom Nutzer ausgelöste

---

295 Mit Verweis auf § 7 UWG *Gierschmann* MMR 2018 7 (9).
296 Rs. C-673/17 v. 9.3.2018.
297 *Quad* GRUR-Prax 2017, 554.
298 Erwgr. 20 E-Privacy-VO-E.
299 Erwgr. 20 E-Privacy-VO-E.
300 *Engeler/Felber* ZD 2017, 251 (255).

Nutzung der Verarbeitungs- und Speicherfunktionen des Endgerätes, die Erhebung von Informationen aus dem Endgerät gemäß Art. 8 Abs. 1 E-Privacy-VO-E oder die zum Zwecke der Verbindungsherstellung vom Endgerät ausgesendeten Informationen gemäß Art. 8 Abs. 2 E-Privacy-VO-E. Während das in Abs. 1 statuierte Verarbeitungsverbot, technologisch betrachtet dem Art. 5 Abs. 3 E-Privacy-RL entspricht, erweitert Abs. 2 den technischen Schutzbereich der Norm auf die durch das Endgerät ausgesendeten und damit einem erleichterten Zugriff unterliegenden Informationen.

Mit Art. 8 Abs. 2 E-Privacy-VO-E wird erstmals unter anderem das sogenannte **Off-** **303** **line-Tracking** reguliert.[301] Bei dem auch als **WLAN-Tracking** bezeichneten Verfahren werden Verbindungsinformationen, wie die eindeutige **MAC-Adresse** des Gerätes oder der Kommunikationsschnittstelle, zum Zweck der Erstellung von **Bewegungsprofilen** genutzt. Anbieter dieser Technologie nutzen den Umstand aus, dass mobile Endgeräte kontinuierlich diese Informationen aussenden, es sei denn, der Nutzer unterbindet dies aktiv. Diese stetige Verbindungsbereitschaft wird unter anderem benötigt, um eine Verbindung zum Beispiel mittels WLAN oder Bluetooth herstellen zu können.

Offline-Tracking kommt insbesondere in abgegrenzten, allerdings der Öffentlichkeit **304** frei zugänglichen Bereiche wie **Einkaufszentren, Flughäfen** oder **Bahnhöfen** zum Einsatz. Letztlich wird hierbei das Prinzip der **Nutzerprofilerstellung** im Internet auf die **Bewegungsprofilerstellung** in der „Offline-Welt" übertragen. Unter der E-Privacy-Richtlinie gab es für diese Form der Datenverarbeitung keine spezifische Regulierung und führte dementsprechend zu einer unklaren Regulierungssituation.[302]

bb) Rechtliche Implikationen bezüglich des Schutzes der Endeinrichtung

Die streng formulierten Verarbeitungsverbote des Art. 8 Abs. E-Privacy-VO-E unter- **305** liegen allerdings entsprechenden Ausnahmen. Anders als Art. 5 Abs. 3 E-Privacy-RL unterwirft Art. 8 E-Privacy-VO-E diese Form der Datenverarbeitung keinem vollständigen Einwilligungsvorbehalt. Je nach Zweck des Zugriffs wären danach Stellen in der Lage, ohne die **explizite Einwilligung** der Betroffenen, auf die Endgeräte einzuwirken oder die darauf gespeicherten Informationen auszulesen.

Im Hinblick auf den Zugriff auf die **Verarbeitungs- und Speicherfunktionen** des End- **306** gerätes der Nutzer sieht die Kommission vor, dass für die Durchführung des **Kommunikationsvorgangs** über das Kommunikationsnetz, die Bereitstellung eines vom Nutzer gewünschten **Dienstes der Informationsgesellschaft** oder die **Messung des Webpublikums** durch den Anbieter selbst (**First-Party-Tracking**) keine Einwilligung des Nutzers erforderlich ist. Problematisch an der Formulierung der Ausnahmen ist, dass nicht die in der Regel in derartigen Regulierungssituationen verwendete Begriff der „Erforderlichkeit", sondern der Begriff **nötig** durch die Europäische Kommission genutzt wird. Damit ist unklar, ob eine **Erforderlichkeitsprüfung** im engeren Sinn vom Anbieter durchgeführt werden muss oder ein anderer Bewertungsmaßstab gilt.

---

301 *Engeler/Felber* ZD 2017 251 (255).
302 *Engeler/Felber* ZD 2017 251 (255 f.).

307 Aus nationaler Sicht wäre diese Regelung ein Rückschritt im Hinblick auf den Schutz der Nutzer. Denn anders als § 15 Abs. 3 TMG wäre beim Webtracking nunmehr die Nutzung **identifizierender Angaben** ebenso zulässig, wie die Erstellung eines personenbezogenen Profils ohne die Möglichkeit eines expliziten **Widerspruchs**. Auch die spezifische Information über den Umstand des Webtracking fehlt; anders als dies § 15 Abs. 3 TMG bisher vorsah. Allerdings wurde der Entwurf des Art. 8 E-Privacy-VO auch auf europäischer Ebene kritisiert. So forderte die Art. 29-Datenschutzgruppe eine engere **Begrenzung** der einwilligungsfreien **Verarbeitungstatbestände**.[303]

308 Die legislativen Änderungen des Europäischen Parlaments zum Entwurf der Kommission sehen eine engere Normierung der **Ausnahmetatbestände** vor. Ein Zugriff auf das Endgerät des Nutzers zum Zweck der Verbindungsherstellung wäre danach ohne Einwilligung nur zulässig, wenn dies „unbedingt nötig" ist.[304] Vergleichbares gilt ebenso für die zweite Ausnahme von der Einwilligung. Hier sieht der Entwurf des Europäischen Parlaments vom 23.10.2017 vor, dass eine Einwilligung entbehrlich ist, wenn der Nutzer den Dienst „ausdrücklich" angefordert hat und der Zugriff auf das Endgerät für die **Erbringung des Dienstes** technisch zwingend nötig ist.[305]

309 Eine deutliche Einschränkung sieht der Entwurf des Europäischen Parlaments im Hinblick auf die letzte und gerade für die Online-Werbewirtschaft bedeutsamste Ausnahmeregelung vom Einwilligungserfordernis vor. Danach ist für den Zugriff auf die Verarbeitungs- und Speicherfunktionalität des Endgerätes keine Einwilligung des betroffenen Nutzers erforderlich, wenn dies zum Zweck der **Reichweitenmessung**

1. für einen vom betroffenen Nutzer angeforderten Dienst der Informationsgesellschaft **technisch nötig** ist,
2. die Messung vom Betreiber des Dienstes oder in seinem Auftrag oder von einer „unabhängigen Webanalyseagentur" (die allerdings im öffentlichen Interesse oder für wissenschaftliche Zwecke tätig sein muss) durchgeführt wird,
3. die Daten **aggregiert** werden,
4. dem Nutzer eine **Widerspruchsmöglichkeit** eingeräumt wird,
5. die personenbezogenen Daten keinem Dritten zugänglich gemacht werden,
6. eine Abwägung mit den **Grundrechten** des Nutzers ergibt, dass durch die Messung diese nicht beeinträchtigt werden,
7. die Daten nur durch den Betreiber verarbeitet werden und
8. getrennt von den Daten aufbewahrt werden, die bei anderen **Reichweitenmessungen** im Auftrag anderer Betreiber erhoben wurden.[306]

310 Der Vergleich mit § 15 Abs. 3 TMG zeigt deutliche Parallelen, zumindest im Hinblick auf die Möglichkeiten der Nutzer, auf den Verarbeitungsprozess einzuwirken. Mit dem Vorschlag des Parlaments wird erstens die **Zusammenführung von Nutzungsprofilen** von unterschiedlichen Anbietern zu noch umfassenderen Profilen ohne explizite Einwilligung der Nutzer unzulässig. Zweitens wird auch das **Retargeting unzulässig**,

---

303 *Art. 29-Datenschutzgruppe* WP 240, 16 f.
304 *EP*, Entwurf vom 23.10.2017, Änderungsantrag 86; der *LIBE-Ausschuss* hatte allerdings noch die Formulierung „*technisch zwingend*" gewählt, Entwurf eines Berichts vom 9.6.2017, Änderungsantrag 77.
305 *EP*, Entwurf vom 23.10.2017, Änderungsantrag 88.
306 *EP*, Entwurf vom 23.10.2017, Änderungsantrag 89.

Moritz Karg

bei dem die Nutzungsinformationen von einem Dienst an einen Dritten weitergereicht werden, um den Nutzer dort gezielt auf der Grundlage seines vorangegangenen **Nutzungsverhaltens** werblich anzusprechen.[307] Denn ohne die Einwilligung des Nutzers ist der Zugriff auf dessen Endgerät nur zu dem Zweck zulässig, eine Analyse über die vom Anbieter selbst betriebenen und vom Nutzer explizit angeforderten Diensten zu erstellen.

Zudem hat das Europäische Parlament weitere Zulässigkeitstatbestände für den Zugriff auf die Endgeräte zum Zweck der Sicherheit, Vertraulichkeit, Integrität, Verfügbarkeit und Authentizität der Endeinrichtungen vorgesehen,[308] um zum Beispiel **Update-Funktionen** zu ermöglichen. Auch für den Bereich des Zugriffs auf Endgeräte, die Nutzer zur Erfüllung ihres **Beschäftigungsverhältnisses** nutzen, sieht der Änderungsvorschlag des Parlaments eine Regelung vor.[309]   311

cc) Rechtliche Implikationen für das Offline-Tracking

Zur rechtlichen Regulierung des sogenannten **Offline-Tracking** und damit dem Schutz der zur Verbindungsherstellung vom Endgerät ausgesendeten Informationen, sieht die Kommission in ihrem Entwurf des Art. 8 Abs. 2 E-Privacy-VO kein **Einwilligungserfordernis** vor, wenn dies ausschließlich zum Zweck und die Dauer der **Verbindungsherstellung** erforderlich ist.   312

Die Einholung einer Einwilligung kann ebenso entfallen, wenn dem Nutzer „in hervorgehobener Weise ein deutlicher Hinweis angezeigt [wird], der zumindest Auskunft […] über die Modalitäten der Erhebung, ihren Zweck [und] die dafür verantwortliche Person" gibt. Weitere Anforderungen an diese **Informationslösung** ist die Erfüllung der Informationsverpflichtung gemäß Art. 13 DSGVO und die Pflicht, im Fall der Erhebung personenbezogener Daten, den Nutzer darüber in Kenntnis zu setzen, wie die Erhebung beendet oder auf ein Minimum beschränkt werden kann.   313

Der Vorschlag der Kommission muss nicht nur aus Praktikabilitätsgründen bezüglich der Art und Weise der Vermittlung der Information,[310] als unterkomplex und unzureichend kritisiert werden. Die Nutzer werden einseitig belastet, die Erhebung der Informationen, die durch das Endgerät ausgesendet werden, zu unterbinden. Dies ist vor allem eine **unausgewogene Verteilung** der Verantwortung für den Schutz der Nutzer. Denn die Funktionsfähigkeit vieler moderner Endgeräten ist von einer aktiven Datenverbindung abhängig. Dies wiederum setzt das regelmäßige Aussenden von Informationen durch das Endgerät voraus. Letztlich legalisiert der Entwurf der Europäischen Kommission das Ausnutzen dieser **technischen Notwendigkeit** durch die Betreiber von Offline-Tracking Techniken. Nutzer müssen nach dieser Konzeption selbst dafür Sorge tragen, dass Anbieter bei der Verfolgung ihrer eigenen Zwecke nicht unangemessen in ihre Rechte und Interessen eingreifen.   314

Nicht außer Betracht sollte gelassen werden, dass hierbei auf Informationen zugegriffen wird, die zumindest nach nationalem Verfassungs- und Telekommunikationsrecht   315

---

307 S. die Begriffserläuterung bei Wikipedia: https://de.wikipedia.org/wiki/Retargeting.
308 *EP*, Entwurf vom 23.10.2017, Änderungsantrag 90.
309 *EP*, Entwurf vom 23.10.2017, Änderungsantrag 91.
310 *Engeler/Felber* ZD 2017 251 (256).

unter dem Schutz des Fernmeldegeheimnisses stehen. Die Erhebung und Auswertung dieser Verbindungsinformationen ohne Einwilligung der Betroffenen wurde zudem in der Vergangenheit durch **Aufsichtsbehörden** geahndet.[311]

316 Insoweit ist es nur konsequent, wenn das Europäische Parlament eine wesentlich differenzierte Regelung der Erhebung der durch die Endgeräte ausgesendeten Informationen vorgeschlagen hat. Danach soll die Erhebung nur dann ohne Einwilligung des Nutzers zulässig sein, wenn die mit der Erhebung der Daten entstehenden Risiken eingedämmt werden. Um dies zu erreichen, muss der Anbieter Vorkehrungen treffen. Dazu gehört,

1. dass die Daten aus der Endeinrichtung nur zu **statistischen Zählungen** erhoben,
2. die Verarbeitung der Informationen zeitlich und örtlich auf das für diesen Zweck ausdrücklich notwendige Maß beschränkt und
3. die Daten unverzüglich nach Erfüllung des Zwecks **gelöscht** oder **anonymisiert** werden.

Zudem muss gewährleistet sein, dass dem Nutzer eine wirksame **Widerspruchsmöglichkeit** eingeräumt wird, die das **Funktionieren** der Endeinrichtungen **nicht** beeinträchtigen darf.[312] Der Entwurf des Europäischen Parlaments sieht außerdem eine **qualifizierte Information** der Betroffenen durch eine klare und auffällige Mitteilung vor. Diese muss die betroffenen Daten sowie Art, Umfang und Zweck der Erhebung beschreiben. Neben der Identität der verantwortlichen Stelle gehören nach den Vorstellungen des Europäischen Parlaments die Information über die in Art. 13 DSGVO genannten Punkte ebenso zur Informationsverpflichtung, wie eine Beschreibung der zur Umsetzung der Vorgaben des Art. 32 DSGVO ergriffenen **technischen und organisatorischen Maßnahmen**.

III. Internetspezifische Datenverarbeitungen

1 Es existieren weder ein „Internet-Datenschutzgesetz" und erst zukünftig wird es in der E-Privacy-Verordnung einzelne bereichsspezifische Regelungen geben, die allerdings vornehmlich die Infrastrukturebene des Internet und vereinzelt Internetdienste betreffen werden. Für Webdienste bestehen keine spezifischen Vorschriften, die den Vorteil hätten, dass sie unmittelbar die spezifischen Internetsachverhalte adressieren könnten. Somit besteht die Herausforderungen die allgemeinen Datenschutzvorschriften der Datenschutz-Grundverordnung sachgerecht auf internetspezifische Datenverarbeitung anzuwenden.

1. Webdienste

2 Dass der Telekommunikationsbereich und später erst recht das Internet kein rechtsfreier Raum sind, ist schon lange bekannt. Bereits in den 90er Jahren hatte man den Regelungsbedarf auch in Deutschland erkannt und sowohl das Telekommunikations-

---

311 *HmbBfDI*, 24. Tätigkeitsbericht, Kap. 6.2., 190.
312 *EP*, Entwurf vom 23.10.2017, Änderungsantrag 99.

recht, als auch die damals sog Teledienste neu geregelt. Bezog und bezieht sich das Telekommunikationsrecht mit dem Telekommunikationsgesetz primär auf die technische Seite des Übertragens von Signalen etwa im Bereich Mobilfunk, Telefonie oder auch E-Mail, so setzen die Teledienste hierauf auf und die zugehörigen Gesetze beziehen sich auf die inhaltliche oder gestalterische Ebene. Bund und Länder konnten sich zunächst nicht auf eine gemeinsame Regelung der Teledienste einigen, so dass es zunächst das Teledienste- und Teledienstedatenschutzgesetz auf Bundesebene und den Mediendienste-Staatsvertrag auf Landesebene gab.[1] Unterschieden wurde danach, ob eine journalistisch-redaktionelle Gestaltung vorlag. Die Gesetzestexte waren zwar sehr ähnlich, aber doch nicht deckungsgleich. 2007 folgte das die Vorschriften zusammenführende Telemediengesetz. Es finden sich aber immer noch auf Webseiten insbesondere im Impressum Verweise auf das Teledienstegesetz oder den Mediendienste-Staatsvertrag. Dies ist ein Zeichen dafür, dass auf diesen Webseiten schon lange keiner mehr eine rechtliche Prüfung des Angebots vorgenommen hat.

In diesem Kapitel geht es um Webdienste und damit alle Diensteangebote im World Wide Web, wie zum Beispiel Onlinebanking, Social Networks, Online-Gaming, Online-Verkaufsdienste, Online-Tauschbörsen und vieles mehr. Das schließt auch Dienste ein, die aus der Cloud heraus angeboten werden. **3**

Das Telemediengesetz und das Telekommunikationsgesetz bleiben zwar für Fragen außerhalb des Datenschutzes erhalten und damit unter anderem die Regelungen zur Impressumspflicht und zur Haftung. Geplant ist auf europäischer Ebene als spezifisches Datenschutzrecht für den Telekommunikationsbereich die E-Privacy-Verordnung, die Sonderreglungen zum Schutz personenbezogener Daten in der elektronischen Kommunikation enthält. Die allgemeinen Datenschutzregelungen folgen aus der Datenschutz-Grundverordnung. Art. 95 DSGVO regelt dabei das Verhältnis der Datenschutz-Grundverordnung zur E-Privacy-Richtlinie von 2002 (→ A. II. Rn. 82 ff.). **4**

a) Allgemeine Regelungen

Einige Regelungen gelten übergreifend für alle Webdiensten und Cloud-Angebote. Diese sollen im Folgenden gemeinsam beschrieben werden. **5**

aa) Rechtsgrundlage

Bei Webangeboten müssen die allgemeinen Regelungen des Datenschutzes im Sinne der Datenschutz-Grundverordnung eingehalten werden. Das bedeutet gemäß Art. 5 Abs. 1 und 6 Abs. 1 DSGVO insbesondere, dass es eine Rechtsgrundlage für die Verarbeitung personenbezogener Daten geben muss. **6**

Personenbezogene und personenbeziehbare Daten fallen mannigfaltig beim Betrieb von Webangeboten an. Offensichtlich ist das bei Datenerhebungen etwa durch Formulare, einen Warenkorb mit Bestellmöglichkeit, Foren oder Anmeldefunktionen. Die Rechtsgrundlage für die Verarbeitung dieser Daten ist in der Regel die Einwilligung des Nutzers gemäß Art. 6 Abs. 1 S. 1 lit. a iVm Art. 7 DSGVO (→ B. II. Rn. 26). **7**

---

1 Für den Rundfunkbereich ist zusätzlich noch der Rundfunk-Staatsvertrag zu beachten. Bzgl. des Jugendmedienschutzes kommt der Jugendmedienschutz-Staatsvertrag zur Anwendung.

Insbesondere im Bereich des eCommerce können aber auch nach Art. 6 Abs. 1 S. 1 lit. b DSGVO die Erfüllung eines Vertrags oder nach Art. 6 Abs. 1 S. 1 lit. c DSGVO die Erfüllung einer rechtlichen Verpflichtung die Datenverarbeitung erlauben.

8 Weniger offensichtlich fallen aber auch personenbezogene Daten im normalen Betrieb des Dienstes an. Für die Übermittlung des Webangebots ist zwingend eine IP-Adresse des Nutzers erforderlich. Diese ist nach inzwischen herrschender Meinung sowohl bei dynamisch als auch statischen Adressen als personenbeziehbares Datum zu qualifizieren (→ A. I. Rn. 6).[2] Auch Erwgr. 30 DSGVO erwähnt IP-Adressen ausdrücklich als Beispiel für Daten, die einer natürlichen Person zugeordnet werden könnten. Und selbst wenn man zu der Ansicht neigt, dass nur statische IP-Adressen Personenbezug aufweisen, so ist im normalen Betrieb in der Regel für den Anbieter des Webangebots nicht erkennbar, welche IP-Adresse statisch und welche dynamisch zugewiesen wurde. Im Zuge der Umstellung auf IPv 6 wird auch die Anzahl der statischen IP-Adressen zunehmen.

9 Die IP-Adressen werden von vielen Anbietern längerfristig in Logfiles gespeichert. Sie dienen meist statistischen Auswertungen und dazu Angriffe und Fehler zu erkennen. In der Regel fallen diese Zwecke unter Art. 6 Abs. 1 S. 1 lit. f DSGVO, da sie zur Wahrung der berechtigten Interessen des Verantwortlichen erforderlich sein können (→ B. III Rn. 329). Dem müssen die Interessen und Grundfreiheiten der betroffenen Person gegenübergestellt werden. Die Ansichten der Datenschutz-Aufsichtsbehörden zu Speicherfristen von IP-Adressen zu Sicherheitszwecken bzw. Missbrauchskontrolle gingen zum alten Recht bisher stark auseinander. Einige sehen gar keinen Bedarf und damit kein Recht zur Speicherung, andere nehmen eine Frist von sieben oder gar dreißig Tagen an. Wie sich aus den Erwägungsgründen ergibt[3], stellt auch die Missbrauchskontrolle oder die Verhinderung von Betrug ein berechtigtes Interesse im Sinne des Art. 6 Abs. 1 S. 1 lit. f DSGVO dar (→ B. II. Rn. 52). Als Frist wurde im Telekommunikationsbereich für solche Zwecke bisher von sieben Tagen ausgegangen.[4] Dies kann als Mindestmaß auch im Bereich der Telemedien angenommen werden. Ob in der Praxis längere Fristen von beispielsweise einem Monat von den Aufsichtsbehörden akzeptiert werden, muss sich noch zeigen.

10 Auch der Entwurf der E-Privacy-Verordnung beinhaltet mit Art. 6 Abs. 1 S. 1 lit. b eine Rechtsgrundlage zur Aufrechterhaltung oder Wiederherstellung der Sicherheit elektronischer Kommunikationsdienste oder zur Erkennung von Defekten und Fehlern. Die Verarbeitung der Kommunikationsdaten ist danach „für die dafür erforderliche Dauer" zulässig. Auch die bisherige oben genannte Frist orientierte sich an der Erforderlichkeit, so dass auch hierfür weiterhin mindestens die Sieben-Tages-Frist gelten dürfte. Bei komplexen Systemen kann gegebenenfalls auch eine längere Dauer noch erforderlich sein, muss aber auch entsprechend argumentiert werden.

11 Sollen hingegen statistische Auswertungen erfolgen, so dürfte diese Frist kürzer sein oder es ist dem Stand der Technik folgend frühzeitig eine Anonymisierung der Daten

---

2 Vgl. ua BGH Urt. v. 16.5.2017 – Az. VI ZR 135/13.
3 Vgl. Erwgr. 47 und 49 DSGVO.
4 Vgl. BfDI, Leitfaden zur Speicherung von Verkehrsdaten, vom 19.12.2012, abrufbar unter www.bfdi.bund.de /SharedDocs/Publikationen/Arbeitshilfen/LeitfadenZumSpeichernVonVerkehrsdaten.pdf.

zu verlangen. In der Regel dürften 48 Stunden ausreichen, um mit den vollständigen IP-Adressen Analysen durchzuführen. Für weiterreichende Analysen reichen dann meist gekürzte IP-Adressen aus.[5]

bb) Datenschutzrechtliche Verantwortlichkeit

Verantwortlicher im Datenschutzsinne ist nach Art. 4 Nr. 7 DSGVO eine juristische oder natürliche Person, Behörde, Einrichtung oder andere Stelle, die allein oder gemeinsam mit anderen über die Zwecke und Mittel der Verarbeitung von personenbezogenen Daten entscheidet. Wer selber Dienste im Internet anbietet, ist für die hierbei verarbeiteten Daten datenschutzrechtlich verantwortlich. Hinsichtlich der Auftragsverarbeiter (→ B. II. Rn. 144 ff.).   12

Umstritten sind schon nach dem alten Recht die Fälle gewesen, in denen externe Dienste in Anspruch genommen werden. Streitig war etwa der Fall, in dem eine private Stelle bei Facebook eine sogenannte Fanpage erstellt hat. Nach Ansicht der für diese private Stelle zuständigen Datenschutz-Aufsichtsbehörde in Schleswig-Holstein bestand eine gemeinsame Verantwortlichkeit zwischen der privaten Stelle und Facebook.[6] Schließlich habe die private Stelle Facebook als ihren Dienstleister ausgewählt und nutze deren Infrastruktur, um ihre eigenen Inhalte zu präsentieren. Dass kein vertraglich geregeltes Auftragsverarbeitungsverhältnis vorgelegen habe, sei unschädliche für diese Annahme. Zwei Urteile widersprachen zunächst dieser Ansicht der Aufsichtsbehörde.[7] Im Rahmen einer Vorlage des Bundesverwaltungsgerichts beim Europäischen Gerichtshof kam der Generalanwalt des Gerichts zu dem Ergebnis, dass sehr wohl eine gemeinsame Verantwortlichkeit bestehe und sich die private Stelle gerade nicht allein auf ihren Dienstleister berufen kann.[8]   13

Auch wenn hier noch das Bundesdatenschutzgesetz und das Telemediengesetz auf Grundlage der Datenschutzrichtlinie zur Anwendung kamen, so regelt inzwischen entsprechend Art. 4 Nr. 7 DSGVO, dass in der Regel von einer Verantwortlichkeit ausgegangen werden kann, wenn allein oder gemeinsam mit anderen über die Zwecke und Mittel der Verarbeitung entschieden wird. Nach Art. 26 DSGVO liegt dann eine gemeinsame Verantwortlichkeit vor, wenn „zwei oder mehr Verantwortliche gemeinsam die Zwecke der und die Mittel zur Verarbeitung" festlegen. Die oben genannte Aussage des Generalanwalts deutet darauf hin, dass bezüglich der Entscheidungsfreiheit keine allzu hohen Anforderungen heranzuziehen sind. Vielmehr soll gerade vermieden werden, dass sich Verantwortliche hinter den gegebenenfalls rechtswidrigen Handlungen von Dienstleistern verstecken, obwohl diese selbstbestimmt ausgewählt wurden. In der Praxis kann eine Möglichkeit zur Bindung des Dienstleisters an eigene Vorgaben sein, dass eine konkrete Vereinbarung oder gegebenenfalls ein Auftragsvertrag mit ihm geschlossen wird, nachdem man ihn sorgfältig ausge-   14

---

5 Zur Zulässigkeit des Trackings der Nutzer eines Webangebots mittels IP-Adressen s. (→ B. III. Rn. 134 ff.).

6 S. ULD Schleswig-Holstein, Pressemitteilung „Verantwortlichkeit von Fanpage-Betreibern vom Bundesverwaltungsgericht noch nicht entschieden – der EuGH soll's richten", vom 25.2.2016, abrufbar unter https://www.datenschutzzentrum.de/artikel/1013-1.html.

7 VG Schleswig 9.10.2013, Az.: 8 A 14/12 und OVG Schleswig 4.9.2014, Az.: 4 LB 20/13.

8 S. Schlussanträge des Generalanwalts vom 24.10.2017 in der Rechtssache C-210/16, abrufbar unter http://curia.europa.eu/juris/document/document.jsf?text=&docid=195902&pageIndex=0&doclang=EN&mode=req&dir=&occ=first&part=1&cid=730706.

wählt hat. Gerade bei Anbietern im außereuropäischen Ausland, wie Google, Facebook oder Microsoft kann dieses zur Herausforderung werden (→ B. II. Rn. 194).

cc) Datenschutzerklärung

15 In der Praxis war zwar den meisten Anbietern von Internetdiensten bekannt, dass sie ein Impressum benötigen. Die Datenschutzerklärung nach § 13 Abs. 1 TMG war hingegen bei weitem nicht auf jeder Webseite zu finden, obwohl davon auszugehen war, dass zumindest Logdaten oder IP-Adressen als personenbeziehbare Daten anfielen. Die Informationspflichten werden nunmehr in Art. 12 ff. DSGVO allgemein geregelt und sind auch auf Telemedien anwendbar. Der Grundsatz nach Art. 12 Abs. 1 S. 1 DSGVO ist, dass der Betroffene die wichtigsten Informationen über die Verarbeitung seiner Daten in präziser, transparenter, verständlicher und leicht zugänglicher Form in einer klaren und einfachen Sprache erhält. Richtet sich das Internetangebot an Kinder, so gilt dieses nach Art. 12 Abs. 1 S. 2 DSGVO im besonderen Maße.

16 Der konkrete Inhalt der Informationen für einen Webdienst in Form der Datenschutzerklärung) wird in Art. 13 DSGVO geregelt.

17 Neu ist insbesondere, dass nunmehr die Rechtsgrundlage für die Verarbeitung mitgeteilt werden muss. Konkret genannt werden nicht mehr Art und Umfang der Verarbeitung, wie es noch in § 13 Abs. 1 TMG der Fall ist. Allerdings ergibt sich dieses schon aus dem Grundsatz der Transparenz nach Art. 5 Abs. 1 lit. a DSGVO iVm Erwgr. 39 DSGVO, der Ausdrücklich klarstellt, dass „für natürliche Personen [...] Transparenz dahin gehend bestehen [sollte], [...] in welchem Umfang die personenbezogenen Daten verarbeitet werden".

18 Die Mitteilung an den Nutzer des Webangebots muss „zum Zeitpunkt der Erhebung dieser Daten" erfolgen. Dies entspricht der bisherigen Regelung, dass eine Datenschutzerklärung in der Regel ausreicht, die direkt von der Einstiegsseite des Angebots erreicht werden kann. Hätte der Gesetzgeber gewollt, dass erst eine Erklärung angezeigt wird und erst dann das Angebot aufgerufen werden kann, hätte er die Formulierung „vor Erhebung der Daten" verwendet.

19 Allerdings muss dem Nutzer auch mit Aufruf des Angebots, also der Webseite, klar sein, wie er diese Informationen erhält. Es reicht somit nicht aus, die Datenschutzerklärung nur dem Impressum beizufügen, ohne hierauf auch auf der entsprechenden Schaltfläche hinzuweisen. In der Regel sollte somit eine eigene Schaltfläche „Datenschutz" oder „Datenschutzerklärung" bestehen, der direkt mit Aufruf des Angebots angezeigt wird.

dd) Datenminimierung

20 Eine weitere zentrale Vorschrift für das Anbieten eines Webdienstes ist die Datenminimierung nach Art. 5 Abs. 1 lit. c DSGVO. Die Datenverarbeitung muss für den vorher festgelegten Zweck im Sinne des Grundsatzes der Zweckbindung angemessen und erforderlich sowie auf das für die Zwecke der Verarbeitung notwendige Maß beschränkt sein. Das schließt auch ein, dass die Speicherung nur so lange zulässig ist, wie sie für den Zweck erforderlich ist.

Werden zum Beispiel mittels eines Webformulars Daten erhoben, so sind nur die per- 21
sonenbezogenen Daten zulässig, die für den gewählten Zweck auch erforderlich sind.
Ein Erheben von Daten, weil sie aus sonstigen Gründen noch interessant sein könnten, ist nicht zulässig. Erfolgt die Erhebung etwa für ein Gewinnspiel, sind nur die
Daten zur Abwicklung des Gewinnspiels zulässig. Sollen zusätzliche Daten etwa für
demoskopische Analysen oder Werbung abgefragt werden, setzt hierfür ein neuer zu
kommunizierender Zweck die Grenzen und wird gegebenenfalls eine weitere Rechtsgrundlage, wie zum Beispiel die Einwilligung, benötigt. Auch Speicherungen in Logfiles, etwa der IP-Adresse, sind auf das erforderliche Maß zu beschränken. Die Daten
müssen gelöscht werden, wenn die Erforderlichkeit entfällt, etwa das Gewinnspiel
abgewickelt wurde oder sich im Rahmen des Zweckes „Sicherheit" die IP-Adresse als
harmlos herausgestellt hat. Alternativ kann auch eine Anonymisierung erfolgen.

In der Praxis bedeutet das, dass sich der Anbieter des Webangebots bezüglich der per- 22
sonenbezogenen Daten folgende Gedanken machen muss:

- Für welchen Zweck erhebe ich Daten?
- Welche Rechtsgrundlage habe ich für jeden Datensatz?
- Sind alle Daten erforderlich, angemessen und erheblich zum Erreichen des
  Zwecks?
- Wurde der Zweck auch noch nicht erreicht?
- Habe ich dieses alles auch dem Betroffenen gegenüber transparent gemacht?

ee) Technisch-organisatorische Maßnahmen

Der Anbieter eines Webdienstes muss für den Betrieb bestimmte technisch-organisa- 23
torische Maßnahmen treffen. Diese sind insbesondere in den Art. 32 ff. DSGVO geregelt (→ B. IV. Rn. 36 ff.). Dabei muss und darf er den Stand der Technik, Implementierungskosten sowie Art, Umfang und Zwecke der der Verarbeitung beachten. Hinzu kommen Faktoren wie Eintrittswahrscheinlichkeit und Schwere des Risikos für die
Rechte und Freiheiten natürlicher Personen. Art. 32 Abs. 1 DSGVO führt einige
Maßnahmen beispielhaft auf. Im Ergebnis wird man zu ähnlichen Maßnahmen kommen, die bisher schon das Telemediengesetz gefordert hat.

Erstens soll die Übermittlung von personenbezogenen Daten nach Art. 32 Abs. 1 lit. a 24
2. Var. DSGVO verschlüsselt erfolgen. Dies gilt ungeachtet der Frage, ob es sich um
besondere Kategorien personenbezogener Daten im Sinne des Art. 9 DSGVO handelt.
Typisch hierfür ist die Nutzung von SSL-Verschlüsselung oder des https-Protokolls.
Dies ergibt sich aus dem in der Regel vertretbaren Implementierungsaufwand einer
solchen Verschlüsselung im Webverkehr und des gleichzeitig erhöhten Risikos für die
übermittelten Daten.

Zweitens sollte auch die Speicherung der Daten möglichst verschlüsselt erfolgen. Die 25
meisten modernen Datenbanken liefern eine Verschlüsselung mit, die zumindest gegenüber externen Zugriffen schützen kann. Somit ist deren Aktivierung in den vielen
Fällen zumutbar. Ansonsten müssen andere technisch-organisatorischen Maßnahmen
zum Schutz der Daten ergriffen werden. Stand der Technik ist dabei auch, dass Passwörter zumindest in Hash-Form gespeichert werden. Eine Klartextspeicherung ist in

der Regel nicht erforderlich und würde ein Sicherheitsrisiko beim Anbieter für Externe bedeuten.

26 Drittens sind Im Rahmen des Zumutbaren Daten zu pseudonymisieren. Eine so konkrete Regelung wie in § 13 Abs. 6 TMG enthält die Datenschutz-Grundverordnung hierzu nicht. Jedoch nennt sie in Art. 32 Abs. 1 lit. a 1. Var. DSGVO das Pseudonymisieren als Beispielmaßnahme, so dass sie anzuwenden ist, wenn die oben genannte Zumutbarkeitsbedingungen (Implementierungskosten, Art der Daten und weitere) erfüllt sind. In diesem Fall sind nach Art. 4 Nr. 5 DSGVO die zusätzlichen Informationen, die eine Zuordnung eines Pseudonyms zu einer Person ermöglichen, gesondert aufzubewahren. Diese Vorschrift stellt etwas geringere Anforderungen als die Vorgängernorm im Telemediengesetz. Dort ist von einer strikten Trennung der Daten ohne Personenbezug von der Zuordnungsregel, gegebenenfalls auch externen Speicherung, auszugehen. Nunmehr reicht eine Aussonderung der Zuordnungsfunktion. Dies führt jedoch dazu, dass eine solche Pseudonymisierung der Daten in vielen Fällen aufgrund der geringen Implementierungskosten zumutbar ist.

27 Viertens müssen nach Art. 32 Abs. 1 lit. b DSGVO die üblichen weiteren Maßnahmen zum Schutz der personenbezogenen Daten während der Verarbeitung ergriffen werden. Neben den schon erwähnten Verschlüsselungsverfahren gehören heute zum Stand der Technik bei Webangeboten mindestens der Betrieb einer (Next Generation)-Firewall, Virenscanner zur Verhinderung der Verbreitung von Spam und Schadcode über den Dienst, eingeschränkte Zugriffsrechte, Mandantentrennung und ein spezielles Rollenmanagement. Diese Mechanismen müssen Vertraulichkeit, Integrität, Verfügbarkeit und Belastbarkeit der Systeme und Dienste sicherstellen.

28 Fünftens müssen die personenbezogenen Daten regelmäßig auf Backup-Servern gespeichert werden. Dies ergibt sich aus Art. 32 Abs. 1 lit. c DSGVO, wonach Maßnahmen ergriffen werden müssen, um die Verfügbarkeit der personenbezogenen Daten und den Zugang zu ihnen bei einem physischen oder technischen Zwischenfall rasch wiederherzustellen.

29 Genehmigte Verhaltensregeln und Zertifizierungen können nach Art. 32 Abs. 3 DSGVO als Faktor beim Nachweis der Einhaltung der oben genannten Vorgaben herangezogen werden. Das bedeutet aber auch, dass der Einsatz eines zertifizierten Verfahrens alleine nicht ausreicht. Es ist ein Faktor neben anderen, die etwa von einer Aufsichtsbehörde oder dem Auftraggeber geprüft werden kann. Dennoch kann es sinnvoll sein, auf zum Beispiel zertifizierte Cloud-Angebote, Websoftware oder sonstige Anbieter zurückzugreifen.

b) Whois-Abfragen bei ICANN und DENIC

30 Auch wenn nach deutschem Recht nach dem Telemediengesetz eine Art Recht auf Anonymität oder nach § 13 Abs. 6 TMG zumindest die pseudonyme Nutzungsmöglichkeit vorgeschrieben ist, gilt das praktisch nicht für Nutzer eigener Domain-Namen. So schreibt die Internet Corporation for Assigned Names and Numbers (ICANN) bisher den Registraren, wie der deutschen DENIC eG, vor, dass sie zahlreiche personenbezogene Daten sammeln und ein offenes „Whois"-Verfahren zur Ab-

frage der Inhaber einer Domain anbieten müssen.[9] Das bedeutet, dass frei über das Internet zu jeder Second-Level-Domain die personenbezogenen Daten abrufbar sind und damit auch missbraucht werden können. Dieses Verfahren wird sich zumindest für europäische Anbieter ändern müssen, da von einer Unvereinbarkeit der aktuellen Whois-Abfragen mit den Vorgaben der Datenschutz-Grundverordnung ausgegangen wird.[10]

Wer eine Webseite oder anderen Webdienst anbietet, war und ist zwar zum Impressum verpflichtet und muss daher sowieso personenbezogene Daten von sich preisgeben. Allerdings gilt dieses nicht für Personen und Stellen, die den Domain Namen zum Beispiel nur für E-Mail-Verkehr nutzen.   31

Natürlich darf der Registrar die Daten nach Art. 6 Abs. 1 S. 1 lit. b DSGVO erheben, die für die Erfüllung eines Vertrags erforderlich sind. Dazu gehören insbesondere Kontaktdaten des Domaininhabers und Zahlungsdaten, sofern eine direkte Bestellung beim Registrar erfolgt. Die bisher abgefragten Kontaktdaten des AdminC, TechC und BillingC dürften hingegen nicht erforderlich sein[11] und dienen in der Regel auch keiner Wahrung eines berechtigten Interesses im Sinne des Art. 6 Abs. 1 S. 1 lit. f DSGVO. ICANN plant aktuell keine Konsequenzen, wenn Registrare und Registries aufgrund der Datenschutz-Grundverordnung die vertraglichen Verpflichtungen nicht einhalten können[12].   32

Insbesondere ergibt sich aus der Datenschutz-Grundverordnung keine Berechtigung einer freien Veröffentlichung dieser Daten im Rahmen der bisher praktizierten Whois-Abfrage, da es mangels Erforderlichkeit an einer Rechtsgrundlage fehlt. Diese Veröffentlichung dient nicht zur Erfüllung eines Vertrages, es gibt keine Rechtspflichten hierfür, sie liegt nicht im öffentlichen Interesse und sie dient nicht der Wahrung eines berechtigten Interesses des Verantwortlichen.   33

Natürlich gibt es Gründe, weshalb auf diese Daten in bestimmten Situationen Zugriff bestehen sollte. So können sie Teil eines polizeilichen Ermittlungsverfahrens sein. Wie auch bisher können solche Bestandsdatenabfragen jedoch über andere rechtliche Wege erfolgen, dann jedoch mit einer stärkeren Prüfung der Notwendigkeit des Abrufs. Auch andere Stellen und Personen können gegebenenfalls berechtigtes Interesse an der Kenntnis dieser Information über den Inhaber einer Domain haben, etwa im Rahmen eines Zivilprozesses. Aber auch hierfür gibt es mildere Mittel der Zugriffsregelung als der generellen Veröffentlichung der personenbezogenen Daten.   34

Möglich wäre es noch, die Veröffentlichung auf die Einwilligung des Betroffenen zu stützen. Da diese jedoch freiwillig sein muss und auch widerruflich ist, dürfte dies kein praktikabler Weg sein. Somit dürfte mit Geltung der Datenschutz-Grundverordnung hinsichtlich der Whois-Abfragen eine deutliche Änderung eintreten.   35

---

9   S. https://whois.icann.org/en/dns-and-whois-how-it-works.
10 S. ICANN: Kompromiss bei DS-GVO und Whois-Register ZD-Aktuell 2017, 05848.
11 So wohl auch die Anwaltskanzlei Rickert und Fieldfisher in ihrem Gutachten für den eco Verband, s. *Emert, „eco-Konzept für Domain-Daten: Das offene Whois vor dem Aus"*, heise online vom 12.12.2017, https://www.heise.de/newsticker/meldung/eco-Konzept-fuer-Domain-Daten-Das-offene-Whois-vor-dem-Aus-3916669.html.
12 S. https://www.icann.org/news/blog/data-protection-privacy-activity-recap.

2. Cloud Computing-Dienste

36 Eines der schillerndsten und sehr kontrovers diskutierten Themen der letzten zehn Jahre war die Entstehung und Nutzung von Cloud-Diensten. Das Spektrum der Diskussion reichte von der grundsätzlichen Ablehnung einer Cloud-Nutzung wegen Bedenken um die Gewährleistung der Informationssicherheit und des Datenschutzes bis hin zur unreflektierten Nutzung und kritiklosen Faszination an den neuen Möglichkeiten. Die Argumente für und gegen die Nutzung von Cloud-Diensten variieren dabei stark je nach subjektiver Sicht auf die Inanspruchnahme der Dienste. Cloud-Dienste werden für öffentliche Stellen, Unternehmen, Freiberufler, Gewerbetreibende und Privatpersonen gleichermaßen angeboten. Privatpersonen, die zum Beispiel ihre digitalen Fotoalben in der Cloud speichern, müssen vornehmlich abschätzen, ob sie selbst Bedenken bezüglich der Informationssicherheit und Vertraulichkeit ihrer Daten haben, wenn sie diese in der Cloud speichern. Von ihnen müssen aber nur bedingt Schutzinteressen Dritter berücksichtigt werden. Dies stellt sich bei öffentlichen Stellen, Unternehmen, Freiberuflern und Gewerbetreibenden grundsätzlich anders dar. Diese Stellen verarbeiten regelmäßig auch Daten von Beschäftigten und Dritten, wie Bürgern, Kunden, Geschäftspartnern, Mandanten und Patienten, so dass ihnen diesbezüglich das Datenschutzrecht besondere Pflichten auferlegt.

37 Technischer Hintergrund der Cloud-Entwicklung waren das **Grid Computing** und neue Techniken der **Virtualisierung**.[13] Das Grid Computing, mit dem Ende der neunziger Jahre aus einer Vielzahl einzelner und verteilte Rechner Ressourcen zusammengeschaltet wurden, um eine Rechenleistung vergleichbar einem Großrechner zu erhalten, führte zu einer **Standardisierung** von Schnittstellen und letztlich dazu, die zusammen geschalteten Ressourcen als ein virtuelles System betreiben zu können. Mit zunehmender Reife konnte diese Technologie nicht nur bei verteilten Einzelrechnern angewendet, sondern auch industriell auf die Server in einem Rechenzentrum übertragen werden.

a) Eigenschaften von Cloud-Diensten

38 Personenbezogene Daten werden seit jeher auf fremde Systeme ausgelagert. Insofern ist das damit einhergehende **Outsourcing von Daten und Prozessen** nichts Neues. Neu und essentiell für den Siegeszug der Cloud-Technologien sind andere Eigenschaften.[14]

39 Cloud-Dienste können schnell und unkompliziert eingerichtet werden. Der hohe **Standardisierungsgrad**[15] erlaubt es, dass beispielsweise bei Cloud-Anbietern wie Amazon mit den Amazon Web Services (AWS) ganze Rechenzentren innerhalb weniger Minuten virtuell aufgesetzt werden können. Zu Zeiten des Mainframe-Outsourcings mussten dagegen kundenindividuell gewachsene Systeme vom Outsourcing-Anbieter übernommen und in dessen Infrastruktur integriert werden. Dies war aufwändig und erforderte regelmäßig auch die Übernahme von Personal des Kunden, um die migrierten Systeme überhaupt betreiben zu können. Zudem führte der Aufwand beim

---

13 *Bitkom* 2009, 69 ff.
14 *Kroschwald* 2016, 7 ff.
15 *Bitkom* 2009, 48.

Roland Steidle

Migrationsprozess dazu, dass ein Outsourcing eine relativ lange Vertragszeit bedurf-te, um für den Anbieter wirtschaftlich sinnvoll zu werden. Demgegenüber ist der Auf-wand zur Einrichtung und Nutzung eines Cloud-Dienstes heutzutage relativ gering, sofern ein Anwender über das technische Know-How verfügt und seine eigenen Sys-teme entsprechend standardisiert angebunden werden können.

Die unmittelbare Folge der Standardisierung und der relativ niedrigen Nutzungsan-forderungen ist, dass Cloud-Dienste extrem **flexibel**[16] genutzt werden können. Viele Anbieter bieten eine sekundengenaue Abrechnung gebuchter Ressourcen und die Möglichkeit, die genutzten Dienste jederzeit zu **skalieren**.[17] Früher wirtschaftlich rele-vante Fragestellungen, wie insbesondere Abnahmeverpflichtungen und Mengengerüs-te sowie Laufzeiten und Kündigungsfristen, spielen heutzutage kaum mehr eine Rol-le. In der Regel spiegelt sich die technische Standardisierung auch in der rechtlichen Vertragsgestaltung. Eine individuelle Vertragsgestaltung findet selbst bei Großunter-nehmen kaum mehr statt, sondern die Konditionen der Cloud-Nutzung werden über Allgemeine Geschäftsbedingungen festgelegt. 40

Die Möglichkeit der Cloud-Anwender, Ressourcen nur noch in dem Umfang buchen zu müssen, wie sie benötigt werden, und der weitgehende Wegfall von Beschaffungs- und Investitionskosten zur Auslagerung führen zudem zu einer erheblichen **Kostener-sparnis** bei der Nutzung.[18] 41

Entsprechende Effekte ergeben sich aus der **Mandantenfähigkeit** von Cloud-Syste-men. Da sich viele Kunden eine **gemeinsame Hardware und Infrastruktur** teilen, muss der Anbieter nur noch eine Infrastruktur warten und pflegen sowie zudem nicht kun-denindividuell Kapazitäten für Lastspitzen vorhalten. Daneben ergibt sich für die Cloud-Anwender der weitere Vorteil, dass sie Hard- und Software nach dem **aktuel-len Stand der Technik** nutzen können. 42

Letztlich ermöglichen standardisierte Cloud-Dienste einen einfachen **webbasierten Zugriff** auf Daten und Anwendungen **zu jeder Zeit und von jedem** Ort aus.[19] Dage-gen erfordern klassische VPN-Zugriffe auf Server und Anwendungen in einem inter-nen Firmennetzwerk die Installation entsprechender VPN-Clients und eventuell die Verwendung von Hardware-Token, wie beispielsweise Chipkarten oder Arbeitsaus-weisen. Solche Systeme sind wegen der erforderlichen Sicherheit bei Zugriffen auf fir-meninterne Server nicht gleichermaßen offen für eine Synchronisation von Daten. Ty-pische Cloud-Dienste ermöglichen Nutzern und ganzen Arbeitsgruppen jedoch eine **Synchronisation** von Daten über verschiedene Endgeräte ohne diese Anforderun-gen.[20] Die ersten weitverbreiteten Cloud-Dienste im Consumer-Bereich, wie beispiels-weise Dropbox, Google Drive oder Microsoft OneDrive, setzten anfangs auf genau solche Speicher- und Synchronisationsfunktionen. Diese Funktionen waren wesent-lich für die Beliebtheit von Cloud-Diensten verantwortlich und führten zu deren Ver-breitung erst im Consumer- und dann auch im Business-Bereich. 43

---

16 *Schmidt/Kahl* ZD 2017, 54; *Bitkom* 2009, 48 ff.
17 *Schmidt/Kahl* ZD 2017, 54; *Bitkom* 2009, 50.
18 *Schmidt/Kahl* ZD 2017, 54; *Tezel* ZD-Aktuell 2016, 05026; *Bitkom* 2009, 44.
19 *Tezel* ZD-Aktuell 2016, 05026.
20 *Tezel* ZD-Aktuell 2016, 05026.

b) Gegenstand von Cloud-Diensten – „anything as a Service"

44   Der Gegenstand von Cloud-Diensten wird typischerweise in **drei Ebenen**[21] eingeteilt. Auf der untersten Ebene werden **Infrastrukturleistungen** wie Speicherleistung oder Netzwerkinfrastruktur oder virtualisierte Komponenten zur Datenverarbeitung angeboten, sogenanntes „Infrastructure as a Service" (IaaS). Auf dieser Infrastruktur setzen wiederum **Plattformangebote** auf, die sich regelmäßig an Entwickler und System-Architekten richten, sogenanntes „Platform as a Service" (PaaS) wie beispielsweise Datenbanktechnologien oder Serversysteme und Entwicklungsumgebungen. Endnutzer eines Cloud-Dienstes nutzen meist **Softwareanwendungen**, die auf der Basisinfrastruktur und der Plattform aufsetzen, sogenanntes „Software as a Service" (SaaS). Prominentes Beispiel hierfür ist das Cloud-Produkt Microsoft Office 365, bei dem die bekannten Office-Programme als ein Service aus der Cloud angeboten werden (→ B. III. Rn. 77 ff.). Insbesondere bei der Nutzung solcher SaaS-Angebote wird offensichtlich, dass Cloud-Angebote die Übermittlung von **personenbezogenen Daten**, aber auch von **Geschäfts- oder Betriebsgeheimnissen** und von vertraulichen Informationen, die **Verschwiegenheitspflichten** unterliegen, an den Cloud-Betreiber in einem **ganz erheblichen Umfang** mit sich bringen können.

c) Risiken der Private Cloud, Public Cloud und Hybrid Cloud

45   Cloud-Dienste können verschieden aufgesetzt werden.[22] Insbesondere in den frühen Jahren der Cloud-Entwicklung, aber auch heute noch in sicherheitskritischen Bereichen, wurden und werden Cloud-Dienste auf eigener Infrastruktur betrieben. Dabei bedeutet eigene Infrastruktur, dass der Cloud-Anwender zugleich Betreiber ist und die **Verfügungsgewalt** über die Hardware hat, unabhängig davon, ob sie rechtlich in seinem Eigentum steht oder etwa nur geleast ist. Diese als **Private Cloud**[23] bezeichneten Dienste werfen keine besonderen datenschutzrechtlichen Risiken im Vergleich zu sonstiger unternehmensinterner Infrastruktur auf und stehen daher nicht im Fokus dieses Kapitels. Dies gilt jedenfalls, wenn auch die zugreifenden Endgeräte nach dem Stand der Technik administriert und kontrolliert werden. Für die Nutzung einer Private Cloud sowie für externe Zugriffe zu **Wartungszwecken** sind die Anforderungen an eine Datenübermittlung und, sofern tatsächlich eine solche Situation vorliegt, die Regelungen der Auftragsverarbeitung nach Art. 28 DSGVO zu beachten (→ B. II. Rn. 144 ff.).

46   Bei der **Public Cloud** liegt ein frei zugängliches Angebot des Cloud-Dienstleisters vor, der seine Dienste offen über das Internet für jedermann zugänglich macht, so dass zahlreiche Cloud-Anwender dieselbe Infrastruktur nutzen. In der Regel erfolgt der Zugriff auf Daten in der Cloud über einen Webbrowser.[24] Bei einer Public Cloud fin-

---

21 *Tezel* ZD-Aktuell 2016, 05026; *Bitkom* 2009, 22 ff.
22 Zu den Formen der Cloud s. *Bitkom* 2009, 29 ff.
23 Der Unterschied zu reinen Serverlösungen besteht darin, dass bei einer Private Cloud der Endnutzer im Unternehmen zusätzlich Cloud typische Mehrwerte nutzen kann, wie zB eine skalierbare IT-Infrastruktur oder installations- und wartungsfreie IT-Anwendungen.
24 *Tezel* ZD-Aktuell 2016, 05026; zum Datenschutz und zur Informationssicherheit bei gängigen Webbrowsern s. BSI für Bürger, Machen Sie Ihren Browser sicher, abrufbar unter: https://www.bsi-fuer-buerger.de/BSI FB/DE/Empfehlungen/EinrichtungSoftware/EinrichtungBrowser/ Sicherheitsmassnahmen/SicherheitsCheck/browsercheck.html; zum Launch von Google Chrome *Steffan/Seitz/Pordesch/Steidle* DuD 2009, 46.

det eine Auslagerung personenbezogener Daten auf ein **externes** Unternehmen statt. Entsprechendes in Teilen bei der **Hybrid Cloud**, die eine Mischform der Public und Private Cloud darstellt. Bei diesen Organisationsformen bestehen nach wie vor erhebliche Vorbehalte aufgrund von Risiken für die **Beherrschbarkeit** der genutzten Cloud-Services sowie die **Rechtmäßigkeit, Transparenz und Nachvollziehbarkeit** der beim Anbieter stattfindenden Datenverarbeitung.[25]

Dabei gestaltet sich die Umsetzung von Transparenz und Nachvollziehbarkeit vor allem deshalb schwierig, da die Anbieter von Public Cloud-Diensten in aller Regel **internationale Großunternehmen** sind, die ihre Leistungen aus verschiedenen Ländern weltweit anbieten, Daten an verschiedenen Standorten speichern sowie den Betrieb aus verschiedenen Ländern heraus überwachen und warten. Zudem setzen diese Anbieter meist weitere, rechtlich selbstständige **Konzern-, Partner- und Subunternehmen** ein. Dies beispielsweise auch, um Teile der Datenverarbeitung in Regionen mit geringeren Betriebskosten zu verlagern, so dass aus Sicht des Cloud-Anwenders letztlich nur schwer ersichtlich oder gar effektiv kontrollierbar ist, wer in einer solchen **Auslagerungskette** wann welche Daten speichert, verarbeitet oder darauf zugreifen kann. 47

Hinzu tritt das Risiko einer **Abhängigkeit** von einzelnen Anbietern, wenn bislang selbstbetriebene und unternehmenskritische Leistungen weitgehend auf einen externen Cloud-Anbieter verlagert werden. Aus diesem Grund bestehen beispielsweise Sonderregelungen, wie im Bereich des Bank-Outsourcing **§ 25 a und b KWG** und die zugehörigen Rundschreiben über die **Mindestanforderungen an das Risikomanagement** (MaRisk) sowie die **Bankaufsichtlichen Anforderungen an die IT (BAIT)** der Bundesanstalt für Finanzdienstleistungsaufsicht (BaFin).[26] Diese Rundschreiben konkretisieren §§ 25 a und 25 b KWG dahin gehend, ob und was auf externe Unternehmen ausgelagert werden darf und welche Anforderungen an die Sicherheit von IT-Systemen und IT-Prozessen bestehen. Abgesehen von solchen Sonderfällen und abgesehen von den Sonderregelungen für kritische Infrastrukturen im Sinne von § 2 Abs. 10 BSIG werden Abhängigkeiten aber zunehmend weniger als Risiken betrachtet, da die Verbreitung, Standardisierung und Kombinierbarkeit von Cloud-Leistungen mittlerweile sehr groß ist. Großunternehmen nutzen heute vor allen in den Bereichen IaaS und PaaS oftmals eine Vielzahl verschiedener, weitgehend funktionsgleicher Cloud-Dienste, so dass die Abhängigkeit von einzelnen Anbietern sinkt. Dazu kommt wie erwähnt die Möglichkeit, Leistungen sekundengenau zu nutzen und auch dementsprechend ohne Berücksichtigung vertraglicher Laufzeiten umbuchen zu können. 48

d) Datenschutzrechtliche Anforderungen

Die Frage, unter welchen datenschutzrechtlichen Anforderungen Cloud-Dienste genutzt werden können, beschäftigt die Praxis als auch die Rechtsliteratur seit Jahren. Dabei ist das Auslagern personenbezogener Daten oder Prozesse, das sogenannte **Ap-** 49

---

25 Arbeitskreise Technik und Medien der Konferenz der Datenschutzbeauftragten des Bundes und der Länder sowie der Arbeitsgruppe Internationaler Datenverkehr des Düsseldorfer Kreises, Orientierungshilfe – Cloud Computing, Version 2.0, 9.10.2014, 24 ff. sehr ausführlich zu den Risiken beim Cloudcomputing, 7 zu Cloud-Arten; Krcmar/Leimeister/Roßnagel/Sunyaev/*Jandt/Kroschwald/Roßnagel/Wicker* 2016, 207.

26 Dazu *Lensdorf* CR 2017, 753 ff.; *Fischer/Petri/Steidle* WM 2007, 2313 ff. Zum Datenschutz bei Insiderverzeichnissen *Steidle/Waldeck* WM 2005, 868 ff.

plication Service Providing (ASP), keine neue Erscheinung. Allerdings kommt die juristische Diskussion je nachdem welche Konstellation beurteilt wird, ob es um eine Private oder eine Public Cloud handelt, ob der Anbieter in Deutschland, der Europäischen Union oder in einem Drittland sitzt, ob der Cloud-Anwender eigene Daten auslagert oder (auch) die seiner Endkunden, zu teilweise anderen Ergebnissen. Dies kann beim flüchtigen Betrachten der Diskussion den Eindruck entstehen lassen, die rechtliche Bewertung von Cloud-Diensten sei weitgehend unsicher. Die Thematik verschärft sich insofern, als mit der **Datenschutz-Grundverordnung** und der anstehenden E-Privacy-Verordnung künftig neue Regelungen gelten, zu deren Anwendung noch keine Erfahrung besteht. Im Folgenden soll daher systematisch dargestellt werden, welche datenschutzrechtlichen Anforderungen bei der Nutzung von Cloud-Diensten gelten. Der Schwerpunkt liegt dabei auf den Anforderungen der Datenschutz-Grundverordnung, nicht aber auf der im Detail noch unklaren E-Privacy-Verordnung[27] oder auf bereichsspezifischen Spezialvorschriften, wie den vorstehend genannten zum Bank-Outsourcing.

50 Eine wesentliche Unterscheidung für die Identifizierung datenschutzrechtlicher Anforderungen bei der Nutzung von Cloud-Diensten ist die Frage, ob ein **Zweipersonenverhältnis** aus lediglich dem Cloud-Anbieter und dem Nutzer besteht, oder ein **Dreipersonenverhältnis** aus dem Cloud-Anbieter, dem Nutzer und der betroffenen Person.

aa) Anforderungen an Cloud-Dienste im Zweipersonenverhältnis

51 Bei einem Zweipersonenverhältnis handelt es sich entweder um Fälle einer zu rechtfertigenden **Datenübermittlung** oder – deutlich häufiger – um eine **Auftragsverarbeitung** nach Art. 28 DSGVO (→ B. II. Rn. 144 ff.).[28] Eine Auftragsverarbeitung kann insbesondere dann angenommen werden, wenn die **tatsächliche** Ausgestaltung des Nutzungsverhältnisses die Situation einer Auftragsverarbeitung wiedergibt. Die rein vertragliche Gestaltung ist ein Indiz, genügt aber alleine nicht zur Bewertung und Einordnung.[29] Dies bedeutet, dass der Cloud-Dienst als Auftragnehmer im Wesentlichen eine **weisungsgebundene Hilfstätigkeit** für die Geschäftszwecke des Cloud-Anwenders erbringen muss. Je größer der **Entscheidungsspielraum** und die **Möglichkeit der Einflussnahme** des Cloud-Dienstleisters über die **Zwecke und Mittel** der Datenverarbeitung ist, desto eher wird er zu einem eigenen **Verantwortlichen** und desto weniger ist eine Verarbeitung im Auftrag anzunehmen.[30] Dabei haben Cloud-Kunden bei IaaS und PaaS aufgrund ihrer eigenen technischen Ausgestaltung dieser Leistungen naturgemäß umfassendere Möglichkeiten der Einflussnahme als bei der Nutzung einer fest vorgegebenen Software im Rahmen von SaaS. Eine Auftragsverarbeitung kann daher in der Regel, aber nicht nur, bei IaaS und PaaS angenommen werden.[31]

---

27 S. zum Entwurf der Kommission aus Januar 2017 bspw. Roßnagel/*Hofmann* 2018 § 5 Rn. 95 ff.
28 *Hofmann* ZD-Aktuell 2017, 05488: „Häufig" handele es sich um Auftragsverarbeitung; *Petri* ZD 2015, 305 (306 f.) va zum BDSG aF.
29 Zum BDSG aF *Petri* ZD 2015, 305 (307).
30 Roßnagel/*Hofmann* 2018 § 5 Rn. 81, 85; *Hofmann* ZD-Aktuell 2017, 05488.
31 Roßnagel/*Hofmann* 2018 § 5 Rn. 85; *Arbeitskreise Technik und Medien der Konferenz der Datenschutzbeauftragten des Bundes und der Länder sowie der Arbeitsgruppe Internationaler Datenverkehr des Düsseldorfer Kreises*, Orientierungshilfe – Cloud Computing, Version 2.0, 9.10.2014, 35, wonach die Einflussmöglichkeiten auf Anwendungen minimal sind.

Gleichwohl ist zu bedenken, dass die Datenschutz-Grundverordnung dem Auftragnehmer einen bestimmten **Entscheidungsspielraum** mit Blick auf die **Mittel** der Verarbeitung hinsichtlich der technisch-organisatorischen Maßnahmen überlässt, der die Annahme einer Auftragsverarbeitung nicht ausschließt.[32] Insofern wird ein dahin gehender Entscheidungsspielraum beim Cloud-Dienst künftig weniger ins Gewicht fallen und eine Auftragsverarbeitung weniger ausschließen, als nach altem Recht. Dagegen wird die Frage, ob ein Entscheidungsspielraum des Cloud-Dienstleisters bezüglich des Zwecks der Datenverarbeitung besteht, an Bedeutung gewinnen.

Der Cloud-Anbieter ist in einer Zweipersonenkonstellation, die als Auftragsverarbeitung eingeordnet werden kann, im Wesentlichen verpflichtet, die Sicherheit der Verarbeitung nach Art. 32 DSGVO (→ B. IV. Rn. 36 ff.) zu gewährleisten, Weisungen des Auftraggebers zu befolgen und diesen ausreichend nach Art. 13 und 14 DSGVO (→ B. IV. Rn. 121 ff.) zu informieren. Da der Auftraggeber im Zweipersonenverhältnis nur ihn selbst betreffende personenbezogene Daten auslagert, bedarf es zudem keiner weiteren Ermächtigungsgrundlage mit Bezug auf personenbezogene Daten Dritter. **52**

bb) Anforderungen an Cloud-Dienste im Dreipersonenverhältnis

Wesentlich komplexer sind die datenschutzrechtlichen Fragen im **Dreipersonenverhältnis**,[33] die im Folgenden ausführlich betrachtet werden. Bei diesem besteht die Besonderheit, dass der Cloud-Anwender nicht nur eigene personenbezogene Daten, sondern im Wesentlichen auch solche von dritten Personen an den Cloud-Anbieter übermittelt. Die Rollen des Cloud-Anwenders und der betroffenen Person fallen damit auseinander. Unmittelbare Folge ist, dass der Cloud-Anwender nicht nur eine Rechtsgrundlage dafür benötigt, dass er die personenbezogenen Daten des Dritten selbst verarbeitet. Es bedarf **zusätzlich** einer **Rechtsgrundlage**, um die personenbezogenen Daten der betroffenen Person an ein externes Unternehmen, den Cloud-Anbieter, **übermitteln zu dürfen.** Diese Rechtsgrundlage ist nicht ohne Weiteres identisch mit der Rechtsgrundlage, wonach der Cloud-Anwender die von der betroffenen Person erhalten Daten verarbeiten darf, um die Verarbeitungszwecke aus diesem Verhältnis zu erfüllen. Beispielsweise darf ein E-Commerce-Anbieter die Kontaktdaten seiner Kunden zwar aufgrund der Zulässigkeitsnorm des Art. 6 Abs. 1 lit. b DSGVO zur Vertragsabwicklung, Lieferung und Abrechnung gekaufter Produkte verwenden. Eine andere Frage ist es, ob er seine Kundendaten auch an einen Cloud-Anbieter übermitteln darf, um beispielsweise das von diesem angebotene **Customer Relationship Management (CRM)** zur Vertragsabwicklung nutzen zu können. Die folgenden Ausführungen beziehen sich nur auf solche Dreipersonenverhältnisse und strukturieren die dabei aufgeworfenen Fragen. **53**

Die datenschutzrechtlichen Pflichten für den Cloud-Dienst im Dreipersonenverhältnis entsprechen weitgehend denjenigen im Zweipersonenverhältnis. Der Cloud-Dienst wird in vielen Fällen, insbesondere bei Infrastruktur- und Plattformleistungen, **Auftragnehmer** gegenüber dem Cloud-Anwender, der als datenschutzrechtlich Verant- **54**

---

32 *DSK*, Kurzpapier Nr. 13 Auftragsverarbeitung, Art. 28 DS-GVO, 1; *Art. 29-Datenschutzgruppe* WP 169, 17 f.
33 Krcmar/Leimeister/Roßnagel/Sunyaev/*Jandt/Kroschwald/Roßnagel/Wicker* 2016, 219 und 223.

wortlicher die Rolle des Auftraggebers im Rahmen einer Auftragsverarbeitung nach Art. 28 DSGVO einnimmt (→ B. II. Rn. 144 ff.).[34] Der Cloud-Dienstleister muss in diesen Fällen vor allem die die **Weisungen** des Cloud-Anwenders einhalten, die in aller Regel bereits im **Auftragsvertrag** verschriftlicht werden und nur ausnahmsweise per Einzelanweisung erfolgen.

55 Daneben treffen den Cloud-Dienstleister die Pflichten zur **Sicherheit der Datenverarbeitung** nach Art. 32 DSGVO (→ B. IV. Rn. 36 ff.) und, sofern es sich nicht um ein kleines oder mittleres Unternehmen im Sinne des § 8 d BSIG handelt, die Pflichten nach §§ 2 Abs. 11 Nr. 3, 8 c BSIG. Letztere sind für Cloud-Dienste einschlägig, da es sich bei Diensten, die den Zugang zu einem skalierbaren und elastischen Pool gemeinsam nutzbarer Rechenressourcen ermöglichen, um sogenannte **Digitale Dienste** nach dem Gesetz über das Bundesamt für Sicherheit in der Informationstechnik (BSIG) handelt, an welche besondere Anforderungen gestellt werden.[35]

56 Eine eigene datenschutzrechtliche Verantwortlichkeit des Cloud-Dienstes für die personenbezogenen Daten des Cloud-Anwenders und dessen Kunden, die über seine Rolle als Auftragnehmer der Auftragsverarbeitung hinausgeht, ist möglich, praktisch aber selten. Zu denken ist an eine **gemeinsame Verantwortung**[36] des Cloud-Dienstes und des Cloud-Anwenders nach Art. 26 DSGVO, welche jedoch eine dahin gehende **Vereinbarung** nach Abs. 1 S. 2 fordert, die im Massengeschäft aufgrund der notwendigen Abweichung vom vertraglichen Standard selten sein dürfte. Eine gemeinsame Verantwortung kommt eher zwischen dem Cloud-Anwender und dessen Kunden in Betracht, beispielsweise im betrieblichen Bereich zwischen einer die Cloud nutzenden Konzerneinheit und den mit ihr verbundenen Unternehmen. Ferner kann ein **Nebeneinander** an Verantwortung beim Cloud-Dienstleister insofern bestehen, als der Cloud-Dienst für diejenigen personenbezogenen Daten, die er zur Leistungserbringung benötigt, selbst auch datenschutzrechtlich verantwortlich ist.[37]

57 Denkbar sind jedoch Konstellationen, insbesondere im Consumer-Bereich, bei denen ein Cloud-Dienst, der seine Leistungen ohne Erhebung eines Entgelts anbietet, die ihm überlassenen personenbezogenen Daten zusätzlich aus einem **eigenen Geschäftsinteresse** verarbeitet und nutzt. Bezüglich dieser Datenverarbeitung tritt er in die Rolle eines für die Verarbeitung datenschutzrechtlich **Verantwortlichen**. Solche Konstellationen könnten beispielsweise vorliegen, wenn ein cloudbasierter Webanalyse-Service derart angeboten wird, dass die analysierten Daten personenbezogen für ein eigenes Geschäftsinteresse genutzt werden.

cc) Erfüllung der Anforderungen durch Cloud-Zertifizierung

58 Da ein Public Cloud-Dienstleister ein **Massengeschäft** betreibt und eine Vielzahl von Kunden beliefert, ist es praktisch nicht möglich, dass dessen Kunden die Einhaltung der Sicherheitsanforderungen bei ihm vor Ort und im laufenden Betrieb kontrollieren. Dies gilt ganz abgesehen von den Schwierigkeiten die daraus folgen, dass Cloud-

34 Krcmar/Leimeister/Roßnagel/Sunyaev/*Jandt/Kroschwald/Roßnagel/Wicker* 2016, 209.
35 Dazu Roßnagel/*Hofmann* 2018 § 5 Rn. 113; *Hofmann* ZD-Aktuell 2017, 05488 ff.
36 *Hofmann* ZD-Aktuell 2017, 05488.
37 Roßnagel/*Hofmann* 2018 § 5 Rn. 85; *Hofmann* ZD-Aktuell 2017, 05488.

Dienste meist Großunternehmen sind, die weltweit verschiedene Niederlassungen betreiben und darüber hinaus mit weiteren Konzern- und Partnerunternehmen sowie Unterauftragnehmern kooperieren. Um einen „**Kontrolltourismus**"[38] der Kunden beim Cloud-Dienst zu vermeiden, der bereits aus Gründen der Betriebssicherheit und des Datenschutzes nicht wünschenswert ist, kommt dem Nachweis der Datensicherheit und des Datenschutzes über standardisierte **Zertifizierungsverfahren** externer Audit- und Prüfunternehmen eine erhebliche Bedeutung zu. Solche Zertifizierungsverfahren erfordern tiefergehende Prüfungen des Cloud-Anbieters, auch in dessen Rechenzentren vor Ort,[39] und können damit erforderliche eigene **Vor-Ort-Prüfungen durch den Cloud-Anwender ersetzen**, welche diese mangels Ressourcen und Knowhow häufig ohnehin nicht sinnvoll vornehmen können.[40]

Umso entscheidender ist es daher, dass den Prüfungen und den darauf basierenden Zertifikaten vertraut werden kann. Gängige und im Markt verbreitete Zertifizierungen bestehen bislang vor allem im Bereich der Datensicherheit nach **BSI-Grundschutz** und, damit kompatibel, **ISO 27001**. Speziell zum Datenschutz in der Cloud besteht der Standard nach **ISO 27008**.[41] Nicht zuletzt deshalb fördert die Datenschutz-Grundverordnung **Zertifizierungsverfahren** und regelt diese in Art. 41 und 42 DSGVO. 59

Daneben können **genehmigte Verhaltensregeln** ein **Indiz** für die Einhaltung datenschutzrechtlicher Anforderungen nach Art. 40 und 41 DSGVO sein. Inwieweit eine solche Indikation in der Praxis ausreichend ist und sich Verhaltensregeln in Zukunft etablieren, bleibt abzuwarten. Voraussichtlich werden größere Cloud-Dienste aus Gründen der Rechtssicherheit als auch aus vertrieblichen Aspekten gleich eine Zertifizierung anstreben. 60

dd) Anforderungen an Cloud-Nutzer im Dreipersonenverhältnis

Die datenschutzrechtlichen Anforderungen an den Cloud-Anwender sind praktisch herausfordernd. Insbesondere benötigt der Cloud-Anwender eine **Rechtsgrundlage zur Auslagerung** der personenbezogenen Daten der betroffenen Personen an den Cloud-Dienst. Hierbei kommt in den Fällen, in denen die Nutzung des Cloud-Dienstes eine Auftragsverarbeitung darstellt – das heißt, sofern der Cloud-Dienst die ausgelagerten Daten nicht zu eigenen Geschäftszwecken verarbeitet, sondern lediglich zu denen des Cloud-Nutzers und sofern der Dienst ausreichend weisungsgebunden ist und kontrolliert wird (→ Rn. 57 f.) – **Art. 28 DSGVO** in Betracht. In allen anderen Fällen liegt eine Datenverarbeitung in Form der Übermittlung nach **Art. 4 Nr. 2 DSGVO** vor. 61

Art. 28 DSGVO setzt den Abschluss eines wirksamen **Vertrages** über die Auftragsverarbeitung oder eines **anderen Rechtsinstruments** – zu denken ist an einseitige Selbst- 62

---

38 Krcmar/Leimeister/Roßnagel/Sunyaev/*Jandt/Kroschwald/Roßnagel/Wicker* 2016, 227.
39 Nach Kühling/Buchner/*Hartung* DSGVO, Art. 28 Rn. 78 mwN sind Vor-Ort-Kontrollen jedenfalls durch externe Auditoren erforderlich.
40 Kühling/Buchner/*Hartung* DSGVO Art. 28 Rn. 78; Krcmar/Leimeister/Roßnagel/Sunyaev/*Jandt/Kroschwald/Roßnagel/Wicker* 2016, 224 ff. zum BDSG aF.
41 Zudem wurden in dem bereits abgeschlossenen Forschungsprojekt NGCert, Grundlagen und Verfahren für eine dynamische Zertifizierung von Cloud-Diensten entwickelt, abrufbar unter: https://www.tum.de/die-tum /aktuelles/pressemitteilungen/detail/article/34401/.

verpflichtungen – voraus, der die inhaltlichen Anforderungen von Art. 28 Abs. 3 S. 2 DSGVO erfüllen muss (→ B. II. Rn. 144 ff.). Der Abschluss des Vertrages wird durch die Datenschutz-Grundverordnung insofern erleichtert, als dieser gemäß Art. 28 Abs. 9 DSGVO zwar schriftlich zu schließen ist, dies aber auch elektronisch erfolgen kann. Allerdings ist unklar, was genau die Datenschutz-Grundverordnung unter dem „elektronischen Format" versteht. Ausgehend von den Dokumentationspflichten nach Art. 5 Abs. 2 DSGVO dürfte damit wenigstens die Textform nach § 126 b BGB gemäß deutschem Recht gemeint sein, so dass nur flüchtige Anzeigen einer Verpflichtung auf einer Webseite nicht genügen.[42] In Folge dessen besteht die Befürchtung, dass die Möglichkeit zur Annahme von Verträgen „per Mausklick" Cloud-Anwender dazu verleitet, das Vorliegen der datenschutzrechtlichen Voraussetzungen im schlimmsten Fall „weg zu klicken". Die bislang geltende Anforderung zur Vereinbarung eines schriftlichen Vertrags zwang hingegen den Cloud-Anwender zum Nachdenken und im betrieblichen Bereich zur Einschaltung der Unternehmensleitung oder der Einkaufsabteilung. Die geringeren formellen Hürden unter der Datenschutz-Grundverordnung für die Beauftragung könnten die erforderliche Sorgfalt beim Vertragsschluss beeinträchtigen.

63   Neben der Vereinbarung einer Auftragsverarbeitung kommen als Rechtsgrundlagen **Art. 6 Abs. 1 lit. b und f DSGVO** – wie in der Vergangenheit § 28 Abs. 1 S. 1 Nr. 1 und 2 BDSG aF – in Betracht (→ B. II. Rn. 21 ff.). Danach kann die Auslagerung auf einen Cloud-Dienst gerechtfertigt sein, wenn sie **Vertragsgegenstand** zwischen dem Cloud Nutzer und der betroffenen Personen ist (lit. b) oder wenn sie im **berechtigten Interesse** des Cloud-Nutzers erfolgt und die Interessen oder Grundrechte und Grundfreiheiten der betroffenen Person nicht überwiegen (lit. f). Inwieweit künftig Auslagerungen auf Basis von Art. 6 Abs. 1 lit. f DSGVO gestützt werden, bleibt abzuwarten. Dieser entspricht zwar bezüglich der Interessenabwägung § 28 Abs. 1 S. 1 Nr. 2 BDSG aF, welcher die zentrale Rechtsgrundlage im Bereich des **Business Process Outsourcing** (BPO) war. Allerdings erlaubt die Auftragsverarbeitung nach der Datenschutz-Grundverordnung dem Auftragnehmer künftig einen gewissen Entscheidungsspielraum bezüglich der Mittel der Verarbeitung hinsichtlich der technisch-organisatorischen Maßnahmen, der die Auftragsverarbeitung nicht ausschließt.[43] Sie ist darüber hinaus auch mit Anbietern im Drittland möglich. Einige Fälle, die bislang nicht als Auftragsverarbeitung geregelt werden konnten, können somit künftig unter

---

42 So auch Plath/*Plath* DSGVO Art. 28 Rn. 17 („per E-Mail oder Online"); Roßnagel/*Hofmann* 2018 § 5 Rn. 87 ff.; *Albrecht/Jotzo* 2017, Teil 5 Rn. 26; kritisch Kühling/Buchner/*Hartung* DSGVO Art. 28 Rn. 95 f. und Paal/Pauly/*Martini* DSGVO Art. 28 Rn. 75, die eine (nicht notwendigerweise qualifiziert) signierte E-Mail fordern; Wolff/Brink/*Spoerr* DSGVO Art. 28 Rn. 13 hält sogar die elektronische Form nach § 126 a BGB für erforderlich und ist der Ansicht, es habe sich nichts zur bisherigen Rechtslage geändert. Es bestehen jedoch keine dahin gehenden Anhaltspunkte aus dem Erlassverfahren zur DSGVO. Im Gegenteil war auch nach dem Wortlaut der DSRL „schriftlich o. in anderer Weise dokumentiert" eine europarechtskonforme Auslegung nur in Textform möglich, jedoch wurde dies im deutschen Recht nicht klargestellt, vielmehr zum Teil die Anforderungen des § 126 a BGB auf das BDSG aF angewendet wurden, s. Bitkom 2007, 8, 14. Bei einer anderen Auffassung und Argumentation über Dokumentations- und Authentizitätserfordernisse müssten auch andere elektronische Sachverhalte, bspw. Weisungen bei der Auftragsverarbeitung oder Verfahrensverzeichnisse signiert werden. Es ist nicht erkennbar, dass der Europäische Gesetzgeber bei Art. 28 DSGVO (qualifizierte) elektronische Signaturen vor Augen hatte.

43 *DSK*, Kurzpapier Nr. 13 Auftragsverarbeitung, Art. 28 DS-GVO, 1; *Art. 29-Datenschutzgruppe* WP 169, 17 f.

Art. 28 DSGVO fallen. Ein Rückgriff auf Art. 6 Abs. 1 lit. f DSGVO wäre dann seltener als bisher erforderlich.

Letztlich kann auch eine **Einwilligung** der betroffenen Personen die Übermittlung 64
Ihrer personenbezogenen Daten vom Cloud-Anwender an den Cloud-Dienstleister
rechtfertigen. Allerdings sind Einwilligungen im Massengeschäft und in vielen Alltagssituationen **nicht praktikabel** und spielen daher kaum eine Rolle.[44] Zudem ist
eine Einwilligung jederzeit **widerrufbar**. Dies würde im Einzelfall dazu führen, dass
der Cloud-Nutzer die ihm von der betroffenen Person überlassenen Daten doch wieder selbst speichern und verarbeiten müsste. Dieses Ergebnis, durch das die Vorteile
der Cloud-Nutzung zum Großteil aufgehoben werden würden, ist unerwünscht und
würde zudem einen erheblichen Aufwand hinsichtlich der notwendigen Abstimmungs- und Löschprozesse mit dem und beim Cloud-Anbieter nach sich ziehen.

Gegenüber den betroffenen Personen muss der Cloud-Anwender seinen Informati- 65
onspflichten nach **Art. 13 DSGVO** nachkommen. Demnach sind die Betroffenen auch
über die Auslagerung an einen Cloud-Dienst zu **informieren** (→ B. IV. Rn. 121 ff.).
Dabei stellt sich bereits die Problematik, dass der Cloud-Anwender trotz eventueller
Bekanntgabe der in die Leistungserbringung eingeschalteten Unternehmen meist nicht
konkret weiß, wer außer seinem unmittelbaren Kontakt, dem Cloud-Dienst, in welchen Situationen im Rahmen einer Unterbeauftragung oder Wartungsunterstützung
auf die ausgelagerten Daten zugreift oder zugreifen kann. Häufig werden in einem
Cloud-Vertrag alle potenziell eingeschalteten Unternehmen genannt, um eine – eventuell auch erst künftig erforderlich werdende – Zustimmung des Cloud-Anwenders
zu bekommen. Tatsächlich hängt deren konkrete Einschaltung dann aber von den
konkret gebuchten Modulen und deren Konfiguration ab, was vertraglich nur schwer
transparent abgebildet und als Information an die betroffenen Personen weitergegeben werden kann. Daneben muss der Cloud-Anwender als alleiniger Verantwortlicher alle **Betroffenenrechte** erfüllen, auch soweit er dazu der Unterstützung des
Cloud-Dienstleisters bedarf (→ B. V.).

e) Entfernen des Personenbezugs durch Verschlüsselung?

Wegen der datenschutzrechtlichen Anforderungen und den Schwierigkeiten bei deren 66
Erfüllung versuchen Cloud-Anwender immer wieder, die von ihnen an den Cloud-
Dienst übermittelten personenbezogenen Daten zu anonymisieren oder zu pseudonymisieren, so dass sie für den Cloud-Dienst keiner identifizierbaren Person mehr zuordenbar sind.[45] In den meisten Fällen kommt nur eine **Pseudonymisierung** in Betracht,
weil der Cloud-Nutzer die ausgelagerten Daten nicht nur anonym-statistisch, sondern
weiterhin in personenbeziehbarer Form nutzen muss. Eine Anonymisierung würde
den Personenbezug jedoch unwiderruflich entfernen.[46] Ein Mittel der Pseudonymisierung kann eine **Verschlüsselung** sein, welche dazu führt, dass die Daten für den

---

44 *Pordesch/Steidle* DuD 2015, 536; Krcmar/Leimeister/Roßnagel/Sunyaev/*Jandt/Kroschwald/Roßnagel/Wicker*
    2016, 235 und 250; zur Einwilligung im Cloud-Computing s. auch *Kroschwald* 2016, 239 ff.
45 *Pordesch/Steidle* DuD 2015, 536; *Kroschwald* ZD 2014, 76 ff.
46 *Pordesch/Steidle* DuD 2015, 536 (537); Krcmar/Leimeister/Roßnagel/Sunyaev/*Jandt/Kroschwald/Roßnagel/
    Wicker* 2016 215 ff.; *Kroschwald* 2016, 71 ff.; *Kroschwald* ZD 2014, 75 (77); *Art. 29-Datenschutzgruppe*
    WP 216, 3, 7 zur Anonymität, 24 zur Pseudonymität durch Verschlüsselung.

Cloud-Dienst aufgrund des Prinzips des relativen Personenbezugs nicht mehr personenbeziehbar vorliegen.[47]

67 Fraglich ist allerdings, ob eine **Ende-zu-Ende Verschlüsselung** mit gängigen Mitteln wie beispielsweise VeraCrypt oder mit bestimmten Verschlüsselungs-Diensten den datenschutzrechtlichen Anforderungen an eine **sichere und dauerhafte** Aufhebung des Personenbezugs genügt. Dabei stellt sich zunächst ganz grundsätzlich die Frage, ob eine betroffene Person auf technische Sicherungsmittel wie eine Verschlüsselung und deren sichere Implementierung, die der Cloud-Anwender – nicht sie selbst – umsetzt, **vertrauen** muss, oder ob die zu ihrem Schutz gesetzlich geforderte Rechtsgrundlage zur Auslagerung an den Cloud-Dienst trotz Verschlüsselung vorliegen muss.[48] Im Zweifel wird die betroffene Personen weder wissen noch bewerten können, ob die vom Cloud-Anwender implementierte und ausgewählte Verschlüsselung sicher ist und ob weitere Voraussetzungen an die Sicherheit, wie beispielsweise ein jederzeit ausreichend sicheres Passwort, organisatorisch abgesichert sind.

68 Darüber hinaus stellt sich die Frage wie es zu bewerten ist, dass Verschlüsselungsverfahren, Algorithmen und Passwörter, mit **fortschreitender Zeit unsicher** werden und in Zukunft gebrochen werden können.[49] Richtigerweise liegen in solchen Konstellationen oftmals noch **potenziell personenbezogene Daten**[50] vor, deren künftige Entschlüsselung und Offenlegung die betroffenen Personen auch noch nach Jahren erheblich beeinträchtigen können.

69 Da die verschlüsselten Daten vom Cloud-Dienstleister auch an weitere Unternehmen im Konzern, an Partnerunternehmen oder an Hosting-Unternehmen weitergegeben werden und dort auch in **Backups** gespeichert werden können, ist nicht auszuschließen, dass zu einer späteren Zeit die verschlüsselten Daten noch in ursprünglich verschlüsselter Form vorliegen und entschlüsselt werden können. Insofern ist es kritisch, ohne eine sorgfältige **Einzelfallbetrachtung** verschlüsselte Daten ohne Vorliegen eines Erlaubnistatbestands an einen Cloud-Dienst auszulagern. Mindestens müssten weitere **organisatorische Maßnahmen** hinzutreten, die einen Kontrollverlust bezüglich der verschlüsselten Daten verhindern oder beispielsweise regemäßige Neuverschlüsselungen erfordern.[51] Der Schutz der betroffenen Person erfordert es weiterhin, dass diese wenigstens informiert sein muss, wenn der Verantwortliche die sie betreffenden personenbezogenen Daten mit eigenen Mitteln verschlüsseln und an einen Cloud-Dienst auslagern will. Das Risiko, dass eine Verschlüsselung unsicher wird und die Auslagerung damit rechtswidrig, trägt der Cloud-Anwender.[52]

---

47 Inwieweit das Prinzip des relativen Personenbezugs unter der DSGVO noch gilt ist streitig, s. *Hofmann* ZD-Aktuell 2017, 05488; s. dazu auch → B. I. Rn. 6 f.); zum BDSG aF *Pordesch/Steidle* DuD 2015, 536 (538) mwN; *Kroschwald* ZD 2014, 75 (76).

48 Bspw. deutet Erwgr. 26 S. 2 in diese Richtung, wonach einer Pseudonymisierung unterzogene personenbezogene Daten, die durch Heranziehung zusätzlicher Informationen einer natürlichen Person zugeordnet werden könnten, als Information über eine identifizierbare natürliche Person betrachtet werden sollten und danach einer Rechtsgrundlage zur Übermittlung bedürfen.

49 *Pordesch/Steidle* DuD 2015, 536 (539); *Kroschwald* ZD 2014, 75 (79); je mit Bezug auf die Übersicht geeigneter Algorithmen der BNetzA zu elektronischen Signaturen.

50 Simitis/*Dammann* BDSG § 3 Rn. 36.

51 *Pordesch/Steidle* DuD 2015, 536 (541).

52 Simitis/*Dammann* BDSG § 3 Rn. 38 zum BDSG aF mit dem Hinweis, das Gesetz kenne „kein erlaubtes Risiko".

f) Cloud-Dienste mit Sitz im Drittland

Mit der Datenschutz-Grundverordnung geht eine Erleichterung für die Cloud-An- 70
wender im Vergleich zur Rechtslage nach dem ehemaligen Bundesdatenschutzgesetz
einher. Denn nach der Datenschutz-Grundverordnung ist eine Auftragsverarbeitung
auch mit **Auftragnehmern in einem Drittland** möglich. Die Datenschutz-Grundverordnung kennt keine dem § 3 Abs. 8 Satz 3 BDSG aF entsprechende Regelung, wonach eine Auftragsverarbeitung nur innerhalb der Europäischen Union oder des
Europäischen Wirtschaftsraum zulässig ist.[53]

Im Übrigen muss eine Auslagerung auf einen Cloud-Dienst in ein Drittland die daten- 71
schutzrechtlichen Anforderungen des **fünften Kapitels** der Datenschutz-Grundverordnung erfüllen (→ B. II. Rn. 196 ff.). Größere Cloud-Dienstleister bieten jedoch eine
regionale Compliance an, wie beispielsweise Amazon über die Amazon Web Services
(AWS). Das heißt es soll nach Aussage der Anbieter möglich sein, Cloud-Services so
zu buchen, dass deren Erbringung beispielsweise den rechtlichen Anforderungen des
Europäischen Rechts genügt. Andere Anbieter planen eine entsprechende Realisierung.

g) Zugriffe mit Auslandsbezug

Selbst wenn die datenschutzrechtlichen Anforderungen an die Beauftragung eines 72
Cloud Dienstes formell erfüllt werden, ist es nicht auszuschließen, dass es zu uner-
wünschten, wenngleich rechtlich nicht immer eindeutig als unzulässig zu bewertenden, Zugriffen auf personenbezogene Daten beim Cloud-Dienst kommt. Dies hat seinen Grund vor allem darin, dass grenzüberschreitende Cloud-Services **verschiedenen
Rechtsordnungen** und **Wertvorstellungen**[54] unterliegen, die zwangsläufig nicht immer
übereinstimmen.

Beispielsweise ist es praktisch nie auszuschließen, dass **Sicherheitsbehörden**, insbeson- 73
dere Geheimdienste, auf gespeicherte personenbezogene Daten im Rahmen ihrer
technischen Möglichkeiten zugreifen. Die rechtlichen Voraussetzungen dafür liegen
im jeweiligen nationalen Recht, wobei letztlich alle Staaten ihren eigenen Diensten im
Interesse ihrer öffentlichen Sicherheit bestimmte Zugriffsmöglichkeiten einräumen.[55]
Speziell mit Bezug auf die USA wird in Folge der **Snowden-Veröffentlichungen** und
der vermuteten erheblichen Datensammlungen seitens der Geheimdienste diskutiert,
ob bei der Nutzung dort ansässiger Cloud-Dienste noch die Grundsätze eines angemessenen Datenschutzes sowie die notwendigen Rechtsschutzmöglichkeiten gegeben
sind. Dies wird teilweise abgelehnt, so dass es teilweise als datenschutzrechtlich unzulässig angesehen wird, auf Basis der bestehenden Rechtsinstitute personenbezogene

---

53 Roßnagel/*Hofmann* 2018 § 5 Rn. 77 mwN, wobei die Folgen dieser Änderung im Einzelnen umstritten sind.
54 Diese finden sich bspw. auch in AGB von Cloud-Diensten wieder. Auf dieser Basis können Dienste etwa In-
haltskontrollen vornehmen, um bestimmte Moralvorstellungen durchzusetzen, s. *Hansen* DuD 2012, 407
(411) zum Fall eines Hobbyfotografen, dessen Zugang gesperrt wurde, da er Teilaktbilder in seinem nicht
öffentlich zugänglichen Cloud-Bereich gespeichert hatte.
55 *Hansen* DuD 2012, 407 (410 f.) zu bspw. den USA (nach dem Patriot Act und dem Foreign Intelligence Surveillance Act, FISA), China, arabischen Staaten, Großbritannien (Regulation of Investigatory Powers Act,
RIPA) und Schweden (FRAU Gesetz).

Daten in die USA auszulagern.[56] Tatsächlich dürften ähnlich intensive Überwachungsmaßnahmen jedoch auch in anderen Ländern wie beispielsweise dem Iran, China oder Russland bestehen, welche ebenfalls über die erforderlichen technischen Möglichkeiten für umfassende Überwachungsmaßnahmen verfügen.[57]

74 Darüber hinaus ist es auch möglich, dass Cloud-Dienste mit Sitz in einem Drittland nach dortigem Recht von einem **Gericht verpflichtet** werden, im Rahmen ihrer tatsächlichen Möglichkeiten auf personenbezogene Daten, die im Konzern und bei Tochtergesellschaften im Ausland gespeichert sind, zuzugreifen. Ein prominentes Beispiel dafür ist das laufende Verfahren der öffentlichen Hand in den USA gegen **Microsoft**, bei dem Microsoft in einer Vorinstanz verpflichtet wurde, personenbezogene Daten eines verdächtigen Straftäters herauszugeben, die in Irland gespeichert sind.[58] Um derartige Rechtsstreitigkeiten nicht den damit im Einzelfall befassten US-Gerichten, insbesondere zur Auslegung der Reichweite von Search Warrants auf ausländischem Territorium, und den betroffenen Unternehmen zu überlassen, haben die USA im März 2018 den **CLOUD Act** (Clarifying Lawful Overseas Use of Data Act) verabschiedet.[59] Auf dessen Basis sollen Strafverfolgungsbehörden der USA und ausländische Behörden zusammenarbeiten, um über bilaterale Rechtshilfeabkommen (Mutual Legal Assistance Treaties) wechselseitig Zugriff auf Daten zu bekommen, die jeweils auf Servern außerhalb des eigenen Landes lagern. Soweit ersichtlich soll dies ohne einen Richtervorbehalt durch direkte Anfragen der US-Behörden bei den jeweiligen Unternehmen ermöglicht werden, was aus Sicht des europäischen Datenschutzrechts kritisch ist.

75 Aus diesem Grund und zur Aufrechterhaltung ihres europäischen Geschäfts versuchen Cloud-Dienste ihre Services teilweise so zu anzubieten, dass zumindest legale Zugriffe im Rahmen des normalen Geschäftsgangs auf Basis ihres Heimatrechts – also Zugriffe ohne ein Hacking oder das Verwenden von Backdoors – ausgeschlossen sind. Vorreiter eines solchen Modells war das Unternehmen Microsoft, das über ein **Treuhänder-Modell** eine reine Deutschland Cloud für den deutschen Markt anbietet. Dabei hat Microsoft keine administrativen Top-Level Rechte bezüglich der Anwendungseben und der Inhaltsdaten und sich damit praktisch selbst aus seiner Cloud ausgeschlossen. Diese wird vom Treuhänder, der deutschen **T-Systems**, in zwei spezi-

---

56 So recht bevormundend und wohl aus rechtspolitischen Gründen in Folge des Safe-Harbor Urteils des EuGH das ULD zur Einwilligung, Positionspapier vom 14.10.2015, 3: „Selbst bei ausreichender Information über die Risiken und auch in Fällen, in denen noch von einer Freiwilligkeit ausgegangen werden könnte, würde die Einwilligung grundsätzlichen Bedenken begegnen. Die anlasslose Massenüberwachung durch Geheimdienste greift nach Ansicht des EuGH in den Wesensgehalt des Grundrechts auf Achtung des Privatlebens ein. Derartige Eingriffe sind nach bundesverfassungsgerichtlicher Rechtsprechung jedoch der Disposition des Einzelnen, auch im Wege einer Einwilligung, entzogen...." abrufbar unter: https://www.datenschutzzentrum.de/uploads/internationales/20151014_ULD-Positionspapier-zum-EuGH-Urteil.pdf.
57 *Hansen* DuD 2012, 407 (410 f.).
58 Verfahren vor dem US Supreme Court, In the Matter of a Warrant to Search a Certain E-Mail Account Controlled and Maintained by Microsoft Corporation, United States of America v. Microsoft Corporation, Az.: 17-2.
59 Abrufbar unter: https://www.hatch.senate.gov/public/_cache/files/6ba62ebd-52ca-4cf8-9bd0-818a953448f7/ALB18102%20(1).pdf; da US-Justizministerium hält infolge des CLOUD Act den Microsoft Fall offenbar für hinfällig und hat wohl beim Supreme Court beantragt, ihn zu den Akten zu legen, s. https://www.heise.de/newsticker/meldung/Datenzugriff-in-der-EU-US-Regierung-haelt-Microsofts-Supreme-Court-Fall-fuer-hinfaellig-4010398.html.

ellen und gesondert gesicherten und verbundenen Rechenzentren gehostet. Der Treuhänder kontrolliert, überwacht und protokolliert zudem notwendige Zugriffe oder holt sich die Freigabe der Cloud-Anwender ein. Inwieweit sich solche Modelle durchsetzen, bleibt angesichts der damit einhergehenden höheren Kosten und bestimmter Funktionsbeeinträchtigungen aufgrund der Sicherheitsarchitektur abzuwarten.[60]

h) Zusammenfassung

Obgleich die Datenschutz-Grundverordnung keine spezifischen Regelungen für Cloud-Dienste enthält bietet sie, wie schon das bisherige Bundesdatenschutzgesetz, ausreichend Möglichkeiten, Cloud-Dienste datenschutzkonform zu nutzen. Es ist davon auszugehen, dass sich aus der Datenschutz-Grundverordnung keine erheblichen neuen Anforderungen an Cloud-Anwender und Betreiber ergeben.   76

3. Office-Tools im Internet

Mit Aufkommen der Cloud-Lösungen und der Software as a Services werden auch   77 Office-Tools im Internet mehr und mehr zum Standard. Typischer Vertreter hiervon ist Microsoft mit seinem Dienst „Office 365" und der Azure-Cloud, aber auch zum Beispiel Google bietet mit „Docs" die Möglichkeit, Textverarbeitung, Datenbanken, Präsentationen oder auch Tabellenkalkulationen online zu erstellen. Zudem werden Übersetzungsdienste und Diktiersysteme, die insbesondere Sprachdaten verarbeiten, sowie Datei-Konvertierungsdienste und andere Tools inzwischen zur Datenverarbeitung im Internet angeboten.[61] Derartige Office-Tools zeichnen sich dadurch aus, dass die Anwendungs-Software je nach Ausgestaltung teilweise oder ausschließlich in einem Browser des Anwenders ausgeführt wird, die eigentliche **Datenverarbeitung aber auf Systemen der Anbieter** erfolgt. Dies ist dahin gehend datenschutzrechtlich relevant, dass die verarbeiteten Texte, Tabellen, Datenbanken, Präsentation etc mit den darin enthaltenen personenbezogenen Daten dem Anbieter des Office-Tools und gegebenenfalls dessen Hostprovidern übermittelt werden. So werden die Dateien standardmäßig nicht nur in der Cloud des Anbieters gespeichert, sondern schon das Erarbeiten der Dateien erfolgt auf den Servern des Anbieters und kann von diesem beobachtet werden. Er kann somit theoretisch den Inhalt von Office-Dokumenten analysieren, beispielsweise welche Zwischenversionen von Dokumenten erstellt wurden, was für Änderungen vorgenommen wurden, aber auch Nutzungsdaten wie etwa welche Tippgeschwindigkeit der Bearbeiter erreicht oder welche (Fremd-) Sprachenkenntnisse er hat.

Der Nutzer hat den **Vorteil** der hohen Standardisierung und Synchronisierung, so   78 dass er von verschiedenen Geräten beziehungsweise auch mobil stets auf den ge-

---

60 Von den Aufsichtsbehörden wird überprüft, ob durch das Treuhänder-Modell die Nutzung der von Microsoft angebotenen Deutschland-Cloud den datenschutzrechtlichen Anforderungen genügt. Der Hessische Datenschutzbeauftragte hat die Nutzung von MS 365 an Hessischen Schulen bis zu einer Neubewertung freigegeben, s. die Stellungnahme vom 22.8.2017, abrufbar unter: https://www.datenschutz.hessen.de/ds12.htm.

61 Zur Verwendung biometrischer Daten moderner Assistenzsysteme unter dem BDSG aF s. *Steidle 2005*, 210 ff.; *Hornung/Steidle* AuR 2005, 201 ff.

wohnten Dienst und die Daten zugreifen kann.[62] Ein weiterer Vorteil solcher Dienste ist, dass sich der Anwender nicht mehr um Updates und andere Softwarepflege kümmern muss. Änderungen sind sofort beim Starten des Systems vorhanden, was jedoch auch den **Nachteil** mitbringt, dass in der Regel kein Test- und Freigabeverfahren mehr möglich ist. Der Support durch Remote-Zugriffe kann zwar entfallen, jedoch entfällt auch der Transparenz, wann derartige Zugriffe geschehen.

79   Die **Datenschutz-Aufsichtsbehörden** haben sich mit dem Einsatz derartiger Office-Tools im Internet insbesondere im **Schulbereich** beschäftigt. Teilweise bietet zum Beispiel das Unternehmen **Microsoft** sein **Office 365** Bildungseinrichtungen und anderen öffentlichen Einrichtungen über Rahmenverträge zu einem günstigen Preis oder sogar gratis an. Die Art. 29-Datenschutzgruppe hatte 2014 die von Microsoft verwendeten Standardvertragsklauseln geprüft und festgestellt, dass sie grundsätzlich den Vorgaben der Europäischen Kommission[63] entsprachen.[64] Dies betraf jedoch nicht den Anhang zu den technisch-organisatorischen Maßnahmen. Einige Aufsichtsbehörden sahen aufgrund der eigenen Prüfung dieses Anhangs den Einsatz von Office 365 jedoch als rechtswidrig an.[65] Kritisiert wurde unter anderen, dass keine umfangreiche und auswertbare Protokollierung besteht. Dem sind oftmals auch Kultusministerien und Bildungsministerien gefolgt. Microsoft hat inzwischen die sogenannte „Deutschland-Cloud" geschaffen und die deutsche T-Systems International GmbH als „**Datentreuhänder**" eingebunden[66]. Der **Hessische Datenschutzbeauftragte** sah hierdurch nunmehr im August 2017 einen angemessenen Standard hinsichtlich der technischen und organisatorischen Maßnahmen geschaffen, so dass er grundsätzlich einem Einsatz von Office 365 im pädagogischen Bereich zustimmte.[67] Hinsichtlich der Verarbeitung von Daten der öffentlichen Verwaltung oder anderer Nutzungsmöglichkeiten ließ man die Einschätzung noch offen.

80   Maßgeblich für die Entscheidung war, dass zwei Rechenzentren in Deutschland bestehen, die über sogenannte Cloud-Control-Center durch Mitarbeiter der **T-Systems gesteuert** werden. Nur diese können Zugriffe von Microsoft freischalten. Dies gilt auch im Rahmen von Supportanfragen der Kunden. Allerdings sieht auch der Hessische Datenschutzbeauftragte noch **Pflichten bei der einsetzenden Schule**, insbesondere bezüglich der Einrichtung der Berechtigungen, Protokollierung und Beteiligung des behördlichen Datenschutzbeauftragten. Die Supportanfragen dürfen nur über den Treuhänder erfolgen. T-Systems soll allein über die Top-Level-Administrationsrechte

---

62 Zu modernen Assistenzsystemen s. *Steidle* 2005, 1 ff.; zur Nutzung eines Endgeräts für mehrere Arbeitgeber *Jandt/Steidle* CR 2013, 338 ff.; Zur Nutzung von Standortdaten nach dem TKG im Unternehmen *Steidle* MMR 2009, 167 ff.

63 Diese ergeben sich aus 2010/87/EU: Beschluss der Kommission vom 5. Februar 2010 über Standardvertragsklauseln für die Übermittlung personenbezogener Daten an Auftragsverarbeiter in Drittländern nach der Richtlinie 95/46/EG des Europäischen Parlaments und des Rates, ABl. L 39/5 vom 12.2.2010.

64 Brief der Art. 29-Datenschutzgruppe an Microsoft vom 2.4.2014: http://ec.europa.eu/justice/data-protection /article-29/documentation/other-document/files/2014/20140402_microsoft.pdf.

65 Vgl. zB *ULD Schleswig-Holstein*, Tätigkeitsbericht Nr. 35, ap. 7.3, abrufbar unter https://datenschutzzentru m.de/tb/tb35/kap07.html.

66 Infoseite Microsoft: https://www.microsoft.com/de-de/cloud/deutsche-cloud; Infoseite der Deutschen Telekom, abrufbar unter https://cloud.telekom.de/software/office-365/.

67 Stellungnahme des Hessischen Datenschutzbeauftragten zum Einsatz von Microsoft Office 365 in Hessischen Schulen vom 22.8.2017, abrufbar unter: https://www.datenschutz.hessen.de/ds12.htm.

verfügen. Microsoft will sich damit faktisch selbst vom Zugriff auf die vom Nutzer in der Cloud gespeicherten Daten ausschließen.

Maßgeblich für die Entscheidung des Hessischen Datenschutzbeauftragten – die nicht 81 von allen anderen deutschen Aufsichtsbehörden mitgetragen wird – war noch die Rechtslage vor Geltung der Datenschutz-Grundverordnung. Im Folgenden soll es um die allgemeinen Anforderungen für die Zulässigkeit des Einsatzes eines Office-Tools nach der Datenschutz-Grundverordnung gehen.

a) Auftragsverarbeitung

Beim Einsatz von Office-Tools fallen in der Regel personenbezogene Daten an. Diese 82 betreffen sowohl den **Inhalt** der verarbeiteten Dokumente, als auch **Sekundärdaten** über das Verhalten des Nutzers, wie etwa Anmeldezeiten, genutzte Dienste, Schreibgeschwindigkeit etc. Werden dabei nicht nur eigene Daten durch den Verantwortlichen verarbeitet, sondern auch welche von Dritten, wird in der Regel ein Auftragsverarbeitungsverhältnis notwendig sein. Dies ist zum Beispiel bei dem oben genannten Einsatz in Schulen der Fall, bei dem Schülerdaten im Auftrag der Schule beziehungsweise des Schulträgers durch den Betreiber der Office-Tools verarbeitet werden. Aber auch die Verarbeitung von Kundendaten, Rechnungsanschreiben oder auch Mitarbeiterdaten betrifft personenbezogene Daten von Dritten, so dass – sofern keine explizite Einwilligung hierfür vorliegt – eine Auftragsverarbeitung im Sinne des Art. 28 DSGVO gegeben sein dürfte.[68]

Zusammenfassend ist insbesondere ein Auftragsverarbeitungsvertrag notwendig, der 83 unter anderem ein **Weisungsrecht** des Verantwortlichen gegenüber den Auftragsverarbeiter im Sinne des Art. 29 DSGVO regelt. Auch aktuelle Verträge zwischen Verantwortlichen und Auftragsverarbeitern wie Microsoft oder Google enthalten zwar in der Regel derartige Formulierungen. In der Praxis dürfte jedoch gerade bei kleineren Stellen der Umfang der Weisungsmöglichkeiten gegenüber den genannten Konzernen merklich eingeschränkt sein.

Hinzu kommt, dass der Verantwortliche den Auftragsverarbeiter sorgfältig ausge- 84 wählt haben muss. Dies beinhaltet auch die Prüfung von dessen technisch-organisatorischen Maßnahmen oder zumindest vertrauenswürdigen Zertifikaten.[69] Gerade bei Anbietern wie Microsoft oder Google dürfte diese konkrete **Prüfung** für den Verantwortlichen schwer werden, ungeachtet der Frage, ob sich die Server in den USA oder in Deutschland befinden. Die Lösung könnte eine **Zertifizierung** nach Art. 42 DSGVO sein, da sie nach Art. 28 Abs. 5 DSGVO als Faktor für die Prüfung der technisch-organisatorischen Maßnahmen herangezogen werden kann. Microsoft selber verweist zwar auf ISO 27018 und ISO 27001-Zertifizierungen, diese ersetzen jedoch keine Zertifizierung nach Art. 42 DSGVO und können darin allenfalls als ein Element unter mehreren eingebracht werden.

Ein Problem in der Praxis könnte für Anbieter von Office-Tools die Pflicht zur Anga- 85 be der **Unterauftragnehmer** werden. Dies betrifft insbesondere auch Benachrichti-

---

68 Zu den grundsätzlichen Anforderungen an eine Auftragsverarbeitung (→ B. II. Rn. 144).
69 S. dazu ausführlich (→B. IV. Rn. 50 ff.).

Henry Krasemann   259

gungspflichten über den Austausch dieser Unterauftragnehmer nach Art. 28 Abs. 2 DSGVO. Dem Verantwortlichen steht dann ein Einspruchsrecht zu. Die Praxis zeigt, dass große Firmen wie Microsoft oder auch Google mit zahlreichen Unterauftragnehmern zusammenarbeiten, die auch ab und an ausgewechselt werden. Hierbei jedem Kunden als Auftraggeber ein **Einspruchsrecht** zuzugestehen, dürfte sich in der Praxis kaum realisieren lassen und kann auf ein Kündigungsrecht des Vertrags hinauslaufen.

86 Schließlich ist auch die **Zuarbeit** des Auftragsverarbeiters bei der Datenschutz-Folgenabschätzung im Sinne des Art. 35 DSGVO erforderlich,[70] die Art. 28 Abs. 3 lit. f. DSGVO einfordert. Das bedeutet für den Auftragsverarbeiter tiefgehende Analysen seiner Sicherheitsvorkehrungen zuzulassen oder dem Kunden zu übergeben.

b) Datenverarbeitung außerhalb der Europäischen Union

87 Zentraler Kritikpunkt der Datenschutz-Aufsichtsbehörden an Office-Tools im Internet ist insbesondere, dass die großen Anbieter ihren Sitz **außerhalb der Europäischen Union** haben, ohne dass dort ein vergleichbares Datenschutzniveau wie in der Europäischen Union gilt. Selbst wenn eine Verarbeitung in Europa und von einer europäischen Rechtseinheit von dem Anbieter zugesagt wird, so reicht eine Zugriffsmöglichkeit der Administratoren oder des Supports von außerhalb der Europäischen Union, um die Erfüllung besonderer Voraussetzungen zu fordern.

88 Solange der Anbieter von Office-Tools als Auftragsverarbeiter eine **Niederlassung** in der Europäischen Union hat, ist es für die Anwendbarkeit des Art. 28 DSGVO zwar unerheblich, ob die Datenverarbeitung in einem Drittstaat erfolgt, wie sich aus Art. 3 Abs. 1 DSGVO ergibt. Allerdings sind bei einer Übermittlung der personenbezogenen Daten in ein **Drittland** zusätzlich die Vorgaben der Art. 44 ff. DSGVO zu beachten (→B. II. Rn. 202). Jede Übermittlung personenbezogener Daten an ein Drittland ist nur zulässig, wenn der Auftragsverarbeiter alle im fünften Kapitel niedergelegten Bedingungen und auch die sonstigen Bestimmungen der Datenschutz-Grundverordnung einhält. Insbesondere muss ein angemessenes Schutzniveau in dem Drittland herrschen oder der Auftragsverarbeiter in dem Drittland geeignete Garantien im Sinne des Art. 46 DSGVO bietet. In den USA, wie etwa beim Nutzen der oben genannten Google-Dienste oder auch Tools von Microsoft, liegt zwar kein angemessenes Schutzniveau vor. Allerdings fingiert dieses das sogenannte Privacy-Shield-Abkommen für diejenigen datenverarbeitenden Stellen, die dem Shield beigetreten sind. Das Privacy-Shield Abkommen ist jedoch großer Kritik ausgesetzt und damit ist es nicht sicher, ob es einer gerichtlichen Überprüfung standhält (→B. II. Rn. 209).

89 Die Standardangebote der meisten großen Anbieter von Office-Tools behalten sich vor, dass Datenzugriffe nicht nur von den USA aus erfolgen können, sondern dass im Rahmen eines Cloud-Verbundes zur Realisierung einer hohen Verfügbarkeit und ständigen Supports auch Datenverarbeitung etwa in Südamerika und Asien bestehen kann. Ob die nunmehr von Microsoft angebotene Version eines **Treuhänders** in Deutschland das Problem löst, lässt sich erst nach Prüfung der gerade aktuellen Verträge bestimmen, was auch die rechtlichen Regelungen zwischen Microsoft und T-

---

70 Zur Datenschutz-Folgenabschätzung s. ausführlich (→B. IV Rn. 77).

Henry Krasemann

Systems beinhalten müsste. Eine zentrale Frage für viele Anbieter von Office-Tools ist, ob ein Gericht oder eine andere staatliche Organisation in den USA den Anbieter der Tools verpflichten kann, auf personenbezogene Daten europäischer Kunden zuzugreifen. Die Vergangenheit hat gezeigt, dass solche Begehrlichkeiten durchaus bestehen können. Der **US Patriot Act** kann zum Beispiel Tochterunternehmen in Europa von amerikanischen Mutterunternehmen dazu verpflichten, Auskünfte über personenbezogene Daten zu erteilen. Auch Nachrichtendienste können Zugriff auf in der Europäischen Union gespeicherte Daten über den **US Foreign Intelligence Surveillance Act** (FISA) nehmen, wenn eine Gefährdung der Sicherheit der USA anzunehmen ist.[71]

Art. 48 DSGVO regelt hierzu, dass jegliches Urteil eines Gerichts eines Drittlandes und jegliche Entscheidung einer Verwaltungsbehörde eines Drittlandes, mit denen von einem Verantwortlichen oder einem Auftragsverarbeiter in der EU die Übermittlung oder Offenlegung personenbezogener Daten verlangt wird, in der Regel nur dann anerkannt bzw. vollstreckt werden dürfen, wenn hierzu mit dem Drittland ein **Rechtshilfeabkommen** oder vergleichbares Abkommen besteht. Hierfür gibt es zwar nach Art. 49 DSGVO auch Ausnahmen, etwa wichtige Gründe des öffentlichen Interesses gemäß Abs. 1 lit. d. Die von den USA meist vorgebrachten Gründe der Terrorbekämpfung und der Strafverfolgung können hierauf jedoch gerade nicht angewendet werden, da diese Bereiche nicht in den Anwendungsbereich des Unionsrechts fallen. Auch internationale Übereinkommen für die Übermittlung dieser Daten sind nicht ersichtlich. Daher dürfte eine Weitergabe der personenbezogenen Daten von der Europäischen Union in die USA aufgrund der durch den Patriot Act und den FISA gegebenen Zugriffsmöglichkeiten der amerikanischen Geheimdienste in den meisten Fällen nach Europäischem Datenschutzrecht nicht zulässig sein. Das Problem ist jedoch, dass Gerichte in Staaten außerhalb der Europäischen Union nicht grundsätzlich aufgrund des europäischen Rechts gehindert sind, Stellen im eigenen Land zu verpflichten, Daten auch von europäischen Bürgern abzurufen. Dies kann insbesondere dann vorkommen, wenn das verpflichtete Unternehmen im Drittland eine tatsächliche Zugriffsmöglichkeit hat, zum Beispiel über Support-Zugriffe.

Deshalb muss Ziel eines Treuhänder-Modells sein, dass der Treuhänder innerhalb der Europäischen Union als Verantwortlicher anzusehen ist und das außereuropäische Unternehmen schon technisch keine eigenen Zugriffsrechte hat. Dies bedeutet jedoch auch für die Anbieter solcher Dienste, eigene administrative Rechte im großen Umfang an ein anderes Unternehmen abzugeben und damit auch weitgehende Zugriffsmöglichkeiten auf den vermeintlich eigenen Dienst zu verlieren.

c) Datenübertragbarkeit

Ein Sonderproblem bei Office-Tools im Internet ist die Umsetzung des neuen Rechts auf **Datenübertragbarkeit** nach Art. 20 DSGVO.[72] Die betroffene Person, der der Kunde des Dienstes sein kann, aber nicht muss, hat danach zumindest außerhalb des B2B-Bereichs das Recht, die ihn betreffenden personenbezogenen Daten, die er einem

90

91

92

---

71 Zu den Überwachungsbefugnissen von US-Behörden *Hansen* DuD 2012, 407 (410).
72 Zu diesem neu durch die DSGVO eingeführten Betroffenenrecht s. (→ B. V. Rn. 37 ff.).

Verantwortlichen bereitgestellt hat, in einem strukturierten, gängigen und maschinen-lesbaren Format zu erhalten. Außerdem hat er unter bestimmten Bedingungen das Recht, dass diese Daten einem anderen Verantwortlichen ohne Behinderung durch den Verantwortlichen, dem die personenbezogenen Daten bereitgestellt wurden, übermittelt werden. Soweit es technisch machbar ist, muss der bisherige Dienstleister gemäß Art. 20 Abs. 2 DSGVO sogar die Übermittlung zu dem neue Verantwortlichen vornehmen.

93   Die meisten Office-Tools unterstützen **gängige Dateiformate,** wie docx, txt, rtf etc und bieten von sich aus einen Export an. Somit dürfte dieses Recht auf Datenüber-tragbarkeit nur bei besonderen Funktionen, wie etwa Grafikeinbindung, zu besonde-ren Maßnahmen führen. Aber auch dann sollte zumindest ein Export im PDF- oder PDF/A-Format und als JPEG möglich sein.

94   Dieses Recht auf Datenübertragbarkeit richtet sich an den **Betroffen** und soll greifen, wenn die Datenverarbeitung auf Einwilligung oder Vertrag beruht.[73] Es dürfte sich somit hieraus kein Recht des Auftraggebers, wie zum Beispiel einer Schule, auf er-leichterten Umzug seiner kompletten Nutzung auf einen anderen Dienstleister ablei-ten lassen. Das Recht des einzelnen Endnutzers darauf, seine Dokumente und Daten auch in einem gängigen Format exportieren zu können, besteht jedoch zumindest für Konsumenten.

d) Verarbeitung besonderer Kategorien

95   Im Rahmen der Nutzung von Office-Tools kann es insbesondere beim Einsatz durch bestimmte Berufsgruppen, wie **Ärzte** oder **Anwälte,** auch zur Verarbeitung besonde-rer Kategorien personenbezogener Daten (→ B. II. Rn. 122) kommen. Nach Art. 9 Abs. 1 DSGVO ist die Verarbeitung derartiger Daten grundsätzlich untersagt. Die Ausnahmen sind in Art. 9 Abs. 2 DSGVO beschrieben. So kann dennoch eine Verar-beitung etwa bei einer ausdrücklichen **Einwilligung** auf Grundlage des Unionsrechts oder auch zum Zwecke der Gesundheitsvorsorge erfolgen. Die eigene Verarbeitung besonderer Kategorien personenbezogener Daten können Berufsgeheimnisträger, wie etwa Ärzte, über den Behandlungsvertrag oder Einwilligungen rechtfertigen. Diese zulässige Verarbeitung erstreckt sich nach Art. 9 Abs. 3 DSGVO auch auf die Einbe-ziehung von Fachpersonal. Werden Office-Tools eingesetzt, so ist dieser Verarbeitung besonderer Kategorien personenbezogener Daten bei der Gestaltung des Vertrags zur Auftragsverarbeitung Rechnung zu tragen (→ B. II. Rn. 158).[74] Aufgrund des inzwi-schen geänderten § 203 Abs. 3 StGB ist eine solche Beauftragung von Externen durch Geheimnisträger grundsätzlich möglich.

96   Ebenso können besondere Kategorien personenbezogener Daten betroffen sein, wenn biometrische Daten wie beispielsweise **Sprachdateien** bei Office-Tools mit Diktier- oder Übersetzungsfunktionen an den Anbieter übertragen und dort verarbeitet wer-den. Auch in diesen Fällen ist in der Regel eine Einwilligung erforderlich, wobei das

---

73 S. Erwgr. 68.
74 S. hierzu auch *DSK*, Kurzpapier Nr. 13 Auftragsverarbeitung, abrufbar unter www.lfd.niedersachsen.de/do wnload/126580.

Verhältnis von Art. 9 Abs. 2 zu Art. 6 Abs. 1 DSGVO noch Gegenstand der rechtswissenschaftlichen Diskussion ist (→B II. Rn. 123).

4. Suchmaschinen

Suchmaschinen haben für die sinnvolle Nutzung des Internets eine zentrale Bedeutung.[75] Sie übernehmen die **Gatekeeper-Funktion** für den Zugang zu den im Internet verfügbaren Informationen. Was in einer Suchmaschine nicht aufgeführt wird, existiert für den normalen Nutzer praktisch nicht. Die Bedeutung dieser Dienste für die Erfüllung des individuellen und gesellschaftlichen Informationsanspruchs kann nicht unterschätzt werden und ist generell anerkannt.[76]

97

Aufgrund dieser zentralen Rolle wurden Forderungen geäußert, entweder dem Staat eine stärkere Rolle bei der **Regulierung** der Tätigkeit der Suchmaschinen, insbesondere im Hinblick auf die Gewährleistung eines neutralen Informationszugangs, zuzuweisen[77] oder die Tätigkeit der Suchmaschinen dem Rundfunkrecht zu unterwerfen.[78] Die auf Gewinnerzielung ausgerichteten Anbieter dieser Dienste würden bei der Informationsverbreitung im Zweifel die eigenen wirtschaftlichen Interessen einer davon unbeeinflussten Zugänglichmachung zu Informationen vorziehen und ihre besondere Stellung zur Bevorzugung eigener Dienste ausnutzen. Dass diese Unterstellung nicht vollständig von der Hand zu weisen ist, zeigt das im Jahre 2017 durch die Europäische Kommission erlassene Bußgeld gegen das Unternehmen Google wegen der Ausnutzung der marktbeherrschenden Stellung im Hinblick auf die Bevorzugung der eigenen Dienste bei der Darstellung von Suchergebnissen.[79]

98

Für die datenschutzrechtliche Bewertung der Datenverarbeitung durch Suchmaschinenanbieter ist relevant, das Verfahren der Ergebniserstellung im Hinblick auf die Verarbeitung personenbezogener Daten in **verschiedene Verfahrensphasen** zu unterteilen. Primär muss der Crawler der Suchmaschine die im Internet frei verfügbaren Informationen erheben, diese dann gegebenenfalls speichern und bezogen auf ihre Relevanz einer Bewertung unterziehen. Schließlich erfolgt auf die Suchanfrage eines Nutzers die zur Verfügungstellung der vorab klassifizierten Information. In diesem Zusammenhang muss darauf hingewiesen werden, dass Anbieter von Inhalten durch die Gestaltung der Webseite, sogenannte Suchmaschinen-Optimierung[80], Einfluss auf die Erfassung der durch sie veröffentlichten Informationen nehmen können.[81] Auf einer zweiten Ebene verarbeiten Betreiber von Suchmaschinen, je nach Geschäftsmodell, personenbezogene Daten der Nutzer des Dienstes. Auch diesbezüglich kann und muss eine datenschutzrechtliche Bewertung erfolgen.

99

---

75 Dazu und zu den technischen Funktionsweise der Suchmaschinen → A. I. Rn. 26; *Redeker*, IT-Recht Rn. 1322, *Dörr/Natt* ZUM 2014, 829 (831).
76 *Paal* ZeuP 2016, 592.
77 S. *DPA/Kannenberg*, Albig: Ungefilterte Meinungsbildung im Google-Zeitalter bewahren, heise online vom 4.3.2015, www.heise.de/newsticker/meldung/Albig-Ungefilterte-Meinungsbildung-im-Google-Zeitalter-bewahren-2567143.html; *Dörr/Natt* ZUM 2014, 829 (844).
78 *Paal* ZRP 2015, 34 (37); *Kreile/Thalhofer* ZUM 2014, 629 (632).
79 KOM Pressemitteilung vom 27.6.2017, IP/17/1784, abrufbar unter: http://europa.eu/rapid/press-release_IP-17-1784_de.htm.
80 Engl. Search Engine Optimization, kurz „SEO".
81 Vgl. → A. I. Rn. 26; Hoeren/Holznagel/*Sieber* Teil 1 Rn. 102 f.

a) Verarbeitung personenbezogener Daten durch Suchmaschinenanbieter

100 Ausgangspunkt der datenschutzrechtlichen Bewertung der Datenverarbeitung durch den Anbieter einer Suchmaschine ist die Beantwortung der Frage nach dem anwendbaren Datenschutzrecht im Hinblick auf die Abgrenzung des Anwendungsbereiches der Datenschutz-Grundverordnung, der E-Privacy-Richtlinie und dem Kommissionsentwurf der E-Privacy-Verordnung. Als mittlerweile geklärt sollte dabei gelten, dass der **Geschäftszweck** des Betreibens einer Suchmaschine das **Verarbeiten personenbezogener Daten beinhaltet.**[82] Die gegenteilige Rechtsprechung vor allem der Zivilgerichtsbarkeit in Deutschland, nach der die Tätigkeit des *Auffindens und Nachweisens der einzelnen Fundstellen im Internet* bezüglich personenbezogener Daten selbst bei einer kurzfristigen (Zwischen-)Speicherung der Daten wegen der fehlenden Verfügungsmacht des Dienstanbieters keine Datenverarbeitung im datenschutzrechtlich Sinn sei,[83] ist überholt. In der Google-Spain-Entscheidung des Europäischen Gerichtshofs bewertete der Gerichtshof sowohl das Auffinden, Indexieren, Darstellen und die Weiterveröffentlichung personenbezogener Daten als Verarbeitung personenbezogener Daten im Sinne des Datenschutzrechts.

101 Das gilt selbst dann, wenn der Betreiber keine inhaltliche Veränderung der gefunden Informationen vornimmt. Denn nach dem Wortlaut der Definition des zu dem damaligen Zeitpunkt geltenden Art. 2 lit. b DSRL setze die Verarbeitung personenbezogener Daten keine Veränderung dieser Daten voraus.[84] Auch unter dem weiten Verarbeitungsbegriff des Art. 4 Nr. 2 DSGVO erfordern die Tatbestandsmerkmale der Verarbeitung keine inhaltliche Veränderung personenbezogener Daten. Dies ergibt sich aus der expliziten Erwähnung der *Änderung oder Anpassung* personenbezogener Daten als Unterfall der Verarbeitung gemäß Art. 4 Nr. 2 DSGVO.[85] Auf diese nehmen die anderen in der Definition aufgeführten Formen des Umgangs mit personenbezogenen Daten keinen Bezug.

102 Das **Suchen und Indexieren** personenbezogener Daten unterfällt der Verarbeitungsform des **Erhebens und Speicherns** personenbezogener Daten gemäß Art. 4 Nr. 2 DSGVO. Unter dem Begriff des Erhebens werden Vorgänge verstanden, durch welche der Verantwortliche „Kenntnis" von den Informationen erhält. Ein Erheben ist zu verneinen, wenn die Kenntnisnahme nicht zielgerichtet und nur am Rande einer anderen Geschäfts- oder Verwaltungstätigkeit erfolgt.[86] In der Regel werden Suchmaschinenbetreiber bei der Indexierung der Inhalte des Internets zwar kein zielgerichtetes Interesse an einer bestimmten personenbezogenen Information haben.[87] Vielmehr kommt es ihnen darauf an, überhaupt diese Information zu erfassen und den Nutzern den Fundort der Information weiter zu vermitteln. Zu diesem Zweck ist allerdings die **technische Kenntnis** über den Inhalt der gefundenen Information erforderlich. Anderenfalls wäre die inhaltliche Beantwortung einer Suchanfrage nicht möglich.

---

82 Gola/*Schulz* Art. 6 Rn. 168.
83 OLG Hamburg MMR 2010 141 (142).
84 EuGH ZD 2014 350 (353) Rn. 28 f.
85 Wolff/Brink/*Schild* DSGVO Art. 4 Rn. 44.
86 Sydow/*Reimer* Art. 4 Rn. 55.
87 Bezüglich besonderer Kategorien personenbezogener Daten s. → B.

Moritz Karg

Eine weitere Form der Verarbeitung personenbezogener Daten besteht in der **Beant-** **103** **wortung der Suchanfrage** des Nutzers, soweit sich die daraufhin erstellten Suchergebnisse auf personenbezogene Daten beziehen. Diesbezüglich hat der Europäische Gerichtshof festgestellt, dass die Tätigkeit der Suchmaschinen neben der generellen Verbreitung personenbezogener Daten in der **Reorganisation** der gefundenen Informationen besteht. Mittels derer können Nutzer sich einen Überblick über die betroffenen Personen verschaffen und die Anbieter können gegebenenfalls umfangreiche Persönlichkeitsprofile erstellen.[88] Die datenschutzrechtliche Relevanz von Suchergebnissen besteht insoweit nicht nur in einem Offenlegen bisher nicht bekannter Informationen, sondern auch in einem Verknüpfen der aus verschiedenen Quellen stammenden Daten zu einem Gesamtbild.[89]

Je nach technischer Ausgestaltung des Suchdienstes speichern Suchmaschinenanbieter **104** zur Verbesserung der **Antwortgeschwindigkeiten** Informationen im sogenannten **Cache**. Dabei handelt es sich der Sache nach um einen Kurzzeitspeicher, um zum Beispiel häufig wiederkehrende Anfragen mit bereits gespeicherten Ergebnissen beantworten zu können. Teilweise werden dabei auch die Inhalte der Quellen gespeichert. Zudem werden zum Teil auch sogenannte **Snippets**, die sich aus „Informationsschnipsel" der referenzierten Quellen zusammensetzen, und weitere Informationen durch die Betreiber verarbeitet, um den Nutzer bereits auf der Ergebnisseite einen inhaltlichen Überblick zu verschaffen.[90] Für diese Webseiteninhalte und deren Zwischenspeicherung sind Suchmaschinenbetreiber datenschutzrechtlich verantwortlich und haben die Einhaltung der entsprechenden Vorgaben zu gewährleisten.

b) Verantwortlichkeit

Als durch den Europäischen Gerichtshof ebenfalls geklärt kann die bis zu dessen Ent- **105** scheidung umstrittene Ansicht gelten, dass Suchmaschinenanbieter für die Datenverarbeitung datenschutzrechtlich **verantwortlich** gemacht werden können. In der nationalen Rechtsprechung wurde die datenschutzrechtliche Verantwortung von Suchmaschinenbetreibern abgelehnt, weil diese keine eigene Verfügungsmacht über die von ihnen weitervermittelten Informationen hätten.[91] Dieser Auffassung ist dahin gehend zuzustimmen, dass Suchmaschinenbetreiber in der Regel auf fremde Veröffentlichungen personenbezogener Daten zurückgreifen. Jedoch besitzt ein Suchmaschinenbetreiber sowohl über den **Umfang der von ihm indexierten** Daten[92] als auch die **Weiterverbreitung** eine eigene datenschutzrechtliche Verantwortung.[93] Denn der Anbieter kontrolliert faktisch[94] die **Art und den Umfang** der Datenverarbeitung im Hinblick auf die Auswahl der Quellen, die Form der Beantwortung der Anfragen, die Anzahl der Ergebnisse und damit letztlich die Reichweite der Verbreitung der gefundenen personenbezogenen Daten. Dies gilt selbst unter der Bedingung, dass erst durch eine Suchanfrage die technische Erstellung des Ergebnisses erfolgt. Denn **wie** und mit **wel-**

---

88 EuGH ZD 2014 350 (353, Rn. 36 f.).
89 Vgl. Paal/Pauly/*Ernst* DSGVO Art. 4 Rn. 32.
90 EuGH ZD 2014 350 (353) Rn. 37 f.
91 OLG Hamburg MMR 2010 141 (142).
92 Wolff/Brink/*Buchner* BDSG § 29 Rn. 42.
93 EuGH ZD 350 (353) Rn. 32 f.
94 Zu den konkreten Anforderungen *Art. 29-Datenschutzgruppe* WP 169, 8 f.

chen **Informationen** die Anfrage beantwortet wird, liegt im Verantwortungsbereich des Anbieters.

c) Verarbeitung von Nutzungsdaten durch Suchmaschinenanbieter

106 Suchmaschinendienste sind, in der Terminologie des überkommenen Telemedienrechts, Telemediendienste. Für die Verarbeitung von Bestands- und Nutzungsdaten galten danach die allgemeinen telemedienrechtlichen Datenschutzanforderungen des Telemediengesetzes.[95]

107 Relativ unklar ist die **rechtliche Einordnung von Suchmaschinen als Kommunikationsdienst** nach dem derzeitigen Stand des Entwurfs der E-Privacy-Verordnung, die die E-Privacy-Richtlinie ablösen wird. Denn bei einem sehr weiten und ausufernden Verständnis des Begriffs „Kommunikation" würden Suchmaschinen als Kommunikationsdienste verstanden werden können. Sie dienen der Informationsvermittlung im Hinblick auf das Auffinden von Informationen im Internet. Die Vorgaben der zukünftigen E-Privacy Verordnung würden dann auf die Kommunikationsdatenverarbeitung, die nach dem derzeitigen Entwurf der Kommission gemäß Art. 4 Abs. 3 lit. a und lit. b des Entwurfs der E-Privacy-Verordnung auch Inhaltsdaten erfassen würde, Anwendung finden. Dem entspräche auch das rechtpolitische Ziel der E-Privacy-Verordnung. Denn unbestritten ist, dass die bei der Nutzung von Suchmaschinen anfallenden Kommunikationsdaten eine hohe Sensibilität im Hinblick auf die Schutzinteressen der Nutzer aufweisen.[96] Diese Schutzerwartung gilt insbesondere für die verwendeten Suchbegriffe, aus denen sich Interessen, Neigungen und Vorlieben aber auch die bürgerliche Identität eines Nutzers ergeben können.[22] Unter der Geltung des Telemediengesetzes unterlag die Verarbeitung dieser Art von Informationen gemäß § 7 Abs. 3 S. 2 TMG dem Fernmeldegeheimnis. Gerade auf die Gewährleistung des Schutzes der Kommunikation zielt die Kommission mit dem Entwurf der E-Privacy-Verordnung.[23] Es wäre daher vom Zweck der Verordnung erfasst, wenn der Anwendungsbereich der E-Privacy-Verordnung auf Suchmaschinendienste erstreckt wird.

108 Andererseits enthält der Entwurf deutliche Hinweise darauf, **nur** die **klassischen Telekommunikationsdienste** und funktional **vergleichbare Dienste wie OTT-Dienste** (→ A. II. Rn. 95) in den Anwendungsbereich der E-Privacy-Verordnung aufzunehmen.[97] Interpersonelle Kommunikation erfolgt über Suchmaschinendienste nicht. Sie sind vielmehr Informationsintermediäre. Ihre Rolle besteht darin, Nutzern die im Internet verfügbaren Informationen systematisch zu erschließen. Allerdings treten sie dabei auch immer weiter aus dieser Rolle heraus und bieten gleichsam eigene inhaltliche Angebote an.[98] Dies reicht jedoch nicht aus, die Suchfunktionalität als Kommunikation im Sinne der E-Privacy-Verordnung zu definieren.

109 Die Rahmenbedingungen für die datenschutzrechtliche Zulässigkeit der Verarbeitung von Nutzungsdaten durch Suchmaschinenanbieter ist damit maßgeblich vom Anwen-

---

95 Wolf/Brink/*Buchner* BDSG § 29 Rn. 41.
96 *EDSA*, Erklärung zu ePrivacy v. 25.5.2018, Ziff 1, https://edpb.europa.eu/news/news/2018/edpb-adopted-statement-eprivacy_de.
97 Erwgr. 11.
98 *Dörr/Natt* ZUM 2014 829 (831 f.).

dungsbereich der kommenden E-Privacy-Verordnung abhängig. Bis dahin und soweit danach eine Anwendung der E-Privacy-Verordnung auf Suchmaschinendienste ausgeschlossen ist, sind die allgemeinen datenschutzrechtlichen Rechtfertigungsgründe der Datenschutz-Grundverordnung auf die Bestimmung der Zulässigkeit der Verarbeitung von Nutzungsdaten durch Suchmaschinenanbieter heranzuziehen.

Zu den **Nutzungsdaten** zählen in diesem Zusammenhang neben den elektronischen **Kommunikationsmetadaten** der Serverkommunikation, auch die eingegebenen **Suchbegriffe**. Denn sie bilden die Grundlage für die Nutzung der Suchmaschine. Ohne diese Informationen können Suchmaschinenanbieter den Dienst nicht sinnvoll anbieten und Nutzer ihn nicht sinnvoll nutzen. Dem steht die Verarbeitung der personenbezogenen Informationen gegenüber, die durch die Suchmaschine indiziert und als Ergebnis an die Nutzer weitervermittelt werden. Die Verarbeitung dieser Daten unterliegt anderen Zulässigkeitstatbeständen (dazu → Rn. 115). 110

Als **Rechtsgrundlage** für die Verarbeitung der Nutzungsdaten wird regelmäßig **Art. 6 Abs. 1 lit. b DSGVO** in Betracht kommen.[99] Danach ist die Verarbeitung personenbezogener Daten zulässig, soweit diese für die **Erfüllung eines Vertrages** erforderlich ist. Im bisher geltenden Telemedienrecht wurden die Zulässigkeit der Datenverarbeitung zur Erfüllung eines Nutzungsverhältnisses bereichsspezifisch in den §§ 14 und 15 TMG geregelt. Der zulässige Umfang der Datenverarbeitung wurde dabei maßgeblich durch das zugrundeliegende Nutzungsverhältnis bestimmt.[100] 111

Nach dem Inkrafttreten der Datenschutz-Grundverordnung übernimmt diese Funktion für Dienste, die nicht unter die künftige E-Privacy-Verordnung fallen, Art. 6 Abs. 1 lit. b DSGVO.[101] Denn bei der Nutzung einer Suchmaschine entsteht zwischen dem Nutzer und dem Anbieter ein Nutzungsverhältnis, welches sich zivilrechtlich als **Nutzungsvertrag** qualifizieren lässt.[102] 112

Der **zulässige Umfang** der Datenverarbeitung wird von der konkreten **Ausgestaltung** und dem Zweck des **Nutzungsverhältnisses** bestimmt. Ohne die Vereinbarung zur Nutzung weiterer Funktionen ist die Verarbeitung der personenbezogenen Daten nur in dem Maße zulässig, wie dies zur Erbringung des Suchdienstes erforderlich ist. Gemäß Art. 6 Abs. 1 lit. b DSGVO gilt eine enger, an dem konkreten Zweck des Nutzungsverhältnisses orientierter Erforderlichkeitsmaßstab.[103] Zwischen der Datenverarbeitung und der Erfüllung des Vertragsverhältnisses muss ein unmittelbarer Zusammenhang bestehen.[104] Die Verarbeitung der Nutzungsdaten durch den Suchmaschinenanbieter muss danach für die Durchführung der Suche im Sinn einer zwingenden Kausalität notwendig sein. Anderenfalls wäre die Verarbeitung datenschutzrechtlich nicht rechtfertigbar. 113

Trotz der strengen Anforderungen an die Erforderlichkeit haben Anbieter einen gewissen Gestaltungsspielraum. Dieser ergibt sich über die konkrete (technische) Aus- 114

---

99 *Hennemann* ZUM 2017, 544 (546).
100 Auernhammer/*Schreibbauer* TMG § 14 Rn. 4, 13 ff.; § 15 Rn. 13.
101 Ausführlich Gola/*Schulz* DSGVO Art. 6 Rn. 31.
102 Vgl. allgemein dazu *Keppler* MMR 2015, 779 (782).
103 Sydow/*Reimer* DSGVO Art. 6 Rn. 20.
104 Gola/*Schulz* DSGVO Art. 6 Rn. 36.

gestaltung des Dienstes. So ist der Anbieter zum Beispiel im Hinblick auf die Personalisierung der Suchergebnisse[105] in der Lage, den Umfang der Datenverarbeitung zu gestalten. Damit wäre beispielsweise die Verwendung von Nutzungsdaten, insbesondere der Suchwörter, über die Erfüllung des eigentlichen Suchvorgangs hinaus legitimierbar. Dabei ist allerdings zu beachten, dass sich hinter der Begrifflichkeit der Personalisierung von Suchergebnissen gegebenenfalls eine umfangreiche Quantifizierung der Interessen, Vorlieben und Neigungen der betroffenen Nutzer verbirgt. Nur durch eine umfassende Analyse des Nutzungs- und Suchverhaltens lassen sich interessensbasierte Suchergebnisse erzeugen. Dem beschriebenen Gestaltungsspielraum werden allerdings auf zivilrechtlicher Ebene durch die schuldrechtlichen Vorgaben der **AGB-Gesetzgebung** Grenzen gesetzt. Die zivilrechtliche Rechtswidrigkeit des Nutzungsverhältnisses würde zur Rechtswidrigkeit der darauf basierenden Datenverarbeitung führen.[106]

d) Verarbeitung von Inhaltsdaten durch Suchmaschinenbetreiber

115 Die Verarbeitung personenbezogener Daten derjenigen, deren Informationen durch den Anbieter gesucht und gegebenenfalls weiterverbreitet werden, stützt sich auf die Zulässigkeitsvorschrift des **Art. 6 Abs. 1 lit. f DSGO**.[107] Danach ist die Verarbeitung personenbezogener Daten zulässig, soweit dies zur Wahrung der **berechtigten Interessen** des Verantwortlichen oder eines Dritten erforderlich ist und die Interessen, Grundfreiheiten oder Grundrechte der von der Verarbeitung der Daten betroffenen Person nicht überwiegen. Gerade bei der Inhaltsdatenverarbeitung durch Suchmaschinen entsteht eine **Dreiecksbeziehung**, die zu einer besonderen datenschutzrechtlichen Problematik führt. Denn die Verarbeitung personenbezogener Daten erfolgt einerseits unter Ausschluss der von der Suche betroffenen Person. Andererseits werden die Daten durch den Verantwortlichen weder bei dem Suchenden noch zwingend bei der betroffenen Person erhoben, sondern womöglich bei einem Dritten, der die Informationen über die betroffene Person im Internet veröffentlicht hat.

116 Nur in den Fällen, in denen ein Nutzer Informationen **über sich selbst** sucht, kann die Webrecherche und die Datenverarbeitung zur Beantwortung der Suchanfrage auf die Einwilligung gemäß **Art. 6 Abs. 1 lit. a** oder auf die Vertragserfüllung nach **lit. b** DSGVO gestützt werden. Allerdings gilt dies auch nur für die Informationen, die sich dann unmittelbar auf die suchende Person beziehen, nicht aber für gecrawlte und verarbeitete Daten Dritter.

117 In allen anderen Fällen lässt sich eine Rechtfertigung auf der Grundlage einer Einwilligung oder eines Vertrages nicht konstruieren. Daher müssen die Interessen des Suchmaschinenbetreibers, die in dem wirtschaftlichen Betrieb der Suchmaschine bestehen, die Interessen der betroffenen Personen an dem Schutz ihrer Grundrechte bei der Verarbeitung insbesondere gemäß Art. 7 und 8 GRCh und die Interessen der Nut-

---

105 *Hennemann* ZUM 2017, 544 (545).
106 *Wendehorst/Graf v. Westphalen* NJW 2016, 3745 (3749).
107 Vgl. zur alten Rechtslage unter der DSRL *Paal* ZeuP 2016, 591 (609); *Weichert* VuR 2009 323 (328); Wolff/Brink/*Buchner* BDSG § 29 Rn. 41 f.

zer der Suchmaschine am Informationszugang miteinander in einen Ausgleich gebracht werden.[108]

aa) Berechtigtes Interesse bei Suchmaschinenbetreibern und der Nutzer der Suchmaschine

Der Zulässigkeitstatbestand des Art. 6 Abs. 1 lit. f DSGVO setzt voraus, dass die Verarbeitung der Daten durch die Suchmaschinenanbieter zur Wahrung ihrer berechtigten Interessen erforderlich ist. Die von Art. 6 Abs. 1 lit. f DSGVO erfassten Interessen werden durch die Datenschutz-Grundverordnung, wie bereits unter der Datenschutz-Richtlinie, thematisch kaum eingeschränkt. Sie müssen lediglich im Sinne der Verordnung **legitim** sein.[109] Die Wahrnehmung dieser Interessen muss insoweit rechtlich zulässig sein, durch den Verantwortlichen hinreichend bestimmt genug formuliert werden und es muss sich um die Verfolgung eines tatsächlichen und nicht rein spekulativen Interesses handeln.[110] Der Verantwortliche muss darlegen, dass die Wahrnehmung nicht nur hypothetisch ist, sondern mit der Verarbeitung der Daten konkret und tatsächlich verfolgt wird. Da die Verarbeitung der Daten nicht zur Wahrnehmung eigner, sondern auch zur Wahrnehmung der Interessen Dritter erfolgen darf,[111] können Suchmaschinenbetreiber neben ihren eigenen, unmittelbaren wirtschaftlichen Interessen[112] auch die **Informationsinteressen der Suchmaschinen-Nutzer** und ganz allgemein der **Öffentlichkeit** gegenüber den betroffenen Personen geltend machen.[113] Die Vermischung der Verfolgung eigener kommerzieller Interessen mit der Wahrung legitimer öffentlicher oder gesellschaftlicher Interessen steht der Annahme eines berechtigten Interesses nach Art. 6 Abs. 1 lit. f DSGVO insoweit nicht entgegen.[114]

Die Fokussierung der Bewertung auf eine rein wirtschaftliche Bedeutung der Suchmaschine für die Anbieter gibt die allgemeine Bedeutung der Suchmaschinen nur stark verkürzt wieder. Die derzeitige Präsenz und die Marktmacht der Suchmaschine des Anbieters Google LLC lässt die **gesellschaftliche Bedeutung** dieser Tätigkeit in den Hintergrund treten. Dies zeigt sich bei der Beurteilung der Interessen von nichtkommerziell betriebenen Suchmaschinen oder Suchmaschinen, deren Finanzierungsmodell nicht auf der unmittelbaren, wirtschaftlichen Verwertung der erhobenen Daten beruht. An solchen Suchmaschinen wird die zentrale Bedeutung dieser Dienste für sämtliche Internet-Nutzer und die Öffentlichkeit deutlich. Über Suchmaschinen werden die im Netz vorhandenen Informationen – wie erläutert – für einen Großteil der Nutzer überhaupt erst erschlossen und zugänglich gemacht. Ohne sie wäre die sinnvolle Nutzung der immensen Informationsfülle des Internets nicht möglich.[115] Zudem können die erhobenen Daten auch zur Fortentwicklung der Suchdienste und der Fähigkeit, die im Internet verfügbaren Informationen strukturiert zu erschließen, dienen.

118

119

---

108 *Sörup* MMR 214, 455 (464).
109 AA Gola/*Schulz* DSGVO Art. 6 Rn. 52 wonach Verfolgung illegitimer Interessen zulässig sein soll.
110 *Art. 29-Datenschutzgruppe* WP 217, 25.
111 Ehmann/Selmayr/*Herberlein* DSGVO Art. 6 Rn. 22 f.
112 EuGH ZD 2014 350 (354) Rn. 81.
113 *Paal* ZeuP 2016, 591 (609).
114 *Art. 29-Datenschutzgruppe* WP 217, 35.
115 S. → Rn. 97; *Paal* ZRP 2015, 34; *Redeker*, IT-Recht Rn. 1322; *Dörr/Natt* ZUM 2014, 829 (831).

bb) Verallgemeinerte Abwägung der Interessen und Grundrechte der betroffenen Person

120 Andererseits muss der Suchmaschinenanbieter gewährleisten, dass die **Interessen und Grundrechte der Betroffenen** hinreichend beachtet werden und im Fall des Überwiegens die Indexierung und Weiterverbreitung der Daten unterbleibt. Die Zulässigkeit der Datenverarbeitung ist davon abhängig, ob die Interessen, Grundrechte und Grundfreiheiten der Betroffenen die vom Verantwortlichen verfolgten Interessen nicht überwiegen.[116] Nach der Datenschutz-Grundverordnung sind explizit insbesondere die Interessen der Kinder zu beachten.[117]

121 Die **praktischen Probleme der Abwägung** entstehen dadurch, dass einerseits (noch) **keine sichere semantische Bewertung** der Daten während der Indizierung und der Weiterverbreitung erfolgt. So ergibt sich die für die Abwägung relevante Sensibilität einer Information erst aus dem Verarbeitungskontext im Einzelfall, der sich aber erst während der Suchanfrage konkretisiert. Außerdem lassen sich aus der Tatsache, dass eine Information über eine Person im Internet verfügbar ist, noch keine Anhaltspunkte über die Interessenslage der betroffenen Person im Hinblick auf die Weiterverbreitung dieser Informationen herleiten. So wäre durchaus **denkbar**, dass es gerade im Interesse der Person ist, dass die veröffentlichten Informationen einen **möglichst hohen Verbreitungsgrad** haben. Und zu guter Letzt würde eine vorherige Bewertung möglicher Motivationen des Suchenden oder der betroffenen Person im Hinblick auf die Weiterverbreitung mit dem generellen Anspruch auf eine **möglichst neutrale und umfassende Auskunft** über die im Internet verfügbaren Daten kollidieren.[118]

122 Unter den beschriebenen derzeitigen technologischen und rechtlichen Rahmenbedingungen ist somit eine **individuelle Abwägung** zwischen den Interessen des Suchmaschinen-Betreibers, des Suchmaschinen-Nutzers und der von der Suche betroffenen Person **nicht ohne deren Mitwirkung** realisierbar. Im Übrigen könnte eine **verallgemeinerte Abwägung** der Interessen vorgenommen werden, gegebenenfalls anhand von noch in der Rechtspraxis zu entwickelnden Fallgruppen.[119] Zwar kann in diesem Zusammenhang an die Verantwortlichkeit derjenigen, die personenbezogene Daten im Internet veröffentlichen, appelliert werden, jederzeit die Rechtmäßigkeit der Veröffentlichung personenbezogener Daten sicherzustellen.[120] Damit ändert sich allerdings nichts an der bestehenden datenschutzrechtlichen Verantwortung des Suchmaschinen-Betreibers. So kann sich der Suchmaschinen-Betreiber nicht darauf berufen, dass die im Internet technisch verfügbaren Informationen auch rechtlich zulässigerweise veröffentlicht wurden.

123 Zwar kann der Betreiber der Suchmaschine automatisiert technische Signale zur Bewertung der genutzten Quellen und erhobenen Daten zur Interessenabwägung auslesen und damit die Datenverarbeitung modifizieren. So können Herausgeber von Websites mithilfe von **Protokollen** wie „robot.txt" oder Programmcodes wie „noindex" oder „noarchive" signalisieren, dass bestimmte Information ganz oder teilweise

---

116 *Art. 29-Datenschutzgruppe* WP 217, 29.
117 Gola/*Schulz* DSGVO Art. 6 Rn. 53.
118 *Paal* ZRP 2015, 34 (37); *Kreile/Thalhofer* ZUM 2014, 629 (632).
119 So zu ähnlichen Konstellationen bei § 29 BDSG aF bspw. Simitis/*Ehmann* BDSG § 29 Rn. 164 ff.
120 EuGH EuZW 2004, 245 ff.; *Bieresborn* ZD 2016, 319, (321).

Moritz Karg

von der Suche auszuschließen sind.[121] Im Lichte der erforderlichen Abwägung gemäß Art. 6 Abs. 1 lit. f DSGVO wirken derartige Signale rechtlich wie unmittelbar von Betroffenen gegen die Verarbeitung gerichtete **Widersprüche** und sind daher beachtlich. Mit anderen Worten: Liest ein Suchmaschinenanbieter ein derartiges Signal aus, hat die Erhebung und Speicherung der Daten der über diese Quelle veröffentlichten Daten zu unterbleiben. Andererseits bedeutet nach der Rechtsprechung des Europäischen Gerichtshofs das Fehlen dieser Hinweise keine Befreiung von der datenschutzrechtlichen Verantwortung für die Rechtmäßigkeit der Erhebung und gegebenenfalls Weiterverbreitung der Daten.[122] Durch das Fehlen derartiger Signale ist nicht sichergestellt, dass eine Erhebung und Weiterverbreitung der personenbezogenen Informationen nicht gegen die Interessen und Grundrechte der betroffenen Personen verstößt.

cc) Verarbeitung besonderer Kategorien personenbezogener Daten

Eine besondere Herausforderung stellt darüber hinaus die Verarbeitung von im Internet verfügbaren, **besonderen Kategorien personenbezogener Daten** dar (→ B. I. Rn. 9; → B. II. Rn. 114). Denn die Datenschutz-Grundverordnung legitimiert nicht die Verarbeitung besonderer Kategorien personenbezogener Daten zur Wahrung des berechtigten Interesses. Die Zulässigkeit der Verarbeitung dieser Art von Daten unterliegt einem generellen Verarbeitungsverbot nach Art. 9 Abs. 1 DSGVO. Die Ausnahmen des Art. 9 Abs. 2 DSGVO enthalten allerdings keine mit dem Art. 6 Abs. 1 lit. f DSGVO vergleichbare Verarbeitungsbefugnis.   **124**

Zudem „passen" die anderen Rechtfertigungstatbestände des Art. 9 Abs. 2 DSGVO nicht auf die spezifische Verarbeitungstätigkeit von Suchmaschinen. Die in **Art. 9 Abs. 2 lit. a** DSGVO genannte Einwilligung ist bereits aus rein praktischen Gründen als Rechtfertigung ungeeignet, da bei der automatisierten Websuche einer Suchmaschine die betroffenen Personen weder kontaktiert noch anderweitig um eine Einwilligung gebeten werden können. Weiterhin denkbar wäre, die Rechtmäßigkeit der Erhebung und Weiterverbreitung auf **Art. 9 Abs. 2 lit. e** DSGVO zu stützen. Danach ist die Verarbeitung besonderer Kategorien personenbezogener Daten zulässig, wenn die Informationen durch die betroffene Person „**offensichtlich öffentlich**" gemacht wurden. **Unzureichend** ist es allerdings, wenn die entsprechenden Daten zwar öffentlich zugänglich sind, es jedoch an einem bestätigenden Willensakt der betroffenen Person fehlt oder der **Wille nicht zweifelfrei erkennbar** ist.[123] In der Regel werden Suchmaschinenbetreiber einen derartigen Willensakt seitens der betroffenen Person nicht feststellen können. Hierbei an die Mitverantwortung der Webseitenanbieter zu appellieren, der eigenen datenschutzrechtlichen Verantwortung bei der Veröffentlichung von personenbezogenen Daten gerecht zu werden, erscheint rechtspolitisch erforderlich, würde aber nicht in allen Fällen genügen, da eine betroffene Person zwar in die Veröffentlichung ihrer Daten im Internet einwilligen kann, aber eventuell nicht in die Aufnahme durch eine Suchmaschine. Letztlich entbindet das Vorhandensein einer Rechtsgrundlage zur Veröffentlichung beim Webseitenanbieter die Suchmaschinenan-   **125**

---

121 EuGH ZD 2014 350 (353) Rn. 36.
122 EuGH ZD 2014 350 (353) Rn. 36.
123 Ehmann/Selmayr/*Schiff* DSGVO Art. 9 Rn. 40.

bieter nicht von der eigenen datenschutzrechtlichen Verantwortung, die Offensichtlichkeit einer Veröffentlichung zu erkunden.

126 Ein Lösungsansatz wäre, das **Crawlen**, also das vor der Suchanfrage erfolgende Indexieren der personenbezogenen Daten dahin gehend zu verstehen, dass es sich dabei **nicht um das gezielte** Kenntnisnehmen der Daten und damit kein Erheben[124] besonderer Kategorien personenbezogener Daten handelt, da die Erhebung dieser Kategorien personenbezogener Daten nicht von der Intention der Suchmaschinenbetreiber erfasst ist. Allerdings würde eine derartige Sichtweise die Anforderungen an den Tatbestand der Erhebung überspannen. Denn die Erhebung der Informationen erfolgt gleichwohl **gezielt** und diese Daten als ungewollten Beifang zu qualifizieren, wird letztlich nicht der Intention des Suchmaschinenbetreibers entsprechen. Zudem würde die bloße Absichtserklärung eines Suchmaschinenbetreibers, keine rechtswidrig veröffentlichten Daten erheben zu wollen, durch die direkte und umfassende Indexierung sämtlicher verfügbarer Informationen konterkariert werden. Spätestens jedoch, wenn Nutzer Informationen über eine Person suchen und in den Suchergebnissen auch Angaben zu einer der oben genannten Kategorien enthalten sind, wäre dies eine rechtswidrige Verarbeitung personenbezogener Daten. Denn dann wäre auch aus Sicht des Suchmaschinenbetreibers die Übermittlung gerade dieser Informationen gezielt erfolgt.

127 Die Konsequenzen im Hinblick auf die Verarbeitung **besonderer Kategorien** personenbezogener Daten gemäß Art. 9 DSGVO sind deutlich. Die Indexierung, Speicherung und Verbreitung von Angaben über rassische und ethnische Herkunft, politische Meinung, religiöse oder weltanschauliche Überzeugung, Gewerkschaftszugehörigkeit, genetische Daten und biometrische Daten zur eindeutigen Identifizierung einer natürlichen Person, Gesundheitsdaten, Daten zum Sexualleben oder der sexuellen Orientierung ist damit für Suchmaschinenanbieter für deren Dienste **unzulässig**. Eine datenschutzkonforme **Lösung** dieses Problems ist **derzeit nicht erkennbar**.

128 Die **Abwägung** der widerstreitenden Interessen kann daher **pauschaliert kaum sinnvoll** durch die Suchmaschinenanbieter durchgeführt werden, weil, anders als noch gemäß § 28 Abs. 1 Nr. 3 BDSG aF, eine **gesetzliche Vermutung der Zulässigkeit der Verarbeitung allgemeinzugänglicher Daten**[125] in der Datenschutz-Grundverordnung **fehlt**. Während nach dem Bundesdatenschutzgesetz aF die Verantwortlichen lediglich prüfen mussten, ob ein „offensichtliches" Überwiegen der schutzwürdigen Interessen besteht, existiert diese Erleichterung in Art. 6 Abs. 1 lit. f DSGVO nicht mehr.

dd) Recht auf Widerspruch

129 Nach der Rechtsprechung des Europäischen Gerichtshofs und nunmehr gemäß Art. 17 DSGVO besteht ein umfassendes **Widerspruchsrecht** der betroffenen Person gegen die Weiterverbreitung der gefundenen personenbezogenen Daten durch Suchmaschinenanbieter. Ausgangspunkt diese Widerspruchsrecht ist die Rechtsprechung des Europäischen Gerichtshofs in der **Google-Spain** Entscheidung.[126] Danach hat je-

---

124 Vgl. dazu Simitis/*Dammann* BDSG § 3 Rn. 104.
125 Auernhammer/*Kramer* BDSG § 28 Rn. 23.
126 EuGH ZD 2014, 350 ff.

Moritz Karg

de betroffene Person das Recht auf Widerspruch gegen die Weiterverbreitung ihrer personenbezogenen Daten in den Suchergebnissen einer Suchmaschine. Unerheblich ist dabei, ob die originäre Veröffentlichung zulässig war. Auch bei einer ursprünglich rechtmäßigen Veröffentlichung der Daten kann ein Anspruch auf Entfernung der Suchergebnisse bestehen. Dieses als „**Recht auf Vergessen**" titulierte Recht ist nach richtiger Auffassung letztlich ein umfassend ausgestaltetes Lösch- und Widerspruchsrecht.[127]

Der Europäische Gerichtshof entschied die Abwägung zwischen den wirtschaftlichen Interessen des Unternehmens Google und den Interessen des Suchmaschinen-Nutzers zugunsten der Interessen und Grundrechte der betroffenen Person, wegen des im Einzelfall erheblichen Eingriffs in deren Persönlichkeitsrecht.[128] Auch die Interessen der Webseiten-Betreiber auf deren Webseiten die Informationen ursprünglich veröffentlicht werden, überwiegen die Interessen der betroffen Person nicht per se.   130

Eine Ausnahme von dieser „Regel" machte der Europäische Gerichtshof allerdings in den Fällen, in denen der **Anspruch der Öffentlichkeit** auf die Information **höher zu gewichten** ist, als das Interesse der betroffenen Person am Schutz des Privatlebens und der personenbezogenen Daten, zum Beispiel wenn die Person eine besondere Rolle in der Öffentlichkeit spielt oder gespielt hat.[129] Als einen der wenigen Anhaltspunkte für die im konkreten Fall durchzuführende Abwägung gab der Europäische Gerichtshof den **Zeitablauf** zwischen der Erstveröffentlichung und der Einreichung des Widerspruchs des Betroffenen gegen die Veröffentlichung vor.   131

In der **aufsichtsbehördlichen Praxis** hat sich soweit erkennbar in Deutschland nur beim Hamburgischen Beauftragten für Datenschutz und Informationsfreiheit eine relevante Praxis im Hinblick auf die Bearbeitung von Beschwerden wegen der unzureichenden Beachtung eingelegter Widersprüche herauskristallisiert.[130] Neben der Entwicklung einheitlicher Kriterien für die Abwägung der Interessen der Öffentlichkeit mit den Interessen der betroffenen Personen[131] wird derzeit vor allem um die **Reichweite** von eingelegten und als zulässig eingestuften Widersprüchen **gestritten**. Während sich Suchmaschinenanbieter auf den Standpunkt stellen, dass die Wirkung nicht über den territorialen Anwendungsbereich des europäischen Datenschutzrechts hinausgeht, vertreten die Aufsichtsbehörden die Auffassung, dass die Umsetzung des Widerspruchs letztlich sämtliche Domänen der Suchmaschine erfassen soll und damit eine weltweite Wirkung erhalten muss.[132] Eine entsprechende Entscheidung des Europäischen Gerichtshofs steht in dieser Rechtsfrage noch aus.[133]   132

---

127 Vgl. dazu ua *Holznagel/Hartmann* MMR 2106 228 (230); *Kodde* ZD 2013, 115 (116 f.); *Gstrein* ZD 2012 424 (427); *Jandt* MMR-Aktuell 2014, 358242; aA *Boehme-Neßler* NVwZ 2014, 825 (827) der in der Entscheidung die Festlegung eines neuen Grundrechts sieht, differenziert Ehmann/Selmayr/*Kamann/ Braun* DSGVO Art. 17 Rn. 2.
128 EuGH ZD 2014, 350 (357) Rn. 81.
129 EuGH ZD 2014, 350 (357) Rn. 81.
130 Vgl. *HmbBfDI* 26. Tätigkeitsbericht, 59.
131 Eine umfassende Liste der Abwägungskriterien in *Art. 29-Datenschutzgruppe* WP 225, 13; dazu auch https://archive.google.com/advisorycouncil/
132 *Art. 29-Datenschutzgruppe* WP 225, 9.
133 Rs. C-507/17 vom 21.8.2017.

133 Die Rechtsprechung des Europäischen Gerichtshofs wurde nunmehr durch Art. 17 Abs. 1 und 2 DSGVO durch einen als „Recht auf Vergessen" bezeichneten Löschanspruch umgesetzt. Neben anderen Gründen, die einen Anspruch der betroffenen Person und eine damit korrespondierende Verpflichtung des Verantwortlichen auf Löschung begründen, können betroffenen Personen die Weiterverbreitung personenbezogener Daten durch die „Löschung" von Sucheinträgen vor allem gemäß **Art. 17 Abs. 1 lit. c iVm Art. 21 Abs. 1 DSGVO** verlangen. Danach kommt eine Löschung personenbezogener Daten in Betracht, wenn die betroffene Person gegen die Verarbeitung ihrer personenbezogenen Daten Widerspruch eingelegt hat und der Verantwortliche keine überwiegenden berechtigten Interessen vorbringen kann.[134]

5. Webanalyse

134 Unter dem Begriff der Webanalyse wird die Erfassung, Auswertung und Bewertung des Nutzungsverhaltens verstanden. Synonyme wie Webtracking, Customer Tracking, verhaltensbasierte Nutzungsanalyse oder schlicht Tracking bezeichnen technisch vergleichbare Verarbeitungsverfahren, mittels derer allerdings unterschiedliche Zwecke verfolgt werden können (s. ausführlich → A. I. Rn. 34 ff.) Bei der datenschutzrechtlichen Betrachtungsweise dieser Materie wird die Frage nach dem Zulässigkeitsrahmen der Verarbeitung von Nutzungsdaten berührt. Rein technisch betrachtet dient die Verarbeitung dieser Daten zuvörderst dem Zweck der technischen Erbringung des Dienstes oder dessen Ausgestaltung und Nutzbarkeit. Allerdings lassen sich je nach eingesetzter Technologie aus diesen Daten detaillierte Aussagen über die konkreten Nutzungsgewohnheiten, Vorlieben und Interessen der jeweiligen Nutzer gegebenenfalls auch über mehrere Dienste, Geräte und Zeiträume hinweg erheben, analysieren und zu entsprechenden Profilen zusammenzuführen.

a) Datenschutzrechtliche Verantwortlichkeit – Third-Party-Tracking

135 Maßgeblich für die Beurteilung der datenschutzrechtlichen Zulässigkeit der Webanalyse ist die Festlegung der datenschutzrechtlichen Verantwortung. Denn daraus leitet sich die Antwort auf die Frage ab, wer die Rechtmäßigkeit der Datenverarbeitung und Beachtung der Grundsätze des Datenschutzes gemäß Art. 5 DSGVO gewährleisten muss. So wird in der Literatur davon ausgegangen, dass das berechtigte Interesse beim sogenannten **First-Party-Tracking** einen höheren Stellenwert besitzt,[135] als die Interessen von **Third-Party-Anbietern.** Beim First-Party-Tracking werden die Daten direkt vom Anbieter des Telemediendienstes verarbeitet und zu eigenen Zwecken einschließlich Werbezwecken genutzt.[136] Ggfs. erfolgt dies auch durch die Einbindung von Webanalysediensten, die die Analyse im Wege der Auftragsverarbeitung für den Anbieter durchführen, wie dies in der Vergangenheit bei dem Analysedienst **Google Analytics,** angenommen wurde.[137] Beim Third-Party-Tracking hingegen werden die Daten durch Dritte zu eigenen Zwecken, zum Beispiel für Werbung und Marketing

---

134 Ehmann/Selmayr/*Kamann/Braun* DSGVO Art. 17 Rn. 24.
135 *Gierschmann* MMR 2018, 7 (10).
136 Vgl. dazu auch *Art.-29-Datenschutzgruppe* WP 194, 5.
137 S. dazu Veröffentlichung des HmbBfDI unter https://www.datenschutz-hamburg.de/datenschutz-fuer-firmen-und-behoerden/internet/google-analytics.html.

vom Anbieter übermittelt und durch diesen verarbeitet. Der Telemedienanbieter erhält dann, je nach Geschäftsmodell für die Übermittlung der Daten oder der Gewährung des Zugriffs auf diese Nutzungsdaten eine Gegenleistung. Dieser Auffassung folgte auch die Art. 29-Datenschutzgruppe, die der Nutzung der Daten durch Dritte, der Third-Party, zum Beispiel zur Bewerbung Betroffener oder im Sinne eines Brokers, welcher die Profile mit weiteren Informationen anreichert und dann weiterveräußert, strengeren Anforderungen als dem primären Anbieter des Telemediendienstes unterwirft.[138] Technologisch und rechtlich muss daher zwischen dem First- und Third-Party-Tracking unterschieden werden.

aa) First-Party-Anbieter und Auftragsverarbeitung

In der Vergangenheit wurde zudem, insbesondere im Rahmen der Ausgestaltung der datenschutzrechtlichen Rahmenbedingungen für den Einsatz des Webanalysedienstes **Google Analytics**, davon ausgegangen, dass der Einsatz eines Analysedienstes durch einen Drittanbieter, wie der Google Inc., über die Rechtskonstruktion der Auftragsdatenverarbeitung realisiert werden muss. Die Rechtmäßigkeit der Webanalyse musste lediglich durch die verantwortliche Stelle, in Deutschland in der Regel gemäß des mittlerweile nicht mehr geltenden § 15 Abs. 3 TMG, gewährleistet werden. Der im Auftrag tätig werdende Webanalyseanbieter musste dann keine eigene Rechtsgrundlage nachweisen, sondern konnte sich auf die „Privilegierung" der Auftragsverarbeitung stützen. Durch die Konstruktion der Auftragsdatenverarbeitung war der Telemedienanbieter von der Notwendigkeit befreit, dass eine Rechtsgrundlage für die technische Weitergabe der personenbezogenen Daten an den Tracking-Dienstleister erforderlich ist. 136

Dennoch war die Rechtssicherheit aus verschiedenen Gründen eingeschränkt. Erstens traten immer wieder rechtliche Zweifel und praktische Umsetzungsprobleme auf, wie die rechtlichen Vorgaben des Auftragsverarbeitungsverhältnisses sicher zu stellen sind. Dies galt insbesondere bei der Einbindung der Dienste von Drittanbietern, die eigene (wirtschaftliche) Zwecke mit der Verarbeitung der Daten verfolgten, und sich nicht darauf beschränkten lediglich **für** den Anbieter die Webanalyse durchzuführen.[139] Zweitens wurden durch diese Konstruktion die Grenzen zwischen der eigen- und fremdnützigen Webanalyse und damit des First- und Third-Party-Trackings verwischt. 137

bb) Gemeinsame Verantwortlichkeit bei der Webanalyse

Die Konstruktion der Auftragsverarbeitung lässt sich allerdings nur dann aufrechterhalten, wenn der Betreiber eines digitalen Kommunikations- und Informationsdienstes gewährleistet und nachweisen kann, dass er zweifelsfrei die Anforderungen an die Auftragsverarbeitung gemäß Art. 28 DSGVO erfüllt. Dies gilt insbesondere für die Verarbeitung der Daten nach Weisung gemäß Art. 28 Abs. 3 lit. a DSGVO, und dafür, dass der Auftragsverarbeiter ohne Eigenkompetenz über Zweck, Art und Umfang der Verarbeitung der personenbezogenen Daten agiert.[140] Ist zwischen einem Anbieter 138

---

138 *Art. 29-Datenschutzgruppe* WP 217, 33.
139 *Wambach/Schulte/Knorr* DuD 2018, 523 (525).
140 Gola/*ders.* DSGVO Art. 4 Rn. 57.

von Telemediendiensten und einem Webanalysebetreiber unklar, wer zu welchem Grad über Zweck, Art und Umfang der Datenverarbeitung entscheidet oder nutzt der Webanalyseanbieter die Nutzungsdaten auch unabhängig von der Weisung des Telemedien zu eigenen wirtschaftlichen Zwecken wird von einer **gemeinsamen Verantwortlichkeit** im Sinne des Art. 26 Abs. 1 DSGVO auszugehen sein.

139 Auf Seiten des Anbieters des Telemediendienstes reicht es für die Annahme einer Eigenverantwortlichkeit aus, wenn er über das „Ob" der Durchführung einer Webanalyse entscheiden kann. Liegt es in seiner Entscheidungskompetenz über den Betrieb eines Telemedienangebotes oder der Verfügbarmachung eines derartigen Dienstes einen kausalen Beitrag zur Erstellung von personenbezogenen Nutzungsprofilen zu leisten und das Ergebnis der Webanalyse zu nutzen, entsteht auch eine entsprechende datenschutzrechtliche Verantwortung. Der Webanalysedienst hat dann für den von ihm zu verantwortenden Beitrag an der Erstellung des Nutzungsprofils gegenüber der betroffenen Person die Rechtmäßigkeit der Datenverarbeitung sicherzustellen und nachzuweisen.[141]

140 Zwischen dem Anbieter des Telemediendienstes und dem Webanalysedienst ist eine den Anforderungen des Art. 26 Abs. 1 DSGVO entsprechende Vereinbarung erforderlich, welche neben der Verteilung der Verantwortungsbeiträge auch gewährleistet, wie die Information der Betroffenen sowie die Beachtung von deren Rechter sichergestellt werden. Zudem müssen beide Verantwortliche die Beachtung der in Art. 5 Abs. 1 DSGVO niedergelegten Grundsätze für ihren eigenen Verantwortungsbereich sicherstellen und die Einhaltung gemäß Art. 5 Abs. 2 DSGVO nachweisen.

b) Datenschutzrechtliche Betrachtung der Webanalyse und Rechtsgrundlagen

141 Eine bereichsspezifische Normierung der Webanalyse sieht die Datenschutz-Grundverordnung nicht vor. Allerdings wird diese Form der Verarbeitung mit dem Begriff des in Art. 4 Nr. 4 DSGVO legaldefinierten „**Profiling**" erfasst. Danach ist unter Profiling die Verarbeitung personenbezogener Daten mit dem Ziel der Bewertung, Analyse oder Vorhersage von bestimmten Aspekten einer betroffenen Person zu verstehen. Die Definition enthält insofern nicht nur analytische, sondern auch prognostische Elemente.[142] Dadurch lassen sich Verfahren zur Einschätzungen von Handlungsrisiken Einzelner, zum Beispiel kreditorische Ausfallrisiken,[143] ebenso darunter subsumieren, wie Verarbeitungsprozesse zur Verhaltensbeeinflussung, zum Beispiel verhaltensbasierte Werbung[144] oder die interessensorientierte Ausgestaltung von Diensten, wie die Personalisierung von Suchergebnissen.[145]

aa) Mustererkennung und Profiling

142 Ob die **Mustererkennung**, also die Ermöglichung der Individualisierung von Nutzern auf der Grundlage der erfassten und teilweise nicht personenbezogenen, technischen

---

141 Für den Einsatz des Analysedienstes Facebook Insight durch das Betreiben einer Fanpage *Schlussanträge des Generalanwalts Bot* vom 24.10.2017 Rs. 210/16 ECLI:EU:C:2017:796 Rn. 55.
142 Sydow/*Ziebarth* DSGVO Art. 4 Rn. 87.
143 Ehmann/Selmayr/*Hladik* DSGVO Art. 22 Rn. 7.
144 Gola/*Schulz* DSGVO Art. 6 Rn. 69.
145 *Hennemann* ZUM 2017, 544 (546).

Moritz Karg

Informationen, wie das **Device-Fingerprinting**,[146] unter den Begriff des Profilings im Sinne des Art. 4 Nr. 4 DSGVO fällt, ist unklar.[147] Denn beim Device-Fingerprinting erfolgt keine Analyse der Interessen oder eine Vorhersage des Verhaltens der betroffenen Person. Vielmehr besteht der Zweck der Verarbeitung darin, die Nutzerin oder den Nutzer durch die Mustererkennung auf der Grundlage der Zusammenführung primär anonymer Sachdaten individualisierbar zu machen[148] und dann in einem zweiten Schritt, das Nutzungsverhalten zu erfassen und ggfs. auszuwerten. Unabhängig davon ist die Verarbeitung von Nutzungsdaten mit dem Ziel der Identifizierung der betroffenen Person freilich als „Verarbeitung" im Sinne der Datenschutz-Grundverordnung zu definieren. Denn Art. 4 Nr. 2 DSGVO bezieht in den Begriff der „Verarbeitung" sämtliche, unter zu Hilfenahme automatisierter Verfahren ausgeführten Vorgänge oder vollständigen Vorgangsreihen **„im Zusammenhang mit personenbezogenen Daten"** ein. Der Europäische Gerichtshof sah vom Begriff der Verarbeitung Prozesse erfasst, die dazu geeignet waren, Personen erkennbar zu machen.[149] Verfahren der Mustererkennung inklusive einer Individualisierung erfüllen diesen Zweck. Ihre datenschutzrechtliche Zulässigkeit muss damit ebenso an den datenschutzrechtlichen Vorgaben der Datenschutz-Grundverordnung sowie der E-Privacy-Richtlinie oder der künftigen E-Privacy-Verordnung gemessen werden. Die Kommission hat im Entwurf der E-Privacy-Verordnung davon abgesehen, eine Definition des Begriffs der Verarbeitung oder des Profilings aufzunehmen. Damit wird voraussichtlich unter der Geltung der E-Privacy-Verordnung die Webanalyse weiterhin an den Definitionen der Datenschutz-Grundverordnung zu messen sein.

bb) Rechtgrundlage für Webanalyse nach Datenschutz-Grundverordnung

Mit dem Geltungsbeginn der Datenschutz-Grundverordnung wurde gleichzeitig das datenschutzrechtliche Ende der in Deutschland bis dahin zulässigen Form der Nutzungsdatenverarbeitung zu Zwecken der Webanalyse und des Nutzertrackings besiegelt.[150] Bis zum Geltungsbeginn der Datenschutz-Grundverordnung richtete sich die Rechtmäßigkeit der Nutzungsdatenverarbeitung zu Zwecken der Web- und Reichweitenanalyse für verantwortliche Stellen, die dem deutschen Datenschutzrecht unterfielen, nach den Vorgaben des **Telemediengesetzes**, konkret nach § 15 Abs. 3 TMG.[151] Da die E-Privacy-Richtlinie keinen eigenen Zulässigkeitstatbestand für die Webanalyse beinhaltet, muss bis zum Erlass der geplanten E-Privacy-Verordnung auf die Rechtsgrundlagen und Vorgaben der Datenschutz-Grundverordnung zurückgegriffen werden.[152] Denn der mit dem Verfahren der Webanalyse in Zusammenhang gebrachte und derzeit weiterhin zur Anwendung kommende[153] Art. 5 Abs. 3 E-Priva-

143

---

146 *Karg/Kühn* ZD 2014, 285; *Voigt* DSRITB 2013, 157 f.
147 Vgl. Wolff/Brink/*von Lewiniski* DSGVO Art. 22 Rn. 11.
148 Auer-Reinsdorff/*Conrad/Hausen* 2016, § 36 Rn. 122.
149 EuGH Urt. v. 6.11.2003 – C-101/01 EuZW 2004, 245 (247) Rn. 27.
150 *Engeler/Felber* ZD 2107, 251 (257) s. zudem → A. II. Rn. 106.
151 S. dazu *Schleipfer* ZD 2017, 460 (461).
152 *DSK*, Positionsbestimmung zur Anwendbarkeit des TMG für nicht-öffentliche Stellen ab dem 25. Mai 2018, 26.4.2018: https://www.bfdi.bund.de/SharedDocs/Publikationen/Entschliessungssammlung/DSBund Laender/95DSK_Positionsbestimmung_TMG.pdf; zur Abgrenzung zwischen DSGVO und E-Privacy-V-E insbes. unter Berücksichtigung von Art. 95 DSGVO s. → A. II. Rn. 82.
153 Gierschmann/Schlender/Stenzel/Veil/*Böhm* DSGVO Art. 95 Rn. 6.

cy-RL legitimiert, nach richtiger – allerdings umstrittener[154] – Ansicht, die **Verarbeitung** von Nutzungs- und Verkehrsdaten zum Zweck der Webanalyse nicht.[155] Der BGH hat dem Europäischen Gerichtshof die Frage der Reichweite des Art. 5 Abs. 3 E-Privacy-RL zur Vorabentscheidung vorgelegt.[156] Die Norm beinhaltet einen **datenschutzrechtlichen Vorfeldschutz**. Denn Art. 5 Abs. 3 E-Privacy-RL statuiert das Einwilligungserfordernis für den Einsatz von **Cookies** und vergleichbaren Technologien soweit der Einsatz der Technologie nicht der Durchführung der Nachrichtenübertragung im Kommunikationsnetz dient oder sie für die Form der Erbringung des Dienstes, wie sie der Nutzer ausdrücklich angefordert hat, nicht erforderlich ist. Unerheblich ist, ob dabei bereits personenbezogene Daten erhoben werden oder die Erhebung damit lediglich vorbereitet wird. Ob dies allerdings vom Europäischen Gerichtshof zukünftig ebenso gesehen wird, bleibt abzuwarten.[157]

144   Da der europäische Gesetzgeber mit dem Erlass der Datenschutz-Grundverordnung, wie Art. 95 DSGVO zu entnehmen ist, einer bereichsspezifischen Regelung der Kommunikationsdatenverarbeitung nicht vorgegriffen hat,[158] beinhaltet die Datenschutz-Grundverordnung auch keine, auf die Webanalyse speziell zugeschnittene Rechtsgrundlage. Terminologisch scheint zwar die Regelung zur **automatisierten Einzelfallentscheidung** und dem **Profiling** in Art. 22 DSGVO auch die Webanalyse zu erfassen.[159] Allerdings engt dessen Tatbestand den Anwendungsbereich stark ein. Die meisten Webanalyseverfahren können nicht darunter subsumiert werden.[160] Denn Art. 22 Abs. 1, 2. Hs. DSGVO setzt voraus, dass das Profiling gegenüber der betroffenen Person eine rechtliche Wirkung entfaltet oder sie in einer ähnlichen Weise erheblich beeinträchtigt. Eine solche Wirkung hat die reine Erstellung von Interessens- und Verhaltensprofilen im Sinne des Art. 4 Nr. 4 DSGVO nicht.[161] Nur wenn das Profiling zusätzlich mit Maßnahmen gegenüber der betroffenen Person verknüpft werden, die sich rechtlich oder in vergleichbarer Art faktisch auswirken, kommt Art. 22 DSGVO zur Anwendung.[162] In Betracht kommt zum Beispiel auf rechtsgeschäftlicher Ebene[163] die **personalisierte Preisgestaltung**,[164] die vor allem im Online-Handel eingesetzt wird. Ebenso sind davon Systeme erfasst, die zum Beispiel zur Durchsetzung von Urheberrechten aufgrund der **IP-Lokalisierung** die Zurverfügungstellung bestimmter medialer Inhalte unterbinden oder die zum technischen Schutz gegen mögliche Angriffe aus dem Internet, Nutzer mit bestimmten Verhaltensmustern vom Zugang zu einem Dienst aussperren.

145   Datenschutzrechtlich komplexer sind hingegen die Fragen nach der Zulässigkeit des Profiling im Vorfeld von Maßnahmen gemäß Art. 22 DSGVO und der Erstellung von

---

154   BGH Beschl. v. 5.10.2017 – I ZR 7/16 GRUR 2018, 96 (99) Rn. 21 ff.
155   *Art. 29-Datenschutzgruppe* WP 194, 2; *Rauer/Ettig* ZD 2015, 255 (256).
156   BGH Beschl. v. 5.10.2017 – I ZR 7/16 GRUR 2018, 96.
157   S. Vorlagebeschluss des BGH vom 5.10.2017 I ZR 7/16, GRUR 2018, 96.
158   Gierschmann/Schlender/Stenzel/*Böhm* DSGVO Art. 95 Rn. 1, 10.
159   So relativ undifferenziert Forgó/Helfrich/Schneider/*Bierekoven* 2017, Teil VIII. Kap. 1 Rn. 48.
160   Gola/*Schulz* DSGVO Art. 22 Rn. 28 schließt das Werbescoring aus.
161   Gierschmann/Schlender/Stenzel/*Veil* DSGVO Art. 22 Rn. 58.
162   Gola/*ders* DSGVO Art. 4 Rn. 35.
163   Wolff/Brink/*von Lewiniski* DSGVO Art. 22 Rn. 29 f.
164   *Zander-Hayat/Reisch/Steffen* VuR 2016, 403 (404); *Schmidt* DSRITB 2016, 1007 (1008).

Interessens- und Persönlichkeitsprofilen, ohne dass deren Verarbeitung zu den von Art. 22 DSGVO vorgesehenen Auswirkungen führen. In diesen Fällen ist der Rückgriff auf Art. 22 DSGVO versperrt.[165] Wie auch Art. 6 Abs. 1 S. 1 lit. a **E-Privacy-VO-E** derzeit vorsieht, richtet sich – in Abwesenheit einer entsprechenden bereichsspezifischen Regel oder einer entsprechenden Einwilligung der Nutzerin oder des Nutzers – der zulässige Umfang der Verarbeitung von **Verkehrs- und Nutzungsdaten (Kommunikationsdaten)** gemäß Art. 6 Abs. 1 S. 1 lit. b DSGVO zuvörderst nach der zwischen dem Anbieter und der betroffenen Person getroffenen Nutzungsvereinbarung.[166] Die Verarbeitung ist nach Art und Umfang zulässig, soweit dies zur Erfüllung des Nutzungsverhältnisses erforderlich ist.[167] Der Erforderlichkeitsmaßstab hat sich dabei an der **technischen Notwendigkeit** der Erfüllung des Nutzungsverhältnisses zu orientieren. Es ist allerdings zu beachten, dass freilich wegen der Privatautonomie ein beträchtlicher Gestaltungsspielraum bei der Vertragsgestaltung besteht. Anbieter können durch die Ausgestaltung des Inhalts des Nutzungsverhältnisses unmittelbar Einfluss auf Art und Umfang der zulässigen Datenverarbeitung nehmen.[168] In der Regel sind dennoch die Verwendung der Nutzungsdaten zu Marketingzwecken, zum Zweck der Erforschung der Interessen und Gewohnheiten der Nutzer oder die Erstellung umfassender Persönlichkeitsprofile zur weiteren Vermarktung gegenüber Dritten, für die technische Nutzung eines Dienstes nicht erforderlich.[169]

cc) Interessensausgleich gemäß Art. 6 Abs. 1 S. 1 lit. f DSGVO

Abgesehen von einer den Anforderungen der Datenschutz-Grundverordnung entsprechenden Einwilligung, kann die Rechtmäßigkeit der Webanalyse damit lediglich auf Art. 6 Abs. 1 S. 1 lit. f DSGVO, also der Verfolgung legitimer Interesses durch die verantwortliche Stelle, gestützt werden.[170]   146

(1) Berechtigte Interessen bei der Webanalyse

Die wirtschaftliche Bedeutung der Webanalyse, deren Auswirkung auf die Vertraulichkeit der Nutzung der Dienste der Informationsgesellschaft und die Intensität der Beeinträchtigung der schutzwürdigen Interessen der Nutzer können dabei nicht überschätzt werden. Zum einen ist die Webanalyse die wirtschaftliche Grundlage der Finanzierung der Dienste des Internets und Teil des „**Primärmarktes für Daten**". Die Gegenleistung für die Inanspruchnahme der Dienstleistung besteht in der Verfügbarmachung der Daten durch die Nutzer gegenüber dem Anbieter.[171] Die mit der Nutzungsdatenanalyse generierten Erkenntnisse über das Verhalten der Nutzer dienen zum anderen nicht nur der Gewinnmaximierung oder Angebotsverbesserung. Sie sind   147

---

165 *Kugelmann* DuD 2016, 566 (569).
166 So offenbar auch *DSK*, Positionsbestimmung zur Anwendbarkeit des TMG für nicht-öffentliche Stellen ab dem 25. Mai 2018 v. 26.4.2018: https://www.bfdi.bund.de/SharedDocs/Publikationen/Entschliessungssam mlung/DSBundLaender/95DSK_Positionsbestimmung_TMG.pdf.
167 Gola/*Schulz* DSGVO Art. 6 Rn. 32.
168 Gola/*Schulz* DSGVO Art. 6 Rn. 35; *Graf v. Westphalen/Wendehorst* BB 2016, 2179 (2183).
169 So auch *Keppeler* MMR 2015, 779 (782).
170 *DSK*, Positionsbestimmung zur Anwendbarkeit des TMG für nicht-öffentliche Stellen ab dem 25. Mai 2018 v. 26.4.2018: https://www.bfdi.bund.de/SharedDocs/Publikationen/Entschliessungssammlung/DSBun dLaender/95DSK_Positionsbestimmung_TMG.pdf.
171 *Graf v. Westphalen/Wendehorst* BB 2016, 2179, zudem *KOM*, Art. 3 Abs. 1 des Vorschlags für eine Richtlinie über bestimmte vertragsrechtliche Aspekte der Bereitstellung digitaler Inhalte, COM(2015) 634 final.

Grundlage für die technologische Weiterentwicklung von Dienstangeboten. Sie haben für die Gewährleistung der Funktionsfähigkeit und Nutzerfreundlichkeit bestehender Angebote eine strategische Bedeutung und sind Grundlage für die Entwicklung innovativer Dienste und die Ausschöpfung der technologischen Potentiale moderner Datenverarbeitung.[172] Die technische Innovation nicht zuletzt bei der (Fort-)Entwicklung der künstlichen Intelligenz basieren in einem nicht unwesentlichen Maß auf der Verwendung eben dieser Nutzungsdaten.

148 Die **Art. 29-Datenschutzgruppe** und der Europäische Datenschutzausschuss erkannte bezogen auf das First-Party-Tracking das berechtigte Interesse von Dienstanbietern an „die Vorlieben ihrer Kunden zu erfahren, um dadurch ihre Angebote besser auf die jeweilige Person abzustimmen und schließlich Waren und Dienstleistungen anbieten zu können" und dadurch „den Bedürfnissen und Wünschen der Kunden besser gerecht werden" zu können.[173] Sie befindet sich damit auf der Linie des Europäischen Gerichtshofs, der die Verarbeitung personenbezogener Daten aus eigenen wirtschaftlichen Interessen der Sache nach als ein berechtigtes Interesse im Sinne des Datenschutzes anerkannt hat.[174]

149 Zusätzlich zu den genannten wirtschaftlichen und technologischen Interessen an der Webanalyse und der Verfolgung von Partikularinteressen durch die jeweiligen Betreiber von Telemedienangeboten, dient die Webanalyse der Messung der **Reichweite** eines Angebots oder der darüber verbreiteten Informationen. Die über einen Dienst erzielbare Reichweite einer Information hat sich gerade in dem an Informationen nicht armen Internet, zu einem eigenen Bewertungsmaßstab für die Relevanz eines Dienstes und des Anbieters entwickelt. Die durch Webanalyse festgestellte Reichweite nur als Bemessungsgrundlage für die Höhe des durch Werbung erzielbaren, finanziellen Erlöses zu verstehen, würde der gesellschaftlichen Bedeutung der Telemediendienste nicht gerecht werden. Denn sie sind gleichwertiger Teil der öffentlichen **Meinungsbildung** und des **demokratischen Diskurses**, wie die Printmedien oder das Fernsehen. Zu verstehen, wer, wie häufig und aus welchem Grund ein bestimmtes Medium nutzt, erlaubt auch Aussagen auf Relevanz des Dienstes für den öffentlichen Diskurs und damit einer Bewertung des Potentials des Dienstes, die individuelle und kollektive Meinungsbildung beeinflussen zu können. Mit der Webanalyse lassen sich mithin verschiedene legitime, individuelle und öffentliche Interessen verfolgen.

(2) Beachtung der schutzwürdigen Interessen

150 Diesen Interessen steht allerdings die besondere Schutzbedürftigkeit der Nutzerinnen und Nutzer entgegen. Neben deren ganz allgemein gewährten Schutz ihrer personenbezogenen Daten gemäß Art. 8 GrCh gilt gerade bei der Verwendung der Informations- und Kommunikationsdienste die **Vertraulichkeit der Kommunikation** gemäß Art. 7 GrCh zugunsten der Betroffenen.[175] Darauf verweist im Übrigen auch der bis-

---

172 *Schweitzer/Peitz* NJW 2018, 275, *Moos/Hansen-Oest* 2014, Teil 3 IV Rn. 3.
173 EDSA, Erklärung zu ePrivacy v. 25.5.2018, Ziff. 1: https://edpb.europa.eu/news/news/2018/edpb-adopted-statement-eprivacy_de, *Art. 29-Datenschutzgruppe* WP 217, 33.
174 EuGH Urt. v. 13.5.2014 – C-131/12 ECLI:EU:C:2014:317 Rn. 80.
175 EDSA, Erklärung zu ePrivacy v. 25.5.2018, Ziff 1, https://edpb.europa.eu/news/news/2018/edpb-adopted-statement-eprivacy_de.

her geltende Art. 5 Abs. 1 E-Privacy-RL. Danach sind die Mitgliedstaaten der Europäischen Union verpflichtet „die Vertraulichkeit der mit öffentlichen Kommunikationsnetzen und öffentlich zugänglichen Kommunikationsdiensten übertragenen Nachrichten und der damit verbundenen Verkehrsdaten" sicherzustellen.

Die Auswertung der Verkehrsdaten zu den oben genannten Zwecken verletzt diesen Anspruch auf Vertraulichkeit. Zudem erschöpft sich die Auswertung der Verkehrsdaten nicht allein in dem Eingriff in die **Vertraulichkeit der Kommunikation**. Art. 7 und 8 GRCh gewähren zudem einen Schutzanspruch gegen die Ausforschung der **Interessen, Vorlieben und Neigungen** der Nutzerinnen und Nutzer.[176] Denn derartige Informationen können (auch) das **Intim-, Privat- und Familienleben** der betroffenen Personen betreffen. Mittels Webanalyse kann Transparenz über die zum Teil innersten Aspekte der Persönlichkeit der Betroffenen hergestellt werden. Ihre Motivationen und Handlungen werden dadurch umfassend quantifiziert und können vorhergesagt werden. Maximalinvasive Webanalyse eröffnet das Potential, menschliches Verhalten zielorientiert zu beeinflussen und den Erfolg dieser Beeinflussung messbar zu machen. Dies berührt den Kern der Identität und der Einzigartigkeit des Einzelnen und damit auch den Schutz der Menschenwürde. 151

Mit dieser Feststellung werden die Grenzen der Zulässigkeit der Webanalyse vorgezeichnet. Ohne die explizite Einwilligung der Betroffenen ist nach Auffassung der Art. 29-Datenschutzgruppe, dem Europäischen Datenschutzausschuss[177] und der Datenschutzkonferenz[178] die umfassende Überwachung der Online- oder Offlineaktivitäten von Nutzern ebenso nicht über Art. 6 Abs. 1 S. 1 lit. f DSGVO legitimierbar, wie die **Aggregierung** „ungeheurer Mengen von Daten [...] aus verschiedenen Quellen, die ursprünglich vor einem anderen Hintergrund und für andere Zwecke erhoben wurden", die Erstellung komplexer Profile „zu den persönlichen Besonderheiten und Vorlieben der Kunden [...] beispielsweise unter Hinzuziehung von Datenvermittlern" oder der Handel mit diesen Profilen. Denn derartige „Profilingtätigkeiten" können einen massiven Eingriff in die Privatsphäre der Betroffenen darstellen.[179] 152

Die Webanalyse kann somit nur auf der gesetzlichen Grundlage des Art. 6 Abs. 1 S. 1 lit. f DSGVO erfolgen, wenn der Zweck im Lichte der Datenschutz-Grundverordnung und der durch sie geschützten Grundrechte legitim ist und sämtliche Umstände angemessen gewichtet[180] werden. Illegitim sind gemäß Art. 1 Abs. 2 und Art. 5 DSGVO sämtliche Zwecke, durch welche die Grundsätze des Schutzes personenbezogener Daten den Betroffenen dem Wesen nach vorenthalten werden oder deren Wesensgehalt verletzen würde.[181] Nicht als entsprechendes berechtigtes Interesse legitimierbar ist 153

---

176 *EDSA*, Erklärung zu ePrivacy v. 25.5.2018, Ziff 1, https://edpb.europa.eu/news/news/2018/edpb-adopted-statement-eprivacy_de.

177 *EDSA*, Erklärung zu ePrivacy v. 25.5.2018, Ziff 3, https://edpb.europa.eu/news/news/2018/edpb-adopted-s tatement-eprivacy_de.

178 *DSK*, Positionsbestimmung zur Anwendbarkeit des TMG für nicht-öffentliche Stellen ab dem 25. Mai 2018, v. 26.4.2018, Ziff. 9, https://www.bfdi.bund.de/SharedDocs/Publikationen/Entschliessungssammlung /DSBundLaender/95DSK_Positionsbestimmung_TMG.pdf.

179 *Art. 29-Datenschutzgruppe* WP 217, 33.

180 Gola/*Schulz* DSGVO Art. 6 Rn. 82.

181 Zum Wesensgehalt des Grundrechts auf Datenschutz und den Grenzen der Einwilligung *Bock/Engeler* DVBl. 2016, 593 (594).

die vollständige und umfassende Ausforschung und digitale Vermessung Betroffener, in dem sämtliche Online-Aktivitäten dauerhaft, dienst- und geräteübergreifend erfasst und ausgewertet werden.[182] Dies gilt auch für die Verfolgung von Zwecken, die ausschließlich und exklusiv im Eigeninteresse der Verantwortlichen stehen. Bei der Verfolgung der Zwecke muss erkennbar sein, dass die Erstellung von Profilen – zumindest mittelbar – im Interesse der Betroffenen erfolgt oder diesen zu dienen geeignet sind, zum Beispiel weil dadurch das von den Betroffenen genutzte Angebot (teil-)finanziert wird. Diese Anforderungen ergeben sich einerseits aus der allgemeinen Erwägung der Datenschutz-Grundverordnung, dass Datenverarbeitung immer auch gemeinnützig sein muss.[183] Andererseits verlangt der Grundsatz von Treu und Glauben des Art. 8 Abs. 2 GrCh und des Art. 5 Abs. 1 lit. a) DSGVO, dass die vernünftigen Erwartungen der Betroffenen im Hinblick auf die Verarbeitung beachtet werden müssen[184] und eine Pflicht des Verantwortlichen besteht, die verständigen Interessen der Betroffenen bei der Ausübung des eigenen Rechts zur Datenverarbeitung mit zu berücksichtigen und eine eigennützige Ausnutzung zu unterlassen.[185]

c) Transparenz- und Informationspflichten

154 Sowohl First- als auch Third-Party-Tracking Anbieter sind als Verantwortliche außerdem verpflichtet, im Rahmen von Art. 13 DSGVO die Betroffenen umfassend **vor Beginn** der Webanalyse[186] aktiv zu informieren, insbesondere auch über das Profiling nach Art. 22 DSGVO.[187] Da bereits technologisch betrachtet, die Webanalyse immer eine Datenerhebung bei der betroffenen Person beinhaltet, ist vor allem aus Sicht des zeitlichen Elements eine spätere Information der Betroffenen nicht rechtfertigbar. Die bisherige Praxis, bei der die Information über das Tracking in der Datenschutzerklärung verortet wird und über einen Klick von jeder Seite des Internetangebotes erreichbar ist, wäre damit unzureichend.[188] Im Ergebnis müssen Anbieter zumindest deutlich auf einer trackingfreien Seite oder durch eine Sperrnachricht, die vor dem eigentlichen Beginn der Nutzung oder des Trackings geschaltet wird, über den Umstand der Webanalyse hinweisen. Es muss gewährleistet sein, dass sämtliche Betroffenen durch den Anbieter proaktiv in Kenntnis gesetzt werden.

d) Widerspruchsrecht

155 Ebenso zwingend sind aufgrund des eindeutigen Wortlauts des Art. 21 Abs. 1 DSGVO die Information und Einräumung der Möglichkeit eines **Widerspruches** durch die Betroffenen gegen die Webanalyse. Die Widerspruchsmöglichkeit ist Rechtmäßigkeitsvoraussetzung für die Webanalyse. Unabhängig von dem Verantwortlichen, den verfolgten Zwecken oder der eingesetzten Technologie, müssen Nutzer in

---

182 Unter diesem Blickwinkel muss die Auffassung der DSK in Ihrer Positionsbestimmung zur Anwendbarkeit des TMG für nicht-öffentliche Stellen ab dem 25. Mai 2018, Ziff. 9 v. 26.4.2018 gesehen werden, https://www.bfdi.bund.de/SharedDocs/Publikationen/Entschliessungssammlung/DSBundLaender/95DSK_Positionsbestimmung_TMG.pdf.
183 S. Erwgr. 4.
184 *Ehmann/Selmayr/Heberlein* DSGVO Art. 5 Rn. 10.
185 *Schantz/Wolff* Das neue Datenschutzrecht Rn. 393.
186 Gola/*Franck* DSGVO Art. 13 Rn. 33.
187 Art. 13 Abs. 2 lit. f DSGVO.
188 Vgl. LG Düsseldorf Urt. v. 9.3.2016 – 12 O 151/15 MMR 2016, 328 (330) Rn. 60.

der Lage sein, dem Grundsatz nach anonym Informations- und Kommunikationsdienste nutzen zu können. Anderenfalls wäre die in Art. 5 Abs. 1 E-Privacy-RL sekundärrechtlich konkretisierte und in Art. 7 GrCh primärrechtlich gewährleistete Vertraulichkeit der Kommunikation ihrem Wesen nach verletzt.

Gemäß Art. 21 Abs. 1 DSGVO muss die betroffene Person allerdings darlegen, dass 156 aufgrund ihrer besonderen Situation, die Verarbeitung ihrer Daten nicht zuzumuten und ihr Widerspruch gegen die Verarbeitung durch den Verantwortlichen zu beachten ist. Dem Wortlaut des Art. 21 Abs. 1, 2. Hs. DSGVO kann allerdings ebenso entnommen werden, dass Profiling im Sinne des Art. 4 Nr. 4 DSGVO eine zu einem Widerspruch berechtigende „besonderen Situation" des Betroffenen ist. Ein Widerspruch gegen die der Definition des Art. 4 Nr. 4 DSGVO entsprechende Webanalyse einschließlich des Profilings wäre dann immer beachtlich.[189] Dies gilt unzweifelhaft gemäß Art. 21 Abs. 2 DSGVO, wenn die Webanalyse Grundlage von Direktwerbung ist. Die sogenannte verhaltensbasierte Werbung, welche das Ausspielen der jeweiligen Werbeinhalte von dem vorherigen Nutzungsverhalten der betroffenen Person abhängig macht, unterfällt damit dem Widerspruchserfordernis.

e) Pflicht zur Pseudonymisierung

Nicht unmittelbar aus dem Normtext, anders als in § 15 Abs. 3 TMG, allerdings aus 157 dem Grundsatz der Datenminimierung gemäß Art. 5 Abs. 1 lit. c DSGVO[190] sowie der Pflicht zur Ergreifung technischer und organisatorischer Maßnahmen zur Verringerung der Risiken für die betroffenen Personen[191] entnehmbar, ist die Pflicht zur **Pseudonymisierung** der Daten bei der Webanalyse.[192] Zudem wird man Webanalyseverfahren, die personenbezogene Daten verarbeiten, aus denen sich ohne Weiteres die (bürgerliche) Identität einer betroffenen Person erkennen lassen, für unzulässig ansehen müssen.[193]

Denn einerseits wäre diese Form der Verarbeitung in der Regel nicht erforderlich, um 158 den Zweck zu erreichen. Durch die Verwendung von Pseudonymen lassen sich gerade im Internet hinreichend genau und in der Regel viel sicherer als über die Nutzung identifizierender Angaben, wie dem bürgerlichen Namen, Nutzerinnen und Nutzer individualisieren (→ A. I. Rn. 36). Zudem ist gerade bei der Erstellung umfangreicher Profile mit einem hohen Aussagegehalt zu den Vorlieben, Interessen und Neigungen der betroffenen Person, der Schutz der Persönlichkeit höher zu gewichten als die wirtschaftlichen Interessen der Verantwortlichen. Die Profilbildung unter Kenntnis der bürgerlichen Identität wäre, nach der Rechtsprechung des Europäischen Gerichtshofs lediglich dann zulässig, wenn ein legitimes und anerkanntes öffentliches Interesse an diesen Informationen besteht.[194] Allerdings muss bezüglich dieses Bewertungsmaßstabes in Betracht gezogen werden, dass der Europäische Gerichtshof diese Abwägung im Licht bereits im Internet veröffentlichter Informationen getroffen hat. Die

---

189 So wohl auch Sydow/*Helfrich* DSGVO Art. 21 Rn. 63; Gola/*Schulz* DSGVO Art. 21 Rn. 15.
190 Ehmann/Selmayr/*Heberlein* DSGVO Art. 5 Rn. 23.
191 Erwgr. 28; Gierschmann/Schlender/Stentzel/Veil/*Jergi* DSGVO Art. 32 Rn. 22.
192 So auch Forgó/Helfrich/Schneider/*Bierekoven* 2017, Teil VIII. Kap. 1 Rn. 49.
193 So auch *Schmidt* DSRITB 2016, 1007 (1013).
194 EuGH Urt. v. 13.5.2014 – C-131/12 ECLI:EU:C:2014:317 Rn. 80 f.

Auswertung von nichtöffentlichen Nutzungs- und Verkehrsdaten kann einen wesentlichen sensibleren Aussagegehalt haben und detailliertere Einblicke in die intimen und privaten Nutzungsgewohnheiten, Interessen und Vorlieben der betroffenen Person gewähren. Dem sich daraus ergebenen besonderen Schutzbedürfnis der Nutzerinnen und Nutzer wird durch die Pflicht zur Verwendung von Pseudonymen bei der Webanalyse Rechnung getragen. Die Grenzen der Zulässigkeit der Webanalyse ohne eine explizite Einwilligung der betroffenen Personen sind damit deutlich gezogen. Ohne die Verwendung von Pseudonymen ist die Erstellung von Nutzungsprofilen wegen der überwiegenden schutzwürdigen Interessen der betroffenen Personen unzulässig.

159 Dieselbe Anforderung gilt bei der Erstellung von Nutzungsprofilen unter Verwendung **besonderer Kategorien personenbezogener Daten** gemäß Art. 9 DSGVO, zum Beispiel bei der Nutzung von Online-Partnerschaftsportalen oder bei Informationsangeboten mit spezifischen Gesundheitsangeboten. Allerdings ist hierbei eine Abwägung mit den berechtigten Interessen des Verantwortlichen nicht erforderlich, da eine mit Art. 6 Abs. 1 S. 1 lit. f DSGVO vergleichbare Rechtsgrundlage in Art. 9 DSGVO für besondere personenbezogenen Daten nicht vorgesehen ist.[195]

f) Datenschutz-Folgenabschätzung

160 Zudem werden Verantwortliche die Verfahren der Webanalyse einer Datenschutz-Folgenabschätzung unterziehen müssen, solange keine Aufnahme in die sogenannte Negativliste durch die Aufsichtsbehörden gemäß Art. 35 Abs. 5 DSGVO erfolgt ist. Denn Art. 35 Abs. 3 lit. a DSGVO sieht dies zumindest für die unter Art. 22 DSGVO fallenden Verfahren zwingend vor. Selbst wenn die jeweiligen Webanalyseverfahren nicht unter Art. 22 DSGVO subsumiert werden können, sind die Risiken für die Rechte der Betroffenen bei Webanalyseverfahren von Drittanbietern sowie bei einem geräte- und dienstübergreifenden Tracking derart gravierend, dass eine erweiterte Überprüfung der Angemessenheit der ergriffenen Schutzmaßnahmen im Sinne des Art. 35 DSGVO als rechtlich zwingend anzusehen ist.[196]

6. Werbung

161 Die Datenschutz-Grundverordnung enthält im Unterschied zum Bundesdatenschutzgesetz aF keine detaillierten Regelungen für die Werbung unter Verwendung personenbezogener Daten.[197] **Erwgr. 47 S. 7** der Datenschutz-Grundverordnung führt lediglich knapp aus, dass die Verarbeitung personenbezogener Daten speziell zum Zweck der **Direktwerbung** als ein berechtigtes Interesse im Rahmen von **Art. 6 Abs. 1 S. 1 lit. f DSGVO** betrachtet werden kann. Ein Einwilligungserfordernis, wie von der Kommission in ihren ersten Vorschlägen vorgesehen, wurde nicht umgesetzt. Statt-

---

195 *Keppeler* MMR 2015, 779 (782); → B. Rn. 124.
196 Enger diesbezüglich der HmbBfDI, der zumindest eine Aggregierung von Daten aus mehreren Quellen verlangt; vgl. Liste von Verarbeitungsvorgängen nach Art. 35 Abs. 4 DSGVO – nicht-öffentlicher Bereich, V1.0 – Entwurf v. 25.5.2018, https://datenschutz-hamburg.de/dsgvo-information/art-35-mussliste-nicht-oeffentlich/.
197 *DSK*, Kurzpapier Nr. 3 Verarbeitung personenbezogener Daten für Werbung, 1.

dessen enthält die Verordnung in Art. 21 Abs. 2 DSGVO ein **Widerspruchsrecht** (Opt-Out) zu Art. 6 Abs. 1 S. 1 lit. f DSGVO.[198]

Was genau Direktwerbung ist, **definiert** die Datenschutz-Grundverordnung nicht. Sie nennt den Begriff nur im Zusammenhang mit dem Widerspruchsrecht nach Art. 21 Abs. 2 DSGVO. Eine Definition enthält **Art. 4 Abs. 3 lit. f E-Privacy-VO-E.** Danach ist Direktwerbung **jede Art der Werbung** in schriftlicher oder mündlicher Form, die an einen oder mehrere **bestimmte oder bestimmbare Endnutzer** elektronischer Kommunikationsdienste gerichtet wird, auch mittels automatischer Anruf- und Kommunikationssysteme mit oder ohne menschlicher Beteiligung, mittels E-Mail oder SMS-Nachrichten. Dies entspricht auch der Definition des Bundesgerichtshofs im Wettbewerbsrecht. Charakterisierend für Direktwerbung ist danach, dass das Zielobjekt der Werbung eine **individuelle Person** ist, zu der der Werbende einen unmittelbaren Kontakt herstellt.[199] Das Direktmarketing fasst diejenigen Werbeformen zusammen, bei denen der potenzielle Kunde direkt angesprochen wird.[200] Im Gegensatz dazu stehen Werbemaßnahmen, bei denen die Allgemeinheit ohne Unterscheidung einzelner Adressaten gleichermaßen adressiert wird, beispielsweise Anzeigenwerbung, Bannerwerbung oder Content-Werbung über Videos und Text im Web. Bei diesen Werbeformen können ebenfalls personenbezogene Daten verarbeitet werden und seien es auch nur IP-Adressen derjenigen, an die Werbung ausgeliefert wird, so dass auch solche Werbeformen datenschutzrechtlich relevant sind.

162

Mit der Feststellung eines berechtigten Interesses an Direktwerbung ist freilich noch nichts zu den möglicherweise entgegenstehenden Interessen, Grundrechten und Grundfreiheiten der betroffenen Personen gesagt. Dass Werbung und Direktwerbung ein berechtigtes Interesse von Unternehmen sind, ist nichts Neues. Aus der expliziten Erwähnung der Direktwerbung im Erwägungsgrund kann man jedoch ableiten – und diese Anknüpfungsmöglichkeit ist neu – dass nach dem Willen des Verordnungsgebers die Direktwerbung aufgrund einer **gesetzlichen Erlaubnisvorschrift** zulässig sein kann.[201] Die Zulässigkeit einer konkreten Werbemaßnahme unter Verarbeitung personenbezogener Daten bestimmt sich nach der Interessenabwägung gemäß Art. 6 Abs. 1 S. 1 lit. f DSGVO, die für jede Werbemaßnahme gesondert festzustellen ist. Entsprechend groß ist derzeit die Rechtsunsicherheit. Dies wird sich auch nicht ändern, solange es keine Erfahrung in der Rechtsanwendung der Datenschutz-Grundverordnung und keine gefestigte Rechtsprechung des Europäischen Gerichtshofs zu Werbemaßnahmen mittels personenbezogener Daten gibt. Neben der Zulässigkeit nach Art. 6 Abs. 1 S. 1 lit. f DSGVO können Werbemaßnahmen auch auf Grundlage individueller Einwilligungen der betroffenen Personen zulässig sein.

163

Weitere Regelungen mit Relevanz für die Werbung im Web sind zudem nach der **E-Privacy-Verordnung** zu erwarten. Diese liegt jedoch nur in diversen Entwurfsfassungen[202] vor, so dass sich erst nach dem Trilog-Verfahren zeigen wird, inwieweit deren

164

---

198 Kühling/Buchner/*Buchner/Petri* DSGVO Art. 6 Rn. 176; Plath/*Plath* DSGVO Art. 6 Rn. 21.
199 BGH NJW 2016, 870.
200 *Zentrale zur Bekämpfung unlauteren Wettbewerbs Frankfurt eV,* Direktmarketing, 2018, abrufbar unter: https://www.wettbewerbszentrale.de/de/branchen/direktmarketing/ueberblick/.
201 Roßnagel/*Grigorjew* 2018, § 8 Rn. 167.
202 Die Ausführungen dieses Kapitels beziehen sich auf den Kommissionsentwurf.

Regelungen sich auf die Werbung im Internet auswirken. Angesichts dieser Situation können die folgenden Ausführungen nur eine erste und mit Rücksichtnahme auf die künftige E-Privacy-Verordnung unvollständige Übersicht darstellen.

a) Bedeutung der Werbung

165 Die Relevanz der Werbung für die Entwicklung moderner Mobile-Apps, Web- und Cloud-Dienste ist **hoch einzuschätzen.** Insbesondere im Consumer-Bereich sind die meisten Mobile-Apps und Webdienste wenigstens in einfachen Varianten entgeltfrei nutzbar. Sie werden stattdessen durch die Vermarktung der Daten der Nutzer finanziert, insbesondere auch deren personenbezogener Daten. Die **Anzahl entgeltfreier Mobile-Apps, Web- und Cloud-Dienste** ist unüberschaubar groß. Beispielsweise enthält allein der Google Play Store für Android Geräte über 3.5 Millionen Mobile-Apps, die ganz überwiegend **entgeltfrei** sind.[203] Das bedeutet, kaum ein Nutzer zahlt für die auf seinen mobilen Endgeräten installierten zehn, zwanzig, dreißig oder weit mehr Mobile-Apps eine Lizenzgebühr und es ist äußerst fraglich, ob eine Bereitschaft besteht, hierfür überhaupt regelmäßig relevante Beträge zu bezahlen.[204] Insofern greift es zu kurz, wenn in der datenschutzrechtlichen Diskussion zur Werbung allein die Selbstbestimmungsinteressen der betroffenen Personen den wirtschaftlichen Interessen der werbenden Unternehmen gegenübergestellt werden.[205] Tatsächlich haben auch die Werbeadressaten und Nutzer entgeltfreier Applikationen und Webdienste erhebliche finanzielle Interessen an der Werbung, nämlich die Ersparnis eines Nutzungsentgelts. Daran ändert sich auch nichts dadurch, dass in einer konkreten Situation eine Werbemaßnahme als belästigend[206] empfunden werden kann.

166 Aus Sicht der Entwickler und Betreiber von Mobile-Apps und Webdiensten ist Werbung dementsprechend eine praktische und alternative Quelle zur entgeltlichen Finanzierung ihrer Tätigkeit. Die Möglichkeit zur Nutzung ohne eine Entgeltpflicht führt zudem dazu, dass Applikationen und Webdienste leicht vom Markt **angenommen und verbreitet** werden können, da sie ohne eine finanzielle Verpflichtung und **ohne Preisgabe von Bezahldaten** getestet und dann gegebenenfalls länger genutzt oder wieder aufgegeben werden können. Für Applikationen und Dienste, die zur Funktion auf eine hohe Nutzerzahl angewiesen sind, beispielsweise Social Media oder Kommunikationsdienste, ist die einfache Verbreitung essentiell. Die werbliche Finanzierung mit der damit einhergehenden „Kostenlosmentalität" ist daher einer, wenn nicht gar der Motor für viele **innovative Entwicklungen** im Internet.[207]

167 Auf der anderen Seite gehen mit der Vermarktung personenbezogener Daten, wie beispielsweise Nutzungsdaten der Webnutzung, Standortdaten, Transaktionsdaten oder

---

203 So bspw. https://de.statista.com/statistik/daten/studie/74368/umfrage/anzahl-der-verfuegbaren-apps-im-goo gle-play-store/ oder https://www.googlewatchblog.de/2016/11/google-play-apple-app-2/.
204 Studie des Institut der Deutschen Wirtschaft (IW), abrufbar unter: https://www.iwkoeln.de/studien/iw-tren ds/beitrag/barbara-engels-datenschutzpraeferenzen-von-jugendlichen-in-deutschland.html.
205 Roßnagel/*Grigorjew* 2018, § 8 Rn. 161.
206 Zur Zulässigkeit von Werbeblockern *Kreutz* 2017.
207 Vgl. *Kramer* DSB 2018, 6 f. mit Bezug auf eine Studie des bundeseigenen Wissenschaftlichen Instituts für Infrastruktur und Kommunikationsdienste GmbH (WIK), abrufbar unter: http://www.wik.org/fileadmin/St udien/2017/2017_ePrivacy-BMW.pdf und einer Stellungnahme der BfDI, abrufbar unter https://www.bfdi. bund.de/DE/Infothek/Pressemitteilungen/2017/22_ePrivacy%20WIK-Studie.html.

Roland Steidle

gar Inhaltsdaten, auch **erhebliche datenschutzrechtliche Risiken** für die betroffenen Personen einher. Diese folgen vor allem daraus, dass ihnen häufig nicht bekannt, geschweige denn nachvollziehbar und transparent ist, wie und von wem die sie betreffenden Daten gesammelt, weitergegeben, ausgewertet und für Werbung genutzt werden. **Mangelnde Transparenz**[208] und daraus folgend **fehlende Entscheidungsmöglichkeiten** über eine Nutzung stellen gravierende Probleme bei der Vermarktung personenbezogener Daten im Internet dar. Angesichts dieser Risiken ist das Fehlen konkreter Vorgaben in der Datenschutz-Grundverordnung sowie die recht oberflächliche Regelung in Art. 16 E-Privacy-VO-E zu bedauern.

b) Rechtsgrundlagen der Datenschutz-Grundverordnung

Nach der Datenschutz-Grundverordnung kommen im Wesentlichen **vier Rechtsgrundlagen** für Werbung unter Verwendung personenbezogener Daten in Betracht. Dies sind eine Einwilligung der Nutzer nach Art. 6 Abs. 1 S. 1 lit. a DSGVO, die Erfüllung eines Vertrags nach Art. 6 Abs. 1 S. 1 lit. b DSGVO, bei dem mit personenbezogenen Daten bezahlt wird, die bereits angesprochene Interessenabwägung auf Basis von Art. 6 Abs. 1 S. 1 lit. f DSGVO sowie eine zulässige Zweckänderung nach Art. 6 Abs. 4 DSGVO bezüglich der Verwendung personenbezogener Daten, die zu einem anderen Zweck erhoben wurden. Die Zulässigkeitstatbestände nach Art. 6 Abs. 1 DSGVO kommen dabei **gleichrangig** als Verarbeitungsgrundlage in Betracht.[209] Das neue Bundesdatenschutzgesetz enthält dagegen keine speziellen Regelungen mehr zur Werbung.[210]

168

aa) Einwilligung und Vertragserfüllung nach Art. 6 Abs. 1 S. 1 lit. a und b DSGVO

Aus Sicht der Entwickler und Betreiber von Mobile-Apps und Webdiensten sowie deren Nutzern ist insbesondere die Frage relevant, ob eine Werbemaßnahme nach Art. 6 Abs. 1 S. 1 lit. a DSGVO **einwilligungsbedürftig** ist oder ob sie anderweitig zulässig ist, etwa im Rahmen einer Interessenabwägung nach Art. 6 Abs. 1 S. 1 lit. f DSGVO iVm Erwgr. 47 S. 7 mit einer ausreichenden Information ($\rightarrow$ B. IV. Rn. 121 ff.). Im Falle einer Einwilligungsbedürftigkeit wird, nicht zuletzt wegen des **Kopplungsverbots** in Art. 7 Abs. 4 DSGVO erwartet, dass viele Nutzer nicht in Werbemaßnahmen einwilligen, wenn sie eine Applikation oder einen Dienst dennoch entgeltfrei nutzen können. Dies würde zu entsprechenden finanziellen Einbußen der Anbieter führen, die dann anderweitig ausgeglichen werden. Aus Sicht der betroffenen Personen sprechen die bestehenden Datenschutzrisiken zunächst für eine größere Ent-

169

---

208 *Kramer* DSB 2018, 6 (8); *Gola* RDV 2017, 287 zu den dahin gehenden Erfahrungen des Datenschutzzentrums Saarland mit weiteren Beispielen zur Transparenz bei Werbewidersprüchen und Gewinnspielen; öffentlichkeitswirksam zuletzt auch die mangelnde Transparenz beim Facebook-Datenskandal Cambridge Analytica und der Funktion Partnerkategorien, bei denen Werbende die Daten externer Partner mit einbeziehen können, um die Zielgruppenansprache zu verbessern, s. https://www.heise.de/newsticker/meldung/Facebook-beendet-Zusammenarbeit-mit-Datenhaendlern-4008444.html.

209 *GDD* 2016, 42; *Gierschmann* MMR 2018, 7 (8) unter Verweis auf Art. 17 Abs. 1 lit. b DSGVO, wonach eine widerrufene Einwilligung nur dann die Löschpflicht nach sich zieht, wenn keine „anderweitige Rechtsgrundlage" vorliegt; ebenso *Gola* RDV 2017, 287, aber mit dem Hinweis, dass das ULD Schleswig-Holstein dies zum BDSG aF anders vertreten hat.

210 Die DSGVO sieht keine Öffnungsklausel für nicht öffentliche Stellen, die die Hauptwerbetreibenden sind, für die Erlaubnisvorschriften vor, so dass der nationale Gesetzgeber § 28 Abs. 3 und § 29 BDSG aF nicht in das BDSG übernehmen konnte, selbst wenn er dies gewollt hätte.

scheidungsfreiheit und Möglichkeit zur Einflussnahme und damit für eine Einwilligungslösung. Tatsächlich deuten die Diskussionen der letzten Jahre und der Kommissionsentwurf zur E-Privacy-Verordnung deutlich in Richtung eines Einwilligungserfordernisses für Werbung. Allerdings kann nicht übersehen werden, dass in der Vergangenheit viele Einwilligungslösungen den in sie gesetzten Erwartungen an die Informiertheit der Nutzer und deren Selbstbestimmung nicht gerecht geworden sind. Häufig wurden Einwilligungs-Anfragen schlicht ohne Weiteres Nachdenken über die Konsequenzen angeklickt und deren Abfrage ebenfalls als störend empfunden. Zudem war die Entscheidungsfreiheit auf die beiden Alternativen der Nutzung des Dienstes mit Werbefinanzierung oder den vollständigen Verzicht auf die Nutzung beschränkt. Insofern scheint es sachgerecht, dass die Datenschutz-Grundverordnung mit Art. 6 Abs. 1 S. 1 lit. b und lit. f DSGVO nunmehr Möglichkeiten für eine Zulässigkeit von Werbemaßnahmen auch auf Basis gesetzlicher Zulässigkeitsnormen gibt, wenn der Nutzer ausreichend informiert wird.

170　Art. 6 Abs. 1 S. 1 lit. a und Art. 7 DSGVO regeln die Voraussetzungen für eine datenschutzkonforme Einwilligung (→ B. II. Rn. 76 ff.).[211] Festzuhalten ist hier, dass die Einwilligung sich auf einen oder mehrere **bestimmte Zwecke** nach Art. 6 Abs. 1 S. 1 lit. f DSGVO iVm Erwgr. 32 S. 5 beziehen muss, also beispielsweise auf Werbung für eigene oder für fremde Geschäftszwecke.

171　Weiterhin muss die Einwilligung nach Erwgr. 32 S. 1 für den konkreten Fall und in informierter Weise abgegeben werden. Dabei ist es nach der Rechtsprechung des Bundesgerichtshofs nicht erforderlich, dass für jeden **Werbekanal** eine eigene Einwilligungserklärung abgegeben wird. Nach dem Bundesgerichtshof widerspricht es den Voraussetzungen des § 7 Abs. 2 Nr. 2 und 3 UWG nicht, wenn sich die Einwilligung eines Verbrauchers zu Werbezwecken auf **mehrere Werbekanäle gleichzeitig** bezieht, beispielsweise auf Werbung per Telefon, Fax und E-Mail.[212]

172　Jedoch bedarf die Einwilligung in die Werbeform der **Direktwerbung** nach der Rechtsprechung des Bundesgerichtshofs zum Bundesdatenschutzgesetz aF einer **gesonderten Einwilligung**. Deswegen wurde in der Vergangenheit diskutiert, ob in diese Einwilligung auch aus Sicht des Werbenden erforderliche **vorgeschaltete Maßnahmen** wie eine Profilbildung einbezogen werden können.[213]

173　Zudem muss der Verantwortliche das Vorliegen einer Werbeeinwilligung nach Art. 7 Abs. 1 DSGVO **nachweisen** können.[214] Möchten Werbetreibende ihre Werbemaßnahmen auf eine Einwilligung stützen, sollten sie diese möglichst beweissicher protokollieren.

174　Darüber hinaus muss die Werbeeinwilligung nach Art. 7 Abs. 2 DSGVO in **verständlicher und leicht zugänglicher Form** in einer **klaren und einfachen Sprache** erfolgen und wenn sie noch andere Sachverhalte betrifft von diesen klar zu **unterscheiden** sein.

211　Zur Einwilligung bei Werbung und Kundendatenschutz *GDD* 2016, 31 ff.
212　BGH BB 2018, 653, der sich in seiner Begründung auf die Datenschutzrichtlinie für elektronische Kommunikation bezieht.
213　BGH MMR 2011, 458 zur Gewinnspielkarte; s. auch BGH MMR 2013, 380 (381) zu Werbeanrufen; unter der DSGVO bejahend *Gierschmann* MMR 2018, 7 (9).
214　*GDD* 2016, 46.

Wie schon nach dem ehemaligen Bundesdatenschutzgesetz hat die betroffene Person 175
nach Art. 7 Abs. 3 DSGVO das Recht, ihre Einwilligung jederzeit mit Wirkung für
die Zukunft zu **widerrufen**. Hierüber ist sie zu informieren.

Neu ist das generelle **Kopplungsverbot** nach Art. 7 Abs. 4 DSGVO. Nach diesem 176
muss bei der Beurteilung der **Freiwilligkeit** einer Einwilligung dem Umstand in größtmöglichem Umfang Rechnung getragen werden, ob unter anderem die Erfüllung eines Vertrages von einer Einwilligung zur Verarbeitung personenbezogener Daten
„abhängig" ist, die für die Vertragserfüllung nicht erforderlich ist. Irrigerweise wurde
aus dieser Formulierung teilweise abgeleitet, dass das Geschäftsmodell **entgeltfreier
Dienst gegen Daten** nicht mehr zulässig sei. Dies ist freilich aus Sicht der Daten-
schutzrechte und der Selbstbestimmung der Nutzer nicht erforderlich und war wohl
auch nicht die Intention des Verordnungsgebers.[215] Stattdessen ist bei der Beurteilung
der Freiwilligkeit insbesondere den Fragen des „Abhängigmachens" und der Transparenz besondere Bedeutung zu schenken.[216] Eine Datenverarbeitung ist dann nicht
von der Einwilligung in diese abhängig, wenn es eine angemessene Alternative dazu
gibt, beispielsweise eine kostenpflichtige Nutzungsmöglichkeit, und wenn die Datenverarbeitung zu Werbezwecken transparent ist.[217] Sofern ein Nutzer in solchen Konstellationen freiwillig mit seinen personenbezogenen Daten bezahlt, kann er seine
Einwilligung widerrufen. Im Falle des Widerrufs verliert er aber auch das Recht zur
weiteren Nutzung[218] der Applikation oder des Webdienstes, jedenfalls wenn er dann
kein Entgelt für den Dienst bezahlt.

Je nach vertraglicher Ausgestaltung eines Nutzungsverhältnisses kann anstelle einer 177
Einwilligung auch eine Verarbeitung zur Vertragserfüllung auf Basis von **Art. 6 Abs. 1
S. 1 lit. b DSGVO** in Betracht kommen,[219] so dass sich die Frage des Widerrufs gar
nicht stellt. Dies kann insbesondere dann der Fall sein, wenn das zur Verfügung stellen personenbezogener **Daten zu Werbezwecken** in einem **Gegenseitigkeitsverhältnis**
zu den Leistungen des Anbieters eines Webdienstes steht.

bb) Interessenabwägung nach Art. 6 Abs. 1 S. 1 lit. f DSGVO

Die Datenschutz-Grundverordnung enthält nach Art. 6 Abs. 1 S. 1 lit. f DSGVO iVm 178
Erwgr. 47 S. 7 nunmehr einen **gesetzlichen Zulässigkeitstatbestand** für die Verwen-
dung personenbezogener Daten zur Werbung. Im Gegensatz dazu enthielt § 28 Abs. 3
BDSG aF das Erfordernis einer Einwilligung für Maßnahmen der Werbung und des
Adresshandels. Von diesem Prinzip nimmt die Datenschutz-Grundverordnung Ab-
stand und regelt nun eine Zulässigkeitsmöglichkeit über eine Interessenabwägung.
Dabei wird der betroffenen Person das Recht eingeräumt, gegen die Datenverarbei-
tung für Zwecke der Direktwerbung nach Art. 21 Abs. 2 S. 1 DSGVO zu **widerspre**-

---

215 *Albrecht/Jotzo* 2017, Teil 1 Rn. 44.
216 *DSK*, Kurzpapier Nr. 3 Verarbeitung personenbezogener Daten für Werbung, 1 (2), wonach beim Bezahlen
    mit personenbezogenen Daten diese vertraglich ausbedungene Gegenleistung klar und verständlich darge-
    stellt werden muss, damit keine Notwendigkeit mehr für eine Einwilligung besteht.
217 Überspannte Transparenzanforderungen stellen *Albrecht/Jotzo* 2017, Teil 1 Rn. 44, indem der Wert der
    Daten für die betroffenen Personen transparent gemacht werden soll, was für eine von einem Werbenden
    finanzierte Werbemaßnahme praktisch gar nicht möglich sein dürfte.
218 Zur Zulässigkeit von Werbeblockern *Kreutz* 2017.
219 *GDD* 2016, 41 f. zu Kataloganforderungen oder Gewinnspielen; *Gierschmann* MMR 2018, 7 (8) zu ua
    Gewinnspielen und Bonuspunkte-/ Meilensystemen.

chen (→ B. II. Rn. 74 ff. und → B. V. Rn. 48 ff.). Freilich beschränkt sich diese Betrachtung auf die Datenschutz-Grundverordnung. Sie lässt, wie erörtert, unberücksichtigt, dass die künftige E-Privacy-Verordnung zusätzliche Regelungen zur Werbung enthalten und dementgegen wieder stärker auf die Einwilligung abstellen wird (→ Rn. 186 ff.). Außerdem kann Art. 6 Abs. 1 S. 1 lit. f DSGVO nicht für Werbung gegenüber Kindern angewendet werden, da deren personenbezogene Daten gemäß Erwgr. 38 S. 3 nur aufgrund einer Einwilligung für Werbung verwendet werden dürfen.

179   Art. 6 Abs. 1 S. 1 lit. f DSGVO differenziert nicht zwischen Werbemaßnahmen für **eigene Zwecke** oder für **Zwecke Dritter**.[220] Die Norm schränkt die Werbung auch nicht auf bestimmte **Datenarten** ein, wie es das Listenprivileg nach § 28 Abs. 3 Satz 3 BDSG aF vorsah. Sofern **besondere Kategorien** personenbezogener Daten für Werbezwecke verwendet werden sollen, gelten jedoch die Anforderungen nach Art. 9 DSGVO, die eine Einwilligung erfordern falls kein Erlaubnistatbestand nach Art. 9 Abs. 2 DSGVO greift (→ B. II. Rn. 114 ff.).[221]

180   Im Rahmen der Interessenabwägung nach Art. 6 DSGVO sind die **vernünftigen Erwartungen** der betroffenen Personen zu berücksichtigen, wie sich aus Erwgr. 47 S. 1 ergibt.[222] Dabei stellt der Erwägungsgrund auch auf das **Bestehen einer Beziehung** zwischen dem Verantwortlichen und der betroffenen Person ab, beispielsweise auf eine Beziehung im Rahmen eines Nutzungsverhältnisses oder eines Vertrags. Folglich ist bei der Abwägung zu fragen, ob die betroffene Person vernünftigerweise damit rechnen muss, dass ihre personenbezogenen Daten für Werbezwecke verwendet werden. Dabei kann ihre Erwartungshaltung in einem bestimmten Rahmen durch eine ausreichende Information **beeinflusst** werden,[223] so dass Datenverarbeitungen sowohl des Verantwortlichen als auch dritter Stellen zulässig werden. Beispielsweise kann ein Webdienst bei entsprechender Information die Daten seiner Nutzer an Werbepartner weitergeben, wenn dies gegenüber den Nutzern transparent gemacht wird.[224]

181   Insbesondere im Bereich der **entgeltfreien Nutzung** von Webdiensten ist in der Regel anzunehmen, dass der Nutzer vernünftigerweise davon ausgehen muss, dass seine Daten für Werbung verwendet werden. Er wird nicht vernünftigerweise annehmen können, dass ihm Applikationen und Webdienste ohne jede Gegenleistung angeboten werden. Daneben wird bei der **Kontaktaufnahme mit E-Commerce-Anbietern** regelmäßig zu erwarten sein, dass diese Werbemaßnahmen ergreifen.[225] Etwas anderes kann jedoch gelten, wenn Anhaltspunkte oder explizite Informationen für eine anderweitige Finanzierung eines Webdienstes vorliegen, er beispielsweise über Spenden

---

220   Roßnagel/*Grigorjew* 2018, § 8 Rn. 173.
221   *DSK*, Kurzpapier Nr. 3 Verarbeitung personenbezogener Daten für Werbung, 1 (2).
222   Plath/*Plath* DSGVO Art. 6 Rn. 23; *DSK*, Kurzpapier Nr. 3 Verarbeitung personenbezogener Daten für Werbung, 1; *GDD* 2016, 52 ff.; vgl. auch → B. III. Rn. 361 ff. zu den vernünftigen Erwartungen bei der Betrugsverhinderung.
223   *DSK*, Kurzpapier Nr. 3 Verarbeitung personenbezogener Daten für Werbung, 1, wonach bei einer ausreichend transparenten und umfassenden Information über eine Werbemaßnahme die Erwartung der betroffenen Person in aller Regel auch dahingehe, dass ihre Daten entsprechend genutzt werden; *GDD* 2016, 54.
224   Roßnagel/*Grigorjew* 2018, § 8 Rn. 171.
225   Roßnagel/*Grigorjew* 2018, § 8 Rn. 170; Plath/*Plath* DSGVO Art. 6 Rn. 21 mwN zur Kontaktaufnahme mit einem Online-Händler.

oder die Mitglieder eines Vereins finanziert wird. Entsprechendes gilt für die entgelt-freie Nutzung von Mobile Apps.

Weiterhin kann die Interessenabwägung vom Werbetreibenden beeinflusst werden, so dass diese bei einer **positiven Gestaltung** zu seinen Gunsten ausfällt. Zu denken ist beispielsweise daran, dass die Erhebung und Speicherung **sensibler** Daten wie Kredit-kartendaten – aber nicht besonderer Kategorien personenbezogener Daten – sowie besonders **umfangreiche** Datensammlungen vermieden wird. Zudem sollten Maßnah-men der **Anonymisierung** und **Pseudonymisierung** personenbezogener Daten vorge-nommen werden. Außerdem können in manchen Fällen Datenbestände **aggregiert** werden, wie es aus der Offline-Werbung bekannt ist, so dass bestenfalls Werbeadres-saten in größeren Gruppen zusammengefasst werden, bei denen die einzelnen Mit-glieder nicht mehr ohne Weiteres identifizierbar sind. Bei einer solchen Interessenab-wägung nach Art. 6 Abs. 1 S. 1 lit. f DSGVO wird offensichtlich, dass die Regelung noch einer erheblichen Konkretisierung für die praktische Anwendung bedarf, um rechtssicher angewendet werden zu können. Insofern kommen der Rechtsprechung des Europäischen Gerichtshofs als auch dem Datenschutzausschuss über eventuelle Leitlinien und Empfehlungen gemäß Art. 70 DSGVO eine wichtige Aufgabe für die Gewährleistung der künftigen Rechtssicherheit zu. Die Interessenabwägung sollte zu-dem sorgfältig durchgeführt werden. Bis neue Leitlinien vorliegen, kann diese Abwä-gung beispielsweise anhand der Kriterien der Art. 29-Datenschutzgruppe zur Daten-schutzrichtlinie für die elektronische Kommunikation vorgenommen werden.[226]

Problematisch ist die **künftige Verwendung** ehemals auf Basis von § 28 Abs. 3 BDSG aF erhobener **Altdaten**[227] nach Art. 6 Abs. 1 S. 1 lit. f BDSG. Denn Art. 13 Abs. 1 lit. d und Art. 14 Abs. 2 lit. b DSGVO erfordern grundsätzlich eine Information der Betroffenen über das berechtigte Interesse, an der es regelmäßig fehlen dürfte. Wäh-rend Erwgr. 171 S. 3 DSGVO für **Alteinwilligungen** vorsieht, dass diese weiter gelten und nicht erneut einzuholen sind, wenn die Art der Einwilligung den Bedingungen der Datenschutz-Grundverordnung entspricht,[228] fehlt ein entsprechender Hinweis für ehemals legitim zu Werbezwecken erhobenen Daten kraft Gesetzes. In Betracht kommt jedoch eine Verarbeitung dieser Altdaten aufgrund einer zulässigen **Zweckän-derung** nach Art. 6 Abs. 4 DSGVO. Dies gilt jedenfalls für übliche Werbemaßnah-men, allerdings nicht für eine Weitergabe an Dritte, wenn diese bislang nicht zulässig war.[229]

cc) Zweckänderung nach Art. 6 Abs. 4 DSGVO

Letztlich besteht in Art. 6 Abs. 4 DSGVO eine weitere gesetzliche Zulässigkeitsnorm für die Verarbeitung personenbezogener Daten zur Werbung. Art. 6 Abs. 4 DSGVO erlaubt die Verarbeitung von Daten **zu einem anderen Zweck** als demjenigen, zu dem sie erhoben wurden (→ B. II. Rn. 39 ff.). Dabei ist anhand des sogenannten **5-er Ka-talogs** zu prüfen, ob die jeweiligen Zwecke miteinander zu vereinbaren sind. In der

182

183

184

---

226 S. zur alten Rechtslage Art. 29-Datenschutzgruppe, WP 217, 23 ff.; *Gierschmann* MMR 2018, 7 (8).
227 Bspw. sog „Bestandsdaten" bei CRM-Systemen.
228 *DSK*, Kurzpapier Nr. 3 Verarbeitung personenbezogener Daten für Werbung, 1 (2); *Düsseldorfer Kreis,* Fortgeltung bisher erteilter Einwilligungen unter der DSGVO, Beschluss vom 13./14.9.2016, 1.
229 *Gierschmann* MMR 2018, 7 (12).

Praxis dürften allerdings nur wenige Fälle auftreten, in denen Werbemaßnahmen auf diese Norm gestützt werden können. Zu denken ist beispielsweise an Kundenbindungs- und Bonuspunktesysteme, bei denen personenbezogene Daten bereits vertragsgemäß zum Zweck der Werbung an den Betreiber und dessen Werbepartner übermittelt werden dürfen. In diesen Fällen könnte ein damit zu vereinbarender Zweck beispielsweise vorliegen, wenn die Daten vom Betreiber für neue Formen der Werbung verwendet werden. Allerdings setzt dies eine entsprechend transparente Information voraus.

c) Rechtsgrundlagen des Entwurfs der E-Privacy-Verordnung

185   Der Kommissionsentwurf zur E-Privacy-Verordnung enthält in **Art. 16** eine weitere Regelung mit Bezug auf Maßnahmen zur Direktwerbung in der elektronischen Kommunikation. Diese orientiert sich grob an Art. 13 E-Privacy-RL, die durch die E-Privacy-Verordnung abgelöst werden soll. Da zu erwarten ist, dass sich der Kommissionsentwurf im Rahmen des Trilog-Verfahrens noch erheblich ändern wird, wird er im Folgenden nur kurz dargestellt.

186   Zunächst erlaubt Art. 16 Abs. 1 E-Privacy-VO-E die Direktwerbung über elektronische Kommunikationsdienste an Endnutzer, die natürliche Personen sind und hierzu ihre **Einwilligung** gegeben haben.

187   Sofern ein Verantwortlicher im **Zusammenhang mit dem Verkauf** eines Produkts oder einer Dienstleistung rechtmäßig die elektronischen Kontaktangaben für **E-Mail von seinem Kunden** erhalten hat, darf er diese nach Art. 16 Abs. 2 E-Privacy-VO-E zur Direktwerbung für eigene ähnliche Produkte oder Dienstleistungen verwenden, wenn die Kunden klar und deutlich die Möglichkeit haben, dieser Nutzung kostenlos und auf einfache Weise zu widersprechen. Für E-Mail-Werbung besteht folglich eine Erleichterung nach dem Entwurf der E-Privacy-Verordnung. Diese Regelung ist im deutschen Wettbewerbsrecht ähnlich in § 7 Abs. 3 UWG umgesetzt. Auf das Widerspruchsrecht ist die betroffene Person bei der Datenerhebung und bei jedem Versand von Werbung hinzuweisen.

188   Nach Art. 16 Abs. 3 E-Privacy-VO-E bestehen besondere Anforderungen für **Direktwerbeanrufe** mittels elektronischer Kommunikationsdienste an natürliche und juristische Personen. Dabei müssen Werbetreibende eine Rufnummer, unter der sie erreichbar sind, oder einen besonderen Kode oder eine Vorwahl angeben, der oder die kenntlich macht, dass es sich um einen Werbeanruf handelt. Weiterhin enthalten Art. 16 Abs. 4 und 5 E-Privacy-VO-E **Öffnungsklauseln** für weitere Regelungen der Mitgliedstaaten bezüglich Direktwerbeanrufen und der Wahrung berechtigter Interessen von Endnutzern, die juristische Personen sind.

189   Letztlich müssen Werbetreibende, die Direktwerbung über elektronische Kommunikationsdienste übermitteln, die Endnutzer nach Art. 16 Abs. 6 E-Privacy-VO-E über den Werbecharakter der Nachricht und die Identität der Person, in deren Namen die Nachricht übermittelt wird, **informieren**. Sie müssen zudem die nötigen Informationen bereitstellen, damit die Empfänger in einfacher Weise ihre eventuell abgegebene Einwilligung in den Empfang von Werbung widerrufen können.

d) Wettbewerbsrechtliche Implikationen

Neben den datenschutzrechtlichen Zulässigkeitsregelungen ist zu berücksichtigen, dass in Deutschland **parallel** zum europäischen Datenschutzrecht auch die **wettbewerbsrechtlichen Anforderungen** des § 7 UWG zum Schutz von **unzumutbaren Belästigungen** zu berücksichtigen sind.[230] Aus Sicht der betroffenen Personen kann der Erhalt von Werbung, ohne dass die Hintergründe transparent sind, eine erhebliche Belästigung darstellen. Infolgedessen kann trotz der datenschutzrechtlichen Zulässigkeit einer Werbemaßnahme auf Basis der gesetzlichen Erlaubnisnorm des Art. 6 Abs. 1 S. 1 lit. f DSGVO doch eine wettbewerbsrechtliche Einwilligung notwendig sein.

190

e) Einzelne Werbemaßnahmen

Ausgehend von den vorstehend erläuterten Rechtsgrundlagen wird im Folgenden versucht, trotz der bestehenden Unsicherheiten bezüglich der Rechtsauslegung und dem Inhalt der künftigen E-Privacy-Verordnung, eine Aussage zu typischen Werbemaßnahmen im Internet bezüglich deren Rechtsgrundlagen und Zulässigkeit zu treffen.

191

aa) Direktwerbung

Der Begriff der Direktwerbung umfasst verschiedene Werbeformen, denen gemein ist, dass der Werbeadressat im Unterschied zur Massenwerbung direkt angesprochen wird. Maßnahmen der Direktwerbung können, wie erläutert, auf Basis einer Interessenabwägung nach **Art. 6 Abs. 1 S. 1 lit. f DSGVO** durchgeführt werden.[231] Dabei unterscheidet die Datenschutz-Grundverordnung weder nach dem **Zweck** der Werbemaßnahme, beispielsweise ob für eigene Geschäftszwecke oder solche eines Dritten geworben wird, noch nach der konkreten **Form** der Werbung. Maßnahmen, die die Werbemittelauslieferung **vorbereiten,** wie **Selektion** von Adressaten und **Zielgruppenbildung,** fallen ebenfalls unter die Direktwerbung.[232] Aus Sicht des Werbetreibenden ist zu berücksichtigen, dass eine Werbemaßnahme möglichst transparent gehalten wird, und dass die betroffenen Personen ausreichend informiert werden. Darüber hinaus kann die **Interessenabwägung beeinflusst** werden, beispielsweise durch Maßnahmen der Datenminimierung, der Aggregation oder der Anonymisierung und Pseudonymisierung.

192

Tendenziell sind Maßnahmen der Direktwerbung umso eher zulässig, je mehr sie mit den vernünftigen Erwartungen der betroffenen Personen im Einklang stehen. Insbesondere bei entgeltfreien Nutzungen ohne Anhaltspunkte für eine Drittfinanzierung sowie im Rahmen bestehender Vertragsbeziehung wird der Nutzer die vernünftige Erwartung haben, dass der Dienst werbefinanziert ist und seine Daten daher auch für Werbezwecke verwendet werden. Im Rahmen der Interessenabwägung dürfen ferner auch weitere personenbezogene Daten zu den Daten einer betroffenen Person hinzu-

193

---

230 *GDD* 2016, 44 zu Parallelgeltung; Köhler/Bornkamm/Feddersen/*Köhler* UWG § 3 a Rn. 1.74 d und insgesamt zum Verhältnis des § 7 UWG zum Datenschutz Rn. 1.74-1.74 d und § 7 Rn. 7-9 g; *Fleischer* NJW 2014, 2150 ff. zur Werbefreiheit und der rechtlichen Zulässigkeit von Werbemaßnahmen nach dem UWG; zum Verhältnis der wettbewerbsrechtlichen zur datenschutzrechtlichen Zulässigkeit s. *DSK,* Kurzpapier Nr. 3 Verarbeitung personenbezogener Daten für Werbung, 1 (2); *GDD* 2016, 51 f.; *Gierschmann* MMR 2018, 7 (10 f.).
231 *GDD* 2016, 48 ff. zur Direktwerbung.
232 *Gierschmann* MMR 2018, 7 (9).

gespeichert werden.[233] Sofern ein **Profiling** vorgenommen wird, gelten jedoch zusätzliche Anforderungen (→ B. V. Rn. 51 ff.),[234] ebenso für eine etwa der Auslieferung von Werbung vorhergehende **Webanalyse** (→ B. III. Rn. 134 ff.).

bb) Nicht-personalisierte Werbung, Banner- und Videowerbung

194 Bei nicht personalisierten Werbemaßnahmen, insbesondere bei klassischer **Bannerwerbung auf Webseiten**, aber auch bei modernen Werbeformen über **Narrative Content**[235] oder werbende **Mediendateien**, werden nicht zwangsläufig oder zielgerichtet personenbezogene Daten der betroffenen Personen, wie beispielsweise deren E-Mail-Adressen verwendet. Gleichwohl können auch dabei personenbezogene Daten verarbeitet werden, beispielsweise **IP-Adressen** der Besucher von Webseiten oder der Nutzer von Internetdiensten, eventuell auch **Identifier** zur Zuordnung von Adressaten zu bestimmten Interessengebieten. Darüber hinaus werden bei Werbenetzwerken – sogenannte **Affiliate-Netzwerke** –,[236] bei denen die eine Werbung ausliefernden Anbieter über eine Vermittlungsprovision von den werbenden Unternehmen vergütet werden, weitere **Identifier** verwendet, um feststellen zu können, ob Nutzer ein Werbemittel betrachtet und angeklickt haben (Pay-Per-View- oder Pay-Per-Click-Modelle). Diese personenbezogenen Daten dürfen bei Vorliegen der Voraussetzungen des **Art. 6 Abs. 1 S. 1 lit. f DSGVO**, vor allem einer positiven Interessenabwägung, voraussichtlich „erst recht" verarbeitet werden, da sogar eingriffsintensivere Verarbeitungen im Bereich der Direktwerbung nach dieser Zulässigkeitsnorm möglich sind.[237]

cc) E-Mail, Personal Messages, SMS

195 Grundsätzlich ist es nach **Art. 6 Abs. 1 S. 1 lit. f DSGVO** auch möglich, Direktwerbung unter Verwendung von E-Mail, Personal Messages oder SMS zu versenden, sofern eine entsprechende Interessenabwägung angenommen werden kann. Allerdings ist absehbar, dass die E-Privacy-Verordnung gemäß Art. 16 Abs. 2 E-Privacy-VO-E die Verwendung elektronischer Kontaktangaben ohne eine Einwilligung für Werbezwecke auf **Bestandskunden** einschränkt. Danach dürfen diese Kontaktangaben in etwa entsprechend § 7 Abs. 3 UWG nur verwendet werden, wenn sie im Zusammenhang mit dem Verkauf eines Produkts oder einer Dienstleistung erhalten wurden und auch nur für eigene ähnliche Produkte oder Dienstleistungen, also insbesondere nicht für solche dritter Parteien. Die Kontaktangaben dürfen danach auch nicht an dritte Parteien zu deren Verwendung ohne eine Einwilligung weitergegeben werden.

196 Im Übrigen können Werbemaßnahmen unter Verwendung elektronischer Kontaktdaten weiterhin auch auf einer **Einwilligung** nach Art. 6 Abs. 1 S. 1 lit. a DSGVO beruhen, wie es Art. 16 Abs. 1 E-Privacy-VO-E vorsieht. Dementsprechend können auch Werbemaßnahmen wie **Newsletter, Storytelling oder Gewinnspiele** unter Verwendung

---

233 *Gierschmann* MMR 2018, 7 (8).
234 *Gierschmann* MMR 2018, 7 (8), wonach eine der Werbung vorgeschaltete Profilbildung auch iR einer Vertragserfüllung wohl nicht mehr unter Art. 6 Abs. 1 S. 1 lit. b DSGVO gefasst werden kann.
235 S. bspw. https://de.wikipedia.org/wiki/Content-Marketing.
236 S. bspw. https://de.wikipedia.org/wiki/Werbebanner und OLG München MMR 209, 126 (126); https://de.wikipedia.org/wiki/Affiliate-Marketing.
237 Eine Möglichkeit für unpersonalisierte Werbung möchte bspw. Google aufgrund des neuen EU-Datenschutzrechts ab Mai 2018 einführen, s. https://www.heise.de/newsticker/meldung/Datenschutzgrundverordnung-Google-fuehrt-unpersonalisierte-Werbung-an-4008977.html.

von E-Mail-Adressen auf Basis von Einwilligungen durch Drittanbieter fortgeführt werden.[238]

dd) Werbeanrufe

Werbung kann auch per Direktwerbeanruf erfolgen, beispielsweise über OTT-Dienste wie WhatsApp. In diesen Fällen wird sich aller Wahrscheinlichkeit nach nichts an dem bestehenden **Einwilligungserfordernis** ändern. Dieses folgt in Deutschland aus § 7 Abs. 2 UWG, wobei gegenüber Adressaten, die keine Verbraucher sind, eine mutmaßliche Einwilligung genügen kann. Art. 16 Abs. 1 E-Privacy-VO-E fordert ebenfalls eine Einwilligung. Ob eine mutmaßliche Einwilligung nach Art. 16 und Art. 9 Abs. 1 E-Privacy-VO-E iVm Art. 7 DSGVO gegenüber Empfängern, die nicht Verbraucher sind, in gleichem Umfang weiter möglich bleibt, ist angesichts der Vorgaben der Datenschutz-Grundverordnung und Erwgr. 32, der ein unmissverständliches Bekunden für die Abgabe einer Einwilligung fordert, fraglich. Zumindest gegenüber juristischen Personen dürfte sich aber vielfach nichts ändern, da für diese die Datenschutz-Grundverordnung nach Erwgr. 14 S. 2 nicht anwendbar ist und es insofern bei den Regelungen des Wettbewerbsrechts bleibt.

197

ee) Kundenbindungs- und Bonuspunktesysteme, Empfehlungsmarketing

Bei **Kundenbindungs- und Bonuspunkte- oder Meilensystemen,** wie zum Beispiel Payback, kommt eine Verarbeitung personenbezogener Daten der Nutzer zur Werbung durch den Anbieter solcher Systeme nach **Art. 6 Abs. 1 S. 1 lit. b DSGVO** in Betracht, soweit die Verarbeitung für die **Vertragserfüllung** erforderlich ist. Davon kann beispielsweise auszugehen sein, wenn die Verarbeitung personenbezogener Daten für Werbemaßnahmen Zweck des Vertragsverhältnisses zwischen dem Anbieter und Nutzer ist und die jeweiligen Leistungen im **Gegenseitigkeitsverhältnis** stehen.[239] So kann beispielsweise ein Nutzer personenbezogene Daten seiner Transaktionen für Werbemaßnahmen des Anbieters und dessen Werbepartner preisgeben und im Gegenzug Bonuspunkte oder Gutschriften erwerben.

198

Anders ist die Rechtslage beim **Empfehlungsmarketing,**[240] sofern eine Empfehlung nicht auch vom Anbieter eines Kundenbindungs- und Bonuspunktesystems honoriert wird. Beim reinen Empfehlungsmarketing übernimmt der Käufer einer Ware oder einer Dienstleistung selbst die Rolle eines Werbenden indem er seine Transaktion publiziert. Hierdurch soll eine größere Glaubwürdigkeit geschaffen werden als bei Werbemaßnahmen durch die Verkäufer selbst. Die Empfehlung kann entweder durch einfache **Likes** auf den Webseiten eines E-Commerce-Shops erfolgen, durch individuelle **Kundenbewertungen** – beides zum Teil mit der Möglichkeit, zur Verkürzung oder Anonymisierung des (Nach-)Namens des Empfehlenden – oder durch Postings in sozialen Netzwerken. Sofern keine Vergütung, sondern nur die Möglichkeit zur Abgabe

199

---

238 *Gierschmann* MMR 2018, 7 (8) sieht Gewinnspiele und Preisausschreiben auch als Anwendungsfall des Art. 6 Abs. 1 S. 1 lit. b DSGVO. Dem ist zuzustimmen, wenn ein konkretes Gewinnspiel als Gegenseitigkeitsverhältnis ausgestaltet ist.

239 *Gierschmann* MMR 2018, 7 (8).

240 Zum Empfehlungsmarketing (Tell-a-Friend) aus wettbewerbsrechtlicher Sicht s. *Fleischer* NJW 2014, 2150 (2153). Dabei kann uU die Empfehlung eines Nutzers wettbewerbsrechtlich als Werbung des Anbieters bewertet werden.

einer Empfehlung erfolgt, kann die Rechtsgrundlage zur Datenverarbeitung der Empfehlungsdaten für den Anbieter solcher Systeme in **Art. 6 Abs. 1 S. 1 lit. f DSGVO** liegen, bei entsprechender Gestaltung eventuell auch in einer Einwilligung nach **Art. 6 Abs. 1 S. 1 lit. a DSGVO**. Im Falle einer Gegenleistung mittels Bonuspunkten oder Gutschriften für die Empfehlung kann die Werbemaßnahme wiederum in **Art. 6 Abs. 1 S. 1 lit. b DSGVO** gesehen werden, da in diesen Fällen regelmäßig detaillierte und konkrete Vertragsbeziehungen zum Empfehlenden bestehen. Sofern weiterhin eine Empfehlung vom Empfehlenden direkt an einen einzelnen Werbeadressaten weitergeleitet werden soll, muss der Versender datenschutzrechtlich sicherstellen, dass er die Kontaktangaben, wie zum Beispiel die E-Mail-Adresse des Empfängers, hierfür verwenden darf.

200 Aus Gründen der **Rechtssicherheit** bei diesen Fragestellungen und zur Vermeidung von Auslegungsfragen dahingehend, ob eine konkrete Datenverarbeitung für die Erfüllung eines Vertrags über die Nutzung eines Kundenbindungs-, Bonuspunkte- oder Empfehlungssystems gemäß Art. 6 Abs. 1 S. 1 lit. b DSGVO erforderlich ist oder ob ein berechtigtes Interesse nach Art. 6 Abs. 1 S. 1 lit. f DSGVO besteht, wird in der Praxis häufig **zusätzlich auf Einwilligungen** zurückgegriffen werden, die gleichberechtigt neben Art. 6 Abs. 1 S. 1 lit. f DSGVO stehen können.

f) Ausblick

201 Obgleich noch viele Unsicherheiten bezüglich der künftigen Rechtspraxis zur Datenschutz-Grundverordnung bestehen, die E-Privacy-Verordnung in ihrer finalen Version noch nicht absehbar ist und das Verhältnis zur Werbung nach dem Telekommunikations- und Telemedienrecht[241] noch unklar ist, zeichnet sich ab, dass sich aus Sicht der betroffenen Personen und der Werbetreibenden in Deutschland **nicht viel ändern** dürfte.[242] Dies liegt daran, dass das Regime aus datenschutzrechtlichen und wettbewerbsrechtlichen Vorschriften bereits heute hohe Anforderungen an die Verwendung personenbezogener Daten zur Werbung stellt, die sich ähnlich in der Datenschutz-Grundverordnung und insbesondere im Entwurf der E-Privacy-Verordnung wiederfinden. Tendenziell dürften wegen des Wegfalls des § 28 Abs. 3 BDSG aF sogar **mehr** Verarbeitungen als bisher unter dem für Werbemaßnahmen praktisch vorrangig maßgeblichen[243] Art. 6 Abs. 1 S. 1 lit. f DGVO zulässig sein.[244]

202 Bedauerlicherweise ist die Datenschutz-Grundverordnung den Erwartungen an eine zukunftsorientierte Lösung auch in dem für die Entwicklung zahlreicher Mobile-Apps und Webdienste relevanten Bereich der Werbung nicht gerecht geworden. Es bleibt zu hoffen, dass die Rechtsauslegung zu Art. 6 Abs. 1 S. 1 lit. f DSGVO und die E-Privacy-Verordnung nicht zu überspannten Einwilligungserfordernissen in Werbemaßnahmen führen, da eine Einwilligung den Datenschutz für die betroffenen Personen nicht zwingend verbessert. Angesichts des Kopplungsverbots für Einwilligungen

---

241 Roßnagel/*Grigorjew* 2018, § 8 Rn. 198 ff. zum TKG und TMG; *Kramer* DSB 2018, 6 (6 f.). zum TMG.
242 *Gola* RDV 2017, 287 (289) zur Zulässigkeit der Verwendung von Kontaktdaten zur Werbung.
243 *DSK*, Kurzpapier Nr. 3 Verarbeitung personenbezogener Daten für Werbung, 1 (3), wonach „fast ausschließlich" die Interessenabwägung nach Art. 6 Abs. 1 S. 1 lit. f DSGVO für künftige Werbung maßgeblich sein soll.
244 So *Gierschmann* MMR 2018, 7.

in Art. 7 Abs. 4 DSGVO können Einwilligungen in Datenverarbeitungen zur Werbung nicht mehr ohne Weiteres als Bedingung einer Nutzung vorgegeben werden. Dies kann dazu führen, dass Anbieter entweder nur noch eine entgeltpflichtige Leistung anbieten oder ihre bislang entgeltfreien Leistungen einstellen – ein Ergebnis, bei dem der Datenschutz gegen die finanziellen Interessen auch der Nutzer von entgeltfreien Applikationen und Internetdiensten ausgespielt wird. Oder die Anbieter bieten, sofern möglich, ihre Dienste sowohl gegen eine angemessene monetäre Bezahlung[245] als auch alternativ gegen eine Bezahlung mit ihren personenbezogenen Daten zu Werbezwecken an, so dass eine Wahlmöglichkeit für den Nutzer besteht. Dann steht zu erwarten, dass viele Nutzer weiterhin die entgeltfreie Variante für ihre zahlreichen genutzten Applikationen und Dienste bevorzugen und Datenschutzeinwilligungen trotz möglicher Konsequenzen für den Datenschutz einfach anklicken.

Zudem greift der Gedanke, die Transparenz gegenüber den Nutzern zu erhöhen, um ihnen eine Grundlage für eine eigene Entscheidung mittels einer Einwilligung zu ermöglichen, in vielen Konstellationen zu kurz. Die Datenübermittlungen und Kooperationen zwischen verschiedenen Parteien in modernen Werbenetzwerken ändern sich häufig, und die Abläufe sind zu komplex, als dass sie in klarer und einfacher Sprache kurz und verständlich erläutert werden können. Darüber hinaus sollen Informationen bei Abfrage einer Einwilligung einen Checkout- oder Registrierungsprozess nicht stören. Diese Erkenntnisse sind jedoch keine Besonderheit der Werbung im Internet, sondern gelten vergleichbar in anderen Branchen, bei denen Betroffene nicht en detail über Produkte und Dienstleistungen informiert werden und vor eine eigene Entscheidung gestellt werden müssen. Stattdessen sollten Werbeprodukte und diesbezügliche Datenverarbeitungen per se konkreten und prüfbaren Anforderungen genügen, wobei dies freilich eine Regelungstiefe erfordert, die die Datenschutz-Grundverordnung ohne konkretisierende Leitlinien in der allgemeingültigen Zulässigkeitsnorm des Art. 6 Abs. 1 DSGVO nicht leisten kann. Ein wirksamer Datenschutz in der Werbung sollte daher vor allem bei den **Werbetreibenden** in Form moderner und nicht innovationshemmender Anforderungen an deren Tätigkeit ansetzen, nicht aber (primär) über eine praktisch fragwürdige Selbstbestimmung der Nutzer und ein bevormundend ausgestaltetes Kopplungsverbot. Denn damit wird den Nutzern schlimmstenfalls ein „Bärendienst" erwiesen, wenn bislang entgeltfreie und werbefinanzierte Angebote womöglich aufgrund datenschutzrechtlicher Vorgaben eingestellt oder vergütungspflichtig werden.

7. Social Networks

Social Networks sind im Internet verfügbare Dienste, die ihren Nutzern ein Portal anbieten, um wechselseitig die unterschiedlichsten Inhalten (sogenannte „**nutzergenerierter Content oder Inhalt**") zu kommunizieren und zu veröffentlichen. Nutzer können in Social Networks beispielsweise Bilder, Texte, Filme oder sonstige Beiträge veröffentlichen und sie dergestalt mit Dritten teilen. Die Nutzer können zum Teil verschiedene Berechtigungs- und Freundesgruppen anlegen, sodass die Inhalte nur für

203

204

---

245 Dies bedingt die Implementierung von Bezahldiensten und stellt die Anbieter vor neue Herausforderungen.

einen eingeschränkten Nutzerkreis sichtbar sind. Der Anbieter stellt seinen Nutzern dafür ein Portal zur Verfügung, durch das eine gewisse Struktur und auch Eingabeinhalte vorgegeben werden. Darüber hinaus bieten Anbieter ihren Nutzern vermehrt Kommunikationsdienste und Chatmöglichkeiten an, die hinsichtlich der Funktionalitäten eine Vergleichbarkeit mit einem klassischen E-Mail-Dienst aufweisen. Diese Nachrichten können versendet und empfangen werden, sind im „Posteingang" und „Postausgang" gespeichert und können durch den Nutzer abgerufen werden[246] (→ B. III. Rn. 278 ff.).

205 Solche internetbasierten Social Network Dienste sind aus dem modernen Leben nicht mehr wegzudenken. Social Networks, wie etwa Facebook, Instagram, Twitter, LinkedIn oder Xing, bieten ihren Nutzern diverse Möglichkeiten, private oder berufliche Kontakte zu knüpfen sowie Erlebtes oder Meinungen auszutauschen. Social Networks haben daher auch eine wesentliche Bedeutung für die Umsetzung der Meinungsäußerung gemäß Art. 11 GRCh. Zahlreiche Dienste haben eine sehr große Nutzerzahl. Angaben zufolge soll beispielsweise Facebook mehr als zwei Milliarden aktive Nutzer monatlich haben.[247] Die Finanzierung solcher sozialen Dienste erfolgt häufig entweder durch die Generierung von Werbung oder bei den Premium-Versionen mit zusätzlichen Funktionen durch entsprechend vom Nutzer zu entrichtende Gebühren (→ B. III. Rn. 165).

206 Social Networks standen in der jüngsten Vergangenheit im Fokus der öffentlichen Wahrnehmung und auch des nationalen sowie europäischen Gesetzgebers. Dies betraf einmal die Tatsache, dass Social Networks – aufgrund ihres großen und breiten Nutzerkreises – gezielt medial sowie von und für Mitglieder der Gesellschaft steuernd eingesetzt werden können. Auf europäischer Ebene sind Vorschriften geplant, um illegale und falsche Inhalte, sogenannte „fake news", effizient aus solchen Internetportalen löschen zu können.[248] In Deutschland trat am 1.10.2017 das Netzwerkdurchsetzungsgesetz (NetzDG) in Kraft.[249] Das Gesetz soll eine schnelle, übersichtliche und einfache Möglichkeit schaffen, um – auf Veranlassung der Nutzer selbst – ungewollte rechtswidrige Inhalte löschen zu lassen.

a) Personenbezogene Daten in Social Networks

207 **Anbieter von Social Networks** sind grundsätzlicher **Adressat der Datenschutz-Grundverordnung**, weil solche Anbieter eine Vielzahl an personenbezogene Daten ihrer Nutzer und von Dritten verarbeiten. Missverständnisse zur Anwendung der Datenschutz-Grundverordnung im Zusammenhang mit der Datenverarbeitung von Social Networks wirft zwar zunächst der Erwgr. 18 der Verordnung auf. Die Verordnung gilt nach dessen S. 1 nicht für die Verarbeitung von personenbezogenen Daten, die von einer natürlichen Person zur Ausübung ausschließlich persönlicher oder familiärer Tätigkeiten und somit ohne Bezug zu einer beruflichen oder wirtschaftlichen Tätigkeit vorgenommen wird. Im zweiten Satz heißt es ferner, dass als persönliche oder

---

246 Vgl. Hoeren/Sieber/Holznagel/*Schmitz* Multimedia-Recht, Teil 16.2 Rn. 95.
247 S. unter http://meedia.de/2017/06/28/weltgroesstes-social-network-facebook-hat-mehr-als-2-milliarden-akt ive-nutzer/.
248 „EU: Digitalkommissarin bereitet Kampf gegen Fake News vor", MMR-Aktuell 2017, 394769.
249 BGBl. I S. 3352.

familiäre Tätigkeiten auch die Nutzung sozialer Netze und Online-Tätigkeiten im Rahmen solcher Tätigkeiten gelten könnte. S. 3 des Erwgr. 18 stellt aber klar, dass die **Verordnung für die Verantwortlichen oder Auftragsverarbeiter gilt,** die die Instrumente für die Verarbeitung personenbezogener Daten für solche persönlichen oder familiären Tätigkeiten **bereitstellen.** Damit sind Anbieter von Social Networks unabhängig von ihrem Zweck, wie etwa Berufs- oder Karriereportale oder zu Freizeitzwecken, vom Anwendungsbereich der Verordnung umfasst.

Im Rahmen der Nutzung von Social Networks fallen zahlreiche **personenbezogene**   208
Daten im Sinne des Art. 4 Nr. 1 DSGVO von natürlichen betroffenen Personen an, die von dem Anbieter verarbeitet werden. Zahlreiche Portale verlangen zur Gewährung der eigentlichen Dienste zum Beispiel die **Angabe des Namens, Anschrift, Geburtsdatum, Handynummer, E-Mail-Adressen und das Geschlecht.** Selbst wenn Diensteanbieter solche personenbezogene Daten einmal nicht abfragen und speichern sollten, etwa weil die Anbieter keinen Registrierungsprozess vorsehen, also unbeschränkt öffentlich sind, wird davon auszugehen sein, dass personenbezogene Daten aufgrund des weit gefassten Wortlauts des Art. 4 Nr. 1 DSGVO verarbeitet werden (→ B. I. Rn. 3 ff.). Inhalte, die der Nutzer in dem Portal des Nutzers veröffentlicht und damit bei dem Anbieter speichert, sogenannter „**nutzergenerierter Content**", sind in der Regel **personenbezogene Daten,** weil sie Rückschlüsse auf die betroffenen Personen ermöglichen. Darunter fallen beispielsweise Bilder und Fotos, Kommentare, Nachrichten oder sonstige inhaltliche Beiträge. Auf eine inhaltliche Qualität der Beiträge kommt es nachweislich der Definition des Art. 4 Nr. 1 DSGVO nicht an.[250]

Personenbezogene Daten des Nutzers können zudem bereits dadurch bei dem Anbie-   209
ter des Social Networks verarbeitet werden, indem der Nutzer den Dienst tatsächlich in Anspruch nimmt. In diesem Zusammenhang hat der Europäische Gerichtshof entschieden, dass auch **dynamische IP-Adressen** für Webseitenbetreiber, also folglich auch **für Anbieter von Social Networks,** grundsätzlich einen **Personenbezug aufweisen können,** sofern der Anbieter prinzipiell über die rechtliche Möglichkeit verfügt, auf die Vergleichsdaten des Access-Providers des Nutzers oder des Betroffenen zuzugreifen[251] (→ B. I. Rn. 8).

Von einem **personenbezogenen Datum** kann grundsätzlich auch dann ausgegangen   210
werden, wenn der Nutzer sich lediglich über ein **Pseudonym** anmeldet und die Dienste nutzt. Nutzer verwenden häufig fiktive Kreativ-, Künstler- und Phantasienamen sowie entsprechende E-Mail-Adressen, die – zumindest auf den ersten Blick – nicht unmittelbar eine Identifizierung des Betroffenen zulassen.[252] Die Datenschutz-Grundverordnung begrüßt eine Verwendung von Pseudonymen, wie unter anderem der Erwgr. 28 aufzeigt, weil dadurch die Risiken für die betroffenen Personen an einer Zuordnung gesenkt werden können. Zweckmäßigerweise stellt der Erwgr. 26 dennoch klar, dass auch solche pseudonyme Angaben der Nutzer von Social Networks wie Informationen über eine identifizierbare natürliche Person betrachtet werden müssen, sofern solche Angaben durch Heranziehung zusätzlicher Informationen einer

---

250 *Jandt/Roßnagel* ZD 2011, 160 (161).
251 EuGH ZD 2017, 24 (26). Rn. 49.
252 Sydow/*Ziebarth* DSGVO Art. 4 Rn. 93.

natürlichen Person zugeordnet werden könnten. Entscheidend ist also, ob der Anbieter des Social Networks das notwendige Zusatzwissen oder einen Schlüssel zur Identifikation besitzt. Im Erwgr. 26 S. 4 sind entsprechende Kriterien festgehalten. Danach sollten bei der Feststellung, ob Mittel nach allgemeinem Ermessen wahrscheinlich zur Identifizierung der natürlichen Person genutzt werden, alle objektiven Faktoren, wie die Kosten der Identifizierung und der dafür erforderliche Zeitaufwand, herangezogen werden, wobei die zum Zeitpunkt der Verarbeitung verfügbare Technologie und technologische Entwicklungen zu berücksichtigen sind (→ B. I. Rn. 28 f.).

211 Wenn der Anbieter des Portals weitere Daten mit **Zuordnungsmöglichkeiten speichert,** wie etwa den Klarnamen, die E-Mail-Adresse zwecks Verifizierung bei der Registrierung, die mobile Telefonnummer zwecks eines Passwort-Resets oder das Geburtsdatum, dann sind die **Pseudonyme wie personenbezogene Daten zu behandeln.** Schwieriger ist die rechtliche Lage zu beurteilen, wenn dem Anbieter keine solchen Identifikationsmerkmale zur Verfügung stehen. Die Frage ist allerdings praktisch ausgeschlossen, da ein Personenbezug in der Regel durch den Besuch des Portals infolge der Speicherung einer IP-Adresse durch den Anbieter möglich ist (→ B. I. Rn. 8).

212 Eine ausdrückliche Pflicht des Social Network Anbieters, pseudonyme Daten bei der Nutzung eines Social Network zu ermöglichen, sieht die Datenschutz-Grundverordnung nicht vor.[253] Hingegen kann im Einzelfall aus dem Erforderlichkeitsgrundsatz und dem Erfordernis einer Interessenabwägung gemäß Art. 5 Abs. 1 und 6 Abs. 1 DSGVO eine Pflicht zur Pseudonymisierung begründet werden, sofern die Verarbeitung von pseudonymen Daten zur Zweckerreichung ausreichend ist.[254] Bezogen auf die Nutzung von Social Networks kann dem nur bedingt gefolgt werden. Anbieter dürfen von ihren Nutzern grundsätzlich verlangen, dass sie den **wahren und richtigen Namen** gegenüber dem Portal angeben. In diesem Zusammenhang hat auch das **OVG Hamburg** – freilich zur Rechtslage der Datenschutzrichtlinie, des Telemediengesetzes und des Bundesdatenschutzgesetzes – im Jahr 2016 unter anderem festgestellt, dass Facebook seinen Nutzer grundsätzlich nicht die Möglichkeit einzuräumen hat, das Social Network auch unter einem Pseudonym zu nutzen.[255] Jeder Nutzer hat die Möglichkeit, sein Recht auf informationelle Selbstbestimmung dadurch zu schützen, indem er den Dienst nicht nutzt oder sein Konto löscht.[256] Darüber hinaus ist es denkbar, dass der Nutzer datenschutzrechtlicher Verantwortlicher ist, so dass seine Identität erforderlich ist, um etwa Löschungsansprüche gegen ihn durchzusetzen.

213 Stets ist zu beachten, dass durch **nutzergenerierte Inhalte** auch **personenbezogene Daten Dritter betroffen** sein können. Diese Konstellation ist insbesondere dann denkbar, wenn Nutzer Bilder oder Texte in dem Portal veröffentlichen, die andere natürliche Personen abbilden oder benennen. Auch diese Dritten im Sinne des Art. 4 Nr. 10 DSGVO sind betroffene Personen, da ein Personenbezug besteht und deren Daten ge-

---

253 Zu beachten ist allerdings § 13 Abs. 6 S. 1 TMG, wonach der Diensteanbieter die Nutzung von Telemedien und ihre Bezahlung anonym oder unter Pseudonym zu ermöglichen hat, soweit dies technisch möglich und zumutbar ist; s. auch *Caspar* ZRP 2015, 233.
254 Sydow/*Ziebarth* DSGVO Art. 4 Rn. 105.
255 OVG Hamburg ZD 2016, 450 (452); s. aber auch Urt. des LG Berlin v. 16.1.2018, Az.: 16 O 341/15, wonach diese Frage strittig ist, jedoch offen gelassen wurde; vgl. auch *Caspar* ZRP 2015, 233.
256 Vgl. OVG Hamburg ZD 2016, 450 (452).

speichert und verarbeitet werden. Nachweislich der Begriffsdefinitionen der Nummern 10 und 1 des Art. 4 DSGVO kommt es nicht darauf an, ob der Dritte Mitglied des genutzten Social Network Dienstes ist oder nicht.[257]

b) Verantwortlichkeiten der Beteiligten

Der **Social Network Anbieter** ist als **datenschutzrechtlicher Verantwortlicher** zu qualifizieren (→ Rn. 222 f.). Art. 4 Nr. 7 DSGVO bestimmt insoweit, dass „Verantwortlicher" die natürliche oder juristische Person oder andere Stelle ist, die allein oder gemeinsam mit anderen über die Zwecke und Mittel der Verarbeitung von personenbezogenen Daten entscheidet (→ B. I. Rn. 31 ff.) Die Legaldefinition knüpft insofern an die Definition des Art. 2 lit. d DSRL an. **Maßgebliches Kriterium** ist weiterhin die **faktische Entscheidungsgewalt** über die Daten.[258] Verantwortlicher ist, wer den Zweck der Datenverarbeitung faktisch festlegt oder festlegen kann.[259] Die **technische und organisatorische Ausgestaltung** des jeweiligen Social Networks spielt dabei eine entscheidende Rolle. Der Anbieter von Social Networks wird in den meisten Fällen in dem Verhältnis gegenüber dem Nutzer Verantwortlicher im Sinne des Art. 4 Nr. 7 DSGVO sein, da der Anbieter das „Warum und Weshalb" sowie das „Wie" der Datenverarbeitung vorgibt. Anbieter beabsichtigten zunächst einmal, ihren Nutzern eine Applikation mit sehr guten Funktionalitäten, beispielsweise OTT-Dienste oder Spiele, zur Verfügung zu stellen. Durch eine hohe Attraktivität der Applikationen lassen sich die Nutzerzahlen und die Datenmengen erhöhen. Dies wiederum ermöglicht es, Werbeinnahmen zu generieren, um den Social Network Dienst zu betreiben und mit weiteren Funktionen auszustatten. Entscheidend wird sein, dass der Anbieter einen Dienst anbietet, dessen Funktionen modern, innovativ und attraktiv sind, um möglichst viele Nutzerdaten verarbeiten zu können.

In der Regel wird davon auszugehen sein, dass der **Anbieter des Portals auch Verantwortlicher** im Sinne des Art. 4 Nr. 7 DSGV im **Verhältnis zum Dritten** ist, sofern dessen personenbezogene Daten in den Social Networks verbreitet und veröffentlicht werden. Denn auch in dieser Konstellation legt der Anbieter die Zwecke der Verarbeitung fest. Der Anbieter des Social Network Dienstes ist primärer Adressat der Pflichten aus der Datenschutz-Grundverordnung.

Nutzer haben in zahlreichen Portalen die technische Möglichkeit, Inhalte zu veröffentlichen, die auch einen Personenbezug zu sich selbst oder Dritten aufweisen können. Anerkannt ist, dass ein Nutzer nicht dadurch zu einem datenschutzrechtlich Verantwortlichen wird, indem er Daten über sich selbst speichert und verarbeitet. Dies ergibt sich aus einer „systematischen" Gegenüberstellung der Begriffe eines „Verantwortlichen" sowie „einer betroffenen Person".[260]

Hingegen stellt sich die Frage, ob der **Nutzer** nicht auch als **datenschutzrechtlicher Verantwortlicher** zumindest **gegenüber dem Dritten** anzusehen ist. Diese Frage wirft häufig bereits Argwohn aus, geht doch die Datenschutz-Grundverordnung – wie bis-

214

215

216

217

---

257 Vgl. *Jandt/Roßnagel* ZD 2011, 160 (164).
258 Ehmann/Selmayr/*Klabunde* DSGVO Art. 4 Rn. 25.
259 *Jandt/Roßnagel* ZD 2011, 160 (160).
260 Sydow/*Raschauer* DSGVO Art. 4 Rn. 119.

her die europäische Datenschutzrichtlinie auch – von der „klassischen" Rolle von drei Akteuren unter dem Regime der Verordnung aus: Verantwortlicher – betroffene Person – Auftragsverarbeiter.[261] Unter Heranziehung des Wortlauts des Art. 4 Nr. 7 DSGVO ist es dennoch denkbar, dass der Nutzer ebenso Verantwortlicher gegenüber dem Dritten ist. Art. 4 Nr. 7 DSGVO sieht die Möglichkeit vor, dass natürliche Personen Verantwortliche sind, sofern sie die Entscheidungsgewalt über die Daten haben. Maßgeblich zur Bestimmung der Verantwortlichkeit kommt es darauf an, wer die **faktische Entscheidungsbefugnis** über den **Zweck der Datenverarbeitung** hat. Im Grundsatz gilt, dass je weniger Gestaltungsoptionen der Nutzer in dem Portal hat oder je enger die Vorgaben für die Veröffentlichung von Inhalten durch den Nutzer sind, desto eher davon auszugehen ist, dass der Nutzer kein Verantwortlicher ist.[262] Maßgeblich sind die technischen, organisatorischen und wirtschaftlichen Umstände des Portals im jeweiligen Einzelfall.

218   Zahlreiche Social Networks, wie etwa Facebook oder Xing, verfolgen bei der Datenverwendung zunächst einmal den Zweck – freilich neben werbeorientierten Absichten – ihren Nutzern ein attraktives und mit sehr guten Funktionalitäten ausgestattetes Portal anzubieten, in dem sie möglichst frei und individuell Inhalte generieren oder veröffentlichen können.[263] Der **Anbieter** fungiert in diesen Fällen grundsätzlich nur als bloßer technischer und organisatorischer **Provider eines Portals**, also als Host-Provider. Die eigentliche Entscheidung und Festlegung des Zweckes – Frage des „Warum" – verbleibt bei dem Nutzer, der die nutzergenerierten Inhalte veröffentlicht. In solchen Konstellationen ist daher davon auszugehen, dass auch die Nutzer datenschutzrechtlich Verantwortliche im Sinne des Art. 4 Nr. 7 DSGVO gegenüber Dritten sind.

219   Unabhängig davon ist der **Nutzer nicht als Verantwortlicher** anzusehen, wenn er personenbezogene Daten Dritter in einem Social Network veröffentlicht, dies jedoch im Rahmen einer **ausschließlich persönlichen oder familiären Tätigkeit** im Sinne des Art. 2 Abs. 2 lit. c DSGVO macht. Gemäß dem Erwgr. 18 S. 2 können darunter auch die Nutzung sozialer Netze und Online-Tätigkeiten fallen, wobei kein Bezug zu einer beruflichen oder wirtschaftlichen Tätigkeit vorliegen darf. Eine Veröffentlichung von privaten Urlaubsbildern oder Geburtstagsgrüßen unter Verwandten und Freunden in einem Social Network kann grundsätzlich von der Privilegierung des Art. 2 Abs. 2 lit. c DSGVO umfasst sein. Hingegen ist davon auszugehen, dass nutzergenerierte Inhalte, die auf die berufliche Situation der Nutzer ausgerichtet sind, eher keine Ausnahme von der Anwendbarkeit der Datenschutz-Grundverordnung zur Folge haben. Da der Wortlaut des Art. 2 Abs. 2 lit. c DSGVO restriktiv formuliert ist, weil nur „ausschließliche" Tätigkeiten des persönlichen und familiären Bereichs erfasst sind, wird in der Praxis von der Ausnahme in den seltensten Fällen Gebrauch zu machen sein.[264] Bereits ein untergeordneter beruflicher oder wirtschaftlicher Zweck reicht aus, um eine Anwendbarkeit der Datenschutz-Grundverordnung zu bejahen. Unab-

---

261 Vgl. Sydow/*Raschauer* DSGVO Art. 4 Rn. 119.
262 *Jandt/Roßnagel* ZD 2011, 160 (161).
263 Vgl. *Jandt/Roßnagel* ZD 2011, 160 (161).
264 Kühling/Buchner/*Kühling/Raab* DSGVO Art. 2 Rn. 26.

hängig davon ist zu beachten, dass der **Anwendungsbereich der Datenschutz-Grund-verordnung für den Anbieter des Social Networks** weiterhin gegeben ist. Dies stellt **Erwgr. 18 S. 3** ausdrücklich klar. Danach gilt diese Verordnung jedoch für die Verantwortlichen oder Auftragsverarbeiter, die die Instrumente für die Verarbeitung personenbezogener Daten für solche persönlichen oder familiären Tätigkeiten bereitstellen.

Aus Sicht des Dritten, dessen personenbezogene Daten durch den Nutzer auf dem   220
Portal des Social Network Anbieters veröffentlicht werden, stellt sich sodann die Frage, **wer für ihn der richtige Verantwortliche** ist. Praxisrelevant ist dies insbesondere mit Blick auf die Geltendmachung von Betroffenenrechten und -ansprüchen. Art. 26 DSGVO liefert hierzu keine Antworten. Dieser statuiert eine gemeinsame Verantwortlichkeit, wenn zwei oder mehr Verantwortliche gemeinsam die Zwecke und die Mittel zur Verarbeitung festlegen, wobei die Details gemäß Art. 26 Abs. 1 S. 1 und 2 DSGVO in einer Vereinbarung festgelegt werden müssen.

Im Schrifttum wird diesbezüglich eine sogenannte „**kollektive Verantwortung**" von   221
Anbieter und Nutzer gegenüber dem Dritten befürwortet, wonach der Anbieter von Social Networks einerseits für die Datenverarbeitung verantwortlich ist, über deren Zwecke und Mittel er entscheidet.[265] Ergänzend dazu ist der Nutzer andererseits für die Verarbeitung der Daten des Dritten verantwortlich, die er in dem Portal veröffentlicht.[266]

In der Tat lässt es sich nicht von der Hand weisen, dass in Social Networks üblicher-   222
weise „**mehrstufige Anbieterverhältnisse**" vorkommen können.[267] In diesem Zusammenhang hat das Bundesverwaltungsgericht dem Europäischen Gerichtshof im Rahmen eines **Vorabentscheidungsersuchens** die Frage vorgelegt, ob Art. 2 lit. d DS-RL dahin gehend auszulegen ist, dass ein Webseitenbetreiber auch Verantwortlicher ist, wenn dieser auf **Facebook eine sogenannte „Fanseite"** betreibt.[268] Der Generalanwalt beim Europäischen Gerichtshof hat dazu in seinem Schlussantrag im Wesentlichen ausgeführt, dass der Betreiber einer Fanpage bei Facebook „für die in der Erhebung von personenbezogenen Daten durch Facebook bestehende Phase der Verarbeitung gemeinsam mit Facebook verantwortlich ist".[269] Es ergebe sich daher eine Verantwortlichkeit „in verschiedenen Phasen und in unterschiedlichem Ausmaß".[270] Der Begriff des „Verantwortlichen" sei weit auszulegen und auch Schutzzweckgesichtspunkte erfordern eine solche Verantwortlichkeit.[271]

Die Ausführungen des Generalanwalts sprechen folglich für eine **kollektiv-arbeitstei-   223
lige Verantwortung** von Anbieter und Nutzer gegenüber einem Dritten. Denn auch der Betreiber einer Fanpage ist letztlich Nutzer von Facebook.[272] Auf der Fanpage können nutzergenerierte Inhalte veröffentlicht werden. Freilich bezog sich der Gene-

---

265 *Jandt/Roßnagel* ZD 2011, 160 (161).
266 Dazu insgesamt *Jandt/Roßnagel* ZD 2011, 160 (161).
267 Vgl. BVerwG ZD 2016, 393 (395) Rn. 31.
268 Vgl. BVerwG ZD 2016, 393 (395) Rn. 24 ff.
269 Generalanwalt beim EuGH, Schlussantrag vom 24.10.2017 – C-210/16 Rn. 42.
270 Generalanwalt beim EuGH, Schlussantrag vom 24.10.2017 – C-210/16 Rn. 75.
271 Generalanwalt beim EuGH, Schlussantrag vom 24.10.2017 – C-210/16 Rn. 63 ff.
272 Vgl. auch Generalanwalt beim EuGH, Schlussantrag vom 24.10.2017 – C-210/16 Rn. 53.

ralanwalt auf Art. 2 lit. d DSRL, jedoch ist die Legaldefinition der europäischen Datenschutzrichtlinie identisch zu Art. 4 Nr. 7 DSGVO.

224 Ein solcher Ansatz findet seine Stütze zudem im Wortlaut Art. 4 Nr. 7 DSGVO, wonach jeder Beteiligte für die Datenverarbeitungen verantwortlich ist, über deren Zwecke und Mittel er entscheidet. Ob dieser kollektive Ansatz tatsächlich zu sachgerechten sowie praxistauglichen Ergebnissen und zu einem Schutz von personenbezogenen Daten von natürlichen Personen beiträgt, bleibt abzuwarten. Jedenfalls bei einer Rechtsdurchsetzung von Ansprüchen eines Dritten gegenüber dem Nutzer könnten sich zahlreiche negative Implikationen aufzeigen, insbesondere wenn der Dritte keine Kenntnis von dem Nutzer oder der Nutzer seinen Sitz im Ausland hat.

c) Zulässigkeit der Datenverarbeitung durch den Anbieter

225 Die **Datenverarbeitung ist nach Art. 6 Abs. 1 S. 1 DSGVO** nur rechtmäßig, wenn mindestens eine der in lit. a bis f. aufgeführten Bedingungen erfüllt sind. Eine Einwilligung des Nutzers gemäß Art. 6 Abs. 1 S. 1 lit. a DSGVO kann bereits im Verhältnis Anbieter zum Nutzer die Datenverarbeitung rechtfertigen (→ B. I. Rn. 40 ff.). Im Regelfall bedarf es allerdings keiner Einwilligung zur reinen Nutzung von Social Networks. Diese können durch Art. 6 Abs. 1 S. 1 lit. b DSGVO gerechtfertigt sein (→ B. II. Rn. 29 ff.). Danach ist die Verarbeitung legitim, wenn sie für die Erfüllung eines Vertrags erforderlich ist. Anbieter und Nutzer werden in der Regel einen solchen **Vertrag zur Nutzung des Social Network Dienstes** abgeschlossen haben. Nur im Falle, dass Daten auch zu anderen Zwecken als der Nutzung der Funktionalitäten des Social Network Dienstes verarbeitet werden sollen, bedarf es grundsätzlich einer wirksamen Einwilligung. Freilich ist – wie allgemein – im jeweiligen Einzelfall immer auch die Erforderlichkeit zu prüfen.

226 Wenn der **Anbieter** allerdings auch **personenbezogene Daten Dritter verarbeitet**, so stellt sich die Frage nach einer entsprechenden Rechtfertigung im Sinne des Art. 6 Abs. 1 S. 1 DSGVO. Dies kann insbesondere bei vom Nutzer hochgeladenen nutzergenerierten Inhalten mit einem Personenbezug zu einem Dritten der Fall sein, die bei dem Anbieter des Social Networks gespeichert werden. Da eine Einwilligung des Dritten gegenüber dem Social Network Anbieter in der Regel nicht vorliegen wird, stellt sich die Frage, ob eine Rechtfertigung gemäß **Art. 6 Abs. 1 S. 1 lit. f DSGVO** möglich ist. Danach ist eine Verarbeitung rechtmäßig, wenn sie zur Wahrung der berechtigten Interessen des Verantwortlichen oder eines Dritten erforderlich ist, sofern nicht die Interessen oder Grundrechte und Grundfreiheiten der betroffenen Person, die den Schutz personenbezogener Daten erfordern, überwiegen, insbesondere dann, wenn es sich bei der betroffenen Person um ein Kind handelt. Art. 6 Abs. 1 S. 1 lit. f DSGVO erfordert eine **umfassende Interessenabwägung**[273] der Interessen des verantwortlichen **Social Network Anbieters** mit den **Interessen des Nutzers** und mit den unter Umständen gegenläufigen **Interessen des Dritten**. Im Hinblick auf die Verarbeitung **besonderer Kategorien personenbezogener Daten**, wie beispielsweise politische Meinungen sowie religiöse oder weltanschauliche Überzeugungen, ist zu beachten,

---

273 Gola/*Schulz* DSGVO Art. 6 Rn. 50.

dass Art. 9 Abs. 1 DSGVO nicht gilt, wenn sich gemäß Art. 9 Abs. 2 lit. e DSGVO die Verarbeitung auf personenbezogene Daten bezieht, die die betroffene Person offensichtlich öffentlich gemacht hat. Dies ist denkbar, wenn ein Nutzer oder Dritter solche besonderen personenbezogenen Daten in einem Social Network selbst an einen unbeschränkten Nutzerkreis öffentlich gemacht hat.

Der Social Network Anbieter wird in der Regel das **wirtschaftliche Interesse** haben, seinen Nutzern eine personalisierte Werbung anzubieten, Marketingauswertungen durchzuführen und deswegen seine Nutzer zu „motivieren", dass möglichst viele personenbezogene Daten in dem Portal generiert sowie verarbeitet werden. Dies kann der Anbieter am einfachsten durch für Nutzer attraktive Applikationen und Funktionen erreichen. Nachweislich des Erwgr. 47 der Verordnung kann die Verarbeitung personenbezogener Daten sogar zum Zwecke der Direktwerbung als ein berechtigtes Interesse betrachtet werden (→ B. III. Rn. 161 ff.). 227

Auf Seiten des **Nutzers** sind zunächst **allgemeine Freiheitsrechte** gemäß Art. 6 GRCh und das **Recht auf Meinungsfreiheit** gemäß Art. 11 GRCh zu beachten.[274] In der Praxis machen Nutzer von Social Networks insbesondere von diesen beiden Freiheitsrechten in einem erheblichen Umfang gebrauch. Es entspricht letztlich dem Wesen der Nutzung eines Social Networks, eigene Meinungen kundzutun, eigene und fremde Bilder oder sonstige Daten zu veröffentlichen, Inhalte zu verlinken oder in das Portal einzubinden. Ohne den Nutzer und seine Tätigkeit wären Social Networks wert- und gebrauchslos. Nicht außer Acht gelassen werden darf, dass der **Nutzer** diesbezüglich auch **kollidierende Interessen** haben kann, wie insbesondere die Interessen am **Schutz seiner personenbezogenen Daten** gemäß Art. 8 GRCh sowie das Recht auf Achtung des Privat- und Familienlebens gemäß Art. 7 GRCh. Letztere beiden Interessen und Rechte der Nutzer sollten allerdings insbesondere durch die allgemeinen Anforderungen einer Einwilligung und einer Datenverarbeitung im Rahmen des Nutzungsvertrages zwischen Nutzer und Anbieter, einschließlich aller damit zusammenhängenden Auskunfts- und Informationsrechte, ausreichenden Schutz empfangen. 228

Die **Interessen des Dritten** fokussieren sich auf den **Schutz seiner personenbezogenen Daten** gemäß Art. 8 GRCh sowie der Achtung des Privat- und Familienlebens aus Art. 7 GRCh.[275] Denn Nutzer können Daten, wie beispielsweise Fotos oder Filme, in dem Social Network veröffentlichen, die einen Personenbezug zu dem Dritten aufweisen können. Es ist sogar denkbar, dass der Dritte davon keine Kenntnis hat. Ferner ist es möglich, dass Dritte ein Interesse daran haben, dass ihr „geistiges Eigentum", wie etwa Urheber-, Patent-, Verlags- und Markenrechte, geschützt bleiben soll. Social Network Dienste und deren Nutzung beherbergen für die Verletzung solcher Rechte ein latentes Risiko, wie die Praxis belegt. 229

Die von dem Social Network Anbieter vorzunehmende **Interessenabwägung** in diesem **Mehrpersonenverhältnis** ist komplex. Problematisch erweist sich vor allem, dass der Dritte in den allermeisten Fällen noch nicht einmal Kenntnis davon haben wird, dass seine Daten verarbeitet und Interessen tangiert werden. Jedenfalls dann, wenn 230

---

274 Ehmann/Selmayr/*Heberlein* DSGVO Art. 6 Rn. 22 und 23.
275 Ehmann/Selmayr/*Heberlein* DSGVO Art. 6 Rn. 24.

die in dem Social Network veröffentlichten nutzergenerierten Inhalte einen beleidigenden oder rassistischen Charakter haben, tendenziöse und diffamierende Unwahrheiten (sogenannte „fake news") oder sogar eine Schmähkritik enthalten, wird in der Regel ein Interesse des Dritten an dem Ausschluss der Datenverarbeitung überwiegen.[276] Das Gleiche gilt, wenn Nutzer Rechte Dritter verletzen, indem Nutzer beispielsweise urheberrechtlich geschützte Werke Dritter oder personenbezogene Daten Dritter veröffentlichen, ohne dazu berechtigt zu sein, das heißt insbesondere keine **Zustimmung oder Einwilligung** für eine solche Verarbeitung vorliegt. In diesem Zusammenhang ist davon auszugehen, dass – wie es der BGH im Rahmen der sogenannten „Vorschaubilder-Entscheidungen" zum Urhebergesetz vorgenommen hat –[277] das **Veröffentlichen von Inhalten** im Internet nicht als eine datenschutzrechtliche Einwilligung nach Art. 7 DSGVO zu qualifizieren ist, weil die Informationspflichten des Art. 7 DSGVO nicht durch den Anbieter erfüllt sein werden. Gleiches gilt für das Hochladen von Inhalten in einem Social Network. Das OLG München hat – im Zusammenhang mit dem Kunsturhebergesetz – entschieden, dass die Veröffentlichung eines Fotos auf Facebook nicht als Einwilligung in die Weiterverbreitung eines Fotos durch einen Dritten außerhalb der zugriffsberechtigten Nutzer qualifiziert werden kann, weil der das Foto veröffentlichende Nutzer keine Kenntnis vom „Zweck, Art und Umfang der Veröffentlichung" hat.[278]

231 Unter Umständen kann jedoch die **Interessenabwägung** zugunsten des Anbieters des Social Networks ausfallen, wenn der Nutzer oder Dritte Inhalte veröffentlichen, die in dem Social Network für einen **unbegrenzten Adressatenkreis** zur Verfügung gestellt wurden. Denn der Schutz der Privatsphäre vor einer öffentlichen Kenntnisnahme kann – auch im Rahmen einer Interessenabwägung – dort seine Grenzen erfahren, wo der Nutzer oder der Dritte private Inhalte öffentlich macht.[279] Zu beachten ist des Weiteren die Ausnahmeregelung in Art. 9 Abs. 2 lit. e DSGVO, wonach die strikte Regelung für eine Verarbeitung besonderer Kategorien personenbezogener Daten nicht gilt, wenn die Daten von der betroffenen Person offensichtlich öffentlich gemacht wurden. Social Networks, die bewusst auf die Verletzung personenbezogener Daten Dritter ausgelegt sind, sind hingegen unzulässig und eine Datenverarbeitung kann nicht über die Interessenabwägung des Art. 6 Abs. 1 S. 1 lit. f DSGVO gerechtfertigt werden.

232 In der Praxis wird eine abstrakte Gefahr für die Rechte Dritter allerdings niemals vollständig auszuschließen sein. Dies hätte zur Folge, dass das Betreibermodell des Social Network Anbieters per se rechtswidrig wäre, was zwar den Schutz Dritter vollständig realisieren, jedoch den Interessen des Anbieters und Nutzers nicht ausreichend gerecht werden würde. Im Ergebnis sind daher die wechselseitigen und kollidierenden Interessen des Anbieters des Social Networks, Nutzers und Dritten auch im Rahmen der **Interessenabwägung** nach Art. 6 Abs. 1 S. 1 lit. f DSGVO in einen

---

276 Vgl. auch *Jandt/Roßnagel* ZD 2011, 160 (164).
277 Vgl. BGH NJW 2012, 1886 (1887) Rn. 18.
278 OLG München MMR 2016, 414 (415); s. auch Oberster Gerichtshof (Österreich) GRUR Int. 2016, 697.
279 OLG München MMR 2016, 414 (415) unter Bezugnahme auf BVerfG GRUR 2006, 1051 (1053); s. auch die Einschränkungen des EGMR zu Art. 8 Abs. 1 EMRK, EGMR GRUR 2004, 1051.

schonenden Ausgleich zu bringen. Ein solcher Ausgleich zwischen den widerstreitenden Interessen ist dadurch möglich, indem der Anbieter seine Nutzer dazu verpflichtet, nur solche Daten in dem Social Network Portal zu veröffentlichen, an denen er die entsprechenden Rechte – beispielsweise durch eine wirksame Einwilligung – hat. Dies lässt sich etwa durch **verständliche und transparente Vorgaben** im Rahmen des Vertrages zur Nutzung des Social Networks, in den **Allgemeinen Nutzungsbedingungen** oder in sonstigen dokumentierten **Verhaltensanweisungen** umsetzen. Durch diese **vertragliche Verpflichtung des Nutzers**, Daten Dritter rechtmäßig zu veröffentlichen, lässt sich das Risiko einer Verletzung der schutzwürdigen Interessen Dritter minimieren. Parallel dazu kommen die – meist wirtschaftlichen – Interessen des Anbieters sowie Freiheitsinteressen des Nutzers zur Geltung. Ein weiterer Schutz der Interessen Dritter kann ferner durch eigens von dem Anbieter in regelmäßigen Abständen durchzuführende Hinweise auf die Einhaltung der Rechtmäßigkeit der Veröffentlichung von Daten gegenüber dem Nutzer erreicht werden.

Eine von Art. 6 Abs. 1 S. 1 lit. f DSGVO geforderte **individuelle Interessenabwägung** steht überdies in einem evidenten Konflikt zum Geschäfts- und Betreibermodell des Social Network Anbieters. Der Anbieter müsste bei jedem Eintrag von nutzergeneriertem Inhalt individuell prüfen, ob der Speicherung bzw. Datenverarbeitung schutzwürdige Interessen Dritter entgegenstehen. Dies kann einem Social Network Anbieter organisatorisch und wirtschaftlich nicht zugemutet werden, zumal er in den meisten Fällen gar nicht die schutzwürdigen Interessen eines Dritten beurteilen kann, da ihm der Einblick in die konkreten Gegebenheiten fehlt. Andererseits hat, wie Art. 6 Abs. 1 S. 1 lit. f DSGVO zeigt, der verantwortliche Anbieter die Schutzinteressen des Dritten zu wahren. Die Datenschutz-Grundverordnung enthält leider immer noch keine Antwort auf die Fragen, wie mit solchen automatisierten Vorgängen umzugehen ist. Das Modell einer einzelfallbezogenen Interessenabwägung widerspricht dem Funktionsmodell von Social Networks und generell einer automatisierten und massenhaften Datenverarbeitung. 233

Im Schrifttum wird daher gefordert, eine „**gestufte kollektive Verantwortlichkeit**" im Datenschutzrecht vorzunehmen.[280] Der Anbieter des Social Networks soll danach nur für die Beachtung der Datenschutzvorschriften einstehen, die er faktisch auch beherrschen und beeinflussen kann.[281] Dieser Ansatz argumentiert im Wesentlichen mit den **Rechtsgedanken** der Verantwortlichkeiten der §§ 7 ff. **TMG und der E-Commerce-Richtlinie**,[282] wonach ein Anbieter für fremde Informationen grundsätzlich – bis zu einer Kenntnis von rechtswidrigen Inhalten – nicht haftet. Danach gilt: Der Anbieter darf den nutzergenerierten Inhalt ohne detaillierte Interessenabwägung – jedenfalls bis zur Kenntnis von einem Datenschutzverstoß – speichern und parallel hat der Nutzer die datenschutzrechtliche Zulässigkeit zu prüfen.[283] 234

Einer solchen Abstufung der Verantwortlichkeiten steht zunächst einmal weder die Datenschutz-Grundverordnung noch der Entwurf der E-Privacy-Verordnung entge- 235

---

280 Vgl. auch *Jandt/Roßnagel* ZD 2011, 160 (164).
281 *Jandt/Roßnagel* ZD 2011, 160 (164).
282 *Jandt/Roßnagel* ZD 2011, 160 (164).
283 *Jandt/Roßnagel* ZD 2011, 160 (164).

gen. Beide Verordnungen lassen die Anwendbarkeit der E-Commerce-Richtlinie unberührt. Auch Art. 4 Nr. 7 sowie Art. 26 Abs. 1 DSGVO regeln diesen Fall nicht, da sie nur dann von einer gemeinsamen Verantwortlichkeit ausgehen, wenn zwei oder mehr Verantwortliche gemeinsam die Zwecke und die Mittel zur Verarbeitung festlegen. Auch der Generalanwalt beim Europäischen Gerichtshof plädiert in seinem Schlussantrag – insbesondere aufgrund von Schutzzweckerwägungen – zu einer solchen Abschichtung der Verantwortlichkeiten in mehrstufigen Informationsanbieterverhältnissen, wie sie gerade bei Social Networks auftreten können.[284]

236 Im Ergebnis wird man von dem Anbieter der Social Networks daher eine mindestens abstrakte vorherige Interessenabwägung unter Beachtung der dargestellten Interessen und Abwägung des Anbieters, Nutzers und Dritten verlangen müssen.

d) Zulässigkeit der Datenverarbeitung durch den Nutzer

237 Da der Nutzer auch Verantwortlicher im Sinne des Art. 4 Nr. 7 DSGVO sein kann (→ Rn. 217 ff.), stellt sich die Frage, wie die Datenverarbeitung infolge der Veröffentlichung von nutzergenerierten Inhalten gerechtfertigt werden kann. Es entspricht dem Wesen, der Funktionsweise und dem Zweck von Social Networks, dass sich Nutzer – wie etwa auch per E-Mail – untereinander über Informationen und Inhalte austauschen. Zu denken ist in diesem Zusammenhang immer an den Ausschluss des Anwendungsbereichs der Datenschutz-Grundverordnung gemäß Art. 2 Abs. 2 lit. c DSGVO, wenn die Datenverarbeitung zur ausschließlichen Ausübung persönlicher oder familiärer Tätigkeiten erfolgt.

238 Unabhängig davon ist es auch nicht ausgeschlossen, dass sich eine Legitimation des Nutzers zum Veröffentlichen von nutzergenerierten Inhalten dadurch ergibt, dass der **Dritte eine wirksame Einwilligung** gemäß Art. 6 Abs. 1 S. 1 lit. a DSGVO abgibt. Sofern der Dritte bereits Inhalte, wie etwa ein Foto oder Film, selbst auf seiner Profilseite oder sonstigen öffentlichen Seite veröffentlicht hat und die **transparenten und wirksamen Nutzungsbedingungen des Anbieters** akzeptiert wurden, die eine Weiterverwendung durch andere Nutzer vorsehen, kann unter Umständen darin auch eine Einwilligung für den Nutzer in die Veröffentlichung gesehen werden. Jedenfalls kann die Datenverarbeitung gemäß **Art. 6 Abs. 1 S. 1 lit. f DSGVO** gerechtfertigt sein, weil die Interessen des Dritten nicht überwiegen. Denn der Dritte hat eine Einwilligung – zumindest – gegenüber dem Anbieter des Social Networks abgegeben. Des Weiteren hat sich der Dritte freiwillig in dem Social Network angemeldet und sich mit den „Nutzungsbedingungen" und den „Verhaltensregeln" einverstanden erklärt und er muss damit rechnen, dass auch seine personenbezogenen Daten durch andere Nutzer verwendet werden.[285] Überdies stehen dem Nutzer – jenseits des Verzichts auf die Nutzung solcher Dienste – auch ausreichende Schutzmechanismen zur Verfügung, wie etwa die häufige Möglichkeit der Einschränkung von Leserechten des Profils.[286]

239 Insgesamt sollte der Nutzer abwägen und prüfen, ob der Veröffentlichung seines nutzergenerierten Inhalts irgendwelche schutzwürdigen Belange des Dritten gegenüber-

---

284 Generalanwalt beim EuGH, Schlussantrag vom 24.10.2017 – C-210/16 Rn. 42 ff.
285 Vgl. auch – jedoch zum KUG – OLG München MMR 2016, 414 (415 f.).
286 Zur Möglichkeit der Zugriffsbeschränkung OLG München MMR 2016, 414 (415).

stehen. Zurückhaltung ist daher – wie allgemein anerkannt – bei beleidigenden, rassistischen und diffamierenden Inhalten geboten, weil grundsätzlich schutzwürdige Interessen der Dritten überwiegen. Ferner ist der **Grundsatz der sachlichen Richtigkeit der Daten gemäß** Art. 5 Abs. 1 lit. d DSGVO für den Nutzer als Verantwortlichen zu beachten.[287] Danach müssen die personenbezogenen Daten unter anderem sachlich richtig sein. Daher überwiegen schutzwürdige Interessen des Dritten an einer Veröffentlichung, wenn die Inhalte unwahr sind. Darüber hinaus ist das Vorverhalten des Nutzers und des Dritten zu berücksichtigen. Stehen Nutzer und Dritter etwa in einem beruflichen Kontakt, kann der Schutz des Dritten etwas geringer ausfallen, weil die Kritikschwelle im beruflichen Bereich höher sein kann.

Weiterhin ist auch unter dem Geltungsbereich der Datenschutz-Grundverordnung davon auszugehen, dass zwischen dem **Nutzer und dem Social Network Anbieter kein Auftragsverarbeitungsverhältnis** gemäß Art. 28 DSGVO besteht. Dies würde insbesondere voraussetzen, dass der Anbieter die Daten nach Weisung des Nutzers verarbeitet.[288] Der Anbieter hat ein eigenes Interesse an der Datenverarbeitung und besitzt eigenständige Entscheidungsbefugnisse sowohl hinsichtlich der Mittel als auch insbesondere der Zwecke der Datenverarbeitung.[289]   240

8. Big Data

Der Begriff Big Data steht seit einigen Jahren für moderne Datenverarbeitungsverfahren, die es erlauben, riesige Datenmengen (**volume**), die in unterschiedlichen Formaten vorliegen (**variety**), schnell (**velocity**) nach neuen Mustern zu durchsuchen und die Daten dadurch gewinnbringend (**value**) nutzen zu können.[290] Der technische Ansatz von Big Data besteht darin, die Analyse von Daten verteilt und parallelisiert durchzuführen. Wichtig hierfür sind das Cloud Computing und Software für verteiltes Rechnen, wie etwa Apache Hadoop. Big Data-Analysen ermöglichen es insbesondere, in kurzer Zeit statistische **Wahrscheinlichkeitsprognosen** für unbekannte Merkmale von Dingen und Menschen und für deren zukünftige Zustände, inklusive des menschlichen Verhaltens zu errechnen.[291]   241

Die **Anwendungsfelder** von Big Data sind damit zahlreich und es werden laufend weitere entdeckt. Big Data kann zur Effizienzsteigerung in der Industrie – Smart Factory und Industrie 4.0 – eingesetzt werden,[292] zur simulationsgestützten Forschung,[293] zur Verbesserung medizinischer Prognosen und zum Scoring.[294] Auch im Sicherheitsbereich wird Big Data bereits angewendet. Es spielt etwa eine wichtige Rolle beim sogenannten Predictive Policing,[295] bei dem anhand von historischen Falldaten prognostiziert wird, wo sich das nächste Verbrechen ereignen könnte. So können Einsatzkräfte effizient über das Stadtgebiet verteilt werden. Big Data ist auch   242

287 Vgl. allg. Kühling/Buchner/*Buchner/Petri* DSGVO Art. 6 Rn. 151.
288 Vgl. Sydow/*Ingold* DSGVO Art. 4 Rn. 146.
289 *Jandt/Roßnagel* ZD 2011, 160 (164).
290 *Steinebach/Winter/Halvani/Schäfer/Yannikos* 2015, 21 ff.
291 Richter/*Simo* 2014 28 f.
292 *Peschel/Rockstroh* MMR 2014, 571.
293 Richter/*Simo* 2014, 17.
294 Kritisch hierzu und mwN *Weichert* ZD 2014, 831.
295 *Steinebach/Winter/Halvani/Schäfer/Yannikos* 2015, 13 ff.

zentral für die Gestaltungsvisionen von „smarten" Umgebungen im Sinne des Ubiquitous Computing sowie den Ausprägungen Smart Home und Smart City, insbesondere soweit es hierbei darauf ankommt, menschliches Verhalten in „Echtzeit" richtig zu erfassen und sogar vorherzusagen.

243 Big Data spielt außerdem eine tragende Rolle für neue **Strategien der Verhaltenssteuerung.** Durch die Möglichkeit, menschliche Merkmale, menschliches Verhalten und sogar psychische Zustände[296] zu prognostizieren, wird Big Data zum Lieferanten von psychologischem Grundlagenwissen und von individuellen Echtzeitprofilen.

244 Dieses Wissen wird erstens für neue Formen des mobilen personalisierten **Echtzeitmarketings** (Programmatic Advertising),[297] angewendet. Hierbei soll jegliches verfügbare Wissen, über Kontext und Psyche des individuellen Verbrauchers insbesondere aus dem Online-Verhalten, zum Beispiel aus sozialen Netzwerken, Online-Stores, Suchmaschinen und Streaming-Diensten, ausgenutzt werden, um Kaufimpulse zu setzen oder zu verstärken und retardierende Elemente in der individuellen Kaufentscheidung zu beseitigen.

245 Zweitens haben diese Techniken der Kontext- und Verhaltensanalyse und darauf basierenden Verhaltensbeeinflussung den Bereich der **politischen Willensbildung** erfasst. In den US-Wahlkämpfen 2012 und 2016 wurden sie in großem Stil für die personalisierte Beeinflussung individueller Wähler eingesetzt.[298]

246 Drittens soll Big Data auch zur **Gesellschaftsgestaltung** und Normsetzung angewendet werden. Die informelle Durchsetzung von Gesellschaftsprogrammen oder die Unterdrückung unerwünschter politischer und gesellschaftlicher Strömungen unter den Schlagwörtern Nudging,[299] Social Physics,[300] und Online Counter Speech[301] basiert ebenfalls auf der statistischen Auswertung und Prognose menschlichen Verhaltens.[302]

b) Big Data und statistische Datenverarbeitung

247 Big Data beinhaltet als Kernstück den Einsatz statistischer Datenverarbeitung. Big Data ist im Verhältnis zur statistischen Datenverarbeitung zweierlei: Erstens eine effiziente Hard- und Softwarearchitektur für deren Anwendung und zweitens eine dazugehörige Policy, nämlich die, dass möglichst keine Beschränkungen, wie zum Beispiel Datenschutzgesetze, gelten sollen. Die **technische Innovation** an Big Data, der effizientere Einsatz statistischer Datenverarbeitung, ist nur ein Teil des Phänomens. Die größere Innovation an Big Data ist eigentlich die hinter dem Begriff stehende **Ideologie**, angesichts der verbesserten Möglichkeiten Wissen zu generieren, auch alles wissen zu dürfen oder zu sollen, was es zu wissen gibt.

---

296 *Christl* 2014, 21.
297 ZB *Bundesverband Digitale Wirtschaft eV*, Whitepaper Status quo: Mobile Programmatic Advertising in Deutschland; *different Strategieagentur*, The Programmatic Giant; *Henkel/Hirsch*, Whitepaper Programmatic Advertising.
298 *Richter* DÖV 2013, 961; *Grasegger/Krogerus* 2016.
299 *Sunstein/Thaler* 2009; *Fraunhofer Institut FOKUS* 2015; *Dams/Eitel/Grieve/Zschäpitz* 2015.
300 *Pentland* 2014.
301 *Frenett/Dow* 2015.
302 Kritisch zB *Richter* 2016, 210; *Richter* DuD 2016, 89 (90 f.).

Statistik kann mit **anonymen Daten** oder mit **personenbezogenen Daten** betrieben 248
werden. Anonyme Verarbeitung ist typisch für die amtliche deskriptive Statistik, die
Datenmaterial aufbereitet und zusammenfasst.[303] Die amtliche Statistik spielt eine
wichtige Rolle als Wissensgrundlage für die öffentliche Planung und Infrastruktur-
vorsorge. Diese Statistik wird mit anonymisierten Daten durchgeführt und ist eindeutig gemeinwohlorientiert.

Die **personenbezogene Anwendung** – anonym errechneter – statistischer Ergebnisse 249
ist allerdings für die Privatwirtschaft in Form des Scoring typisch. Hier wird im Rahmen der Inferenzstatistik geschlossen, dass etwa bestimmte Personen nach einem Vertragsschluss ihre Rechnungen begleichen werden und daher ein Vertragsschluss mit
ihnen überhaupt in Frage kommt oder nur unter bestimmten Voraussetzungen, wie
zum Beispiel ausschließlich gegen Vorkasse. Dabei wird geschlossen, dass alle, die bestimmte bekannte Merkmale, zB Anstellungsverhältnis, Zahl und Höhe der laufenden Kreditverträge, aber auch Wohngegend und Alter, mit einer bestimmten Wahrscheinlichkeit auch bestimmte andere Merkmale teilen, zB eine hohe Zahlungsver-
lässlichkeit.[304]

Durch Big Data erlangt die **explorative Statistik** immer größere Bedeutung, mit der 250
nach **unbekannten Strukturen** in Daten gesucht wird.[305] Die explorative Statistik
wird genutzt, um die Grundlagen für die Inferenzstatistik, zum Beispiel beim Scoring,
zu schaffen, indem sie Merkmale liefert, die miteinander korrelieren.[306] Big Data-
Analyseverfahren führen hauptsächlich dazu, dass die explorative Statistik effizient
verfügbar wird und so immer **weitere Persönlichkeitsmerkmal**e zu Indikatoren für andere Merkmale werden.

Nicht unbedingt wird auch die **Anwendung statistischer Ergebnisse auf einzelne Per-** 251
sonen mit Big Data-Verfahren durchgeführt. Für die Abfrage von Merkmalsindikatoren bei Einzelpersonen ist nicht zwingend eine hohe Rechenleistung erforderlich. Sind
zwei oder drei Merkmalsindikatoren bekannt, kann die Zuordnung zu einem Menschen sogar ein anderer Mensch ohne EDV-Unterstützung durchführen. Die teilweise
bestehende Vorstellung, Big Data habe nichts mit personenbezogenen Daten zu tun,
rührt daher, dass für die Herstellung des Personenbezugs häufig Big Data gar nicht
erforderlich ist. Diese Anwendung wäre aber ohne vorherige Big Data-Analyse nicht
möglich, da die Merkmalsindikatoren fehlen würden. Die mit anonymen Daten mögliche Explorationsphase mit Big Data kann daher nicht ohne ihren Zweck bewertet
werden, der häufig der Anwendung des erlangten Wissens auf Einzelpersonen mittels
Inferenz auf Dritte besteht.[307] Daher sind im Hinblick auf Big Data nicht nur personenbezogene Daten problematisch, sondern auch nicht personenbezogenes Wissen,
dass personenbezogen angewendet werden soll. Die gesellschaftliche und politische
Dimension von Big Data weist damit über den klassischen Datenschutz hinaus.

---

303 S. hierzu *Kohn* 2005, 7.
304 *Kohn* 2005, 7; *Kuckartz/Rädicker/Ebert/Schehl* 2010, 129; *Ludwig-Mayerhofer/Liebeskind/Geißler* 2014, 120 ff.
305 *Rinne* 2008, 1; *Schäfer* 2010, 99.
306 Etwa als simples Beispiel für eine schon vor Big Data häufig genannte Korrelation, die als ein Merkmal unter mehreren eingesetzt werden kann: „Menschen aus dieser Wohngegend erfüllen ihre Verträge nicht".
307 Ausführlich *Roßnagel/Geminn/Jandt/Richter* 2016, 25.

c) Besondere Herausforderungen für den Datenschutz

252　Werden die Grundsätze von Big Data direkt auf personenbezogene Daten angewendet, widersprechen sie diametral den grundlegenden **datenschutzrechtlichen Prinzipien**.[308] Der Grundsatz der **Zweckbindung** in Art. 5 Abs. 1 lit. b DSGVO verlangt, dass personenbezogene Daten nur zu bestimmten vorab festgelegten Zwecken erhoben und verwendet werden dürfen. Der Ansatz von Big Data besteht aber darin, Daten für noch unbestimmte Zwecke auf Vorrat zu halten und immer wieder neue Muster in ihnen entdecken zu können. Der Grundsatz der **Datenminimierung** in Art. 5 Abs. 1 lit. c DSGVO verlangt, dass die Verarbeitung personenbezogener Daten auf das für die Zwecke der Verarbeitung notwendige Maß beschränkt wird. Diese Beschränkung läuft ohne die Bestimmung von Zwecken aber leer. Wenn Daten für noch unbekannte Zwecke aufbewahrt und ausgewertet werden sollen, ist diese Verarbeitung tendenziell immer notwendig. Durch die Auswirkungen auf Zweckbindung und Datenminimierung sind indirekt auch die Grundsätze der **Rechtmäßigkeit** und der *Verarbeitung nach Treu und Glauben* aus Art. 5 Abs. 1 lit. a DSGVO geschwächt. Die **Transparenz** der Datenverarbeitung nach Art. 5 Abs. 1 lit. a DSGVO kann bei Big Data nur schwer umgesetzt werden. Die Datenmengen sind groß und unstrukturiert und selbst die Anwender der Analysetools können nicht überblicken, welche Daten jeweils konkret verwendet werden. Im stärksten Gegensatz steht Big Data zum Grundsatz der **Datenvermeidung und Datensparsamkeit**,[309] der dafür steht, auch die Zwecke der Datenverarbeitung so auszuwählen und zu bestimmen, dass zu ihrer Erfüllung möglichst wenige personenbezogene Daten verarbeitet werden müssen (→ B. IV Rn. 15 f.). Das Konzept von Big Data besteht darin, so viele Daten wie möglich zu erheben und zu verarbeiten.

253　Big Data eröffnet weiterhin die Möglichkeit, **besonders extensive und intensive Persönlichkeitsprofile** zu erstellen, indem es ermöglicht, persönliche Merkmale zu prognostizieren, die gar nicht offenbart wurden, bis hin zu politischen Einstellungen und aktuellen Gemütszuständen. Hierdurch wird das Recht untergraben, durch bewusste Auswahl von publizierten Daten selbst zu entscheiden, welche Informationen man von sich selbst preisgeben will und welche nicht. Big Data umgeht eine gegebenenfalls selbst auferlegte, individuelle Datenaskese, indem es aus den Daten ähnlicher Personen, auf durchschnittliche oder individuelle Verhaltensweisen schließt. Damit wendet Big Data das Grundrecht auf Datenschutz aus Art. 8 GRCh gegen sich selbst, da aus den Daten derer, die sie preisgeben wollen, auf Merkmale anderer Personen geschlossen werden kann, die diese aber nicht offenbaren wollen.

254　Überdies wird das Recht der Betroffenen auf **Berichtigung** falscher Daten aus Art. 16 DSGVO konterkariert, denn die in den Big Data-Profilen vorherrschenden **Wahrscheinlichkeitswerte** können nicht als falsch eingeordnet werden, solange sie anhand korrekter Daten errechnet wurden. Sie nehmen aber in der Bewertung von Personen

---

308　S. ausführlich *Roßnagel* ZD 2013, 562.
309　Hierzu *Roßnagel* 2011. Der Grundsatz ist in der DSGVO nicht mehr ausdrücklich enthalten, insbesondere ist er nicht zu verwechseln mit dem Grundsatz der Datenminimierung in Art. 5 Abs. 1 lit. c DSGVO. Er ergibt sich allerdings direkt aus Art. 8 und 52 GRCh, denn er entspricht einem verhältnismäßigen Umgang mit dem Grundrecht auf Datenschutz der betroffenen Personen, *Roßnagel/Husemann* 2018, § 5 Rn. 61.

die Stellung der nicht vorhandenen „richtigen" oder „unrichtigen" Informationen ein und haben dieselben Auswirkungen wie diese.

Letztendlich erleichtern Big Data-Verfahren die **Reanonymisierung** anonymer Daten und stellen somit die grundlegende datenschutzrechtliche Abgrenzung zwischen personenbezogenen und nicht personenbezogenen Daten in Frage.[310] Der einzige Datenschutzgrundsatz, der nicht konzeptionell durch Big Data herausgefordert wird, ist der Grundsatz der Integrität und Vertraulichkeit aus Art. 5 Abs. 1 lit. f DSGVO. Dieser kann grundsätzlich auch beim Einsatz von Big Data-Verfahren gewahrt werden. Soweit allerdings Anonymisierungstechniken angewendet werden, ist selbst er betroffen.   255

d) Big Data als Verarbeitung für berechtigte Interessen Art. 6 Abs. 1 S. 1 lit. f DSGVO

Die Verarbeitung personenbezogener Daten mit Big Data kann theoretisch im Anwendungsbereich **mehrerer Erlaubnistatbestände** in Art. 6 Abs. 1 S. 1 DSGVO erfolgen. Big Data-Analysen können aufgrund von Einwilligungen (lit. a) durchgeführt werden, als Vertragsdatenverarbeitung (lit. b), um lebenswichtige Interessen zu schützen (lit. d), um öffentliche Aufgaben zu erfüllen (lit. e) oder zur Wahrung berechtigter Interessen im Rahmen von (lit. f). Für die Verarbeitung besonderer Kategorien von Daten, zum Beispiel für Gesundheitsdaten, ist Art. 9 DSGVO anzuwenden. Dies gilt auch, wenn das Ergebnis einer Analyse den besonderen Kategorien von Daten unterfällt, da dies ein Erheben solcher Daten darstellt. Gesundheits- und Fitness-Apps fallen daher häufig aus dem Anwendungsbereich von Art. 6 Abs. 1 S. 1 heraus, ebenso Werbemethoden, die Gesundheitsdaten verwenden und Wählerprofile wie in den zurückliegenden US-Wahlkämpfen. Sicherheitsanwendungen öffentlicher Stellen die Big Data beinhalten, wie Predictive Policing, fallen gemäß Art. 2 Abs. 2 lit. d DSGVO ebenfalls aus dem Anwendungsbereich heraus. Die Anwendung von Big Data auf Beschäftigtendaten ist nach § 26 BDSG zu beurteilen.   256

Als **Anwendungsfälle** von Big Data im Rahmen von **Art. 6 Abs. 1 S. 1 lit. f DSGVO** kommen zum Beispiel in Betracht: Markt- und Meinungsforschung, die Absatzsteigerung durch verhaltensbezogene Online-Werbung, die Tätigkeit von Auskunfteien, die Dienste von Suchmaschinen, intelligente Videoüberwachung durch nicht-öffentliche Stellen, IT-Sicherheitswerkzeuge, Werkzeuge der IT-Forensik, datenbasierte Warn- und Hinweisdienste sowie die Entscheidungssysteme von Assistenzsystemen, etwa in Smartphones, Smart Homes oder bei autonomen Service-Robotern.   257

e) Interessenabwägung

Werden mit einer Big Data-Analyse Persönlichkeitsmerkmale bestimmt, die der Betroffene selbst nicht aufgedeckt hat, bedeutet dies zunächst einen **besonders tiefen Eingriff** in sein Grundrecht auf Datenschutz aus Art. 8 GRCh. Umso schwerer muss im Einzelfall das Interesse des Verantwortlichen an der Verarbeitung wiegen, um dennoch die Verarbeitung über lit. f rechtfertigen zu können.   258

---

310 *Roßnagel* 2011, 563.

259 Insgesamt wird es darauf ankommen, wie intensiv die Analyse im **Einzelfall** ist, welche Ziele mit ihr verfolgt werden und ob beides für die betroffenen Personen transparent ist. Deckt eine Analyse etwa nur ein einziges Merkmal auf und werden hiermit keine für die betroffene Person risikoreichen Ziele verfolgt, ist die Verarbeitung eher zu rechtfertigen. Stellt das aufgedeckte Merkmal aber nur einen Teil eines intime Merkmale umfassenden Persönlichkeitsprofils dar und soll dieses etwa eingesetzt werden, um die persönliche Willensbildung der betroffenen Person in zu beeinflussen, wird die Interessenabwägung die Verarbeitung ausschließen. Innerhalb dieses Rahmens wird es aber eine Fülle von Fällen geben, die nicht pauschal bewertet werden können. Im Hinblick auf fortschrittliche Werbemethoden, wie zum Beispiel Programmatic Advertising, wird es insbesondere darauf ankommen, ob die betroffenen Personen wissen, dass ihnen Werbung aufgrund ihres Nutzungsverhaltens strategisch angeboten wird.

f) Zweckbindung

260 Eine der Kernfragen im Hinblick auf Big Data ist, inwiefern Daten, die zu einem Zweck erhoben wurden, zu einem anderen Zweck, zum Beispiel Mustererkennung und Korrelationen entdecken, weiterverarbeitet werden dürfen. Gemäß Art. 5 Abs. 1 lit. b DSGVO dürfen personenbezogene Daten nur für genau festgelegte, eindeutige und rechtmäßige Zwecke erhoben und im Folgenden nicht in einer mit diesem **Erhebungszweck** nicht zu **vereinbarenden Weise** weiterverarbeitet werden.

261 Es ist **umstritten**, was aus einer Vereinbarkeit oder Unvereinbarkeit mit dem Erhebungszweck folgt: Erwgr. 50 S. 2 folgend erscheint es deutlich, dass bei Vereinbarkeit der Zwecke keine gesonderte Rechtsgrundlage für die **Weiterverarbeitung** notwendig sein soll und Weiterverarbeitungen zu *un*vereinbaren Zwecken mit einer Rechtsgrundlage nach Art. 6 möglich sind.[311] Diese Konstruktion ist in den Entwürfen von Kommission und Rat ausdrücklich enthalten und aus diesem Kontext stammt auch Erwgr. 50 S. 2. Andererseits wird auch vertreten, dass es sich um ein redaktionelles Versehen handle, dass Erwgr. 50 S. 2 noch im Text stünde. Das Parlament habe sich mit der Konstruktion durchgesetzt, dass die Vereinbarkeitsprüfung stets zusätzlich zur Prüfung einer Rechtsgrundlage durchzuführen sei und unvereinbare Weiterverarbeitungen tatsächlich strikt ausgeschlossen seien.[312] Letztlich können beide Ansichten mit dem Text der Verordnung begründet werden und bei beiden bleiben Zweifel. Wer sich durchgesetzt hat, ist unklar und interessierte Parteien als Zeugen aus den Trilog-Verhandlungen sind bei der Auslegung der Verordnung mit Vorsicht zu genießen. Große Unterschiede in der Anwendung dürften sich aufgrund des breiten Erlaubnistatbestandes in Art. 6 Abs. 1 S. 1 lit. f DSGVO und den ebenfalls breiten Vereinbarkeitskriterien in Art. 6 Abs. 4 DSGVO aber auch nicht ergeben.

262 Bei der Beantwortung der Frage, ob Big Data-Anwendungen mit dem Erhebungszweck vereinbar sind, sind die folgenden **zwei Konkretisierungen der Zweckvereinbarkeit** zu beachten.

---

311 ZB *Johannes/Richter* DuD 2016, 300.
312 So zB Kühling/Buchner/*Herbst* DSGVO Art. 5 Rn. 48.

Philipp Richter

aa) Statistische Zwecke

Die Verarbeitung personenbezogener Daten zu statistischen Zwecken gilt nach Art. 5 **263** Abs. 1 lit. b DSGVO grundsätzlich als nicht unvereinbar mit dem Erhebungszweck, wenn die Anforderungen nach Art. 89 Abs. 1 DSGVO erfüllt werden. Personenbezogene Daten, die zu völlig anderen Zwecken erhoben wurden, dürfen daher nach der Verordnung ohne gesonderte Rechtsgrundlage zu statistischen Zwecken weiterverarbeitet werden. Es handelt sich um einen **gesetzlich festgelegten Regelfall**.[313]

Aufgrund dieser Regelung kommt der Klärung, was „**statistische Zwecke**" sind, gro- **264** ße Bedeutung zu. Da Big Data-Anwendungen als zentrales Merkmal statistische Methoden beinhalten, ist insbesondere zu klären, ob statistische *Zwecke* mit statistischen *Methoden* gleichzusetzen sind. Während der Ratsentwurf der Verordnung hierzu noch schwieg, erklärt Erwgr. 162 DSGVO in der endgültigen Fassung nun: „Unter dem Begriff „statistische Zwecke" ist jeder für die Durchführung statistischer Untersuchungen und die Erstellung statistischer Ergebnisse erforderliche Vorgang der Erhebung und Verarbeitung personenbezogener Daten zu verstehen. […] Im Zusammenhang mit den statistischen Zwecken wird vorausgesetzt, dass die Ergebnisse der Verarbeitung zu statistischen Zwecken keine personenbezogenen Daten, sondern aggregierte Daten sind und diese Ergebnisse oder Daten nicht für Maßnahmen oder Entscheidungen gegenüber einzelnen Betroffenen verwendet werden." Statistische Zwecke liegen also nicht automatisch immer dann vor, wenn statistische Methoden angewendet werden. Statistische Zwecke gemäß Art. 5 Abs. 1 lit. b DSGVO sind nur solche Untersuchungen, deren Ergebnisse keine personenbezogenen Daten sind, und auch nicht für Maßnahmen gegenüber Einzelpersonen angewendet werden.

In diesem Zusammenhang ist darauf hinzuweisen, dass **nicht nur unmittelbare perso- 265 nenbezogene Maßnahmen** beachtet werden dürfen, die schon bei der Erstellung der Statistik konkret vorgesehen sind, wenn der Zweck der Norm erfüllt werden soll. Der Regelfall für statistische Zwecke ist auch dann nicht anzuwenden, wenn eine konkrete personenbezogene Anwendung zwar noch nicht geplant, sie aber das Ziel der statistischen Auswertungen ist. Dies ist typisch für die Herangehensweise von Big Data, bei der in großen Datenmengen nach Mustern und Korrelationen gesucht wird und erst wenn diese bekannt sind, geplant werden kann, welche Anwendungen, Geschäftsmodelle und Dienste mit ihnen entwickelt und angeboten werden können. Ließe man diese noch nicht konkret festgelegten Zwecke aus dem Auge, könnten Datenverarbeiter argumentieren, die statistischen Ergebnisse seien gar nicht für die personenbezogene Anwendung gedacht, sondern sollten lediglich in das **Training der Algorithmen** (oder ähnlichem) einfließen und diese allgemein verbessern. Unmittelbar wäre tatsächlich keine personenbezogene Anwendung vorgesehen. Dass aber diese „künstliche Intelligenz" mit dem statistischen Wissen häufig gerade für den späteren massenhaften personenbezogenen Einsatz trainiert wird, darf dabei nicht aus dem Blick geraten.

Diese „Grundlagenarbeit" an Systemen, die für personenbezogene Maßnahmen An- **266** wendung finden sollen, fällt auch **nicht generell** unter die erleichterte Weiterverarbei-

---

[313] *Johannes/Richter* DuD 2016, 300 (301).

tung für **wissenschaftliche Zwecke**. Nach Erwgr. 157 DSGVO dient diese dem Gemeinwohl und soll insbesondere die Wissensbasis für politische Entscheidungen im Bereich der Gesundheits- und sozialen Vorsorge sichern. Sie dient nicht der Fortentwicklung der Systeme und Geschäftsmodelle von Privatunternehmen. Eine Abgrenzung wird im Einzelfall sicher schwierig sein. Sie ist aber durchaus möglich und auch geboten.

267 Dies bedeutet nicht, dass die Nutzung personenbezogener Daten für die Forschung an künstlicher Intelligenz und das Training von Algorithmen generell verboten wäre. Eine Erleichterung der Verarbeitung für diese Zwecke gegenüber anderen Verarbeitungen nach Art. 5 Abs. 1 lit. b DSGVO ist aber in der Verordnung nicht vorgesehen und wäre im Hinblick auf den Grundrechtsschutz der betroffenen Personen auch nicht zu rechtfertigen.

268 Die Anwendung von Big Data-Analysen auf personenbezogene Daten ist **damit aber nicht ausgeschlossen**, sie fällt nur in vielen Fällen nicht unter die Vereinbarkeitsfiktion nach Art. 5 Abs. 1 lit. b DSGVO.

bb) Vereinbarkeit nach Art. 6 Abs. 4 DSGVO

269 Art. 6 Abs. 4 DSGVO nennt **fünf abstrakte Kriterien**, nach denen zu bestimmen ist, ob die Weiterverarbeitung mit dem Erhebungszweck vereinbar ist. Zu „berücksichtigen" sind für diese Bewertung „jede Verbindung" zwischen dem Erhebungszweck und der weiteren Verarbeitung, der „Zusammenhang, in dem die personenbezogenen Daten erhoben wurden", ob „besondere Kategorien personenbezogener Daten gemäß Artikel 9 verarbeitet werden", die „möglichen Folgen" der weiteren Verarbeitung und das Vorhandensein „geeigneter Garantien".[314]

270 Im Hinblick auf Big Data wird im Rahmen von Art. 6 Abs. 4 DSGVO zunächst **lit. a** eine große Rolle spielen. Sollen die Daten zu ganz anderen Zwecken als zum Erhebungszweck eingesetzt werden, wird die Vereinbarkeit in der Regel ausscheiden. Zu den möglichen Folgen gemäß **lit. d** müssen insbesondere das Aufdecken intimster Persönlichkeitsmerkmale, wie die sexuelle Orientierung, und die Möglichkeit der gesteigerten Manipulierbarkeit durch psychisches Wissen über eine Person gezählt werden. Gemäß **lit. e** können geeignete Garantien, insbesondere Verschlüsselung und Pseudonymisierung die Vereinbarkeit mit dem Erhebungszweck erhöhen. Dabei ist im Hinblick auf Big Data aber anzumerken, dass dieses das Aufdecken von Pseudonymen erheblich erleichtert. Pseudonymisierung sollte daher im Hinblick auf die Zweckvereinbarkeit von Big Data nicht als starke Garantie gewertet werden.

g) Automatisierte Entscheidungen und Scoring

271 Big Data-Analysen und statistische Verarbeitung personenbezogener Daten sind ein wichtiger Bestandteil von automatisierten Einzelentscheidungen und Scoring im Internet. Dies kann zum Beispiel im Rahmen automatisierter Bonitätsprüfungen von Online-Bezahldiensten oder bei der automatisierten Entscheidung über den Abschluss

---

314 Diese Kriterien gehen auf einen Vorschlag der Art. 29-Datenschutzgruppe aus 2013 zurück: *Art. 29-Datenschutzgruppe* WP 203, Opinion 03/2013 on purpose limitation, 21 ff.; s. dazu auch *Helbing* K&R 2015, 145.

Philipp Richter

von Versicherungsverträgen im Internet der Fall sein. Laut Art. 22 Abs. 1 DSGVO sind rein automatisierte Einzelentscheidungen, die für die betroffene Person Rechtswirkung entfalten oder sie in vergleichbarer Weise beeinträchtigen, grundsätzlich unzulässig. Allerdings enthält Art. 22 Abs. 2 DSGVO sowohl Ausnahmen von diesem Verbot als auch eine **Öffnungsklausel**. Das Verbot gilt nicht, wenn eine ausdrückliche Einwilligung der betroffenen Person vorliegt oder wenn die Verarbeitung zum Abschluss eines Vertrags mit der betroffenen Person erforderlich ist. Der deutsche Gesetzgeber hat außerdem die Öffnungsklausel in Art. 22 Abs. 2 lit. b DSGVO genutzt, um in § 37 BDSG eine Ausnahme vom Verbot der automatisierten Einzelentscheidung für die Leistungserbringung nach einem Versicherungsvertrag einzuführen. Das Verbot gilt demnach zum einen dann nicht, wenn dem Begehren der betroffenen Person stattgegeben wurde. Zum anderen gilt es nicht, wenn die Entscheidung auf der Anwendung verbindlicher Entgeltregelungen für Heilbehandlungen beruht und der verantwortliche bestimmte Maßnahmen trifft, um die Interessen der betroffenen Person zu wahren.

Die Öffnungsklausel ist **für Scoring anwendbar** soweit dieses im Rahmen *rein* automatisierter Einzelentscheidungen stattfindet. Art. 22 Abs. 1 DSGVO schließt ausdrücklich das Profiling mit ein. Diese ist in Art. 4 Nr. 4 DSGVO definiert wird und enthält seinerseits das Scoring. Art. 22 Abs. 1 DSGVO erfasst allerdings nur solche Entscheidungen, die für die betroffene Person rechtlich bindend oder nachteilig sind. Hierzu können etwa die automatisierte „Preisdiskriminierung" in Online-Shops oder automatisierte Bonitätsprüfungen von Online-Bezahldiensten zählen. Anforderungen für Scoring im Rahmen automatisierter Entscheidungen sind in § 31 BDSG geregelt worden. § 31 Abs. 1 S. 2 BDSG übernimmt dabei weitgehend den § 28 b BDSG aF. 272

Werden allerdings aufgrund von Scores qualitative **Entscheidungen durch Menschen** getroffen, ist die Öffnungsklausel in Art. 22 Abs. 2 lit. b DSGVO nicht anwendbar. § 31 BDSG wird insofern von den Erlaubnistatbeständen in Art. 6 Abs. 1 S. 1 DSGVO verdrängt, insbesondere von der Vertragsdatenverarbeitung nach lit. b. und der Verarbeitung für berechtigte Interessen nach lit. f. Auch bei einer Bewertung der Zulässigkeit der Verarbeitung nach diesen Tatbeständen kann Scoring aber nur dann als erforderlich für den Vertrag beziehungsweise die berechtigten Interessen der betroffenen Person während angesehen werden, wenn es sich um ein wissenschaftlich anerkanntes Verfahren handelt, und nicht einzelne einseitig diskriminierende Merkmale, zum Beispiel Adressdaten, verwendet werden. Trotz der unterschiedlichen Rechtsgrundlagen besteht daher kein inhaltlicher Unterschied hinsichtlich der datenschutzrechtlichen Anforderungen an Scoring im Rahmen rein automatisierter Einzelentscheidungen einerseits und unter qualitativer Beteiligung eines Menschen andererseits. 273

h) Amtliche Statistik

Für den Bereich der amtlichen Statistik bleiben die Statistikgesetze des Bundes und der Länder aufgrund der **Öffnungsklausel** in Art. 6 Abs. 2 iVm Abs. 1 lit. e DSGVO anwendbar. Werden Big Data-Analysen im Rahmen der amtlichen Statistik angewendet, ist dies daher kein Anwendungsfall von Art. 6 Abs. 1 lit. f DSGVO. 274

i) Zusammenfassende Bewertung

275 Big Data-Analysen sind nicht ausschließlich Anwendungsfall von Art. 6 Abs. 1 lit. f DSGVO, sondern können im Anwendungsbereich **verschiedener Erlaubnistatbestände** auftreten. Dabei wird sich häufig die Frage stellen, ob personenbezogene Daten, die zu einem anderen Zweck erhoben werden, im Rahmen einer Big Data-Analyse weiterverarbeitet werden dürfen. Ob der Zweck der Big Data-Analyse als Verarbeitung zu statistischen Zwecken, zu Forschungszwecken oder im Rahmen von Art. 6 Abs. 4 DSGVO als vereinbar mit dem Erhebungszweck zu bewerten ist, wird dabei eine Frage des konkreten Einzelfalls sein.

276 Speziell für lit. f ist die Frage zu beantworten, ob eine Verarbeitung personenbezogener Daten mit Big Data-Methoden die Interessen der betroffenen Person derart beeinträchtigt, dass diese Interessen die berechtigten Interessen des Verantwortlichen oder eines Dritten überwiegen. Auch dies ist hochgradig von dem **einzelnen Sachverhalt** abhängig und kann nicht pauschal beantwortet werden. Allerdings können die Interessen der betroffenen Personen häufig überwiegen, insbesondere wenn mit Big Data Persönlichkeitsmerkmale bestimmt werden, die die betroffene Person nicht preisgeben wollte oder die zur Willens- und Verhaltensmanipulation eingesetzt werden können.

277 Die Datenschutz-Grundverordnung enthält **keine spezifischen Rechtsnormen**, die sich mit Big Data befassen. Dies ist vor dem Hintergrund, dass Big Data eine große Herausforderung für den Datenschutz darstellt und seit Jahren prominent als solche diskutiert wird, eine denkbar ungünstige Ausgangslage. Ob diese auch zu einem ungünstigen Ergebnis führt, wird unter anderem davon abhängen, welche Kriterien für den Umgang mit Big Data sich im Rahmen der Zweckvereinbarkeit und der Interessenabwägung in der Anwendung herausbilden.

9. Kommunikations- und Over the Top-Dienste

278 Over-the-Top-Kommunikationsdienste (→ A. I. Rn. 20), kurz OTT-Dienste, bilden mittlerweile die Grundlage für einen Großteil unserer Kommunikation. OTT-Dienste sind internetbasierte Dienste,[315] die eine interpersonelle Kommunikation ermöglichen, wie zum Beispiel VoIP-Telefonie und Sofortnachrichtenübermittlung (Instant-Messaging). Zu den prominentesten OTT-Diensten zählen unter anderem Instant-Messenger-Dienste wie WhatsApp, Treema oder Telegram sowie Internettelefonanbieter wie bspw. Skype.

279 Darüber hinaus bieten auch diverse Social Networks, wie etwa Facebook, ihren Nutzern an, sich wechselseitig Sofortnachrichten zu schreiben und zu empfangen (→ B. III. Rn. 204 ff.). Für den Nutzer haben OTT-Dienste durch **moderne und nützliche Funktionalitäten**, wie etwa Push-Benachrichtigungen, große Speicherkapazitäten für Bilder, Grafiken und Videos oder Gruppenchats, einen enormen praktischen Mehrwert im Vergleich zu klassischen SMS oder MMS über die Netzinfrastruktur der Anbieter von Telekommunikationsdiensten.[316] Nutzer können über ihre mobilen Endge-

---

315 Vgl. dazu und zur Client-Server-Architektur *Maier/Schaller* ZD 2017, 373 (376 f.); ferner *Grünwald/Nüßing* MMR 2016, 91 (92 f.).
316 Vgl. zu den Kategorien von OTT-Diensten *Grünwald/Nüßing* MMR 2016, 91 (92).

räte beliebig viele Nachrichten mit Bildern, Videos, Grafiken oder Sprachnachrichten an andere Nutzer schicken, sofern eine Internetverbindung mit ausreichender Bandbreite vorhanden ist (→ A. I. Rn. 1 ff.). Darüber hinaus kann die Nutzung von OTT-Diensten für den Nutzer auch kostengünstig sein, wenn er beispielsweise keine sogenannte „Flatrate" zur Nutzung des SMS- oder MMS-Dienstes, aber eine Internet-Flatrate hat.

Durch den Entwurf der E-Privacy-Verordnung sollen gemäß Ziffer 1.1 der Begründung der Kommission einheitliche Regelungen auch zu OTT-Diensten geschaffen werden, weil die E-Privacy-Richtlinie keinen ausreichenden Schutz für die über OTT-Dienste getätigte Kommunikationsvorgänge biete. Solche Kommunikation bedarf eines besonderen Schutzes, was sich etwa aus Art. 7 GRCh ergibt.[317] Nach Ziffer 1.1 und Ziffer 2.3 der Begründung des Entwurfs der E-Privacy-VO sollen gerade auch **OTT-Dienste**, wie etwa „VoIP-Telefonie, Sofortnachrichtenübermittlung (Instant-Messaging) und webgestützte E-Mail-Dienste" vom **Anwendungsbereich des Entwurfs der E-Privacy-Verordnung** umfasst sein.[318] Art. 2 Abs. 1 der E-Privacy-VO-E bestimmt daher, dass diese Verordnung für die Verarbeitung elektronischer Kommunikationsdaten, die in Verbindung mit der Bereitstellung und Nutzung elektronischer Kommunikationsdienste erfolgt, und für Informationen in Bezug auf die Endeinrichtungen der Endnutzer gilt (→ A. II. Rn. 86). **280**

Art. 1 Abs. 3 E-Privacy-VO-E sieht vor, dass die Bestimmungen dieser Verordnung die Datenschutz-Grundverordnung grundsätzlich präzisieren und ergänzen. Es ist daher von einem **Spezialitätsverhältnis** des Entwurfs der E-Privacy-Verordnung gegenüber der Datenschutz-Grundverordnung auszugehen. Die weitergehende Abgrenzung der beiden Verordnungen erweist sich teilweise als komplex, insbesondere hinsichtlich der Frage, ob der Anbieter von OTT-Diensten auch auf die Erlaubnistatbestände zur Datenverarbeitung in der Datenschutz-Grundverordnung zurückgreifen darf (→ A. II. Rn. 82 ff.).[319] **281**

Durch den Entwurf der E-Privacy-Verordnung soll zudem die E-Privacy-Richtlinie gemäß Art. 27 Abs. 1 E-Privacy-VO-E aufgehoben werden (→ A. II Rn. 83). **282**

Viele Anbieter stellen den OTT-Dienst ihren Nutzern „kostenlos" zur Verfügung – also ohne dafür einen monetären Geldbetrag zu verlangen – und finanzieren sich über Werbung und die Auswertung von personenbezogenen Daten zu Werbe- und Marketingzwecken. Dies ändert nichts an der grundsätzlichen Anwendbarkeit des Entwurfs der E-Privacy-Verordnung, weil diese Verordnung gemäß Art. 3 Abs. 1 lit. a E-Privacy-VO-E für die die Bereitstellung elektronischer Kommunikationsdienste für Endnutzer in der Union gilt, unabhängig davon, ob vom Endnutzer eine Bezahlung verlangt wird. Darüber hinaus werden im Rahmen der Nutzung von OTT-Diensten zahlreiche **Kommunikationsdaten** im Sinne des Art. 4 Abs. 3 lit. a bis c E-Privacy-VO- **283**

---

317 *Schmitz* ZRP 2017, 172 (172).

318 Vgl. auch zur Erweiterung des Telekommunikationsgeheimnisses auf OTT-Dienste *Pohle* ZD-Aktuell 2017, 05452 Ziffer 3; zur unzureichenden Regelung von peer-to-peer(P2P)-basierten OTT-Diensten im Entwurf der E-Privacy-Verordnung *Maier/Schaller* ZD 2017, 373; s. auch die Vorlage des OVG NRW an den EuGH zur Frage, ob OTT-Dienste dem TKG unterliegen, Az. 13 A 17/16, Pressemitteilung des OVG NRW vom 26.2.2018, abrufbar: http://www.ovg.nrw.de/behoerde/presse/pressemitteilungen/05_180226/index.php.

319 Vgl. dazu auch *Schmitz* ZRP 2017, 172 (173); zur Kritik *Engeler/Felber* ZD 2017, 251 (252 ff.).

E, also **Kommunikationsinhaltsdaten**, wie Text- oder Sprachnachrichten, Bilder oder Videos, sowie **Kommunikationsmetadaten**, wie etwa Standortdaten oder IP-Adressen, verarbeitet (→ B. I. Rn. 85 ff.). Anbieter von OTT-Diensten stellen ihren Nutzern – neben den eigentlichen Kommunikationsdiensten – auch **weitere Services und Softwarelösungen** zur Verfügung, wie etwa Sharepoint-Lösungen. Sofern der OTT-Dienst in weitere Softwarelösungen, wie etwa bei Skype for Business, eingebunden ist, wird aufgrund der Intention des Entwurfs der E-Privacy-Verordnung davon auszugehen sein, dass für den OTT-Dienst die spezifische Verordnung und für die sonstigen Leistungen die Datenschutz-Grundverordnung gelten wird.

a) Internationalität von OTT-Kommunikationsdiensten

284 OTT-Dienste weisen in der Praxis auch einen hohen Grad an Internationalität auf. Zahlreiche Unternehmen haben ihren **Sitz in einem Drittland**, wie etwa den USA, und verarbeiten dort auch die Kommunikationsdaten der Nutzer. Der Entwurf der E-Privacy-Verordnung knüpft nicht an den Sitz des Diensteanbieters an, sondern soll gemäß Art. 3 Abs. 1 lit. a bis c vielmehr auch für alle Anbieter gelten, die OTT-Dienste für Endnutzer in der Union bereitstellen. Anbieter von OTT-Diensten befinden sich im Anwendungsbereich der E-Privacy-VO unabhängig davon, ob vom Endnutzer eine Bezahlung verlangt wird.

285 Entscheidend ist daher, dass jeder Anbieter die künftige E-Privacy-Verordnung zu beachten hat, sofern Endnutzer in der Union den OTT-Dienst nutzen können. Auf ein zielgerichtetes Angebot des Anbieters, Endkunden in der Union anzusprechen, kommt es für die räumliche Anwendbarkeit nicht an. Das Substantiv „**Bereitstellung**" von OTT-Diensten in Art. 3 Abs. 1 lit. a E-Privacy-VO-E ist als ein rein **technisches Verfügbarmachen** des OTT-Dienstes zu verstehen.[320] Damit stellt der Entwurf der E-Privacy-Verordnung klar, dass es auf den Ort der Verarbeitung der elektronischen Daten für die Frage der Anwendbarkeit der Verordnung gerade nicht ankommen wird. Dies bestätigt auch Art. 3 Abs. 5 E-Privacy-VO-E, wonach rechtliche Schritte gegen den Anbieter, der Daten außerhalb der Union verarbeitet, von den Regelungen der E-Privacy-Verordnung unberührt bleiben werden. Sofern ein US-amerikanisches Unternehmen seine Chatdienste Endnutzern in der Union anbietet, soll der räumliche Anwendungsbereich E-Privacy-Verordnung eröffnet sein. Dies gilt unabhängig von dem **Ort der Belegenheit der Server des Anbieters**. Sollten Betreiber keine Niederlassung in der Union haben, so haben sie einen Vertreter gemäß Art. 3 Abs. 2 und 3 E-Privacy-VO-E zu benennen, der in der Union niedergelassen ist. Diese Regelung wird vor allem für die US-amerikanischen Anbieter von OTT-Diensten relevant sein.

b) Vertraulichkeit von Kommunikationsdaten

286 Gemäß Ziffer 1.1. der Begründung des Entwurfs der E-Privacy-Verordnung soll diese den Schutz von Kommunikation, die über die OTT-Dienste stattfindet, erhöhen. Art. 5 E-Privacy-VO-E schützt umfassend die **Inhalte und Metadaten** der Nutzer, die bei der Nutzung des OTT-Dienstes anfallen, unter anderem vor dem Mithören, Ab-

---

320 Vgl. *Maier/Schaller* ZD 2017, 373 (375).

hören, Speichern, Beobachten, Scannen oder vor anderen Arten des Abfangens oder Überwachens oder Verarbeitens elektronischer Kommunikationsdaten durch andere Personen als die Endnutzer.

Zur Realisierung des Grundsatzes der Vertraulichkeit von Kommunikationsdaten 287 bieten sich zahlreiche Mittel an, die im Rahmen eines OTT-Dienstes in Betracht kommen können. Sinnvoll kann es sein, **Verschlüsselungstechnologien** zur Verbindungsverschlüsselung zu implementieren, beispielsweise über das Verschlüsselungsprotokoll SSL/TLS. Zwar besteht auch bei einer Verschlüsselung von Kommunikationswegen weiterhin ein Personenbezug der kommunizierten Daten. Jedoch sind diese Daten während des Kommunikationsvorgangs – ohne den Schlüssel – nicht lesbar, wodurch das Risiko einer unbefugten Kenntnisnahme verringert wird.[321]

Einige Anbieter von Messenger-Diensten bieten ihren Nutzern zum Schutz ihrer Da- 288 ten sogar eine **Ende-zu-Ende-Verschlüsselung** über den gesamten Kommunikationsweg an. Auch wenn der Entwurf der E-Privacy-Verordnung den Einsatz von Verschlüsselungstechnologien als Mittel zum Zweck nicht ausdrücklich vorschreibt, so kann sich – je nach OTT-Dienst und dessen konkreter technischer, organisatorischer und rechtlicher Ausgestaltung – eine Verpflichtung für den Anbieter aus **Art. 32 Abs. 1 lit. a DSGVO** ergeben, solche Verschlüsselungstechniken zu implementieren.[322] Wenigstens eine Punkt-zu-Punkt-Verschlüsselung entspricht heute dem Stand der Technik zur sicheren Datenübertragung. Gemäß Art. 32 Abs. 1 lit. a DSGVO hat der Verantwortliche geeignete technische und organisatorische Maßnahmen zu implementieren, um ein dem Risiko angemessenes Schutzniveau zu gewährleisten. Dieses kann zum Beispiel durch eine sichere Verschlüsselung personenbezogener Daten erfolgen.

Sofern der tatsächliche Kommunikationsvorgang abgeschlossen ist, also insbesondere 289 die Inhalte im Sinne des Art. 7 Abs. 1 S. 1 E-Privacy-VO-E vollständig auf dem Endgerät des Nutzers des OTT-Dienstes empfangen sind, kann eine Vertraulichkeit dadurch erreicht werden, indem Anbieter ihre Nutzer über etwaige **Sicherheitsrisiken aufklären.** Der Anbieter kann den Nutzer beispielsweise über die Folgen einer Autosynchronisation von Bildern und Mediendateien, die der Nutzer empfängt, in eine Cloud des Smartphone-Herstellers informieren und wie diese Autosynchronisation verhindert werden kann. Ebenso kann der Anbieter des OTT-Dienstes den Nutzer dahin gehend anhalten, selbst für ausreichende optionale **Verschlüsselungstechniken bezüglich des Gerätespeichers** zu sorgen. In diese Richtung geht allgemein auch Erwgr. 37 der Begründung des Entwurfs der E-Privacy-Verordnung, wonach Anbieter ihre Nutzer über Sicherheitsmaßnahmen informieren sollten, wie etwa Software oder Verschlüsselungsmethoden.

Ein anderer Ansatz zur Umsetzung des Grundsatzes der Vertraulichkeit gemäß Art. 5 290 Abs. 1 E-Privacy-VO-E können **Maßnahmen zur Datenminimierung** sein. Der Grundsatz der Datenminimierung ist in Art. 5 Abs. 1 lit. c DSGVO angelegt, wonach perso-

---

321 Paal/Pauly/*Martini* DSGVO Art. 32 Rn. 34.
322 Vgl. *Maier/Schaller* ZD 2017, 373 (375); auch *Schmitz* ZRP 2017, 172 (174); s. allg. zu Art. 32 DSGVO Ehmann/Selmayr/*Hladjk* DSGVO Art. 32 Rn. 1.

nenbezogene Daten auf das für die Zwecke der Verarbeitung notwendige Maß beschränkt sein müssen. Chat- und Instant-Messagingdienste, die die Inhalte ihren Nutzern anzeigen und sie nach Sichtung oder Kenntnisnahme automatisch löschen, können einen Beitrag zur Vertraulichkeit leisten. Solche – nach Kenntnisnahme automatisch gelöschte Textnachrichten – können in ihrer faktischen Wirkung die „Flüchtigkeit eines gesprochenen Wortes"[323] haben. Ein prominenter Vertreter solcher Dienste ist der Instant-Messanger Snapchat.

291 Darüber hinaus stellen verschiedene OTT-Dienste ihren Nutzern – neben der Möglichkeit von Profilbildern – auch sogenannte **„Statusinformationen"** zur Verfügung, wie etwa, ob der Nutzer oder Kommunikationspartner „online" ist, gerade „schreibt", „abwesend" ist oder der Nutzer die Nachricht gelesen oder zur Kenntnis genommen hat. Da diese Informationen einen **Personenbezug** zu einem Nutzer des OTT-Dienstes aufweisen, handelt es sich auch bei solchen Statusinformationen in einem OTT-Dienst um personenbezogene Daten, die der Vertraulichkeit gemäß Art. 5 E-Privacy-VO-E unterliegen. Mit Blick auf den Entwurf der E-Privacy-Verordnung wird es sich im Konkreten dabei grundsätzlich nicht um Metadaten handeln. Gemäß Art. 4 Abs. 3 lit. c E-Privacy-VO-E werden Metadaten legal definiert als Daten, die in einem elektronischen Kommunikationsnetz zu Zwecken der Übermittlung, der Verbreitung oder des Austauschs elektronischer Kommunikationsinhalte verarbeitet werden; dazu zählen die zur Verfolgung und Identifizierung des Ausgangs- und Zielpunkts einer Kommunikation verwendeten Daten, die im Zusammenhang mit der Bereitstellung elektronischer Kommunikationsdienste erzeugten Daten über den Standort des Geräts sowie Datum, Uhrzeit, Dauer und Art der Kommunikation. Die Statusinformationen dienen grundsätzlich nicht dem technischen Kommunikationsübermittlungsvorgang. Vielmehr wird es sich dabei um **Kommunikationsinhalte** im Sinne des Art. 4 Abs. 3 lit. b E-Privacy-VO-E handeln, da sie vergleichbar mit vom Absender gesendeten Inhalten sind. Für den Nutzer eines solchen OTT-Dienstes macht es keinen Unterschied, ob der Kommunikationspartner ihm mitteilt, dass er „online" ist und gerade eine Nachricht schreibt, oder dies für den Nutzer über die automatische Statusinformation angezeigt wird. In beiden Fällen erfordert der Schutzzweck des Entwurfs der E-Privacy-Verordnung, dass solche Statusinformationen als Inhaltsdaten zu qualifizieren sind.

292 Bei der Bereitstellung solcher „Statusinformationen" im Rahmen eines OTT-Dienstes sollte grundsätzlich immer auch **Art. 25 Abs. 2 DSGVO** beachtet werden. Danach hat der Anbieter geeignete technische und organisatorische Maßnahmen zu treffen, die sicherstellen, dass durch **Voreinstellungen** grundsätzlich nur personenbezogene Daten, deren Verarbeitung für den jeweiligen bestimmten Verarbeitungszweck erforderlich ist, verarbeitet werden.

c) Verarbeitungstatbestände während des Kommunikationsvorganges

293 Die Verarbeitung von Kommunikationsdaten ist für den Anbieter von OTT-Diensten gemäß Art. 5 E-Privacy-VO-E nur erlaubt, wenn ein **Erlaubnistatbestand** nach dem

---

323 Vgl. zu diesem Begriff BGH NJW 2012, 945 (945).

Entwurf der E-Privacy-Verordnung vorliegt.[324] Erlaubnistatbestände finden sich in Art. 6 bis 11 E-Privacy-VO-E (→ B. II. Rn. 235 ff.). Zu beachten ist dabei jedoch immer, dass der Betreiber von OTT-Diensten eine **Erforderlichkeitsprüfung** vorzunehmen hat. Wenn also die Daten nicht zwingend zur Zweckerreichung verarbeitet werden müssen, so ist von der Verarbeitung abzusehen. Freilich kann von dem Betreiber solcher Dienste nicht verlangt werden, dass diese Prüfung im Einzelfall – das heißt bei jedem einzelnen Kommunikationsvorgang – stattfindet. Der Betreiber der OTT-Dienste hat vielmehr eine **vorherige allgemeine Prüfung der Erforderlichkeit und Interessenabwägung** bezüglich der Interessen der an der Kommunikation beteiligten Nutzer und des Anbieters vorzunehmen. Die technisch implementierten Standards des jeweiligen Kommunikationsdienstes haben sich dann an diesen Prüfungen zu orientieren und sind danach auszurichten.

Elektronische Kommunikationsmetadaten (→ B. I. Rn. 87) können insbesondere gemäß Art. 6 Abs. 2 lit. c E-Privacy-VO-E verarbeitet werden, wenn der betreffende Endnutzer seine **Einwilligung** zur Verarbeitung seiner Kommunikationsmetadaten für einen oder mehrere bestimmte Zwecke gegeben hat, so auch für die Bereitstellung bestimmter Dienste für diese Endnutzer, sofern die betreffenden Zwecke durch eine Verarbeitung anonymisierter Informationen nicht erreicht werden können (→ B. II. Rn. 281).   294

Im Zusammenhang mit der Einwilligung ist Art. 9 Abs. 3 E-Privacy-VO-E zu beachten, wonach Endnutzern, die ihre Einwilligung zur Verarbeitung elektronischer Kommunikationsdaten nach Art. 6 Abs. 2 lit. c und Art. 6 Abs. 3 lit. a und b gegeben haben, nach Art. 7 Abs. 3 DSGVO die Möglichkeit eingeräumt werden muss, ihre Einwilligung jederzeit zu widerrufen. Des Weiteren müssen diese Endnutzer gemäß Art. 9 Abs. 3, 1. Hs. E-Privacy-VO-E in regelmäßigen Abständen von sechs Monaten an diese Möglichkeit erinnert werden, solange die Verarbeitung andauert. Im Zusammenhang mit der – in der Praxis üblichen – Nutzung von OTT-Diensten durch **Minderjährige** hat der Anbieter auch immer auch die besonderen Bedingungen für die Einwilligung eines Kindes in Bezug auf Dienste der Informationsgesellschaft gemäß Art. 8 DSGVO zu beachten (→ B. I. Rn. 40).   295

Für den Bereich der **Werbung** auch im Zusammenhang mit OTT-Diensten sieht Art. 16 **E-Privacy-VO-E** dafür eine weitere Rechtsgrundlage vor. Gemäß Art. 16 Abs. 1 E-Privacy-VO-E können natürliche oder juristische Personen Direktwerbung über elektronische Kommunikationsdienste an Endnutzer richten, die natürliche Personen sind und hierzu ihre **Einwilligung** gegeben haben.[325] Unter einer „Direktwerbung" wird nach der weiten Definition des Art. 4 Abs. 3 lit. f E-Privacy-VO-E jede Art der Werbung in schriftlicher oder mündlicher Form verstanden, die an einen oder mehrere bestimmte oder bestimmbare Endnutzer elektronischer Kommunikationsdienste gerichtet wird, auch mittels automatischer Anruf- und Kommunikationssysteme mit oder ohne menschliche(r) Beteiligung, mittels E-Mail, SMS-Nachrichten usw. (→ B. III. Rn. 185 ff.).   296

---

324 S. zu den arbeitsrechtlichen Implikationen von OTT-Diensten *Schrey/Kielkowski/Gola* MMR 2017, 736.
325 Vgl. überblicksartig dazu *Pohle* ZD-Aktuell 2017, 05452 Ziffer 7.

297   Wesentlich restriktiver sind die Erlaubnistatbestände in Bezug auf **Kommunikations-inhalte**. Gemäß Art. 6 Abs. 3 lit. a E-Privacy-VO-E dürfen Betreiber von OTT-Diensten Inhaltsdaten nur zum alleinigen Zweck der Bereitstellung eines bestimmten Dienstes für einen Endnutzer verarbeiten, wenn der betreffende Endnutzer seine Einwilligung zur Verarbeitung seiner Inhaltsdaten gegeben hat und die Dienstleistung ohne Verarbeitung dieser Inhalte nicht erbracht werden kann. Bezogen auf OTT-Dienste setzt dies gemäß Erwgr. 18 des Entwurfs der E-Privacy-Verordnung eine Einwilligung aller an der Kommunikation beteiligter Endnutzer voraus, das heißt sowohl der Empfänger als auch Absender einer E-Mail, SMS oder Chatnachricht. Diese häufig in der Praxis vernachlässigte Tatsache ist unbedingt bei der Bereitstellung von OTT-Diensten zu beachten. Denn die kommunizierten Informationen weisen einen Personenbezug mindestens zu dem Absender und Empfänger auf. Daraus folgt, dass Betreiber diese besonderen Dienste nur dann technisch anbieten dürfen, wenn beide an der Kommunikation Beteiligte mit der Bereitstellung dieser Dienstleistungen einverstanden sind. Ebenso kann eine Verarbeitung von Inhaltsdaten nach Art. 6 Abs. 3 lit. b S. 1 E-Privacy-VO-E zulässig sein, wenn alle betreffenden Endnutzer ihre Einwilligung zur Verarbeitung ihrer elektronischen Kommunikationsinhalte für einen oder mehrere bestimmte Zwecke gegeben haben, die durch eine Verarbeitung anonymisierter Informationen nicht erreicht werden können, und wenn der Betreiber hierzu die Aufsichtsbehörde konsultiert hat (→ B. II. Rn. 232 ff.).

d) Löschungspflichten des Betreibers nach Ende des Kommunikationsvorgangs

298   Art. 7 E-Privacy-VO-E sieht Vorgaben für die Speicherung und Löschung von **Kommunikationsinhalts- und -metadaten** vor. Entscheidend dürfte insbesondere für den Betreiber von OTT-Diensten nach Abs. 1 sein, dass er alle Inhaltsdaten im Grundsatz zu löschen hat, sobald der Empfänger die Nachrichten erhalten hat und keine wirksamen Einwilligungen vorliegen. Von einem solchen Ende der Kommunikation ist auszugehen, wenn alle Datenpakete vollständig auf dem Endgerät des Empfängers angekommen sind, das heißt der Endnutzer die Verfügungsgewalt über diese Daten hat. Art. 7 Abs. 1 S. 2 E-Privacy-VO-E stellt klar, dass die Endnutzer „ihre" Daten dann – zur Vervollständigung des Schutzes – nach den Regelungen der Datenschutz-Grundverordnung weiter verarbeiten dürfen. Die Nutzer von OTT-Diensten haben also nach dem Ende des Kommunikationsvorgangs zu prüfen, ob ein Erlaubnistatbestand gemäß Art. 6 DSGVO eine Speicherung oder sonstige Verarbeitung der Inhalte rechtfertigt (→ B. III. Rn. 217 ff.). In der Praxis ist bei Messenger-Diensten insbesondere zu prüfen, ob eine wirksame Einwilligung in eine Backup-Speicherung vorliegt, so dass die Daten nach einer Neuinstallation der App oder Software oder im Falle eines Geräteverlustes noch verfügbar sind und wieder synchronisiert werden können. Anbieter von OTT-Diensten sollten ihren Nutzern dazu eine Wahlmöglichkeit anbieten, wo das Backup gespeichert werden soll (zum Beispiel Google Drive, Microsoft One-Drive). Ebenso hat der Betreiber gemäß Art. 7 Abs. 2 E-Privacy-VO-E die Metadaten zu löschen, sobald sie für die Übermittlung einer Kommunikation nicht mehr benötigt werden.

e) Schutz von in Endgeräten der Nutzer gespeicherten Daten

Art. 8 Abs. 1 E-Privacy-VO-E schreibt im Wesentlichen auch ein grundsätzliches Ver- 299
bot mit einem Erlaubnisvorbehalt für den Betreiber von OTT-Diensten vor, die auf
dem Endgerät des Nutzers gespeicherten Daten proaktiv zu verarbeiten oder darauf
zuzugreifen. In Art. 8 Abs. 1 lit. a bis d E-Privacy-VO-E bestehen davon Ausnahmetatbestände (→ B. II. Rn. 261 ff.). Für OTT-Dienste ist dies vor allem auch für den
automatischen **Zugriff des Anbieters auf die Kontaktdaten und „Adressbücher"** des
Nutzers relevant, die auf dem Endgerät gespeichert sind. Verschiedene OTT-Dienste
erlauben technisch eine Kommunikation nur, wenn ein solcher Zugriff auf die Kontaktdaten Dritter durch den Nutzer erlaubt wird und diese Daten im OTT-Dienst
synchronisiert werden. Art. 8 Abs. 1 lit. b E-Privacy-VO-E bestimmt dazu, dass ein
solcher Zugriff durch den Anbieter nur gestattet ist, wenn der Nutzer darin einwilligt
(→ B. II. Rn. 274). Die Einwilligung kann gemäß Art. 9 Abs. 2 E-Privacy-VO-E
grundsätzlich für die Zwecke des Art. 8 Abs. 1 lit. b E-Privacy-VO – soweit dies technisch möglich und machbar ist – in den passenden technischen Einstellungen einer
Software, die den Zugang zum Internet ermöglicht, erteilt werden.

f) Umsetzung von Informationspflichten bei OTT-Diensten

Die zur Nutzung der OTT-Dienste erforderlichen Endgeräte verringern zunehmend 300
ihre Größe. Instant-Messaging- oder VoIP-Telefonie-Dienste können nicht nur vom
Notebook, Tablet oder Smartphone genutzt werden, sondern zukünftig auch von
Armbanduhren oder – unter Umständen – von weiteren kleinen Gegenständen mit
Netzwerkfähigkeit, und seien es etwa smarte Manschettenknöpfe. Die Umsetzung
von Informationspflichten nach dem Entwurf der E-Privacy-Verordnung und der Datenschutz-Grundverordnung kann insofern neue Fragen mit sich bringen, da die Dis-
plays keine nennenswerte Größe besitzen, um die Nutzer über sämtliche Informationen aufzuklären, oder ganz wegfallen. Anbieter könnten ihre Informationspflichten
unter Umständen dadurch erfüllen, indem sie dem Nutzer einen **Link oder eine SMS
an ein anderes Endgerät** schicken, auf dem die Informationen abrufbar und visuell
angezeigt werden können.

10. Netz- und Informationssicherheit

Eine besondere Verarbeitungssituation im Internet ist die Datenverarbeitung zu Zwe- 301
cken der Netz- und Informationssicherheit, auch „Cyberabwehr" genannt. Die Datenschutz-Grundverordnung führt in **Erwgr. 49** recht detailliert aus, dass dahingehende Verarbeitungsvorgänge personenbezogener Daten ein **berechtigtes Interesse** des
Verantwortlichen im Rahmen von Art. 6 Abs. 1 S. 1 lit. f DSGVO sein können.

Den Erwägungsgründen einer europäischen Verordnung kommt jedoch keine Geset- 302
zeswirkung zu. Sie sind **nicht rechtsverbindlich**, müssen allerdings nach der Rechtsprechung des Europäischen Gerichtshofs zur teleologischen Auslegung einer Norm
im Rahmen des Wortlauts herangezogen werden[326] und sind damit gewichtige **Indizi-**

---

[326] EuGH 1.7.2015 – C-461/13, ECLI:EU:C:2015:433, stRspr. zu aktuellen Interpretationsfragen zur DSGVO
s. *Gola* K&R 2017, 145.

en[327] für deren Auslegung. Erwgr. 49 ist daher äußerst praxisrelevant, wegen seiner verschachtelten Formulierung auf den ersten Blick aber auch schwer verständlich.

303 Seine **Kernaussage** ist, dass die Verarbeitung von personenbezogenen Daten durch Behörden, Computer-Notdienste, Betreiber von elektronischen Kommunikationsnetzen und -diensten sowie durch Anbieter von Sicherheitstechnologien und -diensten in dem Maße ein berechtigtes Interesse des jeweiligen Verantwortlichen darstellen kann, wie dies für die Gewährleistung der Netz- und Informationssicherheit unbedingt notwendig und verhältnismäßig ist.

304 Erwgr. 49 beschreibt die Netz- und Informationssicherheit als die Gewährleistung der **Fähigkeit eines Netzes oder Informationssystems**, mit einem **vorgegebenen Grad der Zuverlässigkeit Störungen** oder widerrechtliche oder mutwillige **Eingriffe abzuwehren**, die die Verfügbarkeit, Authentizität, Vollständigkeit und Vertraulichkeit von gespeicherten oder übermittelten personenbezogenen Daten sowie die Sicherheit damit zusammenhängender Dienste beeinträchtigen. Nach dem Erwägungsrund kann ein solches berechtigtes Interesse beispielsweise darin bestehen, den **Zugang Unbefugter** zu elektronischen Kommunikationsnetzen und die **Verbreitung schädlicher Programmcodes** (Malware) zu verhindern sowie Angriffe in Form der gezielten **Überlastung** von Servern (Denial of Service-Angriffe) und **Schädigungen** von Computer- und elektronischen Kommunikationssystemen abzuwehren.

a) Hintergrund: Cybersicherheitsstrategie der Europäischen Union

305 Erwgr. 49 bezieht sich sowohl mit Blick auf das Schutzziel der Netz- und Informationssicherheit als auch begrifflich auf die **EU-NIS-Richtlinie**[328] aus dem Jahr 2016 über Maßnahmen zur Gewährleistung eines hohen Sicherheitsniveaus von Netz- und Informationssystemen in der Europäischen Union. Diese regelt die sog „Digitale Agenda" für den EU-Binnenmarkt im Rahmen der 2013 angestoßenen **Cybersicherheitsstrategie der Europäischen Union.**[329] Ziel der Digitalen Agenda ist es unter anderem, die **Widerstandsfähigkeit**[330] informationstechnischer Systeme gegen Cyberangriffe zu stärken. Sie wurde in Deutschland speziell für die Betreiber kritischer Infrastrukturen (**KRITIS**) größtenteils schon „vorauseilend", also vor der vollständigen Umsetzung der EU-NIS-Richtlinie, durch die Vorgaben des **IT-Sicherheitsgesetzes**[331] aus dem Jahr 2015 umgesetzt. Das IT-Sicherheitsgesetz hat eine Reihe von IT-Sicherheitsanforderungen in Fachgesetzen wie dem Telekommunikationsgesetz oder dem Gesetz über das Bundesamt für Sicherheit in der Informationstechnik (BSIG) aufgenommen. Zuletzt hat das Europäische Parlament weitere Anstrengungen unternommen, die Cybersicherheit unionsweit auszubauen und zu harmonisieren und dazu im

---

327 Roßnagel/*Nebel* 2018 § 3 Rn. 99 spricht von „sporadischen Beispielen".
328 Richtlinie (EU) 2016/1148 des Europäischen Parlaments und des Rates vom 6. Juli 2016 über Maßnahmen zur Gewährleistung eines hohen gemeinsamen Sicherheitsniveaus von Netz- und Informationssystemen in der Union, OJ L 194, 19.7.2016, p. 1 bis 30.
329 Gemeinsame Mitteilung an das Europäische Parlament, den Rat, den Europäischen Wirtschafts- und Sozialausschuss und den Ausschuss der Regionen vom 7.2.2013 unter http://www.eeas.europa.eu/archives/doc s/policies/eu-cyber-security/cybsec_comm_de.pdf; Zur Cyber-Sicherheitsstrategie der Bundesregierung http://www.bmi.bund.de/cybersicherheitsstrategie.
330 Ziffer 2.1 der strategischen Prioritäten und Maßnahmen der Cybersicherheitsstrategie.
331 Gesetz zur Erhöhung der Sicherheit informationstechnischer Systeme, BGBl. 2015 I 1324; s. *Gehrmann/Klett* K&R 2017, 372.

Oktober 2017 einen Vorschlag für eine Verordnung des Europäischen Parlaments und des Rats über die „EU-Cybersicherheitsagentur" (ENISA) und zur Aufhebung der Verordnung (EU) Nr. 526/2013 sowie über die **Zertifizierung** der Cybersicherheit von Informations- und Kommunikationstechnik („Rechtsakt zur Cybersicherheit") vorgelegt.[332]

b) Sicherheit der Verarbeitung nach Art. 32 DSGVO

Die Datenschutz-Grundverordnung geht gemäß Erwgr. 49 ersichtlich davon aus, dass 306 ein Verarbeitungsrecht zum Zweck der Netz- und Informationssicherheit nach Art. 6 Abs. 1 S. 1 lit. f DSGVO bestehen kann. Angesichts der ohnehin für Verantwortliche und Auftragsverarbeiter geltenden **Pflichten** zur Sicherheit der Verarbeitung personenbezogener Daten gemäß Art. 5 Abs. 1 lit. f, Art. 24 und insbesondere Art. 32 DSGVO (→ B. IV. Rn. 36 ff.) ist fraglich, welche Verarbeitungsvorgänge der Verordnungsgeber bei Erwgr. 49 vor Augen hatte und welcher Anwendungsbereich für ein **Recht** zur Datenverarbeitung aufgrund berechtigter Interessen nach Art. 6 Abs. 1 S. 1 lit. f DSGVO besteht.

Ob bereits eine entsprechende Pflicht besteht, ist am Maßstab von Art. 5 Abs. 1 lit. f, 307 Art. 24 und 32 DSGVO zu bewerten. Art. 5 Abs. 1 lit. f DSGVO fordert im Wesentlichen eine angemessene Sicherheit personenbezogener Daten. Art. 24 DSGVO fordert eine nachweisbare und verordnungsgemäße Datenverarbeitung und Art. 32 DSGVO ein dem Risiko für die Rechte und Freiheiten der natürlichen Person **angemessenes Schutzniveau** unter Berücksichtigung unter anderem des **Stands der Technik**.[333] Bedenkt man, dass zum Beispiel bei unrechtmäßigen Eingriffen in die elektronische Kommunikation, auf die Erwgr. 49 Bezug nimmt, die Rechte natürlicher Personen erheblich beeinträchtigt werden können, ist anzunehmen, dass viele Verarbeitungsvorgänge zum Zweck der Risikovermeidung und der Gewährleistung der Netz- und Informationssicherheit bereits dem Stand der Technik im Rahmen von Art. 32 DSGVO geschuldet sind. Sie stellen sich dann bereits als eine Pflicht des Verantwortlichen oder seines Auftragsverarbeiters dar.

Damit verbleibt ein Anwendungsbereich für eine Verarbeitung aufgrund berechtigter 308 Interessen nach Art. 6 Abs. 1 S. 1 lit. f DSGVO vor allem insoweit, als zu Zwecken der Netz- und Informationssicherheit ein **vorgegebener Grad an Zuverlässigkeit** des Systems gewährleistet werden soll, ohne dass dies für eine verordnungsgemäße Verarbeitung oder nach dem Stand der Technik erforderlich ist, um Risiken für die betroffene Person angemessen zu vermeiden. Zu denken ist beispielsweise an Datenverarbeitungen im Rahmen **freiwilliger Selbstverpflichtungen** oder **vertraglicher Vereinba-**

---

332 S. https://ec.europa.eu/info/law/better-regulation/initiative/111956/attachment/090166e5b5ae9e12; s. dazu auch *Kipker* MMR-Aktuell 2017, 394677 und *ders.* MMR-Aktuell 2017, 395945.

333 *Gehrmann/Klett* K&R 2017, 372 (375 f.), auch zur Abgrenzung zu den „allgemein anerkannten Regeln der Technik" sowie zum „Stand von Wissenschaft und Forschung"; *Jandt* DuD 2017, 1 (2); zur Ermittlung des Stands der Technik s. zB Bundesverband IT-Sicherheit eV TeleTrust, Handreichung zum Stand der Technik isd ITSiG; *Roßnagel/Barlag* 2017 § 3 Rn. 193 ff.; *Gundlach/Weidenhammer* DuD 2018, 106 ff.; BSI-Veröffentlichungen zur Cyber-Sicherheit, Absicherung von Telemediendiensten nach Stand der Technik, https://www.allianzfuer-cybersicherheit.de/ACS/DE/_/downloads/BSI-CS_125.pdf?__blob=publication File&v.=6.

rungen zwischen einem Verantwortlichen und seinen an der Datenverarbeitung beteiligten Partnerunternehmen (B2B) oder seinen Nutzern (B2C).

c) Adressaten möglicher Maßnahmen

309 Erwgr. 49 nennt explizit **Behörden, die Betreiber elektronischer Kommunikationsnetze und -dienste,** ggf. als Dienstleister von den Verantwortlichen einbezogene **Computer Notdienste** (Computer Emergency Response Teams – CERT oder Computer Security Incident Response Teams – CSIRT) oder die **Anbieter von Sicherheitstechnologien** als Stellen, die sich auf ein berechtigtes Interesse zur Datenverarbeitung für die Netz- und Informationssicherheit berufen können. Weitere Stellen nennt der Erwägungsgrund nicht. Er macht auch nicht klar, ob es sich um eine abschließende oder eine beispielhafte Aufzählung handelt, etwa durch einfügen des Wortes „insbesondere" in der Aufzählung. Die Verordnung selbst lässt mit ihrer generalklauselartigen Formulierung eines berechtigten Interesses für den Verantwortlichen oder einen Dritten in Art. 6 Abs. 1 S. 1 lit. f DSGVO jedoch reichlich Spielraum für eine weite Auslegung des Kreises Berechtigter, so dass sich **auch andere Stellen** auf ein berechtigtes Interesse zur Datenverarbeitung zwecks Netz- und Informationssicherheit berufen können. Die Aufzählung in Erwgr. 49 ist **nicht abschließend** für die Interpretation der möglicherweise berechtigten Stellen gemäß der Verordnung.

310 Die Begriffe des **elektronischen Kommunikationsnetzes und -dienstes** (→ B. I. Rn. 77 ff.) werden in der Datenschutz-Grundverordnung nicht definiert, finden sich jedoch in Art. 4 Abs. 1 lit. b des Kommissionsentwurfs der **E-Privacy-Verordnung.**[334] Dieser verweist auf die Definitionen in Art. 2 des Entwurfs der Richtlinie über den **europäischen Kodex** für die elektronische Kommunikation.[335]

311 Nach Art. 2 Nr. 1 des Entwurfs des europäischen Kodex sind **elektronische Kommunikationsnetze** im Wesentlichen **Übertragungssysteme,** ungeachtet dessen, ob sie auf einer permanenten Infrastruktur oder zentralen Verwaltungskapazität basieren und unabhängig von der Art der übertragenen Informationen. Die Datenschutz-Grundverordnung wendet sich daher an klassische **Telekommunikations-Diensteanbieter** einschließlich der Betreiber nicht permanenter Infrastrukturen, beispielsweise von **temporären Netzen,** bei denen Verbindungen nur für den Zeitraum der Datenübertragung aufgebaut werden.

312 Art. 2 Nr. 4 des Entwurfs des europäischen Kodex definiert weiterhin **elektronische Kommunikationsdienste** als gewöhnlich gegen Entgelt über elektronische Kommunikationsnetze erbrachte Dienste, die „'Internetzugangsdienste' [...] und/oder 'interpersonelle Kommunikationsdienste' und/oder Dienste umfasst, die **ganz oder überwiegend in der Übertragung von Signalen** [...]" wie Übertragungsdienste die für die Maschine-Maschine-Kommunikation und für den Rundfunk genutzt werden, jedoch ausgenommen Dienste, die Inhalte über elektronische Kommunikationsnetze und

---

334 Entwurf einer Verordnung der Europäischen Parlaments und des Rates über die Achtung des Privatlebens und den Schutz personenbezogener Daten in der elektronischen Kommunikation und zur Aufhebung der Richtlinie 2002/58/EG (Verordnung über Privatsphäre und elektronische Kommunikation) vom 10.1.2017, 2017/0003 (COD).

335 Entwurf einer Richtlinie Europäischen Parlaments und des Rates über den europäischen Kodex für die elektronische Kommunikation vom 12.10.2016, 2016/0288 (COD).

-dienste anbieten oder eine redaktionelle Kontrolle über sie ausüben. Durch das Einbeziehen der interpersonellen Kommunikationsdienste fallen auch **Over-the-Top-Kommunikationsdienste** (→ B. III. Rn. 278 ff.) unter den Begriff der elektronischen Kommunikationsdienste und die Regelungen der Datenschutz-Grundverordnung. Dies betrifft beispielsweise Dienste zur Voice-Over-IP-Telefonie, zur Sofortnachrichtenübermittlung (Instant Messaging), etwa **WhatsApp** und **Threema**, sowie webgestütze E-Mail Dienste,[336] wie beispielsweise **Gmail** oder **gmx.**

Webdienste, die selbst **Inhalte** über das Internet zur Verfügung stellen, beispielsweise   313
medialen Content oder Waren und Dienstleistungen, sind dagegen keine elektronischen Kommunikationsdienste. Für sie gelten die **allgemeinen Bestimmungen** der Datenschutz-Grundverordnung zur Sicherheit der Verarbeitung, vor allem nach Art. 32 DSGVO (→ B. IV. Rn. 36 ff.) aber auch allgemein nach Art. 6 Abs. 1 S. 1 lit. f DSGVO unter Berücksichtigung der Indizien, die den Erwägungsgründe zu entnehmen sind. Für Maßnahmen der Anbieter von Webdiensten ist zudem das Urteil des **Europäischen Gerichtshofs** zu berücksichtigen, wonach ein Anbieter personenbezogene Daten, insbesondere IP-Adressen, nicht nur zur Ermöglichung der Inanspruchnahme eines Dienstes oder dessen Abrechnung erheben und verwenden darf, sondern auch um dessen generelle **Funktionsfähigkeit** zu gewährleisten.[337]

Als **Anbieter von Sicherheitstechnologien** kommen beispielsweise Dienstleister zur   314
Abwehr von Malware und Spam in Betracht. Häufig werden Datenübermittlungen über deren Systeme – gegebenenfalls teilweise – umgeleitet und damit die umgeleiteten Daten aufgrund der enthaltenen E-Mail- und IP-Adressen personenbezogen verarbeitet. Zu denken ist auch an die Anbieter intelligenter **Next Generation Firewalls** und **Filtersysteme,** die ebenfalls Daten im Rahmen des Übermittlungsvorgangs verarbeiten. Auch Anbieter von Komponenten und Diensten eines **Virtual Private Networks** sind typische Anbieter einer Sicherheitstechnologie, die mit personenbezogenen Daten der Nutzer in Kontakt kommen, beispielsweise mit Zugangsdaten und IP-Adressen. Weiterhin kommt eine personenbezogene Datenverarbeitung bei Anbietern in Betracht, bei denen ausführbarer Code, beispielsweise aus E-Mail Attachments, in einer sicheren **Sandbox-**Umgebung ausgeführt und auf Malware getestet werden kann. Entsprechendes gilt für Anbieter, die ein **URL-Rewriting** und eine Prüfung der Zieladressen auf Malware anbieten. Bei dieser Technologie werden URL in E-Mails oder anderen Dokumenten auf eine sichere Umgebung geändert und es wird erst im Zeitpunkt des Öffnens der URL geprüft, ob das Ziel Malware enthält. Damit können auch Manipulationen zu einem späteren Zeitpunkt als beispielsweise dem Zugang einer E-Mail auf einem Mailserver erkannt werden, sofern Zieladressen erst später manipuliert werden, um zu verhindern, dass ein Malware-Scanner schon bei der Übermittlung eine Gefährdung erkennt. Schließlich sind Anbieter von **Intrusion Detection Systemen** (IDS), von **Security Information and Event Management Systemen** (SIEM-Systeme) und Anbieter, die eine **Deep Packet Inspection** (DPI) vornehmen, typische Anbieter von Sicherheitstechnologien zum Schutz von IT-Infrastrukturen, die

---

336 VG Köln MMR 2016, 141 zu Gmail.
337 EuGH, Urt. v. 19.10.2016 – C 582/14, Rn. 50 ff.

Roland Steidle   329

personenbezogene Daten verarbeiten. Insbesondere die letzte Gruppe der Anbieter verarbeitet umfangreich personenbezogene Daten, da die genannten Systeme in der Regel den gesamten Datenverkehr und nicht nur einzelne IP-Pakete auswerten können.[338]

315 **Computer Emergency Response Teams** (CERT, oft gleichbedeutend mit CSIRT verwendet) sind Gruppen von IT-Experten, die präventiv und reaktiv Maßnahmen bei sicherheitsrelevanten Vorfällen in Computer-Systemen vorschlagen, bei deren Umsetzung unterstützen oder diese selbst ergreifen.[339] CERTs bestehen für Bundesbehörden, beispielsweise das CERT-Bund, bei Universitäten, wie der Universität Stuttgart, dem Deutschen Forschungsnetzwerk (DFN) sowie in der Privatwirtschaft.

316 Letztlich nennt Erwgr. 49 **Behörden** als Stellen, die ein berechtigtes Interesse und ein Recht zur Datenverarbeitung zum Zweck der Netz- und Informationssicherheit haben können.[340] Der Anwendungsbereich für Behörden ist allerdings nur schwer erkennbar, da Art. 6 Abs. 1 S. 1 lit. f DSGVO nach S. 2 nicht für Datenverarbeitungen der Behörden in Erfüllung ihrer Aufgaben gilt. Es scheint fraglich, ob eine Behörde außerhalb ihres Aufgabenbereichs überhaupt ein Recht haben kann, personenbezogene Daten mit den damit einhergehenden Grundrechtseingriffen zu verarbeiten. Die Nennung von Behörden hat damit einen **Auffangcharakter**.

317 Eine Verarbeitung personenbezogener Daten der **Behörden** speziell zu Zwecken der **öffentlichen Sicherheit** ist ferner bereits nicht Gegenstand der Datenschutz-Grundverordnung und des Erwgr. 49 und wird in diesem Kapitel nicht weiter behandelt. Eine dahingehende Datenverarbeitung der öffentlichen Hand fällt nach Art. 2 Abs. 2 lit. d DSGVO **nicht in den sachlichen Anwendungsbereich** der Datenschutz-Grundverordnung. Aufgrund zahlreicher Öffnungsklauseln in der Datenschutz-Grundverordnung finden sich die Verarbeitungsgrundlagen zur Gewährleistung der öffentlichen Sicherheit durch **Privatunternehmen** in der Regel in nationalen Fachgesetzen der Mitgliedstaaten, beispielsweise im Gesetz über das Bundesamt für Sicherheit in der Informationstechnik (BSIG), im Gesetz über die friedliche Verwendung der Kernenergie und den Schutz gegen ihre Gefahren (Atomgesetz), im Gesetz über die Elektrizitäts- und Gasversorgung (Energiewirtschaftsgesetz – EnWG) oder im Telekommunikationsgesetz (TKG).

318 In **nationalen Regelungen** sind insbesondere bestimmte Verarbeitungspflichten der **privaten Betreiber kritischer Infrastrukturen** (KRITIS) geregelt, welche neben anderen Infrastrukturteilen auch die Netz- und Informationssicherheit betreffen können.[341] Nach § 5 der BSI-Kritisverordnung in Verbindung mit Anhang 4 Teil 3 werden zum Beispiel kritische Dienstleistungen im **Sektor Informationstechnologie und Telekommunikation** wegen ihrer besonderen Bedeutung für das Funktionieren des Gemeinwesens geregelt, beispielsweise zur Übertragung von Sprache oder Daten durch Betrei-

---

338 *Krügel* MMR 2017, 795 (796), auch zur Problematik, wenn Daten verarbeitet werden, die unter das Fernmeldegeheimnis nach § 88 TKG fallen.
339 So zB zum CERT-Bund unter www.bsi.bund.de/DE/Themen/Cyber-Sicherheit/Aktivitaeten/CERT-Bund/certbund_node.html.
340 Zum Schutz der IT der öffentlichen Verwaltung *Schallbruch* CR 2017 648 (653).
341 Zum Schutz kritischer Infrastrukturen und staatlicher IT-Systeme *Schallbruch* CR 2017, 648.

ber elektronischer Kommunikationsdienste oder zur Datenspeicherung in Rechenzentren bei Erreichen bestimmter Teilnehmerzahlen oder Schwellenwerte. Hieran knüpfen sich für die jeweiligen Betreiber bestimmte Pflichten außerhalb der Datenschutz-Grundverordnung an, beispielsweise zur Umsetzung angemessener technischer und organisatorischer Vorkehrungen nach § 8 a BSIG. Entsprechende Pflichten treffen die **Anbieter Digitaler Dienste** nach § 8 c Abs. 1 und 2 BSIG, das heißt **Online-Marktplätze, Online-Suchmaschinen** und **Cloud-Computing-Dienste** nach § 2 Nr. 11 BSIG. Sofern sich aus solchen Fachgesetzen Verarbeitungspflichten ergeben, kann die Verarbeitung personenbezogener Daten nach Art. 6 Abs. 1 S. 1 lit. c DSGVO zur Erfüllung einer rechtlichen Verpflichtung gerechtfertigt sein.

d) Risiken für die Netz- und Informationssicherheit

Die Risiken für die Netz- und Informationssicherheit im Internet sind vielfältig und in kurzen Abständen werden immer neue Angriffe oder Varianten erkennbar. Diese führen sowohl zu Datenschutzbeeinträchtigungen der Nutzer als auch zu geschätzten finanziellen Schäden in Milliarden-Höhe bei Unternehmen.[342] Typische Risiken beim Betrieb elektronischer Kommunikationsnetze und -dienste sind beispielsweise

- **Malware** oder sog **Computer-Viren**, die Kommunikationsnetze und -dienste sowie Computer und Endgeräte schädigen, unberechtigte Datenzugriffe ermöglichen oder vorbereiten,
- **Spam-E-Mails**, die bei massenhaftem Versand zu einer Einschränkung der Verfügbarkeit von Kommunikationsnetzen und -diensten führen können,
- **Trojaner**, die unbemerkt Software auf einem (Kommunikations-)System installieren und vor allem unberechtigte Datenübermittlungen oder -zugriffe ermöglichen oder vorbereiten,
- Spezielle **Erpressungstrojaner** oder sog **Ransomware** (zum Beispiel „WannaCry" oder „Petya"),[343] die Daten von (Kommunikations-)Systemen verschlüsseln und eine berechtigte Nutzung unterbinden, bis der Verfügungsberechtigte sich „freikauft",
- **Denial of Service (DoS)-Angriffe**, um Serversysteme gezielt durch eine Vielzahl von Anfragen zu überlasten (gegebenenfalls unter Verwendung sehr vieler verteilter Rechner, sogenannte Distributed Denial of Service-Angriffe),
- Kontrollverlust über (Kommunikations-)Systeme, um Rechner in einem **Botnetz** fremd zu steuern, das dann zu verschiedenen, meist illegalen Zwecken, wie beispielsweise der Steuerung von DDoS-Angriffen verwendet wird,

319

---

342 Sehr ausführlich zu den Formen und Methoden des Cybercrime *Kochheim* 2015, Kap. 3 bis 17; *Bruhns* DSB 2017, 212; *Klein-Henning/Schmidt* DuD 2017, 605; *Gehrmann/Klett* K&R 2017, 372; *Gundlach/Weidenhammer* DuD 2018 106 (108 f.); s. auch die Studien Security Bilanz Deutschland 2017 der Techconsult, unter www.security-bilanz.de oder die Umfrage der Bitkom Research aus Juli 2017 unter www.bitkom.org/Presse/Presseinformation/Spionage-Sabotage-Datendiebstahl-Deutscher-Wirtschaft-entsteht-jaehrlich-ein-Schaden-von-55-Milliarden-Euro.html; ausführlich zu Risiken für die Informationssicherheit *Steidle/Pordesch* 2012, 9 ff.; weitere Risiken wie bspw. der Diebstahl von Identitäten, das Anlagen von Fake-Identitäten oder gefälschten Bewertungen bei Webdiensten werden unter → B. III. Rn. 349 ff. behandelt.
343 *Kipker* MMR-Aktuell 2017, 394677 verweist auf die Jahresansprache des Kommissionspräsidenten an das EU Parlament vom 13.9.2017, wonach es allein mehr als 4.000 Ransomware-Angriffe pro Tag in der EU gebe.

- Installation von **Backdoors** in Software aber auch Hardware, das heißt die heimliche Ermöglichung eines Fernzugriffs mit entsprechenden Möglichkeiten, auf Daten zuzugreifen oder einen Datenabfluss herbeizuführen,
- Ausnutzen von noch nicht veröffentlichten Sicherheitslücken, sogenannten **Exploits.**

320 Erwgr. 49 greift diese Risiken in einer allgemeinen Formulierung auf. S. 1 nennt lediglich **Störungen** und widerrechtliche oder mutwillige **Eingriffe** in die Verfügbarkeit, Authentizität, Vollständigkeit und Vertraulichkeit von gespeicherten oder übermittelten **personenbezogenen Daten** als abzuwehrende Risiken und verzichtet auf Detailausführungen. Dies ist angesichts sich ständig weiterentwickelnder neuer Angriffsszenarien auf elektronische Netze und Dienste nachvollziehbar und sinnvoll. Weiterhin bezieht sich S. 1 auf die klassischen Schutzgüter der IT-Sicherheit,[344] wie sie beispielsweise auch Art. 32 Abs. 1 lit. b DSGVO oder das Bundesamt für Sicherheit in der Informationstechnik (BSI) mit dem IT-Grundschutz oder dem, damit kompatiblen, Standard der ISO 27001[345] fordern.

321 Darüber hinaus erwähnt S. 1 die Risiken für die mit der Speicherung oder Übermittlung personenbezogener Daten **zusammenhängenden Dienste,** die über diese Netze oder Informationssysteme **angeboten** werden oder **zugänglich** sind. Diese Dienste sind zunächst die elektronischen Kommunikationsdienste, die der Speicherung oder Übermittlung personenbezogener Daten unmittelbar zugrunde liegen, das heißt mit denen die betreffende Datenspeicherung oder Übermittlung angeboten wird. Nach dem Wortlaut sind weitergehend aber auch solche Dienste im Netz erfasst, die mit der Datenspeicherung und -übermittlung nur zusammenhängen und über die Netze oder Informationssysteme zugänglich sind. Dies können beispielsweise andere Systeme in demselben Netz sein, die über eine Schnittstelle zur Datenübermittlung verbunden sind und daher durch **Rückwirkungseffekte** beeinträchtigt werden können. Zu denken ist beispielsweise an verbundene Dienste in einem abgrenzbaren Netz wie einem Intranet. Mit Blick auf die Betreiber öffentlicher Kommunikationsnetze können Risiken durch Rückwirkungseffekte bei allen Diensten auftreten, die über deren Netze zugänglich sind.

322 Neben der Abwehr der allgemein bezeichneten Risiken für die IT-Sicherheit nennt Erwgr. 49 S. 2 konkret die Verhinderung eines **unbefugten Zugangs** zu elektronischen Kommunikationsnetzen, die Verhinderung der Verbreitung **schädlicher Programmcodes,** die Abwehr einer **gezielten Überlastung** von Servern (Denial of Service-Angriff) und einer **Schädigung** von Computer- und elektronischen Kommunikationssystemen als Risiken. Diese Ausführungen können als klarstellende Konkretisierung der allgemeinen Ausführungen in S. 1 verstanden werden.

e) Datenverarbeitung gemäß Art. 6 Abs. 1 S. 1 lit. f DSGVO

323 Die Frage der Zulässigkeit einer Datenverarbeitung stellt sich grundsätzlich nur, wenn diese **personenbezogen** erfolgt. Ohne einen Personenbezug im Sinne von Art. 4

---

344 Roßnagel/*Barlag* 2017 § 3 Rn. 193.
345 S. unter www.bsi.bund.de/DE/Themen/ZertifizierungundAnerkennung/Managementsystemzertifizierung/ Zertifizierung27001/GS_Zertifizierung_node.html.

Nr. 1 DSGVO bestehen keine datenschutzrechtlichen Zulässigkeitsanforderungen nach der Datenschutz-Grundverordnung.[346]

Eine Verarbeitung personenbezogener Daten zur Abwehr der genannten Risiken   324
kann ein berechtigtes Interesse im Rahmen des Art. 6 Abs. 1 S. 1 lit. f DSGVO darstellen. Dabei ist für die weitergehende Frage, ob eine Verarbeitung personenbezogener Daten zulässig ist, zu berücksichtigen, dass alleine das Vorliegen eines **berechtigten Interesses** (→ Rn. 325 ff.) bei dem Verantwortlichen nicht ausreichend ist. Hinzutreten muss, dass die Datenverarbeitung zu Zwecken der Netz- und Informationssicherheit nach Erwgr. 49 S. 1 **unbedingt notwendig und verhältnismäßig** ist (→ Rn. 334 f.). Außerdem dürfen die Interessen oder Grundrechte und Grundfreiheiten der betroffenen Person, die den Schutz personenbezogener Daten erfordern, **nicht überwiegen**[347] (→ Rn. 336 ff.).

f) Berechtigte Interessen zur Datenverarbeitung zwecks Abwehr von Risiken

Bei dem Versuch, die Interessen der betroffenen Person und des Verantwortlichen bei   325
einer Verarbeitung zur Netz- oder Informationssicherheit zu konkretisieren, ist zu berücksichtigen, dass bestehende und bekannte Rechtsauslegungen durch nationale Gerichte und Aufsichtsbehörden zum Bundesdatenschutzgesetz nicht ohne Weiteres für die Datenschutz-Grundverordnung übernommen werden können.[348] Dies ist anzunehmen, selbst wenn Begrifflichkeiten gleichbleiben und eine vertraute Abwägung der verschiedenen Interessen gefordert wird. Die künftige Rechtsauslegung ist vielmehr nach **europäischen Grundsätzen** vorzunehmen. Das heißt sie erfolgt in erster Linie durch den **Europäischen Gerichtshof** und den **Europäischen Datenschutzausschuss**. Es ist allerdings nicht zu erwarten, dass zum 25.5.2018 Leitlinien oder Empfehlungen zur einheitlichen Anwendung der Datenschutz-Grundverordnung durch den Datenschutzausschuss in größerem Umfang bestehen, die dieser nach Art. 70 DSGVO bereitstellen kann. Es herrscht daher eine erhebliche praktische Unsicherheit in der Rechtsauslegung. Die folgenden Ausführungen stellen daher in erster Linie **Argumentationshilfen** und Prognosen dar, inwieweit einzelne Maßnahmen zulässig sein können.

aa) Präventive Maßnahmen und Tests

Die in Erwgr. 49 genannten Adressaten können zunächst ganz allgemein ein berech-   326
tigtes Interesse daran haben, ihre eigenen Netz- und Informationssysteme präventiv[349] **zur Abwehr** der beschriebenen **Risiken** zu **härten**, einen bestimmten Grad an **Zuverlässigkeit** zu erreichen und **Rückwirkungen** im Falle von Störungen oder Eingriffen auf zusammenhängende Systeme in ihrem Kommunikationsnetz zu unterbinden. Hierzu können auch Tests zulässig sein, beispielsweise **Penetrationstests** und le-

---

346 Dagegen können sich Anforderungen aus der E-Privacy-Verordnung ergeben, die in Art. 8 Abs. 1 mit dem Tatbestandsmerkmal der „Nutzung der Verarbeitungs- und Speicherfunktionen von Endeinrichtungen" und der „Erhebung von Informationen aus Endeinrichtungen der Endnutzer" nicht auf das Vorliegen personenbezogener Daten abstellt.
347 Paal/Pauly/*Frenzel* DSGVO Art. 6 Rn. 27, 31; *Wybitul* 2017 Rn. 265.
348 VG Karlsruhe 6.7.2017 – 10 K 7698/16, BB 2017, 2449 zu Löschfristen nach der DSGVO.
349 *Härting* 2017 Rn. 423, 439 ff. spricht von der Vermutung eines berechtigten Interesses bei der Verfolgung präventiver Abwehrzwecke.

gitimierte **Hacker-Angriffe** sowie **Portscans** um die Sicherheit von Netz- und Informationssystemen zu prüfen.

bb) Zutritts-, Zugangs- und Zugriffskontrolle

327 S. 2 des Erwägungsgrundes nennt dazu Konkretisierungen, die jedoch einige **Unschärfen** enthalten, welche die Auslegung der berechtigten Interessen erschweren können. Geht man von den bekannten Begriffen des Zutritts-, Zugangs- und Zugriffsschutz der Anlage zu § 9 BDSG aF Nr. 1 bis 3 aus – wobei nochmals darauf hinzuweisen ist, dass die Rechtsauslegung des Bundesdatenschutzgesetz aF nicht einfach für die Datenschutz-Grundverordnung übernommen werden kann – so stellt sich die Frage, ob unter den **unbefugten Zugang** im Sinne des Erwägungsgrundes auch Datenverarbeitungen zum Zweck des Schutzes vor einem **unbefugten Zutritt** und zur Gewährleistung der **Zugriffskontrolle** gefasst werden können. Dies können beispielsweise elektronische Zutrittssysteme zu Serverräumen oder Anwendungen zur Konfiguration der Zugriffsrechte von Anwendern sein. Speziell zur Gewährleistung des Zugriffsschutzes kommen unter anderem Werkzeuge wie Monitoring-Tools, Intrusion Detection Systeme, Security Information and Event Management Systeme und Firewalls in Betracht.

328 Nach dem Sinn und Zweck der Cybersicherheitsstrategie der Europäischen Union (→ Rn. 305), die Netz- und Informationssicherheit auch im Rahmen von Art. 6 Abs. 1 S. 1 lit. f DSGVO umfassend gegen Störungen und mutwillige Eingriffe zu schützen, ist das anzunehmen. Der Zugangsschutz ist demnach als ein **Oberbegriff** für den Schutz auch vor unbefugtem Zutritt und unbefugtem Zugriff zu verstehen. Es würde dem Schutzzweck nicht gerecht, wenn lediglich Datenverarbeitungen zum Schutz vor einem unberechtigten Zugang zu Systemen im Sinne der Anlage zu § 9 BDSG aF ein berechtigtes Interesse darstellen würden.

cc) Protokollieren von IP-Adressen

329 IP-Adressen sind nach der Rechtsprechung des Europäischen Gerichtshofs[350] personenbezogene Daten (→ B. I. Rn. 3 ff.). Die sehr enge Erlaubnisnorm zur Verarbeitung des bis zum 25.5.2018 geltenden § 15 TMG ist nach dem Europäischen Gerichtshof bezüglich Art. 7 lit. f DSRL richtlinienkonform auszulegen. Das heißt eine Verarbeitung muss auf Basis einer Interessenabwägung zulässig sein, um die „generelle **Funktionsfähigkeit**" der Dienste zu gewährleisten. Zur Funktionsfähigkeit gehört auch die Abwehr von Angriffen auf die Netz- und Informationssicherheit. Eine dahingehende personenbezogene Datenverarbeitung hat der Bundesgerichtshof[351] in der Folge als grundsätzlich geeignet und im Übrigen zulässig bewertet, soweit sie im Einzelfall erforderlich ist.[352] Eine Erforderlichkeit kann insbesondere zur **Identifizierung** einzelner Server, über die Angriffe erfolgen, und zu deren **Filterung** über IP-Listen gegeben sein. Sofern die Erforderlichkeit einer konkreten Maßnahme vorliegt, muss nach der Rechtsprechung in einem zweiten Schritt geprüft werden, ob das Sicherheitsinteresse des Betreibers das Persönlichkeitsrecht des Nutzers überwiegt. Je größer der „An-

---

350 EuGH 19.10.2016 – C-582/14.
351 BGH 16.5.2017 – VI ZR 135/13.
352 Kritisch zur Erforderlichkeit einer Speicherung ungekürzter IP-Adressen zur Abwehr von DDoS-Attacken *Krügel* MMR 2017, 795 (796), aber ohne Ausführungen zur Erforderlichkeit bzgl. der Abwehr anderer Angriffe.

griffsdruck" ist, umso eher kann die Speicherung zulässig sein.[353] Dabei sind Art und Umfang erfolgter und drohender Angriffe zu berücksichtigen.[354] Dieses Ergebnis ist sachgerecht und dürfte auch im Rahmen der Interessenabwägung nach Art. 6 Abs. 1 S. 1 lit. f DSGVO Bestand haben.

Zur **Dauer** einer zulässigen Speicherung hat sich der **Bundesgerichtshof nicht geäu-** **330** ßert. Im zugrundeliegenden Verfahren stand eine Speicherung von drei Monaten durch eine Webseite des Bundes im Raum. In der **Praxis** sind Speicherdauern von **ein bis drei Monaten** verbreitet und üblich. In größeren Betrieben sind solche Zeiträume auch erforderlich, um Angriffe überhaupt erkennen und den Umgang damit koordinieren zu können.

dd) Verhinderung der Verbreitung von Malware und Spam

Weiterhin stellt sich die Frage, ob in S. 2 des Erwägungsgrundes mit der Verbreitung **331** **schädlicher Programmcodes** lediglich Malware oder Trojaner bezeichnet werden, zum Beispiel ausführbarer Programmcode mit einem Inhalt, der Kommunikationsnetze oder ihre Komponenten physisch schädigen kann, oder auch in diesem Sinne unschädliche Inhalte, die als Spam qualifiziert werden können und einen „lediglich" störenden oder belästigenden Charakter haben. Die Beantwortung dieser Frage spielt keine Rolle bei **Massen-Spam**, da Angriffe auf die **Verfügbarkeit** von Daten oder Diensten als Risiko genannt werden, für dessen Abwehr ein berechtigtes Interesse besteht. Dies ergibt sich aus Erwgr. 49 S. 2, der exemplarisch die Abwehr von Denial of Service-Attacken nennt. Damit bleibt es bezüglich Massen-Spam bei der bekannten Rechtslage nach § 100 Abs. 1 TKG, wonach Spam-Mails jedenfalls dann abgewehrt werden dürfen, wenn damit eine Verfügbarkeitsbeeinträchtigung einhergeht.

Offen bleibt jedoch nach Erwgr. 49, ob auch die Abwehr von Spam-Mails, die – **332** mangels Masse oder aufgrund der Robustheit des konkreten Kommunikationsnetzes – **keine Verfügbarkeitsbeeinträchtigung** in einem System hervorrufen, ein berechtigtes Interesse darstellen kann, um diese etwa automatisiert zu filtern oder in Quarantäne zu nehmen.[355] Dies ist bei der Interessenabwägung ebenfalls anzunehmen, da sich die Frage, ob ein berechtigtes Interesse vorliegt, nach Art. 6 Abs. 1 S. 1 lit. f DSGVO bestimmt und nicht aufgrund der **nicht abschließenden Indizien** in den Erwägungsgründen. Ein Verantwortlicher kann daher auch ein berechtigtes Interesse daran haben Spam-Mails abzuwehren, die keine oder nur geringe Verfügbarkeitsbeeinträchtigung hervorrufen. Dies kann beispielsweise der Fall sein, um bestimmte **graduelle Vorgaben** einzuhalten, etwa ein bestimmtes Verhältnis von Spam zu ordnungsgemäßen E-Mails, oder um einen **ungestörten Arbeitsablauf** zu gewährleisten. Daneben kann das Filtern oder in Quarantäne nehmen Spam verdächtiger E-Mails auch aufgrund der vernünftigen Erwartungen der Betroffenen im Sinne des Erwgr. 47 S. 1 ein berechtigtes Interesse darstellen.

---

353 BGH 16.5.2017 – VI ZR 135/13 Rn. 41.
354 Der Fall Breyer wurde vom Bundesgerichtshof an das Landgericht Berlin zurückverwiesen um festzustellen, ob diese Voraussetzungen vorliegen.
355 Das Blockieren von Spam anhand nicht vertrauenswürdiger Sendenetzwerke oder IP-Adressen ist dagegen bereits keine personenbezogene Verarbeitung.

ee) Nur potenziell gefährliche E-Mails und Attachments

333 Ähnlich verhält es sich beim Umgang mit nur **potenziell gefährlichen E-Mails**. Potenziell gefährlich können E-Mails sein, die Attachments mit nur möglicherweise schädlichem Programmcode oder mit Hyperlinks im Mailbody auf Webseiten mit möglicherweise schädlichem Inhalt enthalten. In solchen Fällen kann ein berechtigtes Interesse nach Art. 6 Abs. 1 S. 1 lit. f DSGVO für personenbezogene Verarbeitungen zwecks Gewährleistung der Netz- und Informationssicherheit bestehen. Zu denken ist beispielsweise an ein Filtern oder in Quarantäne nehmen im Kontext konkreter **Angriffswellen**, wie zum Beispiel bei den sog „**Bewerbungs-Mails**" oder „**CEO-Mails**", die den Empfänger zum Öffnen von Attachments verleiten sollen. Ergeben sich Anhaltspunkte für eine Beeinträchtigung der Netz- und Informationssicherheit aus dem Kontext einer potenziell gefährlichen E-Mail, liegt das berechtigte Interesse darin, die Verbreitung potenziell schädlichen Programmcodes zu verhindern. Attachments mit ausführbaren Code, wie er beispielsweise in Dokumenten mit den Formaten *.doc oder *.docm vorhanden ist, dürfen dann im Einzelfall gefiltert und gegebenenfalls weiter untersucht werden. Dabei ist der Grundsatz der Datenminimierung nach Art. 5 Abs. 1 lit. c DGSVO besonders zu berücksichtigen. Das heißt ein im Einzelfall bestehendes Interesse darf nicht derart verstanden werden, dass auch ohne konkrete Anhaltspunkte für eine potenzielle Gefahr alle möglichen personenbezogenen Daten eingesehen werden.

g) Unbedingte Erforderlichkeit

334 Die Verarbeitung personenbezogener Daten zur Netz- und Informationssicherheit soll in allen Fällen nur in dem Maße ein berechtigtes Interesse des Verantwortlichen darstellen, wie es für die Gewährleistung der Netz- und Informationssicherheit gemäß Erwgr. 49 **unbedingt notwendig und verhältnismäßig** ist. Nach dem aus dem Bundesdatenschutzgesetz aF bekannten Grundsatz der Erforderlichkeit ist eine Verarbeitung personenbezogener Daten dann erforderlich, wenn sie ein geeignetes Mittel zur Zweckerreichung ist, für das es keine sinnvolle und zumutbare Alternative gibt.[356] Es stellt sich die Frage, ob das Hinzufügen des Wortes „unbedingt" zu einer inhaltlichen Verschärfung des in der Datenschutz-Grundverordnung enthaltenen Prinzips der **Datenminimierung** führen soll. Angesichts der nach dem Bundesdatenschutzgesetz aF im Vergleich zum europäischen Datenschutzrecht ohnehin hohen Schwelle zur Annahme der Erforderlichkeit, ist dies bereits inhaltlich schwer vorstellbar. Aus **Erwgr. 39**, welcher sich auf die Grundsätze der Datenverarbeitung in Art. 5 DSGVO bezieht, kann ebenfalls nichts anderes geschlossen werden. Danach muss eine Verarbeitung lediglich auf das „notwendige Maß beschränkt sein." Personenbezogene Daten sollten ferner nur verarbeitet werden dürfen, wenn der Zweck der Verarbeitung nicht „in zumutbarer Weise durch andere Mittel" erreicht werden kann. Insofern ist davon auszugehen, dass das Merkmal der unbedingten Notwendigkeit nach der Datenschutz-Grundverordnung der Erforderlichkeit nach Bundesdatenschutzgesetz aF im Grundsatz entspricht und nur klarstellenden Charakter hat.

---

356 Simitis/*Simitis* BDSG 2014 § 28 Rn. 108; vgl. auch BGH, NJW 1984 1886 (1887).

Roland Steidle

Weiterhin führt der Vorbehalt, dass die Datenverarbeitung auch „verhältnismäßig" 335
sein muss, ebenfalls nicht zu inhaltlichen Änderungen, da der Verhältnismäßigkeitsgrundsatz von Verfassung wegen aufgrund der Schrankenfunktion der Datenschutzvorschriften ohnehin gilt (→ A. II. Rn. 13, 22).

h) Überwiegende Interessen der betroffenen Person

Überwiegende Interessen der betroffenen Person können insbesondere vorliegen, 336
wenn es sich bei ihr um ein Kind handelt. Art. 6 Abs. 1 S. 1 lit. f DGVO nennt diesen
Regelfall explizit, wobei der Verordnungsgeber vermutlich andere Verarbeitungszwecke als die auch Kindern zugutekommende Gewährleistung der Netz- und Informationssicherheit vor Augen gehabt haben dürfte, beispielsweise Werbung gegenüber
Kindern. Sofern ein Betreiber daher personenbezogene Daten zu Zwecken der Netz-
und Informationssicherheit außerhalb der Pflichten des Art. 32 DSGVO verarbeiten
möchte, dürfte ausnahmsweise kein Fall vorliegen, in dem die Interessen eines – ordnungsgemäß bei einem Webdienst angemeldeten – Kindes gegenüber dem Verarbeitungsinteresse des Anbieters überwiegen. In solchen Fällen sollte ein Hinweis bei der
Registrierung auf die Verarbeitung zu Zwecken der Netz- und Informationssicherheit
genügen. Möglich ist zwar auch eine Einwilligung ab dem vollendeten 16. Lebensjahr
nach Art. 8 Abs. 1 DSGVO, für eine Datenverarbeitung jüngerer oder dem Alter nach
nicht verifizierter Nutzer eines Dienstes hilft dies aber nicht.

Weitere Fälle überwiegender Interessen der betroffenen Person im Rahmen der Ge- 337
währleistung der Netz- und Informationssicherheit nach Art. 6 Abs. 1 S. 1 lit. f
DSGVO können zum Beispiel eine außergewöhnlich umfangreiche Profilbildung, eine
Datenverarbeitung zu weiteren gleichzeitig verfolgten Zwecken oder die Verarbeitung
sehr vieler oder besonderer Kategorien personenbezogener Daten sein. In diesen Fällen kann die Datenverarbeitung im Rahmen von Art. 6 Abs. 1 S. 1 lit. f DSGVO trotz
des grundsätzlich legitimen Interesses, die Netz- und Informationssicherheit zu gewährleisten, unzulässig sein.

Umgekehrt überwiegen die Interessen der betroffenen Person selbst bei einer Verar- 338
beitung besonderer Kategorien personenbezogener Daten nicht, wenn die betroffene
Person diese gemäß Art. 9 Abs. 2 lit. e DSGVO offensichtlich öffentlich gemacht hat,
beispielsweise. durch Veröffentlichung auf frei zugänglichen Webseiten im Internet.
Erst recht überwiegen ihre Interessen dann nicht, wenn sie keine besonderen Kategorien personenbeziehbarer Daten offensichtlich veröffentlicht hat. In der Praxis bleibt
abzuwarten, welche Anforderungen an das Kriterium der Offensichtlichkeit gestellt
werden.

i) Grad der Zuverlässigkeit als Maßstab

Erwgr. 49 stellt nicht auf den Stand der Technik ab, wie es zahlreiche Grundlagen 339
nach aktueller Rechtslage regeln, beispielsweise § 13 Abs. 7 TMG oder § 109 Abs. 1
TKG oder Art. 32 DSGVO. Stattdessen indiziert der Erwägungsgrund das Vorliegen
eines berechtigten Interesses um einen vorgegebenen Grad der Zuverlässigkeit mit
dem Ziel zu gewährleisten, Störungen oder Eingriffe abzuwehren. Dies deutet auf die
Intention des Erwägungsrundes hin, der anscheinend keine bloße Ergänzung von Si-

cherungspflichten nach Art. 32 DSGVO über ein Recht zur Datenverarbeitung nach Art. 6 Abs. 1 S. 1 lit. f DSGVO bezweckt. Der Erwägungsgrund spricht den Verantwortlichen vielmehr ein berechtigtes Interesse zu, einen bestimmten und vorgegebenen Grad an Zuverlässigkeit zu erreichen, und zwar, **ohne dass dies** für den Schutz der Rechte und Freiheiten der betroffenen Person im Sinne von **Art. 32 DSGVO erforderlich ist.**

340   Wer die Vorgaben zum Grad der Zuverlässigkeit aufstellt, bleibt offen. Zu denken ist, wie erörtert (→ Rn. 308), an **Selbstverpflichtungen** oder **vertragliche Vorgaben** zwischen einem Verantwortlichen und seinen Partnern oder Nutzern. Sofern es sich um gesetzliche Vorgaben handeln würde, wäre eine Datenverarbeitung zu deren Erfüllung dagegen bereits aufgrund spezialgesetzlicher Normen oder aber nach Art. 6 Abs. 1 S. 1 lit. c oder e DSGVO zulässig.

j) Ausgewählter Maßnahmen

341   Ausgehend von den beschriebenen Situationen, in denen ein berechtigtes Interesse an einer Verarbeitung personenbezogener Daten zur Netz- und Informationssicherheit im Rahmen von Art. 6 Abs. 1 S. 1 lit. f DSGVO bestehen kann, sind in der Regel insbesondere folgende gängige **Maßnahmen und Sicherheitstechnologien**[357] zulässig, um mit einem bestimmten Grad an Zuverlässigkeit Störungen oder Eingriffe abzuwehren:

- Das Etablieren eines **Risiko-, Informationssicherheits- und Notfallmanagementsystems (ISMS),**[358] zum Beispiel nach BSI-Grundschutz oder. ISO 27001; technisch vor allem:
- Das Installieren von **(Next Generation) Firewalls** zur Filterung, Deep Packet Inspection und Blockade bestimmter Datenübertragungen wie beispielsweise E-Mails mit Schadcode- oder Spam-Verdacht oder zur Filterung und Blockade bestimmter Dienste oder Ports, über die unrechtmäßig Daten übermittelt werden,
- Das Installieren von **Intrusion Detection Systemen** und **Security Information and Event Management Systemen**[359] zur Erkennung und Abwehr von Angriffen oder typischen Angriffs-Mustern,
- Das Verwenden von **Werkzeugen zur (Echtzeit-)Netzwerküberwachung und -analyse** auf auffällige Muster,
- Das Anlegen und Auswerten von **Zugriffsprotokollen** inkl. ungekürzten IP-Adressen,[360]
- Das **Quarantänisieren** von E-Mails bei Schadcode- oder Spam-Verdacht inkl. **URL-Rewriting** und **Sandbox-Verfahren,**

---

357   S. Kühling/Buchner/*Jandt* DSGVO Art. 32 Rn. 14 ff. zu einzelnen Maßnahmen; Rosenthal DSB 2017, 206 mit einer Checkliste zur Datensicherheit nach der DSGVO für Unternehmen; zu Portscanns und einer strafrechtlichen Bewertung *Vogelgesang/Möllers/Potel/Hessel* DuD 2017, 501; zu rechtlichen und organisatorischen Maßnahmen *Steidle/Pordesch* 2012, 26 ff.

358   Zum Notfallmanagement *Neufeld/Schemmel* DSB 2017, 209.

359   Zulässig im Einzelfall auch nach *Krügel* MMR 2017, 795 (799), jedoch mit kritischem Hinweis auf die Rechtsunsicherheiten bei Verwendung von Daten iR von § 88 Abs. 3 TKG, sofern diese dem Fernmeldegeheimnis unterfallen.

360   Kritisch zur Speicherung ungekürzter IP-Adressen *Krügel* MMR 2017, 795 (796) mit Verweis auf die nach dieser Ansicht fehlende Erforderlichkeit zur Verwendung ungekürzter IPs jedenfalls zur Abwehr von Denial-of-Service-Attacken aber ohne Ausführungen zur Identifizierung und Abwehr anderer Angriffe.

- Das **Löschen von E-Mails oder Attachments** bei Schadcode- oder – jedenfalls bei Verfügbarkeitsbeeinträchtigungen – Spam-Verdacht,
- Das Durchführen von **Portscans** zur Identifizierung ungeschützter Zugänge,
- Das **Kategorisieren** der Reputation von IP-Adressen und Absender-Domains von Sendenetzwerken[361]; dazu gegebenenfalls das Anlegen von **Blacklists, Greylists oder Whitelists**; im Einzelfall und unter Berücksichtigung der Vorgaben des Art. 8 E-Privacy-VO-E (→B. II. Rn. 261 ff.) ist auch das **Anlegen von IDs** zu vertrauenswürdigen oder nicht vertrauenswürdigen Rechnern vorstellbar, sofern diese beispielsweise als Versender von Schadcode auffallen.

k) Zusammenspiel mit anderen Regelungen

Die Verarbeitung personenbezogener Daten zur Netz- und Informationssicherheit auf Basis berechtigter Interessen gemäß Art. 6 Abs. 1 S. 1 lit. f DSGVO unter Auslegung nach Erwgr. 49 ist im Kontext zu verschiedenen anderen Normen der Datenschutz-Grundverordnung, des Entwurfs der **E-Privacy-Verordnung**, des **Bundesdatenschutzgesetzes**, des **Telekommunikationsgesetzes**[362] und des **Telemediengesetzes**[363] zu sehen, wobei nationale Normen sich künftig ändern und nach und nach an die Europäischen Vorgaben angepasst werden. Ohne an dieser Stelle auf Details einzugehen, werden die im Kontext stehenden Normen im Folgenden kurz dargestellt. 342

Ein berechtigtes Interesse zur Verarbeitung personenbezogener Daten zwecks Netz- und Informationssicherheit kann sich im Rahmen von Art. 6 Abs. 1 S. 1 lit. f DSGVO auch über eine Auslegung nach **Erwgr. 47** aufgrund der „**vernünftigen Erwartungen** der betroffenen Person, die auf ihrer Beziehung zu dem Verantwortlichen beruhen" ergeben. Dabei stellt sich unter anderem die Frage, ob und in welchem Umfang diese Erwartungen von dem Verantwortlichen beeinflusst werden können, beispielsweise durch eine ausreichend detaillierte Information der betroffenen Person (→ Rn. 361 ff.). 343

Weiterhin steht der betroffenen Person im Falle einer Datenverarbeitung gemäß Art. 6 Abs. 1 S. 1 lit. f DSGVO ein **Widerspruchsrecht** nach Art. 21 DSGVO aus Gründen zu, die sich aus der besonderen Situation der Person ergeben (→ B. II. Rn. 74, → B. V. Rn. 48 ff.). Dies gilt auch in Fällen, in denen ein Profiling auf diese Bestimmung gestützt würde. 344

Neben einem möglichen Recht zur Datenverarbeitung nach Art. 6 Abs. 1 S. 1 lit. f DSGVO bestehen auch bestimmte **Sicherungspflichten nach dem Stand der Technik**, die sich aus Art. 5 Abs. 1 lit. f, 24 und vor allem 32 DSGVO ergeben können (→ B. IV Rn. 306 ff.). 345

---

361 Die betreffenden IP-Adressen von Sendenetzwerken können idR keiner natürlichen Person zugeordnet werden.
362 Roßnagel/*Geminn* 2017 § 4 Rn. 206 ff., va zu §§ 100, 109 und 109 lit. a TKG.
363 Roßnagel/*Geminn* 2017 § 4 Rn. 265 ff., va zu § 13 Abs. 7 TMG; *DSK*, Positionsbestimmung zur Anwendbarkeit des TMG für nicht-öffentliche Stellen ab dem 25. Mai 2018.

346 Sobald die geplante **E-Privacy-Verordnung** die bestehende E-Privacy-Richtlinie[364] ersetzt,[365] wird die E-Privacy-Verordnung lex specialis zur Datenschutz-Grundverordnung darstellen und diese mit Blick auf personenbezogene **elektronische Kommunikationsdaten** konkretisieren und ergänzen. **Art. 6 Abs. 1 S. 1 lit. b E-Privacy-VO-E** erlaubt die Verarbeitung elektronischer Kommunikationsdaten zur Aufrechterhaltung oder Wiederherstellung der Sicherheit elektronischer Kommunikationsnetze und -dienste oder zur Erkennung von technischen Defekten und Fehlern bei der Übermittlung, **Art. 17 E-Privacy-VO-E** regelt eine Informationspflicht der Betreiber elektronischer Kommunikationsdienste gegenüber Endnutzern bei erkannten Sicherheitsrisiken. Die Erwgr. 16 und 37 enthalten entsprechende Ausführungen, wobei Erwgr. 37 zur Bewertung der Sicherheit auf Art. 32 DSGVO verweist. Besonderes Augenmerk ist auf das Zusammenspiel mit **Art. 8 E-Privacy-VO-E** zu richten. Dessen Vorgaben zum Schutz von Endeinrichtungen machen bestimmte Maßnahmen wie das **Erstellen von IDs zu Endgeräten**, beispielsweise zwecks Erkennung missbräuchlich eingesetzter Rechner (→ Rn. 376 ff.), teilweise von einer Einwilligung abhängig. Insofern scheint der Kommissionsentwurf der E-Privacy-Verordnung auch noch nicht auf die Pflicht nach Art. 32 DSGVO abgestimmt, wonach Sicherungsmaßnahmen nach dem Stand der Technik umzusetzen sind.[366] Soweit der Entwurf E-Privacy-Verordnung nichts Spezifisches regelt, gilt jedoch die Datenschutz-Grundverordnung (→ A. II. Rn. 82 ff.).

347 Das **Bundesdatenschutzgesetz** enthält letztlich keine Regelungen bezüglich der Netz- und Informationssicherheit im Rahmen der Datenschutz-Grundverordnung.

l) Bedeutung des Erwgr. 49 für die künftige Rechtspraxis

348 Die Verarbeitung personenbezogener Daten zur Netz- und Informationssicherheit ist ein wichtiger Bestandteil verschiedener Regelungen der Europäischen Union zur Cyberabwehr, insbesondere um die Verfügbarkeit, Integrität und Vertraulichkeit elektronischer Kommunikationsnetze und -dienste zu gewährleisten. Eine ebenso hohe Bedeutung kommt ihr mit Blick auf den Schutz betroffener Personen und personenbezogener Daten zu. Angesichts der praktischen Notwendigkeit einer **rechtssicheren** Auslegung der berechtigten und der entgegenstehenden Interessen in Art. 6 Abs. 1 S. 1 lit. f DSGVO für die Umsetzung von Maßnahmen durch die Netzbetreiber besteht die Erwartung, dass der Datenschutzausschuss auf Europäischer Ebene alsbald **Leitlinien, Empfehlungen und bewährten Verfahren** bereitstellt. Da Maßnahmen zur Sicherung der Infrastruktur elektronischer Kommunikationsnetze teils langwieriger Vorausplanung und Beschaffungsmaßnahmen bedürfen, ist dies auch für die **Investitions- und Planungssicherheit** von erheblicher Bedeutung. Dies gilt umso mehr vor

---

364 Art. 95 DSGVO bestimmt mit Blick auf die Richtlinie 2002/58/EG, dass die Datenschutz-Grundverordnung natürlichen oder juristischen Personen in Bezug auf die Verarbeitung in Verbindung mit der Bereitstellung öffentlich zugänglicher elektronischer Kommunikationsdienste in öffentlichen Kommunikationsnetzen in der Union keine zusätzlichen Pflichten auferlegt, soweit diese besonderen in der Richtlinie 2002/58/EG festgelegten Pflichten unterliegen, die dasselbe Ziel verfolgen.

365 Roßnagel/*Geminn* 2017 § 4 Rn. 211 zum bis dahin geltenden Recht in Deutschland.

366 S. zu einigen Wertungswidersprüchen zwischen der Datenschutz-Grundverordnung und dem Entwurf zur E-Privacy-VO *Schleifer* ZD 2017, 460 (466) der ua vergleichbar zur ID-Erstellung zwecks Informationssicherheits-Maßnahmen, zum Bereich der Direktwerbung kritisiert, dass die Datenschutz-Grundverordnung eine Verarbeitung aufgrund berechtigter Interessen mit Widerspruchsrecht erlaubt, wohingegen, der Entwurf der E-Privacy-VO für den Teil der Abläufe auf dem Endgerät eines Nutzers eine Einwilligung fordert.

dem Hintergrund, dass Urteile des Europäischen Gerichtshofs zu den aufgeworfenen Fragen, falls überhaupt, erst in einigen Jahren zu erwarten sind. Eine in weiten Teilen nicht sicher vorhersehbare Rechtsauslegung in Kombination mit einem erheblich verschärften Sanktionsrahmen bei Verstößen gegen die Datenschutz-Grundverordnung ab dem ersten Geltungstag ist den Adressaten der verschiedenen Regelungen jedenfalls nur schwer vermittelbar. Eine solche Situation ist auch rechtspolitisch zweifelhaft.

11. Betrugsverhinderung, Auskunfteien, vernünftige Erwartungen der Nutzer

Ein weiterer Sonderfall der Verarbeitung personenbezogener Daten im Rahmen von Art. 6 Abs. 1 S. 1 lit. f DSGVO ist die Verarbeitung zur **Verhinderung von Betrug**, der sogenannten „Fraud-Prevention". Erwgr. 47 S. 6 DSGVO führt aus, dass die Verarbeitung personenbezogener Daten im für die Verhinderung von Betrug unbedingt erforderlichen Umfang ein berechtigtes Interesse des Verantwortlichen darstellt. Zwar kommt den Erwägungsgründen wie erörtert (→ Rn. 302) keine verbindliche Wirkung zu, sie sind jedoch ein gewichtiges **Indiz** für die Rechtsauslegung der Datenschutz Grundverordnung.[367]   349

Daneben sind nach **Erwgr. 47 S. 1 Hs. 2** auch die **vernünftigen Erwartungen** der betroffenen Personen, die auf ihrer Beziehung zu dem Verantwortlichen beruhen, bei der Datenverarbeitung zu berücksichtigen. Ein berechtigtes Interesse könnte nach S. 2 beispielsweise vorliegen, wenn eine maßgebliche und angemessene **Beziehung** zwischen der betroffenen Person und dem Verantwortlichen besteht, zum Beispiel zwischen einem Unternehmen und seinen Kunden. Damit wird auch **innerhalb einer vertraglichen Beziehung**, beispielsweise zwischen einem Sozialen Netzwerk und seinen Nutzern, eine Datenverarbeitung aufgrund berechtigter Interessen ermöglicht, die über die reine Erfüllung der vertraglichen Leistungspflichten hinausgeht. Beispiele sind Datenverarbeitungen zur Pflege des Kundenkontakts, zur Werbung oder eben zur Betrugsverhinderung.   350

Im Übrigen hat der deutsche Gesetzgeber aufgrund einer aus der „Zusammenschau" von Art. 6 Abs. 4 und Art. 23 Abs. 1 DSGVO[368] folgenden Öffnungsklausel von der Möglichkeit Gebrauch gemacht, eine spezielle Regelungen zum **Schutz des Wirtschaftsverkehrs bei Scoring und Bonitätsauskünften** in § 31 BDSG aufzunehmen.[369] Die Regelung entspricht mit wenigen Ausnahmen, auf die später noch eingegangen wird (→ Rn. 366 ff.), fast wörtlich den im Bundesdatenschutzgesetz aF enthaltenen Regelungen in § 28 b und 28 a BDSG aF.   351

a) Grundsätzliches zu Erwgr. 47

Die **vernünftigen Erwartungen** der betroffenen Person, die bei der Ermittlung berechtigter Interessen zu berücksichtigen sind, können nach Erwgr. 47 S. 1 Hs. 2 auch für   352

---

367 EuGH 1.7.2015 – C-461/13, ECLI:EU:C:2015:433, st. Rspr.; zu aktuellen Interpretationsfragen zur DSGVO s. *Gola* K&R 2017, 145; *Roßnagel/Nebel* 2017 § 3 Rn. 72.

368 So die Begründung des Referentenentwurfs des Bundesministeriums des Innern vom 5.8.2016, 72; ablehnend zum Vorliegen einer Öffnungsklausel abseits automatisierter Entscheidungen *Roßnagel/Müller* 2018 § 8 Rn. 268, 275; offengelassen von *v. Lewinski/Pohl* ZD 2018, 17 (19).

369 Im Referentenentwurf des Bundesministeriums des Innern waren dies zunächst die §§ 38, 39 BDSG.

alle möglichen **anderen Verarbeitungszwecke** als die Betrugsverhinderung Anwendung finden. Dagegen bezieht sich **S. 6** knapp und ohne weitere Konkretisierungen **nur** auf die **Betrugsverhinderung.**

353 Die Betrugsverhinderung kann aus praktischer Sicht nicht losgelöst von den Bestimmungen zur **technisch-organisatorischen Sicherheit** von Netzen und elektronischen Kommunikationsdiensten nach Art. 6 Abs. 1 S. 1 lit. f DSGVO iVm Erwgr. 49 sowie allgemein der Sicherheit der Verarbeitung nach Art. 32 DSGVO gesehen werden. Viele Anbieter von Sicherheitstechnologien bieten Services an, die nicht scharf zwischen diesen Verarbeitungszwecken trennen. Im Unterschied zu einem technischen Angriff auf ein IT-System steht beim Betrug jedoch oftmals eine „nur" **missbräuchliche Nutzung** im Vordergrund, ohne dass hierzu zwingend ein unrechtmäßiger technischer Eingriff in das IT-System vorliegt. Zu denken ist beispielsweise an Fälle, in denen ein Nutzer online Waren bestellt, ohne diese bezahlen zu wollen oder zu können oder an eine missbräuchliche Verwendung der Identität anderer Nutzer, um auf deren Kosten eine Online-Transaktion durchzuführen.

354 Erwgr. 47 S. 6 geht ferner bei der Datenverarbeitung zur **Verhinderung von Betrug** im unbedingt erforderlichen Umfang **stets** von einem **berechtigten Interesse** des Verantwortlichen aus („stellt dar"), wohingegen die Sätze 2 bis 5 zurückhaltender formulieren, dass ein berechtigtes Interesse in der einen oder anderen Situation vorliegen „könnte", „beispielsweise" wenn eine dahin gehende vernünftige Erwartung in einer Kundenbeziehung besteht. Die vernünftigen Erwartungen der betroffenen Person „sind" zwar zu berücksichtigen, die Beziehung zwischen dem Verantwortlichen und ihr scheint nach dem Willen des Verordnungsgebers aber nur je nach konkreter Verarbeitungssituation zu einem berechtigten Verarbeitungsinteresse zu führen. Dafür sprechen auch die weiteren Ausführungen in den Sätzen 3 bis 4, beispielsweise die Vorgabe einer besonders sorgfältigen Interessenabwägung nach S. 3. Insofern ist für eine Annahme eines berechtigten Verarbeitungsinteresses aufgrund der **vernünftigen Erwartungen** der betroffenen Person eine gewisse **Zurückhaltung** geboten.

b) Adressaten

355 Verantwortlich für die Datenverarbeitung zwecks Verhinderung von Betrug im Internet sind insbesondere die Betreiber von **Webdiensten,** die **Waren oder Dienstleistungen** gegen Entgelt zum Erwerb anbieten. Der Begriff des Webdienstes umfasst alle inhaltlichen Angebote im World Wide Web, beispielsweise Webseiten mit Presseinhalten, Verkaufs- oder Auktionsplattformen wie Amazon oder eBay, soziale Netzwerke wie Facebook, Twitter, Instagram, Zahlungsdienstleister, Online-Spiele oder Partnerbörsen.

356 **Elektronische Kommunikationsdienste** (→ B. I. Rn. 78 f.), die überwiegend Signale übertragen, stehen **nicht im Fokus** der folgenden Ausführungen. Gegenüber Telekommunikationsdiensten sind einerseits Fälle einer Leistungserschleichung denkbar. Sofern andererseits ein Betrug durch beispielsweise den Kauf eines Smartphones über die Webseiten eines Mobilfunkanbieters in der Absicht stattfindet, dieses nicht zu bezahlen, geschieht dies über deren Webdienst.

Letztlich stehen Datenverarbeitungen im **öffentlichen Interesse** ebenfalls nicht im Fo- 357
kus dieses Kapitels. Zwar liegt auch die Verhinderung von Betrug gemäß § 31 BDSG
im öffentlichen Interesse[370], jedoch bestehen zahlreiche weitere Rechtsgrundlagen zur
Verarbeitung personenbezogener Daten zwecks Kreditwürdigkeitsprüfungen und
demzufolge dem Einholen von Bonitätsauskünften und Scorewerten,[371] die hier nicht
weiter betrachtet werden. Diese Rechtsnormen sind in der Regel im **nationalen Fach-
recht** der Mitgliedstaaten geregelt. Beispielsweise erlaubt § 10 Abs. 2 KWG Kredit-
und Finanzdienstleistungsinstituten die Verwendung personenbezogener Daten bei
bestimmten Geschäften mit einem sog „**Adressenausfallrisiko**", das heißt bei einem
finanziellen Ausfallrisiko. Weiterhin verpflichtet § 18 a Abs. 1 KWG Kreditinstitute
vor Abschluss eines Verbraucherdarlehensvertrags dazu, die Kreditwürdigkeit des
Darlehensnehmers zu prüfen. Eine entsprechende Verpflichtung zum Schutz von Verbrauchern ergibt sich für Darlehensgeber, die kein Kreditinstitut sind, aus §§ 505 a,
505 b BGB. Ferner sind Institute per Gesetz nach § 25 h Abs. 1 KWG zu bestimmten
Datenverarbeitungen verpflichtet, beispielsweise um im Rahmen ihres Risikomanage-
ments Geldwäsche, Terrorismusfinanzierung oder sonstige strafbaren Handlungen,
die zu einer Vermögensgefährdung des Instituts führen, zu verhindern. Diese Regelungen sind Erlaubnisnormen nach Art. 6 Abs. 1 S. 1 lit. c (Erfüllung einer rechtlichen
Verpflichtung) und lit. e (öffentliches Interesse), die nach Abs. 2 durch die Mitgliedstaaten spezifiziert werden können.

c) Betrugsrisiken für Webdienste

Der Begriff des **Betrugs** wird in diesem Kapitel nicht im streng strafrechtlichen Sinne 358
des § 263 StGB verstanden. Dies würde voraussetzen, dass sich ein Täter rechtswidrig einen Vermögensvorteil in der Absicht verschafft, das Vermögen eines anderen dadurch zu beschädigen, dass er bei diesem einen Irrtum erregt, beispielsweise über seine Zahlungsfähigkeit oder -willigkeit in der Form eines Eingehungsbetrugs. Da die
Erwägungsgründe der Datenschutz-Grundverordnung ohnehin nur Indizien zur
Rechtsauslegung der berechtigten Interessen im Sinne von Art. 6 Abs. 1 S. 1 lit. f
DSGVO sein können, werden auch **andere Straftaten** und sonstige von der Rechtsordnung **missbilligte Verhaltensweisen** im Zusammenhang mit der **Nutzung des Internet** mitberücksichtigt. Kein Betrug können zum Beispiel unzutreffende Bewertungen
sein, sogenannte **Fake-Bewertungen**, wenn dem Bewertenden aus der Abgabe seiner
Bewertung kein Vermögensvorteil erwächst. Sie können jedoch gegen **vertragliche
Nutzungsbedingungen** eines Webdienstes verstoßen und diesen schädigen. Gleiches
gilt für positive Fake-Bewertungen durch den Betreiber oder durch automatisiert ar-
beitende Robots auf seinen eigenen Webseiten, die zumindest **wettbewerbsrechtlich**
unzulässig sein können. Letztlich trifft dies auch auf Postings oder Kommentare in
einem Webforum zu, die unter Umständen ein **Beleidigungsdelikt**, wie beispielsweise
eine üble Nachrede oder eine Verleumdung darstellen können, in manchen Fällen

---

370 BGH NJW 2011, 2204 (2206), stRspr. auch nach der Begründung zu § 38 BDSG im Referentenentwurf
     des Bundesministeriums des Innern vom 5.8.2016 ist die „Erteilung von Bonitätsauskünften für das Funk-
     tionieren der Wirtschaft von erheblicher Bedeutung", dies bspw. um bestimmte Finanzierungsformen und
     Bezahlvarianten zu ermöglichen und um Verbraucher vor Überschuldung zu schützen.
371 S. Roßnagel/*Müller* 2018 § 8 Rn. 263 ff.

aber „nur" aufgrund ihrer Unangemessenheit gegen **vertragliche Nutzungsbedingungen** oder die Netiquette eines Webdienstes verstoßen.

359 Die Risiken aufgrund solcher Delikte und Verhaltensweisen im Internet sind ebenso vielfältig wie Angriffe auf die Netz-Infrastruktur.[372] Für die Betreiber von Webdiensten sind typische Risiken beispielsweise

- ein **Forderungsausfall** gegenüber Nutzern, etwa aufgrund der Verwendung unsicherer Zahlarten durch zahlungsunfähige oder -unwillige Nutzer, wie beispielsweise bei Auswahl der in Deutschland beliebten Zahlart „Rechnung", bei der der Verkäufer in Vorleistung tritt. Entsprechendes gilt für unsichere Zahlarten, bei denen der Käufer auch nach der finanziellen Transaktion diese ohne eine Möglichkeit zur Verhinderung durch den Verkäufer rückgängig machen kann,

- allgemein **finanzielle Verluste aufgrund von Schäden oder Aufwendungen** wegen erforderlicher Abwehr- oder Störungsbeseitigungsmaßnahmen,

- das Stehlen und Nutzen **gestohlener Identitäten** für einen Betrug. Erwgr. 75 nennt explizit Schäden aufgrund von Identitätsdiebstahl oder -betrug als ein Risiko für die betroffene Person, nicht aber für den Betreiber. Allerdings ist zu berücksichtigen, dass die Folgen eines manuellen oder durch Robots automatisiert durchgeführten Identitätsdiebstahls häufig auch den Webdienst selbst betreffen. Dies zum Beispiel wenn eine Transaktion zulasten des echten Inhabers der Identität getätigt wird und dieser daraufhin die Bezahlung verweigert oder dem Webdienst eine mangelhafte Sicherung seines Dienstes vorwirft, was häufig eine juristische Auseinandersetzung mit entsprechendem Aufwand nach sich zieht,

- das **Erstellen von gefälschten Identitäten** zwecks nachfolgender Betrugsdelikte oder um eine tatsächlich nicht vorhandene Anzahl an Nutzern gegenüber anderen Nutzern oder Investoren des Webdienstes vorzutäuschen,

- das Erstellen von **gefälschten Bewertungen** für eine bessere Bewertung des eigenen Webdienstes oder, umgekehrt, für eine schlechte Bewertung konkurrierender Webdienste; dabei können Robots zur Erstellung sehr vieler Bewertungen sogar gegen Entgelt im Netz gebucht werden,

- einen **Klickbetrug**, bei dem automatisiert eine große Anzahl von Klicks auf Werbeangebote erfolgt, um eine entsprechende Conversion-Rate zu erzeugen und den Werbenden entweder zu schädigen oder um sich eine nicht zustehende Vermittlungsprovision zu verschaffen.

d) Datenverarbeitung zur Betrugsverhinderung nach Art. 6 Abs. 1 S. 1 lit. f DSGVO

360 Die Datenschutz-Grundverordnung erfordert eine Rechtsgrundlage zur Datenverarbeitung nur, wenn **personenbezogene** Daten verarbeitet werden. Ohne einen Personenbezug im Sinne von Art. 4 Nr. 1 DSGVO bestehen keine datenschutzrechtlichen Zulässigkeitsanforderungen in der Datenschutz-Grundverordnung.[373] Eine Verarbeitung personenbezogener Daten zum Zweck der Betrugsverhinderung stellt dann ein

---

372 Sehr ausführlich zu den Formen und Methoden des Cybercrime *Kochheim* 2015, Kap. 3 bis 17; *Bruhns* DSB 2017, 212; *Klein-Henning/Schmidt* DuD 2017, 605; *Gehrmann/Klett* K&R 2017, 372.

373 Dagegen können sich weitere Anforderungen aus dem Entwurf der E-Privacy-Verordnung ergeben, die in Art. 8 Abs. 1 mit dem Tatbestandsmerkmal der „Nutzung der Verarbeitungs- und Speicherfunktionen von

berechtigtes Interesse im Rahmen des Art. 6 Abs. 1 S. 1 lit. f DSGVO dar. Dabei ist für die Frage, ob eine Verarbeitung personenbezogener Daten zulässig ist, zu berücksichtigen, dass das Vorliegen eines **berechtigten Interesses** des Verantwortlichen **alleine nicht genügt**. Hinzutreten muss vor allem, dass die Interessen oder Grundrechte und Grundfreiheiten der betroffenen Person, die den Schutz personenbezogener Daten erfordern, nicht überwiegen[374] (→ Rn. 336), und dass die Verarbeitung **erforderlich** ist (→ Rn. 334 f.).

e) Berechtigte Interessen und Einflussnahme auf die vernünftigen Erwartungen

Die Nennung der Betrugsverhinderung in Erwgr. 47 stellt wie erläutert ein gewichtiges Indiz dar, dass bei einer dahingehenden Verarbeitung personenbezogener Daten ein berechtigtes Interesse des Verantwortlichen vorliegt. Dabei sind ebenfalls die **vernünftigen Erwartungen** der betroffenen Personen, die auf ihrer Beziehung zu dem Verantwortlichen beruhen, zu berücksichtigen. Exemplarisch nennt Erwgr. 47 S. 2 eine maßgebliche und angemessene **Beziehung** zum verantwortlichen, beispielsweise in einem **Kundenverhältnis** oder **Dienstverhältnis**. Auf jeden Fall soll nach S. 3 das Bestehen eines berechtigten Interesses besonders sorgfältig abgewogen werden, wobei auch zu prüfen ist, ob die betroffene Person im Zeitpunkt der Datenerhebung und angesichts der „Umstände" der Datenerhebung vernünftigerweise absehen kann, dass möglicherweise eine Verarbeitung zu diesem Zweck erfolgen wird. S. 4 stellt weiterhin auf „Situationen" ab, in denen eine betroffene Person vernünftigerweise nicht mit einer Verarbeitung rechnen muss. Die Datenschutz-Grundverordnung orientiert sich damit zunächst am konkreten **Einzelfall**. Weiterhin stellt sie zur Bewertung, ob vernünftige Erwartungen vorliegen, primär auf den **konkreten Erwartungshorizont** der „betroffenen Person" ab, nicht aber auf die Perspektive eines generalisierten Nutzers mit einer bestimmten, beispielsweise durchschnittlichen Qualifikation.

361

Folglich hängt der konkrete Erwartungshorizont zum einen vom **konkreten Web-Angebot** ab. Zum anderen hängt er davon ab, wie sich das Internet und seine Webdienste entwickeln werden und beinhaltet daher eine **dynamische Komponente**. Darüber hinaus ist der konkrete Erwartungshorizont durch eine entsprechende transparente Information des Webdienstes in tatsächlicher Hinsicht **beeinflussbar**.[375] Letzteres darf jedoch nicht als Freifahrtschein dahingehend verstanden werden, dass allein eine transparente Informationen alle möglichen Datenverarbeitung zur Betrugsverhinderung über ein berechtigtes Interesse legitimiert. Eine solch weitgehende Möglichkeit, die berechtigten Interessen des Verantwortlichen über seine gesetzlichen Informationspflichten auszuweiten, würde ein grundlegendes Prinzip der Datenschutz-Grundverordnung verkennen, welche wie auch das Bundesdatenschutzgesetz aF vom Verbotsprinzip ausgeht. Danach ist im Grundsatz eine Verarbeitung personenbezogener Daten verboten und nur dann erlaubt, wenn eine Rechtsgrundlage vorliegt. Eine Rechtsauslegung, die allein aufgrund von Erwartungen, die durch eine vorherige Information über vorgesehene Datenverarbeitungen geschaffen wurde, ein berechtigtes

362

Endeinrichtungen" und der „Erhebung von Informationen aus Endeinrichtungen der Endnutzer" nicht auf das Vorliegen personenbezogener Daten abstellt.
374 Paal/Pauly/*Frenzel* DSGVO Art. 6 Rn. 27, 31; *Wybitul* 2017 Rn. 265.
375 So zur Werbung *DSK*, Kurzpapier Nr. 3, 1; *Wybitul* 2017 Rn. 260.

Interesse begründen würde, würde dazu führen, dass dem berechtigten Interesse faktisch gar keine Bedeutung mehr zukommt, da jede Datenverarbeitung als berechtigtes Interesse darstellbar würde. Dies würde dem Verbotsprinzip und dem Schutzzweck der Verordnung widersprechen.

363 Eine Einflussnahme auf die Erwartungen der betroffenen Person kann jedoch in dem angesprochen zurückhaltenden Umfang und basierend auf dem Wortlaut von Erwgr. 47 S. 1 Hs. 2 in dem Umfang zulässig sein, als die konkreten Erwartungen auch bei einer transparenten Information des Verantwortlichen über von ihm vorgesehene Verarbeitungen insoweit **objektiviert**[376] werden, dass sie **vernünftig** sein müssen. Dabei hängt es von den **konkreten Umständen** der Nutzung eines Webdienstes im Einzelfall ab, welche Datenverarbeitungen objektiv vernünftig und zu erwarten sind. So kennt die Rechtsordnung verschiedene Fallgruppen, in denen darauf abgestellt wird, mit welchen Verarbeitungsvorgängen eine betroffene Person im Einzelfall rechnen muss, beispielsweise in §§ 4 Abs. 3 Nr. 3, 19a Abs. 1 und 33 Abs. 1 S. 3 BDSG aF Diese Regelungen stellen beispielsweise für die Frage des Umfangs einer Benachrichtigungspflicht durch den Verantwortlichen bezüglich der Empfängerkategorien einer Datenübermittlung darauf ab, ob die betroffene Person nach den Umständen des Einzelfalls mit der Übermittlung rechnen musste oder nicht. Dieses Prinzip kann auch bei der Bestimmung der vernünftigen Erwartungen angewendet werden. Datenverarbeitungen, mit denen eine betroffene Person im Zeitpunkt der Datenerhebung und den konkreten Umständen nach schlechthin nicht rechnen muss weil sie so ungewöhnlich sind, wären nach der vorliegenden Ansicht jedenfalls nicht mit Vernunft zu erwarten, trotz einer etwa dahin gehenden vorherigen Information. Dagegen wird ein Nutzer in einem **anonymen Umfeld** wie dem Internet, bei dem sein Vertragspartner je nach Bezahlart ein finanzielles Ausfallrisiko trägt und in Vorleistung geht, beispielsweise ein Online-Versandhändler, damit rechnen müssen, dass seine Daten für eine Kreditwürdigkeitsprüfung verwendet und eventuell auch an eine Auskunftei übermittelt werden.[377] In der Praxis wird die Frage, was vernünftigerweise erwartet werden kann und was nicht, voraussichtlich häufig nicht klar und rechtssicher beantwortet werden können.

364 In diesem Zusammenhang kommt auch dem **Recht der Allgemeinen Geschäftsbedingungen** (AGB) eine wesentliche Bedeutung bezüglich der Informationstexte eines Webdienstes zu. Eine Einschränkung des Erwartungshorizonts der betroffenen Person kann auch über das AGB-Recht erfolgen. Die Informationstexte unterliegen als AGB einer weitgehenden Inhaltskontrolle. Insbesondere überraschende oder intransparente Informationsklauseln können daher im deutschen Recht nach §§ 305 c, 307 BGB unwirksam sein. Nach dem AGB-Recht unwirksame Informationstexte können trotz einer eventuell tatsächlichen Einflussnahme auf den Erwartungshorizont der betroffenen Person nicht Grundlage einer Verarbeitung personenbezogener Daten sein.

---

376 Plath/*Plath* BDSG/DSGVO Art. 6 Rn. 23.
377 Roßnagel/*Müller* 2018 § 8 Rn. 235; *v. Lewinski/Pohl* ZD 2018, 17 (20).

Roland Steidle

f) Berechtigte Interessen zur Datenverarbeitung zwecks Betrugsverhinderung

In den folgenden Szenarien kann eine personenbezogene Datenverarbeitung nach 365
Art. 6 Abs. 1 S. 1 lit. f DSGVO zulässig sein.

aa) Datenverarbeitung bei Auskunfteien inklusive Scoring

Da keine Erfahrung und gefestigte Praxis zur Anwendung des neuen Rechts besteht, 366
können die folgenden Ausführungen wie bei der Verarbeitung zu Zwecken der Netz-
und Informationssicherheit (→ Rn. 341) vor allem als **Argumentationshilfen** und
Prognosen verstanden werden, inwieweit einzelne Maßnahmen zulässig sein können.
Ein berechtigtes Interesse zur Verarbeitung personenbezogener Daten kann insbesondere zum präventiven[378] **Schutz vor Forderungsausfällen** vorliegen.[379] Dabei wären
detaillierte Ausführungen zur Datenverarbeitung bei **Auskunfteien** unter der Datenschutz-Grundverordnung im Kontext dieses Handbuchs zu weitgehend.[380] Es sollen
jedoch die maßgeblichen Verarbeitungsvorgänge vor dem Hintergrund der berechtigten Interessen kurz dargestellt werden, da die automatisierte Bewertung von Bonitäts-
risiken gerade im Internet eine wesentliche Rolle spielt. Im Unterschied zur Offline-
Welt, bei der oftmals sofort und sicher in bar, per EC- oder Kreditkarte bezahlt wird,
erreicht ein Webshop eine sehr hohe Anzahl von Käufern, die häufig einen Rechnungskauf mit Vorleistungspflicht des Verkäufers auswählen, da sie die Waren erst
besichtigen und prüfen können, wenn sie ihnen zugesendet wurden. In der Regel werden daher personenbezogene Daten von Auskunfteien bei der Auswahl **unsicherer
Zahlarten mit dem Risiko eines Zahlungsausfalls** wie dem Rechnungskauf bereits zur
Zahlartensteuerung verarbeitet. Das heißt es werden **Bonitätsauskünfte** oder **Score-
Werte**[381] zu betroffenen Personen automatisiert angefragt, eingeholt und genutzt sowie gegebenenfalls von den Risikomanagern eines Webdienstes manuell nachgeprüft.

Berechtigte Interessen können weiterhin auch die **Einmeldung** betroffener Personen 367
bei Vorliegen einer negativen Zahlungserfahrung in eine Datenbank einer Auskunftei
rechtfertigen. Liegen zu einer betroffenen Person nachweislich negative und bonitäts-
relevante Erfahrungen vor, beispielsweise aufgrund eines Eintrags im Schuldnerver-
zeichnis, aufgrund der Nichtzustellbarkeit von Postsendungen oder bei einer Verurteilung wegen eines Vermögensdeliktes, treten deren Interessen regelmäßig hinter die
berechtigten Interessen des Verantwortlichen sowie dritter Marktteilnehmer zurück.

Sofern **Informationen über Forderungen** von einer Auskunftei verwendet werden sol- 368
len, ist § 31 Abs. 2 BDSG zu berücksichtigen. Dieser entspricht teilweise § 28 a BDSG
aF und regelt abschließend die Verwendung von Wahrscheinlichkeitswerten unter
Einbeziehung von Informationen über Forderungen in Situationen, in denen eine negative Bonität der betroffenen Personen angenommen werden kann. Dies gilt im Falle
vorläufig vollstreckbare Urteile, einer Feststellung nach der Insolvenzordnung, einem

---

378 *Härting* 2017 Rn. 423, 439 ff. spricht von der Vermutung eines berechtigten Interesses bei der Verfolgung
    präventiver Abwehrzwecke.
379 Plath/*Plath* BDSG/DSGVO Art. 6 Rn. 21, 23 zur Datenverarbeitung bei Auskunfteien; s. auch Roßnagel/
    Nebel 2017 § 3 Rn. 87, 109.
380 Dazu bspw. *v. Lewinski/Pohl* ZD 2018, 17 ff.
381 Zum Scoring nach der DSGVO kommt *Schürmann* DSB 2017, 185 zu dem Ergebnis, dass die Grundent-
    scheidungen des BDSG aF durch die DSGVO nicht in Frage gestellt werden und dass aufgrund des novel-
    lierten BDSG ein nur geringer Anpassungsbedarf für Unternehmen besteht.

Anerkenntnis, zweier Mahnungen im Abstand von mindestens vier Wochen sofern der Schuldner die Forderung nicht bestritten hat oder sofern das zugrundeliegende Vertragsverhältnis wegen Zahlungsrückständen fristlos gekündigt werden kann.

369 Dabei ist dem **Wortlaut** des § 31 Abs. 2 BDSG[382] zu entnehmen, dass die Voraussetzungen für die Einbeziehung von Informationen über Forderungen **nur** gelten, sofern ein **Wahrscheinlichkeitswert** (Score-Wert) **verwendet** werden soll („Die Verwendung"). Nach § 28 a BDSG aF mussten die oben genannten Voraussetzungen bereits für die Datenübermittlung an eine Auskunftei vorliegen, also für die Einmeldung. Dies bedeutet, dass nach dem Wortlaut nunmehr auch das Einmelden und Beauskunften von beispielsweise **Zahlungsrückständen und Rücklastschriften** ohne Vorliegen der Voraussetzungen des § 31 Abs. 2 BDSG im Rahmen des Art. 6 Abs. 1 S. 1 lit. f DSGVO möglich sein kann, sofern diese Informationen nicht für ein Scoring verwendet werden.[383] Insbesondere ist es nicht erforderlich, dass eine vorherige zweifache Mahnung erfolgt ist, sofern die Informationen später nicht für ein Scoring verwendet werden. Zwar ist die **Gesetzesbegründung** vom 24.2.2017 zu § 31 BDSG,[384] der man anmerkt, dass sie offenbar mit einem erheblichen Zeitdruck geschrieben wurde, insoweit missverständlich. Dort wird nämlich ausgeführt, dass § 31 BDSG den materiellen Schutzstandard der §§ 28 a und 28 b BDSG aF erhalte. Dies entspricht jedoch einerseits nicht dem im Vergleich zu den ersten Vorentwürfen erstmals geänderten Wortlaut weg von der „Übermittlung personenbezogener Daten über eine Forderung an Auskunfteien" hin zur „Verwendung eines von Auskunfteien ermittelten Wahrscheinlichkeitswerts". Zum anderen führt die Begründung explizit aus, dass für die Verwendung des Score-Wertes nur „auf die Kriterien" der derzeitigen § 28 a Abs. 1 und § 28 b zurückgegriffen wird. Insofern scheint klar, dass der Gesetzgeber die angesprochene Änderung tatsächlich mit der beschriebenen Folge beabsichtigt hat. Im Übrigen führt die Gesetzesbegründung aus, dass „§ 29 a Abs. 2 BDSG" (gemeint ist offenbar § 31 Abs. 2 BDSG) die Vorschriften des allgemeinen Datenschutzrechts über die Zulässigkeit der Verarbeitung personenbezogener Daten unberührt lässt, und dass dies unter anderem auch die Übermittlung von personenbezogenen Daten betreffe. Derartige Übermittlungen können daher unter Umständen nach Art. 6 Abs. 1 S. 1 lit. f DSGVO erlaubt sein, sofern kein Scoring erfolgt.

370 Bei der Übermittlung von Informationen über Forderungen an eine Auskunftei ohne anschließende Verwendung zum Scoring ist freilich der Grundsatz der **Verhältnismäßigkeit** zu berücksichtigen, damit nicht unangemessen oder in einem nicht erforderlichen Umfang in die Rechte und Freiheiten der betroffenen Person eingegriffen wird. Beispielsweise sollte eine Forderung bei einem Zahlungsrückstand nicht eingemeldet werden dürfen, wenn sie bestritten wird. Im Falle eines Bestreitens ist beispielsweise

---

382 Ablehnend zum Vorliegen einer Öffnungsklausel in der DSGVO für § 31 BDSG abseits automatisierter Entscheidungen Roßnagel/*Müller* 2018 § 8 Rn. 268, 275; erhebliche Zweifel an der Europarechtskonformität von § 31 BDSG hat *Abel* ZD 2018, 103 (105 f.); offengelassen von *v. Lewinski/Pohl* ZD 2018, 17 (19).

383 *DSK*, Einmeldung offener und unbestrittener Forderungen in eine Wirtschaftsauskunftei unter Geltung der DS-GVO zu Art. 6 Abs. 1 S. 1 lit. f DSGVO als Rechtsgrundlage der Einmeldung; *Abel* ZD 2018, 103 (104); Roßnagel/*Müller* 2018 § 8 Rn. 258; *v. Lewinski/Pohl* ZD 2018, 17 (21).

384 BT-Drs. 18/11325, 101.

eine bereits erfolgte Einmeldung einer Rücklastschrift zu löschen. Andernfalls würde der betroffenen Personen die Ausübung ihrer Rechte aus dem zugrundeliegenden Vertragsverhältnis erschwert und sie würde darüber hinaus ohne sachlichen Grund in ihrem Grundrecht auf Datenschutz nach Art. 8 Abs. 1 der Charta der Grundrechte der Europäischen Union beeinträchtigt. Darüber hinaus sollte eine zulässige Einmeldung eine bestimmte **Geringfügigkeitsschwelle** überschreiten, um einen grundrechtsrelevanten Eingriff zu erlauben. Beispielsweise könnte eine Zulässigkeit erst ab einem relativ hohen Zahlungsrückstand in Höhe von circa 50 Euro bei Online-Transaktionen angenommen werden. Allerdings sind betragsmäßige Konkretisierungen ohne Erfahrung in der Anwendung der Datenschutz-Grundverordnung und ohne Stellungnahmen des Datenschutzausschusses oder eine dahingehende Rechtsprechung sehr spekulativ.

Ein berechtigtes Interesse liegt ferner bei einem **Scoring** vor, wie sich aus § 31 Abs. 1 BDSG ergibt. Dabei müssen, im Wesentlichen der bisherigen Rechtslage nach § 28 b BDSG aF entsprechend, die zur Berechnung des Wahrscheinlichkeitswerts genutzten Daten unter Zugrundelegung eines wissenschaftlich anerkannten mathematisch-statistischen Verfahrens **nachweisbar** für die Berechnung der Wahrscheinlichkeit des bestimmten Verhaltens **erheblich** sein. Es ist davon auszugehen, dass daher auch künftig die mathematisch-statistische Erheblichkeit in Score-Karten und Gutachten gegenüber den Aufsichtsbehörden nachgewiesen werden muss.

bb) Geoscoring

Weiterhin kann ein berechtigtes Interesse auch bei einem **Geoscoring** vorliegen, da § 31 Abs. 1 BDSG die Nutzung von Anschriftendaten bei entsprechender vorheriger Unterrichtung weiterhin erlaubt, sofern diese nicht ausschließlich für die Berechnung des Wahrscheinlichkeitswerts herangezogen werden. In welchem Umfang **Anschriftendaten** herangezogen werden dürfen, lässt § 31 BDSG offen, jedoch müssen andere Daten wenigstens in dem Umfang hinzutreten, dass sie einen Wahrscheinlichkeitswert **spürbar** beeinflussen können. Ein reines Geoscoring ist daher unzulässig.[385] Im Bereich der Betrugsvorsorge im Internet kann ein danach zulässiges Geoscoring Anhaltspunkte für einen Betrugsversuch liefern, beispielsweise wenn bei einem Kauf der Standort eines Endgeräts nicht zu anderen Daten wie beispielsweise Spracheinstellung,[386] Nationalität des Zahlungsdienstleisters oder dem Lieferort passt und daraus ein nachweislich auffälliges Muster abgeleitet werden kann.

cc) Pooling

Des Weiteren kann auch ein anbieterübergreifendes **Pooling** von Daten ein berechtigtes Interesse einer Auskunftei und der Teilnehmer am Pool darstellen. Seit langem wird die Betrugsverhinderung über verschiedene Anbieter hinweg verbessert, zum Beispiel durch sogenannte Branchen-Warnpools. Insbesondere im Internet sind Angriffswellen und automatisierte Betrugsversuche durch Robots vor allem aufgrund einer **anbieterübergreifenden Mustererkennung** erkennbar, bevor diese bei einem ein-

371

372

373

---

385 *Jandt* K&R 2015, Begleitheft zu Heft 5, 6 ff. zum BDSG aF.
386 Für die Verwendung dieses von einem Endgerät ausgelesenen Datums ist Art. 8 der E-Privacy-VO zu berücksichtigen.

zelnen Anbieter ohne die Masse von Vorfällen sichtbar werden. Die Abwehr automatisierter Betrugsvorgänge kann daher ähnlich anbieterübergreifend legitimiert werden, wie die Abwehr von Malware oder Spam.

dd) Verwendung von Positivdaten

374 Fraglich ist, in welchem Umfang künftig ein berechtigtes Interesse bezüglich der Verwendung von **Positivdaten** vorliegen kann. Positivdaten sind Daten, die bonitätsrelevant sind, ohne negative Zahlungserfahrungen zu beschreiben, aber etwas über die Zahlungsfähigkeit oder -willigkeit der betroffenen Person aussagen.[387] Meistens handelt es sich um Angaben zu einem **vertragsgemäßen Verhalten**, zum Beispiel über den erfolgreichen Abschluss oder die ordnungsgemäße Durchführung von Verträgen mit längeren Laufzeiten beispielsweise einem Mobilfunkvertrag, einem Kreditkartenvertrag oder um Angaben über die Begleichung laufender Darlehensverträge. Die Aufsichtsbehörden gingen bislang zum Teil davon aus, dass die Interessen der betroffenen Person nur dann nicht überwiegen, wenn Negativdaten aufgrund einer Interessenabwägung verarbeitet werden. Bei Positivdaten wurde dagegen angenommen, dass die Interessen und Rechte der betroffenen Personen mit Ausnahme der Fälle des § 28 a Abs. 2 BDSG aF, welche Bankgeschäfte betreffen, überwiegen.[388] Allerdings ist eine klare Abgrenzung zwischen Negativdaten und Positivdaten im Einzelfall bereits nur schwer möglich. Wenn eine ausreichend große Zahl von Personen im Datenuniversum eines Verantwortlichen oder seiner Vertragspartner gespeichert ist kann bereits aus der Tatsache, dass kein Negativeintrag zu einer bekannten Person vorliegt, eine positive Schlussfolgerung für deren Bonität gezogen werden, was faktisch auf eine Verwendung von Positivmerkmalen hinausläuft. Das neue Bundesdatenschutzgesetz stellt allein auf die mathematisch-statistische Erheblichkeit einer Datenverwendung ab und unterscheidet nicht zwischen Negativ- und Positivdaten. Die Begründung des Gesetzesentwurfs[389] zu § 31 BDSG führt explizit aus, dass bei Vorliegen eines **finanziellen Ausfallrisikos** auch Positivdaten an Auskunfteien übermittelt und für ein Scoring verwendet werden dürfen.[390] § 31 Abs. 2 S. 2 BDSG stellt dies klar und erlaubt entsprechende Verarbeitungen bonitätsrelevanter Daten nach dem allgemeinen Datenschutzrecht, also zum Beispiel gemäß Art. 6 Abs. 1 S. 1 lit. f DSGVO. Folglich könnte ein Webdienst solche Positivdaten bei Vorliegen aller datenschutzrechtlichen Voraussetzungen, unter anderem der entsprechenden Informationspflichten, auch an Auskunfteien übermitteln und umgekehrt bei der Prüfung von Vertragsabschlüssen mit einem finanziellen Ausfallrisiko Score-Werte unter Einschluss entsprechender Daten abrufen.[391]

---

387 So bspw. der Landesbeauftragte für Datenschutz und Informationsfreiheit NRW unter www.ldi.nrw.de/ma inmenu_Datenschutz/submenu_Datenschutzrecht/Inhalt/Auskunfteien/Inhalt/Antworten_FAQ_Auskunftei en/Welche_Daten_erheben_und_verarbeiten_Auskunfteien_.php.

388 So bspw. der Landesbeauftragte für Datenschutz und Informationsfreiheit NRW unter www.ldi.nrw.de/ma inmenu_Datenschutz/submenu_Datenschutzrecht/Inhalt/Auskunfteien/Inhalt/Antworten_FAQ_Auskunftei en/Welche_Daten_erheben_und_verarbeiten_Auskunfteien_.php.

389 BT-Drs. 18/11325, 101 f.

390 So zu Art. 6 Abs. 1 S. 1 lit. f DSGVO *Abel* ZD 2018, 103 (107) („alle Daten, die ein aussagekräftiges Bild über die Zahlungswilligkeit und Zahlungsfähigkeit einer natürlichen Person erlauben").

391 Referentenentwurf des Bundesministeriums des Innern vom 1.2.2017, 106.

ee) Anreichern mit Daten aus öffentlichen Quellen

Bislang enthielt § 4 Abs. 2 Satz 1 BDSG aF das Gebot, personenbezogene Daten di-   375
rekt beim Betroffenen zu erheben. Sollten Daten aus öffentlichen Quellen erhoben
werden, war dies im Rahmen von § 29 Abs. 1 Nr. 2 BDSG aF möglich, der die Erhebung aus allgemein zugänglichen Quellen privilegierte. Da die Datenschutz-Grundverordnung **kein Direkterhebungsgebot** mehr kennt, bedarf es auch keiner Privilegierung wie im Bundesdatenschutzgesetz aF Folglich ist eine Datenerhebung aus **öffentlich zugänglichen Quellen** wie dem Internet an Art. 6 Abs. 1 S. 1 lit. f DSGVO zu
messen und einer **Interessenabwägung** zugänglich. Dabei sind die Interessen der betroffenen Person an einer Geheimhaltung ihrer Daten abgeschwächt, da diese bereits
öffentlich sind.[392] Gleichwohl hat sie ein zu berücksichtigendes Interesse, dass ihre
Daten nicht Gegenstand aller möglichen Datensammlungen werden.

ff) Verhinderung von Identitätsdiebstahl und -betrug mittels Geräte-ID, 2-Faktor-Authentifizierung und PKI

Weiterhin besteht ein berechtigtes Interesse zur Verhinderung von **Identitätsdiebstahl**,   376
bzw. der Nutzung gestohlener echter Identitäten, und zur Verhinderung von **Identitätsbetrug**. Neben der allgemeinen Erwähnung der Betrugsverhinderung in Erwgr. 47
S. 6 nennt die Datenschutz-Grundverordnung in **Erwgr. 75** explizit Schäden aufgrund
von Identitätsdiebstahl und -betrug als ein – zu vermeidendes – Risiko für die betroffene Person. Identitätsdiebstahl ist nach dem TeleTrusT – Bundesverband IT-Sicherheit eV eines der massivsten Risiken für die IT-Sicherheit, da nach einem gelungenen
Identitätsdiebstahl keine Vertrauenskette mehr besteht.[393] Der TeleTrust führt weiter
aus, dass mit einem dahin gehend erfolgreichen Angriff jede Passwort- und PIN-ge-
bundene Authentisierung gebrochen werden kann, selbst wenn Hardware-Elemente
beteiligt sind.[394] Die Grundschutz Kataloge des BSI adressieren den Identitätsdiebstahl im Gefährdungskatalog G 0.36 unter den sogenannten elementaren Gefährdungen.[395]

In der Praxis ist nunmehr fraglich, welche Datenverarbeitungen im Einzelnen ein be-   377
rechtigtes Interesse darstellen können. Dabei liegt der Fokus dieses Kapitels nicht auf
der Verhinderung technischer Angriffe, mit denen beispielsweise Nutzer-Konten ge-
hackt oder Pishing-Mails versendet werden um Identitäten zu stehlen, sondern auf
der **Verhinderung einer Nutzung** gestohlener echter Identitäten für insbesondere
einen Betrug. Typische Maßnahmen bei Webdiensten und sozialen Netzwerken zum
Zweck der Verhinderung von Identitätsbetrug sehen vor, dass Endgeräte und Server
mit negativen Erfahrungen aufgrund erkannter Angriffe oder Betrugsversuche, aber
umgekehrt auch vertrauenswürdige Geräte, mit einer **Geräte-ID** versehen und gegebenenfalls ausgesteuert oder akzeptiert werden. Dies bedeutet, dass selbst bei Verwendung echter Zugangsdaten („Credentials") zu einem Webdienst bestimmte Siche-

---

392 *V. Lewinski/Pohl* ZD 2018, 17 (21).
393 *TeleTrusT* – Bundesverband IT-Sicherheit eV, Handreichung zum „Stand der Technik" im Sinne des IT-Si-
     cherheitsgesetzes (ITSiG), 2016, 41.
394 *TeleTrusT* – Bundesverband IT-Sicherheit eV, Handreichung zum „Stand der Technik" im Sinne des IT-Si-
     cherheitsgesetzes (ITSiG), 2016, 41.
395 S. unter https://www.bsi.bund.de/DE/Themen/ITGrundschutz/ITGrundschutzKataloge/Inhalt/_content/ g/
     g00/ g00036.html.

rungsmaßnahmen ergriffen werden, wenn der Zugriff von einem entsprechend negativ qualifizierten Gerät erfolgt. Das Anlegen einer Geräte-ID erfolgte früher in der Regel dadurch, dass ein Cookie zur Wiedererkennung gesetzt wurde. Bei moderneren Verfahren werden **Geräte-Fingerprints** verwendet, die im Unterschied zu einem Cookie nicht abgelehnt oder gelöscht werden können. Ein solcher Fingerprint ist ein Hashwert, der auf Grundlage von Verbindungsdaten, Gerätedaten und insbesondere per JavaScript ausgelesenen Browserdaten des jeweiligen Geräts bei einer Internetverbindung gebildet wird (→ A. I. Rn. 34 ff.).[396] Das Anlegen elektronischer IDs bezeichnet zum Beispiel der TeleTrusT eV als die Gegenmaßnahme zur Verhinderung eines Identitätsdiebstahls.[397]

378   Daneben kommen aufwändigere Verfahren zur sicheren Authentifizierung in Betracht, die eine Webdienste-Nutzung allein durch Verwendung gestohlener Identitäten verhindern sollen. Dies sind etwa eine **2-Faktor-Authentifizierung** wie beim **Google Authenticator** oder bei den relativ weit verbreiteten **Mobile-TAN** Verfahren, bei denen der Nutzer im Besitz eines festgelegten Mobiltelefons sein muss, auf das TANs zum Zugang gesendet werden. Ähnliche Verfahren werden über Webapplikationen angeboten, bei denen **QR-Codes** statt Mobile-TANs eingesetzt werden. Künftig werden vermehrt auch **biometrische Merkmale** in die Authentifizierung mit einbezogen.

379   Darüber hinaus sind **PKI-basierte Verfahren** nach dem Stand der Technik vorstellbar, bei denen eine zertifikatsbasierte Identifizierung erfolgt, die aber zur Authentifizierung bei Webdiensten keine relevante Verbreitung haben. Eine Authentifizierung bei einem gängigen, größeren Webdienst oder Sozialen Netzwerk auf Basis einer Signaturkarte oder einem anderen zertifikatsbasierten Hardwaretoken ist zur Zeit, soweit ersichtlich, nicht in der Breite oder gar Geräte-übergreifend umgesetzt und wird von den meisten Nutzern auch nicht gewünscht.

380   Insofern bleibt meistens die technisch einfacher umzusetzende aber gleichwohl effektive Möglichkeit, Identitätsdiebstahl oder -betrug wie beschrieben über die **Erkennung und Absicherung der beim Zugriff verwendeten Geräte** zu verhindern. Der Tele-TrusT eV nennt die Authentisierung von Eingabegeräten und den Schutz vor der Verwendung doppelter Eingabegeräte als Sicherungsmaßnahmen.[398] Das Bundesamt für Sicherheit in der Informationstechnik adressiert Schutzmaßnahmen inklusive Hashing-Verfahren zur sicheren Authentisierung bei Webdiensten im Maßnahmenkatalog M 4.456.[399]

381   Bei manchen Webdiensten oder sozialen Netzwerken wie Facebook werden derart gerätebasierte Sicherungsmaßnahmen bei einem Login von einem neuen Gerät erkennbar, der dann entweder abgelehnt wird oder zumindest zu einer **Informations-E-Mail**

---

396   S. zur Technik mwN *Art. 29-Datenschutzgruppe*, Opinion 9/2014 on the application of Directive 2002/58/EC to device fingerprinting, 25.11.2014, 4 f.

397   *TeleTrusT* – Bundesverband IT-Sicherheit eV, Handreichung zum „Stand der Technik" im Sinne des IT-Sicherheitsgesetzes (ITSiG), 2016, 34 f. zur Digital Enterprise Security.

398   *TeleTrusT* – Bundesverband IT-Sicherheit eV, Handreichung zum „Stand der Technik" im Sinne des IT-Sicherheitsgesetzes (ITSiG), 2016, 41 zur Client- und Serversicherheit beim Logon.

399   S. unter https://www.bsi.bund.de/DE/Themen/ITGrundschutz/ITGrundschutzKataloge/Inhalt/_content/m/m04/m04456.html.

an den Nutzer führt. Teilweise wird der Nutzer bei der Registrierung auch entsprechend informiert oder kann selbst festlegen, ob und welche Maßnahmen aus der Verwendung unbekannter Geräte folgen. In der Regel entspricht eine dahingehende Verarbeitung seiner Gerätedaten – nicht der von dritten Personen oder Maschinen bei einem Login-Versuch – auch seinen vernünftigen Erwartungen oder ist Gegenstand einer expliziten Einwilligung.

Letztlich fördert auch die öffentliche Hand entsprechende Projekte zur anbieterübergreifenden Verhinderung von Identitätsmissbrauch, wie zum Beispiel das Projekt „Analyse und Bekämpfung von bandenmäßigem Betrug im Onlinehandel" (AB-BO).[400] Folglich kann das Erstellen von Geräte-IDs und das damit einhergehende – zweckgebundene – **Tracking zur Betrugsvorsorge** unter der Datenschutz-Grundverordnung als ein **berechtigtes Interesse** angesehen werden.[401]   382

Für das Anlegen von Geräte-IDs sind jedoch zukünftig **zusätzlich** die Voraussetzungen der **E-Privacy-Verordnung** zu berücksichtigen (→ B II. Rn. 224 ff.). Diese können in einen **Zielkonflikt** mit den gegebenenfalls zulässigen Maßnahmen zum Schutz vor Identitätsdiebstahl und -betrug nach der Datenschutz-Grundverordnung treten. **Art. 6 Abs. 2 lit. b** E-Privacy-VO-E erlaubt zwar die Verarbeitung elektronischer **Kommunikationsmetadaten** zur Erkennung oder Beendigung **betrügerischer oder missbräuchlicher Nutzungen** elektronischer Kommunikationsdienste. Der Entwurf fordert jedoch in **Art. 8 Abs. 1** E-Privacy-VO-E eine **Einwilligung** wegen der Nutzung der Verarbeitungs- und Speicherfunktionen eines Endgeräts und der Erhebung von **Informationen aus Endeinrichtungen** der Endnutzer, welche zur Erstellung eines Geräte-Fingerprints benötigt werden.[402] Eine mögliche Verwendung von Verbindungsdaten nach Art. 8 Abs. 2 E-Privacy-VO-E ist zwar ohne Einwilligung zulässig, jedoch genügen Verbindungsdaten allein nicht zur Erstellung einer trennscharfen Geräte-ID. Dagegen ist wie erörtert anzunehmen, dass die Datenschutz-Grundverordnung entsprechende Verarbeitungsvorgänge zum Schutz vor Identitätsdiebstahl und -betrug aufgrund Art. 6 Abs. 1 S. 1 lit. f DSGVO erlaubt.[403] Eine einfache und relativ effektive Verhinderung der Nutzung gestohlener echter Identitäten bei einem Login-Versuch ohne die Möglichkeit, die Identität eines Nutzers mittelbar über sein Endgerät zu prüfen, ist praktisch schwer vorstellbar. Gleiches gilt für das Erkennen von Zugriffen durch Robots, die ebenfalls auf betrügerische Login-Versuche hindeuten. Abseits aufwändiger und bei Webdiensten nicht verbreiteter Authentifizierungs-Verfahren sind wirksame Maßnahmen wie die Erstellung von Geräte-IDs nach Art. 8 E-Privacy-VO-E folglich nur möglich, wenn die betroffene Person in die Erstellung und Prüfung von   383

---

400 S. unter https://www.bmbf.de/de/diegefahr-ist-einen-mausklick-entfernt-1126.html.; www.abbo-projekt. de.

401 Zum Webtracking nach der DSGVO und der E-Privacy-VO allgemein *Schleipfer* ZD 2017, 460; *Härting* 2017 Rn. 437, der gängige Trackingverfahren von den vernünftigen Erwartungen einer betroffenen Person umfasst sieht; zum Telemediengesetz *Steidle/Pordesch* DuD 2008, 324; *Knopp* DuD 2010, 783.

402 Die Nutzung von Verbindungsdaten nach Art. 8 Abs. 2 lit. b E-Privacy-VO-E ohne eine Einwilligung aber mit entspr. Hinweis genügt dagegen nicht, um eine trennscharfe ID zu erstellen.

403 S. zu einigen Wertungswidersprüchen zwischen der DSGVO und der E-Privacy-VO-E *Schleipfer* ZD 2017, 460 (466) der ua (vergleichbar) zum Bereich der Direktwerbung kritisiert, dass die DGSVO eine Verarbeitung aufgrund berechtigter Interessen mit Widerspruchsrecht erlaubt, wohingegen, die E-Privacy-VO-E für den Teil der Abläufe auf dem Endgerät eines Nutzers eine Einwilligung fordert.

Geräte-IDs einwilligt. Damit müsste auch ein potenzieller Betrüger oder ein Robot einwilligen. Davon ist praktisch nicht auszugehen, zumal die Nutzung eines Webdienstes aufgrund des Kopplungsverbots in Art. 7 Abs. 4 DSGVO im Falle einer verweigerten Einwilligung nur ausgeschlossen werden kann, wenn die Freiwilligkeit der Einwilligung anderweitig sichergestellt würde.[404]

384 Unabhängig von den Voraussetzungen nach Art. 8 E-Privacy-VO-E kann jedoch, wie gezeigt, ein berechtigtes Interesse zur Betrugsverhinderung im Sinne des Art. 6 Abs. 1 S. 1 lit. f DSGVO vorliegen, wenn ein **Login-Vorgang** erfolgt oder ein Nutzer aus sonstigen Gründen **identifiziert werden muss**. Im Zeitraum vor einer solchen Aktion sollten die Interessen der Nutzer überwiegen, einen Webdienst besuchen zu können, ohne dass eine entsprechende Geräte-ID zwecks Verhinderung von Identitätsdiebstahl gebildet und mit vorhandenen Negativlisten abgeglichen wird.[405]

gg) Zugriffsprotokolle

385 Letztlich kann auch eine **Auswertung von Zugriffen und Zugriffsprotokollen** ein berechtigtes Interesse darstellen, beispielsweise um festzustellen, ob es sich bei einem Login-Versuch, dem Anlegen eines Nutzer-Accounts oder der Abgabe einer Bewertung im Empfehlungsmarketing um einen **menschlichen Nutzer** oder um eine **Maschine** handelt. Da gestohlene Identitäten in großem Umfang automatisiert missbraucht werden und auch Fake-Accounts in großem Umfang automatisiert erstellt werden können, um andere Betrugsvarianten vorzubereiten, kommt einer dahingehenden Auswertung eine erhebliche Bedeutung bei der Betrugsverhinderung zu. Zu denken ist an eine Auswertung von beispielsweise **Tipprhythmus, Tippgeschwindigkeit, Mausbewegung, Verhalten auf der Webseite, Zooming und Swiping** bei einer Eingabe über den Bildschirm. Solange aus diesen Erkenntnissen nicht auf eine identifizierbare natürliche Person geschlossen werden kann, also **keine personenbezogenen und keine biometrischen Daten** im Sinne von Art. 4 Nr. 14 DSGVO vorliegen, kann eine solche Datenverarbeitung ebenfalls ein berechtigtes Interesse im Rahmen von Art. 6 Abs. 1 S. 1 lit. f DGVO darstellen. Dabei sind auch hier wiederum besondere Anforderungen zu berücksichtigen, die sich aus Art. 8 E-Privacy-VO-E ergeben (→ B. II. Rn. 261 ff.).

g) Ausgewählte Maßnahmen zur Verhinderung von Betrug im Internet

386 Ausgehend von den vorstehend beschriebenen Situationen, in denen ein berechtigtes Interesse an einer Verarbeitung personenbezogener Daten zur Betrugsverhinderung im Rahmen von Art. 6 Abs. 1 S. 1 lit. f DSGVO bestehen kann, können zusammenfassend vor allem folgende **Maßnahmen und Sicherheitstechnologien** seitens der Webdienste im Einzelfall zulässig sein:

- Einholen von **Bonitätsauskünften** bei Auskunfteien inklusive **Zahlartensteuerung**,
- **Einmelden von Negativdaten** und **Positivdaten** bei einer Auskunftei,
- Verwendung von **Scorewerten** im Rahmen von § 31 BDSG,

---

[404] *Albrecht/Jotzo* 2017 Teil 3 Rn. 44 zur Herstellung von Transparenz und zu Wahlmöglichkeiten zwecks Wahrung der Freiwilligkeit.
[405] Dagegen besteht kann ein berechtigtes Interesse für Tracking-Maßnahmen zur Webanalyse oder Direktwerbung auch schon vor einem Login-Versuch bestehen.

- **Scoring auf Live-Daten,** das heißt auf Anfragedaten zu einer Person nach den konkreten Umständen wie beispielsweise Anfragezeit, -Ort, -Gerät, Warenkorb,
- **Pooling** über mehrere Anbieter, gegebenenfalls in Branchen-Warnpools,
- **Identifizieren** auffälliger Server und Endgeräte und Verknüpfen dieser Geräte mit Geräte-IDs und Negativ- sowie Positivlisten ausschließlich zu Zwecken der Betrugs- und Missbrauchsvorsorge,
- **Auswerten des Nutzerverhaltens,** vor allem zur Unterscheidung menschlicher Zugriffe von Robot-Zugriffen, beispielsweise zur Verhinderung eines Identitätsmissbrauchs oder der Erkennung automatisiert generierter Bewertungen angeblich menschlicher Nutzer;
- **Auswerten der Nutzungs- und Gerätedaten auf Plausibilität,** beispielsweise ob Spracheinstellungen zur Zugriffszeit, zum Land der Bankverbindung, zum Zugriffsort, zur Top-Level Domain etc passen; Auswertungen zur Erkennung einer auffälligen und anbieterübergreifenden Mehrfachnutzung gestohlener, echter Identitäten oder Zahldaten.

h) Zusammenspiel mit anderen bereichsspezifischen Datenschutzvorschriften

Die Verarbeitung personenbezogener Daten zur Betrugsverhinderung auf Basis berechtigter Interessen im Rahmen von Art. 6 Abs. 1 S. 1 lit. f DSGVO steht im Kontext verschiedener anderer Normen der Datenschutz-Grundverordnung, des Entwurfs der E-Privacy-Verordnung,[406] des Bundesdatenschutzgesetzes, des Telekommunikationsgesetzes[407] und des Telemediengesetzes,[408] wobei nach und nach eine Anpassung an die europarechtlichen Vorgaben erfolgt. Ohne an dieser Stelle auf Details einzugehen, werden diese im Folgenden kurz zusammengefasst: **387**

Der betroffenen Person steht bei einer Datenverarbeitung auf Basis von Art. 6 Abs. 1 S. 1 lit. f DSGVO ein **Widerspruchsrecht** nach Art. 21 DSGVO aus Gründen zu, die sich aus ihrer besonderen Situation ergeben (→ B. II. Rn. 74, B. V. Rn.   48 ff.). Ein Widerspruchsrecht besteht auch in Fällen, in denen ein Profiling auf Art. 6 Abs. 1 S. 1 lit. f DSGVO gestützt wird. **388**

Im Falle einer **automatisierten Entscheidung im Einzelfall** einschließlich eines **Profiling** sind die Voraussetzungen des Art. 22 DSGVO zu beachten, die im Wesentlichen § 6 a BDSG aF entsprechen (→ B. V. Rn. 51 ff.). Eine Sondervorschrift enthält § 37 BDSG neu für Versicherungsverträge. **389**

Im Falle der Zulässigkeit einer Datenverarbeitung nach Art. 6 Abs. 1 S. 1 lit. f DSGVO bestehen auch bestimmte **Sicherungspflichten nach dem Stand der Technik,** die sich aus den Art. 5 Abs. 1 lit. f, 24 und vor allem aus Art. 32 DSGVO ergeben (→ B. V. Rn. 51 ff.). **390**

Zum Schutz des Wirtschaftsverkehrs bei Scoring und Bonitätsauskünften gilt § 31 BDSG, auf den vorstehend eingegangen wurde. Er entspricht weitgehend §§ 28 a **391**

---

406 Für das Verhältnis der Datenschutz-Grundverordnung zur zukünftigen E-Privacy-Verordnung wird auf die Kapitel → B. III. 6. und insbesondere → A. II. verwiesen.
407 Roßnagel/*Geminn* 2017 § 4 Rn. 206 ff.
408 *DSK*, Positionsbestimmung zur Anwendbarkeit des TMG für nicht-öffentliche Stellen ab dem 25. Mai 2018; Roßnagel/*Geminn* 2017 § 4 Rn. 265 ff.

und 28 b BDSG aF, wobei jedoch einige relevante Unterschiede bestehen (→ B IV. Rn. 36 ff.).

i) Ausblick

392 Die Datenschutz-Grundverordnung bringt wenig Rechtssicherheit für die Datenverarbeitung zwecks Betrugsverhinderung. Zwar enthalten die Erwägungsgründe der Datenschutz-Grundverordnung (spärliche) Indizien, welche Verarbeitungen ein berechtigtes Interesse darstellen können. Allerdings kommt auch hier dem Europäischen Datenschutzausschuss die wichtige Aufgabe zu, möglichst zeitnah durch **Leitlinien, Empfehlungen und bewährte Verfahren** für mehr Rechtssicherheit zu sorgen. Bedauerlich ist ferner, dass die ausdrückliche Zielsetzung der Datenschutz-Grundverordnung, die unter anderem eine Modernisierung des Datenschutzrechts vorsah, zu keinen konkreten Normen für das wichtige Thema der Betrugsverhinderung im Internet geführt hat. Im Gegenteil haben sich die Unsicherheiten für die Praxis durch das unklare Verhältnis zur zukünftigen E-Privacy-Verordnung sogar noch verschärft.

IV. Technischer und organisatorischer Datenschutz

1 Die Datenschutz-Grundverordnung setzt stärker als das bisherige Datenschutzrecht auf Datenschutz durch Technik. Dem liegt die Erkenntnis zugrunde, dass der technisch bedingte enorme Anstieg an Datenverarbeitungsprozessen kaum noch effektiv durch normativ wirkende Verbotsvorschriften zu bewältigen ist. Dies gilt insbesondere auch für den Anwendungsbereich des Internet. Der Datenschutz-Grundverordnung wurden mehrere Vorschriften zum Datenschutz durch Technik hinzugefügt, die teilweise Regelungsansätze für internetspezifische Problemstellungen enthalten.

1. Datenschutz durch Technik und datenschutzfreundliche Voreinstellung

2 Ein Datenschutzrecht, das im anbrechenden Zeitalter des „Internet of Things" zum Schutz personenbezogener Daten ausschließlich darauf setzten würde, das Verhalten datenverarbeitender Menschen zu normieren, würde an der Wirklichkeit vorbeiregulieren und nur noch wenig normative Kraft entfalten. Längst werden täglich so viele Verarbeitungen personenbezogener Daten durchgeführt, dass eine Kontrolle ihrer Rechtmäßigkeit im Nachhinein nicht durchzuführen und damit auch kaum Verhaltensänderungen in der Breite herbeizuführen sind. Überdies werden immer mehr dieser Verarbeitungen nicht direkt von Menschen ausgeführt, sondern von Computerprogrammen.

a) Datenschutz durch Technik

3 Das Konzept, die Eigenschaften datenverarbeitender Technik datenschutzrechtlich zu regulieren, wird aus diesen Gründen schon seit Längerem diskutiert.[1] Es war auch vor der Datenschutz-Grundverordnung bereits stellenweise gesetzlich verankert, zum Beispiel in § 3 a BDSG, und ist nun mit Art. 25 DSGVO ausdrücklich breit und pro-

---

1 S. zB *Roßnagel* DuD 1999 253 (255); *Bizer* DuD 2007, 725; Simitis/*Scholz* BDSG § 3 a Rn. 9 ff.

minent als zentrales Konzept des Datenschutzes in der Union verankert worden. **Datenschutz durch Technik** stellt nicht die rechtliche Bewertung einzelner Datenverarbeitungen in den Mittelpunkt, sondern geht davon aus, dass moderner Datenschutz nur zu verwirklichen ist, wenn datenverarbeitende Technik so gestaltet wird, dass die automatisierte Datenverarbeitung auch in automatisierter Weise rechtskonform abläuft.[2]

Neben der datenschutzfördernden Gestaltung technischer Systeme im engeren Sinn können auch die Sicherheit der Verarbeitung und die Zertifizierung in ein weites Verständnis von „Datenschutz durch Technik" mit einbezogen werden. Auch diese Instrumente nutzen technische Mittel oder Methoden, um im Ergebnis zu einem besseren Datenschutz zu führen.　　4

Datenschutz durch Systemgestaltung[3] soll dazu führen, dass ein Verarbeitungssystem selbst im Normalbetrieb in möglichst geringem Umfang personenbezogene Daten verarbeitet. Hierzu wird versucht, rechtliche Vorgaben zum Datenschutz in Kriterien und Ziele für die Systemgestaltung zu übersetzen. **Sicherheit der Verarbeitung**[4] soll dafür sorgen, dass das System nicht durch kompromittierende Eingriffe dazu gebracht werden kann, eine Verarbeitung in größerem Umfang zu erlauben, als eigentlich beabsichtigt. Hierzu werden Mittel der IT- und Datensicherheit angewendet, die zwar für den Schutz der Rechte und Freiheiten natürlicher Personen bei der Verarbeitung ihrer personenbezogenen Daten eingesetzt werden können, aber ebenso für den Schutz von Geschäfts- und Betriebsgeheimnissen, für den Schutz kritischer Infrastrukturen oder für den Schutz von IT-Systemen vor unberechtigten Zugriffen und Störungen insgesamt. **Zertifizierung**[5] wiederum nutzt Instrumente der Überprüfung technischer Systeme auf ihre Übereinstimmung mit technischen Normen, indem rechtliche Vorgaben zum Datenschutz als technische Kriterien von Systemen ausgedrückt werden und somit abgeprüft werden können. Systemgestaltung, Sicherheit der Verarbeitung und Zertifizierung greifen ineinander, da Zertifizierungskataloge selbstverständlich zu Gestaltungsleitfäden für Hersteller und Verantwortliche werden.　　5

b) Datenschutzprinzipien gemäß Art. 5 DSGVO

Die Datenschutzprinzipien in Art. 5 DSGVO sind in verschiedener Hinsicht mit den konkreteren Normen in Art. 24, 25, 32 und 42 DSGVO verbunden.　　6

Technischer Datenschutz wird erstens in Art. 5 Abs. 1 lit. f DSGVO, direkt angesprochen, der mit Integrität und Vertraulichkeit bereits ausdrücklich technische und organisatorische Maßnahmen zum Schutz gegen unbefugte und unrechtmäßige Verarbeitungen, unbeabsichtigten Verlust und unbeabsichtigte Zerstörung oder Schädigung als datenschutzrechtliches Grundprinzip verankert. Lit. f ist sprachlich zwar hauptsächlich auf die Sicherheit der Verarbeitung zugeschnitten, deutet mit der Forderung von Maßnahmen gegen unrechtmäßige Verarbeitungen aber schon hierüber hinaus, denn eine unrechtmäßige Verarbeitung ist jeder Verstoß gegen das geltende Daten-　　7

2　*Roßnagel* 2007, 175.
3　*Husemann*/Roßnagel 2018 § 5 Rn. 41 ff.
4　*Husemann*/Roßnagel 2018 § 5 Rn. 133 ff.
5　Roßnagel/*Bile* 2018 § 5 Rn. 229 ff.

schutzrecht, und Maßnahmen, die unrechtmäßige Verarbeitungen verhindern, sind insbesondere solche der datenschutzgerechten Systemgestaltung.

8 Zweitens bilden alle Datenschutzprinzipien des Art. 5 DSGVO die Grundlage, auf der die Anforderungskataloge für Gestaltung und Absicherung von Systemen sowie Zertifizierungskataloge aufsetzen müssen. Art. 5 DSGVO bildet die grundlegende Blaupause, an der sich Strategien und Maßnahmen des technischen Datenschutzes messen lassen müssen. Die technische Gestaltung und Absicherung dieser Datenschutzprinzipien ist der Inhalt der Bemühungen um technischen Datenschutz, seien es die Transparenz der Verarbeitung, die Zweckbindung, die Datenminimierung, die Richtigkeit, die Speicherbegrenzung oder die Integrität und Vertraulichkeit. Diese Prinzipien werden bereits in verschiedenen Normen der Verordnung mit unterschiedlicher Regelungstiefe technisch konkretisiert, soll heißen näher an die Form technisch überprüfbarer Kriterien herangeführt, etwa in Art. 12 Abs. 1, 25 Abs. 1 und 32 Abs. 1 DSGVO und anderen. Hieran wird deutlich, dass genau genommen nicht nur bestimmte Normen der Datenschutz-Grundverordnung sich mit technischem Datenschutz beschäftigen, sondern auch die Regelungstechnik der Datenschutz-Grundverordnung die Prinzipien des technischen Datenschutzes anwendet, indem sie versucht, Begriffe zu verwenden, die für Gestaltung und Zertifizierung aufgegriffen werden können. Leider erfolgt diese Konkretisierung äußerst unsystematisch mit stark unterschiedlicher Tiefe.

9 Drittens sind die Verantwortlichen gemäß Art. 5 Abs. 2 DSGVO verpflichtet, die Einhaltung der Grundsätze in Art. 5 Abs. 1 DSGVO nachzuweisen. Eine Vorgehensweise, um dieser Rechenschaftspflicht nachzukommen, kann die Zertifizierung sein, die wiederum einer Konkretisierung der rechtlichen Vorgaben zu technischen Kriterien und Zielen bedarf.

c) Datenschutz durch Technik und durch datenschutzfreundliche Voreinstellungen

10 In Art. 25 Abs. 1 DSGVO hat Datenschutz durch Technik und datenschutzfreundliche Voreinstellungen als Pflicht der Verantwortlichen eine prominente Regelung erfahren.

aa) Art. 25 Abs. 1 DSGVO

11 Die zentrale Norm für den Datenschutz durch Technik im Sinn der **Systemgestaltung** stellt Art. 25 Abs. 1 DSGVO dar. Der lange und verschachtelte Absatz enthält die Pflicht der Verantwortlichen, technische und organisatorische Maßnahmen zu treffen, um die Datenschutzgrundsätze des Art. 5 DSGVO wirksam umzusetzen.

12 Art. 25 Abs. 1 DSGVO richtet sich an die Verantwortlichen. Nicht genannt sind damit zunächst die Auftragsverarbeiter. Allerdings sind Auftragsverarbeiter gemäß Art. 28 Abs. 1 DSGVO anhand der technischen und organisatorischen Maßnahmen auszuwählen, die sie durchführen, um dafür zu sorgen, dass die Verarbeitung im Einklang mit der Verordnung erfolgt und den Schutz der Rechte der betroffenen Perso-

nen gewährleistet. Insofern sind Auftragsverarbeiter, die Art. 25 Abs. 1 DSGVO nicht erfüllen, keine geeigneten Auftragsverarbeiter im Sinne von Art. 28 Abs. 1 DSGVO.[6]

Auch die Hersteller von Datenverarbeitungssystemen werden von Art. 25 Abs. 1 DSGVO nicht direkt adressiert. Dies ist im Hinblick auf den Zweck der Norm, die Gestaltung der Systeme zu beeinflussen, ein kaum erklärbares Versäumnis und ein schwerer Systemfehler. Zwar wird in Erwgr. 78 die Absicht geäußert, die Hersteller ebenfalls zu Maßnahmen nach Art. 25 Abs. 1 DSGVO zu „ermutigen". Dies schlägt sich allerdings im Normtext nicht nieder. Teilweise wird mit Erwgr. 78 die Hoffnung verbunden, dass sich eine mittelbare Ermutigung dadurch ergibt, dass die Verantwortlichen sich genötigt fühlen könnten, nur solche Technik einzukaufen und zu verwenden, die den Anforderungen von Art. 25 Abs. 1 DSGVO entspricht.[7] Dies dürfte allerdings insbesondere insoweit leerlaufen, als marktbeherrschende Standard-Software eingesetzt werden soll.[8] Im Hinblick auf Hersteller, die ihre Produkte öffentlichen Verantwortlichen anbieten wollen, könnte Art. 25 Abs. 1 DSGVO allerdings mehr Zugkraft entfalten, da Datenschutz durch Technik gemäß Erwgr. 78 bei öffentlichen Ausschreibungen beachtet werden soll.   13

Die technischen und organisatorischen Maßnahmen sollen die Einhaltung der Datenschutzgrundsätze, der Anforderungen der Verordnung und den Schutz der Rechte der betroffenen Personen gewährleisten. Zunächst ist klarzustellen, dass hiermit alle Datenschutzgrundsätze des Art. 5 DSGVO gemeint sind und die Nennung der **Datenminimierung** nur beispielhaft erfolgt. Überdies müssen die Maßnahmen auch auf die Einhaltung aller konkreteren Vorschriften der Verordnung abzielen.   14

Die bespielhafte Nennung des Grundsatzes der **Datenminimierung** im Rahmen von Art. 25 Abs. 1 DSGVO kann zu Missverständnissen führen. Die Datenminimierung in Art. 5 Abs. 1 lit. c DSGVO bildet gemeinsam mit dem Grundsatz der Speicherbegrenzung den bisher im Datenschutzrecht zentralen Grundsatz der Erforderlichkeit ab. Aufgrund der sprachlichen Ähnlichkeit und der Nennung im Zusammenhang mit dem Datenschutz durch Technik, kann der Grundsatz der Datenminimierung mit dem bisher in § 3 a BDSG aF verankerten Grundsatz der **Datenvermeidung und Datensparsamkeit** verwechselt werden. Während aber Datenminimierung den Umfang der Datenverarbeitung nur auf das für die Zwecke erforderliche Maß begrenzt, wies der Grundsatz der Datenvermeidung- und Datensparsamkeit darüber hinaus und verlangte, auch die Zwecke der Verarbeitung so festzulegen, dass ein möglichst geringer Umfang der Verarbeitung personenbezogener Daten erforderlich ist.[9] Die Datenschutz-Grundverordnung hat den Grundsatz der Datenvermeidung- und Datensparsamkeit nicht übernommen.   15

Dieser ergibt sich allerdings direkt aus Art. 8 und 52 GRCh, denn er entspricht einem verhältnismäßigen Umgang mit dem Grundrecht auf Datenschutz der betroffenen   16

---

6 So auch Sydow/*Mantz* DSGVO Art. 25 Rn. 16; *Bieker/Hansen* RDV 2017, 165 (166); Ehmann/Selmayr/*Baumgartner* DSGVO Art. 25 Rn. 4.
7 ZB *Baumgartner/Gausling* ZD 2017, 308 (311).
8 Roßnagel/*Husemann* 2018 § 5 Rn. 56.
9 Zu diesem ausführlich *Roßnagel* 2011.

Personen.[10] Überdies sollte der Grundsatz der Datenvermeidung- und Datensparsamkeit für die Verantwortlichen und für die Hersteller von IT-Systemen und deren Komponenten nicht nur aus Rücksicht gegenüber den betroffenen Personen, sondern auch aus Eigeninteresse eine zentrale Gestaltungsmaxime darstellen. Umso weniger personenbezogene Daten IT-Systeme verarbeiten, umso weniger sind auch datenschutzrechtliche Vorschriften zu beachten, umso leichter fällt der Nachweis, dass die Grundsätze in Art. 5 DSGVO und die Vorschriften der Verordnung eingehalten werden und umso geringer wird das Haftungsrisiko im Hinblick auf Datenschutzverstöße.

17 Bei der Entscheidung über technische und organisatorische Maßnahmen ist der **Stand der Technik** zu berücksichtigen. Es handelt sich hierbei um einen seit langem im Technikrecht verwendeten unbestimmten Rechtsbegriff.[11] Daneben werden unter anderem noch der weniger strenge Begriff „allgemein anerkannte Regeln der Technik" und der besonders strenge Begriff „Stand von Wissenschaft und Technik" genutzt. Es handelt sich bei all diesen Begriffen um „dynamische Verweisungen", die es erlauben, technischen Fortschritt in Technikgesetzen wie der Datenschutz-Grundverordnung zu integrieren, ohne stets den Gesetzestext anpassen zu müssen.

18 Nach der deutschen Rechtsprechung bedeutet der Begriff „**allgemein anerkannte Regeln der Technik**", dass nur solche Verfahren eingesetzt werden müssen, die sich in der Praxis durchgesetzt haben. Der besonders strenge „**Stand von Wissenschaft und Technik**" verlangt hingegen, dass auch solche Absicherungen gegen Schäden eingesetzt werden müssen, die nach neuesten wissenschaftlichen Erkenntnissen erforderlich sind. Zwischen diesen beiden befindet sich der in Art. 25 Abs. 1 DSGVO relevante „**Stand der Technik**".[12] Nach dem Stand der Technik müssen zwar allerneueste wissenschaftliche Erkenntnisse nicht zwingend beachtet werden. Die Maßnahmen dürfen sich aber auch nicht daran orientieren, was sich in der Praxis etabliert hat, sondern müssen das abbilden, was dem technischen Entwicklungsstand und „guter" Praxis entspricht.

19 Da die Bewertung welche Maßnahmen nach dem Stand der Technik anzuwenden sind, um ein bestimmtes Risiko ausreichend einzudämmen, aber auch subjektive Einschätzungen beinhaltet, insbesondere die Akzeptanz von **Restrisiken**, ist eine objektive Bewertung zunächst schwierig und kann sich mit dem Widerstreit verschiedener Expertenmeinungen konfrontiert sehen. Als Anhaltspunkte zur Ermittlung des Stands der Technik sind etwa zu nennen die Empfehlungen der Europäischen Agentur für Netz- und Informationssicherheit (ENISA)[13] und die voraussichtlich bald vorhandenen Kriterien zur Zertifizierung nach Art. 42 Abs. 5 DSGVO.

20 Als beispielhafte Maßnahme wird die in Art. 4 Nr. 5 DSGVO definierte **Pseudonymisierung** genannt. Pseudonymisierung bedeutet, dass personenbezogene Daten so verändert werden, dass sie ohne das „abgetrennte" Zusatzwissen nicht mehr einer natürlichen Person zugeordnet werden können. Zum einen ist hierzu festzustellen, dass die

---

10 Roßnagel/*Husemann* 2018 § 5 Rn. 61.
11 S. zB im Atomrecht die Kalkar-Entscheidung von 1978 BVerfGE 49, 89 (135).
12 Zur Abgrenzung s. BVerfGE 49, 89 (135 f.).
13 *ENISA* 2014.

Pseudonymisierung nicht automatisch eine Maßnahme nach dem Stand der Technik darstellt, sondern selbst diesem unterliegt. Da die Techniken zur Identifizierung sich weiter entwickeln, müssen sich auch Verfahren zur Pseudonymisierung dem Stand der Technik anpassen.[14] Zum anderen ist festzustellen, dass Pseudonymisierung keineswegs das einzige Mittel der datenschutzgerechten Systemgestaltung ist[15] und nicht einmal das zentrale Mittel sein sollte. Pseudonymisierung führt zwar gegenüber anderen Stellen dazu, dass es sich bei den verarbeiteten Daten nicht um personenbezogene handelt, nicht aber im Hinblick auf den Verantwortlichen selbst, da dieser über das Zusatzwissen verfügt.[16] Pseudonymisierung ist durchaus ein Mittel, das die Risiken der Verarbeitung für die betroffenen Personen senken kann.[17] Pseudonymisierung ist aber ein sekundäres Mittel, das erst angewendet wird, wenn bereits personenbezogene Daten angefallen sind. Gerade für Dienste der Informationsgesellschaft, etwa soziale Netzwerke, Online-Shops und viele weitere würde es ein viel grundlegenderes Mittel darstellen, schon die Planung ihrer Geschäftsmodelle am Grundsatz der Datenvermeidung und Datensparsamkeit auszurichten, so dass schon geringere Mengen personenbezogener Daten erhoben werden.

Die technischen und organisatorischen Maßnahmen sind vom Verantwortlichen sowohl zum **Zeitpunkt der Festlegung der Mittel** der Verarbeitung als auch zum Zeitpunkt der eigentlichen Verarbeitung zu treffen. Der Zeitpunkt der Festlegung der Mittel kann sich auf die Auswahl von Datenverarbeitungstechnik beziehen, die von anderen Herstellern bezogen wird. Zu diesem Zeitpunkt sind dann Maßnahmen nach Art. 15 Abs. 1 DSGVO als relevant für die Auswahl zu beachten.[18] Soweit der Verantwortliche selbst sein Verarbeitungssystem gestaltet, hat er die Maßnahmen nach Art. 25 Abs. 1 DSGVO auch spätestens bei der konkreten Festlegung der Mittel, also etwa beim Entwurf von Quellcode oder dem Design einer Nutzerschnittstelle, selbst zu implementieren. 21

Daraus dass Art. 25 Abs. 1 DSGVO auch den **Zeitpunkt der tatsächlichen Verarbeitung** nennt, ergibt sich für den Verantwortlichen eine Pflicht zur regelmäßigen Überprüfung der Wirksamkeit und eventuellen Überarbeitung der technischen und organisatorischen Maßnahmen. Da die Maßnahmen sich am jeweiligen Stand der Technik zu orientieren haben, genügt das einmalige Einrichten eines Systems schon aufgrund des technischen Fortschritts nicht. Die Maßnahmen nach Art. 25 Abs. 1 DSGVO sind regelmäßig anhand des Stands der Technik anzupassen. Überdies kann sich bei Einsatz des Systems herausstellen, dass Risiken für die Rechte und Freiheiten der betroffenen Personen oder die Wirksamkeit von Maßnahmen zu einem früheren Zeitpunkt falsch beurteilt wurden oder sich verändert haben. Auch aus diesen Gründen kann es notwendig sein, die Maßnahmen im laufenden Betrieb anzupassen. Klargestellt ist damit auch, dass Art. 25 Abs. 1 DSGVO nicht nur für neue Verarbeitungen gilt, son- 22

---

14 Erwgr. 26 S. 3 DSGVO.
15 Vgl. Erwgr. 28 DSGVO.
16 Vgl. Erwgr. 26 DSGVO.
17 Vgl. Erwgr. 28 DSGVO.
18 Sydow/*Mantz* DSGVO Art. 25 Rn. 33.

dern auch für solche, die bereits vor der Geltung der Datenschutz-Grundverordnung in Betrieb waren.

23 Die **Risiken für die Rechte und Freiheiten natürlicher Personen** spielen in Art. 25 Abs. 1 DSGVO eine wichtige Rolle. Der Schutz der Rechte und Freiheiten ist das Ziel der technischen und organisatorischen Maßnahmen. Aus diesem Grund sind die Schutzmaßnahmen auch unter Berücksichtigung der Risiken für die Rechte und Freiheiten auszuwählen. Der Verantwortliche muss daher für diese Auswahl eine Einschätzung der Risiken seiner in der Planung oder bereits im Einsatz befindlichen Verarbeitung für die betroffenen Personen durchführen. Dies muss nicht in jedem Fall die formalisierte Datenschutz-Folgenabschätzung nach Art. 35 DSGVO sein. Allerdings können viele Web-Dienste, die ihre Dienste aufgrund von Profiling anbieten oder optimieren, unter Art. 35 Abs. 3 lit. a DSGVO fallen (zur Datenschutzfolgenabschätzung → B IV. Rn. 77). Auch wenn Art. 35 DSGVO nicht anwendbar ist, verlangt Art. 25 Abs. 1 DSGVO, dass der Verantwortliche eine Einschätzung der Risiken vornimmt und dem entsprechend Maßnahmen auswählt, die diese auf ein erträgliches Maß verringern.

24 Die Verordnung gibt keinen Hinweis darauf, wann dieses Maß erreicht ist, welches Restrisiko also akzeptabel ist. Da diese Frage nicht objektiv geklärt werden kann, wird es für die Verantwortlichen letztlich darum gehen, im Sinne von Art. 5 Abs. 2 DSGVO dokumentiert darlegen zu können, dass sie sich mit den Risiken für die Rechte und Freiheiten ernsthaft auseinander gesetzt und sodann Maßnahmen ergriffen haben, die als wirkungsvoll und angemessen gelten, wobei die oben genannten Empfehlungen wieder die tragende Rolle spielen werden. Wer dieses Bemühen nicht nachweisen kann, wird Art. 25 Abs. 1 DSGVO nicht erfüllen. Bei der Risikoeinschätzung im Rahmen von Art. 25 Abs. 1 DSGVO empfiehlt es sich daher ebenfalls, möglichst formalisiert vorzugehen.

25 Insbesondere sollte Erwgr. 75 berücksichtigt werden. Dies bedeutet vor allem, dass die möglichen **Folgen der Verarbeitung** für die betroffenen Personen aufgeführt werden sollten. Als relevante Folgen werden physische, materielle und immaterielle Schäden genannt, insbesondere Diskriminierung, Identitätsdiebstahl und -betrug, finanzielle Verluste, Rufschädigung, der Verlust der Vertraulichkeit von dem Berufsgeheimnis unterliegenden personenbezogenen Daten, die unbefugte Aufhebung einer Pseudonymisierung und andere erhebliche wirtschaftliche oder gesellschaftliche Nachteile. Damit sind Folgen für alle denkbaren Grundrechte der betroffenen Personen in die Risikobewertung einzubeziehen.

26 Außerdem sollten die jeweilige **Wahrscheinlichkeit und Schwere des Eintritts** der Risiken bewertet werden. Erwgr. 76 unterteilt die Risiken in „normale" und „hohe Risiken". Im Ergebnis ist eine Einteilung in „niedrige", „normale" und „hohe" Risiken, je nach Wahrscheinlichkeit und Schwere ihres Eintritts, zu empfehlen.[19] Bei niedrigen und normalen Risiken sind die Schutzmaßnahmen dem entsprechen zu gestalten. Die Unterscheidung in „niedrige" und „normale Risiken" ist dabei für die Abwägung mit den Implementierungskosten hilfreich. Bei einem hohen Risiko ist die Datenschutz-

---

19 Vgl. *Eiermann* BvD-News 3/2017, 37 (39).

Folgenabschätzung nach Art. 35 DSGVO anzuwenden, in deren Rahmen dann ebenfalls gemäß Art. 35 Abs. 7 lit. d DSGVO Maßnahmen zur Abhilfe gegen diese Risiken durchzuführen sind.

In Zusammenhang mit den Risiken für die Betroffenen stehen auch **Art, Umfang, Umstände und Zwecke der Verarbeitung**, denn diese haben erheblichen Einfluss auf Wahrscheinlichkeit und Schwere des Eintritts der Risiken. In dieser Hinsicht werden diese Aspekte daher schon in die Risikobeurteilung einfließen. Darüber hinausgehend können Art, Umfang, Umstände und Zwecke der Verarbeitung im Hinblick auf die Angemessenheit von Schutzmaßnahmen zu beachten sein. Ist das Verhältnis zwischen Verantwortlichen und betroffenen Personen eher ungeeignet für eine effektive Ausübung der Betroffenenrechte, kann dies die Anforderungen an technische und organisatorische Maßnahmen, erhöhen, etwa durch fortgeschrittene technische Unterstützung von Betroffenenrechten. Dies kann geboten sein, wenn betroffene Person den Verantwortlichen gar nicht kennt und die Verarbeitung für sie nicht leicht wahrnehmbar ist, oder wenn die Ausübung der Rechte für die betroffenen Personen einen hohen Aufwand bedeutet.

Die Verpflichtung zu technischen und organisatorischen Maßnahmen nach Art. 25 Abs. 1 DSGVO steht unter dem Vorbehalt, dass sie nicht unverhältnismäßige **Implementierungskosten** erzeugen. Die Verantwortlichen können diesbezüglich aber nicht einfach mit Verweis auf entstehende Kosten von Maßnahmen absehen. Vielmehr müssen sie die Implementierungskosten mit den ermittelten Risiken für die betroffenen Personen abwägen. Liegt nur ein geringes Risiko vor und sind die Implementierungskosten für die wirkungsvollsten Maßnahmen unverhältnismäßig hoch, müssen die Verantwortlichen prüfen, ob andere weniger kostenintensive Maßnahmen verfügbar sind, die die Risiken eventuell zu einem geringeren Maß beseitigen, aber immer noch geeignet sind und dem Stand der Technik entsprechen. Die Verantwortlichen dürfen jedoch auch in diesem Fall nicht einfach gar keine Maßnahmen treffen.[20]

Gemäß Art. 25 Abs. 1 DSGVO sind sowohl der Stand der Technik als auch die Implementierungskosten, die Risiken für die betroffenen Personen und Art, Umfang und Umstände der Verarbeitung bei der Auswahl der Maßnahmen „**zu beachten**". Diese Formulierung erlaubt es theoretisch, dass die Verantwortlichen aufgrund unverhältnismäßiger Kosten den Stand der Technik unterschreiten können.[21] Der Begründungsaufwand hierfür ist aber erheblich und muss in jedem Fall gut dokumentiert werden. Selbst dann bleibt das Risiko, dass die Aufsichtsbehörden die Implementierungskosten für den Stand der Technik durchaus als angemessen betrachten oder ihm größeres Gewicht beimessen. Die Formulierung „zu beachten" gilt nämlich auch für die Implementierungskosten. Auch diese sind lediglich ein zu beachtender Faktor und kein zwingend durchgreifender Grund, der alle anderen Merkmale regelmäßig aufzuwiegen in der Lage wäre.

---

20 Vgl. Ehmann/Selmayr/*Baumgartner* DSGVO Art. 25, Rn. 11; Sydow/*Mantz* DSGVO Art. 25 Rn. 46.
21 Vgl. auch zu Art. 32 Abs. 1 DSGVO *Bartels* BvD-News 3/2017, 50.

bb) Art. 25 Abs. 2 DSGVO

30 Art. 25 Abs. 2 DSGVO enthält die Pflicht zu **datenschutzfreundlichen Voreinstellungen**. Verarbeitungssysteme müssen so eingestellt sein, dass nur die für den Zweck erforderlichen Daten verarbeitet werden. Diese Klarstellung der eigentlich schon durch Art. 5 Abs. 1 lit. c und Art. 25 Abs. 1 DSGVO selbstverständlichen Pflicht ist eigentlich nur notwendig, um dem Prinzip des „**Opt-Out**" eine ausdrückliche Absage zu erteilen. „Opt-Out" im Hinblick auf Systemeinstellungen bedeutet, dass Verantwortliche ein Verarbeitungssystem so einstellen, dass es auch personenbezogene Daten zu Zwecken verarbeitet, die den betroffenen Personen oft gar nicht klar sind. Die Verantwortlichen lassen aber, häufig an nicht leicht auffindbarer Stelle, die Möglichkeit, die Verarbeitung zu diesen zusätzlichen Zwecken zu unterbinden, und stellen sich auf den Standpunkt, wenn die Nutzer hieran nichts änderten, seien sie einverstanden. Problematisch ist dabei insbesondere, dass die betroffenen Personen häufig gar nicht ahnen, welche Zusatzfunktionen im System laufen, die sie ausschalten könnten.

31 Art. 25 Abs. 2 DSGVO ist zum einen auf **soziale Netzwerkseiten** zugeschnitten, da hier Profile vorliegen, die im Hinblick auf zusätzliche Verarbeitungen verändert werden können, etwa welche anderen Personen aus dem Netzwerk welche Informationen von der eigenen Profilseite einsehen können, wie auch das Beispiel in S. 3 verdeutlicht. Die Norm wird aber in anderen Bereichen eine ebenso wichtige, wenn nicht sogar wichtigere Rolle spielen. Ein zentrales Anwendungsfeld dürften die Einstellungen von **Smartphones** und anderen mobilen internetfähigen Geräten sein. Diese sind häufig standardmäßig so eingestellt, dass die personenbezogenen Daten, zum Beispiel die gesamte Fotobibliothek, „zur Sicherung" auf Server der Anbieter übertragen werden. Vergleichbares gilt etwa für **digitale Assistenten, Smart-TVs, Smart Cars** oder **Dash-Cams**. Art. 25 Abs. 2 DSGVO ist damit keine Norm nur für soziale Netzwerke, sondern erfasst alle Bereiche der Digitalisierung, insbesondere Systeme für das mobile Internet und das Internet der Dinge.

32 Ob eine Systemeinstellung nach Art. 25 Abs. 2 DSGVO zulässig ist, ist danach zu entscheiden, ob die Verarbeitung hinsichtlich Menge, Umfang, Speicherfrist und Zugänglichkeit der personenbezogenen Daten **für den Zweck erforderlich** ist. Verantwortliche könnten versuchen, durch eine möglichst breite oder weitgehende Festlegung des Zwecks der Verarbeitung, etwa in Datenschutzerklärungen, die Norm zu umgehen. Dies wäre allerdings im Hinblick auf das Gebot zur **Festlegung eindeutiger Zwecke** aus Art. 5 Abs. 1 lit. b DSGVO nur dann möglich, wenn auch Verarbeitungszwecke konkret beschrieben und die betroffenen Personen gemäß Art. 13 Abs. 1 lit. c DSGVO in geeigneter Weise über sie informiert werden.

33 Auch in Abs. 2 sind die **Hersteller nicht Adressaten der Norm**. Dies bedeutet für die Verantwortlichen, dass sie Systeme, die sie nicht selbst entwickelt haben, bei Inbetriebnahme hinsichtlich ihrer Einstellungen zu überprüfen und entsprechend zu kalibrieren haben. Dies bedeutet überdies, dass die Verantwortlichen Systeme auswählen müssen, die ihnen selbst diese Möglichkeit eröffnen oder vom Hersteller datenschutzgerecht voreingestellt werden. Ein Verantwortlicher, der ein System auswählt und ein-

setzt, das keine datenschutzfreundlichen Voreinstellungen zulässt, verstößt gegen Art. 25 Abs. 2 DSGVO.[22]

Auffällig im Kontrast zu Abs. 1 ist, dass die Norm **keinen Vorbehalt der Implementie-** **rungskosten** enthält. Im Bereich der technischen Voreinstellungen sind in jedem Fall geeignete technische und organisatorische Maßnahmen zu treffen.[23]   34

cc) Art. 25 Abs. 3 DSGVO

Art. 25 Abs. 3 DSGVO stellt klar, dass ein **Zertifizierungsverfahren** nach Art. 42   35 DSGVO genutzt werden kann, um die Erfüllung der Maßnahmen nach Art. 25 Abs. 1 und 2 DSGVO nachzuweisen. Abs. 3 unterstreicht die angesprochene Verzahnung von Systemgestaltung und Zertifizierung (→ B. IV. Rn. 50). Da das Zertifizierungs-verfahren nur „als Faktor" für den Nachweis herangezogen werden kann, ist eine er-folgte Zertifizierung zwar nicht automatisch allein ausreichend. Dennoch wird eine erfolgreiche Zertifizierung nach den Vorgaben von Art. 42 DSGVO in der Praxis nicht nur einen Faktor, sondern einen entscheidenden Faktor darstellen, da sie objek-tive Kriterien liefert, an denen eine datenschutzfördernde Systemgestaltung und Sys-temkonfiguration gemessen werden können.

d) Sicherheit der Verarbeitung

Art. 32 DSGVO konkretisiert den Grundsatz der Integrität und Vertraulichkeit aus   36 Art. 5 Abs. 1 lit. f DSGVO und verpflichtet zu technischen und organisatorischen Maßnahmen, die die Sicherheit der Verarbeitung gewährleisten sollen.

aa) Art. 32 Abs. 1 und 2 DSGVO

Art. 32 Abs. 1 S. 1, 1. Hs. Und Art. 25 Abs. 1 DSGVO gleichen sich stark. Insbeson-   37 dere im Hinblick auf die **zu beachtenden Faktoren,** wie den Stand der Technik, die Implementierungskosten, die Risiken für die betroffenen Personen sowie die Art, den Umfang und die Umstände der Verarbeitung kann daher grundsätzlich auf die Aus-führungen zu Art. 25 Abs. 1 DSGVO verwiesen werden.

Der erste auffällige Unterschied findet sich bei den **Adressaten.** Im Gegensatz zu   38 Art. 25 Abs. 1 DSGVO nennt Art. 32 Abs. 1 S. 1 DSGVO die Auftragsverarbeiter aus-drücklich selbst als Verpflichtete. Im Hinblick auf die Hersteller gelten hingegen ebenfalls umfänglich die Ausführungen zu Art. 25 Abs. 1 DSGVO.

Der zweite und zentrale Unterschied zu Art. 25 Abs. 1 DSGVO ist aber die **Zielrich-**   39 **tung der Maßnahmen.** Die Maßnahmen nach Art. 32 Abs. 1 DSGVO zielen nicht da-rauf, alle Grundsätze aus Art. 5 DSGVO umzusetzen, sondern darauf, ein dem Risiko angemessenes Schutzniveau zu gewährleisten.

Art. 32 Abs. 2 DSGVO konkretisiert, **welche Risiken** bei der Beurteilung des ange-   40 messenen Schutzniveaus insbesondere **zu berücksichtigen sind.** Diese entsprechen in etwa denen, die auch in Art. 5 Abs. 1 lit. f DSGVO aufgezählt werden, nämlich unbe-absichtigte oder unrechtmäßige Vernichtung, Verlust und Veränderung, unbefugte Offenlegung und unbefugter Zugang zu personenbezogenen Daten. Die in Art. 5

---

22 Vgl. Sydow/*Mantz* DSGVO Art. 25, Rn. 79.
23 So auch *Bieker/Hansen* RDV 2017, 165 (167).

Abs. 1 lit. f DSGVO enthaltene unrechtmäßige Verarbeitung wird nicht genannt. Dies ist aber kein Versäumnis. Art. 32 Abs. 2 DSGVO verdeutlicht, dass hier der Schutz vor Einwirkungen auf das System und die darin rechtmäßiger Weise verarbeiteten Daten im Vordergrund stehen. Der Schutz vor unrechtmäßiger Verarbeitung durch das Verarbeitungssystem selbst hingegen fällt unter Art. 25 Abs. 1 DSGVO.

41 Art. 32 Abs. 1, 2. Hs. DSGVO enthält dann Maßnahmen, die zur Gewährleistung des angemessenen Schutzniveaus „unter anderem" zu treffen sind. Die unter lit. a bis d aufgeführten Maßnahmen erscheinen unsystematisch, da sie neben IT-Sicherheitszielen wie Vertraulichkeit, Integrität, Verfügbarkeit und Belastbarkeit mit Pseudonymisierung und Verschlüsselung auf derselben Ebene unterschiedlich konkrete Maßnahmen zu deren Umsetzung nennen.

42 Lit. a nennt **Pseudonymisierung** (zur Pseudonymisierung s. auch → B. I. Rn. 28). **und Verschlüsselung** personenbezogener Daten. Bei der Pseudonymisierung, die in Art. 4 Nr. 5 DSGVO definiert ist, handelt es sich um eine Methode, um den Personenbezug einer Nachricht zu entfernen. Hierdurch wird gegenüber allen, die nicht über den Zuordnungsschlüssel verfügen, aber nur ihnen gegenüber, Anonymität hergestellt, es bleibt also verborgen, *wer* etwas äußert oder auf *wen* sich der Inhalt einer Information bezieht. Pseudonymisierung ist ein noch verhältnismäßig abstraktes Konzept, das mit verschiedenen konkreten Techniken, zum Beispiel Verschlüsselung, aber auch durch einfaches Schwärzen oder entfernen von Personenangaben, durchgeführt werden kann. Verschlüsselung hingegen ist ein technisches Mittel, das einerseits zur Pseudonymisierung eingesetzt werden kann. In diesem Fall wird der Personenbezug verschlüsselt. Andererseits kann Verschlüsselung eingesetzt werden, um den Inhalt einer Information zu verschlüsseln. In diesem Fall bleibt verborgen, *was* eine Person äußert oder was über eine Person bekannt ist. Dass diese Person etwas äußert oder dass es eine Information über sie gibt, bleibt dann nicht automatisch verborgen.

43 Lit. b führt die Fähigkeit auf, **Vertraulichkeit, Integrität, Verfügbarkeit** und **Belastbarkeit der Systeme und Dienste** im Zusammenhang mit der Verarbeitung auf Dauer sicherzustellen. Im Gegensatz zum folgenden lit. c bezieht sich lit. b auf Systeme und Dienste, nicht auf Daten. Die Norm enthält abstrakte Sicherheitsziele, die den Schutz gegen unbefugten Zugriff und gegen Systemausfälle betreffen. Während Integrität, Vertraulichkeit und Verfügbarkeit als IT-Sicherheitsziele wohl bekannt sind, wird in Art. 32 Abs. 1 lit. b DSGVO außerdem die „**Belastbarkeit der Systeme**" genannt. Dieser Begriff könnte sowohl ein weiteres eigenes Schutzziel darstellen[24] als auch eine Konkretisierung der Verfügbarkeit im Hinblick auf die Verarbeitungssysteme. Vertraulichkeit und Integrität sind Schutzziele, die aus datenschutzrechtlicher Sicht ohne Weiteres einleuchten. Warum Systeme gegen Ausfälle geschützt werden müssen, um besseren Datenschutz herzustellen, ist hingegen nicht auf den ersten Blick erkennbar, da Datenschutz eigentlich gar nicht mehr nötig ist, sobald Datenverarbeitungssysteme ausfallen. Der Datenschutz kann durch Ausfälle allerdings dann beeinträchtigt sein, wenn etwa gerade die Systemkomponenten ausfallen, die Vertraulichkeit und Integrität schützen. Dasselbe gilt für den Ausfall technischer und organisatorischer

---

24 Roßnagel/*Husemann* 2018 § 5 Rn. 139.

Philipp Richter

Maßnahmen nach Art. 25 Abs. 1 DSGVO oder für die Möglichkeit, Betroffenenrechte elektronisch auszuüben.

Lit. c führt sodann die Fähigkeit auf, die **Verfügbarkeit personenbezogener Daten** 44
und den Zugang zu ihnen bei einem Zwischenfall rasch **wiederherzustellen**. Dieses Sicherheitsziel entspricht dem Grundsatz der Richtigkeit in Art. 5 Abs. 1 lit. d DSGVO und dem zweiten Ziel aus Art. 1 Abs. 1 DSGVO, den freien Verkehr personenbezogener Daten zu gewährleisten. Zur Klarstellung ist festzuhalten, dass sich lit. c ausschließlich auf personenbezogene Daten beziehen kann, die rechtmäßig verarbeitet werden. Keinesfalls stellt lit. c eine eigene Erlaubnis zur Verarbeitung personenbezogener Daten dar.

Eine echte Neuerung gegenüber der bisherigen Rechtslage ist Art. 32 Abs. 1 lit. d 45
DSGVO, der die ausdrückliche Pflicht enthält, ein Verfahren einzuführen, um die technischen und organisatorischen Maßnahmen regelmäßig zu **überprüfen, zu bewerten und zu evaluieren**. Ähnlich wie in Art. 25 Abs. 1 DSGVO reicht es daher auch für die Sicherheit der Verarbeitung nicht aus, diese einmalig einzurichten, sondern die Maßnahmen müssen fortlaufend überprüft, gegebenenfalls nachgebessert und entsprechend dem Stand der Technik aktualisiert werden.[25]

Bisher enthielt insbesondere die **Anlage zu § 9 BDSG aF** konkretere Maßnahmen zur 46
Umsetzung der Datensicherheit. Obwohl der Wortlaut der Vorschriften sich deutlich unterscheidet, ist davon auszugehen, dass die Anlage zu § 9 BDSG aF weiterhin zumindest weitgehend genutzt werden kann, um die Maßnahmen nach Art. 32 DSGVO zu konkretisieren.[26] Zu beachten ist aber, dass der Stand der Technik ausdrücklich für alle Maßnahmen nach Art. 32 DSGVO zu berücksichtigen ist. Im Rahmen von § 9 BDSG aF und der Anlage wurde er hingegen nur im Hinblick auf Verschlüsselungsverfahren ausdrücklich genannt. Überdies werden für den Bereich der Sicherheit der Verarbeitung auch unter Art. 32 DSGVO die Empfehlungen des **BSI** und der **ENISA** verlässliche Leitlinien darstellen.

Die in Art. 32 Abs. 1 DSGVO genannten Maßnahmen sind nicht abschließend. Es 47
kommen sowohl weitere Ziele als auch konkrete Maßnahmen in Betracht, wie zum Beispiel „**Intervenierbarkeit**" und „**Nichtverkettbarkeit**" die insbes. im Standard-Datenschutzmodell[27] aufgegriffen wurden. Intervenierbarkeit betrifft insbes. die Bereitstellung von Möglichkeiten zur einfachen (elektronischen) Ausübung von Betroffenenrechten und ist daher eher als Maßnahme von Art. 25 Abs. 1 DSGVO zu verorten, kann aber auch im Rahmen der Sicherheit der Verarbeitung eine Rolle spielen. Durch die Aufforderung, Informationspflichten und Auskunftsersuchen gegebenenfalls elektronisch zu erfüllen und die Ausübung von Betroffenenrechten elektronisch zu ermöglichen, ist die Intervenierbarkeit in der Datenschutz Grundverordnung an verschiedenen Stellen adressiert, zum Beispiel in Art. 12 Abs. 1 und Abs. 3 sowie Art. 15 Abs. 3 DSGVO in Verbindung mit Erwgr. 59. Nichtverkettbarkeit bedeutet,

---

25 Vgl. Kühling/Buchner/*Jandt* DSGVO Art. 32 Rn. 9.
26 Roßnagel/*Husemann* 2018 § 5 Rn. 152 ff.
27 Standard-Datenschutzmodell des AK Technik der Konferenz der unabhängigen Datenschutzbehörden des Bundes und der Länder, abrufbar zB unter https://www.datenschutz.rlp.de/de/themenfelder-themen/standard -datenschutzmodell/.

dass mehrere Kommunikationsereignisse nicht miteinander verknüpft werden können, also insbesondere nicht derselben Person zugeordnet werden können.[28]

bb) Art. 32 Abs. 3 DSGVO

48 Art. 32 Abs. 3 DSGVO enthält vergleichbar Art. 25 Abs. 3 DSGVO die Feststellung, dass genehmigte Zertifizierungsverfahren als Faktor herangezogen werden können, um die Einhaltung der Anforderungen aus Abs. 1 nachzuweisen. Über Art. 25 Abs. 3 DSGVO hinaus werden hier allerdings auch genehmigte Verhaltensregeln als Faktor genannt, der beachtet werden kann. Zwar sind Verhaltensregeln auch im Rahmen von Art. 25 Abs. 3 DSGVO keineswegs als zu beachtender Faktor ausgeschlossen. Dass sie dort aber nicht ausdrücklich genannt werden, lässt den Schluss zu, dass sie im Rahmen von Art. 32 Abs. 3 DSGVO stärker ins Gewicht fallen sollen als in Art. 25 Abs. 3 DSGVO. Genehmigte Verhaltensregeln können dabei helfen, spezifische brancheninterne Standards für die Sicherheit der Verarbeitung zu etablieren.[29]

cc) Art. 32 Abs. 4 DSGVO

49 Art. 32 Abs. 4 DSGVO adressiert das Problem, dass Datenverarbeitungssysteme nicht nur von außen, sondern auch von innen durch Menschen angegriffen oder missbräuchlich genutzt werden können. Daher reicht es nicht, die Systeme technisch abzusichern, sondern es müssen auch Maßnahmen getroffen werden, um dafür zu sorgen, dass die Personen, die Zugriff auf personenbezogene Daten haben, diese nur gemäß den Weisungen des Verantwortlichen und gemäß dem geltenden Recht verarbeiten. Solche Maßnahmen können zB in der ausdrücklichen Belehrung der Mitarbeiter bestehen, in beschränkten Zugriffsrechten oder in Kontrollen und spürbaren Sanktionen.

e) Zertifizierung

50 Die in Art. 42 und 43 DSGVO normierte Datenschutz-Zertifizierung spielt für das Gesamtkonzept von Datenschutz durch Technik eine nicht unwesentliche Rolle. Sowohl im Rahmen von Art. 25 DSGVO als auch von Art. 32 DSGVO kann eine Zertifizierung genutzt werden, um nachzuweisen, dass die jeweiligen Anforderungen erfüllt wurden. Allerdings muss das ausgewählte Zertifizierungsverfahren auch auf die Prüfung der Anforderungen aus Art. 25 und 32 DSGVO ausgerichtet sein, um für diesen Nachweis beachtet zu werden.[30] Die für die Zertifizierung zu entwickelnden Prüfkriterien werden nicht nur für die eigentliche Zertifizierung relevant werden, sondern es ist zu erwarten, dass sie auch zu Anforderungskatalogen für die Gestaltung gemäß Art. 25 und 32 DSGVO werden. Die Zertifizierung bietet außerdem im Rahmen von Bußgeldentscheidungen gemäß Art. 83 Abs. 2 lit. j DSGVO einen für die Aufsichtsbehörden objektiv überprüfbaren Maßstab. Die Zertifizierung könnte so die Klammer bilden, die den Datenschutz durch Technik als Gesamtpaket vom Entwurf über die Gestaltung bis zur Prüfung und Durchsetzung zusammenschnürt. Die Qualität der Zertifizierung dürfte damit die Qualität des technischen Datenschutzes unter

---

28 Weitere IT-Sicherheitsziele für den Bereich Datenschutz bei *Bedner/Ackermann* DuD 2010, 323.
29 Kühling/Buchner/*Jandt* DSGVO Art. 32 Rn. 36.
30 *Bieker/Hansen* RDV 2017, 165 (168).

Philipp Richter

der Datenschutz-Grundverordnung entscheidend prägen. Das in Erwgr. 100 genannte Ziel der Zertifizierung, den betroffenen Personen einen Überblick über das Datenschutzniveau von Produkten zu verschaffen, ist damit – nimmt man die Systematik der Datenschutz-Grundverordnung in den Blick – ein wichtiges aber keineswegs das einzige Ziel der Zertifizierung.

aa) Zertifizierung, Freiwilligkeit, Dynamik der Zertifizierung

Die Zertifizierung nach Art. 42 Abs. 1 DSGVO unterscheidet nicht zwischen produktbezogener Zertifizierung und prozessbezogener Auditierung,[31] sondern bezieht sich auf Verarbeitungsvorgänge. Da Verarbeitungsvorgänge sowohl **Produkte als auch Prozesse**, im Sinn von Abläufen beinhalten, können sich Zertifizierungen nach Art. 42 DSGVO sowohl einzeln auf die jeweiligen Komponenten als auch auf Produkte in ihrer prozessualen konkreten Implementierung beziehen. Letzteres wird eine erheblich höhere Aussagekraft bezüglich der Verarbeitungsvorgänge aufweisen als eine Zertifizierung der einzelnen Komponenten. **51**

Art. 42 DSGVO enthält **keine Pflicht** der Verantwortlichen zur Zertifizierung ihrer Verarbeitungsvorgänge. Zertifizierung ist gemäß Art. 42 Abs. 3 DSGVO ein freiwillig anzuwendendes Instrument, dass aber den Verantwortlichen bei der Erfüllung einer anderen Pflicht, nämlich der Rechenschaftspflicht aus Art. 5 Abs. 2 DSGVO, in erheblicher Weise helfen kann. Im Bereich des technischen Datenschutzes gilt dies, wie bereits dargestellt, für den Nachweis Maßnahmen im Sinne der Art. 25 Abs. 1 und Art. 32 Abs. 1 DSGVO getroffen zu haben. **52**

Zertifizierung nach Art. 42 DSGVO ist kein einmaliges Ereignis, das einen statischen Zustand von Produkten und Prozessen abbildet, sondern muss regelmäßig wiederholt und dynamisch an technische Entwicklungen angepasst werden. Dies ergibt sich einerseits aus Art. 42 Abs. 7 DSGVO demgemäß eine Zertifizierung **maximal für drei Jahre (oder kürzer)** erteilt wird und verlängert werden kann, wenn die Voraussetzungen weiterhin vorliegen. Ein Zeitraum von drei Jahren ist im Hinblick etwa auf wöchentliche Updates von Software allerdings sehr lang bemessen. Die Möglichkeit, Zertifizierungen für kürzere Zeiträume durchzuführen, könnte dieses Problem theoretisch beheben, allerdings ist angesichts des notwendigen Aufwands auch nicht davon auszugehen, dass wöchentliche Zertifizierungen durchgeführt werden. **53**

Die Wortwahl „weiterhin" in Art. 42 Abs. 7 DSGVO bedeutet im Zusammenhang mit dem Datenschutz durch Technik keineswegs, dass die technischen Voraussetzungen sich nicht fortentwickeln müssen. Art. 25 Abs. 1 und Art. 32 Abs. 1 DSGVO sind nur dann erfüllt, wenn der **Stand der Technik** beachtet wurde. Eine Zertifizierung, die genutzt werden soll, um die Erfüllung dieser Pflichten nachzuweisen, muss sich daher ebenfalls dynamisch dem Stand der Technik anpassen oder sie verliert im Hinblick auf diesen Nachweis als zu beachtender Faktor an Relevanz. **54**

Eine Zertifizierung kann auch von Verantwortlichen und Auftragsverarbeitern aus Drittländern durchgeführt werden, um nachzuweisen, dass sie geeignete Garantien für die Übermittlung in das Drittland gemäß Art. 46 Abs. 2 lit. f DSGVO vorgesehen **55**

---

31 S. zu diesem Unterschied mwN Roßnagel/*Bile* 2018 § 5 Rn. 232 ff.

haben. Art. 42 Abs. 2 DSGVO geht hierbei von eigenen Zertifizierungsverfahren und Siegeln für diesen Spezialfall aus, die nicht auf die Einhaltung der gesamten Datenschutz-Grundverordnung ausgerichtet sein müssen. Eine Zertifizierung zur Übermittlung aufgrund geeigneter Garantien kann aber kaum solche Garantien bieten, wenn Datenschutz durch Technik und Sicherheit der Verarbeitung gemäß Art. 25 und 32 DSGVO kein Teil von ihr sind, denn gerade wenn durch die Verarbeitung in einem Drittland die tatsächliche Kontrolle durch Aufsichtsbehörden erschwert ist, bildet der technische Datenschutz einen wichtigen Ausgleich hierzu.

bb) Festlegung von Zertifizierungsverfahren, Prüfzeichen und Siegeln

56 Die Datenschutz-Grundverordnung enthält **keinen fertigen Katalog** von Zertifizierungskriterien. Gemäß Art. 42 Abs. 1 DSGVO fördern die Mitgliedstaaten, die Aufsichtsbehörden, der Europäische Datenschutzausschuss und die Kommission, insbesondere auf Unionsebene, die Einführung von Zertifizierungsverfahren, von Datenschutzsiegeln und -prüfzeichen. Die Verordnung bleibt **aber**, im Gegensatz zu § 9 a BDSG aF nicht bei dieser Ankündigung stehen. Vielmehr gestaltet sie den Prozess der Einführung von Zertifizierungsverfahren im Folgenden aus und **verteilt** diesbezüglich **konkrete Aufgaben**.

57 Zur Festlegung von Zertifizierungskriterien sind zum einen gemäß Art. 42 Abs. 5, Art. 57 Abs. 1 lit. n und Art. 58 Abs. 3 lit. f DSGVO zunächst die **Aufsichtsbehörden** aufgerufen. Die Aufsichtsbehörde muss diese Kriterien nicht selbst entwickeln, sondern kann auch Kriterien genehmigen oder billigen, die von anderen Stellen, zB anderen Aufsichtsbehörden oder auch anderen Stellen, entworfen wurden.

58 Art. 42 Abs. 5 DSGVO enthält zum anderen die Möglichkeit, dass der **Europäische Datenschutzausschuss** Zertifizierungskriterien im Kohärenzverfahren nach Art. 63 DSGVO genehmigt. Dies kann zu einer unionsweiten Anerkennung und einem „Europäischen Datenschutzsiegel" führen. Dies kann einerseits gemäß Art. 64 Abs. 1 lit. c DSGVO erfolgen. Der Ausschuss gibt eine Stellungnahme ab, wenn eine Aufsichtsbehörde über die Kriterien für die Akkreditierung einer Zertifizierungsstelle entscheiden will. Da zu den Akkreditierungskriterien auch die Zertifizierungskriterien gehören, die die Zertifizierungsstelle anwendet, hat der Ausschuss hier ebenfalls die Möglichkeit, sich zu den Zertifizierungskriterien zu äußern. In seiner Äußerung kann der Ausschuss die allgemeine Anerkennung der Zertifizierungskriterien, wie auch der weiteren Kriterien für die Akkreditierung von Zertifizierungsstellen aussprechen. Jede Entscheidung von Aufsichtsbehörden über Zertifizierungskriterien kann daher zur unionsweiten Vereinheitlichung und zur Fortentwicklung dieser vereinheitlichten Kriterien genutzt werden. Darüber hinaus kann der Ausschuss auch im Rahmen der Streitbeilegung nach Art. 65 DSGVO und im Dringlichkeitsverfahren nach Art. 66 DSGVO über Zertifizierungskriterien entscheiden, wenn diese Teil eines Beschlusses sind.

59 Auch die **Europäische Kommission** kann gemäß Art. 43 Abs. 8 DSGVO per delegiertem Rechtsakt unionsweit gültige Zertifizierungskriterien festlegen. Hierzu gibt der Ausschuss wiederum gemäß Art. 70 Abs. 1 lit. q DSGVO eine Stellungnahme ab.

Philipp Richter

Obwohl die Zertifizierung sich gemäß Art. 42 Abs. 1 DSGVO allgemein auf die Ein- 60
haltung der gesamten Verordnung bezieht, ist es wahrscheinlich, dass **Zertifizierungs-**
kriterien für verschiedene Bereiche und mit unterschiedlichen Schwerpunkten entwickelt werden. Im Hinblick auf die Nachweise gemäß Art. 25 Abs. 3 und Art. 32
Abs. 3 DSGVO wird es für die Beachtung der Zertifizierung als Faktor für den Nachweis entscheidend darauf ankommen, inwiefern ein angewendetes Zertifizierungsverfahren auch auf die Prüfung von technischen und organisatorischen Maßnahmen
nach Art. 25 Abs. 1 und Art. 32 Abs. 1 DSGVO ausgerichtet ist.

cc) Zertifizierungsstellen

Datenschutzzertifizierungen können gemäß Art. 42 Abs. 5 DSGVO zum einen von 61
der zuständigen Aufsichtsbehörde durchgeführt werden, zum anderen von **Zertifizie-**
rungsstellen, die gemäß dem Verfahren in Art. 43 DSGVO akkreditiert wurden. Die
Datenschutz-Grundverordnung lässt ein Nebeneinander dieser beiden Möglichkeiten
zu. Die Aufsichtsbehörden können gemäß Art. 58 Abs. 3 lit. f DSGVO, müssen aber
nicht, selbst Zertifizierungen durchführen. Voraussichtlich werden zumindest vorerst
nur wenige Aufsichtsbehörden in Deutschland selbst Zertifizierungen durchführen.
Die **Aufsichtsbehörden** sind aber auch bei der Zertifizierung durch Stellen nach
Art. 43 von der bevorstehenden Zertifizierung zu **unterrichten**. Sie können dann ihre
Befugnisse nach Art. 58 Abs. 2 lit. h DSGVO ausüben, die Zertifizierungsstelle anzu-
weisen, die Zertifizierung nicht zu erteilen, wenn die Voraussetzungen nicht erfüllt
werden.

dd) Zuständigkeit für die Zertifizierung

Verantwortliche und Auftragsverarbeiter, die sich zertifizieren lassen wollen, können 62
die Zertifizierung bei einer Zertifizierungsstelle gemäß Art. 43 DSGVO oder bei der
zuständigen Aufsichtsbehörde beantragen, soweit diese Zertifizierungen durchführt.

Grundsätzlich ist gemäß Art. 55 Abs. 1 DSGVO jede **Aufsichtsbehörde** im Hoheitsge- 63
biet ihres Mitgliedstaats zuständig. Anknüpfungspunkt für diese territoriale Zuordnung können sowohl der Sitz des Verantwortlichen oder Auftragsverarbeiters, der
Aufenthaltsort der betroffenen Personen als auch der Ort der Verarbeitung sein.[32] Es
können also nach der Verordnung verschiedene Aufsichtsbehörden in der Union
gleichzeitig für die Zertifizierung eines Verantwortlichen zuständig sein. Ein Verantwortlicher könnte etwa seinen Sitz in Frankreich haben, aber betroffenen Personen
aus Deutschland seine Dienste anbieten. Zuständig wäre dann sowohl die französi-
sche als auch die jeweilige deutsche Aufsichtsbehörde. Allerdings würde es sich hierbei um eine grenzüberschreitende Verarbeitung handeln, so dass gemäß Art. 56
Abs. 1 DSGVO die federführende Aufsichtsbehörde am Ort der Hauptniederlassung
zuständig ist. Innerhalb Deutschlands ist die Zuständigkeit der verschiedenen nationalen Aufsichtsbehörden des Bundes und der Länder im Hinblick auf private Verantwortliche in § 40 Abs. 2 BDSG in gleicher Weise geregelt. Es kommt auch hier auf
den Ort der Hauptniederlassung an.

---

32 Schwartmann/Jaspers/Thüsing/Kugelmann/*Römer* DSGVO und BDSG Art. 55 Rn. 20 ff.

64 Ähnliches gilt bezüglich der akkreditierten **Zertifizierungsstellen**. Für diese besteht zwar keine eigene Zuständigkeitsregel, aber sie sind indirekt an die zuständige Aufsichtsbehörde geknüpft. Gem. Art. 42 Abs. 5 DSGVO kann die Zertifizierung von einer nach Art. 43 DSGVO akkreditierten Stelle durchgeführt werden, aber anhand der von der zuständigen Aufsichtsbehörde – oder dem Datenschutzausschuss – genehmigten Kriterien. Nutzt eine Zertifizierungsstelle also Kriterien, die vom Datenschutzausschuss genehmigt wurden, kommt es nicht darauf an, wo die Stelle akkreditiert wurde. Der Verantwortliche kann jede akkreditierte Zertifizierungsstelle in der Union nutzen. Nutzt die Zertifizierungsstelle Kriterien, die von einer Aufsichtsbehörde genehmigt wurden, kommt es darauf an, dass diese Aufsichtsbehörde für den Verantwortlichen zuständig wäre.

ee) Ablauf der Zertifizierung

65 Gemäß Art. 42 Abs. 3 DSGVO muss die Zertifizierung über ein transparentes Verfahren zugänglich sein. Gemäß Art. 43 Abs. 6 DSGVO nimmt der Datenschutzausschuss alle Zertifizierungsverfahren und Datenschutzsiegel in ein Register auf und veröffentlicht sie in geeigneter Weise. Der Verantwortliche oder Auftragsverarbeiter muss daher zunächst **auswählen**, welches Zertifizierungsverfahren er durchführen möchte, je nachdem, welches Ziel er mit der Zertifizierung verfolgt.

66 Der Verantwortliche oder Auftragsverarbeiter **beantragt** die Zertifizierung bei einer zuständigen Aufsichtsbehörde oder bei einer Zertifizierungsstelle nach Art. 43 DSGVO.

67 Die Aufsichtsbehörde oder die Zertifizierungsstelle **prüfen** daraufhin, ob die Verarbeitungstätigkeiten des Verantwortlichen, seine Verarbeitungssysteme, seine Mitarbeiter und seine betriebliche Organisation den Zertifizierungskriterien entsprechen. Die Verordnung selbst gibt hierfür weder **einen zeitlichen Rahmen** vor, noch bestimmte Verfahrensschritte. Art. 42 Abs. 6 DSGVO begründet lediglich die Obliegenheit der Stelle, die zertifiziert werden möchte, der zuständigen Aufsichtsbehörde oder der Zertifizierungsstelle nach Art. 43 DSGVO alle für die Durchführung des Verfahrens notwendigen Informationen zur Verfügung zu stellen und ihr den erforderlichen Zugang zu ihren Verarbeitungstätigkeiten zu gewähren. Art. 43 Abs. 2 lit. c DSGVO verlangt von den Zertifizierungsstellen, dass sie Verfahren für Erteilung, Überprüfung und Widerruf von Zertifizierungen festlegen. Vorgaben hierfür ergeben sich aus der in Art. 43 Abs. 1 lit. b DSGVO genannten **ISO-Norm 17065/2012**. Diese gibt Vorgaben für die Arbeitsweise von Zertifizierungsstellen, die durch die Akkreditierung der Stellen auch zu Verfahrensschritten der Datenschutzzertifizierung werden.

68 Gemäß Art. 43 Abs. 1 DSGVO ist auch vor der Zertifizierung durch eine Stelle nach Art. 43 DSGVO die zuständige **Aufsichtsbehörde zu unterrichten** und ihr sind gemäß Abs. 5 die Gründe für die Erteilung einer Zertifizierung zu nennen. Diese kann dann gegebenenfalls gemäß Art. 58 Abs. 2 lit. h DSGVO die Zertifizierungsstelle anweisen, die Zertifizierung nicht zu erteilen.

69 Sowohl die Aufsichtsbehörde als auch die Zertifizierungsstelle können die Zertifizierung gemäß Art. 42 Abs. 7 S. 2 DSGVO widerrufen, falls ihre Voraussetzungen nicht oder nicht mehr gegeben sind.

Philipp Richter

Die Rechtsnatur der Zertifizierungsentscheidung geht aus der Datenschutz-Grundver- 70
ordnung nicht eindeutig hervor. Diese ist aber im Hinblick auf den Rechtsschutz im
Fall von abgelehnten oder widerrufenen Zertifizierungen nicht unerheblich. Teilweise
wird vertreten gegenüber Zertifizierungsentscheidungen der Aufsichtsbehörden sei
der Verwaltungsrechtsweg, gegenüber denen der Zertifizierungsstellen nach Art. 43
DSGVO hingegen der zivilrechtliche Rechtsweg zu beschreiten.[33] Dies würde dann zu
einem unterschiedlich ausgestalteten Rechtsschutz führen, je nachdem bei welcher
Stelle die Zertifizierung durchgeführt wurde. Andererseits könnte in der Akkreditierung der Stellen nach Art. 43 DSGVO auch eine Beleihung gesehen werden, so dass
dann die Zertifizierungsstellen mit Hoheitsgewalt handeln würden und gegen ihre
Entscheidungen ebenfalls der Verwaltungsrechtsweg eröffnet wäre.

Bei der Einordnung der Zertifizierungsentscheidung durch die Aufsichtsbehörden als 71
– vermutlich feststellender – Verwaltungsakt bereitet überdies Art. 42 Abs. 4 DSGVO
Schwierigkeiten, der klarstellt, dass eine Zertifizierung nicht die Aufgaben und Befugnisse der (anderen) Aufsichtsbehörden berührt, diesen gegenüber also keine Bindungswirkung entfaltet. Auch ohne diese Norm ist der Regelungscharakter der Zertifizierung zweifelhaft. Im Rahmen von Art. 25 Abs. 3, Art. 32 Abs. 2 DSGVO und
weiteren Normen besteht keine Pflicht, die Zertifizierung als Faktor für den Nachweis zu berücksichtigen („kann"). Im Rahmen von Art. 83 Abs. 2 lit. j DSGVO ist die
Zertifizierung in jedem Fall zu berücksichtigen. Was diese Berücksichtigung bedeutet,
bleibt aber auch hier äußerst unbestimmt. Insgesamt könnte daher auch argumentiert
werden, dass es sich bei der Zertifizierungsentscheidung gar nicht um einen Verwaltungsakt, sondern um einen Realakt handle. Diese Fragen um den Regelungscharakter der Zertifizierungsentscheidung bleiben zunächst unbeantwortet. Verantwortliche
und Zertifizierungsstellen sollten diesbezüglich die Entwicklungen in der zukünftigen
Rechtsprechung aufmerksam beobachten.

f) Sanktionen und Haftung im Bereich Datenschutz durch Technik

Verstöße gegen Art. 25 und 32 DSGVO sind in zweierlei Hinsicht relevant für den 72
Bereich der Sanktionen. Einerseits spielen die getroffenen Maßnahmen nach beiden
Vorschriften gemäß Art. 83 Abs. 2 S. 2 lit. d DSGVO eine Rolle bei der Festlegung der
Höhe der Bußgelder aller anderen Datenschutzverstöße. Je weniger die Verantwortlichen also ihren Pflichten aus Art. 25 und 32 DSGVO nachkommen, umso höher können die Geldbußen für andere Verstöße ausfallen. Andererseits können Verstöße gegen Art. 25 und 32 DSGVO gemäß Art. 83 Abs. 4 lit. a DSGVO selbst mit Geldbußen
geahndet werden. Letzteres ist gegenüber der bisherigen Rechtslage eine Neuerung
und dürfte einen starken Anreiz bieten, datenschutzfördernde Systemgestaltung und
Sicherheit der Verarbeitung voran zu bringen. Auch Auftragsverarbeiter unterfallen
im Hinblick auf Art. 32 DSGVO der Sanktionsnorm, nicht jedoch im Hinblick auf
Art. 25 DSGVO, der den Auftragsverarbeiter nicht direkt verpflichtet.

Verstöße gegen die Art. 25 und 32 DSGVO können auch Schadensersatzansprüche 73
der betroffenen Personen nach Art. 83 DSGVO begründen. Die Haftung des Auf-

---

33 So Ehmann/Selmayr/*Will* DSGVO Art. 42 Rn. 45; gleiches Ergebnis wohl Sydow/*Raschauer*, DSGVO,
    Art. 42 Rn. 35.

tragsverarbeiters ist gemäß Art. 82 Abs. 2 S. 2 DSGVO auf Verletzungen der spezifisch ihn betreffenden Pflichten beschränkt. Wie bei Art. 83 Abs. 4 lit. a DSGVO ist daher die Haftung des Auftragsverarbeiters auf Verstöße gegen Art. 32 DSGVO beschränkt, da er aus Art. 25 DSGVO nicht direkt verpflichtet wird.

74 Auch die Einhaltung von genehmigten Zertifizierungsverfahren ist gemäß Art. 83 Abs. 1 lit. j DSGVO bei der Festlegung von Geldbußen zu beachten. Die Zertifizierung wird gemäß Art. 42 Abs. 7 S. 1 DSGVO für einen bestimmten Zeitraum erteilt. Ob die Voraussetzungen weiterhin vorliegen, kann von den Aufsichtsbehörden gemäß Art. 58 Abs. 1 lit. c DSGVO überprüft werden. Eine solche Überprüfung wird aber nicht häufig durchgeführt werden. Auch eine vollständige Überprüfung der Zertifizierung im Fall eines Bußgeldes wird nicht der Regelfall sein. „Einhaltung" wird daher in der Regel bedeuten, dass eine Zertifizierung erfolgt ist und sich bis zum Zeitpunkt der Bußgeldentscheidung keine Anzeichen dafür ergeben haben, dass die Voraussetzungen für die Zertifizierung nicht mehr vorliegen. Da die Zertifizierung einen entscheidenden Faktor für den Nachweis gemäß Art. 25 Abs. 3 und Art. 32 Abs. 3 DSGVO darstellt, wird die Einhaltung von Zertifizierungsverfahren nach Art. 83 Abs. 1 lit. j DSGVO auch für die Berücksichtigung der getroffenen Maßnahmen nach Art. 25 und Art. 32 DSGVO gemäß lit. d entscheidend sein.

75 Ein Verstoß der Verantwortlichen und Auftragsverarbeiter gegen die Pflichten aus Art. 42 DSGVO kann ebenfalls gemäß Art. 83 Abs. 4 lit. a DSGVO mit einem Bußgeld geahndet werden, etwa das betrügerische Erschleichen oder Aufrechterhalten einer Zertifizierung für die die Voraussetzungen gar nicht vorliegen.[34]

g) Verhältnis zu Art. 24 DSGVO

76 Art. 24 DSGVO enthält die allgemeine Pflicht, durch technische und organisatorische Maßnahmen die Einhaltung der Verordnung sicherzustellen und den Nachweis hierfür zu erbringen. Während Art. 24 DSGVO also allgemein den Grundsatz der Rechenschaftspflicht aus Art. 5 Abs. 2 DSGVO als Pflicht zu technischen und organisatorischen Maßnahmen umsetzt, sind Art. 25 und 32 DSGVO speziellere Ausprägungen desselben Prinzips.[35]

2. Datenschutz-Folgenabschätzung

77 Mit der Datenschutz-Grundverordnung wird erstmals das Instrument der **Datenschutz-Folgenabschätzung** eingeführt. Die Datenschutzrichtlinie 95/46/EG sah in Art. 18 noch eine generelle **Meldepflicht** für die Verarbeitung personenbezogener Daten bei den Aufsichtsbehörden vor. Davon konnten die Mitgliedstaaten zur Vermeidung unangemessener Verwaltungsformalitäten absehen, wenn die Verarbeitung keine Beeinträchtigung der Rechte und Freiheiten der betroffenen Personen erwarten ließ und wenn die Verarbeitung den nationalen Datenschutzbestimmungen des jeweiligen Mitgliedstaats entsprach.[36] Darüber hinaus sah Art. 20 der Richtlinie 95/46/EG

---

34 Roßnagel/*Bile* 2018 § 5 Rn. 265.
35 Vgl. Sydow/*Raschauer*, DSGVO Art. 24 Rn. 1.
36 Für weitere Möglichkeiten zur vereinfachten Meldepflicht s. Art. 18 DSGVO sowie Erwgr 49 DS-RL (RL 95/46/EG).

Annika Selzer

vor, dass die Mitgliedstaaten festlegen sollten, welche Verarbeitungen spezifische Risiken für die Rechte und Freiheiten der Personen beinhalten können, und dafür Sorge tragen, dass diese Verarbeitungen vor ihrem Beginn geprüft werden. Dieses Instrument wurde als **Vorabkontrolle** bezeichnet, die in Deutschland durch § 4 d Abs. 5, 6 BDSG aF in nationales Recht umgesetzt wurde. Die in der Datenschutzrichtlinie verankerten Instrumente der Meldepflicht und Vorabkontrolle waren jedoch mit einem hohen bürokratischen und finanziellen Aufwand verbunden und haben dennoch nicht in allen Fällen zu einem besseren Schutz personenbezogener Daten geführt. Daher wurden die allgemeine Meldepflicht und die Vorabkontrolle in der Datenschutz-Grundverordnung durch die Datenschutz-Folgenabschätzung ersetzt.

Die Datenschutz-Folgenabschätzung ist ein **spezielles Instrument,** mit dem die Folgen 78 einer personenbezogenen Datenverarbeitung abgeschätzt werden müssen, sofern diese voraussichtlich ein hohes Risiko für die Rechte und Freiheiten der betroffenen Person hat. Dabei soll sich die Datenschutz-Folgenabschätzung insbesondere mit den **Maßnahmen, Garantien und Verfahren** befassen, durch die dieses Risiko eingedämmt und der Schutz personenbezogener Daten sichergestellt werden soll.[37]

a) Durchführungspflicht

Eine Datenschutz-Folgenabschätzung hat gemäß Art. 35 Abs. 1 DSGVO verpflich- 79 tend zu erfolgen, wenn die Verarbeitung voraussichtlich ein **hohes Risiko für die Rechte und Freiheiten natürlicher Personen** zur Folge hätte. Art. 35 Abs. 3 DSGVO sieht drei Regelbeispiele vor, bei deren Vorliegen immer eine Datenschutz-Folgenabschätzung vorzunehmen ist. Dies ist gemäß Art. 35 Abs. 3 lit. a DSGVO gegeben, wenn persönliche Aspekte natürlicher Personen – wie es zum Beispiel häufig bei Trackingverfahren der Fall ist – einer systematischen und umfassenden Bewertung unterliegen, die sich auf automatisierte Verarbeitung einschließlich Profiling gründet und die ihrerseits als Grundlage für Entscheidungen dient, die Rechtswirkung gegenüber natürlichen Personen entfalten oder diese in ähnlich erheblicher Weise beeinträchtigen, systematisch und umfassend bewertet werden. Darüber hinaus ist ein hohes Risiko gemäß Art. 35 Abs. 3 lit. b DSGVO gegeben, wenn besondere Kategorien von personenbezogenen Daten oder personenbezogene Daten über strafrechtliche Verurteilungen und Straftaten umfangreich verarbeitet werden – was zum Beispiel in bestimmten Online-Plattformen und -Diskussionsforen der Fall sein kann – oder wenn gemäß litera c öffentlich zugängliche Bereiche systematisch und umfangreich überwacht werden. Die beiden erstgenannten Fälle (litera a und b) nehmen jeweils Bezug auf Datenverarbeitungen, für die besondere Vorschriften hinsichtlich der Zulässigkeit der Datenverarbeitungen bestehen,[38] wohingegen der letztgenannte Fall (litera c) keinen Bezug zu anderen Vorschriften der Datenschutz-Grundverordnung aufweist.

---

37 S. Erwgr. 90; *DSK*, Kurzpapier Nr. 5 Datenschutz-Folgenabschätzung, 1. Das Instrument der Datenschutz-Folgenabschätzung ist somit „von dem Grundgedanken beseelt, dass sich ein sachgerechtes Datenschutzregime nicht ohne Rücksicht auf die Folgen von Verarbeitungsvorgängen entwickeln lässt [und] erst ein analytischer Blick auf mögliche Konsequenzen für die Rechte und Freiheiten natürlicher Personen [es ermöglicht], risikoadäquate und effektive Gegen- und Schutzmaßnahmen zu ergreifen." Paal/Pauly/*Martini* DSGVO Art. 35 Rn. 6; Roßnagel/*Marschall* 2017, 156.
38 Kühling/Buchner/*Jandt* DSGVO Art. 35 Rn. 12.

aa) Hohes Risiko als Bewertungskriterium

80 Für die Frage, ob für eine geplante Verarbeitung eine Datenschutz-Folgenabschätzung durchzuführen ist, ist eine **Risikoprognose** von entscheidender Bedeutung. Obwohl eine Legaldefinition zu dem Begriff des hohen Risikos fehlt, gibt es doch eine Reihe von Anhaltspunkten, an denen sich der Verantwortliche zur Einschätzung eines hohen Risikos orientieren kann. Es ist festzustellen, dass es sich bei der Bewertung, ob ein hohes Risiko vorliegt, um eine Prognoseentscheidung handelt, bei der verschiedene Faktoren sowie deren Eintrittswahrscheinlichkeit zu berücksichtigen sind.

bb) Positivliste der Aufsichtsbehörde

81 Art. 35 Abs. 4 DSGVO verleiht der Aufsichtsbehörde die Befugnis und Pflicht zu konkretisieren, welchen Verarbeitungsvorgängen ein hohes Risiko innewohnt und für die dementsprechend eine Datenschutz-Folgenabschätzung durchzuführen ist. Sofern es in einem Mitgliedstaat nicht eine für den gesamten Mitgliedstaat zuständige Behörde gibt,[39] müssen die Datenschutzbehörden ein Einvernehmen über die Positivliste[40] erzielen. Diese ist anschließend zu veröffentlichen und dem Europäischen Datenschutzausschuss zu übermitteln. Die in Art. 35 Abs. 4 DSGVO normierte Pflicht der Aufsichtsbehörde ist insbesondere auch im Hinblick auf die Schwierigkeiten der Bewertung des hohen Risikos und der damit verbundenen Frage, ob die Verantwortlichen eine Datenschutz-Folgenabschätzung durchzuführen haben, als besonders praxisrelevant einzuschätzen und trägt zur **Rechtssicherheit** bei.[41]

82 Gemäß Art. 35 Abs. 6 DSGVO hat die zuständige Aufsichtsbehörde vor Festlegung, Veröffentlichung und Meldung der Positivliste das **Kohärenzverfahren** gemäß Art. 63 DSGVO[42] anzuwenden, wenn die Liste Verarbeitungtätigkeiten umfassen, die mit dem Angebot von Waren oder Dienstleistungen für betroffene Personen oder der Beobachtung des Verhaltens dieser Personen in mehreren Mitgliedstaaten im Zusammenhang stehen oder die den freien Verkehr personenbezogener Daten innerhalb der Union erheblich beeinträchtigen könnten. Bevor **Webangebote** in die Positivliste aufgenommen werden, wird regelmäßig das Kohärenzverfahren anzuwenden sein, da Webangebote von Natur aus betroffenen Personen in mehreren Mitgliedstaaten angeboten werden.

cc) Bewertung des hohen Risikos

83 Der Europäische Gesetzgeber führt in Art. 35 Abs. 1 DSGVO aus, dass zur Bewertung des hohen Risikos insbesondere auf die **Bewertung der Art, des Umfangs, der Umstände und der Zwecke der Verarbeitung** abzustellen ist und insbesondere in der

---

39 „In diesem Fall hat der Mitgliedstaat entspr. der innerstaatlichen Zuständigkeitsordnung auch für ein Verfahren zu sorgen, in dem die Liste von einer oder allen nationalen Aufsichtsbehörden erlassen wird." Paal/Pauly/*Martini* DSGVO Art. 35 Rn. 34.

40 Die Positivliste wird auch als „Blacklist" bezeichnet.

41 Paal/Pauly/*Martini* DSGVO Art. 35 Rn. 37; Roßnagel/*Marschall* 2017, 156.

42 Um die einheitliche Anwendung der DSGVO in der gesamten Union sicherzustellen, wurde ein Verfahren zur Gewährleistung einer einheitlichen Rechtsanwendung, das sog Kohärenzverfahren für die Zusammenarbeit zwischen den Aufsichtsbehörden eingeführt. Dieses Verfahren soll insbes. dann angewendet werden, wenn eine Aufsichtsbehörde beabsichtigt, eine Maßnahme zu erlassen, die rechtliche Wirkungen in Bezug auf Verarbeitungsvorgänge entfalten soll, die für eine bedeutende Zahl betroffener Personen in mehreren Mitgliedstaaten erhebliche Auswirkungen haben, Erwgr. 135.

Annika Selzer

Verwendung neuer Technologien,[43] zu denen in der Regel auch Big Data- und Trackingverfahren sowie neue Überwachungs- und Sicherheitstechniken zählen dürften,[44] ein potenzielles Risiko für die Rechte und Freiheiten natürlicher Personen gesehen wird.

Weitere sehr wichtige Ansatzpunkte, was der Europäische Gesetzgeber unter einem hohen Risiko versteht, liefern insbesondere die Erwgr. 75 und 91. Erwgr. 75 konkretisiert den Begriff der hohen Risiken dahin gehend, dass die Risiken für die Rechte und Freiheiten natürlicher Personen aus einer Verarbeitung personenbezogener Daten hervorgehen können, die zu einem **physischen, materiellen oder immateriellen Schaden** führen könnten. Dies ist anzunehmen, wenn die Verarbeitung zu einer Diskriminierung, einem Identitätsdiebstahl oder einer Rufschädigung führen kann. Auch ist dies anzunehmen, wenn besondere Kategorien personenbezogener Daten oder strafrechtliche Verurteilungen betreffende Daten verarbeitet werden oder persönliche Aspekte – zum Beispiel die Arbeitsleistung und persönliche Interessen – bewertet oder prognostiziert werden. Auch wenn personenbezogene Daten schutzbedürftiger natürlicher Personen verarbeitet werden oder wenn die Verarbeitung eine große Menge personenbezogener Daten und eine große Anzahl von betroffenen Personen betrifft, ist mit einem solchen Schaden zu rechnen.

Erwgr. 91 konkretisiert den Begriff des **hohen Risikos** zusätzlich dahin gehend, dass eine Datenschutz-Folgenabschätzung insbesondere dann vorzunehmen ist, wenn es sich um umfangreiche Verarbeitungsvorgänge handelt, die dazu dienen, große Mengen personenbezogener Daten auf regionaler, nationaler oder supranationaler Ebene zu verarbeiten oder die eine große Zahl von Personen betreffen könnten. Auch wenn Verarbeitungsvorgänge – beispielsweise aufgrund ihrer Sensibilität – wahrscheinlich ein hohes Risiko mit sich bringen oder entsprechend dem jeweils aktuellen Stand der Technik in großem Umfang eine neue Technologie einsetzen, besteht ein hohes Risiko. Darüber hinaus ist von einem hohen Risiko auszugehen, wenn Verarbeitungsvorgänge den betroffenen Personen die Ausübung ihrer Rechte erschweren.

Demgegenüber soll eine Verarbeitung laut Erwgr. 91 **nicht als umfangreich** gelten, wenn die Verarbeitung personenbezogene Daten von Patienten oder von Mandanten betrifft und durch einen einzelnen Arzt, sonstigen Angehörigen eines Gesundheitsberufes oder Rechtsanwalt erfolgt. Diese Aussage des Europäischen Gesetzgebers ist überraschend, da dieser die Verarbeitung besonderer Kategorien personenbezogener Daten besonderen Anforderungen unterstellt. Die Pflicht zur Durchführung einer Datenschutz-Folgenabschätzung ist dazu geeignet, diesen vom Europäischen Gesetzgeber gewollten besonderen Schutz dieser Daten sicherzustellen. Dementsprechend sollte für die Durchführungspflicht nach Art. 35 Abs. 3 lit. b DSGVO regelmäßig eine besonders hohe Hürde bestehen, *nicht* unter die Vorschrift zu fallen, wenn die Verarbeitung personenbezogene Daten von Patienten oder von Mandanten betrifft und die

84

85

86

---

43 Hins. neuer Technologien führt Erwgr. 89 aus, dass ein hohes Risiko insbes. dann bestehen kann, wenn neue oder neuartige Technologien eingesetzt werden, für die der Verantwortliche noch keine Datenschutz-Folgenabschätzung durchgeführt hat oder bei denen aufgrund der seit der ursprünglichen Verarbeitung vergangenen Zeit eine Datenschutz-Folgenabschätzung notwendig geworden ist.
44 Kühling/Buchner/*Jandt* DSGVO Art. 35 Rn. 8.

Verarbeitung durch einen einzelnen Arzt, sonstigen Angehörigen eines Gesundheitsberufes oder Rechtsanwalt erfolgt, um nicht unter die Vorschrift zu fallen.

87 Die **Art. 29-Datenschutzgruppe** hat die in Art. 35 Abs. 1 DSGVO sowie die in den Erwägungsgründen der Datenschutz-Grundverordnung genannten Faktoren zur Bewertung eines hohen Risikos in ihren Guidelines zur Datenschutz-Folgenabschätzung weiter konkretisiert. Es wird unter anderem empfohlen, zusätzlich zu bewerten, ob es sich bei der geplanten Verarbeitung um **systematische Beobachtungen und/oder den Abgleich und die Kombination** von Datensätzen handelt, da auch in diesen Fällen von einem hohen Risiko auszugehen ist. Auch soll die geplante Übermittlung personenbezogener Daten an **Drittländer** als Faktor zur Beurteilung eines hohen Risikos herangezogen werden.[45] Hierbei geht die Art. 29-Datenschutzgruppe davon aus, dass die Wahrscheinlichkeit eines hohen Risikos für die Rechte und Freiheiten natürlicher Personen zunehmend wahrscheinlicher wird, wenn mehrere der Kriterien gleichzeitig erfüllt sind.[46]

88 Die Annahme, die Beurteilung eines hohen Risikos auch an der geplanten Übermittlung personenbezogener Daten an **Drittländer** zu messen, sollte grundsätzlich differenziert betrachtet werden. Die Art. 29-Datenschutzgruppe geht hier in ihrer Empfehlung lediglich von einem *Faktor* für die Beurteilung aus. Diese Annahme ist zu begrüßen, würde ansonsten doch in der digital vernetzten Welt nahezu für jeden Verarbeitungsvorgang ein hohes Risiko bestehen, da in der Mehrzahl von internetbasierten IT-Systemen personenbezogene Daten an Drittländer – unter anderem an die USA – übermittelt werden. Es ist davon auszugehen, dass für eine Übermittlung personenbezogener Daten, für deren Verarbeitung im jeweiligen Drittland durch Instrumente wie die EU-Standardvertragsklauseln oder genehmigten Verhaltensregeln sowie einen Auftragsverarbeitungsvertrag ein angemessenes Datenschutzniveau sichergestellt wird, ohne das Vorliegen weiterer Risikofaktoren kein hohes Risiko besteht. Gleichwohl ist zu betonen, dass nach dem Bekanntwerden anlassloser Massenüberwachungen durch einige Geheimdienste, die von Edward Snowden aufgedeckt wurden, und im Hinblick auf die heftigen Kritiken an dem **EU-US-Privacy-Shield** der Herbeiführung eines angemessenen Datenschutzniveaus besondere Aufmerksamkeit zu schenken ist. Diese Kritik sollte sehr ernst genommen werden. Kritiker gehen insbesondere davon aus, dass das EU-US-Privacy-Shield ohne zusätzliche Garantien kein angemessenes Datenschutzniveau sicherstellen kann und die Zukunft des EU-US-Privacy-Shields somit in Frage zu stellen ist. Dementsprechend sollten für Datenverarbeitungen in den USA zusätzliche Garantien herangezogen werden, um ein angemessenes Datenschutzniveau sicherzustellen.[47]

dd) Zweistufige Risikobewertung

89 Plant ein Verantwortlicher eine Verarbeitung personenbezogener Daten und muss entscheiden, ob hierfür eine Datenschutz-Folgenabschätzung durchzuführen ist, so kann er diese Entscheidung auf Basis einer zweistufigen Risikobewertung treffen. In

---

45 Vgl. *Art. 29-Datenschutzgruppe*, WP 248, 7 bis 9.
46 S. auch *Bitkom*, Risk Assessment & Datenschutz-Folgenabschätzung, 50.
47 *Selzer*/Schader-Stiftung 2015, 4 f.; *Herfert/Selzer/Waldmann* BvD-News 2016, 29 (29 f.).

Annika Selzer

der **ersten Stufe der Risikobewertung** ist zu klären, ob der geplante Verarbeitungsschritt in der Positivliste (→ Rn. 81 ff.) der Aufsichtsbehörde geführt oder in Art. 35 Abs. 3 DSGVO explizit als Verarbeitungsvorgang mit hohem Risiko genannt wird. Dementsprechend sind folgende Fragen zu beantworten:

- Wird der geplante Verarbeitungsvorgang in der Positivliste der Aufsichtsbehörde geführt?
- Handelt es sich bei der geplanten Verarbeitung um automatisierte Entscheidungen mit rechtlich beeinträchtigender Wirkung?
- Sollen besonders sensible personenbezogene Daten (Gesundheitsdaten, strafrechtliche Verurteilungen, Gewerkschaftszugehörigkeiten) verarbeitet werden?
- Handelt es sich bei der geplanten Verarbeitung um systematische Beobachtungen und/oder den Abgleich und die Kombination von Datensätzen oder um systematische Beobachtungen öffentlich zugänglicher Bereiche?

Bereits eine bejahte Antwort führt zur Durchführungspflicht einer Datenschutz-Folgenabschätzung.

Ergibt sich in der ersten Prüfstufe nicht die Pflicht zur Durchführung einer Daten- 90
schutz-Folgenabschätzung, so sind im Rahmen der **zweiten Prüfstufe** folgende Fragen zu klären:[48]

- Bergen die Art, der Umfang, die Umstände und der Zweck der geplanten Verarbeitung hohe Risiken für die betroffenen Personen?
- Sollen im Zusammenhang mit der geplanten Verarbeitung neue oder neuartige Technologien eingesetzt werden?
- Birgt die geplante Verarbeitung Risiken, die zu einem physischen, materiellen oder immateriellen Schaden der betroffenen Personen führen können?
- Birgt die geplante Verarbeitung Risiken der Diskriminierung, des Identitätsdiebstahls oder der Rufschädigung für die betroffenen Personen?
- Birgt die geplante Verarbeitung das Risiko, dass die betroffenen Personen daran gehindert werden, die sie betreffenden personenbezogenen Daten zu kontrollieren?
- Sollen persönliche Profile erstellt werden, die zum Beispiel Aussagen zur Arbeitsleistung, zu persönlichen Vorlieben, dem Aufenthaltsort oder vergleichbar sensiblen Profilen über die betroffene Person analysieren oder prognostizieren?
- Sollen personenbezogene Daten von Kindern oder sonstigen besonders schutzbedürftigen natürlichen Personen verarbeitet werden?
- Soll eine große Menge personenbezogener Daten und/oder sollen personenbezogene Daten einer großen Anzahl betroffener Personen verarbeitet werden?
- Sollen durch die geplante Verarbeitung Datensätze abgeglichen oder kombiniert werden?
- Sieht die geplante Verarbeitung Datenübermittlung an Drittstaaten vor?

Im Gegensatz zu der ersten Fragenliste sind die Fragen nicht absolut zu verstehen, 91
das heißt eine einzelne bejahte Antwort muss nicht zwangsläufig zur Durchführungs-

---

48 Erwgr. 75 und 91; Vgl. *Art. 29-Datenschutzgruppe*, WP 248, 7 ff.; *Bitkom*, Risk Assessment & Datenschutz-Folgenabschätzung, 50.

pflicht führen. Vielmehr handelt es sich um Faktoren, anhand derer die Frage des hohen Risikos in ihrer Gesamtheit zu bewerten ist. Die Art. 29-Datenschutzgruppe bejaht jedoch ab dem Vorliegen von zwei der von ihr genannten Faktoren die Durchführungspflicht.

ee) Konsequenzen der Durchführungsentscheidung

92 Ist ein geplanter Verarbeitungsvorgang in der Positivliste der Aufsichtsbehörden oder in Art. 35 Abs. 3 DSGVO enthalten oder ergibt die Einschätzung des Verarbeitungsrisikos, dass ein hohes Risiko besteht, so ist eine Datenschutz-Folgenabschätzung **verpflichtend durchzuführen**. Das Ergebnis der Durchführungsentscheidung ist – unerheblich ob der Verantwortliche zum Ergebnis kommt, eine Datenschutz-Folgenabschätzung durchführen zu müssen oder nicht – unter Nennung der maßgeblichen Gründe für oder gegen die Durchführungsentscheidung **schriftlich zu dokumentieren**.[49]

b) Ausnahmen von der Durchführungspflicht

93 Eine Datenschutz-Folgenabschätzung ist nur dann durchzuführen, wenn eine geplante Verarbeitung ein hohes Risiko für die Rechte und Freiheiten der betroffenen Personen birgt. Art. 35 Abs. 5 und 10 DSGVO regeln weitere Ausnahmen von der Durchführungspflicht einer Datenschutz-Folgenabschätzung.

aa) Negativliste der Aufsichtsbehörde

94 Ergänzend zu Art. 35 Abs. 4 DSGVO, der die Befugnis und Pflicht der Aufsichtsbehörde enthält, eine Positivliste zu erstellen, verleiht Art. 35 Abs. 5 DSGVO der Aufsichtsbehörde die Befugnis, durch eine sogenannte Negativliste[50] zu konkretisieren, für welche Verarbeitungsvorgänge kein hohes Risiko besteht und folglich keine Datenschutz-Folgenabschätzung durchzuführen ist. Wie auch bei der Positivliste hat die zuständige Aufsichtsbehörde vor Festlegung der Negativliste das Kohärenzverfahren gemäß Art. 63 DSGVO anzuwenden. Zudem ist die Negativliste dem Europäischen Datenschutzausschuss zu übermitteln und zu veröffentlichen. Im Gegensatz zur Erstellung der Positivliste handelt es sich bei dem Erstellen von Negativlisten um eine Befugnis, nicht aber um eine Pflicht der Erstellung.[51] In Deutschland diskutieren die Aufsichtsbehörden derzeit die Risiken und Chancen sowie mögliche Inhalte einer Negativliste. Sollte eine Negativliste entstehen, so ist wie bei der Positivliste davon auszugehen, dass die Negativliste im Rahmen einer Entschließung der Konferenz der unabhängigen Datenschutzbehörden des Bundes und der Länder veröffentlicht wird.

bb) Keine Datenschutz-Folgenabschätzung aufgrund spezieller Rechtsgrundlage

95 Eine weitere, eher spezielle Ausnahme von der Durchführungspflicht regelt Art. 35 Abs. 10 DSGVO. Die Ausnahme besteht für diejenigen Fälle, in denen die Verarbeitung gemäß Art. 6 Abs. 1 lit. c oder e auf einer Rechtsgrundlage im Unionsrecht oder im Recht des Mitgliedstaats, dem der Verantwortliche unterliegt, beruht. Falls diese

---

49 *DSK*, Kurzpapier Nr. 5 Datenschutz-Folgenabschätzung, 1.
50 Die Negativliste wird auch als „Whitelist" bezeichnet.
51 Gem. Art. 35 Abs. 6 DSGVO hat die zuständige Aufsichtsbehörde auch vor Festlegung der Negativliste das Kohärenzverfahren gem. Art. 63 anzuwenden.

Annika Selzer

Rechtsvorschriften den konkreten Verarbeitungsvorgang oder die konkreten Verarbeitungsvorgänge regeln und bereits im Rahmen der **allgemeinen Folgenabschätzung im Zusammenhang mit dem Erlass dieser Rechtsgrundlage** eine Datenschutz-Folgenabschätzung erfolgte, ist regelmäßig keine Datenschutz-Folgenabschätzung durch den Verantwortlichen nötig. In diesem Fall würde die Durchführung einer Datenschutz-Folgenabschätzung durch den Verantwortlichen dazu führen, dass diese doppelt – also einmal als allgemeine Folgenabschätzung im Zusammenhang mit dem Erlass der Rechtsgrundlage und einmal als Folgenabschätzung durch den Verantwortlichen – durchgeführt wird. Diese Doppelung wird durch die Ausnahme des Art. 35 Abs. 10 DSGVO verhindert.[52]

c) Durchführung der Datenschutz-Folgenabschätzung

Hinsichtlich der Durchführung der Datenschutz-Folgenabschätzung stellen sich insbesondere Fragen zu den konkreten **Inhalten und Phasen**.[53] Darüber hinaus ist zu beachten, dass an einer Datenschutz-Folgenabschätzung unter anderem der Datenschutzbeauftragte und die betroffenen Personen zu beteiligen sind, die Datenschutz-Folgenabschätzung zu dokumentieren ist und die Möglichkeit kumulierter Datenschutz-Folgenabschätzungen besteht.   96

aa) Inhalte der Datenschutz-Folgenabschätzung

Die **inhaltliche Mindestanforderungen** an eine Datenschutz-Folgenabschätzung gemäß Art. 35 Abs. 7 DSGVO stellen die Beschreibung der geplanten Verarbeitungsvorgänge, die Bewertung der Notwendigkeit der Verarbeitungsvorgänge, die Bewertung der Risiken für die Rechte und Freiheiten der betroffenen Personen sowie die Beschreibung der Abhilfemaßnahmen zur Bewältigung der Risiken dar.   97

(1) Beschreibung der geplanten Verarbeitungsvorgänge

Der erste inhaltliche Durchführungsschritt einer Datenschutz-Folgenabschätzung ist gemäß Art. 35 Abs. 7 lit. a DSGVO die **systematische Beschreibung der geplanten Verarbeitungsvorgänge**, der **Zwecke der Verarbeitung** sowie gegebenenfalls eine Beschreibung der von dem Verantwortlichen verfolgten **berechtigten Interessen**. Soll zum Beispiel eine Datenschutz-Folgenabschätzung für ein Trackingverfahren durchgeführt werden, so sollten zunächst für jeden Verarbeitungsschritt – also zum Beispiel für die Erhebung, Verarbeitung, Übermittlung, Aufbewahrung und Vernichtung -die Prozessschritte und die eingesetzten Informationssysteme beschrieben werden.[54] Für die Beschreibung kann auch auf diejenigen Informationen zurückgegriffen werden, die im Verzeichnis von Verarbeitungstätigkeiten[55] geführt werden, sofern dieses für   98

---

52 Jedoch können die Mitgliedstaaten nach eigenem Ermessen von der Ausnahme abweichen, wenn sie die Durchführung der Datenschutz-Folgenabschätzung durch den Verantwortlichen trotz der allg. Folgenabschätzung im Zusammenhang mit dem Erlass der betroffenen Rechtsvorschrift für erforderlich erachten.

53 Für ein Beispiel einer Datenschutz-Folgenabschätzung, die iR eines Planspiels und entlang eines konkreten Fall-Beispiels durchgeführt wurde, s. *Gonscherowski/Herber/Robrahn/Rost/Weichelt*, Durchführung einer DSFA, abrufbar unter: https://datenschutzzentrum.de/uploads/datenschutzfolgenabschaetzung/20171106-Planspiel-Datenschutz-Folgenabschaetzung.pdf.

54 Für einen Vorschlag der Beschreibung anhand der einzelnen Verarbeitungsschritte s. *Bitkom*, Risk Assessment & Datenschutz-Folgenabschätzung, 40 ff.

55 Gem. Art. 30 Abs. 1 DSGVO hat jeder Verantwortliche ein Verzeichnis aller Verarbeitungstätigkeiten, die ihrer Zuständigkeit unterliegen, zu führen. Dieses Verzeichnis enthält ua folgende Angaben: Name und Kon-

den geplanten Verarbeitungsvorgang bereits erstellt wurde.[56] Daraufhin sollte die Beschreibung der Verarbeitungszwecke erfolgen, welche bei einem Trackingverfahren zum Beispiel in der Webseitenoptimierung oder der zielgerichteten Werbeschaltung liegen können.[57] Im Wesentlichen wird durch diesen ersten inhaltlichen Durchführungsschritt sichergestellt, dass der Beurteilungsumfang der geplanten Datenschutz-Folgenabschätzung klar definiert und ggf. von dem Beurteilungsumfang eines weiteren Verarbeitungsvorgangs, für den auch eine Datenschutz-Folgenabschätzung durchzuführen ist, abgegrenzt wird. Dieses Vorgehen wird häufig auch als „Scoping"[58] bezeichnet.[59]

(2) Bewertung der Notwendigkeit der Verarbeitungsvorgänge

99 Im zweiten inhaltlichen Durchführungsschritt der Datenschutz-Folgenabschätzung ist gemäß Art. 35 Abs. 7 lit. b DSGVO eine **Bewertung der Notwendigkeit und Verhältnismäßigkeit der Verarbeitungsvorgänge** in Bezug auf deren Zweck vorzunehmen. Die Beschränkung der Verarbeitung auf das notwendige Maß ist bereits durch das in Art. 5 Abs. 1 lit. c DSGVO geregelte Prinzip der Datenminimierung verpflichtende Anforderung jeder Datenverarbeitung. Dementsprechend hat jede Datenverarbeitung dem Zweck angemessen, erheblich sowie auf das für die Zwecke der Verarbeitung notwendige Maß beschränkt zu sein, was eine Verarbeitung in der Konsequenz immer dann notwendig werden lässt, wenn der der Verarbeitung zugrunde liegende rechtmäßige Zweck ohne die geplante Verarbeitung nicht oder nicht vollständig erfüllt werden kann. Bezogen auf die Datenschutz-Folgenabschätzung sind die Notwendigkeit der für den geplanten Verarbeitungsvorgang eingesetzten Technik sowie die Notwendigkeit der Art, des Umfangs und der Umstände zu bewerten, nicht aber die Notwendigkeit des geplanten Verarbeitungsvorgangs in seiner Gesamtheit, die wiederum nach Art. 5 Abs. 1 lit. c DSGVO zu bestimmen ist.[60] Bei einem Trackingverfahren wird zum Beispiel ein besonderes Augenmerk darauf zu richten sein, inwiefern die personenbezogenen Daten pseudonymisiert beziehungsweise – soweit im Kontext sinnvoll und möglich – anonymisiert werden können und wie lange die pseudonymisierten Daten gespeichert werden dürfen.

---

taktdaten des Verantwortlichen sowie eines etwaigen Datenschutzbeauftragten, Zwecke der Verarbeitung, Beschreibung der Kategorien betroffener Personen und der Kategorien personenbezogener Daten und Kategorien von Empfängern.

56 *Bitkom*, Risk Assessment & Datenschutz-Folgenabschätzung, 40.

57 Zu beachten ist hierbei, dass das konkrete Trackingverfahren ein hohes Risiko für die Rechte und Freiheiten betroffener Personen darstellen muss, um überhaupt unter die Durchführungspflicht einer Datenschutz-Folgenabschätzung zu fallen. Die Art. 29-Datenschutzgruppe führt hierzu aus: „An e-commerce website displaying adverts for vintage car parts involving limited profiling based on past purchases behaviour on certain parts of its website [does not require a DPIA]".

58 Engl. für Festsetzung und Abgrenzung des Umfangs und Aufgabenbereichs.

59 Paal/Pauly/*Martini* DSGVO Art. 35 Rn. 45 f.; *DSK*, Kurzpapier Nr. 5 Datenschutz-Folgenabschätzung, 2.

60 Kühling/Buchner/*Jandt* DSGVO Art. 35 Rn. 39 f. S. hierzu auch Erwgr. 39, der hins. des Grundsatzes der Datenminimierung konkretisiert: Die personenbezogenen Daten sollten für die Zwecke, zu denen sie verarbeitet werden, angemessen und erheblich sowie auf das für die Zwecke ihrer Verarbeitung notwendige Maß beschränkt sein. Dies erfordert insbes., dass die Speicherfrist für personenbezogene Daten auf das unbedingt erforderliche Mindestmaß beschränkt bleibt. Personenbezogene Daten sollten nur verarbeitet werden dürfen, wenn der Zweck der Verarbeitung nicht in zumutbarer Weise durch andere Mittel erreicht werden kann. Um sicherzustellen, dass die personenbezogenen Daten nicht länger als nötig gespeichert werden, sollte der Verantwortliche Fristen für ihre Löschung oder regelmäßige Überprüfung vorsehen.

(3) Bewertung der Risiken für die Rechte und Freiheiten der betroffenen Personen

Der dritte inhaltliche Durchführungsschritt der Datenschutz-Folgenabschätzung ist gemäß Art. 35 Abs. 7 lit. c DSGVO die Bewertung der Risiken für die Rechte und Freiheiten der betroffenen Personen gemäß Art. 35 Abs. 1 DSGVO, die aus dem geplanten Verarbeitungsvorgang resultieren können. Der Verweis auf Art. 35 Abs. 1 DSGVO macht deutlich, dass zwischen der Prognose eines voraussichtlich hohen Risikos als Anlass einer Datenschutz-Folgenabschätzung einerseits (Absatz 1) und der **detaillierten Bewertung des Risikos** andererseits (Absatz 7) unterschieden werden muss. Hierbei sind nicht alle denkbaren Grundrechtsbeeinträchtigungen, sondern regelmäßig nur diejenigen zu berücksichtigen, die im engen Zusammenhang mit dem Recht auf Schutz personenbezogener Daten stehen.[61] Insbesondere sollten in diesem Schritt mögliche Risikoquellen oder Angreifer sowie Angriffsmotive und Angriffsziele erfasst und die aus dieser Analyse identifizierten Risiken hinsichtlich der Wahrscheinlichkeit ihres Eintritts und dem möglichen Schaden für die betroffenen Personen detailliert bewertet werden.[62] Bei einem Trackingverfahren kann sich bei dieser Bewertung grundsätzlich nicht ausschließlich auf die Identifizierung klassische IT-Sicherheitsangriffe als mögliche Risikoquellen beschränkt werden, sondern es werden regelmäßig auch diejenigen Risiken zu berücksichtigen sein, die sich aus (potenziell) umfangreichen Profilbildungen an sich ergeben können.

100

Zunächst sollten sämtliche möglichen **Risikoquellen** erfasst werden, die zum Beispiel in interne und externe sowie menschliche und nichtmenschliche Risikoquellen unterteilt werden können. Dies kann hilfreich sein, um die Risikoquellen möglichst systematisch zu erfassen. Interne menschliche Risikoquellen sind zum Beispiel die Mitarbeiter des Unternehmens; zu den externen menschlichen Risikoquellen können zum Beispiel Mitbewerber und Hacker zählen. Interne nichtmenschliche Risikoquellen sind zum Beispiel Wasserschäden; externe nichtmenschliche Risikoquellen sind zum Beispiel extern verursachte Ausfälle in der Internet- oder Stromversorgung.[63]

101

Die **Angriffsmotive** beziehen sich im Wesentlichen auf die menschlichen Risikoquellen, bei denen es sinnvoll sein kann, die internen und externen Risikoquellen zusätzlich hinsichtlich der Intention in unbeabsichtigte und vorsätzliche interne und externe menschliche Risikoquellen zu unterteilen. So kann man zum Beispiel bei internen menschlichen Risikoquellen ohne Angriffsmotivation ("unbeabsichtigt") in der Regel davon ausgehen, dass die Risikoquelle, also beispielsweise ein Mitarbeiter, keine Aufwände darauf verwendet, die versehentliche Aktion auszuführen, während der gleiche Mitarbeiter bei einer vorsätzlichen Aktion in der Regel durchaus Aufwände verwenden würde, um die gewünschte, vorsätzlich durchgeführte Aktion zu erreichen. Vom Betreiben eines besonders hohen Aufwands zur Durchführung einer vorsätzlich durchgeführten Aktion dürfte man spätestens bei externen menschlichen Risikoquellen wie Mitbewerbern und Hackern ausgehen. Dieser potenziell erhöhte Einsatz, den eine potenzielle Risikoquelle auf sich nimmt, um ein bestimmtes Ereignis herbeizu-

102

---

61 Dies ergibt sich ua aus den in Art. 1 Abs. 2 formulierten Zielen der DSGVO. Kühling/Buchner/*Jandt* DSGVO Art. 35 Rn. 42.
62 *Bitkom*, Risk Assessment & Datenschutz-Folgenabschätzung, 26.
63 *Bitkom*, Risk Assessment & Datenschutz-Folgenabschätzung, 27.

führen, sollte sowohl in die Bewertung der Wahrscheinlichkeit eines Risikos als auch bei der Auswahl technischer und organisatorischer Maßnahmen berücksichtigt werden.[64]

103 Auch die möglichen **Angriffsziele** sind zu erfassen. Zu den möglichen Angriffszielen könnten unter anderem bestimmte Räumlichkeiten in einem Unternehmen – wie zum Beispiel der Raum in der Personalverwaltung, in dem die Personalakten aufbewahrt werden – oder bestimmte Geräte – wie zum Beispiel der Server, auf dem alle Kundendaten gespeichert sind – zählen. Auch eine Person als Angriffsziel ist – zum Beispiel hinsichtlich einer Überwachung oder der Entwendung eines Zutrittstokens – grundsätzlich denkbar. Neben den Angriffszielen sollten auch mögliche Angriffsszenarien, also die Umstände, zum Beispiel hinsichtlich eingesetzter Angriffsmethoden und des Zeitpunkts eines Angriffs,[65] sowie die Art, zum Beispiel Überwachung, Manipulation, Beschädigung, unter denen ein Angriffsziel angegriffen wird, erfasst werden.

104 Wurden sowohl alle möglichen Risikoquellen, Angriffsmotive, Angriffsziele und -szenarien erfasst, gilt es diese unter anderem hinsichtlich ihrer **Eintrittswahrscheinlichkeit** und dem möglicherweise für die betroffenen Personen **entstehenden Schaden** detailliert zu bewerten. Hierfür kann auf die vom Bayerischen Landesamt für Datenschutzaufsicht vorgeschlagene Risikomatrix[66] verwiesen werden, in der die Eintrittswahrscheinlichkeit und die Schwere des Schadens jeweils in vier Stufen (vernachlässigbar, begrenzt, wesentlich, maximal) eingeteilt werden. Der Matrix kann sodann entnommen werden, ob das bestehende Risiko gering oder hoch ist.

105 Bei der Beurteilung der Auswirkungen der von dem Verantwortlichen oder dessen Auftragsverarbeiter durchgeführten Verarbeitungsvorgänge sind nach Art. 35 Abs. 8 DSGVO die Einhaltung genehmigter Verhaltensregeln für die Zwecke einer Datenschutz-Folgenabschätzung gebührend zu berücksichtigen. **Genehmigte Verhaltensregeln** nach Art. 40 DSGVO sind Regeln, die Verbände und andere Vereinigungen, wie zum Beispiel der Bitkom und der Bundesverband IT-Mittelstand, die Kategorien von Verantwortlichen oder Auftragsverarbeitern vertreten, ausarbeiten. Mit den genehmigten Verhaltensregeln wird die Anwendung der Datenschutz-Grundverordnung beispielsweise hinsichtlich fairer und transparenter Verarbeitung, Unterrichtung der Öffentlichkeit und der betroffenen Personen, Ausübung der Rechte betroffener Personen und der Übermittlung personenbezogener Daten an Drittländer oder an internationale Organisationen präzisiert.[67]

---

64 *Bitkom*, Risk Assessment & Datenschutz-Folgenabschätzung, 27.
65 ZB könnte ein Angriff an einem Freitagabend mehr Schaden bewirken, als ein Angriff am Dienstagvormittag, weil der Angriff über ein Wochenende ggf. unerkannt bleiben könnte und somit zu einem höheren Schaden führen kann, als wenn auf den Schaden sofort reagiert werden kann.
66 Die Risikomatrix ist abrufbar unter https://www.lda.bayern.de/media/baylda_ds-gvo_18_privacy_impact_assessment.pdf.
67 Die Mitgliedstaaten, die Aufsichtsbehörden, der Europ. Datenschutzausschuss und die Europ. Kommission sollen die Ausarbeitung von Verhaltensregeln, die nach Maßgabe der Besonderheiten der einzelnen Verarbeitungsbereiche und der besonderen Bedürfnisse von Kleinstunternehmen sowie kleinen und mittleren Unternehmen zur ordnungsgemäßen Anwendung der DSGVO beitragen sollen, fördern. „Im Ausgangspunkt weisen Verhaltensregeln keinerlei Rechtsverbindlichkeit auf, wenn nicht etwa die Verbände ihren Mitgliedern die Anwendung der Verhaltensregeln kraft Satzung verpflichtend auferlegen oder sich Verantwortliche oder Auftragsverarbeiter freiwillig zu deren Einhaltung verpflichten." Kühling/Buchner/*Jandt* DSGVO Art. 35 Rn. 8.

Annika Selzer

Durch den Umstand, dass genehmigte Verhaltensregeln[68] im Rahmen der Datenschutz-Folgenabschätzung gebührend zu berücksichtigen sind, kommt den genehmigten Verhaltensregeln eine **Privilegierung** zu, um das **Instrument mit Leben zu füllen**.[69] Was unter dem Begriff „gebührend" zu verstehen ist, bestimmt sich aus dem Verhältnis zwischen dem Schutzziel der Datenschutz-Folgenabschätzung und dem durch die genehmigten Verhaltensregeln geschaffenen Datenschutzniveau. Wird hohen Risiken bereits dadurch entgegengewirkt, dass genehmigte Verhaltensregeln bestehen und eingehalten werden und durch diese ein angemessenes Datenschutzniveau herbeigeführt wird, ist dem Zweck des Art. 35 DSGVO bereits Rechnung getragen. Dies wiederum setzt voraus, dass die genehmigten Verhaltensregeln eine hinreichende Garantie dafür bieten, dass die Anforderungen der Datenschutz-Grundverordnung umgesetzt werden. Umgekehrt schließt Art. 35 Abs. 8 DSGVO nicht aus, dass der Verantwortliche von den Empfehlungen genehmigter Verhaltensregeln zugunsten anderer als den in den genehmigten Verhaltensregeln genannten technischen und organisatorischen Maßnahmen abweicht, wenn diese ein vergleichbares Datenschutzniveau sicherstellen und somit die Ziele der Datenschutz-Folgenabschätzung erreicht werden.[70]

106

(4) Beschreibung der Abhilfemaßnahmen zur Bewältigung der Risiken

Der vierte inhaltliche Durchführungsschritt der Datenschutz-Folgenabschätzung ist nach Art. 35 Abs. 7 lit. d DSGVO die Beschreibung der zur Bewältigung der Risiken geplanten **Abhilfemaßnahmen**, einschließlich **Garantien, Sicherheitsvorkehrungen und Verfahren**, durch die der Schutz personenbezogener Daten sichergestellt und der Nachweis dafür erbracht wird, dass die Datenschutz-Grundverordnung eingehalten wird. Hierbei ist den Rechten und berechtigten Interessen der betroffenen Personen und sonstiger Betroffener Rechnung zu tragen. Dem vierten und letzten inhaltlichen Durchführungsschritt kommt somit die wahrscheinlich wichtigste inhaltliche Rolle der Datenschutz-Folgenabschätzung zu, nämlich die der Eindämmung der erkannten Risiken für die Rechte und Freiheiten der betroffenen Personen. Ohne diesen Schritt würde eine Datenschutz-Folgenabschätzung ihren Sinn nicht erfüllen, erkannte Risiken auf ein angemessenes und vertretbares Niveau zu senken.[71] Gefordert wird insofern ein „Risikobehandlungsplan", in dem der Verantwortliche beschreibt, welche technischen und organisatorischen Maßnahmen er zum Schutze der betroffenen Personen ergreift. Diese Maßnahmen müssen funktional geeignet sein, die betroffenen Personen vor den hohen Risiken des geplanten Verarbeitungsvorgangs zu schützen. Hierbei sollte der Verantwortliche nicht nur die Maßnahmen beschreiben, sondern diese selbstverständlich auch nachweisbar umsetzen. Es empfiehlt sich unter anderem

107

---

68 Verhaltensregeln können ua von Verbänden und anderen Vereinigungen ausgearbeitet werden, Art. 40 Abs. 2 DSGVO.

69 Paal/Pauly/*Martini* DSGVO Art. 35 Rn. 56.

70 Kühling/Buchner/*Jandt* DSGVO Art. 35 Rn. 53; Paal/Pauly/*Martini* DSGVO Art. 35 Rn. 56 f.

71 Paal/Pauly/*Martini* DSGVO Art. 35 Rn. 54. Die besondere Wichtigkeit des vierten inhaltlichen Durchführungsschritts legt auch Erwgr. 90 nahe, der besagt, dass sich die Datenschutz-Folgenabschätzung *insbes.* mit den Maßnahmen, Garantien und Verfahren befassen sollte, durch die die Risiken, die für die betroffenen Personen bestehen, eingedämmt und der Schutz personenbezogener Daten sichergestellt werden kann.

auch einen Verantwortlichen und ein Zieldatum zur Umsetzung der Maßnahmen zu bestimmen.[72]

108 Zur Beurteilung welche **technischen und organisatorischen Maßnahmen** ergriffen werden müssen, um dem hohen Risiko eines geplanten Verarbeitungsvorgangs zu begegnen, kann sich der Verantwortliche an den in Art. 32 DSGVO genannten Maßnahmen und dem Stand der Technik orientieren. Zu den Maßnahmen nach Art. 32 DSGVO zählen unter anderem Maßnahmen, die die Fähigkeit haben, die Vertraulichkeit, Integrität, Verfügbarkeit und Belastbarkeit der Systeme und Dienste im Zusammenhang mit der Verarbeitung auf Dauer sicherzustellen sowie die Verfügbarkeit der personenbezogenen Daten und den Zugang zu ihnen bei einem physischen oder technischen Zwischenfall rasch wiederherzustellen. Im Web sind – ganz allgemein gesagt – unter anderem der Einsatz von SSL/TLS/HTTPS, eine starke Authentisierung des Nutzers gegenüber der Anwendung und Maßnahmen zur Datenvalidierung besonders wichtige technische und organisatorische Maßnahmen,[73] bei einem Trackingverfahren im Speziellen sind insbesondere Maßnahmen zur Pseudonymisierung beziehungsweise – soweit im Kontext sinnvoll und möglich – zur Anonymisierung zu berücksichtigen.

bb) Phasen der Datenschutz-Folgenabschätzung

109 Eine Datenschutz-Folgenabschätzung ist kein einmaliger und in sich abgeschlossener Vorgang, sondern ein iterativer Prozess, der aus den vier Phasen **Vorbereitung, Durchführung, Umsetzung und Überprüfung**[74] besteht. Während der Vorbereitung sollte durch die Auswahl der Beteiligten sichergestellt werden, dass die Datenschutz-Folgenabschätzung fachübergreifend durchgeführt werden kann. Diese Beteiligten konkretisieren sodann die Prüfplanung, legen den Beurteilungsumfang fest, identifizieren die Rechtsgrundlagen und bewerten die Notwendigkeit der Verarbeitung im Hinblick auf den der Verarbeitung zu Grunde liegenden Zweck. In dieser Phase finden somit auch die ersten beiden inhaltlichen Durchführungsschritte (→ Rn. 98 f.) statt. Während der Durchführung sollten die Risikoquellen identifiziert und beurteilt werden sowie geeignete technische und organisatorische Maßnahmen zum Schutz vor den Risiken ausgewählt werden (dritter und vierter inhaltlicher Durchführungsschritt → Rn. 100 ff.). Während der Umsetzung sollten die technischen und organisatorischen Maßnahmen implementiert und getestet werden sowie die Datenschutz-Folgenabschätzung dokumentiert und der Verarbeitungsvorgang ggf. freigegeben oder die Aufsichtsbehörde konsultiert werden. In der Überprüfungsphase soll die Datenschutz-Folgenabschätzung ggf. überprüft und fortgeschrieben werden.[75] Dies wird unter anderem aus der Formulierung des Art. 35 Abs. 11 DSGVO deutlich, der be-

---

72 *Bitkom*, Risk Assessment & Datenschutz-Folgenabschätzung, 46; *Friedewald/Martin* BvD News 3/2017, 41 (44). Der Bitkom schlägt hierzu eine tabellarische Erfassung von Maßnahmen vor, mit einer Zusatzinformation, ob für den Verarbeitungsvorgang genehmigte Verhaltensregeln vorliegen oder nicht.

73 Für eine Schnellübersicht über mögliche Angriffe und Maßnahmen s. zB das Web-Security-Poster vom Fraunhofer SIT, abrufbar unter: https://www.sit.fraunhofer.de/fileadmin/bilder/download/Web-Security_print.pdf?_=1361177473.

74 Zu den Ausführungen der vier Phasen der Datenschutz-Folgenabschätzung s. *DSK*, Kurzpapier Nr. 5 Datenschutz-Folgenabschätzung, 2 bis 5.

75 Für die Fortschreibung bietet sich lt. der Datenschutzkonferenz die Implementierung eines Datenschutzmanagementsystems an.

Annika Selzer

sagt, dass der Verantwortliche erforderlichenfalls eine Überprüfung durchzuführen hat, um zu bewerten, ob die Verarbeitung gemäß der Datenschutz-Folgenabschätzung durchgeführt wird. Zumindest ist dies notwendig, wenn hinsichtlich des mit den Verarbeitungsvorgängen verbundenen Risikos Änderungen eingetreten sind. Die Datenschutzkonferenz empfiehlt dem Verantwortlichen zudem, den Bericht der Datenschutz-Folgenabschätzung mindestens nach der erstmaligen Durchführung durch einen unabhängigen Dritten oder den Datenschutzbeauftragten überprüfen zu lassen.[76]

cc) An der Datenschutz-Folgenabschätzung zu Beteiligende

Die Pflicht zur Durchführung der Datenschutz-Folgenabschätzung trifft gemäß Art. 35 Abs. 1 Satz 1 DSGVO den Verantwortlichen. Dieser hat jedoch weitere Beteiligte einzubinden beziehungsweise deren Standpunkt zu berücksichtigen.   110

(1) Beteiligung des Datenschutzbeauftragten

Bei der Durchführung einer Datenschutz-Folgenabschätzung hat der Verantwortliche 111 gemäß Art. 35 Abs. 2 DSGVO den Rat des **Datenschutzbeauftragten** einzuholen, sofern ein solcher benannt wurde. Art. 39 Abs. 1 lit. c DSGVO sieht die Beratung im Zusammenhang mit der Datenschutz-Folgenabschätzung und Überwachung ihrer Durchführung ausdrücklich als Aufgabe des Datenschutzbeauftragten vor.[77] Art. 35 Abs. 2 DSGVO knüpft an die Durchführung einer Datenschutz-Folgenabschätzung keine bestimmte Form der Beteiligung des Datenschutzbeauftragten, weswegen seine Rolle im Rahmen der Datenschutz-Folgenabschätzung rein beratend zu verstehen ist. Der Datenschutzbeauftragte erhält durch die Vorschrift demnach kein bindendes Vetorecht.[78]

(2) Beteiligung von Auftragsverarbeitern

Sieht der Verantwortliche für eine geplante Verarbeitung eine Auftragsverarbeitung 112 vor, so sollte der **Auftragsverarbeiter** den Verantwortlichen nach Erwgr. 95 auf Anfrage bei der Gewährleistung der Einhaltung der sich aus der Durchführung der Datenschutz-Folgenabschätzung und der vorherigen Konsultation der Aufsichtsbehörde ergebenden Auflagen unterstützen, sofern dies erforderlich ist.

(3) Einholung der Standpunkte der betroffenen Personen

Der Verantwortliche ist darüber hinaus gemäß Art. 35 Abs. 9 DSGVO verpflichtet, 113 gegebenenfalls den **Standpunkt der betroffenen Personen oder ihrer Vertreter** zu der

---

76 *DSK*, Kurzpapier Nr. 5 Datenschutz-Folgenabschätzung, 5; *Friedewald/Martin* BvD News 3/2017, 41 (44 f.).

77 Art. 37 Abs. 1 lit. b und c DSGVO regelt die Pflicht zur Bestellung eines Datenschutzbeauftragten für diejenigen Fälle, bei denen die Kerntätigkeit des Verantwortlichen oder des Auftragsverarbeiters in der Durchführung von Verarbeitungsvorgängen besteht, welche aufgrund ihrer Art, ihres Umfangs und/oder ihrer Zwecke eine umfangreiche regelmäßige und systematische Überwachung von betroffenen Personen erforderlich machen, oder die Kerntätigkeit des Verantwortlichen oder des Auftragsverarbeiters in der umfangreiche Verarbeitung besonderer Kategorien v. Daten oder von personenbezogenen Daten über strafrechtliche Verurteilungen und Straftaten besteht. Da die in Art. 37 Abs. 1 lit. b und c DSGVO genannten Fälle, in denen ein Datenschutzbeauftragter auf jeden Fall zu benennen ist, den in Art. 35 Abs. 3 lit. a bis c DSGVO genannten Fällen, bei denen in jedem Fall eine Datenschutz-Folgenabschätzung durchzuführen ist, ähneln, kann vermutet werden, dass idR ein Datenschutzbeauftragter benannt ist, wenn eine Pflicht zur Datenschutz-Folgenabschätzung besteht.

78 Kühling/Buchner/*Jandt* DSGVO Art. 35 Rn. 18.

beabsichtigten Verarbeitung einzuholen. Die Einholung erfolgt unbeschadet des Schutzes gewerblicher oder öffentlicher Interessen oder der Sicherheit der Verarbeitungsvorgänge. Diese sollten sowohl in die Frage, ob eine Datenschutz-Folgenabschätzung aufgrund eines hohen Risikos für die Betroffenen durchzuführen ist, als auch in die eigentliche Durchführung der Datenschutz-Folgenabschätzung einbezogen werden, in dem ihr Standpunkt zu erfragen ist.[79] Der Vorschrift fehlt es allerdings an einer Konkretisierung, in welchen Fällen der Standpunkt der betroffenen Personen „gegebenenfalls" abzufragen ist. Überhaupt möglich ist das Einholen des Standpunktes der betroffenen Personen regelmäßig nur dann, wenn es die Datenverarbeitung zulässt, einen Betroffenenkreis zu benennen. Dies ist zum Beispiel in anmeldepflichtigen Online-Portalen der Fall.[80] Auch ist davon auszugehen, dass die betroffenen Personen über die geplante Verarbeitung zu informieren sind, um die Einholung des Standpunktes der betroffenen Personen überhaupt zu ermöglichen. Allerdings wird der Verantwortliche von der Vorschrift ausdrücklich davon entbunden, zum Beispiel Geschäfts- und Berufsgeheimnisse sowie Informationen, welche die Sicherheit der Verarbeitungsvorgänge gefährden könnten, preiszugeben.[81]

114 Die Vorschrift lässt des Weiteren offen, ob sämtliche betroffenen Personen, die zum Zeitpunkt einer für die Zukunft geplanten Verarbeitung durchzuführende Datenschutz-Folgenabschätzung bereits als zukünftig betroffene Personen bekannt sind, nach ihrem Standpunkt zu fragen sind. Dies wäre nahezu ausnahmslos – und insbesondere im Rahmen von Webdiensten, die häufig mehrere Millionen Nutzer erreichen sollen – mit einem extrem großen Aufwand für den Verantwortlichen verbunden, der insbesondere im Hinblick darauf nicht zu leisten wäre, dass Maßnahmen des technischen und organisatorischen Datenschutzes auf **angemessene Weise** umzusetzen sind.[82] Dies spricht dafür, dass die Erfragung des Standpunktes einer kleinen Auswahl möglicher betroffener Personen auch vor dem Hintergrund eines hohen Risikos einer geplanten Verarbeitung ausreichend scheint und diese ggf. auch mithilfe eines Umfragetools mit vordefinierten Antwortalternativen[83] durchgeführt werden kann, um die Befragung angemessen **durchführbar** zu machen und auch die Antworten in angemessener Weise **auswertbar** zu machen. Es ist selbstverständlich darauf zu achten, nach Möglichkeit diejenigen betroffenen Personen nach ihrem Standpunkt zu fragen, für die hierdurch kein Interessenskonflikt entsteht. Im Rahmen einer Datenschutz-Folgenabschätzung für eine geplante Datenverarbeitung dürfte daher beispielsweise die Befragung der eigenen Mitarbeiter oder deren Familienangehörigen, die ggf. später auch als Kunden von der geplanten Datenverarbeitung betroffen wären, die Anforderung der Vorschrift nicht erfüllen. Alternativ zum Einholen des Standpunktes der betroffenen Personen können auch Vertreter der betroffenen Perso-

---

79 Paal/Pauly/*Martini* DSGVO Art. 35 Rn. 60.
80 Kühling/Buchner/*Jandt* DSGVO Art. 35 Rn. 56.
81 Kühling/Buchner/*Jandt* DSGVO Art. 35 Rn. 57; Paal/Pauly/*Martini* DSGVO Art. 35 Rn. 62.
82 Vor diesem Hintergrund ist die dt. Übersetzung „ggf" unglücklich gewählt, heißt es doch in der engl. Fassung deutlich klarer „where appropriate". Im Gegensatz. dazu heißt es in Art. 35 Abs. 7 lit. a DSGVO im Engl. „where applicable".
83 ZB in Form einer Skala von 1 (trifft gar nicht zu) bis 10 (trifft vollständig zu).

Annika Selzer

nen – also zum Beispiel Verbraucherverbände – nach ihrem Standpunkt gefragt werden.

Ähnlich wie bei der Beteiligung des Datenschutzbeauftragten fordert Art. 35 Abs. 9 115
DSGVO keine bestimmte **Form der Beteiligung** der betroffenen Personen, weswegen
auch deren Rolle im Rahmen der Datenschutz-Folgenabschätzung rein beratend zu
verstehen ist. Gleichwohl sollte sich der Verantwortliche mit der Einschätzung der
betroffenen Personen auseinandersetzen, um die Pflicht zur Einbeziehung sinnhaft
umzusetzen.

dd) Dokumentationspflicht

Die Durchführung der Datenschutz-Folgenabschätzung ist zu **dokumentieren**. Dies 116
folgt insbesondere aus Art. 5 Abs. 2 und Art. 35 Abs. 7 DSGVO, wobei aus Art. 35
Abs. 7 lit. a bis d DSGVO die inhaltlichen Mindestanforderungen an die Dokumentation hervorgehen.[84] Die Dokumentation der Datenschutz-Folgenabschätzung ist auch
im Hinblick auf Art. 82 Abs. 3 DSGVO unbedingt geboten, da der Verantwortliche
und der Auftragsverarbeiter von der Haftung gemäß Art. 82 Abs. 2 DSGVO (→ B.
VI. Rn. 42 f.) befreit werden, wenn er nachweisen kann, dass er in keinerlei Hinsicht
für den Umstand, durch den der Schaden eingetreten ist, verantwortlich ist.

ee) Kumulierte Datenschutz-Folgenabschätzung

Die Datenschutz-Grundverordnung sieht in Art. 35 Abs. 1 S. 2 für die Untersuchung 117
mehrerer ähnlicher Verarbeitungsvorgänge mit ähnlich hohen Risiken vor, diese Verarbeitungsvorgänge in Form einer **kumulierten Datenschutz-Folgenabschätzung** zu
bewerten. Hierzu führt Erwgr. 92 aus, dass es unter bestimmten Umständen vernünftig und unter ökonomischen Gesichtspunkten zweckmäßig sein kann, eine Datenschutz-Folgenabschätzung nicht lediglich auf ein bestimmtes Projekt zu beziehen,
sondern sie thematisch breiter anzulegen. Beispielhaft kann dies dann vernünftig und
unter ökonomischen Gesichtspunkten zweckmäßig sein, wenn Behörden oder öffentliche Stellen eine gemeinsame Anwendung oder Verarbeitungsplattform schaffen
möchten oder wenn mehrere Verantwortliche eine gemeinsame Anwendung oder Ver-
arbeitungsumgebung für einen gesamten Wirtschaftssektor, für ein bestimmtes
Marktsegment oder für eine weit verbreitete horizontale Tätigkeit einführen möchten.

d) Vorherige Konsultation der Aufsichtsbehörde

Art. 36 Abs. 1 DSGVO legt dem Verantwortlichen die Pflicht auf, vor Beginn der Ver- 118
arbeitung personenbezogener Daten die **Aufsichtsbehörde** zu konsultieren, sofern die
Datenschutz-Folgenabschätzung ergab, dass die Verarbeitung ein hohes Risiko zur
Folge hätte und der Verantwortliche dieses Risiko nicht durch entsprechende Maßnahmen eindämmt.[85] Erwgr. 94 konkretisiert hierzu, dass bei denjenigen Verarbeitungen die Aufsichtsbehörde zu konsultieren ist, bei denen das Fehlen von Garantien, Sicherheitsvorkehrungen und Mechanismen zur Minderung des Risikos ein hohes Risi-

---

84 Kühling/Buchner/*Jandt* DSGVO Art. 35 Rn. 51; *Wybitul* 2017, 43.
85 Grds. wäre es auch denkbar, die Aufsichtsbehörde bereits zu konsultieren, wenn bei der Frage, ob eine Datenschutz-Folgenabschätzung verpflichtend durchzuführen ist oder nicht, Unsicherheiten bestehen.

ko für die Rechte und Freiheiten natürlicher Personen mit sich bringen würde und der Verantwortliche der Auffassung ist, dass das Risiko nicht durch vertretbare Mittel, im Hinblick auf verfügbare Technologien und Implementierungskosten, eingedämmt werden kann.[86]

119 Für die Konsultation mit der Aufsichtsbehörde hat der Verantwortliche der Aufsichtsbehörde die in Art. 36 Abs. 3 DSGVO genannten Informationen zur Verfügung zu stellen. Die **zur Verfügung zu stellenden Informationen** sind insbesondere die Zwecke und die Mittel der beabsichtigten Verarbeitung, die vorgesehenen Schutzmaßnahmen, die Kontaktdaten des Datenschutzbeauftragten, die Datenschutz-Folgenabschätzung, ggf. die Kontaktdaten des Datenschutzbeauftragten sowie Angaben zur jeweiligen Zuständigkeit des Verantwortlichen, der gemeinsam Verantwortlichen und/ oder Auftragsverarbeiter. Die Aufsichtsbehörde hat das Recht, weitere Informationen anzufordern, um die Konsultation ordnungsgemäß durchführen zu können.

120 Die Aufsichtsbehörde soll gemäß Art. 36 Abs. 2 DSGVO **innerhalb von bis zu acht Wochen**[87] auf das Konsulationsersuchen reagieren und dem Verantwortlichen mitteilen, ob die geplante Verarbeitung im Einklang mit der Datenschutz-Grundverordnung steht oder ob der Verantwortliche bestehende Risiken nicht ausreichend ermittelt oder eingedämmt hat. Die Empfehlung der Aufsichtsbehörde ergeht schriftlich an den Verantwortlichen sowie ggf. an den Auftragsverarbeiter. Sie kann die in Art. 58 DSGVO genannten **Befugnisse** ausüben, zu denen unter anderem die Warnung gehört, dass beabsichtigte Verarbeitungsvorgänge voraussichtlich gegen die Datenschutz-Grundverordnung verstoßen sowie die Anweisung, Verarbeitungsvorgänge gegebenenfalls auf bestimmte Weise in Einklang mit der Datenschutz-Grundverordnung zu bringen. Laut Erwgr. 95 sollte der Auftragsverarbeiter den Verantwortlichen erforderlichenfalls bei der Gewährleistung der Einhaltung der sich aus der Konsultation der Aufsichtsbehörde ergebenen Auflagen unterstützen. Auch wenn die Aufsichtsbehörde nicht innerhalb der festgelegten Frist auf das Beratungsersuchen reagiert hat, kann sie die in der Datenschutz-Grundverordnung genannten Befugnisse, insbesondere jene in Art. 58 DSGVO, ausüben.[88] Die Nichteinhaltung der Frist führt nicht zu der Fiktion, dass der Verarbeitungsvorgang rechtmäßig ist.

3. Informationspflichten

121 Der Europäische Gesetzgeber hat es sich zur Aufgabe gemacht, das Transparenzgebot zu stärken.[89] Eine wesentliche Ausprägung des Transparenzgebots ist die Informationspflicht des Verantwortlichen gegenüber der betroffenen Person. Durch diese Ver-

---

86 S. auch Schantz/Wolff/*Wolff* 2017, 274.

87 Unter Berücksichtigung der Komplexität der geplanten Verarbeitung kann die Frist um sechs Wochen verlängert werden, wobei die Aufsichtsbehörde den Verantwortlichen über die Fristverlängerung innerhalb eines Monats nach Eingang des Antrags des Verantwortlichen zu unterrichten hat. Die Aufsichtsbehörde hat die Verlängerung zu begründen. Fehlen der Aufsichtsbehörde Informationen, die sie beim Verantwortlichen zum Zwecke der Konsultation angefordert hat, so können die Fristen ausgesetzt werden, bis die Aufsichtsbehörde die Informationen erhalten hat, s. Art. 36 Abs. 2 DSGVO.

88 S. hierzu auch Erwgr. 94: Die Aufsichtsbehörde sollte das Beratungsersuchen innerhalb einer bestimmten Frist beantworten. Allerdings kann sie, auch wenn sie nicht innerhalb dieser Frist reagiert hat, entspr. ihren aus der VO festgelegten Aufgaben und Befugnissen eingreifen, was die Befugnis einschließt, Verarbeitungsvorgänge zu untersagen.

89 Zur Wichtigkeit der Transparenz s. ua Erwgr. 39, 100.

pflichtung ist es der betroffenen Person möglich, die für die Verarbeitung ihrer personenbezogenen Daten relevanten Faktoren **nachzuvollziehen**. Dies wiederum stellt die Grundvoraussetzung dar, um von den weiteren **Betroffenenrechten** Gebrauch machen zu können. Gerade in Zeiten des „Internet of Things",[90] also der zunehmenden Vernetzung physischer und virtueller Gegenstände, ist es nötig, den betroffenen Personen aufzuzeigen, dass ihre personenbezogenen Daten überhaupt verarbeitet werden.

Sowohl die Datenschutz-Grundverordnung und das Bundesdatenschutzgesetz als auch die E-Privacy-Verordnung enthalten umfangreiche **Informationspflichten** mit Relevanz für den Datenschutz und die Datensicherheit.[91] Die Informationspflichten, welche die Datenschutz-Grundverordnung und das Bundesdatenschutzgesetz regeln, bestehen gegenüber der **betroffenen Person**, also gemäß Art. 4 Nr. 1 DSGVO einer identifizierten oder identifizierbaren natürlichen Person, deren personenbezogene Daten verarbeitet werden. Die Informationspflichten, welche die E-Privacy-Verordnung regelt, bestehen gegenüber dem **Endnutzer**, also gemäß Art. 2 Nr. 14 des Vorschlags der Richtlinie über den europäischen Kodex für die elektronische Kommunikation einer natürlichen oder juristischen Person, die einen öffentlich zugänglichen elektronischen Kommunikationsdienst in Anspruch nimmt oder beantragt. Ist ein Endnutzer eine natürliche Person, so ist dieser in der Regel auch betroffene Person iSd Art. 4 Abs. 1 DSGVO, da im Rahmen der Bereitstellung und Nutzung elektronischer Kommunikationsdienste regelmäßig personenbezogene Daten der Endnutzer verarbeitet werden. | 122

Von den Informationspflichten ist das **Auskunftsrecht** nach Art. 15 DSGVO zu unterscheiden. Die Pflicht zur Auskunft besteht grundsätzlich nur auf Antrag. Der Informationspflicht ist hingegen proaktiv nachzukommen, das heiß ohne Antrag der betroffenen Person oder des Endnutzers.[92] Darüber hinaus haben die Informationspflichten und das Auskunftsrecht unterschiedliche Adressaten: Während sich die Informationspflicht an den Verantwortlichen richtet, richtet sich das Auskunftsrecht an die betroffene Person (s. auch → B. V. Rn. 2 ff.). | 123

a) Informationspflichten bei Direkterhebung

Werden personenbezogene Daten durch **Direkterhebung** erhoben, so trifft den Verantwortlichen gemäß Art. 13 DSGVO die Pflicht, die betroffene Person über die Verarbeitung ihrer personenbezogenen Daten umfangreich zu informieren (zu den Rechtsfolgen bei Verstößen → B. VII. Rn. 38 ff.). Im Hinblick auf das Transparenzgebot hat der Verantwortliche zudem gemäß Art. 5 Abs. 1 lit. a, Abs. 2 DSGVO den **Nachweis** zu erbringen, dass er der Informationspflicht nachgekommen ist.[93] Beziehen sich die erhobenen personenbezogenen Daten auf **mehr als eine betroffene Person**, so ist je betroffener Person zu beurteilen, ob sich für diese die Informationspflichten aus Art. 13 oder Art. 14 DSGVO ergeben. Beispielsweise bieten einige Online-Shops dem Käufer die Möglichkeit eine „Geschenkoption" zu wählen. Die im | 124

---

90 Engl. für „Internet der Dinge".
91 Die E-Privacy-VO-E enthält darüber hinaus auch Informationspflichten mit Relevanz für das Wettbewerbsrecht. Hierzu zählt zB Art. 16 Abs. 6 E-Privacy-VO-E.
92 Plath/*Kamlah* BDSG/DSGVO Art. 13 Rn. 3.
93 S. hierzu auch *DSK*, Kurzpapier Nr. 10 Informationspflichten bei Dritt- und Direkterhebung, 3.

Online-Shop gekaufte Ware wird in diesem Fall nicht an den Käufer, sondern an die Person versandt, die der Käufer mit der Ware beschenken möchte. Somit erhebt der Online-Shop in der Regel sowohl personenbezogene (Zahlungs-)Daten des Käufers in Form der Direkterhebung – für die regelmäßig die Informationspflichten des Art. 13 DSGVO gelten – als auch personenbezogene (Adress-)Daten des Beschenkten in Form der Dritterhebung – wofür regelmäßig die Informationspflichten des Art. 14 DSGVO bestehen.[94]

aa) Inhalt der Informationspflicht

125   Der Verantwortliche hat der betroffenen Person die in Art. 13 Abs. 1 lit. a bis f., Abs. 2 lit. a bis f DSGVO genannten Informationen zu erteilen. Im Einzelnen verpflichtet der Europäische Gesetzgeber den Verantwortlichen bei Direkterhebung der Information über folgende Inhalte:[95]

126   Der Verantwortliche hat der betroffenen Person gemäß Art. 13 Abs. 1 lit. a DSGVO den **Namen und die Kontaktdaten des Verantwortlichen** sowie gegebenenfalls seines Vertreters mitzuteilen. Die nach Art. 13 Abs. 1 lit. a DSGVO zu erteilenden Informationen müssen detailliert genug sein, um der betroffenen Person die Kontaktaufnahme zum Verantwortlichen zu ermöglichen. Insbesondere ist die vollständige Bezeichnung,[96] die zustellungsfähige Adresse sowie die elektronische oder telefonische Erreichbarkeit des Verantwortlichen sowie ggf. seines Vertreters mitzuteilen.[97] Hintergrund der Informationspflicht des Art. 13 Abs. 1 lit. a DSGVO ist, dass die betroffene Person in der Lage sein soll, den Verantwortlichen zu kontaktieren – und zwar, ohne dass sie zur Kontaktaufnahme Schwierigkeiten überwinden muss. Dies wiederum ist wichtig, damit die betroffene Person ihre Betroffenenrechte gegenüber dem Verantwortlichen ausüben kann.

127   Hat der Verantwortliche – verpflichtend oder freiwillig – einen Datenschutzbeauftragten bestellt, so hat der Verantwortliche der betroffenen Person nach Art. 13 Abs. 1 lit. b DSGVO auch die **Kontaktdaten des Datenschutzbeauftragten**, insbesondere die zustellungsfähige Adresse sowie die elektronische oder telefonische Erreichbarkeit des Datenschutzbeauftragten, zu nennen.[98]

128   Der Verantwortliche hat die betroffene Person darüber hinaus nach Art. 13 Abs. 1 lit. c DSGVO über die **Zwecke**, für die die personenbezogenen Daten verarbeitet werden sollen, sowie die **Rechtsgrundlage** der Verarbeitung zu informieren. Er hat der betroffenen Person den Zweck der Verarbeitung so detailliert mitzuteilen, dass es der betroffenen Person möglich ist zu erkennen, mit welcher Verarbeitung sie zu rechnen hat. Die Information ist vollständig zu erteilen, um dem in Art. 5 Abs. 1 lit. b DSGVO genannten Grundsatz der Zweckbindung gerecht zu werden. Die Rechtsgrundlage ist so detailliert anzugeben, dass es der betroffenen Person möglich ist, die der Verarbeitung zugrunde gelegte Rechtsgrundlage zu überprüfen. In diesem Sinne

---

94   Kühling/Buchner/*Bäcker* DSGVO Art. 13 Rn. 17.
95   S. hierzu auch *Wybitul* 2017, 35 f.
96   Hierunter fällt der Name oder die Firma, s. Kühling/Buchner/*Bäcker* DSGVO Art. 13 Rn. 22.
97   Kühling/Buchner/*Bäcker* DSGVO Art. 13 Rn. 22; Paal/Pauly/*Paal* DSGVO Art. 13 Rn. 14.
98   Paal/Pauly/*Paal* DSGVO Art. 13 Rn. 15.

ist die Angabe des genauen Absatzes sowie ggf. des litera aus Art. 6 DSGVO notwendig.[99]

Beruht die Verarbeitung auf Art. 6 Abs. 1 lit. f DSGVO,[100] hat der Verantwortliche 129 der betroffenen Person nach Art. 13 Abs. 1 lit. d DSGVO zudem die **berechtigten Interessen** zu benennen, die von dem Verantwortlichen oder einem Dritten verfolgt werden. Die Interessen der betroffenen Personen und die von der Verarbeitung berührten Grundrechte muss der Verantwortliche im Rahmen dieser Informationserteilung nicht mitteilen.[101]

Übermittelt der Verantwortliche die personenbezogenen Daten der betroffenen Person, so hat er die betroffene Person nach Art. 13 Abs. 1 lit. e DSGVO zusätzlich über 130 die **Empfänger oder Kategorien von Empfängern** der personenbezogenen Daten zu informieren. Durch die Vorschrift soll der Verantwortliche grundsätzlich kein Wahlrecht erhalten, ob er die betroffene Person über Empfänger oder Kategorien von Empfängern informiert. Sollten bei der Erhebung der personenbezogenen Daten die Empfänger bereits feststehen, so sind diese zu benennen. Stehen die Empfänger noch nicht fest, so ist die betroffene Person so konkret zu informieren, dass es der betroffenen Person möglich wird, eventuell für sie bestehende Risiken abzuschätzen.[102] Zwar scheint es zunächst unklar, wie die „Empfänger" bestimmt werden können, wenn personenbezogene Daten über das **Internet veröffentlicht** werden. Die Informationspflichten sollten sich in diesem Fall jedoch darauf beschränken, die betroffene Person darüber zu informieren, dass die personenbezogenen Daten über das Internet veröffentlicht werden sollen. Eine Veröffentlichung im Internet führt regelmäßig zur Empfängerkategorie „alle". Dies dürfte der betroffenen Person regelmäßig bekannt sein, weshalb wiederum die konkrete Benennung von Empfängern entbehrlich sein dürfte.[103] Werden personenbezogene Daten in einem zugangsbeschränkten Internetportal veröffentlicht, so sind die Zugangsberechtigten des Internetportals als Empfänger zu benennen.

Nach Art. 13 Abs. 1 lit. f DSGVO hat der Verantwortliche die betroffene Person darüber zu informieren, wenn er beabsichtigt, die personenbezogenen Daten der betrof- 131 fenen Person an ein **Drittland oder eine internationale Organisation zu übermitteln**. In diesem Fall hat der Verantwortliche auch über das Vorhandensein oder das Fehlen eines Angemessenheitsbeschlusses der Kommission zu informieren. Erfolgt die Übermittlungen gemäß Art. 46, 47, 49 Abs. 1 DSGVO, so hat der Verantwortliche die betroffene Person auf die geeigneten oder angemessenen Garantien zu verweisen.

---

99 UU ist die Rechtsgrdl. aus Art. 6 iVm dem sonstigen Recht der Union bzw. der Mitgliedsstaaten zu benennen. S. Paal/Pauly/*Paal* DSGVO Art. 13 Rn. 16; Kuhling/Buchner/*Bäcker* DSGVO Art. 13 Rn. 25 f.
100 Nach Art. 6 Abs. 1 lit. f DSGVO ist eine Verarbeitung rechtmäßig, wenn die Verarbeitung zur Wahrung der berechtigten Interessen des Verantwortlichen oder eines Dritten erforderlich ist, sofern nicht die Interessen oder Grundrechte und Grundfreiheiten der betroffenen Person, die den Schutz personenbezogener Daten erfordern, überwiegen, insbes. dann, wenn es sich bei der betroffenen Person um ein Kind handelt.
101 Paal/Pauly/*Paal* DSGVO Art. 13 Rn. 17.
102 Kühling/Buchner/*Bäcker* DSGVO Art. 13 Rn. 30.
103 So auch Kühling/Buchner/*Bäcker* DSGVO Art. 13 Rn. 30. Vgl. dementgegen Paal/Pauly/*Paal* DSGVO Art. 13 Rn. 18, der die Vorschrift zur Information über Empfänger oder Kategorien von Empfängern insges. als vage formuliert einordnet und hierhin bei der Veröffentlichung personenbezogener Daten im Internet ein Problem sieht, als Verantwortlicher den Empfänger nicht konkret benennen zu können.

132 Gemäß Art. 13 Abs. 2 lit. a bis f DSGVO sollen der betroffenen Person weitere Informationen zur Verfügung gestellt werden. Die nach Art. 13 Abs. 2 lit. a bis f DSGVO zu erteilenden Informationen werden gemäß Art. 13 Abs. 2 S. 1 DSGVO als solche qualifiziert, die notwendig sind, um eine **faire und transparente Verarbeitung zu gewährleisten.** Der Unterscheidung zwischen den Informationspflichten der Absätze 1 und 2, beziehungsweise der Verteilung der Informationspflichten auf die Absätze 1 und 2, kommt insbesondere dann eine Bedeutung zu, wenn der Verantwortliche beabsichtigt, die personenbezogenen Daten für einen **anderen Zweck** weiterzuverarbeiten als den, für den die personenbezogenen Daten erhoben wurden. In diesem Fall hat er gemäß Art. 13 Abs. 3 DSGVO der betroffenen Person vor dieser Weiterverarbeitung Informationen über diesen anderen Zweck und alle anderen maßgeblichen Informationen gemäß Absatz 2 – nicht aber gemäß Absatz 1 – zur Verfügung zu stellen.[104]

133 Der betroffenen Person ist nach Art. 13 Abs. 2 lit. a DSGVO die **Dauer** mitzuteilen, für die die personenbezogenen Daten gespeichert werden. Die Dauer des Speicherns ist als konkreter Zeitraum, zum Beispiel 90 Tage, sechs Monate oder zwei Jahre, anzugeben. Der Verantwortliche hat die betroffene Person zudem über den Beginn des Speicherzeitraums zu informieren, wobei der Zeitpunkt des Speicherns bei elektronischer Kommunikation regelmäßig mit dem Erhebungszeitpunkt zusammenfällt.[105] Falls es dem Verantwortlichen nicht möglich ist, die Dauer des Speicherns mitzuteilen, so hat er der betroffenen Person die **Kriterien für die Festlegung der Dauer** mitzuteilen. Ist die der betroffenen Person mitgeteilte Speicherdauer abgelaufen, so hat der Verantwortliche die personenbezogenen Daten grundsätzlich zu löschen.[106]

134 Nach Art. 13 Abs. 2 lit. b DSGVO hat der Verantwortliche die betroffene Person auch über die ihr zustehenden **Betroffenenrechte** (→ B. V. Rn. 1 ff.) zu informieren. Hierzu gehört die Information über das Recht auf Auskunft, Berichtigung, Löschung und Einschränkung der Verarbeitung und die Information über das Widerspruchsrecht gegen die Verarbeitung sowie über das Recht auf Datenübertragbarkeit.

135 Beruht die Verarbeitung personenbezogener Daten oder besonderer Kategorien personenbezogener Daten auf der Einwilligung (→ B. II. Rn. 76 ff.) der betroffenen Person, so hat der Verantwortliche nach Art. 13 Abs. 2 lit. c DSGVO die betroffene Person auf das Bestehen des Rechts hinzuweisen, die **Einwilligung jederzeit zu widerrufen.** Erfolgt ein Widerruf, bleibt die aufgrund der Einwilligung bis zum Widerruf erfolgte Verarbeitung rechtmäßig.

136 Nach Art. 13 Abs. 2 lit. d DSGVO hat der Verantwortliche die betroffene Person darüber hinaus, über das Bestehen eines **Beschwerderechts bei einer Aufsichtsbehörde** zu informieren. Hierbei ist es ausreichend, die betroffene Person auf das Bestehen des

---

104 S. auch *Schantz*/Schantz/Wolff 2017, 347; Kühling/Buchner/*Bäcker* DSGVO Art. 13 Rn. 21.
105 Paal/Pauly/*Paal* DSGVO Art. 13 Rn. 25.
106 Ein Löschen ist insbes. dann nicht erforderlich, wenn die Voraussetzungen zur Weiterverarbeitung der personenbezogenen Daten für einen anderen als den Erhebungszweck vorliegen. S. hierzu Kühling/Buchner/ *Bäcker* DSGVO Art. 13 Rn. 36. Zur Löschung s. auch → B. IV. Rn. 173 ff.

Annika Selzer

Beschwerderechts hinzuweisen, ohne der betroffenen Person die Kontaktdaten der zuständigen Aufsichtsbehörde mitzuteilen.[107]

Die betroffene Person ist zudem nach Art. 13 Abs. 2 lit. e DSGVO darüber zu informieren, ob die **Bereitstellung der personenbezogenen Daten** gesetzlich oder vertraglich **vorgeschrieben** oder für einen Vertragsabschluss erforderlich ist, ob die betroffene Person verpflichtet ist, die personenbezogenen Daten bereitzustellen, und welche möglichen **Folgen die Nichtbereitstellung** hätte. Dieser Information kommt aus Sicht des Datenschutzrechts eine zentrale Bedeutung zu. Denn es ist der betroffenen Person regelmäßig nur möglich, ihre rechtliche Stellung gegenüber dem Verantwortlichen im Allgemeinen und der Datenverarbeitung im Konkreten einzuschätzen, wenn ihr diese Information vorliegt.[108]   137

Der Verantwortliche hat die betroffene Person nach Art. 13 Abs. 2 lit. f DSGVO auch über das Bestehen einer **automatisierten Entscheidungsfindung** einschließlich **Profiling** gemäß Art. 22 Abs. 1, 4 DSGVO zu informieren. Der betroffenen Person sind insbesondere aussagekräftige Informationen über die **involvierte Logik sowie die Tragweite** und die angestrebten Auswirkungen einer derartigen Verarbeitung für die betroffene Person mitzuteilen. Die Informationen haben insbesondere Aussagen über die Methoden und Kriterien zu enthalten. Hierzu gehört- entgegen der bisherigen Rechtsprechung des Bundesgerichtshofes[109] – auch Information über den Algorithmus, der für die Bildung von (Finanz)-Scorewerten eingesetzt wird.[110]   138

bb) Zeitpunkt der Informationspflicht

Die Informationspflicht trifft den Verantwortlichen im Rahmen der Direkterhebung gemäß Art. 13 Abs. 1 S. 1 DSGVO zum **Zeitpunkt der Erhebung.** Wenn die personenbezogenen Daten rechtmäßig einem **anderen Empfänger** offengelegt werden dürfen, sollte laut Erwgr. 61 die betroffene Person **bei der erstmaligen Offenlegung** der personenbezogenen Daten für diesen Empfänger darüber aufgeklärt werden. Beabsichtigt der Verantwortliche, die personenbezogenen Daten für einen **anderen Zweck** zu verarbeiten als den, für den die Daten erhoben wurden, so sollte er der betroffenen Person **vor** dieser Weiterverarbeitung Informationen über diesen anderen Zweck und andere erforderliche Informationen zur Verfügung stellen. Die Informationen hinsichtlich einer Zweckänderung könnte dem Nutzer in einem zugangsbeschränkten Internetportal zum Beispiel in Form einer Privatnachricht angezeigt werden, wenn er sich das nächste Mal bei dem Internetportal anmeldet. Durch die damit verbundene Authentifizierung wird sichergestellt, dass einerseits der richtige Nutzer informiert wird und andererseits der Nutzer die Mitteilung nur einmal zur Kenntnis nehmen muss.   139

---

107 Paal/Pauly/*Paal* DSGVO Art. 13 Rn. 29.
108 So auch Kühling/Buchner/*Bäcker* DSGVO Art. 13 Rn. 40.
109 Der BGH entschied in der Vergangenheit, dass sich die zu erteilenden Informationen auf eine grobe Plausibilisierung und die Angabe der personenbezogenen Daten, die Einfluss auf die Entscheidung und Berechnung nehmen, beschränken. Über die abstrakte Methode der Berechnung – im Falle des Finanz-Scorings über die sog „Scoreformel" – war jedoch regelmäßig nicht zu informieren, s. BGH NJW 2014, 1235.
110 Kühling/Buchner/*Bäcker* DSGVO Art. 13 Rn. 54, der zugleich darauf verweist, dass dieser Umstand mit dem Interesse des Verantwortlichen, nämlich dem Schutz seiner Geschäftsgeheimnisse, in Konflikt steht und der zur Lösung dieses Problems vorschlägt, die vom Verantwortlichen mitgeteilten Informationen so zu verrauschen, dass das Verfahren des Verantwortlichen nicht nachgeahmt werden kann.

cc) Weitere Anforderungen an die Informationen

140 Nach Art. 12 Abs. 1 DSGVO hat der Verantwortliche geeignete Maßnahmen zu treffen, um der betroffenen Person alle Informationen gemäß Art. 13 DSGVO, die sich auf die Verarbeitung beziehen, in **präziser, transparenter, verständlicher und leicht zugänglicher Form** in einer **klaren und einfachen Sprache** zu übermitteln. Diese Anforderungen sind insbesondere dann zu erfüllen, wenn sich die Informationen speziell an Kinder richten – hier ist regelmäßig eine kindgerechte Sprache zu verwenden.[111] Die Übermittlung der Informationen erfolgt in der Regel schriftlich oder elektronisch.[112] In Bezug auf Datenerhebungen über das Internet wird die zweite Alternative der einzig angemessene Weg sein, der Informationspflicht nachzukommen.[113] Erwgr. 58 konkretisiert in Bezug auf den Grundsatz der Transparenz, dass gegebenenfalls **zusätzlich visuelle Elemente** verwendet werden sollten. Diese Information könnte in elektronischer Form bereitgestellt werden, beispielsweise auf einer Webseite, wenn sie für die Öffentlichkeit bestimmt ist. Dies gilt insbesondere für Situationen, in denen die große Zahl der Beteiligten und die Komplexität der dazu benötigten Technik es der betroffenen Person schwer machen, zu erkennen und nachzuvollziehen, ob, von wem und zu welchem Zweck sie betreffende personenbezogene Daten erfasst werden, wie etwa bei der Werbung im Internet. Art. 12 Abs. 5 DSGVO regelt, dass die Informationen gemäß Art. 13 DSGVO **unentgeltlich** zur Verfügung gestellt werden müssen.

141 Der Verantwortliche hat darauf zu achten, dass ein Zuviel an Informationen unpräzise und intransparent im Sinne des Art. 12 DSGVO sein kann.[114] Bereits in der Vergangenheit wurden umfangreiche Informationspflichten stark kritisiert, da die Gefahr bestehen kann, dass die betroffene Person regelrecht „abstumpft", wenn sie ständig zu viele Informationen erhält. Dieses „zu viel" an Informationen wurde sogar als „Zwangsinformation" wahrgenommen.[115] Den Verantwortlichen trifft somit regelmäßig die Pflicht, zwar die in Art. 13 DSGVO geforderten Informationen bereit zu stellen, jedoch die betroffene Person nicht mit Informationen zu „überfluten". Der Verantwortliche befindet sich somit in der schwierigen Situation, die bereitgestellten Informationen im Sinne des „so viel wie nötig, so wenig wie möglich" auszutarieren. Orientierung kann zum Beispiel die „One-Pager-Lösung",[116] die vom Bundesministerium der Justiz und für Verbraucherschutz und IBM auf dem Nationalen IT-Gipfel 2015 vorgestellt wurde, geben (→ B. I. Rn. 45).

---

111 *Härting* 2017, 67.
112 Gem. Art. 12 Abs. 1 DSGVO kann die Information auch mündlich erteilt werden, sofern die Identität der betroffenen Person in anderer Form nachgewiesen wurde und die betroffene Person die mündliche Information verlangt.
113 In Bezug auf vernetzte Geräte kann das Problem bestehen, dass es aus Platzgründen nicht möglich ist, die geforderten Informationen anzuzeigen. *Schantz*/Schantz/Wolff 2017 verweist in diesem Zusammenhang auf die Empfehlung der Art. 29-Datenschutzgruppe WP 223, 18, die für ähnliche Fälle empfiehlt, die Informationen mittels QR-Code zur Verfügung zu stellen.
114 So auch Paal/Pauly/*Paal* DSGVO Art. 13 Rn. 23.
115 So *Roßnagel* DuD 2016, 561 (563).
116 Ziel des entwickelten One-Pagers ist – zusätzlich zur langen, förmlichen Datenschutzerklärung – der betroffenen Person auf einer S. alle wichtigen Informationen zur Datenverarbeitung bei digitalen Angeboten anzuzeigen. Muster abrufbar unter: https://www.bmjv.de/SharedDocs/Downloads/DE/PDF/Verbraucherportal/OnePager/11192915_OnePager-Datenschutzhinweise.pdf?__blob=publicationFile&v.=3.

Annika Selzer

Die Informationen, die den betroffenen Personen gemäß Art. 13 DSGVO bereitzustel- 142
len sind, können gemäß Art. 12 Abs. 7 DSGVO in Kombination mit **standardisierten
Bildsymbolen** bereitgestellt werden, um in leicht wahrnehmbarer, verständlicher und
klar nachvollziehbarer Form einen aussagekräftigen Überblick über die beabsichtigte
Verarbeitung zu vermitteln.[117] Werden die Bildsymbole in elektronischer Form dargestellt, müssen sie **maschinenlesbar** sein. Maschinenlesbar ist ein Bildsymbol dann,
wenn es von einem Lesegerät entschlüsselt werden kann. Mit Bildsymbolen soll unter
anderem dem Problem sehr langer und unverständlicher Texte entgegengewirkt werden und somit dazu beigetragen werden, dass die betroffenen Personen die Information tatsächlich wahrnehmen und verstehen. Unter anderem haben einige Datenschutz-
verbände bereits Vorschläge für Bildsymbole für **Internetanwendungen** unterbreitet
und stellen diese zur Verfügung.[118]

dd) Weiterverarbeitung für andere Zwecke

Beabsichtigt der Verantwortliche, personenbezogene Daten **für einen anderen Zweck** 143
weiterzuverarbeiten als den, für den die personenbezogenen Daten erhoben wurden –
zum Beispiel in Form der Auswertung von Nutzungsdaten für die Schaltung von Wer-
beanzeigen – so hat er die betroffene Person nach Art. 13 Abs. 3 DSGVO vor dieser
Weiterverarbeitung erneut nach den inhaltlichen Maßgaben des Absatz 2 zu informieren. Es ist anzunehmen, dass im Rahmen einer Webseite die (alleinige) Änderung
der Datenschutzerklärung nicht ausreicht, um der Informationspflicht bei Zweckänderungen Genüge zu tragen.[119]

Sind Zweckänderungen bereits bei der Datenerhebung absehbar, so sollten diese be- 144
reits von der ersten Information an die betroffene Person erfasst sein. Dies ist insbesondere vor dem Hintergrund wichtig, dass es in der Praxis mit Schwierigkeiten verbunden sein kann, eine betroffene Person nach der initialen Informationserteilung erneut zu kontaktieren.[120]

ee) Ausnahmen von der Informationspflicht

Die Informationspflichten aus Art. 13 Abs. 1 bis 3 DSGVO bestehen nach Absatz 4 145
nicht, wenn und soweit die betroffene Person **bereits über die Informationen verfügt**.[121] Obwohl die betroffene Person grundsätzlich bei jeder Erhebung gemäß
Art. 13 DSGVO zu informieren ist, obliegt dem Verantwortlichen nach der Ersterhe-
bung demnach bei einer weiteren Erhebung personenbezogener Daten bei der gleichen betroffenen Person in der Regel keine erneute Informationspflicht, da die betroffene Person regelmäßig bereits über die Informationen verfügen wird.[122]

---

117 Gem. Art. 12 Abs. 8 DSGVO wird der Kommission die Befugnis übertragen, gem. Art. 92 DSGVO dele-
     gierte Rechtsakte zur Bestimmung der Informationen, die durch Bildsymbole darzustellen sind, und der
     Verfahren für die Bereitstellung standardisierter Bildsymbole zu erlassen.
118 Vorschläge gibt es ua von der Electronic Frontier Foundation, dem Center for Democracy and Technology
     und W3C; Paal/Pauly/*Paal* DSGVO Art. 12 Rn. 75 ff.; *Härting* 2017, 65.
119 Schantz/Wolff/*Schantz* 2017, 350.
120 Art. 14 Abs. 5 lit. b DSGVO sieht hierzu bei Dritterhebungen insbes. die Ausnahme vor, bei der die Infor-
     mation nicht erteilt werden muss, wenn die Erteilung unmöglich oder mit einem unverhältnismäßig großen
     Aufwand verbunden ist. Art. 13 DSGVO sieht eine solche Ausnahme bei Direkterhebung nicht vor. Zu
     Ausnahmen nach § 32 BDSG s. → Rn. 46 ff. sowie Schantz/Wolff/*Schantz* 2017, 351.
121 S. hierzu und den Ausnahmen der Informationspflicht des BDSG aF Roßnagel/*Hohmann* 2017, 148.
122 Paal/Pauly/*Paal* DSGVO Art. 13 Rn. 11.

146 Das neue **Bundesdatenschutzgesetz** normiert in § 32 Ausnahmen von der Informationspflicht nach Art. 13 Abs. 3 DSGVO. § 32 Abs. 1 Nr. 1 BDSG regelt, dass die Informationspflicht dann nicht besteht, wenn die Erteilung der Information über die beabsichtigte Weiterverarbeitung ausschließlich analog gespeicherte Daten betrifft, bei der sich der Verantwortliche durch die Weiterverarbeitung unmittelbar an die betroffene Person wendet. Die Ausnahme wird in der Regel **für das Internet keine Relevanz** entfalten – nicht zuletzt, da die Ausnahme nach Nummer 1 nur dann greift, wenn die Kommunikation mit der betroffenen Person nicht in digitaler Form erfolgt, was im Internet regelmäßig nicht der Fall ist. Als weitere Voraussetzungen für die Ausnahme nach Nummer 1 müssten der Zweck mit dem ursprünglichen Erhebungszweck vereinbar und das Interesse der betroffenen Person an der Informationserteilung nach den Umständen des Einzelfalls, insbesondere mit Blick auf den Zusammenhang, in dem die Daten erhoben wurden, als gering anzusehen sein. Darüber hinaus sieht § 32 Abs. 1 Nr. 2 BDSG eine Ausnahme von der Informationspflicht vor, wenn die Erteilung der Information über die beabsichtigte Weiterverarbeitung im Fall einer öffentlichen Stelle die ordnungsgemäße Erfüllung der in der Zuständigkeit des Verantwortlichen liegenden Aufgaben iSd Art. 23 Abs. 1 lit. a bis e DSGVO gefährden würde und die Interessen des Verantwortlichen an der Nichterteilung der Information die Interessen der betroffenen Person überwiegen. § 32 Abs. 1 Nr. 3 BDSG regelt eine Ausnahme für den Fall, dass die Erteilung der Information über die beabsichtigte Weiterverarbeitung die öffentliche Sicherheit oder Ordnung gefährden oder sonst dem Wohl des Bundes oder eines Landes Nachteile bereiten würde und die Interessen des Verantwortlichen an der Nichterteilung der Information die Interessen der betroffenen Person überwiegen. § 32 Abs. 1 Nr. 4 und Nr. 5 BDSG enthalten darüber hinaus Ausnahmen, wenn die Erteilung der Information über die beabsichtigte Weiterverarbeitung die Geltendmachung, Ausübung oder Verteidigung rechtlicher Ansprüche beeinträchtigen würde und die Interessen des Verantwortlichen an der Nichterteilung der Information die Interessen der betroffenen Person überwiegen oder eine vertrauliche Übermittlung von Daten an öffentliche Stellen gefährden würde.

147 Unterbleibt eine Information der betroffenen Person nach Maßgabe des § 32 Abs. 1 BDSG, so hat der Verantwortliche nach § 32 Abs. 2 BDSG **geeignete Maßnahmen zum Schutz der berechtigten Interessen der betroffenen Person** zu ergreifen. Der Verantwortliche hat darüber hinaus schriftlich festzuhalten, aus welchen Gründen er von einer Informationspflicht abgesehen hat. Die Pflichten treffen den Verantwortlichen nicht, wenn die Ausnahmen des § 32 Abs. 1 Nr. 4 und Nr. 5 BDSG vorliegen.

148 § 32 Abs. 3 BDSG legt dem Verantwortlichen die Pflicht auf, der Informationspflicht unter Berücksichtigung der spezifischen Umstände der Verarbeitung innerhalb einer **angemessenen Frist**, spätestens jedoch innerhalb von zwei Wochen, nachzukommen, wenn die Benachrichtigung in den Fällen des § 32 Abs. 1 BDSG wegen eines vorübergehenden Hinderungsgrundes unterblieben ist.

b) Informationspflichten bei Dritterhebung

149 Werden personenbezogene Daten in Form einer **Dritterhebung** – also nicht bei der betroffenen Person direkt – erhoben, so trifft den Verantwortlichen gemäß Art. 14

Annika Selzer

DSGVO die Pflicht, die betroffene Person über die Verarbeitung ihrer personenbezogenen Daten umfangreich zu informieren (zu den Rechtsfolgen bei Verstößen s. → B. VII. Rn. 38 ff.). Werden personenbezogene Daten an einen Empfänger übermittelt, so erhebt der Empfänger die Daten, indem er sie entgegennimmt und weiterverarbeitet. Sodann ist er verpflichtet, die Informationen nach Art. 14 Abs. 1 und 2 DSGVO zu erteilen, soweit die Informationen der betroffenen Person nicht bereits vorliegen.[123]

Es ist zu beachten, dass aus der Unterscheidung zwischen Direkt- (Art. 13 DSGVO) und Dritterhebung (Art. 14 DSGVO) nicht pauschal abzuleiten ist, wen die Informationspflicht trifft. So kann ein Verantwortlicher, der personenbezogene Daten direkt bei der betroffenen Person erhebt, über die Informationspflichten des Art. 13 Abs. 1 bis 3 DSGVO hinaus verpflichtet sein, der Informationspflicht des Art. 14 Abs. 3 lit. c DSGVO nachzukommen, wenn er plant, die personenbezogenen Daten gegenüber einem anderen Empfänger zu offenbaren.[124] Im Hinblick auf das Transparenzgebot hat der Verantwortliche zudem gemäß Art. 5 Abs. 1 lit. a, Abs. 2 DSGVO den **Nachweis** zu erbringen, dass er der Informationspflicht nachgekommen ist.[125] Beziehen sich die erhobenen personenbezogenen Daten auf **mehr als eine betroffene Person,** so ist je betroffener Person zu beurteilen, ob sich für diese Informationspflichten aus Art. 13 oder Art. 14 DSGVO ergeben.[126] 150

aa) Inhalt der Informationspflicht

Entsprechend Art. 13 Abs. 1 DSGVO (zu den Einzelheiten → Rn. 124 ff.) hat der Verantwortliche der betroffenen Person gemäß Art. 14 Abs. 1 lit. a bis c, e und f DSGVO den **Namen und die Kontaktdaten des Verantwortlichen** sowie gegebenenfalls seines Vertreters mitzuteilen. Insbesondere ist die vollständige Bezeichnung, die zustellungsfähige Adresse sowie die elektronische oder telefonische Erreichbarkeit des Verantwortlichen sowie ggf. seines Vertreters mitzuteilen. Darüber hinaus ist der Verantwortliche verpflichtet, die Kontaktdaten seines **Datenschutzbeauftragten,** insbesondere die zustellungsfähige Adresse sowie die elektronische oder telefonische Erreichbarkeit des Datenschutzbeauftragten, mitzuteilen. Auch hat der Verantwortliche vollständig über die **Zwecke,** für die die personenbezogenen Daten verarbeitet werden sollen, sowie die konkrete **Rechtsgrundlage** für die Verarbeitung zu informieren.[127] Es ist auch die Angabe des genauen Absatzes sowie ggf. des lit. aus Art. 6 DSGVO erforderlich. Übermittelt der Verantwortliche die personenbezogenen Daten der betroffenen Person, so hat er die betroffene Person zusätzlich über die **Empfänger oder Kategorien von Empfängern** der personenbezogenen Daten zu informieren. Stehen die Empfänger noch nicht fest, so ist die betroffene Person so konkret zu informieren, dass es der betroffenen Person möglich wird, eventuell für ihn bestehende Risiken abzuschätzen. Darüber hinaus hat der Verantwortliche die betroffene Person darüber zu informieren, wenn er beabsichtigt, die personenbezogenen Daten der betroffenen Per- 151

---

123 Kühling/Buchner/*Bäcker* DSGVO Art. 14 Rn. 9 iVm Art. 13 Rn. 10.
124 *DSK,* Kurzpapier Nr. 10 Informationspflichten bei Dritt- und Direkterhebung, 1.
125 S. hierzu auch *DSK,* Kurzpapier Nr. 10 Informationspflichten bei Dritt- und Direkterhebung, 3.
126 Kühling/Buchner/*Bäcker* DSGVO Art. 14 Rn. 9 iVm Art. 13 Rn. 17.
127 UU ist die Rechtsgrundlage aus Art. 6 iVm dem sonstigen Recht der Union oder der Mitgliedstaaten zu benennen. S. analog Paal/Pauly/*Paal* DSGVO Art. 13 Rn. 16.

son an einen Empfänger in einem **Drittland oder einer internationalen Organisation zu übermitteln.** In diesem Fall hat der Verantwortliche auch über das Vorhandensein oder das Fehlen eines Angemessenheitsbeschlusses der Kommission oder über geeignete Garantien zu informieren.[128]

152 Da die personenbezogenen Daten nicht durch Direkterhebung bei der betroffenen Person erhoben wurden und die betroffene Person mitunter nicht wissen kann, welche Kategorien personenbezogener Daten der Verantwortliche verarbeitet, hat der Verantwortliche gemäß Art. 14 Abs. 1 lit. d DSGVO zusätzlich über die **Kategorien personenbezogener Daten,** die verarbeitet werden, zu informieren. Der Verantwortliche muss der betroffenen Person allgemeine Angaben zu den Kategorien der erhobenen personenbezogenen Daten machen und die erhobenen Daten regelmäßig nicht im Einzelnen benennen. Jedoch müssen die vom Verantwortlichen bereitgestellten Informationen so spezifisch und präzise sein, dass es der betroffenen Person möglich ist, die Risiken abzuschätzen, die durch die Verarbeitung ihrer personenbezogenen Daten entstehen.[129]

153 Gemäß Art. 14 Abs. 2 lit. a bis g DSGVO sollen der betroffenen Person weitere Informationen zur Verfügung gestellt werden. Wie bereits in Art. 13 Abs. 2 DSGVO werden die nach Art. 14 Abs. 2 DSGVO zu erteilenden Informationen als solche qualifiziert, die eine **faire und transparente Verarbeitung gewährleisten.** Wie auch in Art. 13 DSGVO kommt der Verteilung der Informationspflicht auf die Absätze 1 und 2 insbesondere eine Bedeutung zu, wenn der Verantwortliche beabsichtigt, die personenbezogenen Daten für einen anderen Zweck weiterzuverarbeiten. In diesem Fall hat er gemäß Art. 14 Abs. 4 DSGVO der betroffenen Person vor dieser Weiterverarbeitung Informationen über diesen anderen Zweck und alle anderen maßgeblichen Informationen gemäß Absatz 2 – nicht aber gemäß Absatz 1 – zur Verfügung zu stellen.

154 So wie bei Art. 13 Abs. 2 DSGVO hat der Verantwortliche nach Art. 14 Abs. 2 DSGVO betroffene Person zunächst über die **Dauer,** für die die personenbezogenen Daten gespeichert werden zu informieren. Die Dauer des Speicherns ist als konkreter Zeitraum anzugeben. Falls es dem Verantwortlichen nicht möglich ist, die Dauer des Speicherns mitzuteilen, so hat er der betroffenen Person die **Kriterien für die Festlegung der Dauer** mitzuteilen. Beruht die Verarbeitung auf Art. 6 Abs. 1 lit. f DSGVO, hat der Verantwortliche der betroffenen Person zudem die **berechtigten Interessen** zu benennen, die von dem Verantwortlichen oder einem Dritten verfolgt werden. Zudem hat der Verantwortliche die betroffene Person auch über die ihr zustehenden **Betroffenenrechte** (Rechts auf Auskunft, Berichtigung, Löschung oder Einschränkung der Verarbeitung und die Information über das Widerspruchsrecht gegen die Verarbeitung sowie des Rechts auf Datenübertragbarkeit (→B. V. Rn. 1 ff.) zu informieren. Beruht die Verarbeitung personenbezogener Daten oder besonderer Kategorien per-

---

128 *Wybitul* 2017, 37 f.; Kühling/Buchner/*Bäcker* DSGVO Art. 13 Rn. 22 bis 30, Art. 14 Rn. 16; Paal/Pauly/*Paal* DSGVO Art. 13 Rn. 14 f., Art. 14 Rn. 10 bis 20.
129 Kühling/Buchner/*Bäcker* DSGVO Art. 14 Rn. 17, der als Negativbsp. einen Arbeitgeber anführt, der einem Bewerber unspezifisch mitteilt, Informationen über diesen eingeholt zu haben. In diesem Fall müsste der Arbeitgeber den Bewerber darüber informieren, über welche Fähigkeiten des Bewerbers er sich informiert hat oder welche Bewerbungsangaben er überprüfen wollte, um der Informationspflicht nach Art. 14 Abs. 1 lit. d DSGVO spezifisch und präzise nachzukommen.

sonenbezogener Daten auf der Einwilligung der betroffenen Person, so hat der Verantwortliche die betroffene Person auf das Bestehen des Rechts hinzuweisen, die **Einwilligung jederzeit widerrufen** zu können. Auch über das Bestehen eines **Beschwerderechts bei einer Aufsichtsbehörde** hat der Verantwortliche zu informieren. Um der betroffenen Person eine Beschwerde zu ermöglichen, sollte ihr stets mitgeteilt werden, welche die zuständige Aufsichtsbehörde ist.[130] Die betroffene Person ist darüber hinaus über das Bestehen einer **automatisierten Entscheidungsfindung** einschließlich **Profiling** gemäß Art. 22 Abs. 1 und 4 DSGVO zu informieren. Der betroffenen Person sind insbesondere aussagekräftige Informationen über die involvierte Logik sowie die Tragweite und die angestrebten Auswirkungen einer derartigen Verarbeitung für die betroffene Person mitzuteilen.

Da die personenbezogenen Daten nicht durch Direkterhebung bei der betroffenen Person erhoben wurden, hat der Verantwortliche gemäß Art. 14 Abs. 2 lit. f DSGVO die betroffene Person zusätzlich darüber zu informieren, aus welcher **Quelle** die personenbezogenen Daten stammen und gegebenenfalls, ob sie aus öffentlich zugänglichen Quellen stammen. Werden personenbezogene Daten rechtmäßig aus einer für jede Person erreichbaren Webseite erhoben, so stammen die personenbezogenen Daten regelmäßig aus einer öffentlich zugänglichen Quelle. Anders ist dies zum Beispiel dann zu bewerten, wenn personenbezogene Daten rechtmäßig aus einem zugangsbeschränkten Internetportal erhoben werden, das nicht jeder Person einen Zugang gewährt. Die Information über die Quelle ist für die betroffene Person im Rahmen der Dritterhebung von besonderer Bedeutung, weil sie ihr die Kontrolle darüber ermöglicht, ob die Datenerhebung rechtmäßig war. Darüber hinaus ermöglicht die Information über die Quelle der betroffenen Person eventuell notwendige Korrekturen bei unrichtigen Daten direkt an die ursprüngliche Quelle zu richten.[131] Kann der Verantwortliche der betroffenen Person nicht mitteilen, woher die personenbezogenen Daten stammen, weil verschiedene Quellen benutzt wurden, so kann er die Unterrichtung laut Erwgr. 61 allgemein halten.

155

bb) Zeitpunkt der Informationspflicht

Der Verantwortliche hat gemäß Art. 14 Abs. 3 lit. a DSGVO die Informationen der Absätze 1 und 2 unter Berücksichtigung der spezifischen Umstände der Verarbeitung der personenbezogenen Daten innerhalb einer angemessenen Frist nach Erlangung der personenbezogenen Daten, längstens jedoch innerhalb eines Monats zu erbringen. Die **Monatsfrist** ist als **Maximalfrist** zu verstehen. Sie sollte nach Meinung der Datenschutzkonferenz[132] nicht pauschal ausgereizt werden, was vor allem vor dem Hintergrund auch für das Internet zu bekräftigen ist, dass eine Information nach Ablauf eines Monats insbesondere wegen der „Schnelllebigkeit" und der Vielzahl von Angeboten, die über das Internet genutzt werden, völlig aus dem Zusammenhang gerissen scheint. Falls die personenbezogenen Daten zur Kommunikation mit der betroffenen Person verwendet werden sollen, hat die Information gemäß Art. 14 Abs. 3

156

---

130 S. analog Kühling/Buchner/*Bäcker* DSGVO Art. 13 Rn. 39.
131 Kühling/Buchner/*Bäcker* DSGVO Art. 14 Rn. 19.
132 *DSK*, Kurzpapier Nr. 10 Informationspflichten bei Dritt- und Direkterhebung, 3.

lit. b DSGVO spätestens zum Zeitpunkt der ersten Mitteilung an sie zu erfolgen. Falls die Offenlegung an einen anderen Empfänger beabsichtigt ist, hat die Information gemäß Art. 14 Abs. 3 lit. c DSGVO spätestens zum Zeitpunkt der ersten Offenlegung zu erfolgen.[133]

cc) Weitere Anforderungen an die Informationen

157 Art. 12 Abs. 5 DSGVO regelt, dass die Informationen gemäß Art. 14 DSGVO **unentgeltlich** zur Verfügung gestellt werden müssen. Nach Art. 12 Abs. 1 DSGVO hat der Verantwortliche geeignete Maßnahmen zu treffen, um der betroffenen Person alle Informationen gemäß Art. 14 DSGVO, die sich auf die Verarbeitung beziehen, in **präziser, transparenter, verständlicher und leicht zugänglicher Form** in einer klaren und einfachen Sprache zu übermitteln. Die Informationen können gemäß Art. 12 Abs. 7 DSGVO in Kombination mit **standardisierten Bildsymbolen** bereitgestellt werden, um in leicht wahrnehmbarer, verständlicher und klar nachvollziehbarer Form einen aussagekräftigen Überblick über die beabsichtigte Verarbeitung zu vermitteln.[134]

dd) Weiterverarbeitung für andere Zwecke

158 Beabsichtigt der Verantwortliche, die personenbezogenen Daten **für einen anderen Zweck weiterzuverarbeiten** als den, für den die personenbezogenen Daten erlangt wurden, so hat er die betroffene Person nach Art. 14 Abs. 4 DSGVO vor dieser Weiterverarbeitung erneut nach den inhaltlichen Maßgaben des Absatz 2 zu informieren (→ Rn. 143).

ee) Ausnahmen von der Informationspflicht

159 Gemäß Art. 14 Abs. 5 lit. a DSGVO finden die Regelungen der Absätze 1 bis 4 **keine Anwendung,** wenn und soweit die betroffene Person **bereits über die Informationen verfügt.** Nach lit. b finden die Absätze 1 bis 4 darüber hinaus keine Anwendung, wenn und soweit die Erteilung dieser Informationen sich als **unmöglich** erweist oder einen **unverhältnismäßigen Aufwand** erfordern würde.[135] Dies gilt gemäß Art. 14 Abs. 5 lit. b DSGVO insbesondere für die Verarbeitung für im öffentlichen Interesse liegende Archivzwecke, für wissenschaftliche oder historische Forschungszwecke oder für statistische Zwecke vorbehaltlich der in Art. 89 Abs. 1 DSGVO genannten Bedingungen und Garantien oder soweit die in Art. 14 Abs. 1 DSGVO genannte Pflicht voraussichtlich die Verwirklichung der Ziele dieser Verarbeitung unmöglich macht oder ernsthaft beeinträchtigt. In diesen Fällen hat der Verantwortliche geeignete Maßnahmen zum Schutz der Rechte und Freiheiten sowie der berechtigten Interessen der betroffenen Person zu ergreifen. Dies umfasst auch die Bereitstellung dieser Informationen für die Öffentlichkeit. Nach lit. c finden die Absätze 1 bis 4 auch dann keine Anwendung, wenn und soweit die Erlangung oder Offenlegung durch Rechts-

---

133 S. hierzu auch *Härting* 2017, 72.
134 Gem. Art. 12 Abs. 8 DSGVO wird der Kommission die Befugnis übertragen, gem. Art. 92 DSGVO delegierte Rechtsakte zur Bestimmung der Informationen, die durch Bildsymbole darzustellen sind, und der Verfahren für die Bereitstellung standardisierter Bildsymbole zu erlassen.
135 Dies gilt gem. Art. 14 Abs. 5 lit. b DSGVO insbes. für die Verarbeitung für im öffentl. Interesse liegende Archivzwecke, für wissenschaftliche oder historische Forschungszwecke oder für statistische Zwecke vorbehaltlich der in Art. 89 Abs. 1 DSGVO genannten Bedingungen und Garantien oder soweit die in Art. 14 Abs. 1 DSGVO genannte Pflicht voraussichtlich die Verwirklichung der Ziele dieser Verarbeitung unmöglich macht oder ernsthaft beeinträchtigt.

vorschriften der Union oder der Mitgliedstaaten, denen der Verantwortliche unterliegt und die geeignete Maßnahmen zum Schutz der berechtigten Interessen der betroffenen Person vorsehen, ausdrücklich geregelt ist. Wenn und soweit die personenbezogenen Daten gemäß dem Unionsrecht oder dem Recht der Mitgliedstaaten dem Berufsgeheimnis, einschließlich einer satzungsmäßigen Geheimhaltungspflicht, unterliegen und daher vertraulich behandelt werden müssen, besteht darüber hinaus nach lit. d eine Ausnahme der Anwendung der Absätze 1 bis 4.

Das neue **Bundesdatenschutzgesetz** regelt in § 33 ergänzende Ausnahmen von der Informationspflicht des Art. 14 Abs. 1, 2 und 4 DSGVO. § 33 Abs. 1 Nr. 1 a BDSG regelt, dass die Informationspflicht dann nicht besteht, wenn die Erteilung der Information im Fall einer **öffentlichen Stelle** die ordnungsgemäße Erfüllung der in der Zuständigkeit des Verantwortlichen liegenden Aufgaben im Sinne des Art. 23 Abs. 1 lit. a bis e DSGVO Buchstabe a gefährden würde und deswegen das Interesse der betroffenen Person an der Informationserteilung zurücktreten muss. Auch wenn die Erteilung der Information die **öffentliche Sicherheit oder Ordnung** gefährden oder sonst dem Wohl des Bundes oder eines Landes Nachteile bereiten würde und deswegen das Interesse der betroffenen Person an der Informationserteilung zurücktreten muss, besteht die Informationspflicht gemäß § 33 Abs. 1 Nr. 1 b BDSG nicht. Wenn die Erteilung der Information im Falle einer **nichtöffentlichen Stelle** die Geltendmachung, Ausübung oder Verteidigung **zivilrechtlicher Ansprüche** beeinträchtigen würde oder die Verarbeitung Daten aus zivilrechtlichen Verträgen beinhaltet und der **Verhütung von Schäden durch Straftaten** dient,[136] besteht auch dann die Informationspflicht gemäß § 33 Abs. 1 Nr. 2 a BDSG nicht. Darüber hinaus besteht die Informationspflicht nach § 33 Abs. 1 Nr. 2 b 1. Hs. BDSG dann nicht, wenn die Erteilung der Information im Falle einer nichtöffentlichen Stelle die **öffentliche Sicherheit oder Ordnung** gefährden würde oder sonst dem Wohl des Bundes oder eines Landes Nachteile bereiten würde und die zuständige öffentliche Stelle dies gegenüber dem Verantwortlichen festgestellt hat.[137] Unterbleibt eine Information der betroffenen Person nach Maßgabe des § 33 Abs. 1 BDSG, so hat der Verantwortliche nach § 33 Abs. 2 BDSG **geeignete Maßnahmen zum Schutz der berechtigten Interessen der betroffenen Person** zu ergreifen. Der Verantwortliche hat darüber hinaus schriftlich festzuhalten, aus welchen Gründen er von einer Informationspflicht abgesehen hat. Bezieht sich die Informationserteilung auf die Übermittlung personenbezogener Daten durch öffentliche Stellen an **Verfassungsschutzbehörden, den Bundesnachrichtendienst, den Militärischen Abschirmdienst** und, soweit die Sicherheit des Bundes berührt wird, andere Behörden des Bundesministeriums der Verteidigung, ist sie gemäß § 33 Abs. 3 BDSG nur mit Zustimmung dieser Stellen zulässig.

c) Informationspflichten bei in Verkehr bringen von elektronische Kommunikation erlaubender Software

Gemäß Art. 10 Abs. 1 E-Privacy-VO-E muss in Verkehr gebrachte Software, die eine elektronische Kommunikation erlaubt, die Möglichkeit bieten, zu verhindern, dass

160

161

---

136 Sofern nicht das berechtigte Interesse der betroffenen Person an der Informationserteilung überwiegt.
137 Im Fall der Datenverarbeitung für Zwecke der Strafverfolgung bedarf es keiner Feststellung nach dem ersten Hs., s. § 33 Abs. 1 Nr. 2 b 2. Hs. BDSG.

Dritte Informationen in der Endeinrichtung eines Endnutzers speichern oder bereits in der Endeinrichtung gespeicherte Informationen verarbeiten. Der Europäische Gesetzgeber bezieht sich mit dieser Vorschrift insbesondere auf Internetbrowser sowie deren Konfigurationsmöglichkeiten, zum Beispiel über die Einstellungsoption „Third-Party-Cookies ablehnen", das Setzen von Cookies zu verhindern.[138] Art. 10 Abs. 2 E-Privacy-VO-E regelt die diesbezüglichen Informationspflichten. Die Software hat den Endnutzer bei der Installation über die **Einstellungsmöglichkeiten zur Privatsphäre** zu informieren. Erwgr. 24 konkretisiert hierzu, dass Anbieter von Software, die den Zugang zum Internet ermöglicht, verpflichtet werden, die Endnutzer zum Zeitpunkt der Installation darauf hinzuweisen, dass die Einstellungen zur Privatsphäre unter den verschiedenen Möglichkeiten ausgewählt werden können. Weiterhin sind die Endnutzer dazu aufzufordern, eine entsprechende Wahl zu treffen. Die gegebenen Informationen sollten die Endnutzer nicht davon abschrecken,[139] restriktivere Einstellungen zur Privatsphäre zu wählen, und sie sollten alle wichtigen Informationen über die mit der Annahme von Cookies von Drittanbietern verbundenen Risiken enthalten. Hierzu gehören insbesondere langfristiger Aufzeichnungen über das „Bewegungsverhalten" des Betroffenen im Internet und die Verwendung solcher Aufzeichnungen zur Übermittlung gezielter Werbung.[140]

162 Der Informationspflicht ist „**bei der Installation**" nachzukommen. Darüber hinaus ist zur Fortsetzung der Installation vom Endnutzer, die Einwilligung zu einer Einstellung zu verlangen. Daraus wird erkennbar, dass dem Endnutzer die Information über die Einstellungsmöglichkeiten zur Privatsphäre zur Verfügung stehen soll, bevor der Installationsvorgang abgeschlossen ist. Durch diese zeitliche Abfolge entsteht ein **relativer Schutz** der Privatsphäre des Endnutzers iSd „Privacy by Default". Einerseits ist es ihm regelmäßig noch möglich, sich gegen die Installation zu entscheiden oder den Installationsvorgang abzubrechen, wenn er mit den Einstellungsmöglichkeiten zur Privatsphäre nicht einverstanden ist. Zudem erlangt er die Möglichkeit, die Einstellungen zur Privatsphäre nach seinen individuellen Wünschen vorzunehmen. Andererseits verlangt das Gestaltungsprinzip des „**Privacy by Default**" einen Datenschutz durch datenschutzfreundliche *Vor*einstellungen. Im Zusammenhang mit „Privacy by Default" enthält die E-Privacy-Verordnung insofern eine Ausnahme zugunsten der Datenverarbeiter und somit eine – im Gegensatz zum Regelungsinhalt des Art. 25 DSGVO – bereichsspezifische Abschwächung des Datenschutzes.[141] Auch vor dem Hintergrund, dass Endnutzer häufig Schwierigkeiten haben, die datenschutzfreundlichsten Einstellungen zu erkennen und auszuwählen oder sie die Möglichkeit, Privatsphäre-Einstellungen im Rahmen der Installation einer Software treffen zu können,

---

138 S. auch Erwgr. 23 E-Privacy-VO-E; *Schleipfer* ZD 2017, 460 (464).
139 Als „abschreckend" sollten keine Anmerkungen verstanden werden, mit denen die Einschränkung der Kernfunktionalität von Webseiten auf sachliche Weise beschrieben wird. Wird dem Endnutzer zB sachlich vermittelt, dass eine bestimmte Einstellung das Einkaufen in einem Webshop unmöglich macht, weil der Warenkorb nicht „gehalten" werden kann, sollte dies nicht als abschreckend bewertet werden.
140 Darüber hinaus sollte gefördert werden, dass Webbrowser den Endnutzern einfache Möglichkeiten bieten, die Einstellungen zur Privatsphäre während der Benutzung jederzeit zu ändern, und dem Nutzer erlauben, Ausnahmen für bestimmte Webs. zu machen oder in Listen festzulegen oder anzugeben, von welchen Webs. Cookies (auch von Drittanbietern) immer oder niemals angenommen werden sollen. S. Erwgr. 24.
141 S. hierzu auch *Roßnagel* ZRP 2017, 33 (33); *Engeler/Felber* ZD 2017, 251 (256).

Annika Selzer

mitunter überhaupt nicht vermuten, ist diese Abschwächung des Datenschutzes zu kritisieren.

Ist eine Software, die eine elektronische Kommunikation erlaubt, am 25.5.2018 **bereits installiert**, muss der Informationspflicht nach Art. 10 Abs. 3 E-Privacy-VO-E zum Zeitpunkt der ersten **Aktualisierung der Software** nachgekommen werden, spätestens jedoch ab dem 25.8.2018.

163

Die Rechtsfolgen bei Verstößen richten sich nach Art. 22, 23 Abs. 2 lit. b E-Privacy-VO-E in Verbindung mit den entsprechenden Regelungen der Datenschutz-Grundverordnung (→ B. VII. Rn. 38 ff.).

164

d) Informationspflichten bei öffentlich zugänglichen Verzeichnissen mit Suchfunktion

Bietet ein öffentlich zugängliches Verzeichnis Suchfunktionen, mit denen Einträge über Endnutzer auffindbar werden, so hat der Betreiber des Verzeichnisses diejenigen Endnutzer, die **natürliche Personen** und deren personenbezogene Daten in das Verzeichnis aufgenommen worden sind, nach Art. 15 Abs. 2 E-Privacy-VO-E über die verfügbaren Suchfunktionen des Verzeichnisses zu informieren. Öffentlich zugängliche Verzeichnisse sind laut Erwgr. 30 Verzeichnisse oder Dienste, die Informationen über Endnutzer wie deren Telefonnummer, E-Mail-Adresse oder andere Kontaktangaben enthalten und Auskunftsdienste umfassen. Aber auch im Rahmen der PKI-**verschlüsselten E-Mail-Kommunikation** spielen **Verzeichnisdienste**, die dafür Sorge tragen, dass öffentliche Schlüssel in Form eines digitalen Zertifikats auffindbar werden, eine immer größere Rolle.[142] Das Auffinden erfolgt hierbei zum Beispiel durch die Eingabe des Namens oder der E-Mail-Adresse des E-Mail-Empfängers. Auch hier hat der Betreiber des Verzeichnisdienstes in der Regel Endnutzer, die natürliche Personen sind, über die verfügbaren Funktionen, mit deren Hilfe ihr Zertifikat gefunden werden kann, zu informieren.

165

Die Informationspflicht trifft den Betreiber des öffentlich zugänglichen Verzeichnisses **vor Aktivierung der Suchfunktion** in Bezug auf den konkreten Datensatz des Endnutzers.

166

Gegenüber Endnutzern, die **juristische Personen** sind, besteht die Informationspflicht gemäß Abs. 2 nicht. Nach Art. 15 Abs. 1 E-Privacy-VO-E ist vor der Aufnahme der personenbezogenen Daten dieser Endnutzer in das Verzeichnis die Einwilligung einzuholen. Ein Widerruf der Einwilligung ist nach Art. 9 Abs. 3 E-Privacy-VO-E möglich. Juristischen Personen steht nach Art. 15 Abs. 3 E-Privacy-VO-E dagegen lediglich die Möglichkeit zu, der Aufnahme von auf sie bezogenen Daten in das Verzeichnis kostenlos zu widersprechen. Darüber hinaus steht allen Personen das Recht zu, ihre Daten kostenlos zu überprüfen, zu berichtigen und zu löschen

167

---

142 Möchte der Sender einer E-Mail mit dem Empfänger verschlüsselt über eine PKI kommunizieren, so benötigt der Sender den öffentl. Schlüssel des Empfängers in Form eines digitalen Zertifikats, welches wiederum die Vertrauenswürdigkeit des öffentl. Schlüssels bestätigt. Die Zertifikate können in Verzeichnisdiensten abgelegt werden, die eine Art „Telefonbuch" für Verschlüsselungsschlüssel darstellen. Eibl/Gaedke/*Blazy/ Gonscherowski/Selzer* 2017, 755 f.

168 Die Rechtsfolgen bei Verstößen richten sich nach Art. 22, 23 Abs. 2 lit. c E-Privacy-VO-E in Verbindung mit den entsprechenden Regelungen der Datenschutz-Grundverordnung (→ B. VII. Rn. 38 ff.).

e) Informationspflichten über erkannte Sicherheitsrisiken bei elektronischen Kommunikationsdiensten

169 Den Betreiber eines elektronischen Kommunikationsdienstes trifft gemäß Art. 17 E-Privacy-VO-E die Pflicht, Endnutzer darüber zu informieren, wenn ein **besonderes Risiko** besteht, dass die Sicherheit von Netzen und elektronischen Kommunikationsdiensten beeinträchtigt werden könnte. Sollte das Risiko außerhalb des Anwendungsbereichs der vom Anbieter des elektronischen Kommunikationsdienstes zu treffenden Maßnahmen liegen, hat der Diensteanbieter zusätzlich über mögliche Abhilfen, einschließlich voraussichtlich entstehender Kosten, zu informieren.

170 Welche Risiken der Europäische Gesetzgeber genau vor Augen hatte, als er die Informationspflichten des Art. 17 E-Privacy-VO-E festlegte, bleibt im Verordnungsentwurf unklar.[143] Der Europäische Gesetzgeber konkretisiert dies durch Erwgr. 37 nur insofern, als er betont, der Anbieter elektronischer Kommunikationsdienste sollte die Endnutzer darüber informieren, welche Maßnahmen diese ergreifen können, um die Sicherheit ihrer Kommunikation zu schützen, zum Beispiel durch den Einsatz bestimmter Software oder Verschlüsselungstechniken. In Erwgr. 20 der **Datenschutzrichtlinie für elektronische Kommunikation 2002/58/EG** weist der Europäische Gesetzgeber darauf hin, dass Sicherheitsrisiken, die mit einer Informationspflicht einhergehen sollen, vor allem bei elektronischen Kommunikationsdiensten auftreten, die über ein **offenes Netz wie das Internet oder den analogen Mobilfunk bereitgestellt** werden.

171 Die Anforderung die Endnutzer über besondere Sicherheitsrisiken aufzuklären, entbindet einen Diensteanbieter nicht von der Verpflichtung, auf eigene Kosten unverzüglich geeignete Maßnahmen zu treffen, um einem neuen, unvorhergesehenen Sicherheitsrisiko vorzubeugen und den normalen Sicherheitsstandard des Dienstes wiederherzustellen. Die **Bewertung der Sicherheit** hat regelmäßig unter Berücksichtigung des Art. 32 DSGVO zu erfolgen. Dem Endnutzer sind die Informationen über Sicherheitsrisiken laut Erwgr. 37 kostenlos zur Verfügung zu stellen.

172 Gemäß Art. 23 Abs. 4 E-Privacy-VO-E obliegt es den Mitgliedstaaten, Vorschriften über **Sanktionen** für die in den Art. 17 E-Privacy-VO-E genannten Verstöße festzulegen.

4. Technische Umsetzung von Löschpflichten bei Providern

173 **Systematisches Löschen** von personenbezogenen Daten ist eine **große Herausforderung** für Organisationen. Vielfach wurde das Löschen personenbezogener Daten von Organisationen bisher nicht als Aufgabe wahrgenommen oder ignoriert. Dies liegt vor allem daran, dass das Löschen den Geschäftszweck eines Internet-Providers nicht direkt fördert und zudem eine tiefergehende Auseinandersetzung mit dem Thema er-

---

143 Krit. zur Unbestimmtheit des Regelungsinhalts *Dt. Vereinigung für Datenschutz eV*, Stellungnahme zum Entwurf der E-Privacy-VO 2017, 7.

Volker Hammer

fordert. Ein Löschprojekt wirft meist Folgefragen auf und fordert technischen sowie finanziellen Aufwand.

a) Löschen? Löschen. Löschen!

Oftmals liegen vielfältige Datenbestände mit verschiedenen Inhalten und unterschiedlichem Alter in einer großen Anzahl von Systemen vor, einschließlich Altsystemen. Die Rechtsvorgaben der Datenschutz-Grundverordnung fordern, diese Daten zu löschen oder zu anonymisieren, wenn die zulässigen Zwecke erfüllt sind. Beide Maßnahmen – Löschen oder Anonymisieren – führen dazu, dass die Regeln des Datenschutzes für den jeweiligen Datenbestand keine Anwendung mehr finden.

aa) Ausgangssituation, Zielsetzung und Begriffe

Löschregeln hängen vom **spezifischen Kontext eines Verantwortlichen** ab. Jeder Provider muss sie daher selbst festlegen. Dieses Kapitel beschreibt, wie systematisches Löschen organisiert werden kann. Es beschreibt nicht, welche Vorgaben im Einzelnen für eine konkrete Löschregel zu berücksichtigen sind. Beispielsweise wird nicht ausgeführt, welche konkreten Aufbewahrungspflichten oder Geschäftsprozesse für einen Internet-Provider eine Zulässigkeitsvoraussetzung begründen, in deren Rahmen er Kontaktdaten von Benutzern verwenden werden darf.

Auf der Basis solcher Zulässigkeitsvoraussetzungen werden konkrete Löschregeln festgelegt. Diese Analyse muss der Provider für seinen Bereich treffen, während das Löschkonzept etabliert oder gepflegt wird – dazu unten mehr. Vorgestellt wird eine Vorgehensweise, mit der der Verantwortliche ein **Löschkonzept etablieren und Löschregeln bilden** kann. Im Zentrum der Betrachtung stehen zwar Provider im Internet; viele der Vorgehensweisen sind aber so allgemein, dass sie für beliebige Verantwortlichen verwendet werden können und nicht nur elektronisch gespeicherte Daten, sondern auch solche auf Papier oder anderen Speichermedien umfassen können. Für das Verständnis dieses Kapitels sind einige **Begriffe** hilfreich, die zunächst vorgestellt werden.[144] Die Zusammenhänge werden im weiteren Text des Kapitels erläutert.

Unter **Löschen** wird im Weiteren immer **sicheres** Löschen verstanden. Das bedeutet, dass Daten, die gelöscht wurden, nicht – mit vertretbarem Aufwand – wieder herstellbar sein dürfen. Das kann beispielsweise durch Überschreiben erfolgen. Alternativ können Datenträger auch physisch geeignet zerstört werden, zum Beispiel Papier oder CD/DVD. Um den Text sprachlich einfacher zu halten, schließt der Begriff „Löschen" im Verständnis dieses Kapitels die physische Vernichtung ein (die technischen Aspekte werden vertieft in → Rn. 279). Das Löschen oder Vernichten personenbezogener Daten ist im Übrigen einer der Vorgänge, die unter den Begriff der Verarbeitung gemäß Art. 4 Nr. 2 DSGVO (→ B. I. Rn. 14, 23 f.) fallen.

Wenn **richtig anonymisiert** wird, ist dies aus der Perspektive des Datenschutzes eine **gleichwertige Maßnahme**, denn die verbleibenden Daten sind nicht mehr personenbezogen und fallen dann nicht mehr unter die Regeln des Datenschutzes. Daher kann im Prinzip immer dann auch anonymisiert werden, wenn sonst zu löschen wäre. Die in diesem Kapitel beschriebene Vorgehensweise deckt auch diese Alternative ab: Zur

---

144 S. zu einigen der Begriffe auch *DIN 66398*, Kap. 4.

Umsetzung einer Löschregel kann statt eines Löschmechanismus auch ein Anonymisierungsmechanismus verwendet werden. Aus sprachlichen Gründen wird im Text auf diese Alternative aber nur an Stellen hingewiesen, an denen Unterschiede beim Vorgehen zu beachten sind. Anonymisieren ist in der Regel aber ungleich schwieriger als Löschen (einige Hintergründe werden in → Rn. 287 ff. dargestellt).

179   Der Begriff **Datenobjekt** bezeichnet allgemein Elemente, die Daten enthalten. Die Objekte können unterschiedliche Granularität aufweisen. Beispiele sind Dateien, Datensätze in einer Datenbank oder deren Attribute, eine Akte oder die Webseiten auf einem Cache-Server. Ein **Datenbestand** kann sehr viele, mehrere, ein oder auch kein Datenobjekt umfassen, je nachdem durch welche Bedingungen er bestimmt wird.

180   Unter einer **Datenart** werden ein Datenbestand oder eine Menge von Datenobjekten verstanden, die für einen einheitlichen datenschutzrechtlichen Zweck verwendet werden, unabhängig davon, wie die konkreten Datenobjekte aufgebaut sind und wo sie gespeichert oder verarbeitet werden. Eine Datenart beschreibt im Kontext eines Löschkonzepts immer einen bestimmten, inhaltlich definierten Datenbestand im Bereich des Verantwortlichen. Beispielsweise könnten Bewerberunterlagen, Bewerbungsstammdatensatz und 'Aufzeichnungen im Bewerbungsverfahren' drei Datenarten sein. Im Vergleich dazu können die Kategorien personenbezogener Daten im Sinne der Datenschutz-Grundverordnung jeweils Datenbestände auf unterschiedlichem Abstraktionsniveau umfassen; so könnten die vorstehenden Datenarten im Verzeichnis aller Verarbeitungstätigkeiten als Datenkategorie ‚Bewerbungsdaten‘ zusammengefasst werden. Noch umfassender sind zum Beispiel die besonderen Kategorien personenbezogener Daten, wie sie in Art. 9 DSGVO verwendet werden.

181   Eine **Löschregel** besteht aus zwei Angaben: einer Löschfrist und einem Startzeitpunkt. Die Frist alleine ist unzureichend, denn man benötigt einen Zeitpunkt, ab dem diese Frist gerechnet wird. In einem **Löschkonzept** legt der Verantwortliche, also beispielsweise der Provider, fest, welche Maßnahmen er ergreift, um die Löschung personenbezogener Daten zu erreichen. Dazu gehören die Löschregeln, aber auch, welche Mechanismen wie eingesetzt werden sollen, damit gelöscht oder anonymisiert wird. Die Festlegungen für das Löschen und das Anonymisieren unterscheiden sich dabei nur in diesem letzten Punkt: wie konkrete Daten in einem Lösch- beziehungsweise Anonymisierungslauf durch einen Mechanismus zu behandeln sind. Alle anderen Arbeiten, wie das Festlegen einer Dokumentationsstruktur, die Definition der Lösch- und Anonymisierungsregeln oder die Pflege des Konzepts können in gleicher Weise erledigt werden. Daher ist es sinnvoll, Anonymisierung in das Löschkonzept aufzunehmen und mit zu behandeln. Insofern handelt es sich dann um ein **Lösch- und Anonymisierungskonzept**. Zur sprachlichen Vereinfachung wird aber weiter nur der Begriff Löschkonzept verwendet.

182   Ein **Löschmechanismus** ist ein Ablauf, mit dem Datenobjekte gelöscht werden. Im allgemeinen Fall sind durch den Löschmechanismus drei Aufgaben zu erledigen: Die zu löschenden Datenobjekte müssen zunächst identifiziert werden. Danach müssen diese Datenobjekte aus dem Verarbeitungskontext „gelöst" werden. Beispielsweise müssen in einer Datenbank regelmäßig Konsistenzbedingungen zwischen Datensät-

zen unterschiedlicher Tabellen eingehalten werden. Die „Verbindungen" müssen vor der Löschung geeignet angepasst oder aufgelöst werden, um Störungen in der Anwendung zu vermeiden. Um die Daten sicher zu löschen, sind sie schließlich zu überschreiben oder anderweitig zu behandeln. Diese drei Aufgaben können in einem konkreten Löschmechanismus einzeln ausgeprägt sein, aber auch teilweise oder ganz zusammenfallen.

Beispiele: Zusammenfallen würden die drei Aufgaben, wenn vom Benutzer eine konkrete Datei an ein Löschprogramm („Eraser") zum Überschreiben übergeben wird. Zum Löschen in einem Papierarchiv könnte die Ablage von Dokumenten nach Alter sortiert sein. Dann wäre die Identifikation zu löschender Objekte anhand der Jahres-Reiter in einem Ordner einfach möglich. Der Archivar würde die Daten vernichten, indem er die löschfälligen Dokumente entnimmt und schreddert. Ein Internet-Provider könnte einen Mechanismus implementieren, der prüft, welcher Benutzer das Portal länger als drei Jahre nicht benutzt hat. Dieser Account und die zugehörigen Daten würden dann identifiziert und gelöscht. 183

Ein Löschmechanismus kann sehr spezifisch oder universeller implementiert sein: Vielleicht kann er nur für einen, vielleicht aber auch flexibel für unterschiedliche Datenbestände eingesetzt werden. Der konkrete Einsatz wird häufig über Parameter gesteuert. Wird ein Mechanismus auf einem Datenbestand ausgeführt, spricht man von einem **Löschlauf**. Die konkreten Parameter ergeben sich dann zum Beispiel aus einer Löschregel – also beispielsweise einem Datum als Startzeitpunkt und einer konkreten Frist. 184

bb) Erwartungshorizont: Löschen (nur) im Internet?

So schön ein Knopf wäre, mit dem „alle Daten" zu einer Person im Internet gelöscht -oder anonymisiert – werden könnten, so wenig realistisch und umsetzbar ist eine solche **allgemeine Erwartung**. „Löschen im Internet" stößt an **mehrere Grenzen**. Beispielsweise kann es schwerlich eine Vorgabe geben, die gleichzeitig durch einen Akteur eine Löschung bei verschiedenen rechtlich eigenständigen Akteuren in deren selbst verwalteten Datenbeständen auslöst. Dies würde einen **Eingriff in** deren **Autonomie und Geschäftsprozesse** bedeuten. Es kann gute Gründe geben, nach denen im Einzelfall zu überprüfen ist, ob personenbezogene Daten im Internet bereitgestellt werden (müssen) oder zu löschen sind. Beispielsweise enthalten Impressumsangaben regelmäßig auch personenbezogene Daten. Diese dürfen (von anderen) nicht gelöscht werden, solange der Verantwortliche damit seinen Rechtpflichten nachkommt. 185

Aus der Sicht eines Löschkonzepts scheint es auch wenig sinnvoll, bei einem Provider generell zwischen Beständen „im Internet" und solchen, die nicht im Internet zugänglich sind, zu unterscheiden. Denn häufig dienen Daten, die nicht (direkt) im Internet zugänglich sind, der Vorbereitung, Nachbereitung, Verbesserung oder Dokumentation des Angebots „im Internet". Eine Löschung von **Daten „im Internet"**, ohne dass auch „interne Daten" gelöscht würden, führt nur dazu, dass die entsprechenden Daten für Dritte nicht mehr abrufbar sind. Der Verantwortliche würde die Daten aber weiter verarbeiten. Eine solche Differenzierung kann sinnvoll, zulässig oder notwen- 186 dig sein; sie kann den Rechtsvorgaben einer umfänglichen Löschung aber auch widersprechen.

187 Schließlich sind Daten im Internet in vielen Fällen leicht kopierbar. Beliebige Organisationen und Private können kopierte Daten in ihrem Herrschaftsbereich speichern. Häufig sind dies dann auch keine Daten ,im Internet' mehr, sondern ,normale' Datenbestände. Insbesondere unterliegen sie einem anderen Verantwortungsbereich. Welche dieser kopierten Datenbestände soll „Löschen im Internet" erreichen? Auch unter diesem Blickwinkel ist es schwer, eine scharfe Grenze zwischen Beständen im Internet und anderen Beständen zu ziehen. Außerdem fällt die private Nutzung personenbezogener Daten nicht unter das Regelungsregime der Datenschutz-Grundverordnung und anderer Rechtsregelungen. Eine Löschung personenbezogener Daten aus dem Internet beispielsweise im Speicher des privaten Browsers oder in privat abgespeicherten Dateien könnte zwar wünschenswert sein, ist aber nur am Rande Gegenstand dieses Kapitels.[145] Zudem bestehen regelmäßig Fragen der Akzeptanz von Löschungen.[146] Diese Fragen werden hier im Weiteren nicht betrachtet. Im Fokus stehen die Aufgaben des Verantwortlichen für personenbezogene Daten. Wie der Verantwortliche identifiziert wird und auf welche Weise er gesetzlich verpflichtet ist, muss juristisch bestimmt werden.

188 Der **Erwartungshorizont** von „Löschen im Internet" kann sich daher nur auf die personenbezogenen Daten beziehen, die der **einzelne Provider** verwendet. Dabei ist jeder Provider für sich verantwortlich, muss also sein eigenes Löschkonzept etablieren. Der Provider muss dabei alle personenbezogenen Datenbestände einbeziehen. Wenn alle Provider entsprechende Löschkonzepte etablieren, verschwinden Daten entsprechend der implementierten Regeln dann auch aus dem Internet, zumindest soweit es Angebote von Verantwortlichen im Sinne der Art. 4 Nr. 7 iVm Art. 2 Abs. 2 lit. c DSGVO betrifft. Im Mittelpunkt stehen dabei die Content-Provider, die ihre Löschpflichten gegebenenfalls an Auftragsverarbeiter weitergeben müssen, beispielsweise ihren Hoster. Soweit personenbezogene Daten im Internet bereitgestellt werden, auf die die Europäischen Datenschutzvorschriften keine Anwendung finden, unterliegen diese Daten insoweit auch keinen Löschpflichten nach der Datenschutz-Grundverordnung oder anderen Europäischen Löschvorgaben. So stellt sich beispielsweise die Frage, ob außereuropäische Archivdienste wie das Internet Archive[147] unter den Geltungsbereich der Verordnung fallen. Fallen sie darunter, dann müssten auch solche Content-Provider ein Löschkonzept erstellen.

189 Die im Folgenden aufgeführten Vorgaben der Datenschutz-Grundverordnung zum Löschen sind allgemeine Vorgaben – sie betreffen nicht nur Daten im Internet, sondern alle Daten eines Verantwortlichen, wobei hier als Verantwortliche Provider im Fokus stehen. Es ist sinnvoll, dass ein Verantwortlicher ein übergreifendes Löschkonzept für alle personenbezogenen Daten in seinem Verantwortungsbereich etabliert

---

145 Wenn erreicht werden soll, dass der ursprüngliche Anbieter diese Daten auch löschen können soll, muss er weiter die Kontrolle über die Verwendung behalten (→Rn. 294). Das ist aber regelmäßig ein Zielkonflikt zwischen einer offenen und freien Nutzung des Internet und Verwendungskontrolle der Inhalte durch die Anbieter.
146 ZB *Jandt/Kieselmann/Wacker* DuD 2012, 1.
147 https://archive.org/

Volker Hammer

und dabei unter anderem für die „Daten im Internet" geeignete Löschregeln definiert und umsetzt (→ Rn. 216 ff.)

b) Überblick über Vorgaben zum Löschen in der Datenschutz-Grundverordnung

Um die **rechtlichen Anforderungen**, die die Datenschutz-Grundverordnung **an ein Löschkonzept** stellt,[148] systematisch zu ermitteln, ist es sinnvoll, die relevanten Vorschriften der Datenschutz-Grundverordnung nach ihren Zielen zu gruppieren.

190

aa) Vorgaben zur Regellöschung

Löschen wird in der Datenschutz-Grundverordnung direkt oder indirekt gefordert. Aus verschiedenen Stellen ist abzuleiten, dass der Verantwortliche für seine Datenbestände **Löschregeln festlegen und** umsetzen muss und darf. Die Ausgangsvorschrift ist Art. 5 DSGVO. Nach Art. 5 Abs. 1 lit. b DSGVO muss ein legitimer Zweck für die Verarbeitung vorliegen. Diese Zwecke ergeben sich aus Art. 6 DSGVO. Art. 5 Abs. 1 lit. c DSGVO fordert die Datenminimierung. Diese Vorgabe entspricht im Wesentlichen dem Prinzip der Erforderlichkeit nach § 35 BDSG aF Aus der Datenminimierung (→ B. I. Rn. 13) ergibt sich auch, dass nur noch solche Daten verwendet und gespeichert werden dürfen, die für verbleibende Zwecke angemessen und erheblich sind. Andere Daten – deren Zwecke erledigt sind – sind dementsprechend zu löschen. Die Speicherbegrenzung nach Art. 5 Abs. 1 lit. e DSGVO (→ B. I. Rn. 15) gibt vor, dass nach Wegfall der zulässigen Zwecke mindestens zu anonymisieren ist. Falls anonymisierte Daten nicht benötigt werden, kann der Verantwortliche die Daten natürlich auch löschen.

191

Art. 5 Abs. 1 lit. f DSGVO fordert den Schutz der personenbezogenen Daten vor unbefugter oder unrechtmäßiger Verarbeitung. Konkretisierend fordert Art. 32 Abs. 2 DSGVO ein angemessenes Schutzniveau auch vor Offenlegung von oder unbefugtem Zugang zu personenbezogenen Daten. Nach dem Ende der legitimen Zwecke ist insbesondere **sicheres Löschen als Schutzmaßnahme** anzusehen, denn eine unbefugte oder unrechtmäßige Verarbeitung gelöschter Daten ist nicht mehr möglich. Das gilt gemäß Art. 5 Abs. 1 lit. d DSGVO auch, wenn zum Schutz der betroffenen Person falsche Daten gelöscht werden.

192

Die Löschmaßnahmen sind Teil der **technisch-organisatorische Maßnahmen** nach Art. 24 Abs. 1 DSGVO, die die Verarbeitung gemäß der Verordnung sicherstellen. In Art. 25 DSGVO wird im Kontext von **Datenschutz durch Technikgestaltung** unter anderem auf die Umsetzung von Datenminimierung hingewiesen (→ B. IV. Rn. 8, 15 f.).

193

Art. 11 Abs. 1 DSGVO stellt klar, dass der Verantwortliche den Personenbezug aufheben kann, Daten also **anonymisieren oder löschen darf**, wenn die zulässigen Zwecke „abgearbeitet" sind.[149] Diese Freiheit – nämlich zu löschen – scheint aber nicht

194

---

148 Mit Art. 83 setzt die DSGVO hohe Sekundärmotivationen, die von den Aufsichtsbehörden für Verstöße gegen die meisten der im Folgenden genannten Rechtsvorschriften anzuwenden sind. S. → B VII. Rn. 35.

149 Der Erwgr. 57 spricht zwar nur davon, dass eine betroffene Person ihrerseits Informationen beibringen kann, die eine Zuordnung von Daten zu ihrer Person zu erlauben. Art. 11 Abs. 1 DSGVO lautet jedoch „... so ist [der Verantwortliche] nicht verpflichtet, zur bloßen Einhaltung dieser Verordnung zusätzliche Informationen aufzubewahren ...". „Nicht aufbewahren" kann nur durch Löschen oder Anonymisieren erreicht werden.

unbegrenzt zu bestehen. Denn insbesondere Art. 18 Abs. 1 lit. b und c DSGVO können dazu führen, dass der Verantwortliche auf Antrag der betroffenen Person deren personenbezogenen Daten länger speichern muss, als er dies nach seinen Löschregeln normalerweise würde. Die Klarstellung der Verhältnisse zwischen diesen Vorschriften wäre für Löschkonzepte hilfreich.

bb) Technisch-organisatorischer Aufwand

195   Die Datenschutz-Grundverordnung erlaubt es dem Verantwortlichen, dass er nicht einen beliebig hohen technisch-organisatorischen Aufwand für das Löschen erbringen muss: Art. 24 DSGVO eröffnet für den Verantwortlichen einen **Gestaltungsspielraum hinsichtlich der technisch-organisatorische Maßnahmen** zum Schutz der personenbezogenen Daten. Er kann Maßnahmen auswählen oder so gestalten, dass sie angemessen sind, wenn er die Art, den Umfang, die Umstände und der Zwecke der Verarbeitung sowie die Eintrittswahrscheinlichkeit und Schwere der Risiken für die Rechte und Freiheiten der betroffenen Personen berücksichtigt.

196   Nach Art. 32 Abs. 1 DSGVO kann der Verantwortliche den **Stand der Technik und die Implementierungskosten, die Umstände und Zwecke der Verarbeitung sowie die Eintrittswahrscheinlichkeit und Schwere des Risikos** für die Rechte und Freiheiten der natürlichen Personen für das Sicherheitsniveau seiner Maßnahmen berücksichtigen. Er muss ein geeignetes und angemessenes Schutzniveau erreichen. Als Risiken der Verarbeitung werden auch die unbefugte Offenlegung und der unbefugte Zugang genannt. Beide Risiken können nach dem Ende der zulässigen Verarbeitung vermieden werden, wenn die entsprechenden Daten sicher gelöscht werden. Der Artikel eröffnet Spielräume hinsichtlich der Sicherheit des Löschens.

cc) Informationspflichten

197   Mit den Vorgaben zur Regellöschung korrespondieren **Informationspflichten gegenüber der betroffenen Person**: Nach Art. 13 Abs. 2 lit. a (→ B. I. Rn. 16, → B IV Rn. 133), Art. 14 Abs. 2 lit. a (→ B. IV. Rn. 154) und Art. 15 Abs. 1 lit. d (→ B. V. Rn. 3) DSGVO muss der Verantwortliche die über die Dauer der Speicherung von personenbezogenen Daten oder Kriterien für die Festlegung der Dauer informieren. Die Löschregeln, die zu entwickeln sind, um die Vorgaben zur Regellöschung zu erfüllen, sind die Basis für diese Informationen für die betroffenen Personen.

dd) Löschung und Nicht-Löschung im Einzelfall auf Antrag

198   Weiter muss der Verantwortliche unter den Vorgaben des Art. 17 DSGVO **individuelle Ansprüche auf Löschung** erfüllen (→ B. V. Rn. 14 ff.), soweit die definierten Bedingungen erfüllt sind. Die individuellen Löschansprüche können unter anderem aus dem Widerspruchsrecht nach Art. 21 DSGVO entstehen. Anträge von Betroffenen auf Löschung können nach Art. 58 Abs. 2 lit. c und lit. g DSGVO von der Aufsichtsbehörde unterstützt und durchgesetzt werden.

199   Die betroffene Person kann nach Art. 18 Abs. 1 DSGVO allerdings auch die **Löschung personenbezogener Daten im Einzelfall ablehnen** (→ B. V. Rn. 32 ff.) und stattdessen die Einschränkung der Verarbeitung verlangen. Insbesondere lit. b (unrechtmäßige Verarbeitung) und c (für Rechtsansprüche der betroffenen Person) set-

zen erfordern, dass der Verantwortliche in der Lage ist, Daten länger vorzuhalten, als er dies nach seinen Löschregeln sonst würde. Dies muss das Löschkonzept berücksichtigen und bei Bedarf Ausnahmen von der Regellöschung vorsehen. Die Daten müssen dann weiter vorgehalten werden, beispielsweise als Beweismittel gegen den Verantwortlichen.

Die **Betroffenenrechte nach Art. 17 Abs. 1 und Art. 18 Abs. 1 DSGVO** sind nach dem Wortlaut der Datenschutz-Grundverordnung **absolut** und unterliegen nicht dem Angemessenheitsvorbehalt nach Art. 24 Abs. 2 DSGVO. Von den Anträgen nach Art. 18 DSGVO können beliebige Datenbestände zu einer betroffenen Person erfasst werden, beispielsweise auch Log-Protokolle zu Verarbeitungsschritten. Es bleibt offen, wie lange ein Verantwortlicher die Daten im Einzelfall aufbewahren muss und ob es ausreichend wäre, die Daten aus den produktiven Systemen abzuziehen und an anderer Stelle zu speichern oder dem Antragsteller zu übergeben.

ee) Mitteilungspflichten

Es bestehen auch **Mitteilungspflichten über Löschvorgänge** auf Antrag nach Art. 17 Abs. 1 DSGVO. Wenn der Verantwortliche die Daten einer betroffenen Person öffentlich gemacht hatte, muss er nach Art. 17 Abs. 2 DSGVO angemessene Maßnahmen ergreifen, um andere Verantwortliche über diese Löschung zu informieren (→ B. V. Rn. 20 ff.). Implizit ergibt sich daraus für diese anderen Verantwortlichen aber auch, dass sie in ihren Löschkonzepten berücksichtigen, dass übernommene Daten ebenfalls der Löschung unterliegen können.[150]

Wenn der Verantwortliche die Daten einer betroffenen Person für Empfänger offengelegt hat, muss er nach Art. 19 DSGVO diese **Empfänger** auch darüber **informieren** (→ B. V. Rn. 36 ff.), dass die Daten im Rahmen eines Antragsverfahrens gelöscht wurden. Empfänger müssen implizit dafür sorgen, dass sie solche Meldungen annehmen, bearbeiten und gegebenenfalls in ihren Löschmaßnahmen berücksichtigen.

ff) Dokumentationserfordernisse

Die Datenschutz-Grundverordnung fordert, dass der Verantwortliche nachweisen kann, dass er seinen Pflichten nachkommt. Daraus entstehen **Dokumentationserfordernisse für das Thema Löschen.** Die Rechenschaftspflicht nach Art. 5 Abs. 2 DSGVO gilt auch für die Maßnahmen, die Löschen sicherstellen sollen und umsetzen. Danach ist zu zeigen, dass und wie die Aufgabe „Löschen" umgesetzt wird. Eine Dokumentationspflicht für Löschfristen besteht nach Art. 30 Abs. 1 lit. f DSGVO im Verzeichnis aller Verarbeitungstätigkeiten. Da „löschen" Teil der technisch-organisatorischen Maßnahmen ist, ergeben sich auch **Nachweispflichten** nach Art. 24 Abs. 1 DSGVO: Die Maßnahmen können nur regelmäßig überprüft werden, wenn entsprechende Dokumentationen vorliegen. Solche Dokumentationen sind auch Voraussetzung für Zertifizierungen nach Art. 42 und 43 DSGVO. **Nachweispflichten** ergeben sich auch für Löschungen in individuellen Prozessen. Für Löschungen auf Antrag nach Art. 17 Abs. 1 DSGVO dürfte es sinnvoll sein, zu dokumentieren, dass das Anliegen abgearbeitet wurde. Im Zusammenhang mit **Vorfällen** dürfte nach Art. 33

200

201

202

203

---

150 *Jandt/Kieselmann/Wacker* DuD 2012, 1 (4).

Abs. 5 DSGVO auch **festzuhalten** sein, ob die **Löschung** von personenbezogenen Daten **versäumt** wurde sowie ob und wann im Rahmen der Maßnahmen nach Art. 33 Abs. 3 lit. d DSGVO (verspätete) Löschungen geboten sind.

gg) Überwachung der Löschmaßnahmen

204 **Technische und organisatorische Maßnahmen** sind nach Art. 24 Abs. 1 DSGVO und Art. 32 Abs. 1 lit. d DSGVO erforderlichenfalls **zu überprüfen.** Damit wird auch für Löschmaßnahmen zu überwachen sein, ob beispielsweise vorgesehene Löschläufe auch ausgeführt wurden und richtig gelöscht haben.

hh) Weiterentwicklung des Löschkonzepts

205 Art. 24 Abs. 1 DSGVO weist darauf hin, dass Maßnahmen bei Bedarf zu aktualisieren sind. Art. 32 Abs. 1 DSGVO fordert eine Orientierung am Stand der Technik. Entsprechend der Angemessenheitskriterien sind das **Löschkonzept und die Löschmaßnahmen** deshalb **weiterzuentwickeln.**

ii) Löschen beim Auftragsverarbeiter

206 **Auftragsverarbeiter** (→ B. II. Rn. 144 ff.) unterliegen letztlich den bereits genannten Pflichten, denn nach Art. 28 Abs. 3 DSGVO verarbeiten sie nur auf Weisung des Verantwortlichen und sind verpflichtet, ihn in seinen Aufgaben zu unterstützen, also auch hinsichtlich der Pflichten im Kontext von Löschen. Löschpflichten sind nach Art. 28 Abs. 1 DSGVO auch an Auftragsverarbeiter weiterzugeben.[151] Für Bereiche, in denen der Verantwortliche kaum Kompetenz über Löschregeln aufbaut, wie es insbesondere bei kleine und mittelständischen Unternehmen anzunehmen sein wird, scheint es sogar sinnvoll, dass der Auftragsverarbeiter als Vertragsleistung von vorneherein rechtskonforme Löschung anbietet – den Verantwortlichen also auch hinsichtlich dieses Teils seines Löschkonzepts unterstützt.

207 Zusätzlich müssen Auftragsverarbeiter die Daten des Verantwortlichen nach dem **Ende des Vertragsverhältnisses** in ihrem Herrschaftsbereich löschen (→ B. II. Rn. 172 f.). Dem Verantwortlichen steht zwar die Option offen, sich die Daten zurückgeben oder löschen zu lassen. In der Praxis werden aber in den seltensten Fällen Datenträger ausgebaut und verschickt werden. Die Rückgabe wird in vielen Fällen als Kopie erfolgen. Der Auftragsverarbeiter muss dann seine „verbliebenen" lokalen Daten löschen.

c) Rechtliche Vorgaben für das Löschen aus anderen Vorschriften

208 **Vorgaben zum Löschen** können auch **in anderen Rechtsvorschriften** getroffen werden. Dazu gehören beispielsweise andere Gesetze, Verordnungen, Betriebsvereinbarungen oder auch Verträge. In die Kategorie Verträge fallen zum Beispiel auch die Vereinbarungen zwischen Content-Provider und Hoster. Dort wäre zu regeln, wie personenbezogene Daten am Ende der Zusammenarbeit zu behandeln sind. Die Vorgaben zum Löschen aus anderen Vorschriften können auf zwei Ebenen liegen. Andere Rechtsvorschriften neben der Datenschutz-Grundverordnung werden in diesem Kapitel aber aus den im Folgenden beschriebenen Gründen nicht betrachtet.

---

151 In den weiteren Ausführungen dieses Kapitels wird daher nicht zwischen dem Verantwortlichen und dem Auftragsverarbeiter unterschieden.

Volker Hammer

Eine Art der Vorgaben könnte die **Vorgehensweise im Löschkonzept** insgesamt betref- 209
fen, so wie die der Datenschutz-Grundverordnung. Die unten vorgestellte Vorgehensweise nach *DIN 66398* ist nach den bisherigen Erfahrungen sehr universell. Andere
Vorgaben zur Vorgehensweise können vermutlich ohne großen Aufwand integriert
werden. Werden solche Vorgaben vom Verantwortlichen erkannt, muss er sein
Löschkonzept entsprechend anpassen.

Die andere Art Vorgaben könnte die **Löschregeln für konkrete Datenarten betreffen.** 210
So konkretisierte § 4 Abs. 5 BDSG aF die Löschpflicht für Videodaten. Aus § 35
BDSG aF konnte sich für bestimmte Datenarten ergeben, dass trotz eines Antrags der
betroffenen Person auf Löschung stattdessen die Einschränkung der Verarbeitung
hinreichend oder sogar geboten ist. Diese Vorgabe könnte zum Beispiel Einfluss auf
die Entscheidungskriterien für die Bearbeitung des einzelnen Antrags haben. Konkrete Löschregeln oder die konkrete Ausgestaltung des Prozesses beim Verantwortlichen
sind aber nicht Gegenstand und Ergebnis der Erörterungen dieses Kapitels. Vielmehr
wird gezeigt, wie die Löschregeln abgeleitet und dokumentiert werden können. Die
zweite Gruppe von Rechtsvorgaben wäre daher vom Verantwortlichen bei der Ableitung von Löschregeln oder der Ausgestaltung von Prozessen zu beachten. Die DIN
66398 berücksichtigt dies, indem sie darauf hinweist, dass der Verantwortliche die
für ihn einschlägigen datenschutzrechtlichen Vorschriften[152] bei der Bildung der
Löschregeln beachten muss.

d) Rahmenbedingungen für ein Löschkonzept

Schon aus der Fülle der rechtlichen Vorgaben der Datenschutz-Grundverordnung 211
wird deutlich, dass Löschen keine einmalige Aktion sein kann, sondern dass ein **systematisches** Vorgehen zu entwickeln und nachzuweisen ist. Der Verantwortliche benötigt ein **Löschkonzept**, das er umsetzt und weiterentwickelt.[153] Dieses Löschkonzept muss auch **praxistauglich** sein. Um den Kontext eines Löschkonzepts zu verdeutlichen, werden einige Rahmenbedingungen betrachtet.

aa) Anforderungen an ein Löschkonzept

Das **Löschkonzept** beschreibt alle Maßnahmen, die ein Verantwortlicher ergreift, um 212
personenbezogene Daten datenschutzgerecht zu löschen. Diese Dokumentation **hat
mehrere Ziele:** Erstens soll ein systematisches Vorgehen erreicht werden, zweitens
sollen die Zuständigkeiten in der Organisation geklärt werden, drittens sollen über
klare Regelungen ein ordnungsgemäßer Betrieb gewährleistet werden und viertens
soll der Verantwortliche belegen können, dass er die oben aufgeführten Anforderungen der Datenschutz-Grundverordnung an das Löschen erfüllt.

Das **systematische Vorgehen soll die Vorgaben der Datenschutz-Grundverordnung** 213
zum Löschen abdecken: Sie umfassen zunächst, dass zur Speicherbegrenzung und Da-

---

152 Der Terminus *einschlägige datenschutzrechtliche Vorschriften* wird in der Norm weit verstanden. Darunter
     fallen bspw. auch alle Regelungen, die die Zulässigkeit der Verarbeitung begründen (*DIN 66398*, Kap.
     4.2).
153 Insofern ist ein Löschkonzept Teil eines Datenschutz Management-Systems. Wie die Management-Systeme
     anderer Bereiche, bspw. für die Informationssicherheit oder die Qualitätssicherung, sind die Maßnahmen
     zu planen, zu überwachen und weiterzuentwickeln.

tenminimierung Löschregeln definiert und implementiert werden, differenziert für die spezifischen Zwecke der jeweiligen Datenbestände. Die Löschregeln dienen dann auch als Basis für die Informationspflichten. Mechanismen für die Löschung und die Nicht-Löschung im Einzelfall müssen vorbereitet werden, soweit diese berechtigt beantragt werden kann. Letztere Mechanismen werden angewandt über Prozesse, in denen über Anträge von betroffenen Personen oder eingehende Meldungen von anderen Verantwortlichen[154] entschieden wird. Außerdem sind die Überwachung der Löschmaßnahmen, Audits und die regelmäßige Überprüfung und Weiterentwicklung des Löschkonzepts zu regeln.

214 Im Löschkonzept sollte auch beschrieben werden, wie die **Ausführung von Maßnahmen dokumentiert** wird. Die Durchführung von konkreten Löschmaßnahmen kann nachgewiesen werden für die regelmäßigen Löschläufe beispielsweise in Log-Protokollen und für die Löschungen im Einzelfall nach Antrag oder die Ausführung anderer Prozesse beispielsweise in der jeweiligen Bearbeitungsdokumentation. Die Überwachung und Überprüfung von Löschmaßnahmen kann mit Berichten, über einen Ticketprozess, mit Auditplänen und Auditberichten gezeigt werden. Schließlich ist die Überprüfung und Pflege des Löschkonzepts beispielsweise im Rahmen einer Dokumentenlenkung nachvollziehbar.

215 Die Dokumentationen von Vorgehensweise, Maßnahmen, Prozessen und Ausführungsschritten sind die Nachweise des Verantwortlichen gegenüber der Aufsichtsbehörde. Diese Dokumentationen und anderen Nachweise müssen nicht alle eigenständig geführt werden – **teilweise** bietet es sich an, die **Inhalte in bestehende Dokumente** zu **integrieren**. Auftragsverarbeiter müssen an der Dokumentation geeignet mitwirken.

bb) Löschen bei Providern und bei anderen Verantwortlichen

216 Personenbezogene Daten, die von einem Provider für Zwecke im Internet verwendet werden, werden auf IT-Systemen verarbeitet. Das sind zwar IT-Systeme mit spezifischer Software, aber vom Grundsatz werden hier Datenbestände verwendet wie auf anderen IT-Systemen auch. Oft hängen Verarbeitungsprozesse für **Daten „im Internet"** auch mit personenbezogenen **Daten auf anderen IT-Systemen** zusammen. Auch die Abgrenzung der „eigenen IT" eines Verantwortlichen von der „IT im Internet" verschwimmt immer mehr: Angebote in der Cloud als Infrastructure as a Service, Platform as a Service oder Software as a Service gibt es für öffentlich zugängliche Web-Dienste wie auch für unternehmensinterne Anwendungen (→ B. III. Rn. 44 ff.). Die grundlegenden Aufgaben und Herausforderungen bezüglich des Löschens sind dabei vergleichbar. Auch die Rechtsvorgaben der Datenschutz-Grundverordnung unterscheiden nicht zwischen Daten im Internet und anderen personenbezogenen Daten. Die Vorgaben betreffen alle personenbezogenen Daten, die der Verantwortliche verarbeitet. Daher ist im Allgemeinen auch eine Vorgehensweise zum Löschen sinnvoll, die alle diese Bestände umfasst oder zumindest umfassen kann.

---

154 Im Sinne von Art. 17 Abs. 2 DSGVO, s. → B. V. Rn. 14 ff.

Die unten beschriebene allgemeine Vorgehensweise der DIN 66398 hilft, ein Lösch- 217
konzept zu etablieren. Sie richtet sich deshalb auch **nicht nur an Internet-Provider.**
Die folgenden Ausführungen und Vorschläge gelten für Datenbestände mit und ohne
Internet-Bezug und können somit auch von Verantwortlichen angewandt werden, die
keinen (oder nur einen kleinen) Internet-Auftritt betreiben. Die Verantwortlichen
müssen ihrerseits die Löschpflichten an Auftragsverarbeiter weitergeben, beispielsweise an Hoster. Die geltende Rechtslage verpflichtet natürliche Personen nicht, solange sie diese Daten gemäß Art. 2 Abs. 2 lit. c DSGVO zur Ausübung **ausschließlich
persönlicher oder familiärer Tätigkeiten** verwenden.

Wenn man das „gesamte Internet" in den Blick nimmt, sind unüberschaubar viele 218
Akteure beteiligt und es gibt unzählige Verwendungszwecke von Daten – eine sehr
unübersichtliche Landschaft. „Löschen im Internet" scheint aus diesem Grund unlös-
bar. Aber: zum Schutz der Grundrechte müssen sich alle Verantwortlichen sich an die
Vorgaben halten, die zulässigen Zwecken identifizieren und ihr Löschkonzept etablieren. Genau dieses Ziel verfolgt das **Marktort-Prinzip** des Art. 3 DSGVO: **Alle Verantwortlichen unterliegen den gleiche Rechtsvorgaben.** Die Komplexität der Aufgabe
und der wahrscheinlich lange Weg zu (Teil-)Lösungen sollten nicht dazu führen, dass
Löschen aufgegeben wird. Die Aufgabe erfüllen müssen die einzelnen Verantwortlichen. Daher steht im Weiteren das Löschkonzept für eine Organisation, beispielsweise einen Content-Provider, im Fokus.

cc) Handlungsoptionen: Löschen, Anonymisieren, Sperren,…

Bevor die Vorgehensweise der DIN 66398 erläutert wird, ist zum besseren Verständ- 219
nis ein Blick auf die Handlungsoptionen des Verantwortlichen sinnvoll. Der Verantwortliche hat grundsätzlich **zwei Alternativen, den Regelungsbereich des Datenschutzes zu verlassen.** Die Daten werden entweder sicher gelöscht, oder sie werden so verändert, dass es keine personenbezogenen Daten mehr sind (zum umfassenden Begriff
der Identifizierbarkeit → B. I. Rn. 3 ff.).[155] Im zweiten Fall verlässt der Verantworli-
che mit dem anonymisierten Datenbestand den Reglungsbereich des Datenschutzrechts. Anonymisieren wird in der Praxis häufig vorgeschlagen, wenn Datenbestände
als Grundlage von statistischen Auswertungen weiter aufbewahrt werden sollen. Für
eine **Anonymisierung** sind allerdings häufig **hohe Anforderungen** zu erfüllen, die dazu
führen, dass der verbleibende Datenbestand nur noch einen geringen Informationsgehalt aufweist (→ Rn. 287 ff.). Im Sinne von Datenminimierung und Speicherbegrenzung ist die meist bessere Lösung, die Daten möglichst zeitnah auszuwerten und nur
noch die Kennzahlen zu speichern. Die Rohdaten können dann gelöscht werden.
Pseudonymisieren durch den Verantwortlichen ist generell **unzureichend,** denn die Eigenschaft des Pseudonyms ist es gerade, über eine Zuordnungsregel den Personenbezug des pseudonymisierten Datenbestandes aufrecht zu erhalten.[156] Damit liegen weiter personenbezogene Daten vor, die einer Löschregel unterliegen.

---

155 Beispielsweise gibt *Karg* DuD 2018, 520 mwN, einen Überblick zu juristischen Anforderungen.
156 Zur Bedeutung und Verwendung von Pseudonymen in verschiedenen Einsatzfeldern *Knopp,* DuD 2015,
527.

220 In § 35 Abs. 3 BDSG aF war im Falle von unverhältnismäßigem Aufwand für das Löschen die **Option zum Sperren eröffnet**. Eine solche Regelung ist in der Datenschutz-Grundverordnung nicht mehr enthalten. Der Art. 18 DSGVO zur *Einschränkung der Verarbeitung* bezieht sich nur auf Anträge der betroffenen Person. Allerdings eröffnen die Art. 24, 25 und 32 DSGVO einerseits Spielräume, angemessene Löschmaßnahmen auszuwählen und anzuwenden (→ Rn. 195 f.). Andererseits lässt sich aus ihnen aber auch die Forderung nach angemessenen Schutzmaßnahmen ableiten, wenn ein Datenbestand noch lange nach der aktiven Verwendung vorgehalten wird, beispielsweise wegen rechtlicher Aufbewahrungspflichten oder Problemen bei der Löschung. Dann wären diese Daten **geeignet vor Missbrauch zu schützen**.[157] Es könnte daher auch geboten sein, die Verwendung einzuschränken oder die Zugriffsberechtigten auf sehr wenige Personen zu begrenzen, beispielsweise die zuständigen Administratoren. Aus dieser Perspektive dürfte der Unterschied zur Regelung nach dem Bundesdatenschutzgesetz alte Fassung gering sein.

221 An dieser Stelle sei aber auch darauf hingewiesen, dass in der Praxis häufig eine solche **Zugriffsbeschränkung viel schwieriger** zu realisieren ist **als ein Löschen der Daten**. Hintergrund ist, dass Berechtigungskonzepte in IT-Anwendungen in aller Regel nicht auf das Alter von Datenobjekten abstellen. Das wäre aber gerade unter dem Blickwinkel des (verzögerten) Löschens geboten. Solche Zugriffsregeln können zwar grundsätzlich implementiert werden. Das kann aber tiefe Eingriffe in die Verarbeitungslogik und Benutzungsoberflächen erfordern. Einige Hinweise zur Umsetzung von solchen Zugriffsbeschränkungen gibt die DIN 66398.[158]

dd) Exkurs: Löschen ist technisch (nicht?) möglich

222 Häufig wird angeführt, dass Löschen schwierig sei. In dieser Allgemeinheit trägt das Argument aber in aller Regel wohl nicht. **Löschen ist technisch grundsätzlich nicht schwierig** – es wird nur schwierig dadurch, dass keine für die jeweiligen Anwendungszwecke geeigneten Mechanismen vorbereitet sind. Solche Mechanismen zu fordern, ist deshalb die Aufgabe des Verantwortlichen und Gegenstand einer normalen Anforderungsanalyse für IT-Systeme. Ein Content-Provider muss seine Anforderungen kennen. Dann kann er sie entweder selbst umsetzen oder von seinem Hoster im Rahmen der Vereinbarungen zur Auftragsverarbeitung fordern (→ Rn. 260). Wenn der Hoster (noch) keine geeigneten Löschmechanismen bereitstellt, müsste der Content-Provider diese Anforderungen stellen – oder den Hoster wechseln.

223 Die **Anforderung**, Daten nach einer bestimmten Regel **löschen zu können**, ist prinzipiell **vergleichbar** mit einer Anforderung, dass Daten in einer bestimmten Weise in einem Prozess verarbeitet werden können. Anforderungen zum Löschen sind vergleichbar mit anderen funktionalen Anforderungen – also durchaus eine lösbare Aufgabe für eine Implementierung. Auch eine „Angemessenheitsabwägung" könnte dazu verleiten, dem Argument „löschen sei technisch nicht möglich" Raum zu verschaffen. Aber das Argument, dass (jetzt plötzlich hohe) **Kosten für eine Implementierung** entstehen, die unverhältnismäßig seien, ist **zweischneidig**. Art. 6 DSRL als auch das alte

---

157 Auch *Keppeler/Berning* ZD 2017, 314; → B. IV. Rn. 36 ff.
158 *DIN* 66398 (Anhang D).

Volker Hammer

Bundesdatenschutzgesetz setzen seit langer Zeit das Prinzip der Erforderlichkeit. Die Löschvorgabe nach dem Ende der Erforderlichkeit ist beispielsweise schon im Bundesdatenschutzgesetz von 1990 verankert. Wenn heute technisch nicht gelöscht werden kann, kann das nur so interpretiert werden, dass diese (alten) Löschvorgaben vom Verantwortlichen ignoriert wurden. Wer angesichts dieser Historie überrascht ist, dass es Löschvorgaben gibt und auf hohe Kosten verweist, zeigt, dass er sich fast 30 Jahre lang nicht um das Thema Löschen gekümmert hat. Es erscheint nur bedingt tragfähig, die Aufwände, die man sich fast 30 Jahre gespart hat, jetzt als unverhältnismäßig hohe Kosten anzuführen. Zudem sind viele der Kosten auch gar nicht dem Datenschutz anzulasten (→ Rn. 266 ff.).

Wenn **IT-Systeme**, die Art der Datenhaltung und organisatorische Prozesse **geeignet vorbereitet** werden, dann kann Löschen Teil der regulären Verarbeitung sein. Technische Hürden werden vielfach vorgeschoben, weil sich die Beteiligen nicht rechtzeitig darum gekümmert haben, Löschmechanismen zu fordern. Zunächst müssen also geeignete Voraussetzungen geschaffen werden: Das ist die Aufgabe von Anforderungsanalyse und IT-Projekten. Eine Voraussetzung, um Anforderungen für Implementierungen festzulegen, sind allerdings Löschregeln. Diese Löschregeln müssen fachlich bestimmt werden (→ Rn. 234 ff.). Ohne Löschregeln keine Implementierung, ohne Implementierung kein Löschen. Die erste Aufgabe im Löschprojekt ist es deshalb, Löschregeln zu definieren. Die DIN 66398 bietet insbesondere dafür Hilfestellungen. **224**

Liegen die Löschregeln vor, gilt es, die drei genannten Aufgaben der Löschmechanismen zu implementieren. Dabei können für jede der Aufgaben **technische Herausforderungen** bestehen (→ Rn. 270 ff.). Auch die technische Umsetzung des Löschens ist deshalb oft nicht leicht. Aber das sind andere Implementierungsaufgaben auch nicht. Die Herausforderungen sollten deshalb angenommen werden. Oft können erste Schritte gegangen werden, und damit wird den rechtlichen Vorgaben sicher besser entsprochen, als wenn die Anforderungen zum Löschen ignoriert werden. Den ganzen Weg zum sicheren Löschen müssen dann die verschiedenen Akteure arbeitsteilig und gemeinsam bewältigen: Provider in ihren verschiedenen Rollen, die Hersteller von Produkten und nicht zuletzt Standardisierungsgremien. Verantwortliche müssen ihre Anforderungen definieren und Hersteller müssen entsprechend vorbereitete Produkte anbieten. Andere Problemstellungen der IT in der Vergangenheit waren sicher größer, und sie wurde erfolgreich gelöst: Ein gutes Beispiel dafür ist das Internet selbst mit seinen vielfältigen Funktionen. **225**

ee) Praxistauglichkeit eines Löschkonzepts

Löschen ist im IT-Betrieb und in andern Prozessen nur **eine Aufgabe neben vielen anderen** und kein Selbstzweck. Das Ziel einer Organisation ist es, Geschäftsprozesse auszuführen, die dem Zweck der Organisation dienen. Das Löschkonzept muss unter diesem Blickwinkel praktikabel und effizient sein. Der Aufwand für das Löschkonzept und seine Umsetzung muss daher in einem vernünftigen Verhältnis zu den anderen Aufgaben stehen. **226**

227 In der Praxis dürfen durch gelöschte Daten daher auch die **zulässigen regulären Verarbeitungsprozesse nicht gestört** werden. Deshalb müssen die Beteiligten gut verstehen, was beim Löschen passiert. Das Löschkonzept muss so aufgebaut werden, dass

- die Löschregeln gut überschaubar sind und von den vielen Beteiligten verstanden und freigegeben werden können,
- die inhaltliche und technische Komplexität gut beherrschbar ist,
- Störungen vermieden werden, und
- auf besondere Situationen auch mit Ausnahmen von Regellöschungen reagiert werden kann.

Industrieprojekte zeigen, dass Einfachheit des Löschkonzepts ein Schlüssel zum Erfolg ist. Komplizierte Löschregeln und Maßnahmen sind – neben den vielen anderen (eigentlichen) Aufgaben des Tagesgeschäfts – kaum vermittelbar, schlecht beherrschbar und auf Dauer auch nicht wirklich angemessen zu pflegen.

e) DIN 66398 – ein Vorschlag zum Aufbau und zur Umsetzung von Löschkonzepten

228 Die **DIN 66398**[159] ist eine „Leitlinie zur Entwicklung eines Löschkonzepts mit Ableitung von Löschfristen für personenbezogene Daten". Die DIN 66398 geht auf Arbeiten bei der Toll Collect GmbH[160] zurück.[161] Sie wurde im April 2016 beim Beuth Verlag veröffentlicht. Die DIN 66398 ist zwar eine deutsche Norm. Sie beschreibt aber eine allgemeine Vorgehenswiese, die darauf abstellt, dass Organisationen ihre Löschregeln nach den für sie einschlägigen Rechtsvorschriften bilden. Auch wenn die Beispiele in der Norm am BDSG alte Fassung orientiert sind, dürfte die Vorgehensweise ohne größere Anpassungen auch auf die Anforderungen der DSGVO übertragbar sein. Es spricht daher vieles dafür, dass auch Organisationen außerhalb von Deutschland oder Unternehmen, die international tätig sind, ihr Löschkonzept nach der Norm erstellen. Eine englische Sprachfassung der DIN 66398 ist seit Dezember 2017 erhältlich.

229 Den Vorschlägen der DIN 66398 liegt die Annahme zugrunde, dass die durchgängige Löschung personenbezogener Daten einen **tragfähigen Kompromiss** zwischen rechtlichen Vorgaben und praktischen Anforderungen erfordert. Diesen Kompromiss muss der Verantwortliche für seine Bestände finden. Dabei muss er die Zulässigkeit nach den für ihn einschlägigen Rechtsvorschriften beachten. Die Vorgehensweise ist im Übrigen auch nicht auf personenbezogene Daten beschränkt: Andere Datenarten können leicht integriert werden.

aa) Gegenstand und Aufbau der Norm

230 Die DIN 66398 beschreibt, wie **systematisches Löschen** für personenbezogene Daten **in einer Organisation effizient etabliert** werden kann. Die Norm empfiehlt ein Vorge-

---

159 DIN 66398. Eine Übersicht zu den Inhalten der DIN 66398 gibt *Hammer* DuD 2016, 528 Eine Übersicht über die Norm und ergänzende Hinweise mwN gibt auch die Website http://www.DIN-66398.de.
160 Die Toll Collect GmbH ist die Betreiberin des deutschen Mautsystems.
161 S. zu den Vorarbeiten bei Toll Collect ua *Hammer/Fraenkel* DuD 2007, 905, und *Hammer/Fraenkel* DuD 2011, 890. Teil der Vorarbeiten war auch ein Projekt, in dem die Vorgehensweise unter Beteiligung von Industrieunternehmen und Vertretern des Bundesbeauftragten für den Datenschutz und die Informationsfreiheit und des Unabhängigen Landeszentrums für Datenschutz Schleswig Holstein diskutiert und überprüft wurde. Als Ergebnis entstand eine Vorversion zur Norm: *Hammer/Schuler*, Leitlinie, 2012

Volker Hammer

hensmodell für die Entwicklung eines Löschkonzepts. Sie beschreibt Vorgehensweisen, durch die Löschregeln festgelegt werden. Die Norm schlägt weiter vor, wie die Umsetzung der Löschregeln gesteuert werden kann. Für die Dokumentation des Löschkonzepts empfiehlt sie eine Struktur. Schließlich gibt die Norm auch Empfehlungen, wie das Löschkonzept fortgeschrieben werden kann. Konkrete **Löschregeln** und Löschfristen kann die Norm allerdings **nicht festlegen.** Da diese von den jeweils einschlägigen datenschutzrechtlichen Vorschriften und den zulässigen Zwecken der Verarbeitung beim Verantwortlichen abhängen, müssen die Löschregeln durch den Verantwortlichen festgelegt werden. Hauptadressat der Norm ist deshalb der Verantwortliche.

Die DIN 66398 folgt dem üblichen Aufbau von Standards. In den ersten drei Kapiteln spezifiziert die Norm den Anwendungsbereich, Begriffe und Abkürzungen. Die **Begriffsdefinitionen** sind für Löschprojekte äußerst hilfreich: Da zwangsläufig Akteure aus unterschiedlichen Disziplinen zusammenarbeiten müssen, helfen erprobte Begriffe bei der Verständigung zwischen Fachanwendern, Entwicklern, Administratoren und Mitarbeitern aus der Rechtsabteilung, dem Datenschutz, der Informationssicherheit und der Geschäftsführung. Kapitel vier der Norm gibt einen **Überblick über die Vorgehensweise.** Hier finden sich auch Hinweise, wie einschlägige datenschutzrechtliche Vorschriften im Löschkonzept zu berücksichtigen sind. Es werden außerdem die zentralen Begriffe erläutert, darunter Löschen, Datenart, Löschregel, Vorhaltefrist, Standardlöschfrist und Regellöschfrist. Außerdem wird im Hinblick auf Löschen dargestellt, wie sich die Datenbestände in Produktion, Archiven und Datensicherungen zu einander verhalten und wie sie behandelt werden sollen.   231

Die in der Norm empfohlene Vorgehensweise gründet auf zwei Säulen. Deren erste ist das Prinzip „Für jede Datenart genau eine Löschregel". Dazu wird der Datenbestand des Verantwortlichen in Datenarten (zur Definition → Rn. 180) aufgeteilt. Die zweite Säule ist die klare Trennung der Dokumentation technikunabhängiger Löschregeln von den Umsetzungsvorgaben, die das Löschen in Prozessen steuern. Die weiteren Kapitel vertiefen **einzelne Aspekte der Vorgehensweise.** Es wird beschrieben, wie **Datenarten** gebildet werden. Für die Identifikation von **Standardlöschfristen** werden drei Schritte vorgestellt; aus dem Ergebnis entstehen **Löschklassen.** Das Hilfsmittel der Löschklassen wird verwendet, um Datenarten einzuordnen und daraus **Löschregeln** zu festzulegen. Die Löschregeln werden technikunabhängig beschrieben. Mithilfe von **Umsetzungsvorgaben** werden sie auf Systeme und Prozesse übertragen, in denen personenbezogene Datenverwendet werden. Es werden Gruppen von Umsetzungsvorgaben identifiziert und eine Checkliste für die Inhalte angeboten. Schließlich wird skizziert, welche **Verantwortlichkeiten** geregelt werden müssen, um das Löschkonzept fortzuschreiben und zu pflegen.   232

Vier Anhänge bieten Informationen zu Fragen aus dem Kontext eines Löschkonzepts: zur **Organisation eines Projekts** „Löschkonzept", zum Verhältnis zwischen **Anonymisieren und Löschen,** zu Vorgaben für die **Sicherheit von Löschmechanismen** und zur Bedeutung des **datenschutzrechtlichen Sperrens** bei Aufbewahrungsfristen über eine fachliche Verwendung hinaus. Dieser letzte Anhang stellt noch auf die Regelung des   233

Bundesdatenschutzgesetzes alte Fassung ab, lässt sich aber vermutlich auch auf die weniger präzisen Vorgaben aus Art. 24, 25 und 32 DSGVO übertragen.

bb) Löschregeln festlegen

234 Die Löschregeln für eine Organisation werden für Datenarten festgelegt. Die Datenarten werden gebildet, in dem der Datenbestand des Verantwortlichen nach datenschutzrechtlichen Zwecken aufgeteilt wird (zur Definition → Rn. 180). Für jede **Datenart** soll genau eine Löschregel definiert werden. Diese **Löschregel** besteht aus zwei Angaben: der sogenannten **Regellöschfrist und** einem **Startzeitpunkt**, ab dem die Regellöschfrist läuft. Unter der Regellöschfrist wird die Frist verstanden, nach der die Datenobjekte einer Datenart gelöscht sein müssen, wenn sie im Regelprozess verarbeitet werden. Da eine Regellöschfrist alleine keinen Termin für die Löschung festlegt, muss ein Startzeitpunkt für den Lauf der Frist durch ein geeignetes Ereignis bestimmt werden. Das kann beispielsweise das Datum eines Protokoll-Eintrags, der Zeitpunkt eines Vertragsschlusses oder der Termin einer De-Registrierung in einem Internet-Portal sein. Ein Datenobjekt muss gelöscht sein, wenn die Regellöschfrist bezogen auf den jeweiligen Startzeitpunkt erreicht wurde.

235 Die **Löschregel** muss den datenschutzrechtlichen Anforderungen entsprechen. Datenobjekte der Datenart müssen durch Anwendung von Startzeitpunkt und Regellöschfrist im Sinne des Datenschutzes ‚rechtzeitig‘ gelöscht werden. Es gilt daher, mit der Löschregel eine geeignete Kombination von Regellöschfrist und Startzeitpunkt zu bestimmen. Die Norm bietet eine überaus effiziente Vorgehensweise zur Identifikation von Löschregeln an: die Verwendung von sogenannten Löschklassen.[162] Jede **Löschklasse** wird aus einer Standardlöschfrist und einem von drei Typen von Startzeitpunkten gebildet. Aus den Standardlöschfristen und den drei Typen von Startzeitpunkten wird die Matrix der Löschklassen gebildet. Sie ist ein wertvolles Hilfsmittel, um Löschregeln zu finden und einen Überblick über die Datenarten mit ihren Regeln zu erhalten. Standardlöschfristen werden verwendet, um Löschfristen, die vergleichsweise nahe beieinander liegen, in einer Frist zusammenzufassen. Die Standardlöschfristen reduzieren die Komplexität des Löschkonzepts und erleichtert die spätere Umsetzung, ohne die Aufbewahrung zu löschender Datenobjekte datenschutzrechtlich unangemessen lange zu verzögern.

236 Die DIN-Norm schlägt **drei Schritte** vor, **in denen Standardlöschfristen identifiziert werden**. Um die Standardlöschfristen zu bestimmen, werden wenige, möglichst typische Datenarten ausgewählt, die für unterschiedliche Zwecke verwendet werden. Zunächst werden Datenarten identifiziert, für die sich Fristen **unmittelbar aus Rechtsvorschriften** ergeben. Beispiele hierfür sind die Verjährungsfrist von 3 Jahren nach § 195 BGB, die Aufbewahrungsfrist von 6 Jahren für Handelsbriefe und 10 Jahren für Buchhaltungsdaten und Buchungsbelege nach § 147 AO und § 257 HGB. Daraus ergeben sich die ersten Standardlöschfristen: Aus den identifizierten Fristen verwendet man als Standardlöschfristen so wenige wie möglich, aber so viele wie datenschutzrechtlich nötig. Für manche Datenarten können die Standardlöschfristen aus

---

162 Das Konzept der Löschklassen wurde im Löschkonzept von Toll Collect entwickelt: *Hammer/Fraenkel* DuD 2011, 890.

dem ersten Schritt datenschutzrechtlich unzureichend sein, beispielsweise weil es sich um besondere Arten personenbezogener Daten handelt oder weil gesetzlich enge Fristen gefordert sind, die aber unbestimmt sind. Für ausgewählte Datenarten aus dieser Gruppe werden daher **Prozessanalysen** durchgeführt. Dazu wird geprüft, wie lange die einzelnen Schritte des Geschäftsprozesses dauern, in dem die jeweilige Datenart zulässigerweise verwendet wird. Grundlage für die Standardlöschfrist ist die Summe über die maximalen Laufzeiten der Schritte. Eine solche Analyse ist aufwändig. Sie kann aber rechtlich gefordert sein, um eine enge Frist zu bestimmen. Wenn möglich, werden nur wenige Prozesse analysiert, um weitere Standardlöschfristen zu bestimmen.

In den beiden ersten Schritten werden bereits einige Standardlöschfristen festgelegt. 237 Die Abfolge dieser Standardlöschfristen kann aber große Abstände aufweisen. Dann kann folgende Situation auftreten: Für manche verbleibenden Datenarten kann einerseits der Zweck verhindern, dass sie zu einer frühen Standardlöschfrist gelöscht werden. Andererseits kann die nächste größere Standardlöschfrist datenschutzrechtlich nicht mehr vertretbar sein, weil sie einen zu großen Abstand aufweist. Bei Bedarf werden solche Lücken dann durch **frei gewählte Standardlöschfristen** unterteilt. In Abb. 1 sind die Fristen 42 Tage und ein Jahr frei gewählt. Ziel ist es, mit **wenigen Standardlöschfristen** auszukommen. In allen drei Schritten wird daher geprüft, ob Differenzierungen nötig sind und ob nahe beieinander liegende Fristen zu einer zusammengefasst werden können.

Löschregeln benötigen außerdem **Startzeitpunkte**. Die Startzeitpunkte lassen sich 238 nach drei wesentlichen Typen einteilen. Diese Typen von Startzeitpunkten abstrahieren von konkreten Ereignissen und werden in der Norm verwendet, um Löschklassen zu bilden. Zwei Typen sind naheliegend: Der Lauf der Löschfrist beginnt mit dem Zeitpunkt der **Erhebung** oder mit dem **Ende eines Vorgangs**. Ein spezielles Ereignis ist das Ende der Beziehung zur betroffenen Person. Dieses Ereignis ist ein Spezialfall von „Ende eines Vorgangs". Dieser Typ von Startzeitpunkt hat allerdings besondere Bedeutung: Für alle Datenarten, für die bis zu diesem Zeitpunkt keine Löschregel angewandt wurde, sollte jetzt die Löschfrist starten. Das **Ende der Beziehung zu einem Betroffenen** wird daher als dritter abstrakter Startzeitpunkt verwendet.

Löschklassen werden nun gebildet, indem eine **Matrix** der **aus** den vorigen Arbeits- 239 schritten festgelegten **Standardlöschfristen und** den **Typen von Startzeitpunkten** aufgespannt wird. Jede Zelle der Matrix entspricht einer Löschklasse und wird definiert durch eine Kombination aus Standardlöschfrist und Startzeitpunkt. Ein Beispiel für eine Matrix mit Löschklassen zeigt Abb. 1.

Abb. 1: Matrix der Löschklassen am Beispiel von Toll Collect[163]

Standardlöschfristen

	Sofort	42 T	120 T	1J	4J	7J	12J
Erh			Maut-daten	Mautd. mit bes. Analyse-bedarf			
EeV	Web-Logs, nmF	Kurzzeit-Doku, Betriebs-Logs	Voll erstattete Reklama-tionen	Vorgänge ohne Doku-pflicht	Rekla- und Forde-rungsd.	Handels-briefe	Buch-haltungs-daten
EBB				ergänzende Stamm-daten		Verträge	Kernstamm-daten

(Zeilenbeschriftung links: **Startzeitpunkte**)

Legende: hellgrau unterlegt = Frist aus allgemeinen Gesetzen, dunkelgrau unterlegt = aus spezifischen Gesetzen, mit Muster unterlegt = frei gewählt.
Erh: ab Erhebung; EeV: Ende eines Vorgangs; EBB: Ende der Beziehung zur betroffenen Person. Die gesetzlich motivierten Fristen von 4, 7 und 12 Jahren entstehen, weil die Rechtsvorschriften die Frist erst ab einer Jahresgrenze definieren. Das laufende Kalenderjahr wurde in diesen Fällen zur Standardlöschfrist hinzugerechnet.

240 Für viele Datenarten besteht ein gutes Grundverständnis dafür, welchen datenschutzrechtlich zulässigen Zwecken sie dienen. Daraus ergibt sich, wie lange man Daten zur fachlichen Verwendung, für fachliche Dokumentationserfordernisse und aus rechtlichen Aufbewahrungspflichten aufbewahren muss und darf (Vorhaltefrist). Mit diesen Kenntnissen kann der Verantwortliche die **Datenarten in** die oben festgelegten **Löschklassen einordnen.** Dabei wird für jede Datenart die Löschklasse gewählt, deren Typ von Startzeitpunkt und Standardlöschfrist der Vorhaltefrist der jeweiligen Datenart entspricht oder deren Standardlöschfrist nur wenig größer ist.

241 Ein gewisser „**Abstand**" zwischen **Vorhaltefrist und Standardlöschfrist** sollte in vielen Fällen datenschutzrechtlich akzeptabel sein, hier könnte auch mit der Angemessenheit der technisch-organisatorischen Maßnahmen argumentiert werden ($\rightarrow$ Rn. 195). Bestehen im Einzelfall Bedenken, dass der Abstand zu einer zu späten Löschung führen würde, muss versucht werden, eine andere Kombination von Standardlöschfrist und Startzeitpunkt zu wählen. Wenn die Zuordnung einer Datenart nicht möglich ist, kann selbstverständlich auch geprüft werden, ob eine weitere Standardlöschfrist eingeführt wird oder eine Löschregel außerhalb des Schemas der Löschklassen definiert wird. Solche Ausnahmen sollen aber vermieden werden, weil dadurch die Komplexität des Löschkonzepts erhöht wird. In manchen Fällen führt eine Prüfung auch dazu, dass für die Datenart nur eine kürzere Vorhaltefrist notwendig ist und sie deshalb in eine Löschklasse mit kürzerer Frist eingeordnet werden kann. Zeigt sich während der Zuordnung, dass in einer Datenart unterschiedliche Fristen für die Löschung angebracht wären, ist dies ein starkes Indiz dafür, dass die Datenobjekte auf zwei oder mehr Datenarten aufgeteilt werden

---

163 Abb. in Anlehnung an DIN 66398.

Volker Hammer

sollten und dann in unterschiedliche Löschklassen eingeordnet werden. Mit dieser Vorgehensweise sollte für jede Datenart eine Löschregel zu definieren sein.[164]

Alle Löschregeln des Verantwortlichen sollen in einem **Katalog der Löschregeln** zu­sammengestellt werden. Dort müssen die Löschregeln durch die datenschutzrechtli­chen Verwendungszwecke begründet, zum Beispiel mittels der Rechtsgrundlagen, und die Regeln ausformuliert werden. Für jede Datenart wird dazu die Standardlöschfrist der Löschklasse als Regellöschfrist übernommen. Außerdem muss der Startzeitpunkt definiert werden, indem eine konkrete Bedingung identifiziert wird. Beispielsweise bietet ein Internet-Provider im Rahmen einer Vertragsleistung unter anderem die Be­reitstellung von E-Mail-Konten an. Für die Löschregel solcher Konten könnte der Typ des Startzeitpunktes „Ende eines Vorgangs" sein. Er würde konkretisiert durch „Zeitpunkt der Kündigung des E-Mail-Kontos". Für die Datenart „E-Mail-Konten der Endkunden" könnte die Löschregel dann lauten: „Ein Monat nach Kündigung des E-Mail-Kontos". Mit der Löschregel sollten gegebenenfalls auch konkrete gesetz­liche Löschpflichten, Fristen aus dem – rechtskonformen – Geschäftsprozess und wei­tere Gründe für die Festlegung der Löschregel dokumentiert werden. Das macht die Festlegung in Reviews und Audits nachvollziehbar. Außerdem erlauben diese Infor­mationen bei Änderungsanfragen nachzuvollziehen, aus welchen Gründen die Regel ursprünglich so festgelegt wurde.

242

Wenn eine Datenart anonymisiert werden soll, ist entsprechend zum Löschen eine Anonymisierungsregel festzulegen. Auch sie braucht einen Startzeitpunkt und eine Frist, nach der die Anonymisierung erfolgen soll. Zusätzlich sollte angegeben werden, wie die Merkmale der Datenobjekte zu anonymisieren sind, damit die Kriterien für anonyme Daten (→ Rn. 287 ff.) erfüllt werden.

243

Im Katalog kann zu jeder Datenart auch ergänzt werden, ob **Aufgaben im Rahmen von Anträgen nach Art. 17 und 18** anfallen können, ob dafür besondere technische Unterstützung erwartet wird oder ob die „Bordmittel" der Geschäftsprozesse als aus­reichend angesehen werden, um den Anträgen zu entsprechen. Auch wenn technisch-organisatorische Maßnahmen ähnlich der Sperrvorgabe nach § 35 Abs. 3 Nr. 3 BDSG aF als notwendig erachtet werden, könnte dies bei der Datenart als Sperrregel vermerkt werden. Diese Angaben können dann unmittelbar in den Umsetzungsvorga­ben aufgegriffen werden.

244

cc) Steuern der Umsetzung

Die Löschregeln werden im Katalog technikunabhängig beschrieben, also ohne Blick auf die technische Repräsentation der Datenobjekte, Speicherorte und die Details der Verarbeitungsprozesse. Um die Löschung erfolgreich umzusetzen, müssen die Regeln auf konkrete Maßnahmen übertragen werden. Außerdem muss geklärt werden, wel­che Mitarbeiter dafür verantwortlich sind, dass die Löschung ausgeführt wird. In der DIN 66398 wird vorgeschlagen, dazu sogenannte **Umsetzungsvorgaben** zu verwen­den. Umsetzungsvorgaben können als eigenständige Dokumente erstellt oder in be­stehende Dokumente des Verantwortlichen aufgenommen werden.

245

---

164 Wenn entsprechende Zwecke vorliegen, könnte eine Standardlöschfrist auch „keine Löschung" sein. Diese „Frist" könnte zB bei öffentlichen Archiven zur Anwendung kommen.

246   Die Norm weist darauf hin, dass es **vier Bereiche** gibt, in denen das Löschen durch jeweils mehrere Umsetzungsvorgaben gesteuert werden sollten: **Systemlöschkonzepte** beschreiben die Löschmaßnahmen für die Datenarten in einem IT-System, soweit sie nicht in übergreifenden Richtlinien definiert sind. In **Richtlinien** können die Löschmaßnahmen für übergreifende Aspekte festgelegt werden, beispielsweise für Backups oder IT-Protokollen. Umsetzungsvorgaben können auch für **manuelle Prozesse** notwendig sein, zum Beispiel als Teil von Arbeitsanweisungen. Schließlich sind auch **Dienstleister** geeignet zu **verpflichten**, beispielsweise über Vereinbarungen im Dienstleistungsvertrag oder über Weisungen zur Auftragsverarbeitung. Jede **Umsetzungsvorgabe** regelt **für einen abgegrenzten Geltungsbereich**, wie jeweils zu löschen ist. Für die Datenarten in diesem Geltungsbereich, also die Datenarten in einem System oder die, die von einem Hoster verarbeitet werden, legt die Umsetzungsvorgabe fest, **wie die Löschregeln zu implementieren sind**. In der Umsetzungsvorgabe werden daher zunächst die Datenarten aufgeführt, für die diese Umsetzungsvorgabe gilt. Für diese Datenarten werden die Löschregeln aus dem Katalog der Löschregeln entnommen und für die Umsetzung konkretisiert. Umsetzungsvorgaben haben verschiedene Aufgaben: sie beschreiben die Anforderungen für die Implementierung, sie dienen als Anweisung für den Betrieb und sie erlauben dem Verantwortlichen, seine Maßnahmen zu überprüfen und nachzuweisen.

247   Ein **Systemlöschkonzept** ist zunächst der **Anforderungskatalogs** in einem Implementierungs- oder Beschaffungsprojekt. Für die Datenarten in einem IT-System sind dazu jeweils insbesondere die folgenden Entscheidungen zu treffen und als Anforderung festzulegen: Soll die Regellöschfrist ausgenutzt werden oder kann die Datenart schon früher gelöscht werden? Letzteres kann der Fall sein, wenn eine Datenart in mehreren Systemen verarbeitet, aber nur in einem archiviert wird. Welches sind die konkreten Bedingungen im System, durch die der Startzeitpunkt identifiziert wird? Beispielsweise könnte für den Zeitpunkt des der De-Registrierung des Portal-Benutzers ein konkretes Attribut aus einer internen Datenbank mit dem entsprechenden Datum verwendet werden. Außerdem soll festgelegt werden, wie die Löschläufe zu dokumentieren sind. Im Verlauf der Implementierung soll dann auch ergänzt werden, mit welchem Mechanismus gelöscht wird, wie er zu konfigurieren ist und wer dafür verantwortlich ist, dass er regelmäßig gestartet wird. Mit diesen zusätzlichen Angaben erfüllt die **Umsetzungsvorgabe weitere Funktionen** und kann beispielsweise in ein Handbuch für den IT-Betrieb aufgenommen werden. Sie dient dann den Administratoren als Arbeitsgrundlage. Sie ist ein sehr guter Ausgangspunkt, um Audit-Pläne zu erstellen. Schließlich zeigt die Dokumentation auch gegenüber der Aufsichtsbehörde, dass und wie der Verantwortliche seine Löschpflichten im jeweiligen IT-System wahrnimmt. Für die drei anderen Bereiche, Richtlinien, manuelle Prozesse, und Steuerung der Dienstleister, wird entsprechend verfahren.

dd) Weitere Aufgabenstellungen aus der Praxis

248   Mit den Umsetzungsvorgaben wird der Regelbetrieb organisiert. Im **betrieblichen Alltag** treten aber auch **Situationen** auf, in denen nicht starr nach den Löschregeln vorgegangen werden kann. Wenn ein Löschkonzept solche Situationen nicht behandeln kann, ist es nicht praxistauglich. Wie soll zum Beispiel vorgegangen werden, wenn

eine technische Störungen auftritt und das regelgerechte Löschen in dieser Situation den Schaden vergrößern oder gar die Existenz des Unternehmens bedrohen würde? Auch der Begriff „Regellöschfrist" legt nahe, dass es Abweichungen vom Regelprozess geben kann. Die DIN 66398 enthält daher auch Vorschläge für verschiedene fachliche Anforderungen und Abläufe des IT-Betriebs, die dem Löschkonzept die **notwendige Flexibilität** verschaffen.

Das Löschkonzept muss **Datensicherungen** abdecken, denn diese sind für einen geordneten IT-Betrieb zwingend. Datensicherungen haben den Zweck einer konsistenten Wiederherstellung eines Systems bezogen auf einen bestimmten Zeitpunkt in der Vergangenheit. Damit Datensicherungen diese Aufgabe erfüllen können, wird eine exakte Kopie von Programmen oder Datenbeständen des Systems erzeugt. Der Datenbestand in jeder Datensicherung enthält naturgemäß auch Daten, die bald zu löschen sind. Auf die Datensicherungen können die Löschregeln für die enthaltenen Datenarten aber nicht angewandt werden, denn sonst würde die Kopie verändert und eine exakte Wiederherstellung des Systemzustands wäre nicht mehr möglich. Außerdem können aus Backups einzelne Datenbestände oder gar Datensätze oder Attribute nur mit sehr hohem Aufwand oder gar nicht gezielt gelöscht werden. Damit Datensicherungen im Löschkonzept datenschutzgerecht behandelt werden können, muss der Verantwortliche zunächst folgende Voraussetzung schaffen: Es muss **strikt getrennt werden** zwischen **Datenbeständen in produktiven Systemen und Archivsystemen einerseits und Datensicherungen andererseits.**[165] In produktiven Systemen und Archiven werden die Regellöschfristen angewandt. Für die personenbezogenen Daten in den Datensicherungen gelten Sonderregelungen.   249

Für Datensicherungen werden besondere Vorhaltefristen festgelegt. Um diese Frist darf die Regellöschfrist dann überschritten werden. Damit dies datenschutzrechtlich akzeptabel ist, muss die Vorhaltefrist für die Datensicherung in einem vertretbaren Verhältnis zu den enthaltenen Datenarten stehen: Die **Vorhaltefrist der Datensicherung** muss an der **kürzesten Regellöschfrist ausgerichtet** werden. Sind bestimmte personenbezogene Daten drei Monate nach Erhebung zu löschen, ist eine Speicherung dieser Daten in der Datensicherung für mehrere Monate vermutlich nicht zu vertreten; denkbar wäre vielleicht eine Frist von drei Wochen. Daten mit Regellöschfristen von mehreren Jahren können dagegen vielleicht auch für einige Monate in der Datensicherung vorgehalten werden. Um Löschfristen auch in Backups Rechnung zu tragen, bietet es sich daher an, die Datenbestände nach den Vorhaltefristen zu separieren und in unterschiedlichen Datensicherungen zu verwalten. Für Backup-Medien muss dann sichergestellt werden, dass sie zeitnah nach der Vorhaltefrist wiederverwendet und überschrieben werden.   250

Für manche Datenbestände kann **nicht automatisch entschieden** werden, ob die Voraussetzungen für die Löschung bereits gegeben sind. Verfahren der Steuerprüfung können sich beispielsweise über sehr lange Zeiträume hinziehen. Für solche Fälle können dann zwar Löschregeln implementiert werden. Sie werden jedoch nicht auto-   251

---

[165] Das sollte für einen IT-Betrieb selbstverständlich sein. Leider wird diese Trennung nicht immer durchgehalten. Manche Organisationen nutzen Datensicherungen auch als Archiv.

matisch, sondern erst nach Freigabe durch einen fachlich verantwortlichen Mitarbeiter aktiviert. Gelegentlich werden aus **fachlichen Gründen** einzelne Datenobjekte einer Datenart länger benötigt, als die Regellöschfrist dies vorsieht, beispielsweise für einen Rechtsstreit. Das kann im Löschkonzept abgebildet werden, indem für diese ausgewählten Bestände eine eigene Datenart definiert wird. Datenobjekte, die beispielsweise als Beweismittel verwendet werden sollen, fallen dann in diese Datenart und unterliegen einer anderen Löschregel. Sie können dann im IT-System gekennzeichnet und von der Löschung ausgenommen werden, bis der Rechtsstreit beendet ist. Solche Ausnahmen müssen durch die Löschmechanismen berücksichtigt werden und sind in den entsprechenden Umsetzungsvorgaben zu spezifizieren.

252 Wenn Datenbestände länger gespeichert werden sollen, um beispielsweise **statistische Auswertungen zu erlauben**, kann unter Umständen durch Vergröberung oder Aggregation von Werten eine andere Zulässigkeitsgrundlage erreicht werden. Die umgewandelten Bestände können dann einer anderen Datenart mit anderer Löschregel zugeordnet werden. In der Umsetzungsvorgabe wird dann die entsprechende Löschregel berücksichtigt. In Einzelfällen könnte auch datenschutzrechtlich geprüft werden, ob ein Datenbestand zeitweise von der Löschung ausgenommen wird oder auch aus einem System abgezogen werden darf, um besondere Analysen zu erlauben.

253 Um auf **Störungen des IT-Betriebs oder Fehler im Datenbestand** reagieren zu können, schlägt die DIN 66398 vor, Löschmechanismen in den betroffenen Systemen auszusetzen. Nach der Behebung des Fehlers wird dann die Regellöschung wieder aktiviert. Maßnahmen zur Fehlerbehebung sollten in einer Implementierungsplanung befristet werden und in die Wiederaufnahme des Regelbetriebs münden. Die **unregelmäßigen Abläufe** sollen im Löschkonzept auch **datenschutzrechtlich geprüft und gesteuert** werden. Beispielsweise ist sicherzustellen, dass Ausnahmen auch wieder beendet werden. Soweit ein Change-Management etabliert ist, bietet es sich an, dieses auch für die speziellen Abläufe im Löschkonzept einzusetzen. Über Wiedervorlagen können beispielsweise bei Fachabteilungen die Freigabeaufforderungen für Löschläufe eingeholt werden. Aufträge für Datenabzüge können einem datenschutzrechtlichen Freigabevorbehalt unterliegen und als abschließende Schritte die Löschung der Daten und eine Information an den Datenschutzbeauftragten enthalten.

254 Schließlich können auch berechtigte **Anträge der betroffenen Person** auf Löschung oder Nicht-Löschung (→ Rn. 198 ff.) direkt über das Change-Management angewiesen werden, wenn es sich um wenige Einzelfälle handelt, die im IT-Betrieb abgedeckt werden können. Ist dies nicht möglich oder treten bestimmte Fälle dieser Art häufiger auf, bietet es sich an, eine oder mehrere Datenarten mit Löschregeln zu definieren. Die relevanten Datenobjekte können dann beispielsweise in einem Fachprozess gekennzeichnet und mit einer Löschmaßnahme im Regelbetrieb behandelt werden.

ee) Dokumente und Pflege des Löschkonzepts

255 Die Dokumentationen von Löschregeln und Umsetzungsvorgaben sollen voneinander getrennt werden. Die Löschregeln werden technikunabhängig beschrieben und gelten daher unabhängig von Speicherort und technischer Repräsentation. Dadurch erhalten die Beteiligten eine gemeinsame und einheitliche Sicht auf den Katalog der Löschre-

geln. Die Regeln können dann in allen Umsetzungsvorgaben „wiederverwendet" werden. Aus der Perspektive der Norm ergibt sich damit die **logische Dokumentationsstruktur** in Abb. 2. Das einzige eigenständige „Pflichtdokument" nach den Empfehlungen der Norm ist der Katalog der Löschregeln. Alle anderen Inhalte können in bestehende Dokumente des Verantwortlichen integriert werden, wenn sich dies anbietet. Beschrieben werden sollte auch die Vorgehensweise für das Löschkonzept. In diesem Überblick sollten insbesondere der Geltungsbereich, die einschlägigen Prozesse und die zuständigen Stellen für das Löschkonzept in der Organisation festgelegt werden. Diese Informationen können aber auch in einem übergreifenden Datenschutzkonzept, in ein Management-Handbuch oder in den Katalog der Löschregeln eingefügt werden.

Die DIN 66398 fordert, dass ein einmal erstelltes Löschkonzept gemäß der Entwicklung von Recht, Fachprozessen und IT-Systemen fortgeschrieben wird. Die Norm benennt deshalb Aufgaben, für die **verantwortliche Mitarbeiter** oder Rollen in der Organisation festgelegt werden müssen. Dazu gehören die Pflege des Katalogs der Löschregeln und die Entwicklung und Fortschreibung von Umsetzungsvorgaben. In der Norm werden außerdem Informationspflichten und Freigabebeteiligungen empfohlen, damit die datenschutzrechtliche Zulässigkeit von Löschregeln durch den Datenschutzbeauftragten geprüft werden kann, zum Beispiel bei Dokumentänderungen, einigen Aktivitäten des Change-Managements oder bei Systembeschaffungen.

256

Abb. 2: Dokumentationsstruktur eines Löschkonzepts[166]

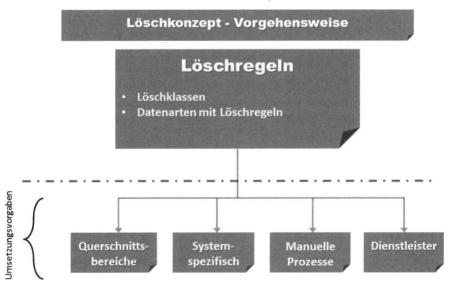

Klare Trennung: Technikunabhängige Löschregeln im Katalog und technikbezogen Anforderungen in den Umsetzungsvorgaben.

---

166 Abb. nach DIN 66398.

257 Eine wichtige Empfehlung gibt die DIN 66398 für die **Weiterentwicklung der IT** beim Verantwortlichen: Die Löschregeln müssen als Anforderungen in Entwicklungs- und Beschaffungsprojekte einfließen. Nur dann kann langfristig Löschen auch durchgängig umgesetzt werden.

258 **Auslöser für Änderungen am Löschkonzept** können Änderungen von Rechtsvorgaben sein. Aber auch datenschutzrechtlich zulässige Anpassungen von Geschäftsprozessen können zu Änderungen von Löschregeln führen. Soweit Techniksysteme verändert oder neu beschafft werden, manuelle Prozesse angepasst werden oder andere Dienstleister mit veränderten Aufgaben oder neu eingebunden werden, ist zu prüfen, ob die jeweiligen Umsetzungsvorgaben angepasst oder neu erstellt werden müssen. Auch im Falle von Veränderungen an technischen Basiskomponenten, wie beispielsweise neuen Betriebssystemgenerationen, der Virtualisierung von Servern oder dem Übergang von herkömmlichen Festplatten zu Solid State Disks ist zu prüfen, ob die Löschmechanismen die Anforderungen des Datenschutzen noch ausreichend abdecken (einige Hintergründe dazu → Rn. 270 ff.). Solche Auslöser sollten beobachtet und anlassbezogen und in periodischen Überprüfungen der Dokumente des Löschkonzepts berücksichtigt werden.

f) Anwendung der DIN 66398

259 Die DIN 66398 verschafft den Organisationen, die sie anwenden, große Vorteile: Wesentliche Vorarbeiten, mit denen ein Löschprojekt erst konzipiert werden müsste, stehen zum Projektbeginn fertig zur Verfügung. Erfahrungen mit der Vorgehensweise müssen nicht teuer gewonnen, sondern können schnell genutzt werden. Die DIN 66398 ist aber „nur" eine Leitlinie. Sie schlägt eine **Vorgehensweise** vor, die bezogen **auf die eigene Organisation angepasst und ergänzt werden kann** und soll.

aa) Anpassen auf die Organisation

260 **Content-Provider, die eigene personenbezogene Daten verwenden,** müssen ihren Regelkatalog erstellen und umsetzen. Dabei werden die spezifischen Datenarten des Providers festgelegt und auf der Basis der jeweils geltenden Rechtsgrundlagen und zulässigen Zwecke die Löschregeln definiert. Wenn der Provider personenbezogene Daten von anderen Verantwortlichen für seine Zweck übernimmt, muss er neben seinen Zwecken für die personenbezogenen Daten wahrscheinlich die Mitteilungen der anderen Verantwortlichen nach Art. 17 Abs. 2 und 19 DSGVO als Mitteilungsempfänger berücksichtigen (→ Rn. 201 f.). Er muss entscheiden, wie solche Mitteilungen über Löschungen in seinen Löschregeln und -maßnahmen berücksichtigt werden. In den Regelkatalog sind auch alle Datenarten einzubeziehen, die in eigenen Internetangeboten des Providers in der Cloud bereitgestellt werden. Das Löschen in Anwendungen, die er selbst über Infrastructure as a Service (IaaS) oder Platform as a Service (PaaS) betreibt, kann er weitgehend auch selbst umsetzen und veranlassen. Manche Leistungen müssen vermutlich mit dem Cloud-Anbieter koordiniert und vereinbart werden: Dazu können gehören die Vorhaltefrist von Log-Protokollen, das Überschreiben temporärer Dateien, das Löschen von Backups und das „Aufräumen" beim Wechsel von Maschinen oder am Ende des Vertrages.

Provider, die als Auftragsverarbeiter auftreten, können ihren Kunden die Möglichkei- 261
ten zum Löschen nach deren eigenen Regeln bieten. Das ist beispielsweise in Webauf-
tritten der Fall, deren Inhalte vom Verantwortlichen selbst gepflegt werden und für
die der Hoster lediglich den Webserver bereitstellt. Da die Verantwortlichen Vereinbarungen zum Löschen ihrer personenbezogenen Daten in Log-Protokollen, temporären Dateien, Backups und beim Wechsel von Maschinen oder am Ende des Vertrages
benötigen, sollte der Auftragsverarbeiter entsprechende Regelungen anbieten.[167] In
anderen Anwendungen, die per Software as a Service (SaaS) angeboten werden, hat
der Verantwortliche dagegen nur Löschmöglichkeiten, wenn vom Auftragsverarbeiter
geeignete Mechanismen vorbereitet sind. Das dürfte zum Beispiel in einer Personalverwaltung, einem Buchhaltungssystem oder einem Customer Relationship Management System (CRM) der Fall sein. Wenn der Anbieter der Dienste die Geschäftsprozesse seiner Kunden verstanden hat, kann er Datenarten in seinem Leistungsangebot
beschreiben und Löschregeln vorschlagen. Er sollte dann entsprechende konfigurier-
bare Löschmechanismen bereitstellen oder Löschregeln vertraglich vereinbaren und
umsetzen. Wenn Auftraggeber datenschutzgerechte Angebote für Auftragsverarbeitung suchen, sollte das Bereitstellen vertretbarer Löschregeln und -mechanismen
durch den Provider eines der wichtigen Kriterien sein.

Provider, die zwar personenbezogene Daten speichern, **aber nicht einschätzen kön-** 262
nen, um welche Daten es sich handelt, stehen vor einer echten Herausforderung. Dazu gehören beispielsweise Cache-Provider oder Access-Provider, aber auch das Internet Archive[168] oder Suchmaschinen. Soweit sie ihren Daten keine eigenen datenschutzrechtlichen Zwecke zuordnen oder sie als nicht-personenbezogen qualifizieren
können, müssten sie Löschregeln mit frühen Startzeitpunkten und kurzen Fristen festlegen. Lediglich solange die originalen personenbezogenen Daten bei Content-Providern öffentlich sind, können sie überhaupt annehmen, dass sie sie unter datenschutzrechtlichen Gesichtspunkten ebenfalls verwenden können. Je nach Speicherdauer und
zulässigen Zwecken müssten wohl auch sie die Mitteilungen anderer Verantwortlicher nach Art. 17 Abs. 1 DSGVO als Mitteilungsempfänger prüfen (→ Rn. 201 f) und
in ihren Löschregeln berücksichtigen.

Der jeweilige Provider muss seine **Datenschutz-Prozesse mit Festlegungen des Lösch-** 263
konzepts abstimmen. Zum Beispiel ist zu bestimmen, wie die Bearbeitung von Anträgen der Benutzer nach Art. 17 in einzelne Löschmaßnahmen oder Löschläufe mün-
det. Auch muss definiert werden, wie ein Antrag auf Einschränkung der Verarbeitung
nach Art. 18 Abs. 1 lit. b und c DSGVO (→ Rn. 199) in den Löschmechanismen zu
berücksichtigen ist und für die betroffenen Datenobjekte die Löschung ausgesetzt
wird. Der Verantwortliche muss über geeignete Abläufe auch sicherstellen, dass Löschungen in seinem Bestand auch zu Meldungen an Empfänger der Daten gemäß
Art. 19 DSGVO führen. Schließlich sind – bei veröffentlichten Daten, zum Beispiel im
Internet – die Prozesse vorzusehen, mit denen auch andere Verwender der Daten über
ein positiv entschiedenes Löschbegehren in Mitteilungen informiert werden. Die Ver-

---

167 Entsprechende Empfehlungen gibt die DIN ISO/IEC 27018:2014 in Kap. 12.3.1. (Datensicherungen),
    12.4.2 (Protokollinformation), A.4.1 (temporäre Dateien) und A.9.3 (Vertragsende).
168 So zB https://archive.org/.

wender der Daten ihrerseits müssen in ihren Prozessen diese Quellen auf Relevanz für Ihre Datenbestände regelmäßig überprüfen und entscheiden, ob sie ebenfalls löschen müssen. Internet-Provider werden dafür Standards entwickeln müssen – diese Aufgabe ist herausfordernd.

bb) Nutzen durch ein Löschkonzept

264 Nutzen bietet ein Löschkonzept für eine Organisation weit über den Datenschutz hinaus. Insofern dürfen die Kosten auch nicht alleine dem Datenschutz angelastet werden. Vielmehr sind häufig über lange Zeit die „Aufräumarbeiten" für eine gute Büroorganisation versäumt worden – und müssen jetzt nachgeholt werden. Die folgenden Hinweise können daher helfen, ein Löschprojekt zu etablieren.

265 Zunächst wird die Situation für den **Datenschutz** verbessert. Mit einem Löschkonzept schafft der Verantwortliche die Voraussetzungen, um die datenschutzrechtlichen Löschvorgaben einzuhalten. Er dokumentiert dies und kann es gegenüber der Aufsichtsbehörde nachweisen. Die Dokumentation des Löschkonzepts schafft für den Datenschutz auch eine bessere Arbeitsgrundlage. Verfahren werden besser verstanden und Zwecke sind nachvollziehbar. Für Auskunftsbegehren und Löschanträge der betroffenen Person schafft die Dokumentation von Datenarten und den Speicherorten in den Umsetzungsvorgaben eine Ausgangssituation, mit der diese Anliegen verlässlich erfüllt werden können. Dazu trägt auch bei, dass Datenbestände im Zuge des Löschprojektes konsolidiert und reduziert werden.

266 Auch die **Fachabteilungen** profitieren vom Löschkonzept. Mit dem Blick auf das Löschen von Daten können Geschäftsprozesse manchmal präzisiert und optimiert werden. Es werden klarere Vorgaben für die Datenhaltung getroffen, Datenschiefstände beseitigt, Datenbestände konsolidiert und überflüssige Bestände abgebaut. Ein Löschkonzept mit seinen Dokumenten nach DIN 66398 ist schließlich auch in Mitbestimmungsverfahren hilfreich.[169]

267 Im **Bereich der IT** ergibt sich Nutzen für Entwicklung und Betrieb. Reduzierte und konsolidierte Datenbestände verbessern die Performance und stabilisieren den Betrieb der IT-Systeme. Im Zuge der Umsetzung von Löschregeln bietet es sich in manchen Fällen an, Systeme und IT-Prozesse zu entkoppeln, zu konsolidieren oder rückzubauen. Für den IT-Betrieb können sich auch dadurch Performance-Gewinne, eine verbesserte Stabilität und Kosteneinsparungen ergeben. Entwicklungsprojekte können einfacher und deutlich kostengünstiger werden, wenn Datenbestände konsolidiert sind und (gelöschte) Altdaten nicht migriert werden müssen.

268 Schließlich können Synergien mit und Vorteile für die **Informationssicherheit** erschlossen werden. Für den Schutzbedarf von personenbezogenen Datenarten kann auf eine vorliegende Informationsklassifikation zurückgegriffen werden. Daraus können sich direkte Vorgaben für das sichere Löschen ergeben. Die Informationssicherheit wiederum gewinnt eine bessere Übersicht über Datenbestände und kann Sicherheitsmaßnahmen systematischer einfordern. Wenn Datenbestände reduziert werden, kann dies auch die Angriffsfläche verringern. Durch eine bessere Übersicht über (zu

---

169 *Hammer/Schuler* CuA, 1/2016, 30.

Volker Hammer

schützende) Datenbestände können überflüssige Angriffsziele reduzieren und Maßnahmen der Informationssicherheit besser gesteuert werden.

cc) Projekt „Löschkonzept"

Um in einer Organisation ein Löschkonzept gemäß DIN 66398 zu etablieren, ist es in der Regel sinnvoll, ein eigenes **Projekt „Löschkonzept"** durchzuführen. Aufgabe eines solchen Projekts ist es, die in der Norm vorgeschlagene Vorgehensweise auf das Unternehmen zu übertragen. Meist wird es hilfreich sein, in **zwei Phasen** vorzugehen: zunächst die Definition der Löschregeln vorzunehmen und danach eine Umsetzungsphase anzuschließen. In der ersten Projektphase sollte der Katalog der Löschregeln möglichst vollständig erstellt werden. Dazu sind erfahrungsgemäß mehrere Abstimmungsrunden mit Fachverantwortlichen, Juristen, Technikern und Datenschützern notwendig. Ein möglichst vollständiger, präziser Katalog ist wichtig, um Überraschungen bei der späteren Umsetzung zu vermeiden. Für die Arbeiten in der Umsetzungsphase können dann Prioritäten bezüglich der Reihenfolge gesetzt werden, die sich beispielsweise an der Sensitivität der Datenarten, an Abhängigkeiten zwischen Systemen oder an Zeitpunkten für anstehende Release-Wechsel orientieren. Sind die ersten Umsetzungsaufgaben abgeschlossen, sollten die **Regelprozesse der Organisation angepasst** werden. Hiervon sind zum Beispiel die Prozesse des Change-Managements und zur System-Beschaffung betroffen, in die Löschregeln als Anforderungen einfließen. Der Datenschutzbeauftragte sollte in diese Prozesse geeignet eingebunden werden – sowohl um die Anwendung bestehender Löschregeln zu prüfen als auch um bei Bedarf neue Datenarten mit ihren Löschregeln in den Katalog aufzunehmen. Das regelmäßige Löschen in elektronischen Datenbeständen ist dann Teil der üblichen Abläufe im IT-Betrieb. Neue Aufgaben gibt es hinsichtlich der regelmäßigen Überprüfung des Löschkonzepts. Diese können aber zum Beispiel in eine bereits etablierte Dokumentenlenkung integriert werden.

g) Technische Aspekte von Löschen und Anonymisieren

Passend zu den drei Aufgaben eines Löschmechanismus (→ Rn. 182) stellen sich je nach Kontext auch **drei technische Herausforderungen**: Wie gut lassen sich die löschfälligen Datenobjekte identifizieren? Wie können sie aus dem technischen Verarbeitungskontext gelöst werden? Wie sicher werden die Daten schließlich gelöscht? Die Herausforderungen können vielfältige Ursachen haben. Je nach Kontext bieten sich aber auch unterschiedliche Maßnahmen an, um die Aufgaben zu lösen. Es gilt, den Löschregeln für die jeweiligen Datenarten möglichst nahe zu kommen und das sichere Löschen möglichst gut umzusetzen. Dabei können auch Übergangslösungen helfen. Wenn mit einer ersten Implementierung nur Teile der Ziele erreicht werden, sollten die weiteren Arbeiten in einen Implementierungsplan aufgenommen werden. Im Folgenden werden beispielhaft technische Ansätze und Herausforderungen für Implementierungen dargestellt.

aa) Identifikation von löschfälligen Datenobjekten

Für jede Datenart ist eine Löschregel definiert. Für die **erste Aufgabe**, die **Identifikation von löschfälligen Datenobjekten** benötigt man technische Merkmale, die die Objekte der Datenart abgrenzen und auch solche, die den Startzeitpunkt der Frist bereit-

269

270

271

stellen. Bei den Log-Protokollen zu einem Internetauftritt könnte als Startzeitpunkt das Datum des jeweiligen Log-Eintrags verwendet werden. Für die Stammdaten des Benutzers in einem Portal kann zum Beispiel der Zeitpunkt der De-Registrierung geeignet sein. Probleme entstehen dann, wenn solche Merkmale nicht oder nicht in geeigneter Weise zur Verfügung stehen. So könnte beispielsweise der Schriftverkehr mit einem Kunden als PDF-Dokumente in einem Dokumenten-Managementsystem (DMS) abgelegt sein. Ist das Eingangs- oder Absende-Datum nur innerhalb des PDFs und nicht auch in den Metadaten der Dokumentenverwaltung enthalten, kann der Löschmechanismus für „Geschäftsbriefe" nicht darauf abstellen. Im Beispiel könnte nach Alternativen zum Eingangs- oder Absendedatum gesucht werden. Wenn das Speicherdatum des Dokuments im Dateisystem verfügbar ist, könnte im Löschmechanismus darauf abgestellt werden. Das ist dann nicht so exakt, für die Löschregel aber vielleicht ausreichend. Möglicherweise werden die Dokumente auch aus einem CRM heraus verwaltet. Wenn das CRM ein Eingangs- oder Absendedatum speichert, könnte darüber die Löschung im DMS gesteuert werden.

272 Die **Merkmale für die Identifikation der löschfälligen Datenobjekte** können sehr unterschiedlich sein: Es kann zum Beispiel auf den Wert in einem Attribut eines Datensatzes zurückgegriffen werden. Wenn eine ganze Partition einer Datenbank-Tabelle gelöscht werden soll, genügt das Alter der Partition. Für Dateien könnte das Speicher- oder das Änderungsdatum herangezogen werden. Datenobjekten könnten auch als löschfällig gekennzeichnet sein oder Informationen zu den Zwecken und der anzuwendenden Löschregel mitführen, die dann entsprechend ausgewertet werden. Weitere Alternativen sind möglich. Liegt **kein geeignetes Merkmal zur Identifikation vor**, ist regelgerechtes Löschen eine **größere Herausforderung**. Es ergeben sich zusätzliche Aufgaben im Projekt: Je nach Ausgangssituation müssen dann Geschäftsprozesse oder technische Abläufe so angepasst werden, dass mit den Datenobjekten auch geeignete Merkmale für den Startzeitpunkt zur Verfügung stehen. Dazu gehört gegebenenfalls auch, dass Datenbestände konsolidiert werden und je nach Implementierungsstrategie fehlende Werte für den Startzeitpunkt ergänzt werden, wenn das Merkmal nicht befüllt ist. Wird beispielsweise in einem neuen Ablauf für neu erhobene Daten das Merkmal für den Startzeitpunkt befüllt, kann der Löschmechanismus auf diesen Bestand angewandt werden. Für das Löschen der Altdaten muss aber ebenfalls ein angemessenes Vorgehen festgelegt werden. Zum Beispiel könnte eine weitreichende Zugriffsperre angemessen sein und nach Jahresscheiben gelöscht werden.

273 Eine vollständige Löschung von löschfälligen Daten kann in der Regel nur erreicht werden, wenn mit einer systematischen Vorgehensweise **alle Speicherorte** der jeweiligen Datenobjekte identifiziert werden. Dazu genügt es leider nicht, nur die Daten in der Anwendung oder den Datenfluss zwischen verschiedenen Anwendungssystemen zu betrachten. Für eine vollständige Löschung müssen alle Speicherorte bestimmt werden, an denen die Objekte verwendet werden. So können Datenbanken zum Beispiel freigegebene Speicherbereiche, die sich aus gelöschten Datensätzen ergeben, intern verwalten (sogenannten Garbage Collection). Daten sind dann zwar in den Tabellen gelöscht, aber weiter in der Garbage Collection vorhanden. Personenbezogene

Daten einer Datenart können auch in Log-Protokolle oder andere Daten des System-
betriebs einfließen. Auch für solche Daten müssen deshalb geeignete Mechanismen
implementiert werden.

Eine vollständige Löschung personenbezogener Datenbestände kann auch deshalb   274
schwierig sein, weil verschiedene (Betriebs-)Systeme **Daten temporär und im Hintergrund speichern**, auslagern, puffern oder sichern. Der Anwender löscht dann zwar
die eigentlichen Dateien oder Datensätze, kann aber auf Bestände, die das Betriebssystem oder die Anwendung intern verwalten, möglicherweise gar nicht zugreifen.
Temporäre Datenbestände finden sich zum Beispiel als Swap-Files oder als Hibernati-
on-File des Betriebssystems. Andere Systeme, beispielsweise Web-Services, Verzeichnisdienste oder Datenbanken können Daten im Cache halten, um die Performance zu
verbessern. In Druckern, Kopierern, Faxgeräten und Scannern werden häufig Festplatten als Datenträger eingesetzt, um die anfallenden Aufträge zwischenzuspeichern
und abzuarbeiten. Auch Wiederherstellungskonzepte, wie Images von Systemen, oder
Wiederherstellungspunkte in Betriebssystemen können zu Beständen mit löschfälligen
Datenobjekten führen, die nicht durch die Anwendung kontrolliert werden.[170]

In einem **umfassenden Löschkonzept** ist **für alle Speicherorte** zu prüfen, unter wel-   275
chen Bedingungen trotz einer vermeintlichen Löschung eines Datenobjekts noch
Möglichkeiten zum Zugriff oder zur Wiederherstellung bestehen. Bei Bedarf ist hinreichend parallel zur eigentlichen Löschregel an weiteren Stellen zu löschen. Strategi-
en ähnlich wie für Backups könnten angemessen sein, um solche Aufgaben zu erledigen.

bb) Löschfällige Datenobjekte aus dem Verarbeitungskontext lösen

Damit Datenobjekte an den Fundstellen gelöscht werden, können, kann es notwendig   276
sein, sie zuvor aus dem **technischen Verarbeitungskontext zu lösen (zweite Aufgabe)**.
Dies gilt beispielsweise, wenn in einer Datenbank auf löschfällige Daten verwiesen
wird und die Verweise nach dem Löschen nicht ins Leere zeigen sollen. Manche Produkte für Archivierungssysteme verhindern Löschung, um den Datenbestand vor Manipulationen zu schützen. Dann muss dieses System vorab so gestaltet oder konfiguriert werden und die Archivierung der Datenobjekte so erfolgen, dass die Löschregeln
umgesetzt werden. Andere Systeme bieten die Option, Datenobjekte auszulagern/zu
archivieren und dabei die internen Verweise anzupassen. Die archivieren Bestände
können dann vergleichsweise direkt gelöscht werden.

In manchen Fällen sind auch **Datenarten mit unterschiedlichen Löschregeln in einem**   277
Datenobjekt verbunden, zum Beispiel wenn in den PDF-Rechnungen eines Access-
Providers die summarische Rechnung mit den Einzelnutzungsnachweisen gemeinsam
enthalten ist. Während für die Einzelnutzungsnachweise eine Regel mit kurzer Löschfrist gelten dürfte, muss die eigentliche Rechnung zur Steuerprüfung in Deutschland
zehn Jahre aufbewahrt werden. Eine regelgerechte Löschung ist nur möglich, wenn
der Löschmechanismus Teile innerhalb der Rechnungen löscht – nämlich jeweils die
Angaben der Einzelnutzungsnachweise. Letzteres widerspricht aber möglicherweise

---

170 Für weitere Details s. zB *Secorvo* 2014, 477 ff.

der Vorgabe, unveränderte Dokumente für die Steuerprüfung vorzuhalten. Besser wäre es vermutlich, jeweils zwei separate Dokumente zu erstellen, die dann mit getrennten Löschregeln behandelt werden können. Um datenschutzgerecht zu verarbeiten und zu löschen, wären der Geschäftsprozess und die technischen Abläufe entsprechend anzupassen.

278 Auch bei **physischen Datenträgern** ist es in der Regel **schwierig, nur Teile zu vernichten.** Bei Papierakten ist es aufwändig, Teile herauszusuchen, wenn sie nicht geeignet sortiert sind. Noch aufwändiger kann es sein, einzelne Stellen zu schwärzen. Optische Speichermedien (CD, DVD und ähnliches) sind häufig auch nicht gut geeignet, um Teilbestände zu löschen. Helfen kann im letzten Fall das Umkopieren auf einen neuen Datenträger, wobei die löschfälligen Bestände weggelassen werden. Das alte Medium wird dann vernichtet. Um solche Abläufe zu optimieren, kann es sinnvoll sein, Geschäftsprozesse oder Speicher- und Ablagestrategien anzupassen, um die Löschläufe möglich oder einfacher zu machen.

cc) Sicheres Löschen

279 Schließlich muss im Rahmen der **dritten Aufgabe, dem eigentlichen sicheren Löschen,** gewährleistet werden, dass die gelöschten Daten nicht wieder hergestellt werden können. Dabei soll die Löschung nicht nur den Zugriff durch Dritte, sondern auch durch den Verantwortlichen selbst endgültig ausschließen. Für die Auswahl von Maßnahmen kann zunächst unterschieden werden, ob der Datenträger entweder im laufenden Betrieb weiterverwendet oder – zum Beispiel nach Verkauf eines Systems – wiederverwendet, oder ob er entsorgt und vernichtet werden soll.

280 Sicheres Löschen ist erreicht, wenn Daten nicht wiederherstellbar sind. Rekonstruierbar sind gelöschte oder vernichtete Daten gegebenenfalls mit einfachen Mitteln oder mit **forensischen Methoden.** Mit solchen Methoden wird versucht, aus vorhandenen Resten von Speichermedien oder Spuren auf Datenträgern Teile oder den gesamten ursprünglichen Datenbestand zu rekonstruieren. So reicht beim einfachen Löschen einer Datei das Wiederherstellen aus dem Papierkorb. Ein wenig aufwendiger ist es, Daten zu rekonstruieren, nachdem der Papierkorb „geleert" wurde oder bei denen die Einträge in der Dateiverwaltung auf einem Datenträger überschrieben wurden: Die eigentlichen Inhalte sind noch vorhanden und man kann versuchen, mithilfe entsprechender Werkzeuge und aufwändigeren Analysen die Bruchstücke zu finden und wieder zusammenzusetzen. Das gilt im Übrigen auch für physische Datenträger wie Papier oder Mikrofiche. Je größer und eindeutiger die Fragmente nach dem Vernichten sind, desto einfacher ist es, das Puzzle wieder zusammenzusetzen.[171] Die Annahme darüber, wieviel Aufwand potenziell Neugierige oder Angreifer aufbringen würde oder muss, um Daten zu rekonstruieren, ist deshalb ein wichtiger Faktor für die Auswahl von Maßnahmen im Sinne von Art. 24 und 32 (→ Rn. 195 f.). Ist der Aufwand sehr viel höher als der Nutzen für den Angreifer, wird in risikobasierten Ansätzen da-

---

171 Elektronischen Verfahren können unter Umständen Hilfestellung beim Puzzeln leisten. Im Stasi-Schnipsel-Projekt wurde der ePuzzler entworfen, der sich allerdings noch in der Entwicklungsphase befindet. Beschreibungen zum Verfahren zB auf https://www.bstu.bund.de/DE/Archive/RekonstruktionUnterlagen/_node.html, abgerufen am 16.12.2017.

Volker Hammer

von ausgegangen, dass die Löschung der Daten nicht rückgängig gemacht wird, also hinreichend sicher ist.

Sicheres Löschen bei Weiter-/Wiederverwendung ist meist nur für elektronische Datenträger relevant. Entsprechende Mechanismen werden beispielsweise benötigt, wenn löschfällige Datenbestände einer Anwendung gelöscht werden sollen, oder wenn Datenträger innerhalb der Organisation für andere Zwecke verwendet oder verkauft werden sollen. Aber auch wenn Datenträger ausgesondert werden, kann es geboten oder vernünftig sein, sie zuvor sicher zu löschen. Zu löschende Daten dürfen nach dem Löschen nicht mehr gelesen werden können. Dazu können Daten zum Löschzeitpunkt überschrieben werden, zum Beispiel mit zufälligen Werten. Alternativ können Daten beim Abspeichern immer verschlüsselt gespeichert werden. Zum Löschzeitpunkt wird dann das Schlüsselmaterial sicher gelöscht/vernichtet. In allen Fällen sind für die Gestaltung der konkreten Löschmaßnahmen Randbedingungen zu beachten, wie beispielsweise die Technologie der Speichermedien, die Speicherorte der Daten, die Verfahren zum Überschreiben und das Angreifermodell.[172] Die Differenzierungen und die Details, die zu beachten sind, sind vielfältig. Die **Auswahl und der Einsatz der Mechanismen** müssen **gezielt** erfolgen erfordern deshalb Fachwissen oder zumindest klare Anweisungen für die ausführenden Mitarbeiter. Um dies zu erreichen, sollten in der Organisation die Ziele des sicheren Löschens bestimmt, eine Informationsklassifikation angewandt, für den Lebenszyklus von Speichermedien Festlegungen getroffen, Prozesse für das sichere Löschen und Vernichten definiert, Zuständigkeiten geregelt und Personal geschult werden.[173]

Je nach Technologie des Speichermediums können nach dem **Überschreiben** noch mehr oder weniger deutliche Spuren der vorher gespeicherten Daten vorhanden sein.[174] Um diese Spuren zu verringern, kann mehrfach überschrieben werden. Für heutige Festplatten kann mit einem einmaligen Überschreiben bereits ein hohes Sicherheitsniveau erreicht werden.[175] **Besonderheiten** sind **beim Überschreiben von Flash-Medien** wie USB-Sticks oder SSDs zu beachten.[176] Sie haben eine interne Speicherverwaltung, die bestimmt, wo Daten abgespeichert werden. Die Zufallsdaten zum Überschreiben werden wahrscheinlich in andere Zellen geschrieben, als die, die die Datenobjekte enthalten, die zu löschen sind. Das Löschen ist dann nicht erfolgreich. Technisch kann das Problem für Klartext-Daten auf dem Flash-Medium bislang wohl nur dadurch gelöst werden, dass nach dem einfachen Löschen der Daten

281

282

---

172 Für die Sicherheit von Löschmechanismen verweist die DIN 66398 auf mehrere andere Dokumente: die Guidelines for Media Sanitization: *NIST*, SP 800-88, 2006, inzwischen überarbeitet als *NIST*, SP 800-88r1, 2014; eine entsprechende kanadische Publikation *CESC* ITSG-06, 2006, inzwischen übererarbeitet als *CSEC* ITSP.40.006 V2 2017; und *BSI*, Grundschutzkataloge, 2016, Baustein „B 1.15 Löschen und Vernichten von Daten" mit den dort aufgeführten Maßnahmen.

173 Entsprechende Argumente auch in der weiterführenden Literatur zB *NIST*, SP 800-88r1, *BSI*, Grundschutzkataloge, 2016 (B 1.15) mit den dort aufgeführten Maßnahmen, oder für Entsorgungsprozesse auch DIN 66399, Teil 3, 2013.

174 Das gilt grundsätzlich für alle wiederbeschreibbaren Medien, zB auch für optische Datenträger wie CD/DVD. Zur Eignung von Verfahren für verschiedene Datenträger s. zB auch *BSI*, Grundschutzkataloge, 2016 (M 2.167, M 2.433).

175 So zB nach *NIST*, SP 800-88r1, 2014 und *CSEC* ITSP.40.006 V2 2017. Zu Details *Wright/Kleiman/Sundha* 2008.

176 Zum folgenden *Secorvo*, Informationssicherheit, 2014 (486) mwN.

der gesamte freie Speicherbereich des Flash-Mediums durch ein geeignetes Werkzeug überschrieben wird. Ein Restrisiko kann dann noch darin bestehen, dass beim Überschreiben des freien Speicherbereichs Reserveblöcke gegen "produktive" getauscht werden.[177]

283   Teilweise **beschränken Anwendungssysteme den Zugriff auf die Speichermedien.** Zum Beispiel werden heute WORM-Systeme[178] auch mit herkömmlichen Festplatten angeboten, auf die Zugriffe nur mit speziellen Controllern möglich sind. Ob diese Controller sicher löschen, muss geprüft werden. Entsprechendes kann in DMS gelten, die im amerikanischen Rechtsraum Unveränderbarkeit aller jemals gespeicherten Dokumente sicherstellen sollen und deshalb nur vorgeblich löschen.

284   **Datenobjekte** können auch per **Verschlüsselung „unlesbar"** werden, wenn der kryptografische Schlüssel sicher gelöscht oder vernichtet wird.[179] Während der Verwendungsdauer werden die Daten in einem verschlüsselten Bereich gespeichert. Danach soll sie niemand mehr entschlüsseln oder anders rekonstruieren können. Damit dieses Ziel erfüllt wird, sind eine Reihe von Randbedingungen zu beachten. Wenn im verschlüsselten Bereich Daten mit unterschiedlichen Löschregeln verwendet werden und differenziert gelöscht werden muss, greift der Ansatz nicht – es gelten die vorgenannten Probleme. Die zu löschenden Datenobjekte dürfen nicht außerhalb des verschlüsselten Bereichs verwendet worden sein, sonst muss dort überschrieben werden. Das Verschlüsselungsverfahren muss solange sicher sein, bis der Speicherbereich doch überschrieben oder das Speichermedium vernichtet wird. Schließlich muss beim Löschen des Schlüsselmaterials gewährleistet sein, dass es an allen Stellen sicher überschrieben oder die Speichermedien, zum Beispiel Chipkarten, angemessen vernichtet wurden.[180]

285   Die Beispiele zeigen, dass beim Überschreiben und Verschlüsseln der **Anwendungskontext und die spezifischen Eigenschaften von Speichermedien in den Löschmaßnahmen berücksichtigt** werden müssen. Sinnvoll erscheint es, in regelmäßigen Abständen den freien Speicherplatz auf Medien zu überschreiben, insbesondere auch um die Reste aus dem einfachen Löschen zu beseitigen. Solche Zusatzmaßnahmen können beispielsweise in lastarmen Zeiten des IT-Betriebs angewandt werden. Ähnlich wirkt es, wenn freigegebene Speicherbereiche oder Speichermedien zeitnah nach der Freigabe wiederverwendet und dadurch überschrieben werden. So können zum Beispiel die Vorhaltefristen für Backup-Generationen effizient begrenzt werden. Erreicht man mit einem Löschmechanismus nicht **alle Duplikate,** dann ist die Rekonstruktion mitunter sehr einfach – die Löschanforderung wäre nicht erfüllt. Unter den heutigen prakti-

---

177   S. auch NIST, SP 800-88r1, 2014 (Kap. 5).
178   WORM steht für Write-Once-Read-Many. Solche Systeme sollen unveränderbare Medien für Archive bereitstellen. Ursprünglich wurde das mit einmal-beschreibbaren optischen Medien erreicht. Sie mit herkömmlichen Festlatten aufzubauen führt zu einem Zielkonflikt, denn diese sind ja mehrfach beschreibbar. Dieses Defizit soll dann durch die spezielle Controller-Software beseitigt werden.
179   Zum Folgenden zB *Secorvo* 2014 (485). Man kann aber auch die Position vertreten, dass Verschlüsselung nicht geeignet sei, um durch Schlüssellöschung dauerhaft den Zugriff zu verhindern. Zu dieser Diskussion s. *Steidle/Pordesch* DuD 2015, 536 und *Knopp* DuD 2015, 542. Folgt man der Position von *Steidle/Pordesch* könnte zusätzlich ein (späteres) Überschreiben notwendig sein.
180   So können Backups von Schlüsseln notwendig sein, damit die Verfügbarkeit von Daten sichergestellt wird. Auch Schlüssel, die sich Benutzer merken oder abspeichern können, sollten für diesen Ansatz eher nicht verwendet werden.

schen Bedingungen erscheint es daher in der Regel wichtiger, alle Speicherorte von personenbezogenen Daten in die Löschung einzubeziehen, als ein mehrfaches Überschreiben einzelner Datenobjekt umzusetzen.

Für das **Vernichten von Datenträgern** ist die verbleibende Partikelgröße für das Sicherheitsniveau entscheidend. Auch dabei ist die Technologie des Speichermediums und dessen Informationsdichte zu berücksichtigen. In der DIN 66399, Teil 1, 2012 und DIN 66399, Teil 2, 2013 werden deshalb für unterschiedliche Datenträger bei verschiedenen Sicherheitsstufen die Teilchengrößen bis hin zu Asche oder Schmelzprodukten festgelegt. Datenträger sollten insbesondere auch dann geeignet vernichtet werden, wenn sie defekt sind und nicht mehr überschrieben werden können.

dd) „Gutes" Anonymisieren

Die Anonymisierung von personenbezogenen Daten kann statt der Löschung erfolgen. Damit ergeben sich aber mehrere **Parallelen zum Löschen:** Zum Ersten muss – wie für eine Löschregel – eine Frist und ein Startzeitpunkt festgelegt werden. Zum Ende der Frist wird, statt zu löschen, anonymisiert. Die zwei ersten Aufgaben eines Löschmechanismus können auch für den Anonymisierungsmechanismus bestehen: Die zu anonymisierenden Daten müssen identifiziert werden und es kann notwendig sein, sie aus dem Verarbeitungskontext zu lösen. Im dritten Schritt sind die Merkmale der Datenobjekte so zu behandeln, dass der Personenbezug aufgehoben wird. In diesem Schritt könnte zusätzlich sicheres Löschen für die Ursprungsdaten gefordert sein: Es muss geprüft werden, ob mit forensischen Analysen nach der Anonymisierung die Ursprungswerte rekonstruiert werden könnten, beispielsweise weil die anonymisierten Daten an anderen Speicherorten abgelegt werden. Dann kann es notwendig sein, die Ursprungsdaten auch sicher zu löschen.

Daten sind nur dann anonym und nicht personenbezogene Daten, wenn sich die Information nicht auf eine natürliche Person beziehen lassen.[181] Damit ein personenbezogener Datenbestand anonym wird, müssen **alle Möglichkeiten entfernt werden, mit denen Daten eindeutig auf betroffene Personen bezogen werden** können.[182] Personenbeziehbar sind Daten in einem Bestand in der Regel, wenn sie ein (beliebiges) identifizierendes Merkmal aufweisen und durch dieses auf die betroffene Person zurückgeschlossen werden kann. Alle weiteren Informationen, die dann zum eindeutigen Merkmal „gehören", können dann ebenfalls der betroffenen Person zugeordnet werden. Das identifizierende Merkmal muss dabei nicht ein einzelnes Attribut sein, sondern es kann eine beliebige Kombination von Merkmalen sein, von denen der Verantwortliche oder ein Neugieriger weiß, dass sie zusammengehören, also beispielsweise auf einen Benutzer des Portals bezogen sind. Solche Merkmale können sich zum Beispiel schon aus dem Zeitpunkt und der Art der Nutzung eines Portals ergeben, wenn die Kombination einzigartig ist und regelmäßig auftritt. Die **Anonymität muss** außerdem **dauerhaft gewährleistet** sein: neue technische Möglichkeiten oder später gefundene Daten, beispielsweise auch solche, die erst später im Internet veröffentlich wurden oder zu denen der Verantwortliche auf andere Weise Zugang erhal-

286

287

288

---

181 ZB *Karg* DuD 2018, 520; zur Identifizierbarkeit → B I Rn. 3 ff.
182 Einen Aufriss der Problemstellung geben zB *Hammer/Knopp* DuD 2015, 503.

ten hat, dürfen nicht dazu führen, dass doch ein Personenbezug hergestellt werden kann.

289 Diese rechtlichen Vorgaben führen regelmäßig zu **sehr hohen Anforderungen** an die Eigenschaften, die anonymisierte Datenbestände erreichen müssen. Um den Personenbezug auflösen, werden Techniken benutzt, die sich in zwei Ansätze einteilen lassen:[183] Im ersten Ansatz, auch als Randomisierung bezeichnet, werden die Daten, die zu einer betroffenen Person gehören, verfälscht oder mit den Daten anderer Personen vertauscht. Bei der Veränderung der Werte wird sichergestellt, dass die statistischen Verteilungen erhalten bleiben und Auswertungen weiter korrekte Ergebnisse liefern. Wenn dies nicht mehr rückführbar ist und die Merkmale auch nicht mehr auf konkrete Personen zurückgeführt werden können, könnte man den Bestand als nicht mehr personenbezogen auffassen. Im zweiten Ansatz, auch als *Generalisierung* bezeichnet, werden Datenbestände zusammengefasst, so dass sie nicht mehr einer betroffenen Person zugeordnet werden können, sondern nur noch Gruppen von Personen.

290 Beide Ansätze sind nicht trivial umzusetzen. Bei der **Generalisierung** wird anonymisiert, indem die Werte mancher Merkmale ganz gelöscht werden, zum Beispiel direkte Identifikatoren wie die Kennung, unter der sich ein Benutzer an einem Portal angemeldet hat und die im Log-Protokoll aufgeführt ist. Wenn der Datensatz eines Benutzers in einem Merkmal, das statistisch ausgewertet werden soll, eindeutige Werte aufweist, dann wird dieser Wert so verändert (vergröbert, aggregiert), dass das Merkmal in mehreren Datensätzen den gleichen Wert enthält. Datum und Uhrzeit könnten beispielsweise vergröbert werden auf den ersten Tag des jeweiligen Monats, eine IP-Adresse könnte um mehrere Stellen verkürzt werden. Die verbleibenden Merkmale mit ihren Werten dürfen nicht mehr so eindeutig sein, dass auf eine betroffene Person zurückgeschlossen werden kann.[184]

291 Für die Generalisierung wurden **drei Qualitätskriterien** entwickelt:[185] Mit der **k-Anonymität** wird gefordert, dass jeder Datensatz zu einer Gruppe von mindestens k-Datensätzen mit den gleichen Werten gehört; diese Datensätze mit jeweils gleichen Werten bilden eine sogenannte Äquivalenzklasse. Dadurch „verschwindet" die betroffene Person in dieser Gruppe. Wenn ein Neugieriger allerdings aufgrund anderer Randbedingungen oder einzelner verbliebener Merkmale rückschließen kann, dass eine betroffene Person in die Gruppe gehört, weil es nur eine einzige passende Gruppe gibt, weiß er, dass auch alle der weiteren Merkmale aus der Gruppe auf die Person zutreffen und er kann personenbezogene Rückschlüsse ziehen. So könnten alle Mitglieder der Äquivalenzklassen ein Einkommen oberhalb einer bestimmten Grenze haben.

---

183 Einen Aufriss zu Anonymisierungstechniken gibt *Buchmann* DuD 2015, 510; *Art. 29-Datenschutzgruppe*, WP 216.

184 Diese Rückschlussmöglichkeiten sind aber vielfältig. So können nicht nur Telefonnummern, Adressen, Personalnummern und weiteres eindeutig sein, sondern auch beliebige andere Merkmale genutzt werden, um Personen zu identifizieren, bspw. GPS-Bewegungsmuster, korrelierende Zeitpunkte in Log-Protokollen und anderen Datenobjekten oder eindeutige Rechnungssummen. Hinreichend kann zB auch eine verkürzte Telefonnummer sein, wenn sie im Kontext eindeutig einer Person zugeordnet werden kann.

185 Einen formelleren Überblick über die drei Kriterien gibt *Hauf* 2007 mwN auf die Originalveröffentlichungen. Zur Anwendung der Kriterien und verbleibenden Risiken *Art. 29-Datenschutzgruppe*, WP 216.

Deshalb darf es nicht nur eine Äquivalenzklasse geben, sondern der Neugierige muss unsicher sein, in welche Äquivalenzklasse die betroffene Person fällt.

Als Gegenmaßnahme können Äquivalenzklassen so gebildet werden, dass einerseits k-Anonymität gegeben ist und andererseits für jede weitere relevante Attributkombination mehrere verschiedene Werte auftreten (**l-Diversität**). Die Vorgabe für l bestimmt, wie viele verschiedene Werte für jede Kombination auftreten müssen. Allerdings können auch aus solchen verschiedenen Werten für l Rückschlüssel gezogen werden. Zum einen könnte bei einer ungleichen Verteilung der Werte durch Häufung eine Eigenschaft mit hoher Wahrscheinlichkeit einer betroffenen Person zugeordnet werden. Zum anderen könnten verschiedene Werte eines Merkmals inhaltlich eine ähnliche Bedeutung haben. Beispielsweise würden Herzklappenoperationen, Stent-Operationen oder das Einsetzen eines Herzschrittmachers alle auf „Herzprobleme" rückschließen lassen. Weiß der Neugierige, dass die betroffene Person in eine der Äquivalenzklassen fällt, wären (einzelne, abgeleitete) Daten aus dem anonymisierten Bestand personenbeziehbar. Über das Kriterium der **t-Closeness** wird dann gefordert, dass die Verteilung von Werten zu einem Merkmal in jeder Äquivalenzklasse ähnlich zur Gesamtverteilung im Datenbestand ist. 292

Für eine **gute Anonymisierung** müssen **Ziele vorgegeben** und erreicht werden. Das erfordert ein sehr gutes Verständnis der Inhalte des Bestandes und der verbleibenden Risiken von Anonymisierungsansätzen. Mit technischen Verfahren können dann die Daten anonymisiert werden. Je besser der Datenbestand anonymisiert wird, desto geringer ist im Allgemeinen allerdings die Aussagekraft der verbleibenden Daten. Damit ergeben sich große Herausforderungen für Anonymisierungsprojekte. Wegen der inhaltlichen Nähe bietet es sich an, die die **Regeln für die Anonymisierung auch im Katalog der Löschregeln** zu definieren. Dabei soll beschrieben werden, welche Merkmale wann und wie zu anonymisieren sind. Die Umsetzungsvorgabe würde das dann auf technischer Ebene für die Systeme präzisieren, in denen der anonymisierte Datenbestand weiterverwendet wird. Sinnvoller als eine aufwändige Anonymisierung kann es aber sein, statistische Kennzahlen vor der Löschung zu berechnen und nur die Kennzahlen weiter zu speichern. Dann wäre eine Aufgabe im Löschprojekt, den Bedarf an statistischen Auswertungen zu identifizieren. 293

h) Kontrolle über Inhalte – auch im Internet

Die Ausführungen dieses Kapitels bezogen sich bisher auf das Löschen beim Provider als Verantwortlichem. Andere technische Ansätze zielen darauf, die **Kontrolle über Inhalte bei den Endnutzern** zu behalten. Gelingt dies, dann kann der Provider veranlassen, dass Informationen auf den Endgeräten nicht mehr zugreifbar sind oder gelöscht werden. Diese Ansätze basieren immer darauf, dass es eine durch den Provider **kontrollierte Umgebung**, hier kurz als Client bezeichnet, **auf dem Endgerät des Benutzers** gibt. In der Regel ist dies eine Kombination aus Software-Komponenten kombiniert mit kryptografischen Funktionen und gegebenenfalls geschützten Speicherbereichen. In einer solchen Umgebung kann der Verantwortliche mit mehr oder weniger hoher Sicherheit die Flüchtigkeit von Daten erreichen. 294

295 In der Praxis gibt es mehrere **Beispiele für solche Ansätze**. Zur Kontrolle von Inhalten im Web sollte 2011 ein sogenannter digitaler Radiergummi dienen. Der Client war als Browser-Add-on implementiert, das die gesicherte Umgebung bereitstellt. Für den Einsatz sollte ein Preis erhoben werden – das Produkt konnte sich nicht durchsetzen. SnapChat stellt einen Dienst bereit, mit dem Bilder oder Videobotschaften nur befristet angezeigt werden. Snap Inc.[186] weist in den Datenschutzbestimmungen selbst darauf hin, dass Empfänger der Bilder die Begrenzung mit verschiedenen Techniken aushebeln können.[187] So schützt das Verfahren nicht gegen Screenshots. Etwas generischer sind **Verfahren zum Digital Rights Management (DRM)**, in denen ebenfalls eine Kontrolle über die Verwendung von Inhalten erreicht werden soll. Eine Infrastruktur zur Kontrolle von Verwertungsrechten stellt Adobe-DRM in Verbindung mit dem Adobe Content Server bereit.[188] Damit sollen Datenobjekte, beispielsweise Bücher, nach dem Ende einer Frist nicht mehr nutzbar sein. Daneben sind weitere Verfahren verbreitet, zum Beispiel für die Kontrolle über elektronische Publikationen oder für die Verteilung von Fernsehprogrammen und Filmen. Für Arbeitszusammenhänge ausgelegt sind die Azure Rights Management Services[189] von Microsoft.

296 Jedes dieser Verfahren bildet ein geschlossenes digitales „Ökosystem". Durch die Kontrolle des Clients soll die Verwendung kontrollierter Datenobjekte nur unter bestimmten Bedingungen möglich sein und ansonsten ausgeschlossen werden. Je stärker die Kontrolle über die Inhalte sein soll, desto sicherer müssen der Client und die notwendige Kryptografie beim Endnutzer verankert sein. Insofern widersprechen solche Ansätze den Zielen offener Verfahren und eines freien Informationsaustauschs, die vielfach mit dem Internet verbunden sind. Die **Grenzen der Ansätze** ergeben sich aus der Kontrolle des Providers oder Infrastrukturanbieters über die jeweilige gesicherte Umgebung: Wenn ein Zugriff auf unverschlüsselte Inhalte möglich ist, lassen sie sich leicht abspeichern. Können Schlüssel abgefangen werden, lässt sich der Client umgehen. Schwache Kryptografie oder schwache Schlüssel lassen sich brechen. Screenshots lassen sich nur mit Aufwand erschweren und das Abfotografieren von Inhalten wohl kaum. Für abgegrenzte Bereiche können die Verfahren die Weiterverwendung von Inhalten aber erschweren und insofern mehr oder weniger stark eine Nutzungsbegrenzung erreichen. Vielfach sind diese Verfahren aber nicht datenschutzrechtliche motiviert. Ob die Inhalte ab Nutzungsende auf den Geräten der Endnutzer auch im obigen Sinne sicher gelöscht werden, wäre jeweils zu prüfen. Wenn es sich um personenbezogene Daten handelt, für die der Verantwortliche keinen zulässigen Zweck mehr hat, müsste er dies gegebenenfalls sogar sicherstellen.

---

186 S. www.snap.com.
187 Die Befristung wird im Übrigen nur für die Snaps bei den Empfängern erreicht, nicht aber für die bei der Nutzung des Dienstes durch den Verantwortlichen erhobenen und verwerteten Daten zugesichert.
188 S. www.adobe.com/de/solutions/ebook/digital-editions/faq.html und www.adobe.com/de/solutions/ebook/content-server.html.
189 Eine Beschreibung geben *Jendrian/Schäfer* DuD 2015, 548.

V. Rechte der Betroffenen

Der Verantwortliche hat neben den ihm zugewiesenen Informationspflichten (→ B. IV. Rn. 121 ff.) zudem dafür zu sorgen, dass die betroffenen Personen ihre ihm gegenüber bestehenden Rechte geltend machen können, die im Wesentlichen im dritten Kapitel der Datenschutz-Grundverordnung verankert sind. Die Nichteinhaltung dieser Vorschriften kann nach Art. 83 Abs. 5 lit. b DSGVO[1] mit Geldbußen sanktioniert werden (→ B. VII. Rn. 35 ff.). Aus den Regelungen über die Informationspflichten in Art. 13 Abs. 2 und 14 Abs. 2 DSGVO ergibt sich, dass die betroffenen Personen über ihre Rechte zu informieren sind. Die Wahrnehmung der **Rechte der Betroffenen** und die damit verbundene Pflicht zu ihrer Informierung verwirklicht gleichzeitig auch den Grundsatz der Transparenz aus Art. 5 Abs. 1 lit. a DSGVO. 1

1. Auskunftsrecht

Das bisher aus § 34 BDSG aF bekannte Auskunftsrecht des Betroffenen findet seine Entsprechung in Art. 15 DSGVO.[2] 2

a) Grundlagen

Nach Abs. 1 hat die betroffene Person für den Fall, dass der Verantwortliche sie betreffende personenbezogene Daten verarbeitet,[3] das Recht auf Auskunft darüber. Der Auskunftsanspruch umfasst die unter den lit. a bis h aufgelisteten **Informationen**, wie die Verarbeitungszwecke und die Kategorien personenbezogener Daten, die verarbeitet werden, und auch die Empfänger oder Kategorien von Empfängern, gegenüber denen die personenbezogenen Daten offengelegt worden sind oder noch offengelegt werden, insbesondere bei Empfängern in Drittländern oder bei internationalen Organisationen. Zudem soll, wenn möglich, die geplante Dauer, für die die personenbezogenen Daten gespeichert werden, oder andernfalls sollen die Kriterien für die Festlegung dieser Dauer mitgeteilt werden.[4] 3

Die weiteren vom Auskunftsrecht umfassten Informationen erstrecken sich auf das **Bestehen eines Rechts** auf Berichtigung oder Löschung der sie betreffenden personenbezogenen Daten oder auf Einschränkung der Verarbeitung durch den Verantwortlichen oder eines Widerspruchsrechts gegen diese Verarbeitung sowie auch auf das Bestehen eines Beschwerderechts bei einer Aufsichtsbehörde. Falls die personenbezogenen Daten nicht bei der betroffenen Person erhoben worden sind, sind alle verfügbaren Informationen über die Herkunft der Daten zu beauskunften. Schließlich ist nach lit. h auch das „Bestehen einer automatisierten Entscheidungsfindung einschließlich 4

---

1 Danach können bei Verstößen gegen die Art. 20 bis 22 DSGVO Geldbußen von bis zu 20 000 000 Euro oder im Fall eines Unternehmens von bis zu 4 % seines gesamten weltweit erzielten Jahresumsatzes des vorangegangenen Geschäftsjahrs verhängt werden, je nachdem, welcher der Beträge höher ist.

2 Dieses als auch das Recht auf Berichtigung sind auch schon in Art. 8 Abs. 1 S. 2 GRCh verankert.

3 Werden keine Daten über die anfragende Person verarbeitet und fehlt ihr damit auch die Eigenschaft als betroffene Person, hat sie gleichwohl ein Recht auf die Information, dass keine Daten über sie verarbeitet werden, die sogenannte „Negativauskunft". In diesem Fall besteht dann aber bei einem Verstoß keine Grundlage für ein Bußgeld nach Art. 83 Abs. 5 lit. b DSGVO, da dort ausdrücklich „betroffene Personen" genannt werden, Gola/*Franck* DSGVO Art. 15 Rn. 5.

4 Dazu Kühling/Buchner/*Bäcker* DSGVO Art. 15 Rn. 22 mit dem Beispiel eines Bewertungsportals im Internet.

Profiling gemäß Art. 22 Abs. 1 und 4 DSGVO und – zumindest in diesen Fällen – aussagekräftige Informationen über die involvierte Logik sowie die Tragweite und die angestrebten Auswirkungen einer derartigen Verarbeitung für die betroffene Person" mitzuteilen.

5 Betroffenen Personen sollte es möglichst **leichtgemacht** werden, ihr Auskunftsrecht **wahrzunehmen**.[5] Daher dürfen dabei vom Verantwortlichen keine Probleme erzeugt werden, beispielsweise durch fehlende, aktuelle Kontaktdaten im Impressum oder die ausschließliche Kontaktmöglichkeit über eine kostenpflichtige Telefonnummer. Vielmehr müssen die dafür notwendigen Informationen leicht zugänglich sein. Zudem darf die betroffene Person bei der Wahrnehmung ihres Rechts nicht zu einem Medienbruch gezwungen sein, also muss beim Betrieb einer Webseite auch die elektronische Antragstellung ermöglicht werden.[6] Weiter sollen betroffene Personen das Recht in angemessenen Abständen wahrnehmen können, damit sie sich der Verarbeitung ihrer Daten bewusst werden und deren Rechtmäßigkeit überprüfen können.[7]

b) Verfahren

6 Nach Art. 15 Abs. 3 DSGVO stellt der Verantwortliche der betroffenen Person eine **Kopie** dieser personenbezogenen Daten zur Verfügung. Diese Formulierung bezieht sich nicht auf die in Abs. 1 erwähnten weiteren Informationen.[8] Art. 15 Abs. 2 DSGVO macht deutlich, dass der Verantwortliche bei Datenübermittlungen in Drittstaaten über die geeigneten Garantien gemäß Art. 46 DSGVO unterrichten muss. Bei der **Art der Auskunftserteilung** hat der Verantwortliche nach Art. 12 Abs. 1 DSGVO darauf zu achten, dass die Angaben „in präziser, transparenter, verständlicher und leicht zugänglicher Form in einer klaren und einfachen Sprache" erfolgen. Dabei ist auch der Adressatenkreis der Webdienste zu berücksichtigen. Richtet sich ein Webdienst explizit an Kinder und Jugendliche, ist dies bei der Umsetzung der formalen Anforderungen besonders zu berücksichtigen.

7 In der weiteren Umsetzung kann Erwgr. 63 herangezogen werden, wonach das Auskunftsrecht problemlos wahrgenommen werden können muss; auch zeitlich in angemessenen Abständen. Daraus folgt, dass die Wahrnehmung des Rechts weder erschwert oder verhindert werden darf.[9] Zu diesem Zweck schreibt Art. 15 Abs. 3 S. 3 DSGVO vor, dass bei elektronischen Auskunftsersuchen „die Informationen **in einem gängigen elektronischen Format** zur Verfügung zu stellen" sind, wie zum Beispiel als PDF-Datei.[10] Wird das Auskunftsersuchen nicht hinreichend präzise gestellt, kann die betroffene Person zur Präzisierung aufgefordert werden, insbesondere wenn der betroffene Datenbestand zu umfangreich ist. Dies gilt beispielsweise, wenn die betroffene Person nicht deutlich macht, auf welche Informationen oder Verarbeitungsvor-

---

5 Erwgr. 63.
6 Erwgr. 59. S. 2. Kühling/Buchner/*Bäcker* DSGVO Art. 12 Rn. 26; Paal/Pauly/*Paal* DSGVO Art. 12 Rn. 45.
7 In Erwgr. 92 werden hierzu auch besonders die eigenen gesundheitsbezogenen Daten genannt, wie sie bspw. in Patientenakten, in denen Informationen wie Diagnosen, Untersuchungsergebnisse, Befunde der behandelnden Ärzte und Angaben zu Behandlungen oder Eingriffen enthalten sind.
8 Dazu *Piltz* K&R, 2016, 631.
9 So auch das Erleichterungsgebot in Art. 12 Abs. 2 S. 1 DSGVO.
10 Der grundsätzliche Anspruch auf eine Kopie bleibt davon unberührt, Gola/*Franck* DSGVO Art. 15 Rn. 22.

gänge sich ihr Auskunftsersuchen bezieht.[11] Weiter hat die Herausgabe der Kopie gemäß Art. 12 Abs. 5 DSGVO der personenbezogenen Daten kostenlos zu erfolgen. Bei weiteren Kopien gestattet Art. 15 Abs. 3 S. 2 DSGVO die Berechnung eines angemessenen, an den Verwaltungskosten orientierten Entgelts.[12]

In Ergänzung zu den Regelungen in Art. 15 DSGVO sieht Erwgr. 63 vor, dass der Verantwortliche einen **Fernzugang** zu einem sicheren System bereitstellen sollte.[13] Im Internet ist von einer Vielzahl standardisierter Anfragen auszugehen. Sowohl für den Verantwortlichen als auch für die betroffenen Personen kann das Auskunftsrecht hier effizient durch Kontaktformulare, spezielle Webseiten oder Webportale beispielsweise als „customer/employee self service" umgesetzt werden.[14] Aus der Sicht der betroffenen Person ist damit zudem der Vorteil verbunden, nicht über etwaige Zuständigkeiten auf der Seite der Verantwortlichen nachdenken zu müssen.[15] Angesichts der aktuellen Diskussionen über die Manipulierbarkeit von Datenübertragungen wird wohl die Nutzung verschlüsselter (Übertragungs-)Systeme, beispielsweise über HTTPS-Verbindungen, erforderlich sein.

c) Identifizierung

Angesichts der neuen Bußgeldregelungen der Datenschutz-Grundverordnung wird der Verantwortliche einmal mehr darauf zu achten haben, dass die Daten nicht an Unberechtigte gelangen. Das unterstützt auch Art. 12 Abs. 6 DSGVO. Daher sollte der Verantwortliche bei Auskunftsanfragen alle vertretbaren Mittel zur **Bestätigung der Identität** der Anfragenden einsetzen. Dies gilt insbesondere im Rahmen von Online-Diensten und im Fall von Online-Kennungen. Grundsätzlich müssen daher Sicherungsmaßnahmen, wie Passwortschutz oder Sicherheitsabfragen, bei einer **Online-Auskunft** ergriffen werden, mit denen die Identität der betroffenen Personen sichergestellt werden kann. Dazu können auch hier Verhältnismäßigkeitsmaßstäbe herangezogen und der Grad der Sicherstellung der Sensibilität der betroffenen Daten, gerade bei besonderen Kategorien von Daten gemäß Art. 9 Abs. 1 DSGVO, wie beispielsweise der Gesundheit, gegenübergestellt werden. Daneben können aber auch andere, nicht in Art. 9 Abs. 1 DSGVO aufgeführte Datenkategorien, beispielsweise zu Finanzen, eine vergleichbare Bedeutung sowohl für die betroffene Person als auch für den Verantwortlichen haben. Für die betroffene Person spielen Kontodaten besonders bei Identitätsdiebstählen eine Schlüsselrolle. Demgegenüber ist für Verantwortliche über die generellen Androhungen der Geldbußen des Art. 83 DSGVO hinaus häufig das Image in der Öffentlichkeit sehr wichtig, das bei einer unberechtigten Herausgabe gerade solcher Daten beträchtliche Einbußen erleiden könnte.

---

11 Erwgr. 63 aE.
12 Gola/*Franck* DSGVO Art. 15 Rn. 28 sieht in einer Anfrage pro Quartal noch keinen Verstoß gegen ein solches Exzessverbot.
13 Der Verantwortliche kann so der betroffenen Person direkten Zugang zu seinen personenbezogenen Daten ermöglichen. Soweit in dem Zusammenhang bspw. Geschäftsgeheimnisse oder Rechte des geistigen Eigentums an Software Dritter, die durch das Urheberrecht geschützt werden, beeinträchtigt werden könnten, darf jedoch dadurch keine Einschränkung des Auskunftsrechts stattfinden.
14 Sollen betroffene Personen die Daten gar selbst verwalten oder verändern können, ist auch aufgrund des Richtigkeitsgrundsatzes in Art. 5 Abs. 1 lit. a DSGVO darauf zu achten, dass der unberechtigte Zugriff ausgeschlossen ist, vgl. Erwgr. 39 S. 11.
15 Gola/*Franck* DSGVO Art. 12 Rn. 14.

10 Für die Erhebung von Daten zur Identifizierung gilt auch hier wieder der Zweckbindungsgrundsatz, wonach dabei erlangte Daten nach Wegfall des Grundes wieder zu löschen sind. Personenbezogene Daten sollen nicht für den Zweck gespeichert werden, um auf Auskunftsersuchen reagieren zu können.[16]

11 Wenn der Verantwortliche bei der Geltendmachung des Auskunftsanspruchs begründete **Zweifel an der Identität** des Anfragenden haben sollte, beispielsweise weil plötzlich eine andere E-Mail-Adresse oder ein anderes Kommunikationsmittel verwendet wurde, so verweist Art. 12 Abs. 6 DSGVO auf die Möglichkeit, zusätzliche Informationen anfordern zu können, die zur Bestätigung der Identität der betroffenen Person erforderlich sind. Umgekehrt ist der Verantwortliche aber auch nicht zu einer solchen Aufforderung verpflichtet. Bei der Frage nach dem Aufwand und dem Ausmaß, das zur Identifizierung verlangt werden kann, ist darauf abzustellen, in welchem Authentifizierungsverfahren oder mit welchen Berechtigungsnachweisen die betroffene Person sich bei den bereitgestellten Online-Diensten des Verantwortlichen ursprünglich angemeldet hat.[17]

12 Dabei kann die **Erforderlichkeit von Maßnahmen** in Anlehnung an Art. 24 Abs. 1 DSGVO auch wieder an der Eintrittswahrscheinlichkeit und Schwere der Risiken der betroffenen Personen orientiert werden. Üblicherweise wird hier an zusätzliche Passwörter oder Fragen, beispielsweise nach dem Lieblingsfilm, zu denken sein, die dann früher bereits einschließlich der richtigen Antwort festgelegt werden mussten.

2. Berichtigungsrecht

13 Auch das **Berichtigungsrecht** aus § 35 Abs. 1 BDSG aF findet seine Entsprechung in Art. 16 DSGVO, wonach unrichtige personenbezogene Daten auf Verlangen der betroffenen Person unverzüglich zu berichtigen sind.[18] Dies wird komplettiert durch das Recht auf Vervollständigung personenbezogener Daten in S. 2 des Artikels. Unabhängig von dem hier verankerten Recht der betroffenen Person besteht auf Seiten des Verantwortlichen die Pflicht, den Grundsatz der „Richtigkeit" personenbezogener Daten nach Art. 5 Abs. 1 lit. d DSGVO einzuhalten.[19] Auch wegen dieser Bußgeld bewehrten Vorschrift muss in der Organisation des Verantwortlichen ein System geschaffen werden, mit dem fehlerhafte Daten korrigiert werden. Neben der Beachtung auch der Löschfristen sollten regelmäßige Überprüfungen und alle vertretbaren Schritte unternommen werden, um unrichtige personenbezogene Daten zu löschen oder zu berichtigen.[20] Dabei können außer der Wahrnehmung der Betroffenenrechte auch Hinweise Dritter oder Erkenntnisse beim Verantwortlichen, wie beispielsweise Hinweise auf Umzug oder Zahlungseingang, einen Anlass zur Überprüfung der Richtigkeit darstellen. Verantwortliche sollten Mitarbeiter dahin gehend sensibilisieren

---

16 Insgesamt Erwgr. 64.
17 Erwgr. 57.
18 So auch in Art. 8 Abs. 2 S. 2 GRCh.
19 Danach müssen personenbezogene Daten „sachlich richtig und erforderlichenfalls auf dem neuesten Stand sein; es sind alle angemessenen Maßnahmen zu treffen, damit personenbezogene Daten, die im Hinblick auf die Zwecke ihrer Verarbeitung unrichtig sind, unverzüglich gelöscht oder berichtigt werden".
20 Erwgr. 39 S. 10 f.

und ein Verfahren zur Überprüfung der Daten, beispielsweise durch softwareintegrierte Plausibilitätskontrollen umsetzen.

3. Löschungsrecht und „Recht auf Vergessenwerden"

Unter bestimmten Voraussetzungen können betroffene Personen auch verlangen, dass ihre Daten gelöscht werden.[21] Zudem weitet die Datenschutz-Grundverordnung dieses **Löschungsrecht** um ein nur in der Überschrift von Art. 17 DSGVO sogenanntes „Recht auf Vergessenwerden" aus. Damit wird der Versuch unternommen, dem Löschungsrecht im Internet zur Umsetzung zu verhelfen.[22]

a) Löschungsrecht

Die **Reichweite** des Löschungsrechts war schon vor der Datenschutz-Grundverordnung aufgrund der Rechtsprechung des Europäischen Gerichtshofs einer Dynamik unterworfen, die über den Anwendungsbereich von § 35 Abs. 2 BDSG aF hinausging.[23] Art. 17 Abs. 1 DSGVO legt jetzt fest, dass die betroffene Person unter bestimmten alternativen Voraussetzungen ein Löschungsrecht hat. Dies wird – wie auch beim Berichtigungsrecht – durch eine entsprechende Pflicht der Verantwortlichen ergänzt. Die Löschung hat zu erfolgen, wenn der Zweck der Datenverarbeitung weggefallen ist oder die Einwilligung als Rechtsgrundlage gemäß Art. 6 Abs. 1 lit. a DSGVO widerrufen wurde.[24]

Als **weiterer Grund** für die Löschung gilt auch die Ausübung des Widerspruchsrechts nach Art. 21 Abs. 1 DSGVO in Verbindung mit dem Nichtvorliegen vorrangiger berechtigter Interessen. Art. 21 Abs. 2 DSGVO konkretisiert dieses Widerspruchsrecht auch für den Fall der Datenverarbeitung für Zwecke der Direktwerbung inklusive des Profilings. Auch die schon beschriebene unrechtmäßige Verarbeitung stellt einen weiteren Löschungsgrund dar.

In den Anwendungsbereich des Löschungsrechts fallen auch die Sachverhalte, in denen **E-Mails an falsche Empfänger** gelangen. Hier haben der Absender und gegebenenfalls auch weitere in der E-Mail genannte betroffene Personen ein Recht auf Löschung gegenüber dem Empfänger, da dieser kein Recht auf die Verarbeitung der Daten hat, unter anderem auch kein berechtigtes Interesse gemäß Art. 6 Abs. 1 lit. f DSGVO an der fälschlicherweise erhaltenen E-Mail geltend machen kann.[25]

Die Datenschutz-Grundverordnung macht an verschiedenen Stellen, wie beispielsweise in Art. 8 DSGVO, deutlich, dass der **Schutz von Kindern und Minderjährigen** eine herausragende Stellung haben soll. Mit der gleichen Schutzintention legt Art. 17 Abs. 1 lit. f DSGVO fest, dass ursprünglich von Kindern verarbeitete Daten auf

14

15

16

17

18

---

21 Zu den Auswirkungen und technischen Umsetzungsmöglichkeiten *Keppeler/Berning* ZD 2017, 314.
22 Erwgr. 66.
23 S. die Google Spain-Entscheidung EuGH EuZW 2014, 541.
24 Bei sozialen Netzwerken muss der Betreiber nach Widerruf der Einwilligung eine andere Rechtsgrundlage heranziehen können oder die Daten löschen. Haben andere Nutzer die zu löschenden Daten in einem solchen Netzwerk eingestellt, müssen jene die Löschung übernehmen – sofern ihnen dies faktisch vollständig möglich ist – und das Netzwerk entsprechend informieren, *Gola/Nolte/Werkmeister* DSGVO Art. 17 Rn. 54 ff.
25 *Lorenz* K&R 2018, 160 (161).

Wunsch der reiferen Jugendlichen und jungen Erwachsenen zu löschen sind.[26] Gerade wenn eine Einwilligung noch im Kindesalter erteilt wurde und die betroffene Person, das Kind, noch nicht absehen konnte, welche Auswirkungen das zur Folge haben kann.[27] So werden die mit bestimmten Verarbeitungen häufig verbundenen Gefahren nicht im vollen Umfang erfasst werden können.[28] Dies gilt beispielsweise, wenn die personenbezogenen Daten im Internet verarbeitet werden und später gelöscht werden sollen.[29] Ebenso kann die betroffene, jetzt erwachsene, Person die Löschung verlangen, wenn die Einwilligung durch die gesetzlichen Vertreter gegeben wurde, da hier die Interessenlage und der mit der Norm beabsichtigte Schutz des Reife erlangenden Kindes gleichgelagert sind.[30] Demgegenüber wird Art. 17 Abs. 1 lit. f DSGVO nicht für Fälle heranzuziehen sein, in denen Minderjährige, beispielsweise durch Zustimmung zu einem Vertrag, die Grundlage für die Datenverarbeitung nach Art. 6 Abs. 1 lit. b DSGVO geschaffen haben. Die Bezugnahme in Art. 17 Abs. 1 lit. f DSGVO auf Art. 8 Abs. 1 DSGVO macht deutlich werden, dass gerade die spezielle Situation der Erteilung einer Einwilligungserklärung durch Minderjährige erfasst und durch einen besonderen Schutz geregelt werden soll.[31]

19 Zu beachten ist, dass zu löschende Daten nicht nur zum Überschreiben freigegeben, sondern tatsächlich auch vernichtet werden.[32]

b) „Recht auf Vergessenwerden"

20 Im Anschluss an die Entscheidung des Europäischen Gerichtshofs zu der Pflicht, die **Löschung von im Internet veröffentlichten personenbezogenen Daten** zu unterstützen, kodifiziert nun ausdrücklich Art. 17 Abs. 2 DSGVO die rechtlichen Rahmenbedingungen für die Pflichten der Verantwortlichen, welche personenbezogen Daten öffentlich gemacht haben.[33] So wird in dem Fall in Ergänzung des Löschungsrechts aus Abs. 1 der Verantwortliche zur Informierung derjenigen verpflichtet, die diese personenbezogenen Daten verarbeitet haben. Auch diese weiteren Verantwortlichen müssen dann über das Löschungsbegehren darüber in Kenntnis gesetzt werden, dass die Löschung aller Links zu den personenbezogenen Daten und aller Kopien gefordert wurde. Angesichts des Wortlauts in Abs. 2 ist daher auch festzustellen, dass diese Mitteilungspflicht gegenüber anderen Verantwortlichen entfällt, wenn der Löschungsanspruch nicht geltend gemacht wurde, auch wenn die veröffentlichten Daten beispielsweise aufgrund des Wegfalls der Rechtsgrundlage gelöscht werden mussten.[34]

---

26 *Joachim* ZD 2017, 414 (417).

27 S. Erwgr. 65 S. 3. Ehmann/Selmayr/*Kamann*/*Braun* DSGVO Art. 17 Rn. 27, die von einem „Recht auf datenfreien Eintritt" ins Erwachsenendasein sprechen.

28 IdS bei Krankenkassen, die Gewinnspiele für Jugendliche anbieten, BGH ZD 2014, 469.

29 Erwgr. 65 S. 3.

30 Gola/Nolte/*Werkmeister* DSGVO Art. 17 Rn. 28.

31 Kühling/Buchner/*Herbst* DSGVO Art. 17 Rn. 35.

32 Dazu *BSI*, IT-Grundschutz, M 2.167 Auswahl geeigneter Verfahren zur Löschung oder Vernichtung von Daten, abrufbar unter https://www.bsi.bund.de/DE/Themen/ITGrundschutz/ITGrundschutzKataloge/Inhalt/_content/m/m02/m02167.html.

33 S. zu sog Internet-Archiven Kühling/Buchner/*Herbst* DSGVO Art. 17 Rn. 49 und Gola/Nolte/*Werkmeister* DSGVO Art. 17 Rn. 50.

34 S. Gola/Nolte/*Werkmeister* DSGVO Art. 17 Rn. 36.

Für **Suchmaschinenbetreiber**, die die Daten der erfassten Webseiten für ihre Nutzer   21
aufbereiten, wird daher davon ausgegangen, dass auch sie die Daten zusätzlich verarbeiten, einem unbestimmten Nutzerkreis gegenüber öffentlich machen und nach
Art. 17 Abs. 2 DSGVO verantwortlich sind.[35]

Für den **Begriff des Öffentlichmachens** kann in Einzelfällen noch der Grad der Betei-   22
ligung fraglich sein, wenn beispielsweise die eigentliche Handlung durch einen anderen vorgenommen, aber unterstützt wird. So kann sich diese Frage für Betreiber von
Plattformen wie sozialen Netzwerken stellen und ob auch diese von Handlungspflich-
ten erfasst werden.[36] Hier wird nach Fallgestaltungen zu differenzieren sein. Denn
nach Art. 17 Abs. 2 DSGVO werden Verantwortliche grundsätzlich nur dann verpflichtet, wenn sie die Daten öffentlich gemacht haben. Werden aber personenbezogene Daten in einem **sozialen Netzwerk** in der Weise eingestellt, so dass nur ein be-
grenzter Kreis Kenntnis davon erlangen kann, wird kaum davon ausgegangen werden
können, dass die Daten im Sinne der Norm öffentlich gemacht wurden. Etwas anderes kann sich aber dann ergeben, wenn die Daten hier einem unbegrenzten Nutzerkreis gegenüber offenbart werden. Das wird dann als Öffentlichmachen und der Betreiber auch als Verantwortlicher anzusehen sein.[37]

In diesem Zusammenhang lässt sich die **Stellung des Betreibers** von sozialen Netzwer-   23
ken mit der von Suchmaschinenbetreibern vergleichen. So hat auch der Europäische
Gerichtshof in der „Google-Spain"-Entscheidung hervorgehoben, dass die Beeinträchtigung der Grundrechte der betroffenen Person durch den Betreiber der Suchmaschine zusätzlich zur der Veröffentlichung der Information über die betroffene Person
durch einen Webseitenbetreiber erfolgt.[38] Die Stellung des Betreibers eines sozialen
Netzwerks lässt sich damit insoweit vergleichen, dass gerade aufgrund der Vernetzt-
heit die Verbreitung der Daten in einer Weise ermöglicht wird, wie sie für den die Daten veröffentlichenden Nutzer des sozialen Netzwerks regelmäßig kaum möglich sein
wird. Daher wird allein der Betrieb des sozialen Netzwerks, der die Veröffentlichung
von Daten an einen unbegrenzten Nutzerkreis ermöglicht, als zusätzliche Beeinträchtigung der Grundrechte der betroffenen Person anzusehen sein.

In der Folge hat der zur Informierung Verantwortliche unter Berücksichtigung der   24
verfügbaren Technik und der Implementierungskosten alle **angemessenen Maßnahmen**, auch technischer Art, zu treffen.[39] Der Begriff der Angemessenheit kann im Einzelfall Spielraum geben. Ein Webseitenbetreiber, der Daten im Internet öffentlich gemacht hat, wird daher kaum angemessene Maßnahmen zur Informierung der Besucher seiner Webseite in angemessener Weise ergreifen können. Etwas anderes gilt
dann, wenn beispielsweise bei Suchmaschinen, der Webseitenbetreiber dem Betreiber
der Suchmaschine tatsächlich bekannt ist.[40] Die Angemessenheit wird dabei nach den
Fallgestaltungen oder auch dem Kontakt zwischen den Verantwortlichen zu beurtei-

---

35 Paal/Pauly/*Paal* DSGVO Art. 17 Rn. 33; Wolff/Brink/*Worms* DSGVO Art. 7 Rn. 70.
36 *Kodde* ZD 2013, 115 (116).
37 Gola/*Nolte*/*Werkmeister* DSGVO Art. 17 Rn. 55; Wolff/Brink/*Worms* DSGVO Art. 7 Rn. 71.
38 EuGH EuZW 2014, 547.
39 So werden bspw. auch Meta-Tags einzelner betroffener Internetseiten genauso zu löschen sein, Kühling/
    Buchner/*Herbst* DSGVO Art. 17 Rn. 53.
40 Gola/*Nolte*/*Werkmeister* DSGVO Art. 17 Rn. 38.

len sein.[41] So kann beispielsweise die Änderung der Meta-Tags dazu führen, dass Webcrawler der Suchmaschinen dazu gebracht werden, die Dateien und Caches zu entfernen.[42]

25 Insgesamt gibt die beschriebene Formulierung mit der Bezugnahme auf die „Angemessenheit" den Hinweis, dass die geforderten **Maßnahmen nicht grenzenlos** sein müssen. Jedenfalls aber ist soweit wie möglich sicherzustellen, dass die anderen Verantwortlichen von der Geltendmachung des Löschungsanspruchs durch die betroffene Person erfahren.

26 Schließlich wird auch die Frage aufgeworfen, inwieweit sich neue Techniken, wie die **Blockchain**, mit den Löschpflichten der Datenschutz-Grundverordnung vereinbaren lassen.[43] Dabei handelt es sich um eine dezentral organisierte Speichertechnik, die darauf ausgerichtet ist, alle jemals gespeicherten – auch personenbezogenen – Informationen mit den vorgenommenen Veränderungen zu dokumentieren. Schon dieser Ansatz führt zu dem Konflikt mit den Regelungen in Art. 17 DSGVO, nach denen Daten unter bestimmten Voraussetzungen gelöscht werden müssen.

27 Das grundsätzliche Problem besteht dabei zunächst darin, dass schon aufgrund der dezentralen Organisationsstruktur einer Blockchain Rechte kaum adressiert werden können. Das gilt auch für die Tätigkeit von Aufsichtsbehörden. Können einzelne Verantwortliche für den Betrieb einer Blockchain identifiziert werden, müssten sie entsprechende technische Entwicklungen einsetzen, damit die betroffenen Personen nach Wahrnehmung ihrer Rechte jedenfalls nicht mehr identifizierbar sind.[44] Dabei wird auch die Nutzung von sogenannten „Zero-Knowledge-Beweisen" vorgeschlagen, in denen mit kryptografischen Methoden Ergebnisse validiert werden können, ohne das auch darüber hinaus gehende Informationen offenbart werden müssten.[45]

c) Ausnahmen des Löschungsrechts

28 Nach Art. 17 Abs. 3 DSGVO sollen Datenverarbeitungen, die zur Ausübung des **Rechts auf freie Meinungsäußerung und Information** erforderlich sind, nicht vom Löschungsrecht und der ergänzenden Informationspflicht erfasst werden. Entscheidend wird danach eine Abwägung sein.[46] Dieser Ausnahmetatbestand ist aufgrund seiner allgemein gehaltenen Formulierung nicht auf professionelle Journalisten beschränkt, sondern erfasst auch Meinungsäußerungen von Bloggern oder in sozialen Medien.[47] Daneben ergeben sich dort aus den lit. b bis d weitere Einschränkungen in Fällen des Vorliegens einer rechtlichen Verpflichtung der Verarbeitung oder eines öffentlichen Interesses sowie zum Schutz von Rechtsansprüchen.

---

41 Paal/Pauly/*Paal* DSGVO Art. 17 Rn. 36.
42 Kühling/Buchner/*Herbst* DSGVO Art. 17 Rn. 53, auch mit der Idee der entsprechenden Weiterentwicklung eines Digital Rights Managements.
43 *Martini/Weinzierl* NVwZ 2017, 1251.
44 *Böhme/Pesch* DuD 2017, 473 (480); *Martini/Weinzierl* NVwZ 2017, 1251 (1255 f.).
45 *Guggenberger* ZD 2017, 49 (50).
46 *Paal/Hennemann* K&R 2017, 18 (22), die aufgrund der durch die Norm vorzunehmenden Abwägung von einem „kleinen Medienprivileg" sprechen.
47 Kühling/Buchner/*Herbst* DSGVO Art. 17 Rn. 72.

4. Recht auf Einschränkung der Verarbeitung

Art. 18 Abs. 1 DSGVO gewährt das **Recht auf Einschränkung der Verarbeitung**. Eine 29
solche Einschränkung hat nach Abs. 2 der Norm die Folge, dass eine Verarbeitung
nur noch zulässig ist beim Vorliegen einer Einwilligung der betroffenen Person, zur
Geltendmachung, Ausübung oder Verteidigung von Rechtsansprüchen, zum Schutz
der Rechte einer anderen natürlichen oder juristischen Person oder aus Gründen eines wichtigen öffentlichen Interesses der Union oder eines Mitgliedstaats. Die Norm
erwähnt gleichzeitig, dass die Zulässigkeit der Speicherung von der Geltendmachung
des Rechts auf Einschränkung der Verarbeitung unberührt bleibt. Die Rechtmäßig-
keitsanforderungen an die Verarbeitung ergeben sich nach wie vor aus den allgemeinen Rahmenbedingungen.

Art. 18 Abs. 1 DSGVO konkretisiert auch die **Gründe** für die Möglichkeit der Ein- 30
schränkung. So wird in lit. a zunächst der Fall herangezogen, nach dem die betroffene Person die Richtigkeit der Daten bestritten hat. Dann soll die Einschränkung der
Verarbeitung so lange verlangt werden können, wie der Verantwortliche benötigt, um
die Richtigkeit der Daten zu überprüfen. Sofern er zu dem Ergebnis kommt, dass die
Daten unrichtig sind, hat er diese zu korrigieren und damit inzident die unrichtigen
Daten zu löschen.

Wird beispielsweise gegenüber einem **Bewertungsportal** für Produkte eines Internet- 31
händlers oder auch für Dienstleistungen von Ärzten von den (bewerteten) betroffenen
Personen die Identität der Bewertenden als Kunden bestritten, da vielleicht sogenannte „Fake-Accounts" benutzt wurden, oder es wird geltend gemacht, in dem beschriebenen Fall wurde überhaupt keine der beschriebenen Dienstleistungen in Anspruch
genommen, sind die Eintragungen zunächst der Öffentlichkeit vorzuenthalten.[48] Gerade im Marketing-Bereich fallen immer wieder Nutzer auf, die für die Erstellung po-
sitiver oder auch negativer Bewertungen bezahlt werden, sogenanntes Astroturfing,[49]
In diesen Fällen können Händler oder Dienstleistungserbringer beispielsweise bestrei-
ten, dass es überhaupt einen Vertrag oder eine Geschäftsbeziehung mit dem Verfasser
der Bewertung gegeben hat.

Weiter gilt nach lit. b die Möglichkeit der Einschränkung der Daten **auch bei richti-** 32
gen Daten, sofern die Verarbeitung unrechtmäßig ist, gleichzeitig die betroffene Person die Löschung der Daten ablehnt und vielmehr deren Einschränkung der Verarbeitung verlangt. Grundsätzlich werden betroffene Personen in solchen Fällen ein Interesse an der weiter gehenden Löschung der unrechtmäßig verarbeiteten Daten haben.
Die hier vorstellbaren Fälle werden sich regelmäßig mit der Variante in lit. c überschneiden. Dann, wenn die betroffene Person ein Interesse an den Daten zur Geltendmachung, Ausübung oder Verteidigung von Rechtsansprüchen haben, auch wenn der
Verantwortliche die Daten nicht mehr benötigt. Auch dann soll nach lit. c die betroffene Person das Recht auf Einschränkung der Verarbeitung geltend machen können.
So ist es vorstellbar, dass beispielsweise im Zusammenhang mit der Geltendmachung

---

48 S. Erwgr. 67.
49 Vgl. Spindler/Schuster/*Micklitz/Schirmbacher* 2015§ 6 TMG Rn. 45.

von Schadensersatzansprüchen aus Art. 82 DSGVO man die Existenz der Daten zu Beweiszwecken sicherstellen möchte.

33 Schließlich hat auch die Geltendmachung des Widerspruchsrechts nach Art. 21 Abs. 1 DSGVO zur **Folge**, dass die Daten eingeschränkt verarbeitet werden. Diese Einschränkung soll nach lit. d solange erfolgen, bis geklärt ist, ob die berechtigten Gründe des Verantwortlichen gegenüber denen der betroffenen Person nach Art. 6 Abs. 1 lit. e oder f. DSGVO überwiegen. So wird dem Verantwortlichen die Möglichkeit gegeben, die Abwägung nach Art. 6 Abs. 1 lit. f DSGVO zu überprüfen und beispielsweise zu recherchieren, ob inzwischen Umstände eingetreten sind, die jetzt zu einem anderen Ergebnis der Zulässigkeit der Verarbeitung führen könnten. Auch erhält eine betroffene Person so die Möglichkeit, bei bereits erfolgten Datenschutzverstößen Wiederholungen oder weitere Beeinträchtigungen zu unterbinden.[50]

34 Art. 18 Abs. 2 DSGVO macht bei der Umsetzung des geltend gemachten Rechts deutlich, dass eine **weitere Verarbeitung** nur mit Einwilligung der betroffenen Person oder zur Geltendmachung, Ausübung oder Verteidigung von Rechtsansprüchen oder zum Schutz der Rechte einer anderen natürlichen oder juristischen Person oder aus Gründen eines wichtigen öffentlichen Interesses der Union oder eines Mitgliedstaats erlaubt ist. Auf dieser Grundlage werden Verarbeitungen typischerweise zulässig sein, bei denen der Verantwortliche oder auch Dritte die Daten der betroffenen Person für die Geltendmachung von gerichtlichen oder außergerichtlichen Ansprüchen prüfen müssen.

35 Die Art und Weise der Einschränkung der Verarbeitung wird in Erwgr. 67 näher konkretisiert. So können **Methoden zur Beschränkung der Verarbeitung** personenbezogener Daten unter anderem darin bestehen, „dass ausgewählte personenbezogene Daten vorübergehend auf ein anderes Verarbeitungssystem übertragen werden, dass sie für Nutzer gesperrt werden oder dass veröffentliche Daten vorübergehend von einer Website entfernt werden". Bei einer Speicherung in automatisierten Dateisystemen wird auf den Einsatz von technischen Mitteln verwiesen, die die Weiterverarbeitung oder deren Veränderung unmöglich machen. Zudem sollte das System einen unmissverständlichen Hinweis auf die Einschränkung enthalten. Schließlich ist die betroffene Person nach Art. 18 Abs. 3 DSGVO vorab von dem Verantwortlichen über die Aufhebung der Einschränkung zu unterrichten.

5. Mitteilungspflicht und Unterrichtungsrecht

36 Zur Verwirklichung der dargestellten Rechte der betroffenen Personen besteht nach Art. 19 DSGVO eine **Mitteilungspflicht** des Verantwortlichen gegenüber allen Empfängern, denen personenbezogene Daten offengelegt wurden.[51] Inhalt dieser Mitteilung ist jede Berichtigung oder Löschung der personenbezogenen Daten oder eine Einschränkung der Verarbeitung nach Art. 16, Art. 17 Abs. 1 und Art. 18 DSGVO, es sei denn, dies erweist sich als unmöglich oder ist mit einem unverhältnismäßigen Aufwand verbunden. Angesichts des Wortlauts der Norm ist zu beachten, dass hier auch

---

50 Gola/*Gola* DSGVO Art. 18 Rn. 13.
51 „Nachberichtspflicht", *DSK*, Kurzpapier Nr. 11, Recht auf Löschung/„Recht auf Vergessenwerden".

Felix Hermonies

Auftragsverarbeitern entsprechend Mitteilung zu machen ist. Gleichzeitig hat der Verantwortliche die betroffene Person über diese Empfänger auf Verlangen gemäß Art. 19 S. 2 DSGVO zu unterrichten.

6. Recht auf Datenübertragbarkeit

Als neues Recht der betroffenen Personen wurde die **Datenübertragbarkeit oder -por** **tabilität** in die Datenschutz-Grundverordnung in Art. 20 aufgenommen. Die Regelung lässt zunächst nicht deutlich werden, inwieweit sie dem im Titel der Verordnung zitierten eigentlichen „Datenschutz" dienlich sein kann. Das Verständnis der Regelung erschließt sich eher aus der Perspektive des anvisierten Schutzgedankens der betroffenen Personen im Zusammenhang mit Datenverarbeitungen. Das betont auch Art. 1 Abs. 1 DSGVO, wonach die Vorschriften der Datenschutz-Grundverordnung dem Schutz der natürlichen Personen bei der Verarbeitung personenbezogener Daten dienen sollen, ergänzt aber gleichzeitig, dass die Regelungen auch dem freien Verkehr solcher Daten dienen sollen. Auch das Bundesverfassungsgericht hatte schon im Volkszählungsurteil hervorgehoben, dass jeder Einzelne „selbst über die Preisgabe und Verwendung seiner persönlichen Daten bestimmen"[52] sollte. So entwickelte jetzt auch der europäische Gesetzgeber die Vorstellung, dass natürliche Personen, wie sich aus Erwgr. 68 S. 1 ergibt, eine bessere Kontrolle über ihre Daten haben sollen.

37

Ursprünglicher Anlass der Regelungen waren die sogenannten Lock-in-Effekte, die vor allem bei den Nutzern **sozialer Netzwerke** festgestellt wurden. Ihnen fiel der Wechsel zu einem anderen Anbieter schwer, da sie viele Informationen, wie beispielsweise Fotos, die sie in ihren Profilen angereichert hatten, nicht unproblematisch zu einem anderen Anbieter transferieren konnten.[53] Auch wenn die Norm zunächst vor allem an soziale Netzwerke adressiert war,[54] ist deren vorstellbarer Anwendungsbereich inzwischen weit größer, da grundsätzlich auch **Finanzdienstleister, E-Mail-Provider, Arbeitgeber, Onlinespiele-Dienstleister oder auch Online-Shops** mit gespeichertem Konsumverhalten potenziell über Datenmengen verfügen, die sie von den betroffenen Personen erhalten haben.[55]

38

Weiter denkbar ist aber auch die Anwendung der Norm auf **Plattformbetreiber**, wie youtube mit den dort bereit gestellten Videos oder auf **TV-Streaming-Betreiber**, wie beispielsweise Netflix[56] in Bezug auf die Daten zu Präferenzen.[57] So werden gerade im Bereich des **Online-Banking** die Übertragung der Bank-Accounts genannt.[58] Da inzwischen bestimmte **Apps** oder Wearables die von Sportlern zusammengetragenen Leistungsdaten, wie zurückgelegte Distanzen oder Pulswerte erfassen, könnte sich auch hier die Frage stellen, ob es Nutzern mit Art. 20 DSGVO erleichtert werden soll, den Anbieter wechseln zu können.[59] Beispielsweise werden auch in einer Jogging-App

39

---

52 BVerfGE 65, 1, Ls. 1, S. 2.
53 Dazu *Hornung* ZD 2012, 99.
54 S. Kühling/Buchner/*Herbst* DSGVO Art. 20 Rn. 8.
55 *Strubel* ZD 2017, 355.
56 *Brüggemann* K&R 2018, 1.
57 *Gierschmann* ZD 2016, 51 (54).
58 *Jülicher/Röttgen/v. Schönfeld* ZD 2016, 358 (361). Dazu auch BT-Drs. 18/7204.
59 Vgl. *Jülicher/Röttgen/v. Schönfeld* ZD 2016, 358 (359).

neben Leistungsdaten häufig Name, E-Mail-Adresse, Alter und Gewicht angegeben.[60] Aber auch wenn solche technischen Einrichtungen von Vereinen oder Arbeitgebern bei Berufssportlern oder im Rahmen des betrieblichen Gesundheitsmanagements verwendet werden, kann die Anwendbarkeit auch bei einem Vereins- oder Arbeitgeberwechsel in Frage kommen. Gerade im professionellen Bereich werden von Sportlern auch umfangreich medizinische Daten erfasst, die für den Einsatz beim neuen Arbeitgeber notwendig sein können, wenn beispielsweise die Kontinuität des Trainings reibungslos gewährleistet werden soll.[61]

40 Demgegenüber wird für einen Großteil der ursprünglich angedachten Anwendungsfälle die Voraussetzungen einer notwendigen Rechtsgrundlage dann nicht erfüllt sein, wenn von den zu übertragenden **Daten Dritte betroffen** sind, die keine Einwilligung zu der Weitergabe gegeben haben.[62] Das lässt die Anwendung dieses neuen Rechts, beispielsweise auf gesamte E-Mail-Accounts und der darin enthaltenen empfangenen Nachrichten von Dritten, zweifelhaft erscheinen.[63]

41 Konkret verpflichtet die Norm zunächst Verantwortliche, aber keine Auftragsverarbeiter. In einem ersten Schritt legt dann Art. 20 Abs. 1 DSGVO fest, dass betroffene Personen das Recht auf Erhalt der sie betreffenden personenbezogenen Daten haben. Genauer bezieht sich das auf die **Daten**, die die betroffenen Personen dem Verantwortlichen „**bereitgestellt**" haben. Das meint solche Daten, die von der betroffenen Person durch eine Handlung an den Verantwortlichen offenbart wurden, nicht jedoch solche Daten, die dieser dann erst daran anschließend generiert hat. So werden beispielsweise alle Daten wie Fotos, Videos und Texte als bereitgestellt angesehen, die ein Nutzer zur Gestaltung eines Profils auf eine Plattform oder ein Netzwerk hochgeladen hat.

42 Dabei könnten bei einzelnen Beispielen hinterfragt werden, inwieweit die betroffene Person die Daten tatsächlich aktiv bereitgestellt hat oder ob nicht eigentlich automatisierte Erfassungsprogramme des Verantwortlichen entscheidend für den Empfang der Daten waren.[64] In dem Zusammenhang hat die Art. 29-Datenschutzgruppe ausgeführt, dass eine aktive Bereitstellung durch die betroffene Person an den Verantwortlichen nicht erforderlich ist.[65] Auch „**nachverfolgte Daten**" können von der betroffenen Person durch die Nutzung der Dienste bereitgestellt werden. Als Beispiele werden dazu die Suchhistorie, Verkehrs- oder Standortdaten einer betroffenen Person genannt. Ebenso wird beispielsweise auch die durch Fitness- oder Gesundheits-Trackinggeräte aufgezeichnete Herzfrequenz erfasst. Nicht mehr als bereitgestellte Daten seien demgegenüber die vom Verantwortlichen generierten oder aus Rückschlüssen erzeugte Daten, wie Bewertungen der Bonität oder der Gesundheit, einzuordnen.[66]

---

60 *Strubel* ZD 2017, 355 (360); *Brüggemann* K&R 2018, 1 (3).
61 *Brüggemann*, K&R 2018, 1 (3).
62 Plath/*Kamlah* DSGVO Art. 20 Rn. 5.
63 Kühling/Buchner/*Herbst* DSGVO Art. 20 Rn. 11.
64 Vgl. *Strubel* ZD 2017, 355 (357).
65 *Art. 29-Datenschutzgruppe* WP 242, 1 ff..
66 *Art. 29-Datenschutzgruppe* WP 242, 9 f. *Brüggemann* K&R 2018, 1 (2).

Schon der Verweis darauf, dass der Erhalt in einem strukturierten, gängigen und ma- 43
schinenlesbaren **Format** erfolgen muss, macht deutlich, dass hier eine konkrete
Handlung durch den Verantwortlichen nötig wird. Es ist also beispielsweise nicht
ausreichend, wenn der betroffenen Person lediglich die Möglichkeit eingeräumt wird,
sich Kopien, bezogen auf Webdienste zum Beispiel in Form von Screenshots, zu machen. Art. 20 Abs. 1 lit. a DSGVO beschreibt weiter, dass das Recht nur dann geltend
gemacht werden kann, wenn die Verarbeitung der Daten auf der Basis einer Einwilligung oder eines Vertrags erfolgte.

Weiter soll die Herausgabepflicht gemäß Art. 20 Abs. 1 lit. b DSGVO auch nur dann 44
bestehen, wenn es sich um eine **Verarbeitung mithilfe automatisierter Verfahren** handelt. Zumindest die zweite Voraussetzung ist bei Internetsachverhalten regelmäßig
gegeben. Das Recht auf Erhalt der Daten in einem gängigen Format dürfte dann eine
Bezugnahme auf den Grad der Verbreitung von Programmen und der dabei verwendeten Formate sein, wie beispielsweise pdf, xcl. Das wird auch durch die ergänzende
Formulierung „interoperabel" in Erwgr. 68 unterstützt.

Da in Art. 20 DSGVO nur allgemein von „**Verantwortlichen**" gesprochen, einzelne 45
Diensteanbieter aber nicht weiter unterschieden werden, kann die Frage aufgeworfen
werden, ob das Recht auf Übertragung der Daten auch zwischen komplett verschiedenen Diensteanbietern, wie beispielsweise dem Anbieter einer Fitness-App und einer
Krankenkasse, anzuwenden ist.[67] Da Art. 20 DSGVO aber auf das Vorhandensein
der Daten der betroffenen Person und nicht auf deren Verwendung durch den Verantwortlichen abzielt, wird auch bei solchen Fällen keine Grenze für den Anwendungsbereich zu ziehen sein.

Zur weiteren Erleichterung bei der Wahrnehmung des Rechts soll die betroffene Per- 46
son auch **wählen** können. So kann sie zum einen die bereit gestellten Daten vom bisherigen Verantwortlichen herausverlangen. Für sie besteht aber auch die Möglichkeit
nach Art. 20 Abs. 2 DSGVO, vom bisherigen Verantwortlichen im Rahmen der technischen Machbarkeit die Übermittlung der Daten **direkt an den neuen Verantwortlichen** verlangen zu können. Schon Abs. 1 der Norm macht deutlich, dass der bisherige
Verantwortliche die Pflicht hat, diese Weitergabe nicht zu behindern. Gleichwohl
stellt der Verweis auf die technische Machbarkeit klar, dass von dem bisherigen Verantwortlichen nicht verlangt werden kann, alle denkbaren oder auch veralteten Programme und Dateiformate vorrätig zu halten.[68]

Bei der Frage nach der Reichweite der Pflichten und welche Verantwortlichen hier 47
adressiert werden, sind die unterschiedlichen Formulierungen in Art. 20 Abs. 1 und 1
DSGVO zu beachten. Abs. 1 unterscheidet zunächst noch zwischen den Pflichten von
„einem" und „anderen" Verantwortlichen. Demgegenüber macht Abs. 2 deutlich,
dass die dort verankerte Pflicht zur Einräumung einer direkten Übermittlungsmög-
lichkeit an beide Verantwortliche adressiert ist.[69] Daher kann die betroffene Person
nach Art. 20 Abs. 2 DSGVO die Umsetzung des Rechts **beiden Verantwortlichen ge-**

---

67 *Jülicher/Röttgen/v. Schönfeld* ZD 2016, 358 (360).
68 Vgl. Erwgr. 68 S. 7.
69 Gola/*Piltz* DSGVO Art. 20 Rn. 27.

genüber geltend machen. In der weiteren Umsetzung sind die Unternehmen dazu aufgefordert, entsprechende Methoden und Verfahren, wie beispielsweise Download-Tools und Programmierschnittstellen, zu entwickeln.[70]

7. Widerspruchsrecht

48 Betroffene Personen können nach der Datenschutz-Grundverordnung Datenverarbeitungen **widersprechen**. Insoweit stellt Art. 21 DSGVO eine Einschränkung von Datenverarbeitungen dar, die auf Basis von Art. 6 Abs. 1 lit. e oder f. DSGVO erfolgt sind. Das Widerspruchsrecht bezieht die Norm in Abs. 1 besonders auf das in Art. 4 Nr. 4 DSGVO gesondert beschriebene Profiling. Nach Art. 21 Abs. 1 S. 2 DSGVO soll nach einem eingelegten Widerspruch grundsätzlich keine Verarbeitung mehr erfolgen. Es sei denn, der Verantwortliche kann zwingende schutzwürdige Gründe für die Verarbeitung nachweisen, die die Interessen, Rechte und Freiheiten der betroffenen Person überwiegen. Daneben erlaubt die Norm die Verarbeitung aber auch noch, wenn sie der Geltendmachung, Ausübung oder Verteidigung von Rechtsansprüchen dient.

49 Bei der Geltendmachung des Widerspruchsrechts muss die betroffene Person **Gründe** vorbringen, die sich aus ihrer besonderen Situation ergeben. Erfolgt die Verarbeitung der Daten allerdings zum Zwecke der Direktwerbung, so legt Abs. 2 der Norm fest, dass die Ausübung des Widerspruchsrechts nicht vom Vorliegen einer solchen besonderen Situation abhängig ist. Gleichzeitig kann die betroffene Person dann auch so gegen das Profiling vorgehen, wenn es für Werbezwecke erfolgen soll.[71] Art. 21 Abs. 4 DSGVO und Erwgr. 70 heben hervor, dass dementsprechend deutlich auf das Widerspruchsrecht bei der ersten Kommunikation[72] in einer verständlichen und von anderen Informationen getrennten Form hinzuweisen ist. In der weiteren Konsequenz der Ausübung des Widerspruchsrechts dürfen die Daten gemäß Art. 21 Abs. 3 DSGVO nicht mehr für diese Zwecke wie die Direktwerbung verarbeitet werden.

50 Bei Webdiensten kann nach Abs. 5 der Norm das Widerspruchsrecht auch mittels automatisierter Verfahren ausgeübt werden, bei denen technische Spezifikationen wie Browser-Add-Ons oder Do-Not-Track-Programme verwendet werden.[73]

8. Verbot automatisierter Entscheidungen im Einzelfall einschließlich Profiling

51 Art. 22 Abs. 1 DSGVO gewährt schließlich betroffenen Personen das Recht, nicht einer **ausschließlich auf einer automatisierten Verarbeitung beruhenden Entscheidung** unterworfen zu sein, was einem Unterlassungsanspruch gleichkommt.[74] Erfasst werden hierbei solche Entscheidungen, die der betroffenen Person gegenüber rechtliche Wirkungen entfalten oder ähnlich beeinträchtigend sind. Der Verweis auf die Beeinträchtigung lässt darauf schließen, dass Entscheidungen mit positiven Auswirkungen

---

70 *Art. 29 Datenschutzgruppe* WP 242, 5, mit weiteren Handlungsempfehlungen.
71 Erwgr. 70.
72 Vgl. auch Art. 13 Abs. 2 DSGVO: „zum Zeitpunkt der Erhebung" und dort unter lit. b „auf das Bestehen eines … Widerspruchsrechts".
73 Gola/*Schulz* DSGVO Art. 21 Rn. 32.
74 Plath/*Kamlah* DSGVO Art. 22 Rn. 4. Zu den Möglichkeiten von automatisierten Entscheidungen im Verwaltungsverfahren *Martini/Nink* NVwZ 2017, 1.

auf die betroffene Person nicht vom Anwendungsbereich erfasst sein sollen.[75] So werden aber beispielsweise sogenannte **E-Recruiting-Systeme** unzulässig, nach denen mit der Eingabe von Daten in ein Bewerbungssystem Punktzahlen generiert und so einzelne Bewerber unterhalb einer bestimmten Punktzahl nicht mehr berücksichtigt werden können.[76]

Die Regelung umfasst vor allem die Verarbeitung in Form des in Art. 4 Nr. 4 DSGVO beschriebenen **Profiling**. So nennt Erwgr. 71 auch automatische Ablehnungen von Online-Kreditanträgen, bei denen regelmäßig Scoring-Auskünfte einbezogen werden, als typischen Anwendungsfall. Dabei ist die grundsätzliche Verwertung solcher Informationen nicht untersagt. Es muss nur sichergestellt werden, dass die der betroffenen Person gegenüber wirksame Entscheidung auf der Basis einer inhaltlichen Prüfung durch einen Menschen erfolgt ist.[77]   52

Ausgenommen von diesem Recht sind nach Art. 22 Abs. 2 lit. a DSGVO Entscheidungen, die für den Abschluss oder die Erfüllung eines Vertrags zwischen den Beteiligten erforderlich sind. Weitere Ausnahmen stellen gemäß lit. c die Erteilung einer Einwilligung oder gemäß lit. b das Vorliegen von Rechtsvorschriften dar. Die Formulierung in Art. 22 Abs. 2 lit. b DSGVO und der Verweis auf mögliche Rechtsvorschriften der Mitgliedstaaten als weitere Ausnahmetatbestände stellen eine Öffnungsklausel für das nationale Recht dar. Voraussetzung ist allerdings, dass in den Rechtsvorschriften angemessene Maßnahmen zur Wahrung der Rechte und Freiheiten sowie der berechtigten Interessen der betroffenen Person enthalten sind. Nach der Vorstellung des Gesetzgebers der Datenschutz-Grundverordnung sollen daher im nationalen Recht Vorschriften unter anderem zur Bekämpfung von Betrug und Steuerhinterziehung möglich sein.[78]   53

In den Fällen Abs. 2 lit. a und c ist der Verantwortliche nach Abs. 3 der Norm verpflichtet, angemessene **Maßnahmen zum Schutze** der berechtigten Interessen der betroffenen Person zu ergreifen. Bei einer Entscheidung müssen daher die Rechte bestehen, das Eingreifen einer Person seitens des Verantwortlichen zu erwirken, als betroffene Person den eigenen Standpunkt darzulegen und die Entscheidung anzufechten. Erwgr. 71 S. 5 macht aber deutlich, dass Kinder von der Regelung ausgenommen sein sollen.   54

Grundsätzlich ausgenommen als Grundlage von automatisierten Entscheidungen sind **besondere Kategorien** von personenbezogenen Daten nach Art. 9 Abs. 1 DSGVO. Auch hier sind aber Ausnahmen erlaubt. So kann das Vorliegen einer Einwilligung die Verwertung besondere Kategorien von personenbezogenen Daten zulassen, es sei denn, es liegen Fallgestaltungen nach Art. 9 Abs. 2 lit. a DSGVO vor, was beispielsweise im Bereich von Versicherungen bei der Gewährung von Renten vorstellbar ist.[79] Auch erlaubt der Verweis auf die Öffnungsklausel in Art. 9 Abs. 2 lit. g DSGVO   55

---

75 Vgl. § 37 Abs. 1 Nr. 1 BDSG.
76 Vgl. Erwgr. 71 S. 1; Gola/*Schulz* DSGVO Art. 22 Rn. 14.
77 Gola/*Schulz*,DSGVO Art. 22 Rn. 15.
78 Erwgr. 71 S. 3.
79 Gola/*Schulz* DSGVO Art. 22 Rn. 37.

den Mitgliedstaaten weitere Ausnahmetatbestände vorzusehen.[80] Insgesamt richtet sich dieses Recht der betroffenen Person gegen die letztlich ihr gegenüber Rechtswirkung entfaltende (automatisierte) Entscheidung und nicht gegen das zuvor erfolgte Profiling.

9. Einschränkung von Betroffenenrechten

56 Die dargestellten Betroffenenrechte können nach Art. 23 Abs. 1 DSGVO im Rahmen einer Öffnungsklausel durch die Mitgliedstaaten auch **eingeschränkt** werden. Diese sehr weit gefasste Öffnungsklausel beschreibt dann allerdings sehr weitreichend, welche Voraussetzungen dazu erfüllt sein müssen. Dabei hat der deutsche Gesetzgeber inzwischen von der **Öffnungsklausel** Gebrauch gemacht und wenige Detailregelungen erlassen. Angesichts der Vorranggeltung der Datenschutz-Grundverordnung gegenüber nationalem Recht besteht bei diesen Vorschriften die Möglichkeit, dass der Europäische Gerichtshof deren Vereinbarkeit mit den Öffnungsklauseln ablehnt.[81]

57 Nach § 34 Abs. 1 BDSG soll unter Verweis auf § 33 BDSG das Auskunftsrecht insbesondere bei bestimmten Fallgestaltungen **öffentlicher Stellen** entfallen, wenn ihnen die Erfüllung ihrer Aufgaben oder die öffentliche Sicherheit oder Ordnung gefährden könnte. Für **nichtöffentliche Stellen** aber wird das Auskunftsrecht nach § 34 Abs. 1 Nr. 2 BDSG beschränkt, wenn personenbezogene Daten nur gespeichert sind, weil sie aufgrund gesetzlicher oder satzungsmäßiger Aufbewahrungsvorschriften nicht gelöscht werden dürfen oder ausschließlich Zwecken der Datensicherung oder der Datenschutzkontrolle dienen. Dabei sind aber vertragliche Aufbewahrungsvorschriften ausgenommen. Maßgebend ist gemäß § 34 Abs. 1 aE BDSG, dass die Auskunftserteilung einen unverhältnismäßigen Aufwand erfordern würde und die Verarbeitung der Daten zu anderen Zwecken durch geeignete technische und organisatorische Maßnahmen ausgeschlossen ist. Bei einer Auskunftsverweigerung müssen die Gründe nach § 34 Abs. 2 BDSG dokumentiert werden. So kann die betroffene Person das Vorgehen nachvollziehen und ggf. durch die Aufsichtsbehörde überprüfen lassen.[82] Zudem sehen auch die §§ 35 bis 37 BDSG vereinzelte Einschränkungen der Betroffenenrechte vor, die aber keine besondere Relevanz für Internetsachverhalte annehmen lassen.

VI. Rechtsschutz für Betroffene

1 Kapitel VIII der Datenschutz-Grundverordnung ist mit „Rechtsbehelfe, Haftung und Sanktionen" überschrieben und gibt mit den Art. 77 ff. DSGVO die **Rahmenbedingungen für den Rechtsschutz** auch bezüglich des Datenschutzes im Internet vor. Dies folgt aus den Verweisen in Art. 21 und 22 E-Privacy-VO-E.

2 Gerade bezogen auf den Datenschutz im Internet ist die „Greifbarkeit" des rechtswidrig handelnden Betreibers einer Webseite ein entscheidender Faktor für die

---

80 Vgl. § 37 Abs. 2 BDSG.
81 Vgl. Wolff/Brink/*Schmidt-Wudy* DSGVO § 34 BDSG Rn. 7.
82 *Greve* NVwZ 2017, 737 (740).

Christian Geminn

Durchsetzung des europäischen wie auch des nationalen Datenschutzrechts, da sich dieser häufig außerhalb des Unionsgebiets befinden wird (→ Rn. 28; → B. III. Rn. 87). Hier hält die Datenschutz-Grundverordnung mit dem Marktortprinzip aus Art. 3 Abs. 2 DSGVO und der in Art. 27 Abs. 1 DSGVO normierten Pflicht zur Benennung eines Vertreters in der Union wesentliche Instrumente bereit, um den Verantwortlichen in die Pflicht nehmen zu können. Der Vertreter soll ausweislich Erwgr. 80 S. 2 DSGVO „den Aufsichtsbehörden als Anlaufstelle dienen".

Häufig gehen zudem rechtswidrige Handlungen von Nutzern von Webseiten aus – zum Beispiel Beleidigungen, Volksverhetzung, Urheberrechtsverletzungen, Markenrechtsverletzungen und auch Datenschutzverletzungen. Auch in dieser Konstellation ist der Handelnde häufig nicht „greifbar", da viele Webdienste anonym oder unter einem Pseudonym genutzt werden können. Um dennoch gegen diese Rechtsverletzungen vorgehen zu können, werden regelmäßig die Betreiber der Webseite zur Verantwortung gezogen, da sie zumindest faktisch die Möglichkeit haben, Inhalte von den von Ihnen betriebenen Webseiten zu entfernen. Diese „Sekundärhaftung" wird im Internet durch den Begriff der **Providerhaftung** adressiert.

1. Recht auf Beschwerde bei der Aufsichtsbehörde

Angeführt wird Kapitel VIII der Datenschutz-Grundverordnung vom **Recht auf Beschwerde** bei einer Aufsichtsbehörde in Art. 77 DSGVO. Es handelt sich dabei um eine Neufassung des aus Art. 28 Abs. 4 DSRL bekannten Rechts auf Eingabe bei einer Kontrollstelle. Neben den sprachlichen Anpassungen an die Terminologie der Datenschutz-Grundverordnung fällt im Vergleich zwischen Art. 77 DSGVO und Art. 28 Abs. 4 DSRL auf, dass das Recht allein schon durch seine Stellung in der Grundverordnung eine Aufwertung erfahren hat. Dies trägt der zentralen Rolle Rechnung, das dem Recht auf Beschwerde bei der Durchsetzung des neuen europäischen Datenschutzrechts zukommt.[1] Es macht die betroffene Person zum „Beschleuniger und Durchsetzungshebel".[2] Bezüglich der Zielrichtung des Rechts auf Beschwerde ist dennoch davon auszugehen, dass dieses primär dem individuellen Rechtsschutz der betroffenen Person dienen soll und nur sekundär der objektiven Rechtsdurchsetzung.[3]

Grundrechtliche Bezugspunkte für das Recht auf Beschwerde sind vornehmlich Art. 8 Abs. 1 und 3 GRCh[4] sowie Art. 16 AEUV; zudem Art. 41 GRCh und auf nationaler Ebene das Petitionsrecht aus Art. 17 GG.

Zu dem Recht auf Beschwerde aus Art. 77 DSGVO tritt noch die Möglichkeit zur **Beschwerde über Verletzungen der Zertifizierung** oder deren Umsetzung im Sinne von Art. 43 Abs. 2 lit. d DSGVO bei der Zertifizierungsstelle hinzu.

---

1 S. auch Gierschmann/Schlender/Stentzel/*Veil*/*Koreng* DSGVO Art. 77 Rn. 4: Die Beschwerde „steht im Zentrum der dem Betroffenen zustehenden Rechtsbehelfe".
2 Wolff/Brink/*Mundil* DSGVO Art. 77 Rn. 3; so auch Roßnagel/*Miedzianowski* 2018 § 4 Rn. 68.
3 So auch Wolff/Brink/*Mundil* DSGVO Art. 77 Rn. 3; Roßnagel/*Miedzianowski* 2018 § 4 Rn. 69.
4 S. hierzu *EuGH* Urt. v. 6.10.2015 – C-362/14, Rn. 58.

a) Geltendmachung des Beschwerderechts

7 Die Anforderungen an die Geltendmachung des Beschwerderechts finden sich in Art. 77 Abs. 1 DSGVO. Weitere Hinweise finden sich insbesondere in Erwgr. 141 DSGVO. Gegenstand der Beschwerde ist eine **rechtswidrige Verarbeitung** personenbezogener Daten.[5] Fraglich ist, ob dies Einschränkungen beinhaltet. In Art. 77 Abs. 1 DSGVO heißt es, dass „die Verarbeitung der sie betreffenden personenbezogenen Daten gegen diese Verordnung verstößt". Damit kann wohl jeglicher Verstoß des Verantwortlichen und gegebenenfalls des Auftragsverarbeiters geltend gemacht werden, insbesondere das Fehlen einer Rechtsgrundlage einschließlich der Unwirksamkeit einer erteilten Einwilligung, die Verletzung der Grundsätze nach Art. 5 DSGVO, ein Verstoß gegen oder eine Missachtung der Betroffenenrechte, die Verletzung der Sicherheit gemäß Art. 32 DSGVO und auch eine fehlende oder fehlerhafte Datenschutz-Folgenabschätzung. Für den Anwendungsbereich des Webs besonders relevant sind – so zeigt die bisherige Erfahrung in der Praxis – nicht umgesetzte Löschpflichten, rechtswidriges Tracking, rechtswidrige Weitergabe von personenbezogenen Daten und unbeantwortete Auskunftsbegehren.

8 Um sicherzustellen, dass das Recht auf Beschwerde von der betroffenen Person zur Kenntnis genommen wird, ist es Teil der **Informationspflichten** des Verantwortlichen sowie des Auskunftsrechts der betroffenen Person.[6] Art. 13 Abs. 2 lit. c DSGVO verpflichtet den Verantwortlichen, zum Zeitpunkt der Erhebung personenbezogener Daten bei der betroffenen Person diese über das Bestehen eines Beschwerderechts bei einer Aufsichtsbehörde zu informieren. Dies wird als Information qualifiziert, die notwendig ist, „um eine faire und transparente Verarbeitung zu gewährleisten". Art. 14 Abs. 2 lit. e DSGVO enthält eine Entsprechung für den Fall, dass personenbezogene Daten nicht bei der betroffenen Person erhoben wurden. Nach Art. 15 Abs. 1 lit. f DSGVO beinhaltet die Auskunft zwingend auch die Information über das Bestehen eines Beschwerderechts bei einer Aufsichtsbehörde (zu den Informationspflichten → B. IV. Rn. 121 ff.).

aa) Adressat der Beschwerde

9 Nach Art. 77 Abs. 1 DSGVO hat die betroffene Person das Recht auf Beschwerde „bei einer Aufsichtsbehörde, insbesondere in dem Mitgliedstaat ihres Aufenthaltsorts (zum Begriff des Aufenthaltsortes → Rn. 84), ihres Arbeitsplatzes oder des Orts des mutmaßlichen Verstoßes". Das Recht auf Beschwerde kann damit gegenüber der **Aufsichtsbehörde eines beliebigen**[7] **Mitgliedstaats** geltend gemacht werden. Es ist nicht notwendig, dass die betroffene Person die Aufsichtsbehörde des Orts des mutmaßlichen Verstoßes oder in dem Mitgliedstaat ihres Aufenthaltsortes mit der Be-

---

5 Roßnagel/*Miedzianowski* 2018 § 4 Rn. 68.

6 Gola/*Pötters*/*Werkmeister* DSGVO Art. 77 Rn. 4. S. auch *Roßnagel* 2017, 44: „Die Motivation für die betroffene Person, Beschwerde einzulegen, wird auch durch die Informationspflichten des Verantwortlichen verstärkt, oft vielleicht sogar erst geweckt".

7 Sydow/*Sydow* DSGVO Art. Rn. 5; Paal/Pauly/*Körffer* DSGVO Art. 77 Rn. 4: „In der Wahl der Aufsichtsbehörde ist der Betroffene frei und an keinerlei Kriterien gebunden."; Ehmann/Selmayr/*Nemitz* DSGVO Art. 77 Rn. 5; Kühling/Buchner/*Bergt* DSGVO Art. 77 Rn. 9; Gierschmann/Schlender/Stentzel/Veil/*Koreng* DSGVO Art. 77 Rn. 16; Gola/*Pötters*/*Werkmeister* DSGVO Art. 77 Rn. 11.

schwerde betraut, wie es die Aufzählung[8] in Art. 77 Abs. 1 DSGVO vielleicht zunächst suggerieren mag. Das Recht kann nur gegenüber einer Aufsichtsbehörde geltend gemacht werden. Eine Streuung der Beschwerde an mehrere Aufsichtsbehörden ist nicht vorgesehen. Dies verdeutlicht Erwgr. 141 S. 1 DSGVO, wo es heißt, die betroffene Person „sollte das Recht haben, bei einer einzigen Aufsichtsbehörde insbesondere in dem Mitgliedstaat ihres gewöhnlichen Aufenthalts eine Beschwerde einzureichen".[9] Wie nachvollzogen werden soll, ob eine Beschwerde nicht bereits bei einer anderen Aufsichtsbehörde erhoben wurde, ist derzeit noch offen.[10]

Der betroffenen Person ist trotz der **Wahlmöglichkeit** dennoch zu einer Geltendmachung des Rechts auf Beschwerde bei einer ortsnahen Aufsichtsbehörde zu raten.[11] Grund dafür ist zunächst Art. 78 Abs. 3 DSGVO, wonach sie gerichtlichen Rechtsbehelf bei den Gerichten in dem Mitgliedstaat suchen muss, in dem die Aufsichtsbehörde ihren Sitz hat.[12] Darüber hinaus ergeben sich weitere Vorteile aus der vertrauten Rechtskultur und Sprache. Da Freizügigkeit jedoch einer der Grundpfeiler der Europäischen Union darstellt, soll etwa einem Esten, der sich in Frankreich aufhält, nicht verwehrt werden, sich mit einer Beschwerde an die estnische Aufsichtsbehörde zu wenden. Die Grundverordnung will hier Flexibilität schaffen. Diese Regelung ist jedoch nicht ohne Kritik geblieben.[13] So ist vorstellbar, dass es dadurch zu einer ungleichen Verteilung der Beschwerden zwischen den Aufsichtsbehörden kommen könnte, da denkbar ist, dass etwa Aufsichtsbehörden bevorzugt adressiert werden, die im Ruf stehen, eine „harte" Haltung gegenüber Verstößen zu zeigen. Dabei ist jedoch zu beachten, dass die Wahl der betroffenen Behörde nicht auf die zuständige Behörde durchschlägt. Auch sind Formen des Missbrauchs denkbar, insbesondere die Einreichung gleichlautender Beschwerden bei einer Vielzahl von Aufsichtsbehörden.

Wird eine Beschwerde bei einer Aufsichtsbehörde eingereicht, so wird diese Aufsichtsbehörde bezogen auf die Beschwerde damit zur **„betroffenen Aufsichtsbehörde"** im Sinne von Art. 4 Nr. 22 lit. c DSGVO. Sie ist fortan für die Kommunikation mit dem Beschwerdeführer verantwortlich.[14] Die weitere Behandlung der Beschwerde richtet sich nach den Zuständigkeitsvorschriften der Art. 55 und 56 DSGVO. Ist die betroffene Aufsichtsbehörde nicht selbst zuständige Aufsichtsbehörde, so leitet sie die Beschwerde an diese weiter. Nur die zuständige Behörde ist berechtigt, die Aufgaben und Befugnisse gemäß Art. 57 und 58 DSGVO gegenüber dem Verantwortlichen wahrzunehmen. Es ist demnach begrifflich zwischen der betroffenen Aufsichtsbehör-

10

11

---

8 So der Wortlaut „insbesondere".
9 Der Zusatz „einzigen" fand sich im Ratsentwurf zur Datenschutz-Grundverordnung noch direkt im Artikel, wurde aber im Trilogverfahren in den zugehörigen Erwägungsgrund verschoben. S. auch Kühling/Buchner/*Bergt* DSGVO Art. 77 Rn. 3.
10 Hier kann möglicherweise Art. 81 DSGVO Vorbildcharakter entfalten (→ Rn. 87).
11 So auch Wolff/Brink/*Mundil* DSGVO Art. 77 Rn. 9: „Eine Inanspruchnahme vollständig orts- und sachferner Aufsichtsbehörden dürfte in aller Regel keinen Vorteil bringen."
12 So auch Ehmann/Selmayr/*Nemitz* DSGVO Art. 77 Rn. 5: „Legt eine betroffene Person in einem anderen Mitgliedstaat als demjenigen des Aufenthaltsortes ein, bietet sich zudem ein Hinweis auf diesen Umstand an."
13 S. etwa Wolff/Brink/*Mundil* DSGVO Art. 77 Rn. 9: „Ob das uferlose Wahlrecht über die zuständige Aufsichtsbehörde tatsächlich erforderlich war, darf rechtspolitisch bezweifelt werden."
14 Art. 77 Abs. 2 DSGVO; Wolff/Brink/*Mundil* DSGVO Art. 77 Rn. 9; Paal/Pauly/*Körffer* DSGVO Art. 77 Rn. 4.

de und der zuständigen Aufsichtsbehörde zu trennen, auch wenn beides zusammenfallen kann.[15] Dabei ist jedoch fraglich, ob die Grundverordnung die Begriffe selbst konsequent verwendet.[16] Die Zusammenarbeit zwischen betroffener und zuständiger Aufsichtsbehörde richtet sich nach den Vorgaben aus Kapitel VII der Grundverordnung.

12 Bestehen in einem Mitgliedstaat – wie in der Bundesrepublik Deutschland der Fall – **mehrere nationale Aufsichtsbehörden**, so kann der nationale Gesetzgeber festlegen, welche dieser Aufsichtsbehörden adressiert werden soll. Eine bei einer deutschen Aufsichtsbehörde eingelegte Beschwerde muss aber von einer deutschen Aufsichtsbehörde als betroffener Aufsichtsbehörde bearbeitet werden. § 19 BDSG regelt die Zuständigkeiten der Aufsichtsbehörden im föderalen System der Bundesrepublik Deutschland.[17] § 19 Abs. 2 BDSG enthält dabei Vorgaben zum Umgang mit Beschwerden. Was Mitgliedstaaten übergreifend nicht möglich sein soll, nämlich die Abgabe von Beschwerden, ist innerhalb des Mitgliedstaats zwischen mehreren nationalen Aufsichtsbehörden erlaubt.[18] Nach § 19 Abs. 2 S. 1 BDSG gibt die Aufsichtsbehörde eines Bundeslandes, bei der die Beschwerde eingeht, die Beschwerde an die Aufsichtsbehörde des Bundeslandes ab, in dem der Verantwortliche oder der Auftragsverarbeiter seine Hauptniederlassung[19] hat, sofern sie nicht selbst federführende Aufsichtsbehörde ist. Zum Beispiel können in Deutschland Beschwerden gegen die Webdienste von Google bei jeder Landesdatenschutzbehörde und bei der Bundesbeauftragten für den Datenschutz eingereicht werden, die Zuständigkeit liegt allerdings bei dem Hamburger Beauftragten für den Datenschutz und die Informationsfreiheit. Existiert keine Hauptniederlassung in einem deutschen Bundesland, so gibt sie die Beschwerde an die Aufsichtsbehörde eines Landes ab, in dem eine Niederlassung (zum Niederlassungsbegriff → Rn. 87; B. I. Rn. 55 ff.) besteht. Existiert auch keine solche Niederlassung in der Bundesrepublik Deutschland, so gibt sie die Beschwerde nach § 19 Abs. 2 S. 2 BDSG an die Aufsichtsbehörde am Wohnsitz des Beschwerdeführers ab. Der Status der betroffenen Aufsichtsbehörde geht von der abgebenden auf die empfangende Behörde über. Letztere gilt nun als diejenige, bei der die Beschwerde eingereicht wurde.[20] Die empfangende Behörde ist nun zugleich betroffene und federführende Aufsichtsbehörde.

bb) Beschwerdebefugnis

13 Das Recht auf Beschwerde steht ausweislich Art. 77 Abs. 1 DSGVO jeder betroffenen Person zu, „wenn die betroffene Person der Ansicht ist, dass die Verarbeitung der sie betreffenden personenbezogenen Daten gegen diese Verordnung verstößt". Damit knüpft Art. 77 DSGVO bezüglich der Beschwerdebefugnis an die Definition des

---

15 Zur Kritik an den von der Verordnung gewählten Begriffen s. Sydow/*Sydow* DSGVO Art. 77 Rn. 9.
16 Man beachte insbesondere Art. 60 Abs. 9 S. 2 DSGVO. Vgl. Kühling/Buchner/*Bergt* DSGVO Art. 77 Rn. 24, der diesbezüglich von einem Redaktionsversehen ausgeht.
17 S. auch BT-Drs. 18/11325, 92.
18 Dies wird kritisch gesehen. S. etwa Wolff/Brink/*Mundil* DSGVO Art. 77 Rn. 11: „Legt man den Wortlaut und diese Systematik zugrunde, so ist eine vollständige Verweisung von Verfahren auch im rein nationalen Bereich nicht mehr möglich." S. auch *Piltz* BDSG § 19 Rn. 15, der einen Verstoß gegen Art. 60 Abs. 8 DSGVO annimmt.
19 S. Art. 4 Nr. 16 DSGVO.
20 *Roßnagel*/Roßnagel 2018 § 6 Rn. 118.

Christian Geminn

Art. 4 Nr. 1 DSGVO zur betroffenen Person an. Dies bedeutet eine Beschränkung des Beschwerderechts auf **natürliche Personen** und entspricht der Systematik des europäischen Datenschutzrechts. Zugleich wird eine subjektive Betroffenheit gefordert.[21] Über Art. 21 Abs. 1 E-Privacy-VO-E wird das Recht auf Beschwerde auch auf die elektronische Kommunikation erstreckt.

Das Recht kann unbeschadet eines anderweitigen verwaltungsrechtlichen oder gerichtlichen Rechtsbehelfs geltend gemacht werden.[22] Damit gibt Art. 77 Abs. 1 DSGVO auch das Verhältnis des Beschwerderechts zu anderen Rechtsbehelfen vor. Aus einer möglichen **Parallelität von Klage und Beschwerde** ergibt sich das Problem, dass die beiden Rechtsbehelfe zu unterschiedlichen Bewertungen führen können.[23] Das Recht auf Beschwerde bei einer Aufsichtsbehörde kann auch durch Individualvereinbarung nicht ausgeschlossen werden.

Keine Beschwerde im Sinne von Art. 77 DSGVO liegt vor, wenn eine nicht-betroffene Person sich an die Aufsichtsbehörde wendet und Hinweise auf datenschutzrechtliches Fehlverhalten gibt. Solche **Hinweise** sind als „schlichte Information über Sachverhalte zu behandeln".[24] Die Vertretung von betroffenen Personen ist in Art. 80 DSGVO geregelt (→ Rn. 103 ff.). Praktisch bedeutet dies vor allem, dass die Aufsichtsbehörden dem Hinweis nachgehen und bei einer Bestätigung Maßnahmen ergreifen können. Der „Informant" hat aber keinen Anspruch darauf, über den Ausgang des Verfahrens unterrichtet zu werden.

cc) Form und Frist

Eine bestimmte Form bei der Ausübung des Rechts auf Beschwerde ist nicht vorgesehen.[25] Nach Art. 57 Abs. 2 DSGVO soll kein Kommunikationsmittel ausgeschlossen werden (→ Rn. 37). Dass die Beschwerde **unentgeltlich** erhoben werden kann, ergibt sich aus Art. 57 Abs. 3 DSGVO. Fristen bezogen auf die Ausübung des Beschwerderechts sind in der Grundverordnung nicht zu finden.[26] Ist das Verhalten, welches Beschwerdegegenstand ist, bereits beendet, so wird sich dies jedoch in den Maßnahmen der Aufsichtsbehörde niederschlagen.[27]

dd) Inhaltliche Anforderungen

Die **inhaltlichen Anforderungen** an die Beschwerde sind gering. Dennoch erhöht ein substantiierter Vortrag eines Verstoßes gegen die Grundverordnung oder die E-Privacy-Verordnung die Chance auf Gehör und Abhilfe. Im Grunde muss die betroffene Person aber nur die Ansicht darlegen, dass die Verarbeitung von sie betreffenden personenbezogenen Daten rechtswidrig erfolgt.[28] Eine Behauptung „ins Blaue" hinein

14

15

16

17

---

21 Auernhammer/*v. Lewinski* DSGVO/BDSG Art. 77 Rn. 2.
22 S. Gola/*Pötters/Werkmeister* DSGVO Art. 77 Rn. 3.
23 S. auch Paal/Pauly/*Körffer* DSGVO Art. 77 Rn. 9.
24 Paal/Pauly/*Körffer* DSGVO Art. 77 Rn. 2; s. auch Kühling/Buchner/*Bergt* DSGVO Art. 77 Rn. 8.
25 Auernhammer/*v. Lewinski* DSGVO/BDSG Art. 77 Rn. 3; Kühling/Buchner/*Bergt* DSGVO Art. 77 Rn. 11; Gierschmann/Schlender/Stentzel/Veil/*Koreng* DSGVO Art. 77 Rn. 18; Gola/*Pötters/Werkmeister* DSGVO Art. 77 Rn. 16.
26 S. auch Paal/Pauly/*Körffer* DSGVO Art. 77 Rn. 3: „formlos, fristen- und kostenfrei"; Kühling/Buchner/*Bergt* DSGVO Art. 77 Rn. 12.
27 Kühling/Buchner/*Bergt* DSGVO Art. 77 Rn. 12.
28 Ehmann/Selmayr/*Nemitz* DSGVO Art. 77 Rn. 7.

soll dafür jedoch nicht genügen.[29] Ausreichend soll aber die „Schilderung eines Sachverhaltes, der zumindest einen Rechtsverstoß zulasten des Beschwerdeführers nicht offenkundig ausschließt"[30] sein im Sinne einer „begründeten Vermutung".[31] Eine Bewertung des Sachverhalts durch den Beschwerdeführer ist nicht erforderlich;[32] eine falsche Bewertung ist kein Hinderungsgrund.[33] Eine Beschwerde, die unzureichende Informationen enthält, wird ohne Rückfragen beim Beschwerdeführer nicht bearbeitet werden können. Die Aufsichtsbehörden haben aufgrund des Amtsermittlungsgrundsatzes darauf hinzuwirken, dass der Beschwerdeführer fehlende Informationen nachreicht.

18 Trotzdem soll auch die Einreichung einer anonymen Beschwerde möglich sein.[34] Auch hier müsste der Beschwerdeführer aber glaubhaft machen, dass er von einer rechtswidrigen Datenverarbeitung betroffen ist. Die Möglichkeit einer anonymen Beschwerde ist indes umstritten.[35] Aus praktischer Sicht spricht viel dafür, dass mit einer **anonymen Beschwerde** nur systemische, nicht aber individuelle Verstöße aufgedeckt werden können. Des Weiteren wird gefordert, dem Beschwerdeführer dürften im Rahmen der Beantwortung der Beschwerde nur bei gesicherter Identifizierung, etwa auf Grundlage der eIDAS-Verordnung[36] personenbezogene Daten mitgeteilt werden.[37] Dabei ist zu beachten, dass die Notwendigkeit einer solchen Identifizierung auch als unzulässige Hürde im Sinne eines Verstoßes gegen das Erleichterungsgebot aus Art. 57 Abs. 2 DSGVO (→ Rn. 37) gewertet werden könnte. Gegen die anonyme Beschwerde spricht, dass die Behörde verpflichtet ist, die Angaben des Beschwerdeführers vor allem gegenüber dem Verantwortlichen vertraulich zu behandeln und dass diese nur mit Einwilligung des Beschwerdeführers weitergegeben werden dürfen.

19 Einerseits ist aus Sicht einer effektiven Durchsetzung des Datenschutzrechts geboten, die Anforderungen an die Beschwerde nicht zu hoch anzusetzen; andererseits muss die Schwelle aus Sicht der Aufsichtsbehörden immer noch hoch genug angesetzt werden, um eine Überforderung aufgrund einer massenhaften Einreichung nicht substan-

---

29 Plath/*Becker* BDSG/DSGVO Art. 77 DSGVO, Rn. 5; Wolff/Brink/*Mundil* DSGVO Art. 77 Rn. 6; s. auch Ehmann/Selmayr/*Nemitz* DSGVO Art. 77 Rn. 8: „Pauschale oder offenkundig fehlgehende Behauptungen ohne Tatsachengrundlage genügen nicht."

30 Wolff/Brink/*Mundil* DSGVO Art. 77 Rn. 5; s. auch Kühling/Buchner/*Bergt* DSGVO Art. 77 Rn. 10: „Es genügt die Darstellung eines Sachverhalts in einem Umfang, der der Aufsichtsbehörde iR der gebotenen Amtsermittlung die erforderlichen Feststellungen ermöglicht."

31 Paal/Pauly/*Körffer* DSGVO Art. 77 Rn. 2.

32 Paal/Pauly/*Körffer* DSGVO Art. 77 Rn. 3; Kühling/Buchner/*Bergt* DSGVO Art. 77 Rn. 10; Gierschmann/Schlender/Stentzel/Veil/*Koreng* DSGVO Art. 77 Rn. 12.

33 Ehmann/Selmayr/*Nemitz* DSGVO Art. 77 Rn. 8.

34 Auernhammer/*v. Lewinski* DSGVO/BDSG Art. 77 Rn. 4; Kühling/Buchner/*Bergt* DSGVO Art. 77 Rn. 13: „Eine Verpflichtung des Beschwerdeführers, seine Identität mitzuteilen und ggf. nachzuweisen, besteht nur insoweit, wie dies erforderlich ist, um seine Beschwerdeberechtigung zu prüfen."

35 Diese ablehnend Plath/*Becker* BDSG/DSGVO Art. 77 DSGVO, Rn. 3: Die Behörde müsse „die Möglichkeit haben, sich Gewissheit über die Identität des Beschwerdeführers verschaffen zu können und darüber, dass die Beschwerde von ihm willentlich auf den Weg gebracht wurde". Der Beschwerdeführer müsse zwingend „seine Identität nennen und Umstände angeben, aus denen sich ergibt, dass ein Dritter seine personenbezogenen Daten verarbeitet oder nutzt"; Plath/*Becker* BDSG/DSGVO Art. 77 DSGVO, Rn. 5.

36 Verordnung (EU) Nr. 910/2014 des Europäischen Parlaments und des Rates vom 23. Juli 2014 über elektronische Identifizierung und Vertrauensdienste für elektronische Transaktionen im Binnenmarkt und zur Aufhebung der Richtlinie 1999/93/EG[1], ABl. Nr. L 257 S. 73, ber. ABl. 2015 Nr. L 23 S. 19 und ABl. 2016 Nr. L 155 S. 44.

37 Kühling/Buchner/*Bergt* DSGVO Art. 77 Rn. 13.

Christian Geminn

tiierter Beschwerden zu verhindern. Zur Sicherstellung einer **effektiven Aufgabenerledigung** darf es nicht zu einer Situation kommen, in der ein Individuum oder wenige Individuen die Aufsichtsbehörde durch massenhafte Beschwerden „lahmlegen".

Werden **offenkundig unbegründete oder exzessive Beschwerden**[38] bei einer Aufsichtsbehörde eingereicht, so steht es der Behörde nach Art. 57 Abs. 4 S. 1 DSGVO offen, eine „angemessene Gebühr auf der Grundlage der Verwaltungskosten" zu verlangen oder sich zu weigern, aufgrund der Beschwerde tätig zu werden. Es besteht diesbezüglich also eine Wahlfreiheit der Aufsichtsbehörde.[39] Das Recht auf Beschwerde kann grundsätzlich kostenfrei wahrgenommen werden (→ Rn. 38). Die Beweislast liegt nach Art. 57 Abs. 4 S. 2 DSGVO bei der Aufsichtsbehörde. Gebührenbescheid und Untätigkeit der Behörde können wiederum vom Beschwerdeführer vor Gericht angefochten werden. Dies schützt die Aufsichtsbehörde davor, „ihre im Zweifel (zu) knappen Ressourcen für unsinnige Tätigkeiten aufzuwenden".[40] 20

Zu beachten ist ferner, dass **kein Anspruch auf eine bestimmte Maßnahme** der Aufsichtsbehörde bezogen auf die rechtswidrige Datenverarbeitung besteht.[41] 21

b) Pflichten der Aufsichtsbehörden

Den **Aufsichtsbehörden** kommt neben den Gerichten eine zentrale Rolle bei der Durchsetzung der Datenschutz-Grundverordnung zu. Die Regelungen zum Recht auf Beschwerde bei einer Aufsichtsbehörde führen deshalb zu Recht das Kapitel VIII der Grundverordnung an. 22

Die Aufsichtsbehörden werden durch die Datenschutz-Grundverordnung mit einer ganzen Reihe neuer oder erweiterter Aufgaben und Pflichten belegt.[42] Um den umfangreichen Aufgabenkatalog der Datenschutz-Grundverordnung zu erfüllen, wird ein **erheblich erhöhter Personalbedarf** bei den Aufsichtsbehörden prognostiziert.[43] Es zeichnet sich ab, dass die Aufsichtsbehörden trotz der personellen Zuwächse der letzten Jahre und weiterer geplanter Zuwächse auf die betroffene Person als zentralen Hinweisgeber angewiesen sein werden, um Verstöße gegen das Datenschutzrecht aufzudecken. Dies trifft auf den Bereich des Datenschutzes im Internet in besonderem Maße zu.[44] Weitere mögliche Hinweisgeber sind **Whistleblower**. 23

Das Recht auf Beschwerde darf deshalb – wie schon zuvor das Recht auf Eingabe – als ein ganz wesentliches Element zur Gewährleistung der **Effektivität des neuen Datenschutzrechts** gelten. Das Recht auf Beschwerde erhöht jedoch auch den Arbeitsdruck auf die Aufsichtsbehörden, da es Fristen für ein Tätigwerden und für die Unterrichtung der betroffenen Person enthält. 24

---

38 Exzessive Beschwerden liegen nicht vor, „wenn ein einzelner Betroffener eine Vielzahl zulässiger Beschwerden einreicht"; Kühling/Buchner/*Bergt* DSGVO Art. 77 Rn. 20. In diesem Fall greift Art. 57 Abs. 4 DSGVO nicht.

39 Kühling/Buchner/*Bergt* DSGVO Art. 77 Rn. 18.

40 Plath/*Becker* BDSG/DSGVO Art. 77 DSGVO, Rn. 7; s. auch Roßnagel/*Miedzianowski* 2018 § 4 Rn. 104.

41 Paal/Pauly/*Körffer* DSGVO Art. 77 Rn. 5; Kühling/Buchner/*Bergt* DSGVO Art. 77 Rn. 17; *Schantz/Wolff* 2017 Rn. 1260; Gola/Pötters/*Werkmeister* DSGVO Art. 77 Rn. 6.

42 S. hierzu ausführlich *Roßnagel* 2017, 41 ff.

43 S. hierzu umfassend *Roßnagel* 2017, 179 ff.

44 Zur Problematik der Rechtsdurchsetzung im Internet allgemein s. Friedewald/Lamla/Roßnagel/*Geminn*/*Nebel* 2017, 287 ff.

aa) Pflicht zur Befassung mit der Beschwerde

25 Effektiver Rechtsschutz kann nur gewährleistet werden, wenn sich die Aufsichtsbehörde auch tatsächlich mit der Beschwerde der betroffenen Person befasst. Ein **Nichtbefassen** mit der Beschwerde kann nach Art. 78 Abs. 2 DSGVO gerichtlich gerügt werden. Dieses liegt vor, wenn die Aufsichtsbehörde die Beschwerde ignoriert. Kein Nichtbefassen liegt vor, wenn die Behörde die Beschwerde nach einer Prüfung zurückweist.[45]

26 Grundsätzlich darf eine Aufsichtsbehörde „nicht sehenden Auges Verstöße dulden".[46] Im Umgang mit aufgedeckten Verstößen hat sie jedoch einen breiten **Spielraum,** der von einer großen Zahl von Faktoren bestimmt wird – von der Schwere des Verstoßes über das Vorliegen einer Zertifizierung bis hin zur Wirtschaftskraft eines Unternehmens.

27 Die Befassung mit eingereichten Beschwerden gehört gemäß Art. 57 Abs. 1 lit. f DSGVO zu den Aufgaben einer Aufsichtsbehörde. Sie muss zudem „den Gegenstand der Beschwerde in angemessenem Umfang untersuchen".[47] Zur **Aufklärung des Sachverhalts** stehen ihr dabei neben der Rückfrage beim Beschwerdeführer die in Art. 58 Abs. 1 DSGVO aufgeführten Untersuchungsbefugnisse zur Verfügung. Dabei ist der Verhältnismäßigkeitsgrundsatz zu beachten.[48]

28 Bei Beschwerden über **Datenschutzverstöße auf Webseiten** besteht häufig das Problem, den Verantwortlichen Betreiber der Webseite ausfindig zu machen. Obwohl in Deutschland eine Impressumspflicht besteht, kommen dieser selbst Betreiber von Webseiten mit der deutschen Domainendung nicht immer nach. Eine weitere Möglichkeit der Behörde, die Webseitenbetreiber zu ermitteln, besteht in der sogenannten Whois-Anfrage bei den zentralen Registrierungsstellen. Allerdings kann grundsätzlich jede Person oder jedes Unternehmen bei jeder Registrierungsstelle eine Domain beantragen und, sofern sie noch nicht vergeben ist, sich für diese registrieren. Entsprechend führt die Whois-Anfrage häufig dazu, dass ein Verantwortlicher mit Sitz im außereuropäischen Ausland ermittelt wird. Zweitens ist gerade nach den Vorschriften der Datenschutz-Grundverordnung die bisherige Praxis der Whois-Anfragen und der damit verbundenen Speicherung und Übermittlung von personenbezogenen Daten sehr umstritten. Es ist daher unklar, ob die Whois-Anfrage in der bisherigen Form erhalten bleibt.[49]

29 Zum Umfang der Prüfungspflicht sagt Erwgr. 141 S. 2 DSGVO, die Untersuchung sollte „so weit gehen, wie dies im Einzelfall angemessen ist". Zum Recht auf Eingabe aus Art. 28 Abs. 4 DSRL hatte der Europäischer Gerichtshof erklärt, es sei „Sache der angerufenen Kontrollstelle, die Eingabe mit aller gebotenen Sorgfalt zu prüfen".[50] Die Behörde entscheidet **„nach pflichtgemäßem Ermessen".**[51] Maßstab sollen hier

---

45 Ehmann/Selmayr/*Nemitz* DSGVO Art. 77 Rn. 12.
46 Plath/*Becker* BDSG/DSGVO Art. 77 DSGVO, Rn. 8.
47 So der Wortlaut von Art. 57 Abs. 1 lit. f DSGVO.
48 Erwgr. 129 S. 5 DSGVO.
49 Die DENIC hat bereits erste Änderungen eingeführt, s. http://domain-recht.de/domain-registrierung/denic/ds gvo-denic-modifiziert-die-whois-abfrage-66239.html.
50 EuGH Urt. v. 6.10.2015 – C-362/14, Rn. 63.
51 *Albrecht/Jotzo* 2017 Teil 8 Rn. 7.

Christian Geminn

insbesondere die Schwere des Verstoßes, aber auch die Häufigkeit von Beschwerden über einen bestimmten Verantwortlichen oder Auftragsverarbeiter sein.[52]

Weitere Vorgaben lassen sich Erwgr. 129 S. 4 DSGVO entnehmen. Demnach haben die Aufsichtsbehörden bei der Wahrnehmung ihrer Befugnisse „in Übereinstimmung mit den geeigneten Verfahrensgarantien nach dem Unionsrecht und dem Recht der Mitgliedstaaten" zu handeln. Auf unionsrechtlicher Seite ist hier vornehmlich an Art. 41 Abs. 1 GRCh zu denken, der jeder Person das Recht gibt, dass ihre Angelegenheiten **„unparteiisch, gerecht und innerhalb einer angemessenen Frist behandelt werden".** Dies wiederholt Erwgr. 129 S. 4 DSGVO wörtlich. Erwgr. 129 S. 5 DSGVO verweist konkretisierend auf die Einhaltung des Verhältnismäßigkeitsgrundsatzes sowie die Berücksichtigung der Umstände des Einzelfalls. Zudem werden hier das Recht auf Gehör und die Vermeidung überflüssiger Kosten und übermäßiger Unannehmlichkeiten für die betroffene Person angemahnt. 30

Auch Erwgr. 129 S. 7 DSGVO ist im Kontext der Bearbeitung einer Beschwerde seitens einer Aufsichtsbehörde zu beachten. Er listet **formelle Vorgaben** für rechtsverbindliche Maßnahmen der Aufsichtsbehörde auf.[53] Diese sind schriftlich zu erlassen und in klarer, eindeutiger Sprache zu verfassen. Sie sind zudem mit einem Datum zu versehen und zu unterschreiben. Zudem müssen eine Begründung für die Maßnahme sowie ein Hinweis auf das Recht auf einen wirksamen Rechtsbehelf (→ Rn. 62 ff.) enthalten sein. 31

Aus Art. 78 Abs. 2 DSGVO wird in der Literatur zum Teil abgeleitet, das Beschwerdeverfahren müsse grundsätzlich innerhalb von drei Monaten abgeschlossen sein.[54] Art. 78 Abs. 2 DSGVO räumt der betroffenen Person einen gerichtlichen Rechtsbehelf ein, wenn die zuständige Aufsichtsbehörde diese nicht innerhalb von drei Monaten über den Stand oder das Ergebnis der erhobenen Beschwerde in Kenntnis gesetzt hat (→ Rn. 33 ff.). Dies ist als Konkretisierung von Art. 57 Abs. 1 lit. f DSGVO zu verstehen, der vorgibt, dass die Aufsichtsbehörde „den Beschwerdeführer innerhalb einer angemessenen Frist über den Fortgang und das Ergebnis der Untersuchung" zu unterrichten hat.[55] Jede längere **Bearbeitungszeit** bedürfe „eines Sachgrundes, der nur in der besonderen Komplexität des Beschwerdegegenstandes liegen" könne, „nicht aber beispielsweise in allgemeiner Arbeitsüberlastung der zuständigen Aufsichtsbehörde".[56] Der Schluss von der Pflicht zur Unterrichtung des Beschwerdeführers auf die Bearbeitungszeit ist jedoch nicht zwingend. Vielmehr ist auf den Wortlaut von Art. 78 Abs. 2 DSGVO abzustellen, der eine abschließende Bearbeitung der Beschwerde innerhalb von drei Monaten gerade nicht verlangt.[57] 32

---

52 Kühling/Buchner/*Bergt* DSGVO Art. 77 Rn. 16.
53 S. hierzu ausführlich Gierschmann/Schlender/Stentzel/Veil/*Koreng* DSGVO Art. 78 Rn. 20.
54 Sydow/*Sydow* DSGVO Art. 77 Rn. 32 ff.
55 Sydow/*Sydow* DSGVO Art. 77 Rn. 35.
56 Sydow/*Sydow* DSGVO Art. 77 Rn. 32 ff.; s. auch *Roßnagel* 2017, 43.
57 So auch Paal/Pauly/*Körffer* DSGVO Art. 78 Rn. 11; Gola/*Pötters/Werkmeister* DSGVO Art. 77 Rn. 7; s. auch Plath/*Becker* BDSG/DSGVO Art. 78 DSGVO, Rn. 3, der jedoch an anderer Stelle davon spricht, die Behörde dürfe „nicht beliebig zuwarten" und das Verfahren „grundsätzlich innerhalb von drei Monaten abschließen"; Plath/*Becker* BDSG/DSGVO Art. 77 DSGVO, Rn. 11.

bb) Pflicht zur Unterrichtung des Beschwerdeführers

33 Aus Art. 77 Abs. 2 DSGVO ergibt sich für die Aufsichtsbehörde, bei der die Beschwerde eingereicht wurde – die betroffene Aufsichtsbehörde – die Pflicht zur **Unterrichtung des Beschwerdeführers** über den Stand und die Ergebnisse der Beschwerde. Erfolgt diese Unterrichtung nicht innerhalb von drei Monaten,[58] so hat der Beschwerdeführer das Recht auf einen wirksamen gerichtlichen Rechtsbehelf (→ Rn. 62 ff.). Auch Art. 57 Abs. 1 lit. f DSGVO fordert, die Aufsichtsbehörde müsse „den Beschwerdeführer innerhalb einer angemessenen Frist über den Fortgang und das Ergebnis der Untersuchung unterrichten, insbesondere, wenn eine weitere Untersuchung oder Koordinierung mit einer anderen Aufsichtsbehörde notwendig ist".[59] Damit wird klar, dass die Höchstdauer einer Unterrichtung des Beschwerdeführers bei drei Monaten liegt, die Unterrichtung grundsätzlich aber vorher zu erfolgen hat. Dies stellt im Vergleich zur Vorgängervorschrift eine wesentliche Neuerung dar.[60]

34 Die Unterrichtungspflicht bezieht sich auf das **Ergebnis** der Untersuchung der Beschwerde oder aber auf den **Zwischenstand** einer noch nicht abgeschlossenen Untersuchung.[61] Hier wird angenommen, „dass die Informationspflicht während des laufenden Verfahrens nur Umstände betrifft, die wesentlichen Einfluss auf den Fortgang des Verfahrens haben".[62]

35 In Art. 77 Abs. 2 iVm 78 Abs. 2 DSGVO wird hineingelesen, eine einmalige Unterrichtung des Beschwerdeführers innerhalb von drei Monaten nach Einlegung der Beschwerde sei nicht ausreichend. Vielmehr sei eine **kontinuierliche Unterrichtung** des Beschwerdeführers erforderlich.[63] Mit der letzten Unterrichtung beginne erneut die Frist von drei Monaten, innerhalb derer der Beschwerdeführer über das Ergebnis oder den Stand der Befassung mit der Beschwerde unterrichtet werden müsse. Hier liegt jedoch eine Überdehnung des Wortlauts von Art. 78 Abs. 2 DSGVO nahe.

cc) Pflicht zur Belehrung des Beschwerdeführers

36 Art. 77 Abs. 2 DSGVO enthält weiterhin eine Pflicht zur **Belehrung des Beschwerdeführers** über das Recht auf einen gerichtlichen Rechtsbehelf nach Art. 78 DSGVO (→ Rn. 66 ff.). Auch Erwgr. 129 S. 7 DSGVO fordert für rechtsverbindliche Maßnahmen der Aufsichtsbehörde, dass diese „einen Hinweis auf das Recht auf einen wirksamen Rechtsbehelf enthalten" müssen. Die Pflicht zur Belehrung soll nur für die abschließende Entscheidung gelten.[64] Sie entfällt nicht, wenn der Beschwerde nachgekommen wurde.[65]

---

58 S. Art. 78 Abs. 2 DSGVO.
59 S. zudem Erwgr. 141 S. 3 DSGVO: „Die Aufsichtsbehörde sollte die betroffene Person innerhalb eines angemessenen Zeitraums über den Fortgang und die Ergebnisse der Beschwerde unterrichten."
60 *Roßnagel* 2017, 43.
61 S. auch Erwgr. 141 S. 4 DSGVO: „Sollten weitere Untersuchungen oder die Abstimmung mit einer anderen Aufsichtsbehörde erforderlich sein, sollte die betroffene Person über den Zwischenstand informiert werden."
62 Plath/*Becker* BDSG/DSGVO Art. 77 DSGVO, Rn. 10.
63 So Kühling/Buchner/*Bergt* DSGVO Art. 77 Rn. 22.
64 Kühling/Buchner/*Bergt* DSGVO Art. 77 Rn. 23.
65 Plath/*Becker* BDSG/DSGVO Art. 77 DSGVO, Rn. 12.

dd) Weitere Pflichten der Aufsichtsbehörden

Über die bereits genannten Pflichten hinaus treffen die Aufsichtsbehörden noch wei- 37
tere Pflichten im Kontext des Rechts auf Beschwerde. Aus Art. 57 Abs. 2 DSGVO
und dem weitgehend wortgleichen Erwgr. 141 S. 5 DSGVO ergibt sich eine Pflicht
zur **Erleichterung des Einreichens** von Beschwerden. Als Beispiel für eine Maßnahme
zur Erleichterung des Einreichens nennt die Grundverordnung die „Bereitstellung eines Beschwerdeformulars, das auch elektronisch ausgefüllt werden kann".[66] Andere
Kommunikationsmittel sollen dadurch nicht ausgeschlossen werden. Im Umkehrschluss ergibt sich aus der Erleichterungspflicht, dass nicht unnötige Hürden für die
Ausübung des Beschwerderechts errichtet werden dürfen.[67] Zudem wird für die elektronische Kommunikation das Angebot sicherer, das heißt verschlüsselter Kommunikation gefordert.[68] Die Kontaktmöglichkeiten der Aufsichtsbehörden sind „über-
sichtlich und offensiv" zu kommunizieren.[69]

Aus Art. 57 Abs. 3 DSGVO ergibt sich, dass die Aufsichtsbehörden zudem die Pflicht 38
trifft, die Erfüllung ihrer Aufgaben für die betroffene Person **unentgeltlich** durchzuführen. Damit darf auch die Wahrnehmung des Beschwerderechts nicht mit Kosten
verbunden sein. Ausnahmen gelten für offenkundig unbegründete oder exzessive Beschwerden (→ Rn. 20).

Eine Pflicht zur **vertraulichen Behandlung** von Beschwerden ergibt sich aus Art. 54 39
Abs. 2 DSGVO, welcher eine Verschwiegenheitspflicht etabliert. Diese erstreckt sich
insbesondere auf von natürlichen Personen gemeldete Verstöße gegen die Grundverordnung.[70]

c) Zusammenfassung

Das Recht auf Beschwerde etabliert „einen Anspruch auf sachgemäße Nachforschung 40
und einen rechtsmittelfähigen Bescheid einer Aufsichtsbehörde".[71] Diesem Anspruch
kommt eine zentrale Stellung zu, denn er ist kostenfrei und mit überschaubarem Aufwand durchsetzbar.[72] Teuren rechtlichen Beistand muss die betroffene Person gerade
nicht bemühen. Die freie Wahl der betroffenen Aufsichtsbehörde senkt die Hürden
weiter und ist insbesondere aufgrund der hohen Personenmobilität innerhalb der
Europäischen Union ein echter Gewinn für die von einer rechtswidrigen Verarbeitung
personenbezogener Daten betroffenen Personen. Es bleiben aber praktische Probleme, die das Instrument der Beschwerde auch anfällig für Missbrauch machen.

Bezogen auf den Datenschutz im Internet ist das Instrument der Beschwerde von be- 41
sonderer Bedeutung. Dies liegt nicht zuletzt daran, dass durch das Marktortprinzip
der Datenschutz-Grundverordnung eine Vielzahl von in der Vergangenheit nicht vom

---

66 *Roßnagel* 2017, 44: „Diese Möglichkeit wird viele betroffene Personen ermutigen, eine Beschwerde einzureichen, die bisher von dem Arbeitsaufwand abgeschreckt wurden, die Anschrift oder die E-Mail-Adresse
   der Aufsichtsbehörde herauszufinden und einen Beschwerdebrief aufzusetzen oder eine E-Mail zu verfassen."
67 So auch Paal/Pauly/*Körffer* DSGVO Art. 77 Rn. 3; Kühling/Buchner/*Bergt* DSGVO Art. 77 Rn. 11.
68 So auch Paal/Pauly/*Körffer* DSGVO Art. 77 Rn. 3; Kühling/Buchner/*Bergt* DSGVO Art. 77 Rn. 11.
69 Kühling/Buchner/*Bergt* DSGVO Art. 77 Rn. 11.
70 Art. 54 Abs. 2 S. 2 DSGVO; s. auch Kühling/Buchner/*Bergt* DSGVO Art. 77 Rn. 21.
71 Ehmann/Selmayr/*Nemitz* DSGVO Art. 77 Rn. 12.
72 S. *Roßnagel* 2017, 44: „Eine Beschwerde bei der zuständigen Aufsichtsbehörde einzureichen, wird sich als
   ‚der' Weg erweisen, Schutz gegen ungerechtfertigte Eingriffe in Grundrechte und Freiheiten einzufordern."

Christian Geminn   469

europäischen Datenschutzrecht erfassten Verarbeitungen personenbezogener Daten nun der Grundverordnung unterfallen.[73] Auch der Sanktionenapparat der Grundverordnung macht eine Beschwerde interessanter, als es die Eingabe an eine Kontrollstelle war.

2. Haftung und Recht auf Schadensersatz

42 Nach Art. 82 Abs. 1 DSGVO steht jeder Person, der wegen eines Verstoßes gegen diese Verordnung ein materieller oder immaterieller Schaden entstanden ist, ein **Anspruch auf Schadenersatz** gegen den Verantwortlichen oder gegen den Auftragsverarbeiter zu. Art. 82 Abs. 2 DSGVO regelt die Zurechnung des durch eine verordnungswidrige Verarbeitung verursachten Schadens. Danach haftet jeder an einer Verarbeitung beteiligte Verantwortliche für den durch die verordnungswidrige Verarbeitung verursachten Schaden. Es gelten die gleichen Haftungsregeln für den öffentlichen wie auch für den nicht-öffentlichen Bereich.[74]

43 Art. 82 DSGVO ist als **eigenständiger zivilrechtlicher Anspruch** ausgestaltet.[75] Weitere Haftungsansprüche aus dem mitgliedstaatlichen Recht und Unionsrecht[76] bleiben daneben bestehen.[77] Art. 82 DSGVO „ist keine abschließende und ausschließliche Regelung".[78] Gegenüber den allgemeinen Schadensersatzansprüchen aus dem Bürgerlichen Gesetzbuch bietet Art. 82 DSGVO jedoch zwei wesentliche Vorteile, die einerseits in der umfassenden Erstreckung auf immaterielle Schäden und andererseits in der Verschuldensvermutung des Art. 82 Abs. 3 DSGVO liegen.

44 Art. 22 E-Privacy-VO-E verweist auf Art. 82 DSGVO, ist aber als eigener Anspruch ausgestaltet. Danach hat jeder Endnutzer elektronischer Kommunikationsdienste im Falle eines durch einen Verstoß gegen die **E-Privacy-Verordnung** entstandenen Schadens Anspruch aus Schadenersatz, es sei denn, der Rechtsverletzer kann sich im Einklang mit Art. 82 DSGVO exkulpieren.

45 Die **gerichtliche Zuständigkeit** richtet sich nach Art. 79 Abs. 2 DSGVO (→ Rn. 83).[79] Die Benennung eines Vertreters nach Art. 27 DSGVO berührt die Verantwortung oder Haftung des Verantwortlichen oder des Auftragsverarbeiters nicht.[80] Werden nach Art. 80 Abs. 2 DSGVO Einrichtungen, Organisationen oder Vereinigungen im Sinne von Art. 80 Abs. 1 DSGVO unabhängig von einem Auftrag der betroffenen Person tätig (→ Rn. 104 ff.), so ist diesen nicht gestattet, im Namen der betroffenen Person Schadensersatz zu verlangen.[81]

---

73 So auch *Roßnagel* 2017, 44.
74 Auernhammer/*Eßer* DSGVO/BDSG Art. 82 Rn. 6; Gola/*Gola/Piltz* DSGVO Art. 82 Rn. 3.
75 Wolff/Brink/*Quaas* DSGVO Art. 82 Rn. 5; Paal/Pauly/*Frenzel* DSGVO Art. 82 Rn. 1; Kühling/Buchner/*Bergt* DSGVO Art. 82 Rn. 12; s. auch *Wybitul/Haß/Albrecht* NJW 2018, 113 (113).
76 Für einen Überblick über sonstige Haftungsnormen s. Gola/*Gola/Piltz* DSGVO Art. 82 Rn. 21 ff.
77 Auernhammer/*Eßer* DSGVO/BDSG Art. 82 Rn. 15; Ehmann/Selmayr/*Nemitz* DSGVO Art. 82 Rn. 7; Wybitul/*Krätschmer/Bausewein* DSGVO Art. 82 Rn. 40; s. auch Erwgr. 146 S. 4 DSGVO.
78 Gola/*Gola/Piltz* DSGVO Art. 82 Rn. 20.
79 S. Art. 82 Abs. 6 DSGVO.
80 Erwgr. 80 S. 4 DSGVO.
81 S. Erwgr. 142 S. 3 DSGVO.

Christian Geminn

a) Anspruchsberechtigte

Anspruchsberechtigt ist nach Art. 82 Abs. 1 DSGVO „[j]ede Person, der wegen eines **46** Verstoßes gegen diese Verordnung ein materieller oder immaterieller Schaden entstanden ist". Umstritten ist, wie die Formulierung „jede Person" zu verstehen ist. Der Wortlaut deutet zunächst darauf hin, dass nicht nur **betroffene Personen** im Sinne von Art. 4 Nr. 1 DSGVO anspruchsberechtigt sein sollen. Dennoch wird in der Literatur teilweise davon ausgegangen, dass nur betroffene Personen berechtigt sein sollen; eine Ausweitung auf Dritte soll nicht möglich sein.[82] Begründet wird dies mit einem Verweis auf Art. 82 Abs. 4 und Erwgr. 146 S. 6 und 8 DSGVO, die auf die betroffene Person abstellen. Andere wollen Art. 82 Abs. 1 DSGVO so verstanden wissen, dass zwar auch Dritte anspruchsberechtigt sind, nehmen aber eine Beschränkung auf natürlich Personen vor.[83] Zur Vermeidung von Schutzlücken ist die letztere Position vorzugswürdig. Andererseits wird auch in der Literatur eingestanden, dass eine **Anspruchsberechtigung Dritter** die Ausnahme sein wird.[84]

Ein vertraglicher **Haftungsausschluss** soll unzulässig sein.[85] Die Zulässigkeit einer **47** vertraglichen Haftungsbeschränkung wird aber teilweise bejaht.[86]

b) Anspruchsgegner und Haftung

Der Anspruch auf Schadenersatz besteht gegen den Verantwortlichen oder gegen den **48** Auftragsverarbeiter. Nach Art. 82 Abs. 1 DSGVO haftet jeder an einer Verarbeitung beteiligte **Verantwortliche** für den durch die verordnungswidrige Verarbeitung verursachten Schaden. Die Haftung des **Auftragsverarbeiters** ist durch Art. 82 Abs. 2 S. 2 DSGVO auf drei Alternativen beschränkt. Er haftet nur, wenn er seinen speziell den Auftragsverarbeitern auferlegten Pflichten aus der Grundverordnung nicht nachgekommen ist (Alt. 1) oder unter Nichtbeachtung der rechtmäßig erteilten Anweisungen des für die Datenverarbeitung Verantwortlichen (Alt. 2) oder gegen diese Anweisungen (Alt. 3) gehandelt hat (zur Datenverarbeitung im Auftrag → B. II. Rn. 144 ff.). So haftet zum Beispiel ein Cloud-Dienstleister, wenn die von ihm angebotene Datenspeicherung in der Cloud nicht durch die gemäß Art. 32 DSGVO erforderlichen technischen und organisatorischen Maßnahmen vor einem Zugriff durch Unberechtigte geschützt ist. Wurde zudem vertraglich vereinbart, dass die Daten eines Auftraggebers ausschließlich in der Cloud auf in Europa befindlichen Server gespeichert werden, dies aber faktisch nicht umgesetzt wird, ist ebenfalls der Auftragsverarbeiter Anspruchsgegner des Haftungsanspruches Betroffener. Zu beachten ist, dass der Auf-

---

82 Paal/Pauly/*Frenzel* DSGVO Art. 82 Rn. 7; Plath/*Becker* BDSG/DSGVO Art. 82 DSGVO, Rn. 2; Auernhammer/*Eßer* DSGVO/BDSG Art. 82 Rn. 4; Gola/*Gola/Piltz* DSGVO Art. 82 Rn. 10; Sydow/*Kreße* DSGVO Art. 82 Rn. 11; im Ergebnis auch Gierschmann/Schlender/Stentzel/Veil/*Feldmann* DSGVO Art. 82 Rn. 3 f.

83 Wybitul/*Krätschmer/Bausewein* DSGVO Art. 82 Rn. 12 f.; *Laue/Nink/Kremer* 2016 § 11 Rn. 7; Kühling/Buchner/*Bergt* DSGVO Art. 82 Rn. 14 f.; Wolff/Brink/*Quaas* DSGVO Art. 82 Rn. 37.

84 So Kühling/Buchner/*Bergt* DSGVO Art. 82 Rn. 15, der als Beispiel nennt, „dass unzulässige negative Bonitätsinformationen über den Gesellschafter einer Personengesellschaft zu einer schlechteren Bonitätsbewertung der Personengesellschaft oder der anderen Gesellschafter führen und in der Folge zu einem Schaden, etwa ungünstigeren Konditionen, Kreditkündigung, Verweigerung eines Vertragsschlusses".

85 Kühling/Buchner/*Bergt* DSGVO Art. 82 Rn. 56.

86 So Wybitul/*Krätschmer/Bausewein* DSGVO Art. 82 Rn. 38 f.

tragsverarbeiter als Verantwortlicher gilt, wenn er rechtswidrig die Zwecke und Mittel der Verarbeitung bestimmt – dies aber unbeschadet des Art. 82 DSGVO.[87]

49 Die Beteiligung an einer Verarbeitung im Sinne von Art. 82 Abs. 2 S. 1 DSGVO ist weit zu verstehen und soll jede Form der Beteiligung umfassen.[88] Dies folgt dem Ziel eines „vollständigen und wirksamen Schadenersatz".[89] Alle beteiligten Verantwortlichen und Auftragsverarbeiter haften im Sinne einer **gesamtschuldnerischen Haftung** für den gesamten Schaden; § 840 BGB wird verdrängt.[90] Der Anspruchsberechtigte kann unter ihnen frei wählen, wen er in Anspruch nehmen möchte. Bei der Wahl des Klagegegners dürften vor allem Faktoren wie dessen Solvenz[91] und die örtliche Nähe eine Rolle spielen. Alle Beteiligten haften auch für die Fehler ihrer Mitarbeiter.[92]

50 Die Datenschutz-Grundverordnung regelt in Art. 82 Abs. 5 unter Verdrängung von § 426 BGB einen **Innenausgleich**,[93] wenn ein Verantwortlicher oder Auftragsverarbeiter den vollständigen Schadenersatz oder – entgegen dem Wortlaut – mehr Schadenersatz als seinem Anteil am Schaden entsprechend[94] geleistet hat. Dieser kann von den sonstigen Beteiligten den Teil des Schadenersatzes zurückfordern, der deren Anteil an der Verantwortung für den Schaden entspricht. Der Innenausgleich kann jedoch auch durch eine teilweise Verurteilung vorweg genommen werden, sofern der volle Schadensersatz sichergestellt ist. Gibt sich eine Unternehmensgruppe verbindliche interne Datenschutzvorschriften, so müssen diese den Vorgaben von Art. 47 Abs. 2 lit. f DSGVO zur Haftung entsprechen.

c) Verstoß

51 Voraussetzung des Rechts auf Schadensersatz ist nach Art. 82 Abs. 1 DSGVO ein Verstoß gegen die Grundverordnung.[95] Der Begriff des Verstoßes gegen die Verordnung ist dabei weit zu verstehen.[96] Er soll „nicht nur rechtswidrige Verarbeitungen, sondern auch anderweitige Verstöße gegen eine Pflicht aus der DS-GVO" umfassen.[97] Erfasst sind nach Erwgr. 146 S. 5 DSGVO auch Verstöße gegen auf Basis der Grundverordnung erlassene delegierte Rechtsakte und Durchführungsrechtsakte sowie Rechtsvorschriften der Mitgliedstaaten zur **Präzisierung** von Bestimmungen der Grundverordnung. Fraglich ist, was unter einer „Präzisierung" konkret zu verstehen

---

87 S. Art. 28 Abs. 10 DSGVO.
88 Paal/Pauly/*Frenzel* DSGVO Art. 82 Rn. 13; Kühling/Buchner/*Bergt* DSGVO Art. 82 Rn. 22.
89 Erwgr. 146 S. 6 DSGVO.
90 Art. 82 Abs. 4 DSGVO, Erwgr. 146 S. 7 DSVGO.
91 So Wolff/Brink/*Quaas* DSGVO Art. 82 Rn. 44.
92 Gola/Gola/*Piltz* DSGVO Art. 82 Rn. 14, 19; Kühling/Buchner/*Bergt* DSGVO Art. 82 Rn. 55; *Laue/Nink/ Kremer* 2016 § 11 Rn. 10; *Wybitul/Haß/Albrecht* NJW 2018, 113 (116). S. auch: Ehmann/Selmayr/*Nemitz* DSGVO Art. 82 Rn. 20: „Eine Exkulpation des Verantwortlichen oder Auftragsverarbeiters durch Nachweis der ordnungsgemäßen Auswahl und Überwachung seiner Angestellten [...] kommt nicht in Betracht."
93 In Erwgr. 146 S. 9 DSGVO als „Rückgriffverfahren" bezeichnet.
94 Kühling/Buchner/*Bergt* DSGVO Art. 82 Rn. 60; *Laue/Nink/Kremer* 2016 § 11 Rn. 14.
95 Erwgr. 146 S. 5 DSGVO spricht von einer „Verarbeitung, die mit der vorliegenden Verordnung nicht im Einklang steht"; Art. 82 Abs. 2 S. 1 DSGVO von einer „nicht dieser Verordnung entsprechende[n] Verarbeitung".
96 Paal/Pauly/*Frenzel* DSGVO Art. 82 Rn. 8; Wybitul/*Krätschmer/Bausewein* DSGVO Art. 82 Rn. 16.
97 Gierschmann/Schlender/Stentzel/Veil/*Feldmann* DSGVO Art. 82 Rn. 12.

Christian Geminn

ist. Hier steht eine enge Auffassung[98] einer weiten gegenüber.[99] Plausibel erscheint es, vom Vorliegen einer Präzisierung immer dann auszugehen, wenn die Datenschutz-Grundverordnung Mindeststandards setzt, die der nationale Gesetzgeber beim Erlass der Norm zu beachten hat.[100] Dies entspricht einem weiten Präzisierungsbegriff.

Bezüglich des den Verstoß begründenden Umstandes stellt Art. 82 DSGVO darauf ab,   52 dass eine **Verantwortlichkeit** für den Umstand besteht. Die Verordnung unterscheidet also zwischen der Verantwortlichkeit für die Verarbeitung und der Verantwortlichkeit für den Schaden.[101] In der Literatur besteht Uneinigkeit darüber, ob es damit auf ein Verschulden ankommt,[102] überwiegend wird dies jedoch angenommen.[103] Für letztere Ansicht kann Art. 83 Abs. 2 S. 2 lit. b DSGVO angeführt werden, der von Vorsätzlichkeit und Fahrlässigkeit eines Verstoßes gegen die Grundverordnung spricht. Bezugspunkt für Vorsatz und Fahrlässigkeit ist der Verstoß, nicht der Schaden.[104] Liegt der Verstoß in dem Befolgen einer mitgliedstaatlichen Rechtsvorschrift, die als europarechtswidrig erkannt wurde, so wird man keine Verantwortlichkeit annehmen können.[105]

Bezüglich der **Darlegungspflicht des Anspruchstellers** ist davon auszugehen, dass die-   53 ser „Anspruchsteller die Unzulässigkeit einer Verarbeitung nur soweit darzulegen hat, wie ihm dies als außerhalb des Verantwortlichen stehende Person, ohne Einblick in die internen Datenverarbeitungsprozesse, möglich ist".[106]

d) Schaden

Der Verstoß muss zudem zu einem **Schaden**[107] geführt haben. Auch dieser Parameter   54 ist weit auszulegen.[108] Zu beachten ist nach Erwgr. 146 S. 3 DSGVO hier einerseits die Rechtsprechung des Europäischen Gerichtshofs, andererseits ist eine Auslegung in der Art vorzunehmen, dass den Zielen der Grundverordnung in vollem Umfang Rechnung getragen wird.

Umfasst sind sowohl materielle als auch immaterielle Beeinträchtigungen. Hier halten   55 die Erwgr. 75 und 85 DSGVO zahlreiche Fallbeispiele bereit. Bezüglich der Höhe des Ersatzes **immaterieller Schäden** sind die Aspekte der Genugtuung und der Abschreckung besonders zu beachten.[109] Ein nur symbolischer Schadensersatz ist nicht aus-

---

98 Kühling/Buchner/*Bergt* DSGVO Art. 82 Rn. 24, wonach nur „echte" Präzisierungen gemeint sein sollen.
99 S. etwa *Laue/Nink/Kremer* 2016 § 11 Rn. 3: „im Zusammenhang mit der Datenschutz-Grundverordnung erlassen".
100 So wohl auch Plath/*Becker* BDSG/DSGVO Art. 82 DSGVO, Rn. 3, wonach „die Ersatzpflicht für alle Verstöße gegen materielles Datenschutzrecht gilt, das auf der Verordnung beruht".
101 Gola/*Gola/Piltz* DSGVO Art. 82 Rn. 7. S. auch *Albrecht/Jotzo* 2017 Teil 8 Rn. 22, die deshalb von einer verunglückten Übersetzung sprechen. In der englischen Sprachfassung heißt es: „not in any way responsible for the event giving rise to the damage". So auch Kühling/Buchner/*Bergt* DSGVO Art. 82 Rn. 49.
102 Dies ablehnend Paal/Pauly/*Frenzel* DSGVO Art. 82 Rn. 6.
103 So etwa Ehmann/Selmayr/*Nemitz* DSGVO Art. 82 Rn. 14; Gola/*Gola/Piltz* DSGVO Art. 82 Rn. 18; Plath/*Becker* BDSG/DSGVO Art. 82 DSGVO, Rn. 5; *Albrecht/Jotzo* 2017 Teil 8 Rn. 22.
104 Kühling/Buchner/*Bergt* DSGVO Art. 82 Rn. 51.
105 So auch Ehmann/Selmayr/*Nemitz* DSGVO Art. 82 Rn. 10.
106 Gola/*Gola/Piltz* DSGVO Art. 82 Rn. 15.
107 Erwgr. 146 S. 6 DSGVO spricht vom „erlittenen Schaden".
108 Erwgr. 146 S. 3 DSGVO. S. auch Roßnagel/*Miedzianowski* 2018 § 4 Rn. 77; Paal/Pauly/*Frenzel* DSGVO Art. 82 Rn. 10; Kühling/Buchner/*Bergt* DSGVO Art. 82 Rn. 17.
109 Ehmann/Selmayr/*Nemitz* DSGVO Art. 82 Rn. 18.

reichend.[110] Für eine Beschränkung des Anspruchs auf Geldentschädigung bei immateriellen Schäden auf schwere Beeinträchtigungen gibt es keine Grundlage.[111]

56 Ein Problem für die Umsetzung in Deutschland durch die Gerichte ist die Tatsache, dass sich der Ersatz immaterieller Schäden in signifikanter Höhe schlecht in das deutsche Rechtssystem einfügt. Hier wird es zu einer Ungleichbehandlung mit anderen Ansprüchen kommen.[112] Zur Gewährleistung europaweit einheitlicher Rechtsprechung zur Höhe des Ersatzes immateriellen Schadens bietet sich ein **Katalogsystem** an.[113]

57 Notwendig ist ein kausaler Zusammenhang zwischen dem Schaden und dem Verstoß.[114] Die **Kausalität** soll sich nach nationalem Recht richten,[115] dabei aber von unionsrechtlichen Vorgaben „überformt" sein.[116] Maßgeblich kann letztlich nur ein unionsweiter Kausalitätsbegriff sein, um Ungleichbehandlungen zwischen den Mitgliedstaaten zu vermeiden. Eine Haftung bei atypischen Kausalverläufen besteht nicht.[117]

58 Die **Beweislast** liegt beim Verantwortlichen oder Auftragsverarbeiter. Dieser muss darlegen, dass keine Kausalität vorliegt.[118] Für die Anspruchsteller bedeutet dies, dass eine echte Beweislast seinerseits nur bezogen auf den entstanden Schaden und dessen Ausmaß besteht.

e) Haftungsbefreiung

59 Nach Art. 82 Abs. 3 DSGVO ist der Verantwortliche oder der Auftragsverarbeiter von der Haftung nach Art. 82 Abs. 2 DSGVO befreit, „wenn er nachweist, dass er in keinerlei Hinsicht für den Umstand, durch den der Schaden eingetreten ist, verantwortlich ist".[119] Die Beweislast liegt damit im Sinne einer Beweislastumkehr[120] beim Verantwortlichen oder Auftragsverarbeiter. Dieser muss zur **Exkulpation** eine „Verschuldensquote von 0 Prozent"[121] nachweisen. Diese liegt vor, wenn dieser alle Vorgaben der Verordnung einhält, keine kausale Verbindung zwischen Schaden und Verstoß besteht oder aber der Schaden auf einem unvermeidbaren Ereignis, etwa höherer Gewalt,[122] beruht.

---

110 Kühling/Buchner/*Bergt* DSGVO Art. 82 Rn. 18.
111 Gola/*Gola/Piltz* DSGVO Art. 82 Rn. 13.
112 So auch Kühling/Buchner/*Bergt* DSGVO Art. 82 Rn. 18: „Dies wird sicherlich erhebliche Reibungen verursachen, wenn für Datenschutzverletzungen erheblich höhere Schmerzensgelder zugesprochen werden (müssen) als für Körperverletzungen." S. ferner Gierschmann/Schlender/Stentzel/Veil/*Feldmann* DSGVO Art. 82 Rn. 15: Die Regelung sei „mit dem strengen Maßstab bei Schmerzensgeldansprüchen für physische Körperverletzungen" nicht in Einklang zu bringen.
113 So auch Wybitul/*Krätschmer/Bausewein* DSGVO Art. 82 Rn. 20.
114 S. Art. 82 Abs. 1 DSGVO: „wegen"; Art. 82 Abs. 2 DSGVO: „durch"; Erwgr. 146 S. 1 DSGVO: „aufgrund".
115 Sydow/*Kreße* DSGVO Art. 82 Rn. 8; Paal/Pauly/*Frenzel* DSGVO Art. 82 Rn. 11.
116 Kühling/Buchner/*Bergt* DSGVO Art. 82 Rn. 44.
117 Kühling/Buchner/*Bergt* DSGVO Art. 82 Rn. 45: „adäquat kausal verursacht".
118 *Albrecht/Jotzo* 2017 Teil 8 Rn. 23; Kühling/Buchner/*Bergt* DSGVO Art. 82 Rn. 47; aA *Wybitul/Haß/Albrecht* NJW 2018, 113 (117).
119 Erwgr. 146 S. 2 DSGVO: „in keiner Weise".
120 Gola/*Gola/Piltz* DSGVO Art. 82 Rn. 18.
121 Ehmann/Selmayr/*Nemitz* DSGVO Art. 82 Rn. 19.
122 Sydow/*Kreße* DSGVO Art. 82 Rn. 20.

Die **Klassifikation** der Haftungsbefreiung bereitet der Literatur gewisse Schwierigkei- 60
ten. Es wird von einer „Gefährdungshaftung mit Exkulpationsmöglichkeit",[123] von
einer „verschuldensunabhängigen Unrechtshaftung",[124] von einer Verschuldenshaf-
tung mit vermutetem Verschulden[125] gesprochen, aber auch davon, es läge „gerade
keine unbedingte Gefährdungshaftung"[126] vor.

Für die Praxis ist Datenverarbeitern zu raten, ihren **Dokumentationspflichten** sorgfältig nachzukommen, um vor Gericht auch tatsächlich den Nachweis darüber führen
zu können, dass eine verordnungsgemäße Verarbeitung personenbezogener Daten
stattgefunden hat und stattfindet.[127] So heißt es auch in Erwgr. 74 S. 2 DSGVO, insbesondere der Verantwortliche sollte „geeignete und wirksame Maßnahmen treffen
müssen und nachweisen können, dass die Verarbeitungstätigkeiten im Einklang mit
dieser Verordnung stehen und die Maßnahmen auch wirksam sind". Den Maßstab
hierfür bilden nach Erwgr. 74 S. 3 DSGVO Art, Umfang, Umstände und Zwecke der
Verarbeitung sowie das Risiko für die Rechte und Freiheiten natürlicher Personen.
Eine Exkulpation durch Verweis auf eine entsprechende Zertifizierung oder Verhaltensregeln ist nicht möglich.[128] Wie kleine und mittelständische Unternehmen den lü-
ckenlosen Nachweis einer verordnungskonformen Verarbeitung stemmen sollen,
bleibt abzuwarten.

f) Zusammenfassung

Die Datenschutz-Grundverordnung verschärft die zivilrechtliche Haftung von Ver- 61
antwortlichen und von Auftragsverarbeitern. Für die Praxis wird deshalb eine **Zunahme von Schadensersatzklagen** erwartet.[129] Die Dokumentation einer verord-
nungsgemäßen Verarbeitung ist für Verantwortliche wie für Auftragsverarbeiter dabei essentiell, stellt diese aber zugleich auch vor große Herausforderungen.

3. Gerichtliche Durchsetzbarkeit

Die Art. 78 und 79 DSGVO enthalten jeweils das Recht auf einen **wirksamen gericht-** 62
lichen Rechtsbehelf und ergänzen sich diesbezüglich gegenseitig. Die Datenschutz-
Grundverordnung differenziert dabei nach dem Adressaten des gerichtlichen Rechtsbehelfs: Art. 78 DSGVO regelt das Recht auf wirksamen gerichtlichen Rechtsbehelf
gegen eine Aufsichtsbehörde, Art. 79 DSGVO das Recht auf wirksamen gerichtlichen
Rechtsbehelf gegen Verantwortliche oder Auftragsverarbeiter.[130] In beiden Fällen gilt
das Recht unbeschadet anderer Rechtsbehelfe. Das Recht konkretisiert Art. 47 Abs. 1
GRCh.[131] Auf nationaler Ebene ist bezogen auf Art. 78 DSGVO Art. 19 Abs. 4 GG
einschlägig.

---

123 Plath/*Becker* BDSG/DSGVO Art. 82 DSGVO, Rn. 5.
124 *Schantz/Wolff* 2017 Rn. 1251.
125 Wybitul/*Krätschmer/Bausewein* DSGVO Art. 82 Rn. 9; *Laue/Nink/Kremer* 2016 § 11 Rn. 9.
126 Kühling/Buchner/*Bergt* DSGVO Art. 82 Rn. 47.
127 So auch Wolff/Brink/*Quaas* DSGVO Art. 82 Rn. 19; Kühling/Buchner/*Bergt* DSGVO Art. 82 Rn. 46;
     Wybitul/Haß/Albrecht NJW 2018, 113 (116).
128 Kühling/Buchner/*Bergt* DSGVO Art. 82 Rn. 47.
129 So etwa Roßnagel/*Miedzianowski* 2018 § 4 Rn. 106; Wolff/Brink/*Quaas* DSGVO Art. 82 Rn. 2.
130 Zwei Seiten einer Medaille; Gierschmann/Schlender/Stentzel/Veil/*Koreng* DSGVO Art. 79 Rn. 3.
131 Sydow/*Sydow* DSGVO Art. 78 Rn. 1, Art. 79 Rn. 1; *Roßnagel* 2017, 46.

63 Mit den Art. 78 und 79 DSGVO fordert die Grundverordnung einen „**wirksamen**" gerichtlichen Rechtsbehelf. Der Begriff ist im Lichte von Art. 47 Abs. 1 GRCh auszulegen, dem er entnommen ist. Die Wirksamkeit eines gerichtlichen Rechtsbehelfs wird erreicht durch „nicht mehr aber auch nicht weniger als eine ernsthafte und unparteiliche Prüfung der Rüge durch ein Gericht, das von dem für die behauptete Rechtsverletzung zuständigen Organ unabhängig ist."[132] Art. 13 EMRK spricht von einer „wirksamen Beschwerde" und meint damit ebenfalls einen wirksamen Rechtsbehelf.[133] Ein solcher soll vorliegen, wenn mit dem Rechtsbehelf „eine angebliche Konventionsverletzung oder ihre Fortdauer verhindert werden oder angemessene Entschädigung für die Verletzung erlangt werden kann".[134]

64 Für die Verfahren vor den mitgliedstaatlichen Gerichten ist stets das jeweilige **nationale Verfahrensrecht** einschlägig. Dieses wird jedoch in einzelnen Fällen durch die Datenschutz-Grundverordnung „modifiziert".[135] Für Verfahren nach Art. 78 DSGVO ist grundsätzlich der Verwaltungsrechtsweg eröffnet; für Verfahren nach Art. 79 DSGVO kommt es auf die Streitigkeit an, ob der Verwaltungsrechtsweg oder der Zivilrechtsweg eröffnet ist.[136]

65 **Statthaft** sind vor allem Anfechtungsklagen, Verpflichtungsklagen und Feststellungsklagen auf Seiten des Verwaltungsrechtswegs und Leistungsklagen, Gestaltungsklagen und Feststellungsklagen auf Seiten des Zivilrechtswegs.[137] Darüber hinaus besteht die Möglichkeit der Verbandsklage (→ Rn. 103 ff.).

a) Gerichtlicher Rechtsbehelf gegen eine Aufsichtsbehörde

66 Art. 78 Abs. 1 und 2 DSGVO enthalten jeweils das Recht gegen einen **Beschluss** einer Aufsichtsbehörde (Abs. 1)[138] und gegen **Nichtbefassung** der Aufsichtsbehörde mit einer Beschwerde sowie die Verletzung der Informationspflichten der Behörde nach Art. 77 Abs. 2 DSGVO (Abs. 2) einen gerichtlichen Rechtsbehelf einzulegen.

67 Art. 78 Abs. 3 DSGVO gibt vor, dass für Verfahren gegen eine Aufsichtsbehörde die Gerichte des Mitgliedstaats zuständig sind, in dem die Behörde ihren Sitz hat, und regelt somit für diesen Fall die **örtliche Zuständigkeit**, welche jedoch durch nationales Recht präzisiert werden muss. Etwas anderes gilt im Falle von angelehnten oder abgewiesenen Beschwerden. Hier kann die betroffene Person in dem Mitgliedstaat klagen, in dem sie die Beschwerde eingereicht hat.[139]

---

132 Meyer/*Eser* GRCh Art. 47 Rn. 19; s. auch Paal/Pauly/*Martini* DSGVO Art. 79 Rn. 16, wonach Wirksamkeit Rechtzeitigkeit bedeutet, „jedenfalls aber nicht, dass der Rechtsbehelf auch erfolgreich sein muss. Sein Erfolg darf aber nicht der Botmäßigkeit des Gerichts, sondern ausschließlich der Herrschaft des Gesetzes überantwortet sein".

133 Meyer-Ladewig/Nettesheim/von Raumer/*Renger* Art. 13 EMRK Rn. 3. Im Gegensatz zur Grundrechtecharta fordert die Konvention aber keinen gerichtlichen Rechtsbehelf; Meyer-Ladewig/Nettesheim/von Raumer/*Renger* Art. 13 EMRK Rn. 13.

134 Meyer-Ladewig/Nettesheim/von Raumer/*Renger* Art. 13 EMRK Rn. 9.

135 *Albrecht/Jotzo* 2017 Teil 8 Rn. 9. S. bezogen auf Art. 78 DSGVO ausführlich Sydow/*Sydow* DSGVO Art. 78 Rn. 56 ff.

136 S. hierzu ausführlich Roßnagel/*Nebel* 2018 § 2 Rn. 124 ff.; s. auch Plath/*Becker* BDSG/DSGVO Art. 79 DSGVO, Rn. 2.

137 Roßnagel/*Nebel* 2018 § 2 Rn. 131.

138 Dieses ist als Abwehrrecht ausgestaltet; Paal/Pauly/*Körffer* DSGVO Art. 78 Rn. 3.

139 S. Erwgr. 143 S. 7 und 9 DSGVO: „Verfahren gegen eine Aufsichtsbehörde sollten bei den Gerichten des Mitgliedstaats angestrengt werden, in dem die Aufsichtsbehörde ihren Sitz hat, und sollten im Einklang

Christian Geminn

Die Ausübung der Befugnisse der Aufsichtsbehörde steht nach Art. 58 Abs. 4 DSGVO stets unter dem Vorbehalt „geeigneter Garantien einschließlich wirksamer gerichtlicher Rechtsbehelfe und ordnungsgemäßer Verfahren gemäß dem Unionsrecht und dem Recht des Mitgliedstaats im Einklang mit der Charta". 68

Ergänzt und präzisiert wird Art. 78 DSGVO durch § 20 BDSG.[140] Dieser enthält Vorgaben zum gerichtlichen Rechtsschutz im Falle von Streitigkeiten zwischen einer natürlichen oder juristischen Person einerseits und einer Aufsichtsbehörde des Bundes oder eines Landes andererseits. Danach ist bei solchen Streitigkeiten der **Verwaltungsrechtsweg** gegeben.[141] Ausgenommen sind jedoch Bußgeldverfahren.[142] Ferner gilt § 20 BDSG nicht, wenn durch Bundesrecht der Rechtsweg vor anderen Gerichten eröffnet ist, wobei die Gesetzesbegründung hier beispielhaft § 51 SGG nennt.[143] Die örtliche Zuständigkeit liegt bei dem Gericht, in dessen Bezirk die Aufsichtsbehörde ihren Sitz hat.[144] Ein Vorverfahren findet nach § 20 Abs. 6 BDSG nicht statt.[145] Beteiligte des Verfahrens sind nach § 20 Abs. 5 BDSG der Kläger oder Antragsteller einerseits, die Aufsichtsbehörde andererseits.[146] 69

Adressat der Klage ist im Falle von Art. 78 Abs. 1 DSGVO die Aufsichtsbehörde, die den fraglichen Beschluss gefasst hat; im Falle von Art. 78 Abs. 2 DSGVO ist es die Aufsichtsbehörde, deren Untätigkeit gerügt wird.[147] 70

aa) Gerichtlicher Rechtsbehelf des Betroffenen gegen Beschlüsse einer Aufsichtsbehörde

Art. 78 Abs. 1 DSGVO enthält die Feststellung, dass jeder natürlichen oder juristischen Person das Recht auf einen wirksamen gerichtlichen Rechtsbehelf gegen einen sie betreffenden rechtsverbindlichen Beschluss einer Aufsichtsbehörde zusteht. Das Recht besteht unbeschadet eines anderweitigen verwaltungsrechtlichen oder außergerichtlichen Rechtsbehelfs. 71

Klagegegenstand ist der **Beschluss einer Aufsichtsbehörde.** Dieser muss Rechtswirkung gegenüber der klagenden natürlichen oder juristischen Person entfalten. Fraglich ist, was unter einem „Beschluss" zu verstehen ist. Hier kann Art. 288 Abs. 4 AEUV als Richtschnur dienen, wonach ein Beschluss eine in allen ihren Teilen ver- 72

---

mit dem Verfahrensrecht dieses Mitgliedstaats durchgeführt werden. [...] Wurde eine Beschwerde von einer Aufsichtsbehörde abgelehnt oder abgewiesen, kann der Beschwerdeführer Klage bei den Gerichten desselben Mitgliedstaats erheben." S. auch *Miedzianowski*/Roßnagel 2018 § 4 Rn. 72.

140 Daneben dient § 20 BDSG auch der Umsetzung von Art. 53 Abs. 1 JI-RL; BT-Drs. 18/11325, 93.

141 § 20 Abs. 1 S. 1 BDSG, der lex specialis zu § 40 Abs. 1 VwGO ist; Roßnagel/*Miedzianowski* 2018 § 4 Rn. 92; *Piltz* BDSG § 20 Rn. 4.

142 § 20 Abs. 1 S. 2 BDSG. Diese sind den Gerichten der ordentlichen Gerichtsbarkeit zugewiesen; BT-Drs. 18/11325, 93. S. auch Roßnagel/*Miedzianowski* 2018 § 4 Rn. 91; Roßnagel/*Nebel* 2018 § 2 Rn. 127; Gola/*Pötters*/*Werkmeister* DSGVO Art. 78 Rn. 5.

143 BT-Drs. 18/11325, 93; s. zur Frage, ob § 20 BDSG ein über § 40 VwGO hinausgehender Regelungsgehalt zukommt Roßnagel/*Nebel* 2018 § 2 Rn. 128. S. auch *Piltz* BDSG § 20 Rn. 5.

144 § 20 Abs. 3 BDSG.

145 S. BT-Drs. 18/11325, 93: „Mangels einer der Aufsichtsbehörde übergeordneten Behörde würde der mit einem Vorverfahren angestrebte Devolutiveffekt nicht erreicht." S. auch Sydow/*Sydow* DSGVO Art. 78 Rn. 44; *Piltz* BDSG § 20 Rn. 20. S. ferner Kühling/Buchner/*Bergt* DSGVO Art. 78 Rn. 14, der von der „Unzulässigkeit eines verpflichtenden Vorverfahrens vor Klageerhebung" ausgeht.

146 Damit regelt der Gesetzgeber eine Abweichung von § 78 Abs. 1 Nr. 1 VwGO; s. Sydow/*Sydow* DSGVO Art. 78 Rn. 57. Dies ist notwendig, da Art. 78 DSGVO einen Rechtsbehelf direkt gegen die Aufsichtsbehörde fordert (aA Sydow/*Sydow* DSGVO Art. 78 Rn. 59).

147 S. Paal/Pauly/*Körffer* DSGVO Art. 78 Rn. 13 ff.

bindliche Handlungsform des EU-Sekundärrechts ist.[148] „Sind sie an bestimmte Adressaten gerichtet, so sind sie nur für diese verbindlich."[149] Zu beachten ist dabei jedoch, dass Art. 288 Abs. 4 AEUV sich auf den Beschluss als Rechtsakt der Europäischen Union bezieht. Bei den mitgliedstaatlichen Aufsichtsbehörden handelt es sich jedoch nicht um Organe der EU.[150] Deshalb soll dieser „allenfalls im übertragenen Sinne" herangezogen werden können.[151]

73   Nähere Anhaltspunkte zum Beschlussbegriff gibt Erwgr. 143 DSGVO. Dessen S. 4 paraphrasiert zunächst Art. 78 Abs. 1 DSGVO. Nach S. 5 betrifft ein Beschluss einer Aufsichtsbehörde, der Rechtswirkung gegenüber einer natürlichen oder juristischen Person entfaltet, „insbesondere die Ausübung von Untersuchungs-, Abhilfe- und Genehmigungsbefugnissen durch die Aufsichtsbehörde oder die Ablehnung oder Abweisung von Beschwerden". S. 6 stellt klar, dass das Recht nach Art. 78 Abs. 1 DSGVO „rechtlich nicht bindende Maßnahmen der Aufsichtsbehörden wie von ihr abgegebene Stellungnahmen oder Empfehlungen" nicht umfasst. **Zentrales Kriterium** für das Vorliegen eines Beschlusses ist damit im Umkehrschluss die rechtliche Verbindlichkeit.[152] Deshalb wird argumentiert, dass nicht nur förmliche Akte als Beschlüsse zu klassifizieren sind, sondern „sämtliche Handlungen [...], die Auswirkungen auf die Rechte seines Adressaten haben können".[153]

74   Die **Klagebefugnis** ist allein an die Bedingung geknüpft, von einem rechtsverbindlichen Beschluss einer Aufsichtsbehörde betroffen zu sein.[154] Eine **Betroffenheit** liegt auch dann vor, wenn eine natürlich Person nicht direkt durch den Beschluss angesprochen wird, sich aus diesem jedoch eine individuelle Betroffenheit in Form einer unmittelbaren Berührung seiner durch die Datenschutz-Grundverordnung garantierten Rechte und Freiheiten ergibt.[155]

75   Art. 78 Abs. 4 DSGVO zielt auf **Kohärenz** in der Anwendung des europäischen Datenschutzrechts ab. Wird ein Beschluss einer Aufsichtsbehörde vor Gericht angegriffen und liegt diesem Beschluss eine Stellungnahme oder ein Beschluss des Europäischen Datenschutzausschusses zugrunde, so soll die beklagte Aufsichtsbehörde dem Gericht diese Stellungnahme oder den Beschluss zuleiten. Hält das mitgliedstaatliche Gericht den Beschluss oder die Stellungnahme des Ausschusses für unionsrechtswidrig, so muss es diese Frage durch den Europäischen Gerichtshof klären lassen (zum Vorabentscheidungsverfahren → Rn. 97).

---

148   S. Streinz/*Schroeder* EUV/AEUV, Art. 288 AEUV Rn. 132 ff.
149   Art. 288 Abs. 4 S. 2 AEUV.
150   *Albrecht*/*Jotzo* 2017 Teil 8 Rn. 11.
151   Wolff/Brink/*Mundil* DSGVO Art. 78 Rn. 4.
152   Kühling/Buchner/*Bergt* DSGVO Art. 78 Rn. 6, 9; Wolff/Brink/*Mundil* DSGVO Art. 78 Rn. 5.
153   Wolff/Brink/*Mundil* DSGVO Art. 78 Rn. 5; s. auch Auernhammer/v. *Lewinski* DSGVO/BDSG Art. 78 Rn. 2: „die konkret-individuelle Entscheidung der Aufsichtsbehörde mit Außenwirkung".
154   Sydow/*Sydow* DSGVO Art. 78 Rn. 41; Auernhammer/v. *Lewinski* DSGVO/BDSG Art. 78 Rn. 5; Kühling/ Buchner/*Bergt* DSGVO Art. 78 Rn. 9 f.
155   Wolff/Brink/*Mundil* DSGVO Art. 78 Rn. 10.

bb) Gerichtlicher Rechtsbehelf bei Nichtbefassung oder bei Verletzung der Informationspflicht

Art. 78 Abs. 2 Alt. 1 DSGVO gibt jeder betroffenen Person das Recht auf einen wirk- 76
samen gerichtlichen Rechtsbehelf, wenn die zuständige Aufsichtsbehörde sich nicht
mit einer Beschwerde der betroffenen Person nach Art. 77 DSGVO befasst. Zudem
besteht ein Recht auf wirksamen gerichtlichen Rechtsbehelf nach Art. 78 Abs. 2
Alt. 2 DSGVO, wenn die zuständige Aufsichtsbehörde die betroffene Person nicht innerhalb von drei Monaten über den Stand oder das Ergebnis der Beschwerde in
Kenntnis gesetzt hat. Das Unterlassen eines Verwaltungsaktes soll hingegen über
Art. 78 Abs. 1 DSGVO gerügt werden können.[156] Auch Ablehnung und Abweisung
einer Beschwerde sind über Art. 78 Abs. 1 DSGVO zu rügen.[157] Fraglich ist, ob der
Fall, bei dem die Aufsichtsbehörde der betroffenen Person lediglich mitteilt, dass sie
sich nicht mit der Beschwerde befassen will, nach Art. 78 Abs. 1 oder Abs. 2 Alt. 1
DSGVO zu rügen ist. Dabei wird es sich regelmäßig um Fälle handeln, in denen eine
offenkundig unbegründete oder exzessive Beschwerde vorliegt (→ Rn. 97 ff.). Hier
stellt die Literatur teilweise auf Abs. 2 ab.[158] Der Wortlaut legt aber einen Fall von
Abs. 1 nahe.[159] Das Klagerecht nach Art. 78 Abs. 2 DSGVO ist somit auf Fälle echter
Untätigkeit[160] einer Aufsichtsbehörde gerichtet.

Nach dem Wortlaut richtet sich die Klage nach Art. 78 Abs. 2 DSGVO gegen „die 77
nach den Artikeln 55 und 56 **zuständige Aufsichtsbehörde**". Dies kann nur so gemeint sein, dass bei einem Auseinanderfallen von betroffener und zuständiger Aufsichtsbehörde auch gegen erstere ein wirksamer Rechtsbehelf besteht, wenn die Untätigkeit gerade bei ihr liegt.[161]

Diese Fallkonstellation wird bei **Sachverhalten mit Internetbezug** häufiger zu erwar- 78
ten sein. Betroffene wenden sich erfahrungsgemäß mit Beschwerden an die Aufsichtsbehörde des Bundeslandes, in dem sich ihr Wohnsitz befindet. Die Anbieter von Webseiten, gegen die sich die Beschwerden als Verantwortliche regelmäßig richten, werden nur selten zufällig im gleichen Bundesland ansässig sein. Es wird regelmäßig vorkommen, dass sie nicht nur in einem anderen Bundesland, sondern in einem anderen
Mitgliedstaat – oder Drittstaat – ansässig sein werden. Die Untätigkeit der Behörde,
bei der die Beschwerde eingelegt worden ist, kann dann entweder darin bestehen,
dass sie die Beschwerde nicht an die zuständige Behörde zur weiteren Befassung abgibt oder dass sie ihren gegenüber dem Beschwerdeführer bestehenden Pflichten, insbesondere der Informations- und Belehrungspflicht (→ B. IV. Rn. 121 ff.), nicht nachkommt.

Mit Art. 78 Abs. 2 DSGVO wertet die Datenschutz-Grundverordnung das Beschwer- 79
derecht aus Art. 77 Abs. 1 DSGVO (→ Rn. 4 ff.) deutlich auf und baut einen erhebli-

---

156   Wolff/Brink/*Mundil* DSGVO Art. 78 Rn. 6.
157   Kühling/Buchner/*Bergt* DSGVO Art. 78 Rn. 7; Wolff/Brink/*Mundil* DSGVO Art. 78 Rn. 7, 15. Nach Gola/
      Pötters/*Werkmeister* DSGVO Art. 78 Rn. 8 soll ein Nichtbefassen auch nicht vorliegen, „wenn die Auf-
      sichtsbehörde die Beschwerde bearbeitet und die Ablehnung bzw. Zurückweisung lediglich im Wege einer
      formlosen Mitteilung, nicht aber als Verwaltungsakt" ergeht.
158   S. Paal/Pauly/*Körffer* DSGVO Art. 78 Rn. 8; Wolff/Brink/*Mundil* DSGVO Art. 78 Rn. 7, 16 ff.
159   So auch Kühling/Buchner/*Bergt* DSGVO Art. 78 Rn. 7.
160   Kühling/Buchner/*Bergt* DSGVO Art. 78 Rn. 17: „gänzlich untätig".
161   So auch Kühling/Buchner/*Bergt* DSGVO Art. 78 Rn. 27.

chen Leistungsdruck bei den Aufsichtsbehörden auf. Mit ihrer Klage kann die betroffene Person eine Reaktion auf die von ihr eingereichte Beschwerde erzwingen, die jedoch auch in der bloßen Mitteilung liegen kann, die Beschwerde werde weiter geprüft. Nach deutscher Terminologie handelt es sich um eine Verpflichtungsklage in Form der **Untätigkeitsklage**.[162]

80   Weigert sich die Aufsichtsbehörde bei offensichtlich **unbegründeten oder exzessiven Anfragen** tätig zu werden (→ Rn. 20), so trägt sie die Beweislast.[163]

b) Gerichtlicher Rechtsbehelf gegen Verantwortliche oder Auftragsverarbeiter

81   Art. 79 Abs. 1 DSGVO enthält das Recht auf wirksamen gerichtlichen Rechtsbehelf gegen Verantwortliche oder Auftragsverarbeiter im Sinne der Legaldefinitionen in Art. 4 Nr. 7 und 8 DSGVO.[164] Das Recht steht jeder betroffenen Person im Sinne von Art. 4 Nr. 1 DSGVO[165] zu und ist mithin auf **natürliche Personen** beschränkt.[166] Die betroffene Person muss der Ansicht[167] sein, dass ihre Rechte aus der Datenschutz-Grundverordnung[168] durch eine der Verordnung widersprechende Verarbeitung ihrer personenbezogenen Daten[169] verletzt wurden. Dies ist bei Klageerhebung darzulegen. Eine der **Grundverordnung widersprechende Verarbeitung** liegt auch bei einem Verstoß gegen aus der Verordnung erwachsene delegierte Rechtsakte und Durchführungsakte vor. Zudem sind auch Verstöße gegen mitgliedstaatliches Recht erfasst, sofern dieses die Grundverordnung präzisiert.[170] Über Art. 21 Abs. 1 E-Privacy-VO-E findet zudem eine Erstreckung auf die E-Privacy-Verordnung statt. Nicht erfasst sein soll nationales Recht, welches (in zulässiger Weise) von der Verordnung abweicht, sowie nationales Datenschutzrecht ohne Bezug zur Datenschutz-Grundverordnung.

---

162 Paal/Pauly/*Körffer* DSGVO Art. 78 Rn. 10; Plath/*Becker* BDSG/DSGVO Art. 78 DSGVO, Rn. 3; Gierschmann/Schlender/Stentzel/Veil/*Koreng* DSGVO Art. 78 Rn. 13; Gola/*Pötters*/*Werkmeister* DSGVO Art. 78 Rn. 9.

163 Art. 57 Abs. 4 S. 2 DSGVO.

164 Man beachte allerdings Paal/Pauly/*Martini* DSGVO Art. 79 Rn. 11, der Art. 79 DSGVO auch auf den Vertreter im Sinne von Art. 27 DSGVO erstrecken will. Aus dem Wortlaut ergibt sich diese Erstreckung jedoch nicht.

165 Der Begriff ist vor dem Hintergrund seiner Verwendung in Art. 15 Abs. 1 DSGVO auszulegen. Auch das Auskunftsrecht ist damit einklagbar; Kühling/Buchner/*Bergt* DSGVO Art. 79 Rn. 6.

166 Sydow/*Kreße* DSGVO Art. 79 Rn. 5; Wolff/Brink/*Mundil* DSGVO Art. 79 Rn. 2; Paal/Pauly/*Martini* DSGVO Art. 79 Rn. 9.

167 Paal/Pauly/*Martini* DSGVO Art. 79 Rn. 5: „Einer Gewissheit oder gar Bestätigung der Rechtsverletzung durch die Aufsichtsbehörde bedarf es nicht."

168 Gemeint sollen damit die Rechte aus den Art. 12 bis 22 DSGVO sein; Sydow/*Kreße* DSGVO Art. 79 Rn. 7 ff. Nach anderer Ansicht ist der Begriff der „Rechte" aber weit zu verstehen und umfasst „allgemein die nach Art. 8 GRCh primärrechtlich oder nach Art. 1 Abs. 2 in der DS-GVO sekundärrechtlich geschützten Rechte und Grundfreiheiten natürlicher Personen"; Paal/Pauly/*Martini* DSGVO Art. 79 Rn. 22. Letztere Meinung ist letztlich überzeugender, weil sonst Schutzlücken entstünden. S. auch Kühling/Buchner/*Bergt* DSGVO Art. 79 Rn. 5, wonach zwar Privacy by Design und by Default sowie die Sicherheit der Verarbeitung selbst taugliche, nicht aber die Pflicht zur Benennung eines Datenschutzbeauftragten oder die Pflicht zur Durchführung einer Datenschutzfolgenabschätzung („objektive Vorschriften"), solange hieraus nicht „eine konkrete Verletzung der Rechte des Klägers folgt". Gierschmann/Schlender/Stentzel/Veil/*Koreng* DSGVO Art. 79 Rn. 4 spricht Art. 79 DSGVO sogar den eigenständigen materiellrechtlichen Gehalt ab. Einklagbar seien nur die in Kapitel III der Verordnung enthaltenen Rechte.

169 Damit fordert Art. 79 Abs. 1 DSGVO („infolge") eine Kausalität zwischen einer Verletzung der Rechte und einer rechtswidrigen Verarbeitung personenbezogener Daten; Sydow/*Kreße* DSGVO Art. 79 Rn. 15 ff.; Paal/Pauly/*Martini* DSGVO Art. 79 Rn. 21.

170 Wolff/Brink/*Mundil* DSGVO Art. 79 Rn. 4.

Christian Geminn

Eine „Ausdehnung des Anwendungsbereiches auf alle nationalen Datenschutzregelungen aufgrund einer bloßen thematischen Nähe" wird abgelehnt.[171]

Wichtig ist anzumerken, dass **keine Hierarchie** zwischen der Beschwerde und der gerichtlichen Durchsetzung besteht. Die betroffene Person kann damit gleichzeitig von beiden Möglichkeiten Gebrauch machen, um ihren Rechten Geltung zu verschaffen.[172] Das Recht aus Art. 79 Abs. 1 DSGVO ist auch durch vertragliche Vereinbarung nicht abdingbar.[173]   82

Art. 79 Abs. 2 DSGVO enthält Vorgaben zur **gerichtlichen Zuständigkeit.** Nach Art. 79 Abs. 2 S. 1 DSGVO sind die Gerichte des Mitgliedstaats zuständig, in dem der Verantwortliche oder der Auftragsverarbeiter eine Niederlassung hat. Art. 79 Abs. 2 S. 2 DSGVO gibt der betroffenen Person jedoch ein Wahlrecht,[174] alternativ bei den Gerichten des Mitgliedstaats Klage zu erheben, in dem sie ihren Aufenthaltsort hat. Das Wahlrecht soll jedoch nicht bestehen, wenn Klagegegner eine mitgliedstaatliche Behörde ist, die in Ausübung ihrer hoheitlichen Befugnisse tätig geworden ist. So soll verhindert werden, dass mitgliedstaatliche Behörden im Kontext ihrer hoheitlichen Tätigkeit[175] einer fremden Gerichtsbarkeit unterworfen werden.[176] Durch das Wahlrecht der betroffenen Person werden die Hürden für einen effektiven Rechtsschutz entscheidend gesenkt. Allerdings bedeutet das Wahlrecht auch eine erhebliche Belastung für den beklagten Verantwortlichen, die etwa KMUs nur schwerlich werden stemmen können.[177] Das Web bietet gerade für viele kleine Startup-Unternehmen bisher ein geringes Risiko für neue und innovative Webdienstleistungen, da die Hürde für den Marktzutritt aufgrund der niedrigen Innovationskosten als gering einzuschätzen ist.   83

Soll die **Niederlassung** für die örtliche Zuständigkeit ausschlaggebend sein, so macht die Grundverordnung klar, dass es sich nicht um den Ort der Hauptniederlassung handeln muss; „eine" Niederlassung genügt.[178] Der Begriff der Niederlassung ist dabei im Lichte von Erwgr. 22 DSGVO und Art. 4 Nr. 16 DSGVO auszulegen. Weiter ist auf den Niederlassungsbegriff der Datenschutzrichtlinie zu verweisen.[179] Wählt die betroffene Person ein Gericht im Mitgliedstaat ihres Aufenthaltsorts, so ist nach Erwgr. 141 DSGVO auf den „gewöhnlichen" Aufenthalt abzustellen.[180] Dies soll der   84

---

171 Wolff/Brink/*Mundil* DSGVO Art. 79 Rn. 5.
172 S. auch Paal/Pauly/*Martini* DSGVO Art. 79 Rn. 12; *Schantz/Wolff* 2017 Rn. 1261.
173 Sydow/*Kreße* DSGVO Art. 79 Rn. 34.
174 S. auch Erwgr. 145 DSGVO; s. ferner Paal/Pauly/*Martini* DSGVO Art. 79 Rn. 23; Plath/*Becker* BDSG/DSGVO Art. 79 DSGVO, Rn. 3; Ehmann/Selmayr/*Nemitz* DSGVO Art. 79 Rn. 4; Kühling/Buchner/*Bergt* DSGVO Art. 79 Rn. 14.
175 S. hierzu Paal/Pauly/*Martini* DSGVO Art. 79 Rn. 30.
176 *Miedzianowski*/Roßnagel 2018 § 4 Rn. 73; Wolff/Brink/*Mundil* DSGVO Art. 79 Rn. 19.
177 So auch Gierschmann/Schlender/Stentzel/Veil/*Koreng* DSGVO Art. 79 Rn. 19.
178 *Albrecht*/Jotzo 2017 Teil 8 Rn. 29; Paal/Pauly/*Martini* DSGVO Art. 79 Rn. 25; Gierschmann/Schlender/Stentzel/Veil/*Koreng* DSGVO Art. 79 Rn. 19.
179 Dieser basiert wiederum im Wesentlichen auf dem Factortame II-Urteil des EuGH; EuGH, Urteil vom 25.7.1991, C-221/89 S. aber auch EuGH, Urteil vom 30.11.1995, C-55/94.
180 S. Sydow/*Kreße* DSGVO Art. 79 Rn. 34, der bezogen auf die sprachliche Verkürzung in Art. 79 Abs. 2 DSGVO unter Verweis auf andere Sprachfassungen der Verordnung von einem Redaktionsversehen spricht. S. auch Paal/Pauly/*Martini* DSGVO Art. 79 Rn. 27; *Piltz* BDSG § 44 Rn. 15; Kühling/Buchner/*Bergt* DSGVO Art. 79 Rn. 17.

Ort sein, an dem sich der Lebensmittelpunkt der betroffenen Person befindet.[181] Hier alleine an den (Erst-)-Wohnsitz[182] anzuknüpfen greift zu kurz.[183] Auch das Kriterium der Dauerhaftigkeit des Aufenthalts sollte nicht zu rigide ausgelegt werden, um auch flexible Lebensentwürfe zu berücksichtigen. Die Möglichkeit zur Klage am Aufenthaltsort ist insbesondere dort von Bedeutung, wo der Klagegegner gar keine Niederlassung in einem Mitgliedstaat der Europäischen Union hat.[184]

85 § 44 Abs. 1 BDSG regelt die **örtliche Zuständigkeit** bei Klagen der betroffenen Personen gegen einen Verantwortlichen oder einen Auftragsverarbeiter. Diese können – der Vorgabe von Art. 79 Abs. 2 DSGVO folgend[185] – bei dem Gericht des Ortes erhoben werden, an dem sich eine Niederlassung des Klagegegners befindet.[186] Außerdem ist eine Klageerhebung bei dem Gericht des Ortes möglich, an dem die betroffene Person ihren gewöhnlichen Aufenthaltsort hat.[187] Klagen gegen Behörden, die in Ausübung ihrer hoheitlichen Befugnisse tätig geworden sind, sind nicht von § 44 Abs. 1 BDSG erfasst.[188] Hier gelten die Zuständigkeitsregeln der Fachgerichte.[189] Die Zustellung der Klage kann an den Vertreter nach § 27 Abs. 1 DSGVO erfolgen, der insofern gemäß § 171 ZPO als bevollmächtigt gilt, Zustellungen entgegenzunehmen.[190]

86 Letztlich ist damit hinfällig, wenn etwa Facebook in seinen Nutzungsbedingungen vorsieht, „Streitfälle" seien allein vor kalifornischen Gerichten zu klären.[191]

c) Parallele Verfahren

87 Art. 81 DSGVO enthält Vorgaben zum Umgang mit parallelen Verfahren.[192] Erwgr. 144 spricht hier von **„verwandten Verfahren"** und liefert in S. 3 eine Defini-

---

181 So Paal/Pauly/*Martini* DSGVO Art. 79 Rn. 28; s. auch Plath/*Becker* BDSG/DSGVO Art. 79 DSGVO, Rn. 3, der auf den „tatsächlichen Aufenthaltsort" abstellt.

182 S. hierzu EuGH Urt. v. 15.9.1994 – C-452/93, wonach der ständige Wohnsitz der Ort ist, „den der Betroffene als ständigen oder gewöhnlichen Mittelpunkt seiner Lebensinteressen in der Absicht gewählt hat, ihm Dauerhaftigkeit zu verleihen, wobei für die Feststellung des ständigen Wohnsitzes alle hierfür wesentlichen tatsächlichen Gesichtspunkte zu berücksichtigen sind".

183 So auch *Piltz* BDSG § 44 Rn. 19.

184 *Schantz/Wolff* 2017 Rn. 1264.

185 *Piltz* BDSG § 44 Rn. 1.

186 § 44 Abs. 1 S. 1 BDSG. Dies ist eine Abweichung von § 21 Abs. 1 ZPO; s. BT-Drs. 18/11325, 109; *Piltz* BDSG § 44 Rn. 8.

187 § 44 Abs. 1 S. 2 BDSG. S. auch Erwgr. 145 Hs. 1 DSGVO. Dadurch schafft das BDSG einen besonderen Gerichtsstand am Ort des gewöhnlichen Aufenthalts der betroffenen Person und weicht damit von §§ 12 ff. ZPO ab; s. BT-Drs. 18/11325, 109.

188 § 44 Abs. 2 BDSG. S. Art. 79 Abs. 2 S. 2 DSGVO und Erwgr. 145 Hs. 2 DSGVO.

189 S. auch BT-Drs. 18/11325, 110.

190 § 44 Abs. 3 S. 1 BDSG; BT-Drs. 18/11325, 110. § 184 Abs. 1 ZPO bleibt unberührt.

191 S. Erwgr. 147 DSGVO: „Soweit in dieser Verordnung spezifische Vorschriften über die Gerichtsbarkeit – insbesondere in Bezug auf Verfahren im Hinblick auf einen gerichtlichen Rechtsbehelf einschließlich Schadensersatz gegen einen Verantwortlichen oder Auftragsverarbeiter – enthalten sind, sollten die allgemeinen Vorschriften über die Gerichtsbarkeit, wie sie etwa in der Verordnung (EU) Nr. 1215/2012 des Europäischen Parlaments und des Rates enthalten sind, der Anwendung dieser spezifischen Vorschriften nicht entgegenstehen." S. auch Wybitul/*Krätschmer/Bausewein* DSGVO Art. 82 Rn. 36. AA Gierschmann/Schlender/Stentzel/Veil/*Koreng* DSGVO Art. 79 Rn. 20 ff., der unter Verweis auf die fehlende rechtliche Bindungswirkung der Erwägungsgründe Art. 25 EuGVVO für anwendbar hält.

192 „Verfahren zu demselben Gegenstand"; Art. 81 Abs. 1 und 2 DSGVO. Der Formulierung in Erwgr. 144 S. 1 („Verfahren gegen die Entscheidung einer Aufsichtsbehörde") soll keine beschränkende, Zivilverfahren exkludierende Wirkung zukommen; Sydow/*Kreße* DSGVO Art. 81 Rn. 1; Kühling/Buchner/*Bergt* DSGVO Art. 81 Rn. 10. Ähnliche Regelungen finden sich in Art. 29 EuGVVO, der jedoch auf den Anspruch, nicht auf den Gegenstand abstellt; Albrecht/*Jotzo* 2017 Teil 8 Rn. 12; Gola/*Nolte/Werkmeister* DSGVO Art. 81 Rn. 6. AA Kühling/Buchner/*Bergt* DSGVO Art. 81 Rn. 7, der Art. 30 EuGVVO als Bezugspunkt sieht.

Christian Geminn

tion, wonach Verfahren als miteinander verwandt gelten, „wenn zwischen ihnen eine so enge Beziehung gegeben ist, dass eine gemeinsame Verhandlung und Entscheidung geboten erscheint, um zu vermeiden, dass in getrennten Verfahren einander widersprechende Entscheidungen ergehen". Ein „Verfahren zu demselben Gegenstand in Bezug auf die Verarbeitung durch denselben Verantwortlichen oder Auftragsverarbeiter" im Sinne von Art. 81 Abs. 1 und 2 DSGVO liegt damit etwa auch dann vor, wenn ein Verfahren von der betroffenen Person angestrengt wird und ein paralleles Verfahren unabhängig vom Auftrag der betroffenen Person nach Art. 80 Abs. 2 DSGVO besteht.[193] Nicht adressiert wird durch Art. 81 DSGVO der Fall von verwandten Verfahren im gleichen Mitgliedstaat.[194]

Art. 81 Abs. 1 DGSVO etabliert eine Pflicht[195] für die zuständigen Gerichte der Mitgliedstaaten, sich bei anderen Gerichten zu informieren, wenn ihnen Informationen zugetragen werden, die darauf hindeuten, dass ein konkreter Klagegegenstand auch vor einem anderen mitgliedstaatlichen Gericht verhandelt wird. Art. 81 Abs. 1 DSGVO spricht davon, dass das Gericht „Kenntnis" erhält; Erwgr. 144 S. 1 DSGVO davon, dass das Gericht „Anlass zu der Vermutung" hat.   88

Bestätigt sich die Vermutung oder der Hinweis auf ein solches paralleles oder verwandtes Verfahren, so erlaubt Art. 81 Abs. 2 DSGVO dem später angerufenen Gericht die **Aussetzung** des anhängigen Verfahrens. Nach Art. 81 Abs. 3 DSGVO kann sich das später angerufene Gericht auf Antrag einer Partei auch für **unzuständig erklären**, wenn die Verfahren in erster Instanz anhängig sind und wenn das zuerst angerufene Gericht für die betreffenden Klagen zuständig ist und die Verbindung der Klagen nach seinem Recht zulässig ist.[196]   89

Problematisch ist dabei vor allem, wie ein mitgliedstaatliches Gericht von einem entsprechenden Verfahren in einem anderen Mitgliedstaat erfahren soll. In der Praxis werden die Gerichte wohl vor allem auf Informationen durch die Parteien angewiesen sein.[197] Hier ist aber zu erwarten, dass sich die beklagte Partei aus eigenem Interesse mit entsprechenden Informationen an das später angerufene Gericht wenden   90

---

193 Sydow/*Kreße* DSGVO Art. 81 Rn. 11. S. auch Paal/Pauly/*Frenzel* DSGVO Art. 81 Rn. 4: „Parteiidentität wird nur auf der Seite des Verantwortlichen verlangt." Nach Gierschmann/Schlender/Stentzel/Veil/*Feldmann* DSGVO Art. 81 Rn. 12 ist die Parteiidentität kein zwingendes Erfordernis. Es sei allein auf den „Kernpunkt" des Verfahrens abzustellen. Kühling/Buchner/*Bergt* DSGVO Art. 81 Rn. 11 fordert eine „wertende Gesamtbetrachtung", wonach nur dann ein paralleles Verfahren vorliegen soll, „wenn die Entscheidungen sich tatsächlich so widersprechen können, dass die eine Entscheidung aus Rechtsgründen falsch sein muss, wenn die andere richtig ist".
194 Wolff/Brink/*Mundil* DSGVO Art. 81 Rn. 3; Sydow/*Kreße* DSGVO Art. 81 Rn. 16; Paal/Pauly/*Frenzel* DSGVO Art. 81 Rn. 9; Gola/Nolte/*Werkmeister* DSGVO Art. 81 Rn. 8; Gierschmann/Schlender/Stentzel/Veil/*Feldmann* DSGVO Art. 81 Rn. 9.
195 AA Gierschmann/Schlender/Stentzel/Veil/*Feldmann* DSGVO Art. 81 Rn. 15, der davon ausgeht, dass die Kontaktaufnahme zu anderen Gericht obligatorisch ist.
196 S. auch Erwgr. 144 S. 2 DSGVO; *Albrecht/Jotzo* 2017 Teil 8 Rn. 12; Paal/Pauly/*Frenzel* DSGVO Art. 81 Rn. 12 f.
197 Gola/Nolte/*Werkmeister* DSGVO Art. 81 Rn. 10.

Christian Geminn   483

wird.[198] Eine Verpflichtung zur Erkundigung oder gar die Pflicht zur Einrichtung eines Informationssystems enthält Art. 81 DSGVO nicht.[199]

91 Zudem wird in der Verpflichtung der Gerichte zur **Zusammenarbeit** ein Konflikt mit Art. 47 Abs. 2 GRCh diskutiert, welcher die Unabhängigkeit der Gerichte fordert.[200] Eine „Ausdünnung der Rechtsprechung in den Instanzen" schütze überdies „nicht vor einer fehlerhaften Interpretation des Unionsrechts".[201]

92 Nach Art. 21 Abs. 1 E-Privacy-VO-E stehen die Rechte aus Art. 78 und 79 DSGVO auch jedem Endnutzer elektronischer Kommunikationsinhalte zu. Natürliche oder juristische Personen, die keine Endnutzer sind, aber durch Verstöße gegen die **E-Privacy-Verordnung** beeinträchtigt werden und ein berechtigtes Interesse nachweisen können, können gegen diese Verstöße ebenfalls gerichtlich vorgehen.[202]

d) Die Rolle des Europäischen Gerichtshofs

93 Die Wichtigkeit des Europäischen Gerichtshofs bei der Sicherstellung eines einheitlichen europäischen Datenschutzes kann nicht genug betont werden. Der Europäische Gerichtshof ist die einzige Instanz, die Auslegungsfragen zur Datenschutz-Grundverordnung, aber auch zum sonstigen europäischen Recht abschließend klären kann. Die Grundverordnung ist am **Maßstab der Charta der Grundrechte der Europäischen Union** zu messen. Eine Überprüfung im Wege der Verfassungsbeschwerde bezogen auf die Vorgaben des Grundgesetzes ist nicht vorgesehen.[203]

94 Die Datenschutz-Grundverordnung stellt diese Bedeutung nochmals heraus, indem sie in Erwgr. 143 DSGVO die Verfahren zur **Nichtigerklärung** (Art. 263 AEUV) und zur **Vorabentscheidung** (Art. 267 AEUV) zusammenfasst.

aa) Nichtigerklärung eines Beschlusses des Ausschusses

95 Über die **Nichtigkeitsklage** nach Art. 263 AEUV kann ein Beschluss des Europäischen Datenschutzausschusses angegriffen werden.[204] Klageberechtigt sind unter anderem die Mitgliedstaaten nach Art. 263 Abs. 2 AEUV (privilegierte Klageberechtigung)[205] sowie nach Art. 263 Abs. 4 AEUV natürliche und juristische Personen (nicht-privilegierte Klageberechtigung). Art. 263 Abs. 4 AEUV setzt jedoch eine konkrete Betroffenheit voraus. Grundsätzlich klagebefugt sind damit auch die mitgliedstaatlichen Aufsichtsbehörden.[206] Art. 263 Abs. 4 AEUV setzt konkret voraus, dass die natürliche oder juristische Person gegen eine an sie gerichtete oder sie unmittelbar und indi-

---

198 So auch Sydow/*Kreße* DSGVO Art. 81 Rn. 14; Plath/*Becker* BDSG/DSGVO Art. 81 DSGVO, Rn. 2; Gierschmann/Schlender/Stentzel/Veil/*Feldmann* DSGVO Art. 81 Rn. 14.
199 Wolff/Brink/*Mundil* DSGVO Art. 81 Rn. 5; Auernhammer/*v. Lewinski* DSGVO/BDSG Art. 81 Rn. 3. S. auch Paal/Pauly/*Frenzel* DSGVO Art. 81 Rn. 15, der bezogen auf die Vernetzung der Gerichte in Datenschutzfragen von einer „unverständlichen Naivität spricht".
200 S. hierzu Wolff/Brink/*Mundil* DSGVO Art. 81 Rn. 1; Paal/Pauly/*Frenzel* DSGVO Art. 81 Rn. 2.
201 Wolff/Brink/*Mundil* DSGVO Art. 81 Rn. 2.
202 Art. 21 Abs. 2 E-Privacy-VO-E.
203 S. hierzu umfassend Roßnagel/*Hoidn* 2018 § 2 Rn. 74 ff.
204 Dieser ist nach Art. 68 Abs. 1 DSGVO eine Einrichtung der Europäischen Union. S. zum Verfahren ausführlich Erwgr. 143 S. 1 bis 9 DSGVO.
205 Konkret klageberechtigt sind zudem die Europäische Kommission, der Europäische Rat, das Europäische Parlament (Abs. 2), der Rechnungshof, die Europäische Zentralbank und der Ausschuss der Regionen (Abs. 3).
206 Sydow/*Sydow* DSGVO Art. 78 Rn. 72.

Christian Geminn

viduell betreffende Handlung oder gegen einen Rechtsakt mit Verordnungscharakter,[207] der sie unmittelbar betrifft und keine Durchführungsmaßnahmen nach sich zieht, vorgeht. Damit sind die Hürden für eine Nichtigkeitsklage nach Art. 263 Abs. 4 DSGVO sehr hoch angesetzt. In der Praxis wird diese Möglichkeit deshalb nur eine untergeordnete Rolle spielen. Lediglich beim Adressaten einer Handlung ("an sie gerichteten") ist die Klagebefugnis unproblematisch. Bei der sonstigen Betroffenheit ("sie unmittelbar und individuell betreffenden") ist die vom Europäischen Gerichtshof entwickelte *Plaumann*-Formel anzuwenden: "Wer nicht Adressat einer Entscheidung ist, kann nur dann geltend machen, von ihr individuell betroffen zu sein, wenn die Entscheidung ihn wegen bestimmter persönlicher Eigenschaften oder besonderer, ihn aus dem Kreis aller übrigen Personen heraushebender Umstände berührt und ihn daher in ähnlicher Weise individualisiert wie den Adressaten."[208]

Zu beachten ist auch die Klagefrist in Art. 263 Abs. 6 AEUV, wonach eine Nichtigkeitsklage innerhalb von zwei Monaten nach Bekanntgabe der betreffenden Handlung, etwa der Veröffentlichung eines Beschlusses auf der Webseite des Ausschusses,[209] zu erheben ist. 96

bb) Vorabentscheidung

Aufgrund der Hürden bei der Nichtigkeitsklage liegt der praktische Schwerpunkt auf der Vorabentscheidung nach Art. 267 AEUV. Diese ermöglicht die Vorlage einer Fragestellung zur **Auslegung des Unionsrechts**[210] beim Europäischen Gerichtshof durch ein mitgliedstaatliches Gericht.[211] Eine Vorlagepflicht besteht jedoch im Grundsatz nur für mitgliedstaatliche Gerichte in letzter Instanz.[212] 97

Der **Europäische Gerichtshof** entscheidet im Wege der **Vorabentscheidung** über die Auslegung der Verträge (Art. 267 Abs. 1 lit. a AEUV) sowie über die Gültigkeit und die Auslegung der Handlungen der Organe, Einrichtungen oder sonstigen Stellen der Union (Abs. 1 lit. b). Damit ist eine Vorlage auch bezogen auf Beschlüsse des Ausschusses möglich.[213] 98

Mangels eines europäischen Äquivalents zur deutschen Verfassungsbeschwerde ist die Vorabentscheidung das **zentrale Instrument** für individuellen Rechtsschutz vor dem Europäischen Gerichtshof. Sofern keine Vorlagepflicht besteht, ist die betroffene Person hier jedoch auf das jeweilige Gericht zur Vorlage angewiesen.[214] 99

Nach Erlass des neuen Bundesdatenschutzgesetzes wird zum Beispiel vertreten, dass § 35 Abs. 1 BDSG europarechtswidrig sei.[215] Art. 17 Abs. 1 lit. b DSGVO schreibt vor, dass personenbezogene Daten deren Verarbeitung durch eine Einwilligung des 100

---

207 Weder die DSGVO noch Beschlüsse des Europäischen Datenschutzausschusses unterfallen dieser Kategorie; s. Roßnagel/*Nebel* 2018 § 2 Rn. 135. Gemeint sind Rechtsakte von allgemeiner Geltung; Gesetzgebungsakte sind nicht erfasst.
208 EuGH Urt. v. 15.7.1963, Rs. 25-62; s. auch EuGH Urt. v. 3.10.2013 (Rs. C-583/11 P).
209 So das Beispiel in Erwgr. 143 S. 3 DSGVO.
210 S. Erwgr. 143 S. 10 DSGVO.
211 Art. 267 Abs. 2 AEUV: "kann".
212 S. Art. 267 Abs. 3 AEUV: "verpflichtet". S. auch Kühling/Buchner/*Bergt* DSGVO Art. 78 Rn. 31 f.
213 Man beachte hierbei aber Erwgr. 143 S. 11 und 12 DSGVO.
214 S. auch Roßnagel/*Nebel* 2018 § 2 Rn. 138.
215 Stellungnahme des Bundesrates, BR-Drs. 110/17, 40; Kühling/Buchner/*Herbst* DS-GVO Art. 17 Rn. 90

Betroffenen legitimiert wird, unverzüglich nach dem Widerruf der Einwilligung zu löschen sind. § 35 Abs. 1 DSGVO normiert eine Ausnahme von dieser Löschungspflicht, sofern diese einen unverhältnismäßigen Aufwand darstellt. § 35 BDSG wird auf die Öffnungsklausel gemäß Art. 23 DSGVO zurückgeführt. Gemäß dessen Abs. 1 ist unter anderem eine Beschränkung der Rechte und Pflichten gemäß Art. 17 DSGVO möglich, sofern die einschränkende Vorschrift einem der in Art. 23 Abs. 1 lit. a bis j DSGVO aufgezählten Ziele dient. Ein unverhältnismäßiger Aufwand des Verantwortlichen kann unter keine dieser Zielsetzungen subsumiert werden. Bei Webdiensten werden zahlreiche Verarbeitungen durch die Einwilligung der betroffenen Nutzer legitimiert. Bereits in der Vergangenheit wurde insbesondere von Betreibern von sozialen Netzwerken geltend gemacht, dass die Löschung von Nutzerdaten – auch bei einem Widerruf der Einwilligung -aufgrund der Verknüpfungen der Daten einen unverhältnismäßigen Aufwand darstelle. Es besteht daher eine gewisse Wahrscheinlichkeit, dass die Frage der **Europarechtskonformität von § 35 Abs. 1 BDSG** im Kontext einer Löschungsklage gegen den Betreiber einer Webseite durch eine Vorabentscheidung entschieden werden wird.

e) Zusammenfassung

101 Die Verfahrensautonomie der Mitgliedstaaten macht eine umfassende **Ko-Regulierung** zwischen dem europäischen und dem nationalen Gesetzgeber erforderlich. Die Datenschutz-Grundverordnung gibt bezogen auf die gerichtlichen Rechtsbehelfe den Rahmen vor und enthält auch Vorgaben, die modifizierend auf das nationale Verfahrensrecht wirken. Dies führt zu einem komplizierten Zusammenspiel von Datenschutz-Grundverordnung, Bundesdatenschutzgesetz und dem einschlägigen Verfahrensrecht. Der Primat liegt dabei aber bei der Grundverordnung, die vorrangig anzuwenden ist.

102 Zusammen mit Art. 77 DSGVO bilden die Art. 78 und 79 DSGVO „ein Dreieck unionsrechtlichen Datenschutzrechts".[216] Sie geben den von einer rechtswidrigen Verarbeitung personenbezogener Daten Betroffenen Instrumente zur Durchsetzung ihrer Rechte und Ansprüche an die Hand.

4. Vertretung von betroffenen Personen, Verbandsbeschwerde und Verbandsklage

103 Das Recht auf Beschwerde liegt ebenso wie das Klagerecht bei der betroffenen Person. Diese kann jedoch nach Art. 80 Abs. 1 DSGVO eine **Einrichtung, Organisation oder Vereinigung ohne Gewinnerzielungsabsicht**,[217] die ordnungsgemäß nach dem Recht eines Mitgliedstaats gegründet ist, deren satzungsmäßige Ziele im öffentlichen Interesse[218] liegen und die im Bereich des Schutzes der Rechte und Freiheiten von betroffenen Personen in Bezug auf den Schutz ihrer personenbezogenen Daten tätig

---

216 So Paal/Pauly/*Martini* DSGVO Art. 79 Rn. 2.
217 S. zum Kriterium der Gewinnerzielungsabsicht Sydow/*Kreße* DSGVO Art. 80 Rn. 6; Ehmann/Selmayr/*Nemitz* DSGVO Art. 80 Rn. 5; Auernhammer/*v. Lewinski* DSGVO/BDSG Art. 80 Rn. 4; Kühling/Buchner/*Bergt* DSGVO Art. 80 Rn. 7; Plath/*Becker* BDSG/DSGVO Art. 80 DSGVO, Rn. 2; Paal/Pauly/*Frenzel* DSGVO Art. 80 Rn. 8; Gierschmann/Schlender/Stentzel/Veil/*Koreng* DSGVO Art. 80 Rn. 16. Hiermit soll primär der Entstehung einer datenschutzrechtlichen Abmahnindustrie entgegengewirkt werden.
218 Dabei soll es das unionsrechtliche, nicht auf das mitgliedstaatliche öffentliche Interesse ankommen; Sydow/*Kreße* DSGVO Art. 80 Rn. 7 f.; Kühling/Buchner/*Bergt* DSGVO Art. 80 Rn. 6.

Christian Geminn

ist,[219] damit beauftragen, in ihrem Namen eine Beschwerde einzureichen. Beispiele für qualifizierte Einrichtungen etc im Sinne von Art. 80 Abs. 1 DSGVO sind in Deutschland etwa die Verbraucherzentralen.

Ob solche Einrichtungen, Organisationen oder Vereinigungen auch unabhängig von einem Auftrag der[220] betroffenen Person tätig werden können, überlässt Art. 80 Abs. 2 DSGVO den Mitgliedstaaten. In Deutschland wurde bereits vor Inkrafttreten der Datenschutz-Grundverordnung im Februar 2016 durch eine Änderung von § 2 UKlaG eine mit Art. 80 Abs. 2 DSGVO kompatible Regelung geschaffen. Im Kern des Gesetzes zur Verbesserung der zivilrechtlichen Durchsetzung von verbraucherschützenden Vorschriften des Datenschutzrechts[221] stand die Einfügung von § 2 Abs. 2 S. 1 Nr. 11 UKlaG.[222]   104

Die **Vertretungsbefugnis** nach Art. 80 Abs. 1 DSGVO erstreckt sich auf Art. 77, 78 und 79 DSGVO sowie auf das Recht auf Schadensersatz nach Art. 82 DSGVO; auf letzteres allerdings nur, wenn dies im Recht des jeweiligen Mitgliedstaates vorgesehen ist. Die Befugnis nach Art. 80 Abs. 2 DSGVO ist auf die Art. 77, 78 und 79 DSGVO beschränkt.[223] Zielsetzung von Art. 80 DSGVO ist es, „vor allem global agierenden Unternehmen schlagkräftige, mit hinreichenden Ressourcen ausgestattete Organisationen gegenüber zu stellen."[224] Einem Verband entsprechender Größe stehen ungleich mehr Möglichkeiten zur Verfügung als der betroffenen Person oder einer anwaltlichen Vertretung.   105

Mit § 2 Abs. 2 S. 1 Nr. 11 UKlaG wurden bestimmte Datenschutzregeln zu Verbraucherschutzgesetzen im Sinne von § 2 UKlaG erklärt. Ein Zuwiderhandeln gegen diese Vorschriften, das nicht durch Verwendung oder Empfehlung von Allgemeinen Geschäftsbedingungen gedeckt ist, begründet einen **Anspruch auf Unterlassung und Beseitigung**.[225] Konkret handelt es sich um solche Vorschriften, die „die Zulässigkeit regeln der Erhebung personenbezogener Daten eines Verbrauchers durch einen Unternehmer oder der Verarbeitung oder der Nutzung personenbezogener Daten, die über einen Verbraucher erhoben wurden, durch einen Unternehmer, wenn die Daten zu Zwecken der Werbung, der Markt- und Meinungsforschung, des Betreibens einer Auskunftei, des Erstellens von Persönlichkeits- und Nutzungsprofilen, des Adresshandels, des sonstigen Datenhandels oder zu vergleichbaren kommerziellen Zwecken erhoben, verarbeitet oder genutzt werden". Dies wird einschränkend durch § 2 Abs. 2 S. 2 UKlaG konkretisiert, wonach S. 1 Nr. 11 nicht greift, „wenn personenbezogene   106

---

219 Dieses Kriterium soll bereits erfüllt sein, wenn Ziel zumindest die Förderung dieser Rechte und Freiheiten ist und die Tätigkeit tatsächlich darauf ausgerichtet ist; Ehmann/Selmayr/*Nemitz* DSGVO Art. 80 Rn. 5. Es soll ausreichen, wenn Datenschutz lediglich „einen minimalen Bestandteil der Arbeit der Organisation" ausmacht; Kühling/Buchner/*Bergt* DSGVO Art. 80 Rn. 9. S. auch Paal/Pauly/*Frenzel* DSGVO Art. 80 Rn. 14, wonach die Organisation sich „ernsthaft mit der DS-GVO und deren Einhaltung" befassen muss.

220 Mit Blick auf andere Sprachfassungen der Grundverordnung ist „der" als „einer" zu lesen; s. Gierschmann/Schlender/Stentzel/Veil/*Koreng* DSGVO Art. 80 Rn. 39.

221 BGBl. 2016 I 233.

222 Zur Genese und Hintergründen der Norm s. *Walker* UKlaG § 2 Rn. 3 c; *Halfmeier* NJW 2016, 1126 (1126 f.); *Ritter/Schwichtenberg* VuR 2016, 95 (95 ff.); *Schantz/Wolff* 2017 Rn. 1276; BT-Drs. 18/4631.

223 S. Erwgr. 142 S. 3 DSGVO.

224 Ehmann/Selmayr/*Nemitz* DSGVO Art. 80 Rn. 1.

225 *Walker* UKlaG § 2 Rn. 9. Der Beseitigungsanspruch richtet sich nach § 2 Abs. 1 Satz 3 UKlaG nach den entsprechenden datenschutzrechtlichen Vorschriften. Hier ist primär an Berichtigung (Art. 16 DSGVO), Löschung (Art. 17 DSGVO) und Einschränkung der Verarbeitung (Art. 18 DSGVO) zu denken.

Daten eines Verbrauchers von einem Unternehmer ausschließlich für die Begründung, Durchführung oder Beendigung eines rechtsgeschäftlichen oder rechtsgeschäftsähnlichen Schuldverhältnisses mit dem Verbraucher erhoben, verarbeitet oder genutzt werden". Zwar werden damit auch die Vorschriften der Datenschutz-Grundverordnung zu Verbraucherschutzgesetzen im Sinne von § 2 UKlaG, jedoch nur sofern das Verhältnis zwischen Unternehmern und Verbrauchern betroffen ist.[226]

107   Im Ergebnis bleibt § 2 Abs. 2 S. 1 Nr. 11 UKlaG hinter den Möglichkeiten, die die **Öffnungsklausel** des Art. 80 Abs. 2 DSGVO bietet, zurück.[227] Ein eigenständiges Beschwerderecht von Verbänden wird nicht etabliert. Darüber hinaus wird der Kreis der Vertretungsberechtigten gegenüber dem weit gefassten[228] Art. 80 Abs. 1 DSGVO, auf den Art. 80 Abs. 2 DSGVO verweist, eingeschränkt. Berechtigt sind nur Verbraucherschutzverbände im Sinne von § 3 und 4 UKlaG. Die Verarbeitung personenbezogener Daten etwa zur Vertragserfüllung ist nicht erfasst.[229]

108   Die Einschätzungen zur **Reform des Unterlassungsklagegesetzes** gehen auseinander. Einerseits wird befürchtet, eine effektive Rechtsdurchsetzung werde „aller Voraussicht nach an den begrenzten Ressourcen der Verbraucherverbände, dem unkoordinierten Nebeneinander von Datenschutzbehörden und Verbraucherverbänden, dem langwierigen Vollstreckungsverfahren und der inkonsequenten Ausgestaltung der Befugnisse scheitern".[230] Andererseits wird das Verbandsklagerecht als wichtiges Instrument des Datenschutzes gesehen.[231] Es erleichtere die Durchsetzung der Rechte betroffener Personen, „weil die Rechtsverfolgungskosten auf diese Weise niedriger gehalten werden als im Falle der Beauftragung eines Rechtsanwalts, bei gleichzeitiger kompetenter Vertretung".[232]

5. Rechtsschutz nach der Datenschutz-Grundverordnung

109   Mit der Datenschutz-Grundverordnung wird der Rechtsschutz im Datenschutz gestärkt. Die Verweisungen in dem Entwurf der E-Privacy-Verordnung auf die Grundverordnung weiten deren Regelungen zum Rechtsschutz auch auf die elektronische Kommunikation aus. Hervorzuheben ist die Möglichkeit, **parallel mehrere Rechtsbehelfe** zu nutzen. Dies kann jedoch im schlimmsten Fall auch zu einer Überlastung des Gesamtsystems des Rechtsschutzes im Datenschutzrecht führen.

110   Bezüglich der Verfahrensausgestaltung erweist sich die Datenschutz-Grundverordnung als ein **Zwitterwesen zwischen Verordnung und Richtlinie**. Die Datenschutz-Grundverordnung etabliert zwar originäre Rechte und Pflichten, überlässt die konkrete Ausgestaltung aber den Mitgliedstaaten. Dies ist einerseits aufgrund fehlender

---

226 *Halfmeier* NJW 2016, 1126 (1127).
227 Vgl. Wolff/Brink/*Karg* DSGVO Art. 80 Rn. 20, der von einer „zaghaften Umsetzung" spricht. Gola/*Werkmeister* DSGVO Art. 80 Rn. 17 f. zweifelt die Vereinbarkeit der deutschen Regelung mit Art. 80 Abs. 2 DSGVO an. Dieser lasse keine „Teilumsetzung" zu.
228 Sydow/*Kreße* DSGVO Art. 80 Rn. 4.
229 S. *Roßnagel* 2017, 43; *Halfmeier* NJW 2016, 1126 (1127 f.); *Laue/Nink/Kremer* 2016 § 11 Rn. 42.
230 So *Ritter/Schwichtenberg* VuR 2016, 95 (102). S. auch *Roßnagel* 2017, 44, wonach das Verbandsklagerecht für die Aufsichtsbehörden eine deutliche Mehrarbeit bedeute.
231 S. etwa *Spindler* ZD 2016, 114 (114 ff.), der in der Regelung jedoch auch Schwächen sieht. S. auch *Gierschmann* ZD 2016, 51 (53), die einen „größeren Umsetzungsdruck bei den Unternehmen" erwartet.
232 Sydow/*Kreße* DSGVO Art. 80 Rn. 1.

Kompetenzen der Europäischen Union, andererseits aber auch zur Beachtung nationaler Besonderheiten, wie etwa des föderalen Systems der Bundesrepublik Deutschland, zwingend notwendig.

Letztlich laufen alle Fäden beim Europäischen Gerichtshof zusammen. Diesem obliegt in letzter Instanz die Auslegung des europäischen Datenschutzrechts. Dies birgt die Gefahr einer Überforderung des Gerichts, die sich in einer langen **Verfahrensdauer** niederschlagen kann. Das Resultat ist eine lange Rechtsunsicherheit, die andauern wird, bis die zahlreichen ungeklärten Fragen zur abstrakt formulierten Datenschutz-Grundverordnung abschließend beantwortet sind. Bis zu dieser Klärung muss der Europäische Datenschutzausschuss im Konzert der Aufsichtsbehörden für Klarheit sorgen. Er bindet jedoch nur die Aufsichtsbehörden selbst und kann sich nicht über den Europäischen Gerichtshof hinwegsetzen. 111

In vielen Bereichen des Rechtsschutzes ist es mit dem Geltungsbeginn der Datenschutz-Grundverordnung zu einem **Paradigmenwechsel** gekommen. Hier ist insbesondere der immaterielle Schaden zu nennen. Aber auch in anderen Bereichen haben sich die Maßstäbe verschoben, vornehmlich dort, wo nicht mehr die nationale Auslegung bekannter Begriffe, sondern die unionsrechtliche Auslegung zum Tragen kommt. Dies spricht für die kommenden Jahre für eine hohe Zahl von Vorlagen beim Europäischen Gerichtshof. Zudem wird oft streitig sein, ob eine nationale Regelung weiterbestehen kann oder ob sie den Vorgaben des Unionsrechts widerspricht. 112

Einfachstes Mittel für den Betroffenen zur Wahrnehmung seiner Rechte ist die Beschwerde. Die Hürden sind hier am niedrigsten angesetzt. Mit Eingang der Beschwerde bei der Aufsichtsbehörde liegt der Ball in deren Spielfeld. Dies erzeugt einen erheblichen Druck auf die Aufsichtsbehörde, zumal der Betroffene ein Fehlverhalten der Aufsichtsbehörde vor Gericht angreifen kann. Die Beschwerde kann vom Betroffenen letztlich auch dazu genutzt werden, kostenfrei und ohne Rechtsbeistand die Chancen einer Klage gegen einen Verantwortlichen oder Auftragsverarbeiter zu evaluieren. 113

VII. Sanktionen

Seit Jahrzehnten ist das Datenschutzrecht geprägt von einem „chronischen **Vollzugsdefizit**".[1] Mangelnde personelle Ausstattung sowie begrenzte rechtliche Befugnisse lassen die Aufsichtsbehörden oftmals Kompromisse mit verantwortlichen Stellen auf dem **Verhandlungsweg** schließen, anstatt ihre Rechtsansicht verbindlich durchzusetzen. Insbesondere bei global agierenden, marktmächtigen Internetkonzernen finden dabei die Positionen der Behörden deutscher Bundesländer bisweilen wenig Beachtung. Mit Bekanntwerden des unter der Datenschutz-Grundverordnung immens angehobenen Bußgeldrahmens ist das Thema Datenschutz allerdings in den Wahrnehmungsbereich der Compliance-Abteilungen und Unternehmensvorstände gerückt.[2] 1

---

1 *Martini* NVwZ 2016, 353 (354).
2 *Krohm* RDV 2017, 221.

1. Verwaltungsrechtliche Sanktionen und Anordnungen

2 Die Durchsetzung der Regelungen der Datenschutz-Grundverordnung und E-Privacy-Verordnung überwachen die **Datenschutz-Aufsichtsbehörden**. Jeder Mitgliedstaat verfügt über eine solche Behörde, während sich in Deutschland dank des Föderalismus achtzehn unabhängige Stellen des Bundes und der Länder diese Aufgabe teilen.[3] Die Befugnisse der Aufsichtsbehörden sind in den §§ 58 ff. DSGVO geregelt und werden hinsichtlich der Binnenorganisation in den Landesdatenschutzgesetzen konkretisiert.[4] Der Entwurf der E-Privacy-Verordnung setzt ebenfalls auf die Datenschutz-Aufsichtsbehörden und verweist in Art. 18 auf deren Aufgaben und Pflichten gemäß der Datenschutz-Grundverordnung.

a) Aufgaben der Aufsichtsbehörden

3 Die Aufgaben der Aufsichtsbehörden sind in Art. 57 Abs. 1 DSGVO festgelegt. Ihr primäres Betätigungsfeld ist es, gemäß des dortigen lit. a die „Anwendung dieser Verordnung zu **überwachen** und **durchzusetzen**". Zugleich sollen sie gemäß lit. b und d die Öffentlichkeit sowie die Verantwortlichen in Bezug auf Datenschutzthemen **sensibilisieren**. Wie diese Sensibilisierung genau erfolgt, steht im Ermessen der Aufsichtsbehörde, solange sie sich proaktiv an einen breiten Adressaten- und Zuhörerkreis richtet.[5] Beiträge auf Vortragsveranstaltungen sind damit ebenso wie die Pressearbeit kein besonderes Steckenpferd einzelner Datenschutzbeauftragter mehr, sondern expliziter gesetzlicher Auftrag aller Behörden. An dem 22 Aufgaben umfassenden Zuständigkeitskatalog fällt auf, dass die **Beratung** Verantwortlicher keine Erwähnung findet. Art. 57 Abs. 1 lit. l DSGVO nennt lediglich die Beratung im Zuge der vorherigen Konsultation gemäß Art. 36 Abs. 2 DSGVO bei Erstellung einer Datenschutz-Folgenabschätzung, jedoch keine allgemeine Beantwortung von Beratungsanfragen. Gleichwohl dürfen Aufsichtsbehörden weiterhin beratend tätig werden gemäß der Auffangklausel unter lit. v., die „jede sonstige Aufgabe im Zusammenhang mit dem Schutz personenbezogener Daten" gestattet. Angebote wie die gerade bei Entwicklern von Internetangeboten beliebte Startup-Sprechstunde der Berliner Aufsichtsbehörde können damit bestehen bleiben.[6] Beratung ist jedoch keine Pflichtaufgabe der Aufsichtsbehörde unter der Datenschutz-Grundverordnung, so dass sie in Anbetracht der knappen Ausstattungen und der zahlreichen Mehraufgaben der Behörden gegebenenfalls eingeschränkter gewährt wird.

b) Untersuchungsbefugnisse der Aufsichtsbehörden

4 Um die Regelungen der europäischen Verordnungen effektiv durchzusetzen, stehen der Aufsichtsbehörde die **Ermittlungsbefugnisse** des Art. 58 Abs. 1 DSGVO zu. Diese können jederzeit gegenüber Verantwortlichen und Auftragsverarbeitern im eigenen Zuständigkeitsbereich ausgeübt werden,[7] ohne dass es des Anfangsverdachts eines

---

3 Bundesbeauftragte für Datenschutz und Informationsfreiheit (BfDI), 16 Landesdatenschutzbeauftragte, zudem das Bayerische Landesamt für Datenschutzaufsicht (aufgrund der in Bayern geteilten Aufsicht über öffentliche und nichtöffentliche Stellen).
4 Bzw. §§ 8 ff. BDSG für die BfDI.
5 Vgl. *Thiel* RDV 2017, 191.
6 S. https://www.datenschutz-berlin.de/start-ups.html.
7 Vgl. Forgó/Helfrich/Schneider/*Schoof* 2017, Kap. 3 Rn. 28.

Datenschutzverstoßes bedarf. Obwohl die Behörden in der Regel aus Anlass einer Beschwerde einer betroffenen Person gemäß Art. 77 DSGVO oder Art. 21 E-Privacy-VO-E tätig werden, dürfen sie **auch anlasslos** ermitteln. Stichproben gehören ebenso zum Tätigkeitsfeld der Aufsichtsbehörden wie umfassende Überprüfungen ganzer Branchen, wie beispielsweise die großflächige für Online-Partnerbörsen durch drei Landesbehörden durchgeführte Kontrolle.[8] Die Prüfungen dienen sowohl der Überprüfung, ob verfolgbare Datenschutzverstöße vorliegen, als auch der weiteren Sachverhaltsaufklärung und der Ermittlung erforderlicher Informationen hinsichtlich einer eventuell später festzusetzenden Bußgeldhöhe.[9]

Zu diesen Zwecken darf die Aufsichtsbehörde gemäß Art. 58 Abs. 1 lit. a bis f.   5
DSGVO

- erforderliche Informationen herausverlangen,
- Datenschutzüberprüfungen durchführen,
- Zugang zu erforderlichen personenbezogenen Informationen einfordern und
- Zugang zu Geschäftsräumen, Datenverarbeitungsanlagen und -geräten verlangen.

Wenn die Aufklärung auf **schriftlichem** Wege möglich ist, wird die Aufsichtsbehörde   6
sich schon aus kapazitären Gründen auf die Verpflichtung zur Beantwortung von Fragen beschränken und keine Vor-Ort-Kontrolle vornehmen. Gegebenenfalls werden zusätzlich Unterlagen wie Einwilligungserklärungen; Auftragsverarbeitungsverträge und die Dokumentation der Datenschutz-Folgenabschätzung angefordert werden. Dies gilt erst recht für Prüfungen der Internetbranche, deren Datenverarbeitungen vielfach außerhalb des im Zuständigkeitsbereich der Behörde gelegenen Geschäftssitzes stattfinden. Entscheidet sich die Aufsichtsbehörde für eine **Vor-Ort-Prüfung**, geht dieser in der Regel eine Terminabsprache voraus, damit im Unternehmen die relevanten Ansprechpartner vorgefunden werden. Diese bisherige, relativ kooperative Praxis kann sich mit Inkrafttreten der verschärften Sanktionsbefugnisse der Datenschutz-Grundverordnung gegebenenfalls in Zukunft verändern. Droht die Vereitelung von Beweisen, erfolgt in jedem Fall eine unangemeldete Prüfung. Sämtliche Untersuchungsbefugnisse können im Wege des **Verwaltungszwangs**, der sich nach den jeweiligen Landesvollstreckungsgesetzen richtet, durchgesetzt werden.[10]

Adressat der Untersuchungsmaßnahmen können Verantwortliche, Auftragsverarbeiter und gegebenenfalls Vertreter des Verantwortlichen sein. Multinationale Internet-   7
Konzerne verfügen zumeist über ein weites Geflecht aus rechtlich selbstständigen Tochterunternehmen, die für jeweils einzelne Internetseiten und Onlinedienste zuständig sind. Kontrollmaßnahmen ergehen nur diejenigen Konzernteile, die selbst personenbezogene Daten in eigener oder fremder Verantwortlichkeit verarbeiten.[11]

---

8 S. https://www.baden-wuerttemberg.datenschutz.de/wp-content/uploads/2015/06/Pr%c3%bcfaktion-Soziale
-Netzwerke.pdf.
9 Ehmann/Selmayr/*Nemitz* DSGVO Art. 83 Rn. 13.
10 *DSK*, Kurzpapier Nr. 1 Aufsichtsbefugnisse/Sanktionen, 1.
11 *Fause/Spittka/Wybitul* ZD 2016, 120 (123).

c) Zuständigkeit der Aufsichtsbehörden

8 Dienste, die über das Internet angeboten werden, sind automatisch grenzüberschreitend nutzbar. Dies führt dazu, dass vielfach Personen aus den Zuständigkeitsgebieten verschiedener Aufsichtsbehörden betroffen sind und sich die Kompetenzbereiche dieser Behörden überschneiden.

aa) Sachliche Zuständigkeit

9 Nichtöffentliche Stellen unterliegen in Deutschland gemäß § 40 Abs. 1 BDSG der Aufsichtskompetenz der jeweils örtlich zuständigen **Landesdatenschutzbehörde**. Die Bundesbeauftragte für den Datenschutz ist im nichtöffentlichen Bereich nur für einzelne Branchen zuständig. Neben Postdienstleistern und gesetzliche Krankenversicherungen ist vor allem die alleinige Zuständigkeit der Bundesbeauftragten für den Datenschutz für **Telekommunikationsdienstleister** relevant.[12] Telekommunikationsdienste sind dabei als Übertragung von Signalen über Telekommunikationsnetze zu verstehen (→ Rn. 94). Die Bundesbeauftragte für den Datenschutz beaufsichtigt somit die Access- und Network-Provider, die Internetverbindungen bereitstellen, nicht aber die Betreiber von Internetseiten, Apps und sonstige Content-Provider, die diese Netze nutzen, um ihre Inhalte zu verbreiten.

10 Für die Überwachung der nicht den Datenschutz betreffenden Bereiche des Telekommunikationsgesetzes ist die Bundesnetzagentur zuständig. Die Überwachung der nicht den Datenschutz betreffenden Bereiche des Telemediengesetzes, wie beispielsweise die Impressumspflicht, wird weiterhin von Spezialbehörden wie etwa den Landesmedienanstalten wahrgenommen.

11 Die Kompetenz der Aufsichtsbehörden ist **auf den Datenschutz beschränkt**. Sachverwandte Verbraucherschutzvorgaben, wie etwa die Zulässigkeit von E-Mail-Werbung gemäß § 7 UWG fällt zwar nicht darunter. Die Anforderungen des § 7 UWG finden aber beispielsweise Berücksichtigung bei der Interessensabwägung gemäß Art. 6 Abs. 1 S. 1 lit. f DSGVO, die oftmals als Rechtsgrundlage für E-Mail-Werbung herangezogen wird.[13] Auf diese Weise wird die Einhaltung verbraucherschutzrechtlicher Regelungen mittelbar von den Datenschutzbehörden kontrolliert.

12 Ein Novum für die Aufsichtsbehörden besteht darin, dass in engen Grenzen auch der Schutz nicht-personenbezogener Daten in ihren Aufgabenbereich fällt. Dies hängt damit zusammen, dass der Entwurf der **E-Privacy-Verordnung** teilweise auch Daten juristischer Personen abdeckt, wenn etwa Erwgr. 12 das Vertraulichkeitsprinzip auch auf „machine-to-machine communications" ausweitet. Ähnliches gilt etwa für die Rufnummern-Blockierung gemäß Art. 14 E-Privacy-VO-E oder das Recht auf Datenübertragbarkeit gemäß Art. 20 DSGVO. Beide Regelungen sind, obwohl es dabei durchaus um personenbezogene Daten geht, eher verbraucherrechtlicher Natur. Gleichwohl ist die Aufsicht über diese Vorschriften in Art. 18 E-Privacy-VO-E und Art. 51 DSGVO eindeutig den Datenschutzaufsichtsbehörden zugewiesen.

---

12 S. die abschließende Zuständigkeitsliste unter https://www.bfdi.bund.de/SharedDocs/Publikationen/Zustaen digkeitBfDFuerEingaben.html.
13 Deutscher Dialogmarketing Verband (DDV), Best Practice Guide Europäische Datenschutz-Grundverordnung, 2016, 7.

bb) Örtliche Zuständigkeit

Das jahrzehntelang gelebte Prinzip, wonach die Behörde des (Bundes-)Landes die al- 13
leinige Aufsicht über alle Verantwortlichen mit Hauptsitz in ihrem Gebiet ausübt,
stößt durch das Internet an seine Grenzen. Die weltweite Verfügbarkeit der Inhalte
auf Internetseiten führt oftmals dazu, dass Webdienste personenbezogene Daten von
Betroffenen aus allen Erdteilen erheben. Zumindest dann, wenn die Internetseiten
sich **explizit an ausländische Märkte** innerhalb der Europäischen Union richten und
dort eine Niederlassung betreiben, haben sie sich deshalb nach Ansicht des Europäischen Gerichtshofs auch an das dortige, für sie ausländische Datenschutzrecht zu
halten. Dies beinhaltet die Aufsichtszuständigkeit der Behörde am Ort der ausländischen Niederlassung. Dies hat der Europäische Gerichtshof beispielsweise für die slowakische Online-Immobilienbörse „Weltimmo" entschieden, die Annoncen für unga-
rische Grundstücke in ungarischer Sprache veröffentlicht.[14] Gleiches gilt für das US-
amerikanische Online-Versandhaus „Amazon EU", das unter Verwendung diverser
länderspezifischer Top Level Domains Produkte auch in weitere europäische Mitgliedstaaten liefert und seine Ware zu diesem Zweck in mehreren Sprachen beschreibt.[15] Auch hinsichtlich des sozialen Netzwerks „Facebook" nehmen die Aufsichtsbehörden eine solche Situation an.[16]

Der Rechtsprechung des Europäischen Gerichtshofs trägt die Datenschutz-Grundver- 14
ordnung mit weitreichenden, sich vielfach überschneidenden örtlichen Zuständigkeiten der jeweiligen Aufsichtsbehörden Rechnung. Zunächst bleibt es zwar gemäß
Art. 55 Abs. 1 DSGVO bei dem Grundsatz, dass jede Aufsichtsbehörde für die **Aufsicht innerhalb ihres Hoheitsgebiets** zuständig ist. Weitere zuständige Behörden treten
hinzu, wenn der Verantwortliche oder Auftragsverarbeiter mehrere unselbständige
Niederlassungen innerhalb der Europäischen Union besitzt: In solchen grenzüberschreitenden Fällen sind alle Aufsichtsbehörden jeweils für die Sanktionierung von
Datenschutzverstößen des gesamten Unternehmens zuständig. Um das drohende
Chaos zu vermeiden, dass Unternehmen unterschiedlichen rechtlichen Anforderungen
konkurrierender Behörden ausgesetzt sind, hat die Datenschutz-Grundverordnung
das **One-Stop-Shop**-Prinzip eingeführt.[17] Demnach hat der Verantwortliche oder Auftragsverarbeiter nur einen einzigen Ansprechpartner. Dabei handelt es sich gemäß
Art. 56 Abs. 1 DSGVO um die Aufsichtsbehörde an der Hauptniederlassung des Unternehmens. Die jeweils in eigener Zuständigkeit betroffenen Behörden stimmen sich
untereinander über das Vorgehen gegen das Unternehmen ab, während die Kommunikation mit dem Unternehmen sowie die Durchführung konkreter Kontroll- und
Sanktionsverfahren von der **federführenden Behörde** vorgenommen wird.

Eine Ausnahme vom One-Stop-Shop-Prinzip greift gemäß Art. 56 Abs. 2 DSGVO da- 15
hin gehend, dass jede Aufsichtsbehörde zuständig für die Bearbeitung einer **bei ihr
eingereichten Beschwerde** ist. Diese Regelung wurde zugunsten der Betroffenen einge-

---

14 EuGH 1.10.2015 – C-230/14, ECLI:EU:C:2015:639.
15 EuGH 28.7.2016 – C-191/15, ECLI:EU:C:2016:612.
16 *HmbBfDI*, Pressemitteilung vom 25.10.2017, abrufbar unter www.datenschutz-hamburg.de/news/detail/arti
    cle/eugh-generalanwalt-bestaetigt-rechtsauffassung-der-aufsichtsbehoerden-gegenueber-facebook-und-fanpa
    g.html.
17 Vgl. *Kaiser* PinG 2017, 192 (194).

führt, die sich somit nicht mit Zuständigkeitsfragen zu befassen haben. Voraussetzung für das eigene Vorgehen dieser nicht-federführenden Behörde ist, dass der Beschwerdegegenstand nur mit einer Niederlassung im Mitgliedstaat der Behörde zusammenhängt oder betroffene Personen nur ihres Mitgliedstaates erheblich beeinträchtigt. Datenschutzverstöße, die nur eine Niederlassung betreffen, liegen beispielsweise vor, wenn deutsche Werbekunden von einem deutschen Büro eines Internetkonzerns aus betreut werden und von diesem Büro aus Kundendaten zu Werbezwecken ausgewertet werden. Der zweite Fall einer erheblichen Beeinträchtigung von Betroffenen aus nur einem Staat beträfe beispielsweise den oben dargestellten „Weltimmo"-Fall, bei dem sich eine slowakische Internetseite weit überwiegend an Kaufinteressenten in Ungarn richtet. Die auf diese Weise angerufene Behörde hat die federführende Behörde über den Fall zu unterrichten. Die federführende Behörde kann dann gemäß Art. 56 Abs. 3 DSGVO die Zuständigkeit binnen drei Wochen an sich ziehen.

16 In allen grenzüberschreitenden Fällen, in denen mehrere betroffene Behörden zuständig sind, koordiniert gemäß Art. 60 Abs. 1 DSGVO die federführende Behörde die Meinungsbildung zwischen den Behörden. Sie arbeitet gemäß Art. 60 Abs. 3 DSGVO einen Entscheidungsvorschlag aus, zu dem die weiteren betroffenen Behörden Stellung nehmen. Gegen den Vorschlag können einzelne betroffene Behörden nach Art. 60 Abs. 4 DSGVO binnen vier Wochen Einspruch einlegen. Kann kein Konsens zwischen den betroffenen Behörden erzielt werden, so wird das **Kohärenzverfahren** nach Art. 63 DSGVO eingeleitet. In diesem Rahmen gibt gemäß Art. 65 Abs. 2 DSGVO der Europäische Datenschutzausschuss eine Stellungnahme zu dem strittigen Einzelfall ab und entscheidet notfalls verbindlich über das Vorgehen der federführenden Behörde.

17 Der **Europäische Datenschutzausschuss** gemäß Art. 68 DSGVO ist das gemeinsame Beschussgremium der Aufsichtsbehörden der Mitgliedstaaten. Es entscheidet nach komplexen Regularien im Mehrheitsprinzip.[18] Deutschland nimmt nach § 17 Abs. 1 BDSG durch die Bundesbeauftragte für den Datenschutz und die Informationsfreiheit als gemeinsame Vertreterin und einen vom Bundesrat zu wählenden Ländervertreter als Stellvertreter teil. Wie die deutsche Stimme im Ausschuss inhaltlich abzugeben ist, entscheiden bei Fragen der Länderzuständigkeit die hiesigen Aufsichtsbehörden vorab im Kollektiv. Dazu wird in Deutschland ein nationales „Mini-Kohärenzverfahren"[19] vorgeschaltet, was innerhalb der kurzen Fristen des Ausschusses eine große Herausforderung für die Aufsichtsbehörden ist.[20]

18 Die in Art. 52 Abs. 1 DSGVO garantierte **Unabhängigkeit** der Aufsichtsbehörden wird durch die Befugnisse des Europäischen Datenschutzausschusses erheblich beschnitten. Anders als die vorherige Art. 29-Datenschutzgruppe, die unverbindliche Stellungnahmen abgab[21] und sich nicht mit Einzelfällen beschäftigte, entscheidet der Ausschuss einzelne Fälle verbindlich. So wird die Mehrheit im Ausschuss, die auch aus Behördenvertretern besteht, deren Häuser nicht zuständig sind, über die Behand-

---

18 *Thiel* RDV 2017, 191 (192).
19 *Kranig* BvD-News 2/2017, 5 (6).
20 *Thiel* RDV 2017, 191 (192).
21 *Kranig* BvD-News 2/2017, 5 (6).

Jens Ambrock

lung konkreter Einzelfragen bestimmen, die die federführende Behörde umzusetzen hat.[22] Oft wird das Beispiel der irischen Aufsichtsbehörde DPC genannt, in deren Mitgliedstaat die Europazentralen zahlreicher marktmächtiger Internetkonzerne beheimatet sind. Es ist zu erwarten, dass die bislang sehr restriktive irische Sanktionspraxis infolge tatsächlicher oder auch nur drohender verpflichtender Entscheidungen des Europäischen Datenschutzausschusses künftig nicht aufrechterhalten werden kann.[23]

2. Verwaltungsrechtliche Sanktionen und Anordnungen

Die DSGVO sieht mehrere Instrumente vor, datenverarbeitende Stellen auf rechtlich wirksame Weise von Datenschutzverstößen abzuhalten. Im Gegensatz zum Ordnungswidrigkeitenrecht zielen diese Maßnahmen primär und präventiv auf aktuelle und künftig zu erwartende Datenverarbeitungsvorgänge ab. 19

a) Anordnungsbefugnisse

Unter den verwaltungsrechtlichen Anordnungs- und Sanktionsbefugnissen kann die Aufsichtsbehörde je nach **beabsichtigter Eskalationsstufe** wählen.[24] 20

aa) Warnung und Verwarnung

Warnung und Verwarnung sind zwei Instrumente der Aufsichtsbehörde, die auf den ersten Blick folgenlos erscheinen, weil sie keinen vollstreckbaren Inhalt haben. Es handelt sich nach deutschem Verwaltungsrecht um rein **feststellende Verwaltungsakte**.[25] De Adressat wird darauf hingewiesen, dass seine derzeitige oder geplante Datenverarbeitung rechtswidrig ist bzw. wäre. Gleichwohl gehen von diesen förmlichen Feststellungen auch praktische negative Folgen aus. Zunächst wird das aktenkundige Fehlverhalten bei späteren Sanktionsverfahren strafschärfend berücksichtigt, weil dann ein Wiederholungsfall vorliegt. Nicht zu verachten ist auch die Tatsache, dass die Aufsichtsbehörde alle förmlich festgestellten Datenschutzverstöße nach Art. 57 Abs. 1 lit. u DSGVO in ein Verzeichnis aufzunehmen hat. Diese Liste dient zwar nur dem internen Gebrauch, unterliegt in vielen Bundesländern aber der potenziellen Herausgabepflicht nach den jeweils anwendbaren Transparenz- oder Informationsfreiheitsgesetzen. Sowohl Journalisten als auch Datenschutzaktivisten beantragen regelmäßig die Herausgabe derartiger interner Dokumente der Aufsichtsbehörden. Damit unterliegen erteilte Warnungen und Verwarnungen dem Risiko, veröffentlicht zu werden und einen Reputationsschaden bei dem Verantwortlichen zu erzeugen. Schließlich berichten manche Aufsichtsbehörden auch aktiv in ihren Tätigkeitsberichten unter Nennung des Unternehmensnamens von verhängten Sanktionen.[26] 21

Beide Rechtsinstitute ähneln der nun nicht mehr vorgesehenen Beanstandung im öffentlichen Bereich gemäß § 25 Abs. 1 BDSG aF und den Landesdatenschutzgesetzen. 22

---

22 Vgl. *Kaiser* PinG 2017, 192 (195).
23 *Kaiser* PinG 2017, 192 (195).
24 *Dieterich* ZD 2016, 260 (263); Gola/*ders.* DSGVO Art. 83 Rn. 5; *Kühing/Martini* 2016, 281.
25 *Golla* RDV 2017, 123 (124); Paal/Pauly/*Körffer* DSGVO Art. 58 Rn. 18.
26 Krit. aufgrund der Prangerwirkung *Weichert* RDV 2005, 1 (2); allg. *Ambrock/Karcher* NVwZ 2011, 1371.

Die Verwarnung bezieht sich dabei auf Vorgänge in der Vergangenheit, während die Warnung künftige Maßnahmen betrifft.

23   Die Aufsichtsbehörde kann **Warnungen** nach Art. 58 Abs. 2 lit. a DSGVO erteilen, wenn beabsichtigte Verarbeitungen voraussichtlich gegen die Datenschutz-Grundverordnung oder die zukünftige E-Privacy-Verordnung verstoßen werden. Sie muss dabei eine **Prognoseentscheidung** treffen, die mangels konkreter Kenntnis des hypothetischen, in der Zukunft liegenden Sachverhalts auf eine nur summarische Prüfung gestützt ist.[27] Die Warnung ist keine Untersagung, die später vollstreckt werden könnte, indem die kritisierte Maßnahme wie geplant umgesetzt würde. Die Behörde stellt lediglich in Aussicht, dass sie in dem Fall voraussichtlich eine verbindliche Untersagung erlassen wird. Die Anknüpfung des Gesetzes an „Verarbeitungstätigkeiten" zeigt, dass keine rein formalen Anforderungen aus den europäischen Verordnungen, wie beispielsweise die fehlende Bestellung des Datenschutzbeauftragten oder das nicht angefertigte Verzeichnis von Verarbeitungstätigkeiten, mit umfasst sind. Jedoch kann vor nicht hinreichenden technischen und organisatorischen Maßnahmen, wie beispielsweise fehlender Transportverschlüsselung einer Internetseite, gewarnt werden, da es sich dabei um ein Verarbeitungsprinzip im Sinne des Art. 5 Abs. 1 lit. f DSGVO handelt.

24   Die **Verwarnung** kann gemäß der Erläuterung des Erwgr. 148 „anstelle einer Geldbuße" ergriffen werden. Damit handelt es sich – trotz der Verortung neben den Abhilfemaßnahmen – um eine **Sanktion**.[28] Das Rechtsinstitut der Verwarnung findet sich bereits in § 56 Abs. 1 S. 1 OWiG. Das gleichnamige Instrument des Art. 58 Abs. 2 lit. a DSGVO ist eine spezielle Ausprägung seines Vorbilds aus dem allgemeinen Ordnungswidrigkeitenrecht,[29] die jedoch in einem wesentlichen Punkt weiter gefasst ist. Das Ordnungswidrigkeitengesetz setzt ebenso wie das Bundesdatenschutzgesetz alter Fassung voraus, dass für Sanktionsmaßnahmen eine Tat begangen wurde, die nach einem gesetzlichen Katalog konkret benannter Tatbestände sanktionsbewährt ist. Für die Verwarnung der Datenschutz-Grundverordnung genügt es, dass die Verarbeitung eine beliebige Norm der Verordnung verletzt.[30] Wie es zu dieser rechtswidrigen Situation gekommen ist, muss dabei nicht betrachtet werden. Auf eine individuelle Vorwerfbarkeit kommt es daher nicht an.[31]

25   Die Verwarnung ist dem Erwgr. 148 entsprechend Fällen vorbehalten, in denen ein **Verstoß gering** ist oder eine **Geldbuße unverhältnismäßig** erscheint. Geringe Verstöße liegen vor, wenn gemäß den Leitlinien des Art. 83 Abs. 2 S. 2 DSGVO kein Bußgeld geboten ist.[32] Die Geldbuße ist unverhältnismäßig, wenn ihr Zweck auch durch eine Verwarnung erreicht werden würde.[33] Insofern ist unter mehreren gleich geeigneten Sanktionsmaßnahmen stets das mildeste Mittel auszuwählen. Dieser Grundsatz wird jedoch dadurch ausgehöhlt, dass Verwarnung und Bußgeld nur selten gleich geeignet

---

27   Wolff/Brink/*Eichler* DSGVO Art. 58 Rn. 19.
28   *Martini/Wenzel* PinG 2017, 92.
29   *Martini/Wenzel* PinG 2017, 92 (93).
30   *Martini/Wenzel* PinG 2017, 92 (94).
31   *Golla* RDV 2017, 123 (124).
32   *Golla* RDV 2017, 123 (124); Wolff/Brink/*Holländer* DSGVO Art. 83 Rn. 26.
33   *Martini/Wenzel* PinG 2017, 92 (94).

Jens Ambrock

sein werden, da auch die generalpräventive Wirkung der Verfolgung einer Ordnungs-widrigkeit durch ein Bußgeld zu berücksichtigen ist.[34] Bei gravierenden Verstößen ist die Verhängung eines Bußgeldes anstelle der Verwarnung in der Regel geboten,[35] zumal Verhältnismäßigkeitserwägungen dann auch bei der Bemessung der Bußgeldhöhe Rechnung getragen werden kann.

Das Kriterium der Unverhältnismäßigkeit der Geldbuße gilt gemäß Erwgr. 148 nur   26
für natürliche Personen, wie etwa Blogger und Einzelpersonen, die Internetseiten be-treiben, nicht aber für Betreiber von Unternehmensseiten. Der Erwägungsgrund stellt auf die „unverhältnismäßige Belastung für eine natürliche Person" ab, so dass für juristische Personen nur das Kriterium des geringen Verstoßes bleibt. Eine unzulässige Beschränkung des in Art. 5 Abs. 4 EUV primärrechtlich verankerten Verhältnis-mäßigkeitsprinzips ist darin nicht zu sehen, weil der Behörde nach wie vor genug Spielraum bleibt, unbillige Entscheidungen im Einzelfall zu vermeiden. So steht es ihr offen, eine geringe Bußgeldhöhe festzusetzen oder keine Maßnahme zu ergreifen.

Die Rechtsinstitute der Warnung und der Verwarnung als Zwischenformen zwischen   27
informellen Hinweisen und Bußgeldbescheiden sind gerade vor dem Hintergrund der massiv angestiegenen Bußgeldrahmen zu begrüßen. Es handelt sich um Handlungsin-strumente, mit denen die Aufsichtsbehörden **kooperativ und doch bestimmt** daten-schutzfreundliche Lösungen durchsetzen können, ohne gleich Bußgelder zu verhän-gen. Der vielfach aufkommenden Sorge verhärteter Fronten zwischen Aufsichtsbehör-den und Verantwortlichen unter der Datenschutz-Grundverordnung[36] kann so sinn-voll entgegengewirkt werden.

bb) Anweisung

Neben der weniger invasiven Warnung bzw. Verwarnung können die Aufsichtsbehör-   28
den selbstverständlich auch **verpflichtende Verwaltungsakte** erlassen, die der zwangs-weisen Vollstreckung zugänglich sind. Decken die Ermittlungen Verstöße gegen die Datenschutz-Grundverordnung oder die zukünftige E-Privacy-Verordnung auf, haben die Behörden die Befugnis, konkrete Vorgaben an den Verantwortlichen zur Herstel-lung eines rechtmäßigen Zustands zu machen.[37] Zu diesem Zweck können sogenann-te Anweisungen erlassen werden. Es handelt sich dabei um Verwaltungsakte, die so bestimmt sind, dass sie ohne Interpretationsspielraum vollstreckt werden können.[38]

Die Datenschutz-Grundverordnung kennt mehrere spezielle Formen der Anweisung,   29
nach denen die Aufsichtsbehörde den Verantwortlichen oder Auftragsverarbeiter an-weisen kann

- Betroffenenrechten nachzukommen (Art. 58 Absatz 2 lit. c),
- Verarbeitungsvorgänge in Einklang mit der DSGVO zu bringen (Art. 58 Abs. 2 lit. d),

---

34 Zur generalpräventiven Wirkung Ehmann/Selmayr/*Nemitz* DSGVO Art. 83 Rn. 1.
35 Wolff/Brink/*Eichler* DSGVO Art. 58 Rn. 21.
36 *Pohl* PinG 2017, 85 (91).
37 *Golla* RDV 2017, 123 (124).
38 VG Ansbach ZD 2014, 590.

- Betroffene gemäß Art. 34 über Datenschutzverletzungen zu informieren (Art. 58 Abs. 2 lit. e) oder

- Daten zu berichtigen, löschen oder zu beschränken (Art. 58 Abs. 2 lit. g), soweit den Betroffenen ein solches Recht nach Art. 16 bis 18 DSGVO zusteht.

30 Zu den **Betroffenenrechten** gehören Verpflichtungen, die auf Antrag eines Betroffenen zu erfüllen sind, beispielsweise Auskunft nach Art. 15 DSGVO oder die Übertragung von Nutzerdaten von einer Onlineplattform auf eine andere gemäß Art. 20 Abs. 2 DSGVO (→ B. V. Rn. 37 ff.). Verarbeitungsvorgänge in Einklang mit der Verordnung zu bringen, kann nicht nur bedeuten, die Datenverarbeitung selbst zu modifizieren, sondern beispielsweise auch die Anpassung der Datenschutzerklärung einer Internetseite an die Vorgaben der Art. 13 f. DSGVO oder die Bestellung eines Datenschutzbeauftragten umfassen.[39]

31 Obwohl die europäische Zusammenarbeit und die Rechtsbehelfe des Betroffenen gegen Entscheidungen der Aufsichtsbehörden sowie gegen deren Untätigkeit gegebenenfalls den Handlungsdruck erhöhen werden, ist nicht davon auszugehen, dass die bisherige Praxis sich wesentlich ändert: Schon aus Gründen der **Verhältnismäßigkeit** ist auf eine Anweisung oftmals zu verzichten, wenn eine informelle Kontaktaufnahme genauso zielführend ist.[40] Im Übrigen werden die Aufsichtsbehörden auch aus kapazitären Gründen in der Regel zunächst einen nichtkonfrontativen Weg wählen, bei dem sie notwendige Anpassungen aufzeigen und dem Verantwortlichen bei mangelnder Kooperation gegebenenfalls förmliche Maßnahmen androhen. Dieses informelle Vorgehen ermöglicht zumeist die schnellere und **effizientere Durchsetzung** von Betroffenenrechten und datenschutzfreundlichen Geschäftsmodellen.

cc) Untersagung

32 Wenn die Anpassung der Datenverarbeitung oder ihrer Rahmenumstände nicht ausreichend ist, kommt ihre komplette Untersagung gemäß Art. 58 Abs. 2 lit. f DSGVO in Betracht. Es handelt sich dabei um eine spezielle, besonders intensive Art der Anweisung. Das Gesetz nennt keine näheren Voraussetzungen, so dass die **einfache Rechtswidrigkeit** der Datenverarbeitung genügt. Dies erscheint insofern zunächst neu, als dass § 38 Abs. 5 BDSG aF noch einen schwerwiegenden Verstoß voraussetzte. Dennoch ist der dem Wortlaut nach weitere Anwendungsbereich der Untersagung nach der Datenschutz-Grundverordnung selbstverständlich durch den **Verhältnismäßigkeitsgrundsatz** des Art. 5 Abs. 4 EUV beschränkt.[41] Dieser gebietet es, vollständige Untersagungen nur dann anzuordnen, wenn weder eine Teiluntersagung noch eine die Verarbeitung modifizierende inhaltliche Anweisung ausreichend sind.[42] Speichert beispielsweise ein Online-Portal Nutzerdaten ohne Rechtsgrundlage, so wird kein Weg an deren Löschung vorbeiführen. Die Erhebung dieser Daten muss gleichwohl nicht vollständig eingestellt werden, wenn künftig wirksame Einwilligungen über ein Formular auf der Internetseite eingeholt werden. Derartige Alternativen so-

---

39 Vgl. Wolff/Brink/*Eichler* DSGVO Art. 58 Rn. 24.
40 Paal/Pauly/*Körffer* DSGVO Art. 58 Rn. 20.
41 Wolff/Brink/*Eichler* DSGVO Art. 58 Rn. 27; Paal/Pauly/*Körffer* DSGVO Art. 58 Rn. 23.
42 *Golla* RDV 2017, 123 (124 f.).

Jens Ambrock

wie deren Geeignetheit hat die Aufsichtsbehörde vor Erlass der Untersagung zu prüfen.[43]

Obwohl die Untersagungsbefugnis sämtliche Arten von Datenverarbeitungen betrifft, 33 ist in Art. 58 Abs. 2 lit. f DSGVO eine eigenständige Befugnisnorm für die Aussetzung von Übermittlungen in Staaten außerhalb des Europäischen Wirtschaftsraums geschaffen worden. Gemäß den Regeln der Art. 44 ff. DSGVO sind solche **Drittstaatentransfers** unzulässig, wenn beim Empfänger kein angemessenes Datenschutzniveau vorherrscht und auch nicht durch Standardvertragsklauseln, Binding Corporate Rules oder andere Mechanismen geschaffen werden kann. Dies betrifft insbesondere multinationale Internetkonzerne, wie Facebook, Google und Amazon. Im Zuge der Überprüfung des Austauschs von Nutzerdaten zwischen der US-amerikanischen Facebook Inc. und den europäischen Niederlassungen hat der Europäische Gerichtshof entschieden, dass die Aufsichtsbehörden in der Lage sein müssen, solche transatlantischen Übermittlungen verbindlich auszusetzen.[44]

b) Rechtsschutz

Mangels Regelungskompetenz des Unionsgesetzgebers schreibt die Datenschutz- 34 Grundverordnung nicht vor, wie sich die Adressaten gegen die Rechtsakte der Warnungen, Verwarnungen, Anweisungen und Untersagungen wehren können. Art. 78 Abs. 1 DSGVO beschränkt sich auf die Verpflichtung der Mitgliedstaaten, wirksame außergerichtliche und gerichtliche Rechtsbehelfe gegen Entscheidungen der Aufsichtsbehörde vorzusehen. Zum bisherigen Rechtsschutz gegen aufsichtsbehördliche Maßnahmen gibt es in Deutschland keine wesentlichen Änderungen.[45] Bei den oben dargestellten Maßnahmen handelt es sich in Deutschland um Verwaltungsakte gemäß § 35 S. 1 VwVfG oder den entsprechenden Normen der Landesverwaltungsgesetze. Dies gilt trotz des nicht vollstreckbaren Inhalts auch für die Warnung und Verwarnung als feststellende Verwaltungsakte.[46] Gegen Verwaltungsakte kann bei der Aufsichtsbehörde **kein Widerspruch** gemäß § 68 Abs. 1 S. 1 VwGO eingelegt werden, da das Vorverfahren durch § 20 Abs. 6 DSGVO ausgeschlossen ist. Auch gegenüber Entscheidungen der Aufsichtsbehörden der Länder, in denen das Vorverfahren generell notwendig ist, ist direkt die Anfechtungsklage nach § 74 VwGO zu erheben. Mit zunehmender Bedeutung des Datenschutzrechtrechts werden in den Verwaltungsgerichten vermehrt Spezialkammern gebildet, in denen neben weiteren Fällen aus anderen Fachgebieten alle Datenschutzsachen gebündelt werden. Ist der Verwaltungsakt offensichtlich rechtswidrig, weil etwa der falsche Adressat gewählt oder ein falscher Sachverhalt zugrunde gelegt wurde, empfiehlt sich vor Erhebung der Klage die formlose Kontaktaufnahme mit der Behörde. Dann besteht die Möglichkeit der Rücknahme des Verwaltungsaktes.

---

43 Wolff/Brink/*Eichler* DSGVO Art. 58 Rn. 28 f.
44 EuGH EuZW 2015, 881.
45 Vgl. DSK, Kurzpapier Nr. 1 Aufsichtsbefugnisse und Sanktionen, 1.
46 Allg. Stelkens/Bonk/Sachs/*Stelkens* VwVfG § 18 Rn. 219.

3. Ordnungswidrigkeitsrechtliche Sanktionen

35 Neben den Anordnungsbefugnissen, die auf die Herstellung eines rechtmäßigen Zustandes abzielen, können die Aufsichtsbehörden auch auf einer „zweiten Schiene" tätig werden und vergangenes Fehlverhalten sanktionieren. **Bußgelder** können zusätzlich oder anstelle von Anordnungen erlassen werden.[47] Da die Adressaten im Regelfall nach Bestandskraft eines Bußgeldbescheids auch ihre rechtswidrige Datenverarbeitung anpassen, um keine im Wiederholungsfall deutlich erhöhte weitere Sanktion zu riskieren, „überspringen" Aufsichtsbehörden häufig auch die Möglichkeit einer Anordnung. Auf diese Weise kann mit nur einfachem Arbeitsaufwand sowohl die Rechtmäßigkeit der Datenverarbeitung erzielt als auch der Verstoß geahndet werden.

36 Geldbußen sollen im „Interesse einer konsequenten Durchsetzung der Vorschriften dieser Verordnung" verhängt werden. In diese Formulierung aus dem Erwgr. 148 wird teilweise hineingelesen, dass die Aufsichtsbehörden angehalten sind, grundsätzlich alle Fälle, in denen ein Datenschutzverstoß ermittelt wurde, mit einer Sanktion zu versehen.[48] Der Wortlaut, wonach im Fall eines geringfügigen Verstoßes „anstelle einer Geldbuße eine Verwarnung erteilt werden" kann, legt zunächst nahe, dass die Behörde nur die Wahl zwischen diesen beiden Mitteln hat. Er ist jedoch vielmehr so zu verstehen, dass der Behörde, nachdem sie sich im Rahmen ihres Ermessens für die Verhängung einer Sanktion entschieden hat, beide Sanktionsformen offenstehen. Eine Pflicht, jeden Verstoß zu sanktionieren, wäre im Hinblick auf die aktuelle Praxis in allen Mitgliedstaaten ein deutlicher Paradigmenwechsel. Hätte der Unionsgesetzgeber diesen angestrebt, so hätte er ihn eindeutiger formulieren müssen. Das **Opportunitätsprinzip** räumt nach wie vor ein Entschließungsermessen ein, so dass kein Automatismus greifen kann.[49] Eine derart strikte Linie wäre auch nicht mit den aktuellen Kapazitäten der Aufsichtsbehörden nicht zu bewerkstelligen. Erschwerend ist zu bedenken, dass die unter der Datenschutz-Grundverordnung oftmals erhöhten Bußgelder häufiger dazu führen werden, dass sich der Adressat des Bescheides gerichtlich gegen diesen wendet.

37 So bleibt es auch künftig bei der Praxis der Aufsichtsbehörden,[50] die bei **geringeren Verstößen** und kooperativem Nachtatverhalten des Verantwortlichen zumeist von einer Sanktion absehen. So begnügen sich die Behörden beispielsweise bei Beschwerden von Bürgern, die unzulässigerweise E-Mail-Werbung erhalten, oftmals damit, dass der Versender künftige Werbung an die Person einstellt. Erst dann, wenn sich Beschwerdefälle gegen den Versender häufen, reicht es nicht mehr aus, einzelne E-Mail-Adressen auf die Blacklist zu setzen, so dass Sanktionsmaßnahmen ergriffen werden. Keinesfalls kann den Aufsichtsbehörden abverlangt werden, jeden Verstoß zu ahnden.

---

47 *Albrecht/Jotzo* 2017 Teil 8 Rn. 34; *Schönefeld/Thomé* PinG 2017, 126.
48 *Schneider* 2017, 313; sa *Golla* RDV 2017, 123 (123/125).
49 *Härting* 2016, Rn. 251.
50 *Golla* 2015, 209.

Jens Ambrock

a) Bußgeldtatbestände

Verstöße gegen die Datenschutz-Grundverordnung und die künftige E-Privacy-Verordnung sind nahezu vollständig bußgeldbewährt.[51] Verglichen mit § 43 BDSG aF wurde die Zahl der Bußgeldtatbestände damit deutlich erhöht.[52] 38

Zahlreiche Tatbestände sind dabei hinsichtlich des verfassungsrechtlichen **Bestimmtheitsgebots** bedenklich, weil sie offene und ausfüllungsbedürftige Begriffe enthalten.[53] Dies betrifft beispielsweise das für Internetdienste sehr relevante Gebot des Datenschutzes durch Technikgestaltung und datenschutzfreundliche Voreinstellungen gemäß Art. 25 DSGVO. So kann die Datenverarbeitung durch eine App mittels unterschiedlicher Konzepte datenschutzfreundlich gestaltet werden. Welche Nutzerdaten für den sinnvollen Betrieb der App standardmäßig benötigt werden und welche für den Nutzer lediglich einen fakultativen Mehrwert bringen, ist in jedem Einzelfall fraglich. Ein anderes Beispiel ist die Verarbeitung personenbezogener Daten auf Grundlage der Generalklausel des Art. 6 Abs. 1 lit. f DGVO, die eine Interessensabwägung voraussetzt. In allen diesen Fällen können Verantwortliche, Aufsichtsbehörden und Gerichte zu jeweils sehr unterschiedlichen Auslegungen und Subsumtionsergebnissen gelangen. Für Compliance-Verantwortliche wird es daher kaum mit Sicherheit vorhersehbar sein, ob die Umsetzungsmaßnahmen die Anforderungen der europäischen Verordnungen hinreichend erfüllen. 39

Die Delikte lassen sich entsprechend des angedrohten Bußgeldrahmens in zwei Kategorien einteilen. Unter Einbeziehung der wenigen Tatbestände im Bundesdatenschutzgesetz sind drei Kategorien zu bilden. 40

aa) Hoher Bußgeldrahmen

Großes Echo bei Fachpresse, Anwaltschaft und Unternehmensvorständen findet der hohe Bußgeldrahmen mit Bußgeldern bis zu **20 Millionen Euro** oder **4 %** des Jahresumsatzes. Er gilt für die Verletzung folgender rechtlicher Anforderungen: 41

- Grundsätze für die Verarbeitung gemäß Art. 5 DSGVO (Art. 83 Abs. 5 lit. a DSGVO)
  - Rechtmäßigkeitsprinzip, Verarbeitung nach Treu und Glauben, Transparenz
  - Zweckbindung
  - Datenminimierung
  - Richtigkeit
  - Speicherbegrenzung
  - Integrität und Vertraulichkeit
- Bedingungen für die Einwilligung (Art. 83 Abs. 5 lit. a DSGVO)
- Betroffenenrechte (Art. 83 Abs. 5 lit. b DSGVO)
- Garantien bei Drittstaatenübermittlung (Art. 83 Abs. 5 lit. c DSGVO)
- Kooperation mit der Aufsichtsbehörde (Art. 83 Abs. 5 lit. e DSGVO)
- Nationale Vorschriften zum Beschäftigtendatenschutz gemäß Öffnungsklausel des § 88 DSGVO, umgesetzt durch § 26 BDSG (Art. 83 Abs. 5 lit. d DSGVO)

---

51 Gola/*ders.* DSGVO Art. 83 Rn. 2; *Nolde* PinG 2017, 114 (115).
52 *Albrecht/Jotzo* 2017 Teil 8 Rn. 33; *Schönefeld/Thomé* PinG 2017, 126.
53 Gola/*ders.* DSGVO Art. 83 Rn. 19; *Pohl* PinG 2017, 85 (89); *Rost* RDV 2017, 13 (15).

- Vertraulichkeit der Kommunikation (Art. 23 Nr. 3 E-Privacy-VO-E)
- Unerlaubte Verarbeitung elektronischer Kommunikationsdaten (Art. 23 Nr. 3 E-Privacy-VO-E)
- Datenlöschung gemäß Art. 7 E-Privacy-VO (Art. 23 Nr. 3 E-Privacy-VO-E).

42 Der hohe Bußgeldrahmen umfasst über das Verarbeitungsprinzip der Rechtmäßigkeit insbesondere Verstöße gegen die **Rechtmäßigkeit der Verarbeitung**. Darunter fallen sämtliche Verarbeitungsvorgänge, für die der Verantwortliche keine wirksame Rechtsgrundlage vorweisen kann. Dies kann etwa der Fall sein, wenn der Verantwortliche die Verarbeitung auf die Generalklausel des Art. 6 Abs. 1 lit. f DSGVO stützt, obwohl die dort vorzunehmende Abwägung fehlerhaft war. Ein Verstoß gegen **die Bedingungen der Einwilligung** und damit ihre Unwirksamkeit liegt vor, wenn beispielsweise ein Online-Formular zur Abgabe der Einwilligung entgegen Art. 7 Abs. 3 S. 2 DSGVO keinen Hinweis auf das Widerspruchsrecht enthält. Ein Verstoß gegen die Bedingungen der Einwilligung liegt auch vor, wenn bei der Registrierung zu Nutzung einer App entgegen Art. 7 Abs. 4 DSGVO die Freigabe zu auf dem Mobiltelefon gespeicherten Daten erteilt werden muss, obwohl diese Daten für den Betrieb der App nicht benötigt werden.

43 Die Nichtbeachtung des Grundsatzes der **Datenminimierung** hat der Unionsgesetzgeber als schweren, bußgeldbewährten Datenschutzverstoß aufgewertet. Dies ist bemerkenswert vor dem Hintergrund des früheren Gebots der Datensparsamkeit in § 3a BDSG aF, der mehr als unverbindlicher Programmsatz verstanden wurde. Massive praktische Relevanz ist auch in der Aufnahme von Verstößen gegen die **Vertraulichkeit** und **Integrität** in den Tatbestandskatalog zu sehen. Mangelhafte technisch-organisatorische Sicherungen sind unabhängig davon bußgeldbewährt, ob es tatsächlich zu einem erfolgreichen Angriff auf die IT-Systeme gekommen ist. Der Gefahr, deswegen einen Bußgeldbescheid zu erhalten, können Verantwortliche nur begegnen, indem sie stets den Stand der Technik im Blick behalten und zu regelmäßigen Investitionen in ihre Sicherheitsarchitektur bereit sind.

bb) Mittlerer Bußgeldrahmen

44 Der mittlere Bußgeldrahmen gemäß Art. 83 Abs. 4 DSGVO mit Bußgeldern bis zu **10 Millionen Euro** oder **2 %** Jahresumsatzes gilt für Verstöße gegen nahezu alle weiteren Verbotsvorschriften der Datenschutz-Grundverordnung sowie eine Reihe von Verstößen gegen die zukünftige E-Privacy-Verordnung:

- Tatbestandskatalog des Art. 83 Abs. 4 lit. a DSGVO:
  - Einwilligung eines Kindes gemäß Art. 8 DSGVO
  - Datenschutz durch Technik und Voreinstellungen gemäß Art. 25 DSGVO
  - Gemeinsame Verarbeitung gemäß Art. 26 DSGVO
  - Benennung eines Vertreters für Unternehmen ohne Niederlassung in der Union gemäß Art. 27 DSGVO
  - Auftragsverarbeitung gemäß Art. 28 f. DSGVO
  - Verarbeitungsverzeichnis gemäß Art. 30 DSGVO
  - Sicherheit der Verarbeitung gemäß Art. 32 DSGVO
  - Meldepflichten bei Sicherheitsbrüchen gemäß Art. 33 f. DSGVO

- Datenschutz-Folgeabschätzung gemäß Art. 35 DSGVO
- Konsultationspflicht bei hohem Risiko gemäß der Folgenabschätzung gemäß Art. 36 DSGVO
- Benennung eines betrieblichen Datenschutzbeauftragten gemäß Art. 37 ff. DSGVO

- Pflichten der Zertifizierungsstelle (Art. 83 Abs. 4 lit. b DSGVO)
- Pflichten der Überwachungsstelle für Verhaltensregeln (Art. 83 Abs. 4 lit. c DSGVO)
- Pflichten des Verarbeiters elektronischer Kommunikation (Art. 23 Nr. 2 lit. a E-Privacy-VO-E)
- Pflichten des Herstellers von Software für elektronische Kommunikation (Art. 23 Nr. 2 lit. b E-Privacy-VO-E)
- Pflichten des Herausgebers öffentlich verfügbarer Verzeichnisse (Art. 23 Nr. 2 lit. c E-Privacy-VO-E)
- Pflichten des Versenders elektronischer Werbenachrichten (Art. 23 Nr. 2 lit. d E-Privacy-VO-E).

cc) Niedriger Bußgeldrahmen

§ 43 BDSG ergänzt die europarechtlichen Bußgeldtatbestände schließlich um zwei sehr spezielle Delikte, die neben Banken vor allem für Fintechs[54] sowie für Onlineshops mit Möglichkeit der verzinsten Ratenzahlung relevant ist. Verstöße gegen die Pflichten aus § 30 BDSG werden mit einer Geldbuße bis zu **50.000 Euro** geahndet. Es handelt sich dabei um: **45**

- Ausländerdiskriminierung bei Auskünften an Darlehensgeber und
- Unterrichtung über Ablehnungsgründe eines Verbraucherdarlehens.

b) Bußgeldverfahren

Die Durchführung des Bußgeldverfahrens durch die Aufsichtsbehörden richtet sich nach nationalen Vorschriften. Hierzulande sind die Spielregeln im Ordnungswidrigkeitengesetz in Verbindung mit § 41 BDSG zu finden.[55] Neben Verantwortlichen können sich Bußgeldbescheide künftig auch gegen **Auftragsverarbeiter** richten. Die Haftungsverteilung in Form der Auftragsverarbeitung ist gerade bei Cloud-Speicherdiensten und Software-as-a-Service-Angeboten weit verbreitet.[56] Die Anbieter dieser Internet-Services werden daher künftig verstärkt auf ihre Unternehmens-Compliance zu achten haben. **46**

aa) Unternehmensbegriff

Die Frage, welche Stelle genau Adressat eines Bußgeldbescheides wird, ist weniger trivial, als sie zunächst erscheint. Gerade bei den marktbeherrschenden multinationalen Internetdienstleistern handelt es sich um komplexe **Unternehmensverbünde**, bei denen jede Tochtergesellschaft eigene Verantwortlichkeiten besitzt. So gehören der Alphabet Inc. neben der bekanntesten Tochter Google Inc. beispielsweise weitere recht- **47**

---

54 Financial Technologies; vgl. EP, Entschließung v. 17.5.2017, 2016/2243(INI).
55 *Albrecht/Jotzo* 2017, Teil 8 Rn. 36.
56 *Heidrich/Wegener* MMR 2010, 803 (805 f.).

lich eigenständige Töchter für Smart-Home-Anwendungen, selbstfahrende Automobile und Biotechnologie an. Ähnlich ist es bei der Facebook Inc., die verschiedene regionale Niederlassungen, wie die Facebook Germany GmbH ausgegliedert hat, die selbst keine Datenverarbeitung betreiben, sondern lediglich Werbekunden betreuen, während andere Konzernteile das bekannte soziale Netzwerk und andere Onlinedienste betreiben. Nimmt man lediglich das Tochterunternehmen in Anspruch, das die verantwortliche Stelle für den Datenschutzverstoß darstellt, so trifft die Sanktion nicht den Konzern im Ganzen, obwohl die Konzernmutter faktisch die Fäden in der Hand hält, indem sie darüber entscheidet, welches Unternehmen zur Durchführung welcher Datenverarbeitung ausgegliedert wird. Zudem wäre die Bußgeldhöhe oftmals sehr gering, weil kostenlose Internetdienste in der Regel selbst keinen nennenswerten Umsatz erwirtschaften. Dass der Gesamtkonzern dennoch Gewinne verzeichnet, liegt dann an den rechtlich eigenständigen Töchtern, die bezahlte Werbung in den Angeboten des Konzerns platzieren oder Premiumdienste anbieten und die Einnahmen an die Konzernmutter abführen.

48   Dieser Problematik begegnet das Datenschutzrecht, indem es mit Inkrafttreten der Datenschutz-Grundverordnung auf den **Konzern im Ganzen** abstellt. Dies betrifft zum einen die Frage, welche Stelle Adressat des Bußgeldbescheids sein kann und hat zum anderen Bedeutung für die Bußgeldhöhe, die sich gemäß Art. 83 Abs. 4 und 5 DSGVO am weltweiten Jahresumsatz des „Unternehmens" bemisst. Was unter einem Unternehmen zu verstehen ist, definiert Erwgr. 150 durch einen Verweis auf den Unternehmensbegriff des Art. 101 und 102 AEUV. Der in Bezug genommene Teil des Vertrags über die Arbeitsweise der Europäischen Union regelt das Wettbewerbsrecht. Damit stellt der Unionsgesetzgeber klar, dass auch im Datenschutzrecht der sehr umfassende **kartellrechtliche Unternehmensbegriff** heranzuziehen ist.[57] Dies entspricht auch der Auslegung der Aufsichtsbehörden.[58] Zwar definieren die Art. 101 f. AEUV den Unternehmensbegriff nicht selbst, sondern überlassen dies der Rechtsprechung. Diese hat sich nicht zuletzt durch den Europäischen Gerichtshof jedoch eindeutig dahin gehend positioniert, dass ein Unternehmen im kartellrechtlichen Sinne „jede wirtschaftliche Tätigkeit ausübende Einheit, unabhängig von ihrer Rechtsform und der Art ihrer Finanzierung" ist.[59] Eine solche Einheit kann auch der Zusammenschluss mehrerer juristischer Personen sein.[60] Dies ist beispielsweise der Fall, wenn die Muttergesellschaft **bestimmenden Einfluss** auf die Geschäftstätigkeiten der Töchter hat,[61] was bei Konzernen in der Regel der Fall ist.[62] Ab einem Eigentumsanteil von annähernd 100 % ist anzunehmen, dass ein solcher bestimmender Einfluss besteht;[63] bei darunterliegenden Beteiligungsquoten ist eine individuelle Betrachtung angezeigt. Bei-

---

57 *Albrecht/Jotzo* 2017 Teil 8 Rn. 35; *Dieterich* ZD 2016, 260 (265); Ehmann/Selmayr/*Nemitz* DSGVO Art. 83 Rn. 35; Gola/*ders.* DSGVO Art. 83 Rn. 13; *Rost* RDV 2017, 13 (15).

58 *DSK*, Kurzpapier Nr. 1 Aufsichtsbefugnisse/Sanktionen, 2; sa Berliner Beauftragte für Datenschutz und Informationsfreiheit, Tätigkeitsbericht 2016, 33; Bayerisches LDA, Positionspapier VII, abrufbar unter https://www.lda.bayern.de/media/baylda_ds-gvo_7_sanctions.pdf;.

59 EuGH 10.9.2009 – C-97/08 P, ECLI:EU:C:2009:536 Rn. 73.

60 EuGH 12.7.1984 – 170/83, ECLI:EU:C:1984:271 Rn. 11.

61 EuGH 10.9.2009 – C-97/08 P, ECLI:EU:C:2009:536 Rn. 59 f.

62 *Fause/Spittka/Wybitul* ZD 2016, 120 (121).

63 Forgó/Helfrich/Schneider/*Cornelius* 2017, Teil XIII Rn. 87.

Jens Ambrock

spielsweise ist die Facebook Inc. vollständiger Eigner der WhatsApp Inc. und der Instagram LLC, so dass die Muttergesellschaft für Ordnungswidrigkeiten durch die Betreiber der Mobilfunk-Apps WhatsApp oder Instagram mit seinem vollständigen Konzernumsatz haften müsste. Eine eigene Beteiligung an oder auch nur das Wissen der Konzernmutter von einem solchen Datenschutzverstoß ist nicht erforderlich für eine solche gesamtschuldnerische Haftung.[64]

Teilweise trifft die Ausweitung der kartellrechtlichen Zumessungsregeln auf das Datenschutzrecht auf erheblichen Widerstand in der Literatur.[65] Diese **Gegenansicht** wird vor allem auf den Widerspruch des Erwgr. 150 zur Begriffsbestimmung in Art. 4 Nr. 18 DSGVO gestützt. Dort werden Unternehmen als „natürliche und juristische Person, die eine wirtschaftliche Tätigkeit ausübt, unabhängig von ihrer Rechtsform [...]" definiert, während die Unternehmensgruppe in der nachfolgenden Nr. 18 eine eigene Definition erfahren hat. Demnach wäre ein Unternehmen gerade nur das Einzelunternehmen, nicht aber ein Zusammenschluss aus mehreren Unternehmen. Diese Inkonsistenz wird teilweise mit dem hohen Zeitdruck des Unionsgesetzgebers erklärt.[66] Dennoch ist der Verweis des Erwgr. 150 spezieller und somit maßgeblich. Verordnungen sind gemäß Art. 288 Abs. 2 S. 2 AEUV in allen ihren Teilen verbindlich, also auch in ihre Erwägungsgründen. Die weite, kartellrechtliche Auslegung entspricht auch dem erkennbaren Willen des Gesetzgebers. Zum einen kann der Verweis auf Art. 101 f. AEUV keinem anderen ersichtlichen Grund dienen. Zum anderen sind auch die Bußgeldrahmen unter der Datenschutz-Grundverordnung an das Kartellrecht angepasst.[67] Es entspricht auch dem Sinn und Zweck der Verordnung, der Realität multinationaler Internetdienste zu begegnen, bei denen außereuropäische Muttergesellschaften Milliardengewinne mittels der Niederlassungen in Europa erwirtschaften, während die Dependance vor Ort Datenverarbeitungen im eigenen Namen, aber nach Weisung der Mutter vornimmt.[68] Befürchtete Unverhältnismäßigkeit in Fällen, in denen tatsächlich nur eine Konzerngesellschaft autonom gegen die Interessen der Konzernmutter datenschutzwidrig gehandelt hat,[69] ist jedenfalls unbegründet, da die Aufsichtsbehörde derartige spezielle Umstände im Rahmen der Verhältnismäßigkeitsprüfung im Einzelfall berücksichtigen kann.

bb) Verhalten von Mitarbeitern und Externen

Eine weitere Folge des kartellrechtlichen Unternehmensbegriffs betrifft die Zurechnung des Verhaltens von Mitarbeitern und anderen für das Unternehmen tätigen Personen. Wenn nicht auf konkrete Rechtsformen abgestellt wird, sondern darauf, wer eine wirtschaftliche Einheit mit dem Unternehmen bildet, dann folgt daraus auf für Einzelpersonen das allgemeine **Funktionsträgerprinzip**.[70] Sobald jemand für das Unternehmen agiert, wird er unabhängig von seiner rechtlichen Zuordnung als Teil des

49

50

---

64 *Fause/Spittka/Wybitul* ZD 2016, 120 (121); *Schönefeld/Thomé* PinG 2017, 126 (128).
65 *Fause/Spittka/Wybitul* ZD 2016, 120 (123 ff.); *Krupna* ZD-Aktuell 2016, 05272; *Laue/Nink/Kremer* 2016, § 11 Rn. 28.
66 *Krohm* RDV 2017, 221 (223).
67 *Jacquemain* RDV 2017, 227.
68 Allg. zu Großkonzernen Ehmann/Selmayr/*Nemitz* DSGVO Art. 83 Rn. 43.
69 Vgl. *Krohm* RDV 2017, 221 (226).
70 *Schönefeld/Thomé* PinG 2017, 126 (128).

Unternehmens betrachtet. Es kommt dabei nicht auf die Kenntnis der Unternehmensführung an.[71] So sind Mitarbeiter, freie Mitarbeiter und Honorarkräfte als Teil des Unternehmens anzusehen. Für sämtliche Handlungen dieser Personen können Bußgelder gegen das Unternehmen erlassen werden. Eine Beschränkung auf das Handeln oder zumindest Aufsichtsverschulden der Unternehmensleitung besteht künftig nicht mehr.[72] Überschreiten sie ihre durch das Unternehmen erteilte Befugnisse, sind sie hingegen nicht mehr für das Unternehmen tätig und damit nicht mehr Teil der funktionellen Einheit.[73]

cc) Kriterien für die Verhängung von Bußgeldern

51 Ob eine Aufsichtsbehörde ein Bußgeld verhängt, steht ebenso wie die Bußgeldhöhe in ihrem **Ermessen** oder im Fall des Kohärenzverfahrens auch im Ermessen des Europäischen Datenschutzausschusses. Das Ermessen muss in verhältnismäßiger Weise ausgefüllt werden. Welche Kriterien dabei Berücksichtigung zu finden haben, nennt Art. 83 Abs. 2 DSGVO:

- Art, Schwere und Dauer des Verstoßes
- Anzahl der Betroffenen
- Ausmaß des Schadens für die Betroffenen
- Vorsätzlichkeit oder Fahrlässigkeit des Verstoßes
- Grad der Verantwortlichkeit unter Berücksichtigung technisch-organisatorischer Maßnahmen
- Frühere Verstöße
- Zusammenarbeit mit der Aufsichtsbehörde, ggfs. Selbstanzeige und Einhaltung von Weisungen der Behörde
- Betroffene Kategorien personenbezogener Daten
- Einhaltung von Zertifizierungsstandards
- Einhaltung genehmigter Verhaltensvorschriften
- Jegliche anderen erschwerenden oder mildernden Umstände.

52 Die aufgezählten Kriterien können bei der Entscheidung, ob und in welcher Höhe ein Bußgeld verhängt werden soll, nicht ignoriert werden. Die **Gewichtung** obliegt dabei der Aufsichtsbehörde unter Wahrung des Verhältnismäßigkeitsprinzips. Das letztgenannte **Auffangkriterium** ermöglicht – ebenfalls nur unter Wahrung der Verhältnismäßigkeit – die Einbeziehung fast aller weiterer Anknüpfungspunkte. Die Erwähnung des **Verschuldens** als eines der Kriterien legt nahe, dass auch Bußgeldbescheide an Adressaten möglich sind, die weder vorsätzlich noch fahrlässig gehandelt haben.[74] Eine Bestrafung für ein schuldloses Verhalten widerspricht jedoch dem aus dem Rechtsstaatsprinzip und der Menschenwürde abgeleiteten Schuldprinzip.[75] Deshalb wäre die Ahnung eines weder vorsätzlich noch fahrlässig begangenen Delikts hierzulande nicht verfassungskonform.[76] Insofern ist in das Kriterium lediglich hineinzule-

---

71 EuGH 7.6.1983, ECLI:EU:C:1983:158 Rn. 25-28.
72 *DSK*, Kurzpapier Nr. 1 Aufsichtsbefugnisse/Sanktionen, 2.
73 *Fause/Spittka/Wybitul* ZD 2016, 120 (121).
74 *Härting* 2016, Kap. 3 Rn. 253.
75 *Adam/Schmidt/Schumacher* NStZ 2017, 7.
76 *Härting* 2016, Kap. 3 Rn. 253.

Jens Ambrock

sen, dass der Grad des Verschuldens strafschärfend oder -mildernd Berücksichtigung findet.

dd) Bußgeldhöhe

Für die Höhe der Bußgelder gilt je nach begangenem Delikt ein Rahmen von bis zu 10 Millionen Euro oder 2 % oder 20 Millionen Euro oder 4 % des weltweiten Jahreskonzernumsatzes. Ob die prozentuale oder die feste Obergrenze greift, hängt davon ab, welcher Wert im Einzelfall höher ist.[77] Die Grenzen gelten für jeden Datenschutzverstoß separat, können also durch ein Gesamtbußgeld für mehrere Verstöße eine noch höhere Summe erreichen. Art. 83 Abs. 3 DSGVO enthält jedoch auch eine als „**Mengenrabatt**" bezeichnete abmildernde Verrechnungsklausel.[78]   53

Die bisherige Obergrenze von 300.000 Euro ist unter der Geltung der DSGVO erheblich angehoben worden. Vorbild des Gesetzgebers waren die im Kartellrecht etablierten Sanktionen.[79] Direkte praktische Auswirkungen sind in der Anhebung des Bußgeldrahmens alleine noch nicht zu sehen, da die Obergrenze von 300.000 Euro auch unter der Geltung des Bundesdatenschutzgesetzes in der alten Fassung nahezu nie genutzt wurde. Aus der Anhebung der Obergrenzen folgt noch nicht automatisch, dass auch niedrige und **mittlere Bußgelder** künftig steigen müssten.[80] So ist beispielsweise nach einer deutlichen Anhebung im französischen Recht nachgewiesen worden, dass die mittleren Bußgelder der dortigen Aufsichtsbehörde CNIL in der Folgezeit konstant geblieben sind.[81]   54

Ein Anstieg der mittleren und kleineren Bußgelder ist aber aus einem anderen Grund anzunehmen. Gemäß Art. 83 Abs. 1 DSGVO sollen Bußgelder „**wirksam, verhältnismäßig und abschreckend**" sein. Das Europäische Parlament hatte einen noch pointierteren Ruf nach „angemessenen, harten und abschreckenden Sanktionen" beschlossen.[82] Demnach haben die Aufsichtsbehörden bei jeder Bemessung Sorge zu tragen, dass davon eine sowohl spezial- als auch generalpräventive Abschreckung ausgeht.[83] Dies wird einen Anstieg der Summen kleinerer und mittlerer Bußgelder ab Inkrafttreten der Datenschutz-Grundverordnung erfordern.[84] Entsprechendes wurde auch von behördlicher Seite angekündigt.[85] Dabei darf nicht vergessen werden, dass Art. 81 Abs. 1 DSGVO auch Verhältnismäßigkeit fordert. Über dieses Kriterium ist die individuelle Leistungsfähigkeit des Verantwortlichen zu berücksichtigen, so dass die Aufsichtsbehörden keine Unternehmen in den Ruin treiben dürfen.[86]   55

c) Rechtsschutz

Gegen Bußgeldbescheide der Aufsichtsbehörden kann **Einspruch** nach § 60 OWiG eingelegt werden. Wenn die Behörde dem Einspruch nicht abhilft, wird das Verfahren   56

---

77 *Schneider* 2017, 315.
78 *Laue/Nink/Kremer* 2016, § 11 Rn. 24.
79 *Albrecht/Jotzo* 2017 Teil 8 Rn. 34; *Pohl* PinG 2017, 85 (89).
80 *Krohm* RDV 2017, 221.
81 *Weiß* PinG 2017, 97 (103).
82 Europäisches Parlament, Entschließung vom 6.7.2011 zum Gesamtkonzept, 2011/2025(INI), Buchst. D.
83 Ehmann/Selmayr/*Nemitz* DSGVO Art. 83 Rn. 1; *Schönefeld/Thomé* PinG 2017, 126 (127).
84 Ehmann/Selmayr/*Nemitz* DSGVO Art. 83 Rn. 15.
85 HmbBfDI, Tätigkeitsbericht 2016/2017, 127.
86 *Pohl* PinG 2017, 85 (89); Sorge aber bei *Lepperhoff* IT-Sicherheit 2016, 64.

vor dem **Strafrichter** des Amtsgerichts verhandelt.[87] Übersteigt die festgesetzte Bußgeldhöhe 100.000 Euro, ist nach § 41 Abs. 1 S. 2 BDSG die Strafkammer des Landgerichts zuständig. Das Gericht kann neben der Bestätigung und Verwerfung des Bußgeldbescheids auch dessen Höhe modifizieren. Während der gerichtlichen Auseinandersetzung ist nicht mehr die Aufsichtsbehörde, sondern die Staatsanwaltschaft Herrin des Verfahrens. Künftig wird es der Staatsanwaltschaft gemäß § 41 Abs. 2 S. 3 BDSG nur noch mit Zustimmung der Aufsichtsbehörde möglich sein, das Verfahren wegen Geringfügigkeit einzustellen.

57 Die Verhandlung von Datenschutzfragen vor dem Strafgericht ist dort relativ unüblich. Auch sind die Spezialkammern der Verwaltungsgerichte intensiver in das Datenschutzrecht eingearbeitet. Beides hat häufig zur Folge, dass die ansonsten oft mit schweren Opferverletzungen konfrontierten Richter dazu neigen, die von der Behörde festgesetzten Bußgelder abzusenken. Gleichwohl ist die Verhängung eines Bußgelds anstelle einer Anordnung gerade in rechtlich umstrittenen Fällen teilweise für die Behörde interessant, weil eine gerichtliche Entscheidung deutlich schneller als auf dem Verwaltungsrechtsweg erzielt werden kann. Diese Praxis könnte sich unter den erhöhten Bußgeldrahmen der Datenschutz-Grundverordnung verändern. Die Erfahrungen aus dem Kartellrecht zeigen, dass derartig hohe Bußgelder von ihren Adressaten mit hohem Einsatz angefochten und häufig alle gerichtlichen Instanzen ausgeschöpft werden.[88]

4. Strafrechtliche Sanktionen

58 In besonders gelagerten Fällen sind auch strafrechtliche Sanktionen wegen Datenschutzverstößen möglich. § 42 Abs. 1 und 2 BDSG enthält entsprechende Straftatbestände für die **gewerbsmäßige** unberechtigte Datenübermittlung sowie für die unberechtigte Datenverarbeitung mit **Bereicherungs-** oder **Schädigungsabsicht**. Die neuen Straftatbestände entsprechen denen des Bundesdatenschutzgesetzes alter Fassung.[89] Sie werden nicht von den Datenschutzaufsichtsbehörden, sondern von den Staatsanwaltschaften verfolgt. Jedoch sind neben dem Betroffenen auch die Aufsichtsbehörden antragsberechtigt gemäß § 42 Abs. 3 BDSG. Anders als im Ordnungswidrigkeitenrecht der Aufsichtsbehörden können Straftäter nur natürliche Personen sein, nicht aber die Unternehmen, für die sie handeln.

59 Die Praxisrelevanz des Datenschutzstrafrechts war bisher äußerst überschaubar. So finden sich in den Statistikteilen der Tätigkeitsberichte der Aufsichtsbehörden nur selten vereinzelte Strafanträge. Bei Strafanträgen von Betroffenen ist die zügige Einstellung des Verfahrens gemäß § 153 Abs. 1 StPO der Regelfall. Es besteht kein Grund zur Annahme, dass sich an dieser Praxis unter der Datenschutz-Grundverordnung etwas ändert.[90]

---

87 *Schönefeld/Thomé* PinG 2017, 126 (128).
88 Ehmann/Selmayr/*Nemitz* DSGVO Art. 83 Rn. 3.
89 *Jacquemain* RDV 2017, 227 (228).
90 *Jacquemain* RDV 2017, 227 (228).

Jens Ambrock

5. Wettbewerbsrechtliche Sanktionen

Neben Datenschutzaufsichtsbehörden und Staatsanwaltschaften können auch Kar-   60
tellbehörden Datenschutzverstöße ahnden.[91] Das **Bundeskartellamt** hat sich selbst
das Ziel gesetzt, diese Befugnis künftig gegen Diensteanbieter im Internet großflächig
zu nutzen.[92] Voraussetzung ist eine marktbeherrschende Stellung, die missbräuchlich
ausgenutzt wird, um Datenschutzverletzungen zu begehen. In seinem ersten Präze-
denzfall betreibt das Bundeskartellamt ein Ermittlungsverfahren gegen die Facebook
Inc.[93] Nach vorläufiger Einschätzung des Amtes besitze das Unternehmen eine
marktbeherrschende Stellung, die dazu genutzt werde, Daten mit Drittanbieter wie
beispielsweise Werbenetzwerken oder der WhatsApp Inc. auszutauschen.[94] In diesem
Zuge sieht das Amt Datenschutzverstöße hinsichtlich der Freiwilligkeit und Transparenz der Nutzereinwilligungen. Ein weiteres, branchenweites Ermittlungsverfahren
wurde gegen die Hersteller von Smart-TVs eingeleitet.[95]

6. Verbraucherschutzrechtliche Verbandsklage

Als letzter Akteur der Rechtsdurchsetzung von Bestimmungen der Datenschutz-   61
Grundverordnung und der künftigen E-Privacy-Verordnung kommen schließlich **Verbraucherverbände** in Frage. Gem. § 2 Abs. 2 S. 1 Nr. 11 UKlaG haben die Verbände
einen Unterlassungs- und Beseitigungsanspruch gegen Verantwortliche im Sinne des
Art. 4 Nr. 7 DSGVO. Diesen können sie im eigenen Namen geltend machen.[96] Das
vor Erlass der Datenschutz-Grundverordnung in diesem Sinne reformierte Unterlas-
sungsklagengesetz wurde bewusst so gestaltet, dass es die Datenschutz-Grundverordnung umfasst.[97] Darüber hinaus können die Verbände Sammelklagen im Namen der
Betroffenen gemäß Art. 80 Abs. 1 DSGVO betreiben. § 2 Abs. 2 S. 1 Nr. 11 UKlaG
enthält einen Katalog von durch die Verbände verfolgbaren Datenschutzverstößen,
darunter die im Internet relevanten Themen der Erstellung von Persönlichkeits- und
Nutzerprofilen, der Werbung und der Markt- und Meinungsforschung. Die Aufzählung endet mit dem Auffangtatbestand der „vergleichbaren kommerziellen Zwecke",
sodass jede Datenverarbeitung mit Gewinnerzielungsabsicht darunterfällt.[98] Der erste
Anwendungsfall war eine Klage des Projekts „Marktwächter Digitale Welt" des Ver-
braucherzentrale Bundesverbands gegen die WhatsApp Inc.[99] Hintergrund war die
Weitergabe von Kundendaten an das eigenständige Konzernunternehmen Facebook
Inc. Auch wenn Verbraucherverbände mit Datenschutzbehörden im Austausch stehen
und die Gerichte in Verbandsklageverfahren die Behörden gemäß § 12 a UKlaG an-

---

91 *Golla* RDV 2017, 126; *Podszun/de Thoma* NJW 2016, 2987 (2992).
92 Kartellamt schaut immer schärfer aufs Netz, Heise Online vom 21.12.2017, abrufbar unter https://www.hei
se.de/newsticker/meldung/Kartellamt-schaut-immer-schaerfer-aufs-Netz-3925079.html.
93 BKartA, Tätigkeitsbericht 2015/16, BT-Drs. 18/12760, 29.
94 BKartA, Pressemitteilung vom 19.12.2017, abrufbar unter http://www.bundeskartellamt.de/SharedDocs/Me
ldung/DE/Pressemitteilungen/2017/19_12_2017_Facebook.html.
95 Umgang mit Nutzerdaten: Kartellwächter untersuchen Smart-TVs, Heise Online vom 13.12.2017, abrufbar
unter https://www.heise.de/newsticker/meldung/Umgang-mit-Nutzerdaten-Kartellwaechter-untersuchen-Sma
rt-TVs-3917374.html.
96 *Rott* EuCML 2017, 113 (115).
97 *Halfmeier* NJW 2016, 1126 (1127); *Pohl* PinG 85 (87).
98 *Halfmeier* NJW 2016, 1126 (1127).
99 LG Berlin, Az. 52 O 22/17; vgl. VZBV, Jahresbericht 2016/2017, 78; s. zu weiteren Verfahren *Golla* RDV
2017, 123 (128).

hören, können Verbände und Behörden unterschiedlicher Auffassung über die Auslegung der Datenschutz-Grundverordnung sein.[100] Da die Verbände nicht an Vorgaben des Europäischen Datenschutzausschusses gebunden sind, sind divergierende Entscheidungen möglich.

---

100 *Schwichtenberg* PinG 2017, 104 (106).

Jens Ambrock

Stichwortverzeichnis

Die Zahlen bezeichnen die Randnummern.